『설문해자』 인지분석

(상)

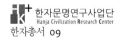
한자문명연구사업단
Hanja Civilization Research Center
한자총서 09

원저: 『<說文>認知分析』
저자: 장극화(臧克和)
출판사: 중국 호북인민출판사, 2019.
Korean Translation Copyright ⓒ 2024 by 3publication Co. All rights reserved.

This work was supported by the Ministry of Education of the Republic of Korea and the
  National Research Foundation of Korea (NRF-2018S1A6A3A02043693)
中國敎育部人文社會科學重點硏究基地重大項目"全能型出土實物文字智能圖像識別硏究"(項目批准
  號：22JJD740034)
中國敎育部人文社會科學重點硏究基地重大項目"全息型出土實物文字釋讀網絡查詢平臺建設"(項目批
  准號：22JJD740023)

설문해자
인지분석

상

Cognitive analysis of *Shuoweniezi*

장극화(臧克和) 지음
하영삼(河永三) 옮김

도서출판 3

특별한 인연의 큰 씨앗, 지혜의 재탄생

― 한국한자연구소의 번역 출간에 부쳐 ―

생성형 대규모 언어 모델의 언어 상호작용이 지속적으로 발전하면서, 각계 사용자들에게 편리함과 놀라움을 안겨주고 있습니다. 이와 동시에 전문가들 사이에서 여러 논의가 이어지고 있습니다. 이러한 논의 중 일부는 인간 번역과 비교했을 때, 기계의 언어 상호작용이 언어의 문화적 층위에 도달하지 못하여 '재창작'이라는 번역 가공 과정을 완성하기 어렵다는 점에 집중되어 있습니다. 심지어 일부 논문에서는 언어가 사고와 완전히 동일한 관계를 가지는지에 대한 고찰까지 이어지고 있습니다.

유성 언어와 비교하여, 역사적 한자는 '이차원 코드'로서 '문화적 거울'이라는 심층적 인지 구조를 지니고 있으며, 정보의 '수용―전달'의 주요 경로인 '시각적 사고'와 밀접한 관련성을 가집니다. 다른 문자 체계와 비교해볼 때, 이러한 연관성이 수천 년간 단절 없이 지속되어 왔다는 점은, 아마도 유전자 차원에서 문자 사용자 사회 집단의 인지 방식에 깊은 영향을 미치고 영구적인 흔적을 남겼을 가능성을 배제할 수 없습니다.

이러한 피상적이고 모호한 인식에 집착하면서, 지난 1980~1990년 대부터 지금까지 간헐적으로 저술해 온 『설문해자(說文解字)의 문화해설』 등 몇 권의 소책자들은 대부분 역사 한자의 문화개념에 대한 '지식 수집'에 해당한다 하겠습니다. 최근 필자는 그간 산발적으로 발표한 논문과 출판된 문집들을 모아 『독자록(讀字錄)』을 출판하기도 했습니다. 순간의 흥취에 따라, 또 감흥을 따라 글을 쓰는 과정이었지만 뿌리 깊은 생각이 하나 있었습니다. 그것은 바로 이 정미한 분야가 급변하는 사회 속에서는 언제나 이른바 '냉대 받는 업(業)'에 속한다는 것이었습니다. 그래서 한가하고 관심을 가진 독자가 몇 없을 것이라 생각하여, 독자를 위한 배려를 진정으로 고민한 적도 거의 없었습니다. 이러한 이유로 이 책을 지금 제가 다시 읽어보아도 매우 생경하고 읽기 어렵게 느껴집니다.

최근, 한국한자연구소의 하영삼 소장께서 무더위를 무릅쓰고 화동사범대학까지 직접 방문하여 올 가을 상해에서 개최될 세계한자학회 제10회 연례회의의 준비 상황을 점검하고 지도해 주셨습니다. 이 기회를 빌려 저와 직접 만나 이 책의 번역 관련 문제도 논의하고 검증하는 시간을 가졌는데, 이를 통해서 많은 깨달음을 얻었습니다. 이 과정에서 저는 하 교수님께서 연구소의 관련 교수님들과 함께 이해하기 어려운 저의 옛 저작들의 난해한 중국어 텍스트를 우아한 한국어 텍스트로 '생성' 변환하는 작업을 거의 완료하였다는 소식을 듣게 되었습니다. 앞서 언급한 이유들까지 생각하니, 경외감과 동시에 불교에서 말하는 '죄책감' 같은 감정이 갑자기 일어났습니다.

하영삼 선생님은 수십 년을 한결 같이 헌신하시며 현대 학계에 뚜렷한 공헌을 하신 저명한 언어학자이자 문자학 연구자이며 번역가입니다. 동서양 고전 언어학 이론의 전파와 번역에서부터 중국 역사 한자에 관한 수많은 저작의 전문적 연구에 이르기까지, 각 분야에서 뛰어난 성과를 이루었습니다. 여기서 한 가지 예를 들자면, 중국 최초의 자전인 『설문해자』는 과학적인 편찬 체계와 복잡한 구조를 지녀 문사 전공 학자들의 필수 참고서가 되었습니다. 하지만 중국 대륙에서조차 아직 현대 중국어로 완전히 번역된 '금역본'이 없을 정도로, 이 번역 작업이 얼마나 방대하고 어려운지를 짐작할 수 있습니다. 『설문해자』의 세계 최초 완역본인 한국어 '번역본'이 바로 하 선생님의 10년간의 노고를 담아 출판되었습니다. 웅장하고 아름다운 대작이며, 10년의 고된 노력이 비범했음을 보여줍니다.

또 작년 말에 저희들이 협업하여 출간한 『중국문자학 핸드북』도 하 선생님의 한국한자연구소에서 이미 번역을 완성했다고 했습니다. 이는 제가 아는 한 세계 중국학계의 주요 언어 중 가장 빠른 최초의 번역본입니다.

현재 예측 가능한 지금의 시대에서도, 대규모 언어 모델은 금석학 도상과 같은 역사적 한자의 상호작용 요구에 아직 대응하지 못하고 있습니다. 하 선생님과 그가 이끄는 팀의 동료들은 오랜 시간의 정진과 창작을 통해 마침내 돌을 금으로 바꾸는 기적을 이루어내었습니다. 쌓여있던 것을 연기처럼 사라지게 하고, 굳어있던 것을 흐르게 만들었으며, 낡은 것을 신비로운 것으로 바꾸어, 진정한 연금술의 도가니를 만들어냈습니다.

학술적 전통에서 역사적 한자는 줄곧 동아시아 지역에서 '사료'로서 인식되고 활용되어 왔습니다. 동아시아 지역의 역사적 한자 기록 메모리 데이터베이스는 문자 발전사, 언어사 및 새로운 사료학의 기초 플랫폼일 뿐만 아니라, 인류 세계의 인지 발전을 발굴하고 지혜 전승의 법칙을 밝히며 '디지털 에너지'를 부여하는 데 기여합니다.

바로 이런 의미에서 하 교수님이 오랫동안 천착해 오신 한자학 사업은 진정으로 저와 특별한 인연과 의미가 있다 하겠습니다.

장극화(臧克和)

갑진년 초여름에

상해 화동사범대학 중국문자연구와응용센터에서

목차

상 권

하 권

제1장 방물(方物)

『설문해자』의 분류와 범주선택의 인지방식

제1장 방물(方物)[1]: 『설문해자』[2]의 분류와 범주선택의 인지방식

제1절 분류와 범주선택

---

[1] [역주] 방물(方物)의 의미는 다양하다. 주로 현지의 생산물 즉 토산품을 지칭하지만, 식별(辨別)이나 명칭(名稱)이라는 의미로도 사용되며, 사물의 원리나 구별(辨別)을 뜻하기도 한다. 또 '방불(仿佛)'과 같아 '마치'나 '비슷하다'의 뜻으로도 쓰이며, 여러 방향에서의 의견이나 논의를 가리키기도 한다. 그런가 하면, 한의학 용어로도 쓰여 '사물탕(四物湯)'이라는 옛 처방전을 말하기도 한다. 최초의 용례는 『서(書)·여오(旅獒)』에서 유래했는데, 거기서 "멀고 가까운 곳 없이, 모두 방물(方物: 토산품)을 바친다."라고 했는데, 채침(蔡沉)의 『집전(集傳)』에서 "방물(方物)은 그 지방의 땅에서 자란 물건을 가리킨다(方土所生之物)."라고 했다. 또 삼국 시기 위(魏)나라 혜강(嵇康)의 「답난양생론(答難養生論)」에서는 "아홉 지방의 관리들이 자신의 직책을 기술하면서, 각각 방물(方物)을 공헌하니, 자신의 진실함을 나타내기 위함일 뿐이다.(九土述職, 各貢方物, 以效誠耳.)"라고 한바 있다.(『바이두백과』) 여기서는 여러 사물에 대한 식별, 변별 등의 의미에 해당하여 '인지적 분류'라는 의미로 쓰였다.

[2] 동한(東漢) 때의 경학자였던 허신(許慎)이 편찬한 『설문해자(說文解字)』는 후세의 판본 중 가장 이른 판본으로 일본에 소장된 당대(唐代)의 필사본 『설문해자 목부(說文解字·木部)』의 잔편이 있다. 당(唐)과 오대(五代)를 지나 송(宋) 때에는 소전(小篆)으로 판각하거나 필사한 것을 포함한 『설문해자』를 정리하여, 서현(徐鉉: 일반적으로 대서(大徐)라고 부름)이 새롭게 부록을 추가한 판각본 『설문해자』가 나왔으며, 이는 청대 학자들에 의해 재 판각되어 널리 사용되게 되었다. 이 책에서 『설문해자』는 이후 『설문』이라 간략히 줄여 부른다. 또 이 책에서 글자의 형체나 독음을 분석하기 위해서 상황에 따라 간화자가 아닌 번체자를 사용하였다는 점도 밝혀 둔다.

1. 부수(部首) 분류와 그 가치

출토 고문자(古文字) 연구에 종사하는 학자들의 경우, 『설문』에서 해당 글자를 찾아야만 해당 고문자의 구조, 독음 및 의미를 인지해 낼 수 있다.3) 각종 전문 역사를 포함한 인문학 연구자들도 자연과학이든 인문사회학이든 관계없이 일반 문헌에서 검색되지 않는 자원학(字源學)적 의미 정보는 모두 『설문』에서 찾아야만 한다. 언어 및 문자 교육에 관심 있는 독자들 역시 『설문』에서 몇몇 '구조적 근거' 즉 구조적 계층에 관한 인지적 연결을 찾아야 한다. 뿐만 아니라, 오늘날의 고문자 정보화 처리과정에서도 『설문』이 제공하는 인지규칙에 의존해야 한다.……『설문』이 과연 어떠한 정보를 보유하고 있기에, 거의 2천 년이 지났어도 그것이 대체할 수 없는 백과사전 형식의 '지혜의 도구'로서의 가치를 지니게 되었던 것일까?

그 속에 담긴 가장 기본적인 원리, 즉 '도(道)'는 과연 무엇일까? 그 '원리(道)'의 진면목을 알기 위해서는 근거지인 『설문·착(辵)부수』를 참조해야 할 것인데, 『설문』에서는 '도(道)'에 대해 이렇게 말하고 있다.

· 도(道, 𧗿)는 [사람이] 다니는 길을 말한다. 착(辵)이 의미부이고 수

---

3) 현대 학자들이 출토된 고문헌 자료를 활용하게 되면서, 『설문』에 보존된 소전체와 『설문』의 구조 인지분석에 많은 한계가 있음을 발견할 수 있었다. 그러나 사실 현대에 이루어진 관련 학문의 장족의 발전과 그 성과 역시 『설문』에서 제공한 인지를 참조한 결과에 의존했다 할 것이다. 게다가 문헌의 판본이라는 측면에서, 당나라 때의 필사본 『설문·목(木)부수』의 잔편만 보더라도, 이를 전체 송본(宋本) 『설문』의 소전체와 대조해 보면 수백 군데의 오류나 변형이 있음을 발견할 수 있다. 그래서 전체 체계의 과학성과 도달한 인지 수준의 측면에서 볼 때, 현대 고문자 연구는 여전히 매우 부족한 게 사실이다. 그리고 갖가지 다양한 종류의 '문자편(文字編)'과 '구조학(構形學)' 및 고문자 정보화 처리도 거의 2000년 전의 『설문』의 분류 원칙과 체계에 여전히 의존하고 있다 하겠다.

(辵)도 의미부이다. 완전히 통달한 것을 도(道)라 한다. 도(𧘇)는
도(道)의 고문체인데, 수(𩠐)와 촌(寸)으로 구성되었다.

(譜: 金文 簡帛
漢印
石刻), 所行道也. 從辵從𩠐. 一達謂之
道. 𧘇, 古文道從𩠐·寸.)4)

  '도(道)'자의 구조는 원래 착(辵=辶)이 의미부이고 수(首)가 소리부
인 구조였다. 그러나 전국(戰國)시대의 곽점(郭店) 초(楚)나라 죽간에서
는 ''나 ''로 기록했는데, '사람이 길을 걷는 모습'에서 그 형상을
가져왔다. 그러다 진(秦)나라 때의 수호지(睡虎地) 죽간에서는 ''로
기록하였다. 그리고 당(唐)나라 때 「벽락비(碧落碑)」의 전서(篆書)에서
는 ''로 나타냈고, 당나라 이양빙(李陽冰)의 전서체로 기록된 「겸괘
비(謙卦碑)에서는 ''와 ''와 같이 표현되었는데, 모두 그 유래가
있음을 보여주고 있다.

  허신(許愼)은 '도(道)'의 구조를 분석한 기초 위에서 그것을 "[사람이]
다니는 길"이라 해석하였으며, 또 "완전하게 하나로 통달한 것을 도
라고 한다(一達謂之道)"라는 직접적인 인지 경로를 제시하였는데, 여
기서 '달(達)'은 '일간미달(一間未達: 목표에 도달하기까지 아직 거리가 있다)'
이라고 할 때의 '달(達: 도달하다)'을 의미한다. 이런 인지 기반에는 문
제가 없다 하겠다. 즉 전국(戰國)시대의 초나라 죽간에서 사용된 '도

---

4) 장극화(臧克和), 유본재(劉本才)(편), 『실용설문해자(實用說文解字)』 권2, 53쪽(上
海古籍出版社, 2012)에 따르면, 허신(許愼)의 구조 분석에는 분명히 문제가 있으
며, 이는 '형성(形聲)' 유형에 속해야 옳다. 즉 『설문』 체계의 기본 용어로 설명
하면 '착(辵)'이 의미부이고 수(首)가 소리부'인 구조로 볼 수 있다. 이 책에서 다
룬 여러 출토 문헌의 문자와 소전체의 대비는 기본적으로 이 책에서 근거했으
며, 줄여서 『설문』이라고 부르기로 한다.

(道)'자는 위에서 볼 수 있는 것처럼 '인(人: 사람)'이 '행(行: 길)' 가운데 서 걷고 있는 모습을 나타냈다. 도달한 실제 공간의 거리적 경로로부터, 추상적 경지에 이르는 경로로의 인지 발전, 즉 속어에서 말하는 '문도(門道)'나 통상적으로 말하는 '사고방식(思路)', 또는 이로부터 '다시 도달(再達)'하여 일부 추상적 영역으로 진입하는 인지 발전의 '로드맵(路線圖)'에 이르기까지, 구체적인 것에서 추상적인 것으로 나아가는 이러한 인지 과정은 인류의 일반적인 인지모델에 부합한다 하겠다.5)6)

허신(許愼)의 『설문·서(敍)』에 따르면, 『설문』이라는 이 책에 입문할 때의 경로나 방법을 다음과 같이 밝히고 있다.

지금 여기 『설문해자(說文解字)』에서는, 먼저 소전(小篆)체를 순서에

---

5) 사상사에서 여러 학파의 최고 범주라 불리는 '도(道)'에 대해 이야기할 때, 사람들은 종종 '말로 표현하기 어렵고', '그 표현의 근거를 찾기'가 어려워진다. 사실, 선전(先秦) 때의 여러 학파가 '도(道)'라고 언급했을 때, 그것은 후대의 사람들이 상상하는 그런 신비로운 '말로 표현할 수 없는 도(道)'가 아니었다. 거칠게 말하자면, 글쓰기의 경로를 '서도(書道)'라고 했고, 예의 학문의 경로를 '천리(踐履: 실천해야 할 길)'이라고 했다(『설문·시(示)부수』에서 "예(禮)는 리(履)와 같아 실천하다는 뜻이다."라고 했다). 즉, 각 학파의 학문적 길(道)도 이 같은 인지 패턴에 불과하다. 유가(儒家)의 도는 유학의 문으로 들어가는 길, 즉 인(仁)의 실천 등을 의미한다. 묵가(墨家)의 도는 묵가의 문으로 들어가는 길, 즉 '겸애(兼愛)', '비공(非攻)', '명귀(明鬼)', '논리' 등을 의미한다. 법가(法家)의 도는 법가의 문으로 들어가는 길을 의미한다. 도가(道家)의 도 역시 각종 문으로 들어가는 총체적 길이기 때문에 '도가학설(道家學說)'을 '철학(哲學)'이라고 부른다. 『역·계사(繫辭)』(하)에서는 "하늘 아래의 목표는 동일하나 길은 다양하며, 목표는 일치하나 생각은 다양하다.(天下同歸而殊途, 一致而百慮.)"라고 했는데, 여기서의 '다양한 길'은 이러한 비유에서 가져온 것일지도 모른다. 또한 『한서·예문지·제자략(諸子略)』을 참고할 수 있다.

6) [역주] 이 설명은 인간의 인지가 구체적인 경험에서 시작하여 점차 추상적인 개념으로 발전해 나가는 과정을 서술하고 있다. 이는 인지심리학과 교육학에서 논의되는 인지발달이론과 일맥상통하며, 특히 피아제(Jean Piaget, 1896~1980)의 인지 발달 단계 이론이나 비고츠키(Lev Vygotsky, 1896~1934)의 근접발달 영역 이론과 같은 개념들을 연상시킨다.

따라 열거하고, '고문(古文)'과 '주문(籒文)'을 이에 결합하여 참조하도
록 배치하였다.[7] 또 널리 학문이 깊고 넓은 전문가[8]들의 주장을 선
택할 때에는 크고 작은 모든 주장에 대해 진실 되고 믿을 수 있으면
서 확실한 증거가 있는 경우만으로 한정했다. 문자에 대한 해설을
기술할 때에는 문자가 나타낼 수 있는 모든 사물을 범주별로 총괄
정리함으로써, 잘못된 해석을 바로 잡고, 배우는 사람들로 하여금
문자의 본 모습을 분명하게 알게 하고, 조자(造字)의 신묘한 뜻을 깨
우쳐서 통달하도록 하였다. 수록한 모든 글자들을 범주에 따라 분류

---

7) [역주] 이는 『설문』 전체를 관통하고 있는 중요한 체제이다. 이에 대해 『단주』
에서는 이렇게 설명했다. "여기서 말한 '전문(篆文)'이란 소전(小篆)을 말하며, 고
주(古籒)란 고문(古文)과 주문(籒文)을 말한다. 허신은 복고를 중요시하였다. 그
런데도 설명과정에서 고문(古文)과 주문(籒文)을 앞에 놓지 않은 것은, 사람들로
하여금 가까운 옛날로부터 더 먼 옛날의 것을 고찰하기를 바란 것이다. 소전(小
篆)의 경우 고문(古文)과 주문(籒文)에서 변하지 않은 것이 많았다. 그래서 소전
(小篆)을 앞에다 나열했는데, 그것은 바로 고문(古文)과 주문(籒文)을 설명하기
위함이었다. 예서(隸書)는 고문(古文)과 주문(籒文)으로부터 시간적으로 아주 멀
리 떨어져 있는 관계로 원류를 살피기가 어려웠다. 그래서 소전을 앞에다 나열
해야만 했다. 그 가운데 이미 고문이나 주문을 고친 소전이나, 고문이나 주문과
다른 소전의 경우는 고문과 주문을 소전의 뒤에 덧붙여 놓고 '고문으로는 이렇
게 쓴다.'라거나, '주문으로는 이렇게 쓴다.'라고 하였다. 이것이 이 책 전체를
관통하는 체제이다. 이의 변례(變例)도 있는데, 바로 고문이나 주문을 앞에다 두
고, 소전을 그 뒤에 배열한 것이다. 예컨대, 제1편의 '상(二, 上)'자 아래에다 '상
(丄)'의 고문체이다라고 하였고, '하(丅, 下)' 아래에서는 '하(二)의 전서체이다라
고 한 것과 같은 것들이다. 먼저 '고문(古文)'을 배열하고 뒤에다 '소전(小篆)'을
배열한 경우를 보면, '방(旁)'자와 '제(帝)'자가 '상(二, 上)'으로 구성되었기 때문
에, 반드시 '상(二, 上)'을 부수로 세워 이들 글자가 귀속될 수 있도록 하기 위함
이었다. 무릇 책 전체에서 '고문이나 주문을 먼저 배열하고 소전을 뒤에 배열한
것'은 모두 그것들이 부수로 세워졌기 때문이다."
8) [역주] 통인(通人)을 이렇게 번역하였다. 이는 당시 학문적 성취를 크게 이룬 사
람들이다. 『설문』에 인용된 '통인'에 대해 『단주』에서는 공자(孔子), 초(楚)나라
장왕(莊王), 한비(韓非), 사마상여(司馬相如), 회남왕(淮南王), 동중서(董仲舒), 유
흠(劉歆), 양웅(楊雄), 원례(爰禮), 윤동(尹彤), 록안(逯安), 왕육(王育), 장도(莊都),
구양교(歐陽喬), 황호(黃顥), 담장(譚長), 주성(周成), 관부(官溥), 장철(張徹), 녕엄
(甯嚴), 상흠(桑欽), 두림(杜林), 위굉(衛宏), 서순(徐巡), 반고(班固), 부의(傅毅)를
비롯해 자신의 스승이기 때문에 '가시중(賈侍中)'이라고 불렸던 가규(賈逵) 등 총
27명이라 하였다. 그러나 왕균(王筠)은 여기에다 경방(京房)과 장림(張林)을 각각
유흠(劉歆)과 장도(莊都) 앞에 배열하여 총 29명이라 하였다.

하였고 이를 부수(部首) 별로 나누어 배열하여 서로 뒤섞이지 않도록 하였다. 그리하여 만물만사 모두가 이 책에서 찾아볼 수 있게 되었고, 완벽하게 수록되지 않은 것이 없게 되었다.

(今敍篆文, 合以古籍, 博采通人, 至於小大, 信而有證, 稽譔其說. 將以理群類, 解謬誤, 曉學者, 達神恉. 分別部居, 不相雜厠. 萬物咸睹, 靡不兼載.)

『설문』은 총 9,431자를 수록하고 있는데9), 이들을 형상적 기호로 연결하고 의미에 따라 분류했으며10), 수만 자의 형태 구조를 다양하게 분류하여 총 540개의 부수(部首) 속에 통합시켰다. 이것이 바로 "수록한 모든 글자들을 범주에 따라 분류하였고 이를 부수(部首) 별로 나누어 배열하여 서로 뒤섞이지 않도록 하였다.(分別部居, 不相雜厠)"라는 체계를 의미한다.11)

'방물(方物)'이라는 말은 중국어 역사에서 초기에 사용되었던 인지학 용어로, 그 문법적 기능은 동사적 성격을 지닌다고 할 수 있다. 이

---

9) [역주] 최근 필자가 완역한 『완역설문해자』에 의하면, '신부자(新附字)'를 포함하여 총 9,833자가 수록된 된 것으로 확인되었다. 상세한 것은 『완역설문해자』(5책, 도서출판3, 2013) 참조.

10) 허신(許愼)의 『설문(說文)』에서는 일부 범주에서 소리부(聲符)로 범주로 선택하는 경우가 있다. 처음부터 끝까지 일관성을 유지하지 못하였는데, 이는 전체의 조화를 고려한 결과일 수도 있다.

11) 화동사범대학(華東師範大學) 중국문자연구 및 응용센터의 기반 데이터 연구 개발 센터에서 연구한 "빅 데이터 네트워크 기반의 '자해(字海)' 및 '한자 문화권 한자 서술 기억 텍스트 데이터베이스" 통계에 따르면, 송나라 때의 대서(大徐)본 『설문해자(說文解字)』에는 새롭게 추가된 소전(小篆) 402자가 포함되었으며, 총 9,833개의 소전 표제자가 수록되어 있다. 이러한 통계 결과로, 송나라 대서본 『설문』에는 실제로 9,431개의 소전이 수록되어 있어, 「서(敍)」에서 주장한 9,353개의 소전체보다 많다. 그중 8,403개는 '某聲(~가 소리부)', '某亦聲(~는 소리부도 겸한다)', '某省聲(~의 생략된 모습이 소리부)' 등의 형태로 표시되어 있는데, 이는 형성구조에 포함되어 있지 않다. 예를 들면, 『설문』에서 형식적으로 표시되지 않은 구조, 예컨대 「아(我)부수」의 '의(義)'자 항목에서 '아(我)와 양(羊)으로 구성되었다(從我羊)'는 '양(羊)이 의미부이고 아(我)가 소리부이다(從羊我聲)'로 분류된 것 등이 있다.

는 '식별하다'나 '사물의 상태를 형용하다'라는 뜻으로, 오늘날의 말로 하자면 '인지적 분류'라고 해석할 수 있다. 『국어(國語)·초어(楚語)』(하)에 "민간의 신들이 혼재되어 있어 구분할 수가 없다(民神雜糅, 不可方物.)"라고 한 언급이 있는데, 위소(韋昭)의 주석에 따르면, "방(方)은 구별하다(別)는 뜻이며, 물(物)은 명칭(名)이라는 뜻이다." 과학은 분류의 과정이며, 분류라는 것은 범주(카테고리)를 선택하는 것을 의미한다. 『설문』의 분류는 다른 문헌 기록에 비해, 고대 중국인의 인지방식과 그 발전과정을 더욱 진술하게 반영하였다고 할 수 있다.

연구자들이 이미 언급했던 것처럼, 관련 인지모델에는 소위 '형태에 따른 분류와 일괄 기억'이 포함되어 있다. 한자는 왜 부수(部首)에 따라 배열되었으며, 그 역사가 어떻게 해서 그토록 오랜 세월에 걸쳐 현대의 해서(楷書) 배열에까지 영향을 주었던 것일까? 그것은 바로 부수에 의한 배열이 근본적으로 한자의 형태 구조적 특성과 관련된 인지 규칙에 부합하기 때문이다. 형상에 따라 연결함으로써 대량의 한자를 '일괄적으로' 배열하여 형태 구조의 시각적 연관성을 구축하고, 인지 효과를 높인다. 이런 의미에서 허신(許愼)의 『설문』의 배열과 조합의 가장 큰 공헌은 바로 한자의 형태적 특징을 따라 정보를 '일괄적으로' 배열했던 것에 있다. 필자는 여러 차례 다양한 곳에서 이 점에 대해 분석한 바 있다. 『설문』이 후세의 한자 정리에 미친 가장 깊은 영향은 바로 글자 형태 구조의 분류에 있다. 즉 외견상 산만하게 흩어져 있는 것처럼 보이던 문자 그룹으로부터 공통의 형태적 요소를 찾아내어 추출하고, 그를 바탕으로 공통의 관계 유형을 구축했던 것이다. 이것을 수학적 방법에 비유하면, 대수학에서의 인수분해 과정의 '최대공약수(GCF) 추출'과 유사한데, 이를 통해 '인지 원형'을 구축했던 것이다. 이런 과학적 사고는 후대의 어휘 모음은 물론 후대의 문자 정리에도 획기적인 의미를 가진다.

『설문』에서 추출한 부수(部首)를 외연적으로 말하자면, 하나의 범위에 해당한다. 그것이 가리키는 의미적 영역은 하나의 범주를 의미하며, 이 범주의 대표적인 기호 즉 의미부(形符)는 인지심리학에서의 '인지 원형' 혹은 시각적으로 표현되는 '시각적 관용구'에 해당한다. 인공지능(AI)의 인지 원리에서는 숫자에서 이미지로의 변환, 즉 일차원에서 이차원으로의 식별을 완성하게 된다.[12] 그러나 한자 체계의 인지적 복잡성은 다음과 같은 데 있다. 즉 대부분의 한자 구조는 지시 숫자와 이미지 사이에 위치한다. 다시 말해 한자의 구조가 얼마나 형상적이든 간에 원칙적으로 그 추상적 개괄성은 이미지 형태보다 높다. 인지심리학에서는 범주화된 인지 활동이 주체와 객체의 상호작용 과정이라고 간주한다. 모든 사물의 인지 범주는 개념적으로 도드라지는 '원형'에 기반하며, 그 '원형'은 범주 형성에 핵심으로 기능한다. 범주의 핵심으로서의 '원형'은 스키마화 된 심리적 표상으로, 범주화의 인지적 참조점이다. 어떤 사물이 원형과 유사하게 일치하기만 하면 해당 범주의 구성원이 될 수 있으며, 이로써 인지된다. 이러한 '묶음' 과정에서 형성(形聲) 구조만이 가장 편리한 처리방법이다. 이로부터 한자 체계에서 '형성 인지(形聲認知)' 구조의 생산능력에 관한 심층적 원인이 과학적으로 밝혀지게 된다.

『설문』의 540개 부수와 후세의 한자 자전에서 설정한 부수의 병합과 재분류 상황을 비교 분석하는 과정을 통해 부수들의 통합과 선택, 그리고 부수 간의 내재적 연계를 정리할 수 있다. 결과적으로,『설문』에서 설정한 540개 부수의 문자 단위는 전반적으로 한자 시스템을

---

12) 추출하는 단위가 작으면 작을수록 그것은 더욱 보편성을 가진다. 물리학에서는 유효한 정보 단위를 '양자(量子)' 수준까지 분해하면, 우주공간 어디든지 도달할 수 있다. 소위 통신 시간이라는 것도 무시될 수 있어, 순간적으로 어디든 도달할 수 있다. 본질적으로, 이는 우리 주변의 양자 정보가 바로 우주 공간의 모든 양자 정보라는 것을 의미한다.

통합하기 위해 필요한 수량을 초과하였으며, 일부 중복성도 존재한다 하겠다. 그러나 부수를 병합하는 부분에서 단순히 수량을 줄이는 것만이 좋은 것은 아니다. 최소한의 원칙을 따라야 하는데, 그것은 부수로 사용되는 편방(偏旁)이 전체 글자의 구조에서 첫 번째 단계(제1층차)로 분석되는 구성 요소가 되어야 한다는 것이다. 그렇지 않으면 많은 한자가 분류하기 어려워진다.

  예를 들면, '착(辵)'부수와 '주(走)'부수의 경우, 이들을 다시 분석하면 공통으로 '지(止)'를 분리해 낼 수 있으므로, 이들 부수에 속한 모든 글자를 '지(止)'부수에 통합하는 것이 가능하다. 그러나 그렇게 하면, 이 몇몇 부수들의 글자들은 두 번째 단계(제2층차)에서 해당 부수를 찾아야 한다. 그렇게 되면 부수 두 개를 줄이기 위해 수많은 글자의 분류가 더 어려워지고, 그 결과 검색의 어려움이 증가한다. 이러한 인식을 바탕으로, 『설문』은 '지(只)'나 '고(古)'와 같은 몇몇 부수를 따로 설정하였다. 실제로 이러한 부수들은 단지 한 두 자만을 포함하고 있기도 하다. 현대 한자 자전에서 나타난 부수 수의 큰 감소는 주로 이러한 상황의 조정에서 기인한 것이라 하겠다.

  필자가 속한 연구팀이 얻은 데이터에 따르면, 한자 시스템을 효과적으로 통합하기 위해서는 약 400개 정도의 기본 문자를 유지해야 하는 것으로 밝혀졌다. 이런 수량을 유지해야만 검색의 어려움이 증가하지 않을 수 있다. 문자 시스템의 '기본 구성 문자'가 지속적으로 수백 개만 유지된다면, 그것은 형태 구조와 기록된 독음 및 의미의 관계가 일정하게 대응되는 요구를 기본적으로 만족시킬 수는 있을 것이다. 그러나 반대로, 만약 몇 십 개만 있다면, 그것은 독음 기록 단계까지만 관리할 수 있을 것이다. 몇 개의 기호 단위만을 초과하더라도 형태의 조합에서 무한한 변화의 필요를 충족시킬 수 있지만, 그것은 복잡한 대응 관계의 유형을 관리할 필요가 없을 것이다. 그러나 다시 되돌아와서 말하자면, 서면 기록 시스템에서 사용한 '기본 구성 문자'가 수백 개나 되지만, 이는 일반 사용자에게는 일정 기간 사용한 후에 정도는 다르다 하더라도 위치 변경과 변이가 거의 불가피한 현상이라 할 수 있다. 역사적으로 존재하는 대량의 이체자(異體字)들은 역대 한자 서사의 현실적 존재물이라 할 수 있다.[13]

---

13) 臧克和, 『結構與意義』, 143~152쪽, 『中國文字研究』, 總第18輯, 上海人民出版社, 2012年.

부록:

부수분류로 살펴본 인지발전의 추세

『설문』으로부터 최초의 해서(楷書)체 사전인 남조(南朝) 양(梁)나라 때의 원본『옥편(玉篇)』에 이르기까지, 그 부수분류 원칙 및 수량 규정은 기본적으로 계승되었다. 역대 문자 어휘 데이터베이스에 따르면, 송본(宋本)『옥편』에는 총 22,794자가 수록되었다. 당(唐)나라 때의 봉연(封演)의 기록에 따르면『원본 옥편』에는 16,917자가 수록되어 있다고 하였으므로, 이론적으로 보자면『송본 옥편』은『원본 옥편』에 비해 5,877자가 증가하였다. 우리 연구팀이 구축한 데이터베이스에 의하면 당(唐)나라 때의 일본 승려 공해(空海)가 저술한『전례만상명의(篆隸萬象名義)』[1]에는 15,291자가 수록되었다. 그러나 이에 근거하여 단순히『명의(名義)』가『원본 옥편』의 글자 수보다 적게 필사되

---

1) [역주]『전례만상명의(篆隸萬象名義)』는 남조(南朝) 양(梁)나라 때의 고야왕(顧野王)이 쓴『옥편(玉篇)』을 바탕으로 일본의 구카이(空海, 774-835)가 편찬한 한자 사전이다. 이는『옥편』의 기본 형태를 유지하면서도 내용을 보완하고 수정했는데, 총 15,291자를 수록한 것으로 알려져 있다.『전례만상명의』는 한자의 서체 표준뿐만 아니라 독음과 의미도 포함하여 중세 언어음과 해석 연구에 큰 가치를 지닌다. 현전하는 판본은 토바(鳥羽) 영년(永年) 2년(송 徽宗 政和 4년, 1114년)에 작성된 필사본으로, 많은 속자와 오자가 포함되어 있어 연구에 어려움을 주고 있다. 최근 몇 십 년간 중국 속자와 특히 돈황 이체자 연구 등이 심화되면서『전례만상명의』의 속자와 이체자에 대한 연구도 활발히 이루어졌다.『전례만상명의』는 한자의 발전 과정, 글자의 형태 변화 및 의미 변화를 이해하는 데 중요한 의의를 지니며, 이는 한자 연구뿐만 아니라 고대 사회 문화와 언어 환경을 이해하는 데에도 중요한 자료로 평가 받고 있다. 대표적인 연구 성과로는 呂浩,『篆隸萬象名義研究』(上海古籍出版社, 2006)를 들 수 있다. 아래에서는『명의(名義)』로 줄여 부른다.

었거나 『송본 옥편』이 7,503자가 증가했다고 판단할 수는 없다. 왜냐하면 『명의(名義)』에서는 소위 '전례(篆隸: 전서와 예서)'로 된 표제자만을 기록하였지 『설문』에서 언급한 대량의 이체자는 포함하지 않았기 때문이다. 또한 『송본 옥편』의 일부 범주는 『명의(名義)』에 비해 누락된 텍스트가 있을 수 있으며, 『설문』에서의 이체자 통계 및 동형 문자의 이체자 등, 글자 간의 관계 정의에서도 일정한 차이가 존재하고 있기 때문이기도 하다.2)

　『송본 옥편』, 『원본(原本) 옥편』, 『명의(名義)』를 부수별로 대조 검토한 결과, 추가된 글자 수는 총 5,298자로, 『송본 옥편』의 전체 글자 수의 23.2%를 차지하는데, 이는 중복해서 나온 추가된 글자를 제외하고 동형자(同形字)를 적절히 고려한 결과이다. 추가된 글자 중 140자가 중복으로 나타났는데, 이는 두 가지 상황으로 볼 수 있다. 하나는 이미 기록되어 있지만 후대 사람들이 인지하지 못하고 다시 기록한 것이거나 여러 부수에서 반복하여 추가된 경우이다. 이 경우는 추가 글자가 잘못 더해진 경우로, 총 119자가 여기에 해당하며, 여기서는 제외한다. 다른 하나는 나중에 나온 독음이나 의미가 다른 동형자(同形字)들인데, 이들은 이전의 형태와 동일하기 때문에 쉽게 혼동될 수 있다. 『송본 옥편』에서는 다음자(多音字)와 다의자(多義字)로 기술된 것 외에 이들도 동형자(同形字)로 간주되어야 한다. 물론 후대의 전사 과정에서 잘못된 형태로 동형(同形)이 되었거나, 독음과 의미가 점차 사라져 오류로 새로운 글자가 되었을 가능성도 있다.

　만약 『송본 옥편』에서 큰 글자로 된 해서(楷書)체의 표제자만을 통

---

2) 『원본 옥편』, 『송본 옥편』 및 『전례만상명의』 간의 관계에 대해서는 장극화(臧克和)의 『중고 한자의 흐름 변화』에 부록으로 수록된 『전례만상명의 해례』를 참고하면 된다. 책 제목은 간략하게 사용되었다(상해: 화동(華東)사범대학출판사 2008년). 데이터 통계는 화동사범대학 중국문자연구와 응용센터에서 개발한 "역대 문자어휘 데이터베이스"에서 추출하였다. 이하 동일.

계 대상으로 잡되, 해설 속에 출현하지만 큰 글자로 된 표제자에는 보이지 않는 이체자의 양은 집계에 포함하지 않았다. 그래서 추가된 이체자를 포함한다면 『송본 옥편』에서 실제 추가된 글자 수는 이보다 약간 더 많을 것이다.

『송본 옥편』의 각 부수에서 표제자 자리에 위치하는 글자의 수는 절대 다수가 해설 속에 나타나는 글자와 비교해 보면 그 양에서 큰 차이가 존재한다. 이러한 관계는 『송본 옥편』의 추가된 글자들에서 매우 명확하게 보인다. 예를 들면, 166번째 부수인 「죽(竹)부수」에서 "무릇(凡) 506자"라고 표기했지만, 실제 표제자는 464자이다. 또 539번째 부수인 「유(酉)부수」에서는 "무릇(凡) 171자"라고 표기했지만 실제로는 151자이고, 285번째 부수인 「수(水)부수」에서는 "무릇(凡) 957자"라고 표기했지만 실제로는 866자이며, 442번째 부수인 「포(勹)부수」는 "무릇(凡) 35자"라고 표기했지만 실제로는 30자이다.……이로 보아 『송본 옥편』에서 말한 '무릇(凡) ×××자'와 표제자는 반드시 일치하는 단위가 아니며, 이는 각 부수의 글자 해설과 연관된 이체자도 포함된 숫자라 하겠다.

추가된 글자의 통계 데이터는 필연적으로 이체(異體), 분화(分化), 중복출현(重出) 등의 글자 간 관계의 정의와 관련되어 있다. 먼저, 통계의 대상은 예변(隸變)[3] 이후에 고정된 해서(楷書)이므로, 정자화 과정에서 생성된 상당한 부분의 이체자 그룹을 자연스럽게 포함하게 되는데, 이는 해서체 글자 수량이 크게 증가한 주요한 이유 중 하나

---

3) [역주] '예변(隸變)'은 한자가 전서(篆書)에서 예서(隸書)로 변화한 과정을 말한다. 한자의 역사에서 가장 변화가 심한 과정으로 평가된다. 이 과정은 전서의 구조를 간소화하여 둥근 필획을 직각으로 바꾸고 곡선의 사용을 줄였는데, 주요 특징은 필획에 굵기의 변화와 파책(波磔: 끝이 넓어지는 필법)이 나타난 것과 글자 모양이 세로로 긴 원형에서 가로로 넓은 방형으로 변화했다는 것으로 요약할 수 있다. 이를 통해 한자의 필사 효율성을 높였고, 현대 한자의 기초를 마련했으며, 한자의 예술성을 풍부하게 했다.

이다. 추가된 글자의 통계에는 이체자를 제외하지 않았는데, 이체자는 실제로 어휘 기준 하의 글자 간 관계를 포함하고 글자 형태의 차이라는 특성을 무시하지 않았을 뿐더러, 『송본 옥편』에 수록된 22,794개의 표제자 중 많은 것이 이체 관계에 있음도 고려했다. 그 다음으로, 이후에 나온 일부 분화자(分化字)들도 포함된다. 이밖에도, 『명의(名義)』에 비해 『송본 옥편』에서 새로 추가된 글자를 정확하게 통계하려면, 각 판본 간의 부수분류 차이와 같은 내부 요인도 고려해야 한다. 추가된 글자 중 140자가 중복되며, 각 부수 별로 비교하면 이것은 새로 추가된 글자이지만, 부수 범주의 경계를 깨면, 일부 반복 수록된 자형이 발견되기도 한다. 따라서 여기서 119자를 다시 빼야 하는데, 이 119자의 목록은 다음과 같다.

穽·㪷·寇·[illegible]·惹·娀·蓹·臭·笈·剏·菰·蕕·藙·褄·
豿·䈽·䦘·鞕·颭·躐·覔·叡·杏·嫪·槲·凤·猈·㬥·罹·
朧·軙·迈·靋·虋·勆·鬗·個·僕·僝·勒·勳·庫·嗒·䟫·
囦·圉·坰·堊·墨·奪·孛·孜·孱·尖·㞵·崽·忤·敵·敶·
昧·昪·昫·㫥·晵·暖·朷·枤·杲·栺·楕·欻·氅·㴔·汃·
滷·炙·𦓤·㺝·曄·盍·䁥·竊·簉·糾·絞·緯·縣·羛·羼·
腜·臘·茫·蒞·茜·菟·菩·蒢·薖·蕩·號·蛙·蚷·蚡·蝚·
覞·犄·賊·郄·醜·霍·鞁·鐵·䜃·頪·頳·鳴·鴣·鶇·齠.

『송본 옥편』에서 추가된 5,298자가 542부수에 어떻게 분포되었는가 하는 것은 어떤 해서체 구조 유형에 대한 인지발전 규칙과 사회생활의 발전추세를 직접적으로 반영한다. 『송본 옥편』에 추가된 5,298자는 총 139개 부수에 분포되어 있으며, 그중 100자 이상 추가된 부수는 14개 부수로, 각기 "수(水), 초(艸), 죽(竹), 구(口), 심(心), 수(手), 충(蟲), 목(木), 산(山), 석(石), 인(人), 조(鳥), 목(目), 견(犬)부수" 등이 그들이다. 이것으로 보아 일상생활과 밀접한 관련이 있으며 구별정도 (區別度)가 높은 편방(偏旁)과 부수에서, 그것의 구성 확장 능력이 다른 범주보다 뚜렷하게 강하다는 것을 알 수 있다.4)

추가된 글자 수의 변화를 반영하기 위해 주로 각 부수별로 추가된 글자 수와 추가된 비율이라는 두 가지 요소를 고려해야 한다. 이 두 가지 요소를 포함하는 통계 기준에 따라, 새로 증가한 이러한 유형의 글자는 「시(示)부수」에서 「유(酉)부수」까지의 48개 범주를 포함하고 있다.

조사한 데이터에 따르면, 중세 이후 『송본 옥편』에서 새로 추가된 글자 수는 30%에 가깝거나 그 이상 증가했는데, 그들의 주요 분포 영역은 다음과 같은 한자 인지발전의 특정 경향을 나타내 주고 있다.

첫째, 인간의 시각 인지 수준에 관한 것이다. 인간의 시각, 청각, 후각, 미각, 촉각은 각각 눈, 귀, 코, 혀, 몸에 대응하며, 각각의 감각 조직의 구조와 그들의 통합적 작용으로 의식이 생겨나게 된다. 따라서 인간의 관련 감각과 관련한 글자 수가 뚜렷하게 증가하면 인지의 발전을 반영한다. 이들은 시각 범주에서 나타났는데, 예를 들어 48번째의 「목(目)부수」의 경우, 『송본 옥편』에서 추가된 글자는 103자로, 증가 비율은 30.29%에 이른다.

관련 범주를 보면, 50번째의 「구(䀠)부수」의 경우, 『송본 옥편』에서 이 부수에 추가된 글자는 7자로, 증가 비율은 54%에 달한다. 또 52번째의 「견(見)부수」의 경우, 이 부수에 추가된 글자는 36자로, 증가율은 37%에 달한다. 그러나 이들 부수의 전체 글자 수는 원래부터

---

4) "역대 문자 어휘 데이터베이스"의 통계에 따르면 새로 추가된 문자는 총 5,298개다. 다양한 변형 형태의 표현 위치와 문자 간의 관계 등으로 인해, 각 부분에서의 신규 문자 추가는 대략적인 숫자일 뿐이다. 여기의 통계는 일부 관련 논문에서 제공된 데이터와 일치하지 않는 부분도 있다.

매우 적어, 통계 샘플 추출 원칙에 부합하지 않는다. 다만 여기서는 이들이 모두 시각유형과 관련되어 있기에 함께 언급했을 뿐이다.

한자의 가장 기본적인 특성은 조직된 구조라는 데 있으며, 이 조직된 구조는 형태의 조합 방식으로 나타난다. 외부 구조 형태는 인간의 인지 경로 즉 시각에 의존한다. 문자의 전파가 점점 확산함에 따라 시각 인지는 주요 인지 채널이 되었다.[5] 인간의 모든 인지에 참여하는 감각 중에서, 시각 인지는 언제나 정보를 획득하는 주요 경로로 존재했다. 이 관계는 특히 한자 시스템에서 두드러지게 나타나며, 보면 바로 구별할 수 있다. 예를 들어, 각각의 감각을 분류하여 얻은 「목(目)부수」의 두드러진 비율과 「목(目)부수」 귀속 글자의 사용 빈도가 높은 점 등을 통해 볼 수 있다. 한자의 통시 자료 데이터베이스를 통해, 눈, 귀, 코, 혀와 같은 인지 경로의 비중을 쉽게 비교할 수 있다. 『설문』의 「목(目)부수」에는 총 119자가 수록되어 있지만, 「이(耳)부수」에는 33자만 수록되어 있고, 「비(鼻)부수」에는 5자만 포함되어 있으며, 「설(舌)부수」에는 3자만 수록되어 있으며, 「감(甘)부수」에는 8자가 포함되어 있다. 남북조 때의 글자 수를 반영하는 『전례만상명의(篆隷萬象名義)』는 207자로 발전하였다. 또 『옥편』은 남북조 이후 당나라 때의 기본 정자를 축적하였는데, 「목(目)부수」는 304자로 발전하였으며(『설문』의 제8권에서 별도로 분류된 「견(見)부수」의 43자와 「요(覜)부수」의 3자를 포함하지 않음), 「이(耳)부수」는 89자, 「비(鼻)부수」는 23자, 「설(舌)부수」는 9자이다.

한자의 역사적 발전과정에서 특히 두드러지는 것은 '시각'이며, 이것은 한자 문자열이 기록하는 언어의 현실과도 일치한다. 아래의 간단한 예와 같이, 말하기에 관한 표현에서도 시각적 표현이 사용되었

---

5) 臧克和, 「結構的整體性－漢字與視知覺」, 『語言文字應用』, 2006年 第3期.

는데, '講明白(분명하게 설명하다)', '瞎說(무작정 말하다)', '瞎講一氣(무작정 떠들다)' 등이 그렇다. 또 행동을 나타내는 데에도 시각적 표현이 사용되었는데, '瞎撞(무작정 부딪히다)', '瞎胡鬧(무작정 시끄럽게 놀다)', '瞎指揮(무작정 지휘하다)', '盲人摸象(맹인이 코끼리를 만지다)', '坐井觀天(우물에 앉아 하늘을 바라보다)', '盲目樂觀(무작정 낙관하다)' 등이 그렇다. 또 심리적인 표현에서도 시각적 표현이 사용되었는데, '黯然失色(풀이 죽다)', '賞心悅目(눈과 마음에 들다)', '眼中釘(눈엣가시)', '肉中刺(눈엣가시)', '心靈窗口(마음의 창)' 등이 그렇다. 또 지능 활동을 나타내는 데에도 시각적 표현이 사용되었는데, '眼明心亮(눈이 밝고 마음이 밝다)', '明察秋毫(지극히 미세한 것까지 살피다)', '明智(명철하다)', '一葉障目(나뭇잎이 눈을 가리다: 부분적 현상에 미혹되어 전체를 보지 못하다)' 등이 그렇다.

미각에 관한 표현에서도 시각적 표현이 사용되었다. 예를 들면, '黑睡(깊이/달게 자다)', '色香味(음식의 색깔, 향, 맛)'과 같은 것들이다. 또 청각에 관한 표현에서도 시각적 참여가 강조되었다. 예를 들면 '聽得見(들리다)'와 '聽不見(들리지 않다)', '百聞不如一見(백 번 듣는 것 보다 한 번 보는 것이 낫다)', '耳聽爲虛, 眼見爲實(귀로 듣는 것은 믿을 수 없으며 눈으로 보는 것이 진짜다)'와 같은 것들이다. 심지어 문자 표현 효과나 이상적인 상태에서도 '狀難寫之景如在目前(묘사하기 힘든 경치가 눈앞에 펼쳐져 있는 듯하다)'과 같은 방식으로 표현되었다. 이전의 언어 사용 연구자들은 '공감각(通感: 한 가지 유형의 감각 자극이 다른 영역의 감각을 불러일으키는 상태)'에 대해 주로 이야기하였지만, 사실상 그것은 상대적으로 포괄적인 개요에 머물러 있었다. 다양한 언어 사용자들의 신체 구조와 인지방식은 유사하다. 즉, 하나의 감각에서 출발하여 다른 감각이나 개념을 이해하고 표현하는 인지 메커니즘이 그것이다. 그로 인해 인류는 동일한 인지 능력을 가지고 있다. 여기에는 시간(時間), 공간(空間), 시각(視覺), 청각(聽覺), 촉각(觸覺), 미각(味覺), 후각(嗅覺) 등의 감각이 포함되며, 모든 감각 경로는 '각(覺)'자를 사용하여 표현된다. 이는 불교에서 말하는 '각성(覺悟)'의 '각(覺)'과 같은 것으로, 사용 빈도가 매우 높은 구조이다. 『설문』에서는 "각(覺)은 깨어있다는 뜻이다(寤也). 견(見)이 의미부이고 학(學)의 생략된 모습이 소리부이다. 일설에는 '발각되다'는 뜻이다(發也)라고도 한다."라고 했다. 이는 '각(覺)'자가 '견(見)'자에서 그 의미를 취한 구조 즉 시각에 의존하게 했는데, 이는 눈, 귀, 코, 혀, 몸, 의식의 근원임이 분명함을 설명해 준다. '각(覺)'자의 구조는 진한(秦漢) 사대에서부터 육조(六朝)와 수당(隋唐) 오대(五代)에 이르기까지 모두 정자체(正體)를 사용했다. 예컨대, 한나라 때의 「유사간(流沙簡)」에서는 [글자]으로, 당나라 때의 안진경(顏眞卿)이 쓴 「다보탑문(多寶塔文)」에서는 [글자]으로, 당나라 때의 석경(石經)에서는 [글자]으로 썼으며, 당나라 때의 「만수사기(萬壽寺記)」에서만 [글자]으로 써, 견(見)에서 의미를 가져오되 문(文)으로 구성된 구조를 보여주고 있다(이들은 모두 『漢魏六朝隋唐五代字形表·見部』에 보인다).[6]

둘째, 인간의 행동 능력 발전에 관한 부분이다. 예를 들어 62번째

---

6) 소위 '색 바깥에는 공간이 없다(色外無空)'라고 한다. 인간은 자연의 진화 과정에서 특정 단계에 도달한 결과물로, 우주 전체와 그 특성을 이해할 수 있는 것은 인간 눈의 시각 망막 구조 특성에 의해 볼 수 있는 것과 뇌의 신경 구조에 의해 생각할 수 있는 범위에 의해 제한된다. 만약 수십만 년의 진화 역사가 인간의 시각 체계를 더욱 세밀하게 만들었다면, 오늘날의 세계와 인류 자체의 형상을 볼 때, 그것은 분명히 거칠고 불쾌하게 느껴졌을 것이다. 2018년 중순에 글을 쓰느라 고생한 후, 눈이 건조해졌다. 새벽에 깨어나 눈을 뜨려 애썼는데, 눈꺼풀이 끌어당겨져 눈동자가 수평에서 수직으로 바뀌었다. 갑자기 침대가 수직으로 서 있는 것을 발견했고, 다른 책상 등의 물건들도 모두 수직 상태였다. 이 잠시 동안의 위치 오류 현상은 시각 감각의 구조적 변화와 인지 경험에 기인한 것으로 보인다. 이를 통해 볼 때, 사람들이 인지하는 세상은 단순히 시각적 감각의 구조에 따른 것이라고 할 수 있다.

의 「삼(彡)부수」는 『송본 옥편』에서 이 부수에 9자가 새로이 추가되었으며(증가율 37.5%), 119번째의 「척(彳)부수」에서는 47자가 새로 추가되었는데(증가율 42%), 이러한 범주들의 발전은 상당히 두드러진 현상이다. 사람의 행동 인지를 기록한 한자는 구체적인 것에서 추상적인 것으로, 실체에서 가상의 이미지로 발전해 나가며, 그 사용 범위는 점차 확장되고 있다.

셋째, 인간과 자연 간 관계의 인지발전에 관한 부분이다. 바람, 비, 해, 달 등 인간의 생활과 밀접하게 관련된 자연 현상 및 관련 개념도 점차 풍부해지며, 이것은 관련 부수에서 새로운 글자가 크게 늘어난 것으로 나타났다. 예를 들면, 297번째의 「우(雨)부수」의 경우 『송본 옥편』에서 이 부수에 53자가 새로이 추가되었으며(증가율 35%), 299번째의 「풍(風)부수」에서는 49자가 추가되었으며(증가율 50%), 304번째의 「일(日)부수」에서는 78자가 추가되었으며(증가율 32%), 343번째의 「산(山)부수」에서는 130자가 추가되었으며(증가율 48%), 351번째의 「석(石)부수」에서는 125자가 추가되었으며(증가율 45.9%), 301번째의 「귀(鬼)부수」에서는 37자가 추가되었다(증가율 53%).

또한, 인간과 자연 간의 관계 인지 수준은 인간과 동물 간의 관계에 관한 인지발전에서도 나타났다. 새, 짐승, 곤충, 물고기 등 인간의 생활과 밀접한 동물에 대한 분류가 점점 더 세분되며, 관련된 부수에서의 새로운 글자 증가도 뚜렷하게 나타난다. 예를 들어, 357번째의 「마(馬)부수」에서 『송본 옥편』은 85자를 새로이 추가하였으며(증가율 30%), 358번째의 「우(牛)부수」에서는 57자를 추가하였으며(증가율 39%), 364번째의 「견(犬)부수」에서는 108자를 추가하였으며(증가율 36.8%), 366번째의 「시(豕)부수」에서는 34자를 추가하였으며(증가율 42%), 390번째의 「조(鳥)부수」에서는 119자를 추가하였으며(증가율 28%), 397번째의 「어(魚)부수」에서는 95자를 추가하였다(증가율 29%).

이러한 범주들은 이미 일찍부터 매우 크게 발전하였지만, 추가된 범위도 상당히 눈에 띄게 확장되었다.

　넷째, 인간과 생활에 관한 부분이다. 생활과 밀접한 도구와 그 활용은 다양한 항목을 포함하며, 그 창조력 또한 높았다. 예를 들어 다음과 같다.

　　141번째의 「문(門)부수」의 경우 『송본 옥편』에서는 47자를 새로 추가하였으며(증가율 36%),
　　162번째의 「초(艸)부수」에서는 253자를 추가하였으며(증가율 24%),
　　166번째의 「죽(竹)부수」에서는 190자를 추가하였으며(증가율 37.5%),
　　185번째의 「미(麻)부수」에서는 5자를 추가하였으며(증가율 35%),
　　194번째의 「화(禾)부수」에서는 70자를 추가하였으며(증가율 31%),
　　196번째의 「뢰(耒)부수」에서는 22자를 추가하였으며(증가율 41%),
　　200번째의 「미(米)부수」에서는 39자를 추가하였으며(증가율 31%),
　　416번째의 「모(毛)부수」에서는 31자를 추가하였으며(증가율 39%),
　　420번째의 「각(角)부수」에서는 29자를 추가하였으며(증가율 27%),
　　423번째의 「혁(革)부수」에서는 61자를 추가하였으며(증가율 30%),
　　539번째의 「유(酉)부수」에서는 51자를 추가하였다(증가율 29%).

　다섯 번째, 해서 체제와 구별적 선택에 관한 부분이다. 새로 추가된 부분에서 부수자는 획수가 상대적으로 단순하지만 구별성이 뚜렷한 구성 요소이다. 해서체의 사용 선택은 구별성을 기본 원칙으로 하는데, 이는 획수의 복잡성에 따라 결정된다. 따라서 구성 요소의 구별도가 높을수록 글자의 생산력도 높아진다. 반대로, [부(几)―궤(几)]·[오(烏)―조(鳥)]·[불(市)―시(市)]·[화(匕)―비(匕)―칠(七)]·[견(幵)―개(开)]·[규(丩)―포(勹)]·[잠(兂)―기(旡)]·[정(壬)―임(壬)]·[술(戌)―수(戍)]·[백(白)―자(自)]·[곡(谷)―각(㕮)]·[월(月)―모(冃)] 등과 같은 글자들은 형체를 비교해 보면 서로를 대비시키는 한쪽이 기본적인 구별성을 상실하게 되어, 기본적인 구성 능력도 잃게 된다.[7]

---

[7] 臧克和(主編),『中國文字發展史』第四冊,『隋唐五代文字』, 第一章 '楷字區別性'(華東師範大學出版社, 2015)을 참조.

형성구조와 범주선택의 의미

형성(形聲)구조는 한자 구조 체계의 주류인데, 여기서는 몇 가지 단계로 나누어 이에 대해 설명하고자 한다.

(1) 의의

형성구조는 계통 구조에서 대립과 구별의 원칙에 의해 실현된다. 『설문』의 주요 모델인 형성구조는 『설문』 전체 글자의 약 88%를 차지한다. 일부 언어학자들은 의미 구조, 의미 필드, 의미 기호 등과 같은 이론을 비교하여 적당히 수정하고 보충한다면 형성 구조의 어떤 약점을 극복해 줄 수 있다고 여긴다. 이 접근법은 '소리부(聲)'의 의미를 중심축으로 삼고, 동일한 '소리부'와 유사한 의미를 가진 문자를 하나의 문자 그룹으로 묶어 그들을 한 글자의 '가족' 또는 문자 그룹으로 설정한다. 각 그룹은 하나의 의미 필드와 유사하며, '소리부'의 차이는 의미 필드의 구분을 결정하는 주요 형태적 표지로 작용한다. 한편 '의미부(形)'의 의미는 의미 기호에 상당하며, 이를 통해 특정 '소리부'에 포함된 여러 의미를 다양한 의미 범주로 분류하게 된다.

예를 들어, '천(淺)'은 '수(水: 물)' 범주에, '선(線)'은 '멱(糸: 실)' 범주에 포함될 수 있다. 각 문자 그룹 내의 각 문자들의 의미 관계는 작은 계통을 형성하며, 그중에는 일반적이고 추상적인 의미를 나타내는 '소리부'로 대표되는 '뿌리(루트)'라는 중심 되는 글자가 있다. 이것이 표현하는 의미는 광범위하고 추상적이며, 이는 논리적 개념 관계에서의 상위 개념에 해당한다. 다른 글자들의 의미는 이 '뿌리'에서 파생되며, 특정 측면에서 '뿌리'의 의미를 해석하여 구체화하게 된다. 의미 분석을 할 때 글자 가족을 단위로 한다면, '가족' 내의 각 글자들의 의미 관계는 의미 필드와 의미 기호와 같은 방식으로 시스템적으로 분석될 수 있다.

이는 한자의 형성구조 내에서, 소리부(音符)의 범위가 의미부(形符)보다 넓다고 생각하는 견해이다. 문자 학자들도 소리부에 특별히 주의를 기울일 것을 권고하며, 언어의 기호로서의 문자는 본질적으로는 독음을 나타내야 한다고 주장한다. 그러나 한자는 그 형태가 의미를 나타내는 이러한 특성 때문에 종종 그 글자의 표음적 본질을 가리곤 한다.

형성자를 소리부와 의미부로 나누어 각각을 논의하는 것은, 문자학의 수준에서 논의해야 할 문제이다. 그러나 의미부와 소리부의 기능을 따로 논의하는 것은 상당히 기계적이라 하겠으며, 구체적 분석 과정에서는 언제나 형성구조 관계라는 전체적인 규정과 제약을 떠날 수 없다. 단독으로 소리부를 하나의 추상적 범위로 집약시키며, 게다가 이 범위는 상당히 광범위하고 이 범위는 동일한 기원 관계를 가진 단어 그룹의 추상화에서 비롯되었다. 그렇지 않으면 이러한 추상적 범위는 존재하지 않았을 것이다. 혹자는 이 추상적 의미소(意味素)가 실질적으로는 가상으로 설정된 것이라 보기도 한다. 이러한 방식과 논의는 어원학(詞源學)적 범위에 속한다.

필자는 형성구조에서의 소리부와 의미부 각각의 기능이 형성구조 관계 속에서 정확하게 정의될 필요가 있다고 생각한다. 즉 소리부를 중심으로 보면, 소리부가 제시하는 의미적 연결은 추상적이며 그것에 대응하는 것은 관련 속성 등과 관련이 있다. 예를 들어, 학자들이 자주 언급하는 '전(戔)'이 소리부로서 기능하는 예가 그렇다. 이 관점에서 소리부에 대응하는 범위는 조금 더 넓은 것처럼 보인다. 그러나 이것은 실제로 '전(戔)'에서 독음을 얻어 구성한 단어의 의미를 체계적으로 요약한 결과이다. 기록된 해당 단어 집단이 없다면 이러한 추상적 의미도 존재하지 않을 것이다. 따라서 소리부에 중점을 두고서 의미부를 이에 대응한 것은 특정 단어의 독음과의 대응을 반영한 것이다(예컨대, 의미부 '흠(欠)'과 소리부 '근(斤)'을 조합하여 '흔(欣)'을 구성하고, 이로써 '흔(欣)'의 음성적 특성화를 실현한다). 동시에 의미부에 중점을 두고서 소리부를 이에 대응한 것은 특정 단어의 의미와의 대응을 반영한 것이다(예컨대, 의미부 '수(水)'와 소리부 '근(斤)'을 조합하여 '기(沂)'를 구성하고, 이를 통해 '기(沂)'의 특정 의미를 확정한다). 소리부의 구성없이 의미부만 대응하는 것은 기본 범위에 불과하다. 게다가 이 기본 범위도 대략적으로만 정의되며, 엄격한 경계가 존재하지 않는다. 이것은 『설문』에서 기록된 '중문(重文)'이라는 이체자 간, 그리고 '중문(重文)'과 정전(正篆: 소전체로 된 표제자) 사이에서 의미부가 상호 교환될 수 있다는 많은 현상에서 분명하게 확인할 수 있다. 따라서 형성구조에서 소리부나 의미부 중 어느 하나를 떠나서 각자의 기능적 특징과 범위와 크기를 분석하는 것은 어려운 일이다. 결국 형성구조에서 소리부와 의미부의 기능은 서로 의존적이고, 상호 대응하는 구조 관계 속에서 구현된다. 의미부와 소리부의 역할은 체계적 비교 과정에서 문자 구조 의미를 구분하게 해 준다. 이러한 구분을 통해 우리가 익숙하게 언급하는 독음 및 의미 즉, 독음과 의미의 대응 관계가 확정된다. '구조의 전체성(整體性)'이라는 이러한 관점에서 착안한 설명이 현실과 일치한다. 전산 처리의 필요성에서 출발하여 기본 구성성분의 분류 및 구조적인 해체를 진행하는 것은 더더욱 기술적 측면의 문제를 고려하려는 것이다.

다음으로, 형성구조가 차지하는 비중의 문제를 살펴보자. 역사적 한자 체계 속에서 형성자는 각 단계에서 얼마나 많은 비중을 차지했을까?『설문』이전의 다양한 유형의 역사적 자료들에서는 아직 해석 및 분석되지 않은 많은 부분이 있기 때문에, 현재까지 본 다양한 데이터들은 대략적인 추정에 불과하며, 그래서 여러 학자들의 차이는 당연한 것이다(서주 금문에서 총 분석 가능한 자형이 2,189자 있으며, 그 중 상형자와 지사자가 349자로 전체의 15.9%를 차지한다. 회의자는 807자로 전체의 36.9%를 차지하며, 형성자는 824자로 전체의 37.6%를 차지한다. 현재까지 정리된 결과, 중복되지 않는 전국시대 초나라 문자를 해서화한 정자제(楷書隸定)는 3,859자로, 그 중 구조가 불명확한 글자가 676자, 분석 가능한 글자는 3,183자이다. 분석 가능한 글자들 중, 상형자는 234자로 전체의 7.63%를 차지하며, 지사자는 37자로 전체의 1.16%를 차지한다. 회의자는 510자로 전체의 16.02%를 차지하며, 회의 및 형성자는 122자로 전체의 3.84%를 차지한다. 형성자는 2,234자로 전체의 70.19%를 차지한다. 추가로 37자의 합문(合文)이 있다. 관련 데이터베이스의 지원 하에,『설문』의 대서본에서 표시된 '정전(正篆: 표제로 쓰인 전서체)' 중에서, 실제로 '독음' 표시가 있는 것은 총 8,221자이다. 이 8,221자를 모두 형성구조로 간주한다면, 전체 '정전' 체계의 약 88%에 가깝다. 그러나 이 8,221자에는 '역성(亦聲: 소리부도 겸한다)' 구조도 215자가 포함되어 있으며, '생성(省聲: 생략된 형태의 소리부)' 구조도 311자 포함되어 있다. 이 두 가지 유형을 제외하면, 대서본의 '형성구조'는 7,695자이다. 또 고려해야 할 것은,『설문』의 대서본(大徐本)에서 일부 '비성(非聲: 소리부가 아님)'의 상황, 즉 앞서 언급된『설문』연구자들이 형성자로 간주하지 않는 경우도 존재한다는 점이다. 게다가 원본(原本)에서 소리부(聲符)로 표시한 부분(적어도 '亦聲'과 같은 것들), 예컨대 '의(義)'자를 구성하고 있는 '아(我)'의 경우 '아(我)'와 '의(義)'자의 독음이 모두 가(歌)부에 속해서 동일하지만, 현행본 『설문』에서는 이 글자를 형성구조로 표시하지 않았다는 점도 고려해야 할 것이다.[8]

형성구조 중 의미부(形符)가 관할하는 범위의 인지에 대해서, 체계적인 분석을 할 만한 가치가 있는 매우 중요한 자료가 있는데, 그것은 바로 『설문』에서 수록된 '중문(重文: 이체자)'들이다. 『설문해자』 전문 데이터베이스의 지원 아래, 필자는 총 1,197자에 달하는 중문의 유형 및 문자 분포를 보면 다음과 같다.

· 고문(古文) 427자
· 주문(籒文) 209자
· 기자(奇字) 5자
· 전문(篆文) 37자
· 소전(小篆) 1자
· 혹체(或體) 471자
· 속체(俗體) 15자
· 금문(今文) 1자
· 사마상여(司馬相如)의 해설 8자
· 두림(杜林)의 해설 2자
· 담장(談長)의 해설 4자
· 양웅(揚雄)의 해설 4자
· 『한령(漢令)』 1자
· 『비서(祕書)』 1자
· 『하서(夏書)』 1자
· 『우서(虞書)』 1자
· 『묵적서(墨翟書)』 1자

---

8) 실제로, '중개 구조' 혹은 '과도적 형태'의 관점에서 보면, 의(義)에서 의(羛)로의 변이 과정에서 '아(我)'가 불(弗)로 변한 두 구성 요소 사이에는 과도적 형태가 존재한다. 이에 대한 내용은 臧克和의 「漢字過渡性形體價值」에서 확인할 수 있으며, 이 논문은 『古漢語硏究』(2013년 제3호)에 게재되었다.

- 『일주서(逸周書)』 1자
- 『예경(禮經)』 1자
- 『노교례(魯郊禮)』 1자
- 『춘추전(春秋傳)』 1자
- 『사마법(司馬法)』 1자
- 진각석(秦刻石) 3자

　이들 중문의 총 글자 수는 1,197자이지만, 이러한 데이터는 『설문』에서 언급한 "중문 1,163자"와 일치하지 않으며, 다른 연구자들의 통계와도 차이가 있다. 중문 중 형성자는 543자로, 이 숫자는 전체 중문의 약 45%를 차지한다. 통계 분석가는 모든 중문과 해당 정전(正篆)을 체계적으로 비교하여 분석한 결과, 543자의 형성구조로 된 중문 중, 의미부(義符)의 교체가 229자, 소리부(聲符)의 교체가 314자 발생하였다. 이 중 229자의 의미부는 다음과 같은 의미 범주와 교체 빈도에 관련되어 있다.

1. 사람, 사람의 팔다리, 기관 및 그 동작을 나타내는 의미부의 교체 빈도가 가장 높았다.
2. 일상생활 도구 및 그 제작 재료를 나타내는 의미부의 교체 빈도가 두 번째로 높았다.
3. 동물의 형태 및 그 동작을 나타내는 의미부의 교체 빈도가 세 번째로 높았다.
4. 자연 사물의 형태를 나타내는 의미부의 교체 빈도가 네 번째로 높았다.
5. 식물의 형태 및 그 제품을 나타내는 의미부의 교체 빈도가 다섯 번째로 높았다.
6. 의복 및 그 제작 재료를 나타내는 의미부의 교체 빈도가 여섯 번째로 높았다.
7. 거주 및 궁전을 나타내는 의미부의 교체 빈도가 일곱 번째로 높았다.

위의 7가지 측면은 기본적으로 한자의 의미 범주를 포함할 수 있으며, 한자 의미부의 역사적 분류 조사와 정리에 중요한 참조자료가 된다. 『설문』의 중문 형성자 중 208자의 의미부는 모두 부수(部首)자이며, 게다가 자주 사용되는 고빈도 부수자들이다. 『설문』 중문의 형성자 중 208자의 의미부를 후대의 자서(字書)에 사용된 201개 부수와 비교했을 때, 그 중 121개는 직접 『설문』에서 전승된 부수자임을 확인할 수 있었다. 한자의 통시적 조사에 따르면, 형방(形旁: 의미부) 표지를 추가하여 구별하는 것이 형성자 생성의 주요 경로였으며, 의미부의 주요 기능은 분류 구별이었다. 표의 의미부(表義形符) 교체의 범위가 이처럼 큰 한자 발전의 역사적 사실은 형성자에서 "의미를 나타내는 부분은 의미부"라거나 "글자의 원래 의미를 나타내는 것은 의미부"라는 주장에 추가 설명이 필요해 보인다. 표의 의미부(表義形符)는 형성자의 관점에서 볼 때 모두 의미부(形符)로, 이러한 의미부가 교체되는 빈도가 높을수록 그것이 포괄하는 의미의 범위도 커지게 되며, 의미의 범위가 커질수록 의미부의 구별성은 감소하는 경향이 있다.[9]

『설문』을 정리하고 그 해석 논리를 시스템적으로 분석하는 과정에서 필자는 다음의 사실을 발견하였다. 즉 '형체로 연계시킨다(以形繫聯)'는 원칙이 초래할 수 있는 장벽을 무너뜨리기 위해 허신은 '음성의 계열을 통한 회통(聲繫會通)'의 인지 패턴을 체현하였다. 실제로, 『설문』 전체의 540부수 사이에는 소리부 간의 일정한 대응 관계가 존재한다.

또한, 같은 부수 속에서 허신은 편찬과 해설 과정에서 '범주선택(取類)'의 원칙 실현을 통해 다른 부수와도 일정 정도 재 연계시켰다. 당

---

9) 「結構與意義」, 143~152쪽(『中國文字研究』 總第17輯, 上海世紀出版集團上海書店, 2103).

나라 안진경(顔眞卿)의 「다보탑감응비(多寶塔感應碑)」에는 다음과 같은 표현이 나온다.

> 깨달음에 이르게 하는 가르침에는 세 가지 차원이 있고[10], 불법을 수호하는 여덟 명의 신이 있도다.[11] 엄숙하면서도 위엄 당당한 승려, 숲처럼 끝없이 늘어 선 불사, 사방 한 치 넓이 속에 천 가지의 세계가 들어있고, 사방 한 자 넓이 속에 삼라만상이 다 들어있도다.

---

10) [역주] 산스크리트어 'tri-yāna'의 번역어인 승(乘)은 중생을 깨달음으로 인도하는 부처의 가르침이나 수행법을 뜻한다. 여기서 말한 삼승(三乘)은 부처가 중생의 능력이나 소질에 따라 설한 다음의 세 가지 가르침을 말한다. ①성문승(聲聞乘): 성문을 깨달음에 이르게 하는 부처의 가르침. 성문의 목표인 아라한(阿羅漢)의 경지에 이르게 하는 부처의 가르침. 성문의 수행법. ②연각승(緣覺乘): 연기(緣起)의 이치를 주시하여 깨달은 연각에 대한 부처의 가르침. 연각의 경지에 이르게 하는 부처의 가르침. 연각에 이르는 수행법. ③보살승(菩薩乘): 깨달음을 구하면서 중생을 교화하는 수행으로 미래에 성불(成佛)할 보살을 위한 부처의 가르침. 자신도 깨달음을 구하고 남도 깨달음으로 인도하는 자리(自利)와 이타(利他)를 행하는 보살을 위한 부처의 가르침.(『시공 불교사전』, 2003.)

11) [역주] 팔부(八部)는 팔부중(八部衆)이라고도 하는데, 불법(佛法)을 수호하는 다음의 여덟 신(神)을 말한다. ①천(天). 욕계의 육욕천(六欲天)과 색계의 여러 천(天)에 있는 신(神)들. ②용(龍). 산스크리트어 'nāga'로, 바다 속에 살며 구름을 모아 비를 내리고 광명을 발하여 천지를 비춘다고 함. ③야차(夜叉). 산스크리트어 'yakṣa'의 음사로, 용건(勇健)이라 번역함. 수미산 중턱의 북쪽을 지키는 비사문천왕(毘沙門天王)의 권속으로, 땅이나 공중에 살면서 여러 신(神)들을 보호한다고 함. ④건달바(乾闥婆). 산스크리트어 'gandharva'의 음사로, 식향(食香)·심향(尋香)이라 번역함. 제석(帝釋)을 섬기며 음악을 연주하는 신(神)으로 향기만 먹고 산다 함. ⑤아수라(阿修羅). 산스크리트어 'asura'의 음사로, 비천(非天)이나 부단정(不端正)이라 번역함. 늘 싸움만을 일삼는 귀신. ⑥가루라(迦樓羅). 산스크리트어 'garuḍa'의 음사로. 금시조(金翅鳥)나 묘시조(妙翅鳥)라고 번역함. 조류(鳥類)의 왕으로 용을 잡아먹고 산다는 거대한 상상의 새. ⑦긴나라(緊那羅). 산스크리트어 'kiṃnara'의 음사로, 의인(疑人)이나 인비인(人非人)이라 번역함. 노래하고 춤추는 신(神)으로 형상은 사람인지 아닌지 애매하다고 함. ⑧마후라가(摩睺羅伽). 산스크리트어 'mahoraga'의 음사로, 대망신(大蟒神)이나 대복행(大腹行)이라 번역함. 몸은 사람과 같고 머리는 뱀과 같은 형상을 한 음악의 신(神). 또는 땅으로 기어 다닌다는 거대한 용(龍).(『시공 불교사전』, 2003.)

키 큰 사람도 작게 보일 수 있고, 넓은 자리라도 낮은 곳에 임할 수
있도다. 높디높은 수미산의 자태는 작은 씨앗에 날아갈 듯하고, 우
뚝 솟은 탑은 잠시 한 생각에 삼천 세계를 뒤덮었도다.
(至於列三乘, 分八部, 聖徒翕習, 佛事森羅. 方寸千名, 盈尺萬象. 大身現小,
廣座能卑. 須彌之容, 欻入芥子. 寶蓋之狀, 頓覆三千.)

그 중 "사방 한 치 넓이 속에 천 가지의 세계가 들어있고, 사방 한
자 넓이 속에 삼라만상이 다 들어있도다.(方寸千名, 盈尺萬象.)"라고 한
것은 조그만 크기의 글자 속에 기록된 내용이 수천수만 개에 이르러
모든 사물의 범주를 포괄하며 대천(大千)의 세계를 나타낸다는 것을
뜻한다. 이를 바탕으로,『설문』전체는 온갖 만물과 다양한 분위기를
포함한 전체적인 유기체를 구성한다. 장선국(蔣善國)은 이전에 다음과
같이 제안한 바 있다. 즉 "가장 중요한 것은『설문』속의 9,000여 글
자를 하나의 유기적인 전체로 보고 글자의 형태, 독음, 의미를 연관
하여 연구하는 것"이며, "『설문』을 회통하여 하나로 관통해야만 한
다."라고 했다.12)

만약 전체 책을 회통한다면,『설문』의 거대한 시스템이 포함하는
인지 관념 형태가 다른 문헌에 비해 특히나 명확함을 발견할 수 있
다. 어떤 면에서는『설문』이 중국 고대사회의 문화와 인지의 '원시
형태'를 보존하고 있다고 할 수 있다. 거칠게 말하자면,『설문』의 인
지 체계는 주로 한자의 '범주선택(取類)' 원칙에서 표현되며, 이는 중
국 고대 인간의 인지 원리로 나타난다.

아래에서는 「초(艸)부수」의 귀속자를 예로 들어 설명할 것이며, 나
머지 연속되는 설명은 이로 미루어 생각하면 될 것이다.

---

12) 蔣善國,『說文解字講稿』, 137쪽(北京, 語文出版社, 1988).

제2절 「초(艸)부수」의 범주선택(取類)

1. '가인(佳人)'과 '초목(草木)'의 사이

어느 한 위대한 철학자의 말인 듯싶은데, 이미 기억이 가물가물하여 정확하지는 않지만 대략 다음과 같은 의미였다. 아름다운 여인을 꽃에 처음으로 비유한 시인이야말로 바로 천재이며, 이후의 사람들은 모두 그에 미치지 못한다는 말이었다. 이 말 자체가 틀린 것이 아니다. 그러나 이 말 속에는 사람들이 역대로 인간과 사물 사이의 관계를 시간적 순서에 따라 인지한다고 여겼던 깊은 의미가 숨어 있다. 그렇다면 이 '첫 번째' 시인이 사람을 식물에 비유할 수 있는 관계를 발견하기 전에, 아름다운 여인과 식물 사이에 사물을 인간의 몸에 비유한 관계가 존재했을까? 이것은 단순한 추측일 뿐이지만, 이러한 인지 관계를 추적하여 이해를 분명히 함으로써 우리는 그 '천재' 시인의 천재성을 이해할 수 있을지도 모른다.

다음에서 진전될 구체적인 분석은 인간의 몸과 사물, 구체적으로는 아름다운 여인과 식물 사이의 어떤 관계가 먼저였는지, '인간의 얼굴'과 '복숭아 꽃' 사이에는 실제로 어떠한 관계가 있었는지를 재검토하는 것이다.

본 절에서는 '소리부의 연계 방법(聲符繫聯法)'을 선택하여 방법론으로 삼았다. 즉, 「초(草)부수」(편방 및 「木부수」의 일부 등)와 「여(女)부수

」(편방 및 「人부수」의 일부 등)에서 소리부가 동일한 문자를 서로 비교하여 두 개 또는 그 이상의 비교 그룹을 형성하는 것이다. 이러한 결합과 연관성은 우리가 앞서 언급한 여러 관계를 추적하고 해명하는 데 도움이 될 것이다.

- 담(媅), 즐겁다는 뜻이다(樂也). 여(女)가 의미부이고 심(甚)이 소리부이다.(『설문·여(女)부수』). 『설문통훈정성·임(臨)부』 제3: 이 글자는 달리 담(妉)으로도 적는다.
- 심(葚), 뽕나무 열매, 즉 오디를 말한다(桑實也). 초(艸)가 의미부이고 심(甚)이 소리부이다(『설문·초(艸)부수』). 『설문통훈정성·임(臨)부』 제3: 이 글자는 또한 심(椹)으로도 적는다.

'담(媅)'은 「여(女)부수」에, '심(葚)'은 「초(艸)부수」에 귀속되었다. 둘 다 '심(甚)'에서 독음을 얻었다. 그 독음의 뜻은 상대적으로 추상적이며, 즐거움이나 행복함을 의미한다. 『설문·감(甘)부수』에서는 "심(甚)은 아주 편안하고 즐거운 것을 말한다(尤安樂也). 감(甘)이 의미부이고 필(匹)도 의미부이다."라고 설명했다. 단옥재(段玉裁)의 『설문해자주』에서는 "사람의 감정, 특히 안락함은 반드시 사랑에 빠질 때 가능한 것이다.(人情所尤安樂者, 必在所溺愛也.) '심(甚)'을 소리부로 하여 파생한 글자들, 즉 '담(媅)'이나 '심(愖)' 같은 글자들은 모두 안락하다는 뜻을 가진다."라고 했다. 『시경·맹(氓)』에서는 "아아, 비둘기야, 오디를 따먹고 취하지 말라. 아아, 여자들이여, 남자에게 빠지지 말라.(于嗟鳩兮, 無食桑葚; 于嗟女兮, 無與士耽.)"라는 구절을 통해 이러한 관계를 나타냈다. 이렇게 보면, 이러한 상상력은 무작위로 만들어진 것이 아니라, 고대에 이미 정해진 규칙에서 비롯된 것이다. 여기서 '담(媅)'과 '심(甚)' 두 글자는 여성에서 풀로 옮겨가는 '인간화'의 경향을 반영한다. 여성 범주에서 '심(甚)'으로 소리부를 얻어 감정 경험을 전달하며, 풀(艸)의 범주에서 '심(甚)'으로 소리부를 얻어 사람들에게 물리적 경험을 나타낸다. 이 두 가지는 논리적으로 연결되어 있다. 심리적 감정에서 물리적 경험까지, 안정된 연상 관계를 구축한다. 따라서 시를 순수하게 비유에서 바라보는 것은 표면적이고 단순한 것이라 하겠다.

이 비교 그룹에서, 소리부(聲符)는 모두 '심(甚)'에서 나오고, 의미부(形符)는 사람과 사물, 구체적으로 여자와 식물 사이의 인지의 참조 관계를 구성하고 있다.

· 금(妗), 외숙모를 말한다(娙妗也). 일설에는 선하게 웃는 모습을 말한다고도 한다(一日善笑貌). 여(女)가 의미부이고 금(今)이 소리부이다(『설문·여(女)부수』).
· 임(棽), 나무의 가지가 대칭으로 무성하게 뒤덮였음을 말한다(木枝條棽儷也). 임(林)이 의미부이고 금(今)이 소리부이다.(『설문·임(林)부수』).『설문통훈정성·임(臨)부』제3: 내 생각에, 나뭇가지가 드리워 어지러이 흩날리는 모습을 말한다(按: 紛垂搖揚之貌).

해당 그룹의 글자들은 모두 '금(今)'에서 독음을 얻었다. 그리고 두 글자는 각각 '여(女)'와 '임(林)'을 의미부로 하여 여자의 표정과 나무 가지의 상태를 대비시켰다.『설문』에서 말한 '금(妗)'의 '일왈(一日)'의 해석에 따르면 "선하게 웃는 모양(善笑貌)"이라 했는데, 이 역시 여자의 감정 상태를 의미한다.『설문』에서는 '첨(婎)'자와 '금(妗)'자의 관계를 다음과 같이 해석했다. "첨(婎)은 금(妗)과 같아 '기뻐하는 모양을 말한다(妗也). 여(女)가 의미부이고 첨(沾)이 소리부이다." '첨(沾)'은 또 '점(占)'에서 독음을 얻었고, '점(占)'에서 독음을 얻은 '첨(妗)'자에 대한『설문·여(女)부수』에서의 해설은 다음과 같다. "작고 연약하다는 뜻이다(小弱也). 일설에는 여자가 경쾌하게 잘 걷는다는 뜻이라고도 한다(一日女輕薄善走也). 또 다른 일설에는 다양한 재주를 갖고 있다는 뜻이라고도 한다(一日多技藝也). 여(女)가 의미부이고 점(占)이 소리부이다. 점(占)과 같이 읽는다.(或讀若占.)" 이들 글자는 모두 관련지어질 수 있다. "선하게 웃는(善笑)" 여자의 표정과 나무 가지가 흩날리며 움직이는 모습은 아래에서 논의될 '요(妖)'—'소(笑)'의 구조에서 전달되어 나오는 '인간화'된 비유 관계와 매우 일치한다.

· 첩(婕), 여성의 이름이다(女字也). 여(女)가 의미부이고 섭(疌)이 소리부이다(『설문·여(女)부수』). 『설문통훈정성·임(臨)부』 제3에서 문헌을 인용하여 이렇게 말했다. 『사기·외척세가(外戚世家)』에 '윤첩여(尹婕妤)'라는 말이 나온다. 『색인(索引)』에서 '아름답고 멋지다는 뜻이다(美好也).'라고 했다. 『한서·외척전(外戚傳)』에 '무제 때에 이르러 첩여(倢伃)나 정아(婧娥) 등의 칭호를 만들었는데, 중국의 풍습을 따른 것이었다(至武帝制倢伃婧娥, 俗華充依)'.라 했는데, 『주(注)』에서 '첩(倢)은 임금에게 총애를 받다는 뜻이다. 그래서 첩(倢)자를 사용했다(倢言接幸於上也. 以倢爲之).'라고 했다.
· 첩(倢), 민첩하다는 뜻이다(伙也). 인(人)이 의미부이고 섭(疌)이 소리부이다(『설문·인(人)부수』). 『설문통훈정성·임(臨)부』 제3에서 이렇게 말했다. "편리하다는 의미이다(便利之意). 『방언』 제1에서 '건현(虔儇)은 지혜롭다는 뜻이다(慧也). 송(宋)과 초(楚) 사이 지역에서는 이를 첩(倢)이라 한다.'라고 했다. 첩(婕: 궁녀)로 [가차되었다]. 『한서·소제기(昭帝紀)』에서 '어머니는 조첩여이다(母日趙倢伃).라고 했는데, 『주』에서 '첩(倢)은 총애를 받다는 뜻이다(接幸也).'라고 했다."
· 삽(萐), 삽포(萐莆)를 말하는데, 상서로운 풀이다(瑞草也). 요 임금 때 주방에서 자라났는데, 부채질을 해서 더위를 식혀 시원하게 했다(堯時生於庖廚, 扇暑而涼). 초(艸)가 의미부이고 섭(疌)이 소리부이다(『설문·초(艸)부수』). 『설문통훈정성·임(臨)부』 제3에서 이

렇게 말했다. "『백호통·봉선(封禪)』에서, '삽포는 나무이름이다. 잎은 문짝보다 더 크며, 일부러 움직이지 않아도 부채 역할을 한다. 음식을 청량하게 하여 부모를 공양하는 데 도움을 준다. 효도가 극에 이르면 생겨난다.(菨莆者, 樹名也. 其葉大於門扇, 不搖 自扇, 於飮食淸涼助供養也. 孝道至則生.)'라고 했다."

이 그룹의 세 항목은 서로 상응하며, 소리부는 모두 '섭(疌)'에서 나왔고, 각각 '여(女)', '인(人)', '초(艸)'에서 범주를 가져왔다. 그리고 '첩(婕)', '첩(倢)', '첩(捷)', '삽(萐)'은 동일한 어원을 가진 글자이다. '첩(捷)'의 어원은 '섭(疌)'이며, '섭(疌)'은 바로 경쾌하고 빠른 것에서 나왔다. 『설문·지(止)부수』에 따르면. "쥬(疌)는 '빨리 가다(疾也)'는 뜻이다. 지(止)가 의미부이고 우(又)도 의미부인데, 우(又)는 '손'을 의미하고, 철(屮)이 소리부이다." 그리고 '첩(疌)'은 지(止: 발가락)와 우(又: 손)에서 이미지를 가져왔는데, 분명히 사람의 몸짓과 행동 특성에서 왔다. 『설문·인(人)부수』에서 '첩(倢)'의 뜻은 '차(佽: 돕다)'이며, 같은 부수에서 '차(佽)'에 대해 '편리(便利)하다'는 뜻이라고 했다. '첩(倢)'과 '첩(婕)'은 원래 통용되었으나, 또 이러한 '사람의 몸짓과 행동의 특성'이 처음에는 여성의 몸짓과 행동 특성을 가리킨다는 것을 분명히 보여주고 있기도 하다. 사람의 몸의 편리함을 통해 풀과 나무의 편리함에 적용하는 이러한 추론은, 고대 사람들이 사물을 보고 이미지를 가져오는 것이 '가까운 사물에서 가져오기'에서 시작하여 '멀리 있는 것에서 가져오기'로 나아가는 인지 발전 순서에 부합한다.

· 염(姉), 약하고 긴 모양을 말한다(弱長貌). 여(女)가 의미부이고 염(冄)이 소리부이다(『설문·여(女)부수』). 『설문통훈정성·겸(謙)부』 제4에서 이렇게 말했다. "이 글자는 나(娜)로 적기도 한다. 『통속문(通俗文)』에서 '건장하면서도 유연한 것(肥骨柔弱)'을 여나(嬝娜)

라고 한다. 내 생각에 이는 아나(阿那)와 같다.'라고 했다. 『광아
석훈(釋訓)』에서 '나나(姌姌)는 약함을 말한다(弱也).'라고 했다. 『
사기·사마상여전(司馬相如傳)』에 '무미염약(嫵媚姌弱)'이라는 말이
있는데, 『색은(索隱)』에서 '가늘고 약함을 말한다(細弱也).'라고 했
다. 「무부(舞賦)」에 '위사염뇨(蜲蛇姌嫋)'라는 말이 있는데 『주(注)
』에서 '긴 모양을 말한다(長貌).'라고 했다."

· 남(柟), 매화나무를 말한다(梅也). 목(木)이 의미부이고 매(每)가 소리
부이다(『설문·목(木)부수』). 『설문통훈정성·겸(謙)부』 제4에서 이
렇게 말했다. "마치 예장무자(豫章無子)[1]를 말한 것처럼 보인다.
『남산경』에서, '호작산이 있는데 거기에는 가래나무와 녹나무가
많다.'라고 했는데, 『주』에서 '큰 나무를 말한다.'라고 했다(……似
豫章無子是也. 『南山經』: 犣勺之山, 其上多梓柟.』『注』: '大木.')"

『설문·목(木)부수』에 따르면, '매(梅)'와 '남(柟)' 두 글자는 서로 뜻풀
이(互訓) 할 수 있다. 즉 "매(梅)는 남(柟)을 말한다. 목(木)이 의미부이
고 매(每)가 소리부이다." 또 "남(柟)은 매(梅)를 말한다. 목(木)이 의미
부이고 염(冉)이 소리부이다." 그리고 '매(每)'와 '모(某)'는 서로 통용할
수 있었다. 예컨대, '매(梅)'를 『설문』에서 혹체자로는 '매(楳)'로 쓴다
고 했다. 『시경·표유매(摽有梅)』의 제1장에서 "매실 다 떨어지고, 그
열매 일곱 개만 남았네.(摽有梅, 其實七兮.)"라고 노래했다. 이에 대해

---

1) [역주] 예장(豫章)은 고대 중국의 지명으로, 한(漢) 고제(高帝) 초기인 기원전
202년경에 최초로 등장한다. 당시 강서(江西) 지역이 행정 구역으로 조직된 후
처음으로 부여된 이름이 바로 예장(豫章)군(치소는 南昌縣)이다. 이후 역사적 변
화를 거치면서 예장(豫章)의 범위는 점차 축소되어, 결국 현재의 강서성 남창시
에 해당하는 지역으로 규정되었다. 당(唐)나라 보응(寶應) 원년(762)에는 대종(代
宗) 황제인 이예(李豫)의 이름을 피하기 위해 예장(豫章)현을 종릉현(鍾陵縣)으로
바꾸었다. 이후 예장(豫章)은 공식적인 행정 구역 명칭으로 사용되지 않고 남창
의 별칭으로 남게 되었다. 예장무자(豫章無子)는 지나치게 깨끗한 장소에서는
후손을 낳기 어렵다는 뜻인데, 환경이 너무 청결하면 생명의 번식에 불리할 수
있다고 여겼던 것으로 보인다. 예장(豫章)이 남창의 별칭이므로, 이는 남창 지역
에서 후손을 낳기 어려운 현상을 지칭할 때 쓰인 말일 수도 있다.

『석문(釋文)』에서는 "매(梅)는 나무 이름인데, 『한시(韓詩)』에서는 매(楳)로 썼다."라고 하였다. 또 '매(楳)'와 '매(腜)'는 모두 '모(某)'를 소리부로 하여 파생되었는데, 『설문·육(月)부수』에서 "무(膴)는 뼈가 들어있지 않은 육포(無骨腊)를 말한다."라고 했는데, 단옥재(段玉裁)의 『설문해자주』에서 "무골(無骨)이면 살이 맛있으므로, 그것을 모든 맛있는 것의 통칭으로 사용했다."라고 하였다. 그리고 '무(膴)'는 '매(腜)'로 쓰기도 하는데, 『시경·면(綿)』에서 말한 '주원무무(周原膴膴: 주나라의 넓은 들은 비옥하여라)'를 『한시(韓詩)』에서는 '주원매매(周原腜腜)'라고 썼다. '매(腜)'의 본래 의미는 임신한 여자의 초기 징후를 뜻하는데, 『설문·육(月)부수』에서 "매(腜)는 여자가 처음 임신했을 때의 징후를 말한다. 육(肉)이 의미부이고 모(某)가 소리부이다."라고 하였다. 이러한 연계를 통해 볼 때, '남(枏)'은 나무의 생태적 특성을 말했음을 알 수 있다.

'나(娜)'라는 글자를 연계시켜 생각해보면, '약하고 길다(弱長)'를 오늘날의 의미를 갖고서 고대를 해석하여 '날씬하고 길다(瘦長)'거나 '긴 대나무 장대(長條竹竿)'로 해석할 수는 없다. 『설문·삼(彡)부수』에 따르면, "약(弱)은 약하다(橈)는 뜻이다. 윗부분은 굽은 모양을 나타내고, 삼(彡)은 털을 나타낸다. 그래서 '요(橈)는 약하다(弱)는 뜻이며, 약한 것이 합쳐져 있기 때문에 두 개의 규(弓)로 구성되었다."고 했다. 따라서 '요(橈)'와 '약(弱)'은 서로 교환 사용될 수 있으며, 나무의 모양인 '요(橈)'는 사람의 몸에서의 '약(弱)'과 같으며, 사람의 몸에서의 '약(弱)'은 아마도 '뼈가 고기를 견디지 못한다(骨不勝肉)'라고 할 때의 '약함'을 의미하는 것 같다.

'나(妠=娜)'라는 명칭의 원형을 연결하여 볼 때, '아나(阿那)'가 그 초기의 표기법이었을 것이다. 자세히 말하자면 '아(阿)'는 '크다'는 의미이다. 일반적으로 '아나(婀娜)'는 언어 기록에서 이 단어의 '정체(正

體)'로 간주된다. 두 개의 음절은 모두 '여자(女)'에서 유래되었다. 이 단어의 변형으로는 대략 적어도 '의나(猗那)', '아나(婀娜)', '의다(旖旎)', '아나(褭褧)' 등과 같은 유형이 존재한다.2)

이를 통해 볼 때, 여성의 몸의 모습에서 나온 '아나(婀娜)'라는 특징이 자연 사물에 적용되었고, 또 단지 식물의 자태만을 의미하지 않게 되었던 것이다. '아나(橒楼)'는 식물에 적용되며, '의다(旖旎)'는 깃발에 적용되고, '아나(褭褧)'는 옷차림에 적용되었다. 이러한 관계는 처음에 '가차'로부터 나온 것이 아니라, 고대 사람들이 사물을 관찰하는 '습관'에서 온 것이다.3) 이렇게 볼 때, 두 가지는 원래 연결되거나 서로 인정될 수 있었다.

· 첨(讇), 아첨하다는 뜻이다(諛也). 언(言)이 의미부이고 염(閻)이 소리부이다. 첨(諂)은 첨(讇)의 혹체자인데 생략된 모습이다『설문·언(言)부수』. 『설문통훈정성·겸(謙)부』 제4에서 이렇게 말했다. "원수를 거론할 때는 아첨하지 않는다(稱其讐, 不爲諂)『좌전·양공(襄公)』 3년)라는 말이 있는데, 『주』에서 '아첨하다는 뜻이다(媚也).'라고 했다."
· 담(蕳), 함담(菡萏)을 말하는데, 연꽃을 말한다(夫容華也). 꽃이 피지 않은 상태를 담(蕳)이라 하고, 이미 핀 상태를 부용(夫容)이라 한다(未發爲菡蕳, 已發爲夫容.) 초(艸)가 의미부이고 염(閻)이 소리부이다『설문·초(艸)부수』. 『설문통훈정성·겸(謙)부』 제4에서 이렇게 말했다. "내 생각에, 함(菡)과 담(蕳)은 쌍성자로 된 연면어(雙聲連語)인데, 이 글자는 담(萏)으로도 적는다.……"

---

2) 이상에서 열거한 이체자는『광운(廣韻)』, 『집운(集韻)』 및 현응(玄應)의『일체경음의(一切經音義)』 등에 보인다.
3) 錢鍾書,『管錐編』卷4, 1357쪽(中華書局, 1979年): "蓋吾人觀物, 有二結習: 一, 以無生者作有生看, 二, 以非人作人看.(우리가 사물을 관찰할 때, 두 가지 응축된 습관(結習)이 있다. 첫째, 생명이 없는 것을 생명이 있는 것처럼 바라보는 것, 둘째, 인간이 아닌 것을 인간처럼 바라보는 것이다.)" 이하 마찬가지이다.

『설문해자』인지분석

'첨(讇=諂)'은 염(閻)이 소리부이며, '염(閻)'은 또 함(臽)이 소리부이다. 그래서 글자구조가 간혹 첨(諂)으로도 될 수 있었는데, 이는 '담(萏)'이 혹체자에서 함(臽)을 소리부로 하는 '담(䓿)'으로 쓰는 것과 같은 이치이다. '첨(讇=諂)'은 언어에서 '첨미(諂媚: 아첨하다)'라는 단어를 구성할 수 있으며, 처음에는 여자를 위해 특별히 만들어진 단어이거나 적어도 '여성처럼 행동하는' 사람을 가리키는 데 사용되었을 것이다. '아양을 떠는(媚)' 태도를 취하며, '비위를 맞추다(諛)'는 말을 사용하여 상대방의 환심을 사기 위해 사용된다.

'함담(菡萏)'에서 '함(菡)'은 '함(函)'에서 유래했다. '함(函)'은 본래 안아서 닫은 모습에서 그 이미지를 가져왔으며, 오늘날 말에서는 '신함(信函: 편지)'이나 '포함(包函: 용서하다)' 등의 용어, 그리고 지역을 나타내는 고유명사인 '함곡관(函谷關)' 등의 명칭에서 옛날의 뜻을 여전히 보존하고 있다. 『설문·함(ㄇ)부수』에서 "함(圅)은 '혀(舌)'를 말한다. 혀의 모습을 본떴다. 신체의 혀는 꽃봉오리처럼 피지 않은 존재이다(舌體ㄇㄇ). 함(ㄇ)이 의미부인데, 함(ㄇ)은 소리부도 겸한다. 함(肣)은 함(圅)의 속체인데, 육(肉)과 금(今)이 모두 의미부이다.(圅, 舌也. 象形. 舌體ㄇㄇ. 從ㄇ, ㄇ亦聲. 肣, 俗圅, 從肉, 今.)"라고 했다. '함(肣)'은 금(今)이 소리부인데, 금(今)을 소리부로 삼는 글자들은 종종 '봉쇄되어 열리지 않음'의 의미를 가진다. 몇 가지 예를 들자면, '음(吟)'은 원래 '한선(寒蟬: 울지 않는 매미)처럼 조용하다'는 뜻의 '금(噤)'의 본래 글자였다. 또 '음(霒)'은 운(云)이 의미부이고 금(今)이 소리부인데, '음(陰)'의 초기 표기였다. 또한 '금(金)'도 금(今)이 소리부인데, 땅속에 묻힌 광물의 형상을 나타낸다.[4]

---

4) 『說文·金部』: "金,……從土左右注, 象金在土中形, 今聲."

‘금(今)’을 소리부로 하는 글자 그룹의 이미지 선택이라는 관점에서 보면, 이는 위치 관계로 의미를 표현하는 인지 유형에 속한다.5) 아래에 열거한 갑골문과 금문에서의 ‘함(圅)’의 구조는, 활과 화살이 한 범주에 속하기 때문에 금문에는 궁(弓)으로 구성된 ‘함(函)’도 있게 되었다. 예를 들어, (『경도(京都)』 274), (『수(粹)』 1564), (『임(林)』 2·19·14) (「함황보이(圅皇父匜)」), (「불기궤(不其簋)」), (「함황보정(圅皇父鼎)」), (「함황보이(圅皇父匜)」), (「함교중보(圅交仲簠)」) 등이 그렇다. 여기서 「진후함궤(晉侯圅簋)」는 외부가 화살 통(圅)의 모습이며 내부는 금(金)으로 구성된 구조에서 비롯됐다. 이 글자를 옛날에는 해석하지 못했는데, 사실 이는 ‘함(圅)’이나 ‘함(含)’자로, 이전에 사용된 일종의 이체자이다. 일반적으로 사용되는 ‘함(圅)’이 의미 인지 구조면에서 상형 정도가 높다. 금(金)으로 구성된 ‘함(函)’은 실제로 형성구조가 되었으며, 금(金)은 금(今)을 소리부로 한 글자인데, ‘함(含)’도 또한 금(今)을 소리부로 하고 있다. 해당 기물들 중에서 금(金)으로 구성된 함(函)은 독음을 나타내면서 동시에 기물의 제작 재료를 암시한다. ‘함궤(圅簋)’는 사물을 나타내는 전용어로, 수식과 피수식의 관계

---

5) ‘금(今)’자는 사실 ‘왈(曰)’자의 뒤집은 모습(倒文)이다. ‘왈(曰)’은 출토 고문자에서 (甲骨) (金文) (簡帛) 등과 같이 썼는데, 벌린 입이 위로 향했고 기와 소리가 나오는 모습을 그렸다.(『實用說文解字·曰部』, 143쪽, 上海古籍出版社, 2012). 이 책에서 인용한 『설문(說文)』 및 소전체와 함께 배열한 각종 고문자는 모두 이 책에 근거했다. 이하 마찬가지이며, 따로 주석하지 않는다.
이에 반해 ‘금(今)’자의 고문 구조를 보면 입이 아래로 향했고, 기가 나오지 못해 소리가 형성되지 못한 모습을 그렸다. 이 둘은 마침 방향이 반대이다. 『곽점초묘죽간(郭店楚墓竹簡)』의 『어총(語叢)』(1)에 “『詩』所以會古含(今)之恃.”라는 말이 나오는데, 원문은 다음과 같다. .” 이로써 ‘금(今)’자가 당시에는 ‘함(含)’으로 읽혔음을 알 수 있다..

를 형성한다.

　이러한 연계를 통해 알 수 있듯이, 『설문·초(艸)부수』에서 '담(蕁)'을 설명할 때 "피지 않은 상태를 함담(菡萏)이라 한다."라고 했는데, 이는 그것의 '함포대방(含苞待放: 꽃봉오리가 터지려고 하다)'의 뜻을 품고 있는 상태를 특별히 가리킨다. 이는 고대 사람들이 사물을 관찰했을 때의 세밀함을 보여준다. 또한 "이미 핀 상태는 부용(夫容)이라 한다."라고 한 표현은 '함담(菡萏)'의 성장 과정의 두 번째 단계, 즉 '화려하게 피워 경쟁하는(怒放爭姸)' 상태나 화려한 꽃의 모습을 정확하게 요약하여 나타내었다.

　왕균(王筠)의 『설문구두(說文句讀)』 권2의 「초(艸)부수」의 보완에 따르면, "함담(菡萏)과 부거(扶渠)의 경우, 꽃이 아직 피지 않은 것은 '함담(菡萏)', 꽃이 이미 핀 것은 '부용(夫容)'이라 한다. 원응(元應)의 지적에 따라 수정 보완하였다."라고 하였다.[6]

　현대어에서 '부용(芙蓉)'이라는 말은 원래 '부용(夫容)'에서 왔다. '부용(夫容)'은 '꽃이 피다'는 것을 특별히 가리킨다. '부용(夫容)'이라는 명칭은 사람들에게 그 유래를 쉽게 상상하게 만든다. 즉 "여자는 자신을 기쁘게 해주는 사람을 위해 단장한다."라는 옛말이 있는데, 이는 고대 여성에게 실질적으로는 남편을 위해 단장하는 것을 의미하며, 일반적으로 '제삼자'는 없었다.

　『시경·백혜(伯兮)』의 제2장에서 "내 님이 동쪽으로 가시자, 머리는 나부끼는 쑥대 같네. 어찌 기름 바르고 머리 감지 못하랴마는, 누구를 위해 화장할꼬?(自伯至東, 首如飛蓬. 豈无膏沐, 誰适爲容?)"라고 노래

---

6) '원응(元應)'은 바로 '현응(玄應)'인데, 왕균(王筠)이 교정 보완했다. 즉 현응(玄應)의 『일체경음의(一切經音義)』에서 인용한 자서를 말한다. 청나라 사람들이 청나라 강희제의 이름인 현엽(玄燁)을 피휘(避諱)하여 고친 글자이다.

했는데, 주희(朱熹)의 『집전』에서 "나의 머리가 이렇게 헝클어져 있는 것은 단장할 수 있는 기름과 샴푸가 없는 것이 아니라, 귀족이 일하느라 바빴기 때문이다. 『전(傳)』에 따르면, 여자는 자신을 위해 단장한다."라고 하였다.

육조(六朝) 시대의 작가들이 사용한 상징도 동일했으며, 서간(徐幹)의 「실사(室思)」에서는 "임께서 떠난 이후로, 밝은 거울이 어두워져도 관리하지 않았네.(自君之出矣, 明鏡暗不治.)"라고 하였다. 당나라 사람들에게 이르러 이미 상징이 변화하긴 했지만, 여자의 '단장'은 여전히 남편을 위한 것으로 보였다. 두보(杜甫)의 「신혼별(新婚別)」에서 말한 "비단 옷을 다시 입지 않고, 당신 앞에서 붉은 화장을 지우네.(羅襦不夏施, 對君洗紅粧.)"라는 표현은 모두 이와 관련이 있다.[7]

단장하고 아첨하는 여인의 태도에서 시작하여 꽃이 화려하게 피어나고, 다른 꽃과 아름다움을 겨루는 모습에 이르게 된다. 이것은 '부용(芙蓉)'(원래 '夫容'으로 쓰였던)의 이름으로부터 추적할 수 있는 고대의 '인물' 관계의 한 유형이며, 이는 고대 사람들이 사물을 관찰하고 상징화한 특징을 보여준다. 우리는 '부용(芙蓉)'의 다른 이름들과 동일한 의미를 가진 별칭에서도 이러한 '인간화'된 연결을 어느 정도 엿볼 수 있다.

'부용(芙蓉)'은 달리 '취객(醉客)'이라고도 불린다. 『서계총어(西溪叢語)』에서 "부용(芙蓉)은 취객(醉客)이라고도 한다."라고 하였다. 또한 '기장(綺帳)'이라고도 불리는데, 『광사류부주(廣事類賦注)』에서는 '부용(芙蓉)'의 다른 이름은 '기장(綺帳)'이라고 되어 있다. 또한 '교소화(巧笑花)'라고도 불린다. 예정장(芮挺章)의 시에서 "부용(芙蓉)은 교소화(巧笑

---

7) '장(粧)'은 '장(妝)'자이다. 전자는 '미(米)'에서 범주를 가져와 그 '실체(體)'를 전달하고, 후자는 '여(女)'에서 범주를 가져와 그 '쓰임(用)'을 전달한다.

花)이다"라고 하였다.[8] 이외에도 다양한 이름들이 있지만, 모두 서로 상호 확인할 수 있다.

· 모(姆), 유모를 말한다(女師也). 여(女)가 의미부이고 매(每)가 소리부이다. 모(母)와 같이 읽는다(『說文·女部』).

· 매(每), 풀이 무성하게 자란 모습이다(艸盛上出也). 철(屮)이 의미부이고 모(母)가 소리부이다(『說文·屮部』). 『설문구두(說文句讀)』권2에서 이렇게 말했다 "『좌전·희공(僖公)』 28년의 『전』에서 '원전매매(原田每每: 너른 들판에 무성하게 자라난 풀숲)'라고 했는데, 『주』에서 '진(晉)나라의 아름답고 강성함을 비유했는데, 들판에 풀이 무성하게 자라난 모습과 같다는 것이다. 철(屮)이 의미부이고 모(母)가 소리부이다(喩晉美盛, 若原田之艸每每然. 從屮, 母聲)."

자형의 원시 인지 관계를 바탕으로 볼 때, '모(姆)'는 '모(母)'에서 파생된 후기 분화자이다. 『설문·여(女)부수』에서는 '모(母)'를 직접 「여(女)부수」에 귀속시켰다. 그 구성은 여성의 형상을 취했는데, 여성을 지시하는 기호를 양쪽에 추가하고서, 다시 여(女)자를 추가하였는데, 이는 이미 복잡하게 구성된 번체자에 해당한다. 이는 "여성이 아이를 안고 있는 모습이다. 일설에는 젖을 먹이는 모습을 나타낸다고도 한다."로 해석되기도 한다. 『갑골문편(甲骨文編)』에서 수록한 자형을 검토해 보면 '매(每)'와 '모(母)'는 실제로 같은 글자이며, 이것은 사람들에게 흔히 볼 수 있는 현상이다. 서중서(徐中舒)가 주편한 『갑골문자전(甲骨文字典)』권1에서 '매(每)'자에 대해 다음과 같이 설명하였다. "여(女)로 구성된 것과 모(母)로 구성된 것 사이에 차이가 없는데, 여(女)자 위에 머리에 꽂는 비녀가 더해졌을 뿐이다. 『설문』에 따르면, '매(每)'는 풀이 무성하게 자라나는 것을 의미한다. 철(屮)이 의미부이

---

8) [淸] 厲荃(輯), 『事物異名錄』 卷三十三, 『花卉部』 '芙蓉'條. 嶽麓書社, 1988年.

고 모(母)가 소리부이다. 매(每), 무(楙), 무(茂)는 고대 독음이 동일하므로, 풍부하고 아름다운 풀이나 나무를 의미하는데, 문헌에서도 종종 매(每)를 빌려 사용했다."라고 했다.『갑골문자전』에서는 '매(每)'의 첫 번째 의미를 '모(母)와 같다'고 하면서 예를 나열하였다. 인용한 복사의 예는『존(存)』2, 744편인데, 그 문장은 "무신일에 점을 칩니다. 세 분의 어머니께 '교'제사를 드릴까요?(戊申卜其烄三每[母])"이다.[9]

여성의 몸이 임신으로 인해 풍만해진 자태로부터 점차 풍부하고 아름다운 식물의 상태로 이동한다. 애초부터 이 영역에서 다른 영역으로의 이러한 이동이 단지 '가차'라는 형식을 통해 이루어진 것이 아니었다.

> · 요(嫶), 어깨를 굽히고 걷는 모습을 말한다(曲肩行貌). 여(女)가 의미부이고 요(畜)가 소리부이다.(『說文·女部』)
> · 요(橋), 『설문구두(說文句讀)』 권11에서 이렇게 말했다. "요(橋)는 나무가 움직이다는 뜻이다(樹動也). 목(木)이 의미부이고 요(畜)가 소리부이다. 『진어(晉語)』에서 '흔들리는 나무는 위기에 처하지 않는다(橋搖木不生危).'라고 했는데……(왕균) 내 생각은 이렇다.……부드럽고 약하여 잘 흔들리는 나무가 높고 위엄한 곳에 자라난다면 반드시 빨리 꺾이고 말 것일진대, 어찌 오래 갈 수 있단 말인가?(筠按:……以荏弱善搖之木, 而生高險之地, 其折必速, 安能久乎?)"
> · 요(藸), 풀이 무성한 모양을 말한다(艸盛貌). 초(艸)가 의미부이고 요(繇)가 소리부이다. 『하서(夏書)』에서 '그 풀 무성하구나(厥艸惟繇).'라고 했다.(『說文·艸部』)

이 그룹의 세 글자의 소리부는 모두 '요(畜)'이다.[10] 각각 '여(女)',

---

9) 徐中舒(主編), 『甲骨文字典』 卷一, 46쪽(四川辭書出版社, 1991).
10) '요(繇)'자도 요(畬)로부터 독음을 가져왔다. 『설문·계(系)부수』에서 "요(繇)는

'목(木)', '초(艸)'로 구성된 글자 구조를 통해 대비를 이루고 있다. '요(嬈)'와 '요(橈)'는 동일한 기원의 글자이다. 『설문』에서는 '요(橈)'를 "나무가 움직이는 것(樹動也)"으로 설명하였고, '요(嬈)'를 "어깨를 구부리며 걷는 모습(曲肩行貌)"이라고 설명하여, 여성 신체의 동적인 움직임에 주목하였다. 단옥재(段玉裁)는 '초(艸)'와 '요(繇)'의 관계를 밝혀냈다. "이 글자는 형성 겸 회의자이다. 요(繇)는 '따라가다'는 뜻이다. 다른 책에서는 요(繇)를 모두 요(絲)로 적었다."라고 했으며, 나아가 다음처럼 더 자세한 주석을 달았다. "마융(馬融)의 『상서』 주석에서는 '요(絲)는 뽑다는 뜻이다(抽也)'라고 하였으며, 그래서 초(艸)와 요(繇)를 결합하여 '요(蘨)'가 만들어졌다. 이것은 허군(許君: 허신)이 「우공(禹貢)」을 인용함으로써 초(艸)와 요(繇)가 결합된 의미를 밝혀낸 것이다. 이러한 경전을 인용하여 글자의 형태를 설명하는 예는 여기서부터 처음으로 시작된다."[11]

또한, '추(抽)'와 '유(柚)'도 동일한 기원의 글자이다. 『설문·목(木)부수』에서는 "유(柚)는 가지를 말한다(條也)"라고 설명하였다. 이를 바탕으로, '요(嬈)'와 '요(蘨)' 사이에는 언어학적 기원에서의 인지적 연결이 존재한다. 왕균(王筠)이 인용한 문헌 증거는 다음과 같다. "『초사·구사(九思)』에서 '음안연혜요요(音案衍兮要嬈: 음악은 울려 퍼지고, 가느다란 허리 춤추며 흔들리네.)'라고 했는데, 주석에서 '요요(要嬈)는 춤을 추는 모습'이라고 하였다. 또 『산해경』에서 고요(姑嬈)라는 산은 제대(帝臺)의 동쪽에 위치하며, 제의 딸이 죽어 요(蘨)라는 풀로 변하였으며, 그것을 먹으면 사람들로 하여금 마음이 끌리게 한다.(姑嬈山, 在帝臺東,

---

따라가다는 뜻이다(隨從也). 계(系)가 의미부이고 요(畬)가 소리부이다."라고 했다. 자서에서는 '요(畬)'를 '요(畣)'의 이체자로 보았다.

11) 『說文解字注』一篇下,「초(艸)부수」.

帝女死, 化爲䔾草, 服之媚于人.)'라고 하였다. 또『방언』에서는 '강원(江沅) 지역에서는 유희(遊戲)를 요(嬌)라고 부른다.'고 한다."[12]

이와 관련한 예는『설문』에서 매우 많이 보인다. 위에서 연관된 몇 가지 예시만 봐도, '가인(佳人)'과 '풀과 나무(卉木)', 그리고 몸의 자태와 사물의 상태 사이의 관계는 꽤 복잡하고 흥미로운 것으로 보인다. 적어도 이 절의 시작에서 언급했던 그 '천재 시인'이 이해한 것처럼 그렇게 단순하지만은 않을 것이며, 그 언급의 '첫 번째'라는 말은 사실 후발적일 것일 가능성이 크다. 오늘날 우리가 흔히 사용하는 표현 중에서도 꽃과 풀이 '빛나는 아름다움을 경쟁하다(爭艶鬪麗)', 나무가 '멋진 모습을 자랑하다(婆娑多姿)', 그리고 풀과 나무가 '눈부신 미모를 뽐내다(明媚鮮妍)'……등과 같은 표현들을 주의 깊게 살펴보면, 실제로는 식물을 '인간화'한 것임을 쉽게 알 수 있다.

오늘날 우리가 볼 수 있는 전통 문헌 중에서 이와 같은 원시적인 인지 관계를 상대적으로 순수하게, 완전하게 보존하고 있는 것은 크게 보면『설문』뿐이다. 이 책에 부록으로 첨부된 "초나라 죽간에서의 자연 인지(楚簡自然認知)" 장을 참고하면 된다.

2. '몸의 자태(體態)'와 '감정상태(情態)'

'사람의 얼굴(人面)'과 '복숭아꽃(桃花)'은 서로를 비추며, 사물과 내가 구분되지 않고 연결되어 있다. 이러한 관계는 상대적으로 추상적이고 복잡하다. 먼저『설문』에서 동일한 소리부를 가진 몇 가지 글자 그룹을 살펴보자.

---

12)『說文句讀』卷二十四(中國書店, 1983. 1882年 尊經書局刊本 影印).

・도(桃), 과실을 말한다(果也). 목(木)이 의미부이고 조(兆)가 소리부
이다(『說文·木部』).『설문통훈정성·소(小)부』제7에서 이렇게 말했
다. "『시』에서 '싱싱한 복숭아나무여!(桃之夭夭)'라고 했는데,『전
(傳)』에서 '도(桃)는 꽃이 만개한 것을 말한다(有花之盛者)'라고 했
다. 또『주례』에서 '융우가 소의 귀를 자르고 복숭아나무 빗자루
를 사용한다(戎右贊牛耳桃茢)'라고 했는데13),『주(注)』에서 '도(桃)
는 귀신이 두려워하는 나무이다(鬼所畏也).'라고 했다.

・요(姚), 우순(虞舜)은 요허(姚虛)에 터를 잡고 살았는데, 이를 계기
로 성(姓)을 요(姚)로 삼았다. 여(女)가 의미부이고 조(兆)가 소리
부이다. 때로는 요(姚)나 요(嬈)로 쓰기도 한다.『사편(史篇)』에서
는 요(姚)를 요이(姚易)라고 여겼다(『설문·여(女)부수』).『설문구두
』에서 여러 문헌을 인용하여 이렇게 논증했다. "『순자비상(非相)
』에서는 '아름다움을 찬미하지 않는 자가 없다(莫不美麗姚冶)'라
고 하였다.『주』에서『설문』을 인용하여 '요(姚)는 아름다운 모
습을 말한다.'라고 했다. 내 생각에 의하면, 이는 '아름답다(嬈也)'
에 상당하는 의미이다. 요(嬈)는 훌륭한 외모를 말하며(燿也), 곧
고 아름다운 모습을 말한다(直好貌).『방언』과『광아(廣雅)』에서
'요(姚)와 태(娧)는 좋다는 뜻이다(好也)'라고 했다.『설원(說苑)·지
무편(指武篇)』에서는 '아름답구나 덕이여, 요요한 자로다(美哉德
乎, 姚姚者乎).'라고 했다. 계복은『시경』에서 '조조공자(佻佻公子:
외로운 공자께서)'라고 했는데,『한시(韓詩)』에서는 이를 '요요(燿
燿)'로 적었다. 그러므로 조조(佻佻)는 요요(姚姚)로 적어야 마땅
하며 조(窕)와 통용된다.『순자예론(禮論)』에서는 '그러므로 문장
에 수식은 하되 조아(窕冶)함에는 이르지 않는다(故其立文飾也, 不
至于窕冶)'라고 했는데,『주』에서 조(窕)는 요(姚)로 읽어야 하며,
요아(姚冶)는 요미(妖美), 즉 아름다움을 의미한다고 했다."14)

---

13) [역주] 이 문장은『주례·하관·융우(戎右)』에 나온다. 여기서 융우(戎右)는 주(周)
나라 때의 관직으로, 군대의 관리와 지휘를 담당했으며, 일부 중요한 의식 활
동에도 참여했다. '찬우이(贊牛耳)'는 고대 제후들 간의 동맹 의식에서 소의 귀
를 자르고 피를 취해 성실함을 나타내는 관습을 가리킨다. '도려(桃茢)'는 복숭
아나무로 만든 빗자루를 의미하는데, 고대인들은 복숭아나무가 악귀를 쫓는
효과가 있다고 믿었기 때문에, 일부 종교적 또는 제사 활동에서 사용되었다.

이 그룹의 글자들은 모두 '조(兆)'를 소리부로 취해 상호 대응하여 구성되었는데, 둘 다 아름다움과 가볍고 활발함을 의미한다. 또한, '도(桃)'는 귀신을 피하고 악을 막는 데 효과가 있다고 하는데, 이것은 '경도(輕佻: 경쾌하다)'의 독음이 '도(逃: 도망가게 하다)'와 유사하여 서로 연결되기 때문이다.[15) '도(桃)'는 나무로서, 다음과 같은 다양한 다른 이름들이 있다.

·'선목(仙木)': 『사물이명록(事物異名錄)』[16) 권32에서 인용된 『설문』에 따르면 "선목(仙木)은 복숭아나무(桃)이다."라고 했다. 그러나 그 기원은 알려져 있지 않다.
·'오목정(五木精)': 『전술(典術)』[17)에 따르면 "복숭아나무(桃)는 다섯

---

14) 王筠, 『說文句讀』 卷二十四, 『韻會』에 근거해 "요(姚)는 일설에는 요(姚)라고도 하는데, 예쁘다는 뜻이다(一曰姚, 嬈也.)."로 수정했다. [唐] 혜림(慧琳)의 『일체경음의(一切經音義)』를 확인한 바, '일왈(一曰)'에서 제시한 의미는 없다.

15) 이곳의 '도(逃)'자는 "使……逃"로 해석해야 한다.

16) [역주] 『사물이명록(事物異名錄)』은 청대 건륭 연간에 편찬된 사물의 이명(異名)에 대한 전문적인 사전으로, 여전(厲荃)이 편찬하고 관괴(關槐)가 증보했다. 건륭 41년(1776년)에 강남 망강현서(望江縣) 관서에서 처음 간행되었는데 이 것이 사명고환당(四明古歡堂) 간본이다. 건륭 53년(1788년)에 양광(兩廣)총독 손사의(孫士毅)가 총독서에서 다시 간행했는데, 이것이 월동(粤東) 간본이다. 전체 책은 총 40권이며, 권수(卷首)가 1권이고, 나머지는 건상(乾象), 세시(歲時) 등 39부로 나뉘며, 각 부 아래에 여러 부류로 세분했다. 통칭을 제목으로 하고, 이명(異名)을 나열하며, 출전을 밝혀 증거로 삼았으며, 자료 수집이 상세하다. 후대 사람들에게 각 방면의 상식과 명물 연구의 실마리를 제공하며, 고서 교감, 주석, 읽기에 중요한 참고 가치가 있어, 고대 명물 제도와 문화 풍속 연구의 중요한 서적이다. 다만 편찬 과정에서 그대로 초록하는 방식을 사용해, 분류와 단어 수집에 중복 부분이 있고 인용된 문헌 증거에 누락 등의 부족도 존재한다.

17) [역주] 『전술(典術)』은 남북조 시대 유송(劉宋) 때의 서적이나, 실전되었다. 일부 견해로는 이것이 의서(醫書)였을 가능성이 있다고 본다. 비록 원서는 존재하지 않지만, 다른 고서에서 인용한 『전술』의 내용을 일부 확인할 수 있다. 예컨대 위의 본문에서 인용한 '복숭아'에 대한 것 외에도 창포(菖蒲)에 대한

『설문해자』 인지분석

가지 나무 중에서도 가장 정수인데, 악한 기운을 쫓아낼 수 있
다."라고 한다.
· '오행정(五行精)': 『형초세시기(荊楚歲時記)』에 따르면 "복숭아나무
(桃)는 오행 중에서 가장 정수이며, 악한 기운을 누르고 모든 귀
신을 통제한다."라고 했다.18)

　이러한 다양한 별칭은 모두 위에서 언급한 '복숭아나무(桃)가 귀신
을 피하게 하는 기능'의 의미에 중점을 둔 것이다.
　당나라 필사본 『일체경음의(一切經音義)』에서 보존된 문헌 중, 『수
신기(搜神記)』와 『풍속통의(風俗通義)』에서 인용한 『황제서(黃帝書)』에
따르면, "고대에 두 명의 신선이 있었는데, 하나는 도여(荼輿)라고 하
고, 다른 하나는 욱뢰(郁壘) 혹은 욱율(郁律)이라고 했다. 도삭산(度朔
山)이 있는데, 그 산 위에 큰 복숭아나무(桃樹)가 있었다. 두 신선은
그 나무 옆에 거주하였다. 나무의 북동쪽에는 큰 굴이 있어 모든 귀
신들이 그 굴을 통해 들어갔다 나왔다 했다. 두여와 욱뢰(또는 욱율)는
모든 귀신들을 관리하고 선택하였는데, 사람들을 해치는 귀신이 있으
면 갈대로 묶어 호랑이에게 먹이로 주었다. 그 때문에 황제(黃帝)는
그들에게 예를 갖추어 대우해 줬고(禮敺)19), 집의 문 앞에 복숭아나무
인형을 세우고 두여와 욱뢰(또는 욱율)와 호랑이를 그려 그것들을 상징
하게 하였다. 오늘날 풍습에 따르면, 매년 음력 연말 그믐날에 복숭
아나무 인형을 장식하여……불길을 피한다."라고 했다.20) 이 또한

설명에서 "요 임금 시대에 하늘이 정기를 내려 뜰에 부추가 되게 하고, 백 가
지 음기(陰氣)를 느껴 창포가 되게 했으니, 그래서 요구(堯韭)라고 불린다. 방
사(方士)들은 은밀히 이를 수검(水劍)이라 칭하는데, 그 잎의 모양 때문이다."
라고 하기도 했다.
18) 『事物異名錄』 卷三十二, 「樹木部」.
19) '구(敺)'와 '구(謳)'는 이체자 관계로 보인다.
20) 慧琳, 『一切經音義』 卷十一, 2~3쪽, '蟠桃'條. 上海古籍出版社, 1986年, 日本獅

'복숭아나무'의 상징과 매우 연관되어 있다.

여기에서 주목하는 것은 또 다른 측면에 있다. 즉 꽃으로서의 '복숭아나무(桃)'의 이미지는 여러 다른 이름에도 반영되었다.

- 첫 번째는 '요채(夭朶)'로, 『산당사고(山堂肆考)』에 따르면 "요채는 복숭아꽃(桃花)을 말한다."
- 두 번째는 '교객(嬌客)'으로, 『서계총어(西溪叢語)』에 따르면 "복숭아꽃은 교객이라 한다."
- 세 번째는 '경박화(輕薄花)'로, 시인 두보(杜甫)의 시에서는 "가벼운 복숭아꽃이 물을 따라 흘러가네(輕薄桃花逐水流)"라고 했다.
- 네 번째는 '해어화(解語花)'로……21)

위에서 언급된 다양한 이름과 '인간화된' 명칭의 현상은 '도(桃)'와 '요(姚)'(또는 嬈) 그리고 '인면(人面)'과 '복숭아꽃(桃花)' 사이의 상호 반영 관계를 드러내 주고 있다.

- 요(枖), 나무가 어리면서 무성한 모양을 말한다(木少盛貌). 목(木)이 의미부이고 요(夭)가 소리부이다. 『시』에서 '싱싱한 복숭아나무여!(桃之枖枖)'라고 했다.(『說文·木部』).
- 요(娃), 예쁘다는 뜻이다(巧也). 이설에는 여자가 웃는 모습을 말한다고도 한다(一曰女子笑貌). 『시』에서 '싱싱한 복숭아나무여(桃之娃娃)'라고 했는데, 여(女)가 의미부이고 요(芺)가 소리부이다.(『說文·女部』).

『설문』에서 '여(女)'와 '목(木)' 두 부수에서 인용한 『시경·도요(桃夭)』를 참조하여 볼 때, '요(枖)'와 '요(娃)'는 구성이 다른 표기로 같은 글

古本을 底本으로 한 影印本.
21) 『事物異名錄』 卷三十三, 「花卉部」.

자로 볼 수 있다. 『설문통훈정성·소(小)부』 제7에서도 동일하게 언급되었다. 또 완원(阮元)은 『십삼경주소(十三經注疏)』의 청나라 판각본에서 "도지요요(桃之夭夭)"라고 적었으며, 왕개운(王闓運)의 『상기루일기(湘綺樓日記)』(同治 8년 9월 28일)에서도 『설문』의 '요(娱)'자에서 『시』의 '도지요요(桃之夭夭)'를 인용했다고 했다.[22] 또 혜림(慧琳)의 『일체경음의(一切經音義)』에서도 『설문』을 인용하여 "독음이 요(夭)와 교(嬌)의 반절이며, 『모씨전(毛詩傳)』에서 '요(娱)는 나이가 어리다는 뜻이다(少也)'라고 했다. 또 『초사』에서는 '조화로운 자태와 아름다움을 말한다(調態娱麗也)'라고 했고, 『광아(廣雅)』에서는 '요요(娱娱)는 용모를 말한다(容也)'라고 했고, 『모시(毛詩)』에서는 '복숭아꽃의 요요함(桃之娱娱)은 여성의 푸릇푸릇한 모양을 말한다(女子莊貌也).'라고 했다. 『설문』에서는 '예쁘다는 뜻이다(巧也). 여(女)가 의미부이고 요(芺)가 소리부이다.'라고 했다. 요(芺)의 독음은 위와 같다. 경문(經文)에서는 발(妭)로 적었는데, 이는 속자이다."[23]

이렇게 본다면, '요(娱)'와 '요(杴)'는 같은 데서 기원한 글자일 뿐만 아니라, '요(夭)'나 '요(芺)', '요(杴)', '요(妭)', '요(娱)', '소(笑)' 등도 사실은 동일한 기원에서 파생된 글자로 볼 수 있다.

『설문구두(說文句讀)』(권24)에서는 이렇게 말했다. "『광아』에서 '요(妖)는 예쁘다는 뜻이다. 속자에서는 초(艸)를 생략해 쓴다.'라고 하였으며, 「상림부(上林賦)」에서는 '요야한도(妖冶嫻都)'라고 하였는데, 이에 대한 이선(李善)의 주석에서 자서를 인용하여 '요(妖)는 이쁘다는 뜻이다'라고 하였으며, 또 『설문통훈정성』에서는 '요(娱)를 현재 글자

---

22) 『管錐編』 卷一, 70쪽.
23) 이 책의 卷十五, 10쪽, '요치(妖冶)' 항목에 보임. 그중 소위 '장모(莊貌)'의 '장(莊)'을 지금은 '장(壯)'으로 적고, '발(妭)'은 오늘날 '요(妖)'로 적는다.

에서는 요(妖)로 쓴다.'라고 하였고, 『삼창(三蒼)』에서는 '요(妖), 아름다움을 뜻한다(姸也)'라고 하였고, 『광아·석훈(釋訓)』에서는 '요요(妖妖), 용모를 말한다.'라고 하였다. 『장자·대종사(大宗師)』에서는 '미요선로((美妖善老)'라고 하였으며……『한서·사마상여전(司馬相如傳)』에서는 '요야한도(妖冶閑都)'라고 하였는데, 『주』에서 '요야(妖冶)는 아름다움을 뜻한다'라고 하였다."

이전 사람들이 글자를 만들 때의 범주를 취했던 관점에서 보면, '초(艸)', '목(木)', '죽(竹)'이 가장 가까워 서로 쉽게 연결될 수 있었다.

'소(笑)'자는 『설문』의 '대서본(大徐本)' '신부자(新附字: 새로 추가한 글자)'에서 처음 보이는데[24], 그는 이렇게 설명했다. "이 글자의 모습에 대해서는 『설문』에서 원래 '알 수 없다'고 했는데, 신[서현] 등은 이렇게 생각합니다. 손면(孫愐)의 『당운(唐韻)』에서 인용한 『설문』에서 '기쁨을 뜻한다. 죽(竹)도 의미부이고 견(犬)도 의미부이다.'라고 한 것에 근거하였으나, 그 뜻을 자세히 서술하지 않았습니다. 현재 통용되는 글자는 모두 견(犬)으로 구성되었습니다. 또한 이양빙(李陽冰)이 간정한 『설문』에서는 '죽(竹)이 의미부이고 요(夭)도 의미부이다.'라고 하면서, '대나무가 바람을 받으면 그 몸체가 사람이 웃는 것처럼 휘어진다.'라고 풀이하였으나, 이것이 정확한지는 알 수 없습니다. 독음은 사(私)와 묘(妙)의 반절입니다."

『설문·죽(竹)부수』의 '소(笑)' 항목에서는 출토 고문서의 사용 상황을 인용하였는데—현재 보이는 전국시대 초나라 죽간에서 소(笑) 자의 구조는 견(犬)이 의미부이고 초(艸)가 소리부인 두 부분으로 구성되어 있

---

24) 송(宋)나라의 서현(徐鉉)이 교정(校定)한 판본을 말한다. 서현(徐鉉)의 동생인 서개(徐鍇)도 『설문(說文)』을 연구하여 『설문계전(說文繫傳)』을 지었다. 세상에서는 이를 '대서(大徐)'와 '소서(小徐)'로 구분한다.

음을 보여준다(🌿 🌿 🌿). – 이는 적어도 전국시대에 이미 "견(犬)이 의미부이고 초(艸)가 소리부"인 구조를 사용했음을 나타낸다.

한(漢)나라 때 출토된 문헌, 예를 들어 『고지도(古地圖)』에서는 '소(笑)'를 🌿로 표기하여 '죽(竹)'에서 의미를 가져온 것으로 되었으나, 예변(隸變) 과정에서 '초(艸)'와 '죽(竹)'의 구별이 어려워져 서로 혼용되기 시작하면서 발생한 결과였다. 한(漢)나라 무덤에서 발견된 백서『노자(老子)』(『乙』178)에서는 🌿로 표기하여 '초(艸)'로 구성된 문자를 사용하였고, 위진(魏晉) 시대의 출토된 문헌, 예를 들어 『희평석경·역(易)·췌(萃)』에서는 🌿로 적어 '초(艸)'로 구성되었다.25) 『관추편(管錐編)』26)에서는 왕개운(王闓運)의 『상기루일기(湘綺樓日記)』를 인용하여 이렇게 말했다. "『설문』의 '요(娭)'자는 『시』의 '도지요요(桃之夭夭)'를 인용하여 '요(娭)'가 웃는 여자의 모습을 나타내었음을 증명하였고, '요(芺)'가 바로 '소(笑)'라는 것을 밝혔다. 또 예서에서 '죽(竹)'과 '초(艸)'가 서로 혼용되기 시작하였는데, 현대에는 '소(笑)'가 바로 '요(芺)'자라는 것을 모르게 되었고, 그 결과 '소(笑)'를 '죽(竹)'부수에 잘못 분류하게 되었다."

---

25) 臧克和(主編), 『漢魏六朝隋唐五代字形表·艸部』의 '소(笑)'자 항목 아래에 수록된 각종 서체의 필사구조를 참조하기 바란다(廣州: 南方日報出版社, 2011).

26) [역주] 『관추편(管錐編)』은 중국 현대 작가 전종서(錢鍾書)의 고문 필기체 저작으로, 『주역정의(周易正義)』, 『모시정의(毛詩正義)』, 『좌전정의(左傳正義)』, 『사기회주고증(史記會注考證)』, 『노자 왕필주(老子王弼注)』, 『열자 장담주(列子張湛注)』, 『초씨역림(焦氏易林)』, 『초사 홍흥조보주(楚辭洪興祖補注)』, 『태평광기(太平廣記)』, 『전상고삼대진한삼국육조문(全上古三代秦漢三國六朝文)』 등 중국 고대의 중요한 10가지 문헌을 연구 대상으로 삼고 있다. 약 130만 자에 달하는 방대한 분량의 이 책은 4,000명의 저작가의 1만 종 이상의 저작에서 수만 개의 문헌 증거를 인용했으며, 고금과 중외, 그리고 서로 다른 학문 분야를 아우르며, 많은 새로운 학설과 견해를 제시하여 매우 높은 학술적 가치를 지니고 있다. 특히 이 책에서는 『관추편』의 주요 개념을 『설문』을 통한 해당 문화의식의 해석에서 주요한 이론적 근거로 사용하고 있다.

한(漢)·위(魏)·육조(六朝)에서 사용된 문자 변환 중에서 그들이 '요(夭)'자를 사용하였던 것은, 아마도 '요(夭)'와 '견(犬)'자 간의 혼용 문제가 이미 존재하였고, 동시에 당시 사람들이 '소(笑)'와 같은 범주의 감정 소통 방식에 대한 통상적인 인지를 반영하였을 것이다. 이런 의미에서 볼 때, '요(夭)'는 단순히 '요(妖)', '요(娛)', '요(芺)', '요(枖)', '소(笑)' 등과 같은 문자열의 어원일 뿐만 아니라 사실은 이들 글자의 상징적 중심이기도 하다.

위에서 언급한 분석과 『설문통훈정성·소(笑)부』 제7의 설명에 따르면, '요(枖)'는 '요(夭)'의 후기자로서 혹체자일 뿐이다. 그리고 '요(夭)'는 인체의 동적인 형태에서 그 상징을 가져왔다. 『설문·요(夭)부수』에 따르면 "요(夭: [甲骨] [金文])는 굽히다는 뜻이다. 대(大)가 의미부이며, 상형이다.(屈也. 從大, 象形.)"라고 했다. 갑골문에서 '요(夭)'는 [그림]로 적어, 사람이 걸을 때 양팔을 흔드는 모양으로 나타냈으며, 금문에서는 [그림]로 적어 동일한 상징을 사용하여 표현하였다. 그렇다면, 위의 관계를 기반으로 대체로 다음과 같이 추론할 수 있다.

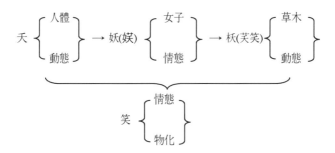

이 연속적인 서열은 고대 인간의 관찰과 표현에 대한 일반적인 인지 과정을 반영하고 있다. 인간과 사물 사이, 인간에서 사물로, 즉 '가까운 것'에서 '먼 것'으로 그 인지가 전환된다. 그리고 인간 자체를 관

찰할 때, 동적인 표현은 상징적으로 표현할 수 있지만 감정이나 상태를 표현하는 것은 더 추상적이다. 그래서 구체적인 것에서 추상적인 것으로 인지가 전환된다.

여기에 덧붙여 언급하자면, 이집트의 성서체(聖書體) 문자에서도 '기쁨'이나 유사한 감정을 나타내는 기호는 ❧로, 사람의 몸이 꼬임을 나타내는 모양으로 그려졌다. 또한 시나이 문자 체계에서도 같은 감정을 표현하는 문자 기호는 '❧, ❧, ❧' 등으로 적어 마찬가지로 사람의 몸의 움직임을 상징하는 모양으로 나타나는데, 이러한 표현 방식은 필자가 검토한 고대 한자의 상징적 표현과 기본적으로 일치한다고 할 수 있다. 이러한 비교를 통해 세계 각지의 고대 문화에서 인간의 감정과 상태를 표현하는 방식에는 일정한 공통점이 있음을 알 수 있다.[27]

이밖에, 중국 고대에서는 '육(肉)'자를 사용하여 춤의 동작을 묘사했는데 이 경우 여성의 신체를 나타내며, 또한 '육(肉)'자로 노래나 음악의 청각적 효과를 표현하기도 했는데 이 경우에는 입술, 키스, 목구멍 등을 의미한다. 예를 들어, 『시기(詩紀)·작도이가(莋都彝歌)』에는 '창악육비(昌樂肉飛: 노래는 즐겁고 춤은 날아갈 듯), 굴신실비(屈申悉備: 굽히고 펴는 동작이 모두 갖추어졌네)'라는 기록이 있는데, 청나라의 황생(黃生)이 쓴 『자고의부(字詁義府)』에서 이렇게 설명하고 있다. "창(昌)과 창(倡)은 고대 문자에서 통용되었다. 육비(肉飛)는 춤추는 사람의 자태를 묘사한다. 진(晉)나라 때 사람들은 '대나무가 육(肉)보다 못하다'라고 했는데, 육(肉)자로 노래를 부르다는 것을 설명했는데, 여기서의 육(肉)자는 춤을 설명한 것이다. 이것은 모두 특별한 감정이다."[28]

---

27) [구 소련] B.A. 伊斯特林, 『文字的産生和發展』, 左少興(中譯本), 288쪽(北京大學出版社, 1987).

중국어 역사에서 '부조(鳧藻)'와 '작약(雀躍)'은 '행복한 웃음(喜笑)'과 동의어로 사용되어 왔다. 예를 들어, 『후한서·두시전(杜詩傳)』에 '사졸 부조(士卒鳧藻)'라는 말이 있는데, 이에 대한 주석에서 "물오리가 물놀이 하듯 기쁨을 말한다(言歡悅如鳧戲藻)"라는 설명이 있다. 또한 유몽득(劉夢得)의 시구에서 "폴딱폴딱 뛰는 참새의 기쁜 마음을 알고 싶은데, 사랑스런 매미는 울음을 멈추지 않구나.(欲知雀躍心能喜, 正愛蟬連語未休.)"라는 표현이 있다. 이러한 표현들은 모두 구체적인 몸짓으로 추상적인 감정, 의지를 전달하려는 시도로 볼 수 있다. 이러한 관점들을 함께 고려해 볼 만하다.29)

실체를 통해 추상적인 것을 상징하고, 인간을 통해 사물이나 자연현상을 이해하는 것은 본질적으로 고대 인간의 인지 규칙과 관련이 있다. 이러한 인지 규칙은 '비유'라는 형태로 표현된다. 『관추편(管錐篇)』에서는 '요요(夭夭)'가 바로 비유적인 단어로 사용되며, 꽃의 아름다움을 나타내는 형용사로도 사용된다고 지적했다. 이것은 단순히 『모시전』에 기술된 대로 복숭아나무의 '청춘'을 의미하는 것만이 아니다. 이러한 해석은 언뜻 보기에는 단순히 문학적 표현이나 언어학적 관점에서의 해석에 국한된 것처럼 보일 수 있지만 더 깊게 살펴보면 이것은 사실 시각 심리학적 관점에서의 해석에 더 가깝다. 이것은 고대 인간의 사물이나 현상을 관찰하고 이해하는 방식, 즉 『설문』에 저장된 '인지 원리'를 드러내는 것이다.

이상은(李商隱)의 「즉목(卽目)」에서는 "요조(夭桃)만 웃음 넘치고, 나비의 춤은 허공을 날지 못하네(夭桃唯是笑, 舞蝶不空飛)."라고 표현했

---

28) 黃生, 『字詁義府合按』, 209쪽.(中華書局, 1984).
29) 『事物異名錄』 卷十三, 『人事部·喜』.

『설문해자』 인지분석

다. 여기서 '요(夭)'는 바로 '소(笑)'를 의미하는데, 이는 '무(舞)'가 '비(飛)'를 의미하는 것과 같다. 또한 「조요(嘲桃)」에서는 "無賴夭桃面, 平明露井東, 春風爲開了, 却擬笑春風(무뢰하게도 이 아리따운 복숭아꽃들은, 이른 아침 우물의 동쪽에서 피었지요. 봄바람이 불어 그것을 피우게 했지만, 오히려 봄바람을 조롱하려 하네요.)"라고 노래했는데, 이는 깊은 해석을 하게 만든다. 청나라의 학자들은 '경전(經)을 통해 경전(經)을 해석한다.'는 것을 자랑스럽게 생각했지만, 실제로는 시(詩)를 통해 시(詩)를 해석하는 것에는 아무 지장이 없었다. 이미 꽃의 '요요(夭夭)함'이 웃음과 같다고 했으면서, 다시 꽃이 불타오르듯 '작작(灼灼)하다'라고 했는데, 은 타오르는 듯한 빛을 나타낸다. 글의 내용이 현실에 부합하고 논리적이며, 독자의 심리적 기대에 부응해야만 독자의 마음을 움직일 수 있는 법이다.

사물을 관찰할 때, 한눈에 보고서 그 전체적인 분위기를 파악하는 것을 이른바 '감각적 조화' 혹은 '제3의 성질'이라 하고, 주의 깊게 자세히 보면, 형태나 색상 같은 그런 세부적인 실체를 알 수 있게 되는 것을 이른바 '제1, 제2의 성질'이라 한다. 사람을 만나보면 그 사람의 미모나 추함, 거만함이나 겸손함을 바로 느끼고, 자세히 살펴보면 그 사람의 풍채나 용모를 알 수 있게 된다. 그리고 집에 들어서면 그 집의 우아함이나 속됨, 사치스러움이나 검소함을 바로 느끼고, 신중히 살펴보면 그 집의 집기나 배치를 구별할 수 있다.

'요요(夭夭)'는 나무에 핀 복숭아꽃의 분위기를 전반적으로 묘사하고, '작작(灼灼)'은 가지에 핀 화려한 꽃의 빛깔과 색상을 특별히 찬양했다; 이는 마치 『소아·절남산(節南山)』에서 '우뚝 솟은 저 남산, 돌로 가득하네.(節彼南山, 維石岩岩.)'로 시작하여 전체 산의 위엄 있는 기상을 먼저 표현한 뒤, 그 산에 있는 돌의 거친 질감을 언급하는 것과 같다. 시어(詩語)를 전체에서 부분으로 확장해 가며, 관찰 대상을 전체적으로 파악한 뒤 세부적으로 묘사하는 관찰 방식과 일치한다. 제2장과 제3장에서는 '그 꽃(其華)'에서 시작해 '그 잎(其葉)'과 '그 열매(其實)'로 진행하며, 결국 푸른 그늘이 우거지고 가지가 열매로 가득 차리라는 기대를 예비하여 찬양한다.

수당(隋唐) 시대에 이르러, '꽃의 웃음(花笑)'은 시구의 시작으로 자주 등장하게 되었다. 예를 들어, 소대원(蕭大圓)의 「죽화부(竹花賦)」에서는 "꽃은 나무 주위를 돌며 경쟁하여 웃고, 까마귀는 들녘을 가득 메우며 울고 있네.(花繞樹而競笑, 烏遍野而俱鳴.)"라고 하였다. …… 또 『사통(史通)·잡설(雜說)』(상)에서는 "『좌전(左傳)』에 공자가 말하기를, '포장자(鮑莊子)의 지혜는 규(葵)만 못하다. 규라도 그 발을 지킬 줄 안다.'라고 하였다.

규(葵)가 해를 향한 마음가짐은 본래 발을 지키려는 것이 아니었으나, 사람들이 그 형태가 비슷하다고 보고 억지로 이름을 붙였다. 이는 마치 오늘날 문사들이 새의 울음을 '제(啼)'라 하고, 꽃이 피는 것을 '소(笑)'라고 표현하는 것과 같다. 꽃과 새가 정말로 웃고 울 수 있을 리 있겠는가? 유씨(劉氏)는 '오늘날 세속의 글들'이 『삼백편(三百篇)』에서 비롯되었으며, 이는 '현재'의 그 '현재'가 아니라는 사실을 깨닫지 못했다. …… 서현(徐鉉)이 『설문(說文)』에 '소(笑)'자를 「죽(竹)부수」에 추가하면서, 이양빙(李陽冰)의 "대나무가 바람을 받으면 그 몸이 구부려지는데, 이는 사람이 웃는 것과 같다."라는 설명을 선택했다. 송(宋)나라 사람들이 문장을 논할 때, 드디어 '요(夭)'를 웃는 모습으로 여겼으나, 이는 오직 대나무에만 한정되었고, 다른 식물에 적용되지는 않았다.[30]

(李商隱『卽目』: '夭桃唯是笑, 舞蝶不空飛', '夭'卽是'笑', 正如'舞'卽是'飛'; 又『嘲桃』: '无賴夭桃面, 平明露井東, 春風爲開了, 却擬笑春風'; 具得全解. 淸儒好夸'以經解經', 實无妨以詩解『詩』耳. 旣曰花'夭夭'如笑, 夏曰花'灼灼' 欲燃, 切理契心, 不可点煩. 觀物之時, 瞥眼乍見, 得其大體之風致, 所謂感 覺情調'或'第三種性質'; 注目熟視, 遂得其細節之實象, 如形模色澤, 所謂'第 一, 二種性質'. 見面卽覺人之美丑或傲巽, 端詳乃辨識其官體容狀; 登堂卽覺

---

30) 『管錐編』 卷一, 70~72쪽 참조. "사물을 관찰할 때, 흘깃 보는 순간, 그 대체적인 풍채를 얻게 되는데, 이를 '감각적 분위기' 혹은 '제삼의 성질'이라 부른다. 집중해서 자세히 보면, 그 세부적인 실체를 알게 되는데, 예를 들어 형태와 색채 등이 그것이며, 이를 '제일, 제이의 성질'이라 한다.―이는 하나의 완전한 인지 과정을 설명한다."(觀物之時, 瞥眼乍見, 得其大體之風致, 所謂'感覺情調'或'第三種性質'; 注目熟視, 遂得其細節之實象, 如形模色澤, 所謂'第一, 二種性質'―描述了一個完整認知完成過程.)

家之雅俗或侈儉, 審諦乃察別其器物陳設. '夭夭'總言一樹桃花之風調, '灼灼'專咏枝上繁花之光色; 犹夫『小雅·節南山』: '節彼南山, 維石岩岩', 先道全山气象之尊嚴, 然後及乎山石之犖确. 修詞由總而分, 有合于觀物由渾而畫矣. 第二章, 三章自'其華'進而咏'其叶', '其實', 則預祝其綠陰成而子滿枝也. 隋唐而還, '花笑'久成詞頭, 如蕭大圓『竹花賦』: '花繞樹而競笑, 鳥遍野而俱鳴';……『史通·雜說』上云: '『左傳』称仲尼曰: '鮑庄子智不如葵, 葵犹能衛其足.' 尋葵之向日傾心, 本不衛足; 由人睹其形似, 强爲立名. 亦犹今俗文士謂鳥鳴爲'啼', 花發爲'笑', 花之與鳥, 豈有啼笑之情哉?' 劉氏未悟'俗文'濫觴于『三百篇』, 非'今'斯'今'.……徐鉉校『說文』, 增'笑'字于『竹』部, 采李陽冰說爲解: '竹得風, 其體夭屈, 如人之笑.' 宋人論文, 遂以'夭'爲笑貌, 顧僅限于竹, 不及他植.)

편의를 위해, 위에서 『관추편(管錐編)』에서 검토한 전체 과정의 거의 모두를 인용하였다. 『관추편』의 위에서 언급된 새로운 해석에 대해, 현대 학자들은 아직도 '사장학(詞章學)'과 '시로서 『시경』을 해석한다(以詩解『詩』)'는 표면적인 이해에 머물러 있는 듯하다. 실제로, 이 내용 안에는 현대 '게스탈트(Gestalt, 格式塔)' 인지 심리학 원리[31]가

---

31) [역주] '게스탈트(Gestalt) 인지 심리학 원리'는 인간의 인지 과정이 분리된 부분의 단순한 합으로 이루어지는 것이 아니라, 전체적인 구조와 패턴을 통해 이루어진다고 보는 심리학 이론이다. 이는 20세기 초 독일에서 발전했으며, 막스 베르트하이머(Max Wertheimer), 쿠르트 코프카(Kurt Koffka), 볼프강 쾰러(Wolfgang Köhler)와 같은 심리학자들에 의해 주도되었는데, 다음과 같은 주요 개념들을 포함하고 있다.
1.전체는 부분의 합보다 크다(整體大於部分之和)는 원리로, 인지 과정에서 개별 요소들을 단순히 합친 것 이상의 어떤 것, 즉 전체적인 구조가 중요함을 강조한다. 예를 들어, 멜로디를 들을 때 개별 음표들보다는 전체적인 조화와 패턴이 인지에 영향을 미친다는 것이다. 2. 근접성의 법칙(近接性法則)으로, 이는 공간적으로 가까이 있는 요소들이 함께 그룹화 되어 인지된다고 설명한다. 즉, 사람들은 서로 가까이 있는 객체들을 하나의 그룹으로 보려는 경향이 있다는 것이다. 3. 유사성의 법칙(類似性法則)으로, 유사한 특성(색상, 형태 등)을 가진 요소들이 함께 그룹화 되어 인지된다는 원리이다. 예를 들어, 같은 색깔의 점들은 하나의 집단으로 인지한다는 것이다. 4. 좋은 연속성의 법칙(良好連

암시되어 있을 뿐만 아니라, 더욱 주목할 점은, 이를 통해 초기 민간에서의 '관물취상(觀物取象)'의 인지 법칙을 밝혀냈다는 것이다.

　당나라 때의 승려 혜림(慧琳)의『일체경음의(一切經音義)』에서 인용한『설문(說文)』은 오늘날 판본에서 보이는 당나라 때의 누락 부분을 보충할 수 있다. 송대의 대서본(大徐本)『설문』에는 '소(笑)'자가 수록되지 않았으며, 대서본에서 이 글자를「죽(竹)부수」의 끝부분에다 추가하였다. 혜림은 '소(笑)'에 대한 주석에서『설문』을 인용하여 이렇게 말했다. "소(笑)는 기쁘다는 뜻이다. 죽(竹)이 의미부이고 대(大)도 의미부이다. 그렇듯 품덕이 높고 즐거이 잘 웃는다.(笑, 欣喜也. 從竹從大, 大戴其竹君子, 樂然笑也.)" 이처럼 '죽(竹)'에서 이미지를 가져왔다면, '죽(竹)'의 범주는 무엇을 가리키는 것일까? 혜림은 또『자림(字林)』을 인용하여 이렇게 말했다. "죽(竹)은 악기이며, 군자는 즐거운[32] 다음에야 웃는다.(竹爲樂器, 君子樂而後笑.)" 이상의 여러 정보를 비교해보면, '죽(竹)'은 악기로서의 분류에 속하며, '소(笑)'자의 본래 의미는 청각적 인지의 심리적 경험을 향한 것이다. 그렇다면 '죽(竹)'은 '사죽(絲竹)'이나 '사관(絲管)'으로 만든 대(竹)나 관(管)과 같은 것으로, 이는 나중에 생겨난 의미이라는 것을 분명히 말할 수 있다.[33]

續性法則). 이는 관찰자가 요소들을 가장 간단하고 연속적인 경로로 인지하려는 경향을 말한다. 예를 들어, 교차하는 선분들은 각각 별도의 경로를 이루는 두 선으로 인지된다는 것이다. 5. 폐쇄성의 법칙(閉鎖性法則). 이는 사람들이 불완전한 형태도 완전한 형태로 인지하려는 경향을 설명한다. 예를 들어, 끊어진 원은 사람들에게 닫힌 원으로 인지될 수 있다.
게스탈트 심리학의 이러한 원리들은 인간의 인지 과정이 단순히 개별 요소들의 합이 아니라, 그 요소들이 어떻게 조직되고, 구조화되며, 전체적인 패턴을 형성하는지를 중시함으로써, 인지 심리학, 시각 예술, 디자인, 교육학 등 다양한 분야에 영향을 미쳤다.

32) 여기서의 '악(樂)'자는 '상악(賞樂)'으로 이해해야만 한다.
33)『一切經音義』卷26, 21쪽, '소(笑)'자의 주석; (續) 卷4, 10쪽, 卷九 7쪽, '소(笑)'자에 관한 독음과 의미 참조(上海古籍出版社, 1986年, 日本獅古白蓮社刻本 影印本).

다른 측면에서 언급하자면, 일본어에서 '꽃이 피다(花が咲く)'를 나타내는 단어 '사쿠(咲く)'와 '웃다'를 나타내는 '와라우(笑う)'는 원래 같은 단어였다. 일본의 문자학자들이 편찬한 사전에서 '사쿠(咲)'는 형성구조로 간주되는데, 구(口)가 의미부이고 소(关)가 소리부이다. 그런데 이 '소(关)'는 '요(关)'의 변형일 뿐이다. 이는 '소(笑)'자와 마찬가지로 형성구조인데, 원래는 '요(关)'가 잘못 변한 글자로, 그 의미와 사용법은 모두 '소(咲)'와 관련이 있다(사람의 행위 표현을 가리키는 데 사용됨). 그러므로 일본어에서는 이를 가져와 '꽃이 피다(花か咲く)' 즉 '개화하다(花發)'의 의미로 사용할 수 있지만, 이는 이미 '사람이 웃다(人笑)'는 의미에서 파생된 것이다.34)

3. '멀리서 가져오기(遠取)'와 '가까이서 가져오기(近取)'

---

34) [日] 아카츠카 타다히로(赤塚忠) 박사 감수, 완문사(旺文社) 신판『표준한화사전(標准漢和辭典)·구(口)부수』참조(1979년 판).『집운·소부(笑部)』에 따르면, "소(笑,咲,關)는 독음이 선(仙)과 묘(妙)의 반절이다. 기쁨을 의미하며(喜也), 고대에는 '소(咲)'로 적었다. 혹체에서는 생략된 모습으로 쓰며, 속체에서는 '소(咲)'로 쓰는데, 이는 잘못이다."라고 했다. 구체적인 실제 사용 글자 형태는 장극화(藏克和) 주편『한위육조수당오대자형표(漢魏六朝隋唐五代字形表)』의 '소(笑)'자 항목에 나열된 각 서체를 참조하라. 일본어에서 '꽃이 핀다'를 '花か咲く'(하나가 사쿠: はなが さく)로 표기하는데, 여기서 '소(咲)'는 5단 자동사이다. 중국어에서는 '소(咲)'가 '소(笑: 웃다)'의 이체자로 사용된다. 사람의 감정 상태인 '웃음'으로 꽃이 피는 것을 표현하는 것은 거의 당대 시인들의 습관적 기교였다. 최호(崔護)의「제도성남장(題都城南莊)」에는 "작년 오늘 이 문 안에서, 사람얼굴과 복숭아꽃 서로 붉게 비쳤네. 인면은 어디로 갔는지 모르고, 복숭아꽃만 여전히 봄바람에 웃네.(去年今日此門中, 人面桃花相映紅. 人面不知何處去, 桃花依旧笑春風)"라고 하였다. 두려잠(豆盧岑)의「심인불우(尋人不遇)」에는 "문 너머 거기 사람 누구 있냐고 물어본다. 한 그루 복숭아나무만 웃음 짓고 대답이 없네.(隔門借問人誰在, 一樹桃花笑不應)"라고 하였다. 부상(扶桑)의 나라가 바로 당학(唐學)의 원천이라는 말이 결코 헛된 말이 아니었다.－장극화(藏克和)의 2016년 일본 후쿠오카의 텐만궁(天滿宮)에서 열린 "『일본 소장 당대 한자 필사본 자형표(日藏唐代漢字抄本字形表)』봉납식에서의 축사."

고대 중국인들이 '사물을 관찰하며 그 이미지를 취하는' 것에 대해 논의할 때, 이미 '가까운 것은 몸에서 취하고, 멀리 떨어진 것은 사물에서 취한다.'라는 개념이 있었다.[35] 이는 곧 '가까운 것을 취함'과 '멀리 떨어진 것을 취함'이라는 분류를 생성하게 되었다. 우리가 앞서 초보적으로 진행한 비교와 대략적인 조사 과정에서 이미 발견했듯이, 고대 중국인들의 사물 관찰과 이미지 획득 과정, 예를 들어 아름다운 여인과 식물 간에 종종 복잡한 관계가 존재하였다. 적어도 인간에서 사물로, 인간에서 인간으로, 또 사물에서 사물로, 또 사물에서 인간으로 진행하는 몇 가지 경우를 포함하고 있었다. 그리고 흔히 이해되는 순전히 사물에서 인간으로의 비유, 즉 먼저 식물이 있고 그것을 아름다운 여인에 비유하는 관계는 나중에 생긴 것이었으며, 초기에는 발생하지 않았다는 것도 알 수 있었다.

이러한 문자학적 검증은 다음의 사실을 알려주고 있다. 즉 원시적 사유 단계에서 주체와 객체의 통합에 적응하는 것은 모호한 유사 사유임을 사람들에게 알려주고 있다. 또 이 단계에서 사람들은 자신만을 유사 연상의 유일한 참조 시스템으로 사용할 수 있었으며, 그 결과는 필연적으로 '동일화의 오류'를 발생시켰다. 이 때문에 이러한 '동일화의 오류'를 초래하는 인지 활동을 '신체화된 활동'으로 요약할 수 있다. 폴라니(Michael Polanyi)[36]는 인간의 신체와 정신이 지식을

---

35) 許愼, 『說文·敍』: "古者庖犧氏之王天下也, 仰則觀象於天, 俯則觀法於地, 視鳥獸之文與地之宜, 近取諸身, 遠取諸物." 이 말은 『易·繫辭』에서 나왔다.

36) [역주] 마이클 폴라니(Michael Polanyi, 1891-1976)는 헝가리 출신의 영국 철학자이다. 그는 원래 뛰어난 물리 화학자였으나, 후에 철학과 사회과학 연구로 전향하여 물리화학, 경제학, 철학 등 여러 분야에서 중요한 이론적 공헌을 했다. 그의 사상은 광범위하고 심오하며, 평생 동안 많은 저술을 남겼는데, 주요 저서로는 『개인적 지식』, 『과학, 신념과 사회』, 『인지와 존재』, 『사회, 경제와 철학―폴라니 문선』 등이 있으며, 과학철학, 인식론, 경제이론에 깊은 영향을 미쳤다. 특히 그가 제시한 암묵적 인지론(意會認知論)은 그의 사상 체계의 핵

체득하는 도구라고 생각했다. 즉 신체화된 활동은 자체적으로 인지판단을 포함하고 있다.[37)]

이 부분에서 가장 간단한 예는 고대인들의 도량형을 인지하는 방식의 특성에서 볼 수 있다. 고대인들의 길이 개념은 손을 계량 도구로 사용하고, 손가락과 팔을 길이 단위로 사용하는 것과 연관되어 있다. 고대 이집트에서는 '팔목'을 길이 측정 단위로 사용했는데, '팔목' 하나는 팔꿈치에서 긴 손가락까지의 뻗은 거리를 의미한다. 이를 기반으로, 피라미드의 밑면은 500개의 '팔목'으로, 둘레는 2,000개의 '팔목' 길이로 측정되었다. 실제로 중국의 고대 중원 지역에서도 손가락이나 팔 등을 길이를 측정하는 단위로 사용했다. 『대대예기·주언편(主言篇)』에 따르면, "손가락을 펴서 치(寸)라는 길이를 알고, 손을 펴서 자(尺)라는 길이를 알며, 팔꿈치를 펴서 심(尋)이라는 길이를 안다.(布指知寸, 布手知尺, 舒肘知尋.)"라고 했다.[38)]

이에 대한 『설문』의 기록은 「촌(寸)부수」만 들추어보아도 서로 증명할 수가 있다. 즉 『설문』에서는 "촌(寸)은 10푼을 말한다. 사람의 손에서 동맥 쪽으로 1인치 들어간 곳을 촌구(寸口)라고 한다. 우(又)와 일(一)이 의미부이다.(寸, 十分也. 人手却一寸動脉謂之寸口. 從又一.)"라고 했다. 단옥재의 주석에 따르면 이렇다. "길이는 푼(分)에서 나누어지고, 치(寸)에서 추정된다. 「화(禾)부수」에서 '10발(發)이 1정(程)이 되고, 1정(程)이 1푼(分)이 되며, 10푼(分)이 1치(寸)가 된다.'라고 했다. 또 '심(尋)은 추론하다는 뜻이다. 공(工)과 구(口)가 의미부이고 또 우

심 이론이다. 그는 암묵적 인지의 구조, 작동 메커니즘, 위치와 역할을 체계적으로 탐구했을 뿐만 아니라, 이러한 분석을 과학, 사회, 그리고 많은 전통적 철학 문제에 대한 사고에 적용했다.

37) 「裂腦和意會認識」 참조. 『自然科學哲學問題叢刊』(1985年 第1期)에서 인용.

38) 李景源, 『史前認識硏究』, 287~288쪽(長沙: 湖南教育出版社, 1989).

(又)와 촌(寸)도 의미부이다. 공(工)과 구(口)는 혼란을 의미하고, 우(又)
와 촌(寸)은 분별을 의미한다. 삼(彡)은 소리부이다. 사람의 양팔의 길
이가 심(尋)인데 여덟 자(尺)이다.'라고 했다." 단옥재의 주석에서는 또
"추론하여 정리하는 것을 의미한다. 혼란을 다스리려면 반드시 그 시
작을 찾아내고, 그런 후에 법을 설정하여 다스려야 한다. 이를 통해
'길이'라는 의미로 확장되었다. 『방언(方言)』에 따르면, 심(尋)은 '길다
는 뜻이다. 해대(海岱)와 대야(大野) 사이 지역에서는 심(尋)이라고 하
지만, 함곡관 서쪽으로 진(秦), 진(晉), 양(梁), 익(益) 지역에서는 사물
의 길이를 심(尋)이라고 한다."라고 했다.39) 또한 "전(專)은 6치의 두
께를 말한다.(六寸簿也)" 나머지는 더 이상 추가하지 않아도, 이를 통
해 고대에는 인지 공간의 길이 개념을 형성하는 과정에서 손이 중요
한 역할을 했음을 알 수 있다.

　"가까이로는 인체에서 가져온다(近取諸身)"라는 인지의 과정으로부
터 "멀리로는 사물에서 가져온다(遠取諸物)"라는 인지의 단계로 넘어
가도, 이것이 인간과 자연의 대립을 의미하지 않는다. 오히려 그것은
바로 반대로, 이러한 외부 사물에서의 인지가 사람과 자연을 완전히
다른 이질적인 것으로 보는 것이 아니라 서로 밀접하게 연결된 것으
로 보는 것에서 비롯된다. 원시 고대인은 그들의 환경에 대한 자각이
없었으며, 따라서 자연을 절대적인 것으로 보지 않았다. "인문정신은
시대가 달라도 서로 일치한다(文心異代相契)"라고 했는데, 전종서(錢鍾
書)는 중국 고대 문학비평 역사를 정리하는 과정에서 그 깊은 의미를
직접 탐구하였으며, 이는 전종서의 모든 문학비평 작업에서 일관된
의식이라 할 수 있다.

　『관추편(管錐編)』에서 그는 중국 회화론을 설명하면서, "중국의 시

---

39) 段玉裁, 『說文解字注』 三篇下.(上海古籍出版社, 經韻樓藏版, 1989).

와 문학 평론에서 말하는 소위 '신운(神韻)' 이론은 단순히 회화의 평가 기준에 따라 글의 평가 기준을 세운 것이 아니라, 사실은 시와 문학작품을 마치 활기찬 사람처럼 직접 본 것이다."라고 지적하였다. 이는 인지의 근본적인 원천을 탐구하였으며, 더 깊은 해석을 추구한 것이라 하겠다.

> 우리가 사물을 관찰할 때, 두 가지 습관이 있다. 하나는, 생명이 없는 것을 생명이 있는 것처럼 보는 것이고, 다른 하나는 인간이 아닌 것을 인간처럼 보는 것이다. 그림을 감상하거나 글을 평가할 때도 이 두 가지 원칙은 일관되게 적용된다.
> (盖吾人觀物, 有二結習: 一, 以无生者作有生看, 二, 以非人作人看. 鑒畵衡文, 道一以貫.)[40]

『관추편』에서 제시한 이러한 관계를 참조하여 '사람의 관점을 미술 감상에 적용하는 것이 결코 먼저 인체 그림을 감상하고 그 다음에 시와 문학을 평론하는 것이 아니며, 이들 둘 사이에 어떠한 우선순위나 영향력이 있음을 의미하지도 않는다. 그리고 『관추편』보다 먼저 작성되어 출판된 책인 『담예록(談藝錄)』에서, 전종서는 미학의 높은 관점에서 중국 문학비평의 전체적 특징을 다음과 같이 개략적으로 서술한 바 있다.

> 나는 이전에 중국 문학비평의 특징에 대한 논문을 쓴 적이 있는데, 바로 '가까이로는 인체에서 가져오고', '글로써 사람을 비유한다.' '글로써 사람을 비유함으로써 형체(形)와 정신(神)이 일치되어 글의 형식과 내용이 서로를 부각시킨다고 주장했었다.(余嘗作文論中國文評特色, 謂其能近取諸身, 以文擬人; 以文擬人, 斯形神一貫, 文質相宣矣.)[41]

---

40) 『管錐編』 卷四, 1357쪽.

전종서의 이런 개괄은 특별한 논의와 비교 분석의 기반 위에서 이루어진 것이다. 즉, 그는 특별한 논문을 작성한 적이 있는데, 그 논문의 제목은 「중국 고유의 문학 비평의 특징(中國固有的文學批評的一個特點)」이다. 거기서 중국 고대 문학 평론의 '인간화' 경향, 즉 '문장의 전체적인 인간화 또는 생명화'의 원칙을 체계적이고 세밀하게 설명하였으며 이를 깊이 있게 비교하고 분석하여 중국 문학비평의 '인간화' 경향이 발생한 문화 철학적 기반이 무엇인지를 탐구하였다.

> 모든 물리학의 용어는 아마도 생리적 현상에 근거하였을 것이다. 그럼에도, 왜 드 퀸시(De Quincey)[42]는 자신의 몸에서 비유를 세우지 못하고, 그 근원에 근거하여 비유를 세우지 못했을까? 이러한 내면적인 관찰에 중점을 둔 채 내면적인 성찰을 간과하는 것은 서양의 자연과학의 발전과 관련이 있을까?……
> 이러한 인간화된 문학비평을 우리가 비난할 수는 없다고 생각한다. 모든 예술적 감상의 근본은 감정이동의 작용에 기반을 둔다. 예를 들면, 서양 사람들이 예술적 감상력을 'taste(맛)'로 부르는 것은 미각과 촉각에서 비롯된 용어다. 인간화된 문학비평은 단지 감정이동의 행위가 가장 발달한 결과일 뿐이다. 실제로 모든 과학, 문학, 철학, 인생관, 우주관의 개념은 모두 감정이동의 행위에 뿌리를 둔다. 우리가 세상을 인지하는 것은 단순히 비유적, 상징적, 시적인 인지일 뿐이다. 단순한 비유로, 어린 아이가 거울의 빛을 보려고 할 때 그

---

41) 『談藝錄』第六, 40쪽(中華書局, 1984年版).
42) [역주] 토마스 드 퀸시(Thomas De Quincey, 1785-1859)는 영국의 수필가이자 비평가로, 대표작인 『아편 탐닉자의 고백』(*Confessions of an English Opium-Eater*, 1821)로 잘 알려져 있다. 이 작품에서 그는 자신의 아편 중독 경험을 기록하며 문학적 기법과 심리학적 탐구를 결합한 독창적인 글쓰기를 선보였다. 그의 글은 낭만주의 문학에 중요한 영향을 미쳤으며, 특히 상상력과 꿈, 무의식에 대한 탐구가 돋보인다고 평가된다.

빛 속에서 자신을 발견하는 것과 같다. 인류는 처음에 자신을 세상에 스며들게 했고, 마음을 물에 담아서 범주와 개념을 구축했다. 이러한 많은 개념들이 서서히 굳어져 정해지면서 원래의 인간성을 잃어버렸고, 마치 물고기가 돌로 변하는 것과 같다. 자연과학이 발전하면서 사상가들은 원시인의 인지 방법을 뒤집었고, 사물을 중심으로 마음을 통제하며, 물고기가 돌로 변한 과학적 개념으로 생물이 존재하는 생수를 막아버렸다. 사상사를 연구하는 사람들로서 우리가 보기에, 감정이동의 작용과 팬 오브젝트주의(Pan-Objectivism)[43], 행동주의와 유식론은 단순히 파도의 출렁임, 원칙의 변화에 불과하다. 인간화된 문학비평은 오로지 감정이동의 작용에 기반을 두기 때문에, 감정이동의 작용은 모든 문학 감상의 원칙이다.[44]

(一切物理界名詞, 也許都根据生理現象來, 不過, 何以德昆西未能近取諸身, 從本源上立喩?這種偏重內察而忽略內省, 跟西方自然科學的發達, 有无關繋? 這種人化文評, 我們認爲是无可非難的. 一切藝術鑒賞根本就是移情作用, 譬如西洋人喚文藝鑒賞力爲taste, 就是從味覺和触覺上推類的名詞. 人化文評不過是移情作用發達到最高点的産物. 其實一切科學, 文學, 哲學, 人生觀, 宇宙觀的槪念, 无不根源着移情作用. 我們對于世界的認識, 不過是一種比喩的, 象徵的, 像煞有介事的詩意的認識. 用一个粗淺的比喩, 好像小孩子要看鏡子的光明, 却在光明里發現了自己. 人類最初把自己滲透了世界, 把心鑽進了物, 建設了範疇槪念; 這許多槪念慢慢地變硬變定, 失掉本來的人性, 仿佛

---

43) [역주] '팬 오브젝트주의'는 현실 세계의 모든 요소가 객관적으로 존재한다는 철학적 관점을 나타내는 개념이다. 이 사상은 개인의 주관적 경험이나 해석보다는 객관적 사실을 중시하며, 모든 현상이 보편적인 법칙에 따라 발생한다고 믿는다. 또 현실을 이해하는 데 있어 이성과 논리를 중요시하는 합리주의적 접근을 취한다. 이러한 관점은 철학, 인식론, 존재론 등 다양한 학문 분야에서 논의되고 있으며, 객관성과 보편성을 강조하는 철학적 사고의 한 형태로 볼 수 있다.

44) 주진보(周振甫)(등)가 편찬한 『<담예록>독본』의 부록에서 가져왔다. 이 책의 391~404쪽 참조(上海教育出版社, 1992年). 이 글은 1937년 8월 1일 『문학잡지(文學雜志)』 월간(月刊) 제1권 제4기에 처음 실렸다. 어린이들은 독서를 할 때 동물 세계에 쉽게 몰입하며, 동물이나 심지어 식물을 사람처럼 여기는 경향이 존재한다.

魚化了石. 到自然科學發達, 思想家把初民的認識方法翻了過來, 把物來統制
心, 把魚化石的科學概念來壓塞養魚的活水. 從我們研究思想史的人看來, 移
情作用跟泛客觀, 行爲主義跟唯心論, 只是一个波浪的起伏, 一个原則的變
化. 因爲人化文評只是移情作用, 而移情作用是一切文藝欣賞的原則.)

이 논문은 전종서의 저술 체계 중, 초기 작품에 속한다. 이미 발췌
된 부분만 봐도, 전종서는 문화 철학적 관점에서 주장하며, 문화 발
생학적으로 인간 중심, 사물과 자아의 구분 없이－감정 이동의 인지
방식의 기반을 해설하고 있다. 미국의 한 철학자인 두위명(杜威明)[45]
은 중국 철학의 '기조'에 대해 특별히 논의한 바 있는데, 그는 중국 철
학의 한 가지 기조로, 무생물, 식물, 동물, 인간, 그리고 영혼을 모두 우

---

45) [역주] 두위명(Tu Wei-ming, 1940~)은 중국 태생의 미국 철학자로, 현재 북
경대학교 인문학부 석좌교수 겸 첨단 인문학 연구소 설립 이사로 재직하고 있
다. 또한 하버드 대학교 명예 교수이자 아시아 센터 선임 연구원으로 활동하
며 동양 철학, 특히 유교 철학 연구에 큰 업적을 남겼다. 주요 업적은, (1)유교
철학의 현대적 해석에서, 그는 전통적인 유교 철학 개념을 현대 사회에 적용
가능한 방식으로 재해석하여 동양과 서양 학계에서 큰 주목을 받았다. 특히
그의 '공동체주의' 개념은 현대 사회의 개인주의와 공동체주의의 균형을 위한
중요한 논쟁거리로 자리 잡았다. 다음으로, 문명 간의 대화에서, 그는 동양과
서양 철학의 비교 연구를 통해 서로 다른 문명 간의 이해와 소통을 증진하는
데 기여했다. 특히 유교와 기독교의 비교 연구를 통해 두 문화의 공통점과 차
이점을 밝히고 상호 존중과 협력의 중요성을 강조했다. 셋째, 공공 지식인에
서, 그는 학문적 연구뿐만 아니라 공공 지식인으로서도 활발한 활동을 펼치고
있다. 그는 현대 사회의 다양한 문제들에 대해 비판적 목소리를 내고, 더 나은
사회를 위한 대안을 제시하는 데 앞장서고 있다. 대표적 저술로는, 『천상의
궁궐: 유교 철학의 새로운 해석』(The Heavenly City: Philosophy and
Architecture in Traditional China, 1985), 『공동체주의: 동양과 서양의 윤리』
(Communitarianism: A Way of Life, 1998), 『문명의 대화: 동양과 서양의 가치
』(China and the West: Toward a Dialogue of Civilizations, 2000), 『후기 근대
성의 딜레마: 동양과 서양의 선택』(The Dilemma of Post-Modernity: China
and the West at the Crossroads, 2005), 『세계화 시대의 유교』(Confucianism in
the Modern World, 2010) 등이 있다.

주의 거대한 흐름 속에서 밀접하게 관련되어 있거나 상호작용하는 실체로 보았다고 주장한다.[46) 이러한 내용은 앞서 『설문』의 고찰에도 부합하는 내용이다.

4. '자연(自然)'과 '인간화(人化)'

『설문·초(艸)부수』의 범주선택(取類)에서 반영된 '인체(人體)'와 '물체(物體)', '근취(近取)'에서 '원취(遠取)'까지의 관계는 깊고 넓은 근원을 가지고 있으며, 중국 고대의 인지 사고를 이해하는 데 있어 매우 중요하고 소중한 근거를 제공한다.

문화사 연구에 따르면, 원시 인류의 기본적인 인지방식은 논리 이전의 주체와 객체의 구분이 없는 사고 유형이다. 원시인의 의식 속에서 인간과 모든 것 사이에는 본질적인 차이가 없었으며, 그것들 모두 같은 생명, 성별, 감정을 가지고 있었다. 그것들은 동일하며, 따라서 객관적인 외부 사물에 관한 인지는 나의 감정, 나의 생명으로 인식되었다. "나로써 사물을 보면, 모든 사물은 나의 색채를 띤다.(以我觀物, 故物皆著我之色彩.)"라는 것은 나로써 사물을 보고, 사물과 나는 같다는 것이 감정이동 인지의 특징임을 말해준다. 이는 이렇게도 말할 수 있을 것이다. 즉 인류 발전의 초기 단계에서 감정이동은 외부 세계의 사물에 대한 자연스럽고 보편적인 태도로, 이미 원시인류의 특성적인 사고방식이 되었다. 이는 진(晉) 나라 때의 곽경순(郭景純)의 말처럼, "사물 자체는 다르지 않다. 다만 나를 따르면 다르게 된다. 차이는 나에게 있으며, 사물이 다른 것은 아니다.(物不自異, 待我而後異, 異果在我, 非物異也.)"[47)

---

46) 杜威明, 「試談中國哲學中的三个基調」, 『中國哲學史研究』 1981年 第1期.

인간과 자연의 관계에서 이러한 사고방식의 출현은 필연적이었다. 초기의 인간들에게 자연은 그들 자신의 몸일지도 모른다. 그도 자연의 일부였다. 따라서 그의 생명과 감정으로 자연의 모든 것을 인지하는 것은 자연스러운 일이다. 이를 통해 알 수 있는 것은 원시 인류의 감정이동 작용은 인간의 정신 속에 천성적으로 존재하는 메커니즘이며, 인간의 원시적 경험이며, 비의식적 성격을 가지고 있다는 점이다. 인간의 실천 활동을 조사해 보면, 감정이동 작용은 원시 인류가 외부 세계와의 접촉에서 자연스럽게 발생하는 세계를 인지하고 자연을 이해하는 유일한 방식이다.[48]

『설문·초(艸)부수』에 반영된 자연을 인간화하는 인지 경향은 그 깊은 층에서 보면 '신화적 사고'에서 비롯되었다고 할 수 있다. 이러한 신화적 사고의 가장 큰 특징은 세계를 인간화하는 것이다. 이를 인류학자의 언어로 표현하면 '신화 지리학' 및 '우주 구조학'이라고 할 수 있다. 저명한 문화 철학자 카시르(Cassirer)[49]는 전 세계의 신화를 조사하면서 이러한 '인격화'에 대한 설명을 제시한 바 있다. 북유럽의

---

47) 『山海經·序』. 『二十二子』(上海古籍出版社, 1986) 등에 보임.

48) 『高校文科學報文摘』 第47期에 수록된 劉曉文, 「從原始移情到審美移情」(1991) 참조.

49) [역주] 에른스트 카시러(Ernst Cassirer, 1874-1945)는 신칸트주의 전통에 속하는 독일의 철학자로, 인간의 인지와 문화를 상징적 활동의 결과로 분석한 『상징 형식의 철학』(Philosophy of Symbolic Forms)을 통해 널리 알려졌다. 카시러는 인간을 '상징적 동물'로 규정하며, 인간이 세계를 직접적으로 인지하는 것이 아니라 언어, 예술, 신화, 종교 등의 다양한 상징적 체계를 통해 세계를 구성한다고 보았다. 그의 철학은 인간의 인지 구조를 설명하는 전통적 철학에서 벗어나, 인간 문화를 다차원적인 상징체계로 바라보는 관점을 제시했다. 신화학에 대한 연구에서도 신화를 단순한 원시적 사고로 보지 않고, 인간의 상징적 사고 방식 중 하나로 파악해, 신화를 인간 사고와 세계관을 이해하는 중요한 요소로 분석했다. 카시러의 이러한 연구는 문화 철학, 인식론, 그리고 인류학적 연구에도 큰 영향을 미쳤으며, 앞의 책 외에도 『언어와 신화』(Language and Myth, 1925), 『인간에 대한 시론』(An Essay on Man, 1944) 등이 대표적이다.

게르만족의 신화에서, 세계는 거인 예미르(Ymir)의 몸에서 형성되었다고 했다. 예미르의 육체는 지구를 형성했으며, 그의 피는 대서양을 형성했고, 그의 뼈는 산맥을, 그의 털은 나무를, 그의 두개골은 천장을 형성했다. 베다(Veda)의 찬미 시에서는 생명체, 하늘, 황무지의 짐승, 태양, 달, 그리고 하늘이 어떻게 신들에게 제물로 바쳐진 푸루샤(Purusha: 우주적 인간)의 몸의 각 부분에서 생겨났는지 설명한다. 이는 전형적인 관점이다. 여기에서 신화적 사고의 독특한 기본적 인격화는 더욱 두드러지게 나타나는데, 그것은 단순히 구체적이고 이해 가능한 객체의 기원을 이 방법으로 설명하는 것뿐만 아니라, 매우 복잡한 중간 형태의 연결까지도 포함한다.50) 이 절의 토론은 마지막 부분의 부록인 "초나라 죽간에 보이는 자연에 대한 인지"(제5장 제6절의 부록)에서 함께 검토될 수 있을 것이다.

중국어와 한자 속에서, 공간 지향의 용어로서 '전(前)'(先: 앞), '후(後)', '좌(左)', '우(右)'와 같은 위치 관계의 글자는 사실 사람들이 자신의 몸을 직접 관찰한 것에서 나온 것이다. 인간의 신체와 그 각 부분은 다른 모든 공간 분할이 간접적으로 변환되어야 할 참조 시스템(參照體系)이다. 『설문·지(止)부수』에는 "전(前), 걷지 않고 나아가는 것을 전(歬)이라 한다. '발(止)'이 '배(舟)' 위에 있음을 나타낸다.(前, 不行而進謂之歬. 從止在舟上.)"라고 했다. 현재 쓰이는 글자에서 도(刀)로 구성된 '전(前)'은 '전(剪)'의 고문체일 것이다. 출토된 고문자에서 '전후(前後)'의 '전(前)'은 『설문』의 전서(篆書)와 동일하게 나타나는데, 각각의 이미지는 다음과 같다.

---

50) [독] 에른스트 카시러(恩斯特·卡西爾), 『신화사유(神話思維)』(中譯本), 62쪽. 中國社會科學出版社, 1992年版. 고대 중국인의 '시화사유(神話思維)'의 수준에 대해서는 "전국시대 초나라 국간에 보이는 자연관(戰國楚簡所見自然觀)" 등 부록 부분을 참조.

甲骨 ... 金文 ... 簡帛 ... 漢印 ...
石刻.51)

또 '선후(先後)'의 '선(先)'에 대해서는 『설문·선(先)부수』에서 "나아
가다는 뜻이다(前進也). 인(儿)이 의미부이고 지(之)도 의미부이다."라
고 했다. '인(儿)'에서 이미지를 가져온 것은 '인(人)'과 아무런 관계가
없다. '지(之)'에서 이미지를 가져온 것은, 출토 고문자에서 다음처럼
썼기 때문이다.

甲骨 ... 金文 ...
簡帛 ... 古
璽 ... 古幣 ... 石刻.

그래도 여전히 사람의 신체 활동 위치를 가리키는 것이다. '좌(左)'와
'우(右)'의 경우, 『설문』의 설명에 따르면, 실제로는 사람의 신체 왼손
과 오른손에 대한 인지를 기반으로 한 상징이다.52)
『설문』에 체현된 이러한 '인지상의 직관'이 이미 개념적 사고로의

51) 『說文解字·止部』, 46쪽.
52) 『설문·우(又)부수』에서 "우(又)는 손을 말한다(手也). 상형이다(象形). 세 손가
락은 손가락이 더 이상 되지만 3개로 줄인 것이다.(三指者, 手之列多略不過三
也.)"라고 했다. 또 「좌(ナ)부수」에서 "좌(ナ)는 왼쪽 손을 말한다(ナ手也). 상
형이다."라고 했다. 현재 쓰고 있는 '좌우(左右)'는 '좌우(佐佑)'의 옛날 필사법
이 지나지 않는다.

          『설문해자』 인지분석

변이와 상호 작용하는 단계에 있었음은 말할 필요도 없다. 그리고 신화 사고의 '인지 중개' 특성은 다음과 같다. 신화가 자신의 사고방식으로 이해하려는 유기적으로 구성된 전체를 발견할 때마다, 그것은 이 전체를 인간의 신체 형상과 구조로 보려고 한다. 오직 인간의 신체에 따라 이런 방식으로 '복제'되는 것만이 객관적 세계를 신화의 의식에 의해 이해되고, 확정된 존재 영역으로 구분된다. 구체적으로 말하면, 세계의 각 부분은 단순히 인간 신체의 각 기관이다.

> 브라흐마나는 그의 입이며, 그의 팔은 전사로 변했다. 그의 두 무릎에서 상인과 농부가 나왔고, 그의 두 발에서 노예 계급이 태어났다. 그의 정령은 달을 낳았고, 그의 눈에서 태양이 태어났다. 그의 입에서는 큰 여우와 아그니(불의 신)가 나왔으며, 그의 숨결에서는 바람이 만들어졌다.
> 하늘의 한 가운데는 그의 배꼽에서 나왔고, 그의 머리는 하늘을 만들었으며, 그의 발은 대지를, 그의 귀는 사방을 만들었다. 그들은 이렇게 세계를 형성하였다.
> (婆羅門是他的嘴，他的胳臂被變成武士，他的兩膝是商人和農學家，由他的雙脚産生奴隷階級. 從他的精靈産生月亮，從他的眼睛産生太陽，從他的嘴生出大狐猴和阿格尼人，從他的呼吸産生風. 中天出於他的肚臍，他的頭産生天空，他的脚産生大地，他的耳朶産生四方. 它們就這樣形成了世界.)

인류학자들은 이를 바탕으로 다음과 같은 결론을 내렸다. 신화적 사고에서의 초기 인지에서, 미시적 우주와 거시적 우주의 통일은 다음과 같이 설명되었다. 세계의 각 부분이 사람을 생성하는 것이 아니라, 사람의 각 부분이 세계를 형성한다고 보는 것이 더 합당하다. 기독교-게르만(日耳曼) 신화에서도 방향만 다를 뿐 같은 관점을 찾을 수 있다. 즉 아담의 몸은 여덟 부분으로 구성되어 있으며, 그의 피부는 흙처럼, 뼈는 바위처럼, 피는 바다와 같고, 머리카락은 초원처럼, 그리고 생각은 구름처럼 표현된다. 위의 예에서 우리는 신화의 시작점이 세계와 인간 사이의 어떠한 공간적—물리적 대응 관계에서 나온 것을 볼 수 있다. 그리고 그 대응 관계를 통해 기원의 통일성이 유도된다. 우리는 이미 신화적 사고는 대체로 순수한 개념적 유사성을 인지하지 못하며, 모든 유사성을 원시적 친족 관계, 본질적 동일성으로 보는 경향이 있음을 확인했다. 특히 공간 구조의 유사성 또는 유사성에 대해서는 그러하다. 단순히 일부 공간 전체가 일대일로 대응될 가능성만으로도 그들은 연결될 수 있다.

마치 주술적 해부학이 존재하는 것처럼(여기서 인체의 각 특정 부분은 세계의 각 특정 부분과 동등하다), 신화 지리학과 우주 구조학도 존재한다. 여기서 대지의 구조는 같은 기본적인 직관에 따라 묘사되고 규정된다. 주술적 해부학과 신화적 지리학은 흔히 하나로 합쳐진다. 히포크라테스의 '숫자 7'에 관한 작품에서의 세계를 일곱으로 나눈 그림은 대지를 인체로 표현한다. 그것의 머리는 펠로폰네소스이며, 이스모스는 그것의 척추로, 아이오니아는 횡격막처럼 보이며, 이는 진정한 중심, '세계의 배꼽(navel of the world)'으로 나타난다.[53]

다른 한편으로, 고대 문헌에서 "일곱 자(尺)의 형상에서 여섯 방향(六合)의 원리를 갖추었다"라고 하는 기록은 꽤 많다. 전종서는 이에 대해 일찍이 이렇게 논의한 바 있다.

> 『열자·중니(仲尼)』에서 "발을 몸에서 취하면, 그것으로 완전하다. 다른 사물에서 완전하게 구하면, 그것으로 불완전하다.(取足于身, 游之

---

53) [德] 恩斯特·卡西爾, 『神話思維』, 黃龍保, 周振選(中譯本), 102~104쪽(中國社會科學出版社, 1992)

至也; 求備于物, 游之不至也.)"라고 하였는데, 이에 대한 주석에서 "사람이 일곱 자의 몸을 가지고 있을지라도, 천지의 원리는 완전하다. 그러므로 머리는 원형으로 하늘을 나타내고, 발은 사각형으로 땅을 나타낸다. 코는 높고, 입은 낮아서 산과 계곡을 나타낸다. 피부와 근육은 땅과 연결되어 있으며, 혈관은 강과 연결되어 있다. 온기는 불과 같으며, 호흡은 바람과 구름과 다르지 않다."라고 하였다. 장담(張湛)의 주석에 의하면 "……이는 고대로부터 전해 내려오는 이야기이다."라고 했다.

『문자(文子)·십수(十守)』에는 "머리는 둥글어 하늘을 상징하고, 발은 네모져 땅을 상징한다. 하늘에는 사계절, 오행(五行), 아홉 개의 별(九曜), 삼백육십 일이 있으며, 인간에게는 사지, 오장(五藏), 삼백육십 마디가 있다. 하늘에는 바람과 비, 추위와 더위가 있고, 인간에게는 취(取)하고 좋아하며 화내는 감정이 있다; 담(膽)은 구름을, 폐(肺)는 기운을, 비(脾)는 바람을, 신(腎)은 비를, 간(肝)은 뇌를 상징한다."라고 하였다. 또『의림(意林)』권5에 인용된『추자(鄒子)』에서는 "형체와 뼈와 살은 땅의 두께와 같고, 구멍과 혈맥은 강과 골짜기와 같다."라고 하였다.

또 『춘추번로(春秋繁露)·인부천수(人副天數)』에서는 이렇게 말했다. "오직 인간만이 천지와 짝을 이룰 수 있다. 인간에게는 삼백육십 마디가 있는데, 이는 하늘의 수와 짝을 이룬다. 형체와 뼈와 살은 땅의 두께와 짝을 이룬다. 상단에는 귀와 눈이 있어 밝은데, 일월의 상징이다; 몸에는 공간과 혈맥이 있는데, 이는 강과 골짜기의 상징이다.……배는 포만하거나 허전하며, 백 가지 사물의 상징이다; 백 가지 사물은 땅에 가까우므로, 허리 아래는 땅이다.……발은 펴지고 네모나서, 땅의 형태의 상징이다." 그리고『태현경(太玄經)·식(飾)』의 제5차(次)에서는 "아래는 물과 같으며, 실제로는 하늘의 어미이다."라고 했으며, 양천(楊泉)의『물리론(物理論)』에서는 "하늘에 대해 말할 때, 반드시 인간과 비교한다. 그러므로 배꼽 아래는 인간의 음이고, 극지에서 북쪽으로는 하늘의 음이다."라고 했다. 또『광홍명집(廣弘明集)』권9에서 견란(甄鸞)의『소도론(笑道論)·조립천지일(造立天

地一)』에서는 「태상노군조립천지초기(太上老君造立天地初記)」를 인용하여 "노자는 결국 형태를 변화시켜, 왼쪽 눈은 해가 되고, 오른쪽 눈은 달이 되며, 머리는 곤륜산이 되고, 머리카락은 별자리가 되며, 뼈는 용이 되고, 살은 짐승이 되며, 창자는 뱀이 되고, 배는 바다가 되며, 손가락은 오악이 되고, 털은 풀과 나무가 된다."라고 했다. 또 『대동원집(戴東原集)』권8의 「법상론(法象論)」에서는 "일월은 완성된 형상의 남녀이며, 산천은 완성된 형상의 남녀이며, 음양은 기가 변한 남녀이다. 한 사람의 몸에서 음양을 말하면, 혈기의 남녀이다."라고 했다.……

(『列子·仲尼』: '取足於身, 遊之至也; 求備於物, 遊之不至也'. 『注』: '人雖七尺之形, 而天地之理備矣. 故首圓足方, 取象二儀; 鼻隆口窊, 比象山谷; 肌肉連於土壤, 血脈屬於川瀆, 溫蒸同乎炎火, 氣息不異風雲. 內觀諸色, 靡有一物不備.'

按張湛所注:……自是相傳舊說. 『文子·十守』: '頭圓象天, 足方象地; 天有四時, 五行, 九曜, 三百六十日, 人有四肢, 五藏, 三百六十節; 天有風雨寒暑, 人有取與喜怒; 膽爲雲, 肺爲氣, 脾爲風, 腎爲雨, 肝爲雷'; 『意林』卷五引『鄒子』: '形體骨肉, 當地之厚也, 有孔竅血脈, 當川谷也';

『春秋繁露·人副天數』: '唯人獨能偶天地. 人有三百六十節, 偶天之數也; 形體骨肉, 偶地之厚也; 上有耳目聰明, 日月之象也; 體有空竅理脈, 川穀之象也;……腹飽實虛, 象百物也; 百物者最近地, 故腰以下, 地也;……足布而方, 地形之象也'; 『太玄經·飾』之次五: '下言如水, 實以天牝'; 楊泉『物理論』: '言天者必擬之於人; 故自臍以下, 人之陰也, 自極以北, 天之陰也'; 『廣弘明集』卷九甄鸞『笑道論·造立天地一』引『太上老君造立天地初記』: '老子遂變形, 左目爲日, 右目爲月, 頭爲昆侖山, 髮爲星宿, 骨爲龍, 肉爲獸, 腸爲蛇, 腹爲海, 指爲五嶽, 毛爲草木, ……'; 『戴東原集』卷八『法象論』: '日月者, 成象之男女也; 山川者, 成形之男女也; 陰陽者, 氣化之男女也; 言陰陽於一人之身, 血氣之男女也'.)54)

---

54) 『管錐編』卷三, 505~506쪽. 최근에 발표된 전국시대 초나라 죽간에 저록된 '인간과 자연'에 대한 인지 수준에 대해서는 이 책의 뒤에 수록된 부록 부분을 참조하기 바란다.

5. '채집(采集)'과 '경험(經驗)'

이러한 관점에서 볼 때, 우리가 앞서 보았던 『설문』의 몇몇 글자 그룹의 상응 관계에 대한 조사는 단순한 예시에 불과하여, 아직은 대략적인 분석이라고 할 수 있다. 만약 누군가 우리를 다소 '억지로 갖다 붙인(比附)' 것이라고 지적하거나 비판한다면, 그것은 꽤 타당하다고 볼 수 있다. 왜냐하면 '갖다 붙인다(比附)'는 것은 원래 우리가 앞서 요약한 고대 인간의 원초적 사고의 표현 방식이었고, 이후에 인류 인지의 기본 방식 중 하나가 되었기 때문이다. 우리가 여기서 분석한 것은 단순히 '비교하여 붙인 것(比附)'의 양쪽 관계를 재조사하고 재정의 하는 시도에 불과하다. 이렇게 몇 가지 예시에서 보존되고 반영된 고대 중국인의 사람과 사물에 대한 관점, '가까이로는 인체에서 취한다'라는 것으로부터 '멀리는 사물에서 취한다'라는 이러한 '관물취상'의 규칙에서 체현한 관념 속에서, 우리는 적어도 한자가 특별한 문헌으로서 보존한 원시 사람의 깊은 기억의 역사적, 순수한 가치를 발견할 수 있으며, 이는 다른 문헌에서는 대체할 수 없는 가치를 가지고 있다.

특히 앞서 언급한 『설문』의 「여(女)부수」나 「초(艸)부수」 등의 글자를 통해, 우리는 원시인의 채집 생활에서 시작된 경험적 사고로 거슬러 올라갈 수 있으며, 이것은 당시 전체 사회의 사고 특징이라고 할 수 있다. 이러한 경험적 사고의 중요한 특징은 특정 범주의 사물과 현상을 연결하는 관점에 특별히 주의하는 것인데, 이것은 우리가 흔히 '범주선택(取類) 방법'이라고 부르는 것이다. 그 중에서도 '범주비유(比類) 방법'이 가장 전형적이다. 동일한 특성을 가진 사물을 비교 인정함으로써 사람들의 인지 특징을 형성한다. 이와 관련한 중국 고대 문헌의 기록은 매우 방대하며, 여기서는 『춘추번로(春秋繁露)』 권13의 「인부천수(人副天數)」 제56을 예로 들기로 한다.

> 그러므로 인간의 몸은 다음과 같다. 머리는 둥글게 솟아 있어, 하늘의 모양을 상징한다. 머리카락은 별자리를 상징한다. 귀와 눈은 또렷하게, 해와 달을 상징한다. 코와 입은 호흡하며, 바람과 기운을 상징한다. 가슴 속에는 지혜가 찬란하게 있어, 신성을 상징한다. 배는 차거나 비어있어 모든 사물을 상징한다. 모든 사물들은 땅에 가장 가깝다. 그러므로 허리 아래는 땅을 상징한다. 하늘과 땅의 모습은 허리를 허리띠로 연결한다. 목 위는 정신적으로 고귀하고, 하늘의 형태를 나타낸다. 목 아래는 풍부하고 비천하여, 흙의 비유를 나타낸다. 발은 네 방향을 퍼져있어, 땅의 형태를 상징한다. 따라서 예(禮)에서는 허리띠를 착용할 때 목을 곧게 해서 마음을 구별해야만 한다. 허리띠 위는 모두 양(陽)이며, 허리띠 아래는 모두 음(陰)이며, 각각이 구분된다.……그러므로 형태가 있는 것을 통해 형태가 없는 것을 나타내고, 셀 수 있는 것을 통해 셀 수 없는 것을 나타낸다. 이를 통해 도(道)를 말하면, 그것은 마치 형태에 따라 상응하듯이 숫자에 따라 상응한다.
>
> (是故人之身: 首妾而員, 象天容也. 發象星辰也. 耳目戾戾, 象日月也. 鼻口呼吸, 象風气也. 胸中達智, 象神明也. 腹胞實虛, 象百物也. 百物者最近地, 故要以下, 地也. 天地之象, 以要爲帶. 頸以上者, 精神尊嚴, 明天類之狀也; 頸而下者, 豐厚卑辱, 土壤之比也. 足布四方, 地形之象也. 是故禮, 帶置紳必直其頸, 以別心也. 帶而上者盡爲陽, 帶而下者盡爲陰, 各其分.……故陳其有形以著其无形者, 拘其可數以著其不可數者. 以此言道之, 亦宜以類相應犹其形也以數相中也.)

이것은 실제로 '가까운 것은 인체에서 취한다'에서부터 '먼 것은 사물에서 취한다'로의 표현으로, 두 가지가 하나로 통합되는 모범적인

『설문해자』 인지분석

표현이다. 굳이 부가적으로 지적하자면, 이 인용구에는 몇몇 분명한 오류가 있다. 예를 들어, 손이양(孫詒讓)의『찰이(札迻)』권2에서 이렇게 말했다. "상하 문맥의 의미를 따라 추론하면, 사람은 천지를 상징하며, 위와 아래는 허리(腰)로 구분된다. 허리 위는 하늘이고, 아래는 땅이다. 따라서 허리띠 위는 양(陽)이고, 아래는 음(陰)이다. 이른바 '천지의 형상을 허리로 나눈다.'라는 것이다. 목 위아래로 구분할 필요는 없다. 또한 예(禮)에서는 신(紳: 큰 띠)과 대(帶: 허리띠)를 모두 허리에 맨다. '반드시 목을 바르게 해야 할 필요는 없다. 이 문장에서 세 번 나오는 '경(頸: 목)'자는 모두 '요(要: 허리)'의 오류로 볼 수 있다. '각각 그것이 구분된다.'에서 '그것'은 '있음'이어야 한다.『심찰명호(深察名號)』에서 '각각의 호칭은 구분이 있다'라고 말하는 것이 그 증거이다."[55]

생물 지리학은 우리에게 다음과 같은 사실을 알려준다. 고대 중국은 풍부한 생물 군집을 보유했으며, 그 다양성은 동시대의 여러 문명 중에서도 보기 드문 예이다. 식물을 예로 들면, 초기의 여러 문명 중에서 고대 이집트와 고대 인도는 구(舊) 열대 식물 지역에 속했으며, 고대 바빌론과 고대 그리스는 범(凡) 북극 식물 지역에 속했다.

---

55) 孫詒讓,『札迻』卷二, 56쪽(濟南: 齊魯書社, 1989年7月). "以上下文義推之, 人象天地, 上下以要(按: '要', 今作腰', 上下文所出'要'字皆同)爲分, 而要又與帶正相直. 要以上爲天, 以下爲地, 故帶以上爲陽, 以下爲陰, 所謂天地之象, 以要爲帶也. 不當更以頸上下爲分. 且禮, 紳帶皆系於要, 亦不當云必直其頸. 此節三'頸'字皆當爲'要'之訛. '各其分', '其'當爲'有',『深察名號』篇云'五號自讚各有分', 是其證."

1-1. 선궁사냥, 읽(?)구확 채집어호(馭虎) 무노. 한나라3패연(蚌蜱採桑)
명문 무늬 스렴담난. 화상전(畫像磚)
화상전(畫像磚)
(사천성 成都 羊子山 출토)   (감숙성 嘉峪關 출토)

그러나 고대 중국은 위의 두 지역 모두를 아울러 가지고 있었다. 그 중 중국—일본 삼림 지역과 중국—히말라야 삼림 지역은 각각 이미 20,000여 종의 식물을 보유하고 있었으며, 말레이시아 삼림 지역에는 45,000여 종의 식물이 있었다. 의심의 여지없이, 이러한 환경은 채집 생활에 있어, 그리고 경험적 사고에 매우 유리했을 것이다. 현존하는 고대 중국의 문헌 기록은 이를 충분히 증명한다. 통계에 따르면, 『시경(詩經)』에는 이미 200여 종의 식물과 동물이 나열되어 있으며, 『이아(爾雅)』의 「석초(釋草)」와 「석목(釋木)」에는 이미 100여 종의 초본 식물과 수십 종의 목본 식물이 언급되어 있다. 또 「석충(釋蟲)」에서는 60여 종의 곤충을 언급하고 있다. 마왕퇴(馬王堆)의 백서(帛書)인 「52병방(五十二病方)」에는 이미 247종의 다양한 약물이 언급되어 있다. 분명히, 이 모든 지식의 획득은 채집 활동과 분리할 수 없다. 현존하는 문헌을 바탕으로 볼 때, 고대 중국인의 채집 생활은 오직 출토된 한나라 때의 화상석 등과 같은 문화재에서만 그 전통을 짐작할 수 있다.

『설문·초(艸)부수』의 글자 수록 상황과 분류 순서는 앞서 언급한 경험적 인지와 그에 따른 배경을 반영하고 있다. 「초(艸)부수」의 문자 수록 상황을 살펴보면, '대서본(大徐本)'은 총 '글자 445자, 이체자 31자'로 통계되어 있으며, 추가로 더해진 '신부자(新附字) 13자'가 더해졌다. 단옥재의 『설문해자주』의 통계에 따르면, '소서본(小徐本)'은 '거(莒)', '모(蓩)', '제(薺)', '감(虄)', '수(蕭)', '췌(萃)' 등 6자가 빠져 있어, 총 439자가 된다. 『설문해자주』에서는 대서본의 '모(蓩)', '고(菰), '치(菽)' 등 3자는 "분명히 잘못된 자형이므로, 이를 제외하면 442자가 된다." 어떤 판본이든, 진한 시대 중국인들의 '풀 종류'에 대한 인지는 이미 400여 종에 달했다. 이는 초본 식물의 다양성을 보여준다. 이런 글자 수록 상황은 간접적으로 고대 중국인들이 처한 생태 환경과 그들의 수집 생활과의 밀접한 관계를 반영한다.56)

---

56) 역대 한자 사전에 저장된 '초(艸)부수' 데이터는 이의 소멸과 그 성장을 보여주며, 각 시대에 대한 초본 식물에 대한 인지 수준과 그 변화 과정을 반영한다. 대서본 『설문해자 초(艸)부수』는 '신부자'를 포함하여 458자를 수록하였고, 당나라 때 필사한 남조 『전려만상명의(篆隷萬象名義)·초(艸)부수』에는 702개 글자를 수록했으며, 당나라 사람들이 추가한 『옥편·초(艸)부수』는 949자를 수록하였고, 송나라 『유편(類篇)·초(艸)부수』는 1,231자를 수록하였다. 『중고한자유변(中古漢字流變)』은 십여 년에 걸쳐, 각 수록자의 앞에다 부수의 순서를 매겼으며, 각종 각 시기 각 판본의 증감 데이터뿐만 아니라, 이 소멸과 그 성장에 이르는 구체적인 자형 구조를 밝히는 것이 핵심 주제였다. 이와 같은 체제의 데이터는 실증적인 결과가 중요한데, 이는 선인들이 수행하기 어려웠던 부분이다. 마음이 거칠고 기운이 허무한 사람들은 단지 현재의 데이터만을 찾으려 하고 있는데, 그렇게 해서 어찌 그 안의 정보를 통찰할 수 있겠는가! 이 책의 「초(艸)부수」에 실린 '소서'에는 이렇게 말한다.
제13권
초(艸)부수 제162
총 1,054자 수록
표제자 947자. 『송본 옥편』, 『명의(名義)』, 『설문(說文)』 등에서 415자가 공통으로 등장하고, 『송본 옥편』과 『명의』에서는 675자가 공통으로 등장하고, 『송본 옥편』과 『설문』에서는 431자가 공통으로 등장한다(여기에는 '신부자' 13자가 포함되지 않음).
『송본 옥편』에서 새로 증가한 글자는 254자인데, 이의 구체적 목록은 다음과

『설문』에서 "초(艸)는 모든 종류의 풀을 말한다. 두 개의 철(屮)로 구성되었다. 초(艸) 부수에 귀속된 글자는 모두 초(艸)가 의미부이다. 독음은 창(倉)과 노(老)의 반절이다.(艸, 百芔也. 從二屮. 凡艸之屬皆從艸. 倉老切.)"라고 했다.

또 「초(艸)부수」에서 이렇게 말했다. "초(草)는 초두(草斗)를 말하는데, 도토리(櫟實)를 뜻한다. 일설에는 상수리나무의 열매(象斗子)를 말

같다.

茊, 薐, 蔺, 藑, 茵, 宿, 菹, 蒂, 蓝, 芀, 纕, 蕲, 蕴, 壬, 蒔, 蓜, 蔼, 葄, 蘴, 菜, 鍸, 藜, 茊, 董, 洟, 蔣, 蓵, 茳, 蘷, 葰, 蘁, 藜, 藁, 莇, 藪, 媛, 菩, 鑁, 砳, 胒, 莏, 蘱, 芷, 觳, 蔯, 菥, 菏, 菖, 莔, 茵, 蒲, 爨, 竝, 恭, 菠, 薐, 芧, 蓄, 莫, 莯, 蒄, 懷, 茲, 葡, 蔞, 茋, 薯, 蔯, 鍍, 蓁, 芺, 菊, 苤, 蒼, 鄣, 鏈, 苷, 蔳, 聊, 蘛, 茉, 茻, 菹, 萱, 莮, 精, 葽, 蔓, 薐, 蘨, 蘱, 蓏, 蔻, 莄, 蠃, 芇, 薈, 茂, 菥, 荦, 薑, 葽, 蕇, 苆, 莖, 苓, 雙, 藁, 蕍, 菥, 楊, 蓮, 芸, 苁, 嶽, 蔣, 菴, 菌, 葔, 婤, 莘, 翔, 芦, 萒, 尒, 藶, 徙, 蕌, 磋, 蓷, 薇, 菇, 藋, 矗, 崔, 藅, 蕜, 蘬, 蕖, 璜, 皷, 頡, 蘆, 菌, 燚, 強, 莯, 艾, 劉, 苕, 莎, 萉, 萢, 蘳, 蓫, 芧, 莉, 藩, 薩, 刁, 砅, 草, 荄, 落, 蔽, 芪, 菲, 藜, 蔌, 蘲, 䕒, 苅, 苜, 扎, 翼, 芶, 莢, 黄, 戴, 萮, 蜓, 蔞, 蕳, 蓟, 若, 蓓, 莧, 擂, 葱, 茊, 萦, 萊, 薉, 蔓, 莉, 覓, 蕎, 茭, 蔎, 斛, 麗, 茷, 沫, 藉, 脊, 菓, 螫, 藶, 揌, 莛, 扨, 賊, 蔔, 芥, 蔡, 菽, 莜, 萠, 攓, 葦, 刿, 割, 菰, 苣, 苶, 芘, 苏, 莬, 荺, 莳, �︁, 蔦, 蕣, 第, 苂, 蔺, 薬, 蓓, 蕾, 甄, 褏, 蔡, 蔪, 萆, 薯, 蒝, 薙, 芘, 蘵, 勝, 藤, 蕬, 薩.

『송본 옥편』에서 빠진 글자는 19자인데, 그중 『설문』에서만 보이는 글자는 '菹, 茵, 蘱, 蘨, 莜, 薍, 鱖, 菰' 등 8자이며, 『명의』에만 보이는 글자는 '蓨(煇), 薘, 葿(葿), 芳, 第, 藁, 莮, 茉' 등 8자이며, 『설문』과 『명의』에 함께 보이는 것은 '蔟, 秣, 菜' 등 3자이다.

『명의』의 표제자 중 잘못 필사한 것이 5자인데, '薕(薕), 薔(蔷), 蒲(蒲), 蕩(蕩), 蒲(蒲)' 등이며(괄호 안의 글자는 정확한 자형이고, 괄호 밖의 글자는 『名義』에 실린 원래 글자이다), 『명의』와 『송본 옥편』의 필사법이 다른 자형으로는 '葺(茸), 蓧(蓧), 薑(薑)'(괄호 안은 『송본』의 자형이고, 괄호 밖은 『명의』의 자형이다), 『송본 옥편』의 자형과 『설문』의 자형이 다른 것은 10자, 즉 '蓶-蘇, 蒩-蒩, 蓂-菓, 鍔-稊, 薫-蘱, 蕩-蕩, 芒-苂, 蓼-蓝, 蒾-葰, 蓝-蔭'이다(하이픈 앞은 『송본』의 자형이고, 하이픈 뒤는 『설문』 자형이다).

『송본 옥편』의 표제자 순서는 『명의』와 대부분 일치하지만, 간혹 선후가 뒤바뀐 경우도 있다. 『송본 옥편』의 이체자인 '천(蒨)'자는 『명의』 등에서는 아직 수록되지 않았다.

한다고도 한다. 초(艸)가 의미부이고 조(早)가 소리부이다. 독음은 자(自)와 보(保)의 반절이다. 신[서현(徐鉉)] 등은 이렇게 생각합니다. 현재 세속에서는 이를 초목(艸木)이라고 할 때의 초(艸)로 사용하고 있으며, 달리 조(早)라고도 쓰는데, 이는 '검은 색'이라는 뜻의 조(早)입니다. 제 생각에는, 도토리로 비단을 염색하게 되면 검은 색이 되므로. 그래서 초(草)라고 하며, 초전(草棧)의 초(草)자와 통용한 것 같습니다. 현재 속자로 쓰이는 조(皁)자는 때로는 '백(白)'과 '십(十)', 때로는 '백(白)'과 '칠(七)'로 구성되는데, 이는 모두 의미가 없기에 더 기술하지 않아도 될 듯합니다." '초(艸)'와 '목(木)'과 '죽(竹)'은 같은 범주에 속하므로, 해서화하는 인지과정에서 편방 간의 교환이 이루어지며, 종종 이체자를 형성한다. '초(草)'는 '검고 희다(皁白)'고 할 때의 '조(皁)'의 본래 글자이지만, 남북조 시대 묘지명이나 비각에 기록된 '초목(草木)'은 모두 해서체 '초(草)'를 사용했다. 예를 들어, 북위 「원유묘지(元誘墓志)」에서의 "바람에 흔들리는 늙은 풀, 안개에 싸인 차가운 소나무. (風搖宿草[57], 霧藹寒松.)"와 같은 비문에서 사용된 글자들이 모두 이와 같은 형식이다.

신석기 시대의 채도 문양 중에서 꽃잎 무늬의 그림은 오래된 기원

---

57) [역주] '숙초(宿草)'는 고대 한어에서 여러 가지 의미를 가지는데, 가장 흔한 의미는 무덤 위의 이년생 초목을 지칭하며, 종종 고인에 대한 그리움을 상징하는 데 사용된다. 또 '숙초(宿草)'는 오랫동안 어떤 장소에 머물거나 그 장소에 의존하는 사람을 비유적으로 표현하는 데 사용되기도 한다. 그래서 문학 작품에서 '숙초(宿草)'는 종종 슬픔이나 향수를 자아내는 분위기를 조성하는 데 활용된다. 예를 들어, 『예기·(檀弓)』(상)에서 언급된 '벗의 무덤에는 숙초(宿草)가 있으나 눈물 흘리지 않는다.(朋友之墓, 有宿草而不哭焉)'라는 구절이 있는데, 공영달(孔穎達)의 『소(疏)』에서 "숙초(宿草)는 오래된 뿌리를 말한다(陳根也). 풀은 1년이 지나면 뿌리는 묵게 된다. 친구끼리 서로를 위해 1년 동안 울고 나면, 초목의 뿌리가 묵게 되어 더 이상 울지 않는다(草經一年則根陳也, 朋友相爲哭一期, 草根陳乃不哭也)."라고 했다. 여기서의 숙초(宿草)는 무덤 위의 이년생 초목을 가리키며, 친구에 대한 깊은 그리움을 의미한다.

을 가지고 있다. 원시 사회의 주민들은 자신들이 잘 알고 있는 대상을 바탕으로 문양을 창작했는데, 식물은 그들이 가장 잘 알고 있는 대상 중 하나였다. 오랜 기간 동안 채집 활동을 수행하면서 식물의 성장 과정을 충분히 숙지한 뒤, 식물의 최소한의 구성단위인 꽃잎 하나 나뭇잎 하나를 따서 마음대로 간략화하고 변형하여, 실제적이면서도 추상적인 꽃잎 무늬의 그림을 창작하였다. 이런 무늬의 전통은 한 나라 때의 거울무늬와 비단무늬의 도안까지도 대부분 식물의 선을 단순화하여 창작된 것으로 볼 수 있는데, 이는 그 역사가 깊고 오래되었음을 보여준다.

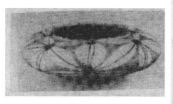

1-6. 신석기 시대 꽃받침 무늬
채도 사발(彩陶鉢)(남경박물원
소장)

1-7. 서한(西漢) 때의 마름모꼴
무늬

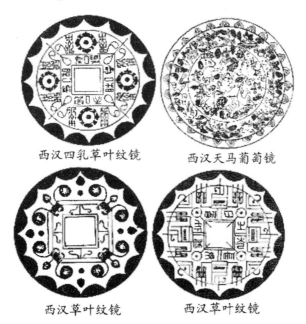

西汉四乳草叶纹镜   西汉天马葡萄镜

西汉草叶纹镜   西汉草叶纹镜

1-8. 서한(西漢) 식물무늬 동경(銅鏡)

「초(艸)부수」 귀속자의 분류 및 배열순서는 고대 중국인의 '범주
비유(比類) 인지' 방식을 직관적으로 보여준다. 단옥재의 『설문해자주
』에 따르면, "『설문』의 글자 배열순서, 종류별 모음과 분류는 모두

의미를 갖고 있다."라고 했다. 단옥재는 「초(艸)부수」귀속자의 내부 순서 규칙을 밝혀내었는데, 그것은 바로 『설문해자・서(敘)』에서 언급한 "이치에 따라 그룹으로 분류하여 배우는 사람들에게 깨닫게 하여 그 신비함에 통하게 한다. 그리고 각 부분별로 구분하여 서로 섞이지 않게 한다. 그렇게 해서 모든 만물은 모두 드러나게 되고, 빠진 것이 없게 된다.(將以理群類, 解謬誤, 曉學者, 達神恉. 分別部居, 不相雜廁. 万物咸睹, 靡不兼載.)"라고 한 것이었다. 또한 『설문』권15 하에서 말한 "모든 글자를 모으고, 사물을 그룹으로 나누고, 같은 항목을 연결하며, 공통된 원칙으로 관련시키며, 서로 섞이지 않게, 형체에 따라 연결시켰다.(方以類聚, 物以群分, 同條牽屬, 共理相貫, 雜而不越, 据形繫聯.)"라고 한 것도 그것이다. 비록 허신(許愼)이 각 부문별로 배열하는 과정에서 완벽하게 이를 이행하지 않았고 때로는 그의 기준을 위배한 것도 적지 않지만, 전체 『설문』의 분류 체계를 추적하면, 배열순서 및 해설자 일부 인지 노력을 여전히 발견할 수 있다.58)

「초(艸)부수」귀속자의 배열 순서를 보면, '나(蓏)'에서 '임(荏)'자까지를 하나의 범주로 볼 수 있다. 이 범주의 특징은 그것이 과실이거나 곡물로, 대체로 먹거나 사용할 수 있는 것들을 가리킨다. 예를 들면, 그 중에서 '랑(蓈)'의 혹체자를 '화(禾)'로 구성된 '랑(稂)'으로 썼다. 또 '자(茡)'와 '이(茣)'자 사이에는 '점층적 풀이(遞訓)'의 관계가 있는 것 같다.59) 즉 "이(茣)는 자를 말한다(茡也). 초(艸)가 의미부이고 이

---

58) 설명을 덧붙이자면, 이러한 구분 처리는 상당한 자연 과학 지식을 필요로 하며, 한 사람이 대량의 '범주선택(取類) 인지'를 수행하고 과학적 의미의 경계를 설정하는 것은 원래 매우 어려운 일이다. 더구나 이러한 인지 분류를 한 사람이 거의 2000년 전의 시대에 살았다는 점을 고려하면 더욱 그러하다.

59) 엄격하게 말해서, 몇 글자 간에 서로 돌아가면서 뜻풀이를 하면서 점차 다음으로 내려가야만 비로소 '체훈(遞訓)'이 성립될 수 있다.

(異)가 소리부이다."라고 하면서, "자(芓)는 암 마를 말한다(麻母也). 초(艸)가 의미부이고 자(子)가 소리부이다. 일설에는 자(芓)는 바로 이(枲; 모시풀)라고도 한다."라고 했다.

그리고 '소(蘇)'와 '임(荏)'자 사이에는 '동훈(同訓)'의 관계가 존재한다.[60] 즉 "소(蘇)는 계임을 말한다(桂荏也). 초(艸)가 의미부이고 소(穌)가 소리부이다."라고 하면서, "임(荏)은 계임소를 말한다(桂荏蘇). 초(艸)가 의미부이고 임(任)이 소리부이다"라고 했다. 이러한 내적 연결성은 아마도『설문』에서 '나(菋)'에서 '임(荏)'자까지의 글자들에 대해 먼저 연관시킨 근거였을 것이다.

또 '시(莫)'에서 '현(莧)'자까지의 12자는 기본적으로 '동훈(同訓)' 관계에 속한다.『설문』의 해설에 따르면, 이 문자 그룹은 모두 '채소 범주'에 속한다. 그들 사이의 내재적 분류 기준은 물론 수확하여 먹을 수 있는 '풀'이다.『설문해자·초(艸)부』에 따르면, "채(菜)는 먹을 수 있는 풀을 말한다. 초(艸)가 의미부이고 채(采)가 소리부이다." '채(菜)'의 어원은 '채(采)'인데, '채(采)'의 고대 문자는 사실 손으로 열매를 나무에서 채취하는 모습을 나타낸다.『설문·목(木)부수』에 따르면. "채(采)는 따서 가지다는 뜻이다(捋取也). 목(木)이 의미부이고 조(爪)도 의미부이다."라고 했다.

그 다음에 이어지는 글자 그룹에서,『설문』은 그것들의 상태, 예를 들어 '풀이 무성하다(艸盛)'와 같은 기준으로 분류했다. 특히 주목해야 할 점은,『설문』이「초(艸)부수」의 귀속자를 처리하는 과정에서 사용한 분류 방법이다. 이 방법은 66개의 문자를 모두 포괄하여 '풀을 말한다(艸也)'라는 방식으로 설명했다. 이 분류 방식의 특징은 '종(種)'의

---

60) '동훈(同訓)'은 바로 한 단어로 두 개 이상의 동일한 글자를 해석하는 것을 말한다. 상세한 것은 이 책의 제2장을 참조.

개념'에 대해 그들 간의 '차이'를 밝히지 않고, 바로 그것의 상위 개념 즉 그것이 인접한 '속(屬) 개념'에다 배치했다는 것이다. '속(屬)' 개념 은 바로 '범주(類)'를 의미한다. 따라서 이러한 특징은 『설문』에서 사용된 '분류 인지 방법'을 명확하게 반영하고 있다. 『설문』에서 「초(艸)부수」를 처리하면서 '호훈(互訓)'[61])과 같은 방법을 사용한 것은, 바로 두 개의 '종(種)'이 외연적으로의 중복을 합쳐서 하나의 '범주(類)'로 합병하기 위한 것이었다. 통상적인 상황에서, 두 개의 '호훈' 관계의 글자가 모두 익숙하지 않은 경우, 『설문』의 이러한 '해석'은 사람들에게 의미 범주에 관한 어떤 인지적 도움을 제공할 수 없으며, 단지 인지적인 학습의 '귀속' 보조 역할만을 수행할 뿐이다.

요약하자면, 『설문』에서 「초(艸)부수」의 수백 개 수록 글자를 배열하고 설명하는 과정에서 사용한 '동훈(同訓)', '체훈(遞訓)', '호훈(互訓)'과 같은 방법들은 중국 고대인들이 '채집' 활동을 얼마나 중요하게 여겼는지를 반영하고 있으며, 동시에 꽤 풍부한 '범주비유(比類) 방법'을 보여준다. 청나라 때의 일부 문자학자들은 이러한 규칙을 바탕으로 훈고 문제에서 다소 까다로운 현상을 해결했다.[62]) 예를 들어, 단옥재 는 『설문』에서 '전(荃)'자와 '향초(香草)'의 분류가 맞지 않다고 판단하여 "이 글자는 상하 문맥에 근거해 볼 때 「초사(楚辭)」의 전(荃)자가 아니다."라고 결론 내렸다. 말할 필요도 없이, 단옥재의 추론의 근거 는 『설문』이라는 책에서 범주비유(比類)에 의해 배열한 구조에 따른

---

61) '호훈(互訓)'은 같은 의미를 가진 글자로 서로 뜻풀이를 하는 것을 말한다. 예를 들면, '비(菲), 물(芴: 순무)를 말한다'라고 하였고, 또 '물(芴)은 비(菲: 순무)를 말한다.'라고 한 것이다. 또 '요(蕘)는 신(薪: 땔감)을 말한다.'라고 하였고, 또 '신(薪)은 요(蕘: 땔감)를 말한다.'라고 한 것 등이 그렇다. 이 책의 제2장에서 상세히 서술했다.

62) 段玉裁, 『說文解字注』一篇下, 「초(艸)부수」 결말 부분 참조. "其列字之次第, 類聚群分, 皆有意義, 雖少爲後人所亂, 而大致可稽."

것이었다. 그리하여, 『설문』의 ‘전(荃)’자 해설에서 이렇게 말했다. “무른 겨자를 말한다(芥脃也). 초(艸)가 의미부이고 전(全)이 소리부이다.” 또 왕균의 『설문구두』에 따르면, “취(脃)자는 당연히 전(荃)자가 되어야 한다. 『설문』에는 취(脃)자가 수록되어 있지 않다.……원래는 독음이 초(初)와 열(劣)의 반절이었다. 「육(肉)부수」에서 취(膬)의 독음은 칠(七)과 절(絶)의 반절이라고 했다. 칠(七)과 절(絶)의 반절은 바로 초(初)와 열(劣)의 반절이다. 이 또한 『설문』에 본래부터 취(脃)자가 수록되지 않았던 증거이다.……취(脃)는 『집운』의 ‘제17 설(辥)’운에 귀속되었는데, 전(荃)의 이체자라고 했다.……『일체경음의』에서 인용한 자서 문헌에 따르면 ‘전(荃)’자는 두 단어를 동시에 나타낸다. 즉 ‘전(荃)’은 독음이 칠(七)과 천(泉)의 반절로, 왕일(王逸)이 주석한 『초사(楚辭)』에서 ‘전(荃)은 가는 베의 이름이다’고 했다. 『설문』에 따르면, ‘전(荃)은 초(艸)가 의미부이고 전(全)이 소리부인데, 혹체자에서는 전(絟)으로도 쓴다.’고 했다.”[63] 그리고 또 이렇게 말했다. “전(荃)은 독음이 칠(七)과 전(全)의 반절이다. 왕일(王逸)이 주석한 『초사(楚辭)』에 따르면 ‘전(荃)’은 ‘향기로운 풀’을 의미한다. 「이소(離騷)」에서는 ‘전(荃)의 이삭이 모(茅)로 변한다’고 한다. 『설문』에 따르면, 전(荃)은 초(艸)가 의미부이고 전(全)이 소리부이다.”[64]

혜림의 『일체경음의』에 보존된 『설문』은 당나라 이전의 판본인데,

---

63) 『설문구두』 권51, 6쪽, ‘紕荃’條. “脃当作荃, 說文本无脃字.……本初劣切, 『肉部』膬, 七絶切. 七絶卽初劣也. 亦可爲『說文』本无脃字之証.……惟『集韻』收之『十七辥』, 以爲絟之重文.” 또 慧琳, 『一切經音義』에서 인용한 자서와 문헌에 근거하면, ‘전(荃)’자는 사실 하나의 형체가 두 단어를 겸하고 있다. “전(荃)은 칠(七)과 첨(泉)의 반절로 읽힌다. 왕일(王逸)의 주석에서 이렇게 말했다. 『초사(楚辭)』에서 전(荃)은 가는 베의 이름이다(細布名也)라고 했는데, 『설문』에서는 초(艸)가 의미부이고 전(全)이 소리부인데, 혹체에서 전(絟)으로 적기도 한다.”

64) 『설문구두』 권84, 11쪽, ‘落荃’條. “(荃)七全反. 王逸注『楚辭』云: 荃, 香艸也. 『离騷』: 荃蕙化爲茅. 『說文』: 從艸, 全聲也.”

단옥재의 추측은 적어도 '전(荃)'자의 당나라 이전 판본에서의 복잡한 상황을 이해하는 데 한 가지 단서를 제공해 준다고 할 수 있다고 생각한다.

앞서 언급한 「초(艸)부수」 외에도 『설문』 전체의 540개 부수 중 다른 모든 부수에서도 대체로 유사한 분류에 따라 배열이 이루어졌다. 예를 들어, 「목(木)부수」는 수록자가 많은 부수의 하나인데, 글자 배열순서는 먼저 '나무의 이름'을 나열한 다음, 나무의 '각 부분'(예컨대, 木, 柢, 末, 果, 杈, 枝, 条, 枚 등)을 나열하고, 그 다음으로 '나무로 만든 제품'을 나열했다. 그리고 또 「수(水)부수」도 대체로 '물의 이름'을 나열한 후, 물과 관련된 동사와 형용사를 나열했다. 이러한 배열순서는 주로 '범주선택(取類)' 방식을 관철시켰는데, 황간(黃侃)에 따르면 이에는 세 가지 방식이 있다고 했다. 그는 『설문약설(說文略說)』에서 이렇게 말했다. "허신의 배열순서는 대체로 이름을 먼저 나열한 후 사건을 나열하는 것이다. 예를 들어, 「옥(玉)부수」에서 '료(璙)'자 이하의 글자들은 모두 '옥의 이름'이며, '벽(璧)'자 이하는 모두 옥으로 만든 기물이며, '차(瑳)'자 이하는 모두 옥에 관한 일이며, '빈(玭)'자 이하는 모두 옥에 첨부된 것들이며, '영(靈)'자로 마무리했는데, 이는 옥을 사용하는 사람을 말한다. 또는 간혹 독음에 따라 배열되기도 했는데, 예를 들어 「시(示)부수」의 '진(禛)'(원문에서는 禝으로 적었는데 오류이다), '지(祇)', '제(禔)'는 서로 독음이 비슷하며, '지(祉)', '복(福)', '호(祜)', '기(祺)'도 독음이 비슷하며, '제(祭)', '사(祀)', '시(祡)'도 독음이 비슷하며, '축(祝)', '류(禭)'도 독음이 비슷하다. 또 의미가 같거나 다른 것을 기준으로 나열될 수도 있었다. 예를 들어, '기(祈)'와 '도(禱)'는 '기도'라는 뜻이어서 가장 가깝다. 또 '화(禍)'는 해악(害)을 의미하고, '수(祟)'는 화(禍)를 의미하여, 서로 의미가 연결되어 가장 가깝다. 허신의 문자 배열 방식은 이 세 가지를 벗어나지 않는다."65)

　　이후 『설문』의 다른 부분들을 검토할 때, 이러한 '범주선택에 의한 순서배열' 관점에 대한 내용은 더 이상 다루지 않을 것이다.

---

65) 蔣善國, 『說文解字講稿』, 10쪽에서 재인용(北京: 語文出版社, 1985). "許君列字之次第, 大氐先名後事, 如玉部自璙以下皆玉名也; 自璧以下皆玉器也; 自瑳以下皆玉事也; 自玭以下皆附于玉者也; 殿之以靈, 用玉者也. 又或以聲音爲次, 如示部禛(原文作禎, 誤)'祇''禔'相近. '祉''福''祐''祺'相近; '祭''祀''祡'相近; '祝''禬'相近. 又或以義同异爲次, 如'祈''禱'同訓求, 則最相近; '禍'訓害, '祟'訓禍, 訓相聯, 則最相近. 大氐次字之法, 不外此三者也."

부록:

한자의 구조와 원시적 공감 인지방식[1]

1. 원시적 공감 인지와 한자의 발생 역사

(1) 에드먼드· R 리치(利奇)[2]는 생태학자의 관점에서 인간의 의식화된 적응의 예로 말하기 능력을 들었는데, 특히 언어와 의식 간의 관계에 중점을 두었다. 사람들이 특정 범주의 어휘를 한 부류의 사물에 부여할 때, 그들은 그 부류의 사물을 창조하게 된다.[3]

또한, S· J· 탐비오(坦比阿)[4]는 무술 행위의 형태와 의미를 논의하면

---

1) 『學術研究』 1999年 第5期.
2) [역주] 에드먼드·R 리치(Edmund Roy Leach, 1910~1989)는 케임브리지 대학교에서 인류학을 공부했으며, 런던 대학교 교수로 재직했다. 그는 중국 사회와 문화에 대한 연구로 유명하며, 특히 '정신적 친족 관계' 개념을 통해 중국 사회 구조를 분석한 업적으로 잘 알려져 있다. 대표적 저서로는 『중국의 가족과 사회 구조』(*Chinese Family and Lineal Organization*, 1965), 『중국의 정신적 친족 관계』(*Political Organization in Highland Burma*, 1966), 『중국 문화의 의미』(*Culture and Communication: The Logic of Symbol and Image*, 1976) 등이 있다.
3) 埃德蒙·R·利奇, 『從槪念及社會的發展看人的儀式化』, 史宗(編), 『20世紀西方宗敎人類學文選』 卷下, 506~507쪽(上海三聯書店, 1995).
4) [역주] 미셸 로살도(Michelle Z. Rosaldo, 1944~1981)는 감정 인류학 분야의 선구적인 연구로 유명한 미국의 영향력 있는 인류학자이다. 그녀는 필리핀 루손 산의 일롱고트 족을 대상으로 광범위한 현장 연구를 수행한 또 다른 저명한 인류학자인 레나토 로살도(Renato Rosaldo)의 부인이기도 하다. 그녀의 공헌을 보면, 우선 감정의 인류학의 감정의 사회적 본질에서, 그녀의 연구는 다양한 문화에서 감정이 어떻게 구성되고, 표현되고, 경험되는지에 초점을 맞췄으며, 감정이 단지 개인적인 경험이 아니라 매우 사회적, 문화적으로 구체적이라고 주장했다. 또 젠더와 인류학의 페미니스트 인류학에서 그녀는 페미니스트 인류학에

서 그의 주요 주장을 다음과 같이 정리하였다. 인간은 항상 유사한 사고방식을 사용한다. '무술(巫術)'과 '과학(科學)' 모두 사고와 행동에서의 유사성을 특징으로 하지만, 그것들이 유사성을 사용하는 방식은 크게 다르다. 그래서 이러한 다양한 유사한 방식이 유효한지를 동일한 기준으로 평가하고 검증하는 것은 적절하지 않다. 무술 활동은 주로 언어와 물질 조작으로 구성된 '실행형' 활동으로, 그 수용자가 사물이든 사람이든 간에 관계없이, 이러한 활동은 유사성을 기반으로 하며 특정한 특성을 강제로 수용자에게 옮기는 것이다.[5]

  (2) 고대 한자의 발생을 고찰할 때, 원시적 공감이라는 사고방식과의 연관을 피할 수 없다. 사실 많은 중국학자들은 이미 이러한 연관성을 인지하였다. 강량부(姜亮夫)는 일찍이 "한자는 특정한 사물의 특징을 표현하기 위해 그 사물 자체를 사용하지 않고, '인간 중심'의 모든 것을 통해 모든 것을 표현한다."라고 주장하였다. 예를 들어, 모든 동물의 귀, 눈, 입, 코, 발, 손톱, 이빨 등은 사람의 신체 부위를 기반으로 한 문자를 사용하여 표현되기 때문에, 호랑이의 이빨, 코끼리의 코, 돼지의 눈, 닭의 부리, 당나귀의 귀, 매의 눈, 오리의 발가락 등에 대해 특별한 문자를 만들지 않았다. 또한 인간의 조상을 나타내는 기호나 무기로써의 동물들의 성별 차이를 표현했으며, 개의 짖는 소리, 닭의 울음소리, 용의 울음, 호랑이의 포효 등은 모두 사람의 입(口)과

서도 중요한 인물이었으며, 성 역할과 정체성이 문화적 규범과 사회 구조에 의해 어떻게 형성되는지 조사했다. 또 일롱고트 족의 현장 조사에서, 남편 Renato 와 마찬가지로 그녀도 일롱고트 족을 대상으로 현장 조사를 진행했는데, 그녀의 작업은 그들의 정서적, 사회적 삶에 대한 통찰력을 제공하여 그들의 문화에 대한 더 깊은 이해에 기여했다. 대표적 저작으로, 『지식과 열정: 자아와 사회생활에 대한 일롱고트의 개념』(*Knowledge and Passion: Ilongot Notions of Self and Social Life*, 1980), 『여성, 문화, 사회』(*Women, Culture, and Society*, Louise Lamphere와 공동 편집, 1974) 등이 있다.

5) S·J·坦比阿, 『論巫術行爲的形式和意義』, 『20世紀西方宗敎人類學文選』 卷下, 763쪽.

동일한 구(口)라는 문자로 표현된다. 이와 같이 늑대의 심장, 돼지의 뇌, 말의 간, 소의 폐, 풀의 중심 등은 모두 인간의 신체 부위를 나타 낸다.6)

당초, 강량부(姜亮夫)가 언급한 인간과 물체 간의 관계는 문자 구성 차원에서도 '이미지 선택(取象)'의 차이가 있었다고 볼 수 있다. 주광 잠(朱光潛)은 그의 『서방미학사(西方美學史)』에서 '감정이동(移情)'의 이론을 발전시켜 중국어의 전개와 관련하여 이렇게 주장했다. "중국 의 고대 언어의 성장과 발전은 크게 '감정이동'의 원칙에 따라 이루어 졌으며, 특히 문자의 파생의미(引申義)가 그렇다." 그는 특별히 이에 대해 주석을 덧붙여 이렇게 말했다. "독자들이 단옥재(段玉裁)의 『설 문해자주』를 참고하여 문자의 확장된 의미를 주의 깊게 살펴보라. 그 러면 이 원리를 이해할 수 있다."7)

의리(義理)와 사장(詞章)과 고거(考據)의 연구를 통합하여 해석하는 것을 좋아하였던 전종서(錢鍾書)도 동방과 서방을 종합적으로 관찰하 고, 모든 방면을 비교하며, 사물을 완전히 이해하려 했다. 그는 '감정 이동(移情)'이라는 보물을 드러내어, 이는 인류가 사물을 관찰하는 '응 축된 습관(結習)'이라고 했다.

> 말하자면, 우리가 사물을 관찰할 때, 두 가지 응축된 습관(結習)이 있 다. 첫째, 생명이 없는 것을 생명이 있는 것처럼 바라보는 것, 둘째, 인간이 아닌 것을 인간처럼 바라보는 것이다. 그림을 감상하거나 문 장을 평가할 때도 언제나 이 원칙을 통해 이해한다.
> (蓋吾人觀物, 有二結習: 一, 以无生者作有生看, 二, 以非人作人看. 鑒畵衡 文, 道一以貫.)

---

6) 姜亮夫, 『古文字學』, 69~70쪽(浙江人民出版社, 1984).
7) 朱光潛, 『西方美學史』 卷下, 597~598쪽(人民文學出版社, 1964).

게다가, 이러한 응축된 습관(結習)은 중국 '문학비평'(文評)'의 일관된 경향과도 일치한다.

> 나는 이전에 중국 문학비평의 특색에 대한 글을 쓴 적이 있다. 중국 문학비평은 바로 자신에게서 찾아와 문학을 사람처럼 표현할 수 있음을 말한다. 문학을 사람처럼 표현한다면, 그 형태와 정신은 일관되게 되며, 문학의 내용과 질이 서로 호응하게 된다.
> (余嘗作文論中國文評特色, 謂其能近取諸身, 以文擬人; 以文擬人, 斯形神一貫, 文質相宜矣.)[8]

이 부분에서는 내친김에 '글쓰기(作文)' 문제를 언급하였는데, 이는 바로 전종서가 이 부분에 대해 특별히 논의했던 것임을 말해준다. 모두가 알다시피, 이 특별한 논문의 제목은 「중국 고유의 문학 비평의 특색(中國固有的文學批評的一個特色)」이다. 여기에서 전종서는 일찍부터 '모든 과학은 사람으로부터 사물로 나아가며, 사물과 나의 구분 없는 '인간화'된 감정이동(移情)의 인지 경향에 대해 이렇게 논의하였다.

> 아마도 모든 물리계의 이름은 생리현상을 기반으로 발전해 왔을 것이다.……우리가 사상사를 연구할 때 보면, 감정이동의 작용은 객관성(泛客觀)과 관련이 있으며, 행동주의는 유심론과 연관이 있다. 이는 하나의 파동의 기복과 하나의 원칙의 변화일 뿐이다. 인간화된 문학비평(文評)은 오직 감정이동의 작용이며, 감정이동의 작용은 모든 문예 감상의 원칙이다.
> (一切物理界名詞, 也許都根据生理現象而來. 從我們研究思想史的看來, 移情作用跟泛客觀, 行爲主義跟唯心論, 只是一个波浪的起伏, 一个原則的變

---

8) 錢鍾書, 『管錐編』 卷四, 1357쪽.

化. 因爲人化文評只是移情作用, 而移情作用是一切文藝欣賞的原則.)[9]

앞에서 논의하였듯이, 이는 미국의 철학자인 두위명(杜威明)이 중국 철학의 '기조(基調)'에 대해 논했던 것을 떠올리게 한다. 그는 중국 철학의 기조 중 하나는 바로 무생물(無生物), 식물(植物), 동물(動物), 인류(人類) 및 영혼(靈魂)을 모두 하나로 합쳐, 그것들이 우주(宇宙)의 거대한 흐름 속에서 밀접하게 관련되어 있으며 심지어 상호 교류하는 실체(實體)라고 보는 것이라고 주장했다.[10]

(3) 고대한자 체계와 원시적 감정이동(移情) 간의 연결성은 중국 고대 인류가 보유한 기본적인 사고방식에 근거하고 있다. 그것은 바로 전 논리적인, 주체와 객체의 구분이 없는 사고 유형이다. 원시적인 인간의 인지에서, 인간과 만물 사이에는 본질적인 차이가 없다. 그들 모두에게는 동일한 생명, 성별, 감정이 있으며, 이는 서로 일치한다. 따라서 외부 세계를 인지할 때 나의 감정, 나의 생명으로 인지하는 것이다. 이러한 나를 기준으로 세상을 바라보는, 나와 세상이 하나임을 나타내는 것이 바로 감정이동의 특성이다. 인간의 발전 초기 단계에서, 이 감정이동은 자발적이고 보편적인 태도로, 원시 인류의 독특한 사고방식이 되었다고 볼 수 있다. 인간과 자연의 관계를 고려할 때, 이러한 사고방식의 출현은 필연적이었다. 초기의 사람들에게 자연은 그들의 몸이었고, 그들 또한 자연의 일부였다. 따라서 자신의 생명과 감정으로 자연의 모든 것을 인지하는 것은 당연한 것이었다. 이로써 원시 인류의 감정이동은 인간의 정신 속에 본래 있던 기제로,

---

9) 錢鍾書, 『談藝錄』 六, 40쪽.(中華書局, 1984).
10) 『文學雜志』 月刊, 第一卷 第4期. 1937年.

인간의 원시적 경험으로 간주될 수 있으며, 무의식적인 성격을 가지고 있다. 인간의 실천 활동을 고려할 때, 감정이동은 원시 인류가 외부 세계와의 접촉 중에 자발적으로 발생한, 세계를 인지하고 자연을 이해하는 유일한 인지방식이었다.

출토 문헌과 인류학 자료가 풍부해지고, 이를 따라 한자 체계 내부 규칙 연구의 깊이가 깊어짐에 따라, 해외 일부 문자 학자들은 이미 고대 문자의 기원, 특히 일부 고대한자의 재인식에 있어서, 무술사상(巫術思維)의 규칙을 적절히 도입함으로써 연구에 편리함을 가져다 줄 것이라고 여기고 있다. 이는 일전의 여러 복잡한 문제를 한 단계 더 깊게 이해할 수 있는 기회를 제공한다. '동형동구(同形同構: 같은 형체에 같은 구조)'는 특정한 관계를 반영하는데, 무속사상에 기반한 고대한자의 '동형동구' 관계는 창힐(倉頡)의 문자 창조로 귀결되는 한자 발생 과정의 신성한 유형을 명확히 설명해 줄 수 있을 것 같은데, 상당 부분의 그림 문자와 상형 기호의 발생과 사용은 종교를 전문으로 하는 사람들이 행한 제사(祭祀)에 기반을 두고 있다.

고대한자 이미지 선택(取象)의 발생은 어떤 무술사유(巫術思維)의 차원에서 '동형동구(同形同構)'라 할 수 있으며, 그 근본적 관련은 '사물혼동(詞物混同: 명칭과 실체의 혼동)'을 가리킨다고 할 수 있다. 그리고 이는 무술 의식이 번성하던 시대에, 언어 기호가 생활 현실에서 사물과 동일한 구조를 이루어 동일하게 되었음을 의미한다. 일반 의미학자들도 언어와 사물 간의 관계를 밝히는 연구에서 주목한 바 있으니, 일상생활에서 언어가 사물과 동일하게 여겨지는 현상은 매우 흔하다는 것이다. 이것이 바로 고대의 어휘-사물혼동(詞物混同) 현상이다 (Hayakawa, 「사상과 행동 속의 언어(思想和行动中的语言)」). 우리가 이전에 논의하였던 고대한자의 예를 들면 다음과 같다.

‘길(吉)’:

　이는 각 시기 갑골문을 보면 기물에 어떤 사물을 담아 놓은 것에서 그 이미지를 가져왔는데, 이는 소위 모방적인 무술 의식의 유형에 속한다. 제1기 때의 갑골문은 그릇 내부에 화살촉을 놓은 형태이고, 제3기 갑골문과 주원(周原)에서 출토된 서주 갑골문은 화살촉이 도끼의 형태로 바뀌었다. 이러한 도끼 형태의 변환은 청동 낫창(金戈)에 상응시킬 수 있다. 그러나 어떠한 다양한 변형이 있더라도, ‘길(吉)’자의 고문자 구조는 본질적으로는 무기의 형태를 나타내는 글자가 그릇을 나타내는 글자 속에 놓인 것을 벗어날 수는 없다. 초기 인류의 관점에서, 적의 무기를 숨기면 적의 군사력이 약해져서 피 흘리는 전쟁을 피할 수 있으며, 이러한 효과는 자신들의 부족에게 큰 복(大吉)과 커다란 이익(大利)을 가져다주는 일이었을 것이다. 이러한 무술 사유의 연결은 중국 고대 경전의 주석에서 반영된 관념과 일치한다. 먼저, ‘길(吉)’의 명칭이 생긴 것은 초기의 사람들의 무기와 관련된 ‘금기(禁忌)’에서 비롯될 수 있다. ‘힐(詰)’자의 소리부는 ‘길(吉)’이다. 『주례·천관·대재(大宰)』에서 “다섯 번째가 형전인데, 이로써 방국을 통제한다.(五曰刑典, 以詰邦國.)”라고 되어 있는데, 주석에서 “힐(詰)은 금하다(禁)”라는 뜻이라고 했다. 한어의 고음 체계에서, ‘길(吉)’과 ‘기(忌)’는 독음이 가깝다. 여러 경전에서 항상 ‘무기(兵)’를 ‘흉기(凶器)’로 여겼다. 예를 들어, 『설문』에서는 “병(兵)은 기계(械)를 말한다.”라고 했고, 『좌전·은공(隱公)』 4년에서는 “무기(兵)는 마치 불과 같은 존재이다. 만약 그것을 억제하지 않으면 스스로 타죽고 만다.”라고 했다. 또한, ‘무기기피(忌兵)’ 의식과 현실 세계에서의 관련 사물의 동구(同構) 혹은 혼동(混同)의 개념은 여러 나라의 인류학 자료에서도 나타난다.

또한 '체(彘)'자의 갑골문 구조는 화살(矢)과 돼지(豕)에서 비롯된 것인데, 어떤 사람들은 고대사회에서 돼지를 사냥(狩獵) 대상으로 삼았기 때문에 화살(矢)로 구성되었다고도 생각한다. 사실, 사냥꾼들이 돼지 몸속에 화살의 형태를 그린 것은 실제로 동물을 사냥할 무술의 효과를 갖고 있다는 것을 의미한다. 세계 각지의 원시적인 사냥 관련 바위그림(岩畵) 자료를 비교해 보면, 이 또한 무술 사고의 지배 아래에서의 동형동구(同形同構) 관계임을 알 수 있다.

일반적인 한자 자형 구조의 차원에서 '동형동구(同形同構)'의 연계는 한자의 자형 구조가 어떻게 단어를 표현하는지를 드러내는 것이며, 관념(觀念)과 사물 사이의 '동구(同構)' 연결을 쉽게 구축할 수 있다. 이것을 관례적으로 '삼각도'로 표현하면 다음과 같다.

인도유럽어족의 기록 기호와 비교할 때, 한자의 구조는 지칭하는 사물과 그 사물과 관련된 관념 사이의 '동구(同構: 동일한 구조)' 연결을 구현하기가 가장 쉽다. 이것이 바로 한자 학습의 쉬운 점이면서도 또 어려운 점이기도 하다. 그것이 쉽다고 하는 것은, 세 가지 측면의 '동구'를 쉽게 구현할 수 있기 때문에 사람들의 인지와 이해 참여가 비교적 쉽기 때문이다. 그러나 그것을 잘 다루기 어려운 것은, 사람들이 일단 이 '동구(同構)' 시스템에 익숙해지고 나면, 그 안에서 이미

구축된 '동구(同構)'의 연결을 분해하는 것이 매우 어렵기 때문이다. 이것이 바로 한자 시스템적 특징의 하나이다. 어렵고 쉬움은 대립적이면서도 상호 의존적인, 양면의 관계다. 바로 한자 시스템이 '동구'의 연결을 가지고 있기 때문에, 한 번 이 시스템 속에 들어가고 나면 대체로 이러한 연결을 바꾸기는 어렵다. 이 시스템을 다루는 사회 집단의 사고 습관도 상대적으로 매우 안정적이다. 반면 인도유럽어계의 문자 시스템은 기본적으로 세 가지 '동구(同構)' 연결이 존재하지 않기 때문에, 사람들의 인지 활동이 이 연결에 의해 제한받는 것도 적고, 사고를 할 때에도 새로운 연결을 쉽게 구축할 수 있다.

고대한자 시스템은 실제로 무술(巫術) 사고와 몇 가지 복잡한 관계를 맺고 있다. 체계적으로 한자의 발생과 발전을 설명하기 위해서는, 중국 고대 사고와 관념의 발전에 해당하는 몇 가지 층차와 단계를 구분할 필요가 있다.[11]

고대한자의 구조에서 이미지 선택(取象) 과정은, 어떠한 의미에서는 초기 인류의 '정명(正名: 명칭의 정립)'과 '치물(致物: 사물에 대한 연구)'의 구체화 과정이어야 했다. 따라서 아래에서는 '명칭의 원리(名原)'와 '사물의 제작(制物)'이라는 두 가지 관점에서 설명하고자 한다.

2. 정명(正名): 고대한자 체계에서의 감정이동(移情) 원칙은 명칭의 원천(名源)을 찾는 방법의 하나이다.

(1) 원시인들의 명칭은 신비화되어 있으며, 명칭과 사물 사이에 신비한 내재적 연결이 있다고 생각하였다. 『상서·여형(呂刑)』에서는 "우

---

11) 臧克和, 「巫術思維與一類古漢字的發生」, 독일 본 대학 쿠빈(顧彬) 교수가 주편한 『Orientierungen(東方學)』 독일어판 2005年 第1期에 수록됨.

(禹) 임금이 물과 흙을 평온하게 하였고, 산과 강의 이름을 주관하였다.(禹平水土, 主名山川.)"라고 하였다. 여기서의 '이름을 주관하였다(主名)'는 말은 학자들에 의해 병렬 구조로 해석되기도 한다. 『대대예기·오제덕(五帝德)』에서도 우(禹)임금이 "산과 강의 이름을 주관하였다."라고 하였다. 같은 책에서 "우(禹)임금이 다섯 주(州)를 순회하였고, 아홉 길을 통하게 하였으며, 아홉 개의 늪을 만들었고, 아홉 개의 산을 재어 신의 주인으로 삼고, 만백성의 부모로 삼았다.(巡五州, 通九道, 陂九澤, 度九山, 爲神主, 爲民父母.)"라고 하였다. 그렇다면 '산과 강의 이름을 주관했다(主名山川)'의 주명(主名)'에서 '주(主)'는 산과 강의 신을 위한 제사 주관자를 의미하며, '명(名)'은 산과 강에 이름을 붙이는 것을 뜻한다.[12]

『국어·노어(魯語)』(상)에서는 "황제(黃帝)가 모든 사물에 이름을 붙여 주었고, 이를 통해 백성들이 공유하는 재산을 밝혔다."라고 했다. 위소(韋昭)의 주석에 따르면 "명(命)은 명(名)이다."라고 했다. 『예기·제법(祭法)』에서는 "황제(黃帝)가 모든 사물에 올바른 이름을 붙여 주었고, 이를 통해 백성들이 공유하는 재산을 밝혔다."라고 했는데, 여기서는 '명(命)'이 정확하게 '명(名)'으로 기록되어 있다. 이를 통해, 고대인들의 '명(命)'과 '명(名)' 두 단어 간의 관계를 볼 수 있다.

M· Z· 로사르도(羅薩爾多)[13] 등은 일롱고트(伊隆戈特, Ilongot) 족들

---

12) 裘錫圭, 『文史叢稿－上古思想, 民俗與古文字學史』, 15쪽(上海遠東出版社, 1996).
13) [역주] M.Z. 레나토 로살도(Renato Rosaldo, 1941~)로도 알려진 로살도(Rosaldo)는 문화 인류학과 민족지학 분야에서 광범위한 연구로 유명한 미국의 저명한 인류학자이다. 그는 특히 필리핀 루손 섬 중앙 산맥의 일롱고트 족을 대상으로 한 현장 연구로 유명하다. 그의 연구는 일롱고트 족의 사회적 관습, 역사적 변화, 문화적 역동성에 대한 중요한 통찰력을 제공하는데, 먼저 현장 조사 및 민족지학의 연구에서, 일롱고트 족과 함께한 심층 현장 조사는 그들의 사회 구조와 관습, 특히 헤드헌팅 관행을 이해하는 데 중추적인 역할을 했으며, 『사냥, 복수, 인구와 동맹: 일롱고트의 사회적 드라마』(*Headhunting,*

의 무술 부적(巫術符呪)에 대해 논하면서 '식물 부르기(呼喚植物)' 유형에 대해 언급한 바 있다.

우리가 알고 있는 바에 따르면, 400여 종의 식물이 무술(巫術)에 사용되었으며, 그 중에서 가장 중요한 몇몇 식물의 이름은 '대퇴(大腿)', '손가락(手指)', '나선(螺旋)', '사악(邪惡)', '만남(遭遇)' 등이다. 이러한 식물들은 대부분 그들의 이름이 지칭하는 물리적 특성을 가지고 있지 않다. 그러나 일롱고트(伊隆戈特) 족들은 이러한 식물들이 선택되는 이유는 그런 이름이 부적(呪語)에서 의미가 있기 때문이라고 말한다.

분명히, 식물의 명명은 '인간화된 감정이동(人化移情)' 원칙을 반영하고 있으며, 따라서 사물과 나는 동일한 기운을 주입받게 된다.

일롱고트(伊隆戈特) 족들의 은유에서, 사람과 식물을 동등하게 보는 것은 일반적인 현상이다. 식물, 특히 야생 식물은 생명을 부여하는 무형의 힘과 밀접하게 연관되어 있다. 그래서 일상 언어에서도 식물을 이용해 인간을 묘사하기도 한다. 예를 들면 '어린 순(嫩芽)'은 '어린이'를 의미할 수 있고, '연한 잎(嫩葉)'은 어린 아이가 성장해 어른이 되는 것을 묘사하기도 한다. 그러나 반대로, 부적(呪語)에서는 종

Vendetta, Population and Alliances: The Social Drama of the Ilongot, 1980)는 그의 경험에 대한 자세한 설명이며 일롱고트 족의 문화 및 사회생활에 대한 철저한 분석을 제공한다. 또 인류학적 방법론에서, 그는 문화에 대한 역동적인 관점을 제시하여, 문화가 정적이고 고립된 것이 아니라 역동적이고 역사적이라는 관점으로 유명하다. 이러한 관점은 인류학자들이 문화 연구에 접근하는 방식에 영향을 미쳤으며, 역사적 맥락 내에서 문화적 관습을 이해하는 것의 중요성을 강조했다. 또 이론적 기여로, 인류학에 대한 영향을 보면, 그의 작업은 현대 인류학 이론에 도전하고 형성하면서 해당 분야에 중요한 영향을 미쳤다. 특히 문화적 정체성과 관행의 유동성과 복잡성에 대한 그의 강조는 비서구 사회 연구를 발전시키는 데 영향을 끼쳤다.

종 사람의 특정 특성으로 식물을 명명하기도 하는데, 예를 들어 사람
의 몸, 감정, 정서 또는 행동 특성으로 식물을 명명한다.……특정한
분위기에서 온 실제 식물을 사용함으로써, 자연 세계와 정령의 세계
는 사람의 통제 하에 들어간다. 일롱고트(伊隆戈特) 족들은 그들의 무
술(巫術)에서 이러한 식물들을 부르는 것을 통해, 자신의 몸의 의미,
필요와 바람을, 외부의, 접촉할 수 있는, '인간화된' (따라서 통제 가
능한) 자연 세계의 상징과 연결한다.14)

『설문』을 체계적으로 검색하면, '전(前)', '선(先)', '후(後)', '좌(左)',
'우(右)'와 같은 위치 관계를 나타내는 글자들은 사실 사람이 자신의
몸에 대한 직관에서 비롯된 것이다. 즉, 인간의 몸과 그것의 각 부분
은 모든 다른 공간 구분이 간접적으로 변환되어야 하는 참조 시스템
이다.15)

(2) 『설문해자·록(鹿)부수』에서, "미(麛)는 사슴의 새끼를 말한다(鹿
子也). 록(鹿)이 의미부이고 미(弭)가 소리부이다."라고 했다. 그러나
'미(弭)'자는 '궁(弓)'을 의미부로 삼기 때문에 이에는 '새끼(子)'라는 의
미는 원래 없다. 그런데 『설문·궁(弓)부수』에서의 '미(弭)'의 소전체 아
래에서 혹체자로 '미(弣)'자가 출현하는데, 이 글자는 '아(兒)'로 구성
되어 있다. 문헌의 사용 예를 확인해 보면, 『옥편·록(鹿)부수』에서 "예
(麑)는 사슴의 새끼를 말한다."라고 하였으며, 『집운·제(齊)운』에서는

---

14) M·Z·羅薩爾多, J·M·阿特金森, 『男子獵手與女人: 伊隆戈特人巫術符咒語中有關性
    的隱喩』, 『20世紀西方宗敎人類學文選』卷上, 288~289쪽.
15) [역주] 이 말은, 우리의 공간 인지와 방향 감각은 기본적으로 우리의 신체와
    그것이 차지하는 공간에 기반한다는 것을 의미한다. 우리는 자주 왼쪽, 오른
    쪽, 앞, 뒤와 같은 방향 용어를 사용하여 사물이나 사건의 위치를 설명한다.
    이러한 방향성은 인간의 신체와 그것의 움직임을 기반으로 한다. 따라서 이러
    한 글자나 표현들은 인간의 신체적 경험과 밀접하게 연관되어 있다.

『설문』을 인용하여 "미(麛)는 '사슴의 새끼'를 말한다. 혹체자에서는 '아(兒)'로 구성되었다."라고 했다. 『국어·노어(魯語)』에는 "짐승 중에서 사슴 새끼(麑)와 고라니 새끼(麋)가 최고다.(獸長麑麋)"라는 말이 있는데, 위소(韋昭)의 주석에 따르면 "사슴의 새끼를 예(麑)라고 한다." 따라서 '미(麛)'가 '사슴의 새끼'를 의미하는 것은 아마도 '아(兒)'에서 그 이름을 가져온 것으로 보인다.

『설문·옥(玉)부수』에서, "이(珥)는 전(瑱)과 같다. 옥(玉)과 이(耳)가 의미부인데, 이(耳)는 소리부도 겸한다."고 했는데, 이는 '이(珥)'자가 원래는 사람의 두 귀에서 왔음을 말해준다. 그러나 고대인들은 자연현상이나 사물의 형상을 '이(珥)'로 지칭하기도 했다. 『여씨춘추·명리(明理)』에서 "그날……혼이(暈珥)가 생겼고……"라고 했는데, 고유(高誘)의 주석에서 "……혼이(暈珥)는 모두 해 주변에 생기는 위험한 기운을 말한다.……양쪽에서 안쪽으로 향하는 햇무리를 이(珥)라고 부른다."라고 하였다. 『한서·천문지(天文志)』에서는 "포이홍예(抱珥虹蜺: 귀고리를 품은 무지개)"라고 하였는데, 안사고(顏師古)의 주석에서 여순(如淳)의 말을 인용하여 "무릇 기운(气)이 해의 위에 있으면 관(冠)이나 대(戴)라고 하며, 옆에 직각으로 있으면 이(珥)라고 한다."라고 하였다. 또한 이(珥)는 '검의 귀', 즉 검의 손잡이 상단의 양쪽 귀와 닮은 돌출된 부분을 이르는 말이다. 『초사·구가(九歌)·동황태일(東皇太一)』에서 "옥으로 만든 긴 검의 귀고리를 만지네(撫長劍兮玉珥)."라고 했는데, 왕일(王逸)의 주석에서 "옥의 귀고리(玉珥)는 검의 끝을 의미한다."라고 하였다. 『광아·석기(釋器)』에서는 "검의 귀(珥)를 심(鐔)이라 부른다."라고 하였으며, 왕념손(王念孫)의 『소증』에서는 "『통예록(通藝錄)』에 따르면……검의 코를 심(鐔)이라고 부르고, 심(鐔)을 이(珥)라고 한다."라고 하였다.

『설문해자』인지분석

『설문·수(水)부수』에서, "지(沚), 작은 모래섬(小渚)을 지(沚)라 한다(小渚曰沚). 수(水)가 의미부이고 지(止)가 소리부이다."라고 했다. '지(沚)'는 원래 물속에 머물러있는 작은 땅을 가리킨다. 『이아·석수(釋水)』에서 "물속에 사람이 살 수 있는 것을 주(洲)라고 하며, 작은 주(小洲)를 저(渚)라고 하고, 작은 주(小渚)를 지(沚)라고 한다.(水中可居者曰洲, 小洲曰渚, 小渚曰沚.)"라고 했다. 『국어·진어(晉語)』에서는 "저저체음(底著滯淫: 머문 지가 오래되었고 체류한 지가 한참 되었다)."라는 문장이 있다. 이로부터 '지(沚)'와 '저(渚)'자는 각각 '지(止)'와 '저(著)'와 연결되어 있다는 것을 알 수 있다. 그리고 '지(止)'와 같은 글자 구조는 처음에는 오로지 인간의 행동과 관련되어 있었다. 사람의 발이 '지(趾)'였고, 그래서 벽의 기초를 '지(址)'라 했다. 『좌전·선공(宣公)』 11년에서 "근거지를 노략질했다.(略基趾.)"라는 문장이 있는데, 두예(杜預)의 주석에서 "지(趾)는 성터를 말한다."라고 했다. 『편해유편(篇海類編)·신체류·족부(足部)』에서 "지(趾)는 지(址)와 같다."라고 했다. 이밖에도 '지(肢)'와 '지(枝)', '령(領)'과 '령(嶺)', '근(跟)'과 '근(根)' 등에 대한 관계는 마찬가지로 '지(趾)'가 '지(址)'에 대한 관계와 같은 연관성을 형성하고 있다.

『설문·언(言)부수』에서 "설(說)은 기쁘다는 뜻이다(說懌也). 언(言)이 의미부이고 태(兌)가 소리부이다. 일설에는 담설(談說)을 말한다고도 한다."라고 했다. 『상서(尚書)』에 따르면, 이 문헌에서 '참설(讒說)'이라는 말이 나온다. 예를 들면, 「익직(益稷)」에서 "우둔한 사람들은 참설을 퍼트리길, 때를 가리지 않고 한다.(庶頑讒說, 若不在時.)"라고 했으며, 「순전(舜典)」에서는 "제왕이 말했다. 용아, 나의 참소와 멸망 행위를 멈추게 하라……(帝曰: 龍, 朕聖讒說殄行……)"라고 했다. 양웅(揚雄)의 「해조(解嘲)」에서는 '설(說)'과 '담(談)'이 동일한 문맥에서 사용되었다.

　서개(徐鍇)의 『설문계전』에 따르면, '설(說)'은 태(兌)를 소리부로 하여 만들어진 형성자이다. '태(兌)'(고대음에서는 월(月)부에 속했으며, 현재는 duì로 발음된다)는 '날카롭다'는 의미를 가지는데, '예(銳)'자는 이후에 분화된 글자에 불과하다. 『순자·의병(議兵)』에서 "날카로우면 모야(莫邪) 검[16]의 날카로운 끝처럼 붕괴되고 만다.(兌則若莫邪之利鋒, 當之者潰.)"라고 했는데, 양경(楊倞)의 주석에서는 『신서(新序)』에서 이를 "예즉약모야지리봉(銳則若莫邪之利鋒)"으로 적었다고 하였는데, '태(兌)'를 '예(銳)'로 적었던 것이다. 『마왕퇴한묘백서(馬王堆漢墓帛書)·상마경(相馬經)』에서 "자신의 위치를 바꾸어 더욱 부드럽고 화합하는 상태에 이르면 더욱 많은 이익을 얻을 것이다.(折方爲兌, 欲長夬之兌, 兌多利.)"라고 하였다. 나아가 '담(談)'도 '염(炎)'을 소리부로 하여 만들어진 글자인데, '염(炎)'도 종종 '날카롭다'는 의미를 가진다. 따라서 '설(說)'과 '예(銳)'의 관계는 '담(談)'과 '섬(剡)'의 관계와 같아, 모두 '날카로운 말'을 의미한다. 즉, '참(讒)'과 '참(鑱)'은 동원어이며, '설(說)'과 '예(銳)', 그리고 '담(談)'과 '섬(剡)'도 마찬가지이다. 이러한 유형에 속하는 것으로는 『설문·금(金)부수』의 '적(鏑)'자도 있는데, '적(鏑)'은 "화살 뾰족한 끝을 의미한다(矢鏠也). '금(金)'이 의미부이고 시(啻)가 소리부이다."라고 했다.

　왕균(王筠)의 『계전교록(繫傳校錄)』에서는 '적(鏑)'에 대해 다음과 같이 설명했다. "시(啻)를 소리부라고 한 것은 대서(大徐)본에서도 마찬가지이다. 급고각(汲古閣) 판본에서는 상(商)으로 썼는데, 이것은 시(啻)

---

16) [역주] 모야(莫邪)는 중국 고대 전설 속의 신검(神劍)으로, 간장(干將)과 모야(莫邪) 두 명의 장인이 함께 주조했다고 한다. 고대 문헌에서는 모야(莫邪)가 종종 예리함(鋒利), 냉혹함(冷酷), 강대함(强大)의 상징으로 사용되었다.

의 변형이다." '적(鏑)'자는 시(啻)를 소리부로 하여 만들어졌는데, 시 (啻)는 다시 '제(帝)'를 소리부로 하고, 제(帝)는 다시 자(束)를 소리부로 하여 만들어졌다. '자(束)'는 나무 끝이 날카로운 것을 의미하며, 이에 '도(刀)'가 더해지면 '자(刺)'자가 된다. 이로써 화살 끝을 말하는 '적(鏑)' 은 자연에 존재하는 나무 끝의 찌름에서 그 의미를 가져온 것을 알 수 있다. 따라서 일부는 다음과 같이 주장한다. "인류가 도구를 만들 어 이름을 부여할 때, 항상 자연의 사물을 비유로 삼는다."[17]

(3) 위에서 언급한 글자의 구성과 명명은 고대 사람들이 인식하고 형상을 부여하는 과정에서 사람들의 감정과 사물 사이에 복잡하게 연결되고 상호 작용하는 관계가 실제로 존재한다는 것을 반영한다. 훈고학계에서는 동일한 기원을 가진 글자를 연구할 때 주로 사물의 기능, 특성 등에 중점을 둔다. 그러나 연구할 필요한 여러 분야가 아 직 확장되어야 하며, 특히 고대 원시인들의 원시적인 감정 이동이 일 반적인 '명명' 원칙으로서 고대한자 체계에서 어떻게 반영되는지에 대해 특별히 주목해야 할 것이다.

3. 치물(致物): 고대한자의 구조와 상징선택에서의 감정이동 원 칙은 종종 무속사유와의 연관성을 보여준다.

(1) 출토 문헌 속의 상당 부분에서 '격(格)'을 '래(來)'로 사용하는 것 은 쉽게 발견할 수 있다. 이로써 우리는 중국학술사에서 '격물(格物)'

---

17) 이러한 예는 각기 楊樹達, 『積微居小學金石論叢』, 37~38쪽, 17~18쪽(中華書 局, 1983)을 참조. 고석 과정에서 인용한 문헌에는 일부 문제가 있어 여기서는 바로 잡아 놓았다.

이라는 중요한 문제에 대한 이해가 최소한 선진(先秦) 시기의 어느 시점에서는 '사물을 가져오는 것'과 어떤 관련이 있었는지를 생각하게 된다. 구석규(裘錫圭)는 고전에서 종종 덕이 있는 자가 만물을 끌어들일 수 있고, 사물을 가져올 수 있다는 것에 주목했다(여기서 말하는 '사물'은 사람, 사건, 귀신 등을 포함하여 매우 넓은 범위를 포함한다). 또한 고전에서는 어떤 방법으로 사물을 가져올 수 있는지에 대한 몇 가지 주장도 볼 수 있다.

『주례·춘관(春官)·대종백(大宗伯)』에서 이렇게 말했다.

> 의례와 음악을 통해 천지의 변화와 모든 사물의 생산을 조화시키고, 귀신들을 섬기며, 만민을 조화롭게 하여, 모든 사물(이는 사물의 신, 즉 물의 정령을 가리킨다. 『주례·춘관』의 '모든 신을 이용하여 사역하는 자(凡以神仕者)' 항목을 참조)을 끌어들인다.(以禮樂合天地之化, 百物之産, 以事鬼神, 以諧万民, 以致百物.)

『주례·춘관(春官)·대사악(大司樂)』에서는 이렇게 말했다.

> 육율(六律), 육동(六同), 오성(五聲), 팔음(八音), 육무(六舞), 대합악(大合樂)을 이용하여 귀신들에게 제사를 지낸다.……무릇 육악(六樂)이라는 것은, 첫 번째 변화로는 깃털 있는 동물과 강과 호수의 정령을 끌어들이고, 두 번째 변화로는 털이 없는 동물과 산과 숲의 정령을 끌어들이며, 세 번째 변화로는 비늘 있는 동물과 언덕과 산의 정령을 끌어들이고, 네 번째 변화로는 털이 있는 동물과 무덤과 땅의 정령을 끌어들이며, 다섯 번째 변화로는 갑옷을 입은 동물과 하늘의 정령을 끌어들이고, 여섯 번째 변화로는 코끼리 같은 동물과 천신을 끌어들인다.(以六律, 六同, 五聲, 八音, 六舞, 大合樂以致鬼神示……凡六樂者, 一變而致羽物及川澤之示, 再變而致臝物及山林之示, 三變而致鱗物及丘陵之示, 四變而致毛物及墳衍之示, 五變而致介物及上示, 六變而致象物及天神.)

『상서·고요모(皐陶謨)』에서는 또 이렇게 말했다.

　기(夔)가 말하였다. "알격(戛擊), 명구(鳴球), 박부(搏拊), 금슬(琴瑟)을
통해 찬양하니, 조고(祖考)께서 강림하셨다.……소(簫)와 소(韶) 음악
을 완주했더니, 봉황(鳳皇)이 기품 있게 찾아왔다.……내가 돌을 치
고 돌을 두드렸더니, 모든 짐승들이 춤을 추었다."(夔曰: 戛擊, 鳴球,
搏拊, 琴瑟, 以咏, 祖考來格……簫韶九成, 鳳皇來儀.……於予擊石拊石,
百獸率舞.)

『여씨춘추·고악(古樂)』에서도 이렇게 말했다.

　(질이) 이에 돌을 두드리고 돌을 치면서, 하늘의 제왕의 옥경(玉磬)
소리를 흉내 내어, 모든 짐승들을 춤추게 하였다.((質)乃拊石擊石, 以
象上帝玉磬之音, 以致舞百獸.)

『회남자·람명훈(覽冥訓)』에서도 이렇게 말했다.

　옛날, 사광(師曠)이 백설(白雪) 음악을 연주하였더니, 신물(神物)이 그
에게 내려오고, 폭풍이 불고 폭우가 내렸다.(昔者, 師曠奏白雪之音而神
物爲之下降, 風雨暴至……)

　위에서 언급한 것들은 음악 등을 통한 사물을 끌어들인 것이다. 『사
기·봉선서(封禪書)』에서는 또 이렇게 말했다.

　소군(少君)이 상(上: 한나라 무제를 가리킴)에게 아뢰었다. '제사를 지
내면 사물을 끌어들일 수 있고, 사물을 끌어들이면 적색의 모래를
황금으로 변하게 할 수 있습니다.'(少君言于上(指漢武帝)曰: 祠灶則致
物, 致物而丹沙可化爲黃金.)

이 언급은 방사(方士)가 신을 끌어들이는 방법을 말한 것이다. 같은 책에서 또 이렇게 말하기도 했다.

문성(文成)이 말하였다. '상께서 만일 신과 연락을 원하시는지요? 궁실과 복장은 신을 상징하지 않으면 신물이 오지 않습니다.' 그래서 그는 구름과 연기가 그려진 마차와 태양보다 빠른 차를 만들어 악령과 귀신을 피하게 하였다. 또한 감천(甘泉) 궁 안에 누대를 세워 천지, 태일 및 모든 귀신과 신을 위해 제사용품을 놓고 천신을 끌어들이게 하였다. 그러나 일 년이 지나자 그 방법은 점차 약해져, 신은 오지 않았다.(文成言曰: 上卽欲與神通, 宮室被服非象神, 神物不至. 乃作畫云气車, 及各以胜日駕車辟邪鬼. 又作甘泉宮中爲臺室, 通天地, 泰一諸鬼神, 而置祭具以致天神. 居歲余, 其方益衰, 神不至.)

또 『주서(周書)·문작(文酌)』에서는 이렇게 말했다.

전쟁의 도(道)는 모두에게 혜택을 베풀어야만 하며, 그래야만 사물이 떨어져 나가는 일이 없다. 사물을 자세히 살펴서 그에 맞는 짝을 취한다면 영원할 것이다.(伐道咸布, 物無不落. 落物取配, 維有永究.)

구석규(裘錫圭)는 이렇게 설명하였다. '벌(伐)'은 아마 전쟁의 길을 가리킬 것이다. 이 문장에서 두 개의 '낙(落)'은 아마 '격(格)'으로 읽어야 할 것이다. 그래서 '낙물(落物)'은 바로 '격물(格物)'이다. '낙(落)'자는 '낙(洛)'을 소리부로 하여 만들어졌으며, '낙(洛)'과 '격(格)'은 모두 '각(各)'을 소리부로 하여 만들어졌다. 그래서 이들은 서로 통용될 수 있다. 이는 왕념손(王念孫)의 『독서잡지(讀書雜志)·회남자내편잡지(淮南子內篇雜志)』 권5에서 '격(格)'자 항목을 참조할 수 있다.[18]

금문(今文) 『상서(尚書)』에 따르면 '격인(格人)'은 1번 나타나며(「西伯勘黎」), '격왕(格王)'도 1번 나타난다(「高宗肜日」). 그런가 하면 '영각(靈各)'도 1번 나타나며(「盤庚」下), '격명(格命)'도 1번 나타나며(「呂刑」), '격지(格知)'도 1번 나타난다(「大誥」). 또 '강격(降格)'은 3번 나타난다(「多士」, 「多方」, 「呂刑」). 이들 모든 '격(格)'자는 '도착하게 하다(至)'나 '오게 하다(來)'로 해석될 수 있다.

(2) '사냥(狩獵)'에 관한 고대 문자.

「녹백동궤(錄伯戜敦)」의 금문에 '요(繇)'자가 등장한다. 이것은 바로 『상서·대고(大誥)』(島田 판본)의 "왕(王)께서 요(繇)라고 말씀하셨다."라고 할 때의 '요(繇)'자이다. 그리고 내야(內野) 판본을 확인하면 이를 "왕(王)께서 유(猷)라고 말씀하셨다"로 되어 있으며[19], 상해도서관의 천정(天正) 연간 영인본에서도 "왕(王)께서 유(猷)라고 말씀하셨다"로 되어 있다. 이를 통해 '요(繇)'와 '유(猷)'자가 동일하다는 것을 알 수 있다. 청나라의 유심원(劉心源)이 쓴 『기고실길금문술(奇觚室吉金文述)』에 따르면 다음과 같다.

'요(繇)'는 '요(謠)'이며, '요(繇)'이고, '와(譌)'이다. 또한 '유(猷)'이기도 하다.……'요언(謠言)'은 '와언(譌言)'이다. '와(譌)'는 때로 '와(訛)'로도 쓴다. 『설문』에서 '와(吪)'자를 혹체자에서는 '와(𪚢)'로 썼다. 반악(潘岳)의 「사치부(射雉賦)」에 '양유애악(良游呃喔)'이라는 표현이 있는데, 서원(徐爰)의 주석에 따르면, '애모(雉媒)'를 강회(江淮) 지방에서는 '유(游)' 또는 '와(𪚢)'라고 한다. 그러므로 '요(繇)'와 '와(譌)'는 같은 글자이다. 이 명문(銘文)(즉 「녹백동궤」)에서는 요(幺)와 언(言)으로 구성

18) 『文史論叢─上古思想, 民俗與古文字學史』, 8~11쪽, 주석 23.
19) 顧頡剛, 顧廷龍(編), 『尚書文字合編』 卷二. 1665~1691쪽(上海古籍出版社, 1996).

되었으니, 이는 '요(繇)'의 축약형이다. 또한 ' 𦎧 '로 구성되었는데, 이는 고문체 '위(爲)'의 축약형이다(爲를 𦎧 로 적었다). 아마도 '요(繇)'와 '와(譌)' 두 글자를 하나로 합친 것으로 보인다.(이러한 합치고 축약하여 두 글자를 하나의 글자로 바꾸는 현상에 대해 유심원은 여러 가지 예시를 제시하였으니, 참조하면 좋다.) '유(猷)'는 발어사이다. 「대고(大誥)」에는 "왕께서 유(猷)라고 말씀하셨다"라고 되어 있다. 마융(馬融)의 주석본에는 '요(繇)'로 적혀 있다. 『이아석고(釋詁)』에 따르면 '유(猷)'는 말하다는 뜻이다. 주석에는 '유(猷)'는 도(道)와 같다고 했는데, 도(道) 또한 '말을 하다'는 뜻이다. 「유통부(幽通賦)」에는 "모선성지대요혜(謨先聖之大繇兮: 성현들의 큰 말씀을 도모한다)"라고 나와 있는데, 주석에서는 '유(猷)'를 혹체에서는 '요(繇)'로 적는다고 했는데, 바로 이를 말한 것이다.[20]

필자의 생각에, '위(爲)'는 '휘(撝)'와 '와(僞)'의 고문자이다. 다시 말해 '휘(撝)'와 '와(僞)'자는 아직 분화되기 이전의 글자로, 모두 '위(爲)'자 하나가 역할을 겸하고 있었다. 『설문』에서는 '위(爲)'자를 「조(爪)부수」에 귀속시키고서 '어미 원숭이(母猴)'라고 해석했다. 그러나 나진옥(羅振玉)은 『증정은허서계고석(增訂殷虛書契考釋)』에서 갑골문자를 기반으로 수정하여 이렇게 말했다. "사례를 보면, '위(爲)'는 '조(爪)'와 '상(象)'으로 구성되어 있으며, 여기서는 전혀 '어미 원숭이'의 모습을 찾아볼 수가 없다. 복사에 따르면 손으로 코끼리를 끌고 가는 모습으로 나타난다.……그것은 고대 사람들이 코끼리를 노동에 이용했던

---

20) 劉心源, 『奇觚室吉金文述』, 「錄伯 𢦏 敦」 銘文의 해석(華東師範大學圖書館藏本) 참조. "繇卽謠卽繇卽譌, 亦卽猷.……繇言卽謠言. 譌一作訛. 『說文』囮字或作𡆥. 潘岳『射雉賦』: 良游呃喱. 徐爰注: 雉媒, 江淮間謂之游卽𡆥也. 故繇, 譌同字. 此銘(卽『錄伯 𢦏 敦』銘文)從 𦎧 從言, 卽繇省. 又從 𦎧 卽古文爲省(爲作 𦎧), 蓋合繇譌二字爲之(關於疊合省變二文爲一字之情形, 劉氏在銘文考釋過程中擧出過不少例字, 可參看). 猷者, 發語辭. 『大誥』: '王若曰猷. 馬本作繇. 『爾雅·釋詁』: 猷, 言也. 注: 猷者, 道, 道亦言. 『幽通賦』: 謨先圣之大繇兮. 注: 猷或作繇, 是也."

『설문해자』인지분석

것을 의미하며, 이 행위는 소를 길들이고 말을 타던 것보다 더 오래 된 일일 수 있다."[21]

'코끼리를 이용했다(役象)'는 것은 사람의 힘을 이용하여 코끼리를 다루는 것을 의미하며, 이는 일반적인 힘으로는 할 수 없는 일을 의미한다. '노동을 도왔다(助勞)'라는 표현은 문헌에서 찾아볼 수 없는 표현이지만, 이는 아마도 나진옥이 '작위(作爲)'를 기반으로 자신의 해석을 위해 가져온 것으로 보인다.

고대 문헌에서 '위(爲)'는 사용 범위가 매우 광범위한 동사 중의 하나다. 『좌전·성공(成公)』 9년에서는 "내가 병력을 이끌고 서로 출정하여 허(許) 땅을 포위하려 하는데, 거기의 왕을 바꾸기 위해서다. 그리고 진(晉)의 사신과 화해했으니, 진(晉)나라는 반드시 왕을 돌려보내게 될 것이다."라는 문장에서 '위(爲)'는 『경전석문』에 의하면 '~하기 위해서'라는 의미로 사용되었다. 또한 『한서·회남왕전(淮南王傳)』에서는 "(회남왕이) 군대가 계략에 빠진 것처럼 하여, 사람들에게 잘못을 저지른 척하고 서쪽으로 도망치게 했다."라는 문장에서 '위(爲)'는 안사고(顔師古)의 주석에서 인용한 소림(蘇林)의 말에 의하면 '죄를 지은 것처럼 하여 서쪽으로 도망가게 했다'는 뜻이다. 또 『장자·양생주(養生主)』에서는 "땔나무가 다한다 하더라도 그 불씨는 전해지는 것이니, 영원히 끝이 나지 않음을 말한다.(指窮于爲薪, 火傳也, 不知其盡也.)"라는 문장에서 '위(爲)'는 유월(兪樾)의 『평의(評議)』에 의하면 "『광아·석고(釋詁)』에서 '~을 하다'라는 뜻이라고 했다. 그렇다면 '위(爲)'는 '취(取)'와 같다." 유월(兪樾)의 해석은 믿을 만하다.

'위(爲)'자의 이러한 사용법은 다음에서도 확인된다. 『순자·왕패(王

---

21) "(爲)從爪, 從象, 絶不見母猴之狀. 卜辭作手牽象形⋯⋯意古者役象以助勞, 其事或尚在服牛乘馬以前."

霸』에서의 "즐거움을 추구하면 걱정이 생기고, 안정을 추구하면 위험이 따르며, 행복을 추구하면, 죽음에 이르게 된다. 그러니 이 어찌 슬프지 않은가!(將以爲樂, 乃得憂焉; 將以爲安, 乃得危焉; 將以爲福, 乃得死亡焉, 豈不哀哉!)" 여기서 '위(爲)'는 '추구하다'의 의미로 해석할 수 있다. 또 『맹자·진심(盡心)』(상)에서의 "닭이 울면 일어나 이익을 위해 부단히 애쓰는 자들은 도척(盜跖)의 추종자들이다.(鷄鳴而起, 孶孶爲利者, 跖之徒也.)"라고도 했다.

'위(爲)'자의 이런 용법은 출토 문헌과 상응할 수 있다. 갑골복사의 예를 들어 보자면, '취위(取爲)'(『乙』2307)라는 기록이 있는데, 여기서의 '위(爲)는 가져올 대상을 말하며, '취(取)'는 원래부터 '획득하다'는 의미를 지니고 있다. '위(爲)'자의 구조에서 의미를 파악해 보면, 그것은 '복상(服象: 코끼리를 부리다)'과 같은 의미로 볼 수 있다. 『여씨춘추·고악(古樂)』에서는 "은나라 사람들은 코끼리를 길들여, 동이(東夷)족을 잔인하게 공격했다."라고 했다. 여기서 '복상(服象)'은 어떤 인위적 힘에 의존하여 '코끼리를 부리다'는 의미이며, 이는 '격물(格物)'이 '사물을 오게 하다(使物格)'라는 인지 구조와도 같다. 『주역·계사(繫辭)』(하)에서도 언급되었다.

> 소를 부리고 말을 타고서 무거운 것을 멀리 끌어가 천하(天下)를 이익 되게 한다. 이는 『역』의 '수괘(隨卦)'에서 가져온 말이다.(服牛乘馬, 引重致遠, 以利天下, 盖取諸'隨'.)

'복우(服牛)'는 괘의 이름인 '수(隨)'와 연관이 있으며, '복우'는 '소를 길들이다(使牛服)'는 의미이다. 괘의 이름인 '수(隨)'는 '의존하여 따라가다(依隨)', '순종하다(順從)'의 뜻을 담고 있어 '코끼리를 길들였다(服象)'는 상황과 유사하다.

'와(譌)'와 '와(𩏼)'와 같은 일련의 문자들의 동원 관계를 통해 '위(爲)'자는 모종의 무술적인 힘으로 거대한 코끼리를 유인하여 통제하는 의식에서 그 이미지를 취했다는 것을 알 수 있다. 왜냐하면 코끼리라는 짐승은 그 힘이 엄청나게 크기 때문에 그것을 유인하지 않고는 갑작스럽게 그것을 통제할 수 없다. 따라서 '위(爲)', '와(譌)', '요(繇)', '와(𩏼)' 등의 문자 구조의 동원 관계는 모두 다음처럼 설명될 수 있다. "코끼리의 머리 부분(긴 코 부분)에 하나의 통제자의 손(爪) 모양을 그려 넣은 것은, 바로 '요(䍃)'자 옆에 '계(系)'라는 기호를 그린 것과 동일하며, 이는 '요(繇)'자의 주변에 '에워싼(囗)' 모양을 그려 넣은 것과도 동일하다."

고대 원시인들의 수렵인의 관점에서 보면, 이것은 실제로 큰 코끼리에 특정 통제 무술의 힘을 부여한 것이다. 그림에서 보이는 기능도 이렇다. 그리고 언어를 통해 전달할 때도 마찬가지다. 한나라 때의 응소(應劭)의 『풍속통의(風俗通義)』에는 다음과 같은 지금은 잃어버린 글이 실려 있다. "닭을 부를 때 '주주(朱朱)'라고 부른다. 속설에 의하면 닭(鷄)은 원래 '주공(朱公)'이었고 그가 닭으로 변했다고 한다. 그래서 지금 닭을 부를 때 모두 '주주'라고 부른다. 내 생각은 이렇다. 『설문』에서 '주(吅)'는 두 개의 입(口)으로 크게 부르다는 뜻인데, 주(州)는 그 소리를 말한다. 독음은 축(祝)과 같이 읽는다.(吅, 二口爲讙, 州其聲也. 讀若祝.)'라고 했는데, 여기서 축(祝)은 조류나 가축을 유인하여 순응하게 하다는 의미이다. '주(吅)'와 '주(朱)'는 독음이 비슷하다."(이 문장은 『초학기(初学记)』의 제30권과 『태평어람(太平御览)』의 제918권에서 발췌되었다.) 위에서 언급한 '위(囗)'자의 기능과 의미와 관련하여 함께 참고할 수 있을 것이다.

음산(陰山)의 암각화 자료 중, 사냥 생활을 반영하는 부분에서 동물

근처에 '원(○)'의 형태를 그리거나, 사냥 대상의 일부(일반적으로 발과 다리 부분)가 '에워싼(□)' 형태 안에 위치시킨 경우가 많다. 인류학자들의 연구에 따르면, 이는 사냥의 성공을 도와주는 무술과 관련된 표현이라고 한다.

영국령 콜롬비아에 사는 인디언들은 주로 어로에 의존하여 생업을 유지한다. 만약 어류가 계절에 맞춰 오지 않으면 그들은 굶주림에 직면한다. 이러한 경우, '누트카'[22]의 남성 마법사는 움직이는 물고기 모형을 만들어 통상적으로 물고기가 찾아오는 수역에다 놓는다. 의식을 진행할 때, 기도도 올려야 하며, 물고기가 오도록 기도한다. 이렇게 하면 물고기 떼가 즉시 찾아온다. 토레스 해협 일대의 섬 주민들은 해우(海牛)[23]와 바다거북 모형을 사용하여 진짜 바다소와 바다거북이 그물에 걸리도록 유혹한다.

뉴기니 서부의 부족은 바다소나 바다거북을 사냥할 때 도움을 주는 부적을 사용한다. 그들은 야자나무에 기어 다니는 작은 딱정벌레를 창 자루 끝의 창끝을 고정하기 위해 남겨둔 구멍에 넣은 후 창끝

---

22) [역주] 누트카(Nootka)는 캐나다 밴쿠버 섬 서해안에 거주하는 누트카 족 (Nuu-chah-nulth)을 이르는 말인데, 그들은 해양 중심의 생활 방식을 발전시켰으며, 복잡한 사회 구조와 예술, 의식 등을 통해 풍부한 문화를 형성해 왔다. 그들의 문화는 자연과의 조화, 특히 바다와 해양 자원에 대한 깊은 존중을 반영하며, 이들은 또한 전통적으로 독특한 토템과 의례를 통해 자신들의 정체성을 표현해 왔다. 특히 그들은 포틀래치(potlatch)라는 중요한 의식을 통해 재산을 나누고, 사회적 지위를 공고히 하며, 공동체 내의 중요한 사건들을 기념하는데, 인류학의 참고자료로 많이 인용된다.

23) [역주] 정식 명칭은 매너티(Manatee)인데, 해우목(Sirenia Order)과 트리케키다 (Trichechidae)과에 속하는 수생 환경에 서식하는 대형 초식 포유류이다. 몸길이는 5m 정도이고 몸무게가 650kg쯤 나간다. 초식동물로 열대와 아열대의 산호초가 있는 연안에서 생활하며 바닷말을 주식으로 한다. 윗입술은 반씩 갈라져 있어 식물을 먹을 때 집게처럼 사용한다. 매너티는 하루에 45kg 이상의 수초를 먹어치운다고 한다.(『위키피아』) '해우'는 영어의 'sea cow'를 직역한 것인데, 달리 '바다소'라고 하기도 한다.

『설문해자』 인지분석

을 고정한다. 이렇게 하면 창끝이 바다소나 바다거북의 몸에 확실히 찔려 들어가게 되는데, 이는 딱정벌레가 사람을 물 때 사람의 피부에 꽉 물려있는 것과 같기 때문이다.[24]

이러한 유형의 고대한자 구조, 즉 의식에서 이미지를 취한 것은, 고대 문자의 발생 단계에서 일정한 비율을 차지하였을 것이다. 아래에는 동일한 유형의 예시 문자 두 가지를 추가로 언급하고자 한다.

① 고(告)

『설문·고(告)부수』에서는 '고(告)'에 대해, "소가 사람을 건드리기에, 뿔에다 가로나무를 달아, 그것으로 사람들에게 위험을 알리다는 뜻이다. 구(口)가 의미부이고 우(牛)도 의미부이다.(觸人, 角著橫木, 所以告人也. 從口從牛.)"라고 해석했다. 그러나 '고(告)'자의 구조적 의미를 "소로 사람에게 알리다(牛告人)"로 이해한 것은 신빙성이 부족해 보인다. 그래서 단옥재는 주석에서 "우(牛)와 구(口)자는 기초자인 문(文)에 해당하는데, 여기에는 '알리다'는 의미가 보이지 않고, 전체 글자에서도 목(木)이 들어 있지 않으므로, '알리다'의 의미는 명확하지 않다."라고 지적하였다. 허신은 '고(告)'자를 우(牛)가 의미부이고 구(口)도 의미부인 것으로 분석했지만, 이 글자를 「구(口)부수」에 귀속시키지 않고 「우(牛)부수」 다음의 「리(犛)부수」 뒤에 단독으로 「고(告)부수」를 설정하여 배치했다. 이는 아마도 『설문』에서 어떻게 처리할 방법이 없었던 때문일지도 모른다. 「고전궤(告田敦)」의 명문에서 이렇게 말했다.

作祖乙鷿侯文叔尊彝告田.
('조을 맥후 문숙'을 위한 귀한 청동기를 만들어 사냥으로 잡은 희생

---

24) 詹姆斯·G·弗雷澤, 『交感巫術』, 『20世紀西方宗教人類學文選』 卷上, 738쪽.

을 올립니다.)

명문에서 보이는 '고전(告田)'은 연속된 단어로, '전(田)'은 바로 사냥을 의미하고, '고(告)'는 사실 '곡(牿)'자의 초기 글자이다. 그래서 '고(告)'는 둘러싸 함정을 만들어 짐승을 포획하는 사냥 방법을 말한다. 『상서·비서(費誓)』에 이런 기록이 있다.

지금 소와 말을 가두어둔 우리를 해체하여……
(今惟淫舍牿牛馬……)

『상서』의 9가지 판본에서 '곡우마(牿牛馬)'의 '곡(牿)'의 독음을 공(工)과 독(毒)의 반절로 표기했으나, 바로 이어 '곡지상(牿之傷)'에서는 독음을 자(子)와 독(毒)의 반절로 주석했다. 해당 사본은 초솔하게 작성되었기에, 후자는 공(工)과 독(毒)의 반절의 오류로 보인다. 우치노(內野)본에서는 여전히 공(工)과 독(毒)의 반절로 주석되어 있으며, '곡(牿)'자의 왼쪽에 일본어 가타카나 발음으로 '오리(おり)'라고 표기되어 있다.[25] 일본어에서 '오리(おり)'는 한자로 기록할 때 '감(檻)'으로 적힌다. 이 단어에는 두 가지 상호 연관된 의미가 있다. 하나는 철창이나 철 우리 같이 야생 동물 등을 가두는 우리나 난간 같은 것을 말하고, 다른 하나는 죄인 등을 가두는 옥이나 감방을 말한다.

갑골문과 금문 및 간백(簡帛) 등과 같은 출토문헌에서 사용된 '고(告)'자의 구조는 다음과 같다.

---

25) '九條', '內野' 등의 판본은 모두 당(唐)나라 이전의 필사본으로 오늘날 볼 수 있는 '당석경(唐石經)'본과 일치한다. 顧頡剛, 顧廷龍(編), 『尙書文字合編』 卷四, 3042쪽, 3047쪽 참조.

甲骨 金文 簡帛 漢印
石刻26)

기호 '▨'가 들어간 글자들은 대부분 속박하거나 우리 속에 가두
는 기능적 의미를 갖고 있으며27), 이는 다시 '감(凵)'이나 '위(囗)'와 같
은 형태로 변형될 수 있다. 그러나 '구(口)'와 자주 혼동되기도 한다.
'고(告)'를 소리부로 하여 만들어진 글자 그룹에는 적어도 '곡(牿)'(우
리), '교(窖)'(움집), '혹(酷)'(독한 술), '곡(梏)'(쇠고랑), '곡(陪)'(큰 언덕) 등이
포함되어 있다.

청나라 때의 금석학자 유심원(劉心源)은 이미 '고(告)'가 '우(牛)'로
구성되었으며, '곡(牿)' 역시 '우(牛)'에서 파생한 문자라고 주장한 바
있다. 사실, '고(告)'처럼 '우(牛)'를 중복하여 파생된 현상은 고대 한자
체계에서 상당히 흔한 일이었다. 유심원은 '구(口)', '감(凵)', '위(囗)'와
같은 글자 기호의 사용 상황에 대해서도 다음처럼 구별하였다.

▨는 함정을 상징하는데, 소(牛)가 그 안에 갇히면 '고(告)'가 된다.
이는 소가 ▨ 안에 있으면 '뢰(牢)'가 되는 것과 동일하다.28) 전서체

---

26) 『說文·告部』 卷二, 35쪽.

27) 『說文·口部』 卷二, 35쪽: 甲骨 金文 簡帛 古
幣 石刻.

28) 『說文·牛部』 卷二, 34쪽: 牢(甲骨 金文 簡帛)閑, 養牛馬圈也.
從牛, 冬省. 取其四周帀也.
『說文·夊部』 卷十一, 39쪽: 冬(甲骨 金
文 簡帛 古幣 漢印 石刻),
四時盡也. 從仌從夊. 夊, 古文終字. 都宗切. ▨, 古文冬從日.

의 경우 는 반드시 입이나 혀를 나타내는 것만은 아니며, 사물의 형태를 상징하는 경우도 있다. 예를 들면, '창(倉)', '사(舍)', '읍(邑)', '곡(谷)', '연(仚)' 등은 전서체에서 '위(□)'나 로 구성되기도 한다.(「師首鼎」 참조). 허신은 '고(告)'가 의 형태를 빌려 쓴 것을 몰랐기에, 견강부회하게 '복형(福衡: 가름대)'이라는 의미로 뜻풀이했던 것이다. 사실 '알리다(告示)'는 의미는 가차에 의한 것이다.(象檻穽形, 牛陷入 爲告, 與牛在中爲牢同意. 篆法字不必專指口舌之口, 亦有用以象物 形者. 如倉, 舍, 邑, 谷, 仚等, 篆本從□亦從(詳『師首鼎』). 許不知告以 象形, 故牽合福衡爲訓. 其實告示字乃假借也.)

유심원의 자형 비교는 대체로 믿을 만한 것으로 보인다. 그러나 그는 '우(牛)'자 아래에 있는 가 왜 우리에 소를 가두는 기능적 의미를 갖게 되었는지에 대해서 설명할 수가 없었다. 그러나 아래의 연관성 은 이들 사이의 관계를 이해하는 데 도움이 될 것이다.

② '계(鷄)'

『설문·추(隹)부수』에서 "계(鷄)는 시간을 알려주는 가금이다. 추(隹) 가 의미부이고 해(奚)가 소리부이다."라고 설명했다. 출토 고문자에서 는 다음과 같이 표현되었다.

甲骨 簡帛 古陶[29].

이 구조는 해(奚)를 소리부로 하여 구성되었다. 고고학적 발굴을 통 해서도 이 글자의 인지적 연결을 찾을 수 있다. 상나라 복사의 기록 에 따르면, '해(奚)'는 묶인 노예의 상징이며, 때로는 인간 희생으로

---

29) 『說文·隹部』 卷四, 107쪽.

사용되기도 했다. 용산(龍山)문화에 속하는 여러 고고학적 유적에서도 사람을 제물로 제사 드리는 현상을 발견하였다. '해(奚)'는 갑골문에서 줄로 묶는 모습인 '계(系)'에서 이미지를 가져왔으며, 그래서 '계(系)'와 '해(奚)'는 동원자이자 동일한 상징이다. '계(系)'는 상고음에서 갑(匣)모와 석(錫)부에 속하는 글자이고, '해(奚)'는 갑(匣)모와 지(支)부에 속한다. 그리고 '해(奚)'를 소리부로 하여 만들어진 '계(鷄)'는 견(見)모와 지(支)부에 속한다. 견(見)모와 갑(匣)모는 아음과 후음으로, 발음 부위가 매우 가깝다. 또한 고대 운부의 지(支)와 석(錫)은 음입대전(陰入對轉)[30]의 관계를 이룬다.

나머지 연관성은, '계(鷄)'자의 구조가 왜 갑골문 시대부터 '해(奚)'로 구성되었던가 하는 것에 있다. 연결성을 중심으로 이해하자면, 사

---

30) [역주] '음입대전(陰入對轉)'은 청나라 때부터 시작된 음성학 이론으로, 대진(戴震)의 '음양상배(陰陽相配)' 이론을 공광삼(孔廣森)이 확장하여 발전시킨 음운 발전 이론이다. 즉, 양성운(陽聲韻)에 해당하는 글자가 비음 운미(-m, -n, -ng)를 상실하여 양성운(陽聲韻)이 되고, 음성운에 비음이 더해져서 양성운이 되었다는 것이다. 중고 한어에서는 비음으로 끝나는 평(平), 상(上), 거(去)성과 비음으로 끝나지 않는 글자들이 서로 압운(押韻), 해성(諧聲), 통가(通假)할 수 있다는 것이 바로 '음압대전(陰入對轉)' 현상이다. 예를 들면 『시경·소아·곡풍(谷風)』(3章이며 각 장은 6句로 되었다)의 압운 형식은 'A( )AA'라 할 수 있는데, 제1장의 각 구의 마지막 압운자는 각각 "풍(風), 우(雨), 구(懼), 여(女), 락(樂), 여(予)"이고, 제2장의 압운자는 "풍(風), 퇴(穨), 구(懼), 회(懷), 락(樂), 유(遺)"이다. 그러나 제3장에서는 압운자가 "풍(風), 외(嵬), 사(死), 위(萎), 덕(德), 원(怨)"으로 되었다. 제1장의 운각(韻脚)은 [-ia, -ia, -ia], 제2장의 운각은 [-i, -i, -i]나 [-el, -l, -el]이지만, 3장의 운각은 [-ei, -i, -an]이나 [-el, -l, an]이다. 이는 '원(怨)'([-i]이나 [-l])을 사용하여 압운한 것으로, 압운이 느슨하다 할 수 있는데, 이는 당시의 시인이 [-n]을 발음할 수 없고 [-]나 [-l]만 발음할 수 있어서 압운을 할 수 있었다고 설명할 수 있다. 고대 한자가 병음 문자를 사용하여 해당 독음을 기록하지 않았기 때문에 학자들은 -n 운미가 어떤 독음으로 변했는 지만 설명하면 되었다. 그러나 한자를 사용하여 설명해야 했으므로 '원(怨)'이 원부(元部)로부터 지부(脂部)(혹은 歌部)로 옮겨갔다고 할 수 밖에 없었다. 이러한 음입대전(陰入對轉) 이론은 고대 중국어의 음운구조와 진화를 이해하는데 큰 의미를 갖는다.

로잡은 다른 부족의 머리 윗부분에다 '계(系)'라는 기호를 그려 넣어 묶어서 노예로 만들었음을 표현했듯이, 야생 새를 포획하여 가금으로 만든 '닭'에도 같은 원리가 적용됐을 것이라 추정할 수 있다. '포획(捕獲)'이라 할 때의 '획(獲)'자의 초기 형태는 '척(隻)'으로만 단순하게 표현되었는데, 이는 『설문·추(隹)부수』에도 보인다.

획(獲: 甲骨 金文), 새 한 마리를 말한다. 손(又)으로 새(隹)를 잡은 모습을 그렸다. 새 한 마리를 잡고 있는 것이 척(隻)이고, 새 두 마리를 잡고 있는 것이 쌍(雙)이다."[31]

그러나 『설문·견(犬)부수』에서 "획(獲: 簡帛 漢印)은 사냥으로 포획한 것을 말한다. 견(犬)이 의미부이고 확(蒦)이 소리부이다." 라고 했다.[32] 이러한 관련성을 연결하여 생각하면, 구조적으로 제어를 나타내는 기호인 '우(又)'를 표시함으로써 사냥할 대상에 어떠한 마법의 힘을 부여하게 되어 사냥에 도움을 줄 것이라는 것을 암시하는 것과 같다.

이와 같은 신비한 연관성은, 북미 인디언 부족의 원시 사냥 벽화에서도 찾을 수 있다. 야생소의 배 부분에 화살을 그리면 야생소를 포획하는 데 도움을 줄 수 있게 된다. 은허(殷墟) 갑골문에 따르면, '척(隻)'은 포획하는 대상이 새에만 국한되지는 않았다. 예를 들어, 『복사통찬』(641)에서 다음과 같이 말했다.

丁亥卜, 貞, 王田嚞, 往來亡巛? 禽? 隻鹿八, 兔二, 雉五.

---

31) 『說文·犬部』卷四, 107쪽.
32) 『說文·犬部』卷十, 308쪽.

(정해일에 점을 칩니다. 물어봅니다. 왕께서 사냥을 나가는데, 오고 감에 재앙이 없을까요? 포획할 수 있을까요? 사슴 8마리, 토끼 2마리, 꿩 5마리를 잡았다.)

이와 마찬가지로, '치(雉)'는 시(矢)에서 의미를 가져왔고, '익(隿)'은 '익(弋)'에서 소리부를 가져왔다. 이들은 모두 동일한 유형에 속한다. 수렵 시대 때 이들은 모두 깊은 의미를 갖고 있었다. 『설문·추(隹)부수』에 따르면, "익(隿)은 나는 새를 잡기 위해 사용하는 실 달린 화살이다. 추(隹)가 의미부이고 익(弋)이 소리부이다." 이를 현대어로 표현하면, '익(隿)'은 줄이 달린 화살로 사냥하는 것을 의미한다. '익(隿)'자의 구성 원리의 기본은 '익(弋)'에 있다. 『옥편·추(隹)부수』에 따르면, "익(隿)을 지금은 익(弋)이라고 쓴다."라고 했다. 그리고 '치(雉)'자도 아주 오래된 기원을 가지고 있으며, 출토된 고대 문자의 구조는 다음과 같다.

(『鄴』三下, 39, 10) (『後下』 6, 4)

『설문·추(隹)부수』에서 '치(雉)'는 甲骨石刻 등으로 나타나는데, 허신(許愼)의 설명에서는 총 14종의 '꿩(雉)'이 열거되었다. 그 구조는 '추(隹)'가 의미부이고 '시(矢)'가 소리부이다. 나진옥(羅振玉)의 『증정은허서계고석(增訂殷虛書契考釋)』에 따르면 "지금 복사로 볼 때, 고문은……대체로 화살에 줄을 묶어 사냥하는, 소위 '증격(矰繳)'이라는 방식을 뜻한다."라고 했다. 이러한 점들은 모두 고대의 수렵시대 생활과 어떠한 관련이 있음을 보여주며, 그 속에서 원시적인 '감정이동'과 무술의식에 근거한 인지의 영향이 있음을 완전

히 배제할 수 없다고 생각된다.33)

4. '언병식무(偃兵息武)' 의식을 기반으로 한 고대문자의 구조

「부정가(父丁斝)」의 명문이 그림문자의 색채를 강하게 보존하고 있음은 아래에서 다시 설명될 것이다. 역대 문자 학자들은 이 문자를 단독으로 판별하기 어려웠는데, 청대의 금석학자 유심원(劉心源)은 다음과 같이 말하였다.

▨는 '저(宁)'자로, 『설문』에서는 이를 '저(宁)'로 표기하였다. 사물을 쌓는 행위를 뜻하며, 상형이다. 이것은 '저(貯)'자의 원래 글자이다.34)

---

33) 이 방면의 고문헌 기록은 한(漢)나라 집필한 『풍속통의(風俗通義)』를 참조할 수 있다. 다음은 그 책에 관련된 몇 가지 일문(佚文)을 나열한 것이다.
첫째, '문호포수(門戶鋪首)': 나의 생각은 이렇다. 백가서(百家書)에 이르기를, 공수반(公輸般: 유명한 장인)이 수상려(水上蠡: 거북 비슷한 전설상의 동물)를 보고 말하기를, '너의 상자(匣)를 열어 너의 형태(形)를 보여라.'라고 하였다. 수상려가 고개를 내밀자, 공수반은 발로 그것을 그림으로 그렸다. 그러나 수상려가 갑자기 문을 닫아버렸고 결국 열 수 없게 되자, 공수반은 이를 집의 문에다 적용하고서는, 기술 감추기를 이처럼 철저하게 해야 한다고 하였다. 이 내용은 『예문류취(藝文類聚)』74, 『태평어람(太平御覽)』188에서 발췌하였다.
둘째, '약시현어(鑰施懸魚: 문 열쇠를 물고기 모양으로 만들어 걸어 두다)': '어예복연원(魚翳伏淵源: 물고기가 그 기원이 되는 곳에 숨어 있다)', '욕령건폐여차(欲令楗閉如此: 문빗장이 이와 같이 굳게 닫히기를 바란다)' 이 조항은 『태평어람』184에 보인다.
셋째, 원유(苑囿): "유(囿)는 어류(魚類)와 자라(鱉)를 기르는 곳인데, '유(囿)'는 '유(有)'와 같다.(囿者畜魚鱉之処也. 囿犹有也.)" 이 조항은 『태평어람』196에서 발췌하였다.

34) 『說文·貝部』卷六, 196쪽: "宁(▨▨▨甲骨▨▨▨▨▨▨▨▨▨金文▨▨簡帛)積也. 從貝宁聲." 『宁部』卷十四, 455쪽: "▨甲骨▨▨▨▨金文古幣)辨積物也. 象形."

무기를 궤짝 속에 숨겨놓은 모습으로, '저장하다'라는 의미를 표현했다. 가로로 누워 있는 획은 '병기(兵)가 쉬고 있다'는 것을 상징한다. 이를 세우게 되면 █(『乙父盉』에서는 █로 적는다)이 된다. 그래서 임금이 조회를 볼 때 서 있는 장소를 '저(宁)'라 하는데, 현재는 '저(竚)'로 표기하며, '저(佇)'는 속자이다. 둥근 고리 모양은 짐승을 돌려보내는 것을 의미한다. 『서(書)·서(序)』에서 "가서 수렵해 잡은 동물을 가져와 기른다(往伐歸獸)."라는 표현에서 그 의미를 찾을 수 있다. 무기를 상자에 넣고 잡은 짐승을 가지고 돌아오는 것은 '무기를 내려놓다'라는 의미로 '언병(偃兵)'을 상징한다. 「부정준(父丁尊)」, 「책부을준(冊父乙尊)」에서는 소전체가 더욱 또렷하게 나타난다.

(█卽宁. 『說文』作宁: 辨積物也, 象形. 此貯之最初字. 韜戈于楗, 所謂貯也. 橫臥者, 寢兵象也. 立之則爲█(『乙父盉』作█). 故人君視朝所宁立處謂之宁, 今作竚, 佇者, 俗字也. 环形獸形者, 言還獸也. 『書序』'往伐歸獸, 是其義. 楗戈环獸, 偃武之象. 『父丁尊』『冊父乙尊』, 篆益明.)[35]

유심원의 설명은 특별히 '저(貯)'의 구조적 위치와 관계에 주목하여 원형과 동물 형태의 관련 의미를 추론하는 데 주목했다. 그렇지 않고서 이들 문자를 독립적으로 본다면 판별이 어렵다. 이러한 상황에서 금석학자들은 '과(戈)는 궤짝의 모습이고', '환(環)은 동물의 모습'이라는 설명을 하게 되었는데. 이러한 해독법은 문자의 몰이해에서 비롯된 것이다.

그러나 문제는 창(戈)이 저장기(貯) 중앙에 가로로 놓였으며, 동물 모습을 한 상부에 하나의 고리모양을 위치시킨 것이 어떻게 '언무(偃武)'의 의미를 전달할 수 있을지 하는 것이다. 이런 연결은 한 순간에 이해하기는 어렵다. 그러나 다음과 같은 고대 문헌의 기록이 존재한다.

한나라 때의 응소(應劭)가 쓴 『풍속통의(風俗通義)』에서는 이렇게

---

35) 『奇觚室吉金文述』 卷七, 31~32쪽, 「父丁尊」.

말했다. "전당(殿堂)의 경우 동쪽 우물의 형태를 닮았으며, 연꽃과 연잎을 새기게 된다. 연꽃과 연잎은 물에 사는 것들이며, 그것은 불을 차단할 수 있기 때문이다.(殿堂象東井形, 刻作荷菱. 荷菱, 水物也, 所以厭火.)"(이 문장은 『艺文类聚』 제63권과 『初学记』 제7권에서 발췌되었다.) 또 "소 앙살호(燒秧殺瓠)라는 말이 있는데, 이는 가족이 기장의 어린 묘목을 태우면 밭의 호박이 죽어버린다고 하는 속설을 말한다."(이 표현은 『太平御览』 제979권에서 발췌되었다.) 현대의 고대 문자 학자들이 자형을 연구할 때, 자형에 대해서는 명확하게 지적할 수 있지만, 문자의 의미와의 연결이라는 문제에 부딪히면 종종 현격한 차이를 보인다. 견강부회한 해석이나 주입식으로 교육된 것들이 적지 않게 발생하고 있는데, 마치 도둑놈이 어디서 갑자기 뛰어내린 것과 같이 논리적이지 못하고 생뚱맞기 일쑤다. 이는 고대인들에게 널리 퍼져 있던 원시적인 감정 이전과 무술 의식에서 이미지를 가져온 인지 연결을 이해하지 못한다면 일부 고대 한자의 발생에 대해서는 이해가 더욱 어려워진다는 것을 시사한다.

앞에서 언급했던 '길(吉)'자는 고대의 문자학자들에 의해 '규(圭)'로 해석되곤 했다.[36] 주요 자형의 구성 요소를 전체적으로 살펴보면, 이 또한 위에서 언급한 유형에 속하는 것으로 보인다. '길(吉)'자의 각 시기 중 갑골문과 금문에서의 구조는 어떤 용기나 저장소를 나타내며, 그 위에 배치된 글자는 화살촉이거나 도끼로 보인다. 자형 구조상의 어떤 변형이 있든 간에, '길(吉)'자의 고대 문자 구조는 기본적으로 무기를 나타내는 글자를 저장용기를 나타내는 글자 위에 배치하는 관계로 나타난다. 『설문·구(口)부수』(권2, 39쪽)에서 이렇게 말했다.

---

36) 董蓮池, 畢秀洁, 「商周'圭'字的構形演變及相關問題研究」, 『中國文字研究』 2010年(總第13輯), 4-11쪽(上海世紀出版集團上海書店, 2010).

· 길(吉: 甲骨 金文 簡帛 古璽 漢印 石刻), '선하다'는 뜻이다(善也). 사(士)와 구(口)가 의미부이다.

고문자학자인 이효정(李孝定)과 주석학자인 육종달(陸宗達) 등도 '길(吉)'자의 구조적 유래를 세밀하게 식별해 내었지만, 그러한 구조가 어떻게 해서 '길(吉)'이라는 의미를 나타내는지에 대해서는 명확한 해석을 제공하지 못하였거나 억지 설명을 하였다. 문제는 바로 이 부분에 있다. 고대인들의 인지방식에 따르면, 적군에서 가져온 살육용 '흉(凶)' 기(器)를 숨겨놓거나 묶어두면, 적군의 군사력이 약화되어 피가 흐르는 전쟁을 피할 수 있다고 생각했다. 이것은 자신의 부족에게는 당연히 '행운'을 가져다주는 일이었다. 이러한 무술 사고방식은 초기 사람들이 '흉(凶)'한 기물에 대한 인식과 완벽하게 일치한다. '길(吉)'의 명칭은 아마도 초기 사람들의 '흉(凶)'한 기물에 대한 '금기'에서 비롯되었을 것이다. '힐(詰)'자는 '길(吉)'을 소리부로 하여 만들어진 글자인데, 『주례·천관·대재(大宰)』에는 "다섯 번째는 형벌과 법률인데, 이를 가지고 나라를 통제한다.(五曰刑典, 以詰邦國.)"라고 기록되어 있다. 이에 대한 주석에서 "힐(詰)은 금지를 의미한다"라고 했다. 문자 생성의 측면에서 보면, '길(吉)'자의 형상화는 무술의 의식을 흉내 낸 유형에 속한다. 또 독음 관계의 측면에서 보면, 고대 중국어에서 '길(吉)'은 견(見)모 질(質)부에 속하며, '기(忌)'는 군(群)모 지(之)부에 속한다. 다시 말해, '기(忌)'는 '기(己)'를 소리부로 하여 만들어졌는데, '기(己)'의 고대음 역시 견(見)모 지(之)부에 속한다. 그러므로 '길(吉)'과 '기(忌)'의 독음상의 연관성을 볼 수 있을 것이다.

고대 중국의 고전들은 항상 '무기(兵)'를 커다란 금기로 여기고 '흉(凶)'기와 동등하게 간주했다. 『좌전·은공(隱公)』 4년에는 중중(衆仲)이 정(鄭)나라 환공(桓公)의 물음에 답하는 내용이 실려 있다.

> 무기(兵)는 불과 같습니다. 만약 진압하지 않으면 스스로 타버릴 것입니다.
> (夫兵, 猶火也, 弗戢, 將自焚也.)

그리고 '병(兵)'자의 원래 의미는 공격 전쟁에 사용되는 도구를 의미하는데, 『설문·공(攴)부수』에 따르면, "병(兵)은 기계이다."라고 했다. 『좌전·양공(襄公)』 24년에는 다음과 같은 내용이 담겨 있다.

> 제(齊)나라는 병력을 집결시키고 사신들에게 시찰하게 하였다. 진(陳)나라의 문자(文子)가 말했다. "제(齊)나라에 곧 전쟁이 일어날 것입니다. 제가 들었던 바로는 병력을 진압하지 않으면 필시 그 족속들을 잡아가고 말 것입니다."
> (齊社蒐軍實, 使客觀之. 陳文子曰: '齊將有寇. 吾聞之: 兵不戢, 必取其族.)

『좌전·선공(宣公)』 12년에는 또 이렇게 기록되어 있다.

> 무(武)는 폭력을 제제하고, 병력을 진압하며, 큰 것을 보호하고, 공을 확정하며, 백성을 안심시키고, 다수를 조화롭게 하며, 재산을 풍부하게 하는 것이다.
> (夫武: 禁暴, 戢兵, 保大, 定功, 安民, 和衆, 豊財者也.)

『좌전·양공(襄公)』 27년에는 다음과 같은 기록도 있다.

한선자가 말했다. "군사는 백성을 잔악하게 만드는 것이고, 재산을 해치는 벌레이며, 작은 나라에게는 큰 재앙입니다. 언젠가 그것을 그만두게 할 것입니다."

(韓宣子曰: 兵, 民之殘也, 財用之蠹, 小國之大菑也. 將或弭之)

이외에도 '군대를 금하는' 예는 다른 문헌에도 많이 있지만 생략하겠다.

'군대를 금하는' 의례와 현실 세계와 관련된 사물 인지의 동일한 구조 혹은 혼동에 관하여, 인류학자들은 이미 우리에게 여러 증거 자료를 제시해 주었다. 예를 들어, 그들의 조사에 따르면 다음과 같다.

멜라네시아인(Melanesian: 호주 동북쪽, 서남태평양 여러 군도의 토착민)이 자신에게 상처를 입힌 활과 화살을 획득하면, 그는 조심스럽게 그것을 시원한 곳에 갖다놓아 상처가 염증을 일으키지 않도록 한다. 즉, 적의 무기를 획득하면 그것을 잘 보관함으로써 자기편에 끼치는 손상의 정도를 줄여야 한다. 그러나 만약 그 무기가 적의 손에 돌아가는 경우, 그를 불 옆으로 데려가 그 무기에 입은 상처를 뜨겁게 하여 염증을 일으키게 한다.[37]

게다가, 이런 '군대를 금하는' 의식으로 행운을 구하고 불행을 피하는 관념은 적과 대립하는 일방의 무기만을 대상으로 한 것이 아니다. 인류학자들은 전 세계적으로 존재했던 '날카로운 무기의 금기'에 대해 널리 조사한 바 있다.

미얀마 북부의 제사장이자 왕은 사디인(莎迪人, Sadie)에게 종교와 인간세상의 권위로 숭배되었으며, 어떠한 무기나 절단 도구도 그의 집

---

37) 弗洛伊德, 『圖騰與禁忌』(中譯本), 105쪽(中國民間文藝出版社, 1986).

안으로 들여갈 수 없다. 베링 해협의 에스키모 마을에서는 사람이 죽으면 일정 기간 동안, 특히 날카로운 도구라 할 작은 칼이나 도끼, 뾰족한 도구들이라 할 바늘과 머리 묶는 핀 등의 사용이 전면 금지된다. 만약 이 금지 기간 동안 귀신에게 상처를 입히면, 그것은 생존자들에게 질병이나 죽음을 가져다준다고 믿고 있다. 중국인들은 사람이 죽은 후 시신이 집 안에 머무르는 7일 동안, 칼이나 바늘의 사용을 금지하며, 심지어 젓가락도 사용하지 않고, 식사 시에는 손으로 집어서 먹는다.[38]

이렇게 보면, '무기의 금기'로 행운을 추구하고 불행을 피하는 것은 생존자만을 위한 것이 아니며, 죽은 자 역시 깊은 경계심을 갖고 있다는 것을 알 수 있다.

5. 한자 구조의 '원시적 감정이동' 인지에 대한 보충설명

지하에서 출토되는 문헌이 계속 늘어나면서, 언어 문자학 연구도 점점 깊어지고 있다. 고대 한자의 해석 과정에서 '원시적 감정이동'의 사유방식을 적절히 고려하면, 한자의 구조와 원시적 의미의 복잡한 관계를 정확하게 파악하는 데 도움이 될 것이다.

「모공정(毛公鼎)」의 명문에 ' ↟ '라는 글자가 있다. 금석학의 전문가였던 유심원(劉心源)은 이를 '태(太)'자로 해석했다. 사실, '태(太)'로 해석하게 되면 명문의 문맥과 일치하지 않는다. 「모공정」의 명문에서 이렇게 말했다.

……臨保我有周不鞏先王配命畋天 ↟ 畏司余小子弗及邦庸害吉……(그리

---

38) 弗雷澤, 『金枝』(中譯本), 337쪽(中國民間文藝出版社, 1987).

『설문해자』 인지분석

하여 (하늘이 끊임없이) 우리 주나라를 보호하고 감독하시어, 선왕에게 내리신 천명을 대대적으로 공고하게 하셨소. 그러나 엄숙하신 하늘께서 갑작스레 분노하셨으니, 후손인 저가 하늘의 권위를 잘 받잡을 겨를이 없었으나, 나라에 길하지 않을 것이라는 것을 잘 알고 있습니다.39)

그러나 '🏃'을 '질(疾)'로 해석하면 문맥이 잘 통하게 된다. 은허의 복사에서도 이 자형은 자주 보이는데, 마찬가지로 인(人)과 시(矢)로 구성되었다. 이는 바로 '질(疾)'의 초기 표기이다. 『설문·녁(疒)부수』에서 이렇게 말했다.

> · 질(疾: 金文簡帛古璽古陶
> 古幣石刻), '질병'을 말한다. 녁(疒)이 의미부이고 시(矢)가 소리부이다. 독음은 진(秦)과 실(悉)의 반절이다. 질(㽲)은 고문체의 질(疾)이고 질(筋)은 주문체의 질(疾)이다.(病也.從疒矢聲. 秦悉切. 㽲, 古文疾. 筋, 籒文疾.)

또 '녁(疒)'자에 대해서는 같은 부수에서 이렇게 말했다.

> · 녁(疒: 甲骨), '기대어 누워있다'는 뜻이다. 사람이 병이 들어 기대어 누워있는 모습이다.(倚也. 人有疾病, 象倚箸之形.)

필자는 이전에 고대사회의 '사후(射侯)' 의례의 상징과 저주의 특성을 연구하면서 '질(疾)'이 '질(嫉)'(『설문·인(人)부수』에서는 '질(倠)'로 기술)의 초기 문자와 인지적 연관성이 있다는 것에 대해 논의한 바 있다. 이를

---

39) [역주] 현재 통용되는 원문과 끊어 읽기는 다음과 같다. "戁臨保我有周, 丕鞏先王配命, 敄天疾威, 司余小子弗, 彶邦將害吉?"

통해 원시적 감정이동의 인지방식이 고대 한자의 구조 유형에 직접적인 영향을 미쳤다는 것을 명백하게 보여준다고 논증했었다.

은상 시대의 출토 문헌에서 '덕(德)'자는 척(彳)이 의미부이고 직(直)도 의미부인 구조인데, 직(直)은 소리부도 겸한다. '덕(德)'의 원래 의미인 '정직하게 나아가는 길'과 도덕규범 사이의 연결에 대하여 역대 문자 학자들은 많은 논의를 했으나, 두 개념 사이에는 다소 거리감이 있어서 정확하게 연결하기가 어려웠다. 결론적으로, 초기의 사람들에게는, 도로의 옆이나 중앙에 정직하고 바른 것을 나타내는 직선의 상징을 그려 놓으면, 그것이 행동의 정확함을 보장할 수 있으며, 동시에 오차나 탈선을 피하는 무술의 효과가 있다고 생각했던 것으로 볼 수 있다.

위에서 언급한 고대 한자의 조사 방법과 결과를 통해, 진정한 고대 문자학자인 구석규(裘錫圭)의 '글자의 원래 의미를 너무 좁게 이해해서는 안 된다'는 견해40)가 중요한 방법론적 의미를 지닌다는 것을 알 수 있을 것이다.

---

40) 裘錫圭, 『文字學槪要』(商務印書館, 1988年). 이전의 문자 연구자들은 '약(若)'자를 '머리카락을 다듬다'라고 해석했는데, 이는 형태에서 유추하여 의미를 창조하는 것으로 볼 수 있다. 이는 또한 원시적 감정 이동 인지를 나타내는 상징적 무술 의례를 보여주는 예에 속할 수 있다. 또한, 이 학근(李學勤)이 주편한 『백서연구(帛書研究)』 제2집에는 「백서<역전>규관(帛書<易傳>窺管)」이라는 논문이 포함되어 있는데, 백서 『역전(易傳)』에서 '상(象)'자의 피휘(避諱)를 통해 '코끼리'가 과거에 숭배 받던 동물로 여겨졌음을 논증했다. 관련 내용은 보충하여 참고할 수 있다.

보충설명

위치를 거꾸로 새긴 갑골문자가 보여주는 '감정이동 인자-무술 의식'

(1) 🐾 – 🐾

갑골문의 실례를 보면 다음과 같다.

- '토방'이 우리 동쪽 영역을 침탈하였는데, 읍 2개를 망칠까요?(土方 正(徵)于我東鄙, 뙐二邑.)(『菁』2)
- 임진일에 점을 칩니다. 왕께서 물어봅니다. 다가오는 계사일에 우리 🐾 🐾 할까요?(壬辰卜, 王貞, 翌癸巳, 我弗其 🐾 🐾.)(『林』2, 14, 10)
- 기유일에 점을 쳐 물어봅니다. '작이 '🐾'로 가서 돼지를 잡으면, 잡을 수 있을까요?(己酉卜貞, 雀往 🐾 豕, 弗其 🐾 ……)(『鐵』181, 3)
- 물어봅니다. '🐾'땅에서 '을'에 해당하는 날짜에 왕께서 코뿔소를 잡을 수 있도록 기도를 드릴까요?(貞, 其祝㞢 🐾, 乙, 王其 🐾 🐾 兕?)(『甲』3916)

요효수(姚孝遂)와 초정(肖丁)의 『소둔남지갑골고석(小屯南地甲骨考釋)』에서 이렇게 말했다. "🐾는 🐾을 거꾸로 쓴 것이며, 이것은 '을'일(乙日)에 사냥하여 '🐾'라는 땅에서 코뿔소(兕)를 잡을 수 있기를 기원하면서, 무언가를 잡을 수 있길 바란다는 뜻이다."[41] 새긴 글자를 볼 때, 구조의 위치가 반대로 되어 있는 것은 사냥의 대상이 통제되어 잡을 수 있도록 도와달라는 것을 의미한다고 할 수 있다. 즉, 🐾은 🐾

---

41) 姚孝遂, 肖丁, 『小屯南地甲骨考釋』, 189쪽(中華書局, 1985).

이며, 이를 구성하는 '위(口)'는 그것들을 '둘러싸다'는 의미를 가지고 있다.42)

(2) 集 - 𣥂

갑골문에 다음과 같은 예가 보인다.

- 사례 1: 集吮直今日.(코뿔소를 잡기를 기원하는 제사를 오늘까지 드릴까요?) (『京津』4308)
- 사례 2: 乙未卜, 其集 虎, 于父甲𣥂.(을미일에 점을 칩니다. 호랑이 잡기를 기원하는 제사를 '부갑'께 '상'에서 드릴까요?) (『撫續』36)

오기창(吳其昌)은 集을 '巢'으로 옮겼는데, 이 글자의 의미는 새를 거꾸로 잡고 이를 제물로 드리는 제사의 이름이라고 했다. 곽말약(郭沫若)은 이를 '集'으로 옮겼는데, "이 글자는 자주 나타나며, 위쪽의 '추(隹)'가 모두 거꾸로 새겨져 있으며, 간혹 '구(臼)'도 거꾸로 새겨지기도 했다."라고 했다. 당란(唐蘭)은 이를 '䍐'으로 옮겼으며, 이효정(李孝定)은 '襗'으로 옮겼다. '集'자를 어떤 글자로 옮기느냐에 대해서는 의견이 다를지라도, 해당 글자가 제사의 이름으로 사용되었다는 것에는 모든 학자들이 동의한다. 그리고 이는 분명히 사냥과 연관되어 있다. 『주례·춘관·전축(甸祝)』에 '도생도마(禂牲禂馬)'라는 말이 나오는데, 『주(注)』에서 두자춘(杜子春)의 말을 인용하여 "도(禂)는 도(禱)이다. 말에게 병이 없기를 기원하고, 사냥에서 많은 짐승을 잡기를 기원하는 것이다."라고 설명한다. 『시·소아·길일(吉日)』에서도 '기백기

---

42) '漢字研究新視野叢書' 第一批, 臧克和, 『中國文字與儒學思想·原'中'篇』, 92~100
  쪽(南寧: 廣西敎育出版社, 1996).

『설문해자』 인지분석

도(旣伯旣禱: 말 조상에 제사하며 사냥 잘되길 비네.)'라는 말이 나오는데, 『설문』에서는 이 구절을 '기마기도(旣祃旣禂)'로 인용하였다.

필자의 생각에, '隻'자의 경우, 이효정(李孝定)의 고증이 가장 타당하며, 이것은 '마(祃)'와 '도마(禂馬)'의 합문(合文)으로 보인다(합문의 예로는 유심원(劉心源)의 『기고실길금문술(奇觚室吉金文述)』에서 여러 예시를 제시하고 있다. 합문은 구조를 간략화한 형태를 『설문』에서 '생문(省文)'이라 표현했는데, 이것은 한자의 형태와 구조의 발전을 실제로 반영하고 있으므로 무작정 의심해서는 안 될 것이라 생각한다). '隻'는 또 '추(隹)'를 거꾸로 쓴 구조로 구성되어 있는데, 그 자체로도 사냥에서 많은 동물을 잡기를 기원하는 제사의 상징을 나타낸다고 하겠다.

제3절「구(口)부수」의 범주선택

「구(口)부수」는『설문(說文)』의 540부수 중에서, 상대적으로 큰 범주에 속한다. '대서본(大徐本)'『설문』데이터베이스에 따르면, 수록된 글자는 190자(대서본에서 증가된 부분 포함), 중문(重文)은 21자로, 단주본(段注本)과 동일하다. '소서본(小徐本)'에 따르면 더 많은 글자가 포함되어 있다. 당나라 때에 이르러 추가된 글자들을 포함한『옥편(玉篇)』에서는,「구(口)부수」는 이미 486자를 수록하고 있다. 그 사이에, 당(唐)나라 필사본의 『전례만상명의(篆隸萬象名義)·구(口)부수』에는 317자가 수록되어 있다. 일반적인 인지와 관련하여,「구(口)부수」의 글자를 검토할 때, 특별히 많은 말을 할 필요는 없으며, 대부분 '구(口)'자 범주에서, 대략적으로 어떠한 구부 운동과 연관이 있다. 초기 조사에 따르면,「구(口)부수」내에서, 적어도 다음과 같은 의미 유형이 포함되어 있다.

1. 음향을 구성하는 재료와의 연관

이와 관련된 예들은 다음과 같다.

> · 창(唱), '이끌다'는 뜻이다(導也). 구(口)가 의미부이고 창(昌)이 소리부이다. 이후에 나온『옥편·약(龠)부수』에서는 고문체로 창(䚈)을 수록했다.

　　　　　　　　　　　　　『설문해자』인지분석

· 화(和), '서로 호응하다'는 뜻이다(相應也). 구(口)가 의미부이고 화
  (禾)가 소리부이다. 이후에 나온 『고문사성운(古文四聲韻)』에서는
  혹체자로 화(龢)를 수록했다.

· 취(吹), '입으로 불다'는 뜻이다(噓也). 구(口)가 의미부이고 흠(欠)도
  의미부이다. 이후에 나온 『정자통(正字通)·약(龠)부수』의 원본에
  서는 취(歈)로 적었다.

위의 내용에 따르면 '구(口)'와 '약(龠)' 두 부수 간에는 서로 통용되
어 하나의 '범주(類)'를 형성하는 상황이 존재함을 볼 수 있다. 「설문·
약(龠)부수」에 따르면, "약(龠: 🀫🀫🀫🀫🀫甲骨🀫金文)은 대나
무 관으로 만든 악기를 말하는데, 세 개의 구멍으로 다양한 소리를
조화롭게 만든다. 품(品)과 륜(侖)이 의미부이다. 륜(侖)은 이치라는 의
미이다." 여기에서 갑골문에서의 '약(龠)'자는 🀫1)이나 🀫2)으로 되었
는데, 이는 대나무의 관을 엮어 만든 관악기의 형태에서 왔으며, 상
단은 관의 끝 부분에 있는 구멍을 형상화했다. 이는 생(笙)과 같은 악
기의 초기 모습이다. 갑골 복사(卜辭)에서는 제물의 이름으로 사용되
며, 음악으로 제물을 바쳤다는 뜻으로 쓰였다.3) 「약(龠)부수」에서 "약
(龠: (🀫🀫甲骨🀫🀫🀫🀫🀫🀫金文🀫古璽)은 조절하다는
뜻이다. 약(龠)이 의미부이고 화(禾)가 소리부이다. 독음은 화(和)와 같
이 읽는다."라고 했다.4)

이에 기초하여, '구(口)'와 '약(龠)' 두 부수가 어느 정도로 상호 연결
되어 있음을 말할 수 있으며, 이는 「구(口)부수」가 음향을 구성하는

---

1) 『續』5, 22, 2. 『甲骨文編』卷二, 31쪽(中華書局, 1965).
2) 『京』3255, 『甲骨文編』卷二, 31쪽.
3) 『甲骨文字典』卷二, 199쪽(成都: 四川辭書出版社, 1990).
4) 『實用龠部』卷二, 62쪽.

재료와 연결될 수 있음을 나타낸다.

2. 특정 생리 감각기관과의 연관

이와 관련된 예들은 다음과 같다.

> · 설(舌), 입을 막는 존재이다(塞口也). 구(口)가 의미부이고 저(氏)의
> 생략된 모습이 소리부이다. 그러나 「구(口)부수」에서 이 글자의
> 아래에 수록된 고문체에서는 또 감(甘)으로 구성되어 설(昏)로
> 썼다.

『집운·말(末)부』에서 "설(舌)을 『설문』에서는 입을 막는 것을 말한
다(塞口也). 고문체는 감(甘)으로 구성되었다."라고 했다. 또 『집운·담
(談)부』에서 "감(甘, 凵, 凷)은 고(沽)와 삼(三)의 반절로 읽힌다. 『설문
』에서는 '맛있다는 뜻이다. 입(口)에 어떤 것(一)이 들어 있는 모습이
다. 가로획(一)은 맛있다는 뜻이다(美也. 從口含一; 一, 道也).'라고 했다.
고문체에서는 감(凵)이나 감(凷)으로 썼다."라고 했다. 『자휘(字彙)·감
(甘)부수』에도 이 이체자가 포함되어 있는데, "설(昏)은 설(舌)의 고문
체이다."라고 했다. 『원본 옥편·감(甘)부수』에서는 "감(甘)의 독음은
고(古)와 람(藍)의 반절이다. 『상서(尚書)』에서는 가색(稼穡: 농작물)을
감(甘)으로 기술했다. 고야왕(顧野王)의 주석에 따르면, 감(甘)은 맛 중
에서 달콤한 것을 말한다고 했다."고 했다. 『모시(毛詩)』에서는 "그
달콤함은 마치 냉이처럼 달다.(其甘如薺是也)"라고 표현했다. 또 "감수
기음(甘須嗜音)"이라는 말이 있는데, 공안국(孔安國)은 "단맛의 즐거움
은 질리지 않는다(甘嗜無猒足也)"라고 주석했다. 『주역(周易)』에서는
"달콤한 정치는 이익을 가져다주지 않는다(甘臨無彼利)."라고 기술되

었다. 왕필(王弼)은 이에 대해 "감(甘)은 사특함을 받들거나 아첨하는 부정한 짓을 말한다.(甘者, 佞邪悅媚不正之名也.)"라고 했다. 고야왕의 주석에 따르면, 『좌씨전(左氏傳)』에 "돈을 중시하고 말을 달달하게 하는 것을 말한다(幣重言甘是也)"라고 했다. 『모시(毛詩)』에 "감심수질(甘心首疾: 그리워하는 마음에 머리가 아프다)"라는 말이 있는데, 『전(傳)』에서 "감(甘)은 그리워하다는 뜻이다(猒也)"라고 했다. 『좌씨전(左氏傳)』에 "수이감심언(受而甘心焉: 어쩔 수 없이 받아들이고 수긍했다)"5)이라는 말이 있는데, 두예(杜預)의 주석에서 "어쩔 수 없이 받아들이다(思欲快意)"는 뜻이라고 했다. 『초사(楚辭)』에 "이들 모두는 아첨꾼들입니다(此皆甘人)"6)라는 말이 있는데, 왕일(王逸)의 주석에서 "감(甘)은 맛있다는 뜻이다(美也). 사람들에게 음식을 먹이면 감미롭다고 느끼기에, 감미로운 즐거움을 더욱 늘인다(食人以爲甘美也. 廣甘樂也). 고야왕은 『장자』에 나오는 감미로운 밧줄은 결국 궁하게 만든다(甘繩窮到)라는 말이 이 말일 것이라고 했다."

---

5) [역주] '수이감심언(受而甘心焉)'이라는 성어는 『좌전·장공(莊公)』 9년에 나온다. 이 이야기에서는 노(魯)나라 장공(莊公)이 제(齊)나라와의 전쟁에서 패배한 후, 제나라 환공(桓公)을 대표하여 협상을 온 포숙아(鮑叔牙)가 노나라 장공의 동생 자규(子糾)를 죽이라고 요구했는데, 관중(管仲)과 소홀(召忽) 역시 원수이므로 함께 제거해야 한다고 말한다. 노 장공은 이러한 요구를 원치 않았지만, 결국 더 큰 손실을 피하기 위해 이 조건들을 받아들였고, 그렇게 해서 '수이감심언(受而甘心焉)'이라는 말이 나왔다. 이는 어떤 불리한 상황이나 결정에 직면했을 때, 마음속으로는 불만이 있지만, 결국 받아들이고, 심지어는 어쩔 수 없는 승인이나 타협을 의미하는 데 사용된다.

6) [역주] '차개감인(此皆甘人)'이라는 성어는 남을 기쁘게 하고 비위를 맞추어 애정이나 이득을 얻으려는 사람들을 지칭한다. 이 역시 『좌전·희공(僖公)』 25년에서 유래했는데, 원문은 "이들은 모두 감언이설 하는 자들이니, 임금께서는 특히 유념하소서.(此皆甘人者, 君其念之)"이며, 통치자에게 과도하게 아첨하는 신하들을 경계하라고 상기시키는 데 사용되었다. 이 성어는 아첨꾼들을 묘사하는 데 사용된다.

·『설문·감(甘)부수』: 감(甘: [甲骨] [金文] [金文] [金文] [簡帛] [古璽] [古幣] [古幣] [古幣] [古幣] [古幣] [石刻] [石刻] [石刻]), '맛있다'는 뜻이다.(美也). 구(口)에 일(一)을 물고 있는 모습이다. 일(一)은 말하다는 뜻이다(道也).[7]

위의 인용에 따르면, '감(甘)'은 입 안에 무언가를 물고 있는 모습에서 그 의미를 가져왔다. 갑골문에서는 [甲骨]으로 적었는데, 바로 미각 감각을 체험하는 사람을 지향한 것으로 보인다. '구(口)'와 '감(甘)' 두 부수, 그리고 '관(灌)'과 '주(注)'자는 서로 통용됨을 알 수 있다.

3. 운동과의 연관

이와 관련된 예들은 다음과 같다.

·소(嘯), '부는 소리'를 말한다(吹聲也). 구(口)가 의미부이고 숙(肅)이 소리부이다. 그러나 「구(口)부수」에 수록된 주문체에서는 흠(欠)으로 구성된 소(歗)로 적었다.
·신(呻), '끙끙거리다'는 뜻이다(吟也). 구(口)가 의미부이고 신(申)이 소리부이다. 『광운·진(眞)부』에 혹체로 신(軟)자를 수록했다. 『집운·진(眞)부』에서는 "신(呻, 軟, 嘅)은 외(外)와 인(人)의 반절로 읽힌다. 『설문』에서 '끙끙거리다는 뜻이다(吟也). 혹체에서는 흠(欠)과 신(身)으로 구성되었다.'라고 했다.
·유(呦), '사슴이 우는 소리'를 말한다(鹿鳴聲也). 구(口)가 의미부이고 유(幼)가 소리부이다. 「구(口)부수」에서 이의 혹체로 흠(欠)으로 구성된 유(欲)자를 수록했다. 『송본옥편·구(口)부수』에서 "유(呦)는 독음이 유(幽)이다. 『시』에서 '유유녹명(呦呦鹿鳴: 메에메에 사

---

7) 『實用說文解字·甘部』卷五, 142쪽.

슴이 울며'이라고 했는데, 달리 유(欨)로 적기도 한다."라고 했다.
또『원본옥편』잔권에서는 이렇게 말했다. "유(欨)는 어(於)와 규
(糾)의 반절로 읽힌다.『설문』에서는 근심하는 모양을 말한다(愁
皃也)라고 했다.『성류(聲類)』에서도 유(呦)자로 적었다. 유(呦)는
사슴의 울음소리를 말하며(鹿鳴也), 구(口)부수에 수록되었다."

위의 인용에 따르면, 몇몇 형태는 '구(口)'로부터 유형을 취하거나
'흠(欠)'으로부터 형상을 구성하는 것처럼 보인다. '흠(欠)'은 입 모양의
움직임—즉 입을 크게 벌린 모양에서 형상을 취하였다.『설문·흠(欠)부
수』에 따르면, "흠(欠: 🔣甲骨 🔣金文)은 입을 크게 벌리며 숨을 쉬는
모양을 나타낸다. 사람 위에서 기(氣)가 나오는 형태를 형상화했다." 단
옥재(段玉裁)의 주석에는 "사람이 지치고 피곤할 때, 바로 입을 크게 벌
리며 숨을 쉰다."라고 했다. 갑골문의 '흠(欠)'자의 구조를 보면, 사실상
사람의 몸이 앞으로 쏠렸고 몸을 틀어 입을 크게 벌리는 모양을 나타
낸다.

'구(口)'와 '흠(欠)' 두 부수에서 유형이 서로 연관성을 가진다는 점
에서, '흔(欣)'과 '청(聽)'은 동일한 근원을 갖는 글자라 하겠다.[8]

4. 물질이나 조직 부위와의 연관

이와 관련된 예들은 다음과 같다.

---

8)『구(口)부수』에 따르면, "청(听), 웃는 모습을 말한다(笑貌). 구(口)가 의미부이고
금(斤)이 소리부이다."라고 했는데, 현대의 聽의 간화자인 听 과 같은 구조를 가
진다. 또 송대(宋代)의 대서본(大徐本)『설문(說文)』의「흠(欠)부수」수록자를 비
롯해 흠(欠)으로 구성된 다른 글자는 모두 와변이 일어나, 입을 크게 벌린 형태
가 분명하지 않게 되었다. 일본에 보관된 당나라 필사본『설문』의 잔권에는 고
대의 구조가 아직 남아 있다.『실용설문해자(實用說文解字)』에서는 이 부분의
자형을 관련된 소전체 글자들과 대조하여 체계적으로 반영했다.

· 타(唾), '침'을 말한다(口液也). 구(口)가 의미부이고 수(垂)가 소리부
  이다. 『설문·구(口)부수』에서 이 글자 아래에 혹체자로 타(涶)를
  수록했다.

'타(涶)'자는 수(水)가 의미부이며, 이는 구강의 액체 분비물을 가리킨다.

· 문(吻), '입가'를 말한다(口邊也). 구(口)가 의미부이고 물(勿)이 소리
  부이다. 『구(口)부수』에서 이 글자의 아래에 또 혹체자로 문(脗)
  이 출현한다.

'문(脗)'자는 육(肉)이 의미부이고 혼(昏)도 의미부인데, 이는 입술
부위를 의미한다. '순(脣)'은 고대 문헌에서는 항상 '순(脣)'으로 기록되
었다.

· 연(吮), '빨아들이다'는 뜻이다(欮也). 구(口)가 의미부이고 윤(允)이
  소리부이다. 『집운·선(獮)부수』에서 혹체자는 설(舌)로 구성되었
  다고 했다. 즉 "연(吮, 舐)은 조(粗)와 연(兗)의 반절로 읽힌다. 『
  설문』에서는 빨아들이다는 뜻이다(欮也)고 했는데, 혹체에서는
  설(舌)로 구성되었다고 했다."

'연(舐)'자는 설(舌)이 의미부인데, 이는 '빠는' 행동이 발생하는 조
직 부위를 나타낸다고 할 수 있다.

5. 입 부위 운동과의 연관

이와 관련된 예들은 다음과 같다.

· 기(嗜), '기욕(嗜欲)'이라는 뜻이며, '어떤 것을 좋아함(喜之)'을 말한다.9) 구(口)가 의미부이고 기(耆)가 소리부이다. 그리고 『광운·지(至)부』에서 이체자로 기(䣫)로 적었으며, 혹체자로 기(饎)로 적었다. 또 『집운·지(至)부』에서는 이체자로 기(膌)를 수록했으며, "기(嗜, 饎, 䣫, 膌, 唏, 耆)는 시(時)와 리(利)의 반절로 읽힌다. 욕망을 말한다(欲也). 『설문』에서는 기욕(嗜欲)은 즐겁게 하다는 뜻이다(喜之也)라고 했으며, 혹체에서는 식(食)과 유(酉)나 육(肉)으로 구성되기도 했으며, 또 기(唏)나 기(耆)로도 적는다."

이러한 재료나 물질의 분류, 즉 주(酉), 식(食), 육(肉)은 모두 입 부분의 취향이나 행동을 유발하는 관련된 물질이나 재료를 나타낸다.

6. 소리를 내는 동물과의 연관

이와 관련된 예들은 다음과 같다.

· 해(咳), '어린아이의 웃음소리'를 의미한다(小兒笑也). 구(口)가 의미부이고 해(亥)가 소리부이다. 『설문·구(口)부수』에서 이 글자 아래에 자(子)로 구성된 고문체 해(孩)를 수록했다. 『집운·해(咍)부』에 따르면, "해(咳, 孩, 㤥, 噯)는 하(何)와 개(開)의 반절로 읽힌다. 『설문(說文)』에서는 '어린아이의 웃음을 말한다'라고 했다. 고문체에서는 자(子)로 구성되었다. 혹체에서는 해(㤥)나 해(噯)로 적었다.

· 호(嗥), (􀀀)石刻: 『설문·구(口)부수』에서 "으르렁거리다는 뜻이다(咆也). 구(口)가 의미부이고 고(皐)가 소리부이다. 호(乎)와 도(刀)의

---

9) [역주] 『단주』에서는 『운회(韻會)』에 근거하여 "嗜欲, 喜之也."를 "喜欲之也"로 고쳤다.

반절로 읽힌다."라고 했다. 호(猇)의 경우, 담장(譚長)의 주석에 따르면 '호(嘷)'자인데 견(犬)으로 구성되었다고 한다. '통인(通人)'의 주장을 인용하여 견(犬)으로 구성된 호(猇)로 쓴다고 했다. 『집운·호(豪)부』에서 이렇게 말했다. "호(嘷), 猇, 獔)는 부(字)와 도(刀)의 반절로 읽힌다. 『설문』에 따르면 '어르렁거리다는 뜻이다(咆)'. 담장(譚長)의 주석에 따르면 '호(嘷)'자인데 견(犬)으로 구성되었다.'고 한다. 때로는 치(豸)로 구성된 호(獔)로 쓰기도 한다."

자(子)에서 이미지를 가져오거나, 개(犬)나 짐승(豸)에서 이미지를 가져온 유형은 모두 해(咳)나 호(嘷)와 같은 소리를 발생시키는 동물이나 대상을 나타낸다.

7. 입 부위 질병과의 연관

이와 관련한 예들은 다음과 같다.

· 수(嗽), 『설문·구(口)부수』에는 이 글자가 없으며, 「겸(欠)부수」에는 삭(欶)자가 수록되어 있다. 사실 두 글자는 동일한 글자이다. 혜림(慧琳)의 『일체경음의(一切經音義)』는 문헌을 인용하여 다음과 같이 보충하고 있다: "수(嗽)는 소(蘇)와 주(奏)의 반절로 읽힌다. 『주례(周禮)』에 따르면 '겨울이 되면 숨이 위로 올라가는 질병이 생긴다.'라고 했다. 『고성(考聲)』에 따르면 '기가 목으로 밀려 올라온다.'고 한다. 『고금정자(古今正字)』에 따르면 '구(口)로 구성되었으며, 삭(欶)의 독음과 같다.'라고 한다."[10]
또한, 『광운·거성·후(候)』에서는 이체자로 수(瘶)를 수록했는데, 이는 『일체경음의(一切經音義)』와 일치한다. "수(嗽)는 속자이며, 정자로는 수(瘶)로 쓴다. 『고성(考聲)』에 따르면 '기가 목으로 밀

---

10) 卷二十, 9쪽, "欶嗽"條.

『설문해자』인지분석

려 올라온다.'……혹체에서는 속(遬)으로 쓰며, 이 또한 같은 글자이다."11) 『집운·각(覺)부』에 따르면, "수(欶, 嗽, 㫰, 嘛)는 색(色)과 각(角)의 반절로 읽힌다. 『설문』에 따르면 '빨다는 뜻이다(吮也)'. 혹체에서는 수(嗽), 수(㫰), 수(嘛) 등으로도 쓴다."

8. 입 부위에서 발산하는 음향기호와의 연관

이와 관련된 예들은 다음과 같다.

· 언(唁): '조의를 표하다'는 뜻이다(吊生也). 구(口)가 의미부이고 언(言)이 소리부이다. 그러나 『설문통훈정성(說文通訓定聲)』에서는 이체자로 언(殥)을 수록했다.12) 『집운·선(線)부』에 따르면, "언(唁, 殥, 嗲)은 어(魚)와 전(戰)의 반절로 읽힌다. 『설문』에 따르면 '조의를 표하다는 뜻이다. 혹체에서는 언(殥)이나 언(嗲)으로 쓴다."

'언(殥)'자는 알(歹)로 구성되었으며, 그 의미는 『설문해자』에서 인용한 『시·재치(載馳)』의 '귀언위후(歸唁衛侯: 위나라 임금을 위문하고자)'와 일치한다. 『실용설문·알(歹)부수』에 따르면, "알(歹, , ![()甲骨)은 갈라진 뼈의 잔해를 의미한다. 뼈(冎)의 반쪽을 그렸다. 알(歹) 부수에 속하는 글자들은 모두 알(歹)이 의미부이다. 얼안(櫱岸)의 얼(櫱)과 같이 읽는다. 서개(徐鍇)는 '과(冎)는 고기를 발라내고 뼈만 남겨 놓은 것을 말한다. 알(歹)은 남은 뼈를 의미한다. 그래서 뼈(冎)의 반쪽을 그렸다.'고 했다. 그리고 '신 서현 등은 가운데에 가로획이 들어가서는 안 된다(義不應有中一)라고 생각합니다. 그러나 진(秦)의 「석고문(石

---

11) 卷十四, 4쪽, "欶嗽"條.
12) 『乾部第十四』(武漢古籍書店, 1983, 臨嘯閣藏版本에 근거해 影印).

鼓文)」에는 그러한 표기가 있습니다. 오(五)와 할(割)의 반절로 읽힙니다.(徐鍇曰: 冎, 剔肉置骨也. 歺, 殘骨也. 故從半冎. 臣鉉等曰: 義不應有中一. 秦刻石文有之. 五割切.)'라고 했다."

· 음(吟), '읊조리다'는 뜻이다(呻也). 구(口)가 의미부이고 금(今)이 소리부이다. 「구(口)부수」에서 "음(吟, ▢簡帛▢石刻)은 읊조리다는 뜻이다(呻也). 구(口)가 의미부이고 금(今)이 소리부이다."라고 했다. 이 형태 아래에는 혹체에서는 음(音)으로 구성된 음(䰷)이나 언(言)으로 구성된 음(訡)을 수록했다. 『송본옥편·구(口)부수』에 따르면 "음(吟)은 우(牛)와 금(今)의 반절로 읽힌다. 『초사』에서 '행음택반(行吟澤畔: 호숫가를 읊조리며 간다네)'이라고 했는데, 달리 음(䰷)이나 음(訡)으로도 쓴다."라고 하였다. 『집운·침(侵)부』에 따르면 "음(吟, 䰷, 訡, 欽)은 어(魚)와 음(音)의 반절로 읽힌다. 『설문』에서는 '읊조리다(呻)'는 뜻이라고 했다. 혹체에서는 음(音)이나 언(言)으로 구성되기도 하며, 음(欽)으로도 쓴다."라고 했다. 이를 통해 알 수 있는 것은 고대에 '음시(吟詩)'라는 표현이 실질적으로는 '창시(唱詩)', 즉 시를 노래하는 것과 거의 동일한 의미로 사용되었다는 것이다.[13]

9. 「심(心)부수」 이체구조와의 연관

이와 관련된 예들은 다음과 같다.

· 이(台), 「구(口)부수」에서 "이(台, ▢▢▢金文▢簡帛▢▢漢印)는 '기뻐하다'는 뜻이다(說也). 구(口)가 의미부이고 이(㠯)가 소

---

13) '음(吟)'자는 '음창(吟唱)' 또는 '신음(呻吟)'과 같은 의미를 포함하며, 이는 『설문』에서 사용된 글자의 이 관점에서 이해한 것이다. 이 글자의 기원과 의미는 이 책의 제1장 제1절에서 확인할 수 있다

『설문해자』 인지분석

리부이다."라고 했다. 청동기 명문에서는 다른 구조의 혹체로 로 적었는데, 심(心)이 의미부이고 이(㠯)가 소리부이다.

· 철(哲), 「구(口)부수」에서 이렇게 말했다. "철(哲, 金文 簡帛 古璽)은 '알다'는 뜻이다(知也). 구(口)가 의미부이고 절(折)이 소리부이다. 척(陟)과 열(劣)의 반절로 읽힌다. 철(悊)은 철(哲)의 혹체자인데 심(心)으로 구성되었다. 철(嚞)은 고문체 철(哲)인데 3개의 길(吉)로 구성되었다." 『송본옥편·구(口)부수』에서는 "철(哲)은 지혜를 말한다(智也). 『서(書)』에서 명(明)을 철(哲)로 적었다. 철(喆)도 위와 같은 글자이다. 철(嚞)은 고문체이다."라고 했다. 『집운·설(薛)부』에서 "철(哲, 悊, 嚞, 喆)은 척(陟)과 열(列)의 반절로 읽힌다. 『설문』에서는, '알다는 뜻이다(知也)'라고 했다. 혹체에서는 심(心)으로 구성되었고, 고문체에서는 3개의 길(吉)로 구성되었다. 또한 생략되기도 한다."라고 했다. 위에서 인용한 것처럼 금문에서는 철(哲)이 대부분 심(心)으로 구성된 구조이다.

이러한 이체 구조로부터 고대인들이 '범주를 취해 오는' 과정에서 언(言), 구(口), 심(心)의 세 가지 부수가 일정 범위 내에서 같은 의미 범주를 가진 것으로 보았음을 알 수 있다. 또 다음의 예를 보자.

· 모(謨), 「언(言)부수」에는 고문체를 수록했는데 구(口)가 의미부인 모(暮)로 적었다. 『집운·모(模)부』에서 이렇게 말했다. "모(謨, 暮, 慕, 譕)는 몽(蒙)과 포(晡)의 반절로 읽힌다. 『설문』에서는 '모의하다는 뜻이다(議謀也)라고 하면서 『우서(虞書)』의 '구요모(咎繇謨)'를 인용했다. 고문체에서는 모(暮), 모(慕), 모(譕)로 적었고, 혹체에서는 모(謩)로 적었다." 이체 구조로 모(慕)를 제시했는데, 심(心)으로 구성되었다.

이후의 자서를 살펴보면, '구(口)'와 '심(心)' 두 부수 간의 소통 관계를 위해 종종 '구(口)'로 구성된 글자에다 다시 '심(心)'을 더한 구조가 보인다. 예를 들어 다음과 같다.

· 애(哀), 「구(口)부수」에서 "애(哀, 金文 簡帛 漢印 石刻)는 '가엾게 여기다'는 뜻이다(閔也). 구(口)가 의미부이고 의(衣)가 소리부이다."라고 했다. 백서(簡帛)에서는 대부분 심(心)이 의미부이고 의(衣)가 소리부인 구조로 되었다. 『정자통』에서는 또 심(心)을 더한 애(懷)로 파생되었다. 사실 이러한 파생과 복잡화 방식은 일찍이 이전부터 존재했다.

「언(言)부수」를 살펴보면 간혹 단독으로 심(心)부수와 소통하고 상관된 예도 존재한다. 다음을 보자.

『설문·언(言)부수』에 따르면, "소(訴)는 '알리다'는 뜻이다(告也). 언(言)이 의미부이고 엄(厈)의 생략된 모습이 소리부이다. 『논어』에 '자로를 계손에게 밀고했다(訴子路於季孫)'라는 말이 있다. 신[서현] 등은 이렇게 생각합니다. '안(厈)'은 소리부가 아닙니다. 고대의 독음은 현대와 많이 다릅니다. 예를 들면, 급(皂)도 향(香)으로 발음되었고, 혼(釁)은 문(門)으로, 내(乃)는 영(仍)으로 발음되었습니다. 나머지들도 이렇게 유추하면 됩니다. 다만 고대와 현대의 전승이 끊어졌으므로, 자세히 연구할 수 없습니다.'라고 했다. 상(桑)과 고(故)의 반절로 읽힌다. 소(諏)는 소(訴)의 혹체인데 언(言)과 삭(朔)으로 구성되었다. 소(愬)는 소(訴)의 혹체인데 삭(朔)과 심(心)으로 구성되었다."라고 했다. 또 혹체에서 언(言)으로 구성된 소(諏), 심(心)으로 구성된 소(愬)도 출현하는데, 이들은 심(心)에서 그 이미지를 가져왔다. 『감곡한간(甘谷漢簡)』과 「회원묘비(淮源廟碑)」 등에서도 대략 이 두 가지를 벗어나지 않는다. 당(唐)나라 때의 초본(抄本)인 『원본옥편·언(言)부수』의 잔권에서는 이렇게 말했다. "소(訴)는 소(蘇)와 고(故)의 반절로 읽힌다. 『논어』에서는 '공백료(公伯寮)가 자로(子路)를 계손(季孫)에게 밀고했다."고 했다. 이에 대해 마융(馬融)은 헐뜯는 뜻이다(訴也)라고 했다. 고야왕 제 생각은 이렇습니다. "『좌씨전』에서는 '공을 진후에게 밀고했다'라고 했는데 이것입니다. 『설문』에서 소(訴)는 알리다는 뜻이다(告也)라고 했는데, 고야왕 제 생각은 이렇습니다. 소(訴)라는 것은 밀고하여 왜곡해 헐뜯는다는 뜻입니다(所以告冤枉也). 그래서 『초사(楚辭)』에서 '영험하고 덕을 가진 귀신을 헐뜯는다(訴靈德之鬼神)'라고 했는데 바로 이것입니다. 『광아』에서는 '소(訴)는 깨트리다는 뜻이다(敗也)'라고 했는데, 소(訴)는 미워하다는 뜻이고(惡也), 혹체에서는 소(愬)로 쓰기도 하는데, 심(心)부수에 들어 있습니다." 소(諮)는 『설문』에서도 소(訴)자라고 했다. 『집운·모(莫)부』에서도 "소(訴, 諮, 愬)는 소(蘇)와 고(故)의 반절로 읽는다. 『설문』에서 알리다는 뜻이다(告也)라고 했으며, 『논어』의 '자로를 계손에게 밀고했다(訴子路於季孫)'라는 말을 인용했다. 혹체에서는 소(諮)나 소(愬)로 쓴다."

「구(口)부수」와 「심부(心)부수」는 서로 다른 영역에 속하면서도 한자의 특성상 연결점을 가지고 있다. 하나는 외적 표현을, 다른 하나는 내적 감정을 나타낸다. 이 두 부분은 처음 보면 서로 관련이 없어 보이지만, 한자의 상징성을 통해 연결되어 있다. 『설문』에 따르면, '구(口)'와 '심(心)'은 둘 다 '언(言)'이라는 글자에서 파생된 것으로 기록되어 있다. 현대 언어학의 연구 결과, 사람들의 언어는 생각의 직접적인 표현이라고 알려져 있다. 또한 현대 의학 연구에 따르면, 심장도 사고 과정에 참여한다는 사실이 밝혀졌다.[14] 이러한 한자의 내재된 구조는 사람들의 내부적인 연결을 직접적으로 보여준다.

---

14) 『集韻·之部』: "思恖𢝊𢝊, 新玆切. 『說文』容也. 一曰念也. 一曰於思, 多鬚兒. 古作恖𢝊𢝊."

다음은 「언(言)부수」에서 가져온 몇 가지 글자를 예시한 것이다.

· 모(謀), 「언(言)부수」에서 이렇게 말했다. "모(謀, 金文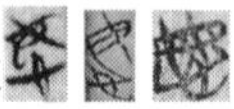簡帛石刻), '어려움을 걱정하는 것'을 모(謀)라 한다(慮難曰謀). 언(言)이 의미부이고 모(某)가 소리부이다. 모(莫)와 부(浮)의 반절로 읽힌다. 모(𢘻)는 모(謀)의 고문체이다. 모(𧥱)도 고문체이다." 단옥재의 『주』에서는 앞의 글자는 모(母)로 구성되었고, 뒤의 글자는 고문체인데 언(言)으로 구성되었다."라고 했다.15) 『집운·후(侯)부』에서는 "모(謀, 𢘻, 喋, 𢗜, 𢘻, 𧥱)는 미(迷)와 부(浮)의 반절로 읽힌다. 『설문』에서는 '어려움을 걱정하는 것을 모(謀)라 한다(慮難曰謀)'라고 했다. 성(姓)으로도 쓰인다. 혹체에서는 모(𢘻), 모(喋), 모(𢗜), 모(𢘻), 모(𧥱) 등으로 쓴다. 또 모(呣)로 쓰기도 한다."라고 했다.

· 신(訊), 「언(言)부수」에서 이렇게 말했다. "신(訊, 甲骨金文石刻)은 '묻다'라는 뜻이다(問也). 언(言)이 의미부이고 신(卂)이 소리부이다. 사(思)와 진(晉)의 반절로 읽힌다. 신(𧦝)은 신(訊)의 고문체인데 서(卥)로 구성되었다." 『송본옥편·언(言)부수』에서는 이렇게 말했다. "신(訊)은 사(思)와 진(進)의 반절로 읽힌다. 묻다는 뜻이다(問也), 말하다는 뜻이다(辭也). 신(𧦝)은 고문체이다." 또 『집운·준(稕)부』에서 이렇게 말했다. "신(訊, 𧦝, 𧦝, 訙, 㖂)은 사(思)와 진(晉)의 반절로 읽는다. 『설문』에서 '묻다는 뜻이다(問也)'라고 했다. 고문체에서는 신(𧦝), 신(𧦝), 신(訙), 신(㖂)으로 적는다." 주준성의 주석에서는 고문체에서는 언(言)이 의미부이고 서(西)가 소리부이라고 했다.16)

15) 『說文解字注』 三篇上, 「言部」.
16) 朱駿聲, 『說文通訓定聲』 坤部 第十六.

신(信)의 경우, 「언(言)부수」에서 이렇게 말했다. "신(信, [고문체 이미지들]金文 [이미지들]簡帛 [이미지들]古璽 [이미지들]漢印 [이미지들]石刻은 '정성스럽다'는 뜻이다(誠也). 인(人)이 의미부이고 언(言)도 의미부이고. 회의(會意)이다. 독음은 식(息)과 진(晉)의 반절이다. 신(伯)은 고문체인데 언(言)의 생략된 모습으로 구성되었다. 신(訫)은 고문체의 신(信)이다." 단옥재의 『설문주』에서는 "고문체에서는 언(言)이 의미부이고 심(心)도 의미부이고."라고 했다.17) 『송본옥편·언(言)부수』에서 이렇게 말했다. "신(信), 사(思)와 인(刃)의 반절로 읽힌다. 밝다는 뜻이다(明也), 공경하다는 뜻이다(敬也). 『논어』에서 '믿음은 정의로움에 가까워야만 말이 사람들의 신뢰를 얻는다(信近於義, 言可復也)'라고 했다. 신(訆)은 고문체이다. 또 신(伯)으로도 적었다." 단옥재의 『주』에 따르면, 신(訆)은 해서화 과정에서 언(言)이 의미부이고 심(心)이 소리부인 구조가 혼동되어 생긴 결과일 것이다. 이는 다음의 자료들을 참고할 수 있다. 『집운·준(稕)운』에서 "신(信, 伯, 訆), 사(思)와 진(晉)의 반절로 읽힌다. 『설문』에서 정성스럽다는 뜻이다(誠也)라고 했다. 고문체에서는 신(伯)과 신(訆)으로 적었다. 성(姓)으로도 쓰인다."라고 했다. 또 금문과 간독 백서 문자에서 언(言)이 의미부이고 신(身)이 소리부인 구조여서, 신(身)과 심(心)의 소리부 기능이 서로 비슷하다. 그리고 전국시대 초나라의 곽점(郭店) 간독에 보이는 '인의(仁義)'라는 글자의 구조, 즉『곽점초묘죽간(郭店楚墓竹簡)』의 『노자(老子)』(병편)에서 '인의(仁義)'는 [이미지]로 적었는데, 그중에서 '인(仁)'자는 신(身)이 의미부이고 심(心)

---

17) 『說文解字注』 三篇上, 「言部」.

도 의미부인 구조이다. 이 이전의 금문 등에서는 오히려 '인(仁)'으로 된 구조를 사용했다. 이러한 용자 현상은 전국시대의 어떤 시기에 이르러 '인(仁)'이라는 철학 범주의 인지로 변했음을 보여준다. 같은 용자 현상이 이러한 범주에 속하는 초 축간 「치의(緇衣)」와 「오행(五行)」 등에도 보인다.

또 「심(心)부수」에서 이렇게 말했다. "心 甲骨 金文 侯馬盟書 簡帛 古幣 石刻), '사람의 심장을 말하는데(人心), 오행 중 토(土)에 해당하며 몸의 가운데 자리한다(土藏, 在身之中). 상형이다. (한나라) 박사들의 견해에 의하면 화(火)에 해당한다고도 한다(博士說以爲火藏)." 단순히 위에서 열거한 몇 가지 자형으로만 본다면, 은 '언(言)'의 고문체의 필사법으로 볼 수 있다. 그렇다면 고문체 '은 또 어디서 이미지를 가져왔던 것일까? 「언(言)부수」에서 이렇게 말했다. "시(詩, 簡帛 石刻), 뜻을 말한다(志也). 언(言)이 의미부이고 사(寺)가 소리부이다. 서(書)와 지(之)의 잔절로 읽는다. 시(䛐)는 고문체의 시(詩)인데 생략된 모습이다." 『집운·지(之)부』에서 이렇게 말했다. "시(詩, 䛐), 신(申)과 지(之)의 반절로 읽는다. 『설문』에서 '뜻을 말한다(志也)'라고 했다. 일설에는 받들다는 뜻이다(承也)라고도 한다. 유지하다는 뜻이다(持也). 고문체에서는 지(䛐)로 적었다." 마서륜(馬敍倫)의 『소증(疏證)』에서는 '시(䛐)'에 대해 설명하면서 이렇게 말했다.

천점(錢坫)은 이렇게 말했다. 『설문』에는 '지(志)'라는 글자가 없다. 아마 '시(䛐)'가 잘못 변한 것일 것이다. 고문체에서 편방 '언(言)'은

'심(心)'과 유사하다. 송보(宋保)는 또 이렇게 말했다. "고문체의 '시(詩)'
는 고문체의 '언(言)'에서 나왔다."……소서(小徐)본에서는……⚇[18]라
적었는데, 그 아래에서 이렇게 설명했다. "⚇는 '언(言)'의 고문체이
다……." 내(마서륜) 생각에[19], 원래는 소전체인 시(詷)가 있었으며,
⚇는 것은 고문체였을 것인데, 전승 과정에서 오류가 생겼다. 「언(言)
부수」수에는 '시(詩)', '모(謨)', '신(訊)', '신(信)', '고(誥)', '송(訟)' 등의 여
섯 글자에 모두 고문체가 부기되어 있는데, 편방으로 쓰인 '언(言)'이
모두 '▽'로 되어 있다. 이들이 어디에서 나왔는지 모르겠다. 왕균(王
筠)에 의하면, '심(心)'도 의미부이고 '구(口)'도 의미부이며, '구(口)'의
고문체는 '▽'인데, 이것이 잘못 변하여 ⚇가 되었다고 한다.

왕균이 해석한 고문체 '⚇'이 '심(心)'과 '구(口)'에서 이미지를 가져
왔다는 구조는 고문체와 멀지 않으며, 이는 '구(口)'와 '심(心)' 두 분류
가 원래는 '언(言)'에서 파생된 것이라는 위의 주장을 확인해 준다. 이
와 동시에, 『설문·구(口)부수』의 분류 과정에서 '구(口)'(그리고 '言')와
'심(心)' 두 분류가 서로 연결되었다는 것은 원래부터 글자의 기원과
관련된 기초가 존재했다고 볼 수 있다.

이를 바탕으로, 『설문』의 분류 체계에서 「구(口)부수」와 「심(心)부
수」의 이러한 의미 관계가 중국 고대의 "말은 마음의 소리(言爲心聲)"
라는 개념을 직관적이고 구체적으로 전달한다고 할 수 있다. 이것은
어떠한 시학 이론의 표현보다도 더 친숙하고 명확하며 순수하다. 이
러한 관점에서 볼 때, 한(漢)나라 때의 사람들이 시(詩)에 대해 얘기할
때 다음과 같은 핵심 원칙을 관철시켰을 것이라고 생각할 수 있다.

정현(鄭玄)의 『시보서(詩譜序)』에서 이렇게 말했다. "「우서(虞書)」에

---

18) 『說文解字·攴部』 "教"자 아래에 수록된 고문(古文) 참조.
19) 『說文解字六書疏證』 卷五, 38-39쪽(上海書店, 1985, 科學出版社, 1957年版影印).

의하면 '시는 뜻을 표현하고, 노래는 그 말을 노래하며, 소리는 노래에 따르고, 악률은 그 소리에 조화를 이룬다.(詩言志, 歌永言, 聲依永, 律和聲.)' 그렇다면 시의 이치는 이를 따르는 것인가?"『정의(正義)』에는 "……『춘추설제사(春秋説題辭)』에 따르면 '일이 시가 되는데, 아직 발현되지 않은 것은 모(謀)라 하고, 평온하고 고요한 것은 심(心), 생각하는 것은 지(志)라 한다. 시하는 것은 뜻(志)를 표현하는 것이다.(在事爲詩, 未發爲謀, 恬憺爲心, 思慮爲志, 詩之爲言志也.)'라고 한다. 『시위함신무(詩緯含神霧)』에서는 '시란 붙잡아 매는 것이다.(詩者持也)'라고 했다. 그렇다면 시에는 세 가지 설명이 있다. 즉 이어받다(承), 의지(志), 그리고 보존하다(持)가 그것이다. 저자는 군주의 정치적 선악을 이어받아 자신의 의지를 표현하는 시를 작성하는데, 이는 사람들의 행동을 붙잡아 매어 떨어지지 않게 하기 위해서이다. 따라서 하나의 이름에 세 가지 설명이 있게 된 것이다."……「관저서(關雎序)」에서는 또 이렇게 말했다. "시란, 의지가 가는 곳이다. 마음속에 있으면 의지가 되고, 말을 통해 표현되면 시가 된다."『석명(釋名)』에서는 "시(詩)는 지(之)와 같아 '가는 것'이다. 의지가 가는 것을 말한다."라고 했다. 『석명・석전예(釋典藝)』에 따르면 "시는 가는 것이다. 의지가 가는 것이다."라고 했는데, 필원(畢沅)의 주석 보충에 따르면 "『시서(詩敘)』에 따르면 시란 의지가 가는 곳이다. 마음속에 있으면 의지, 말을 통해 표현되면 시가 된다."라고 했다.[20]『예기・공자한거(孔子閑居)』에서 '다섯 가지의 도달'에 대해 말했는데, "의지가 도달하는 곳, 시도 그곳에 도달한다."라고 했다. 이것은 마음의 표현이며, 그 의미는 '감정에서 '발생하며' '발현된다'는 것이다. 『시위함신무(詩緯含神霧)』에서 "시란 지탱하는 것이다."라고 했는데, 이것은 '예의에 멈추게 되는' 그 '멈춤'이다.……『논어・팔일(八佾)』에서는 "즐거워도 방탕하지 않고, 슬퍼도 상처를 입어서는 아니 된다"라고 했는데, 『예기・경해(經解)』에서의 '온유하고 돈후함'이 바로 이것이다. 『사

---

20) 『釋名・釋典藝』: "詩, 之也; 志之所之也."畢沅疏證補: "『詩敍』云: 詩者, 志之所之也. 在心爲志, 發言爲詩."『<爾雅><廣雅><方言><釋名>』"淸疏四種" 合刊本(上海古籍出版社, 1989) 참조.

기·굴원열전(屈原列傳)』에서는 '원망하고 비난하지만 혼란을 일으켜
서는 아니 된다.'라고 했는데, 고대 사람들이 시에 대한 언급은 모두
'붙잡아 매어서' '그 멈추어야 할 곳을 넘어 나지 않는다'는 것에 귀
결된다.

(鄭玄『詩譜序』: "『虞書』曰: 詩言志, 歌永言, 聲依永, 律和聲; 然則詩之道
放於此乎";『正義』: "……『春秋說題辭』云: '在事爲詩, 未發爲謀, 恬憺爲
心, 思慮爲志, 詩之爲言志也';『詩緯含神霧』云: '詩者持也.'然則詩有三訓:
承也, 志也, 持也. 作者承君政之善惡, 述己志而作詩, 所以持人之行, 使不
失墜, 故一名而三訓也."……『關雎序』云: "詩者, 志之所之, 在心爲志, 發
言爲詩",『釋名』本之云: "詩, 之也; 志之所之也",『禮記·孔子閑居』論"五
至"云: "志之所至, 詩亦至焉"; 是任心而揚, 唯意所適, 卽"發乎情"之"發".『
詩緯含神霧』云: "詩者, 持也", 卽"止乎禮義"之"止".……『論語·八佾』之"樂
而不淫, 哀而不傷";『禮記·經解』之"溫柔敦厚";『史記·屈原列傳』之"怨誹而
不亂"; 古人說詩之語, 同歸乎"持"而"不愆其止"而已.)[21]

'시언지(詩言志)'라고 할 때의 '시(詩)'에 따르면,『설문·언(言)부수』에
서는 고문체로 시(詶)로 기록했는데, 허신(許愼)은 이 글자를 '시(詩)'자
의 생략된 모습'으로 분석하였다. 이는 '생성(省聲)'의 예로 볼 수 있
다. 다시 말해, 언(言)이 의미부이고 지(之)가 소리부인 고문의 구조를
언(言)이 의미부이고 사(寺)의 생략된 모습이 소리부인 구조로 본 것
의 결과이다. 마서륜(馬敍倫)의 교감판(校勘版)에 따르면, 이것은 실제
로 지(之)에서 소리를 얻은 글자로 보아야 한다.[22]『설문·언(言)부수』
에서 '시(詩)'는 '지(志)'라고 말했지만,「심(心)부수」에서 '지(志)'자의
설명에서 "의지를 말한다. 심(心)이 의미부이고 지(之)가 소리부이다."
라고 설명한다. 그리고 '의(意)'자는 '지(志)'자와 '호훈(互訓)'의 관계를
가진다. 즉 "의(意)는 지(志)를 말한다. 마음으로 말을 관찰하여 그 뜻

---

21)『管錐編』卷一, 57쪽.
22)『說文解字六書疏證』卷之五.

을 알다는 의미를 그렸다(從心察言而知意也). 심(心)이 의미부이고 음(音)이 소리부이다."라고 했다. 그러므로 '의(意)' 또한 '지(志)'이며, 이것은 '마음(心)의 소리'이다. 앞서 검토한 바와 같이, '언(言)'(口)과 '심(心)'은 원래 한 범주였으며, 그것은 그 둘 사이에 서로 통하는 관계가 있음을 의미한다. 그래서 '언지(言志)'는 바로 '언지(言之)'이며, '언지(言之)'가 바로 고문체의 '시(詩)'자이다.

『설문』의 범주선택 관계는 외부로부터 찾아볼 필요가 없다는 것을 확실히 알 수 있다. 이처럼 '시언지(詩言志)'나 '언위심성(言爲心聲)'과 같은 중국 시학의 초기 원칙이나 미적 관념은 광범위하고 오래된 분류 인지 구조에 기반하고 있다.

그렇다면 아마도 '지(志)'와 호훈(互訓) 관계를 가지는 '의(意)'자를 연관 짓는 것도 가능할 것이다. 『설문』의 해설에 따르면, '의(意)'는 '지(志)'와 동일한 「심(心)부수」에 속해, '심(心)'에서부터 범주를 가져온 것 외에도, 그 상단 부분이 분명하게 '음(音)'자로 구성되어 있다. 그렇다면 '음(音)'자는 어떻게 형성되었을까? 『설문·음(音)부수』는 이와 관련된 정보도 저장하고 있다. "소리를 말한다. 심장에서 생겨나며, 규칙을 가지고 바깥으로 표현될 때 이를 음(音)이라 한다. 궁(宮), 상(商), 각(角), 치(徵), 우(羽)는 소리이며, 사(絲), 죽(竹), 금(金), 석(石), 포(匏), 토(土), 혁(革), 목(木) 등은 음(音)이다. 언(言)에 가로획이 포함된 모습을 그렸다.(聲也. 生於心, 有節於外謂之音. 宮, 商, 角, 徵, 羽, 聲; 絲, 竹, 金, 石, 匏, 土, 革, 木, 音也. 從言含一.)" 혜림(慧琳)의 『일체경음의』에서 인용한 『설문』에 의하면, "음(音)은 소리(聲)이다. 심장에서 생겨나며 바깥에서 규칙을 가자고 밖으로 표현 될 때 이를 음(音)이라 한다. 언(言)에 가로획이 포함된 모습을 그렸다. 회의자에 속한다.(音, 聲也. 生於心有節於外謂之音. 從言含一. 會意字也.)"라고 했다.[23] 내용은 약간 다르지만, '음(音)'이 '성정(性情)(즉 내면)에서 발생하여, 예의(禮儀)(외적 표현)에서 멈추는' 관계임을 강조한다.

『설문·언(言)부수』에서 이렇게 말했다. "억(𧪞, 🔲 🔲金文🔲簡帛)은 '기쁨'을 말한다. 언(言)이 의미부이고 중(中)도 의미부이다." 금문에서는 이미 이러한 '🔲🔲' 구조를 자주 볼 수 있으며, 간백 문자에서도 이렇게 쓰임을 볼 수 있다. 그중에서도 「명과군호(命瓜君壺)」의 명문에 "만년 억년까지 무강하시기를 기원합니다(旂無疆至於萬意年)"라는 구절이 있는데, 여기서 '의(意)'를 '억(億)'자로 사용하였는데, 🔲에서 이미지를 가져왔다. 용경(容庚)의 해석에 따르면, "🔲자는 심(心)으로 구성되지 않았다. 『설문』에서 일설에는 십만(十萬)을 억(𧪞)이라 한다고 했다……억(𧪞)자는 이체자로 등장한다." 이러한 일련의 '의(意)'자의 구조와 형태를 살펴보면, '의(意)'자의 초기 표기는 단순히 언(言)을 입(口) 모양 안에 삽입하여 배열한 것일 뿐이었다. 이를 통해 '구(口)'가 초기에는 '내심(內心)'을 전달하는 기능을 가졌다는 것을 알 수 있다. 갑골문에서는 아직 심(心)으로 구성된 글자가 나타나지 않았다. 그렇다고 문자학자들이 필요 이상으로 제한적으로 생각하여 고대 은상 시대의 사람들에게 아직 '입(口)'는 있었지만 '마음(心)'은 없었다고 생각할 필요는 없다. 그러나 이러한 연결을 직접적으로 보여주는 것은 오직 『설문』의 범주화 인지 체계뿐이다.

---

23) 卷三十七, 5쪽.

부록 1:

「심(心)부수」의 참여 사유

송나라 때의 대서본 『설문·심(心)부수』에는 총 276자가 수록되어 있는데, 이 중 중복된 글자는 22자, 송나라 때에 추가된 '신부(新附)' 자는 13자이다. 이러한 방대한 '심(心)' 관련 부류의 이미지 인지 구조는 인간의 감정 유형, 정신 상태, 의지 결정, 사회적 태도, 인지 방식 등 매우 풍부한 '인지 영역'과 연결되어 있는데, 일반적으로 지능, 감성, 의지 등의 다양한 측면이 이 안에 포함되어 있다. 중국 역대 대표적인 어휘 저장 데이터의 통계를 보면, 심(心)자가 참여하는 사고의 범위는 점차 확대되며, 빠르게 증가하는 발전 추세를 보이고 있다. 예컨대, 『전례만상명의·심(心)부수』에는 430자가, 『옥편·심(心)부수』에는 575자가 수록되어 있으며(당나라 원본 『옥편』의 잔권 부분도 포함함[1]), 『유편(類篇)·심(心)부수』에는 754개의 항목이 기록되어 있다. 아래에서는 분류 인지의 관점에서 한자의 구조를 분석하고 어떤 영역에서 그리고 어떻게 '사고' 활동에 참여하는지를 관찰하고자 한다.

---

1) 소(愬)는 소(所)와 혁(革)의 반절로 읽힌다. 『주역(周易)』에 "소소종길(愬愬終吉: 두려움이 있지만 근신하고 조심하면 끝내 길할 것이다)"이라는 구절이 있다. 왕필(王弼)은 "두려움이 많은 곳에 처해 있으므로 '소소(愬愬)'라고 한다."라고 설명했다. 『공양전(公羊傳)』에서는 "소이재배(愬而再拜: 두려워서 다시 절을 했다)"라고 하였는데, 하휴(何休)는 "소(愬)는 놀란 모습이다."라고 설명하였다. 『설문(說文)』에서는 "이는 소(訴)자이다"라고 하였다. 고야왕(顧野王)은 "소(訴)는 고하는 것이며, 참소하는 것이다. 또한 소(穌)와 고(故)의 반절로 읽히며, 「언(言)부수」에 속한다. 소(謝)는 소(愬)자로 「심(心)부수」에 속한다."라고 하였다.

001 心 : 人心, 土藏, 在身之中. 象形. 博士說以爲火藏. 凡心之屬皆從心. 息林切.

심(心): ［甲骨文］ ［金文］ ［古陶文］ ［簡牘文］ ［古璽文］ ［石刻古文］), '사람의 심장(人心)을 말하는데, [오행에서] 토(土)에 해당하는 장기이며, 몸의 중심을 이룬다.'[2] 상형이다. 박사(博士)들의 해설에 의하면, [심장은] 화(火)에 속하는 장기가 되어야 한다고 한다. 심(心)부수에 귀속된 글자들은 모두 심(心)이 의미부이다. 독음은 식(息)과 림(林)의 반절이다.

002 息 : 喘也. 從心從自, 自亦聲. 相卽切.

식(息: ［金文］ ［簡牘文］ ［古璽文］), '헐떡거리며 가삐 숨을 쉬다(喘)'라는 뜻이다. 심(心)이 의미부이고 자(自)도 의미부인데, 자(自)는 소리부도 겸한다. 독음은 상(相)과 즉(卽)의 반절이다.

003 情 : 人之陰气有欲者. 從心青聲. 疾盈切.

정(情), '사람의 욕망으로, 음에 속하는 기운이다(人之陰气有欲者).'[3]

---

2) [역주] 허신 당시의 한나라에서는 오장(五臟)을 오행(五行)과 연결시키는 것이 유행했다. 한나라 당시의 학문은 금문학파와 고문학파로 나뉘었는데, 그에 따라 배합 결과도 달랐다. 당시의 금문학파는 심(心)을 화(火)에, 간(肝)을 목(木)에, 비(脾)를 토(土)에, 폐(肺)를 금(金)에, 신(腎)을 수(水)에 배합시켰으나, 허신이 속한 고문학파에서는 심(心)을 토(土)에, 간(肝)을 금(金)에, 비(脾)를 목(木)에, 폐(肺)를 화(火)에, 신(腎)을 수(水)에 배합시켜 차이를 보인다.

3) [역주] 『단주』에서는 이렇게 주석을 달았다. "동중서(董仲舒)는 '정(情)이라는 것은 사람의 욕망(人之欲)이다. 사람의 욕망을 정이라 하는 것은 제도로 절제되는 것이 아니기 때문이다.'라고 했다. 『예기(禮記)』에서는 '무엇을 사람의 정이라고 하는가? 희(喜), 노(怒), 애(哀), 구(懼), 애(愛), 오(惡), 욕(欲)이 그것이다. 이 일곱 가지는 배우지 않고서도 할 수 있는 것이다.'라고 했다. 『좌전(左傳)』에서는 '백성들이 가진 호(好), 오(惡), 희(喜), 노(怒), 애(哀), 락(樂)의 감정은 육기(六氣)에서 생겨난다.'라고 했다. 『효경원신계(孝經援神契)』에서는 '성(性)은 양(陽)에서 생겨나 이치로서 갈무리하고, 정(情)은 음(陰)에서 생겨나 사념

심(心)이 의미부이고 청(靑)이 소리부이다. 독음은 질(疾)과 영(盈)의 반절이다.

004 悾 : 人之陽气性善者也. 從心生聲. 息正切.

성(性), '사람의 선량한 본성으로, 양에 속하는 기운이다(人之陽气性善者也).' 심(心)이 의미부이고 생(生)이 소리부이다. 독음은 식(息)과 정(正)의 반절이다.

005 志 : 意也. 從心之聲. 職吏切.

지(志), '뜻(意)'을 말한다. 심(心)이 의미부이고 지(之)가 소리부이다. 독음은 직(職)과 리(吏)의 반절이다.

006 意 : 志也. 從心察言而知意也. 從心從音. 於記切.

의(意), '뜻(志)'을 말한다. 마음(心)으로 다른 사람의 말을 살피면 그 뜻을 알 수 있다는 의미이다. 심(心)이 의미부이고 음(音)도 의미부이다. 독음은 어(於)와 기(記)의 반절이다.

007 恉 : 意也. 從心旨聲. 職雉切.

지(恉), '뜻(意)'을 말한다. 심(心)이 의미부이고 지(旨)가 소리부이다. 독음은 직(職)과 치(雉)의 반절이다.

008 悳 : 外得於人, 內得於己也. 從直從心. 悳, 古文. 多則切.

덕(悳), '밖으로는 다른 사람에게서 얻어지고, 안으로는 자신에게서 얻어 지는 것(外得於人, 內得於己)이 덕이다.' 직(直)이 의미부이고 심(心)도 의미부이다. 덕(悳)은 고문체이다. 독음은 다(多)와 칙(則)의 반절이다.

009 應 : 當也. 從心雍聲. 於陵切.

응(應), '마땅하다, 당연하다(當)'라는 뜻이다. 심(心)이 의미부이고 응(雍)이 소리부이다. 독음은 어(於)와 릉(陵)의 반절이다.

010 愼 : 謹也. 從心眞聲. 眘, 古文. 時刃切.

신(愼: 杏金文 愼 愼簡牘文), '삼가다(謹)'라는 뜻이다. 심(心)이

을 붙들어 맨다.'라고 하였다."

의미부이고 진(眞)이 소리부이다. 신(䚱)은 고문체이다. 독음은
시(時)와 인(刃)의 반절이다.

011 ᙱ ： 敬也. 從心中聲. 陟弓切.

충(忠: 金文 古陶文 簡牘文 古璽文), '공경하
다(敬)'라는 뜻이다. 심(心)이 의미부이고 중(中)이 소리부이다. 독
음은 척(陟)과 궁(弓)의 반절이다.

012 ᙱ ： 謹也. 從心殻聲. 苦角切.

각(慤), '삼가다(謹)'라는 뜻이다. 심(心)이 의미부이고 각(殻)이 소
리부이다. 독음은 고(苦)와 각(角)의 반절이다.

013 ᙱ ： 美也. 從心須聲. 莫角切.

막(頿), '아름답다(美)'라는 뜻이다. 심(心)이 의미부이고 모(須)가
소리부이다. 독음은 막(莫)과 각(角)의 반절이다.

014 ᙱ ： 喜也. 從心夬聲. 苦夬切.

쾌(快: 簡牘文), '기뻐하다(喜)'라는 뜻이다. 심(心)이 의미부이
고 쾌(夬)가 소리부이다. 독음은 고(苦)와 쾌(夬)의 반절이다.

015 ᙱ ： 樂也. 從心豈聲. 苦亥切.

개(愷), '즐겁다(樂)'라는 뜻이다. 심(心)이 의미부이고 기(豈)가 소리
부이다. 독음은 고(苦)와 해(亥)의 반절이다.

016 ᙱ ： 快心. 從心医聲. 苦叶切.

협(愜), '즐거운 마음(快心)'을 말한다. 심(心)이 의미부이고 협(医)이
소리부이다. 독음은 고(苦)와 협(叶)의 반절이다.

017 ᙱ ： 常思也. 從心今聲. 奴店切.

념(念: 金文 簡牘文 石刻古文), '항상 생각
하다(常思)'라는 뜻이다. 심(心)이 의미부이고 금(今)이 소리부이
다. 독음은 노(奴)와 점(店)의 반절이다.

018 ᙱ ： 思也. 從心付聲. 甫無切.

부(炷), ‘생각하다(思)’라는 뜻이다. 심(心)이 의미부이고 부(付)가 소
리부이다. 독음은 보(甫)와 무(無)의 반절이다.

019 憲: 敏也. 從心從目, 害省聲. 許建切.

헌(憲: **金文** **甲骨文**), ‘민첩하다(敏)’라는 뜻이다. 심(心)
이 의미부이고 목(目)도 의미부이며, 해(害)의 생략된 부분이 소
리부이다. 독음은 허(許)와 건(建)의 반절이다.

020 憕: 平也. 從心登聲. 直陵切.

징(憕), ‘마음이 편안하다(平)’라는 뜻이다. 심(心)이 의미부이고 등
(登)이 소리부이다. 독음은 직(直)과 릉(陵)의 반절이다.

021 戁: 敬也. 從心難聲. 女版切.

난(戁), ‘공경하다(敬)’라는 뜻이다. 심(心)이 의미부이고 난(難)이 소
리부이다. 독음은 녀(女)와 판(版)의 반절이다.

022 忻: 闓也. 從心斤聲.『司馬法』曰: “善者, 忻民之善, 閉民之惡.” 許斤切.

흔(忻), ‘열다(闓)’라는 뜻이다. 심(心)이 의미부이고 근(斤)이 소리부
이다.『사마법(司馬法)』에 의하면, “가장 훌륭한 통치는 백성들의
선함을 열어 주고, 백성들의 악함을 틀어막는 것이다(善者, 忻民
之善, 閉民之惡)”라고 했다. 독음은 허(許)와 근(斤)의 반절이다.

023 憧: 遲也. 從心重聲. 直隴切.

종(憧), ‘더디다(遲)’라는 뜻이다. 심(心)이 의미부이고 중(重)이 소
리부이다. 독음은 직(直)과 롱(隴)의 반절이다.

024 惲: 重厚也. 從心軍聲. 於粉切.

운(惲), ‘중후하다(重厚)’라는 뜻이다. 심(心)이 의미부이고 군(軍)이
소리부이다. 독음은 어(於)와 분(粉)의 반절이다.

025 惇: 厚也. 從心𦎫聲. 都昆切.

돈(惇), ‘두텁다, 도탑다(厚)’라는 뜻이다. 심(心)이 의미부이고 순
(𦎫)이 소리부이다. 독음은 도(都)와 곤(昆)의 반절이다.

026 忼: 慨也. 從心亢聲. 一曰『易』 “忼龍有悔”. 苦浪切.

강(忼), '개탄하다(慨)'라는 뜻이다. 심(心)이 의미부이고 항(亢)이 소리부이다. 일설에는 『역·건괘(乾卦)』의 "최고 높은 위치에 놓인 용은 후회하리라(忼龍有悔)"에서처럼 '높다'라는 뜻이 있다고도 한다. 독음은 고(苦)와 랑(浪)의 반절이다.

027 憭：忼慨, 壯士不得志也. 從心旣聲. 古漑切.

개(慨), '강개함(忼慨)'을 말하는데, '장부가 뜻을 얻지 못하다(壯士不得志)'라는 뜻이다. 심(心)이 의미부이고 기(旣)가 소리부이다. 독음은 고(古)와 개(漑)의 반절이다.

028 悃：悃也. 從心困聲. 苦本切.

곤(悃), '성심을 다하다(悃)'라는 뜻이다. 심(心)이 의미부이고 곤(困)이 소리부이다. 독음은 고(苦)와 본(本)의 반절이다.

029 愊：誠志也. 從心畐聲. 芳逼切.

픽(愊), '성심(誠志)'을 말한다. 심(心)이 의미부이고 픽(畐)이 소리부이다. 독음은 방(芳)과 픽(逼)의 반절이다.

030 愿：謹也. 從心原聲. 魚怨切.

원(愿: 🔲石刻古文), '삼가다(謹)'라는 뜻이다. 심(心)이 의미부이고 원(原)이 소리부이다. 독음은 어(魚)와 원(怨)의 반절이다.

031 慧：儇也. 從心彗聲. 胡桂切.

혜(慧: 🔲🔲簡牘文), '슬기롭다(儇)'라는 뜻이다. 심(心)이 의미부이고 혜(彗)가 소리부이다. 독음은 호(胡)와 계(桂)의 반절이다.

032 憭：慧也. 從心尞聲. 力小切.

료(憭), '지혜(慧)'를 말한다. 심(心)이 의미부이고 료(尞)가 소리부이다. 독음은 력(力)과 소(小)의 반절이다.

033 恔：憭也. 從心交聲. 下交切.

교(恔), '총명하다(憭)'라는 뜻이다. 심(心)이 의미부이고 교(交)가 소리부이다. 독음은 하(下)와 교(交)의 반절이다.

034 恚：靜也. 從心疾聲. 於計切.

예(懿), '고요하다(靜)'라는 뜻이다. 심(心)이 의미부이고 협(夾)이 소리부이다. 독음은 어(於)와 계(計)의 반절이다.

035 懇 : 敬也. 從心折聲. 陟列切.

철(悊), '공경하다(敬)'라는 뜻이다. 심(心)이 의미부이고 절(折)이 소리부이다. 독음은 척(陟)과 렬(列)의 반절이다.

036 悰 : 樂也. 從心宗聲. 藏宗切.

종(悰), '즐거워하다(樂)'라는 뜻이다. 심(心)이 의미부이고 종(宗)이 소리부이다. 독음은 장(藏)과 종(宗)의 반절이다.

037 恬 : 安也. 從心, 甛省聲. 徒兼切.

념(恬), '편안하다(安)'라는 뜻이다. 심(心)이 의미부이고, 첨(甛)의 생략된 부분이 소리부이다. 독음은 도(徒)와 겸(兼)의 반절이다.

038 恢 : 大也. 從心灰聲. 苦回切.

회(恢: 簡牘文), '마음이 넓다(大)'라는 뜻이다. 심(心)이 의미부이고 회(灰)가 소리부이다. 독음은 고(苦)와 회(回)의 반절이다.

039 恭 : 肅也. 從心共聲. 俱容切.

공(恭: 金文 帛書 石刻古文), '엄숙하다(肅)'라는 뜻이다. 심(心)이 의미부이고 공(共)이 소리부이다. 독음은 구(俱)와 용(容)의 반절이다.

040 憼 : 敬也. 從心從敬, 敬亦聲. 居影切.

경(憼), '공경하다(敬)'라는 뜻이다. 심(心)이 의미부이고 경(敬)도 의미부인데, 경(敬)은 소리부도 겸한다. 독음은 거(居)와 영(影)의 반절이다.

041 恕 : 仁也. 從心如聲. 忞, 古文省. 商署切.

서(恕), '인자하다(仁)'라는 뜻이다. 심(心)이 의미부이고 여(如)가 소리부이다. 서(忞)는 고문체인데, 생략된 모습이다. 독음은 상(商)과 서(署)의 반절이다.

042 怡 : 和也. 從心台聲. 與之切.

이(怡), '조화롭다(和)'라는 뜻이다. 심(心)이 의미부이고 이(台)가 소리부이다. 독음은 여(與)와 지(之)의 반절이다.

043 ﷽ : 愛也. 從心茲聲. 疾之切.

자(慈: ﷽金文), '사랑하다(愛)'라는 뜻이다. 심(心)이 의미부이고 자(茲)가 소리부이다. 독음은 질(疾)과 지(之)의 반절이다.

044 ﷽ : 愛也. 從心氏聲. 巨支切.

지(恘), '사랑하다(愛)'라는 뜻이다. 심(心)이 의미부이고 씨(氏)가 소리부이다. 독음은 거(巨)와 지(支)의 반절이다.

045 ﷽ : 恀慔, 不憂事也. 從心虒聲. 讀若移. 移爾切.

이(慔), '지이(恀慔)'를 말하는데, '일에 대해 걱정하지 않다(不憂事)'라는 뜻이다. 심(心)이 의미부이고 사(虒)가 소리부이다. 이(移)와 같이 읽는다. 독음은 이(移)와 이(爾)의 반절이다.

046 ﷽ : 謹也. 從心全聲. 此緣切.

전(悛), '삼가다(謹)'라는 뜻이다. 심(心)이 의미부이고 전(全)이 소리부이다. 독음은 차(此)와 연(緣)의 반절이다.

047 ﷽ : 惠也. 從心因聲. 烏痕切.

은(恩), '은혜롭다(惠)'라는 뜻이다. 심(心)이 의미부이고 인(因)이 소리부이다. 독음은 오(烏)와 흔(痕)의 반절이다.

048 ﷽ : 高也. 一曰極也. 一曰困劣也. 從心帶聲. 特計切.

제(懘), '높다(高)'라는 뜻이다. 일설에는 '한계에 이르다(極)'라는 뜻이라고도 한다. 일설에는 '고달프다(困劣)'라는 뜻이라고도 한다. 심(心)이 의미부이고 대(帶)가 소리부이다. 독음은 특(特)과 계(計)의 반절이다.

049 ﷽ : 問也. 謹敬也. 從心猷聲. 一曰說也. 一曰甘也.『春秋傳』曰: "昊天不憖." 又曰: "兩君之士皆未憖." 魚覲切.

은(憖), '묻다(問)'라는 뜻이다.[4] '삼가 공경하다(謹敬)'라는 뜻이다.

---

4) [역주]『단주』에서 '問也'는 '긍(肯)'이 되어야 한다면서 이렇게 말했다. "각 판본

심(心)이 의미부이고 은(粦)이 소리부이다. 일설에는 '기뻐하다 (說)'라는 뜻이라고도 한다. 또 일설에는 '달다(甘)'라는 뜻이라고 도 한다. 『춘추전』(『좌전』 문공 13년, B.C. 614)에서 "높고 높은 하 늘은 따지지 않는다(旻天不憖)"라고 했다. 또 "두 나라의 장사들 이 모두 원하지 않았다(兩君之士皆未憖)"라고 했다. 독음은 어(魚) 와 근(觀)의 반절이다.

050 **廞** : 闊也. 一曰廣也, 大也. 一曰寬也. 從心從廣, 廣亦聲. 苦謗切.

광(廞), '넓게 트이다(闊)'라는 뜻이다. 일설에는 '넓다(廣), 크다(大)' 라는 뜻이라고도 한다. 일설에는 '관대하다(寬)'라는 뜻이라고도 한다. 심(心)이 의미부이고 광(廣)도 의미부인데, 광(廣)은 소리부 도 겸한다. 독음은 고(苦)와 방(謗)의 반절이다.

051 **悈** : 飾也. 從心戒聲. 『司馬法』曰: "有虞氏悈於中國." 古拜切.

계(悈), '삼가 경계하다(飾)'라는 뜻이다. 심(心)이 의미부이고 계(戒) 가 소리부이다. 『사마법(司馬法)』에서 "유우씨는 나라의 한가운 데서 삼가 경계하였다(有虞氏悈於中國)"라고 했다. 독음은 고(古) 와 배(拜)의 반절이다.

052 **慇** : 謹也. 從心�聲. 於斳切.

은(慇), '삼가다(謹)'라는 뜻이다. 심(心)이 의미부이고 은(�)이 소 리부이다. 독음은 어(於)와 근(斳)의 반절이다.

053 **慶** : 行賀人也. 從心從夂. 吉禮以鹿皮爲贄, 故從鹿省. 丘竟切.

경(慶): **圖형** 金文 **圖형** 古陶文 **圖형** 簡牘文 **圖형** 古璽文), '가서 다른 사람을 축하해 주다(行賀人)'라는 뜻이 다. 심(心)이 의미부이고 치(夂)도 의미부이다. 길례(吉禮) 때에는 사슴 가죽(鹿皮)을 폐백(贄)으로 삼는다. 그래서 록(鹿)의 생략된 부분이 의미부가 되었다. 독음은 구(丘)와 경(竟)의 반절이다.

에서는 '間也'라고 했는데, 『옥편(玉篇)』에서는 '閒也'로 되었으며, 『좌전음의(左 傳音義)』에서 인용한 『자림(字林)』에서도 '閒也'로 되었다. 간(閒)은 긍(肯)의 오 류이고, 문(問)은 간(閒)의 오류이다." 그렇게 되면 '마음에 맞다'로 해석된다.

054 懁： 寬嫺心腹皃. 從心宣聲.『詩』曰: "赫兮愃兮." 況晚切.

선(愃), '마음이 너그럽고 우아한 모양(寬嫺心腹皃)'을 말한다. 심(心)이 의미부이고 선(宣)이 소리부이다.『시·위풍·기욱(淇奧)』에서 "혁혜훤혜(赫兮愃兮: 훤하고 의젓하시니)"라고 노래했다. 독음은 황(況)과 만(晚)의 반절이다.

055 愻： 順也. 從心孫聲.『唐書』曰: "五品不愻." 蘇困切.

손(愻), '순종하다(順)'라는 뜻이다. 심(心)이 의미부이고 손(孫)이 소리부이다.『서·당서(唐書)·요전(堯典)』에서 "다섯 가지 윤리를 따르지 않고 있소(五品不愻)"라고 했다.5) 독음은 소(蘇)와 곤(困)의 반절이다.

056 㥶： 實也. 從心, 塞省聲.『虞書』曰: "剛而㥶." 先則切.

색(㥶), '충실하다(實)'라는 뜻이다. 심(心)이 의미부이고, 색(塞)의 생략된 부분이 소리부이다.『서·우서(虞書)·고요모(皐陶謨)』에서 "강직하고도 충실하도다(剛而㥶)"라고 했다. 독음은 선(先)과 칙(則)의 반절이다.

057 恂： 信心也. 從心旬聲. 相倫切.

순(恂), '믿음이 있는 마음(信心)'을 말한다. 심(心)이 의미부이고 순(旬)이 소리부이다. 독음은 상(相)과 륜(倫)의 반절이다.

058 忱： 誠也. 從心冘聲.『詩』曰: "天命匪忱." 氏任切.

침(忱), '정성(誠)'을 말한다. 심(心)이 의미부이고 유(冘)가 소리부이다.『시·대아·탕(蕩)』에서 "[하늘이 백성들을 낳으셨으나] 하늘의 명은 믿고 있을 수만 있는 것은 아니라네.(天命匪忱)"라고 노래했다.6) 독음은 씨(氏)와 임(任)의 반절이다.

---

5) [역주] 오품(五品)은 보통 부자(父子), 군신(君臣), 부부(夫婦), 장유(長幼), 붕우(朋友) 등 다섯 가지 부류 간의 윤리적 관계를 말한다. 오륜(五倫)이나 오상(五常)이나 오교(五敎) 등과 같은 개념이다.

6) [역주]『단주』에서 침(忱)에 대해 이렇게 말했다. "『시(詩)』에서 '천병비침(天命匪忱: 하늘의 명은 믿고 있을 수만 있는 것은 아니라네.)'이라 했고,「대아·탕(蕩)」에서 '천생증민(天生烝民: 하늘이 백성들을 낳으셨으나), 기명비심(其命匪諶: 하늘의 명은 믿고 있을 수만은 없는 것이네.)'이라 했는데,『모전』에서 심(諶)은 성

059 惟 : 凡思也. 從心隹聲. 以追切.

유(惟), '생각하다(凡思)'라는 뜻이다.7) 심(心)이 의미부이고 추(隹)가 소리부이다. 독음은 이(以)와 추(追)의 반절이다.

060 懷 : 念思也. 從心襄聲. 戶乖切.

회(懷), '생각하다(念思)'라는 뜻이다. 심(心)이 의미부이고 회(襄)가 소리부이다. 독음은 호(戶)와 괴(乖)의 반절이다.

061 惀 : 欲知之皃. 從心侖聲. 盧昆切.

론(惀), '[어떤 것을] 알고자 하는 모양(欲知之皃)'을 말한다. 심(心)이 의미부이고 륜(侖)이 소리부이다. 독음은 로(盧)와 곤(昆)의 반절이다.

062 想 : 冀思也. 從心相聲. 息兩切.

상(想), '기대하면서 생각하다(冀思)'라는 뜻이다. 심(心)이 의미부이고 상(相)이 소리부이다. 독음은 식(息)과 량(兩)의 반절이다.

063 愻 : 深也. 從心㒸聲. 徐醉切.

수(愻), '깊이 생각하다(深)'라는 뜻이다. 심(心)이 의미부이고 수(㒸)가 소리부이다. 독음은 서(徐)와 취(醉)의 반절이다.

064 慉 : 起也. 從心畜聲. 『詩』曰: "能不我慉." 許六切.

휵(慉), '일으켜주다(起)'라는 뜻이다. 심(心)이 의미부이고 축(畜)이 소리부이다.『시·패풍·곡풍(谷風)』에서 "그런데도 나를 좋아하지 않고(能不我慉)"라고 노래했다.8) 독음은 허(許)와 륙(六)의 반절이다.

(誠)과 같다고 했다. 허신은 심(諶)을 침(忱)으로 적었으니 이 둘이 호용(互用)된 증거이다."

7) [역주] 범(凡)은 대강을 나타내는 말로, 범칭을 나타내므로, 굳이 해석하지 않아도 된다.

8) [역주] 금본에서는 '능불아휵(能不我慉)'이 '불아능휵(不我能慉)'으로 되었다.『단주』에서 이렇게 말했다. "『시·빈풍(邠風)·곡풍(谷風)』의『전(傳)』에서 휵(慉)은 일으키다(興)는 뜻이라고 했는데, 기(起)와 흥(興)의 뜻이 같다. 금본(今本)의『전』에서 양육하다(養)는 뜻이라고 했는데 이는 잘못된 것이다.『소아(小雅)·료아(蓼莪)』의『전(箋)』에서 축(畜)은 일으키다(起)는 뜻이라고 했다. 이는 '나를 어루만져주고 나를 일으켜주네(拊我畜我)'라고 했을 때의 축(畜)이며, 바로 휵(慉)의

065 薏 ： 滿也. 從心䇍聲. 一曰十萬曰薏. 㥁, 籀文省. 於力切.

억(薏), '가득하다(滿)'라는 뜻이다. 심(心)이 의미부이고 억(䇍)이 소리부이다. 일설에는 '10만을 1억이라 한다(十萬曰薏)'고도 한다. 억(㥁)은 주문체인데, 생략된 모습이다. 독음은 어(於)와 력(力)의 반절이다.

066 悹 ： 憂也. 從心官聲. 古玩切.

관(悹), '근심하다(憂)'라는 뜻이다. 심(心)이 의미부이고 관(官)이 소리부이다. 독음은 고(古)와 완(玩)의 반절이다.

067 憀 ： 憀然也. 從心翏聲. 洛蕭切.

료(憀), '마음이 쓸쓸하다(憀然)'라는 뜻이다. 심(心)이 의미부이고 료(翏)가 소리부이다. 독음은 락(洛)과 소(蕭)의 반절이다.

068 愙 ： 敬也. 從心客聲. 『春秋傳』曰: "以陳備三愙." 苦各切.

각(愙), '공경하다(敬)'라는 뜻이다. 심(心)이 의미부이고 객(客)이 소리부이다. 『춘추전』(『좌전』 양공 25년, B.C. 548)에서 "[순임금이 후손인 우알보(虞閼父)를] 진나라 제후로 책봉함으로써 세 후손들이 모두 제후로 봉해졌습니다.(以陳備三愙.)"라고 했다.9) 독음은 고(苦)와 각(各)의 반절이다.

069 愯 ： 懼也. 從心, 雙省聲. 『春秋傳』曰: "駟氏愯." 息拱切.

송(愯), '두려워하다(懼)'라는 뜻이다. 심(心)이 의미부이고, 쌍(雙)의 생략된 부분이 소리부이다. 『춘추전』(『좌전』 소공 19년, B.C. 523)에서 "사씨(駟氏) 집안사람들이 두려워했다(愯)"라고 했다. 독음

가차자이다."

9) [역주] 삼각(三愙)은 삼각(三恪)으로도 쓰는데, 『단주』에서는 이렇게 말했다. "이는 옛날 『춘추좌씨전(春秋左氏)』의 설로, 주(周)나라에서 하(夏)나라와 은(殷)나라의 왕족 후손을 상공(上公)으로 삼았는데, 황제(黃帝)와 요(堯)와 순(舜)의 후손을 삼각(三恪)이라 한다." 그러나 두예의 주석에서는 우(虞), 하(夏), 주(周)의 후손을 말한다고 했다. 곧 주(周)나라 무왕(武王)이 우(虞)나라 후손을 진(陳)나라에, 하(夏)나라 후손을 기(杞)나라에, 은(殷)나라 후손을 송(宋)나라에 봉하여 그들 조상의 제사를 잇게 하였다고 하는데, 이는 제왕(帝王)이 선왕(先王)을 공경하는 일의 상징으로 쓰인다.

은 식(息)과 공(拱)의 반절이다.

070 : 恐也. 從心瞿聲. , 古文. 其遇切.

　구(懼: 金文 簡牘文), '두려워하다(恐)'라는 뜻이다. 심(心)이
　의미부이고 구(瞿)가 소리부이다. 구()는 고문체이다. 독음은
　기(其)와 우(遇)의 반절이다.

071 : 恃也. 從心古聲. 侯古切.

　호(怙), '믿다(恃)'라는 뜻이다. 심(心)이 의미부이고 고(古)가 소리부
　이다. 독음은 후(侯)와 고(古)의 반절이다.

072 : 賴也. 從心寺聲. 時止切.

　시(恃), '의지하다(賴)'라는 뜻이다. 심(心)이 의미부이고 사(寺)가 소
　리부이다. 독음은 시(時)와 지(止)의 반절이다.

073 : 慮也. 從心曹聲. 藏宗切.

　종(慒), '생각하다(慮)'라는 뜻이다. 심(心)이 의미부이고 조(曹)가 소
　리부이다. 독음은 장(藏)과 종(宗)의 반절이다.

074 : 覺也. 從心吾聲. , 古文悟. 五故切.

　오(悟), '깨닫다(覺)'라는 뜻이다. 심(心)이 의미부이고 오(吾)가 소리
　부이다. 오()는 오(悟)의 고문체이다. 독음은 오(五)와 고(故)의
　반절이다.

075 : 愛也. 韓鄭曰憮. 一曰不動. 從心無聲. 文甫切.

　무(憮), '사랑하다(愛)'라는 뜻이다. 한(韓)과 정(鄭) 지역에서는 이를
　무(憮)라 한다.10) 일설에는 '움직이지 않다(不動)'라는 뜻이라고도
　한다. 심(心)이 의미부이고 무(無)가 소리부이다. 독음은 문(文)과
　보(甫)의 반절이다.

---

10) [역주]『단주』에서 이렇게 말했다. "『방언(方言)』에서 극(亟), 린(憐), 무(憮), 엄(悒)
　은 사랑하다(愛)는 뜻이다. 송(宋), 위(衛), 빈(邠)과 도(陶) 사이에서는 무(憮)라 하
　는데, 혹은 엄(悒)이라 하기도 한다. 또 한(韓)과 정(鄭) 사이 지역에서는 무(憮)라
　한다.『이아·석고(釋詁)』에서는 무(憮)는 어루만지다(撫)는 뜻이라고 했다."

076 㥥 : 惠也. 從心先聲. 恖, 古文. 烏代切.

애(愛: 㤅 㤅 金文 恖恖㤅 簡牘文), '은혜를 베풀다(惠)'라는 뜻이다. 심(心)이 의미부이고 선(先)이 소리부이다. 애(恖)는 고문체이다. 독음은 오(烏)와 대(代)의 반절이다.

077 惰 : 知也. 從心胥聲. 私呂切.

서(惰), '지혜(知)'를 말한다. 심(心)이 의미부이고 서(胥)가 소리부이다. 독음은 사(私)와 려(呂)의 반절이다.

078 慰 : 安也. 從心尉聲. 一曰恚怒也. 於胃切.

위(慰), '마음을 편안하게 해 주다(安)'라는 뜻이다. 심(心)이 의미부이고 위(尉)가 소리부이다. 일설에는 '화를 내다(恚怒)'라는 뜻이라고도 한다. 독음은 어(於)와 위(胃)의 반절이다.

079 㒸 : 謹也. 從心叕聲. 讀若纍. 此芮切.

취(㒸), '삼가다(謹)'라는 뜻이다. 심(心)이 의미부이고 체(叕)가 소리부이다. 취(纍)와 같이 읽는다. 독음은 차(此)와 예(芮)의 반절이다.

080 籌 : 籌箸也. 從心籌聲. 直由切.

주(籌), '주저(籌箸), 즉 주저하다'라는 뜻이다. 심(心)이 의미부이고 주(籌)가 소리부이다. 독음은 직(直)과 유(由)의 반절이다.

081 怞 : 朗也. 『詩』曰: "憂心且怞." 直又切.

주(怞), '밝다(朗)'라는 뜻이다.11) 심(心)이 의미부이고 유(由)가 소리부이다. 『시·소아고종(鼓鐘)』에서 "마음은 시름에 서글퍼지네(憂心且怞)"라고 노래했다.12) 독음은 직(直)과 우(又)의 반절이다.

082 㒱 : 㒱, 撫也. 從心某聲. 讀若侮. 亡甫切.

무(㒱), '무(㒱)는 어루만지다(撫)'라는 뜻이다. 심(心)이 의미부이고 모(某)가 소리부이다. 모(侮)와 같이 읽는다. 독음은 망(亡)과 보

---

11) [역주] 『단주』에서는 '朗也'를 '脈也'로 고치고서는 아마도 '恨也(원망하다)'의 오류일 것이라고 했다.

12) [역주] 금본에서는 주(怞)가 추(妯)로 되었다.

(甫)의 반절이다.

083 㦖 : 彊也. 從心文聲. 『周書』曰: "在受德忞." 讀若旻. 武巾切.

민(忞), '강해지려고 힘쓰다(彊)'라는 뜻이다.[13] 심(心)이 의미부
이고 문(文)이 소리부이다. 『서·주서(周書)』입정(立政)』에서 "아,
수덕[즉 주(紂)왕]이여, 온 힘을 다해 강해지려 하는구나(在受德
忞)"라고 했다.[14] 민(旻)과 같이 읽는다. 독음은 무(武)와 건(巾)
의 반절이다.

084 㦞 : 勉也. 從心莫聲. 莫故切.

모(慔), '힘쓰다(勉)'라는 뜻이다. 심(心)이 의미부이고 막(莫)이 소리
부이다. 독음은 막(莫)과 고(故)의 반절이다.

085 㦗 : 勉也. 從心面聲. 弥殄切.

면(愐), '힘쓰다(勉)'라는 뜻이다. 심(心)이 의미부이고 면(面)이 소리
부이다. 독음은 미(弥)와 진(殄)의 반절이다.

086 㦷 : 習也. 從心曳聲. 余制切.

예(愧), '익히다(習)'라는 뜻이다. 심(心)이 의미부이고 예(曳)가 소
리부이다. 독음은 여(余)와 제(制)의 반절이다.

087 懋 : 勉也. 從心楙聲. 『虞書』曰: "時惟懋哉." 孞, 或省. 莫候切.

무(懋), '힘쓰다(勉)'라는 뜻이다. 심(心)이 의미부이고 무(楙)가 소리
부이다. 『서·우서(虞書)』요전(堯典)』에서 "[이 직무를 맡으면] 시도 때
도 없이 노력해야 할 것이리라(時惟懋哉)"라고 했다. 무(孞)는 혹
체자인데, 생략된 모습이다. 독음은 막(莫)과 후(候)의 반절이다.

088 㦟 : 習也. 從心莫聲. 莫故切.

---

13) [역주] 『단주』에서는 각 판본에 자면(自勉)이라는 두 글자가 빠졌다고 하면서
   '自勉彊也'로 고쳤다. 『운회(韻會)』에 그렇게 되어 있고, 『유편』과 『운회』에서
   도 그렇다고 했다.
14) [역주] 수덕(受德)은 상나라 주왕(紂王) 제신(帝辛)의 자이다. 그는 총명하고 용
   맹했기 때문에 그의 아버지 제을(帝乙)이 특별히 그를 아꼈고 그에게 수덕(受
   德)이라는 자를 지어 주었다고 한다.

『설문해자』 인지분석

모(慕: 𦱡 𦱠 𦱢 金文), '[흠모하여] 따라 배우다(習)'라는 뜻이다. 심(心)이 의미부이고 막(莫)이 소리부이다. 독음은 막(莫)과 고(故)의 반절이다.

089 𢡟 : 止也. 從心夋聲. 此緣切.

전(悛), '[잘못을 뉘우쳐] 그만두다(止)'라는 뜻이다. 심(心)이 의미부이고 준(夋)이 소리부이다. 독음은 차(此)와 연(緣)의 반절이다.

090 㥂 : 肆也. 從心隶聲. 他骨切.

톨(㥂), '방자하다(肆)'라는 뜻이다. 심(心)이 의미부이고 대(隶)가 소리부이다. 독음은 타(他)와 골(骨)의 반절이다.

091 𢝫 : 趣步㦖㦖也. 從心與聲. 余呂切.

여(㦖), '빨리 걷지만 걸음걸이가 점잖다(趣步㦖㦖)'라는 뜻이다. 심(心)이 의미부이고 여(與)가 소리부이다. 독음은 여(余)와 려(呂)의 반절이다.

092 𢙏 : 說也. 從心舀聲. 土刀切.

도(𢙏), '기뻐하다(說)'라는 뜻이다. 심(心)이 의미부이고 요(舀)가 소리부이다. 독음은 토(土)와 도(刀)의 반절이다.

093 𢝺 : 安也. 從心厭聲. 『詩』曰: "懕懕夜飮." 於鹽切.

염(懕), '편안하다(安)'라는 뜻이다. 심(心)이 의미부이고 염(厭)이 소리부이다. 『시·소아·담로(湛露)』에서 "흐뭇한 술자리 밤에 벌어졌으니(懕懕夜飮)"라고 노래했다.15) 독음은 어(於)와 염(鹽)의 반절이다.

094 𢞩 : 安也. 從心詹聲. 徒敢切.

담(憺), '편안하다(安)'라는 뜻이다. 심(心)이 의미부이고 첨(詹)이 소리부이다. 독음은 도(徒)와 감(敢)의 반절이다.

095 帕 : 無爲也. 從心白聲. 匹白切.

박(怕), '억지로 하지 않다(無爲)'라는 뜻이다. 심(心)이 의미부이고 백(白)이 소리부이다. 독음은 필(匹)과 백(白)의 반절이다.

---

15) [역주] 금본에서는 염(懕)이 염(厭)으로 되었다.

096 恤 : 憂也. 收也. 從心血聲. 辛聿切.

휼(恤: 𢛴 簡牘文), '걱정하다(憂)'라는 뜻이다. '거두어들이다(收)'라
는 뜻이다. 심(心)이 의미부이고 혈(血)이 소리부이다. 독음은 신
(辛)과 율(聿)의 반절이다.

097 忓 : 極也. 從心干聲. 古寒切.

간(忓), '극도로 피곤하게 하다(極)'라는 뜻이다.16) 심(心)이 의미부이
고 간(干)이 소리부이다. 독음은 고(古)와 한(寒)의 반절이다.

098 懽 : 喜𢘽也. 從心雚聲. 『爾雅』曰: "懽懽愮愮, 憂無告也." 古玩切.

환(懽), '기뻐하다(喜𢘽)'라는 뜻이다. 심(心)이 의미부이고 관(雚)이
소리부이다. 『이아석훈(釋訓)』에서 "환환(懽懽)과 요요(愮愮)는 걱
정스럽지만 하소연 할 데가 없다(憂無告也)라는 뜻이다"라고 했
다. 독음은 고(古)와 완(玩)의 반절이다.

099 愚 : 懽也. 琅邪朱虛有愚亭. 從心禺聲. 噳俱切.

우(愚), '기뻐하다(懽)'라는 뜻이다. 낭아(琅邪)군 주허(朱虛)현에 우
정(愚亭)이 있다. 심(心)이 의미부이고 우(禺)가 소리부이다. 독음
은 우(噳)와 구(俱)의 반절이다.

100 惄 : 飢餓也. 一曰憂也. 從心叔聲. 『詩』曰: "惄如朝飢." 奴歷切.

녁(惄), '굶주리다(飢餓)'라는 뜻이다. 일설에는 '걱정하다(憂)'라는
뜻이라고도 한다. 심(心)이 의미부이고 숙(叔)이 소리부이다. 『시·
주남여분(汝墳)』에서 "주린 아침의 음식처럼 그리웠네(惄如朝飢)"
라고 노래했다.17) 독음은 노(奴)와 력(歷)의 반절이다.

---

16) [역주] 『단주』에서 이렇게 말했다. "극(極)은 집의 가장 높은 꼭대기(屋之高處)
를 말한다. 간(干)은 범하다(犯)는 뜻이다. 그래서 간(忓)은 아랫사람이 윗사람
을 범하다(以下犯上)는 뜻이다."

17) [역주] 『단주』에서 이렇게 말했다. "『시(詩)』에서 '역여주기(惄如輖飢)'라 했는
데, 주(輖)자를 각 판본에서는 조(朝)로 적었는데 이는 잘못이다. 지금 이인보
(李仁甫)의 판본에 근거해 바로 잡는다. 『모전(毛傳)』에서 주(輖)는 조(朝)와 같
다고 했다. 그렇다면 주(輖)는 조(朝)의 가차자이다. 「주남(周南)·여분(汝墳)」에
나오는 말이다."

『설문해자』인지분석

101 㤻 : 勞也. 從心卻聲. 其虐切.

각(㤻), '피로하다(勞)'라는 뜻이다. 심(心)이 의미부이고 각(卻)이 소리부이다. 독음은 기(其)와 학(虐)의 반절이다.

102 憸 : 憸詖也. 憸利於上, 佞人也. 從心僉聲. 息廉切.

섬(憸), '간사하고 치우치다(憸詖)'라는 뜻이다. 얄팍하고 부정한 방법으로 윗사람에게 알랑거리고 아첨하는 것을 말한다(憸利於上, 佞人也). 심(心)이 의미부이고 첨(僉)이 소리부이다. 독음은 식(息)과 렴(廉)의 반절이다.

103 憩 : 息也. 從心曷聲. 去例切.

게(憩), '쉬다(息)'라는 뜻이다. 심(心)이 의미부이고 갈(曷)이 소리부이다. 독음은 거(去)와 례(例)의 반절이다.

104 𢤓 : 精戇也. 從心毚聲. 千短切.

찬(𢤓), '면밀하지만 외고집스럽다(精戇)'라는 뜻이다.[18] 심(心)이 의미부이고 취(毚)가 소리부이다. 독음은 천(千)과 단(短)의 반절이다.

105 𢔌 : 疾利口也. 從心從冊. 『詩』曰: "相時𢔌民." 息廉切.

섬(𢔌), '입맛에 맞는 말을 교묘히 잘하다(疾利口)'라는 뜻이다. 심(心)이 의미부이고 책(冊)도 의미부이다. 『시』[19]에서 "교묘히 말 잘하는 백성들을 수시로 자세히 살핀다네(相時𢔌民)."라고 노래했다. 독음은 식(息)과 렴(廉)의 반절이다.

106 㤂 : 褊也. 從心及聲. 居立切.

급(急: 㤁 㤂 簡牘文), '편협하다(褊)'라는 뜻이다. 심(心)이 의미부이

---

18) [역주] 『단주』에서는 '精戇也'라고 풀이한 것은 그 근거를 찾지 못한 것이라고 하면서, 『옥편(玉篇)』과 『광운(廣韻)』에 의하면 찬(𢤓)은 깊이 잠들다(寢熟)는 뜻이라고 했다.

19) [역주] 『단주』에서 이렇게 말했다. "이 말은 『시』에 없다. 다만 『상서(尙書)·반경(般庚)』(上)에서 '상시섬민(相時憸民)'이라 했다. 『집운(集韻)』에서 『설문』을 인용하여 「상서(商書)」에서 '상시섬민(相時𢔌民)'이라 하였다 했으니, 어찌 정도(丁度) 등이 본 것이 잘못되었겠는가?"

고 급(及)이 소리부이다. 독음은 거(居)와 립(立)의 반절이다.

107: 憂也. 從心辡聲. 一日急也. 方沔切.

변(辯), '걱정하다(憂)'라는 뜻이다. 심(心)이 의미부이고 변(辡)이 소리부이다. 일설에는 '조급해하다(急)'라는 뜻이라고도 한다. 독음은 방(方)과 면(沔)의 반절이다.

108: 疾也. 從心亟聲. 一日謹重皃. 己力切.

극(極), '빠르다(疾)'라는 뜻이다. 심(心)이 의미부이고 극(亟)이 소리부이다. 일설에는 '삼가고 신중한 모습(謹重皃)'을 말한다고도 한다. 독음은 기(己)와 력(力)의 반절이다.

109: 急也. 從心睘聲. 讀若絹. 古縣切.

환(懁), '성급하다(急)'라는 뜻이다. 심(心)이 의미부이고 경(睘)이 소리부이다. 견(絹)과 같이 읽는다. 독음은 고(古)와 현(縣)의 반절이다.

110: 恨也. 從心巠聲. 胡頂切.

형(悻), '원망하다(恨)'라는 뜻이다. 심(心)이 의미부이고 경(巠)이 소리부이다. 독음은 호(胡)와 정(頂)의 반절이다.

111: 急也. 從心從弦, 弦亦聲. 河南密縣有慈亭. 胡田切.

현(慈), '성급하다(急)'라는 뜻이다. 심(心)이 의미부이고 현(弦)도 의미부인데, 현(弦)은 소리부도 겸한다. 하남(河南)군 밀현(密縣)에 현정(慈亭)이 있다. 독음은 호(胡)와 전(田)의 반절이다.

112: 疾也. 從心票聲. 敷沼切.

표(慓), '빠르다(疾)'라는 뜻이다. 심(心)이 의미부이고 표(票)가 소리부이다. 독음은 부(敷)와 소(沼)의 반절이다.

113: 駑弱者也. 從心需聲. 人朱切.

나(懦), '나약한 사람(駑弱者)'을 말한다.[20] 심(心)이 의미부이고 수(需)가 소리부이다. 독음은 인(人)과 주(朱)의 반절이다.

---

20) [역주] 『단주』에서는 '노약자(駑弱者)'의 '자(者)'자는 삭제되어야 한다고 했다. 그리고 노(駑)는 노(奴)가 되어야 하는데, 『설문』에는 노마(奴馬)라고는 했지만 노(駑)자는 실려 있지 않다고 했다.

114 恁 : 下齎也. 從心任聲. 如甚切.

임(恁), '의기소침하다(下齎)'라는 뜻이다.21) 심(心)이 의미부이고 임
(任)이 소리부이다. 독음은 여(如)와 심(甚)의 반절이다.

115 忒 : 失常也. 從心代聲. 他得切.

특(忒), '정상적이지 않다(失常)'라는 뜻이다. 심(心)이 의미부이고
대(代)가 소리부이다. 독음은 타(他)와 득(得)의 반절이다.

116 怚 : 驕也. 從心且聲. 子去切.

저(怚), '교만하다(驕)'라는 뜻이다. 심(心)이 의미부이고 차(且)가 소
리부이다. 독음은 자(子)와 거(去)의 반절이다.

117 悒 : 不安也. 從心邑聲. 於汲切.

읍(悒), '불안하다(不安)'라는 뜻이다. 심(心)이 의미부이고 읍(邑)이
소리부이다. 독음은 어(於)와 급(汲)의 반절이다.

118 念 : 忘也. 嘾也. 從心余聲. 『周書』曰: "有疾不念." 念, 喜也. 羊茹切.

여(念), '잊어버리다(忘)'라는 뜻이다.22) '가득 삼키다(嘾)'라는 뜻이
다.23) 심(心)이 의미부이고 여(余)가 소리부이다. 『서·주서(周書)·
금등(金縢)』에서 "[무왕께서] 병이 있으니 잊지 말라(有疾不念)"라
고 했다. 여(念)는 기뻐하다(喜)라는 뜻이다. 독음은 양(羊)과 여
(茹)의 반절이다.

---

21) [역주] 『단주』에서 '하재야(下齎也)'는 들어보지 못한 말이라고 했다.
22) [역주] 『단주』에서 '忘也'에 대해 "이러한 의미가 있다는 것은 들어보지 못했
다. 아마도 잘못된 글자일 것이다."라고 했다.
23) [역주] 『단주』에서 이렇게 말했다. "담(嘾)은 깊이 머금다(含深)라는 뜻인데, 깊
이 머금다(含深)는 것은 욕심이 심하다(欲之甚)는 뜻이다. 『회남자·수무훈(修務
訓)』에 대한 고유의 주석에서 담서(憛悇)는 탐욕을 말한다(貪欲也)고 했다. 가
의(賈誼)의 『신서(新書)·권학편(勸學篇)』에서 서담(悇憛)이라 했고, 「흉노편(匈
奴篇)」에서도 서담(悇憛)이라 했다. 내 생각은 이렇다. 담(嘾)과 서(憛), 서(念)
와 서(悇)는 모두 고금자에 해당한다. 그래서 서담(悇憛)은 담서(憛悇)와 같다.
『광아(廣雅)』에서의 말처럼 서담(悇憛)이 걱정을 품다(懷憂)는 뜻이라면 이는
파생 의미일 것이다. 즉 없는 것을 구하려 하고 그런 것을 잃으려 하지 않음
을 말한다."

119 㤿 : 更也. 從心弋聲. 他得切.

특(㤿), '바꾸다(更)'라는 뜻이다. 심(心)이 의미부이고 익(弋)이 소리부이다. 독음은 타(他)와 득(得)의 반절이다.

120 憪 : 愉也. 從心閒聲. 戶閒切.

한(憪), '마음이 즐겁다(愉)'라는 뜻이다. 심(心)이 의미부이고 한(閒)이 소리부이다. 독음은 호(戶)와 한(閒)의 반절이다.

121 愉 : 薄也. 從心兪聲. 『論語』曰: "私覿, 愉愉如也." 羊朱切.

유(愉), '즐거워하다(薄)'라는 뜻이다.24) 심(心)이 의미부이고 유(兪)가 소리부이다. 『논어·향당(鄉黨)』에서 "사적으로 만나보았더니 그의 안색이 즐겁더구나(私覿, 愉愉如也)"라고 했다. 독음은 양(羊)과 주(朱)의 반절이다.

122 懱 : 輕易也. 從心蔑聲. 『商書』曰: "以相陵懱." 莫結切.

멸(懱), '가벼이 여기다(輕易)'라는 뜻이다. 심(心)이 의미부이고 멸(蔑)이 소리부이다. 『상서(商書)』에서 "서로 능멸하는구나(以相陵懱)"라고 했다.25) 독음은 막(莫)과 결(結)의 반절이다.

123 愚 : 戇也. 從心從禺. 禺, 猴屬, 獸之愚者. 麌俱切.

우(愚: 金文), '어리석다(戇)'라는 뜻이다. 심(心)이 의미부이고 우(禺)도 의미부이다. 우(禺)는 '원숭이의 일종인데 짐승 중에서 가장 우둔한 짐승이다(猴屬, 獸之愚者).' 독음은 우(麌)와 구(俱)의 반절이다.

---

24) [역주] 『단주』에서는 '薄也'는 전사과정에서 '樂'자가 빠진 것으로 '薄樂也'가 되어야 하며, 천박한 즐거움(淺薄之樂)을 뜻한다고 했다. 단옥재는 또 "박(薄)의 본래 뜻은 임박(林薄), 잠박(蠶薄)인데 이후 천박(淺泊)의 의미로 가차되었다. 『시·당풍(唐風)』에서 '타인시유(他人是愉: 딴사람 좋은 일만 되리라)'라고 했는데, 『전(傳)』에서 유(愉)는 즐겁다(樂)는 뜻이라고 했다. 『예기』에서도 '有和氣者, 必有愉色.(온화한 기운이 있는 자는 반드시 즐거운 빛이 있다.)'이라 했는데, 이런 것들이 유(愉)의 본래 의미일 것이다."라고 했다.

25) [역주] 『단주』에서 『상서(商書)』에서 '以相陵懱'이라고 했는데, 지금의 『상서』에는 이 말이 없다고 했고, 릉(陵)자는 윗자리에 있으면서 아랫사람을 능멸하지 않는다(在上位不陵下)는 뜻의 릉(陵)자로 읽어야 한다고 했다.

124 贛 : 愚也. 從心贛聲. 陟絳切.

당(戇), '어리석다(愚)'라는 뜻이다. 심(心)이 의미부이고 당(贛)이
소리부이다. 독음은 척(陟)과 강(絳)의 반절이다.

125 㑌 : 姦也. 從心采聲. 倉宰切.

채(㥨), '간사하다(姦)'라는 뜻이다. 심(心)이 의미부이고 채(采)가 소
리부이다. 독음은 창(倉)과 재(宰)의 반절이다.

126 惷 : 愚也. 從心春聲. 丑江切.

창(惷), '어리석다(愚)'라는 뜻이다. 심(心)이 의미부이고 용(春)이 소
리부이다. 독음은 축(丑)과 강(江)의 반절이다.

127 㒤 : 騃也. 從心從疑, 疑亦聲. 一曰惶也. 五漑切.

애(㒤), '어리석다(騃)'라는 뜻이다. 심(心)이 의미부이고 의(疑)도 의
미부인데, 의(疑)는 소리부도 겸한다. 일설에는 '황송해하다(惶)'라
는 뜻이라고도 한다. 독음은 오(五)와 개(漑)의 반절이다.

128 忮 : 很也. 從心支聲. 之義切.

기(忮), '말을 듣지 아니하다(很)'라는 뜻이다. 심(心)이 의미부이고
지(支)가 소리부이다. 독음은 지(之)와 의(義)의 반절이다.

129 悍 : 勇也. 從心旱聲. 侯旰切.

한(悍), '용감하다(勇)'라는 뜻이다. 심(心)이 의미부이고 한(旱)이 소
리부이다. 독음은 후(侯)와 간(旰)의 반절이다.

130 態 : 意也. 從心從能. 㑷, 或從人. 他代切.

태(態), '의태(意), 즉 심경'을 말한다.26) 심(心)이 의미부이고 능(能)
도 의미부이다. 태(㑷)는 혹체자인데, 인(人)으로 구성되었다. 독

---

26) [역주] 『단주』에서는 각 판본에서 '意也'라고 하였는데, '意態也'가 되어야 한다
고 하면서 태(態)자를 보충했다. 그리고 이렇게 말했다. "의태(意態)라는 것은
어떤 의지가 있으면 그러한 모습이 있게 마련이며(有是意因有是狀), 그래서 의
태(意態)라고 한다. 이는 마치 말(詈)이라는 것이 뜻을 안에 담고 있으면서 말
로 밖으로 발설한 것(意內而言外)으로, 어떤 의도가 있으면 그러한 말이 있는
것(有是意因有是言)과 같은 경우다. 의(意)는 의식(識)을 말한다."

음은 타(他)와 대(代)의 반절이다.

131 怪: 異也. 從心圣聲. 古壞切.

괴(怪: 怪怪簡牘文), '기이하다(異)'라는 뜻이다. 심(心)이 의미부이
고 골(圣)이 소리부이다. 독음은 고(古)와 괴(壞)의 반절이다.

132 像: 放也. 從心象聲. 徒朗切.

탕(像), '방탕하다(放)'라는 뜻이다. 심(心)이 의미부이고 상(象)이
소리부이다. 독음은 도(徒)와 랑(朗)의 반절이다.

133 慢: 惰也. 從心曼聲. 一曰慢, 不畏也. 謀晏切.

만(慢), '게으르다(惰)'라는 뜻이다. 심(心)이 의미부이고 만(曼)이 소
리부이다. 일설에는 '만(慢)은 두려워하지 않다(不畏)'라는 뜻이라
고도 한다. 독음은 모(謀)와 안(晏)의 반절이다.

134 怠: 慢也. 從心台聲. 徒亥切.

태(怠), '게으르다(慢)'라는 뜻이다. 심(心)이 의미부이고 태(台)가 소
리부이다. 독음은 도(徒)와 해(亥)의 반절이다.

135 懈: 怠也. 從心解聲. 古隘切.

해(懈: 懈金文), '나태하다(怠)'라는 뜻이다. 심(心)이 의미부이고 해
(解)가 소리부이다. 독음은 고(古)와 애(隘)의 반절이다.

136 惰: 不敬也. 從心, 𡐦省. 『春秋傳』曰: "執玉惰." 惰, 惰或省𦥔. 憜,
古文. 徒果切.

타(惰), '불경하다(不敬), 즉 무례하다'라는 뜻이다. 심(心)과 타(𡐦)
의 생략된 모습이 모두 의미부이다. 『춘추전』(『좌전』 희공 11년,
B.C. 649)에서 "[진(晉)나라 혜공(惠公)이 주 왕실에서 예물로 보내온]
옥을 집어 들면서 무례한 기색을 보였다(執玉惰)"라고 했다. 타
(惰)는 타(惰)의 혹체인데, 부(𦥔)가 생략된 모습이다. 타(憜)는
고문체이다. 독음은 도(徒)와 과(果)의 반절이다.

137 悚: 驚也. 從心從聲. 讀若悚. 息拱切.

송(悚), '놀라다(驚)'라는 뜻이다. 심(心)이 의미부이고 종(從)이 소리

부이다. 송(悚)과 같이 읽는다. 독음은 식(息)과 공(拱)의 반절이다.

138 怫 : 鬱也. 從心弗聲. 符弗切.

불(怫), '마음이 막혀 답답하다(鬱)'라는 뜻이다. 심(心)이 의미부이고 불(弗)이 소리부이다. 독음은 부(符)와 불(弗)의 반절이다.

139 忿 : 忽也. 從心介聲. 『孟子』曰: "孝子之心不若是忿." 呼介切.

개(忿), '소홀히 하다(忽)'라는 뜻이다. 심(心)이 의미부이고 개(介)가 소리부이다. 『맹자만장(萬章)』에서 "효자의 마음을 가졌다면 이렇게 소홀하지는 않을 것이다(孝子之心, 不若是忿)"라고 했다. 독음은 호(呼)와 개(介)의 반절이다.

140 忽 : 忘也. 從心勿聲. 呼骨切.

홀(忽: 金文), '깜박 잊어버리다(忘)'라는 뜻이다. 심(心)이 의미부이고 물(勿)이 소리부이다. 독음은 호(呼)와 골(骨)의 반절이다.

141 忘 : 不識也. 從心從亡, 亡亦聲. 武方切.

망(忘: 金文 簡牘文), '기억하지 못하다(不識)'라는 뜻이다. 심(心)이 의미부이고 망(亡)도 의미부인데, 망(亡)은 소리부도 겸한다. 독음은 무(武)와 방(方)의 반절이다.

142 懣 : 忘也. 懣兜也. 從心㒼聲. 毋官切.

만(懣), '잊어버리다(忘)'라는 뜻이다. '흐리멍덩하다(懣兜)'라는 뜻이다. 심(心)이 의미부이고 만(㒼)이 소리부이다. 독음은 무(毋)와 관(官)의 반절이다.

143 恣 : 縱也. 從心次聲. 資四切.

자(恣), '방종, 즉 제멋대로 행동하여 거리낌이 없다(縱)'라는 뜻이다. 심(心)이 의미부이고 차(次)가 소리부이다. 독음은 자(資)와 사(四)의 반절이다.

144 愓 : 放也. 從心易聲. 一曰平也. 徒朗切.

상(愓), '방종함(放)'을 말한다. 심(心)이 의미부이고 양(易)이 소리부이다. 일설에는 '공평하다(平)'라는 뜻이라고도 한다. 독음은 도

(徒)와 랑(朗)의 반절이다.

145 憧 : 意不定也. 從心童聲. 尺容切.

동(憧), '마음이 안정되지 못하다(意不定)'라는 뜻이다. 심(心)이 의미
부이고 동(童)이 소리부이다. 독음은 척(尺)과 용(容)의 반절이다.

146 悝 : 啁也. 從心里聲.『春秋傳』有孔悝. 一曰病也. 苦回切.

회(悝), '비웃다(啁)'라는 뜻이다. 심(心)이 의미부이고 리(里)가 소리
부이다.『춘추전』(『좌전』애공 15년, B.C. 480)에 공회(孔悝)27)라는
인물이 등장한다. 일설에는 '병들다(病)'라는 뜻이라고도 한다.
독음은 고(苦)와 회(回)의 반절이다.

147 憰 : 權詐也. 從心矞聲. 古穴切.

휼(憰), '권모술수를 부리다, 즉 속이다(權詐)'라는 뜻이다. 심(心)이 의
미부이고 율(矞)이 소리부이다. 독음은 고(古)와 혈(穴)의 반절이다.

148 懬 : 誤也. 從心狂聲. 居況切.

광(懬), '잘못되게 하다(誤)'라는 뜻이다. 심(心)이 의미부이고 광(狂)
이 소리부이다. 독음은 거(居)와 황(況)의 반절이다.

149 怳 : 狂之皃. 從心, 況省聲. 許往切.

황(怳), '미친 모양(狂之皃)'을 말한다. 심(心)이 의미부이고, 황(況)의
생략된 부분이 소리부이다. 독음은 허(許)와 왕(往)의 반절이다.

150 恑 : 變也. 從心危聲. 過委切.

궤(恑), '속이다(變)'라는 뜻이다. 심(心)이 의미부이고 위(危)가 소리
부이다. 독음은 과(過)와 위(委)의 반절이다.

151 懏 : 有二心也. 從心巂聲. 戶圭切.

휴(懏), '두 마음을 가지다(有二心)'라는 뜻이다. 심(心)이 의미부이

---

27) [역주] 공회(孔悝)는 위(衛)나라의 대부로, 공어(孔圉: 孔文子)의 아들이다. 위
(衛) 장공(莊公) 괴외(蒯聵)의 생질이다. 괴외(蒯聵)가 귀국한 후 임금의 자리에
오르고자 공회(孔悝)를 끼고서 자신의 세력을 키워 정변을 일으켰다. 자로(子
路)가 이 과정에서 죽고 말았다. 위(衛) 출공(出公) 희첩(姬輒)은 망명했고, 괴
외가 왕 자리에 올랐는데 그가 위(衛) 장공(莊公)이다. 위 장공은 공회의 도움
에 감사하며 명문이 새겨진 솥을 선물했다고 한다.

고 휴(寯)가 소리부이다. 독음은 호(戶)와 규(圭)의 반절이다.

152 悸 : 心動也. 從心季聲. 其季切.

계(悸), '마음이 움직이다(心動)'라는 뜻이다. 심(心)이 의미부이고 계(季)가 소리부이다. 독음은 기(其)와 계(季)의 반절이다.

153 憢 : 幸也. 從心敿聲. 古堯切.

요(憢), '다행(幸)'이라는 뜻이다. 심(心)이 의미부이고 교(敿)가 소리부이다. 독음은 고(古)와 요(堯)의 반절이다.

154 憰 : 善自用之意也. 從心銛聲. 『商書』曰: "今汝憰憰." 䛣, 古文從耳. 古活切.

괄(憰), '제멋대로 쓰기를 좋아하다(善自用之意)'라는 뜻이다. 심(心)이 의미부이고 섬(銛)이 소리부이다. 『서·상서(商書)·반경(盤庚)』에서 "지금 너희들은 정말 제멋대로구나(今汝憰憰)"라고 했다. 괄(䛣)은 고문체인데, 이(耳)로 구성되었다. 독음은 고(古)와 활(活)의 반절이다.

155 忨 : 貪也. 從心元聲. 『春秋傳』曰: "忨歲而漱日." 五換切.

완(忨), '탐하다(貪)'라는 뜻이다. 심(心)이 의미부이고 원(元)이 소리부이다. 『춘추전』(『좌전』 소공 원년, B.C. 541)에서 "흐르는 세월을 탐하더니 남은 세월에 목말라 하는구나(忨歲而漱日)"라고 했다. 독음은 오(五)와 환(換)의 반절이다.

156 惏 : 河內之北謂貪曰惏. 從心林聲. 盧含切.

림(惏), '하내(河內)군의 북쪽 지역에서는 탐하는 것(貪)을 림(惏)이라 한다.' 심(心)이 의미부이고 림(林)이 소리부이다. 독음은 로(盧)와 함(含)의 반절이다.

157 懜 : 不明也. 從心夢聲. 武亘切.

몽(懜), '분명하지 못하다(不明)'라는 뜻이다. 심(心)이 의미부이고 몽(夢)이 소리부이다. 독음은 무(武)와 긍(亘)의 반절이다.

158 愆 : 過也. 從心衍聲. 寋, 或從寒省. 㥶, 籀文. 去虔切.

건(愆), '과오, 즉 잘못(過)'을 말한다. 심(心)이 의미부이고 연(衍)이

소리부이다. 건(寒)은 혹체자인데, 한(寒)의 생략된 모습이다. 건
(寒)은 주문체이다. 독음은 거(去)와 건(虔)의 반절이다.

159 懏 : 疑也. 從心兼聲. 戶兼切.

겸(慊), '의심하다(疑)'라는 뜻이다. 심(心)이 의미부이고 겸(兼)이 소
리부이다. 독음은 호(戶)와 겸(兼)의 반절이다.

160 惑 : 亂也. 從心或聲. 胡國切.

혹(惑: 金文 古陶文 簡牘文 古璽文), '마음이 혼란스럽
다(亂)'라는 뜻이다. 심(心)이 의미부이고 혹(或)이 소리부이다. 독
음은 호(胡)와 국(國)의 반절이다.

161 怋 : 恢也. 從心民聲. 呼昆切.

민(怋), '마음이 어지럽다(恢)'라는 뜻이다. 심(心)이 의미부이고 민
(民)이 소리부이다. 독음은 호(呼)와 곤(昆)의 반절이다.

162 怓 : 亂也. 從心奴聲. 『詩』曰: "以謹惽怓." 女交切.

노(怓), '마음이 혼란스럽다(亂)'라는 뜻이다. 심(心)이 의미부이고
노(奴)가 소리부이다. 『시·대아민로(民勞)』에서 "다투기 잘하는
자들 근신시키며(以謹惽怓)"라고 노래했다. 독음은 녀(女)와 교
(交)의 반절이다.

163 惷 : 亂也. 從心春聲. 『春秋傳』曰: "王室日惷惷焉." 一曰厚也. 尺允切.

준(惷), '마음이 혼란스럽다(亂)'라는 뜻이다. 심(心)이 의미부이고
춘(春)이 소리부이다. 『춘추전』(『좌전』 소공 24년, B.C. 518)에서
"왕실이 날이 갈수록 혼란스러워 지는구나(王室日惷惷焉)"라고
했다. 일설에는 '두텁다(厚)'라는 뜻이라고도 한다. 독음은 척(尺)
과 윤(允)의 반절이다.

164 惛 : 不憭也. 從心昏聲. 呼昆切.

혼(惛), '총명하지 않다(不憭)'라는 뜻이다. 심(心)이 의미부이고 혼
(昏)이 소리부이다. 독음은 호(呼)와 곤(昆)의 반절이다.

165 愾 : 癡皃. 從心气聲. 許旣切.

『설문해자』 인지분석

희(忥), ‘멍청한 모양(癡皃)’을 말한다. 심(心)이 의미부이고 기(气)가 소리부이다. 독음은 허(許)와 기(旣)의 반절이다.

166 懲： 㒟言不慧也. 從心衛聲. 于歲切.

위(懲), ‘의미가 분명하지 못한 꿈에서 하는 잠꼬대(㒟言不慧)’를 말한다. 심(心)이 의미부이고 위(衛)가 소리부이다. 독음은 우(于)와 세(歲)의 반절이다.

167 憒： 亂也. 從心貴聲. 胡對切.

궤(憒), ‘마음이 혼란스럽다(亂)’라는 뜻이다. 심(心)이 의미부이고 귀(貴)가 소리부이다. 독음은 호(胡)와 대(對)의 반절이다.

168 忌： 憎惡也. 從心己聲. 渠記切.

기(忌: ⿰⿰ 金文 ⿰⿰ 古陶文 ⿰⿰⿰ 簡牘文), ‘증오하다(憎惡)’라는 뜻이다. 심(心)이 의미부이고 기(己)가 소리부이다. 독음은 거(渠)와 기(記)의 반절이다.

169 忿： 悁也. 從心分聲. 敷粉切.

분(忿: ⿰古陶文 ⿰簡牘文), ‘성을 내다(悁)’라는 뜻이다. 심(心)이 의미부이고 분(分)이 소리부이다. 독음은 부(敷)와 분(粉)의 반절이다.

170 悁： 忿也. 從心肙聲. 一曰憂也. ⿰, 籀文. 於緣切.

연(悁), ‘성을 내다(忿)’라는 뜻이다. 심(心)이 의미부이고 연(肙)이 소리부이다. 일설에는 ‘걱정하다(憂)’라는 뜻이라고도 한다. 연(⿰)은 주문체이다. 독음은 어(於)와 연(緣)의 반절이다.

171 懟： 恨也. 從心勠聲. 一曰怠也. 郎尸切.

리(懟), ‘원망스럽게 생각하다(恨)’라는 뜻이다. 심(心)이 의미부이고 리(勠)가 소리부이다. 일설에는 ‘게으르다(怠)’라는 뜻이라고도 한다. 독음은 랑(郎)과 시(尸)의 반절이다.

172 恚： 恨也. 從心圭聲. 於避切.

에(恚), ‘원망스럽게 생각하다(恨)’라는 뜻이다. 심(心)이 의미부이고 규(圭)가 소리부이다. 독음은 어(於)와 피(避)의 반절이다.

173 [문자]: 恚也. 從心夗聲. [문자], 古文. 於願切.

원(怨: [문자][문자][문자]簡牘文 [문자]石刻古文), '성을 내다(恚)'라는 뜻이다. 심(心)이 의미부이고 원(夗)이 소리부이다. 원([문자])은 고문체이다. 독음은 어(於)와 원(願)의 반절이다.

174 [문자]: 恚也. 從心奴聲. 乃故切.

노(怒: [문자]簡牘文 [문자]石刻篆文), '성을 내다(恚)'라는 뜻이다. 심(心)이 의미부이고 노(奴)가 소리부이다. 독음은 내(乃)와 고(故)의 반절이다.

175 [문자]: 怨也. 從心敦聲. 『周書』曰: "凡民罔不憝." 徒對切.

대(憝), '원망하다(怨)'라는 뜻이다. 심(心)이 의미부이고 돈(敦)이 소리부이다. 『서·주서(周書)·강고(康誥)』에서 "모든 백성들 중 원망하지 않는 이가 없도다(凡民罔不憝)"라고 했다. 독음은 도(徒)와 대(對)의 반절이다.

176 [문자]: 怒也. 從心盈聲. 於問切.

온(慍), '성을 내다(怒)'라는 뜻이다. 심(心)이 의미부이고 온(盈)이 소리부이다. 독음은 어(於)와 문(問)의 반절이다.

177 [문자]: 過也. 從心亞聲. 烏各切.

악(惡: [문자][문자][문자][문자]簡牘文), '과오(過)'를 말한다. 심(心)이 의미부이고 아(亞)가 소리부이다. 독음은 오(烏)와 각(各)의 반절이다.

178 [문자]: 惡也. 從心曾聲. 作滕切.

증(憎), '증오하다(惡)'라는 뜻이다. 심(心)이 의미부이고 증(曾)이 소리부이다. 독음은 작(作)과 등(滕)의 반절이다.

179 [문자]: 恨怒也. 從心市聲. 『詩』曰: "視我怖怖." 蒲昧切.

패(怖), '원통하여 성을 내다(恨怒)'라는 뜻이다. 심(心)이 의미부이고 불(市)이 소리부이다. 『시·소아·백화(白華)』에서 "나를 거들떠

보지도 않네(視我怖怖)"라고 노래했다.28) 독음은 포(蒲)와 매(昧)의 반절이다.

180 🔣：怒也. 從心刀聲. 讀若顙. 李陽冰曰: "刀非聲, 当從刈省." 魚旣切.

의(忍), '성을 내다(怒)'라는 뜻이다. 심(心)이 의미부이고 도(刀)가 소리부이다. 의(顙)와 같이 읽는다. 이양빙(李陽冰)은 "도(刀)는 소리부가 아니다. 당연히 예(刈)의 생략된 모습이 소리부여야 한다."라고 했다. 독음은 어(魚)와 기(旣)의 반절이다.

181 🔣：怨恨也. 從心象聲. 讀若膦. 戶佳切.

휴(㣻), '원망스럽게 생각하다(怨恨)'라는 뜻이다. 심(心)이 의미부이고 단(象)이 소리부이다. 해(膦)와 같이 읽는다. 독음은 호(戶)와 가(佳)의 반절이다.

182 🔣：怨也. 從心艮聲. 胡艮切.

한(恨), '원망하다(怨)'라는 뜻이다. 심(心)이 의미부이고 간(艮)이 소리부이다. 독음은 호(胡)와 간(艮)의 반절이다.

183 🔣：怨也. 從心對聲. 丈淚切.

대(懟), '원망하다(怨)'라는 뜻이다. 심(心)이 의미부이고 대(對)가 소리부이다. 독음은 장(丈)과 루(淚)의 반절이다.

184 🔣：悔恨也. 從心每聲. 荒內切.

회(悔: 🔣 金文 🔣 🔣 簡牘文), '후회하며 뉘우치다(悔恨)'라는 뜻

---

28) [역주] 금본에서 패패(怖怖)가 매매(邁邁)로 되었다. 『단주』에서 이렇게 말했다. "「소아·백화(白華)」에서 '念子懆懆, 視我邁邁.(애타도록 그대 그리거늘, 나를 거들떠보지도 않네.)'라고 했는데, 『모전(毛傳)』에서 매매(邁邁)는 즐거워하지 않음(不悅)을 말한다고 했다. 『석문(釋文)』에서 『한시(韓詩)』와 『설문(說文)』에서는 모두 패패(怖怖)로 적었다. 『한시(韓詩)』에서 '마음에 즐거워하지 아니하다는 뜻이다(意不悅好也)'고 했고, 허신도 '원통하여 화가 나다는 뜻이다(很怒也)'고 했다. 금본 『설문』에서는 흔(很)을 한(恨)으로 적었는데, 흔(很)이 더 적당해 보인다. 매(邁)는 패(怖)의 가차자이다. 『한시』나 『설문』이 없었더라면 『모시』의 해석은 이해할 수가 없었을 것이다. 허신이 『모시』를 존중하면서도 삼가시(三家詩)을 버리지 않았음을 알 수 있는 대목이다." '매매(邁邁)'를 『시집전』에서는 '거들떠보지도 않는 모양이라고 풀이했다.

이다. 심(心)이 의미부이고 매(毐)가 소리부이다. 독음은 황(荒)과
내(內)의 반절이다.

185 懘: 小怒也. 從心喜聲. 充世切.

체(懘), '약간 성을 내다(小怒)'라는 뜻이다. 심(心)이 의미부이고 희
(喜)가 소리부이다. 독음은 충(充)과 세(世)의 반절이다.

186 怏: 不服, 懟也. 從心央聲. 於亮切.

앙(怏), '불복하여 원망하다(不服, 懟)'라는 뜻이다. 심(心)이 의미부이
고 앙(央)이 소리부이다. 독음은 어(於)와 량(亮)의 반절이다.

187 懣: 煩也. 從心從滿. 莫困切.

민(懣), '번민하다(煩)'라는 뜻이다. 심(心)이 의미부이고 만(滿)도 의
미부이다. 독음은 막(莫)과 곤(困)의 반절이다.

188 憤: 懣也. 從心賁聲. 房吻切.

분(憤), '번민하다(懣)'라는 뜻이다. 심(心)이 의미부이고 분(賁)이 소
리부이다. 독음은 방(房)과 문(吻)의 반절이다.

189 悶: 懣也. 從心門聲. 莫困切.

민(悶: 𢜽簡牘文), '번민하다(懣)'라는 뜻이다. 심(心)이 의미부이고
문(門)이 소리부이다. 독음은 막(莫)과 곤(困)의 반절이다.

190 惆: 失意也. 從心周聲. 敕鳩切.

추(惆), '실의하다(失意)'라는 뜻이다. 심(心)이 의미부이고 주(周)가
소리부이다. 독음은 칙(敕)과 구(鳩)의 반절이다.

191 悵: 望恨也. 從心長聲. 丑亮切.

창(悵), '바랬으나 실현되지 않아 한탄하다(望恨)'라는 뜻이다. 심
(心)이 의미부이고 장(長)이 소리부이다. 독음은 축(丑)과 량(亮)의
반절이다.

192 愾: 大息也. 從心從氣, 氣亦聲. 『詩』曰: "愾我寤歎." 許旣切.

개(愾), '탄식하다(大息)'라는 뜻이다. 심(心)이 의미부이고 기(氣)도
의미부인데, 기(氣)는 소리부도 겸한다. 『시·조풍·하천(下泉)』에서
"푸우 하고 자다 깨어 탄식하네(愾我寤歎)"라고 노래했다.29) 독

음은 허(許)와 기(旣)의 반절이다.

193 懆: 愁不安也. 從心喿聲. 『詩』曰: "念子懆懆." 七早切.

조(懆), '걱정이 되어 불안해하다(愁不安)'라는 뜻이다. 심(心)이 의미부이고 소(喿)가 소리부이다. 『시·소아·백화(白華)』에서 "애타도록 그대 그리거늘(念子懆懆)"이라고 노래했다. 독음은 칠(七)과 조(早)의 반절이다.

194 愴: 傷也. 從心倉聲. 初亮切.

창(愴), '슬퍼하다(傷)'라는 뜻이다. 심(心)이 의미부이고 창(倉)이 소리부이다. 독음은 초(初)와 량(亮)의 반절이다.

195 怛: 憯也. 從心旦聲. 㤈, 或從心在旦下. 『詩』曰: "信誓悬悬." 得案切.

달(怛), '슬퍼하다(憯)'라는 뜻이다. 심(心)이 의미부이고 단(旦)이 소리부이다. 달(㤈)은 혹체자인데, 심(心)이 단(旦) 아래쪽에 놓인 모습이다. 『시』에서 "분명히 약속하고 진실하게 맹세했네(信誓悬悬)"라고 노래했다.30) 독음은 득(得)과 안(案)의 반절이다.

196 憯: 痛也. 從心朁聲. 七感切.

참(憯), '아파하다(痛)'라는 뜻이다. 심(心)이 의미부이고 참(朁)이 소리부이다. 독음은 칠(七)과 감(感)의 반절이다.

197 慘: 毒也. 從心參聲. 七感切.

참(慘), '해악을 끼치다(毒)'라는 뜻이다. 심(心)이 의미부이고 참(參)이 소리부이다. 독음은 칠(七)과 감(感)의 반절이다.

198 悽: 痛也. 從心妻聲. 七稽切.

처(悽), '아파하다(痛)'라는 뜻이다. 심(心)이 의미부이고 처(妻)가 소리부이다. 독음은 칠(七)과 계(稽)의 반절이다.

---

29) [역주] 금본에서는 탄(歎)이 탄(嘆)으로 되었다.

30) [역주] 『단주』에서 이렇게 말했다. "이는 『시·위풍(衛風)·맹(氓)』의 『전(傳)』에 나오는 문장이다. 내 생각은 이렇다. 『시』에서 '신서단단(信誓旦旦)'이라 했고, 『전(傳)』에서 '신서단단연(信誓旦旦然)'이라고 하면서 단(旦)은 바로 단(悬)의 가차자라고 했다. 『전(箋)』에서도 이는 걱정하고 애를 쓰다(懇惻款誠)는 뜻이라고 했다.……단단(悬悬) 다음에 '연(然)'자가 들어가야 한다."

199 恫： 痛也. 一曰呻吟也. 從心同聲. 他紅切.

통(恫), '아파하다(痛)'라는 뜻이다. 일설에는 '신음하다(呻吟)'라는 뜻이라고도 한다. 심(心)이 의미부이고 동(同)이 소리부이다. 독음은 타(他)와 홍(紅)의 반절이다.

200 悲： 痛也. 從心非聲. 府眉切.

비(悲), '아파하다(痛)'라는 뜻이다. 심(心)이 의미부이고 비(非)가 소리부이다. 독음은 부(府)와 미(眉)의 반절이다.

201 惻： 痛也. 從心則聲. 初力切.

측(惻), '아파하다(痛)'라는 뜻이다. 심(心)이 의미부이고 칙(則)이 소리부이다. 독음은 초(初)와 력(力)의 반절이다.

202 憒： 痛也. 從心昔聲. 思積切.

석(惜), '아파하다(痛)'라는 뜻이다. 심(心)이 의미부이고 석(昔)이 소리부이다. 독음은 사(思)와 적(積)의 반절이다.

203 愍： 痛也. 從心啟聲. 眉殞切.

민(愍), '아파하다(痛)'라는 뜻이다. 심(心)이 의미부이고 민(啟)이 소리부이다. 독음은 미(眉)와 운(殞)의 반절이다.

204 慇： 痛也. 從心殷聲. 於巾切.

은(慇), '아파하다(痛)'라는 뜻이다. 심(心)이 의미부이고 은(殷)이 소리부이다. 독음은 어(於)와 건(巾)의 반절이다.

205 慦： 痛聲也. 從心依聲. 『孝經』曰: "哭不慦." 於豈切.

의(慦), '아파하는 소리(痛聲)'를 말한다. 심(心)이 의미부이고 의(依)가 소리부이다. 『효경(孝經)·상친(喪親)』에서 "곡을 하되 곡소리가 나서는 아니 된다(哭不慦)"라고 했다. 독음은 어(於)와 기(豈)의 반절이다.

206 簡： 簡, 存也. 從心, 簡省聲. 讀若簡. 古限切.

간(簡), '간(簡)은 보존케 하다(存)'라는 뜻이다.[31] 심(心)이 의미부이

---

31) [역주] 『단주』에서 각 판본에서 '簡存也'로 되었는데 '簡簡, 在也.'로 바로잡는

『설문해자』인지분석

고, 간(簡)의 생략된 부분이 소리부이다. 간(簡)과 같이 읽는다.
독음은 고(古)와 한(限)의 반절이다.

207 慅 : 動也. 從心蚤聲. 一曰起也. 穌遭切.

　소(慅), '[마음이] 흔들리다(動)'라는 뜻이다. 심(心)이 의미부이고 조
　(蚤)가 소리부이다. 일설에는 '일어나다(起)'라는 뜻이라고도 한
　다. 독음은 소(穌)와 조(遭)의 반절이다.

208 感 : 動人心也. 從心咸聲. 古禫切.

　감(感), '사람의 마음을 움직이다(動人心)'라는 뜻이다. 심(心)이 의미
　부이고 함(咸)이 소리부이다. 독음은 고(古)와 담(禫)의 반절이다.

209 忧 : 不動也. 從心尤聲. 讀若祐. 于救切.

　우(忧), '마음이 움직이지 않다(不動)'라는 뜻이다.32) 심(心)이 의미
　부이고 우(尤)가 소리부이다. 우(祐)와 같이 읽는다. 독음은 우(于)
　와 구(救)의 반절이다.

210 慦 : 怨仇也. 從心咎聲. 其久切.

　구(慦), '원수를 원망하다(怨仇)'라는 뜻이다. 심(心)이 의미부이고
　구(咎)가 소리부이다. 독음은 기(其)와 구(久)의 반절이다.

211 惲 : 憂皃. 從心員聲. 王分切.

　운(惲), '걱정하는 모양(憂皃)'을 말한다. 심(心)이 의미부이고 원(員)
　이 소리부이다. 독음은 왕(王)과 분(分)의 반절이다.

　다고 하면서 이렇게 말했다. "『이아·석훈(釋訓)』에서 '존존(存存)과 간간(簡簡)
　은 있다(在)라는 뜻이다'라고 했다. 허신의 해석은 여기서 왔다. 그러나 오늘날
　의 『이아』에서는 '존존(存存)과 맹맹(萌萌)은 있다는 뜻이다(在也)'로 되어 있
　고, 곽박의 주석에서는 '어디서 왔는지 모르겠다(未見所出)'라고 했다."『이아
　소』에서는 이렇게 말했다. "존재함을 말한다.『역·계사(繫辭)』(上)에서 '成性存
　存(성품을 이루어 보존하고 있다)'이라고 했다. 맹맹(萌萌)은『자서』에 맹(蕄)
　으로 되어 있고,『설문』에서는 맹(薗)으로 적었는데, 곽박은 '출전을 알 수 없다'
　라고 하였다."

32) [역주]『단주』에서는 각 판본에서 '不動也'로 되었는데,『옥편(玉篇)』에서 '心動
　也'라 했고,『광운(廣韻)』에서도 '動也'라고 했기에, '心動也'로 바로잡는다고 했
　다. 그렇게 되면 '마음이 움직이다'는 뜻이 된다.

212 㤪 ： 憂皃. 從心幼聲. 於虯切.

유(㤪), '걱정하는 모양(憂皃)'을 말한다. 심(心)이 의미부이고 유(幼)
가 소리부이다. 독음은 어(於)와 규(虯)의 반절이다.

213 忦 ： 憂也. 從心介聲. 五介切.

개(忦), '걱정하다(憂)'라는 뜻이다. 심(心)이 의미부이고 개(介)가 소
리부이다. 독음은 오(五)와 개(介)의 반절이다.

214 恙 ： 憂也. 從心羊聲. 余亮切.

양(恙), '걱정하다(憂)'라는 뜻이다. 심(心)이 의미부이고 양(羊)이 소
리부이다. 독음은 여(余)와 량(亮)의 반절이다.

215 惴 ： 憂懼也. 從心耑聲. 『詩』曰: "惴惴其慄." 之瑞切.

췌(惴), '걱정이 되어 두려워하다(憂懼)'라는 뜻이다. 심(心)이 의미부
이고 단(耑)이 소리부이다. 『시·진풍·황조(黃鳥)』에서 "두려움에
떨었으리라(惴惴其慄)"라고 노래했다. 독음은 지(之)와 서(瑞)의
반절이다.

216 惸 ： 憂也. 從心鈞聲. 常倫切.

순(惸), '걱정하다(憂)'라는 뜻이다. 심(心)이 의미부이고 균(鈞)이 소
리부이다. 독음은 상(常)과 륜(倫)의 반절이다.

217 怲 ： 憂也. 從心丙聲. 『詩』曰: "憂心怲怲." 兵永切.

병(怲), '걱정하다(憂)'라는 뜻이다. 심(心)이 의미부이고 병(丙)이 소리
부이다. 『시·소아·규변(頍弁)』에서 "마음의 시름 그지없더니(憂心怲
怲)"라고 노래했다. 독음은 병(兵)과 영(永)의 반절이다.

218 惔 ： 憂也. 從心炎聲. 『詩』曰: "憂心如惔." 徒甘切.

담(惔), '걱정하다(憂)'라는 뜻이다. 심(心)이 의미부이고 염(炎)이 소
리부이다. 『시·소아·절피남산(節彼南山)』에서 "마음이 시름으로
애타고 있지만(憂心如惔)"이라고 노래했다. 독음은 도(徒)와 감
(甘)의 반절이다.

219 惙 ： 憂也. 從心叕聲. 『詩』曰: "憂心惙惙." 一曰意不定也. 陟劣切.

철(惙), '걱정하다(憂)'라는 뜻이다. 심(心)이 의미부이고 철(叕)이 소

리부이다. 『시·소남·초충(草蟲)』에서 "시름 가득한 마음 어수선하
네(憂心惙惙)"라고 노래했다. 일설에는 '뜻을 정하지 못하다(意不
定)'라는 뜻이라고도 한다. 독음은 척(陟)과 렬(劣)의 반절이다.

220 惕 : 憂也. 從心, 殤省聲. 式亮切.

상(惕), '걱정하다(憂)'라는 뜻이다. 심(心)이 의미부이고, 상(殤)의
생략된 부분이 소리부이다. 독음은 식(式)과 량(亮)의 반절이다.

221 愁 : 憂也. 從心秋聲. 士尤切.

수(愁), '걱정하다(憂)'라는 뜻이다. 심(心)이 의미부이고 추(秋)가 소
리부이다. 독음은 사(士)와 우(尤)의 반절이다.

222 愵 : 憂皃. 從心弱聲. 讀與怒同. 奴歷切.

닉(愵), '걱정하는 모양(憂皃)'을 말한다. 심(心)이 의미부이고 약(弱)
이 소리부이다. 녁(怒)과 같이 읽는다. 독음은 노(奴)와 력(歷)의
반절이다.

223 惂 : 憂困也. 從心臽聲. 苦感切.

감(惂), '근심에 걱정을 하다(憂困)'라는 뜻이다. 심(心)이 의미부이고
함(臽)이 소리부이다. 독음은 고(苦)와 감(感)의 반절이다.

224 悠 : 憂也. 從心攸聲. 以周切.

유(悠: 㤱 簡牘文), '걱정하다(憂)'라는 뜻이다. 심(心)이 의미부이
고 유(攸)가 소리부이다. 독음은 이(以)와 주(周)의 반절이다.

225 悴 : 憂也. 從心卒聲. 讀與『易』萃卦同. 秦醉切.

췌(悴), '걱정하다(憂)'라는 뜻이다. 심(心)이 의미부이고 졸(卒)이 소
리부이다. 『역』'췌괘(萃卦)'의 췌(萃)와 같이 읽는다. 독음은 진
(秦)과 취(醉)의 반절이다.

226 悶 : 憂也. 從心圂聲. 一曰擾也. 胡困切.

혼(悶), '걱정하다(憂)'라는 뜻이다. 심(心)이 의미부이고 환(圂)이 소
리부이다. 일설에는 '어지럽다(擾)'라는 뜻이라고도 한다. 독음은
호(胡)와 곤(困)의 반절이다.

227 愸 : 楚穎之閒謂憂曰愸. 從心摯聲. 力至切.

리(嫠), '초(楚)와 영(潁) 사이 지역에서는 우(憂)를 리(嫠)라고 한다.' 심(心)이 의미부이고 리(嫠)가 소리부이다. 독음은 력(力)과 지(至)의 반절이다.

228 忏: 憂也. 從心于聲. 讀若吁. 況于切.

후(忏), '걱정하다(憂)'라는 뜻이다. 심(心)이 의미부이고 우(于)가 소리부이다. 우(吁)와 같이 읽는다. 독음은 황(況)과 우(于)의 반절이다.

229 忡: 憂也. 從心中聲. 『詩』曰: "憂心忡忡." 敕中切.

충(忡), '걱정하다(憂)'라는 뜻이다. 심(心)이 의미부이고 중(中)이 소리부이다. 『시·소남초충(草蟲)』에서 "시름 가득한 마음 뒤숭숭하네(憂心忡忡)"라고 노래했다. 독음은 칙(敕)과 중(中)의 반절이다.

230 悄: 憂也. 從心肖聲. 『詩』曰: "憂心悄悄." 親小切.

초(悄), '걱정하다(憂)'라는 뜻이다. 심(心)이 의미부이고 초(肖)가 소리부이다. 『시·패풍·백주(柏舟)』 등에서 "시름은 그지없어(憂心悄悄)"라고 노래했다. 독음은 친(親)과 소(小)의 반절이다.

231 慽: 憂也. 從心戚聲. 倉歷切.

척(慽), '걱정하다(憂)'라는 뜻이다. 심(心)이 의미부이고 척(戚)이 소리부이다. 독음은 창(倉)과 력(歷)의 반절이다.

232 憂: 愁也. 從心從頁. 於求切.

우(憂), '근심하다(愁)'라는 뜻이다. 심(心)이 의미부이고 혈(頁)도 의미부이다. 독음은 어(於)와 구(求)의 반절이다.

233 患: 憂也. 從心上貫吅, 吅亦聲. 㥵, 古文從關省. 𢤱, 亦古文患. 胡丱切.

환(患: 㦮㦶 㥷簡牘文), '걱정하다(憂)'라는 뜻이다. 심(心)자 위로 훤(吅)이 관통된 모습이다. 훤(吅)은 소리부도 겸한다. 환(㥵)은 고문체인데, 관(關)의 생략된 모습으로 구성되었다. 환(𢤱)도 환(患)의 고문체이다. 독음은 호(胡)와 관(丱)의 반절이다.

234 恇: 怯也. 從心, 匡, 匡亦聲. 去王切.

광(恇), '겁을 내다(怯)'라는 뜻이다. 심(心)과 광(匡)이 모두 의미부인데, 광(匡)은 소리부도 겸한다. 독음은 거(去)와 왕(王)의 반절이다.

235 𢘓 : 思皃. 從心夾聲. 苦叶切.

협(𢘓), '생각하는 모양(思皃)'을 말한다. 심(心)이 의미부이고 협(夾)이 소리부이다. 독음은 고(苦)와 협(叶)의 반절이다.

236 𢥫 : 失气也. 從心聶聲. 一曰服也. 之涉切.

섭(𢥫), '기운을 잃다(失气)'라는 뜻이다. 심(心)이 의미부이고 섭(聶)이 소리부이다. 일설에는 '복종하다(服)'라는 뜻이라고도 한다. 독음은 지(之)와 섭(涉)의 반절이다.

237 憚 : 忌難也. 從心單聲. 一曰難也. 徒案切.

탄(憚), '어려운 것을 꺼려하다(忌難)'라는 뜻이다. 심(心)이 의미부이고 단(單)이 소리부이다. 일설에는 '어렵다(難)'라는 뜻이라고도 한다. 독음은 도(徒)와 안(案)의 반절이다.

238 悼 : 懼也. 陳楚謂懼曰悼. 從心卓聲. 徒到切.

도(悼), '두려워하다(懼)'라는 뜻이다. 진(陳)과 초(楚) 지역에서는 구(懼)를 도(悼)라 한다. 심(心)이 의미부이고 탁(卓)이 소리부이다. 독음은 도(徒)와 도(到)의 반절이다.

239 恐 : 懼也. 從心巩聲. 𢙷, 古文. 丘隴切.

공(恐), '두려워하다(懼)'라는 뜻이다. 심(心)이 의미부이고 공(巩)이 소리부이다. 공(𢙷)은 고문체이다. 독음은 구(丘)와 롱(隴)의 반절이다.

240 慴 : 懼也. 從心習聲. 讀若疊. 之涉切.

습(慴), '두려워하다(懼)'라는 뜻이다. 심(心)이 의미부이고 습(習)이 소리부이다. 첩(疊)과 같이 읽는다. 독음은 지(之)와 섭(涉)의 반절이다.

241 怵 : 恐也. 從心術聲. 丑律切.

출(怵), '두려워하다(恐)'라는 뜻이다. 심(心)이 의미부이고 술(術)이 소리부이다. 독음은 축(丑)과 률(律)의 반절이다.

242 惕 : 敬也. 從心易聲. 悐, 或從狄. 他歷切.

척(惕), '공경하다(敬)'라는 뜻이다. 심(心)이 의미부이고 역(易)이 소

리부이다. 척(饕)은 혹체자인데, 적(狄)으로 구성되었다. 독음은
타(他)와 력(歷)의 반절이다.

243 㤔 : 戰慄也. 從心共聲. 戶工切.

공(㤔), '전율하다(戰慄)'라는 뜻이다. 심(心)이 의미부이고 공(共)이
소리부이다. 독음은 호(戶)와 공(工)의 반절이다.

244 㤥 : 苦也. 從心亥聲. 胡槩切.

해(㤥), '괴로워하다(苦)'라는 뜻이다. 심(心)이 의미부이고 해(亥)가
소리부이다. 독음은 호(胡)와 개(槩)의 반절이다.

245 惶 : 恐也. 從心皇聲. 胡光切.

황(惶), '두려워하다(恐)'라는 뜻이다. 심(心)이 의미부이고 황(皇)이
소리부이다. 독음은 호(胡)와 광(光)의 반절이다.

246 怖 : 惶也. 從心甫聲. 怖, 或從布聲. 普故切.

포(怖), '두려워하다(惶)'라는 뜻이다. 심(心)이 의미부이고 보(甫)가
소리부이다. 포(怖)는 혹체자인데, 포(布)가 소리부이다. 독음은
보(普)와 고(故)의 반절이다.

247 慹 : 怖也. 從心執聲. 之入切.

집(慹), '두려워하다(怖)'라는 뜻이다. 심(心)이 의미부이고 집(執)이
소리부이다. 독음은 지(之)와 입(入)의 반절이다.

248 㩜 : 怖也. 從心毄聲. 苦計切.

집(㩜), '두려워하다(怖)'라는 뜻이다. 심(心)이 의미부이고 격(毄)이
소리부이다. 독음은 고(苦)와 계(計)의 반절이다.

249 憊 : 憋也. 從心葡聲. 㦷, 或從疒. 蒲拜切.

비(憊), '고달파하다(憋)'라는 뜻이다. 심(心)이 의미부이고 비(葡)가
소리부이다. 비(㦷)는 혹체자인데, 녁(疒)으로 구성되었다. 독음
은 포(蒲)와 배(拜)의 반절이다.

250 惎 : 毒也. 從心其聲. 『周書』曰: "來就惎惎." 渠記切.

기(惎), '해를 끼치다(毒)'라는 뜻이다. 심(心)이 의미부이고 기(其)가

소리부이다. 『서·주서(周書)·진서(秦誓)』에서 "오기만 하면 해를
끼치는구나(來就惎惎)"라고 했다.33) 독음은 거(渠)와 기(記)의 반
절이다.

251 𢙴 ： 辱也. 從心耳聲. 敕里切.

치(恥), '수치로 여기다(辱)'라는 뜻이다. 심(心)이 의미부이고 이(耳)
가 소리부이다. 독음은 칙(敕)과 리(里)의 반절이다.

252 㥏 ： 青徐謂慙曰㥏. 從心典聲. 他典切.

전(㥏), '청주(青)와 서주(徐) 지역에서는 참(慙: 부끄러워하다)을 전
(㥏)이라 한다.' 심(心)이 의미부이고 전(典)이 소리부이다. 독음은
타(他)와 전(典)의 반절이다.

253 忝 ： 辱也. 從心天聲. 他點切.

첨(忝), '수치로 여기다(辱)'라는 뜻이다. 심(心)이 의미부이고 천(天)
이 소리부이다. 독음은 타(他)와 점(點)의 반절이다.

254 慚 ： 媿也. 從心斬聲. 昨甘切.

참(慙), '부끄러워하다(媿)'라는 뜻이다. 심(心)이 의미부이고 참(斬)
이 소리부이다. 독음은 작(昨)과 감(甘)의 반절이다.

255 恧 ： 慙也. 從心而聲. 女六切.

뉵(恧), '부끄러워하다(慙)'라는 뜻이다. 심(心)이 의미부이고 이(而)
가 소리부이다. 독음은 녀(女)와 륙(六)의 반절이다.

256 怍 ： 慙也. 從心, 作省聲. 在各切.

작(怍), '부끄러워하다(慙)'라는 뜻이다. 심(心)이 의미부이고, 작(作)
의 생략된 부분이 소리부이다. 독음은 재(在)와 각(各)의 반절이다.

257 憐 ： 哀也. 從心粦聲. 落賢切.

련(憐), '슬퍼하다(哀)'라는 뜻이다. 심(心)이 의미부이고 린(粦)이 소
리부이다. 독음은 락(落)과 현(賢)의 반절이다.

---

33) [역주] 『단주』에서 오늘날의 『상서(尙書)』에 이런 말은 보이지 않으며, 아마도
「진서(秦誓)」에 나오는 '미취여기(未就予忌)'가 아닐까 생각한다. 감히 확정할
수는 없지만 분명 오류일 것이라고 했다.

258 𢟫 :　泣下也. 從心連聲. 『易』曰: "泣涕漣如." 力延切.

련(漣), '울어 눈물이 떨어지다(泣下)'라는 뜻이다. 심(心)이 의미부
이고 련(連)이 소리부이다. 『역』에서 "울어서 눈물이 줄줄 흘러
내리네(泣涕漣如)"라고 했다. 독음은 력(力)과 연(延)의 반절이다.

259 忍 :　能也. 從心刃聲. 而軫切.

인(忍), '인내하다(能)'라는 뜻이다. 심(心)이 의미부이고 인(刃)이 소
리부이다. 독음은 이(而)와 진(軫)의 반절이다.

260 㣺 :　厲也. 一曰止也. 從心弭聲. 讀若沔. 弥兖切.

미(㣺), '갈고 닦다(厲)'라는 뜻이다. 일설에는 '그치다(止)'라는 뜻이
라고도 한다. 심(心)이 의미부이고 미(弭)가 소리부이다. 면(沔)과
같이 읽는다. 독음은 미(弥)와 연(兖)의 반절이다.

261 㣺 :　懲也. 從心乂聲. 魚肺切.

애(㣺), '징계하다(懲)'라는 뜻이다. 심(心)이 의미부이고 예(乂)가 소
리부이다. 독음은 어(魚)와 자(肺)의 반절이다.

262 懲 :　㣺也. 從心徵聲. 直陵切.

징(懲), '징계하다(㣺)'라는 뜻이다. 심(心)이 의미부이고 징(徵)이 소
리부이다. 독음은 직(直)과 릉(陵)의 반절이다.

263 憬 :　覺寤也. 從心景聲. 『詩』曰: "憬彼淮夷." 俱永切.

경(憬), '깨닫다(覺寤)'라는 뜻이다. 심(心)이 의미부이고 경(景)이 소
리부이다. 『시·노송·반수(泮水)』에서 "각성한 회 땅의 이민족들(憬
彼淮夷)"이라고 노래했다. 독음은 구(俱)와 영(永)의 반절이다.

264 慵 :　嬾也. 從心庸聲. 蜀容切.

용(慵), '게으르다(嬾)'라는 뜻이다. 심(心)이 의미부이고 용(庸)이 소
리부이다. 독음은 촉(蜀)와 용(容)의 반절이다. [신부]

265 悱 :　口悱悱也. 從心非聲. 敷尾切.

비(悱), '말로 표현해 내지 못하다(口悱悱)'라는 뜻이다. 심(心)이 의
미부이고 비(非)가 소리부이다. 독음은 부(敷)와 미(尾)의 반절이
다. [신부]

　　　　　　　　　　　　　『설문해자』 인지분석

266 牜 ： 衈怩, 慙也. 從心尼聲. 女夷切.

니(怩), '뉴니(衈怩)'를 말하는데, '부끄러워하다(慙)'라는 뜻이다. 심
(心)이 의미부이고 니(尼)가 소리부이다. 독음은 녀(女)와 이(夷)의
반절이다. [신부]

267 忝 ： 惉懘, 煩聲也. 從心沾聲. 尺詹切.

첨(惉), '첨체(惉懘)'를 말하는데, '괴로워 내는 소리(煩聲)'를 말한다.
심(心)이 의미부이고 첨(沾)이 소리부이다. 독음은 척(尺)과 첨(詹)
의 반절이다. [신부]

268 懘 ： 惉懘也. 從心滯聲. 尺制切.

체(懘), '천체(惉懘), 즉 괴로워 내는 소리'를 말한다. 심(心)이 의미
부이고 체(滯)가 소리부이다. 독음은 척(尺)과 제(制)의 반절이다.
[신부]

269 懇 ： 悃也. 從心狠聲. 康恨切.

간(懇), '정성(悃)'을 말한다. 심(心)이 의미부이고 간(狠)이 소리부이
다. 독음은 강(康)과 한(恨)의 반절이다. [신부]

270 忖 ： 度也. 從心寸聲. 倉本切.

촌(忖), '헤아리다(度)'라는 뜻이다. 심(心)이 의미부이고 촌(寸)이 소
리부이다. 독음은 창(倉)과 본(本)의 반절이다. [신부]

271 怊 ： 悲也. 從心召聲. 敕宵切.

초(怊), '슬퍼하다(悲)'라는 뜻이다. 심(心)이 의미부이고 소(召)가 소
리부이다. 독음은 칙(敕)과 소(宵)의 반절이다. [신부]

272 恸 ： 大哭也. 從心動聲. 徒弄切.

통(恸), '크게 울다(大哭)'라는 뜻이다. 심(心)이 의미부이고 동(動)이
소리부이다. 독음은 도(徒)와 롱(弄)의 반절이다. [신부]

273 惹 ： 亂也. 從心若聲. 人者切.

야(惹), '마음이 어지럽다(亂)'라는 뜻이다. 심(心)이 의미부이고 약
(若)이 소리부이다. 독음은 인(人)과 자(者)의 반절이다. [신부]

274 帢 : 用心也. 從心合聲. 苦狹切.

흡(恰), ‘마음을 쓰다(用心)’라는 뜻이다. 심(心)이 의미부이고 합(合)
이 소리부이다. 독음은 고(苦)와 협(狹)의 반절이다. [신부]

275 悌 : 善兄弟也. 從心弟聲. 經典通用弟. 特計切.

제(悌), ‘형제간에 잘 지내다(善兄弟)’라는 뜻이다. 심(心)이 의미
부이고 제(弟)가 소리부이다. 경전(經典)에서는 제(弟)로 통용된
다. 독음은 특(特)과 계(計)의 반절이다. [신부]

276 懌 : 說也. 從心睪聲. 經典通用釋. 羊益切.

역(懌), ‘기뻐하다(說)’라는 뜻이다. 심(心)이 의미부이고 역(睪)이 소
리부이다. 경전(經典)에서는 석(釋)으로 통용된다. 독음은 양(羊)
과 익(益)의 반절이다. [신부]

위에서 보았던 것처럼, 「심(心)부수」에는 ‘심(心)’으로 구성된 수백
개의 문자가 수록되어 있다. 그중에서 “오(悟, 𢝅)는 ‘깨닫다’는 뜻이
다(覺也). 심(心)이 의미부이고 오(吾)가 소리부이다”, “조(𢖒)는 ‘생각하
다’는 뜻이다(慮也). 심(心)이 의미부이고 조(曹)가 소리부이다”, “협(𢠸)
은 ‘생각하는 모습’을 말한다(思皃). 심(心)이 의미부이고 협(夾)이 소리
부이다.” 등과 같이 직접적으로 사려(思慮) 등과 관련된 인지 구조도
있지만, 이러한 구조들은 「멱(糸)부수」에 저장된 관련 인지 구조와도
연관시켜 봐야 할 것 같다. 왜냐하면 「멱(糸)부수」에서도 사람의 ‘사
고’ 활동이 종종 ‘실과 같은 물체’로 형상화되어 표현되었기 때문이다.
예를 들어, ‘사고의 실마리(思緒)’, ‘끝없이 이어지는 고민의 실타래(愁
絲恨縷)’, ‘실타래처럼 뒤엉킨 생각(糾結)’, ‘정서(情緒)’ 등 여러 표현이
그렇다. 고대의 문인들은 고민을 표현할 때 종종 실처럼 얽히고설킨
것으로 묘사하였으며, ‘난간의 열두 구비(欄杆十二曲)’, ‘강물의 구불구
불한 부분(江流曲似九回腸)’ 등의 표현을 사용했다. 그러가 하면 ‘마음

이 얽혀 풀리지 않다(心絓結而不釋)' 등의 표현도 있다. 마찬가지로 사랑의 감정을 전달하거나 표현할 때 종종 '푸른 실 한 가닥(靑絲一縷)'으로 표현하기도 한다.……이러한 사례들은 「멱(糸)부수」의 인지를 보여준다. 여기에서는 「심(心)부수」의 두 가지 구조의 인지 영역을 논의하기 위해 몇 가지 예를 제시했다.

1. '사랑하는 마음(愛心)'의 인지 착오

· 애(愛, : 金文簡帛古璽古陶漢印石刻), '은혜를 베풀다'는 뜻이다(惠也). 심(心)이 의미부이고 기(旡)가 소리부이다. 애()는 고문체이다.

이는 '애(愛)'자의 구조 인지에 관한 내용이다. 그리고 이 '심(心)'이 의미부이고 '기(旡)'가 소리부인 구조는 이미 주(周)나라 때의 청동기 명문의 '자애(慈愛)'라는 용어에서 사용되었다. 위에서 소개한 바 있듯, "자(慈, : 簡帛漢印石刻)는 '사랑하다'는 뜻이다(愛也). 심(心)이 의미부이고 자(玆)가 소리부이다."라는 구조 때문에 '자애(慈愛)'라는 단어가 형성되었다. 전국시대 초(楚)나라 죽간에서는 "심(心)이 의미부이고 기(旣)가 소리부"인 구조로 사용되었는데, 사실 '기(旣)'는 '기(旡)'에서 소리부를 가져온 글자이다. 현재까지 볼 수 있는 실제 사용 예를 살펴볼 때, 적어도 북위(北魏) 신귀(神龜) 2년(518년)의 「구빙묘지명(寇憑墓志銘)」의 "아아, 저 하늘이시여, 내 좋은 사람을 없애고 말았구려. 천궁까지 따라가 깊은 슬픔을 느낍니다. 만약 저 하늘을 움직일 수만 있다면, 잠시라도 힘을 더할 수만 있다면, 사람들은 몸을 아끼지 않을 것이오.(嗚呼彼倉, 殲我良人, 追痛泉宮, 動彼倉旻, 如可暫勉, 人無愛身.)"라는 문장에서 '심(心)'을 한 획으로 표기한 '애(𢜶)'자를 사용했다.[34]

이 묘지명에 의하면, 묘주는 신분이 높았고, 땅을 소유하였으며, 사용된 글자도 고아하다. 그렇다고 이 기록을 근거로 북위 시대에 돌을 새긴 사람들이 [마음을 표현한 심(心)을 가로획으로 바꾸었다고 해서] '마음이 없거나' '심장과 간이 없었다'라고 할 수 있겠는가? 한 걸음 양보하여 중간에 심(心)이 들어간 '애(愛)'자를 다시 사용하였다면, 이는 또 어떻게 보아야 할 것인가? 사실 여기에는 이미 오래 전부터 발생한 역사가 혼재되어 있다. 즉 동한(東漢) 시대에 편찬된 『설문해자』에서는 '애(愛)'자의 소전체 구조인 𢜶를 쇠(夊)와 애(㤅)의 두 부분으로 분석했는데, 여기서 애(㤅)는 발음을 나타내는 역할을 하며, 쇠(夊)와 관련된 글자들은 일반적으로 행동과 연관이 있다. 그래서 『설문』에서는 '애(愛)'자를 「쇠(夊)부수」에다 귀속시켰고, 그 본래 의미를 '행동하는 모습(行皃)'이라고 해석했던 것이다. 현대어로 표현하면 이는 '동적 상태'를 말했다.

이에 기초해 보면, '애(愛)'를 소리부로 하여 구성된 몇몇 문자들, 예를 들어 '애(薆)'나 '애(曖)' 등은 모두 '동작과 관련이 있으며, '심리 상태'와는 관련이 없음을 알 수 있다. 출토 고문자 언어자료 데이터 베이스의의 통계에 따르면, 예서로 변화하기 이전의 고문자에서는 아직 '애(愛)'자로써 감정적 측면의 어휘로 기록한 사례가 발견되지 않

---

34) 北京圖書館金石組(編), 『北京圖書館藏中國歷代石刻拓本彙編』 第4冊, 63쪽(中州古籍出版社, 1989).

았다. 전국 초기의 중산(中山)왕 무덤의 호(壺)에 새겨진 명문에 있는 '자애(慈愛)'라는 단어에서는 '애(悉)'자를 사용하였다. 또 전국 중기와 후기의 초(楚)나라 곽점(郭店) 초나라 죽간(楚簡)과 상해박물관 소장 전국시대 초(楚) 죽서(竹書) 등에서는 수십 번 사용되었지만, 거의 대부분 '애(悉)'자를 사용했다. 간혹 드물긴 하지만, 기(既)와 심(心)으로 조합된 구조도 사용되었다. 소리부로서의 기(既)와 기(旡)는 그 기능이 동일하다. 다시 말해, '기(既)'는 '기(旡)'를 소리부로 사용하고 있다. 이 두 자형은 『설문해자·심(心)부수』에도 '중문(重文)'으로 제시되었으며, '아끼다(惠愛)'의 의미로 사용되어, 번체자 '애(愛)'와는 아무런 관련이 없다.

2. "귀신을 공경하되 멀리하라(敬鬼神而遠之)"것에 대한 논의

위에서 인용한 「심(心)부수」 다음과 같은 글자들이 출현한 바 있다.

- 철(悊: 古璽), '공경하다(敬)'라는 뜻이다. 심(心)이 의미부이고 절(折)이 소리부이다.
- 공(恭: 簡帛 古璽 石刻), '엄숙하다(肅)'라는 뜻이다. 심(心)이 의미부이고 공(共)이 소리부이다.
- 경(憼: 金文). '공경하다(敬)'라는 뜻이다. 심(心)이 의미부이고 경(敬)도 의미부인데, 경(敬)은 소리부도 겸한다.
- 타(惰: 簡帛), '불경하다(不敬) 즉 무례하다'라는 뜻이다. 심(心)과 타(墮)의 생략된 모습이 모두 의미부이다. 『춘추전』(『좌전』 희공 11년, B.C. 649)에서 "[진(晉)나라 혜공(惠公)이 주 왕실에서 예물로

보내온] 옥을 집어 들면서 무례한 기색을 보였다(執玉憜)"라고 했다. 타(憿)는 타(憜)의 혹체인데, 부(𠂤=阝)가 생략된 모습이다. 타(憿)는 고문체이다.

'경(憼)'은 존경(尊敬)이라고 할 때의 '경(敬)'의 본래 글자이다. 오늘날까지 쓰이고 있는 '경(敬)'자는 원래 '근엄하고 엄숙한(謹肅)' 감정 태도를 표현한 글자였다. 「경(茍)부수」에는 다음의 두 글자가 실려 있다.

- 극(茍: 𦰩): '자신 스스로 재빠르게 자신을 경계하다(自急敕)'라는 뜻이다. 양(羊)의 생략된 모습이 의미부이고, 포(包)의 생략된 부분도 의미부이다. 구(口)도 의미부인데, 구(口)는 말을 삼가다(愼言)라는 뜻이다. 양(羊)으로 구성된 것은, 의(義)와 선(善)과 미(美)자에서 양(羊)이 갖는 의미와 같다. 극(茍)부수에 귀속된 글자들은 모두 극(茍)이 의미부이다. 극(𦰩)은 고문체인데, 양(羊)이 생략되지 않은 모습이다. 독음은 기(己)와 력(力)의 반절이다.(𦰩, 自急敕也. 從羊省, 從包省. 從口, 口猶愼言也. 從羊, 羊與義, 善, 美同意. 凡茍之屬皆從茍. 𦰩, 古文羊不省. 己力切.)

- 경(敬: 金文 簡帛 古璽 漢印 石刻), '엄숙하다'는 뜻이다(肅也). 복(攴)이 의미부이고 경(茍)이 소리부이다. 독음은 거(居)와 경(慶)의 반절이다.(敬: 肅也. 從攴, 茍. 居慶切.)

물론, '문헌의 부족함'으로 인해 현재는 춘추 시기의 『논어』에서 공자의 귀신에 대한 태도, 즉 '귀신을 공경하되 멀리하라(敬鬼神而遠之)'고 했을 때의 '경(敬)'자에 실제로 어떤 자형을 사용했었는지 알

『설문해자』 인지분석

수 없다. 만약 지금 일반적으로 볼 수 있는 '존경(尊敬)'의 '경(敬)'자를 사용했다면, 이는 '조심스러운' 태도를 의미하며, '멀리하다'와 일정한 거리를 유지한 것은 그 본질과 형식이 일치한다 하겠다. 게다가 이는 선진 시대의 '경(敬)'자의 실제 사용과도 일치한다. 금문『상서』에서 '경(敬)'자는 빈도가 높은 글자로, 총 50여 차례 등장하는데, 대부분 '조심스러운' 감정 태도를 취한다. 예를 들어, 「여형(呂刑)」에서 "왕께서 말씀하셨다. 아! 공경하거라, 관리와 귀족과 백성들이여. 짐은 많이 두려워하고 있도다. 짐은 형벌의 부림에 조심하고 있노라. 덕이 있게 하는 것이 바로 형벌을 부림이다.(王曰: 嗚呼! 敬之哉, 官伯族姓. 朕言多懼, 朕敬於刑, 有德惟刑.)"라는 말에서 '공경하라(敬之)'는 것은 '신중하게 하라(愼之)'는 것을, '형벌의 부림에 조심하다(敬於刑)'는 것은 '형벌을 부림에 신중하라(愼於刑)'는 의미이다.

3. 심장과 뇌는 기능이 같고 "경계를 접하여 서로 넘나든다(接境交關)"

앞서 언급한 "한(恨, 𢙁)은 원망한다는 뜻이다(怨也). 심(心)이 의미부이고 간(艮)이 소리부이다", "회(悔, 𢙣)는 회한(悔恨)을 말한다. 심(心)이 의미부이고 매(每, 毎)가 소리부이다." 원망이 지나치면 후회와 증오가 뒤따른다. 『관추편』에서는 양(梁)나라 간문제(簡文帝)의 「회부(悔賦)」에 대해 이렇게 논의했다.

> 내 생각에, 이 작품은 강엄(江淹)의 「한부(恨賦)」와 같다고 생각된다. 후회와 미움은 항상 알맞게 언급되었으며 정감도 연결되었다 할 수 있지만 각각의 주안점을 갖고 있다. 대체로, 원망은 '유감'을 의미하

고, 후회는 '뒤 따르는 뉘우침'을 의미한다.(按謀篇與江淹『恨賦』同. 悔
之與恨, 詞每合擧, 情可通連, 而各有所主. 蓋恨曰"遺恨", 悔曰"追悔".)35)

　중국어에서는 어떤 감수성을 인지할 때, 심장과 뇌의 기능이 같다
고 여긴다. 예를 들면, '심장이 찢어질듯 머리가 아프다(痛心疾首)'에
서처럼 심장과 머리가 함께 언급되며, '마음이 괴롭고 생각이 혼란스
럽다(心煩意亂)'에서는 심장과 마음이 대치되는데……이러한 예들은
수없이 많다.

4. '조금 부끄럽다(小有懺焉)'

　「심(心)부수」에는 '참(懺)'자가 수록되지 않았는데, 『옥편·심(心)부수
』에서는 "참(懺)은 분노하다는 뜻이다(怒也)"라고 했다. 이렇게 볼 때
이 글자는 아마도 당나라 시대에 추가된 글자일 것이다. 전국시대 초
나라 죽간에서는 심(心)이 의미부이고 천(千)이 소리부인 구조를 사용
하여, '소우참안(少又悰安)'이라고 했는데, 이를 직역하면 '조금 부끄
럽다'라는 뜻이다. 우(又)와 유(有)는 고대 문헌에서 자주 통용되었다.
'참(悰)'자는 '년(年)'에서 소리부를 가져왔고, '년(年)'은 또 '천(千)'에서
소리부가 왔다. 그래서 '참(懺)'으로 쓸 수가 있었으며, 또 '안(安)'과
'언(焉)'과도 서로 통용할 수 있었다.
　『상해박물관 소장 전국시대 초 죽서』제1권 「공자시론(孔子詩論)」
의 8번째 죽간에서 언급한 내용은 현존하는 『모시(毛詩)』의 편차와
비교하여 볼 때 소위 '소아(小雅)'라 불리는 부분이다(죽간에서는 '소
하(小夏)'라 했다).

---

35) 『관추편』卷四, 1387쪽.

　　　　　　　　　　　　　　　　　　　『설문해자』인지분석

"소매다의의(少哎多疑矣), 언부중지자야(言不中志者也)."(「소매」편에서 '의심이 많구나'라고 했는데, 이는 뜻에 맞지 않음을 말한 것이다.)에 대해서 이 책의 편집자는 이렇게 해석했다. '소매(少哎)'는 『소아(小雅)·소민(小旻)』을 말한다. 죽간의 원문에서는 심(心)과 의(矣)로 구성된 구조로 되었는데, 책의 편집자는 이를 '의(疑)'자로 읽었다. 『설문·심(心)부수』에서 '애(懝)'를 "어리석다는 뜻이다(駭也), 심(心)의 의미부이고 의(疑)가 소리부인데, 의(疑)는 소리부도 겸한다. 일설에는 당황하다는 뜻이다(惶也)라고도 한다."라고 했다.

『전례만상명의·심(心)부수』에서 "애(懝)는 우(牛)와 력(力)의 반절로 읽히는데, 의심하다는 뜻이다(疑也)."라고 했다. 『옥편·심(心)부수』에서는 심(心)이 아래에 놓인 상하구조의 형체를 수록하였는데, "당황하다는 뜻이다(惶也), 병을 말한다(病也), 어리석다는 뜻이다(駭也)."라고 했다. 『집운·대(代)운』에서는 이 구조를 '애(懝)'의 혹체자로 간주하며 "애(懝)는 우(牛)와 대(代)의 반절로 읽힌다. 『설문』에서는 어리석다는 뜻이며(駭也), 일설에는 '당황하다는 뜻이다(惶也).'라고 했다 혹체에서는 애(懸)로 적기도 한다."라고 했다.

필자의 생각으로는, 현재 『모시(毛詩)』의 「소민(小旻)」의 내용으로 볼 때, 전체적으로 '당혹스런'한 심리 상태를 반영하고 있는데, 주나라 임금이 사악한 것에 미혹되었기 때문에 공자가 '의도와 맞지 않음을 말한다.'라는 평가를 했던 것이다. 이와 비교하면, 『모시·서(序)』에서 주장한 "대부가 유왕(幽王)을 비판한 것이다"라는 해석은, 간독문에서 반영된 공자의 평가에 비해 훨씬 덜 명확하고 덜 직접적이라는 것을 알 수 있다.

"少口爪(其)言不亞(惡), 少又怿安.(「소아」는 말이 나쁘지는 않지만, 약

간 분노가 느껴진다.)"

책의 편집자는 이 부분에 대해서 간독문 원문을 의심하고 재검토할
필요가 있다고 생각했다. 그들에 따르면, '소□(少□)'는『시경』의 한
편명으로 추측되는데, 현존하는『시경』에서는 이 부분이 이미 삭제되
었을 것이라고 여겼다. 그러므로 현대어로 해석하면 "「소아」는 말이
나쁘지는 않지만, 조금의 분노가 그 속에 들어 있다."라고 번역할 수
있을 것이다. 만약 이러한 추측이 기본적으로 성립된다면, 이 편의 내
용은 현재 우리가 보는『소아』의 시들보다 더욱 '격정적'이었을 것이
다. 공자의 '시교(詩教)'의 기본적인 주제는 "원망스럽지만 화내지 않
고, 슬프지만 상처받지 않고, 즐겁지만 방탕하지 않는다.(怨而不怒, 哀
而不傷, 樂而不淫.)"라는 것이었으며, 이를 통해 '온화하고 도타운(溫柔
敦厚)' 중화(中和)의 아름다움을 달성하는데 있었다. 그렇다면 이 간독
문을 바탕으로 이 편이 공자의 기본적인 시학 원칙과 크게 어긋나기
때문에 정리 과정에서 삭제되었을 것이라고 추측할 수 있다.36)

5. '빠르고 느림(快慢)': 시간상의 심리적 인지경험

위에서 언급한 것처럼 "쾌(快, 𢙳)는 기쁨(喜)을 의미하며, 심(心)이
의미부이고 쾌(夬)가 소리부이다." 그리고 "만(慢, 𢢔)은 나태함(惰)을
의미하며, 심(心)이 의미부이고 만(曼)이 소리부이다. 일설에는 만(慢)
이 무서워하지 않음(不畏)을 말한다고도 한다." 중국어에서 '사고의
민첩성(思維敏捷)'을 묘사할 때, 심리적인 시간인 '즐거움과 기쁨(欣悅
愉快)'은 종종 서로 작용한다. 중국어의 역사에서 특정한 시간과 공간

---

36) 臧克和,『簡帛與學術』, "楚簡及『詩』"(大象出版社, 2008).

에서 '빠름'과 '좋음'은 서로 바꿀 수 있으며, 그 기능이 동일했다.

부록 2:

「멱(糸)부수」의 비교

대서본 『설문·멱(糸)부수』에는 총 258자(한나라 때의 허신 원문은 249자, 대서본 신부에 9자가 추가 수록됨)가 수록되어 있으며, 『전례만상명의·멱 (糸)부수』에는 346자가 기록되어 있다. 당나라에서 추가된 이후의 『송본옥편·멱(糸)부수』에서는 413자가 수록되었으며, 송나라 때의 『유편·멱(糸)부수』에서는 508자에 이르렀다. 이러한 구조는 두 가지 명확한 특징을 보여준다. 첫째, 고대의 분류는 '사물의 색깔(物色)'에 의존했으며, 다양하게 인지한 각종 색상의 이름은 멱(糸) 부류의 섬유에 의존했다. 둘째, 「멱(糸)부수」의 구조는 인간의 심리적 사고 상태와 인지학적으로 '이질적이지만 동일한 구조(異質同構)'의 연관성을 구현하고 있다.

먼저, 『설문』의 「멱(糸)부수」 및 관련 부수 귀속자를 통합하여 살펴보자.

001 糸: 細絲也. 象束絲之形. 凡糸之屬皆從糸. 讀若覛. 狼, 古文糸. 莫狄切.

멱(糸, ██████甲骨██████金文██古幣), '가는 실(細絲)'을 말한다. 비단 실타래를 묶어 놓은 모습을 그렸다(束絲之形). 멱(糸)부수에 귀속된 글자들은 모두 멱(糸)이 의미부이다. 맥(覛)과 같이 읽는다. 멱(𢆯)은 멱(糸)의 고문체이다. 독음은 막(莫)과 적

『설문해자』 인지분석

(狄)의 반절이다.

002 繭: 蠶衣也. 從糸從虫, 芇省. 𧎾, 古文繭從糸, 見. 古典切.

  견(繭: 𦃃簡牘文), '누에고치(蠶衣)'를 말한다. 멱(糸)이 의미부이고 충(虫)과 치(芇)의 생략된 모습도 의미부이다. 견(𧎾)은 견(繭)의 고문체인데, 멱(糸)과 견(見)으로 구성되었다. 독음은 고(古)와 전(典)의 반절이다.

003 繅: 繹繭爲絲也. 從糸巢聲. 穌遭切.

  소(繅), '누에고치를 뽑아 실을 만들다(繹繭爲絲)'라는 뜻이다. 멱(糸)이 의미부이고 소(巢)가 소리부이다. 독음은 소(穌)와 조(遭)의 반절이다.

004 繹: 抽絲也. 從糸睪聲. 羊益切.

  역(繹), '실을 뽑아내다(抽絲)'라는 뜻이다. 멱(糸)이 의미부이고 역(睪)이 소리부이다. 독음은 양(羊)과 익(益)의 반절이다.

005 緒: 絲耑也. 從糸者聲. 徐呂切.

  서(緒), '실의 끝부분(絲耑)'을 말한다. 멱(糸)이 의미부이고 자(者)가 소리부이다. 독음은 서(徐)와 려(呂)의 반절이다.

006 緬: 微絲也. 從糸面聲. 弭沇切.

  면(緬), '미세한 실(微絲)'을 말한다. 멱(糸)이 의미부이고 면(面)이 소리부이다. 독음은 미(弭)와 연(沇)의 반절이다.

007 純: 絲也. 從糸屯聲. 『論語』曰: "今也純, 儉." 常倫切.

  순(純: 𦃣金文 𦃣 𦃣 𦃣 𦃣簡帛 𦃣石刻), '비단실(絲)'을 말한다. 멱(糸)이 의미부이고 둔(屯)이 소리부이다. 『논어·자한(子罕)』에서 "오늘날 [의식용 모자를 만드는데] 생사를 사용하는 것은 검소함을 따랐기 때문이다.(今也純, 儉.)"라고 했다. 독음은 상(常)과 륜(倫)의 반절이다.

008 綃: 生絲也. 從糸肖聲. 相幺切.

  초(綃), '[삶지 않은] 생사(生絲)'를 말한다. 멱(糸)이 의미부이고 초

(肖)가 소리부이다. 독음은 상(相)과 요(幺)의 반절이다.

009 繰: 大絲也. 從糸皆聲. 口皆切.

개(緒), '굵은 실(大絲)'을 말한다. 멱(糸)이 의미부이고 개(皆)가 소
리부이다. 독음은 구(口)와 개(皆)의 반절이다.

010 絖: 絲曼延也. 從糸巟聲. 呼光切.

황(絖), '길게 늘어진 실(絲曼延)'을 말한다. 멱(糸)이 의미부이고 황
(巟)이 소리부이다. 독음은 호(呼)와 광(光)의 반절이다.

011 紇: 絲下也. 從糸气聲.『春秋傳』有臧孫紇. 下沒切.

흘(紇), '질이 떨어지는 비단실(絲下)'을 말한다. 멱(糸)이 의미부이
고 기(气)가 소리부이다.『춘추전』(『좌전』 양공 23년, B.C. 550)에
장손흘(臧孫紇)이라는 사람이 보인다. 독음은 하(下)와 몰(沒)의
반절이다.

012 紙: 絲滓也. 從糸氐聲. 都兮切.

저(紙), '실의 찌꺼기(絲滓)'를 말한다. 멱(糸)이 의미부이고 저(氐)가
소리부이다. 독음은 도(都)와 혜(兮)의 반절이다.

013 絓: 繭滓絓頭也. 一曰以囊絮練也. 從糸圭聲. 胡卦切.

괘(絓), '누에고치의 찌꺼기가 머리에 걸린 것(繭滓絓頭)'을 말한
다.[37] 일설에는 '포대에 실이나 솜을 넣어 깨끗하게 빠는 것(以
囊絮練)'을 말한다고도 한다. 멱(糸)이 의미부이고 규(圭)가 소리
부이다. 독음은 호(胡)와 괘(卦)의 반절이다.

014 繹: 絲色也. 從糸樂聲. 以灼切.

약(繹), '색을 입힌 비단실(絲色)'을 말한다. 멱(糸)이 의미부이고 악
(樂)이 소리부이다. 독음은 이(以)와 작(灼)의 반절이다.

---

37) [역주]『단주』에서 이렇게 말했다. "이는 고치를 켤 때 고치실에 매듭이 지어
져, 엉기는 것이 생기는 것을 말한다(繅時繭絲成結, 有所絓礙). 여공이 실잣기
를 마친 후 따로 정리하여 사용했기에, 이로부터 걸리다(挂礙)는 의미로 쓰이
게 되었다.『집운(集韻)』이나『유편(類篇)』 등에서 모두 '繭滓也, 一曰絓頭.'라
고 했는데 이는 고본(古本)을 인용한 것이다. '一曰絓頭'라고 한 것은 '일명 괘
두라고 한다(一名絓頭)는 뜻이다."

015 縗: 著絲於筟車也. 從糸崔聲. 穌對切.

쇄(縗), '물레에 실을 얹는 것(著絲於筟車)'을 말한다. 멱(糸)이 의미
부이고 최(崔)가 소리부이다. 독음은 소(穌)와 대(對)의 반절이다.

016 經: 織也. 從糸巠聲. 九丁切.

경(經: 平 經 經金文 經經經簡牘文), '베를 짤 때의 날줄(織)'
을 말한다.38) 멱(糸)이 의미부이고 경(巠)이 소리부이다. 독음은
구(九)와 정(丁)의 반절이다.

017 織: 作布帛之總名也. 從糸戠聲. 之弋切.

직(織: 金文 簡牘文), '베나 비단의 총칭(作布帛之總名)'이다.
멱(糸)이 의미부이고 시(戠)가 소리부이다. 독음은 지(之)와 익(弋)
의 반절이다.

018 絉: 樂浪挈令, 織, 從糸從式.

식(絉), '낙랑(樂浪) 지역에서는 나무판에다 새겨 둔 법령(挈令)'에
서 직(織)자를 [식(絉)자로] 썼는데39), 멱(糸)이 의미부이고 식(式)
도 의미부이다.

019 絍: 機縷也. 從糸壬聲. 絍, 絍或從任. 如甚切.

---

38) [역주] 『단주』에서 『태평어람(太平御覽)』(권826)에 근거해 볼 때 '從絲' 두 글
자를 보충해 '織從絲也'가 되어야 한다고 했다. 그래야만 정확한 해석이 된다.
'從絲'는 '세로줄' 즉 '날줄'을 말한다.

39) [역주] 『단주』에서 이렇게 말했다. "낙랑(樂浪)은 한(漢)나라의 유주(幽州)에 속
하는 군(郡) 이름이다. 결령(挈令)에 대해서는 『한서·장탕전(張湯傳)』에 '정위
결령(廷尉挈令)'이라는 말이 있는데, 위소(韋昭)의 주석에서 나무판자에 글을
새기다는 뜻이라고 했다(在板挈也). 『후한서·응소전(應劭傳)』에서는 '정위판령
(廷尉板令)'이라 했고, 『사기』에서는 혈령(絜令)으로 적기도 했다. 『한서·연왕
단전(燕王旦傳)』에서는 또 '광록결령(光祿挈令)'이라 했는데, 결(挈)은 계(絜)가
되어야 옳다. 계(絜)는 새기다(刻)는 뜻이다. 낙랑군(樂浪郡)에서 나무판에 새겨
둔 법령(絜於板之令)이라는 말이다. 거기서는 직(織)자를 이렇게 썼다는 말이
다. 이렇게 기록해 둔 것은 글자가 육서의 법칙에는 분명히 부합하나 그렇게
사용할 수 없는 것이기 때문이었다. 이는 한나라 때의 법령(漢令)에서 력(鬲)자
를 력(歷)으로 적었다 기록해 둔 것과 같은 이치이다."

임(絍), '베틀로 베를 짜다(機縷)'라는 뜻이다. 멱(糸)이 의미부이고 임(壬)이 소리부이다. 임(𦃇)은 임(絍)의 혹체자인데, 임(任)으로 구성되었다. 독음은 여(如)와 심(甚)의 반절이다.

020 綜 : 機縷也. 從糸宗聲. 子宋切.

종(綜), '실을 교차시켜 베를 짜다(機縷)'라는 뜻이다.[40] 멱(糸)이 의미부이고 종(宗)이 소리부이다. 독음은 자(子)와 숭(宋)의 반절이다.

021 綹 : 緯十縷爲綹. 從糸咎聲. 讀若柳. 力久切.

류(綹), '열 가닥의 실로 꼰 끈(緯十縷)을 류(綹)라고 한다.' 멱(糸)이 의미부이고 구(咎)가 소리부이다. 류(柳)와 같이 읽는다. 독음은 력(力)과 구(久)의 반절이다.

022 緯 : 織橫絲也. 從糸韋聲. 云貴切.

위(緯: 𤕟𤕟簡牘文), '베를 짤 때의 씨줄, 즉 가로줄(織橫絲)'을 말한다. 멱(糸)이 의미부이고 위(韋)가 소리부이다. 독음은 운(云)과 귀(貴)의 반절이다.

023 緷 : 緯也. 從糸軍聲. 王問切.

혼(緷), '베를 짤 때의 씨줄(緯)'을 말한다. 멱(糸)이 의미부이고 군(軍)이 소리부이다. 독음은 왕(王)과 문(問)의 반절이다.

024 繢 : 織餘也. 從糸貴聲. 胡對切.

회(繢), '베를 짜고 남은 자투리(織餘)'를 말한다.[41] 멱(糸)이 의미부

---

40) [역주] 『단주』에서 이렇게 말했다. "이는 삼실로 만드는 포(布)와 비단실로 만드는 백(帛)을 겸해서 하는 말이기도 하다. 현응(玄應)의 책(『일체경음의』)에서 『설문』을 인용하여 '기루를 말한다(機縷也)라고 했는데, 기루(機縷)는 실을 가지고 교차되게 짜는 것을 말한다고 했다.……또 『삼창(三倉)』을 인용하여 종(綜)은 날줄을 갈무리하다(理經)는 뜻이라고 했는데, 이는 기루(機縷)가 실로 서로 교차되게 짜는 것임을 말해 준다. 줄(繩)을 굽혀 날줄(經)을 갈무리하고 그것으로 하여금 열거나 합치게(開合) 할 수 있게 했다. 지금도 이를 종(綜)이라 한다. 여기서 파생되어 겸종(兼綜, 종합하다)이나 착종(錯綜, 뒤엉키다)의 뜻도 나오게 되었다."

41) [역주] 『단주』에서는 여기에 '一曰畫也(일설에는 밑그림을 말한다고도 한다)'라는 말을 『운회(韻會)』에 근거해 보충해 넣었다. 그리고 이렇게 말했다. "지금

『설문해자』 인지분석

이고 귀(貴)가 소리부이다. 독음은 호(胡)와 대(對)의 반절이다.

025 統 : 紀也. 從糸充聲. 他綜切.

통(統), '실의 벼리(紀)'를 말한다. 멱(糸)이 의미부이고 충(充)이 소
리부이다. 독음은 타(他)와 종(綜)의 반절이다.

026 紀 : 絲別也. 從糸己聲. 居擬切.

기(紀), '실의 다른 쪽 벼리(絲別)'를 말한다. 멱(糸)이 의미부이고
기(己)가 소리부이다. 독음은 거(居)와 의(擬)의 반절이다.

027 繈 : 牷纇也. 從糸強聲. 居兩切.

강(繈), '거칠게 짠 실(牷纇)'을 말한다. 멱(糸)이 의미부이고 강(強)
이 소리부이다. 독음은 거(居)와 량(兩)의 반절이다.

028 纇 : 絲節也. 從糸頪聲. 盧對切.

뢰(纇), '실의 마디(絲節)'를 말한다. 멱(糸)이 의미부이고 뢰(頪)가
소리부이다. 독음은 로(盧)와 대(對)의 반절이다.

029 紿 : 絲勞卽紿. 從糸台聲. 徒亥切.

태(紿), '실이 낡은 것을 태(紿)라고 한다(絲勞卽紿).'[42] 멱(糸)이 의미
부이고 태(台)가 소리부이다. 독음은 도(徒)와 해(亥)의 반절이다.

030 納 : 絲溼納納也. 從糸內聲. 奴荅切.

납(納: **甲骨文** **金文** **簡牘文** **石刻古文**), '실이 습기
를 먹어 축축함(絲溼納納)'을 말한다. 멱(糸)이 의미부이고 내(內)
가 소리부이다. 독음은 노(奴)와 답(荅)의 반절이다.

031 紡 : 網絲也. 從糸方聲. 妃兩切.

전하는 소서(小徐, 서개)의 『계전(繫傳)』본에서는 이 부분이 모두 빠졌다. 그러
나 황공소(黃公紹)가 『운회(韻會)』를 편찬할 때만 해도 아직 이 말이 존재했었
다. 이로부터 소서본에 원래 이 네 글자가 있었음을 알 수 있다."

42) [역주] 『단주』에서 이렇게 말했다. "즉(卽)은 즉(則)이 되어야 옳다. 고서에서
즉(卽)과 즉(則)은 자주 잘못 쓰이곤 한다. '絲勞敝則爲紿(실이 낡으면 紿가 된
다)'라고 했는데, 태(紿)는 사람이 게으른 것처럼 느슨해짐(怠)을 말한다. 옛날
에는 자주 이(詒)로 가차되기도 했는데, 언(言)부수에서 이(詒)는 상대를 속이
다(相欺詒)는 뜻이라고 했다."

방(紡), ‘비단실로 짠 그물(網絲)’을 말한다.[43] 멱(糸)이 의미부이고
방(方)이 소리부이다. 독음은 비(妃)와 량(兩)의 반절이다.

032 絕 : 斷絲也. 從糸從刀從卩. 𢇍, 古文絕. 象不連體, 絕二絲. 情雪切.

절(絕) 金文 簡牘文), ‘실을 잘라 끊다(斷絲)’라는 뜻이다. 멱
(糸)이 의미부이고 도(刀)도 의미부이고 절(卩)도 의미부이다. 절
(𢇍)은 절(絕)의 고문체인데, 물체가 끊긴 모습을 그렸으며, 두
가닥의 실을 끊은 모습이다. 독음은 정(情)과 설(雪)의 반절이다.

033 繼 : 續也. 從糸, 㡭. 一日反𢇍爲繼. 古詣切.

계(繼) 金文 簡牘文), ‘이어지게 하다(續)’라는 뜻이다. 멱(糸)
과 계(㡭)가 모두 의미부이다. 일설에는 단(𢇍)을 반대로 뒤집은
것이 계(繼)라고도 한다. 독음은 고(古)와 예(詣)의 반절이다.

034 續 : 連也. 從糸賣聲. 𧶠, 古文續從庚, 貝. 臣鉉等日: 今俗作古行
切. 似足切.

속(續), ‘연결하다(連)’라는 뜻이다. 멱(糸)이 의미부이고 육(賣)이
소리부이다. 속(𧶠)은 속(續)의 고문체인데, 경(庚)과 패(貝)로
구성되었다. 신(臣) 정현 등은 이렇게 생각합니다. “오늘날의 세
속에서는 고(古)와 행(行)의 반절로 읽습니다. 독음은 사(似)와 족
(足)의 반절이다.

035 纘 : 繼也. 從糸贊聲. 作管切.

찬(纘), ‘잇다(繼)’라는 뜻이다. 멱(糸)이 의미부이고 찬(贊)이 소리부
이다. 독음은 작(作)과 관(管)의 반절이다.

036 紹 : 繼也. 從糸召聲. 一日紹, 緊糾也. 𦂤, 古文紹從邵. 市沼切.

소(紹), ‘잇다(繼)’라는 뜻이다. 멱(糸)이 의미부이고 소(召)가 소리부
이다. 일설에는 소(紹)를 단단하게 묶다(緊糾)는 뜻으로 풀이하기

---

43) [역주]『단주』에서는 ‘網絲也’로는 의미가 통하지 않는다고 하면서 ‘紡絲也’로
고쳤다. 그리고 이렇게 말했다. “당나라 판본에서는 망(網)을 요(拗)로 적었는
데 더욱 오류이다. 지금 고쳐 쓴 ‘紡絲也’는 오늘날 사용하는 말이다.” ‘紡絲
也’가 되면 ‘실을 자다는 뜻이다’가 되어 매우 자연스럽다.

도 한다. 소(𢇅)는 소(紹)의 고문체인데, 소(邵)로 구성되었다. 독음은 시(市)와 소(沼)의 반절이다.

037 繐: 偏緩也. 從糸羨聲. 昌善切.

천(繐), '한쪽으로 치우쳐 늘어지다(偏緩)'라는 뜻이다. 멱(糸)이 의미부이고 선(羨)이 소리부이다. 독음은 창(昌)과 선(善)의 반절이다.

038 綎: 緩也. 從糸盈聲. 讀與聽同. 綎, 綎或從呈. 他丁切.

정(綎), '느슨하다(緩)'라는 뜻이다. 멱(糸)이 의미부이고 영(盈)이 소리부이다. 청(聽)과 똑같이 읽는다. 정(綎)은 정(綎)의 혹체자인데, 정(呈)으로 구성되었다. 독음은 타(他)와 정(丁)의 반절이다.

039 縱: 緩也. 一曰舍也. 從糸從聲. 足用切.

종(縱), '느슨하다(緩)'라는 뜻이다. 일설에는 '버리다(舍)'는 뜻이라고도 한다. 멱(糸)이 의미부이고 종(從)이 소리부이다. 독음은 족(足)과 용(用)의 반절이다.

040 紓: 緩也. 從糸予聲. 傷魚切.

서(紓), '느슨하다(緩)'라는 뜻이다. 멱(糸)이 의미부이고 여(予)가 소리부이다. 독음은 상(傷)과 어(魚)의 반절이다.

041 繎: 絲勞也. 從糸然聲. 如延切.

연(繎), '실이 엉켜 정리하기가 힘들다(絲勞)'라는 뜻이다.[44] 멱(糸)이 의미부이고 연(然)이 소리부이다. 독음은 여(如)와 연(延)의 반절이다.

042 紆: 詘也. 從糸于聲. 一曰縈也. 億俱切.

우(紆), '[실이] 구불구불하다(詘)'라는 뜻이다. 멱(糸)이 의미부이고 우(于)가 소리부이다. 일설에는 '얽히다(縈)'라는 뜻이라고도 한

---

44) [역주] 『단주』에서 이렇게 말했다. "노(勞)를 『옥편(玉篇)』에서는 영(縈)으로 적었는데, 『옥편』이 맞다. 다음에 이어지는 우(紆)자와 의미가 비슷하기 때문이다. 혹자는 영(縈)자가 왜 여기에 배열되지 않았는가라고 묻기도 한다. 그것은 바로 뒤에서 나오는 쟁(絣)이나 영(縈)자 등은 끈(繩)이라는 의미와 관련되었고, 여기서 말하는 연(繎)이나 우(紆)는 실(絲)이라는 의미와 관련되었기 때문이다. 『광운(廣韻)』에서는 '실이 느슨해진 모양(絲勞兒)을 말한다'라고 했다."

다. 독음은 억(億)과 구(俱)의 반절이다.

043 綆: 直也. 從糸㚖聲. 讀若陘. 胡頂切.

행(綆), '[실이] 곧다(直)'라는 뜻이다. 멱(糸)이 의미부이고 행(㚖)이 소리부이다. 형(陘)과 같이 읽는다. 독음은 호(胡)와 정(頂)의 반절이다.

044 纖: 細也. 從糸韱聲. 息廉切.

섬(纖), '[실이] 가늘다(細)'라는 뜻이다. 멱(糸)이 의미부이고 섬(韱)이 소리부이다. 독음은 식(息)과 렴(廉)의 반절이다.

045 細: 微也. 從糸囟聲. 穌計切.

세(細: 𢇬簡牘文), '[실이] 가늘다(微)'라는 뜻이다. 멱(糸)이 의미부이고 신(囟)이 소리부이다. 독음은 소(穌)와 계(計)의 반절이다.

046 縟: 旄絲也. 從糸苗聲. 『周書』曰: "惟縟有稽." 武儦切.

묘(縟), '깃대 장식에 쓰는 가는 실(旄絲)'을 말한다. 멱(糸)이 의미부이고 묘(苗)가 소리부이다. 『서·주서·여형(呂刑)』에서 "[여러 범죄자들을 조사할 때에는] 잘 심문하고 또 잘 따져 보시오(惟縟有稽)"라고 했다. 독음은 무(武)와 표(儦)의 반절이다.

047 縒: 參縒也. 從糸差聲. 楚宜切.

착(縒), '가지런하지 않다(參縒)'라는 뜻이다. 멱(糸)이 의미부이고 차(差)가 소리부이다. 독음은 초(楚)와 의(宜)의 반절이다.

048 繙: 冕也. 從糸番聲. 附袁切.

번(繙), '뒤엉키다(冕)'라는 뜻이다.45) 멱(糸)이 의미부이고 번(番)이 소리부이다. 독음은 부(附)와 원(袁)의 반절이다.

049 縮: 亂也. 從糸宿聲. 一曰蹴也. 所六切.

축(縮), '엉키어 어지럽다(亂)'라는 뜻이다. 멱(糸)이 의미부이고 숙

---

45) [역주] 왕균의 『구두』에 의하면 면(冕)은 원(冤)이 되어야 옳으며, 앞의 표제자와 연이어 번원(繙冤)으로 읽어야 하며, 뒤엉키다는 뜻이라고 했다. 『단주』에서는 이렇게 말했다. "『옥편(玉篇)』에서 번(繙)은 원통하다(冤)는 뜻이라고 했다. 『집운(集韻)』에서 인용한 『설문』에서도 마찬가지이다. 아마도 번(繙)자가 중복되었기에 삭제했을 것인데, 번원(繙冤)이 첩운임을 알지 못했던 것이다."

『설문해자』인지분석

(宿)이 소리부이다. 일설에는 '밟다(蹴)'라는 뜻이라고도 한다. 독
음은 소(所)와 륙(六)의 반절이다.

050 紊 : 亂也. 從糸文聲. 『商書』曰: "有條而不紊." 亡運切.

문(紊), '엉키어 어지럽다(亂)'라는 뜻이다. 멱(糸)이 의미부이고 문
(文)이 소리부이다. 『상서·반경(盤庚)』에서 "조리가 있어 어지럽지
않다(有條而不紊)"라고 했다. 독음은 망(亡)과 운(運)의 반절이다.

051 級 : 絲次弟也. 從糸及聲. 居立切.

급(級), '실의 등급(絲次弟)'을 말한다. 멱(糸)이 의미부이고 급(及)이
소리부이다. 독음은 거(居)와 립(立)의 반절이다.

052 總 : 聚束也. 從糸悤聲. 作孔切.

총(總: **紓 紓**簡牘文), '한데 모아서 묶다(聚束)'라는 뜻이다. 멱(糸)
이 의미부이고 총(悤)이 소리부이다. 독음은 작(作)과 공(孔)의 반
절이다.

053 𦈡 : 約也. 從糸具聲. 居玉切.

국(𦈡), '묶다(約)'라는 뜻이다. 멱(糸)이 의미부이고 구(具)가 소리부
이다. 독음은 거(居)와 옥(玉)의 반절이다.

054 約 : 纏束也. 從糸勺聲. 於略切.

약(約), '감아서 묶다(纏束)'라는 뜻이다. 멱(糸)이 의미부이고 작(勺)
이 소리부이다. 독음은 어(於)와 략(略)의 반절이다.

055 繚 : 纏也. 從糸尞聲. 盧鳥切.

료(繚), '감다(纏)'라는 뜻이다. 멱(糸)이 의미부이고 료(尞)가 소리
부이다. 독음은 로(盧)와 조(鳥)의 반절이다.

056 纏 : 繞也. 從糸廛聲. 直連切.

전(纏), '얽어 묶다(繞)'라는 뜻이다. 멱(糸)이 의미부이고 전(廛)이
소리부이다. 독음은 직(直)과 련(連)의 반절이다.

057 繞 : 纏也. 從糸堯聲. 而沼切.

요(繞), '감다(纏)'라는 뜻이다. 멱(糸)이 의미부이고 요(堯)가 소리부

이다. 독음은 이(而)와 소(沼)의 반절이다.

058 紾 : 轉也. 從糸㐱聲. 之忍切.

진(紾), '돌려 꼬다(轉)'라는 뜻이다. 멱(糸)이 의미부이고 진(㐱)이 소리부이다. 독음은 지(之)와 인(忍)의 반절이다.

059 繯 : 落也. 從糸睘聲. 胡畎切.

환(繯), '실을 꼬아서 땋다(落)'라는 뜻이다.46) 멱(糸)이 의미부이고 경(睘)이 소리부이다. 독음은 호(胡)와 견(畎)의 반절이다.

060 辮 : 交也. 從糸辡聲. 頻犬切.

변(辮), '교차시켜 땋다(交)'라는 뜻이다. 멱(糸)이 의미부이고 변(辡)이 소리부이다. 독음은 빈(頻)과 견(犬)의 반절이다.

061 結 : 締也. 從糸吉聲. 古屑切.

결(結), '맺다(締)'라는 뜻이다. 멱(糸)이 의미부이고 길(吉)이 소리부이다. 독음은 고(古)와 설(屑)의 반절이다.

062 縎 : 結也. 從糸骨聲. 古忽切.

골(縎), '매듭을 지우다(結)'라는 뜻이다. 멱(糸)이 의미부이고 골(骨)이 소리부이다. 독음은 고(古)와 홀(忽)의 반절이다.

063 締 : 結不解也. 從糸帝聲. 特計切.

체(締), '풀리지 않게 매듭을 지우다(結不解)'라는 뜻이다. 멱(糸)이 의미부이고 제(帝)가 소리부이다. 독음은 특(特)과 계(計)의 반절이다.

064 縛 : 束也. 從糸專聲. 符钁切.

박(縛), '묶다(束)'라는 뜻이다. 멱(糸)이 의미부이고 부(專)가 소리부이다. 독음은 부(符)와 곽(钁)의 반절이다.

---

46) [역주] 『단주』에 의하면, "락(落)은 오늘날의 락(絡)자이다. 옛날에는 락(落)을 빌려와서 썼고 락(絡)으로 쓰지는 않았다. 포락(包絡: 실을 꼬아서 땋다)을 말한다. 『장자(莊子)』의 '낙마수(落馬首)', 『한서(漢書)』의 '호락(虎落)'도 모두 락(落)으로 적었다. 나뭇잎이 떨어진다는 것(木落)은 바로 사물이 성장했음의 상징이다(物成之象). 그래서 낙성(落成)이라 하고, 포락(包落)이라 한다. 모두 성취(成就)라는 의미를 가져왔다."

065 繃 : 束也. 從糸崩聲.『墨子』曰: "禹葬會稽, 桐棺三寸, 葛以繃之."
補盲切.

붕(繃), '묶다(束)'라는 뜻이다. 멱(糸)이 의미부이고 붕(崩)이 소리부
이다.『묵자절장(節葬)』에서 "우 임금을 회계에 장사지냈는데,
오동나무로 만든 관의 두께가 세 치였고, 칡넝쿨로 묶었다.(禹葬
會稽, 桐棺三寸, 葛以繃之.)"라고 했다. 독음은 보(補)와 맹(盲)의 반
절이다.

066 綵 : 急也. 從糸求聲.『詩』曰: "不競不絿." 巨鳩切.

구(絿), '조급하다(急)'라는 뜻이다. 멱(糸)이 의미부이고 구(求)가 소
리부이다.『시·상송·장발(長發)』에서 "다투지도 않고 서두르지도
않네(不競不絿)"라고 노래했다. 독음은 거(巨)와 구(鳩)의 반절이다.

067 絅 : 急引也. 從糸同聲. 古熒切.

경(絅), '급하게 끌어당기다(急引)'라는 뜻이다. 멱(糸)이 의미부이고
경(同)이 소리부이다. 독음은 고(古)와 형(熒)의 반절이다.

068 紖 : 散絲也. 從糸辰聲. 匹卦切.

패(紖), '흐트러진 실(散絲)'을 말한다. 멱(糸)이 의미부이고 파(辰)
가 소리부이다. 독음은 필(匹)과 패(卦)의 반절이다.

069 纝 : 不均也. 從糸贏聲. 力臥切.

라(纝), '고르지 않다(不均)'라는 뜻이다. 멱(糸)이 의미부이고 리(贏)
가 소리부이다. 독음은 력(力)과 와(臥)의 반절이다.

070 給 : 相足也. 從糸合聲. 居立切.

급(給: **羚 絟** 簡牘文), '상대를 풍족하게 해주다(相足)'라는 뜻이
다.[47] 멱(糸)이 의미부이고 합(合)이 소리부이다. 독음은 거(居)와

---

47) [역주]『단주』에서 이렇게 말했다. "다른 사람 밑에 사는 것에 만족하려면 반
드시 그 사람이 풍족해야 하고 그런 다음에 전체가 온전해질 수 있는 법이다
(足居人下, 人必有足而後體全). 그래서 완족(完足, 완전무결하다)이라는 단어가
나왔다. 상족(相足)은 저들이 부족한 것을 여기서 풍족하게 해주다는 뜻이다.
그래서 합(合)이 의미부로 들게 되었다." 그러나 서호(徐灝)의『설문해자주전
(說文解字注箋)』에서는 '끊어진 실(糸)을 연결하여 이어 붙여 합치다(合)는 뜻'

립(立)의 반절이다.

071 綝: 止也. 從糸林聲. 讀若郴. 丑林切.

침(綝), '그치게 하다(止)'라는 뜻이다. 멱(糸)이 의미부이고 림(林)이 소리부이다. 침(郴)과 같이 읽는다. 독음은 축(丑)과 림(林)의 반절이다.

072 縪: 止也. 從糸畢聲. 卑吉切.

필(縪), '그치게 하다(止)'라는 뜻이다. 멱(糸)이 의미부이고 필(畢)이 소리부이다. 독음은 비(卑)와 길(吉)의 반절이다.

073 紈: 素也. 從糸丸聲. 胡官切.

환(紈), '흰 비단(素)'을 말한다. 멱(糸)이 의미부이고 환(丸)이 소리부이다. 독음은 호(胡)와 관(官)의 반절이다.

074 終: 絿絲也. 從糸冬聲. 𡴀, 古文終. 職戎切.

종(終), '급하게 묶다(絿絲)'라는 뜻이다.48) 멱(糸)이 의미부이고 동(冬)이 소리부이다. 종(𡴀)은 종(終)의 고문체이다. 독음은 직(職)과 융(戎)의 반절이다.

075 緝: 合也. 從糸從集. 讀若捷. 姊入切.

집(緝), '합하다(合)'라는 뜻이다. 멱(糸)이 의미부이고 집(集)도 의미부이다. 첩(捷)과 같이 읽는다. 독음은 자(姊)와 입(入)의 반절이다.

이라고 했고, 주준성의 『설문통훈정성』에서도 '서로 이어붙이다'는 뜻으로 해석해, 단옥재와 견해를 달리 했다.

48) [역주] 『단주』에서는 이렇게 말했다. "구(絿)자는 오류일 것이라 생각한다. 아마도 다음에 이어지는 글자, 즉 집(緝)자가 잘못 들어온 것일 것이다. 서로 잇게 하다(相屬)는 뜻을 가져온 것이다. 『광운(廣韻)』에서 종(終)은 극(極, 다하다)의 뜻이고, 궁(窮, 다하다)의 뜻이고, 경(竟, 다하다)의 뜻이라고 했다. 종(終)은 동(冬)으로 써야 할 것이다. 동(冬)은 사계절이 끝나는 계절이다. 그래서 '다하다'라는 뜻이 나왔다. 세속에서는 사계절의 끝인 겨울을 동(冬), 다하다나 궁극 등의 뜻을 종(終)으로 나누어 구분해 사용하고 있다. 그리하여 동(冬)은 그 파생의미를 상실하게 되었고, 종(終)은 그 본래의미를 잃게 되었다. 종(𡴀)이 있고서 동(𡴀, 冬의 고문체)이 있었으며, 동(冬)자가 나오고서 그 다음에 종(終)자가 생겼다. 이것이 글자가 만들어지는 순서이다. 그러나 독음과 의미에 있어서는 종(終)의 고문체가 먼저 있었다."

076 繒: 帛也. 從糸曾聲. 緕, 籒文繒從宰省. 楊雄以爲漢律祠宗廟丹書
告. 疾陵切.

　증(繒: **緕 緜**古陶文), '비단(帛)'을 말한다. 멱(糸)이 의미부이고 증
　(曾)이 소리부이다. 증(緕)은 증(繒)의 주문체인데, 재(宰)의 생략
　된 모습으로 구성되었다. 양웅(楊雄)에 의하면, 한나라 때의 법률
　에 "종묘에 제사를 지낼 때 붉은 글씨로 써서 알린다."라고 했
　다. 독음은 질(疾)과 릉(陵)의 반절이다.

077 緭: 繒也. 從糸胃聲. 云貴切.

　위(緭), '비단(繒)'을 말한다. 멱(糸)이 의미부이고 위(胃)가 소리부이
　다. 독음은 운(云)과 귀(貴)의 반절이다.

078 絩: 綺絲之數也.『漢律』曰: "綺絲數謂之絩, 布謂之總, 綬組謂之
首." 從糸兆聲. 治小切.

　조(絩), '무늬 있는 비단을 짜는 실 가닥의 숫자(綺絲之數)[비단의 올
　수]'를 말한다. 한나라 때의 법률(漢律)에 "무늬 있는 비단을 짜는
　올 수를 조(絩)라 하고, 베를 짜는 올 수를 총(總)이라 하고, 끈을
　짜는 올 수를 수(首)라고 한다.(綺絲數謂之絩, 布謂之總, 綬組謂之
　首.)"라고 했다. 멱(糸)이 의미부이고 조(兆)가 소리부이다. 독음은
　치(治)와 소(小)의 반절이다.

079 綺: 文繒也. 從糸奇聲. 袪彼切.

　기(綺), '무늬가 놓인 비단(文繒)'을 말한다. 멱(糸)이 의미부이고 기
　(奇)가 소리부이다. 독음은 거(袪)와 피(彼)의 반절이다.

080 縠: 細縛也. 從糸㱿聲. 胡谷切.

　곡(縠), '주름진 새하얀 비단(細縛)'을 말한다. 멱(糸)이 의미부이고
　각(㱿)이 소리부이다. 독음은 호(胡)와 곡(谷)의 반절이다.

081 縛: 白鮮色也. 從糸專聲. 持沇切.

　전(縛), '새하얀 비단(白鮮色)'을 말한다. 멱(糸)이 의미부이고 전(專)
　이 소리부이다. 독음은 지(持)와 연(沇)의 반절이다.

082 縑: 幷絲繒也. 從糸兼聲. 古甛切.

겸(縑), '두 세 가닥 실을 합쳐서 짠 비단(幷絲繒)[합사 비단]'을 말한다. 멱(糸)이 의미부이고 겸(兼)이 소리부이다. 독음은 고(古)와 첨(甛)의 반절이다.

083 綈 : 厚繒也. 從糸弟聲. 杜兮切.

제(綈), '올이 굵은 비단(厚繒)'을 말한다. 멱(糸)이 의미부이고 제(弟)가 소리부이다. 독음은 두(杜)와 혜(兮)의 반절이다.

084 練 : 涷繒也. 從糸柬聲. 郎甸切.

련(練), '뜨거운 잿물에 비단을 불려 물에 빨다(涷繒)'라는 뜻이다. 멱(糸)이 의미부이고 간(柬)이 소리부이다. 독음은 랑(郎)과 전(甸)의 반절이다.

085 縞 : 鮮色也. 從糸高聲. 古老切.

호(縞), '흰색 비단(鮮色)'을 말한다. 멱(糸)이 의미부이고 고(高)가 소리부이다. 독음은 고(古)와 로(老)의 반절이다.

086 縭 : 粗緒也. 從糸璽聲. 式支切.

시(縭), '거칠게 짠 비단(粗緒)'을 말한다. 멱(糸)이 의미부이고 새(璽)가 소리부이다. 독음은 식(式)과 지(支)의 반절이다.

087 紬 : 大絲繒也. 從糸由聲. 直由切.

주(紬), '굵은 실로 짠 비단(大絲繒)'을 말한다. 멱(糸)이 의미부이고 유(由)가 소리부이다. 독음은 직(直)과 유(由)의 반절이다.

088 綮 : 緻繒也. 一曰徽幟, 信也, 有齒. 從糸啟聲. 康礼切.

계(綮), '결이 고운 비단(緻繒)'을 말한다. 일설에는 '표식(徽幟)'을 말하는데, 믿음의 상징(信)으로 쓰이며, 윗부분이 톱날처럼 들쑥날쑥하게 되었다(齒). 멱(糸)이 의미부이고 계(啟)가 소리부이다. 독음은 강(康)과 례(礼)의 반절이다.

089 綾 : 東齊謂布帛之細曰綾. 從糸夌聲. 力膺切.

릉(綾), '동제(東齊) 지역에서는 가늘고 얇은 포백(布帛)을 릉(綾)이라 한다.' 멱(糸)이 의미부이고 릉(夌)이 소리부이다. 독음은 력(力)과 응(膺)의 반절이다.

090 縵 :　繪無文也. 從糸曼聲. 漢律曰: "賜衣者縵表白裏." 莫半切.

만(縵), '무늬가 들지 않은 비단(繪無文)'을 말한다. 멱(糸)이 의미부
이고 만(曼)이 소리부이다. 한나라 때의 법률(漢律)에 "하사하는
옷의 겉감은 무늬가 들지 않은 비단으로 하고 안감은 흰색 비단
으로 한다(賜衣者縵表白裏)"라고 했다. 독음은 막(莫)과 반(半)의
반절이다.

091 繡 :　五朵備也. 從糸肅聲. 息救切.

수(繡: 簡牘文), '다섯 가지 색깔이 다 갖추어진 자수(五朵備)'
를 말한다. 멱(糸)이 의미부이고 숙(肅)이 소리부이다. 독음은 식
(息)과 구(救)의 반절이다.

092 絢 :　『詩』云: "素以爲絢兮." 從糸旬聲. 許掾切.

현(絢), 『시』에서 "흰색 바탕이 무늬를 더욱 빛나게 하는구나(素以
爲絢兮)"라고 노래했다.[49] 멱(糸)이 의미부이고 순(旬)이 소리부이
다. 독음은 허(許)와 연(掾)의 반절이다.

093 繪 :　會五朵繡也. 『虞書』曰: "山龍華蟲作繪." 『論語』曰: "繪事後
素." 從糸會聲. 黃外切.

---

49) [역주] 『단주』에서 이렇게 말했다. "이는 『일시(逸詩)』로, 『논어·팔일(八佾)』편
에 보인다. 마융(馬融)에 의하면, 현(絢)은 문채가 나는 모양(文貌)을 말한다.
정현(鄭康成)의 『예기주(禮注)』에서는 화려하게 무늬가 든 것(朵成文)을 현(絢)
이라 한다고 했다. 『논어』에 대한 주석에서도 글자들이 모여 문장을 이루는
것(文成章)을 현(絢)이라 한다고 했다. 허신이 현(絢)자를 수(繡)와 회(繪)자 사
이에 배치한 것은 오색으로 무늬를 이루었기 때문이다. 그래서 정현이 말한
의미와 거의 같다. 정현은 '회사후소(繪事後素)'에 대해서도 그림을 그릴 때에
는 먼저 여러 색깔을 분포시켜 놓고, 그런 다음에 흰색으로 그들 사이를 구분
하여, 무늬가 이루어지게 한다.(畫繪先布衆朵, 然後以素分其間, 以成其文.)라고
했다. 그러나 주자(朱子)는 후소(後素)를 흰색 바탕 다음에 채색을 한다(後於素)
로 해석했다. 즉 먼저 흰색으로 바탕을 삼고 그런 다음에 여러 색으로 채색을
한다(先以粉地爲質, 而後施五朵.)는 말이다. 허신이 순(絢)자를 수(繡)자와 회
(繪)자 사이에 넣었는데, 수(繡)와 회(繪)에 대해 모두 다섯 가지 채색(五朵)이
라 풀이하였으니, 허신도 흰색 바탕에다 여러 색을 한다는 뜻을 받아들인 것
이 아니겠는가?(蓋許用白受朵之怡與?)"

회(繪), '다섯 가지 색깔을 합쳐서 수를 놓다(會五采繡)'라는 뜻이다. 『서·우서·고요모(皐陶謨)』에서 "[해와 달과] 산과 용과 꽃과 벌레로 무늬를 만든다(山龍華蟲作繪)"라고 했다. 『논어·팔일(八佾)』에서도 "회사후소(繪事後素: 그림은 흰색 바탕 위에다 채색을 더하는 법이다)"라고 했다. 멱(糸)이 의미부이고 회(會)가 소리부이다. 독음은 황(黃)과 외(外)의 반절이다.

094 繀: 白文皃. 『詩』曰: "繀兮斐兮, 成是貝錦." 從糸妻聲. 七稽切.

처(繀), '흰색 비단에 무늬를 놓은 모양(白文皃)'을 말한다.50) 『시·소아·항백(巷伯)』에서 "얼룩덜룩 아름답게, 조개무늬 비단이 짜였네.(繀兮斐兮, 成是貝錦.)"라고 노래했다. 멱(糸)이 의미부이고 처(妻)가 소리부이다. 독음은 칠(七)과 계(稽)의 반절이다.

095 絑: 繡文如聚細米也. 從糸從米, 米亦聲. 莫礼切.

미(絑), '작은 쌀알을 모아 놓은 듯 세밀하게 놓은 수(繡文如聚細米)'를 말한다. 멱(糸)이 의미부이고 미(米)도 의미부인데, 미(米)는 소리부도 겸한다. 독음은 막(莫)과 례(礼)의 반절이다.

096 絹: 繪如麥稍. 從糸肙聲. 吉掾切.

견(絹), '청보리 색을 띤 비단(繪如麥稍)'을 말한다. 멱(糸)이 의미부이고 연(肙)이 소리부이다. 독음은 길(吉)과 연(掾)의 반절이다.

097 綠: 帛青黃色也. 從糸彔聲. 力玉切.

록(綠: 𝌀甲骨文 𝌀簡牘文), '청황색을 띤 비단(帛青黃色)'을 말한다. 멱(糸)이 의미부이고 록(彔)이 소리부이다. 독음은 력(力)과 옥(玉)의 반절이다.

098 縹: 帛青白色也. 從糸票聲. 敷沼切.

표(縹), '청백색을 띤 비단(帛青白色)'을 말한다. 멱(糸)이 의미부이고 표(票)가 소리부이다. 독음은 부(敷)와 소(沼)의 반절이다.

099 綃: 帛青經縹緯. 一曰育陽染也. 從糸育聲. 余六切.

육(綃), '청색의 날실[세로 방향의 실]과 청백색의 씨실[가로 방향의

---

50) [역주] 『단주』에서는 『운회』에 근거하여 백(白)을 백(帛)으로 고친다고 했다.

『설문해자』인지분석

실]로 짠 비단(帛青經縹緯)'을 말한다. 일설에는 '육양(育陽) 지역
에서 나는 염색한 베'를 말한다고도 한다.51) 멱(糸)이 의미부이
고 육(育)이 소리부이다. 독음은 여(余)와 륙(六)의 반절이다.

100 絑： 純赤也.『虞書』"丹朱"如此. 從糸朱聲. 章俱切.

주(絑), '순수한 적색(純赤)'을 말한다.『서·우서·고요모(皐陶謨)』에서
"[요 임금의 아들인] 단주(丹朱)"의 주(朱)자가 이와 같다고 했다.
멱(糸)이 의미부이고 주(朱)가 소리부이다. 독음은 장(章)과 구(俱)
의 반절이다.

101 纁： 淺絳也. 從糸熏聲. 許云切.

훈(纁), '옅은 붉은색 즉 분홍색(淺絳)'을 말한다. 멱(糸)이 의미부
이고 훈(熏)이 소리부이다. 독음은 허(許)와 운(云)의 반절이다.

102 絀： 絳也. 從糸出聲. 丑律切.

출(絀), '짙은 붉은색(絳)'을 말한다. 멱(糸)이 의미부이고 출(出)이
소리부이다. 독음은 축(丑)과 률(律)의 반절이다.

103 絳： 大赤也. 從糸夅聲. 古巷切.

강(絳), '매우 진한 붉은색(大赤)'을 말한다. 멱(糸)이 의미부이고 강
(夅)이 소리부이다. 독음은 고(古)와 항(巷)의 반절이다.

104 綄： 惡也, 絳也. 從糸官聲. 一曰綃也. 讀若雞卵. 烏版切.

관(綄), '조잡한 붉은색(惡絳)'을 말한다.52) 멱(糸)이 의미부이고 관
(官)이 소리부이다. 일설에는 '생사(綃)'를 말한다고도 한다. 계란

---

51) [역주]『단주』에서 이렇게 말했다. "육양(育陽)은 한나라 때 남군(南郡)에 속한
현(縣)으로, 육수(育水)의 북쪽에 있었다. 그래서 육양(育陽)이라 불렀다. 육(育)
과 육(綃)은 첩운 관계에 있다. 육수(育水)를 수(水)부수에서는 육수(淯水)라 적
었다." 지금은 육양(淯陽)으로 적으며, 지금의 하남성 남양시(南陽市) 완성구(宛
城區) 와점진(瓦店鎭) 일대를 말한다.

52) [역주]『단주』의 교정을 따라 "惡絳也"로 고친다. 그는 이렇게 말했다. "각 판
본에서 악(惡)자 다음에 야(也)자가 더 들어갔는데, 지금 삭제한다. 이는 비(粃)
자의 설명에서 악미(惡米: 질이 나쁜 쌀)를 말한다. 혹은 계(繫)자의 설명에서
악서(惡絮: 질이 떨어지는 솜)를 말한다고 한 것과 같다. 그래서 이는 조잡한
붉은색(絳色之惡者)을 말한다."

(雞卵)이라고 할 때의 란(卵)과 같이 읽는다. 독음은 오(烏)와 판
(版)의 반절이다.

105 縉: 帛赤色也.『春秋傳』"縉雲氏",『禮』有"縉緣". 從糸晉聲. 即刃切.

진(縉), '붉은색 비단(帛赤色)'을 말한다.『춘추전』(『좌전』문공 18년,
B.C. 609)에 "[옛날의 제왕] 진운씨(縉雲氏)[53]라고 했고,『예(禮)
』[54]에 "진연(縉緣)"이라는 말이 나온다. 멱(糸)이 의미부이고 진
(晉)이 소리부이다. 독음은 즉(卽)과 인(刃)의 반절이다.

106 綪: 赤繒也. 以[55]茜染, 故謂之綪. 從糸青聲. 倉絢切.

천(綪), '붉은색 비단(赤繒)'을 말한다. 꼭두서니 풀(茜: 천)로 색
을 들였기 때문에 천(綪)이라 한다. 멱(糸)이 의미부이고 청(青)
이 소리부이다. 독음은 창(倉)과 현(絢)의 반절이다.

107 緹: 帛丹黃色. 從糸是聲. 䩓, 緹或從氏. 他禮切.

제(緹), '주황색 비단(帛丹黃色)'을 말한다. 멱(糸)이 의미부이고 시
(是)가 소리부이다. 제(䩓)는 제(緹)의 혹체자인데, 씨(氏)로 구성
되었다. 독음은 타(他)와 례(禮)의 반절이다.

108 縓: 帛赤黃色. 一染謂之縓, 再染謂之䞓, 三染謂之纁. 從糸原聲. 七絹切.

전(縓), '적황색 비단(帛赤黃色)'을 말한다. 한 번 색을 들인 것을 전
(縓)이라 하고, 두 번 들인 것을 정(䞓)이라 하고, 세 번 들인 것
을 훈(纁)이라 한다. 멱(糸)이 의미부이고 원(原)이 소리부이다. 독
음은 칠(七)과 견(絹)의 반절이다.

109 紫: 帛青赤色. 從糸此聲. 將此切.

---

53) [역주] 진운씨(縉雲氏)는 황제(黃帝) 때의 관직 이름이라 하기도 하고, 혹자는
   황제(黃帝)의 호라고 하기도 한다. '전설시대'의 씨족 혹은 부락으로서의 진운
   씨(縉雲氏)는『좌전(左傳)』문공(文公) 18년 조에 처음 보이는데, 진운씨(縉雲
   氏)는 "염제(炎帝)의 후손(苗裔)"으로, "황제(黃帝) 때 진운(縉雲)이라는 관직을
   맡았었다"라고 했다.
54) [역주]『단주』에서 이렇게 말했다. "허신이 말한『예(禮)』는『예경(禮經)』즉
   오늘날 말하는『의례(儀禮)』를 말한다.『의례』의 제17편에는 진연(縉緣)이라는
   언급이 없다. 고증이 필요하다."
55) [역주]『단주』에서는 종(從)으로 되었다.

자(紫: 𥾝金文 𦂃簡牘文), '청적색 비단(帛青赤色)'을 말한다. 멱(糸)이 의미부이고 차(此)가 소리부이다. 독음은 장(將)과 차(此) 의 반절이다.

110 紅： 帛赤白色. 從糸工聲. 戶公切.

홍(紅), '적백색 비단(帛赤白色)'을 말한다. 멱(糸)이 의미부이고 공 (工)이 소리부이다. 독음은 호(戶)와 공(公)의 반절이다.

111 繐： 帛青色. 從糸蔥聲. 倉紅切.

총(繐), '청색 비단(帛青色)'을 말한다. 멱(糸)이 의미부이고 총(蔥)이 소리부이다. 독음은 창(倉)과 홍(紅)의 반절이다.

112 紺： 帛深青揚赤色. 從糸甘聲. 古暗切.

감(紺), '깊은 청색을 띠면서 붉은색 빛이 나는 비단(帛深青揚赤色)' 을 말한다. 멱(糸)이 의미부이고 감(甘)이 소리부이다. 독음은 고 (古)와 암(暗)의 반절이다.

113 綥： 帛蒼艾色. 從糸畀聲.『詩』: "縞衣綥巾." 未嫁女所服. 一日不借

綥. 𦅾, 綥或從其. 渠之切.

기(綥), '쑥색의 푸른 비단(帛蒼艾色)'을 말한다. 멱(糸)이 의미부이 고 비(畀)가 소리부이다.『시·위풍·출기동문(出其東門)』에서 "흰 옷에 푸른 수건 쓴 처자(縞衣綥巾)"라고 노래했는데, 시집가지 않 은 여자가 입는 옷을 말한다. 일설에는 '불차기(不借綥)'를 말한 다고도 한다.56) 기(𦅾)는 기(綥)의 혹체자인데, 기(其)로 구성되 었다. 독음은 거(渠)와 지(之)의 반절이다.

---

56) [역주] 불차기(不借綥)는 초혜반(艸鞵襻), 즉 '짚신의 끈'을 말한다. 옛날 초혜(草 鞵) 중 비단으로 만든 것을 리(履), 베로 만든 것을 불차(不借)라고 했다. 황생(黃 生)의『자고(字詁)』에 의하면, 불차(不借)를『제민요술(齊民要術)』에서는 불석(不 惜)으로 적었는데, 극히 보잘 것 없는 존재라 진흙땅에 더럽혀져도 '아깝지 않 다'는 뜻을 담았으며, 불석(不惜)이 불차(不借)로 잘못 전해진 것이라고 했다. 그 러나『단주』에서는『급취편(急就篇)』에서 이미 불차(不借)라 적었고,『이아·석명 (釋名)』에서 박석(搏腊)이라 적었다고 했다. 불차(不借)에 대해 혹자는 너무나 일 상적인 것이어서 '빌릴 수 없는 것'이라는 의미를 담았다고 하기도 한다.

114 繰： 帛如紺色. 或曰: 深繒. 從糸喿聲. 讀若喿. 親小切.

조(繰), '감색 비단(帛如紺色)'을 말한다. 혹자는 '진한 감색 비단(深繒)'을 말한다고도 한다. 멱(糸)이 의미부이고 소(喿)가 소리부이다. 소(喿)와 같이 읽는다. 독음은 친(親)과 소(小)의 반절이다.

115 緇： 帛黑色. 從糸甾聲. 側持切.

치(緇), '검은색 비단(帛黑色)'을 말한다. 멱(糸)이 의미부이고 치(甾)가 소리부이다. 독음은 측(側)과 지(持)의 반절이다.

116 纔： 帛雀頭色. 一曰微黑色, 如紺. 纔, 淺也. 讀若讒. 從糸毚聲. 七咸切.

재(纔), '참새 머리색을 띤 비단(帛雀頭色)'을 말한다. 일설에는 '연한 검은색(微黑色)'이라고도 한다. 감색(紺)과 비슷하나, 재(纔)는 더 연한 색이다(淺). 참(讒)과 같이 읽는다. 멱(糸)이 의미부이고 참(毚)이 소리부이다. 독음은 칠(七)과 함(咸)의 반절이다.

117 紞： 帛騅色也. 從糸剡聲. 『詩』曰: "毳衣如紞." 土敢切.

담(紞), '오추마, 즉 검푸른 털에 흰색 털이 섞인 말 색깔의 비단(帛騅色)'을 말한다. 멱(糸)이 의미부이고 섬(剡)이 소리부이다. 『시·왕풍·대거(大車)』에서 "부드럽고 오추마 색 비단 옷 입었도다(毳衣如紞)"라고 노래했다. 독음은 토(土)와 감(敢)의 반절이다.

118 綟： 帛戾艸染色. 從糸戾聲. 郎計切.

려(綟), '강아지 풀(莨)로 물들인 색이 나는 비단(帛戾艸染色)'을 말한다.57) 멱(糸)이 의미부이고 려(戾)가 소리부이다. 독음은 랑(郎)과 계(計)의 반절이다.

119 紑： 白鮮衣皃. 從糸不聲. 『詩』曰: "素衣其紑." 匹丘切.

부(紑), '깨끗하고 선명한 흰옷의 모습(白鮮衣皃)'을 말한다. 멱(糸)이 의미부이고 불(不)이 소리부이다. 『시·주송·사의(絲衣)』에서 "제복은 정결하고(素衣其紑)"라고 노래했다.58) 독음은 필(匹)과 구(丘)의 반절이다.

---

57) [역주] 여초(戾草)는 달리 낭미초(狼尾草)라 하는데, 강아지풀을 말한다.
58) [역주] 소의(素衣)는 금본 『시경』에서는 사의(絲衣)로 되었는데, 제사 때 입는 옷을 말한다.

120 綝 : 白鮮衣皃. 從糸炎聲. 謂衣采色鮮也. 充三切.

담(綝), '깨끗하고 선명한 흰옷의 모습(白鮮衣皃)'을 말한다. 멱(糸)
이 의미부이고 염(炎)이 소리부이다. 이는 의복의 색깔이 선명함
을 말한 것이다. 독음은 충(充)과 삼(三)의 반절이다.

121 繻 : 繒采色. 從糸需聲. 讀若『易』"繻有衣". 相兪切.

수(繻), '채색 비단(繒采色)'을 말한다. 멱(糸)이 의미부이고 수(需)가
소리부이다. 『역·기제(旣濟)』(육사효)에서 말한 "수유의(繻有衣)"59)
라고 할 때의 수(繻)와 같이 읽는다. 독음은 상(相)과 유(兪)의 반
절이다.

122 縟 : 繁采色也. 從糸辱聲. 而蜀切.

욕(縟), '번잡한 오색 무늬(繁采色)'를 말한다. 멱(糸)이 의미부이고
욕(辱)이 소리부이다. 독음은 이(而)와 촉(蜀)의 반절이다.

123 纚 : 冠織也. 從糸麗聲. 所綺切.

리(纚), '갓을 쓸 때 머리를 묶는데 쓰도록 짠 띠(冠織)'를 말한다.
멱(糸)이 의미부이고 려(麗)가 소리부이다. 독음은 소(所)와 기(綺)
의 반절이다.

124 絋 : 冠卷也. 從糸玄聲. 絃, 絋或從弘. 戶萌切.

굉(絋), '갓의 끈(冠卷)'을 말한다. 멱(糸)이 의미부이고 굉(玄)이 소
리부이다. 굉(絃)은 굉(絋)의 혹체자인데, 홍(弘)으로 구성되었다.
독음은 호(戶)와 맹(萌)의 반절이다.

125 紞 : 冕冠塞耳者. 從糸尤聲. 都感切.

담(紞), '갓이나 면류관의 양쪽으로 매다는 귀막이 옥을 매는 끈(冕
冠塞耳者)'을 말한다. 멱(糸)이 의미부이고 유(尤)가 소리부이다.
독음은 도(都)와 감(感)의 반절이다.

126 纓 : 冠系也. 從糸嬰聲. 於盈切.

---

59) [역주] 『역·기제(旣濟)』(육사효)에서 "수유의(繻有衣) 즉 '물이 새는데 천을 가
지고', 종일계(終日戒) 즉 '종일토록 경계함이니라.'라고 했다.

영(纓), '갓의 끈(冠系)'을 말한다. 멱(糸)이 의미부이고 영(賏)이 소
리부이다. 독음은 어(於)와 영(盈)의 반절이다.

127 絑: 纓卷也. 從糸央聲. 於兩切.

앙(鉠), '갓의 끈(纓卷)'을 말한다. 멱(糸)이 의미부이고 앙(央)이 소
리부이다. 독음은 어(於)와 량(兩)의 반절이다.

128 緌: 系冠纓也. 從糸委聲. 儒隹切.

유(緌), '갓을 매는 끈(系冠纓)'을 말한다. 멱(糸)이 의미부이고 위
(委)가 소리부이다. 독음은 유(儒)와 추(隹)의 반절이다.

129 緄: 織帶也. 從系昆聲. 古本切.

곤(緄), '짜서 만든 띠(織帶)'를 말한다. 계(系)가 의미부이고 곤(昆)
이 소리부이다. 독음은 고(古)와 본(本)의 반절이다.

131 紳: 大帶也. 從糸申聲. 失人切.

신(紳), '큰 띠(大帶)'를 말한다. 멱(糸)이 의미부이고 신(申)이 소리
부이다. 독음은 실(失)과 인(人)의 반절이다.

132 繟: 帶緩也. 從糸單聲. 昌善切.

천(繟), '띠를 느슨하게 풀어 늘어지게 하다(帶緩)'라는 뜻이다. 멱
(糸)이 의미부이고 단(單)이 소리부이다. 독음은 창(昌)과 선(善)의
반절이다.

133 綬: 韍維也. 從糸受聲. 植酉切.

수(綬), '폐슬을 허리띠에 매는 끈(韍維)'을 말한다. 멱(糸)이 의미부
이고 수(受)가 소리부이다. 독음은 식(植)과 유(酉)의 반절이다.

134 組: 綬屬. 其小者以爲冕纓. 從糸且聲. 則古切.

조(組), '인끈의 일종(綬屬)'이다. 작은 것은 면류관의 끈으로도 쓴
다. 멱(糸)이 의미부이고 차(且)가 소리부이다. 독음은 칙(則)과 고
(古)의 반절이다.

135 緺: 綬紫青也. 從糸咼聲. 古蛙切.

왜(緺), '자청색의 인끈(綬紫青)'을 말한다. 멱(糸)이 의미부이고 괘
(咼)가 소리부이다. 독음은 고(古)와 와(蛙)의 반절이다.

　　　　　　　　　　　　　　　『설문해자』인지분석

136 綟：綬維也. 從糸逆聲. 宜戟切.

　역(綟), '인끈(綬維)'을 말한다. 멱(糸)이 의미부이고 역(逆)이 소리부
　이다. 독음은 의(宜)와 극(戟)의 반절이다.

137 纂：似組而赤. 從糸算聲. 作管切.

　찬(纂), '조(組)라는 인끈과 비슷하나 붉은색이다.' 멱(糸)
　이 의미부이고 산(算)이 소리부이다. 독음은 작(作)과
　관(管)의 반절이다.

138 紐：系也. 一曰結而可解. 從糸丑聲. 女久切.

　뉴(紐), '실로 매다(系)'라는 뜻이다. 일설에는 '풀 수 있도록 묶은
　매듭(結而可解)'을 말한다고도 한다. 멱(糸)이 의미부이고 축(丑)
　이 소리부이다. 독음은 녀(女)와 구(久)의 반절이다.

139 綸：青絲綬也. 從糸侖聲. 古還切.

　륜(綸), '푸른 실로 만든 인끈(青絲綬)'을 말한다. 멱(糸)이 의미부이
　고 륜(侖)이 소리부이다. 독음은 고(古)와 환(還)의 반절이다.

140 綎：系綬也. 從糸廷聲. 他丁切.

　정(綎), '인끈을 매다(系綬)'라는 뜻이다. 멱(糸)이 의미부이고 정(廷)
　이 소리부이다. 독음은 타(他)와 정(丁)의 반절이다.

141 絙：緩也. 從糸亘聲. 胡官切.

　환(絙), '[끈을] 느슨하게 하다(緩)'라는 뜻이다. 멱(糸)이 의미부이고
　선(亘)이 소리부이다. 독음은 호(胡)와 관(官)의 반절이다.

142 繐：細疏布也. 從糸惠聲. 私銳切.

　세(繐), '가늘고 성긴 베(細疏布)'를 말한다. 멱(糸)이 의미부이고 혜
　(惠)가 소리부이다. 독음은 사(私)와 예(銳)의 반절이다.

143 纀：頸連也. 從糸, 暴省聲. 補各切.

　박(纀), '옷에 옷깃을 연결시키다(頸連)'라는 뜻이다. 멱(糸)이 의미
　부이고, 폭(暴)의 생략된 모습이 소리부이다. 독음은 보(補)와 각
　(各)의 반절이다.

144 紟: 衣系也. 從糸今聲. 縚, 籒文從金. 居音切.

금(紟), '옷고름, 즉 옷을 여미도록 하는 띠(衣系)'를 말한다. 멱(糸)
이 의미부이고 금(今)이 소리부이다. 금(縚)은 주문체인데, 금(金)
으로 구성되었다. 독음은 거(居)와 음(音)의 반절이다.

145 緣: 衣純也. 從糸象聲. 以絹切.

연(緣: **緣 緣** 簡牘文), '가선, 즉 옷의 가장자리를 다른 헝겊으로
가늘게 싸서 돌리는 헝겊(衣純)'을 말한다. 멱(糸)이 의미부이고 단
(象)이 소리부이다. 독음은 이(以)와 견(絹)의 반절이다.

146 襆: 裳削幅謂之襆. 從糸僕聲. 博木切.

복(襆), '의복의 폭을 자르는 것(裳削幅)을 복(襆)이라 한다.'60) 멱
(糸)이 의미부이고 복(僕)이 소리부이다. 독음은 박(博)과 목(木)의
반절이다.

147 絝: 脛衣也. 從糸夸聲. 苦故切.

고(絝), '정강이까지 오는 바지(脛衣)'를 말한다.61) 멱(糸)이 의미부이
고 과(夸)가 소리부이다. 독음은 고(苦)와 고(故)의 반절이다.

148 繑: 絝紐也. 從糸喬聲. 牽搖切.

교(繑), '바지를 묶는 끈(絝紐)'을 말한다. 멱(糸)이 의미부이고 교
(喬)가 소리부이다. 독음은 견(牽)과 요(搖)의 반절이다.

149 緥: 小兒衣也. 從糸保聲. 博抱切.

---

60) [역주] 『단주』에 의하면 이는 『이아·석기(釋器)』의 말이라고 한다. 곽박은 '위
로 가면서 폭을 줄여 나간 두루마기를 말한다(削殺其幅, 深衣之裳也.)'라고 했
다. 심의(深衣)는 옛날 상의와 하의가 한데 붙은 복장의 일종으로, 제후나 대
부나 사가(士家)에서 일상적으로 입던 옷이었으며, 서민은 일상적인 예복으로
입었다. 한국에서는 '유학자들이 입던 겉옷'을 말한다.
61) [역주] 『단주』에서는 이렇게 말했다. "오늘날 소위 말하는 투고(套袴)를 말하
는데, 좌우로 각 하나씩 가랑이를 나눈 옷이다(左右各一, 分衣兩脛). 옛날에 말
하던 고(絝)인데, 달리 건(褰)이라고도 하며, 탁(襗)이라고도 하는데, 모두 의
(衣)부수에 보인다. 오늘날의 만당고(滿當袴, 가랑이가 무릎까지 내려오게 지
은 짧은 홑고의)의 경우, 옛날에는 곤(幝)이라 불렸으며, 달리 총(幒)이라 불렸
는데, 모두 건(巾)부수에 보인다. 이들은 구분하여 살펴야 할 명칭들이다."

보(褓), '어린 아이를 싸는 포대기(小兒衣)'를 말한다. 멱(糸)이 의미
부이고 보(保)가 소리부이다. 독음은 박(博)과 포(抱)의 반절이다.

150 縛 : 葳貉中, 女子無絝, 以帛爲脛空, 用絮補核, 名曰縛衣, 狀如襜

褕. 從糸尊聲. 子昆切.

준(縛), '예맥족(葳貉族) 여자들이 입던 무고(無絝)라는 바지'를 말한
다. 그들은 정강이까지 통으로 비게 하고, 담핵(膽核: 속)을 솜으
로 넣어 누빈 비단 옷을 입는데, 이를 준의(縛衣)라 한다. 그 형
상이 행주치마(襜褕)를 닮았다.62) 멱(糸)이 의미부이고 존(尊)이
소리부이다. 독음은 자(子)와 곤(昆)의 반절이다.

151 紴 : 條屬. 從糸皮聲. 讀若被, 或讀若水波之波. 博禾切.

피(紴), '끈의 일종(條屬)'이다.63) 멱(糸)이 의미부이고 피(皮)가 소리
부이다. 피(被)와 같이 읽는다. 혹은 수피(水波)의 파(波)와 같이
읽기도 한다. 독음은 박(博)과 화(禾)의 반절이다.

152 縚 : 扁緒也. 從糸攸聲. 土刀切.

---

62) [역주] 『단주』에서는 이렇게 말했다. "무고(無絝)라는 것은 좌우로 난 가랑이
가 없는 바지를 말한다(無左右各一之絝也). 백(帛)은 『급취편(急就篇)』에 의하
면 포(布)가 되어야 한다. 공(空)과 강(腔)은 고금자이다. 핵(核)은 핵(覈)이 되
어야 옳으며, 과핵(果覈)의 파생의미이다. 정강이까지 비게 비단으로 만들고(帛
爲脛腔), 솜으로 그것을 감싸서 만든다(褚以絮而袤之). 오늘날 강동(江東) 지역
에서 여인들이 입는 권반(卷胖) 같은 것이다. 반(胖)의 독음은 여(如)와 방(滂)
의 반절음의 거성인데, 이를 준의(縛衣)라고 하며, 달리 모준(母縛)이라고도 한
다. 『급취편(急就篇)』에서 '禪衣蔽膝布母縛'이라고 했는데, 폐슬(蔽�)과 준의
(縛衣)와 첨(襜) 이 세 가지가 비슷했을 것이다. 그래서 모양이 섬(襜) 같다고
했던 것이다. 의(衣)부수에서 섬(襜)은 앞을 가리는 옷(衣蔽前)을 말한다고 했
고, 또 직거(直裾)를 첨유(襜褕)라고 한다고도 했다. 그래서 여기서는 '상여첨
(狀如襜: 襜처럼 생겼다)'이라고 해야지 '섬유(襜褕)'라고 하여 유(褕)자가 더 들
어가서는 아니 된다."

63) [역주] 『단주』에서는 이렇게 말했다. "『급취편』을 보면 월(紲)과 단(緞)과 순
(紃) 세 글자가 서로 연결되어 있기에, 이 셋은 필시 의미가 비슷했을 것이다.
단(緞)은 원래 피(紴)로 적었을 것이다. 전서체에서 피(皮)와 가(叚)자의 모습이
비슷해 잘못 변한 것으로 보인다. 그리고 가(緞)는 다시 단(緞)으로 잘못 변했
을 것이다. 혹자는 이 때문에 피(紴)를 신의 뒷부분에 붙이는 베 조각으로 설
명하기도 하는데, 사실 여부는 알 수 없다."

조(條), '넙적하게 짠 띠(扁緒)'를 말한다. 멱(糸)이 의미부이고 유
(攸)가 소리부이다. 독음은 토(土)와 도(刀)의 반절이다.

153 繊 ： 采彰也. 一曰車馬飾. 從糸戉聲. 王伐切.

월(絨), '채색이 화려한 비단(采彰)'을 말한다. 일설에는 '거마를 도
안으로 그려 넣은 장식물(車馬飾)'이라고도 한다. 멱(糸)이 의미부
이고 월(戉)이 소리부이다. 독음은 왕(王)과 벌(伐)의 반절이다.

154 縱 ： 絨屬. 從糸, 從從省聲. 足容切.

종(縱), '채색이 화려한 비단의 일종(絨屬)'이다. 멱(糸)이 의미부이
고, 종(從)의 생략된 모습이 소리부이다. 독음은 족(足)과 용(容)의
반절이다.

155 紃 ： 圜采也. 從糸川聲. 詳遵切.

순(紃), '채색이 화려한 비단으로 짠 동그란 띠(圜采)'를 말한다. 멱
(糸)이 의미부이고 천(川)이 소리부이다. 독음은 상(詳)과 준(遵)의
반절이다.

156 縋 ： 增益也. 從糸重聲. 直容切.

종(縋), '늘어나다(增益)'라는 뜻이다. 멱(糸)이 의미부이고 중(重)이
소리부이다. 독음은 직(直)과 용(容)의 반절이다.

157 纕 ： 援臂也. 從糸襄聲. 汝羊切.

양(纕), '팔을 걷어붙여 팔뚝을 드러내다(援臂)'라는 뜻이다. 멱(糸)
이 의미부이고 양(襄)이 소리부이다. 독음은 여(汝)와 양(羊)의 반
절이다.

158 繣 ： 維綱, 中繩. 從糸巂聲. 讀若畫, 或讀若維. 戶圭切.

화(繣), '그물의 벼리로, 중심 되는 줄(維綱, 中繩)'을 말한다. 멱(糸)
이 의미부이고 휴(巂)가 소리부이다. 화(畫)와 같이 읽는다. 혹은
유(維)와 같이 읽기도 한다. 독음은 호(戶)와 규(圭)의 반절이다.

159 綱 ： 維紘繩也. 從糸岡聲. 絅, 古文綱. 古郎切.

강(綱), '벼리(維紘繩) 즉 잡아당겨 그물을 오므렸다 폈다 하는 그
물의 위쪽 코를 꿰어 놓은 줄'을 말한다. 멱(糸)이 의미부이고 강

(岡)이 소리부이다. 강(綱)은 강(綱)의 고문체이다. 독음은 고(古)와 랑(郎)의 반절이다.

160 緷: 持綱紐也. 從糸員聲.『周禮』曰: “緷寸.” 爲贇切.

운(緷), '벼리를 아래위로 내리고 올리는 끈(持綱紐)'을 말한다. 멱(糸)이 의미부이고 원(員)이 소리부이다.『주례·고공기·재인(梓人)』에서 "벼리를 아래위로 내리고 올리는 끈은 길이를 1치로 한다(緷寸)"라고 하였다. 독음은 위(爲)와 윤(贇)의 반절이다.

161 綅: 絳線也. 從糸, 侵省聲.『詩』曰: “貝冑朱綅.” 子林切.

침(綅), '옷을 꿰는 진홍색 실(絳線)'을 말한다. 멱(糸)이 의미부이고, 침(侵)의 생략된 모습이 소리부이다.『시·노송비궁(閟宮)』에서 "조개장식 갑옷을 붉은 실로 꿰맸네(貝冑朱綅)"라고 노래했다. 독음은 자(子)와 림(林)의 반절이다.

162 縷: 線也. 從糸婁聲. 力主切.

루(縷: 🔲簡牘文), '실(線)'을 말한다. 멱(糸)이 의미부이고 루(婁)가 소리부이다. 독음은 력(力)과 주(主)의 반절이다.

163 線: 縷也. 從糸戔聲. 綫, 古文線. 私箭切.

선(線), '실(縷)'을 말한다. 멱(糸)이 의미부이고 전(戔)이 소리부이다. 선(綫)은 선(線)의 고문체이다. 독음은 사(私)와 전(箭)의 반절이다.

164 紇: 縷一枚也. 從糸宂聲. 乎決切.

결(紇), '실 한 오라기(縷一枚)'를 말한다. 멱(糸)이 의미부이고 혈(宂)이 소리부이다. 독음은 호(乎)와 결(決)의 반절이다.

165 縫: 以鍼紩衣也. 從糸逢聲. 符容切.

봉(縫), '바늘로 옷을 꿰매다(以鍼紩衣)'라는 뜻이다. 멱(糸)이 의미부이고 봉(逢)이 소리부이다. 독음은 부(符)와 용(容)의 반절이다.

166 緁: 緶衣也. 從糸疌聲. 緝, 緁或從習. 七接切.

첩(緁), '옷을 꿰매다(緶衣)'라는 뜻이다. 멱(糸)이 의미부이고 섭(疌)이 소리부이다. 첩(緝)은 첩(緁)의 혹체자인데, 습(習)으로 구성되었다. 독음은 칠(七)과 접(接)의 반절이다.

167 紩 : 縫也. 從糸失聲. 直質切.

질(紩), '바늘로 옷을 꿰매다(縫)'라는 뜻이다. 멱(糸)이 의미부이고 실(失)이 소리부이다. 독음은 직(直)과 질(質)의 반절이다.

168 緛 : 衣戚也. 從糸耎聲. 而沇切.

연(緛), '옷이 주름지다(衣戚)'라는 뜻이다. 멱(糸)이 의미부이고 연(耎)이 소리부이다. 독음은 이(而)와 연(沇)의 반절이다.

169 組 : 補縫也. 從糸旦聲. 丈莧切.

탄(組), '옷을 깁다(補縫)'라는 뜻이다.64) 멱(糸)이 의미부이고 단(旦)이 소리부이다. 독음은 장(丈)과 현(莧)의 반절이다.

170 繕 : 補也. 從糸善聲. 時戰切.

선(繕: 繕簡牘文), '옷을 수선하다(補)'라는 뜻이다. 멱(糸)이 의미부이고 선(善)이 소리부이다. 독음은 시(時)와 전(戰)의 반절이다.

171 絬 : 『論語』曰: "絬衣長, 短右袂." 從糸舌聲. 私列切.

설(絬), 『논어·향당(鄕黨)』에서 "집에서 입는 옷은 길게 하고, 오른쪽 소매는 조금 짧게 만든다(絬衣長, 短右袂)"라고 했다. 멱(糸)이 의미부이고 설(舌)이 소리부이다. 독음은 사(私)와 렬(列)의 반절이다.

172 纍 : 綴得理也. 一曰大索也. 從糸畾聲. 力追切.

루(纍), '조리 있게 꿰매다(綴得理)'라는 뜻이다. 일설에는 '큰 동아줄(大索)'을 말한다고도 한다. 멱(糸)이 의미부이고 뢰(畾)가 소리부이다. 독음은 력(力)과 추(追)의 반절이다.

173 縭 : 以絲介履也. 從糸离聲. 力知切.

---

64) [역주] 『단주』에서 이렇게 말했다. "보(補)는 옷을 보완하다(完衣)라는 뜻이다. 옛날에는 옷을 기운 곳이 풀어지는 것(衣縫解)을 단(袒)이라 했다. 의(衣)부수에 보인다. 오늘날 세속에서 말하는 탄(綻, 옷이 터지다)이 그것이다. 터진 옷을 바늘로 기워 수선하는 것(以鍼補之)을 탄(組)이라고 한다. 『예기·내칙(內則)』에서 '衣裳綻裂, 紉鍼請補綴.(옷이 헤져 터져서 바늘로 꿰매기를 청했다.)'이라고 한 것이 바로 그것이다. 이로부터 의미가 파생하여 꼭 낡아 터진 옷이 아니라 해도 꿰매 깁는 것(不必故衣)도 봉탄(縫組)이라 하게 되었다."

리(繲), '실로 신위에 수를 놓다(以絲介履)'라는 뜻이다. 멱(糸)이 의미
부이고 리(离)가 소리부이다. 독음은 력(力)과 지(知)의 반절이다.

174 緱 : 刀劍緱也. 從糸侯聲. 古侯切.

후(緱), '칼이나 검의 자루에 감는 실(刀劍緱)'을 말한다. 멱(糸)이 의
미부이고 후(侯)가 소리부이다. 독음은 고(古)와 후(侯)의 반절이다.

175 緊 : 韔衣也. 從糸殹聲. 一曰赤黑色繒. 烏雞切.

예(繄), '창을 넣는 집(韔衣)'을 말한다. 멱(糸)이 의미부이고 예(殹)
가 소리부이다. 일설에는 '검붉은 색 비단(赤黑色繒)'을 말한다고
도 한다. 독음은 오(烏)와 계(雞)의 반절이다.

176 縿 : 旌旗之旒也. 從糸參聲. 所銜切.

삼(縿), '깃발의 끝에 다는 술(旌旗之旒)'을 말한다. 멱(糸)이 의미부이
고 삼(參)이 소리부이다. 독음은 소(所)와 함(銜)의 반절이다.

177 徽 : 衺幅也. 一曰三糾繩也. 從糸, 微省聲. 許歸切.

휘(徽: 🔳石刻古文), '다리에 비스듬히 감는 띠(衺幅)'를 말한다.
일설에는 '세 가닥으로 된 끈(三糾繩)'을 말한다고도 한다. 멱(糸)
이 의미부이고, 미(微)의 생략된 모습이 소리부이다. 독음은 허
(許)와 귀(歸)의 반절이다.

178 緤 : 扁緒也. 一曰弩膏鉤帶. 從糸折聲. 并列切.

별(緤), '넙적하게 짠 띠(扁緒)'를 말한다. 일설에는 '쇠뇌의 허리에
놓인 갈고리(弩膏鉤帶)'를 말한다고도 한다. 멱(糸)이 의미부이고
절(折)이 소리부이다. 독음은 병(并)과 렬(列)의 반절이다.

179 紉 : 繩繩也. 從糸刀聲. 女鄰切.

인(紉), '한 가닥으로 만든 끈(繩繩)'을 말한다. 멱(糸)이 의미부이고
인(刀)이 소리부이다. 독음은 녀(女)와 린(鄰)의 반절이다.

180 繩 : 索也. 從糸, 蠅省聲. 食陵切.

승(繩: 🔳簡牘文), '동아줄(索)'을 말한다. 멱(糸)이 의미부이고, 승(蠅)
의 생략된 모습이 소리부이다. 독음은 식(食)과 릉(陵)의 반절이다.

181 絣 : 紛未縈繩. 一日急弦之聲. 從糸爭聲. 讀若旌. 側莖切.

쟁(絣), '아직 둥글게 감아 두지 않은 구불구불한 끈(紛未縈繩)'을
말한다. 일설에는 '현을 팽팽하게 당긴다(急弦之)'는 뜻이라고도
한다. 멱(糸)이 의미부이고 쟁(爭)이 소리부이다. 정(旌)처럼 읽는
다. 독음은 측(側)과 경(莖)의 반절이다.

182 縈 : 收韏也. 從糸, 熒省聲. 於營切.

영(縈), '빙빙 감다(收韏)'라는 뜻이다. 멱(糸)이 의미부이고, 형(熒)의
생략된 모습이 소리부이다. 독음은 어(於)와 영(營)의 반절이다.

183 絇 : 纑繩絇也. 從糸句聲. 讀若鳩. 其俱切.

구(絇), '실을 꼬아 합쳐 만든 끈(纑繩絇)'을 말한다.65) 멱(糸)이 의
미부이고 구(句)가 소리부이다. 구(鳩)와 같이 읽는다. 독음은 기
(其)와 구(俱)의 반절이다.

184 縋 : 以繩有所縣也. 『春秋傳』曰: "夜縋納師." 從糸追聲. 持僞切.

추(縋), '끈으로 무엇인가를 거꾸로 매달다(以繩有所縣)'라는 뜻이
다. 『춘추전』(『좌전』 양공 19년, B.C. 554)에서 "밤을 틈타 줄을 성
아래로 내려 제(齊)나라의 군사들을 성안으로 들어오게 하였다
(夜縋納師)"라고 했다. 멱(糸)이 의미부이고 추(追)가 소리부이다.
독음은 지(持)와 위(僞)의 반절이다.

185 絭 : 攘臂繩也. 從糸�聲. 居願切.

권(絭), '소매 따위를 걷어 올려 어깨에 걸어 메는 끈(攘臂繩)'을 말
한다. 멱(糸)이 의미부이고 권(�)이 소리부이다. 독음은 거(居)와
원(願)의 반절이다.

186 緘 : 束篋也. 從糸咸聲. 古咸切.

함(緘), '상자를 봉하고 끈으로 묶다(束篋)'라는 뜻이다.66) 멱(糸)이

---

65) [역주]『단주』에서 이렇게 말했다. "노(纑)는 베의 가닥(布縷)을 말한다. 승(繩)
은 굵은 줄(索)을 말한다. 구(絇)는 꼬아 합치는 것(糾合)을 말한다."

66) [역주]『단주』에서는 소이(所已) 2자를 보충하여 '所已束匭也(상자를 봉하여 묶
는 끈)'라고 했다. 그리고 이렇게 말했다. "협(篋)은 상자(笥)를 말한다. 속(束)
은 줄로 묶다(縛)는 뜻이다. 묶는 것을 함(緘)이라 한다. 이로부터 의미가 파생

『설문해자』 인지분석

의미부이고 함(咸)이 소리부이다. 독음은 고(古)와 함(咸)의 반절이다.

187 縢: 緘也. 從糸朕聲. 徒登切.

등(縢), '끈으로 묶어 봉하다(緘)'라는 뜻이다. 멱(糸)이 의미부이고 짐(朕)이 소리부이다. 독음은 도(徒)와 등(登)의 반절이다.

188 編: 次簡也. 從糸扁聲. 布玄切.

편(編), '죽간을 순서대로 묶다(次簡)'라는 뜻이다.67) 멱(糸)이 의미부이고 편(扁)이 소리부이다. 독음은 포(布)와 현(玄)의 반절이다.

189 維: 車蓋維也. 從糸隹聲. 以追切.

유(維), '수레 덮개를 묶는 줄(車蓋維)'을 말한다. 멱(糸)이 의미부이고 추(隹)가 소리부이다. 독음은 이(以)와 추(追)의 반절이다.

190 紱: 車紱也. 從糸伏聲. 𫄗, 紱或從艸. 鞴, 紱或從革菖聲. 平祕切.

복(紱), '수레의 앞판을 덮는 장식물(車紱)'을 말한다. 멱(糸)이 의미부이고 복(伏)이 소리부이다. 복(𫄗)은 복(紱)의 혹체자인데, 초(艸)로 구성되었다. 복(鞴)도 복(𩏑)의 혹체자인데, 혁(革)이 의미부이고 비(菖)가 소리부이다. 독음은 평(平)과 필(祕)의 반절이다.

191 紅: 乘輿馬飾也. 從糸正聲. 諸盈切.

정(紅), '천자가 타는 수레와 말의 장식(乘輿馬飾)'을 말한다. 멱(糸)이 의미부이고 정(正)이 소리부이다. 독음은 제(諸)와 영(盈)의 반절이다.

192 綊: 紅綊也. 從糸夾聲. 胡頰切.

되어 제(齊) 지역 사람들은 관을 묶는 것(棺束)을 함(緘)이라 했는데,『예기·상대기(喪大記)』에서는 이를 함(咸)으로 적었다."

67) [역주]『단주』에서 이렇게 말했다. "실로 대쪽을 차례대로 묶어 배열한 것을 편(編)이라 한다. 공자(孔子)께서『주역』을 읽으면서 '위편삼절(韋編三絶)'이라 했다. 책(冊)자의 해설에서 '긴 대쪽 하나와 짧은 대쪽 하나를 그렸고, 그 중간 부분을 두 줄로 엮어 놓은 모습을 그렸다고 했다.(象其札一長一短, 中有二編之形.) 그렇다면 죽간을 나란히 나열하여 아래 위 두 줄로 엮은 것이다. 그래서 푸른 실로『고공기』를 엮었다(得青絲編考工記)라는 말이 있게 된 것이다."

협(綊), '정협(綎綊) 즉 천자가 타는 수레와 말의 장식'을 말한다. 멱(糸)이 의미부이고 협(夾)이 소리부이다. 독음은 호(胡)와 협(頰)의 반절이다.

193 綊: 馬髦飾也. 從糸每聲. 『春秋傳』曰: "可以稱旌綊乎?" 繧, 綊或從辡. 舜, 籒文弁. 附袁切.

번(綊), '말의 갈기에 다는 장식(馬髦飾)'을 말한다. 멱(糸)이 의미부이고 매(每)가 소리부이다. 『춘추전』(『좌전』 애공 23년, B.C. 472)에서 "말의 갈기에 단 장식이라 할 수 있는가?(可以稱旌綊乎?)"라고 했다. 번(繧)은 번(綊)의 혹체자인데, 변(辡)으로 구성되었다. 변(舜)은 변(弁)의 주문체이다. 독음은 부(附)와 원(袁)의 반절이다.

194 繮: 馬紲也. 從糸畺聲. 居良切.

강(繮), '말의 고삐(馬紲)'를 말한다. 멱(糸)이 의미부이고 강(畺)이 소리부이다. 독음은 거(居)와 량(良)의 반절이다.

195 紛: 馬尾韜也. 從糸分聲. 撫文切.

분(紛): **紛**簡牘文), '말 꼬리를 넣는 집(馬尾韜)'을 말한다. 멱(糸)이 의미부이고 분(分)이 소리부이다. 독음은 무(撫)와 문(文)의 반절이다.

196 紂: 馬緧也. 從糸, 肘省聲. 除柳切.

주(紂), '말의 껑거리끈(馬緧)'을 말한다.[68] 멱(糸)이 의미부이고, 주(肘)의 생략된 부분이 소리부이다. 독음은 제(除)와 류(柳)의 반절이다.

197 緧: 馬紂也. 從糸酋聲. 七由切.

추(緧), '말의 껑거리끈(馬紂)'을 말한다. 멱(糸)이 의미부이고 추(酋)가 소리부이다. 독음은 칠(七)과 유(由)의 반절이다.

198 絆: 馬繫也. 從糸半聲. 博幔切.

---

68) [역주] 껑거리는 길마(짐을 싣거나 수레를 끌기 위하여 소나 말 따위의 등에 얹는 기구)를 얹을 때에, 마소의 궁둥이에 막대를 가로 대고 그 양 끝에 줄을 매어 길마의 뒷가지에 좌우로 잡아매게 되어 있는 물건을 말한다. 길마가 마소의 등에서 쉽게 움직이지 않도록 하는 데 쓰인다. 껑거리끈은 껑거리막대의 양 끝에 매어 길마의 뒷가지와 연결하는 줄을 말한다.

242   『설문해자』 인지분석

반(絆), '말의 발을 잡아매는 끈(馬繫)'을 말한다. 멱(糸)이 의미부이
고 반(半)이 소리부이다. 독음은 박(博)과 만(幔)의 반절이다.

199 纐: 絆前兩足也. 從糸須聲. 漢令: 蠻夷卒有纐. 相主切.

수(纐), '앞의 두 발을 얽어매다(絆前兩足)'라는 뜻이다. 멱(糸)이
의미부이고 수(須)가 소리부이다. 한나라 때의 법령(漢令)에서
"남방 이민족들의 병졸이 죄를 지으면 두 발을 실로 묶는 형
벌에 처한다(蠻夷卒有纐)"라고 했다. 독음은 상(相)과 주(主)의
반절이다.

200 紖: 牛系也. 從糸引聲. 讀若弛. 直引切.

인(紖), '소의 코를 얽어매는 끈, 즉 고삐(牛系)'를 말한다. 멱(糸)이
의미부이고 인(引)이 소리부이다. 신(弛)과 같이 읽는다. 독음은
직(直)과 인(引)의 반절이다.

201 縼: 以長繩繫牛也. 從糸旋聲. 辭戀切.

선(縼), '긴 줄로 소를 잡아매다(以長繩繫牛)'라는 뜻이다. 멱(糸)이 의
미부이고 선(旋)이 소리부이다. 독음은 사(辭)와 련(戀)의 반절이다.

202 縻: 牛轡也. 從糸麻聲. 縻, 縻或從多. 靡爲切.

미(縻), '소의 고삐(牛轡)'를 말한다. 멱(糸)이 의미부이고 마(麻)가
소리부이다. 미(縻)는 미(縻)의 혹체자인데, 다(多)로 구성되었다.
독음은 미(靡)와 위(爲)의 반절이다.

203 紲: 系也. 從糸世聲.『春秋傳』曰: "臣負羈紲." 絏, 紲或從枼. 私列切.

설(紲), '줄로 얽어매다(系)'라는 뜻이다. 멱(糸)이 의미부이고 세(世)
가 소리부이다.『춘추전』(『좌전』희공 24년, B.C. 636)에서 "제가
말고삐를 잡고 [군주를 쫓아 천하를 도는 와중에 그간 저지른 죄가
너무 큽니다.](臣負羈紲)"라고 했다. 설(絏)은 설(紲)의 혹체자인데,
엽(枼)으로 구성되었다. 독음은 사(私)와 렬(列)의 반절이다.

204 纆: 索也. 從糸黑聲. 莫北切.

묵(纆), '끈(索)'을 말한다. 멱(糸)이 의미부이고 흑(黑)이 소리부이
다. 독음은 막(莫)과 북(北)의 반절이다.

205 縆 : 大索也. 一日急也. 從糸恆聲. 古恒切.

궁(縆), '크고 튼튼하게 꼰 동아줄(大索)'을 말한다. 일설에는 '급하다(急)'라는 뜻이라고도 한다. 멱(糸)이 의미부이고 항(恆)이 소리부이다. 독음은 고(古)와 항(恒)의 반절이다.

206 繘 : 綆也. 從糸矞聲. 𦃇, 古文從絲. 𢃋, 籀文繘. 余聿切.

율(繘), '두레박의 줄(綆)'을 말한다. 멱(糸)이 의미부이고 율(矞)이 소리부이다. 율(𦃇)은 고문체인데, 사(絲)로 구성되었다. 율(𢃋)은 율(繘)의 주문체이다. 독음은 여(余)와 율(聿)의 반절이다.

207 綆 : 汲井綆也. 從糸更聲. 古杏切.

경(綆), '우물을 긷는 두레박의 줄(汲井綆)'을 말한다. 멱(糸)이 의미부이고 경(更)이 소리부이다. 독음은 고(古)와 행(杏)의 반절이다.

208 絠 : 彈彄也. 從糸有聲. 弋宰切.

개(絠), '[화살을 쏜 뒤] 활시위가 퉁기다(彈彄)'라는 뜻이다. 멱(糸)이 의미부이고 유(有)가 소리부이다. 독음은 익(弋)과 재(宰)의 반절이다.

209 繁 : 生絲縷也. 從糸敫聲. 之若切.

작(繁), '생사로 만든 실오라기(生絲縷)'를 말한다. 멱(糸)이 의미부이고 교(敫)가 소리부이다. 독음은 지(之)와 약(若)의 반절이다.

210 繴 : 縿謂之罿, 罿謂之罬, 罬謂之罦. 捕鳥覆車也. 從糸辟聲. 博戹切.

벽(繴), '벽(縿)을 동(罿: 새그물)이라 하고, 동(罿)을 철(罬: 새그물)이라 하고, 철(罬)을 부(罦: 그물)라 한다.' 이들은 모두 새를 위에서 덮어 잡는 그물(捕鳥覆車)이다. 멱(糸)이 의미부이고 벽(辟)이 소리부이다. 독음은 박(博)과 액(戹)의 반절이다.

211 緡 : 釣魚繁也. 從糸昏聲. 吳人解衣相被, 謂之緡. 武巾切.

민(緡), '물고기를 잡는 낚싯줄(釣魚繁)'을 말한다. 멱(糸)이 의미부이고 혼(昏)이 소리부이다. 오(吳) 지역 사람들은 옷을 벗어서 서로를 덮어주곤 하는데(解衣相被) 이를 민(緡)이라고도 한다. 독음은 무(武)와 건(巾)의 반절이다.

212 絮： 敝緜也. 從糸如聲. 息據切.

서(絮: **絮**簡牘文), '해진 헌솜(敝緜)'을 말한다. 멱(糸)이 의미부이고
여(如)가 소리부이다. 독음은 식(息)과 거(據)의 반절이다.

213 絡： 絮也. 一曰麻未漚也. 從糸各聲. 盧各切.

락(絡), '헌솜(絮)'을 말한다. 일설에는 '아직 물에 담그지 않은 삼
(麻未漚)'을 말한다고도 한다. 멱(糸)이 의미부이고 각(各)이 소리
부이다. 독음은 로(盧)와 각(各)의 반절이다.

214 纊： 絮也. 從糸廣聲.『春秋傳』曰: "皆如挾纊." 絖, 纊或從光. 苦謗切.

광(纊), '헌솜(絮)'을 말한다. 멱(糸)이 의미부이고 광(廣)이 소리부이
다.『춘추전』(『좌전』선공 12년, B.C. 579)에서 "[삼군의 군사들이]
모두 솜옷을 입은 듯 따뜻해 했다(皆如挾纊)"라고 했다. 광(絖)은
광(纊)의 혹체자인데, 광(光)으로 구성되었다. 독음은 고(苦)와 방
(謗)의 반절이다.

215 紙： 絮一苫也. 從糸氏聲. 諸氏切.

지(紙: **紙**簡牘文), '발에 뜬 솜 찌꺼기(絮一苫)[종이]'를 말한다. 멱
(糸)이 의미부이고 씨(氏)가 소리부이다. 독음은 제(諸)와 씨(氏)의
반절이다.

216 縛： 治敝絮也. 從糸音聲. 芳武切.

부(縛), '해진 헌솜을 새로 타다(治敝絮)'라는 뜻이다. 멱(糸)이 의미
부이고 부(音)가 소리부이다. 독음은 방(芳)과 무(武)의 반절이다.

217 絮： 絜縕也. 一曰敝絮. 從糸奴聲.『易』曰: "需有衣絮." 女余切.

녀(絮), '솜을 모아서 동여매다(絜縕)'라는 뜻이다. 일설에는 '해진
헌솜(敝絮)'을 말한다고도 한다. 멱(糸)이 의미부이고 노(奴)가 소
리부이다.『역·기제(旣濟)』(육사효사)에서 "새 솜으로 만든 따뜻
한 옷을 입어야 하나 여전히 해진 헌솜으로 만든 옷을 입고 있
네(需有衣絮)"라고 했다. 독음은 녀(女)와 여(余)의 반절이다.

218 緊： 繫繘也. 一曰惡絮. 從糸殼聲. 古詣切.

계(繋), '매다(繫縋)'라는 뜻이다. 일설에는 '질 낮은 솜(惡絮)'을 말한다고도 한다. 멱(糸)이 의미부이고 격(轂)이 소리부이다. 독음은 고(古)와 예(詣)의 반절이다.

219 縋 : 繫縋也. 一日維也. 從糸虒聲. 郎兮切.

리(縋), '얽어매다(繫縋)'라는 뜻이다. 일설에는 '밧줄(維)'을 말한다고도 한다. 멱(糸)이 의미부이고 사(虒)가 소리부이다. 독음은 랑(郎)과 혜(兮)의 반절이다.

220 緝 : 績也. 從糸咠聲. 七入切.

집(緝), '삼 껍질 등으로 실을 만들다(績)[길쌈하다]'라는 뜻이다. 멱(糸)이 의미부이고 집(咠)이 소리부이다. 독음은 칠(七)과 입(入)의 반절이다.

221 絘 : 績所絘也. 從糸次聲. 七四切.

차(絘), '삼 껍질 등으로 실을 만들다(績所絘)[삼다]'라는 뜻이다. 멱(糸)이 의미부이고 차(次)가 소리부이다. 독음은 칠(七)과 사(四)의 반절이다.

222 績 : 緝也. 從糸責聲. 則歷切.

적(績), '삼 껍질 등으로 실을 만들다(緝)'라는 뜻이다. 멱(糸)이 의미부이고 책(責)이 소리부이다. 독음은 칙(則)과 력(歷)의 반절이다.

223 纑 : 布縷也. 從糸盧聲. 洛乎切.

로(纑), '삼으로 만든 실(布縷)'을 말한다. 멱(糸)이 의미부이고 로(盧)가 소리부이다. 독음은 락(洛)과 호(乎)의 반절이다.

224 紨 : 布也. 一日粗紬. 從糸付聲. 防無切.

부(紨), '베(布)'를 말한다. 일설에는 '질 낮은 명주(粗紬)'를 말한다고도 한다. 멱(糸)이 의미부이고 부(付)가 소리부이다. 독음은 방(防)과 무(無)의 반절이다.

225 繐 : 蜀細布也. 從糸彗聲. 祥歲切.

세(繐), '촉(蜀) 땅에서 나는 가는 베(細布)'를 말한다. 멱(糸)이 의미부이고 혜(彗)가 소리부이다. 독음은 상(祥)과 세(歲)의 반절이다.

226 絺 : 細葛也. 從糸希聲. 丑脂切.

치(絺), '칡 섬유로 짠 가는 베(細葛)'를 말한다. 멱(糸)이 의미부이
고 희(希)가 소리부이다. 독음은 축(丑)과 지(脂)의 반절이다.

227 綌 : 粗葛也. 從糸谷聲. 帩, 綌或從巾. 綺戟切.

격(綌), '칡 섬유로 짠 거친 베(粗葛)'를 말한다. 멱(糸)이 의미부이
고 곡(谷)이 소리부이다. 격(帩)은 격(綌)의 혹체자인데, 건(巾)으
로 구성되었다. 독음은 기(綺)와 극(戟)의 반절이다.

228 縐 : 絺之細也. 『詩』曰: "蒙彼縐絺." 一曰蹴也. 從糸芻聲. 側救切.

주(縐), '치(絺)보다 더 가는 베'를 말한다. 『시·용풍·군자해로(君子偕
老)』에서 "고운 모시 걸치고(蒙彼縐絺)"라고 노래했다. 일설에는
'주름이 지다(蹴)'라는 뜻이라고도 한다. 멱(糸)이 의미부이고 추
(芻)가 소리부이다. 독음은 측(側)과 구(救)의 반절이다.

229 絟 : 細布也. 從糸全聲. 此緣切.

전(絟), '가는 베(細布)'를 말한다. 멱(糸)이 의미부이고 전(全)이 소
리부이다. 독음은 차(此)와 연(緣)의 반절이다.

230 紵 : 檾屬. 細者爲絟, 粗者爲紵. 從糸宁聲. 纻, 紵或從緒省. 直呂切.

저(紵), '어저귀(檾)의 일종'이다.69) 가는 것은 전(絟)을 만들고, 굵
은 것은 저(紵: 모시)를 만든다. 멱(糸)이 의미부이고 저(宁)가 소
리부이다. 저(纻)는 저(紵)의 혹체자인데, 서(緒)의 생략된 모습
으로 구성되었다. 독음은 직(直)과 려(呂)의 반절이다.

231 緦 : 十五升布也. 一曰兩麻一絲布也. 從糸思聲. 糸, 古文緦從糸
省. 息茲切.

시(緦), '6백 가닥의 씨줄을 넣어 짠 베(十五升布)'를 말한다.70) 일

---

69) [역주] 어저귀는 아욱과의 한해살이풀이다. 줄기는 높이가 1.5미터 정도이며,
잎은 어긋나고 둥근 모양으로 가장자리에 둔한 톱니가 있다. 8~9월에 노란
오판화가 줄기 끝의 잎겨드랑이에서 피고 열매는 삭과(蒴果)를 맺는다. 줄기로
끈과 마대를 만들고 씨는 한약재로 쓴다. 인도가 원산지로 한국, 일본, 중국
등지에 분포한다.
70) [역주] 『예경』에서 80가닥(縷: 올)의 실을 1승(升)이라 하는데, 이는 허신이 말

설에는 '두 가닥의 삼실에 한 가닥의 비단실을 넣어 짠 베(兩麻
一絲布)'를 말한다고도 한다. 멱(糸)이 의미부이고 사(思)가 소리
부이다. 시(𢇇)는 시(緦)의 고문체인데, 멱(糸)의 생략된 모습으
로 구성되었다. 독음은 식(息)과 자(玆)의 반절이다.

232 緆 : 細布也. 從糸易聲. 𦁸, 緆或從麻. 先擊切.

석(緆), '가는 베(細布)'를 말한다. 멱(糸)이 의미부이고 역(易)이 소
리부이다. 석(𦁸)은 석(緆)의 혹체자인데, 마(麻)로 구성되었다.
독음은 선(先)과 격(擊)의 반절이다.

한 종(稯)일 것이다. 그런데 15승(升)은 6백 가닥의 실로 뽑은 것을 말한다. 이
때문에 『단주』에서는 각 판본에서 '抽其半(그 절반을 뽑는다)'이라는 세 글자
가 빠졌다고 하면서, 이를 보충하여 '十五升抽其半布也'가 되어야 한다고 했다.
그래야 6백 가닥이 되기 때문이다. 그리고 이렇게 말했다. "시(緦)는 베 이름
(布名)이다. 대공(大功)이나 소공(小功) 같은 것도 모두 베 이름이다. 경전에서
시마삼월(緦麻三月)이라고 했는데, 주석에서 시마(緦麻)는 시포(緦布)로 만든
상복(衰裳)과 마(麻)로 만든 질대(絰帶)를 말한다(緦麻, 緦布衰裳而麻絰帶也.)고
했다. 금본(今本)의 주석에서는 두 번째 나오는 시(緦)자를 삭제해 버렸는데,
이 때문에 문맥이 통하지 않게 되었다. 『전(傳)』에서 시(緦)에 대해서 '15승의
절반을 뽑아내고, 그 올에는 가공을 하고, 그 포에는 가공을 하지 않는데 이를
緦라 한다. 너비는 2자 2치로 한다.(十五升抽其半, 有事其縷, 無事其布曰緦. 凡
布幅廣二尺二寸.)'라고 했다. 『예경(禮經)』에서는 80가닥(縷)을 1승(升)이라 한
다고 했다. 그렇다면 허신이 말한 '布八十縷(포는 80가닥으로 한다)'는 종(稯)
을 말한 것이다. 참최(斬衰)복은 3승(升)과 3승(升)반(半), 제최(齊衰)복은 4승
(升)으로 한다. 혜최(繐衰)복 소공(小功)의 올 수(縷)는 4승(升)반, 대공(大功)은
8승(升)에서 9승(九升)으로 한다. 소공(小功)은 10승(升)에서 11승(升)으로 한다.
사포(緦布) 조복(朝服)의 올 수는 7승(升) 반으로 한다. 이처럼 승(升)의 수를
각기 달리 한다. 그러나 모두 합쳐 2자(尺) 2치(寸)의 너비로 베를 짠다. 15승
(升)에서 절반을 빼버린다고 했는데, 15승은 조복(朝服)의 승수(升數)이다. 그
절반을 빼버리면 7승 반이 된다. 조복(朝服)이 15승으로 한다는 것은 베가 조
밀하다는 뜻이다. 사(緦)는 그 절반을 사용한다는 것은 베가 성기다는 뜻이다.
이를 두고 사(緦)라고 한 것에 대해 정현은 올의 수를 다스릴 때 실처럼 가늘
게 하기 때문이라 했는데, 『전』에서 말한 '有事其縷(그 올에는 가공을 하고)'가
그것이다 혜최(繐衰)에 소공(小功)의 올 수를 쓴다는 것은 승수(升數)가 절반에
도 미치지 못한다는 것이다. 시(緦)에 조복(朝服)의 올 수를 쓰면서 승수(升數)
는 단지 그 절반만 사용했는데, 이는 상황에 따라 적용하게 한 성인이 깊은
뜻이 아니겠는가?"

233 緰 : 緰賨, 布也. 從糸兪聲. 度侯切.

요(緰), '요자(緰賨)라는 비단'을 말하는데, '[상등품의 고운] 베(布)'를 말한다. 멱(糸)이 의미부이고 유(兪)가 소리부이다. 독음은 도(度)와 후(侯)의 반절이다.

234 縗 : 服衣. 長六寸, 博四寸, 直心. 從糸衰聲. 倉回切.

최(縗), '상복의 상의(服衣)'를 말한다. 길이는 6치(寸), 너비는 4치이며, 가운데가 가슴 부위에 놓인다. 멱(糸)이 의미부이고 쇠(衰)가 소리부이다. 독음은 창(倉)과 회(回)의 반절이다.

235 絰 : 喪首戴也. 從糸至聲. 徒結切.

질(絰), '상례 때 머리에 두르는 테(喪首戴)'를 말한다. 멱(糸)이 의미부이고 지(至)가 소리부이다. 독음은 도(徒)와 결(結)의 반절이다.

236 緶 : 交枲也. 一曰緁衣也. 從糸便聲. 房連切.

편(緶), '모시풀을 교차시켜 땋은 것(交枲)'을 말한다. 일설에는 '양쪽 가장자리를 꿰매 만든 옷(緁衣)'을 말한다고도 한다. 멱(糸)이 의미부이고 편(便)이 소리부이다. 독음은 방(房)과 련(連)의 반절이다.

237 縞 : 履也. 一曰靑絲頭履也. 讀若阡陌之陌. 從糸戶聲. 亡百切.

호(縞), '신발(履)'을 말한다. 일설에는 '신의 코를 푸른 비단실로 만든 신(靑絲頭履)'을 말한다고도 한다. 천맥(阡陌)이라고 할 때의 맥(陌)과 같이 읽는다. 멱(糸)이 의미부이고 호(戶)가 소리부이다. 독음은 망(亡)과 백(百)의 반절이다.[71]

238 綘 : 枲履也. 從糸封聲. 博蠓切.

봉(綘), '모시풀로 만든 신(枲履)'을 말한다. 멱(糸)이 의미부이고 봉(封)이 소리부이다. 독음은 박(博)과 몽(蠓)의 반절이다.

239 緉 : 履兩枚也. 一曰絞也. 從糸從兩, 兩亦聲. 力讓切.

량(緉), '신발 두 짝, 즉 한 켤레(履兩枚)'를 말한다. 일설에는 '실을

---

71) [역주] 『단주』에서 이렇게 말했다. "대서본(大徐)에서 망(亡)과 백(百)의 반절이라 했는데, 곽박(郭景純)은 하(下)와 와(瓦)의 반절이라 했다. 다른 독음으로 화(畫)도 있다. 고음은 제5부에 속했다."

꼬다(絞)'라는 뜻이라고도 한다. 멱(糸)이 의미부이고 량(兩)도 의미부인데, 량(兩)은 소리부도 겸한다. 독음은 력(力)과 양(讓)의 반절이다.

240 絜 : 麻一耑也. 從糸刧聲. 古屑切.

혈(絜), '삼 한 묶음(麻一耑)'을 말한다. 멱(糸)이 의미부이고 갈(刧)이 소리부이다. 독음은 고(古)와 설(屑)의 반절이다.

241 繆 : 枲之十絜也. 一曰綢繆. 從糸翏聲. 武彪切.

무(繆), '모시풀 열 묶음(枲之十絜)'을 말한다. 일설에는 '비단 열 단(綢繆)'을 말한다고도 한다. 멱(糸)이 의미부이고 료(翏)가 소리부이다. 독음은 무(武)와 표(彪)의 반절이다.

242 綢 : 繆也. 從糸周聲. 直由切.

주(綢), '료(繆)와 같아 모시풀 열 단'을 말한다. 멱(糸)이 의미부이고 주(周)가 소리부이다. 독음은 직(直)과 유(由)의 반절이다.

243 縕 : 紼也. 從糸㬜聲. 於云切.

온(縕), '얽혀 엉클어진 삼(紼)'을 말한다.[72) 멱(糸)이 의미부이고 온(㬜)이 소리부이다. 독음은 어(於)와 운(云)의 반절이다.

244 紼 : 亂系也. 從糸弗聲. 分勿切.

불(紼), '얽혀 엉클어진 삼(亂系)'을 말한다. 멱(糸)이 의미부이고 불(弗)이 소리부이다. 독음은 분(分)과 물(勿)의 반절이다.

---

72) [역주] 『단주』에서 이렇게 말했다. "『예기·옥조(玉藻)』에서 '광(纊)으로는 솜옷(繭)을 만들고, 온(縕)으로는 핫옷(袍)을 만든다'라고 했다. 『주』에서 광(纊)은 새 솜(新縣)을 말한다고 했다. 온(縕)은 오늘날 말하는 '광(纊)과 헌솜(故絮)'을 말한다. '광(纊)과 헌솜(故絮)'이라 한 것은 새 솜을 헌솜과 섞어 옷을 만들기 때문이다. 정현의 해설과 허신의 해설이 차이를 보인다. 의(衣)부수에서 '以絮曰襺, 以縕曰袍.(솜으로는 襺을 만들고, 縕으로는 袍를 만든다.)'라고 했는데, 허신은 실이나 솜에 새것과 헌것을 구분하지 않았다. 이미 광(纊)이라 했는데도, 헝클어진 삼(亂麻)을 온(縕)이라고 했다. 공안국(孔安國)의 『논어(論語)』 해설에서는 온(縕)은 시저(枲著)를 말한다고 했는데, 허신이 근거한 바이기도 하다. 「괴통전(蒯通傳)」에서 '束縕乞火'라 했는데, 안사고의 주석에서 온(縕)은 엉클어진 삼(亂麻)을 말한다고 했다."

　　　　　　　　　　『설문해자』 인지분석

245 緂 ： 氐人殊縷布也. 從糸幷聲. 北萌切.

병(緂), '저족 사람들(氐人)이 사용하는 각기 다른 색깔로 짠 베(殊縷布)'를 말한다. 멱(糸)이 의미부이고 병(幷)이 소리부이다. 독음은 북(北)과 맹(萌)의 반절이다.

246 紕 ： 氐人繩也. 讀若『禹貢』玭珠. 從糸比聲. 卑履切.

비(紕), '저족 사람들(氐人)이 짠 카펫(繩)'을 말한다. 『우공(禹貢)』의 빈주(玭珠)라고 할 때의 빈(玭)과 같이 읽는다. 멱(糸)이 의미부이고 비(比)가 소리부이다. 독음은 비(卑)와 리(履)의 반절이다.

247 罽 ： 西胡毳布也. 從糸罽聲. 居例切.

계(罽), '서방의 호족들이 털로 짠 베(西胡毳布)'를 말한다. 멱(糸)이 의미부이고 계(罽)가 소리부이다. 독음은 거(居)와 례(例)의 반절이다.

248 縊 ： 經也. 從糸益聲. 『春秋傳』曰: "夷姜縊." 於賜切.

액(縊), '목을 매다(經)'라는 뜻이다. 멱(糸)이 의미부이고 익(益)이 소리부이다. 『춘추전』(『좌전』 환공 16년, B.C. 696)에서 "이강(夷姜)이 스스로 목을 매 죽었다(縊)"라고 했다. 독음은 어(於)와 사(賜)의 반절이다.

249 綏 ： 車中把也. 從糸從安. 息遺切.

수(綏), '[수레를 탈 때 잡고 올라설 수 있도록 한] 수레 중간에 있는 줄(車中把)'을 말한다. 멱(糸)이 의미부이고 타(安)도 의미부이다. 독음은 식(息)과 유(遺)의 반절이다.

250 彝 ： 宗廟常器也. 從糸; 糸, 綦也. 廾持米, 器中寶也. 彑聲. 此與爵相似. 『周禮』: "六彝: 雞彝, 鳥彝, 黃彝, 虎彝, 蟲彝, 斝彝. 以待祼將之禮." 彝, 繼, 皆古文彝. 以脂切.

이(彝: 甲骨文 金文), '종묘에 상시 진설하는 기물(宗廟常器)'을 말한다. 멱(糸)이 의미부인데, 멱(糸)은 '그것을 덮는 비단(綦)'을 말한다. 두 손(廾)으로 쌀(米)을 받든 모습인데, 쌀은 기물 속의 보물임을 뜻한다(器中寶). 계(彑)가 소리부이다. 이 기물은 작(爵)과 비슷하게 생겼다. 『주례·춘관소종

백(小宗伯)』에서 "여섯 가지 이(六彝)가 있는데, 계이(雞彝), 조이
(鳥彝), 황이(黃彝), 호이(虎彝), 충이(蟲彝), 가이(斝彝)가 그것이다.
술을 땅에 뿌리는 관(祼)제사를 드릴 때 쓰는 예기이다."라고 했
다. 이(靈)와 이(繫)는 모두 이(彝)의 고문체이다. 독음은 이(以)
와 지(脂)의 반절이다.

251 繶: 密也. 從糸致聲. 直利切. 73)

치(緻), '빽빽하다(密)'라는 뜻이다. 멱(糸)이 의미부이고 치(致)가 소
리부이다. 독음은 직(直)과 리(利)의 반절이다.

252 緗: 帛淺黃色也. 從糸相聲. 息良切.

상(緗), '옅은 황색 비단(帛淺黃色)'을 말한다. 멱(糸)이 의미부이고
상(相)이 소리부이다. 독음은 식(息)과 량(良)의 반절이다. [신부]

253 緋: 帛赤色也. 從糸非聲. 甫微切.

비(緋), '붉은색 비단(帛赤色)'을 말한다. 멱(糸)이 의미부이고 비(非)
가 소리부이다. 독음은 보(甫)와 미(微)의 반절이다. [신부]

254 緅: 帛青赤色也. 從糸取聲. 子侯切.

추(緅), '청적색의 비단(帛青赤色)'을 말한다. 멱(糸)이 의미부이고
취(取)가 소리부이다. 독음은 자(子)와 후(侯)의 반절이다. [신부]

255 繖: 蓋也. 從糸散聲. 穌旱切.

산(繖), '덮개(蓋)'를 말한다. 멱(糸)이 의미부이고 산(散)이 소리부
이다. 독음은 소(穌)와 한(旱)의 반절이다. [신부]

256 綀: 布屬. 從糸束聲. 所葅切.

소(綀), '베의 일종(布屬)'이다. 멱(糸)이 의미부이고 속(束)이 소리부
이다. 독음은 소(所)와 저(葅)의 반절이다. [신부]

257 縡: 事也. 從糸宰聲. 子代切.

재(縡), '일(事)'을 말한다. 멱(糸)이 의미부이고 재(宰)가 소리부이

---

73) 이상은 大徐本 주석의 "文二百四十八(文 249가 되어야 옳다), 重三十一"에 근거
한 것이다.

다. 독음은 자(子)와 대(代)의 반절이다. [신부]

258 繾： 繾綣, 不相離也. 從糸遣聲. 去演切.

견(繾), '견권(繾綣)'을 말하는데, '서로 떨어지지 않다(不相離)'라는
뜻이다. 멱(糸)이 의미부이고 견(遣)이 소리부이다. 독음은 거(去)
와 연(演)의 반절이다. [신부]

259 綣： 繾綣也. 從糸卷聲. 去阮切.

권(綣), '견권(繾綣)'을 말하는데, '서로 떨어지지 않다'라는 뜻이다.
멱(糸)이 의미부이고 권(卷)이 소리부이다. 독음은 거(去)와 완(阮)
의 반절이다. [신부]

또「소(素)부수」도 부류 상으로 서로 연결된다.

· 素： 白緻繒也. 從糸, 烝, 取其澤也. 凡素之屬皆從素. 桑故切.

소(素: ▨▨金文 ▨簡牘文), '흰색으로 된 가는 비단(白緻繒)'을
말한다. 멱(糸)과 수(烝)가 모두 의미부인데, 반들반들한 윤기가
아래로 퍼지다는 의미를 가져왔다. 소(素)부수에 귀속된 글자들
은 모두 소(素)가 의미부이다. 독음은 상(桑)과 고(故)의 반절이다.

· 繑： 素屬. 從素奴聲. 居玉切.

국(繑), '흰색으로 된 가는 비단의 일종(素屬)'이다. 소(素)가 의미부
이고 공(奴)이 소리부이다. 독음은 거(居)와 옥(玉)의 반절이다.

· 繛： 白約, 縞也. 從素勺聲. 以灼切.

약(繛), '백약(白約)'을 말하는데, '흰 비단(縞)'을 말한다. 소(素)가 의
미부이고 작(勺)이 소리부이다. 독음은 이(以)와 작(灼)의 반절이다.

· 繂： 素屬. 從素率聲. 所律切.

률(繂), '흰색으로 된 가는 비단의 일종(素屬)'이다. 소(素)가 의미부이
고 솔(率)이 소리부이다. 독음은 소(所)와 률(律)의 반절이다.

· 緯: 緝也. 從素卓聲. 繛, 緯或省. 昌約切.

작(綽), '늘어지다(繛)'라는 뜻이다. 소(素)가 의미부이고 탁(卓)이 소리부이다. 작(繛)은 작(綽)의 혹체자인데, 생략된 모습이다. 독음은 창(昌)과 약(約)의 반절이다.

· 繛: 繛也. 從素, 爰省. 繻, 繛或省. 胡玩切.

완(繛), '늘어지다(繛)'라는 뜻이다. 소(素)가 의미부이고, 원(爰)의 생략된 모습이 소리부이다. 완(繻)은 완(繛)의 혹체자인데, 생략된 모습이다. 독음은 호(胡)와 완(玩)의 반절이다.

또 「사(絲)부수」도 부류 상으로 서로 연결된다.

· 絲: 蠶所吐也. 從二糸. 凡絲之屬皆從絲. 息茲切.

사(絲: 甲骨文 金文 簡牘文), '누에가 토해 낸 실(蠶所吐)'을 말한다. 2개의 멱(糸)으로 구성되었다. 사(絲)부수에 귀속된 글자들은 모두 사(絲)가 의미부이다. 독음은 식(息)과 자(茲)의 반절이다.

· 轡: 馬轡也. 從絲從軎. 與連同意. 『詩』曰: "六轡如絲." 兵媚切.

비(轡: 甲骨文 金文 古陶文 古璽文), '말의 고삐(馬轡)'를 말한다. 사(絲)가 의미부이고 세(軎)도 의미부이다. 연(連)자의 구성 원리와 같다. 『시·소아황황자화(皇皇者華)』에서 "여섯 줄 고삐 실처럼 나란하네(六轡如絲)"라고 노래했다. 독음은 병(兵)과 미(媚)의 반절이다.

· 絭: 織絹從糸貫杼也. 從絲省, 卝聲. 古還切.

관(絭), '비단을 짤 때 실이 북을 통과해 가는 모습(織絹糸貫杼)'을 말한다. 사(絲)의 생략된 모습이 의미부이고, 관(卝)이 소리부이다. 독음은 고(古)와 환(還)의 반절이다.

　　　　　　　　　　　　　　　『설문해자』 인지분석

통계 분석 (1):

'전(縛)'자에서부터 '욕(縟)'자까지는 주로 색상의 이름과 관련되어 있다. 또한 이에는 「멱(糸)부수」의 '신부(新附)'에 실린 6자 중에서 '상(緗)', '비(緋)', '추(緅)' 등 3자와 「소(素)부수」의 '소(素, 素)', '률(繛, 繛)', '약(約, 約)' 등도 포함되어 있다. 이러한 다양한 '색깔의 명칭'은 기본 스펙트럼의 색조 외에도 두 색 사이의 간색과 다섯 가지 색의 '혼합색' 등을 포함하고 있어 고대인들의 색상 인지에 대한 민감성과 다양성에 감탄하게 만든다. 반면 현대 도시인의 삶에서 화려한 네온사인이 별을 가리는 '빛의 오염' 세계에서 '색깔의 명칭'에 대한 인지가 거의 '색맹' 상태에 이르렀다. 남조 송(宋)나라의 오균(吳均)의 「여주원사서(與朱元思書)」에서는 "특이한 산에 기이한 물, 천하에서 최고구나. (奇山異水, 天下獨絶.)"라는 모습을 다음처럼 묘사했다. "물색은 모두 옥색과 벽색(縹碧)이어서, 천장(千丈)의 깊이 속을 보는 것과 같구나. (水皆縹碧, 千丈見底.)"[74] 위에서 인용한 『설문·멱(糸)부수』에 따르면 "백(帛)은 청백색(青白色)을 말하는데, 멱(糸)이 의미부이고 북(奧)이 소리부이다."라고 한 것은 고대 인간이 비단의 청백색에 대한 색깔 이름에 대한 인지를 바탕으로 산수의 명징함과 투명함 그리고 급류를 이루며 푸른 밑바닥을 뒤집어 하얀 물보라를 일으키며 흐르는 경치를 묘사하는데 사용하였다는 것을 알 수 있다. 산속의 이런 맑은 물이 세차게 흐르는 곳에 살아본 사람이라면 '청백(青白)'의 비단 색을 보았을 때 바로 이런 생각을 하게 될 것이다. 기본 원색 중 하나

---

74) 郭錫良(等)(編), 『古代漢語』 下冊, 761쪽, 주(5): "縹, 淡青色."(天津教育出版社, 1991).

인 녹색(綠色)에 대해, 「멱(糸)부수」에서는 사람들의 생활 인지경험을 기반으로 구조를 '멱(糸)이 의미부이고 록(彔)이 소리부'인 구조로 분석하고, 그 의미 영역을 '비단(帛)의 청황색'으로 설정했다. 이 또한 청백색과 청황색 사이에는 미묘한 인지 차이가 존재하고 있다.

통계 분석 (2):

'약(約)'자에서 '구(絿)'자까지의 13자는 훈고학에서 말하는 호훈(互訓) 및 동훈(同訓) 등의 방법을 통해 대부분 '얽히고설키어 있거나(糾結)' 및 '뒤엉켜 있는(糾纏)' 상태와 연관되어 있음을 밝혔다. 예를 들면, '약속(約束)', '구속(束縛)', '얽힘(糾繚)', '뒤엉킴(纏繞)', '결합(締結)', '꼬임(絓結)', '긴장(繃緊)', '긴밀(絿緊)' 등이 그렇다. 미국의 현대 심리학자 루돌프 아른하임(Rudolf Arnheim)[75]의 대표작 『예술과 시지각(藝術與視知覺)』(1954년)에서는 '이질 동구(異質同構)' 개념을 제시, 미술사와 예술사 분야에서 여러 매체와 영역 간의 경계를 진정으로 파괴했다. 다양한 질(質)의 구조에서 동일한 구조 형태를 추출할 수 있다. 끈이라는 물리적 상태, 예를 들면 '교착(糾結)' 또는 '교잡(糾纏)' 상

---

75) [각주] Rudolf Arnheim(1904-2007)은 20세기를 대표하는 시각 이론가이자 심리학자로, 예술과 심리학의 융합 영역에서 획기적인 업적을 남겼다. 그의 대표작 『예술과 시지각』(1954)은 게슈탈트 심리학 원리를 예술 분석에 적용하여 새로운 시각을 제시했으며, 『엔트로피와 예술』(1971)에서는 정보이론을 예술에 접목시켰다. 또한 『시각적 사고』(1969)를 통해 인지 과정에서 시각의 중요성을 강조했다. 그의 연구는 예술교육, 영화이론, 디자인 분야에 깊은 영향을 미쳤다. 그의 이론은 시각적 사고 중심의 예술교육 방법론 발전에 기여했으며, 영화의 시각적 구성 원리에 대한 이론적 기반을 제공했다. 또한 시각 커뮤니케이션과 디자인 분야에 인지심리학적 접근을 도입하는 계기가 되었다. 이러한 아른하임의 학술적 성과는 예술, 심리학, 교육, 미디어 연구 등 다양한 분야에 걸쳐 지속적인 영향을 미치고 있다.

태는 본질적으로 물질상태(物態)에 속하며, 심리적 감정 구조는 본질
적으로 심정(心態)에 속한다. 두 상태는 동일한 인지 구조를 가지고
있다. 이러한 끈의 상태의 물리적 상태, 예를 들면 '약속(約束)', '구속
(束縛)', '매듭지어짐(糾繚)', '얽힘(纏繞)', '결합(締結)', '꼬임(絓結)', '긴장
(繃緊)', '긴밀(絿緊)' 등은 심리 감정 세계로 옮겨가 사용되었다. 심리
적 혼란을 '교착(糾結)'이라고 부르고, 감정상에서 '잘라낼 수 없고, 이
치가 혼란스러운' 복잡한 상황을 '꼬임(絓結)'이라고 표현한다. 물리학
에서 말하는 '양자 교착(量子糾纏)'은 연구자가 관찰 과정에서 나타나
는 '확정할 수 없는(不能確定)' 인지 상태에 관한 것이다. 『관추편』에
서는 송나라 때의 홍흥조(洪興祖)의 『초사보주(楚辭補注)』 제9장 제2
부에 대해 이렇게 논평했다.

> 「애영(哀郢)」에 "마음은 꼬여 풀리지 않고, 생각은 깊어만 가 풀리지
> 않네."라는 말이 있는데, 『주(註)』에서 "심장과 간이 엉켜 버려, 생각
> 과 미련이 깊어만 가 풀리지가 않는다(心肝懸結, 思念詰屈而不可解也)"
> 라고 했다. 『시·소아정월(正月)』에서 "내 마음의 근심, 마치 실이 엉
> 켜있는 듯하네.(心之憂兮, 如或結之.)"라고 했는데, 이것이 바로 '결
> (結)'이라는 글자의 의미다. 『조풍(曹風)·시구(鳲鳩)』에서 "마음이 실타
> 래처럼 엉겨있다(心如結矣)"거나 『회풍(檜風)·소관(素冠)』의 "내 마음
> 실처럼 꼬여 있네(我心蘊結)."라고 한 것에 대해 『정의(正義)』에서는
> 모두 "일이 실타래처럼 엉킨듯하다"라고 해석했다.
> 『순자·성상편(成相篇)』에서 "군자의 집착하는 마음이 실이 엉킨 듯하
> 네.(君子執之心如結)"라고 했는데, 양경(楊倞)의 주석에서 "견고하여
> 풀리지 않음을 말한다."라고 했다. 『한서·경13왕전(景十三王傳)』에서
> 는 중산왕(中山王) 유승(劉勝)에 대해 "지금 신의 마음이 엉킨 지 오
> 래 되었습니다(今臣心結日久)"라고 했고, 또 광천왕(廣川王) 유거(劉
> 去)76)에 대해서는 "마음은 거듭 엉키고, 뜻은 편치가 않네(心重結, 意
> 不舒)."라고 노래했는데, 모두 같은 뜻들이다.

인간의 감정과 생각은 연속적이기 때문에, 흔히 그것을 유사한 실이
나 줄과 같은 말로 표현했던 것이다. '생각의 줄(思緖)'이나 '감정의
실(情絲)' 등이 그 예이다.『태평광기(太平廣記)』권488에서 원진(元稹)
의『앵앵전(鶯鶯傳)』에서는 최씨가 장생에게 '어지러운 실 한 타래(亂
絲一絇)'를 보내고서는 스스로 "걱정스러운 생각이 실처럼 얽혀있어,
물건을 통해 감정을 전하고 싶다."라고 말했다. 작품 속 경계 구문에
도 보이는데, 육조(六朝) 때의 악부(樂府)시「화산기(華山畿)」에서 "뱃
속은 마치 엉킨 실처럼 아프고, 심란한 마음 잠시 물러갔는가 싶었
더니, 외로운 독이 되어 이미 다시 돌아왔네.(腹中如亂絲, 慣慣適得去,
愁毒已復來.)"라고 했다. 또『전당문(全唐文)』권188의 위승경(韋承慶)
의「영대부(靈臺賦)」에서는 "복잡한 가슴은 안개와 결합되어 연기처
럼 모여들고, 단순한 생각은 바늘처럼 매달려 실을 연결하네.(繁襟霧
合而煙聚, 單思針懸而縷續.)"라고 했고, 유영제(劉永濟)의「경려악회망
강주망낙주유작(經廬嶽回望江州望洛州有作)」에서는 "부딪혀 흐르는
샘물은 물결을 이루고, 생각은 날아올라 주살이 되네.(言泉激爲浪, 思
緖飛成繳)"라고 했다. 또 교연(皎然)의「교고(效古)」에는 "만 길 깊이
속을 노니는 실은 첩의 마음이요, 나비를 끌어당기는 꽃 마냥 어지
러이 엉켜있네.(萬丈遊絲是妾心, 惹蝶縈花亂相續)", 시견오(施肩吾)의「
고별리(古別離)」에는 "한 밤중의 바람은 꿈을 끊는 칼이 되어, 만 구
비 돌고 돌아 창자를 얽어매는 실이 되었네.(三更風作切夢刀, 萬轉愁
成繫腸線)", 포용(鮑溶)의「추회(秋懷)」애는 "마음은 마치 고치실로 꼰

---

76) [역주] 광천왕(廣川王) 유거(劉去)는 서한(西漢) 시대의 매우 논란이 많은 인물
이다. 그는 특히 춘추전국시대의 고분을 좋아해 많은 고분을 도굴했다. 그가
관할하던 영지 내의 거의 모든 고분, 예를 들어 위(魏) 양왕묘(襄王墓)와 진(晉)
영공묘(靈公墓) 같은 유명한 고분들이 그의 손에 의해 파헤쳐졌다. 유거는 고
분 속의 재물에 큰 관심을 가졌을 뿐만 아니라 도굴 과정 자체에서 흥분과 만
족을 느꼈다. 그의 행동은 당시에 매우 변태적이고 잔혹한 것으로 간주되었
는데, 그는 무덤 속의 재물을 훔치는 것뿐만 아니라 무덤 속의 시신에게 모욕과
파괴를 가했다고 한다. 그래서 유거의 통치 시기는 화려한 비극으로 묘사된다.
그의 권력 추구와 미에 대한 갈망으로 인해 광천국(廣川國)은 피비린내 나고
공포로 가득 찬 곳이 되었다. 그의 후궁은 공포의 감옥으로 변했으며, 그의 기
녀들은 물속과 불속에서 생활하며 매일 생사의 위협을 겪었다고 한다.

낚싯줄이 되어, 전전반측 머리만 복잡해지네.(心如纓絲綸, 展轉多頭緒)", 장적(張籍)의 「억원곡(憶遠曲)」애는 "이별한 사랑 긴 실과 같아, 천리 떨어진 내 마음을 매어 놓네.(離愛如長線, 千里繫我心.)" 등과 같은 구절이 있다.

또 「별단생(別段生)」에서는 "이별의 감정이 두 갈래로 끊어져, 바람 속에 나부끼는 실과 다를 바 없네.(離情兩飄斷, 不異風中絲.)"라고 했고, 이상은(李商隱)의 「춘광(春光)」에서는 "언제쯤 생각의 줄이 온통 깨끗해질까? 마치 백 길 길이의 흔들리는 실 같구나.(幾時心緒渾無事, 得似遊絲百尺長)"라고 했으며, 사공도(司空圖)의 「춘추부(春愁賦)」에서는 "우울한 감정 눈가에 눈물로 맺히고, 우울한 생각이 나이와 함께 상처로 남네.(鬱情條以凝睇, 裊愁緒以傷年)"라고 했으며, 한악(韓偓)의 「장신궁(長信宮)」에서는 "평생토록 마음은 꼬여 있고, 하나의 황금의 북에 만 장 길이의 실(平生心緒無人識, 一隻金梭萬丈絲)"라고 했으며, 오융(吳融)의 「정(情)」에서는 "언제나 애틋한 마음과 관심, 어떻게 처리할까? 섬세하게 가볍게 흔들리는 실처럼 미묘하게 요동치는 파도.(依依脈脈兩如何, 細似輕絲渺似波)"라고 했으며, 이후주(李後主)의 「접련화(蝶戀花)」에서는 "한 치의 그리움은 천만의 가닥의 실, 세상에는 그 어디에도 안락한 곳은 없네.(一寸相思千萬縷, 人間沒個安排處)"라고 했으며, 또 「상견환(相見歡)」에서는 "잘라도 끊이지 않는, 이성적으로 생각해도 다시 혼란스러움, 이것이 바로 이별의 근심이리니.(剪不斷, 理還亂, 是離愁)"라고 했다. 그리고 『소서유기(小西遊記)』 제33회에서는 '늙지 않는 할멈이 가진 법보'를 '감정의 실(情絲)'이라고 불렀는데, 이처럼 '실'은 사람을 묶을 수 있었다.

스페인어에서는 '생각의 사슬'이나 '개념의 선'(외국어 생략) 등의 표현을 습관적으로 사용한다. 시인들은 때때로 이러한 생각들이 서로 끌어당겨 '생각의 노드'(la tua mente ristretta/ di pensier in pensier dentro ad un nodo)를 형성하거나, 사랑에 빠진 감정을 '감정의 그물'로 표현하거나, 근심에 찬 모습을 '우울의 고치'(knits up the ravell"d sleave of care)로 기술하거나, 원망을 풀어내고 마음을 편안하게 하기 위해 '생각의 줄'을 풀어 헤치는 것처럼 생각한다(untie your unfolded thoughts,/ And let them dangle loose, as a bride"s hair).

시인들은 이 생각이 저 생각을 끌고 가면서 서로 엉키고 꼬아서 '생각의 매듭(思結)'을 형성할 수 있었다(이탈리아어에서는 '당신의 마음이 생각에서 생각으로 한 매듭 안에 제한되었다(la tua mente ristretta/ di pensier in pensier dentro ad un nodo)'로 표현됨). 또는 사랑의 감정을 엮어서 '감정의 그물(情網)'을 형성하거나(외국어 생략), 우려와 근심을 얽어서 '걱정의 고치(憂繭)'가 되기도 한다. 또는 원한을 풀고 마음을 진정시켜 생각의 접힌 주름을 펴게 하여 신부가 화장을 지우고 머리를 풀어헤친 것처럼 생각을 풀어 헤치도록 한다(영어에서는 '당신의 펼쳐지지 않은 생각들을 풀고, 신부의 머리카락처럼 흐트러지게 하라(knits up the ravell'd sleave of care)'고 표현함). 이러한 예들은 일일이 열거할 수 없을 정도로 많다.

이런 의미는 중국의 경우, 『구장(九章)』에서부터 시작되어 흥미롭게 전개된다. 감정과 생각은 단지 엉키어 분리하기 어려운 것이 아니라, 또한 조직되어 문장이 되기도 한다. 「비회풍(悲回風)」에서는 "뒤틀린 마음을 끈으로 만들고, 근심을 엮어 가슴에 걸었네.(糺思心以爲 纕兮, 編愁苦以爲膺.)"라고 했는데, 『주』에서는 "뒤틀림은 거스름이고, 끈은 허리띠이며, 엮음은 맺음이고, 가슴은 가슴에 걸친 것을 말한다.(糺, 戾也, 纕, 佩帶也, 編, 結也, 膺, 絡胸者也)"라고 했다. 또 "마음은 굴레에 매여 형태가 없고, 기운은 얽혀 스스로 맺힌다.(心鞿羈而不形兮, 氣繚轉而自縮)"라고 했는데, 『주』에서는 "간과 쓸개가 엮여 있어 해체하기 어렵고, 생각은 긴밀하게 말려서 매듭이 생겼다.(肝膽係結, 難解釋也; 思念緊卷而成結也)"라고 했다. 또 『보주(補註)』에서는 "형태가 없다는 것은 마음이 내면에 엮여 있어 바깥으로 나타나지 않는다는 뜻이고, 맺힘은 풀리지 않는 매듭을 말한다.('不形謂中心係結, 不見於外也; 縮, 結不解也)"라고 했다. 「석송(惜誦)」에서는 "복잡한 말은 이어질 수 없으니, 뜻을 펼치고자 해도 길이 없도다.(固煩言不可結詒兮, 願陳志而無路.)"라고 했는데, 『주』에서는 "그 말이 복잡하고 많아 이어질 수 없음을 말한다(其言煩多, 不可結續)"라고 했다. 또 「추사(抽思)」에서는 "미묘한 정을 엮어 시를 짓고, 그것으로 아름다운 사람을 그리워한다."라고 했는데, 『주』에서는 "미묘한 생각을 이어

　　　　　　　　　　　　　　　　　　『설문해자』 인지분석

시와 부를 지었다"라고 했다. 또 「사미인(思美人)」에서는 "중매쟁이 가 길을 막아서 막히니, 말을 이어 전할 수가 없구나.(媒阻路絶兮, 言 不可結而貽.)"라고 했는데, 『주』에서는 "비밀스러운 말은 전달하기 어렵다.(祕密之語難傳也)"라고 풀이했다.

[위에서 볼 수 있는 것처럼] 때로는 '뒤얽힘(糾結)'이라 하고, 때로는 '묶음(組結)'이라고 했다. 깊은 근심이 빠져나오기 힘들 때 그것을 '매 듭(結)'이라 하며, 속마음의 어려움을 표현할 때도 '매듭(結)'이라 한 다. 마음의 깊은 곳에서는 실처럼 뒤얽힌 생각과 연결된 감정을 묘 사한다. '뒤얽힌 생각(糺思)'과 '어려운 근심(編愁)'이라는 표현은 특히 깊은 뜻을 지닌다. 실제로 뒤얽힌 문제를 해결하려면, 그것을 묶어 야 한다. 근심거리가 풀리지 않으면, 그 생각을 체계적으로 정리하 고, 감정을 연결하여, 마침내 그것이 장에서 풀릴 수 있도록 해야 한 다. 그렇게 해야 마음속의 복잡한 감정들이 해소될 수 있다.[77]

이는 두보(杜甫)의 「지후(至後)」에서 언급한 "슬픔은 근본적으로 시 (詩)에 의거하여 기쁨을 소환한다.(愁極本憑詩遣興)"라는 말이다. 감정 에 의해 지배받지 않고, 그것을 흔들리게 하지 않고, 오히려 그것을 주도하여 사용한다. 애절한 소리로 울고, 슬픔의 노래로 부른다면, 그것은 '실(繻)'과 '가슴(膺)'을 만드는 것이다. 한 줌의 쓴 눈물을 가 득한 종이에 말도 안 되는 말로 바꾸어, 뒤죽박죽인 감정을 체계적 으로 정리하게 한다. 그럼으로써 슬픔을 표현하며 예술을 창조한다. 육기(陸機)의 「탄서부(歎逝賦)」에서는 "그윽한 감정은 발현되어 질서 를 이루고, 머뭇거리는 생각은 호소하며 시작된다.(幽情發而成緒, 滯 思叩而興端.)"라고 했다. 또한 그의 「문부(文賦)」에서는 "비록 베틀의 북(杼)과 축(軸)이 내 마음에 있지만(雖杼軸於余懷)"이라고 했는데, 『 문선(文選)』의 이선(李善) 주석에 따르면 이는 "직물로 비유한 것(以 織喩也)"이라고 했다. 『위서(魏書)·조영전(祖瑩傳)』에서는 "사람들은

---

77) 이 인용의 '단락 나누기와 끊어 읽기(分段句讀)'는 필자가 추가한 것이다. 지난 20세기에 목존(默存) 선생의 『관추편(管錐編)』의 저술 상황에 대해 이렇게 언 급한 바 있다. "십 년간의 걱정과 고민 속에서 책을 썼으며, 그저 혼란한 생각 을 달래며 날을 보내는 것이었습니다. 이 '혼란한 생각'이란 바로 복잡한 글의 조직, 문자의 배열과 사고의 방향을 다시 정리하는 것을 의미한다."

항상 '문장은 베틀과 베 짜기에서 나와야 한다'라고 말한다.(常語人云: "文章須自出機杼)"라는 말을 인용했다. 『전당문(全唐文)』 권221의 장열(張說)의 「강상추심부(江上愁心賦)」에서는 "슬픔으로 가득한 창자를 능숙한 붓으로 관통하고, 슬픈 이별의 꿈을 애절한 현악기와 함께 짠다.(貫愁腸於巧筆, 紡離夢於哀絃)"라고 했다. 주밀(周密)의 「소화유(掃花遊)」에서는 "감정의 실과 원망의 끈을 함께 섞어 그런 슬픔의 문장을 직조하여 낸다.(情絲恨縷, 倩回文爲織那時愁句)"라고 했다. 이렇게 문장으로 근심을 구슬처럼 '꿰었고(貫)', 음악으로 꿈과 같은 비단실을 '뽑으며(紡)', 회문(回文)으로 정과 한을 '직조하며(織)', 더더욱 슬픔을 '뒤얽힌 것(紅愁)'과 '생각을 정리한 것(編思)'의 의미로 남긴 것은 정말로 진정한 극치가 아니겠는가? "마음과 거문고의 현이 완벽하게 어우러져, 노래로 만들어진다."(consort both heart and lute, and twist a song)는 것 또한 서양 시인의 전통적인 주장이기도 하다. 또한 앞서 언급한 오융(吳融)의 절구에는 "실(絲)과 같다"라는 표현 외에도 "파도(波)와 같다"라는 표현도 있다. 이는 『한서(漢書)·외척전(外戚傳)』에서 무제(武帝)가 이부인(李夫人)을 추모하며 쓴 부(賦)에서의 "생각은 흐르는 물결과 같아, 항상 마음속에 있네.(思若流波, 恒兮在心.)"라는 표현과 관련이 있다. 또한 서간(徐幹)의 「실사(室思)」에서는 "당신을 생각하는 것이 끊임없이 흐르는 물과 같으나, 언제 그 시간이 끝나겠는가?(思君如流水, 何有窮已時.)"라고 하였고, 하순(何遜)의 「위형산후와부서(爲衡山侯與婦書)」에는 "생각은 흐르는 물과 같아, 하루 종일 멈추지 않네.(思等流水, 終日不息)"라는 표현도 있다. 또 「야석답손도랑(野夕答孫櫂郞)」에서 "그대 생각하는 마음 끝이 없어, 길게 흘러드는 강물과 같네.(思君意不窮, 長如流水注.)"라고 했다. 육조(六朝)시대 이후, 이러한 표현은 고정된 관용구로 사용되었다. 그러나 두보(杜甫)의 「강정(江亭)」에서 "물은 흐르지만 마음은 그렇지 않다(水流心不競)"라는 표현은 마음을 물에 녹여 두 가지를 하나로 만든 것(empathy)으로서, 고전을 새롭게 해석하는 데 탁월한 것이라 하겠다. 『자화자(子華子)·집중(執中)』편에서는 "흐르는 물을 바라보는 사람은 물과 함께 흐르니, 그의 눈동자는 움직이고 마음은 멀리 떠나간 것인가?(觀流水者, 與水俱流, 其目運而心逝者歟)"라는 표현이 있는데, 이것을 두보 작품의 속마음을 읽는 데 사용할 수 있다.

불경에 따르면 『대승본생심지관경(大乘本生心地觀經)·관심품(觀心品)』제10에서도 "마음은 흐르는 물과 같아, 순간순간에 생기고 사라지며, 전생과 내생에서도 잠시라도 멈추지 않는다.(心如流水, 念念生滅, 於前後世, 不暫住故.)"라고 했다. 또 『종경록(宗鏡錄)』에서는 "물로 진심을 비유(水喩眞心)"하면서 "십의(十義)"에 대해 상세히 설명하였다. 제임스(詹姆士)는 『심리학(心理學)』78)에서 '사슬로 연결하다(鏈)'나 '꿰다(串)'와 같은 단어로는 의식의 연속성과 그 흐름을 제대로 설명할 수 없으며(such words as "chain" or "train" dose not describe it fitly. It is nothing jointed; it flows), 그렇기에 이를 '의식의 흐름' 또는 '생각의 물결'(stream of consciousness or thought)이라고 이름 붙여야 한다고 주장했다.

이러한 명칭과 용어에 대한 합의는 대체로 이루어졌다. 필자의 생각은 이렇다. 중국의 고전들은 잠시 미루어 두더라도, 단테(但丁)의 『신곡(神曲)』에서 이미 '마음의 강'(della mente il fiume)79)이라는 표현

---

78) [역주] 여기서 말하는 『심리학』은 『심리학의 원리』(*The Principles of Psychology*, 1890)를 말한다. 이의 저자 윌리엄 제임스(William James, 1842-1910)는 미국의 심리학자이자 철학자로, 근대 심리학과 실용주의 철학의 선구자로 평가받는다. 그는 대표 저서인 『심리학의 원리』에서 인간 의식을 단절된 고정적 개념으로 보지 않고, 끊임없이 변화하고 흐르는 연속적인 과정으로 설명하며 이를 '의식의 흐름'(stream of consciousness)이라는 개념으로 제시했다. 제임스는 의식을 고정된 사건들의 연속이 아니라, 유동적인 '사고의 흐름'으로 이해해야 한다고 주장하며, 이는 이후 철학과 문학, 심리학에 중요한 영향을 미쳤다. 그의 심리학적 연구는 실용주의 철학과도 연결되며, 인간 경험의 실질적 유용성을 강조하는 사상을 발전시켰다.

79) [역주] 단테의 『신곡』에 등장하는 '마음의 강'(della mente il fiume)은 인간 의식의 복잡성과 유동성을 표현하는 중요한 은유적 표현이다. 이는 끊임없이 변화하는 의식의 흐름, 과거 경험이 현재에 미치는 영향을 나타내는 기억과 회상의 과정, 자아 발견과 정신적 성장을 의미하는 영적 여정, 시인의 끊임없는 창작 과정을 상징하는 창조적 사고, 그리고 의식 속에서 느껴지는 시간의 연속성 등을 포함한다. 이 개념은 단테 작품에서 인간 정신의 깊이와 복잡성을 탐구하는 중요한 문학적 장치로 활용되었으며, 후대의 문학과 철학에도 상당한 영향을 미쳤다. '마음의 강'은 단순한 비유를 넘어 인간 의식의 본질과 정

을 사용하였고, 몽테뉴(蒙田)80)의 친한 친구의 시에서도 사랑하는 생각이 빠르게 흐르는 물(원어는 생략)에 비유되어 있다81)는 것을 확인할 수 있다. 이렇듯, 시인들의 깊은 통찰은 학자보다 더 앞섰다고 생각한다.

(『哀郢』: "心絓結而不解兮, 思蹇産而不釋"; 『註』: "心肝懸結、思念詰屈而不可解也." 按『詩·小雅·正月』"心之憂兮, 如或結之", 卽此"結"字; 『曹風·鳲鳩』"心如結矣", 『檜風·素冠』"我心蘊結", 『正義』均釋曰: "如物之裹結."『荀子·成相篇』: "君子執之心如結", 楊倞註: "堅固不解也."『漢書·景十三王傳』中山王勝對曰: "今臣心結日久", 又廣川王去歌曰: "心重結, 意不舒"; 詞旨一律. 人之情思, 連綿相續, 故常語逕以類似條索之物名之, "思緒""情絲", 是其例也.『太平廣記』卷四八八元稹『鴛鴦傳』崔氏寄張生"亂絲一絇", 自言:

신적 여정의 연속성을 깊이 있게 탐구하는 철학적 개념으로 이해될 수 있다.

80) [역주] 미셸 드 몽테뉴(Michel de Montaigne, 1533-1592)는 프랑스 르네상스 시대의 철학자이자 수필가로, 현대 에세이 장르를 개척한 인물로 평가받고 있다. 그의 대표 저서『수상록』(Essais)은 철학적 성찰과 개인적 경험을 바탕으로 인간 본성, 도덕, 지식, 사회적 관습 등을 탐구한 글 모음이다. 몽테뉴는 회의주의를 중심으로 한 사상을 전개했으며, 절대적 진리의 존재를 의심하고 인간 지식의 한계를 강조했다. 그는 고대 철학자들, 특히 피론주의의 영향을 받아 '무엇을 안다는 것'에 대한 회의적 태도를 유지했으며, 이를 통해 모든 지식은 불완전하고 상대적일 수 있다는 입장을 제시했다. 또 그의 사상은 주관적 경험을 중시하며 인간의 불완전성과 한계에 대한 깊은 성찰을 담고 있다. 그는 인간이 자신을 이해하려면 자기 성찰과 비판적 사고가 필요하다고 주장했고, 그의 글은 인문주의적 색채와 실용적 지혜로 가득 차 있다. 특히 인간의 본성과 윤리에 대한 고찰은 후대 철학자들, 특히 데카르트, 파스칼, 루소, 니체 등에 큰 영향을 미쳤다. 몽테뉴는 철학을 학문적 추상에서 벗어나 일상적인 문제와 삶의 실제적 질문으로 확장한 중요한 인물로, 그의 사상은 근대 주체성 개념의 발전에 중요한 기여를 했다 평가된다.

81) [역주] 몽테뉴의 친구 에티엔 드 라 보에시(Étienne de La Boétie, 1530-1563)의 시에 등장하는 'le cours de nos pensées amoureuses'를 말한 것으로 보인다. 이 표현은 '우리의 사랑의 생각들의 흐름'을 의미하는데, 이는 사랑에 관한 생각과 감정이 물처럼 끊임없이 흐르고 변화하는 모습을 표현한 것이다. 이 비유는 사랑의 역동성, 감정의 연속성, 사고의 유동성을 강조하며, 인간의 내면 세계를 자연의 요소에 빗대어 설명한다. 이러한 표현은 르네상스 시대 프랑스 문학의 특징을 보여주며, 더 나아가 단테의 '마음의 강' 개념과 유사한 맥락에서 유럽 문학 전반에 나타나는 보편적 주제임을 시사한다.

"愁緖縈絲, 因物達情." 詞章警句, 如六朝樂府『華山畿』: "腹中如亂絲, 憒憒適得去, 愁毒已復來"; 『全唐文』卷一八八韋承慶『靈臺賦』: "繁襟霧合而煙聚, 單思針懸而縷續"; 劉永濟『經廬岳回望江州望洛州有作』: "言泉激爲浪, 思緖飛成縐"; 皎然『效古』: "萬丈游絲是妾心, 惹蝶縈花亂相續"; 施肩吾『古別離』: "三更風作切夢刀, 萬轉愁成繫腸線"; 鮑溶『秋懷』: "心如繀絲綸, 展轉多頭緖"; 張籍『憶遠曲』: "離愛如長線, 千里繫我心", 又『別段生』: "離情兩飄斷, 不異風中絲"; 李商隱『春光』: "幾時心緖渾無事, 得似游絲百尺長"; 司空圖『春愁賦』: "鬱情條以凝眹, 裊愁緖以傷年"; 韓偓(或高蟾)『長信宮』: "平生心緖無人識, 一隻金梭萬丈絲"; 吳融『情』: "依依脈脈兩如何, 細似輕絲渺似波"; 李後主『蝶戀花』: "一寸相思千萬縷, 人間沒個安排處", 又『相見歡』: "剪不斷, 理還亂, 是離愁"; 以至『小西游記』第三三回不老婆婆有法寶曰"情絲", 可以縛人. 西語習稱"思想之鏈"、"觀念之線"(外文略); 詩人或詠此念牽引彼念, 糾卷而成"思結"(la tua mente ristretta/ di pensier in pensier dentro ad un nodo), 或詠愛戀羅織而成"情網"(外文略), 或詠愁慮繚縈而成"憂繭"(knits up the ravell'd sleave of care), 或以釋恨放心爲弛解摺疊之思緖俾如新嫁娘卸妝散髮(untie your unfolded thoughts,/ And let them dangle loose, as a bride's hair), 更僕難終. 斯意在吾國則始酣暢於『九章』. 情思不特糾結而難分解, 且可組結而成文章. 『悲回風』: "糺思心以爲纕兮, 編愁苦以爲膺", 『註』: "糺, 戾也, 纕、佩帶也, 編、結也, 膺、絡胸者也"; 又: "心鞿羈而不形兮, 氣繚轉而自縮", 『註』: "肝膽係結, 難解釋也; 思念緊卷而成結也", 『補註』: "'不形'謂中心係結, 不見於外也; 縮、結不解也"; 『惜誦』: "固煩言不可結詒兮, 願陳志而無路", 『註』: "其言煩多, 不可結續"; 『抽思』: "結微情以陳詞兮, 矯以遺夫美人", 『註』: "結續妙思, 作詞賦也"; 『思美人』: "媒阻路絶兮, 言不可結而詒", 『註』: "祕密之語難傳也."

或言糾結, 或言組結; 牢愁難畔曰"結", 衷曲可申亦曰"結". 胥比心能心所於絲縷縷續; "糺思""編愁", 詞旨尤深. 蓋欲解糾結, 端須組結. 愁煩不釋, 則條理其思, 條緝其念, 俾就緖成章, 庶幾蟠鬱心胸者得以排遣.

杜甫『至後』所謂"愁極本憑詩遣興". 不爲情感所奴, 由其擺播, 而作主以御使之. 不平之善鳴, 當哭之長歌, 卽"爲纕"、"爲膺", 化一把辛酸淚爲滿紙荒唐言, 使無緖之纏結, 爲不紊之編結, 因寫憂而造藝是矣. 陸機『歎逝賦』: "幽情發而成緒, 滯思叩而興端", 又『文賦』: "雖杼軸於余懷", 『文選』李善註: "以織喻也"; 『魏書·祖瑩傳』: "常語人云: '文章須自出機杼'"; 取譬相類. 『全唐文』卷二二一張說『江上愁心賦』: "貫愁腸於巧筆, 紡離夢於哀絃"; 周密『掃花游』: "情絲恨縷, 倩回文爲織那時愁句"; 以文詞"貫"愁如珠, 以音樂"紡"夢如錦, 以回文"織"情與恨, 尤"糺愁"、"編思"之遣意與夫極致哉！"心情與琴絲儷合, 組紗成歌"(consort both heart and lute,and twist a song), 固亦西方詩人舊說也. 又按前引吳融絶句, 於"似絲"外復曰"似波", 卽『漢書·外戚傳』上武帝悼李夫人賦: "思若流波, 恒兮在心"; 徐幹『室思』: "思君如流水, 何有窮已時"; 何遜『爲衡山侯與婦書』"思等流水, 終日不息", 又『野夕答孫櫂郎』: "思君意不窮, 長如流水注." 六朝以還, 寖成套語. 惟杜甫『江亭』: "水流心不競", 溶心於水, 二而一之(empathy), 頗能與古爲新; 『子華子·執中』篇: "觀流水者, 與水俱流, 其目運而心逝者歟！"可移作讀杜心解. 釋典如『大乘本生心地觀經·觀心品』第一〇亦曰: "心如流水, 念念生滅, 於前後世, 不暫住故"; 『宗鏡錄』卷七詳說"水喩眞心"共有"十義". 詹姆士『心理學』謂"鏈"、"串"等字僉不足以示心行之無縫而瀉注(such words as "chain" or "train" dose not describe it fitly. It is nothing jointed; it flows), 當命曰"意識流"或"思波"(stream of consciousness or thought). 正名定稱, 衆議翕然. 竊謂吾國古籍姑置之, 但丁『神曲』早言"心河"(della mente il fiume), 蒙田摯友作詩亦以思念相聯喻於奔流(外文略). 詞人體察之精, 蓋先於學人多多許矣.)[82]

『관추편』의 추가 정정 부분에서는 또 이렇게 보충했다.

불교 경전에서는 "망상(妄想)은 실(絲)이 되어 고치 집(繭)을 만든다." 라는 비유가 있으며, 이로부터 일반적으로 사용되는 "고치솜을 만들어 스스로를 속박한다(作繭自縛)"라는 표현이 나왔다. 유송(劉宋) 때 인도의 삼장(三藏) 구나바다로(求那跋陀羅)가 번역한 『능가경(楞伽經)·일체불어심품(一切佛語心品)』에서는 "그러므로 보통의 어리석은 생각은, 고치솜을 만드는 애벌레처럼, 망상의 실로 스스로를 묶고 다른 것들을 묶는다. 그것들은 끊임없이 서로에게 연결되어 집착하게 된

---

82) 『管錐編』 第2冊, 615-618쪽(中華書局, 1979年).

다.(故凡愚妄想, 如蠶作繭, 以妄想絲自纒纒他, 有無相續相計著.)"라는 내용이 있다. 또 "비유하자면 저 누에가 그물을 짓고 스스로를 감싸듯, 어리석은 자는 망상에 묶여 계속해서 관찰하지 않는다.(譬如彼蠶蟲, 結網而自纒, 愚夫妄想縛, 相續不觀察.)"라고 했다. 또 이어서 같은 품의 제4에서 "망상으로 스스로를 묶는 것은, 번데기를 만드는 것과 같다.(妄想自纒, 如蠶作繭)"라는 표현이 나온다.

후대에서는 이들이 승려의 글에서만 사용된 것이 아니었다. 예를 들어, 석 연수(釋延壽)의 『종경록(宗鏡錄)·자서(自序)』에서는 "탈출할 수 없는 방법 속에서 스스로를 묶는 것, 봄의 애벌레가 번데기를 만드는 것처럼, 가을의 나방이 등잔 속으로 날아드는 것과 같다.(於無脫法中, 自生繫縛, 如春蠶作繭, 似秋蛾赴燈.)"라는 표현이 있다. 또한 시문(詞章)에서도 흔히 볼 수 있는데, 백거이(白居易)의 「부충주중시설제(赴忠州中示舍弟) 50운(五十韻)」에서는 "나비를 누가 구하리오? 애벌레가 스스로를 묶는데.(燭蛾誰救護, 蠶繭自纒縈)"라는 표현이 등장하며 자신이 어디서 왔는지를 잊어버렸음을 표현했다.

백거이의 「원구의 '도망시'를 보고 이에 붙여 쓰는 시(見元九悼亡詩, 因以此寄)」에서는 "인간 세상에 이 병은 치료할 약이 없는데, 오직 4권짜리 『능가경』만이 있구나.(人間此病治無藥, 只有『楞伽』四卷經.)"라고 했는데, 이는 송(宋)나라 때의 번역본을 가리킨다. 당(唐)나라 때부터 7권으로 된 번역본이 널리 유행했으며, 이후 4권으로 된 경전은 사라졌다. 천여의(陳與義)의 『간재시집(簡齋詩集)』 권30의 「옥당포직(玉堂儤直)」에서도 "전원으로 돌아간다고 보고할 겨를도 없이, 4권으로 된 『능가경』의 독송에만 빠져 있네.(應未上歸田奏, 貪誦『楞伽』四卷經.)"이라는 문장에서도 백거이의 오래된 구절을 활용했다.

광총해(光聰諧)의 『유불위재수필(有不爲齋隨筆)』 권정(卷丁)에서 감산(憨山)의 심어(心語)를 인용하여, 『능가경(楞伽經)』이 『금강경(金剛經)』에 의해 가려졌다고 언급하면서, "오직 비관(秘館)에만 소장되어 있으며, '전원으로 돌아가면' 찾아서 읽기가 어렵다.(惟秘館有之, '歸田'去則難求誦)"라고 했다. 그래서 천여의(陳與義)가 이렇게 말했던 것이다. 명확한 설명이 부족한 듯 보이는데, 당(唐)나라 때의 번역본인 "7

권으로 된 『능가경』은 애초에 '찾기 어려웠던' 것이 아니라, '전원으로 돌아가지' 않을 핑계거리로 삼기에 부족했다는 것을 의미한다. (釋典又有"妄想絲作繭"之喩, 常語"作繭自縛"之所出也. 劉宋天竺三藏求那跋陀羅譯『楞伽經·一切佛語心品』之三: "故凡愚妄想, 如蠶作繭, 以妄想絲自纏纏他, 有無相續相計著"; 又"譬如彼蠶蟲, 結網而自纏, 愚夫妄想縛, 相續不觀察"; 又同品之四: "妄想自纏, 如蠶作繭." 後世不獨僧書習用, 如釋延壽『宗鏡錄·自序』: "於無脫法中, 自生繫縛, 如春蠶作繭, 似秋蛾赴燈"; 詞章中亦熟見, 如白居易『赴忠州中示舍弟五十韻』: "燭蛾誰救護, 蠶繭自纏縈", 且寢忘其來歷矣. 居易『見元九悼亡詩, 因以此寄』: "人間此病治無藥, 只有『楞伽』四卷經", 正指宋譯; 自唐譯七卷本流行, 四卷本遂微. 陳與義『簡齋詩集』卷三〇『玉堂僟直』"只應未上歸田奏, 貪誦『楞伽』四卷經", 用居易舊句恰合. 光聰諧『有不爲齋隨筆』卷丁本憨山心語, 謂『楞伽經』爲『金剛經』所掩, "惟秘館有之, '歸田'去則難求誦", 故陳詩云然. 似欠分雪, 唐譯"『楞伽』七卷經"初不"難求", 未足爲不"歸田"之藉口也.)

통계 분석 (3):

'서(絮)'에서부터 '지(紙)'자 사이의 글자들은 제지 공정 및 도구와 관련이 있다. 그러나 필사본과 판각본 사이에는 체계적인 차이와 이체자가 존재한다. 자세한 내용은 아래에서 검토하게 될 것이다.

당나라 필사본인 『원본 옥편(原本玉篇)』에는 「멱(糸)부수」에 속한 글자들이 많이 수록되어 있다. 이 「멱(糸)부수」에 보존된 『설문』 자료는 남조 시대에 볼 수 있던 『설문』의 기록 상황을 반영하는 것으로 볼 수 있다. 이렇게 귀중한 자형과 구조 분석은 대서본(大徐本)『설문』과 비교할 수 있으며, 그 사이에서 대서본(大徐本)『설문』의 전승 수준과 그 차이를 엿볼 수 있다. 『원본 옥편』에 보관된 『설문』과 송대 대서본(大徐本)『설문』를 체계적으로 비교하면, 변이가 큰 부분을 하나씩 대조하고, 중간에 필사본과 전승 관계에 있는 『전례만상명의(篆隸萬象名義)』 텍스트를 보완한다면, 『설문』 전승 과정에서 자형, 독음, 의미 체계의 동적 변화 과정을 어느 정도 복원할 수 있으며, 현존하는 송본(宋本) 『설문』에 보존된 변이의 역사적 단서를 드러낼 수 있다. 이를 좀 더 편리하게 살펴보기 위해 다음과 같은 통계 분석도 진행하고자 한다.

첫째, 당나라 필사본 『원본 옥편·멱(糸)부수』에서 볼 수 있는 『설문』과 송나라 때의 『설문』의 비교에 관한 것이다.
둘째, 두 텍스트의 '제지(製紙)'에 관한 체계적인 인지의 차이이다.

먼저, 첫 번째를 비교한다. 분석을 편의를 위해 두 부분으로 나누어 기술한다.

1. 「멱(糸)부수」의 부류

『원본 옥편』에 보관된 『설문』은 송대 대서본(大徐本) 『설문』의 자형, 독음, 의미 체계의 변이와 차이를 검토하는 데 참고할 수 있다. 「멱(糸)부수」를 예로 들면, 『원본 옥편』은 상대적으로 완전하게 보존되어 있으며, 그곳에 보존된 『설문』은 현존하는 송본(宋本) 『설문』과 비교했을 때, 70여 곳에서 큰 차이를 보이는데, 『설문』의 자형, 독음, 의미 체계의 모든 면을 포함하고 있다. 다음은 일부 예시이다.

1. 緯: 『說文』: "織橫絲也. 從糸韋聲. 云貴切."
『설문』에서 이렇게 말했다. "위(緯), '베를 짤 때의 씨줄, 즉 가로줄(織橫絲)'을 말한다. 멱(糸)이 의미부이고 위(韋)가 소리부이다.

독음은 운(云)과 귀(貴)의 반절이다."

『원본옥편』에서 이렇게 말했다. "위(緯)는 우(禹)와 외(畏)의 반절로 읽힌다.『설문』에서 베를 짤 때의 씨줄을 말한다(橫織絲也)라고 했다.『초사』에서는 혹체인 위(幃)를 사용했다. 위(幃)는 향주머니를 말하며(香囊也), 독음은 호(呼)와 위(違)의 반벌이다.「건(巾)부수」에 귀속해 있다."

『명의』에서는 이렇게 말했다. "위(緯)는 우(禹)와 위(畏)의 반절로 읽힌다. 묶다는 뜻이다(束也). 베를 짤 때의 씨줄을 말한다(橫織絲)."

『송본옥편』에서는 이렇게 말했다. "위(緯)는 어(於)와 귀(貴)의 반절이다. 베를 짤 때의 씨줄을 말한다(橫織絲)."

필자의 생각은 이렇다.『원본』에서는『설문』을 인용하여, "횡직사(橫織絲: 베를 짤 때의 씨줄)"라고 했으며,『명의』에서도 동일하며,『송본』도 마찬가지이다. 그러나 금본『설문』에서는 "직횡사(織橫絲)"로 되었는데, 원래대로 고쳐야 마땅할 것이다.

2. 紡:『說文』: "網絲也. 從糸方聲. 妃兩切."

『설문』에서 이렇게 말했다. "방(紡), '비단실로 짠 그물(網絲)'을 말한다.[83] 멱(糸)이 의미부이고 방(方)이 소리부이다. 독음은 비(妃)와 량(兩)의 반절이다."

『원본』에서는 이렇게 말했다. "방(紡)은 부(孚)와 왕(往)의 반절로 읽힌다.『설문』에서는 비단실로 짠 그물을 말한다(紡絲也)라고 했다.

『명의』에서는 이렇게 말했다. "방(紡)은 부(孚)와 왕(往)의 반절로 읽힌다. 매달다는 뜻이다(懸也). 묶다는 뜻이다(縛也)."

『송본』에서는 이렇게 말했다. "방(紡)은 부(孚)와 왕(往)의 반절로 읽힌다. 비단실로 짠 그물을 말한다(紡絲也)."

필자의 생각은 이렇다. 금본『설문』에서는 '망사(網絲: 비단실로 짠

---

83) [역주]『단주』에서는 '網絲也'로는 의미가 통하지 않는다고 하면서 '紡絲也'로 고쳤다. 그리고 이렇게 말했다. "당나라 판본에서는 망(網)을 요(拗)로 적었는데 더욱 오류이다. 지금 고쳐 쓴 '紡絲也'는 오늘날 사용하는 말이다." '紡絲也'가 되면 '실을 잦다는 뜻이다'가 되어 매우 자연스럽다.

그물'라고 했지만, 『원본』에서는 『설문』을 인용하여 '방사야(紡絲也)'라고 했으며, 『송본』에서도 '방사야(紡絲也)'라고 했다. 금본은 '방사(紡絲)'로 고쳐야 마땅할 것이다.

3. 縮: 『說文』: "亂也. 從糸宿聲. 一曰蹙也. 所六切."

『설문』에서 이렇게 말했다. "축(縮), '엉키어 어지럽다(亂)'라는 뜻이다. 멱(糸)이 의미부이고 숙(宿)이 소리부이다. 일설에는 '밟다(蹙)'라는 뜻이라고도 한다. 독음은 소(所)와 륙(六)의 반절이다."

『원본』에서는 이렇게 말했다. "축(縮)은 소(所)와 륙(六)의 반절로 읽힌다. 『설문』에서 일설에는 '오그라들다(蹙)'라는 뜻이라고도 한다고 했다. 이는 축해(蹙亥)를 축약하여 쓴 축(縮, 揗)자이며, 「수(手)부수에 귀속되어 있다."

『명의』에서는 이렇게 말했다. "숙(縮)은 소(所)와 륙(陸)의 반절로 읽힌다. 거두어들이다는 뜻이다(斂也). 다하다는 뜻이다(盡也). 물러나다는 뜻이다(退也). 멈추다는 뜻이다(止也). 어지럽다는 뜻이다(亂也). 굵은 실을 말한다(繕也)."

『송본』에서는 이렇게 말했다. "(縮)은 소(所)와 륙(六)의 반절로 읽힌다. 물러나다는 뜻이다(退也), 멈추다는 뜻이다(止也), 오그라들다는 뜻이다(蹙也), 어지럽다는 뜻이다(亂也)."

필자의 생각은 이렇다. 『원본』에서는 『설문』을 인용하여 "일설에는 오그라들다(蹙也)는 뜻이라고도 한다."라고 했는데, 금본 『설문』에서는 "일설에는 '밟다(蹙)'라는 뜻이라고도 한다"고 했다. 마땅히 고쳐져야 할 것이다. 『원본』에서 말한 소위 "「수(手)부수」에 귀속된" 축(縮)자는 "숙(揗)"이 되어야 할 것이다. 『송본·수(手)부수』에서 이렇게 말했다. "숙(揗)은 소(所)와 륙(六)의 반절로 읽힌다. 『설문』에서 '축인야(蹙引也).'라고 했다. 『명의·수(手)부수』에서는 "숙(揗)은 소(所)와 륙(陸)의 반절로 읽힌다. 밟아 끌어당긴다는 뜻이다(蹙引也). 오그라들다는 뜻이다(縮也)."라고 했다.

4. 絅: 『說文』: "急引也. 從糸同聲. 古熒切."

『설문』에서 이렇게 말했다. "경(絅), '급하게 끌어당기다(急引)'라는 뜻이다. 멱(糸)이 의미부이고 경(同)이 소리부이다. 독음은 고(古)와 형(熒)의 반절이다."

『원본』에서는 이렇게 말했다. "경(綱)은 고(古)와 영(營)의 반절로 읽힌다. 『설문』에서 급하게 끌어당기다는 뜻이다(急引也)라고 했다."

『명의』에서는 이렇게 말했다. "경(綱)은 고(苦)와 영(營)의 반절로 읽힌다. 갑자기 끌어당기다는 뜻이다(忽(=急)引也)라고 했다."

『송본』에서는 이렇게 말했다. "경(綱)은 고(苦)와 영(營)의 반절로 읽힌다. 급하게 끌어당기다는 뜻이다(急引也)."

필자의 생각은 이렇다. 『명의』에서는 반절의 상자(上字)를 '고(苦)'로 썼고, 석의에서 '급(急)'자를 잘못하여 '홀(忽)'자로 썼다. 『원본』에서는 『설문』을 인용하여 "인급야(引急也: 급하게 끌어당기다)"라고 했는데, 금본『설문』에서는 "급인야(急引也)"라고 했다. 『원본』에 근거하여 바꾸어야 할 것이다.

5. 綺: 『說文』: "文繒也. 從糸奇聲. 袪彼切."

『설문』에서 이렇게 말했다. "기(綺), '무늬가 놓인 비단(文繒)'을 말한다. 멱(糸)이 의미부이고 기(奇)가 소리부이다. 독음은 거(袪)와 피(彼)의 반절이다."

『원본』에서는 이렇게 말했다. "기(綺)는 고(祜)와 의(倚)의 반절로 읽힌다. 『설문』에서 '무늬가 놓인 비단(有文繒)'을 말한다고 했다."

『명의』에서는 이렇게 말했다. "기(綺)는 거(袪)와 의(倚)의 반절로 읽힌다. '무늬가 놓인 비단(文有繒)'을 말한다."

『송본』에서는 이렇게 말했다. "기(綺)는 거(袪)와 기(技)의 반절로 읽힌다. '무늬가 놓인 비단(文有繒)'을 말한다."

필자의 생각은 이렇다. 반절 상자(上字)로 『원본』에서는 '고(祜)'자를 사용했다. 남북조 석각문자에서는 '구(口)'를 '△'로 쓰는 경향이 자주 보인다. 『명의』와 『원본』 및 『송본』에서는 『설문』의 석의를 인용하여 모두 "유문증(有文繒: 무늬가 놓인 비단)"이라 했는데, 금본『설문』에서는 "문증야(文繒也)"로 적어, '유(有)'자가 빠졌다.

6. 縑: 『說文』: "幷絲繒也. 從糸兼聲. 古甛切.

『설문』에서 이렇게 말했다. "겸(縑), '두 세 가닥 실을 합쳐서 짠 비단(幷絲繒)[합사 비단]'을 말한다. 멱(糸)이 의미부이고 겸(兼)이 소리부이다. 독음은 고(古)와 첨(甛)의 반절이다."

『원본』에서는 이렇게 말했다. "겸(縑)은 고(古)와 혐(嫌)의 반절로 읽힌다. 『설문』에서는 두 세 가닥 실을 합쳐서 짠 비단을 말한다(兼絲繒也)고 했다. 『광아』에서는 통으로 된 고치를 겸(縑)이라고 한다(繰謂之縑)라고 했다.

『명의』에서는 이렇게 말했다. "겸(縑)은 고(古)와 혐(嫌)의 반절로 읽힌다. 통으로 된 고치를 말한다(繰之繒)."

『송본』에서는 이렇게 말했다. "겸(縑)은 고(古)와 혐(嫌)의 반절로 읽힌다. 실을 합쳐서 짠 비단을 말한다(絲繒也)."

필자의 생각은 이렇다. '겸(縑)'은 '겸(兼)'에서 유래되었는데, 『원본(原本)』에서 『설문(說文)』을 인용하여 "겸사증아(兼絲繒也: 두 세 가닥 실을 합쳐서 짠 비단을 말한다)"라고 해석하였다. 현재의 『설문(說文)』에서는 "병사증아(幷絲繒也: 두 세 가닥 실을 합쳐서 짠 비단)"로 기록되어 있는데, 이를 근거로 수정해야 한다.

7. 縳: 『說文』: "縳, 白鮮色也. 從糸專聲. 持沇切.

『설문』에서 이렇게 말했다. "전(縳), '새하얀 비단(白鮮色)'을 말한다. 멱(糸)이 의미부이고 전(專)이 소리부이다. 독음은 지(持)와 연(沇)의 반절이다."

『원본』에서는 이렇게 말했다. "전(練)은 직(㥀=直)과 전(轉)의 반절로 읽힌다. 『설문』에서 '일설에는 선명한 가지를 말한다(一曰鮮支也)고도 한다.'라고 했다."

『명의』에서는 이렇게 말했다. "전(練)은 직(直)과 전(轉)의 반절로 읽힌다. 말다는 뜻이다(卷也)."

『송본』에서는 이렇게 말했다. "전(練)은 직(直)과 전(轉)의 반절로 읽힌다. 『이아』에서 '10우(羽)를 전(縳)이라고 한다.'라고 했는데. 전(縳)은 앞의 글자(練)와 같다."

필자의 생각은 이렇다. 『원본(原本)』에서 인용한 『설문(說文)』의 의항(義項)에는 "일설에는 선명한 가지를 말한다(一曰鮮支也)"가 들어 있다. 현재의 『설문(說文)』에서는 '일왈(一曰)'이라고 한 의미를 본의(本義)로 삼고 있어, 의항이 누락되었을 가능성이 있으며, 또한 형태가 유사하여 혼동될 우려가 있다. 남북조(南北朝) 시대의 『설문(說文)』에서는 앞서 언급된 연계성을 보존하고 있다. 『원본

(原本)』의 표제자는 '전(叀)'으로 구성되었는데, 인용된 문헌에서
도 '전(縛)'자를 찾아볼 수 있는데, '전(縛)'은 전(專)에서 소리부를
가져왔고, '전(專)'은 다시 전(叀)에서 소리부를 가져왔다.

8. 縞: 『說文』: "鮮色也. 從糸高聲. 古老切.

『설문』에서 이렇게 말했다. "호(縞), '흰색 비단(鮮色)'을 말한다. 멱
(糸)이 의미부이고 고(高)가 소리부이다. 독음은 고(古)와 로(老)의
반절이다."

『원본』에서는 이렇게 말했다. "호(縞)는 고(古)와 도(到)의 반절과
고(古)와 도(倒)의 반절 등 두 가지로 읽는다. 『설문』에서 면류관
싸개의 고운 가지를 말한다(綖鮮支也)라고 했다. 『광아』에서는
흰 누인 명주를 말한다(縞練也)고 했다."

『명의』에서는 이렇게 말했다. "호(縞)는 길(吉)과 도(到)의 반절로
읽힌다. 흰색을 말한다(白色)."

『송본』에서는 이렇게 말했다. "호(縞)는 고(古)와 도(到)의 반절과
고(古)와 도(倒)의 반절 등 두 가지로 읽힌다. 누인 명주를 말하
는데(練也), 흰색으로 된 것을 말한다(白色也)."

필자의 생각은 이렇다. 『명의(名義)』와 『송본(宋本)』의 형체, 독음,
의미는 『원본(原本)』과 일치하지만, 『명의(名義)』의 반절(反切) 상
자(上字)가 '길(吉)'로 되었는데, 형태가 비슷하여 혼동된 것으로
보이며, '고(古)와 도(倒)의 반절'이 누락되었다. 호(縞)는 "선명한
색깔(鮮色)"로 해석되었으나, 이는 서로 연관되어지지가 않는다.
호소(縞素)와 선지(鮮支)는 다른 이름이지만 동일한 대상을 지칭
한다. 상기 조항을 참고하면, 『설문(說文)』에서 '백선색(白鮮色)'은
바로 '백선치(白鮮巵)'를 의미하며, 이것이 '호(縞)'자의 해석과 상
응하는데, 형태가 비슷하여 혼동된 것이다.

9. 絳: 『說文』: "大赤也. 從糸夅聲. 古巷切.

『설문』에서 이렇게 말했다. "강(絳), '매우 진한 붉은색(大赤)'을 말
한다. 멱(糸)이 의미부이고 강(夅)이 소리부이다. 독음은 고(古)와
항(巷)의 반절이다."

『원본』에서는 이렇게 말했다. "강(絳, 絳)은 고(古)와 공(贛)의 반절
로 읽힌다. 『설문』에서 '매우 진한 붉은색의 비단을 말한다(大赤

繒也)'라고 했다."

『명의』에서는 이렇게 말했다. "강(絳)은 고(古)와 공(贛)의 반절로 읽힌다. 붉은 비단을 말한다(赤繒)."

『송본』에서는 이렇게 말했다. "강(絳)은 고(古)와 항(巷)의 반절로 읽힌다. 붉은 색을 말한다(赤色也)."

필자의 생각은 이렇다. 『송본(宋本)』에서는 반절(反切) 하자(下字)로 '항(巷)'을 사용하였고, 『명의(名義)』와 『원본(原本)』에서는 '공(贛)'을 사용하였다. 『원본(原本)』은 『설문(說文)』을 인용하여 "대적증아(大赤繒也)"라고 하였는데, 현재의 『설문(說文)』에서는 "대적아(大赤也)"로 되어 있다. 『명의(名義)』에서는 "적증(赤繒)"이라고 인용되었으며, 『송본(宋本)』에서는 "적색아(赤色也)"로 기록되어 있다. 모두 『원본(原本)』을 근거로 수정 보완해야 한다.

10. 綟: 『說文』: "帛戾艸染色. 從糸戾聲. 郎計切.

『설문』에서 이렇게 말했다. "려(綟), '강아지 풀(莫)로 물들인 색이 나는 비단(帛戾艸染色)'을 말한다.[84] 멱(糸)이 의미부이고 려(戾)가 소리부이다. 독음은 랑(郞)과 계(計)의 반절이다."

『원본』에서는 이렇게 말했다. "려(綟)는 력(力)과 계(計)의 반절로 읽힌다. 『설문』에서 '백색 비단에 강아지풀로 물을 들이다는 뜻이다(帛莫染也)'라고 했다. 『성류(聲類)』에서 이 글자는 려(莫)자이다. 초(艸)부수에 들어 있다고 했다."

『명의』에서는 이렇게 말했다. "려(綟)는 력(力)과 계(計)의 반절로 읽힌다. 초록색의 풀을 말한다(綠色草)."

『송본』에서는 이렇게 말했다. "려(綟)는 력(力)과 계(計)의 반절로 읽힌다. 초록색을 말한다(綠也). 혹체에서는 려(莫)로 적는데, 풀 이름이다(草名)."

필자의 생각은 이렇다. '려(綟)'의 이름이 유래된 것은 바로 염색에 사용된 '강아지풀(莫)'에 있다. 『명의(名義)·초(艸)부수』에서는 "려(莫)는 내(來)와 계(計)의 반절로 읽는다. '자초(茈草)'로, 푸른빛과 누런빛의 잎을 가지며 잡색이다."라고 했다. 『송본(宋本)·초(艸)부수』에서는 "려(莫)는 내(來)와 계(計)의 반절로 읽으며, '자초(紫

---

84) [역주] 여초(戾草)는 달리 낭미초(狼尾草)라고도 하는데, 강아지풀을 말한다.

草)'로 기록되어 있다. 현재의 「초(艸)부수」에서는 "려(莫)는 '풀
(艸)'을 말한다. 누런색으로 염색할 수 있다. 초(艸)가 의미부이고
려(戾)가 소리이다. 낭(郎)과 계의 반절로 읽는다."라고 했다. 『원
본(原本)』은 『설문(說文)』을 인용하여 '려(莫)'로 적었으며, 현재의
『설문(說文)』에서는 '려(戾)'로 되어 있으니, 수정해야만 한다.

11. 縟: 『說文』: "繁采色也. 從糸辱聲. 而蜀切.

『설문』에서 이렇게 말했다. "욕(縟), '번잡한 오색 무늬(繁采色)'를
말한다. 멱(糸)이 의미부이고 욕(辱)이 소리부이다. 독음은 이(而)
와 촉(蜀)의 반절이다."

『원본』에서는 이렇게 말했다. "욕(縟)은 여(如)와 속(屬)의 반절로
읽힌다. 『설문』에서 '번잡한 채색 장식을 말한다(繁采餝也)'라고
했다."

『명의』에서는 이렇게 말했다. "욕(縟)은 여(如)와 속(屬)의 반절로 읽
힌다. 자주라는 뜻이다(數也). 번잡한 채색장식을 말한다(繁采餝)."

『송본』에서는 이렇게 말했다. "욕(縟)은 여(如)와 욕(欲)의 반절로
읽힌다. 장식을 말한다(飾也)."

필자의 생각은 이렇다. 『원본(原本)』은 『설문(說文)』을 인용하여
"번채식야(繁采餝也: 번잡한 채색 장식을 말한다)"라고 기록하였다.
현재의 『설문(說文)』에서는 "번채색야(繁采色也)"로 되어 있다. 이
는 단옥재(段玉裁)의 『주(注)』에서 글자를 수정한 추정이 타당함
을 반영하며, 현재의 본문도 『원본(原本)』을 근거로 수정해야 한
다. 『원본(原本)』은 '식(餝)'자를 사용하였으며, 『명의(名義)』에서
도 동일하게 인용되어 있다. 이는 남북조(南北朝)와 수당(隋唐)
시대의 석각문자 사용과 일치한다.

12. 紞: 『說文』: "冕冠塞耳者. 從糸尤聲. 臣鉉等曰: 今俗別作髧, 非是. 都感切.

『설문』에서 이렇게 말했다. "담(紞), '갓이나 면류관의 양쪽으로 매
다는 귀막이 옥을 매는 끈(冕冠塞耳者)'을 말한다. 멱(糸)이 의미
부이고 임(尤)이 소리부이다. [신 서현 등은 '지금 속자에서 담(髧)으
로 쓰지만 이는 잘못된 것이라고 생각합니다.'] 독음은 도(都)와 감
(感)의 반절이다."

『원본』에서는 이렇게 말했다. "담(紞)은 정(丁)과 감(敢)의 반절로

읽힌다. 『설문』에서 '면류관의 드리운 귀막이 옥을 말한다(冕冠垂塞耳也)'라고 했다.".

『명의』에서는 이렇게 말했다. "담(紞)은 정(丁)과 취(取: 敢)의 반절로 읽힌다. 관의 드리운 것을 말한다(冠垂也)."

『송본』에서는 이렇게 말했다. "담(紞)은 정(丁)과 감(敢)의 반절로 읽힌다. 관의 드리운 것을 말한다(冠垂也)."

필자의 생각은 이렇다. 담(紞)과 침(沈)은 같은 어원을 가진 글자이며, 담(紞)은 수(垂)에서 그 이름을 얻었다. 『원본(原本)』은 『설문(說文)』을 인용하여 "면관수색이야(冕冠垂塞耳也: 면류관의 드리운 귀막이 옥을 말한다)"로 기록하였다. 『명의(名義)』에는 "관수야(冠垂也)"로 되어 있으며, 『송본(宋本)』도 동일하다. 현재의 『설문(說文)』에서는 "면관색이자(冕冠塞耳者)"로 되어 있어 '수(垂)'자가 빠져 있으니, 이를 근거로 보완해야만 한다.

13. 緌:『說文』: "系冠纓也. 從糸委聲. 儒隹切.

『설문』에서 이렇게 말했다. "유(緌), '갓을 매는 끈(系冠纓)'을 말한다. 멱(糸)이 의미부이고 위(委)가 소리부이다. 독음은 유(儒)와 추(隹)의 반절이다."

『원본』에서는 이렇게 말했다. "유(緌)는 유(乳)와 추(隹)의 반절로 읽힌다. 『설[문]』에서 '갓을 매는 끈을 말한다(繼冠纓也)'라고 했다."

『명의』에서는 이렇게 말했다. "유(緌)는 유(乳)와 추(隹)의 반절로 읽힌다. 끊다는 뜻이다(繼也). 매다는 뜻이다(繫也). 관의 장식을 말한다(冠飾)."

『송본』에서는 이렇게 말했다. "유(緌)는 이(而)와 추(隹)의 반절로 읽힌다. 갓을 매는 끈을 말한다(繼冠纓也)."

필자의 생각은 이렇다. 『원본(原本)』은 『설문(說文)』을 인용하여 "계관영야(繼冠纓也)"로 기록하였다. 『명의(名義)』의 해석에도 "계야(繼也)"라는 의항이 있으며, 『송본(宋本)』에서도 "계관영야(繼冠纓也)"로 되어 있다. 현재의 『설문(說文)』에서는 '계(系)'자를 사용하여 "계관영야(系冠纓也)"로 되어 있다. 이들을 근거로 '계(繼)'로 수정해야 한다.

14. 緄:『說文』: "織帶也. 從糸昆聲. 古本切.

『설문』에서 이렇게 말했다. "곤(緄), '짜서 만든 띠(織帶)'를 말한다. 계(系)가 의미부이고 곤(昆)이 소리부이다. 독음은 고(古)와 본(本)의 반절이다."

『원본』에서는 이렇게 말했다. "곤(緄)은 고(古)와 본(本)의 반절로 읽힌다. 『설문』에서 '짜서 만들어진 띠를 말한다(織成帶也)'라고 했다."

『명의』에서는 이렇게 말했다. "곤(緄)은 고(古)와 본(本)의 반절로 읽힌다. 끈을 말한다(繩也). 짜서 만든 띠를 말한다(識(織)成帶)."

『송본』에서는 이렇게 말했다. "곤(緄)은 고(古)와 본(本)의 반절로 읽힌다. 짜서 무늬를 이루다는 뜻이다(織成章也), 끈을 말한다(繩也)."

필자의 생각은 이렇다. 『원본(原本)』은 『설문(說文)』을 인용하여 "직성대야(織成帶也)"로 기록하였다. 『명의(名義)』의 해석은 "식성대(識(=織)成帶)"라는 의항을 가지고 있으며, 『송본(宋本)』에서는 "직성장야(織成章也)"로 되어 있다. 현재의 『설문(說文)』에서는 "직대야(織帶也)"로 되어 있으니, 이를 근거로 '성(成)'자를 보완해야 한다. 『명의(名義)』에서 '직(織)'을 '식(識)'으로 인용한 것은 자형이 비슷하여 혼동한 것이다.

15. 緺: 『說文』: "綬紫靑也. 從糸咼聲. 古蛙切.

『설문』에서 이렇게 말했다. "왜(緺), '자청색의 인끈(綬紫靑)'을 말한다. 멱(糸)이 의미부이고 괘(咼)가 소리부이다. 독음은 고(古)와 와(蛙)의 반절이다."

『원본』에서는 이렇게 말했다. "왜(緺)는 고(古)와 화(華), 공(公)과 와(蛙)의 두 가지 반절로 읽힌다. 『설문』에서 자청색의 인끈을 말한다(綬紫靑色也)고 했다."

『명의』에서는 이렇게 말했다. "왜(緺)는 고(古)와 화(華)의 반절로 읽힌다. 자청색의 인끈을 말한다(綬紫靑色)."

『송본』에서는 이렇게 말했다. "왜(緺)는 고(古)와 화(華), 공(公)과 와(蛙)의 두 가지 반절로 읽힌다. 자청색의 인끈을 말한다(綬紫靑色也)."

필자의 생각은 이렇다. 『원본(原本)』은 『설문(說文)』을 인용하여 "수자청색야(綬紫靑色也: 자청색의 인끈을 말한다)"로 기록하였다. 『명의(名義)』의 해석에서도 "수자청색(綬紫靑色)"으로 되어 있으며, 『송본(宋本)』에서도 "수자청색야(緩紫青色也)"로 되어 있다. 현재의 『설문(說文)』에서는 "수자청야(緩紫青也)"로 되어 있으니, 이를 근거로 '색(色)'자를 보완해야 한다.

16. 組: 『說文』: "緩屬. 其小者以爲冕纓. 從糸且聲. 則古切.

『설문』에서 이렇게 말했다. "조(組), '인끈의 일종(緩屬)'이다. 작은 것은 면류관의 끈으로도 쓴다. 멱(糸)이 의미부이고 차(且)가 소리부이다. 독음은 칙(則)과 고(古)의 반절이다."

『원본』에서는 이렇게 말했다. "조(組)는 작(作)과 고(古)의 반절로 읽힌다. 『설문』에서 '인끈의 일종이다. 작은 것은 면류관의 끈으로도 쓴다(緩屬也, 其小者以爲冠纓).'라고 했다."

『명의』에서는 이렇게 말했다. "조(組)는 작(作)과 고(古)의 반절로 읽힌다. 인끈을 말한다(緩)."

『송본』에서는 이렇게 말했다. "조(組)는 자(子)와 고(古)의 반절로 읽힌다. 작은 것은 관의 끈으로도 쓴다.(其小者可以爲冠)"

필자의 생각은 이렇다. 『원본(原本)』은 『설문(說文)』을 인용하여 "수속야(緩屬也), 기소자이위관영(其小者以爲冠纓)"으로 기록하였다. 현재의 『설문(說文)』에서는 "수속(緩屬), 기소자이위면영(其小者以爲冕纓)"로 되어 있으니, 이를 근거로 '면영(冕纓)'을 '관영(冠纓)'으로 수정해야 한다.

17. 纂: 『說文』: "似組而赤. 從糸算聲. 作管切.

『설문』에서 이렇게 말했다. "찬(纂), '조(組)라는 인끈과 비슷하나 붉은색이다.' 멱(糸)이 의미부이고 산(算)이 소리부이다. 독음은 작(作)과 관(管)의 반절이다."

『원본』에서는 이렇게 말했다. "찬(纂)은 자(子)와 완(緩)의 반절로 읽힌다. 『설문』에서 '조(組)라는 인끈과 비슷하나 붉고 검은색이다(似組而赤黑也)'라고 했다."

『명의』에서는 이렇게 말했다. "찬(纂)은 자(子)와 완(緩)의 반절로 읽힌다. 조(組)라는 인끈과 비슷하나 붉고 검은색이다(似組)赤黑)."

『송본』에서는 이렇게 말했다. "찬(纂)은 자(子)와 완(緩)의 반절로 읽힌다. 조(組)라는 인끈과 비슷하다(組類也)."

필자의 생각은 이렇다. 『원본(原本)』은 『설문(說文)』을 인용하여

"사조이적흑야(似組而赤黑也)"로 기록하였다. 현재의『설문(說文)』
에서는 "사조이적(似組而赤)"으로 되어 있으나, 이들을 근거로
'흑(黑)'자를 보완해야 한다.

18. 紴:『說文』: "條屬. 從糸皮聲. 讀若被, 或讀若水波之波. 博禾切.
『설문』에서 이렇게 말했다. "피(紴)는 '끈의 일종(條屬)'이다.[85] 멱
(糸)이 의미부이고 피(皮)가 소리부이다. 피(被)와 같이 읽는다. 혹
은 수파(水波)의 파(波)와 같이 읽기도 한다. 독음은 박(博)과 화
(禾)의 반절이다."

『원본』에서는 이렇게 말했다. "피(紴)는 보(補)와 가(柯), 보(補)와
미(靡) 두 가지의 반절로 읽힌다.『설문』에서 '(신의) 뒷부분에 붙
이는 베 조각을 말한다(扁諸屬也)'라고 했다."

『명의』에서는 이렇게 말했다. "피(紴)는 부(補)와 가(柯)의 반절로
읽힌다. 비단 무늬처럼 이는 물결을 말한다(水波錦文)."

『송본』에서는 이렇게 말했다. "피(紴)는 포(布)와 하(何)의 반절로
읽히고, 또 포(怖)와 미(靡)의 반절로도 읽힌다. 비단 무늬처럼 이
는 물결을 말한다(水紴錦文也)."

필자의 생각은 이렇다.『원본(原本)』은『설문(說文)』을 인용하여
"편저속야(扁諸屬也)"로 기록하였다. 현재의『설문(說文)』해석은
"'끈의 일종(條屬)'이다. 멱(糸)이 의미부이고 피(皮)가 소리부이다.
피(被)와 같이 읽는다. 혹은 수파(水波)의 파(波)와 같이 읽기도
한다.(條屬. 從糸皮聲. 讀若被, 或讀若水波之波.)"로 되어 있다. 이를
급하게 빨리 읽으면 '피(紴)'나 '피(被)'나 '파(波)'로 읽히며, "편저
(扁諸)"는 천천히 늘여서 읽을 때의 독음이다. 이어서 나오는 '도
(絛)'자와 연결하여『원본(原本)』에 근거하여 수정해야 한다.

19. 纕:『說文』: "纕, 援臂也. 從糸襄聲. 汝羊切.
『설문』에서 이렇게 말했다. "양(纕), '팔을 걷어붙여 팔뚝을 드러내

---

85) [역주]『단주』에서는 이렇게 말했다. "『급취편』을 보면 월(紙)과 단(緞)과 순
(紃) 세 글자가 서로 연결되어 있기에, 이 셋은 필시 의미가 비슷했을 것이다.
단(緞)은 원래 피(紴)로 적었을 것이다. 전서체에서 피(皮)와 가(叚)자의 모습이
비슷해 잘못 변한 것으로 보인다. 그리고 가(緞)는 다시 단(緞)으로 잘못 변했
을 것이다. 혹자는 이 때문에 피(紴)를 신의 뒷부분에 붙이는 베 조각으로 설
명하기도 하는데, 사실 여부는 알 수 없다."

　　　　　　　　　　　　　　　　　　『설문해자』인지분석

다(援臂)'라는 뜻이다. 멱(糸)이 의미부이고 양(襄)이 소리부이다. 독음은 여(汝)와 양(羊)의 반절이다."

『원본』에서는 이렇게 말했다. "양(纕)은 선(先)과 양(羊)의 반절로 읽힌다. 『설문』에서는 팔을 굽히다는 뜻이다(紆臂也)라고 했고, 『광아』에서는 끈으로 묶는 것을 양(纕)이라 한다(縈謂之纕)고 했으며, 『성류』에서는 소매를 거두어 묶다는 뜻이다(收衣袖縿也)라고 했다."

『명의』에서는 이렇게 말했다. "양(纕)은 선(先)과 양(羊)의 반절로 읽힌다. 말에 묶는 띠를 말한다(馬纕帶)."

『송본』에서는 이렇게 말했다. "양(纕)은 사(思)와 양(羊)의 반절로 읽힌다. 띠를 말한다(帶也), 팔의 뒤쪽을 말한다(後臂也), 소매를 거두어 묶다는 뜻이다(收衣袖縿)."

필자의 생각은 이렇다. 『원본(原本)』은 『설문(說文)』을 인용하여 "우비야(紆臂也)"로 기록하였다. 현재의 『설문(說文)』에서는 "원비야(援臂也)"로 되어 있다. 『명의(名義)』에서는 다음과 같이 설명하였다. "우(紆)는 어(於)와 우(于)의 반절로 읽힌다. 굽히다는 뜻이다(詘). 얽다는 뜻이다(縈)." 『설문(說文)』에는 "굽히다는 뜻이다(詘). 멱(糸)이 의미부이고 우(于)가 소리부이다. 일설에는 얽히다는 뜻이라고도 한다(一曰縈也)."로 되어 있다. 이른바 "우비(紆臂)"는 손이나 팔을 휘감는 것을 의미하며, 이는 "『광아(廣雅)』에서는 소매를 묶는 것을 양(纕)이라 한다"는 것과 "『성류(聲類)』에서는 옷소매를 묶는 것을 결(縿)이라 한다."는 것과 대응된다.

20. 維: 『說文』: "維, 維綱, 中繩. 從糸巂聲. 讀若畫. 或讀若維. 戶圭切.

『설문』에서 이렇게 말했다. "화(維), '그물의 벼리로, 중심 되는 줄(維綱, 中繩)'을 말한다. 멱(糸)이 의미부이고 휴(巂)가 소리부이다. 획(畫)과 같이 읽는다. 혹은 유(維)와 같이 읽기도 한다. 독음은 호(戶)와 규(圭)의 반절이다."

『원본』에서는 이렇게 말했다. "화(維)는 우(尤), 에(恚), 호(胡)와 괘(卦) 두 개의 반절로 읽힌다. 『설문』에서 '그물의 벼리로, 중심 되는 줄을 말한다(維紘中繩也)'라고 했다."

『명의』에서는 이렇게 말했다. "화(維)는 호(胡)와 괘(卦)의 반절로 읽힌다. 밧줄이나 그물의 중심 되는 끈을 말한다(維紘中繩)."

『송본』에서는 이렇게 말했다. "화(繢)는 윤(允)과 에(恚), 호(胡)와 괘(卦) 두 개의 반절로 읽힌다. 밧줄의 굵은 줄을 말한다(維紘中繩也)."

필자의 생각은 이렇다. 『원본(原本)』은 『설문(說文)』을 인용하여 "유굉중승야(維紘中繩也)"로 기록하였다. 『명의(名義)』의 해석도 동일하며, 『송본(宋本)』의 해석 역시 동일하다. 현재의 『설문(說文)』에서는 "유강(維綱), 중승(中繩)"으로 되어 있으니, 이를 근거로 수정해야 한다.

21. 綅:『說文』: "綅, 絳線也. 從糸, 侵省聲.『詩』曰: 貝冑朱綅. 子林切.

『설문』에서 이렇게 말했다. "침(綅), '옷을 꿰는 진홍색 실(絳線)'을 말한다. 멱(糸)이 의미부이고, 침(侵)의 생략된 모습이 소리부이다. 『시·노송·비궁(閟宮)』에서 '조개장식 갑옷을 붉은 실로 꿰맸네(貝冑朱綅).'라고 노래했다. 독음은 자(子)와 림(林)의 반절이다."

『원본』에서는 이렇게 말했다. "침(綅)은 사(思)와 렴(廉)의 반절로 읽힌다.『설문』에서 '옷을 꿰는 실을 말한다(縫綖[線]也)'라고 했다. 나 고야왕 생각으로는, 『예기』에서는 침(綅)을 섬(纖)자로 적었다고 생각합니다."

『명의』에서는 이렇게 말했다. "침(綅)은 사(思)와 렴(廉)의 반절로 읽힌다. 선을 말한다(線也). 흰 씨줄을 말한다(白緯)."

『송본』에서는 이렇게 말했다. "침(綅)은 사(思)와 렴(廉)의 반절로 읽힌다. 선을 말한다(線也), 꿰매는 실을 말한다(縫線也), 날실은 검은색 씨줄은 흰색이다(黑經白緯也)."

필자의 생각은 이렇다. 『원본(原本)』은 『설문(說文)』을 인용하여 "봉선야(縫綖[線]也)"로 기록하였다. 천(綖)과 선(線)은 형태가 유사하여 혼동되었다. 현재의 『설문(說文)』에서는 "강선야(絳線也)"로 되어 있으나, 이들을 근거로 수정해야 한다.

22. 徽:『說文』: "袤幅也. 一曰三糾繩也. 從糸, 微省聲. 許歸切.

『설문』에서 이렇게 말했다. "휘(徽), '다리에 비스듬히 감는 띠(袤幅)'를 말한다. 일설에는 '세 가닥으로 된 끈(三糾繩)'을 말한다고도 한다. 멱(糸)이 의미부이고, 미(微)의 생략된 모습이 소리부이다. 독음은 허(許)와 귀(歸)의 반절이다."

『원본』에서는 이렇게 말했다. "휘(徽)는 허(虛)와 귀(歸)의 반절로 읽힌다. 허숙중(許叔重: 허신)은 고금(鼓琴)에서 현을 조정하는 것을 휘(徽)라 한다고 했다. 『설문(說文)』에서는 '야폭(耶幅: 다리에 비스듬히 감는 띠)을 말한다'라고 했다. 일설에는 '삼규승(參糾繩: 세 가닥으로 된 끈)'이라 한다. 또 다른 일설에는 '대삭(大索: 큰 동아줄)'이라 한다."

『명의』에서는 이렇게 말했다. "휘(徽)는 허(虛)와 귀(歸)의 반절로 읽힌다. 아름답다는 뜻이다(美也). 좋다는 뜻이다(善也)."

『송본』에서는 이렇게 말했다. "휘(徽)는 허(許)와 비(非)의 반절로 읽힌다. 아름답다는 뜻이다(美也). 좋다는 뜻이다(善也). 거문고에 매는 현을 말한다(琴張弦也), 큰 동아줄을 말한다(大索也)."

필자의 생각은 이렇다. 『원본(原本)』은 『설문(說文)』을 인용하여 "'야폭(耶幅: 다리에 비스듬히 감는 띠)을 말한다'라고 했다. 일설에는 '삼규승(參糾繩: 세 가닥으로 된 끈)'이라 한다. 또 다른 일설에는 '대삭(大索: 큰 동아줄)'이라 한다."로 기록하였다. 현재의 『설문(說文)』에는 탈문(脫文)이 의심되니, 이들을 근거로 보완해야 한다.

23. 紝: 『說文』: "乘輿馬飾也. 從糸正聲. 諸盈切.

『설문』에서 이렇게 말했다. "정(紝), '천자가 타는 수레와 말의 장식(乘輿馬飾)'을 말한다. 멱(糸)이 의미부이고 정(正)이 소리부이다. 독음은 제(諸)와 영(盈)의 반절이다."

『원본』에서는 이렇게 말했다. "정(紝)은 지(之)와 성(成)의 반절로 읽힌다. 『설문』에서는 '말을 장식하는 실(紝綖)로, 타는 수레와 말의 장식을 말한다(乘輿馬飭也).'라고 했다."

『명의』에서는 이렇게 말했다. "정(紝)은 지(之)와 성(成)의 반절로 읽힌다. 수레와 말의 장식을 말한다(輿馬飭)."

『송본』에서는 이렇게 말했다. "정(紝)은 지(之)와 성(成)의 반절로 읽힌다. 천자가 타는 수레와 말의 장식을 말한다(乘輿馬飾也)."

필자의 생각은 이렇다. 『원본(原本)』에서는 『설문(說文)』을 인용하여 "말을 장식하는 실(紝綖)로, 타는 수레와 말의 장식을 말한다(乘輿馬飭也)."로 기록하였다. 그러나 현재의 『설문(說文)』에는 "승여마식야(乘輿馬飾也)"로 되어 있다. "정협(紝綖)"은 2음절어로,

이어서 나오는 '협(緁)'자의 해석을 참고하면 "정협야(綎緁也), 멱(糸)이 의미부이고 협(夾)이 소리부이다."가 된다. 이를 근거로『원본(原本)』에 따라 수정 보완해야 한다.

24. 紙:『說文』: "絮一苫也. 從糸氏聲. 諸氏切.

『설문』에서 이렇게 말했다. "지(紙), '발에 뜬 솜 찌꺼기(絮一苫)[종이]'를 말한다. 멱(糸)이 의미부이고 씨(氏)가 소리부이다. 독음은 제(諸)와 씨(氏)의 반절이다."

『원본』에서는 이렇게 말했다. "지(紙)는 지(之)와 시(是)의 반절로 읽힌다.『설문』에서 '지(紙)는 죽순껍질을 말한다(箈也), 일설에는 헌 솜을 말한다(一日絮也)'라고 했다. 혹체에서는 지(帋)로 쓰는데, 건(巾)부수에 수록되었다."

『명의』에서는 이렇게 말했다. "지(紙)는 지(之)와 시(是)[의 반절로 읽힌다]. 죽순껍질을 말한다(箈也), 헌 솜을 말한다(絮也)."

『송본』에서는 이렇게 말했다. "지(紙)는 지(支)와 씨(氏)의 반절로 읽힌다. 채륜이 만들었다(蔡倫所作也)."

필자의 생각은 이렇다.『원본(原本)』은『설문(說文)』을 인용하여 "지(紙)는 죽순껍질을 말한다(箈也), 일설에는 헌 솜을 말한다(一日絮也)."라고 기록하였다. '포(箈)'는『명의(名義)』등에서 "죽피(竹皮)"로 해석되었다. 현재의『설문(說文)』에는 "서일점야(絮一苫也)"로 되어 있으며, 단씨(段氏)가『주』에서 이를 수정했으나 모두 그 근원을 찾지 못했다.『원본(原本)』은 이체자와 관련이 있으며,『송본(宋本)·건(巾)부수』에는 "지(紙)는 지(之)와 이(爾)의 반절로 읽힌다. 또한 지(帋)로도 쓰인다."라고 되어 있다.『명의(名義)』에서는 "지(紙)는 지(之)와 씨(氏)의 반절로 읽힌다. 죽순껍질(箈)을 말한다. 지(帋)자이다."라고 설명했다.『집운(集韻)·지(紙)부』에서는 "지(紙, 帋)는 장(掌)과 씨(氏)의 반절로 읽힌다.『설문(說文)』에서는 '서일점야(絮一苫也)'라고 했다."로 기록되어 있다.『석명(釋名)』에서는 "지(紙)는 지(砥)이다. 평활(平滑)하기가 지(砥: 숫돌)와 같다. 일설에 의하면, 옛날에는 솜(絮)을 다져 만들었고, 채륜(蔡倫) 이후로는 헌 그물과 나무껍질을 사용하여 만들었다. 또 다른 설에 따르면 성(姓)이다. 혹체에서는 건(巾)으로 구성되

었다."라고 설명했다.86)

25. 縐: 『說文』: "縐, 絺之細也. 『詩』曰: 蒙彼縐絺. 一曰蹴也. 從糸芻聲. 側救切.

『설문』에서 이렇게 말했다. "주(縐), '치(絺)보다 더 가는 베'를 말한다. 『시·용풍·군자해로(君子偕老)』에서 '고운 모시 걸치고(蒙彼縐絺)'라고 노래했다. 일설에는 '주름이 지다(蹴)'라는 뜻이라고도 한다. 멱(糸)이 의미부이고 추(芻)가 소리부이다. 독음은 측(側)과 구(救)의 반절이다."

『원본』에서는 이렇게 말했다. "주(縐)는 측(側)과 구(救)의 반절로 읽힌다. 『전(箋)』에서 '주름진 고운(거친) 갈포를 말한다(紼[絺]之蹙者也)'라고 했다. 『설문』에서 '고운(거친) 갈포보다 더 가는 베를 말한다(紼[絺]之細也)고 했다.' 일설에는 가는 것을 말한다고도 한다(一曰纖也). '주(緅)'자도 자서에서는 주(縐)라고 보았다."

『명의』에서는 이렇게 말했다. "주(緅)는 주(縐)자이다."

『송본』에서는 이렇게 말했다. "주(縐)는 측(仄)과 우(又)의 반절로 읽힌다. 주름진 베를 말한다(縐布也), 가늘다는 뜻이다(纖也)."

필자의 생각은 이렇다. 『명의(名義)』는 이체자를 표제자로 삼았는데, 필사 과정에서 혼란스러운 사례가 있음을 보여준다. 『원본(原本)』은 『설문(說文)』을 인용하여 "격지세야(紼(絺)之細也), 일왈섬야(一曰纖也)"로 기록하였다. 현재의 『설문(說文)』에서는 "일왈 축야(一曰蹴也)"로 되어 있으니, 『원본(原本)』에 따라 수정해야 한다.

26. 緉: 『說文』: "緉, 履兩枚也. 一曰絞也. 從糸從兩, 兩亦聲. 力讓切.

『설문』에서 이렇게 말했다. "량(緉), '신발 두 짝, 즉 한 켤레(履兩枚)'를 말한다. 일설에는 '실을 꼬다(絞)'라는 뜻이라고도 한다. 멱(糸)이 의미부이고 량(兩)도 의미부인데, 량(兩)은 소리부도 겸한다. 독음은 력(力)과 양(讓)의 반절이다."

『원본』에서는 이렇게 말했다. "량(緉)은 려(旅)와 강(縺)의 반절로 읽힌다. 『설문』에서 '신발 한 켤레를 말한다(履兩頭也)'라고 했다. 일설에는 인끈을 말한다고도 한다(一曰絞也)."

『명의』에서는 이렇게 말했다. "량(緉)은 려(旅)와 강(縺)의 반절로

---

86) 臧克和, 「書體發展與文體自覺」(『學術月刊』 2007年 第3期) 참조.

읽힌다. 꼰 실을 말한다(絞)."

『송본』에서는 이렇게 말했다. "량(緉)은 력(力)과 장(掌)의 반절로 읽힌다. 꼰 실을 말한다(絞也), 신발 한 켤레를 말한다(履緉頭也)."

필자의 생각은 이렇다. 『원본(原本)』은 『설문(說文)』을 인용하여 "신발 한 켤레를 말한다(履兩頭也)'라고 했다. 일설에는 인끈을 말한다고도 한다(一日紱也)."로 기록하였다. 그러나 현재의 『설문(說文)』에서는 "'신발 두 짝, 즉 한 켤레(履兩枚也)'를 말한다. 일설에는 '실을 꼬다(絞)'라는 뜻이라고도 한다."로 되어 있다. 『원본(原本)에서 사용된 '불(紱)'자는 아마도 '교(絞)'자와 혼동된 것으로 보인다. '량(緉)'과 '매(枚)'는 사물을 헤아리는 양사(物量詞)인데, 후대의 '쌍(雙)'에 해당한다. 그러나 『원본(原本)에서는 이미 '두(頭)'를 사용했고, 『송본(宋本)』에서도 마찬가지이다. '량(緉)'의 문법적 기능은 수사(數詞)이며, '두(頭)'의 문법적 기능은 사물을 헤아리는 양사(物量詞)이다. 『원본(原本)으로부터 이를 통해 한자 사용의 대략적인 시대를 추정할 수 있다.

27. 絣:『說文』: "絣, 氐人殊縷布也. 從糸幷聲. 北萌切.

『설문』에서 이렇게 말했다. "병(絣), '저족 사람들(氐人)이 사용하는 각기 다른 색깔로 짠 베(殊縷布)'를 말한다. 멱(糸)이 의미부이고 병(幷)이 소리부이다. 독음은 북(北)과 맹(萌)의 반절이다."

『원본』에서는 이렇게 말했다. "병(絣)은 방(方)과 경(莖), 방(方)과 행(宰) 두 개의 반절로 읽힌다. 『설문』에서 '입(저)족들이 사용하는 듬성듬성한 성긴 베를 말한다(立(氐)人疏婁布也)'라고 했다. 『자서(字書)』에서는 '일설에는 무늬가 없는 비단을 말한다(一日無文綺也)'라고 했다. 혹체에서는 위(爲迸)로 썼는데, 착(辵)부수에 귀속되었다."

『명의』에서는 이렇게 말했다. "병(絣)은 방(方)과 경(莖)의 반절로 읽힌다. 무늬가 없는 비단을 말한다(無文綺)."

『송본』에서는 이렇게 말했다. "병(絣)은 방(方)과 경(莖), 방(方)과 행(幸) 두 개 의 반절로 읽힌다. 무늬가 없는 비단을 말한다(無文綺也)."

필자의 생각은 이렇다. 병(絣)과 변(騈)은 동원자이다. 『원본(原本)』

은 『설문(說文)』을 인용하여 "입(저)인소루포야(立(氏)人疏婁布也)"라고 기록하였다. 소루(疏婁)는 거칠어서 구멍이 숭숭 난 것을 말하는데, 단옥재의 『주(注)』에서 '특별한(殊)' 색으로 설명한 것은 견강부회라 하겠다.

28. 紼: 『說文』: "紼, 亂糸也. 從糸弗聲. 分勿切.

『설문』에서 이렇게 말했다. "불(紼), '얽혀 엉클어진 삼(亂糸)'을 말한다. 멱(糸)이 의미부이고 불(弗)이 소리부이다. 독음은 분(分)과 물(勿)의 반절이다."

『원본』에서는 이렇게 말했다. "불(紼)은 보(甫)와 물(物)의 반절로 읽힌다. 『설문』에서 '어지럽게 엉킨 삼을 말한다(亂麻也)'라고 했다."

『명의』에서는 이렇게 말했다. "불(紼)은 보(甫)와 물(物)의 반절로 읽힌다. 어지럽게 엉킨 삼을 말한다(亂麻也). 위의 글자이다(上字)."

『송본』에서는 이렇게 말했다. "불(紼)은 보(甫)와 물(物)의 반절로 읽힌다. 관을 내릴 때 쓰는 동앗줄을 말한다(引棺索也), 수레를 끄는 동아줄을 말한다(車索也), 어지럽게 엉킨 삼을 말한다(亂麻也)."

필자의 생각은 이렇다. 『명의(名義)』와 『송본(宋本)』의 형체, 독음, 의미는 『원본(原本)』과 동일하다. 『원본(原本)』은 『설문(說文)』을 인용하여 "난마야(亂麻也)"로 기록하였다. 현재의 『설문(說文)』에서는 "난계야(亂糸也)"로 되어 있으나, 『원본(原本)』을 근거로 수정해야 한다.

위에서 든 「멱(糸)부수」의 예에서는 단지 『원본』에서 인용한 『설문』과 전승된 송본(宋本) 『설문』 사이에서 생긴 자형, 독음, 의미의 명확한 차이만 보여 주었을 뿐, 전사 과정에서 발생한 많은 독음의 주석, 누락, 추가 등의 부분적 문제는 포함되지 않았다. 현재 보존된 관련 텍스트를 바탕으로 볼 때, 이러한 차이에 관한 자료는 자형, 독음, 의미의 결합을 체계적으로 조사하는데 있어서는 빠질 수 없는 자료이다. 비교 참조하는 것은 통시적인 자료이며, 중간에 관련된 텍스트를 보충함으로써 『설문·멱(糸)부수』의 전승 과정에서의 자형, 독음,

의미 체계의 변이에 대한 인지과정과 대서본(大徐本)『설문·멱(糸)부수』에 보이는 변이의 차이에 관한 역사적 단서를 제공해 준다.[87]

2. 다른 부수로의 귀속

『원본 옥편』의 잔권에서 인용된『설문』과 대서본(大徐本)『설문』을 체계적으로 비교할 때, 전사 과정에서 발생한 명확한 차이가 존재하는 부분을 항목별로 대조할 수 있다. 「멱(糸)부수」와 다른 부수의 내용은 기본적으로 현재 보존된『원본 옥편』에서 볼 수 있는『설문』의 진면목 대서본(大徐本)『설문』에서의 명백한 차이에 관한 상황을 반영하고 있다.[88]

> 1. 『說文』: "庆, 厞也. 厂夾聲. 胡甲切."
> 『설문』에서 이렇게 말했다. "협(庆), '좁다(厞)'라는 뜻이다. 엄(厂)이 의미부이고 협(夾)이 소리부이다. 독음은 호(胡)와 갑(甲)의 반절이다."
> 『원본·엄(厂)부수』에서 이렇게 말했다. "협(庆)은 해(諧)와 래(來)의 반절로 읽힌다. 『설문』에서 '협(庆)은 좁다(厞)'라는 뜻이다'라고 했다."
> 필자의 생각은 이렇다. 『원본(原本)』에서 인용한『설문(說文)』에는 "협(庆), 벽아(厞也)"로 기록되어 있다. 『명의(名義)』에서는 "협(庆)은 해(諧)와 협(夾)의 반절로 읽힌다. 좁다는 뜻이다(庆厞也)." 라고 되어 있다. 이는 현재의『설문(說文)』에서 소전(小篆) 아래에 기록된 해석인 "벽아(厞也)"가 단어로 연결되어야 함을 증명하며, 적어도 남북조 시대에는 이와 같은 구조였음을 보여준다.
> 2. 『說文』: "隄, 唐也. 從阜是聲. 都兮切."

---

87) 모든 생략된 수치 근거는 『中古漢字流變·糸部』을 참조하면 된다.
88) 이 책의 마지막에 수록된 참고문헌 및 데이터베이스 자료를 참조하라.

『설문』에서 이렇게 말했다. "제(隄)는 '제방(唐)'을 말한다. 부(𠂤)가 의미부이고 시(是)가 소리부이다. 독음은 도(都)와 혜(兮)의 반절이다."

필자의 생각은 이렇다. 『원본(原本)』에서 인용한 『설문(說文)』에는 "당야(隖也)"로 기록되어 있다. 이는 육조 때의 판본(六朝本)에서는 본래 '당(隖)'자가 있었음을 나타내며, 『명의(名義)』에서도 필사할 때 '당(隖)'자를 인용하였다. '당(唐)'과 '당(塘)'은 고금자(古今字)이다.

3. 『說文』: "溢, 器滿也. 從水益聲. 夷質切."

『설문』에서 이렇게 말했다. "일(溢), '그릇에 가득 차다(器滿)'라는 뜻이다. 수(水)가 의미부이고 익(益)이 소리부이다. 독음은 이(夷)와 질(質)의 반절이다."

필자의 생각은 이렇다. 지금의 『설문(說文)』의 자형에서는 수(水)가 의미부이고 익(益)이 소리부이다. 『원본(原本)』에서는 수(水)와 명(皿)으로 구성된 '일(溢)'로 되어 있으며, 『명의(名義)』에서는 이를 '사(泗)'자로 인용하였는데, 형태가 유사하여 혼동된 결과이다. '익(益)'은 그릇(皿) 위에 물(水)이 더해진 것으로, '넘치다'는 뜻의 일(溢)자의 초기 형태이며, '일(溢)'은 이후에 분화된 글자이다. 『원본(原本)』에서 필사한 『설문』의 자형은 아직 분화되지 않았으며, 이 때문에 '일(溢)'로 전사하여 "그릇에 가득한 모습이다(器滿也), 수(水)가 의미부이고 명(皿)이 소리부이다."로 되었던 것이다. 그러나 현재의 『설문(說文)』에서는 "그릇에 가득한 모습이다(器滿也), 수(水)가 의미부이고 익(益)이 소리부이다."로 되었는데 분화된 이후의 형태 분석이다. 이 비교는 남북조 시대의 『설문(說文)』 소전(小篆)에서 송본(宋本) 『설문(說文)』에 이르기까지, 소전 자형이 이후에 분화된 구조에 의해 조정되고 수정되었음을 보여준다.[89]

---

89) 『집운(集韻)·질(質)부』에서 이렇게 말했다. "일(溢, 溢)은 익(弋)과 질(質)의 반절로 읽힌다. 『설문』에서 '그릇에 가득 차다(器滿也)'는 뜻이라고 했다. 일설에 쌀 24분승의 1을 말한다고도 한다(一曰米二十四分升之一也). 혹체에서는 생략된 모습이다(或省).『유편(類篇)·수(水)부』에서, "일(溢)은 익(弋)과 질(質)의 반절로 읽힌다. 그릇에 가득 차다는 뜻이다(器滿也). 일(溢)은 혹체인데 생략된 모

현대서체로 옮겨 적은 '왼쪽이 수(水)이고 오른쪽이 명(皿)인 구조'의 '일(溢)'은 출토 문자인『마왕퇴한묘백서((馬王堆漢墓帛書)·노자(老子)』을종본(乙種本)에서 발견되는데, '일(溢)'의 모습에 가깝다.『송본(宋本)』에서는 이러한 전승이 없으며, 그리하여 이후의 자전에서는 오랫동안 그 기원을 알 수 없게 되었던 것이다.

4.『說文』: "沫, 灑面也. 𩈉, 古文沫從頁. 荒內切."

『설문』에서 이렇게 말했다. "매(沫), '얼굴을 씻다(洒面)'라는 뜻이다. 수(水)가 의미부이고 미(未)가 소리부이다. 매(𩈉)는 매(沫)의 고문체인데, 혈(頁)로 구성되었다. 독음은 황(荒)과 내(內)의 반절이다."

필자의 생각은 이렇다.『원본(原本)』에서 인용한『설문(說文)』은 '회(頮)'(고문)와 '매(沫)'(소전) 및 '매(頮)' 등을 보존하고 있다.[90] 송본『설문(說文)』에서는 고문체인 '매(湏)'를 수록하고 있지만, '회(頮)'자는 보존하지 않았다. 그러나『명의(名義)』에서는 "회(頮)는 얼굴을 씻는 것을 의미하고, '매(沫)'은 전서(篆文)이다."라고 설명하고 있다.

5.『說文』: "礛, 厲石也, 一曰赤色. 從石兼聲. 讀若鎌. 力鹽切."

『설문』에서 이렇게 말했다. '숫돌(厲石)'을 말한다. 일설에는 '붉은색(赤色)'을 말한다고도 한다. 석(石)이 의미부이고 겸(兼)이 소리부이다. 겸(鎌)과 같이 읽는다. 독음은 력(力)과 염(鹽)의 반절이다. 필자의 생각은 이렇다.『원본(原本)』에서 인용한『설문(說文)』에는 "여석적색아(厲石赤色也: 붉은 색 숫돌을 말한다)"로 기록했다.『명의(名義)』에서는 "렴(礛)은 역(力)과 겸(兼)의 반절로 읽히며, 붉은

습이다(或省)."

90) 『원본(原本)·수(水)부수』에서 이렇게 말했다. "회(頮)는 호(呼)와 궤(憒)의 반절로 읽힌다.『상서(尙書)』에 '왕내도회수(王乃洮頮水)'라는 구절이 있다. 고야왕 내 생각은 이렇다. 『설문』에 따르면, 회(頮)는 얼굴에 물을 뿌리는 것을 말한다(灑面也)'라고 했다.『예기(禮記)』에 '면구첨탕청회(面垢燂湯請頮)'라는 구절이 있는데, 이를 말한 것이다.『설문』에 따르면, 이 역시 '매(頮)'의 고문체이고, 매(頮)는「혈(頁)부수」에 있다. '매(湏)'는『설문』에서 전서체인 '회(頮)'자이며, '매(沫)'은 얼굴에 물을 뿌리는 것을 의미한다.『광아(廣雅)』에서는 '매(沫)'은 씻는 것을 의미한다고 했다."

　　　　　　　　　　　　　　　　　　　　　『설문해자』인지분석

돌을 말한다(石赤也)."로 되어 있다. 『송본(宋本)』에서는 "렴(礛)은 역(力)과 겸(兼)의 반절로 읽히며, 붉은 숫돌을 말한다(赤礛石)."로 기록되어 있다.

6. 『說文』: "碻, 陵也. 從石豙聲. 徒對切"

『설문』에서 이렇게 말했다. "대(碻), '가파르다(陵)'라는 뜻이다.[91] 석(石)이 의미부이고 수(豙)가 소리부이다. 독음은 도(徒)와 대(對)의 반절이다."

필자의 생각은 이렇다. 『원본(原本)』에서는 '타(墮)'로 전사되어 있으며, 『명의(名義)』에서도 동일하게 인용하여, "대(碻)는 도(徒)와 대(對)의 반절로 읽히며, 떨어지다는 뜻이다(墮也)"라고 했다.

7. 『說文』: "碑, 豎石也. 從石卑聲. 府眉切."

『설문』에서 이렇게 말했다. "비(碑), '높이 세운 돌(豎石)'을 말한다. 석(石)이 의미부이고 비(卑)가 소리부이다. 독음은 부(府)와 미(眉)의 반절이다."

필자의 생각은 이렇다. 『원본(原本)』에서는 "와석야(臥石也: 누운 돌을 말한다)"로 필사되어 있으며, 『송본(宋本)』에서도 동일하여, "비(碑)는 피(彼)와 피(皮)의 반절로 읽히며, 명석(銘石: 글을 새긴 돌)을 말한다. 또한 와석(臥石: 누운 돌)을 말한다."라고 했다.

8. 『說文』: "磕, 石聲. 從石盍聲. 口太切, 又, 若盍切."

『설문』에서 이렇게 말했다. "개(磕), '돌 소리(石聲)'를 말한다. 석(石)이 의미부이고 합(盍)이 소리부이다. 독음은 구(口)와 태(太)의 반절이다. 또 약(若)과 합(盍)의 반절이다."

필자의 생각은 이렇다. 『원본(原本)』에서 인용한 『설문(說文)』은 "돌 소리를 말한다(石聲也), 일설에는 돌 부딪히는 소리를 말한다(一曰硍磕)."라고 기록되어 있다. 하지만 현재의 『설문(說文)』에는 "일왈(一曰)"이라는 의항이 없다. 그러나 『송본(宋本)』에서는 해당 의항이 보존되어 있다. 즉 "개(磕)는 고(苦)와 개(蓋)의 반절

---

91) [역주] 『단주』에서는 준아(陵也)를 치야(陊也)로 고치고 이렇게 말했다. "치(陊)는 떨어지다(落)는 뜻이다. 대(碻)는 대(隊)와 독음과 의미가 같은데, 대(隊)는 높은 곳에서부터 떨어지다는 뜻이다(從高隊也). 『광운』에서 뇌대(礧碻)는 물체가 떨어지다는 뜻이다(物墜也)라고 하였다." 그렇게 되면 '떨어지다는 뜻이 된다.

로 읽히며, 낭개(硠磕: 돌 부딪히는 소리)를 의미한다. 또한 고(苦)
와 합(闔)의 반절로도 읽힌다." 『명의(名義)』의 해당 항목에서는
"개(磕)는 고(苦)와 합(闔)의 반절로 읽히며, 돌의 소리(石聲)를 말
한다."라고 되어 있다.92)

9. 『說文』: "硟, 以石扞繒也. 從石延聲. 尺戰切."

『설문』에서 이렇게 말했다. "천(硟), '돌로 비단을 눌러 펴다(以石扞
繒)'라는 뜻이다. 석(石)이 의미부이고 연(延)이 소리부이다. 독음
은 척(尺)과 전(戰)의 반절이다."

필자의 생각은 이렇다. 『원본(原本)』에는 "이석연증야(以石研繒也:
돌로 비단을 눌러 펴다)"로 기록되어 있으며, 『명의(名義)』에서는
"석연야(石研也: 돌로 눌러 펴다)"로 기록되어 있다.

10. 『說文』: "磻, 以石箸隹繳也. 從石番聲. 博禾切."

『설문』에서 이렇게 말했다. "반(磻), '익사 화살의 줄에 돌을 달다
(以石箸隹繳)[실을 맨 돌화살]'라는 뜻이다. 석(石)이 의미부이고 번
(番)이 소리부이다. 독음은 박(博)과 화(禾)의 반절이다."

필자의 생각은 이렇다. 『원본(原本)』에는 "이석저유규야(以石著維
繳也: 익사 화살의 줄에 돌을 달다)"로 기록되어 있으며, 『송본(宋
本)』에서는 "이석유규야(以石維繳也)"로 되어 있다.

11. 『명의』에서는 이렇게 말했다. "요(謠)는 여(與)와 조(照)의 반절로
읽힌다. 홀로 부르는 노래를 말한다(獨歌)."

필자의 생각은 이렇다. 현재의 『설문(說文)』에는 이 글자가 없으나,
『원본(原本)』에는 "『설문(說文)』에서 '홀로 부르는 노래를 말한다
(獨歌也)'라고 했다"라고 기록되어 있다. 『명의(名義)』의 해당 항목
에서도 동일하게 인용되어 있다. "요(謠)는 여(與)와 조(照)의 반절
로 읽히며, 홀로 부르는 노래(獨歌)를 말한다." 이는 『송본(宋本)』
『설문(說文)』에서 탈문(脫文)이나 변이가 발생했음을 나타낸다.93)

12. 『說文』: "訒, 頓也. 從言刃聲. 『論語』曰: "其言也訒." 而振切."

『설문』에서 이렇게 말했다. "인(訒), '말이 어둔하다(頓)'라는 뜻이

---

92) "낭개(硠磕)"는 연면어로 된 의성어이다.
93) 자세한 내용은 『중국문자발전사』 제4책, 『수당오대문자권』의 「자양과 설문(字
樣與說文)」을 참고하라.

다. 언(言)이 의미부이고 인(刃)이 소리부이다. 『논어·안연(顏淵)』
에서 "그의 말이여, 너무나 어둔하구나.(其言也訒.)"라고 했다. 독
음은 이(而)와 진(振)의 반절이다.

필자의 생각은 이렇다. 『원본(原本)』에서 인용한 『설문(說文)』에는
"둔아(鈍也)"로 기록되어 있으며, 『명의(名義)』에서도 동일하게
인용되어 있다.

13. 『명의』에서는 이렇게 말했다. "구(紈)는 당기다는 뜻이다(引也)."
『원본』에서는 이렇게 말했다. "구(紈), 『설문』에서 '구(紈)는 당기
다는 뜻이다(引也)'라고 했다."

필자의 생각은 이렇다. 『원본(原本)』에서 인용한 『설문(說文)』과 『
명의(名義)』의 해석도 이를 바탕으로 하고 있다. 이는 남북조 시
대에 『설문(說文)』에서 '구(紈)'자가 여전히 존재했음을 설명하며,
『송본(宋本)』과 『설문(說文)』에서는 탈문(脫文)이 발생했을 가능
성이 있다.

14. 『說文』: "縠, 細縛也. 從糸殼聲. 胡谷切."
『설문』에서 이렇게 말했다. "곡(縠), '주름진 새하얀 비단(細縛)'을
말한다. 멱(糸)이 의미부이고 각(殼)이 소리부이다. 독음은 호(胡)
와 곡(谷)의 반절이다."

필자의 생각은 이렇다. 『원본』에서 인용한 『설문』에서는 "가는
누인 명주를 말한다(細練也)"로 되어 있고, 『명의』에서도 마찬가
지이다.

15. 『說文』: "縰, 粗緒也. 從糸璽聲. 臣鉉等曰: 今俗別作絁, 非是. 式支切."
『설문』에서 이렇게 말했다. "시(縰), '거칠게 짠 비단(粗緒)'을 말한
다. 멱(糸)이 의미부이고 새(璽)가 소리부이다. 신 서현 등은 이렇
게 생각합니다. '오늘날 속자나 별자에서 시(絁)로 적는데 이는
잘못입니다.' 독음은 식(式)과 지(支)의 반절이다."

필자의 생각은 이렇다. 『원본(原本)』에서 인용한 『설문(說文)』의
의항은 "조주아(粗紬也: 거칠게 짠 비단을 말한다)"로 기록되어 있
다. 『송본(宋本)』에서는 "조세(粗細)"로 되어 있으며, 『명의(名義)』
에서는 "생세(生細)"로 인용하였다. 현재의 『설문(說文)』에서는
"조서(粗緒)"로 해석되어 있다. 『송본(宋本)』의 의항은 "조주아(粗

紬也: 거칠게 짠 비단을 말한다), 경위부동자야(經緯不同者也: 세로줄
과 가로줄의 간격이 다른 것을 말한다)"로 수정해야 옳다.

16. 『說文』: "纚, 繫纚也. 一曰維也. 郎兮切."

『설문』에서 이렇게 말했다. "리(纚), '얽어매다(繫纚)'라는 뜻이다.
일설에는 '밧줄(維)'을 말한다고도 한다. 멱(糸)이 의미부이고 사
(麗)가 소리부이다. 독음은 랑(郎)과 혜(兮)의 반절이다."

필자의 생각은 이렇다. 『원본(原本)』에서 인용한 『설문(說文)』에는
"계리야(繫纚也: 얽어매다는 뜻이다), 일왈괘야(一曰絓也: 일설에는
거친 비단을 말한다고도 한다)"로 기록되어 있다. 현재의 『설문(說
文)』에서는 '유(維)'와 '괘(絓)'의 형체가 비슷하여 혼동된 것으로
보인다. 『송본(宋本)』에서도 동일한 항목이 "일왈괘리야(一曰絓纚
也)"로 되어 있다.

17. 『說文』: "讋, 失氣言, 一曰不止也. 從言, 龖省聲. 傅毅讀若慴. 𧮫,
文讋不省. 之涉切."

『설문』에서 이렇게 말했다. "섭(讋), '기운 없이 말을 하다(失氣言)'
라는 뜻이다.94) 일설에는 '그치지 않다(不止)'라는 뜻이라고도 한
다. 언(言)이 의미부이고, 답(龖)의 생략된 모습이 소리부이다. 부
의(傅毅)95)는 습(慴)과 같이 읽는다고 했다. 섭(𧮫)은 섭(讋)의 주
문체인데, 생략되지 않은 모습이다. 독음은 지(之)와 섭(涉)의 반
절이다.

필자의 생각은 이렇다. 『원본』에서는 『설문』을 인용하여 이렇게
말했다. "失氣也, 一曰言不止也, 傅毅以爲讀若慴.(기운 없이 말을
하다'라는 뜻이다. 일설에는 '그치지 않다(不止)'라는 뜻이라고도

---

94) [역주] 『단주』에서 이렇게 말했다. "섭(讋)은 습(慴)과 독음과 의미가 모두 같
다. 다만 섭(讋)은 언(言)으로 구성되었을 뿐이다. 그래서 '失气言'이라고 했던
것이다. 「동도부(東都賦)」에서 '陸讋水慄(뭍에서도 두렵고 물에서도 공포스럽구
나.)'라고 했다."

95) [역주] 부의(傅毅, ?~90)는 동한 때의 문학가로, 자가 무중(武仲)이며, 부풍(扶
風) 무릉(茂陵)(지금의 섬서성 흥평현) 사람이다. 동한 때의 장군이었던 부육(傅
育)의 아들로, 사부(辭賦)를 잘 지었다. 한 장제(章帝) 때 난대령사(蘭台令史)가
되었고 낭중(郎中)에 배수되어, 반고(班固), 가규(賈逵) 등과 왕실의 서적을 교
감했다. 「현종송(顯宗頌)」 10편을 지어 조정에 이름을 날렸다.(바이두 백과)

『설문해자』 인지분석

한다. 부의(傅毅)는 습(慴)과 같이 읽는다고 했다.)" 또 『명의』에
서는 이렇게 말했다. "섭(讘)은 장(章)과 엽(葉)의 반절로 읽힌다.
기운을 잃다는 뜻이다(失氣也). 그치지 않다(不止也)는 뜻이다."
또 『송본』에서는 이렇게 말했다. "섭(讘)은 장(章)과 엽(葉)의 반
절로 읽힌다. 말이 그치지 않음을 말한다(言不止也). 섭(讘)은 위
와 같은 글자이다(同上)."

18. 『說文』: "訟, 爭也. 曰: 謌訟. 𧥼, 古文訟. 似用切."

『설문』에서 이렇게 말했다. "송(訟), '다툼을 벌이다(爭)'라는 뜻이
다. 언(言)이 의미부이고 공(公)이 소리부이다. 일설에는 '노래 부
르다(謌訟)'라는 뜻이라고도 한다. 송(𧥼)은 송(訟)의 고문체이다.
독음은 사(似)와 용(用)의 반절이다."

필자의 생각은 이렇다. 『원본(原本)』에서 인용한 『설문(說文)』에는
"송(爭), 일왈가송(一曰歌訟)."으로 기록되어 있다. 『송본(宋本)』에
서 탈문(脫文)과 파체(破體)가 발생한 것으로 보인다.96)

다음으로, 두 번째 문제, 즉 당나라 필사본 '지(紙)'자 속에 포함된
종이의 재질과 도구 및 관련 항목들에 대하여 관찰 분석하고자 한다.

위진 남북조 시기에 이르면 사회에서 사용된 문자 매체가 질적으
로 전례 없이 풍부해졌다. 석각, 종이, 간독(簡牘) 등의 문자 매체가
다양하여 없는 것이 없었다. 그 중에서 종이는 새로이 나타난 기록
매체였다. 위진 남북조 때의 문자 발전을 관찰할 때는 매체의 전환을
주의 깊게 봐야 하는데, 이는 '지(紙)'자에 대해 먼저 논의해야만 한다
는 것을 의미한다. 현재 고고 발견에서 보존된 종이 출현의 시대가
상대적으로 늦기 때문에, 사람들은 먼저 문자로 기록된 것에 주목하
게 된다. 현재 통용되는 대서본(大徐本) 『설문』(이하 『설문』이라고 통칭함)
은 동한(東漢)에 작성되었으며, 전통적으로 말하는 채륜(蔡倫)이 종이

---

96) "일왈(一曰)"이라는 표지로 의미항목을 해석한 예는 대서본(大徐本) 『설문』의
경우 총 700여 차례 등장한다.

를 만들었다고 하는 시대와 거의 같은 시기이다. 그러나 당과 송 사이에 수정을 거쳤기 때문에, 몇몇 전사 과정의 차이가 존재한다. 이 판본에서 「멱(糸)부수」는 '지(紙)'자를 수록하고서 "솜 한 발(絮一苫)을 말한다. 멱(糸)이 의미부이고 씨(氏)가 소리부이다. 독음은 자(者)와 씨(氏)의 반절이다."이라고 설명했다. 여기서 사용된 '일(一)'은 솜(絮)와 발(苫)의 관계를 어떻게 정의하고 있는가? 실제로 이것은 줄곧 명확하지 않았다. 현재 가장 영향력 있는 해석은 "서일점(絮一苫)"으로부터 서(絮: 솜)에서 종이가 만들어진다는 가공 및 생산 과정을 드러낸 것이라고 보는 견해이다. 이렇게 되면, 서(絮)와 점(苫) 사이에 놓인 '일(一)'이라는 기호는, 해석어와 수량어의 기능을 동시에 가지게 된다.

육종달(陸宗達)은 『설문해자통론(說文解字通論)』에서 종이 제조 과정을 순서에 따라 다음과 같이 세밀하게 연계시켰다. "중국은 아주 이른 시기부터 제지(製紙)와 방직(紡織) 기술을 발명하였는데, 『설문』에는 이와 관련된 자료가 매우 풍부하다. 이를 종합하면, 고대 수공업의 제작 방법과 제조 절차를 이해할 수 있다. 이 모든 것은 고대 노동 인민들이 생산 분야에서 이룬 위대한 창조이다. 중국의 제지술은 역사서에 따르면 후한(後漢) 때에 채륜(蔡倫)이 발명한 것으로 기록되어 있다. 진(晉)나라 때 범엽(范曄)의 『후한서』에 따르면, 채륜은 '나무껍질(樹皮)과 마두(麻頭: 삼의 끝부분) 및 낡은 옷감, 그리고 어망(魚網)을 사용하여 종이를 만들었다. 원흥(元興) 원년(서기 105년)에 이를 조정에 바쳤고, 황제는 그의 능력을 훌륭하다 평가하여, 이후로 모든 사람들이 그 종이를 사용하게 되었으며, 이를 계기로 세상 사람들은 종이를 채후지(蔡侯紙)라고 부르게 되었다.' 그러나 사실 종이의 제작은 결코 한 사람에 의해 발명된 것이 아니며, 전혀 이전 사람들의 경험 없이 갑자기 창조된 것도 아니다. 채륜 이전에 이미 중국의 노동 인민은 종이를 발명하였다. 『설문』에는 이미 종이를 나타내는 '지(紙)'자가 등장하는데, 이를 두고 '솜 한 발(絮一苫)'이라고 설명했다.(단옥재의 주석본에 근거함). 이로 보아 주진(周秦) 시대에 이미 제지술이 발명되었음을 알 수 있다. 처음에는 아마도 헝겊 조각을 사용하여 만들었을 것이다. 헝겊 조각은 비단이나 삼(麻)의 부스러진 찌꺼기를 말한다. 옛사람들은 이런 물질을 옷에 이어 붙여 추위를 막거나, 오늘날의 목화솜처럼 사용했다(고대 중국에는 목화가 없었고, 남북조 때에 인도에서 전해졌다. 유정섭(俞正燮)의 『계사유고(癸已類稿)』 참조). 혹은 이를 이용해 종이를 만들기도 했다. 제지 방법을 보면, 헝겊 조각을 물에 담갔다가 깨끗이 헹구고, 헝겊 조각을 부스러지게 하여 가루로 만들어 종이 펄프를 만든다. 그런 다음, 발을 사용하여 종이 펄프에서 물기를 걸러내어 평평하고 얇은 종이를 만들고, 이를 말려서 종이를 완성한다.……발이란 무엇인가? 『설문·죽(竹)부수』에서 '점(苫)'은 솜을 물에서 걸러서 뜨는 발을 말한다(潎絮簀也)'라고 하였고, 『광운』에서는 '발은 떠다니는 솜을 뜨는 도구를 말한다(漂絮簀)'라고 했다. 양웅(揚雄)의 『방언』(권6)에서는 '상(床)을 제(齊)나라와 노(魯)나라 지역에서는 책(簀)이라고 한다.'라고 주해하였다. 그리고 『주』에서 '책(簀)은 참상의 판자(床板)를 말한다.'라고 했다. 「죽(竹)부수」에서는 '책(簀)은 침상의 깔개를 말한다(床棧也)'라고 설명했다. 이를 통해 고대에 종이를 만들 때 파편화된 목판을 조합하여 깔개로 사용했음을 알 수 있다. 단옥재(段玉裁)는 '별서책(潎絮簀)은 오늘날 종이를 만드는 밀도 높은 대나무 발과 같다(潎絮簀卽今做紙密致竹簾也.)'라고 했다. 「멱(糸)부수」에서도 '지(紙)는 솜 한 발을 말한다(絮一箔也)'라고 했는데, 서일점(絮一箔)은 한 장의 종이가 만들어지다는 뜻이다. 종이는 처음에는 헤진 옷감과 어망을 사용하였고, 물속에서 솜을 두드리는 방법으로 만들었다. '지(紙)'자와 '점(箔)'자가『설문』에 실려 있으니, 종이의 유래가 매우 오래되었음을 알 수 있다."97)

필자의 생각은 이렇다.『옥편·죽(竹)부수』에 '첨(籤)'자가 수록되었는데, 이는 '점(箔)'의 이체자이며, '점(箔)'은 종이를 만드는 펄프 액을 뜨는 대나무 발로 사용되었다. 육종달(陸宗達)의 상술한 해설은 단옥재(段玉裁)의 교정본과 그의 주석에 기초한 서술이다. 전존훈(錢存訓)은 한자의 기록매체에 대해 전문적으로 연구했는데, 그의 저서『죽백에 쓰다(書於竹帛)』98)에서도 이 문제를 다루었지만, 단옥재의 교정본에 동의하지 않았다. 북송 때의『설문』에서는 초(艸)로 구성되었는데(필자 주: 이는 죽(竹)과 초(++)의 혼동에 의한 결과이다. 아래에서도 마찬가지이다), 후인들이 이를 '구(箈)'로 바꾸었는데, 죽(竹)으로 구성되었다(필자 주: 죽(竹)과 초(艸)는 해서체로 판각할 때 종종 혼동되어 이체자를 형성했다).『설문』에서 "구(箈)는 대를 꺾어 만든 채찍을 말한다(折竹箠)"라고 하였으며, 이 글자는 종이 제조와는 관련이 없어 보인다. 그래서 단옥재는 이를 다시 죽(竹)으로 구성된 '점(箔)'자로 변경하고 다시 수(水)를 추가하여 "이별서책(以瀎絮簀)"이라는 말로 고쳐 제지에 관한 설명에 적합하도록 가공하였던 것이다. 오늘날 많은 사람들이 '지(紙)'자를 해석할 때 대부분 단옥재의 이러한 교정본의 설명을 따르고 있지만, 실제로는 오류가 있으며, 옛 판본에서 입(卅)으로 구성된 글자(필자 주: 여기서 말한 옛 판본은 송나라 때의 대서본을 말하며, 입(卅)은 초(++)의 잘못된 혼동이다)인 '점(苫)'으로 기록해야 한다.『설문』에서는 "점(苫)은 '덮개(蓋)'를 말한

---

97) 陸宗達,『說文解字通論』, 87쪽(北京出版社, 1981).
98) [역주] 한국에서는『중국고대서사』(김윤자 역, 동문선, 1990)라는 이름으로 번역 출판되었다.

298   『설문해자』 인지분석

다"라고 했으며, 『이아·석기(釋器)』에서는 "흰색으로 된 덮개(白蓋)를 점(苫)이라 한다."라고 했다. 서개(徐鍇)는 이를 "띠 풀을 짠 것(編茅)" 이라고 했다. 아마도 갈대를 엮어 만든 일종의 깔개로, 덮개로 사용되었던 것으로 보인다. 이는 물이 흘려보낼 수 있기 때문에 가장 이른 시기 종이를 만들 때, 이 깔개를 사용하여 물속에서 부서진 옷감 조각을 받쳐 떴고, 물속 섬유체가 깔개에 붙어 물이 빠지면, 얇은 종이가 되어 붙어버린다. 이러한 우연한 발견이 초기 종이 제작의 아이디어가 되었을 가능성이 크며 매우 자연스러운 일이기도 하였다. 그러나 고대의 발은 대개 풀을 엮어 만든 것이었고, 대나무를 엮어 만든 발은 나중에 발전된 것이다.99)

또 장병린(章炳麟)의 『신방언(新方言)·석기(釋器)』에서는 "모든 덮개는 점(苫)으로 해석될 수 있는데, 단지 갈대를 엮어 지붕을 덮는 것만을 지칭한 것은 아니었다. 오늘날의 화개(華蓋)나 우개(雨蓋)도 모두 점(苫)이라고 한다."라고 설명한다. 그러나 이를 종이 만드는데 사용한다면, 평평하고 균일한 결과를 얻기 어렵다.

이전 학자들의 연구는 필자의 추가 조사에 큰 영감을 주었다. 그 외에도 몇 가지 크고 작은 의견이 있었는데, 모두 대서본(大徐本)『설문』에 보존된 '지(紙)'자 구조 분석에 근거한 것이었다. 이러한 복잡한 추론과 해석에 대해, 필자는 위진 남북조에서 수당 시대에 이르는 문자 발전 조사 과정에서 문제가 있음을 발견했다. 여기에서 그 핵심을 간단히 소개하고자 한다.

첫째, 관련 해서체 데이터베이스의 조사에 따르면, 현재 전해지는 송본(宋本) 『설문』의 각종 판본에서 '서(絮)'와 '전(苫)' 사이에 놓인

---

99) 錢存訓, 『書於竹帛』, 99~100쪽(上海書店出版社, 2006).

'일(一)'자는 설명어와 수량사 기능을 겸하고 있는데, 이는 드문 예에 속한다. 여기서의 예를 제외하면 다른 사용례가 보이지 않는다(「추(隹)부수」에서는 "척(隻)은 새 한 마리를 말한다(鳥一枚也)"라고 하여, 사물을 헤아리는 양사로 사용됐다). 그리고 『설문』에서의 의미 해석에서는 '일왈(一曰)'이라는 방식을 사용하는 것이 일반적이다. 『설문』에서는 '일왈'이라는 형식을 사용하여 여러 가지 의미 항목을 나열하는데, 이는 조건, 인과, 동원(同源), 병렬 등 다양한 논리 관계를 드러낸다. 우리 연구팀이 제작한 해서체 자원 데이터베이스 통계에 따르면, 대서본 『설문』에서 '일왈'을 사용한 예는 모두 712예에 달한다.[100]

둘째, 남조 양(梁)나라 때 저술된 『원본 옥편』(아래에서는 『원본』이라 줄여 부름) 중 「멱(糸)부수」에서는 당시 보이던 『설문』의 기록을 인용하였는데, "『설문』에서 지(紙)는 죽순 껍질(箈)을 말한다. 일설에는 솜이라고도 한다(一曰絮). 혹체자에서는 지(帋)로 쓰는데, 건(巾)부수에 수록되었다."라고 했다. 『원본』을 기초로 한 당나라 때의 필사본 『전례만상명의(篆隷萬象名義)』(이하 『명의』라 줄여 부름)에서도 관련 기록이 보존되어 있는데, 두 자료의 의미 항목과 순서가 완전히 일치한다. 즉 "지(紙)는 지(之)와 시(是)의 [반절로 읽힌다]. 죽순 껍질을 말하는데(箈), 솜(絮)을 말한다고도 한다." 여기에서 인용된 『명의』에서의 의미 항목의 필사부분을 보면 어기사인 '야(也)'자를 생략하였을 뿐 나머지는 똑 같다. 이는 당시 '필사'가 오늘날과는 달리 '발췌'의 형식을 취했기 때문인데, 이 문제에 대해서는 다음에서 다시 밝히게 될 것이다. 그렇다면 『원본』에서 인용한 "『설문』에서 지(紙)는 죽순 껍질을 말하는데(箈), 일설에는(一曰) 솜(絮)이라고도 한다."라고 한 것에서 '부(箈)'를 어떻게 이해해야 할 것인가? 이는 '지(紙)'의 함의를 정확히 밝히는 핵심이다. 먼저 『원본』과 『명의』 등의 자전은 재료라는 측면에서 '부(箈)'를 '대의 껍질(竹皮)'로 해석하고 있

---

100) 『설문해자』 "일왈(一曰)" 체계가 정의하는 의미항목 간의 논리적 관계 유형, 그리고 『설문해자』 등의 전래 자서 데이터베이스에 대해서는 화동사범대학 중국문자연구와 응용센터(華東師範大學中國文字研究與應用中心)에서 개발한 『해서체 원천자료 DB(楷字資源庫)』 참조하면 된다. 이하 마찬가지이며, 따로 밝히지 않는다.

다. 이에 대한 사례로, 『원본·죽(竹)부수』에서 "부(篰)는 포(蒲)와 후(侯)의 반절로 읽히며, 대의 껍질(竹箬)을 말한다."라고 했다. 『명의·죽(竹)부수』에서는 "부(篰)는 포(蒲)와 후(侯)의 반절로 읽히며, 대의 껍질(竹皮)을 말한다."라고 했다. 또 "약(篛)은 여(如)와 락(珞)의 반절로 읽히는데, 대의 껍질(竹皮)를 말한다."고 했고, 『송본옥편·죽(竹)부수』에서는 "부(篰)는 포(蒲)와 후(侯)의 반절로 읽히며, 대의 껍질(竹箬)을 말한다."라고 했다.

『광운』 제19 「후(侯)운」에서 『설문』을 인용하여 "『설문』에서는 대나무 껍질을 말한다(竹箬也)고 했는데, 박(薄)과 후(侯)의 반절로 읽힌다."라고 했다, 또 주준성(朱駿聲)의 『설문통훈정성·이(頤)부』에서 "부(篰)는 대의 껍질을 말한다(竹箬也). 죽(竹)이 의미부이고 부(咅)가 소리부이다. 소주(蘇州) 지역의 민간에서는 이를 '순각(筍殼)'이라 한다."라고 했다.

또 일부 자서나 운서에서는 도구라는 측면에 주목하여 기능적 측면에서 '부(篰)'자를 해석하여 '대로 만든 그물(竹網)'이라고 풀이했는데, 이에는 두 가지 사례가 있다. 하나는, 송나라 때 편집된 『유편·죽(竹)부수』에서 "포부(蒲篰)(púpóu, 이는 '부(篰)'자 한 글자를 늘여서 읽은 것이다)는 봉(蓬)과 포(逋)의 반절로 읽으며, 포이(蒲箷, púyí)는 '대로 만든 작은 그물(小竹網)'을 말하는데, 혹체에서는 '부(篰)'로 적는다. 부(篰)는 또 방(房)과 우(尤)의 반절로 읽으며, 대나무의 이름이다. 또 포(蒲)와 후(侯)의 반절로도 읽힌다."라고 했다, 또 『집운』에서는 "포부(蒲篰)나 보이(蒲箷)는 대로 만든 작은 그물을 말한다(小竹網). 혹체에서는 부(篰)로 적는다."라고 했다. 또 『오음집운(五音集韻)』에서는 "포(蒲)는 대로 만든 자리(竹笪, zhúdá)를 말하는데, 물에 빠트려 놓았다가 끌어올려 물고기를 잡는 도구이다(沉水取魚之具). 혹체에서는 부(篰)로 적는데, 부(篰)는 위의 포(蒲)와 같다." 또 『강희자전』에서는 "팔부(八篰): 또 『집운』에서 봉(蓬)과 포(逋)의 반절이라고 했는데, 독음은 포(蒲)이다. 포이(蒲箷)는 대로 만든 작은 그물을 말하며(小竹網), 혹체에서는 부(篰)로 적는다."라고 했다.

이렇게 볼 때, '부(箁)'나 '포(蒲)'는 본질적으로 죽약(竹箬), 즉 대 껍질(竹皮)이다. 대껍질로 짠 그물은 "물에서 물고기를 잡는 도구"로 달리 '부(箁)'라고 부를 수 있다. 물고기를 잡는 도구로서의 '부(箁)'는 먼저 물을 빼서 물고기를 걸러내는 기능을 하지만, 동시에 떠다니는 솜 조각 같은 것들을 걸러 내기도 한다는 것은 굳이 더 말하지 않아도 될 것이다. 그물을 말리는 과정에서 자연스럽게 발견되는 이런 부스러기 조각들은 나중에 특별히 가공된 '얇은 종이'와 비슷한 형태를 띤다.

다시 '부(箁)'와 관련된 '서(絮)'를 살펴보면, 포(蒲)와 부(箁)는 독음이 같고, 부(綇)와 부(箁)도 모두 부(否)를 소리부로 하는 글자들이다. 『명의·멱(糸)부수』에서 "부(綇)는 필(匹)과 보(甫)의 반절로 읽힌다. 헤진 솜을 정리하다는 뜻이다(治敝絮)."라고 했다. 같은 부수에서 "광(纊)은 □(□)[101]와 광(曠)의 [반절로 읽힌다]. 솜을 말한다(綿也). 솜을 말한다(絮[=絮]也). 광(絖)은 위의 글자와 같은 글자이다." 물에 빠트려 물고기를 잡는 것 즉 물을 빼서 물고기를 남기는 것이 헤진 솜을 타는 데로 옮겨가 그 기능이 발전했다. 그러나 그 도구는 같다. 『원본』에 보이는 남북조 시대의 『설문』을 비롯해 당나라 때 『원본』을 필사했던 『명의』에 보존된 정보로 볼 때, 사람들은 이미 매우 자연스럽게 '부(箁)'와 '서(絮)' 두 글자를 연계시켰고, 이로써 '종이(紙張)'의 탄생 과정을 드러냈음을 알 수 있다.

『원본』에 보이는 남북조 시대의 『설문』은 '일왈(一曰)'이라는 형식을 통해 의미 항목을 나타냈으며, 도구와 재료, 조건과 결과 사이의 논리적 관계를 드러냈다. 먼저 '부(箁)'로 종이를 설명할 때, 실제로는 종이 제작에 사용되는 도구에 초점을 맞추고 있으며, 또 '일왈'의 설명은 종이 제작에 필요한 기본 원료를 설명했다. 초기의 종이는 도구

---

101) [역주] '고(古)'의 탈자로 보인다.

제작 측면에서 대 그물(竹網)을 통한 필터링 공정을 거치며, 기본 원료 측면에서는 주로 목화 솜(麻絮)과 같은 재료를 사용한다. 따라서 그 기능적 측면에서 초기 종이는 주로 의복이나 포장 등에 사용되었을 가능성이 크며, 순수한 필기 재료로서 바로 사용되었을 가능성은 적다. 『후한서』에서 채륜(蔡倫)의 종이 제작에 대해 언급할 때 "나무껍질(樹膚), 마두(麻頭) 및 헤진 옷감과 어망(魚網) 등으로 종이를 만들었다(用樹膚・麻頭及敝布・魚網以爲紙.)"라고 했는데, 이는 "나무껍질, 마두 및 헤진 옷감을 사용하여, 고기는 그물로 종이를 만들었다(用樹膚・麻頭及敝布, 魚網以爲紙.)"로 읽어야 할 것이다. 병렬 접속사의 사용 습관에 따르면, '어망'은 앞서 언급된 '중간점(・)'이나 '급(及)'과 관련되어 나열된 '나무껍질(樹膚)', '마두(麻頭)', '헤진 옷감(敝布)' 등과 함께 병렬로 나열되지 않는다. 특히 어망을 언급한 것은 그것을 흔히 헤진 옷감이나 마두 등과 같은 '원재료'로 이해하는 것과 는 다르다. 만약 진정으로 연관된 범주라면, 그것은 높아야 낡은 밧줄 정도에 불과할 것이다. 그렇다면 어망을 특별히 언급할 필요가 없었을 것이다. 이에 따라, 『설문』의 '일왈'은 제작 도구와 제작 재료와 관련이 있다. 전존훈(錢存訓)이 언급한 『동관한기(東觀漢記)』 권20에서도 "나무껍질과 헤진 옷감, 고기 잡는 그물로 종이를 만들었다."라고 했는데, 이는 대나무로 만든 깔개 형태의 어망이며, 과거 일반적으로 이해되던 낡은 섬유 어망과 같은 폐기물이 아니다.

진(秦)나라 때의 『수호지진간(睡虎地秦簡)』에서 볼 수 있는 '망(網)'자는 아직 멱(糸)이 들어가지 않은 구조였으며, "망(网)이 의미부이고 망(亡)이 소리부"인 구조로 되었다. 전국시대의 『구점초간(九店楚簡)』 등의 간독 문자에서도 멱(糸)으로 구성된 망(網)자는 사용되지 않았고, 두 개의 '망(网)이 의미부이고 망(亡)이 소리부'인 형태만 사용되었

다.102) 진정으로 '멱(糸)'을 포함한 '망(網)'자를 대량으로 사용하기 시
작한 것은 남북조 시대부터이다. 예를 들어, 북위(北魏)의 「후강묘지
(侯剛墓志)」에서 "조밀한 그물(密網)이 처음 짜졌지만, 닿는 즉시 떨어
져 나간다. 서리 바람이 잠시 불어오면, 덮인 것은 반드시 쓰러진다.
(密網初結, 有觸卽離; 霜風暫吹, 所加必偃.)"라고 하였고, 동위(東魏) 때
의 「장법수식영전등조상기(張法壽息榮遷等造像記)」에서는 "비단 그물
(繒網)", 북위(北魏)의 「이주소묘지(爾朱紹墓志)」에서는 "벼리 그물(幹
綱)을 다시 만들고, 지망(地網)을 새롭게 한다.(幹綱再造, 地網惟新.)"라
고 기록되어 있다. 『장자』의 「거협(胠篋)」편에서는 "물고기를 잡는 그
물과 어망의 다루는 지식이 늘어나면, 물고기가 물에서 난리를 친다.
(鉤餌網罟罾笱之智多, 則魚亂扵水矣.)"라고 했는데, 송나라 때의 판각본
에서는 모두 '망(網)'자를 사용했다. 그러나 중당(中唐) 시대의 돈황(敦
煌) 필사본인 「곽상주장자남화진경집영(郭象注莊子南華眞經輯影)」에서
는 아직 '망(罔)'자를 사용하고 있다.103)

　『설문·망(网)부수』에서 "죄(罪)는 '물고기를 잡는 대로 만든 그물'
을 말한다(罪, 捕魚竹網). 망(网)이 의미부이고 비(非)가 소리부이다. 진
(秦)나라 때에는 죄(罪)자로 죄(皋)자를 대신했다."라고 했는데, 이로부
터 『설문』의 소전체 구조는 오히려 "물고기를 잡는 대로 만든 그물
(捕魚竹網)"이라 하여 그 기능이 물고기를 잡는데, 또 물고기를 잡는

---

102) 간독문자 데이터베이스(簡帛文字數據)에 대해서는 화동사범대학 중국문자연
　　구와 응용센터(華東師範大學中國文字研究與應用中心)에서 개발한 『간백문자
　　원천자료 DB(簡帛文字資源庫)』를 참조하면 된다. 이하 마찬가지이며, 따로
　　밝히지 않는다.
103) 석각문자 데이터베이스(石刻文字數據)에 대해서는 화동사범대학 중국문자연
　　구와 응용센터(華東師範大學中國文字研究與應用中心)에서 개발한 『석각문자
　　원천자료 DB(石刻文字語料庫)』 참조하면 된다. 이하 마찬가지이며, 따로 밝
　　히지 않는다. [日本] 寺岡龍含, 『敦煌本郭象注莊子南華眞經輯影』 "胠篋"品第
　　十, 福井漢文學會 1960年11月 影印.

그물이라는 도구로 기능했으며, 여전히 대나무로 만들었던 것임을 알 수 있다.

이러한 대나무로 만든 깔개 형태의 어망은 기본적으로 필터링 기능을 가지고 있다. 그래서 흔히 사용되는 속담인 "삼일(三天)은 물고기를 잡고 이틀(兩天)은 그물을 말린다.(三天打魚兩天曬網)"는 말은 어망의 필터 기능을 유지하기 위해 필요한 시간적 주기가 반드시 필요했음을 말해 준다. 중국 고대사회에서는 어업이 매우 이른 시기에 발달하였다. 『시경』에 묘사된 '류(罶: 통발)'는 이러한 필터링 가능한 어망의 초기 형태일 가능성이 있다.

예를 들어, 『시경·소아·어려(魚麗)』에서는 "어려우류(魚麗于罶: 물고기가 통발에 걸렸는데)"라고 하였다. 『모전(毛傳)』에서는 이에 대해 "류(罶)는 곡량(曲梁: 물고기를 잡는 대로 만든 통발)을 말하며, 과부가 쓰는 고(笱: 대나무로 만든 물고기 잡는 기구, 즉 魚籠을 말한다)를 말한다."라고 설명했다. 또한 『시경·패풍(邶風)·곡풍(谷風)』에서도 "무서아량(毋逝我梁: 내가 놓은 어살에는 가지 말고), 무발아구(毋發我笱: 내 통발도 다치지 않게 하세요)."라고 하여, 량(梁)과 구(笱)가 문맥상 대응되고 있음을 볼 수 있다. 『장자·거협(胠篋)』에서는 "물고기를 잡는 그물과 어망의 다루는 지식이 늘어나면, 물고기가 물에서 난리를 친다.(鉤餌罔罟罾笱之知多, 則魚亂於水矣.)"라고 하여, 어망과 낚시, 그물 등 다양한 어구를 만들고 다루는 지혜가 많아지면 물고기가 물속에서 혼란해진다고 설명했다.

이러한 자료에 근거해 볼 때, '지(紙)'자의 형태는 건(巾)으로 구성된 '지(帋)'로 대체할 수 있다. 남북조 시대에 이미 건(巾)을 사용한 '지(帋)'자가 사용되었는데, 이는 『원본』과 『명의(名義)·건(巾)부수』에서의 기록을 통해 확인할 수 있다. 『명의』에서는 "지(帋)는 지(之)와 씨(氏)의 반절로 읽히며, 죽순 껍질(箁)을 말하며, 지(紙)자이다."라고 기술되어 있는데, 이는 『원본』과 『명의』에서 관련 부수에 보존된 정보가 서로 연관되고 호응하고 있음을 보여 준다. 당송(唐宋) 시기에 개정된 『송본·건(巾)부수』에서는 "지(帋)는 지(之)와 이(爾)의 반절로 읽힌다. 또한 지(紙)로도 쓴다."라고 했다. 이는 어떠한 경우에도 종이의 재질과 기능에 그 초점을 맞추고 있음을 보여준다.

'지(紙)'는 혹체로 '지(帋)'로 표기되기도 하는데, 건(巾)으로 구성되었다. 백(帛), 식(飾), 상(常) 등과 같은 문자도 모두 건(巾)에서 파생되었다. 또한 『명의』에서는 "전(箋)은 표식을 말하며, 글(書)을 뜻한다. 전(牋)으로도 쓰고, 전(䇳)으로도 쓴다."라고 했다. 그렇다면 '전(葥)', '전(楄)', '전(牋)', '전(箋)' 등은 모두 이체자임을 알 수 있다. 이를 통해 초기 '지(紙)'의 용도와 기능에 대해 알 수 있다.

출토 문헌에서 현존하는 '지(紙)'자의 사용 상황을 살펴보면, 수호지(睡虎地) 진(秦)나라 무덤에서 출토된 죽간에 사용된 '지(紙)'자, 북위(北魏)의 「원흠묘지명(元欽墓志銘)」에 사용된 '지(紙)'자 등은 모두 멱(糸)이 의미부이고 씨(氏)가 소리부인 구조를 사용하고 있지만, 그 외의 경우는 아직 보지 못했다. 또한, "죽백에 기록하다(著於竹帛)"라고 할 때의 '저(著)'자의 원래 구조는 멱(糸)이 의미부이고 책(疋)이 소리부였는데, 저(著)와 책(疋)의 고대음은 아직 분화되지 않았었다. 출토된 전국시대 초(楚) 죽간, 예를 들어 『곽점초묘죽간(郭店楚墓竹簡)』에서 인용한 「치의(緇衣)」편도 이와 같은 구조로 되어 있다.

이러한 사실에 근거해 볼 때, 나중에 생긴 의미를 가지고 초기 의미에다 기계적으로 적용할 수는 없으며, 마찬가지로 원래의 의미와 이후에 변화된 의미를 동일하게 취급할 수도 없다. 해석자들은 『설문』 원본에 수록된 종이 제조와 관련한 주제에서 어망이라는 도구적 의미를 은폐해 버렸고, 그리하여 어망이라는 도구를 종이 제작의 재료로 간주하고 말았다. 송나라 때의 대서(大徐)본 『설문』에서 "서일점 (絮一苫)"이라고 기록했지만, 판각 과정에서 실수로 인해 원문이 파괴 되었고, 단옥재는 변경하여 주석을 달았고, 현대인은 오류로 오류를 전달하는 바람에, 모두 원래의 의미를 추적하기 어려워지고 말았다. '지(紙)'자 가 내포하고 있는 풍부한 내용은 시대가 멀어짐에 따라 점 차 잊혀졌고 해석하기는 더욱 어려워졌다.104)

---

104) 이 부록 부분의 통계 분석 자료는 『中國文字發展史』 第四冊, 『隋唐五代文字』 및 『學術月刊』 2007年 第3期에서 가져왔다.

제4절 「우(牛)부수」의 범주선택

　만약 「구(口)부수」의 범주선택 상황에 대한 조사가 『설문』 이후의 자서까지 부가적으로 다루었다면, 이는 주로 '통시적 연계'의 관점에서 접근하였다고 할 수 있다. 그렇다면 「우(牛)부수」의 범주선택에 대한 실제 관찰은 이를 바탕으로 『설문·우(牛)부수』의 갑골문(甲骨文)과 금문(金文)이라는 두 가지 충차의 대응, 즉 '공시적 연계'의 관찰에도 중점을 두었다 할 수 있다.

　먼저, 「우(牛)부수」에 기록된 문자 그룹의 종류 및 배열 상황은 고대인들이 이 세상을 인지한 방식을 반영하였다. 독자들은 이를 통해 개별 사물의 종(種)이 어떻게 '유형적 사물의 종(類型物種)'으로 발전하는지, 즉 구체적 이름에서 추상적 개념으로의 형성 과정을 분석할 수 있을 것이다.

　『설문』은 속(屬) 개념인 '우(牛: 甲骨金文簡帛漢印石刻)'자의 설명에서 "우(牛)는 '큰 희생(大牲)'을 말한다. 우(牛)는 물건이라는 뜻의 건(件)을 뜻한다. 건(件)은 이치를 갈무리 함(事理)을 말한다.[1] 두 뿔(角)과 머리(頭)의 세 부분과 불룩 솟은

---

1) [역주] 왕균의 『구두』에서는 이 부분("大牲也. 牛, 件也; 件, 事理也.)"은 후세 사람이 더한 것으로 문맥이 잘 맞지 않는다고 했다. 사(事)는 맡겨진 일을 해 낼 수 있다는 말이다. "여기서 단옥재는 리(理)를 무늬나 모양에 한정시키느라 우(牛)부수의 해설에서 허신이 말하고자 한 의미를 왜곡시키고 있다. 허신에게서 '소'라는 존재는 실천성(事)과 아울러 그 이치(理)를 드러내는 존재이다. 소는 살아서 묵묵히 밭을 갈며 일을 하다가 그 임무를 마치고 죽음에 이르러서는 그

　　　　　　　　　　　　　『설문해자』 인지분석

등(封)과 꼬리(尾)를 그린 모습이다. 우(牛)부수에 귀속된 글자는 모두
우(牛)가 의미부이다.(大牲也. 牛件也; 件, 事理也. 象角頭三・封尾之形.
凡牛之屬皆從牛.)"라고 했다. 서개(徐鍇)는 이에 대해 "건(件)은 사물 한
건, 두 건이라고 할 때의 건(件)과 같다. 봉(封)은 높이 솟다는 뜻이다
(件, 若言物一件・二件也. 封, 高起也.)"라고 했다. 이 부수에서는 여러
가지 매우 구체적인 소의 종류를 나열하였는데, 다음과 같은 종류를
포함한다.

001 𤘅: 畜父也. 從牛土聲. 莫厚切.

　　모(牡: 𤘅甲骨 𤘅 𤘅金文), '가축의 수컷(畜父)'을 말한다. 우(牛)가 의
　　미부이고 토(土)가 소리부이다.[2] 독음은 막(莫)과 후(厚)의 반절이다.

002 犅: 特牛也. 從牛岡聲. 古郎切.

　　강(犅: 𤘅 𤘅金文), '수소(特牛)'를 말한다. 우(牛)가 의미부이고 강
　　(岡)이 소리부이다. 독음은 고(古)와 랑(郎)의 반절이다.

003 特: 朴特, 牛父也. 從牛寺聲. 徒得切.

　　특(特: 特金文 特石刻), '거세하지 않은 수소(朴特)'[3]를 말하는데,

몸을 골고루 나누어 다시 유용한 곳에 쓰이게 된다. 일할 때와 죽고 나서의 상
태는 고정된 것이 아니며 그것은 나눔(分)이라는 문자 형태로 연결되어 있다.
즉 바로 우(牛)로 구성된 반(半)자가 우(牛) 앞에 위치하는 이유도, 소라는 물건
이 보여주는 나누어지는 이치가 현실적인 물건에서 가장 극명하게 표출되고 있
기 때문이다. 따라서 이때의 이치란 완전한 물건이었다가 다시 나누어지고 또
그 이후의 변화를 내포하는 그 과정 전체를 말하는 것이지, 결코 소의 몸이 구
성된 모양이나 구조만을 한정해서 말하는 것은 아니다."(염정삼, 2008, 46쪽).
단옥재도 이 부분을 우인들이 제멋대로 더한 것이라 하면서 "事也, 理也."로 고
쳤다.
2) [역주] 『단주』에서 "혹자는 토(土)는 사(士)가 되어야 옳다고 하는데, 사(士)는 남
　성(夫)을 뜻한다. 독음도 각각 지(之)운과 우(尤)에 속해 매우 가깝다."라고 했다.
3) [역주] 박(朴)은 박(樸)과 같은 글자이며 박(撲)과 통한다. 『광운』에서 "박(撲)은

바로 수소(牛父)를 말한다. 우(牛)가 의미부이고 사(寺)가 소리부
이다. 독음은 도(徒)와 득(得)의 반절이다.

004 : 畜母也. 從牛匕聲. 『易』曰: "畜牝牛, 吉." 毗忍切.

빈(牝: 甲骨 簡帛), '가축의 암컷(畜母)'을 말한다. 우(牛)가
의미부이고 비(匕)가 소리부이다. 『역』에서 "암소를 키우니 길하
리라(畜牝牛, 吉.)"라고 했다. 독음은 비(毗)와 인(忍)의 반절이다.

005 : 牛子也. 從牛, 瀆省聲. 徒谷切.

독(犢: 漢印), '송아지(牛子)'를 말한다. 우(牛)가 의미부
이고, 독(瀆)의 생략된 부분이 소리부이다. 독음은 도(徒)와 곡(谷)
의 반절이다.

006 : 二歲牛. 從牛巿聲. 博蓋切.

패(牺), '두 살배기 소(二歲牛)'를 말한다. 우(牛)가 의미부이고 시
(巿)가 소리부이다. 독음은 박(博)과 개(蓋)의 반절이다.

007 : 三歲牛. 從牛參聲. 穌含切.

삼(犙), '세 살짜리 소(三歲牛)'를 말한다. 우(牛)가 의미부이고 삼
(參)이 소리부이다. 독음은 소(穌)와 함(含)의 반절이다.

008 : 四歲牛. 從牛從四, 四亦聲. , 籒文牭從貳. 息利切.

사(牭), '네 살짜리 소(四歲牛)'를 말한다. 우(牛)가 의미부이고 사(四)
도 의미부인데, 사(四)는 소리부도 겸한다. 사()는 사(牭)의 주문
체인데, 이(貳)로 구성되었다. 독음은 식(息)과 리(利)의 반절이다.

009 : 騬牛也. 從牛害聲. 古拜切.

개(犗), '거세한 소(騬牛)'를 말한다. 우(牛)가 의미부이고 해(害)가
소리부이다. 독음은 고(古)와 배(拜)의 반절이다.

010 : 白黑雜毛牛. 從牛尨聲. 莫江切.

방(牻), '흰색과 검은 색 털이 뒤섞인 소(白黑雜毛牛)'를 말한다. 우

거세하지 않은 수소를 말한다."라고 하였다.

(牛)가 의미부이고 방(尨)이 소리부이다. 독음은 막(莫)과 강(江)의
반절이다.

011 㹁: 牻牛也. 從牛京聲. 『春秋傳』曰: "牻㹁." 呂張切.

랑(㹁), '얼룩소(牻牛)'를 말한다. 우(牛)가 의미부이고 경(京)이 소리
부이다. 『춘추전』(『좌전』 민공 2년, B.C. 660)에 '방랑(牻㹁: 얼룩소)'
이라는 말이 있다. 독음은 려(呂)와 장(張)의 반절이다.

012 犡: 牛白脊也. 從牛厲聲. 洛帶切.

려(犡), '등이 흰 소(牛白脊)'를 말한다. 우(牛)가 의미부이고 려(厲)
가 소리부이다. 독음은 락(洛)과 대(帶)의 반절이다.

013 㺃: 黃牛虎文. 從牛余聲. 讀若塗. 同都切.

도(㺃), '호랑이 무늬를 가진 황소(黃牛虎文)'를 말한다. 우(牛)가 의
미부이고 여(余)가 소리부이다. 도(塗)와 같이 읽는다. 독음은 동
(同)과 도(都)의 반절이다.

014 犖: 駁牛也. 從牛, 勞省聲. 呂角切.

락(犖), '색이 뒤섞인 소(駁牛)[얼룩소]'를 말한다. 우(牛)가 의미부이
고, 로(勞)의 생략된 모습이 소리부이다. 독음은 려(呂)와 각(角)의
반절이다.

015 犡: 牛白脊也. 從牛㝷聲. 力輟切.

렬(犡), '등이 흰 소(牛白脊)'를 말한다. 우(牛)가 의미부이고 률(㝷)
이 소리부이다. 독음은 력(力)과 철(輟)의 반절이다.

016 㞙: 從牛平聲. 普耕切.

평(㞙), '반점이 별처럼 든 소(牛駁如星)'를 말한다. 우(牛)가 의미부이
고 평(平)이 소리부이다. 독음은 보(普)와 경(耕)의 반절이다.

017 犥: 牛黃白色. 從牛麃聲. 補嬌切.

포(犥), '누런색과 흰색이 뒤섞인 소(牛黃白色)'를 말한다. 우(牛)가 의
미부이고 포(麃)가 소리부이다. 독음은 보(補)와 교(嬌)의 반절이다.

018 犉: 黃牛黑脣也. 從牛章聲. 『詩』曰: "九十其犉." 如均切.

순(犉: 漢印), '몸통은 누르고 입은 검은 소(黃牛黑脣)'를 말한다. 우(牛)가 의미부이고 순(臺)이 소리부이다. 『시·소아무양(無羊)』에서 "커다란 소가 아흔 마리나 되네(九十其犉)"라고 노래했다. 독음은 여(如)와 균(均)의 반절이다.

019 㹁: 白牛也. 從牛隺聲. 五角切.

악(㹁), '흰 소(白牛)'를 말한다. 우(牛)가 의미부이고 각(隺)이 소리부이다. 독음은 오(五)와 각(角)의 반절이다.

020 犅: 牛長脊也. 從牛畺聲. 居良切.

강(犅), '등이 긴 소(牛長脊)'를 말한다. 우(牛)가 의미부이고 강(畺)이 소리부이다. 독음은 거(居)와 량(良)의 반절이다.

021 牫: 牛徐行也. 從牛犮聲. 讀若滔. 土刀切.

도(牫), '소가 천천히 가는 것(牛徐行)'을 말한다. 우(牛)가 의미부이고 도(犮)가 소리부이다. 도(滔)와 같이 읽는다. 독음은 토(土)와 도(刀)의 반절이다.

020 犨: 牛息聲. 從牛雔聲. 一曰牛名. 赤周切.

주(犨: 古璽), '소가 헐떡거리는 소리(牛息聲)'를 말한다. 우(牛)가 의미부이고 수(雔)가 소리부이다. 일설에는 소의 이름이라고도 한다. 독음은 적(赤)과 주(周)의 반절이다.

023 牟: 牛鳴也. 從牛, 象其聲气從口出. 莫浮切.

모(牟: 甲骨漢印), '소의 울음소리(牛鳴)'를 말한다. 우(牛)가 의미부인데, 기운이 입으로부터 나오는 모습을 형상했다. 독음은 막(莫)과 부(浮)의 반절이다.

024 牷: 畜牷也. 從牛産聲. 所簡切.

산(牷), '소를 키우다(畜牷)'라는 뜻이다. 우(牛)가 의미부이고 산(産)이 소리부이다. 독음은 소(所)와 간(簡)의 반절이다.

025 牲: 牛完全. 從牛生聲. 所庚切.

생(牲: 金文 簡帛 石刻), '[희생에 쓸] 온전한 소(牛完全)'를 말한다. 우(牛)가 의미부이고 생(生)이 소리부이다. 독음은 소(所)와 경(庚)의 반절이다.

026 牷: 牛純色. 從牛全聲. 疾緣切.

전(牷), '[뒤섞이지 않고] 순일한 색의 소(牛純色)'를 말한다. 우(牛)가 의미부이고 전(全)이 소리부이다. 독음은 질(疾)과 연(緣)의 반절이다.

위에서 언급된 소의 구체적인 종류에 대한 인지 분류는 성별, 성장연령, 털 색깔, 체격, 동작 및 소리 등의 특징을 포함하여 매우 구체적이다. 『설문』의 「우(牛)부수」에서는 또 이렇게 말했다.

· 物: 萬物也. 牛爲大物; 天地之數, 起於牽牛, 故從牛. 勿聲.

물(物: 甲骨 石刻), '만물(萬物)'을 말한다. 소는 [만물 중에서] 큰 짐승이고, 천지간의 모든 일은 소를 끄는데서 시작된다.4) 이 때문에 우(牛)를 의미부로 삼았다. 물(勿)은 소리부이다. 독음은 문(文)과 불(弗)의 반절이다.

한어 역사에서 합성어인 '물색(物色)'은 '대품(大件)'을 선택하고 '털 색깔(毛色)'을 기준으로 한다는 인지 특징을 담고 있다.

---

4) [역주] 장순휘(張舜徽, 1911~1992)의 『설문해자약주(說文解字約注)』의 해설을 따랐다. 그에 의하면, 수(數)는 일을 뜻하는 사(事)로 해석되어야 한다고 하면서, "사람에게는 먹는 것이 중요하고, 소는 경작으로 하는데 사용된다. 그래서 소를 끌어다 경작을 하는 것은 천지 만물만사의 근본이 된다."라고 했다. 그러나 『단주』에서는 이렇게 말했다. "대선생(戴先生, 즉 戴震)의 「원상(原象)」에서 주(周) 나라 사람들은 두수(斗宿)와 견우성(牽牛星)을 기수(紀首)로 삼았는데, 이를 이름하여 성기(星紀)라 했다. 그러나 주나라 이전으로 올라가면 일월(日月)의 운행이 두수와 견우성에서 시작되지 않는다. 내 생각에 허신이 물(物)자에 우(牛)가 들어간 까닭의 설명은 이러한 의미를 확장하려 했던 것으로 보인다."라고 하였다.

현대 인류의 대뇌에서는 아마 '소'—'대품'이라는 하나의 공허한 개념만 남아 있는 것 같다. 『설문』의 「우(牛)부수」에는 총 47자가 수록되었는데, 당나라 때 필사한 『전례만상명의(篆隷萬象名義)』의 「우(牛)부수」에서는 80자가 수록되었다. 당나라 때 추가로 수록된 『송본옥편(宋本玉篇)』의 「우(牛)부수」에서는 135자로 발전하였고, 송나라 때의 『유편(類篇)』에서는 151자로 발전하였다. 육축(六畜) 중 소는 오랜시간 동안 사람들의 생활에서 두드러진 위치를 차지하였는데, 다양한 이름의 제사(祭祀)를 포함하여, '제사에 쓰는 희생(犧牲)'에 대한 다양한 요구사항이 있었다. 원시적 사고를 연구하는 규칙은, 기본적인 개념을 제기할 때 대부분 구체적 객체와 관련되어 있다는 점을 인지하는 것인데, 현대 수의학 전문가조차도 이러한 인지 특징을 추출하기 어려울 정도이다. '구체적 개념'의 직접적인 인지 가치는 '이미지 식별'을 복원하기 위해 다양한 유형의 '매개체'를 제공할 수 있다는 것이다. 『설문』에서는 다른 동물 종류도 수록하였으며, 별반 다르지 않다. 아래에서는 「우(牛)부수」에서 대표적인 문자 구조를 선택하여 더욱 자세히 관찰해 보자.

1-10~12. 왼쪽으로부터 각각 해외 소장 청동기 「신우등(神牛燈)」, 해외 소장 청동기 우거(牛車) 조형물5), 「오우삼족저패기(五牛三足貯貝器)」

『설문해자』 인지분석

(1) '모(牡)'

'모(牡)'자의 구조는 일반적으로 '우(牛)'로 구성된 소위 '정체(正體)'이며, 그것은 동물의 한 '종(種)'을 상징한다. 그러나 그것이 가리키는 것은 하나의 '부류(類)'를 포함한다. 다시 말하면, 모든 동물의 수컷의 특징을 '모(牡)'라고 부르는데, 단순히 소의 한 '종'에만 국한되지 않는다는 말이다.

『설문·우(牛)부수』에서 이렇게 말했다. "모(牡)는 가축에서 수컷을 말한다(畜父也). 우(牛)가 의미부이고 토(土)가 소리부이다." 이는 본래의 의미, 의미의 범위, 외연과 내포를 설명하며, 상당히 과학적이다. 이것이 바로 허신(許慎)의 뛰어난 점이다. 단순히 다음의 은허복사에 나타난 '모(牡)'자의 이체자만 연결해 보아도 이를 쉽게 확인할 수 있다.6)

......7)

갑골문에서는 소(牛)에서 그 상징을 가져왔지만 양(羊), 돼지(豕), 사슴(鹿), 말(馬) 등에서도 가져왔다. 그리하여 실제로 '동물류(動物類)'를 지칭하며, 더 이상 '소'의 종류에만 국한되지 않았다. 나진옥(羅振玉)은 이를 바탕으로 이렇게 말했다. "갑골문의 모(牡)자는 로

---

5) 『논어(論語)』에는 대거(大車)와 소거(小車)의 구분이 존재한다, 구주(舊注)에서는 우차(牛車)를 대거(大車)로, 마차(馬車)를 소거(小車)라고 보았다.

6) 羅振玉(撰), 『殷墟書契考釋』原稿信箚, 100~101쪽(北京: 文物出版社, 2008).

7) 中國科學院考古研究所(編), 『甲骨文編』에 수록된 갑골각사(甲骨刻辭). 순서대로 『甲』 636, 『前』 1, 20, 5, 『甲』 248, 『粹』 396, 『乙』 1764, 『乙』 9037, 『前』 7, 17, 4편이다.

적어, 양(羊)으로 구성된 것도 있고, 견(犬)으로 구성된 것도 있으며, 록(鹿)으로 구성된 것도 있다. 모(牡)가 가축의 수컷이라면, 양(羊)이나 소(牛)나 개(犬) 등 어디에도 적용될 수 있다."8)

'모(牡)' 부류의 이미지는 다양하나, 모두 '토(⊥)'(=土)를 소리부로 사용했다. 서중서(徐中舒)는 이렇게 설명했다. "토(⊥)는 수컷 가축이나 짐승을 나타내기 위해 사용되며, 다양한 짐승의 형상 기호와 결합하여 수컷의 소, 양, 돼지, 말 등의 고유 이름으로 사용된다. 양수달(楊樹達)은 秦는 가(麚: 숫사슴), 1秉은 즐(騭: 숫말), 秦는 분(羒: 숫양)……등으로 각각의 고유 이름이 있으며, 구분이 명확하다. 이후 농업 사회에서 이러한 구분이 더 이상 필요하지 않게 되어 이들은 점차 사라진 문자가 되었으며, 우(牛)로 구성된 모(牡)를 수컷 가축의 일반 명칭으로 사용하게 되었다."9)

마서륜(馬敍倫)은 토(⊥)가 단순히 모(牡)의 초기 글자(初文)일 뿐이라고 생각하였으며, 그 이름을 얻게 된 원인에 대해 추론하였다. "내 생각에, 이의 초기 글자는 아마도 ♨로 적었을 것이라고 생각한다. 갑골문에 ♨, ╟ᆿ 등과 같은 문자가 있는데, 위취현(衛聚賢)은 이를 남녀의 두 생식기의 합성이라고 하였다. 이것은 조비(祖妣)의 합문(合文)일 것이다. ♨는 간략화 되어 ♣로 변하였으며, 토(⊥)의 발음은 모(牡)와 같다. 현재 모(牡)의 독음은 모(冒)와 가깝고, 그 독음은 유(幽)류에 속한다."10)

· 『說文·牛部』: "牡, 畜父也. 從牛土聲.

8) 『說文解字六書疏證』卷三, '牡'에서 재인용.
9) 『甲骨文字典』卷二, 71쪽.
10) 『說文解字六書疏證』卷三, 82쪽.

모(牡: 甲骨 金文), '가축의 수컷(畜父)'을 말한다. 우(牛)가 의미부이고 토(土)가 소리부이다.[11] 독음은 막(莫)과 후(厚)의 반절이다.

위에서 언급된 상황은 '모(牡)'자의 상징 인지에 두 가지 특징이 있다는 것을 보여준다. 첫째, 표현된 것은 소위 '통칭(通稱)', 즉 '부류개념(類槪念)'이다. 둘째, 종(種)에서 부류(類)로의 변화 과정이 있으며, 이 과정은 한자의 상징적 관점에서 볼 때 실상(實象)에서 허상(虛象)으로, 즉 구상적 상징에서 기호적 상징으로 변화했다는 것이다.[12]

(2) '빈(牝)'

'빈(牝)'자와 '모(牡)'자는 서로 대응하는 구조 관계를 형성하므로, '빈(牝)'자의 상징 구조도 마찬가지로 상당히 복잡한 상황을 보여준다. 은허복사에서도 다음과 같은 시리즈를 비교할 수 있다.

......[13]

---

11) [역주] 『단주』에서 "혹자는 토(土)는 사(士)가 되어야 옳다고 하는데, 사(士)는 남성(夫)을 뜻한다. 독음도 각각 지(之)운과 우(尤)에 속해 매우 가깝다."라고 했다.

12) 출토된 전국시대 초나라 죽간문자의 예를 보면, 『곽점초묘죽간(郭店楚墓竹簡)』에서의 '자웅(雄雌)'에 관한 글자는 모두 '조류(鳥類)'에서 가져왔다. 예를 들어, 『어총(語叢)』(4) 제16번 죽간에서 '거웅(巨䧂)(즉 巨雄)'은 조(鳥)로 구성되었으며, 제26호 죽간의 "삼웅일웅(三䧂一䧂)"도 각각 조(鳥)로 구성되었다.

13) 『甲骨文字典』卷2, 80쪽에 수록되었다, 차례로 『甲』280, 『乙』219, 『合』278 反, 『佚』99, 『人』2999, 『乙』1943 등이다.

그 중에서 '빈(牝)'은 암컷 가축이나 짐승을 나타내는 글자의 핵심 요소인데, 『설문·우부(牛部)』에서 이렇게 말했다. "빈(牝: 牝(甲骨 簡帛)은 암컷 가축을 말한다(畜母也). 우(牛)가 의미부이고 비(匕)가 소리부이다. 『역(易)』에는 '암소를 기르면 길하다'라고 했다." 단옥재(段玉裁)의 주석에서는 "리괘(離卦)에 나오는 말이다. 빈(牝)은 모든 가축의 암컷을 부르는 이름인데, 암소가 가장 중요하므로, 이 글자가 우(牛)로 구성되었다."라고 하였다.14)

갑골문의 '모(牡)'자는 각기 돼지(豕), 개(犬), 호랑이(虎), 소(牛), 양(羊), 사슴(鹿)에서 각각 상징을 가져왔으며, 같은 문자지만 다른 구조와 형태를 가지고 있다. 그것은 당연히 수컷 '동물류'를 가리킨다. 『이아』에서는 암컷 짐승의 고유 이름으로 '우(麀: 암사슴), 파(豝: 암퇘지), 장(牂: 암양), 사(騇: 암말) 등이 있음을 알 수 있다. 따라서 '비(牝)'자의 상징과 분류는 마찬가지로 고유 이름(種)에서 통칭(類)으로의 인지 과정을 거쳤다.

(3) '생(牲)'

『설문·우부(牛部)』에서는 이렇게 말했다. "생(牲: 牲金文簡帛 石刻)은 완전한 소를 말한다(牛完全). 우(牛)가 의미부이고 생(生)이 소리부이다." 단옥재의 주석에는 이렇게 풀이했다. "모든 축의 칭호로 확장되었다. 『주례·포인(庖人)』의 주석에는 '기르기 시작할 때는 축(畜)이라고 하고, 제사에 사용할 때는 생(牲)이라고 한다.'라고 하

---

14) 『說文解字注』 2篇上, 「牛部」.

『설문해자』 인지분석

였다."[15)]

‘희생(犧牲)’의 ‘생(牲)’도 고대에는 당연히 ‘소’의 종류에만 국한되지 않았다. 따라서 ‘생(牲)’은 ‘소’의 상징을 가져왔지만, 실제로는 ‘부류(類)’를 가져온 것이다. 갑골문에는 ![牪]으로 적어 ‘양(羊)’에서 상징을 가져온 글자도 있다. 서중서(徐中舒)는 "갑골문에서 우(牛)로 구성된 것과 양(羊)으로 구성된 글자 간에는 차이가 없다."라고 했다.[16)]

소위 상징이 다르더라도 가리키는 것이 ‘구별이 없다’는 것은, 가져온 것이 ‘가축류(牲畜類)’의 속성을 반영했다는 것이다.

1-13. 해외소장
청동기—자모희준(子
母犧尊)

1-14. 해외소장
청동기—우준(牛尊)

(4) ‘뢰(牢)’

· ![㝆] : 閑, 養牛馬圈也. 從牛, 冬省. 取其四周帀也. 魯刀切.

---

15) 『說文解字注』 2篇上, 「牛部」.
16) 『甲骨文字典』 卷二에 수록된 『天』 52편.

뢰(牢: 甲骨, 金文 簡帛), '난간으로 만든 우리(閑)'[17]를 말하는데, 소나 말을 키우는 곳을 말한다. 우(牛)와 동(冬)의 생략된 모습이 의미부이다. 사방이 둘러싸인 모습을 그렸다. 독음은 로(魯)와 도(刀)의 반절이다.

'뢰(牢)'자의 의미 지향은 갑골문 단계에서 다음과 같이 표현되었다.

· · ……

서중서(徐中舒)는 이 형태를 우리 안에서 가축을 기르는 상징으로 해석하였다. 고대에는 소와 말, 양 무리를 산과 들에서 방목하였으며, 평소에는 집으로 몰아오지 않았다. 필요할 때만 거주지 근처에 나무 기둥을 세우고, 그 주위에 줄을 감아 소와 양을 줄 우리 안에 몰아넣어 기르곤 했다. 신 중국 성립 전 중국의 사천(四川)의 아바(阿壩) 지역의 대금현(大金縣)에서는 나무 기둥을 세우고 줄을 감아 형성한 우리로 소와 양을 기르곤 했는데, 이것은 갑골문의 자형과 완전히 일치한다. 복사에서 (牢)(筆)자는 각각 특정한 의미를 가지고 있었다. '뢰(牢)'는 특별히 기르고 제물로 사용되는 소를 의미하며, '뢰(筆)'자는 특별히 기르고 제물로 사용되는 양을 의미했다. 예전의 설명에 따르면 '뢰(牢)'는 소, 양, 돼지를 포함하는 대뢰(大牢)를 의미하며, '뢰(筆)'는 양과 돼지를 포함하는 소뢰(小牢)를 의미한다고 하였으나, 이것은 은나라 때의 실제 정황과 일치하지 않는다.[18]

복사의 실제 사용 예를 보면, '뢰(牢)'나 '뢰(筆)'가 가리키는 것은

---

17) [역주] 『설문』에서 한(閑)을 "난(闌), 즉 가로막다는 뜻이다."라고 했다.
18) 『甲骨文字典』 卷二, 82~83쪽, 수록된 자형은 순서대로 『乙』 9091, 『甲』 569, 『寧』 1, 5227편이다.

제사를 위한 소와 양이이지 '대뢰'와 '소뢰'의 구분과는 관계가 없다.

- ·貞翌辛未其侑于血室三大**牢**九月.(물어봅니다. 다가오는 신미일에 '유'제사를 '혈실'에서 지내는데 희생용 큰 양 3마리를 쓸까요? 9월이었다.)
- ·大甲**牢**重大牢.(태갑에서 '**牢**'제사를 드리는데 희생용 소를 쓸까요?)
- ·貞今日飮小**牢**于父乙(물어봅니다. 오늘 '음'제사를 올리는데 '부을'께 희생용 양을 쓸까요?)
- ·叀小牢.(작은 희생을 쓸까요?)19)

『설문』에 의하면, "뢰(牢: ▨(甲骨 ▨, ▨ 金文 ▨ 簡帛)는 한(閑)을 말하는데, 소나 말을 키우는 우리를 말한다(養牛馬圈也). 우(牛)와 동(冬)의 생략된 모습이 의미부이다. 사방을 에워싼 모습을 그렸다(取其四周币也)." '한(閑)'은 '방한(防閑: 막아놓은 울)'의 '한(閑)'과 같다. 『송본옥편·우(牛)부수』에서 "우(牢)는 래(來)와 도(刀)의 반절로 읽힌다. 갖추어진 희생을 말한다(牲備也). 창고를 말한다(廩倉也). 또 단단하다는 뜻이다(堅也)."라고 했다. 『집운·호(豪)부』에서는 "뢰(牢, 窂, 奧)는 랑(郎)과 도(刀)의 반절로 읽히는데, 『설문』에서는 '소나 말을 가두어 키우는 우리를 말한다'고 했다. 우(牛)가 의미부이고 주(舟)의 생략된 모습도 의미부인데, 사방이(둘러싸였다)라는 의미를 가져왔다. 또 성(姓)을 말한다. 혹체에서는 혈(穴)로 구성되기도 하고, 고문체에서는 뢰(奧)로 적었다." 이에 이르러 '부류채택' 인지가 대체로 완성되었다. '뢰(牢)'자의 상징은 특정한 것에서 일반적인 것으로 변화하였으며, 이것은 매우 명확하게 은허복사 시대의 한자의 기호화된 정도를 반영하였다. 상징이 '부류채택' 방향으로 변화하는 과정은 한자의 기

---

19) 『甲骨文字典』卷二., 82~83쪽, 차례로 『鐵』 176, 4, 『粹』 192, 『續』 2, 21, 5, 『甲』 389편이다.

호화 진화 역사를 전달해 주고 있다.

(5) '목(牧)'

『설문·우(牛)부수』에서 이렇게 말했다. "목(牧: , 甲骨 金文 簡帛 漢印 石刻)은 소를 기르는 사람을 말한다. 복(攴)과 우(牛)가 의미부이다. 『시·소아·무양(無羊)』에서 '목인(牧人)이 꿈을 꾸었다(牧人乃夢)'라고 하였다." 갑골문과 금문에서는 · 등과 같이 다양한 형태로 표현되었으며, 양에서 상징을 가져오기도 하고, 소에서 상징을 가져오기도 했다. 이로써 알 수 있는 것은 목장에서 기르는 대상도 하나의 '부류(類)'였음을 알 수 있다. 서중서(徐中舒)는 "갑골문에서 양에서 상징을 가져오기도 하고, 세 마리의 양에서 상징을 가져오기도 하며, · 등이 부분적으로 추가되기도 한다. 그러나 모두 같은 의미를 가진다."라고 했다.[20]

『설문』에서 "목(牧)은 소를 기르는 사람이다"라고 한 설명은 그 자체로 모순적이다. 목장에서 기르는 대상을 '소'의 종류에만 국한하였기 때문이다. 이것은 한나라 때의 해당 문자 구조의 분석과 해당 글자가 '부류채택' 인지 모델을 완전히 구현하지 못했다는 것을 반영하며, 이것은 『설문』의 가장 큰 한계로 볼 수 있다.

위에서 언급한 『설문·우(牛)부수』(그리고 관련된 부류들)에서 가져온 여러 예시들은 동물의 성질, 기능, 위치 등을 각각 지칭한다. 갑골

---

20) 『甲骨文字典』 卷三, 337쪽, 차례로 『乙』 2626, 『乙』 1277편이다.

문 단계의 연결을 통해 볼 때, 이 문자 그룹의 상징화 과정은 실제로 종(種)에서 속(屬)으로, 즉 '부류채택' 인지의 발전 과정이라고 볼 수 있다.

제5절 「방(匚)부수」의 범주선택

'체용불이(體用不二: 본질과 쓰임은 둘이 아니다)'와 '체용상대(體用相待: 본질과 쓰임은 의존적이다)'는 원래 중국 고대인들이 오래 전부터 가지고 있던 인지 개념이다. 그러나 '체용 관계(體用關系)'에 대한 사고는 문헌 기록에서는 상대적으로 늦게 나타났으며, 어떤 사람들은 이 영향력 있는 철학적 개념의 발생이 순전히 소위 '서학동점(西學東漸)'의 결과라고 생각하기도 한다.

'용(用)'이라는 철학적 개념은 사물 본질의 외부적 표현을 가리키는데, 이는 '체(體)'와 상대적이다. 남조(南朝) 때의 범진(范縝)은 「신멸론(神滅論)」에서 "형체(形)는 정신(神)의 바탕(質)이며, 정신(神)은 형체(形)의 쓰임(用)이다.(形者神之質, 神者形之用.)"라고 설명하였다. 송나라 때의 왕응린(王應麟)은 『곤학기문(困學紀聞)』 권1에서 '체용(體用)'의 이치를 직접 밝혀냈으며, 그것은 석가(釋家)의 불경(佛典)에서 왔다고 한다. "섭소온(葉少蘊)은 『역(易)』에서 볼 수 있는 모든 행위(有爲)를 모두 '용(用)'이라고 말했는데, '용(用)'이란 무엇인가? 그것은 바로 '체(體)'이다…… 조경우(晁景遇)는 '체(體)'와 '용(用)'은 불교(釋氏)에서 기원했다고 한다." '체용사리(體用事理)'의 분별은 원래 불경(佛典)에서 나왔으며, "지금의 학자들은 불교(釋氏)에 빠져 있지만 그것을 모르고 있다."라고 주장하였다.

'체(體)'는 철학적 개념으로서 '용(用)'에 대비되며, 그 내포는 사물의 본체를 가리킨다. 『한서·가의전(賈誼傳)』에서는 "편안하고 다스려지는 자는 바보가 아니면 아부하는 자들로, 모두 사실은 치란(治亂)의 본체(體)를 아는 자가 아니다.(曰安且治者, 非愚則諛, 皆非事實知治亂之體者也.)"라고 했다. 『논어·학이(學而)』에서는 "예(禮)의 쓰임(用)은 조화로움이 귀중하다.(禮之用, 和爲貴.)"라고 하였는데, 주희(朱熹)의 주석에서는 "예(禮)가 본체(體)가 되는 것은 엄격하긴 하지만, 모두 자연의 이치에서 나온다. 그러므로 그 쓰임(用)은 반드시 여유롭고 강요받지 않아야 귀중한 법이다.(蓋禮之爲體雖嚴, 而皆出於自然之理, 故其爲用, 必從容不迫, 乃爲可貴.)"라고 설명하였다. 왕부지(王夫之)의 『주역외전(周易外傳)·대유(大有)』에서는 "나는 그 쓰임(用)을 통해 그 본체(體)의 존재를 안다.(吾從其用而知其體之有.)"라고 주장하였다.

『관추편(管錐編)』에서는 『주역정의(周易正義)』를 검토하면서 '체용(體用)'이라는 두 단어를 여러 번 언급했다. 예를 들어, 「건(乾)」에서는 '원형이정(元亨利貞)'이라고 했는데, 『정의(正義)』에서는 "천(天)은 정해진 본체(體)의 이름이며, 건(乾)은 체용(體用)의 칭호이다.(天者, 定體之名; 乾者, 體用之稱)"라고 설명했다. 『계사(繫辭)』(상)에서는 "무릇 『역』이란 무엇을 위한 것인가?(夫易何爲者耶)"라는 질문에, 『정의』에서는 "역(易)의 공용(功用), 그 본체(體)는 무엇인가", "부자께서는 여전히 역(易)의 체용(體用)의 상태를 말씀하신다", "역(易)의 체용(體用)은 이와 같다."라고 했다. 이를 요약하면, "체(體)와 용(用)은 서로 대비되는 진체이며, 사변(思辨)에 필요한 개념이다. 불교경전(釋典)이 먼저 차지했다고 해서 이를 꺼려 말하지 않을 이유가 없다. 우리의 부족함을 해결했는데, 군이 토산(土産)을 따지는 것이 왜 필요하겠는가?(夫體用相待之諦, 思辨所需; 釋典先拈, 無庸諱說, 旣濟吾乏, 何必土産?)"라고 볼 수 있다.[1] 전종서는 직접 이렇게 말했다, "시인은 물체를 체감하며,

항상 먼저 느낀다. 여기서 제시하는 주장은 한자의 구조는 인지의 매개체로 적합하다는 것이다.(詩人體物, 每爲先覺. 這裏提出: 漢字結構, 堪爲認知之媒.)"2)

중국 문자의 이미지 표현과 구조를 분석해 보면, '체용(體用)이 서로 대비된다'는 원칙이 중국에서 매우 오래 전부터 존재했다고 단순화시켜 주장할 수는 없다. 그러나 『설문·방(匚)부수』와 관련된 글자들을 검토해 보면, 중국 문자의 이미지 표현과 구조가 '체용(體用) 관계'의 원리를 오래 전부터 포함하고 있었음을 발견할 수 있다. 이는 순전히 서양 학문이 동양으로 전승된 결과가 아니라, 사물의 본질적인 성질이나 원리에 기초한 것으로 보인다.

---

1) 『管錐編』 卷一, 8쪽.
2) 첨부된 내용은 한자의 발전사, 필적학, 서예의 대가 주보화(朱葆華, 호는 옥당(玉堂)이다)가 쓴 당(唐)·송(宋) 시대의 불교 이론 시이다. 옛사람들은 천지를 거꾸로 여행하는 것으로, 광음(光陰)을 일시적인 손님으로 여겼다. 또는 자신의 몸을 뒤집어서 천지의 거꾸로 여행하는 것으로, 백세(百歲)의 몸을 우주로 여기고, 광음(光陰)을 일시적인 손님으로 여길 수도 있다.

『설문해자』 인지분석

『설문·방(匚)부수』에 따르면, "방(匚: 〔갑골〕〔금문〕甲骨〔金文〕金文), 물건을 담는 그릇이다(受物之器). 상형이다. 방(匚)으로 구성된 글자는 모두 방(匚)이 의미부이다. 방(方)과 같이 읽는다."라고 했다. 이 방(匚)의 형태는 고대의 사각형 용기의 하나를 나타낸다. 갑골문에서는 이를 〔갑골〕으로, 금문에서는 〔금문〕으로 적었다. 『설문·방(匚)부수』에서 수록된 주문(籀文)도 모두 이와 연관되어 있다. '방(匚)'에서 파생된 글자는 대체로 '방(匚)'이라는 용기, 즉 물건을 '담는' 기능을 나타낸다. 아래에는 이러한 문자의 몇 가지 예를 들어 간략하게 살펴보겠다.

(1) '이(匜)'

『설문·방(匚)부수』에 따르면, "이(匜: 〔여러 금문 자형들〕金文〔간백〕(簡帛), 국자와 비슷하며, 손잡이 중앙에 통로가 있어 물을 부을 수 있다(似羹魁, 柄中有道, 可以注水.). 방(匚)이 의미부이고 야(也)가 소리부이다."라고 했다. 단옥재(段玉裁)의 주석에는 "「두(斗)부수」에 따르면 '괴(魁)'는 술을 푸는 국자의 한 종류이다. 두(枓)는 국자를 의미한다. 이(匜)의 형태는 국자와 비슷하며, 물건을 퍼낼 수 있는 도구로 사용된다.(魁, 羹枓也. 枓, 勺也. 匜之狀似羹勺, 亦所以把取也.)"

구조적인 인지 분석을 통해, 이 글자는 그 형태와 기능, 즉 '체(體)'와 '용(用)'을 동시에 나타내는 것을 볼 수 있다. 금문(金文)에서의 이(匜)는 〔금문 자형들〕로 표현되었는데, 전자는 그릇의 형태를, 후자는 주전자의 형태를 나타냈다. 두 형태 모두 이(匜)가 그릇으로서의 기능을 가지고 있음을 나타낸다. 금문에서의 이(匜)는 또한 로 표현되기도
하는데, 이는 금속으로 만들어진 것을 나타낸다. 금문에서는 또 '금
(金)'과 '명(皿)'으로 구성된 ▨로 표현되기도 한다. '금(金)'은 그릇의
재료를, '명(皿)'은 그 기능을
나타낸다. 두 요소가 하나의
형태와 이미지에 통합되어
있어, '체와 용이 구분되지
않는다'는 원리를 직관적으로
보여주고 있다.

1-15. 해외 소장 청동기—이(匜)

(2) '고(匫)'

『설문·방(匚)부수』의 '보(簠)'에 대해 금문(金文)은 ▨ ▨ ▨ ▨
▨ ▨ ▨ ▨ ▨ ▨ ▨ ▨ ▨ ▨ ▨ ▨ ▨ ▨
▨ 등로 표현되는데, 용경(容庚)의 해석에 따르면 "방(匚)이 의미부이
고 고(古)가 소리부로, 『설문』에는 수록되지 않은 긴 사각형의 벼 저
장 기구를 의미한다."라고 한다. 금문에서는 또한 명(皿)으로 구성된
▨로 표현되기도 하는데, 이 자형은 그릇이 '청동(金)'이라는 재료로
만들어진 것을 나타내며, 동시에 '그릇'으로서의 기능을 나타낸다. 실
제로 '고(匫)'는 저장용기로 사용되었으며, 그 정확한 형태나 재료는
후대에 전해지지 않았다. 후대의 사전, 예를 들면 송나라 때의『옥편
(玉篇)』이나『집운(集韻)』에서는 더 이상 이 글자를 찾을 수가 없다.
그러나 금문에서는 '금(金)'으로 구성된 다른 형태인 ▨로도 표현되

는데, 이는 '고(盬)'가 금속으로 만들어졌다는 것을 나타낸다. 그러나 금속만이 재료로 사용된 것은 아니며, 대나무나 나무도 재료로 사용되었을 수 있다. 다만 금속은 오랜 시간 동안 보존될 수 있지만, 대나무나 나무는 오랜 시간 동안 보존되기 어렵다. 따라서 대나무나 나무로 만들어진 원래의 형태를 알 수 없으며, 후대 사람들이 그 형태를 상상할 수 있는 유일한 방법은 문자의 형태와 이미지를 통한 것이다.

금문(金文)에서는 또한 로 표현되기도 한다. 이 형태는 방(匚)과 금(金)으로 구성되었으며, '금(金)'은 그 재료나 본질을 나타내는 '체(體)'의 역할을 하며, '방(匚)'은 그 기능이나 용도를 나타내는 '용(用)'의 역할을 한다. 이 두 요소가 하나의 형태 안에서 동시에 표현되어 있어, '체와 용이 서로 의존'하며 존재한다는 것을 직관적으로 보여준다.

(3) '보(匤)'

『설문·죽(竹)부수』에서 '보(簠)'자 다음에 '보(匤)'를 '보(簠)'의 고문(古文)체로 기술하였다. '보(匤)'는 방(匚)에서 그 형상을 취하였으며, 그 기능을 전달한다. 반면 '보(簠)'는 죽(竹)과 명(皿)으로 구성되어, 그것의 본체를 나타내는 동시에 그 기능도 보여준다. 「죽(竹)부수」에 따르면, "보(簠: 金文簡帛), 기장을 담는 원형의 그릇을 말한다 (黍稷圓器也). 죽(竹)이 의미부이고 명(皿)도 의미부이며, 보(甫)가 소리부이다. 독음은 방(方)과 구(矩)의 반절이다. 보(匤)는 보(簠)의 고문체인데, 방(匚)이 의미부이고 부(夫)도 의미부이다." 『집운·우(噳)부』에 따르면, "보(簠, 蘆, 匤)는 비(匪)와 부(父)의 반절로 읽힌다. 『설문』에서 '기장(黍稷)'을 담는 원형의 그릇이다'고 했다. 고문체에서는 보(蘆)

나 보(医)로 쓰였다." 이제 그
릇의 형태를 통해 그 기능을
명시적으로 보여줄 필요가 없
게 되었다.

(4) '배(匼)'

'배(匼)'는 원본 『설문·목(木)   1-16. 서주(西周) 후기의 「백보보(伯父簠)」
부수』에서는 수록된 주문(籀

文)체이다. 『설문』에서 "배(桮:  唐寫本), 작은 잔을 의미한다(䰠
也). 목(木)이 의미부이고 부(否)가 소리부이다. 포(布)와 회(回)의 반절
로 읽힌다. 는 배(桮)의 주문체이다."라고 했다. 단옥재는 『주』에서
"일반적으로 배(杯)로 쓴다."라고 설명하였다. 방(匚)으로 구성된 글자
는 술잔의 기능을 가지고 있다.

『옥편·방(匚)부수』에서는 "배(匼)는 배(桮)의 고문체이다."라고 했다.
『집운·회(灰)운』에 따르면, "배(桮, 鎬, 杯, 盃, 鉢, 匼, 匿)는 포(晡)와
매(枚)의 반절로 읽힌다. 『설문』에서는 작은 술잔을 의미한다고 했다.
현재는 음료용기를 의미한다. 혹체에서는 배(鎬), 배(杯), 배(盃), 배
(鉢), 배(匼), 배(匿)로 쓰기도 한다." 이들 중 '배(杯)'와 '배(桮)'는 모두
목(木)으로 구성되어 그 재료와 형태를 나타낸다.

(5) '변(匾)'

『옥편·방(匚)부수』에서는 '변(匾)'이 '변(笰)'으로도 쓰인다고 하였다.

『집운·선(線)부』에 따르면, "변(匾, 笲)은 피(皮)와 변(變)의 반절로 읽힌다. 『박아(博雅)』에 따르면 이는 '상자(笥)'를 의미하며, 혹체에서는 '죽(竹)'으로 구성되었고 했다. '죽(竹)'으로 구성되었다는 것은 그 재료의 특성을 나타내는 것으로 볼 수 있다. 반면 '변(匾)'은 '방(匚)'으로 구성되어, 그 기능적인 측면을 강조하고 있다.

(6) '공(⿷匚贛)'

『설문·방(匚)부수』에서 "공(⿷匚贛), 작은 잔을 말한다(小桮也). 방(匚)이 의미부이고 공(贛)이 소리부이다다. 또한 공(⿰木贛)은 공(⿷匚贛)의 혹체인데, 목(木)으로 구성되었다."라고 했다. 『집운·감(感)부』에 따르면, "공(⿷匚贛, ⿱竹贛)은 고(古)와 담(禫)의 반절로 읽히며, 상자 류를 말한다(箱類). 혹체에서는 공(⿱竹贛)으로 쓴다." 『설문』 혹체에서 목(木)으로 구성되었다는 것은 그것의 재료가 무엇인지를 알려주고 있다.

(7) '기(⿷匚其)'

『송본옥편·방(匚)부수』에서 "기(⿷匚其)는 기(箕)의 주문(籀文)체이다."라고 했다. 『집운·지(之)부』에 의하면, "기(箕,𠙶, 笄, ⿱㠯丌, ⿱亼⿴凵乂, 𠀠, ⿷匚𠀠, 䇶, ⿱罒其)는 거(居)와 지(之)의 반절로 읽힌다. 『설문』에 따르면, [곡식을 까부는데 쓰는] 키(簸)를 말한다고 했다. 또한 별 이름이기도 하며, 성(姓)으로도 쓰인다. 고문체에서는 기(𠙶)·기(笄)·기(⿱㠯丌)·기(⿱亼⿴凵乂)로 쓰였으며, 주문체에서는 기(𠀠)·기(⿷匚𠀠)로 쓰였다. 혹체에서는 기(䇶)·기(⿱罒其)로도 쓰였다." 죽(竹)에서 이미지를 취하였다는 것은 그 재질에 주목하였다는 인지를 보여준다.

(8) '궤(𥫱)'

'궤(𥫱)'자는 『설문·죽(竹)부수』의 '궤(簋)'자 아래에 기록된 고문(古文)체이며, 『설문』에서는 혹체의 또 다른 형태로 '구(柩)'로 표기하기도 했다. 죽(竹)으로 구성되거나 목(木)으로 구성된 것은 그 체질을 나타내기 위함이며, 방(匚)이나 명(皿)에서 형상을 취한 것은 그 기능을 표시하기 위함이다.

(9) '변(匾)'

『옥편·방(匚)부수』에서는 이 글자에 대해 "보(補)와 간(堅)의 반절로 읽힌다. 대나무로 만든 두(竹豆)를 말한다. 달리 변(邊)으로도 적기도 한다. 변(匾)은 주문체이다." 『예변(隸辨)·선(仙)운』에서는 『설문』을 인용하여 "변(匾)은 변(邊)의 주문체이다"라고 하였다. '죽두(竹豆)'는 그것이 대나무로 만들었다는 것을 대변해 준다. 『집운·선(仙)부』에서는 "변(邊, 匾匾)은 비(卑)와 안(眠)의 반절로 읽힌다. 『설문』에서는 '죽두(竹豆: 대로 만든 두)'를 말한다고 했다. 혹체에서는 방(匚)으로 구성되었고, 주문체에서는 변(匾)으로 적는다." 대서(大徐)본 『설문』에서는 이 글자가 빠졌다.

(10) '독(匵)'

『설문·방(匚)부』에서는 "독(匵)은 '함(匱)'을 말한다. 방(匚)이 의미부이고 매(賣)가 소리부이다."라고 하였으며 또 "궤(匱)는 상자(匣)를 말한다."라고 했다. 왕균(王筠)의 『설문구두』에 따르면 "이 글자는 「목

(木)부수」에 수록된 독(櫝)과 같다"라
고 했다. 『집운·옥(屋)부』에서는 "독
(匵), 도(徒)와 곡(谷)의 반절로 읽힌다.
『설문』에서는 함(匵)을 말한다고 했
다. 통용자에서는 독(櫝)으로 쓴다."라
고 했다. 목(木)에서 형상을 취한 것
은 그것의 재질에 주목한 것이다.

(11) '구(匛)

『설문·방(匚)부』에서는 "구(匛)는 관(棺)을 말한다. 방(匚)이 의미부
이고 구(久)가 소리부이다."라고 설명한다. 그러나 이 글자 아래에는
이체자로 '구(柩)'를 수록하였는데, "구(匛)의 혹체로, 목(木)으로 구성
되었다."라고 했다. 단옥재(段玉裁)의 주석에 따르면 "아마도 은나라
사람들이 목재를 사용한 이후로 이 글자가 생겼을 것이다."라고 했
다.3) 이것은 구(匛) 형태의 기초 위에 '목(木)'의 형태를 추가하는 관
계임을 나타낸다. 『집운·유(宥)부』에서는 "구(柩, 匛, 匶, 𣟪)는 거(巨)
와 구(救)의 반절로 읽힌다. 『설문』에서는 관(棺)을 말한다고 했다. 혹
체에서는 구(匛)로 쓰며, 주문체에서는 구(舊)와 궤(𣟪)로 쓴다."라고
설명한다.

　나머지 글자들은 더 이상 나열하지 않아도 될 것이다.

---

3) 『說文解字注』 12篇下, 「匚部」.

제2장 논리

『설문해자』의 분해
인지방식

제2장 논리: 『설문해자』의 분해 인지방식

제1절 해설문의 체계

　『설문』이라는 책의 편집 체계에 대해, 이전의 많은 학자들이 이미 적잖은 규칙을 발표하고 여러 원칙을 정리하였는데, 청(淸)나라 때의 단옥재(段玉裁)는 이렇게 종합하였다. "이는 이전에 존재하지 않았던 책으로, 허군(許君: 허신)만의 독창적인 접근이다. 그것은 그물에서의 벼리(綱)처럼, 혹은 가죽옷에서 목 부분의 끈처럼, 근원을 추적하여 흐름을 포함시키고, 핵심을 잡아서 세부적으로 설명했다. 이는 『사주편(史籀篇)』, 『창힐편(倉頡篇)』, 『범장편(凡將篇)』과 같은 무질서하고 뒤죽박죽인 체계와는 비교할 수 없다."[1]

　이들은 "수록한 모든 글자들을 부류에 따라 분류하였고 이를 부수(部首) 별로 나누어 배열하여 서로 뒤섞이지 않도록 하였다(分別部居, 不相雜厠.)"라는 전체 『설문』의 편집 체계를 요약한 것이다. 허신(許愼)은 총 10,516자(중문 1,163자 포함)를 글자 형태에 따라 540개의 부류로 나누었다. 각 부류마다 하나의 부수(部首)를 설정하였으며, 이렇게 함으로써 총 540개의 부수로 10,516개의 글자를 통괄하였다.

---

1) 『說文解字 · 敍』注: "此前古未有之書, 許君之所獨創, 若網之在綱, 如裘之挈領, 討源以納流, 執要以說詳, 與『史籀篇』『倉頡篇』『凡將篇』亂雜無章之體例不可以道里計."

근대 학자 황계강(黃季剛)2)은 『설문약설(說文略說)』에서 이를 더욱 구체적으로 설명하였다.

> 허신의 책에서 글자를 배열하는 순서는 대체로 먼저 이름을 기준으로 하였으며 그런 다음 그와 관련된 사물이나 행위를 기준으로 했다. 예를 들어, 「옥(玉)부수」의 경우, '료(璙)'자부터는 모두 옥의 이름을 나타낸다. '벽(璧)'자부터는 모두 옥으로 만든 도구나 기구를 나타낸다. '차(瑳)'자부터는 모두 옥과 관련된 행위나 사건을 나타낸다. '우(瑀)'자부터는 옥과 관련하여 붙여진 것들을 나타낸다. 그리고 '영(靈)'자로 마무리하는데, 이는 옥을 사용하는 사람을 나타낸다. 그 안에서는 또 독음에 따라 순서를 배열하기도 했다. 예컨대, 「시(示)부수」에서는 진(禛), 정(禎), 지(祇), 제(禔) 등은 독음이 유사하며, 지(祉), 복(福), 우(佑), 기(祺)도 독음이 유사하다. 또 제(祭), 사(祀), 시(祡)도 독음이 유사하며, 축(祝)과 류(禰)도 독음이 유사하다. 그런가 하면 의미의 유사성에 따라 배열하기도 했다. 예컨대, 기(祈)와 도(禱)는 둘 다 '구하다'는 의미로, 의미가 가장 유사한 것들이다. 화(禍)는 '해치다'는 의미이며, 수(祟)도 '화(禍: 재앙)'의 의미로, 그들의 의미가 연결되어 가장 유사하다. 대체로 글자를 배열하는 방법은 이 세 가지 방식을 벗어나지 않는다.3)

---

2) [역주] 황계강(黃季剛, 1873-1935)은 중국 근대의 저명한 국학자로, 문헌학과 문학 연구 분야에서 주목할 만한 업적을 남겼다. 그의 『설문주음보의(說文注音補義)』는 고대 한자의 음운 체계 복원에 중요한 기여를 했으며, 고전 텍스트를 현대어로 번역할 때 단순히 글자 그대로의 의미를 옮기는 것이 아니라, 원문의 정신과 본질을 정확히 파악하여 전달할 것을 강조한 '신역(神譯)' 이론을 통해 고전 텍스트 해석의 새로운 방법론을 제시했다. 또한 『주역천술(周易淺述)』을 통해 경학 연구에도 중요한 성과를 남겼다. 황계강의 학술적 업적은 한자학, 문학비평, 경학 연구 등 다양한 분야에 걸쳐 있으며, 그의 교육자로서의 활동은 중국 전통 문화의 계승과 발전에 상당한 영향을 미쳤다.

3) "許書列字之次第, 大抵先名後事, 如玉部自璙以下, 皆玉名也; 自璧以下, 皆玉器也; 自瑳以下, 皆玉事也; 自瑀以下, 皆附於玉者也; 殿之以靈, 用玉者也. 其中又或以聲音爲次, 如示部, 禛, 禎, 祇, 禔相近, 祉, 福, 佑, 祺相近, 祭, 祀, 祡相近, 祝, 禰相近. 又或以義同異爲次, 如祈, 禱同訓求, 則最相近; 禍訓害, 祟訓禍, 訓相聯則最相

『설문해자』인지분석

이는 각 부수 내에서 글자의 배열순서가 또한 의미적 연관성에 기반했다는 것을 나타낸다.

각 부수들은 '거형계련(據形系聯: 형체에 따라 서로 연계시킴)'의 원칙에 따라 체계적으로 배열되어 있다. 황간(黃侃)의 『설문략설(說文略說)』에서는 또 다음과 같이 설명하였다. "허신의 책에서 각 부수를 배열하는 순서는 그의 「자서(自序)」에 따르면, '거형계련(據形系聯)'의 원칙을 따른다. 서개(徐鍇)는 이 원칙에 따라 각 부수의 순서를 정하였고, 대체로 형태가 유사한 글자를 기준으로 순서를 배열하였다. 예를 들면 일(一), 상(丄=上), 시(示), 삼(三), 임(王), 옥(玉), 각(珏)이 연속적으로 배열되는 것이다. 그런가 하면 또한 의미를 기준으로 배열하기도 하였는데, 치(齒)와 아(牙)부수가 연속적으로 배열되는 것이 그 예이다."

물론 일부는 배열 방식이 약간 혼란스러운 경우도 있어, 그 안에서는 일정한 연관성을 찾기 어려울 수도 있다. 이는 소위 '서로 연결되는 글자가 없는(亦有無所蒙)' 경우로, 「구(冓)부수」 다음에 「요(厶)부수」가 오고, 「여(予)부수」 다음에 「방(放)부수」가 오는 것과 같은 것들이다. 이런 배열이 모두 의도를 가지고 있었다고 생각하면 그것은 오해라고 할 수 있다.[4]

『설문』의 편집 체계와 관련된 인지적 접근을 통해 볼 때, 『설문』은 글자 해석(釋文) 부분에서 매우 독특한 특징을 보여준다. 『설문』 전체를 통달하면, 그 해석이 스스로 체계를 이루고 있음을 볼 수 있을 것이다. 그리고 이러한 체계로부터 고유한 논리성이 드러나게 된다.

近. 大抵次字之法, 不外此三者矣."
4) 이 내용은 황작(黃焯)의 『문자성운훈고필기(文字聲韻訓詁筆記)』 86쪽에서 인용하였다(武漢大學出版社, 1986).

제2절 체훈(遞訓) 계열

· 전(踮), 취(蹴)라는 뜻이다.
· 축(蹴), 섭(躡)이라는 뜻이다.
· 섭(躡), 도(蹈)이라는 뜻이다.
· 도(蹈), 천(踐)이라는 뜻이다.
· 천(踐), 리(履)이라는 뜻이다.
· 리(履), 발에 신는 신을 말한다(足所依也).

　앞서 제시한 예를 따르면, 몇몇 문자들은 돌려가면서 서로 뜻풀이를 하였으며(相訓), 서로 계층적으로 연결된다. 관례적으로『설문』에서 이런 해석 방식을 '체훈(遞訓)'이라고 줄여 부른다. 이 문자 그룹은 마치 바늘의 꿴 귀처럼, 또는 구슬을 꿴 것처럼 연결된다. 그리고 이렇게 돌려가면서 서로 뜻풀이를 하는 과정에서 문자의 의미는 변화를 겪게 된다. 앞서 제시한 예는 '발의 움직임(足之動作)'에서 '발로 의지하다(足之憑借)'로 변화하였다. 물론『설문』에는 이보다 더 복잡한 체훈(遞訓)의 상황이 많이 있다. 예를 들면 다음과 같다.

· 기(祺), 길(吉)이라는 뜻이다.
· 길(吉), 선(善)이라는 뜻이다.
· 장(臧), 선(善)이라는 뜻이다.
· 량(良), 선(善)이라는 뜻이다.
· 부(傅), 선(善)이라는 뜻이다.
· 숙(俶), 선(善)이라는 뜻이다.
· 가(價), 선(善)이라는 뜻이다.

· 정(王), 선(善)이라는 뜻이다.
· 선(善), 길(吉)이라는 뜻이다.

　체훈(遞訓)으로 된 이 그룹의 예시에서 '선(善)'자와 '임(王)', '가(價)', '숙(俶)', '전(傳)', '양(良)', '장(臧)', '길(吉)' 등의 문자 그룹은 체훈 관계를 형성하며, '기(祺)'는 이들 문자 그룹 중 일부 문자와만 체훈 관계를 맺고 있다. 또한 이 체훈 그룹 내에는 분명히 '동훈(同訓)'이라는 현상도 포함되어 있다(아래의 "『설문』동훈 계열"에서 자세히 살펴볼 것이다).
　유지기(劉志基)의 통계에 따르면, 『설문』 전체에서 체훈 관계를 형성하는 예는 2,000여 건에 이른다고 한다.[1] 이 2,000여 건의 체훈에는 대략 3,292자가 포함된다. 이는 수록 글자 총수에서 상당한 비중을 차지하는 것이 명백한데, 이는 분명히 우연한 현상이 아님을 알 수 있다.
　체훈(遞訓) 계열이 형성될 수 있었던 가장 중요한 이유는 해당 계열을 구성하는 각 문자의 의미가 서로 유사하기 때문이다. 따라서 『설문』 내에는 수많은 체훈이 실제로 동의어 그룹의 집합체로 나타난다. 이러한 유형의 체훈을 상대적으로 '동의체훈(同義遞訓)'이라 부를 수 있다. 연구에 따르면, 『설문』의 '동의체훈'은 주로 같은 부수 내에서 발생하는데, 이 때문에 이를 '동부체훈(同部遞訓)'이라고 부를 수 있다. 예를 들면 다음과 같다.

· 한(限), 조(阻)라는 뜻이다.
· 조(阻), 험(險)이라는 뜻이다.
· 험(險), 험하고 어렵다(阻難)는 뜻이다.

---

1) 劉志基, 「試論＜說文解字＞遞訓的價值」(『辭書研究』 1990年 第3期).

- 담(談), 어(語)라는 뜻이다.
- 어(語), 논(論)이라는 뜻이다.
- 론(論), 의(議)라는 뜻이다.
- 의(議), 어(語)라는 뜻이다.

연구자들의 추정에 따르면, 동부체훈(同部遞訓)이 대부분 동의체훈(同義遞訓)으로 나타나는 이유는, 각 문자의 의미가 유사하다는 점 외에도, 『설문』을 편찬할 때 허신(許愼)이 의도적으로 동일 부수 내의 동의어들을 체훈(遞訓) 관계로 연결하려 했기 때문일 것이라고 한다. 동일 부수 내의 문자들이 서로 인접하기 때문에, 이러한 의도를 실현하는 것이 더욱 용이하였을 것이다.

반면, '이부체훈(異部遞訓: 다른 부수 문자들로 구성된 체훈)'은 문자들이 일반적으로 서로 멀리 떨어져 배치되었기에, 의미적으로 동일한 관계를 유지하는 것이 매우 어려웠을 것이다. 따라서 이러한 체훈의 형성은 편찬자의 의도적인 배치가 아니라 생각된다.[1] 다시 말해, 다른 부수 간에 형성된 체훈(遞訓) 계열이 존재한다는 것은 객관성을 지니고 있다. 게다가 이부체훈(異部遞訓)은 동부체훈(同部遞訓)에 비해 수량이 많고, 상황이 더욱 복잡하다. 이에 대해 아래에서 좀 더 구체적으로 분석해 보자.

- 정(禎), 상(祥)이라는 뜻이다.
- 양(羊), 상(祥)이라는 뜻이다.
- 상(祥), 복(福)이라는 뜻이다.
- 록(祿), 복(福)이라는 뜻이다.
- 사(禠), 복(福)이라는 뜻이다.
- 지(祉), 복(福)이라는 뜻이다.

---

1) 劉志基, 「試論<說文解字>遞訓的價値」, 同上.

· 조(祚), 복(福)이라는 뜻이다.
· 복(福), 우(佑)라는 뜻이다.
· 조(助), 우(佑)라는 뜻이다.
· 우(佑), 조(助)라는 뜻이다.
· 부(賻), 조(助)라는 뜻이다.
· 려(勵), 조(助)라는 뜻이다.
· 조(助), 좌(左)라는 뜻이다.
· 장(牂), 부(扶)라는 뜻이다.
· 부(扶), 좌(左)라는 뜻이다.
· 좌(左), 손을 내밀어 서로를 돕다는 뜻이다(手相左助也).

이 체훈(遞訓) 계열은 총 16자로 구성되어 있으며, 이에는 '시(示)', '양(羊)', '구(口)', '패(貝)', '력(力)', '수(手)', '좌(左)' 등의 부수가 포함되어 있다. 편찬자는 바로 이 체훈(遞訓)의 연결을 통해 서로 거리가 먼 부수를 일관성 있게 연결하였다.

· 둔(屯), 난(難)이라는 뜻이다.
· 계(夔), 난(難)이라는 뜻이다.
· 난(難), 조(鳥)를 말한다.
· 방(雓), 조(鳥)를 말한다.
· 애(雅), 조(鳥)를 말한다.
· 응(雁), 조(鳥)를 말한다.
· 금(雒), 조(鳥)를 말한다.
· 안(雁), 조(鳥)를 말한다.

· 호(雐), 조(鳥)를 말한다.
· 지(雉), 조(鳥)를 말한다.
· 술(鷸), 조(鳥)를 말한다.
· 절(鷝), 조(鳥)를 말한다.
· 칠(鷩), 조(鳥)를 말한다.

· 오(鴮), 조(鳥)를 말한다.

· 곡(鵠), 조(鳥)를 말한다.

· 난(鸞), 조(鳥)를 말한다.

· 얼(鷞), 조(鳥)를 말한다.

· 투(鵚), 조(鳥)를 말한다.

· 민(鶴), 조(鳥)를 말한다.

· 언(鷗), 조(鳥)를 말한다.

· 보(鴇), 조(鳥)를 말한다.

· 발(鴂), 조(鳥)를 말한다.

· 용(鶻), 조(鳥)를 말한다.

· 역(鶂), 조(鳥)를 말한다.

· 앵(鶯), 조(鳥)를 말한다.

· 조(鳥), 긴 꼬리를 가진 날짐승의 총칭이다.(長尾禽總名也).

『설문』에 보이는 이러한 대량의 체훈(遞訓) 계열은 그 대부분이 일종의 '귀속(歸屬)' 인지에 관한 것이라 할 수 있다. 구체적으로 말하면, '추(隹)'와 '조(鳥)' 두 부류의 인지를 '총괄 명칭'에다 연결시킨 것이다. 이렇게 볼 때, 체훈(遞訓)의 부류 연결은 제1장에서 말한 자형의 범주 선택의 인지 구조에 대한 고찰과 서로 증명 삼을 수 있다.

부연하여 한 가지 더 지적하자면, 이 체훈(遞訓) 계열에서 '둔(屯)'과 '계(繫)'를 '난(難: 어렵다)'으로 해석하고, '조(鳥)'를 '난(難: 어렵다)'으로 해석하는 것은 언뜻 보기에는 연관성이 없어 보인다. 그러나 '난조(難鳥)'의 '난(難)'은 원래의 의미이며, '둔난(屯難)'과 '계난(繫難)'의 '난(難)'은 가차 의미로 사용된 경우다. 이것은 체훈(遞訓) 계열을 조사함으로써 얻을 수 있는 훈고(訓詁) 방면의 의의 중의 하나이다.

『설문』에는 대량의 체훈(遞訓) 계열이 존재하고 있으며, 그 중 대부분은 문자 그룹을 부류의 '귀속' 연결로 인지한 것이다. 예를 들면 다음과 같다.

- 구(蚼), 과(果)를 말한다.
- 행(杏), 과(果)를 말한다.
- 나(柰), 과(果)를 말한다.
- 이(李), 과(果)를 말한다.
- 도(桃), 과(果)를 말한다.
- 앵(櫻), 과(果)를 말한다.
- 과(果), 나무에 열리는 과실을 말한다(木實也).

이 계열에서, 만약 『설문』이 마지막으로 '나무의 열매(木實)'라는 문자의 의미적 연결을 연계하지 않았다면, 독자나 사용자는 이 문자 그룹 글자들의 명확한 내용을 알 수 없었을 것이다. 다시 말하면, 『설문』의 이런 종류의 체훈(遞訓) 계열은 기본적으로 사람들에게 의미적 지식을 제공하지 못하며, 단지 문자 그룹의 귀속 처리만 인지하게 해준다. 다른 예를 들면 다음과 같다.

- 질(趨), 주(走)라는 뜻이다.
- 유(趙), 주(走)라는 뜻이다.
- 기(趌), 주(走)라는 뜻이다.
- 불(趌), 주(走)라는 뜻이다.
- 주(走), 추(趨)라는 뜻이다.
- 부(赴), 추(趨)라는 뜻이다.
- 저(趆), 추(趨)라는 뜻이다.
- 추(趨), 추(趨)라는 뜻이다.

편찬자는 이러한 행동들 간의 구체적인 차이를 고려하지 않은 채, 모두 '쫓아가다'라는 행위의 인지로 귀속시켰다.

· 구(垢), 탁(濁)이라는 뜻이다.
· 탁(濁), '강 이름(水)[탁수]'이다. 제(齊)군 려(厲)현의 규산(嬀山)에서
　발원하여, 동북으로 거정호(鉅定湖)로 흘러든다.

· 뇨(淖), 니(泥)라는 뜻이다.
· 니(泥), '강 이름(水)[니수]'이다. 북지(北地)군 욱질(郁郅)현의 북방
　이민족(北蠻) 지역에서 발원한다.

· 도(渡), 제(濟)라는 뜻이다.
· 제(濟), '강 이름(水)[제수]'이다. 상산(常山)군 방자(房子)현의 찬황산
　(贊皇山)에서 발원하여, 동쪽으로 저수(泜)로 흘러든다.

· 주(注), 관(灌)이라는 뜻이다.
· 관(灌), '강 이름(水)[관수]'이다. 려강(廬江)군 우루(雩婁)현에서 발원
　하여, 북쪽으로 회수(淮)로 흘러든다.

· 토(討), 치(治)라는 뜻이다.
· 치(治), '강 이름(水)[치수]'이다. 동래(東萊)군 곡성(曲城)현의 양구산
　(陽丘山)에서 발원하여, 남쪽으로 바다(海)로 흘러든다.

　위의 다섯 가지 체훈 예에서 '탁(濁)', '니(泥)', '도(渡)', '관(灌)', '치
(治)' 등 5자는 모두 강물의 명칭에 관한 인지를 나타낸다. 그러나 강
물의 이름이 이들 글자의 일반적인 의미일까? 이 다섯 그룹의 체훈
(遞訓)을 검토하면, 강물의 이름은 그들의 여러 의미 중 부차적인 것
일 뿐이며 그들의 일반적인 의미나 주요한 의미의 하나는 바로 그것
들이 뜻을 해석하는 글자로 사용될 때 가진 의미이다. 즉 '탁(濁)'은
'먼지', '니(泥)'는 '진흙', '제(渡)'는 '건너다', '관(灌)'은 '물을 붓다', '치
(治)'는 '다스리다'를 의미한다. 그들이 단지 수(水)로 구성되었다는 이
유로, 허신(許慎)은 이들의 특수한 의미인 '강물의 이름'만으로 이들을

설명하였다. 단옥재(段玉裁)는『설문』의 과학성을 유지하기 위해 이러한 문자를 연속적으로 읽도록 제안하였다. 즉 '탁한 물은 ⋯⋯에서 나온다(濁水, 出⋯⋯).' 등으로 해석해야 한다는 것이다.[2] 우리는 이와 같은 체훈(遞訓)을 통해 허신(許愼)이 '공명(共名)'을 정리하려는 인지적 노력을 엿볼 수 있다고 생각한다.[3]

· 철(哲), 지(知)이라는 뜻이다.
· 서(諝), 지(知)이라는 뜻이다.
· 서(𢓜), 지(知)이라는 뜻이다.
· 지(知), 사(詞)이라는 뜻이다.
· 주(疇), 사(詞)이라는 뜻이다.
· 왈(曰), 사(詞)이라는 뜻이다.
· 사(詞), '가슴속에 담은 뜻을 말로 밖으로 표현하다(意內而言外)'라는 뜻이다.

이 체훈(遞訓) 계열은 '입(口)', '말(言)', '마음(心)', '희다(白)', '말하다(曰)' 등의 부류에 각각 연결되어 있다. 그중 '백(白)'은『설문』에서 ''으로 표기되었는데, 이는 "이 글자도 자(自)자이다. 자(自)의 생략

---

2) 劉志基,「試論<說文解字>遞訓的價值」.
3) [역주] '공명(共名)'이라는 용어는『순자‧정명(正名)』에서 처음으로 볼 수 있다. "사물이라는 것은 큰 공통된 이름이다. 추론하여 공통점을 만든다. 공통점이 있으면 다시 공통점을 만들고, 공통점이 없을 때까지 계속한다.(物也者, 大共名也. 推而共之. 共則有(又)共, 至於無共然後止.)" '공명(共名)'은 '별명(別名)'과 대비되는 용어로, 순자(荀子)의 논리 용어이다. 이 용어들은 객체 간의 범주적 관계를 나타내는 일종의 쌍을 이루는 '이름'을 의미한다. 즉 '공명'은 한 범주에 속한 여러 사물이 공유하는 이름으로, 종(種) 개념에 해당한다. 반면 '별명'은 한 범주 내 특정 사물이나 부분에만 적용되는 이름으로, 속(屬) 개념에 해당한다. '별명'도『순자‧정명(正名)』에 보이는데, "조수라는 것은 큰 별명이다. 추론하여 공통점을 만든다. 차이점이 있으면 다시 차이점을 만들고, 공통점이 없을 때까지 계속한다.(鳥獸也者, 大別名也. 推而別之, 別則有別, 至於無別然後止.)"

된 모습을 한 것은 말의 기운이 코(自)로부터 나와 입(口)과 협력하기 때문이다."라고 해설했다. 허신은 이 체훈(遞訓) 관계에서 각 부류 사이의 차이는 무시한 채 일관성만 유지하고자 한 범주로 귀속시켰다. 그 결과 '속마음에서 말로 드러난다'는 이러한 귀결점에서 「언(言)부수」와 「심(心)부수」는 원래 같은 종류였음을 직접적으로 나타냈다. 이로써 이전에 중국 문자의 구조 및 범주화 방식을 통해 보여준 두 부류의 관계를 확인할 수 있다.

체훈(遞訓) 계열의 구조는 "A→ B→ C→ ……"와 같이 추론될 수 있다. 예를 들면 다음과 같다.

· 개(介), 화(畫)이라는 뜻이다.
· 괘(掛), 화(畫)이라는 뜻이다.
· 화(畫), 개(界)이라는 뜻이다.
· 강(畺), 개(界)이라는 뜻이다.
· 계(界), 경(境)이라는 뜻이다.
· 강(畎), 경(境)이라는 뜻이다.
· 경(境), 강(疆)이라는 뜻이다.
· 역(場), 강(疆)이라는 뜻이다.

또 다음의 예를 보자.

· 집(喋), 초(噍)이라는 뜻이다.
· 초(噍), 설(齧)이라는 뜻이다.
· 설(齧), 담(啗)이라는 뜻이다.
· 담(啗), 식(食)也.
· 식(食), '한데 모아 놓은 쌀(一米)'을 말한다.[4]

---

4) [역주] 『단주』에서 "스米也"가 되어야 한다고 하면서 이렇게 말했다. "이를 각 판본에서는 '一米也'라고 적었는데 『옥편』도 마찬가지이다. 아마도 손강(孫強)

· 계(契), 각(刻)이라는 뜻이다.

· 각(刻), 루(鏤)라는 뜻이다.

· 루(鏤), '강철(鋼鐵)'을 말하는데, 새길 수 있는 재질이다(可以刻鏤).

동의체훈(同義遞訓)은 각 글자의 뜻이 같기 때문에 하나만 알면 다른 것들도 알 수 있다. 위의 마지막 예에서 '계(契)'와 '루(鏤)'의 의미를 오늘날의 많은 사람들은 잘 모를 수 있지만, 이 계열에 '각(刻: 새기다)'이라는 글자가 있기 때문에 '계(契)'와 '루(鏤)'가 모두 '새기다(刻)'의 의미를 가지고 있음을 알 수 있다. 단옥재(段玉裁)는 『설문』에 대해 주석하면서 종종 이러한 "A→ B→ C……"라는 체훈(遞訓) 계열의 구조를 사용함으로써 사람들이 『설문』을 이해하는 데 도움을 주었다.

· 준(浚), 서(抒)라는 뜻이다. 『단주』에서는 이렇게 말했다. "서(抒)는 물을 푸다는 뜻이다(挹也), 물을 속에서 퍼올리다는 뜻이다.(取諸水中也)."(「수(水)부수」)

· 발(勃), 배(排)라는 뜻이다. 『단주』에서는 이렇게 말했다. "배(排)는 밀어제치다는 뜻이다(擠也)."(「력(力)부수」)

· 감(坎), 함(陷)이라는 뜻이다. 『단주』에서는 이렇게 말했다. "함(陷)은 높은 곳으로부터 아래로 내려 오다는 뜻이다(高下也). 높은 곳으로부터 아래로 내려 오다는 것은 아래로 빠지다는 뜻이다(高下者高而入於下也.)(「토(土)부수」)

이러한 동의체훈(同義遞訓)의 구조를 활용하면, 동의체훈에서 일부 글자들 사이에는 동의어를 넘어선 더욱 밀접한 관계가 있음을 발견

때 이미 그렇게 잘못 되었을 것이다. 『운회(韻會)』본에서는 '米也'라고 했는데, 이 역시 마찬가지이다. 지금 '厶米也'로 바로 잡는다. 집(厶)자를 일반인들은 잘 쓰지 않아 그렇게 되었을 것이다. 다음에 나오는 집(厶)자와 구(口)자의 해설 예로 볼 때, 여기서는 '厶米'가 되어야 함은 분명하다."

할 수 있다.

·우(慐), 추(愁)라는 뜻이다.
·추(愁), 우(憂)라는 뜻이다.
·우(憂), 평온하게 걸어가다(和之行)라는 뜻이다.

이러한 체훈(遞訓) 그룹에서 '우(慐)'와 '우(憂)'자는 둘 다 영모(影母) 유운(幽韻)에 속하며, 뜻도 동일하다. '우(慐)'를 '혈(頁)'과 '심(心)'으로 구성된다는 점에서 분석하면, '우(慐)'는 '우수(憂愁: 시름, 걱정)'의 '우(憂)'의 원래 글자로 추측할 수 있다. 그리고 '우(憂)'는 '치(夊)'로 구성되어 '평온하게 걸어가다(和之行)'라는 의미로 해석되기에, 원래 '우수(憂愁)'라는 뜻과는 관련이 없다. 그러나 '우(憂)'는 이 체훈(遞訓) 그룹에서 '추(愁)'를 해석하는 글자로 사용되었다. 이는 최소한 허신이『설문』을 편찬할 때 '우(憂)'가 이미 '우수(憂愁)'의 의미로 사용되었다는 것을 의미한다. 이후에 '우(憂)'는 상용되었지만 '우(慐)'는 사용되지 않게 되어, 둘은 고대와 현대 글자의 한 쌍인 고금자(古今字)가 되었다.[5]

이러한 "A→ B→ C→ ……"의 선형 구조는 결국 한자 글자 그룹 간에 의항들 사이에 고유한 관계가 있다는 것을 나타낸다. 그러나『설문』에서 반영된 체훈(遞訓) 계열에는 또 다른 구조 유형이 있다는 것도 반드시 지적해야 할 것이다. 그것을 도식화 하면 "A→ $\begin{smallmatrix} B_1 \\ B_2 \end{smallmatrix}$→ C1 → ……"과 같은 형태가 될 것이다. 이것은 첫 번째 구조 유형의 변형으로 볼 수 있다.

---

5) 劉志基,「試論<說文解字>遞訓的價值」.

이 "A→ $\begin{smallmatrix} B_1 \\ B_2 \end{smallmatrix}$ → C1→ ……" 구조 유형에 대하여, 왕력(王力)[6]은 『이상적인 자전(理想的字典)』에서 이렇게 설명했다. "하나의 단어는 종종 두 개 이상의 의미를 가지는데, 소위 동의어라고 하는 것은 대개 한 가지 의항에서만 동일하다." 따라서, A자가 그의 기본 의미로서 두 번째 글자의 의미 B1과 대응하는 연결을 형성하고, 두 번째 글자가 의미 B2로 세 번째 글자 C와 연결될 경우, AB1과 B2C는 동의어이지만, AC 간에는 동의어 관계가 존재하지 않는다. 왕력(王力)은 『설문』의 체훈(遞訓)에서 수많은 예증을 제시했다.

· 富, 備也; 備, 愼也; 但"富"不能解作"愼".
  부(富)는 비(備)의 의미이며, 비(備)는 신(愼)의 의미다. 그러나 '부(富)'는 '신(愼)'으로 해석될 수 없다.
· 無, 亡也; 亡, 逃也; 但"無"不能解作"逃".
  무(無)는 망(亡)의 의미이며, 망(亡)은 도(逃)의 의미다. 그러나 '무(無)'는 '도(逃)'로 해석될 수 없다.

유지기(劉志基)는 『설문』에서의 이런 체훈(遞訓) 형식이 '일왈(一曰)'의

---

6) [역주] 왕력(王力, 1900-1986)은 20세기 중국의 저명한 언어학자로, 현대 중국 언어학 발전에 지대한 영향을 미쳤다. 그는 먼저, 중국어 음운학 연구에 큰 기여를 했으며, 특히 '한어음운학(漢語音韻學)'을 체계화했다. 그의 저서 『한어음운학』은 고대 중국어부터 현대 중국어까지의 음운 변화를 종합적으로 분석하여 중국어 음운학 연구의 기초를 마련했다. 둘째, 문법 연구에서도 선구적인 역할을 했는데, 『중국현대어법(中國現代語法)』을 통해 현대 중국어의 문법 체계를 정립했으며, 이는 중국어 문법 연구의 표준이 되었다. 셋째, 고대 중국어 연구에도 큰 업적을 남겼는데, 『고대한어(古代漢語)』는 고대 중국어의 어휘, 문법, 수사법 등을 종합적으로 다룬 대표작으로, 고대 중국어 연구의 필수 참고서가 되었다. 넷째, 방언 연구에서도 중요한 성과를 냈으며, 중국어 방언의 분류와 특징에 대한 연구를 통해 중국 언어학의 지평을 넓혔다. 이러한 다방면에 걸친 왕력의 연구는 중국 언어학의 현대화와 체계화에 결정적인 역할을 했으며, 그의 학문적 업적은 현재까지도 중국 언어학계에서 높이 평가받고 있다.

예에서 발생하는 다중의미의 부족함을 보완할 수 있다고 생각했다. 그러나 왕력(王力)이 제시한 예시로 설명하자면 다음과 같다.

- 부(富)는 비(備)의 의미이며, 비(備)는 신(愼)의 의미다. '부(富)'가 '신(愼)'으로 해석될 수 없기 때문에 '비(備)'가 '부(富)'와 '신(愼)' 두 가지 의미를 가진다는 것을 알 수 있다.
- 무(無)는 망(亡)의 의미이며, 망(亡)은 도(逃)의 의미다. '무(無)'가 '도(逃)'로 해석될 수 없기 때문에 '망(亡)'이 '무(無)'와 '도(逃)' 두 가지 의미를 가진다는 것을 알 수 있다.

이러한 현상은 선전(先秦) 시대의 고전 문헌에서 쉽게 증거를 찾을 수 있다.

- "따라서 비록 집을 갖추었더라도, 반드시 하루 이상을 기다렸다가 장례를 치루어야 한다."(故雖備家, 必逾日然後能殯.)(『荀子·禮論』)
- "관리가 준비되고, 경계가 설정된 후에야 움직일 수 있다."(申官儆備, 設守而後行.)(『左傳·成十六年』)

첫 번째 예에서의 '비(備)'는 '부(富)'의 의미로 사용되었고, 두 번째 예에서의 '비(備)'는 '신(愼)'의 의미로 사용되었다.

- "무엇을 가지고 있고 무엇이 없는지, 열심히 찾아야 한다."(何有何亡, 黽勉求之.)(『詩經·谷風』)
- "진(晉)나라 제후는 도망한 자를 따른 사람들에게 상을 주었다."(晉侯賞從亡者.)(『左傳·僖二十四年』)

첫 번째 예에서의 '망(亡)'은 '무(無)'의 의미로 사용되었고, 두 번째 예에서의 '망(亡)'은 '도(逃)'의 의미로 사용되었다.[7]

---

7) 劉志基,「試論＜說文解字＞遞訓的價値」.

『설문해자』인지분석

간단히 말해, 위에서 언급한 체훈(遞訓)의 두 가지 구조 유형은 모두 이런 특성을 보여준다. 각각의 구성요소가 진주처럼 이어져 있고, 그 연결은 마치 실을 꿴 것처럼 섬세하게 이루어져 있다. 시작과 끝이 서로 연결되며, 서로 상호작용하고 있다. 특히 이러한 특성이 중국 최고의 한자 사전에서 상당한 비중을 차지하고 있는데, 이러한 특성은 중국의 기본적인 문체 논리, 즉 인지 형태에 영향을 주게 된다.

중국의 수사학에서는 매우 이른 시기부터 '연주(連珠)'라는 표현 스타일이 등장한다. 진(晉)나라 때의 문인 부현(傅玄)은 이러한 형식의 기원과 특성에 대해 전문적인 글인 「연주서(連珠序)」를 작성하였다.

> 소위 '연주(連珠)'라는 것은 한(漢)나라 장제(章帝) 때에 등장하여 반고(班固), 가규(賈逵), 부의(傅毅) 등 세 사람이 임금의 명령을 받아 작성하게 되었다. 그리고 채옹(蔡邕), 장화(張華) 등이 이를 더욱 확장하였다. 이러한 문체는 어휘가 아름답고 표현이 간결하며, 특정 사건을 직접 언급하지 않고 반드시 비유를 사용하여 그 목적을 표현한다. 지혜로운 사람들은 그 중에서도 미묘한 뜻을 이해하는데, 이는 고대 시가를 권장하는 풍조와도 일치한다. 이러한 글은 명확하게 이어져 있어 마치 진주를 꿴 것처럼 분명하게 보이며, 그것은 쉽게 관찰되고 즐겁게 받아들여진다. 따라서 이를 '연주'라고 부른다. 반고는 아름다운 단어와 웅장한 문장을 통해 그 실체를 잘 체득했다. 채옹도 비슷한 주장을 했지만, 그의 말은 질박하고 표현은 조각적이다. 그러나 그의 의도는 깊다. 가규는 유학적이지만 화려하지 않으며, 부의는 문채가 뛰어나지만 전통적이지 않다.
>
> (所謂連珠者, 興於漢章帝之世, 班固, 賈逵, 傳毅三子受詔作之. 而蔡邕張華之徒又廣焉. 其文體, 辭麗而言約, 不指說事情, 必假喩以達其旨, 而賢者微悟, 合於古詩勸興之義. 欲使曆曆如貫珠, 易觀而可悅, 故謂之連珠也. 班固喩美辭壯, 文章弘麗, 最得其體. 蔡邕似論, 言質而辭碎, 然其旨篤矣. 賈逵儒而不豔, 傳毅文而不典.)8)

사실, 적어도 서한(西漢) 때의 문장가 양웅(揚雄) 등과 같은 사람들의 부(賦)에서, '연주(連珠)'체는 이미 흐름을 따라 사용되어 왔다. 이에 대한 예로서 「축빈부(逐貧賦)」를 들어 그에 대한 간략한 그림 설명을 추가하고자 한다.9)

반고(班固)의 「양도부서(兩都賦序)」 등에서 창조한 '연주(連珠)'체는 다음과 같이 분석할 수 있다.

이에 대한 두 가지 예를 들어 보자.10)11)

8) 嚴可均(輯), 『全上古三代秦漢三國六朝文』, 『全晉文』 卷四十六(中華書局, 1958).
9) 『全上古三代秦漢三國六朝文』, 『全漢文』 卷五十二.
10) 『全上古三代秦漢三國六朝文』, 『全後漢文』 卷二十六.
11) 班固, 「擬連珠」, 『全上古三代秦漢三國六朝文』, 『全後漢文』 卷二十六.

乃崇礼官，考文章；内设金马石渠之署，外兴乐府
协律之事。

臣闻公输爱其斧，故能妙其巧；明主贵其士，故能成
其治。

臣闻良匠度其材而成大厦，明主器其士而建功业。

위에서 언급한 내용은 중국의 문인들이 사용하는 기본적인 언어 이미지의 연계 형식을 보여주는 것이다. 이러한 특징은 상반되고 대립하는 언어의 연계 인지 형태에서를 통해서도 확인할 수 있다. 몇 가지 예를 들어 보자. 먼저 모시(毛詩)의 『관저(關雎)·서(序)』를 살펴보자.[12]

是以《关雎》乐得淑女以配君子，

忧在进贤，不淫其色，哀窈窕，思贤才。

---

12) 당나라의 공영달(孔穎達)이 편찬한 『모시정의(毛詩正義)』는 이러한 특정 문장 구조를 잘 이해하지 못하여 부수적인 문제들이 발생했다. 그러나 전종서(錢鍾書)는 이의 문장 구조에 통달하며 다음과 같이 설명했다. "'애(哀)'는 '사랑'을 의미하는 것으로, 고유(高誘)의 주석에서 『여씨춘추·보경(報更)』편의 '애사(哀士)'와 『회남자·설림훈(說林訓)』의 '애기소생(哀其所生)'에서 모두 '애(哀)는 사랑하다는 뜻이다.'라고 하였다.……이어 '애요조(哀窈窕)' 구절은 '불음기색(不淫其色)' 구절을 가까이서 이어 받은 것이며, '사현재(思賢才)' 구절은 '우재진현(憂在進賢)' 구절을 멀리서 이어받은 것이다. 이는 옛사람들이 문장을 다듬는 방법 중 하나이다. 예를 들어 「권아(卷阿)」에서 '봉황명혜, 우피고강(鳳凰鳴兮, 于彼高岡); 오동출혜, 우피조양(梧桐出兮, 于彼朝陽); 봉봉처처, 용용해해(萋萋喈喈, 雝雝喈喈).'에서 '봉봉(萋萋)' 구절은 '오동(梧桐)' 구와 가까이서 연결되고 '용용(雝雝)' 구절은 '봉황(鳳凰)'과 멀리서 대응된다." 『管錐編』 卷一, 65~66쪽(中華書局, 1986年6月 第2版).

다음은 강엄(江淹)의 「한부(恨賦)」이다.

孤臣危涕，孽子墜心。

강엄(江淹)의 「별부(別賦)」에서는 다음과 같다.

心折骨惊。

이외에도, 『사문유취(事文類聚)』 속집(續集) 권20에서는 다음과 같다.

吃衣著饭。

강승회(康僧會)의 『법경경서(法鏡經序)』에서는 다음과 같다.

枕流漱石。

위에서 언급한 반대 구조의 순서를 고대 주석가들은 '호문(互文)'이라고 통칭하였다.[13] 전종서(錢鍾書)는 이를 '전도호기(顚倒好奇)'라는 말로 요약하였는데, 이것은 저자가 특별한 문장 효과를 추구하기 위해 의도적으로 그렇게 한 것이라고 주장하였다.

---

13) 『文選・江淹＜別賦＞』, 李善注.

결론적으로, 구슬처럼 이어진 것, 실을 꿴 것처럼, 차례대로 점진적으로, 일맥상통하는 이런 해석 방식은 사실 중국인의 무의식적인 인지 경로로, 의도하지 않은 논리적 추론 형태로 나타난다. 일반적으로 중국인의 글에서는, 많은 설명 부분을 중간에 삽입하는 것을 선호하지 않으며, 의도적으로 다양한 구분을 통해 굴절된 효과를 만드는 것을 선호하지 않는다.

거칠게 말하자면, 그저 감정적 요구로 '분리되지 않기'를 원하는 것뿐만 아니라, 외부 형태에서도 '분리되지 않음' 또는 '분리된 것처럼 보이지만 실제로 연결됨'을 추구한다. 따라서 고전시의 은유와 사건, 한 물건과 다른 물건 사이는 항상 "쉽게 볼 수 있고 기쁘게 느낄 수 있게" 하려고 노력한다. 글의 구조적인 측면에서, 중요한 점은 '주요 주제를 세우고, 서두를 줄이는 것'이다. 또한, 중요한 것은 마치 '줄이 끊어진 진주'나 '기둥이 없는 집'처럼 글의 중심이 흐트러지게 만드는 것을 피해야 한다. 그래서 작가의 기본적인 글쓰기 방식에 대한 요구는 '밀침선(密針線)'[14]을 사용하는 것이다.

즉 "조합하는 작업은 전적으로 바늘과 실이 조밀해야 하며, 한 구절만이라도 소홀히 처리되면 전체 작품의 문제점이 드러나고 만다. 그리고 매 구를 편집할 때는 몇 구를 앞뒤로 살펴봐야 한다. 앞을 돌아보는 것은 그것이 반영되기를 원하기 때문이고, 뒤를 돌아보는 것

---

14) [역주] 이는 중국 고대 음악 이론 용어인데, 청대의 이어(李漁)가 저술한 『한정우기(閑情偶寄)·사곡부(詞曲部)·결구 제1(結構第一)·밀침선(密針線)』에서는 작품의 구조적 조밀함을 강조하였는데, 그는 "희곡을 집필하는 것은 옷을 꿰매는 것과 같아서, 처음에는 완전한 것을 잘라 조각내고, 그 후에 그 잘라진 조각들을 다시 조합한다. 조각내기는 쉽지만, 조합하기는 어렵다. 조합하는 기술은 전적으로 바늘과 실이 조밀해야 한다."라고 했다. 이는 작품의 조밀하고 세밀한 구성은 각 부분의 결합에서 나타나며, 이는 마치 정교하게 꿰매진 옷처럼 각 부분이 서로 완벽하게 어우러져야 함을 의미한다.

은 숨겨진 효과를 두기 위해서이다. 반영과 숨김은 단지 한 사람이나 한 사건에 국한되지 않으며, 이 극에 등장하는 모든 인물과 관련사건, 그리고 그에 따른 대화까지도 각각 고려해야 한다.(湊成之工, 全在針線 緊密; 一節偶疏, 全篇之破綻出矣. 每編一折, 必須前顧數折, 後顧數折. 前顧 者, 欲其照映; 顧後者, 便於埋伏. 照映埋伏, 不止照映一人, 埋伏一事, 凡是 此劇中有名之人, 關涉之事, 與前此後此所說之話, 節節俱要想到.)"

중국 소설 미학 평론의 한 방향인 '초사회선(草蛇灰線: 풀 속에 숨어 있는 뱀이 지나간 흔적처럼 희미하게 남은 재의 선)'15) 방법도 이러한 의미 를 갖고 있다. 다음으로는 '서두를 줄이는 것'을 요구한다. "너무 많은 서두는 전기(傳奇)의 큰 병이다. 형(荊), 류(劉), 배(拜), 살(殺) 등이 후 세에 전해질 수 있었던 것은 오직 한 줄이 끝까지 연결되고 다른 장 면이나 상황은 없기 때문이다.16) ……만약 이야기가 너무 많다면, 관 중들은 산속의 미로에 들었다고 느낄 것이다. 모두가 대응할 틈이 없 다고 느낄 것이다.……전기 작가들이 '서두는 복잡하지 않게(頭緒忌繁)' 라는 네 글자를 항상 마음속에 간직하기만 한다면, 생각의 방향이 분

---

15) [역주] '초사회선(草蛇灰線)'은 중국 고전 문학에서 유래한 문학 기법을 나타내 는 용어로, '풀 속에 숨어 있는 뱀이 지나간 흔적처럼 희미하게 남은 재의 선' 을 의미한다. 이는 작품 속에서 직접적으로 드러나지 않지만 은근히 암시되는 복선이나 주제를 가리킨다. 유송(劉宋) 때의 문학 이론가 유협(劉勰)의『문심 조룡(文心雕龍)』에서 처음 사용된 이 표현은 현재 소설, 시, 희곡뿐만 아니라 영화나 드라마 등 다양한 서사 예술에서 숨겨진 복선이나 암시를 설명할 때 사용된다. 이 기법은 작품의 깊이를 더하고 독자나 관객의 이해와 감상을 풍 부하게 하는 중요한 요소로 여겨진다.

16) [역주] 형(荊), 류(劉), 배(拜), 살(殺)의 경우, 중국 전통희극(戲曲)에서 중요한 연기 동작 양식을 나타내는 요소인데, 형(荊)은 놀람이나 당황을 표현하는 동작으로, 갑자기 뒤로 물러서거나 몸을 움츠리는 동작을 의미한다. 류(劉)는 걸어다니는 동작을 의미하며, 특히 원을 그리며 무대를 도는 동작을 말하며, 배(拜)는 절하는 동작으로, 공손함이나 예의를 표현할 때 사용되며, 살(殺)은 칼이나 무기를 사용하여 싸우는 동작을 나타낸다.

산되지 않을 것이고, 문학적 감정이 하나로 모일 것이다. 그리고 그 표현에 사용된 말은 고동근죽(孤桐勁竹: 외로운 오동나무와 튼튼한 대나무)처럼 가지 없이 똑바로 올라가게 될 것이며, 비록 반드시 전해진다고 보장할 수는 없겠지만, 적어도 형(荊), 류(劉), 배(拜), 살(殺)의 추세는 존재한다 할 것이다."17)

이런 모든 것들을 고려할 때, 그 근본에는 오랜 시간 동안 이어져 온 훈고와 의미의 해석, 사고의 논리가 바탕으로 깔려 있다. 중국 고대 사람들의 사고방식은 항상 주석과 설명을 통해 꾸며지며, 그것을 바탕으로 시작하고, 계승하고, 전환하고, 합치며, 직관적으로 유추한다. 마치 연속적으로 순환하는 것처럼 말이다. 이것은 중국 고대 철학에서도 볼 수 있는데, 『노자』의 제40장에서 "되돌아오는 것은 도의 움직임이다(反者, 道之動.)"라는 말을 통해 확인할 수 있다. 전종서는 『관추편』의 제2책에서 이에 대해 깊게 탐구하고 분석했다. "되돌아오는 것은 도의 움직임이다"에서 '반(反)'이라는 글자는 '반대'와 '돌아오다'라는 두 가지 의미를 동시에 포함하고 있다. 이 말에 '정(正)의 반대'되는 움직임인 반(反)과 '반(反)의 반대'되는 움직임이 '돌아오다(返)'로 합쳐진다. 개인적으로 중국의 고전 문헌 중 『노자』의 이 다섯 글자는 엄밀한 의미로 논증의 원리를 포함하고 있다고 생각한다.……"

엄밀히 말하면, 이 장에서 조사한 『설문』의 '체훈(遞訓)'과 중국의 '연주(連珠)'체라는 문체는 단지 양자의 언어 표현 형식만을 중점으로 본 것이다. '연주'라는 문체의 특성은 주로 수사학의 방식에서 나타난다. 만약 순전히 문체의 변화에 주목하여 생각한다면, 부현(傅玄)은 고찰 과정에서 핵심을 놓친 것일 뿐 아니라, 현대 학자 엄복(嚴復)이 '삼단논법(三段論)'18)이라는 이름으로 '연주'를 불렀던 것도 적절하지

---

17) [淸] 李漁, 『閑情偶寄』(中國戲劇出版社本), 『中國古典戲曲論著集成』, 172쪽. 1958年.

않다. 『관추편』에서는 이에 대해 특별한 장을 설정해 논증하였는데,
다음과 같다.

이어지는 작품들, 예를 들면 반고(班固), 양웅(揚雄), 반욱(潘勖), 채옹
(蔡邕), 조비(曹丕), 왕찬(王粲) 등의 저작에서 이 연주체를 볼 수 있다.
대개는 직접적인 표현을 선호하며, 별다른 비유나 암시 없이 명확하
게 의도를 전달한다. 그러나 육기(陸機)의 「연연주(演連珠)」는 "유려
하고 아름다운 문체"의 전형적인 예로서 부현이 알지 못했던 것이
다.……

양옥승(梁玉繩)[19]의 『별기(瞥記)』 권4에 의하면, "『위서(魏書)·이선전
(李先傳)』에서 태자(太子)는 이선을 불러 '『한자연주(韓子連珠)』22편
을 읽게 하였다'라고 했는데, 『북사(北史)』에는 '연주(連珠)' 다음에
'론(論)'자가 들어 있다. 『한자(韓子)』의 글은, 종종 먼저 경전을 이야
기 하고 그 다음에 전을 말했는데(往往先經後傳), 이는 연주(連珠)체와
비슷하다." 또 상용(尙鎔)의 『지아당문집(持雅堂文集)』 권5의 『<한비
자(韓非子)>발(跋)』에 의하면, "『내·외저설(內·外儲說)』이 연주(連

---

18) [역주] '삼단논법'은 대전제와 소전제라는 두 개의 전제로부터 하나의 결론을
    도출하는 논리적 추론 방식이다. 대전제는 일반적 원칙("모든 A는 B이다")을,
    소전제는 구체적 사례("C는 A이다")를 제시하며, 이로부터 필연적 결론("그러
    므로 C는 B이다")이 도출된다. 아리스토텔레스가 체계화한 이 논법은 전제들
    의 참과 논리적 형식의 타당성이 보장될 때 성립하며, 서양 논리학의 기초가
    되었다.
19) [역주] 양옥승(梁玉繩, 1745~1819), 자는 요북(曜北), 호는 간암(諫庵)으로, 절
    강성(浙江省) 돈당(錢塘) 출신이다. 그는 청나라 때의 중요한 학자이자 증공생
    (增貢生)이었습니다. 그의 가문은 명망이 높아, 조부 양시정(梁詩正)과 부친 양
    동서(梁同書) 모두 고위 관리였으며, 삼촌 산주(山舟)는 유명한 시강(侍講)이었
    습니다. 양옥승은 비록 제생(諸生)의 지위에 있었지만, 명문가에서 태어나 가
    정의 학문적 분위기에 깊이 영향을 받아 학문 연구에 전념할 수 있었다. 그는
    특히 『사기』와 『한서』에 대한 연구와 분석에서 깊은 업적을 남겼으며, 주요
    저작으로는 『사기지의(史記志疑)』, 『청백사집(淸白士集)』 등이 있다. 『사기지
    의』는 그가 『사기』의 오류와 난점을 교정하고 연구한 결과물로, 역사학계에
    서 매우 높은 평가를 받으며 '용문공신(龍門功臣)'으로 불리기도 한다. 또한,
    그의 중요한 저서인 『폐기(瞥記)』는 경학(經學)에 관한 7권의 저작이다.

『설문해자』 인지분석

珠)체를 풀어쓴 시작이며, 오늘날의 팔비(八比)20)의 효시이다." 이러한 논의는 일찍이 양신(楊愼)에게서부터 시작되었으며, 하작(何焯)의 평점본(評點本) 『문선(文選)』의 섭수번(葉樹藩)의 안어(按語)에서 이미 인용된 바 있다. 아마도 제자백가의 글 중에서는 종종 이러한 체가 있었을 것이며, 후한 때의 작가들도 이에 근거하여 더욱 정제하고 꾸몄을 것이며(整齊藻繪), 달리 부류를 나누어(別標門類), 드디어 '연주(連珠)'로 발전했을 것이다. 예를 들어, 『등기자(鄧析子)·무후편(無厚篇)』에 실린 "夫負重者患途遠(무거운 짐을 진 사람은 먼 길을 걱정한다. 즉 책임이 크거나 어려운 일을 맡은 사람은 장기적인 결과나 과정을 걱정하게 된다)", "獵羆虎者不於外國(곰과 호랑이를 사냥하는 자는 외국에서 하지 않는다. 즉 위험하거나 중요한 일은 익숙한 환경에서 해야 한다)", "夫水濁則無掉尾之魚(물이 탁하면 꼬리를 흔드는 물고기가 없다. 즉 환경이 혼탁하면 건강하고 활기찬 생명체가 살 수 없다)" 등이 3절은 연주(連珠)체의 초기 창작품이다. 『회남자』에는 더 많이 보이는데, 「설산(說山)」, 「설림(說林)」, 「수무(修務)」편은 더더욱 그러하다. 이후의 『포박자(抱樸子)』 외편(外篇)의 「박유(博喩)」 같은 경우에는 조금 더 내용을 정교하게 다듬었고, 그리하여 육기(陸機)의 「연(演)」과 동일할 정도로 풍부해졌다. 유주(劉晝)의 「유자(劉子)」도 종종 한 편을 나눠서 여러 편의 연주로 만들 수 있다. 담초(譚峭)의 「화서(化書)」 같은 경우에는 거의 모든 편이 여러 개의 연주로 나눠질 수 있다. 장지동(張之洞)의 『광아당시집(廣雅堂詩集)』 하책에 「연주시(連珠詩)」 1권이 있는데, 「자서(自序)」에서 이렇게 말했다. "육사형(陸士衡)이 「연연주(演連珠)」를 창제하였고, 후세에서는 대부분 그것을 모방했다. 그러나 변체(駢體)로는 끝내 그 의도를 완전히 전달할 수가 없었다. 그래

---

20) [역주] '팔비(八比)'는 두 가지 의미를 가지고 있는데, 하나는 고대 과거 시험에서의 한 문체로, 달리 '팔고문(八股文)'이라 불린다. 다른 하나는 팔률육운십이구(排律六韻十二句) 중에서 첫끝 두운(韻)을 제외한 가운데 네 운의 여덟 구(句)를 가리킨다. 여기서는 '팔고문'을 말하는데, 과거 시험에서의 '팔비'라는 특수한 형식은 파제(破題), 승제(承題), 기강(起講), 입제(入題), 기고(起股), 중고(中股), 후고(後股), 속고(束股)의 여덟 부분으로 구성되며, 각 부분마다 구체적인 작문 규범과 요구 사항이 있었다.

서 지금은 이 문체로 시(詩)를 쓰게 되었는데, 그 목적은 단순히 단어를 전달하는 데 있었다."

그 시에서는 각 편마다 자(子)와 사(史)에 나오는 성어(成語)를 사용하여 시작하고 그것을 설명했으니, 부현(傅玄)이 처음에 말했던 '가유달지(假喩達指: 비유를 빌려 의미를 전달한다)'의 문체가 아니었다. 비유를 이용한 분류를 논리의 유추로 오해했던 것이다. 엄복(嚴復)은 '삼단논법'을 '연주(連珠)'라고 번역했는데, 이는 혼돈에 의한 오류였다.

(接見存班固, 揚雄, 潘勗, 蔡邕, 曹丕, 王粲所作此體, 每傷直達, 不甚假喩, 至陸機『演連珠』, 庶足當"喩美文麗"之目, 傅所未知也. ……梁玉繩『瞥記』卷四: "『魏書·李先傳』太子召先『讀『韓子連珠』二十二篇', 『北史』'連珠'下有'論'字.『韓子』之文, 往往先經後傳, 其體類乎連珠"; 尚鎔『持雅堂文集』卷五『＜韓非子＞跋』: "『內, 外儲說』演連珠之始, 亦今八比之嚆矢也." 其論早發於楊愼, 何焯評點本『文選』中葉樹藩按語已引之. 蓋諸子·中常有其體, 後漢作者本而整齊藻繪, 別標門類, 遂成"連珠". 如『鄧祈子·無厚篇』中"夫負重者患途遠""獵麗虎者不於外國", "夫水濁則無掉尾之魚"三節卽連珠之草創;『淮南子』更多, 而『說山』, 『說林』, 『修務』爲其尤. 後來如『抱樸子』外篇『博喩』, 稍加裁剪, 便與陸機所『演』同富; 劉晝『劉子』亦往往可拆一篇而爲連珠數首. 若譚峭『化書』, 則幾乎篇篇得剖貝成珠矣. 張之洞『廣雅堂詩集』下冊有『連珠詩』一卷, 『自序』云: "陸士衡創爲『演連珠』, 後世多效之. 然駢體終不得盡意, 今以其體爲詩, 務在詞達而已." 其詩每篇取子, 史成語發端而申說之, 初非傅玄所謂"假喩達指"之體, 蓋誤以推類之譬擬爲推理之引繹. 嚴復定"三段論法"之譯名爲"連珠", 混淆之失惟均也.)[21]

---

21) 『管錐編』 卷三, 「說＜全上古三代秦漢三國六朝文＞」, 112쪽, 『全晉文』 卷四六.

제3절 호훈(互訓) 계열

호훈(互訓: 상호 교차 설명)은 두 글자가 한 그룹을 이루며, 각각 상대방의 뜻풀이(訓釋) 어로 사용되는 것을 말한다. 예를 들면 다음과 같다.

· 인(咽), 익(嗌: 목구멍)이라는 뜻이다.
· 익(嗌), 인(咽: 목구멍)이라는 뜻이다.

· 모(茅), 관(菅: 골풀)을 말한다.
· 관(菅), 모(茅: 띠풀)을 말한다.

구조적 형식으로 볼 때, 호훈(互訓: 상호 교차 설명)은 단순히 체훈(遞訓: 연속 설명)의 일부분에 불과하며, 두 글자 사이에 이미 하나의 폐쇄적 구조가 형성되어 있다.

『설문』의 전서(篆書)에서 상호 교차 설명된 글자는 모두 153쌍이다. 그 중 대부분은 같은 부류(部類) 안에서의 상호 교차 설명에 속하며, 매우 적은 부분만이 다른 부류 사이에서 발생하는 상호 교차 설명이다, 이는 다른 상황으로 구분된다. 한 가지 상황은 부류 간의 연결이 상대적으로 가깝다는 것이다. 예를 들면 다음과 같다.

· 윤(吮), 칙(欶: 빨다)이라는 뜻이다.
· 칙(欶), 윤(吮: 빨다)이라는 뜻이다.

·경(耕), 려(犂: 밭을 갈다)라는 뜻이다.
·려(犂), 경(耕: 밭을 갈다)라는 뜻이다.

그 중 첫 번째 조합은 '구(口)'와 '흠(欠)' 두 부수를 관련시킨다. '흠(欠)'은 단순히 '구(口)'의 모양이 크게 벌어진 것에 불과하다. 두 번째 조합은 '뢰(耒)'와 '우(牛)' 두 부수를 연결한다. 처음 보면 이 둘은 매우 멀리 떨어져 있어 보이며, 명확한 관계를 찾기 어렵다. 그러나 '경(耕)'자는 '뢰(耒)'로 구성되었는데, 도구에 중점을 두었다. 반면 '리(犂)'자는 '우(牛)'로 구성되었는데, 가축의 힘에 중점을 두었다. 이 두 글자는 모두 농경 시대의 반영이므로, 서로 교차 설명(互訓)이라는 인지적 연결을 설정할 수 있다.

부류 간의 연결이 상대적으로 느슨한 상황을 예를 들면 다음과 같다.

·근(謹), 신(愼: 신중하다)이라는 뜻이다.
·신(愼), 근(謹: 삼가다)이라는 뜻이다.

·연(捐), 기(棄: 버리다)라는 뜻이다.
·기(棄), 연(捐: 버리다)이라는 뜻이다.

제1그룹에서 「언(言)부수」와 「심(心)부수」가 서로 뜻풀이를 하였음은 이미 앞의 글에서 논의하였다. 이 두 분류는 중국 고대 문화 관념에서 원래 서로 통하거나 연계되어 있어서 여전히 위와 같은 연결이 발생할 수 있다. 제2그룹의 '연(捐)'은 「수(手)부수」에 속하고, '기(棄)'는 「반(華)부수」에 속해, 처음에는 관련이 없어 보였다. 그러나 '기(棄)'자는 고대 한자의 경우 '공(廾)'으로 구성되었다. 『설문·반(華)부수』에 따르면, "기(棄: 甲骨 簡帛 古璽 古幣)는 견(捐)이다. '두 손(廾)'으로 '삼태기(莤)'를 밀어내 버리는(棄) 모습을 그렸다. '돌(㐬)'로 구성되었는데, '돌(㐬)'은 아이가 거꾸로 나오는 모습이다(逆子). [신 서현(臣鉉) 등은 이렇게 생각합니다. '돌(㐬)'은 독음이 타(他)와 홀(忽)의 반절이고, 힐(詰)과 리(利)의 반절입니다.] 기(棄)는 기(棄)의 고문체이고, 기(𣫈)는 기(棄)의 주문체이다."라고 했다. 『집운·지(至)부』에 따르면, "기(棄, 弃, 𠔊, 逩, 𣫈)는 경(磬)과 치(致)의 반절로 읽힌다. 『설문』에서는 견(捐)이라는 뜻이며, 두 손(廾)으로 삼태기(莤)를 밀어서 내다 버리는(棄) 모습을 그렸다. 돌(㐬)로 구성되었는데, 돌(㐬)은 아이가 거꾸로 나오는 모습이다(逆子). 고문체에서는 기(棄), 기(弃), 기(逩), 기(𣫈) 등으로 썼다."라고 했다. 이렇게 보면, 오늘날 쓰이는 기(棄)의 간화자 기(弃)는 오히려 고문체와 멀지 않아, '조상으로 되돌아간(返祖) 간화'의 인지 모델로 볼 수 있다. '공(廾)'은 두 손을 모은 모양이며, '수(手)'의 기능과 정확히 일치한다. 따라서 『설문』의 해설 체계에서 이들은 호훈 관계의 내부 관계가 가장 긴밀하다.

이러한 관계로 인해, 한 쌍의 호훈 글자들은 두 개씩 묶여 복합어를 만들 수 있다. 예를 들면 다음과 같다.

- 완(玩), 농(弄: 희롱하다)이라는 뜻이다.
  → 완농(玩弄)
- 농(弄), 완(玩: 갖고 놀다)이라는 뜻이다.

- 진(珍), 보(寶: 보배)이라는 뜻이다.
  → 진보(珍寶)
- 보(寶), 진(珍: 보배)이라는 뜻이다.

통계에 따르면, 총 150여 그룹의 호훈 글자 중 두 개씩 짝을 이루어 오늘날에도 여전히 사용되는 복합어는 거의 60그룹에 이른다. 다음은 그중에서도 상대적으로 자주 나타나는 부분을 열거한 것이다.

- 취(吹), 허(噓: 불다)라는 뜻이다.
  → 취허(吹噓)
- 허(噓), 취(吹: 불다)라는 뜻이다.

- 문(問), 심(訊: 묻다)이라는 뜻이다.
  → 심문(訊問)
- 심(訊), 문(問: 묻다)이라는 뜻이다.

- 음(呻), 음(吟: 끙끙거리다)이라는 뜻이다.
  → 신음(呻吟)
- 음(吟), 신(呻: 끙끙거리다)이라는 뜻이다.

- 도(逃), 망(亡: 달아나다)이라는 뜻이다.
  → 도망(逃亡)
- 망(亡), 도(逃: 달아나다)라는 뜻이다.

- 추(追), 축(逐: 쫓다)이라는 뜻이다.
  → 추축(追逐)
- 축(逐), 추(追: 쫓다)라는 뜻이다.

- 료(遼), 원(遠: 멀다)이라는 뜻이다.
  → 요원(遼遠)
- 원(遠), 료(遼: 멀다)라는 뜻이다.

- 준(蹲), 거(踞: 웅크리고 앉다)라는 뜻이다.
  → 준거(蹲踞)
- 거(踞), 준(蹲: 웅크리고 앉다)이라는 뜻이다.

- 풍(諷), 송(誦: 외우다)이라는 뜻이다.

- 송(誦), 풍(諷: 외우다)이라는 뜻이다.

→ 풍송(諷誦)

- 신(愼), 근(謹: 삼가다)이라는 뜻이다.

- 근(謹), 신(愼: 신중하다)이라는 뜻이다.

→ 근신(謹愼)

- 합(詥), 해(諧: 화합하다)라는 뜻이다.

- 해(諧), 합(詥: 화합하다)이라는 뜻이다.

→ 합해(詥諧)(지금은 통상 '화해(和諧)'로 쓴다)

- 경(警), 계(戒: 경계하다)라는 뜻이다.

- 계(戒), 경(警: 경계하다)이라는 뜻이다.

→ 경계(警戒)

- 기(寄), 탁(託: 맡기다)이라는 뜻이다.

- 탁(託), 기(寄: 맡기다)라는 뜻이다.

→ 기탁(寄託)(지금은 보통 '기탁(寄托)'으로 적는다)

- 가(歌), 영(詠: 노래하다)이라는 뜻이다.

- 영(詠), 가(歌: 노래하다)라는 뜻이다.

→ 가영(歌詠)

- 성(聲), 음(音: 소리)이라는 뜻이다.

- 음(音), 성(聲: 소리)이라는 뜻이다.

→ 성음(聲音)

- 봉(奉), 승(承: 받들다)이라는 뜻이다.

- 승(承), 봉(奉: 받들다)이라는 뜻이다.

→ 봉승(奉承)

- 살(殺), 륙(戮: 죽이다)이라는 뜻이다.

  → 살륙(殺戮)
- 륙(戮), 살(殺: 죽이다)이라는 뜻이다.

- 환(讙), 화(譁: 시끄럽다)라는 뜻이다.

  → 환화(讙譁)(지금은 보통
    '훤화(喧嘩)'로 적는다)
- 화(譁), 환(讙: 시끄럽다)이라는 뜻이다.

- 경(更), 개(改: 고치다)라는 뜻이다.

  → 경개(更改)
- 개(改), 경(更: 고치다)이라는 뜻이다.

- 감(甘), 미(美: 맛있다)라는 뜻이다.

  → 감미(甘美)
- 미(美), 감(甘: 맛있다)이라는 뜻이다.

- 연(捐), 기(棄: 버리다)라는 뜻이다.

  → 연기(捐棄)
- 기(棄), 연(捐: 버리다)이라는 뜻이다.

- 통(痛), 종(腫: 종기가 나다)이라는 뜻이다.

  → 종통(腫痛)
- 종(腫), 통(痛: 아프다)이라는 뜻이다.

- 기(技), 교(巧: 기교)를 말한다.

  → 기교(技巧)
- 교(巧), 기(技: 기교)를 말한다.

- 기(饑), 아(餓: 굶주리다)라는 뜻이다.

  → 기아(饑餓)
- 아(餓), 기(饑: 굶주리다)라는 뜻이다.

『설문해자』인지분석

· 납(內), 입(入: 들다)이라는 뜻이다.

· 입(入), 납(內: 들다)이라는 뜻이다.

→ 납입(內入)(지금은 통상 '납입(納入)'으로 쓴다)

· 완(完), 전(全: 완전하다)이라는 뜻이다.

· 전(全), 완(完: 완전하다)이라는 뜻이다.

→ 완전(完全)

· 은(檃), 은괄(檃栝: 도지개)를 말한다.

· 괄(栝), 은(檃: 도지개)를 말한다.

→ 은괄(檃栝)(지금은 통상 '은괄(隱括)'로 쓴다)

· 박(縛), 속(束: 묶다)이라는 뜻이다.

· 속(束), 박(縛: 묶다)이라는 뜻이다.

→ 속박(束縛)

· 낭(囊), 탁(橐: 주머니)을 말한다.

· 탁(橐), 낭(囊: 주머니)을 말한다.

→ 탁낭(橐囊)

· 방(邦), 국(國: 나라)을 말한다.

· 국(國), 방(邦: 나라)을 말한다.

→ 방국(邦國)

· 조(照), 명(明: 밝다)이라는 뜻이다.

· 명(明), 조(照: 밝다)라는 뜻이다.

→ 조명(照明)

· 매(罵), 리(詈: 욕을 하다)라는 뜻이다.

· 리(詈), 매(罵: 욕을 하다)라는 뜻이다.

→ 리매(詈罵)

- 하(何), 담(儋: 메다)이라는 뜻이다.

  → 담하(儋何)(지금은 통상 '담
    하(擔荷)'로 쓴다)

- 담(儋), 하(何: 메다)라는 뜻이다.

- 창(創), 상(傷: 상처)을 말한다.

  → 창상(創傷)

- 상(傷), 창(創: 상처)을 말한다.

- 희(欷), 허(歔: 흐느끼다)라는 뜻이다.

  → 희허(欷歔)

- 허(歔), 희(欷: 흐느끼다)라는 뜻이다.

- 포(庖), 주(廚: 부엌)를 말한다.

  → 포주(庖廚)

- 주(廚), 포(庖: 부엌)를 말한다.

- 연(然), 소(燒: 불사르다)라는 뜻이다.

  → 연소(然燒)(지금은 통상
    '연소(燃燒)로 쓴다)

- 소(燒), 연(然: 불사르다)이라는 뜻이다.

- 의(意), 지(志: 뜻)를 말한다.

  → 의지(意志)

- 지(志), 의(意: 뜻)를 말한다.

- 공(恐), 구(懼: 두렵다)라는 뜻이다.

  → 공구(恐懼)

- 구(懼), 공(恐: 두렵다)이라는 뜻이다.

- 참(慙), 괴(媿: 부끄럽다)라는 뜻이다.

  → 참괴(慙媿)(지금은 통상
    '참괴(慚愧)'로 쓴다)

- 괴(媿), 참(慙: 부끄럽다)이라는 뜻이다.

『설문해자』인지분석

- 사(氾), 람(濫: 넘치다)이라는 뜻이다.

- 람(濫), 사(氾: 넘치다)라는 뜻이다.

→ 사람(氾濫)(지금은 통상 '범람(泛濫)'으로 쓴다)

- 치(恥), 욕(辱: 부끄럽다)이라는 뜻이다.

- 욕(辱), 치(恥: 부끄럽다)라는 뜻이다.

→ 치욕(恥辱) (지금은 통상 '치욕(恥辱)'으로 쓴다)

- 빙(仌), 동(凍: 얼다)이라는 뜻이다.

- 동(凍), 빙(仌: 얼다)이라는 뜻이다.

→ 빙동(仌凍)(지금은 통상 '빙동(冰凍)'으로 쓴다)

- 령(聆), 청(聽: 듣다)이라는 뜻이다.

- 청(聽), 령(聆: 듣다)이라는 뜻이다.

→ 령청(聆聽)

- 배(排), 제(擠: 밀어내다)라는 뜻이다.

- 제(擠), 배(排: 밀어내다)라는 뜻이다.

→ 배제(排擠)

- 절(截), 단(斷: 끊다)이라는 뜻이다.

- 단(斷), 절(截: 끊다)이라는 뜻이다.

→ 절단(截斷)

- 전(繮), 요(繞: 얽히다)라는 뜻이다.

- 요(繞), 전(繮: 얽히다)이라는 뜻이다.

→ 전요(繮繞)

- 체(締), 결(結: 끈으로 묶다)이라는 뜻이다.

- 결(結), 체(締: 끈으로 묶다)라는 뜻이다.

→ 체결(締結)

· 온(醞), 양(釀: 술을 빚다)이라는 뜻이다.

→ 온량(醞釀)

· 양(釀), 온(醞: 술을 빚다)이라는 뜻이다.

어떤 언어든 진정한 혹은 완전한 동의어, 즉 어떠한 맥락에서나 서로 교환할 수 있는 단어는 매우 제한적이다. 바로 그런 이유로, 『설문』의 설명 계열 중에서 서로 대체 가능하며, 서로 설명할 수 있는 '호훈 인지 계열'은 다른 설명 계열에 비해 그 비중이 훨씬 적다.

그러나 세상에 존재하는 사물들은 언제나 섞여 중복되거나, 혼동되어 나뉘지 않거나, 인접한 것과 하나가 된 복잡한 상태에 있다(雜糅重合, 淆而不分, 柄同邊鄰). 이러한 상태를 특별히 중시하는 중국어에서는 어휘의 쌍을 구성하거나, 대립적으로 풍부하게 표현하거나, 변려체(騈體)의 발달 등이 그러한 특징을 반영해 준다. 위에서 열거한 한자들 중 일부는 서로 짝을 이루거나, 서로 설명하여 단어를 형성하는 것이며, 이것은 바로 병렬적 사고를 중시하는 특징의 구체적인 반영이다.

언어학에서 '동의어의 반복'(tautology)은 '불필요한 단어'나 '장황한 표현'과 동일한 말이다. 마찬가지로 중국어의 '병렬'에 대한 장단점에 대한 평가는 항상 호불호가 갈리며, 칭찬과 비난이 혼재해 왔다. 『관추편』이 출간되면서부터 그 많은 관계를 비로소 구체적으로 분석하기 시작했다.

첫째, 변우체(騈偶體)와 그 발생

『순자』는 대비적 배열이 깔끔하여 이미 『장자』나 『맹자』에 비해 변

『설문해자』 인지분석

우체에 더 가깝다. 『장자』에서는 '의(意)'를 내세워 의미를 세운다. 『노자』가 '한정적'인 것에 비해, 『장자』의 '우언(寓言)'은 직접적으로 표현하지 않는데, 그 기능은 극적인 변우문의 사용에 의존하기 위함이다.

둘째, 변우체와 어휘의 낭비

단어가 대립적일수록 어휘의 낭비는 쉽게 일어난다. 그러나 단어의 낭비는 모두 단어의 대립 때문만은 아니다. 고대에는 의미는 세밀하게 하면서 어휘를 풍부하게 사용한 경우가 많았다. 따라서 장점과 단점, 이로움과 병폐를 알아야 하며, 오로지 대립적인 것에만 주목해서는 안 된다.

셋째, 변우체와 변우 언어

이를 논하려 하면, 변우체의 문장은 필수적이지 않으나, 변우적인 언어를 부정할 수는 없다. 변우체의 문장에는 두 가지 문제점이 있다. 첫째, 구시대의 사건으로 현대의 사건을 대체하는 것, 별을 가리키며 달로 대체하는 것과 같은 문제이다. 둘째, 두 가지 언어가 하나의 언어로 취급되는 문제, 집을 중첩시키거나 침대를 쌓는 것과 같은 문제이다. 그러나 이러한 문제 때문에 전체를 버릴 수는 없다. ……구시대의 사건을 인용하는 것은 실제로 '완곡적 표현'(periphrasis) 중 하나이다. 중국의 작가들은 이에 뛰어나며, 그 규모는 웅대하고 다양한 형태를 가지고 있다.

넷째, 변우체(駢偶體)의 언어와 세상의 원리

세상의 원리는 항상 양면성과 이중적 구조를 가지며, 긍정과 부정, 적대와 결합의 관계를 맺는다. 따라서 의미를 깊게 하고 언어를 통해 표현하려면, 대립적인 표현이 적절하다. 『문심조룡(文心雕龍)·여

사(麗辭)』편에서는 이렇게 말했다. "신의 원리가 사용되면, 사건은 혼자서 존재하지 않는다.(神理爲用, 事不孤立.)" 또한 "반대의 것이 우월하여(反對爲優)" "이론은 다르지만 취미는 일치하는(理殊趣合)" 것에 이른다고 했다. 이 언급 또한 이런 의미를 함축하고 있다. 『육조법보단경·부촉(付囑)』제10에서는 "말을 할 때는 가능한 쌍을 이루게 하여, 모두 대법(對法)을 취하며, 오고 감에서 서로 연관되게 한다.(出語盡雙, 皆取對法, 來去相因.)"라고 표현했는데, 이는 변우체의 최상의 설명법이라고 할 수 있다.

다섯 번째, 변우체의 언어와 '긍정과 부정의 대립'

(긍정의 대립은) 두 가지를 하나로 간주하며, (부정의 대립은) 양쪽을 모두 고려하고 한 방향으로 치우치지 않는다.……베이컨(Francis Bacon)은 사람들에게 부정적인 것들을 모아 학문과 재능을 쌓도록 가르쳤으며[1], 레싱(Gotthold Ephraim Lessing)은 예리한 판단과 깊은 탐구가 항상 부정적인 것에서 나온다고 주장했다.[2][3] 혹은 글쓰기에

---

1) [역주] 프랜시스 베이컨(Francis Bacon, 1561-1626)은 근대 과학 방법론의 선구자로, '부정적인 것'에 주목하는 독특한 접근 방식을 제시했다. 그의 주요 저서 『신기관』(Novum Organum, 1620)에서 베이컨은 실수와 오류를 중요한 학습의 원천으로 보았다. 그의 귀납적 방법론은 개별적 사례들, 특히 부정적이거나 예외적인 사례들을 통해 일반적 원리를 도출하는 과정을 강조했다. 또 '우상론'(Idola)을 통해 인간의 사고를 왜곡시키는 네 가지 편견(즉 종족의 우상, 동굴의 우상, 시장의 우상, 극장의 우상)을 지적하고, 이를 극복해야 한다고 주장했다. 이는 인간 지식의 한계를 인식하고 이를 극복하려는 노력의 중요성을 강조한 것이다. 그의 이러한 사상은 지식 획득에 있어 '부정적인 것'의 역할을 재평가하는 계기가 되었으며, 현대 과학의 실험적 방법론과 비판적 사고의 근간을 형성했다. 그의 접근 방식은 끊임없이 의문을 제기하고 검증하는 과학적 태도의 중요성을 강조했다는 점에서 현대 과학 발전에 큰 영향을 미쳤다.
2) [역주] 고트홀트 에프라임 레싱(Gotthold Ephraim Lessing, 1729-1781)은 독일 계몽주의의 대표적 작가이자 비평가로, 예리한 판단과 깊은 탐구가 부정적인 것에서 나온다고 주장했다. 그의 대표작 『함부르크 극작법』(Hamburgische Dramaturgie, 1767-1769)에서 레싱은 기존의 것을 부정하고 의문을 제기하는 과정에서 더 깊은 이해가 가능하다고 보았다. 그의 사고방식은 헤겔식 변증법

『설문해자』인지분석

서 부정적으로 많이 쓴다면, 그 사람의 사고방식은 반드시 논증에
능숙하다고 볼 수 있는데, 존슨이 그 예이다.[4] 따라서 변우적인 문
체는 넘어가서 폐기할 수 있지만, 변우적인 언어나 단어를 폐기하고
자 한다면, 어떻게 폐기할 수 있겠는가?[5]

과 유사한 특성을 보이며, 부정을 통해 더 높은 수준의 진리에 도달할 수 있다
고 믿었다. 또한 그는 불완전한 것, 잘못된 것을 인식하고 극복하는 과정에서
지적 성장이 이루어진다고 보았다. 이러한 관점은 그의 작품 『현자 나탄』
(*Nathan der Weise*, 1779)에서도 드러난다. 그의 이러한 사상은 독일 계몽주의
문학과 철학에 큰 영향을 미쳤으며, 비판적 사고와 지적 성장에 대한 현대적 관
점 형성에 기여했다.

3) [역주] 위에서 언급한 베이컨과 레싱은 부정적 요소의 중요성을 강조한 사상가
들이다. 베이컨은 오류와 편견을 인식하고 분석하는 것이 학문과 재능을 쌓는
데 중요하다고 보았으며, 이는 그의 귀납적 방법론과 '우상론'에 반영되어 있다.
레싱도 이와 유사하게 예리한 판단과 깊은 탐구가 기존의 것을 부정하고 의문
을 제기하는 과정에서 나온다고 주장했다. 두 사상가 모두 비판적 사고의 중요
성을 강조하며, 오류나 부정적 사례를 통한 학습이 더 깊고 견고한 지식으로 이
어진다고 보았다. 이러한 관점은 단순히 긍정적인 지식을 쌓는 것이 아니라, 부
정과 극복의 과정을 통해 지적 성장과 발전이 이루어진다는 것을 시사한다. 이
들의 사상은 현대 과학 방법론과 비판적 사고의 기초를 형성하며, 학문과 지식
의 발전에 중요한 영향을 미쳤다.

4) [역주] 여기서 말한 '존슨'은 사무엘 존슨(Samuel Johnson, 1709-1784) 박사로
추정된다. 그는 18세기 영국의 저명한 문학가이자 비평가로, '부정적인 글쓰기'
의 맥락에서 그의 글쓰기 스타일이 언급되었다. 존슨의 문체는 종종 비판적이
고 '부정적'으로 여겨졌지만, 이는 그의 깊은 통찰력과 뛰어난 논증 능력을 반영
한 것이었다. 그의 글은 강력한 논증 구조를 가지고 있었으며, 다양한 관점을
고려하고 반대 의견을 검토한 후 자신의 입장을 정립하는 특징을 보였다. 존슨
의 예는 베이컨과 레싱의 주장, 즉 부정적인 것에서 더 깊은 통찰과 지식이 나
올 수 있다는 관점을 실제 인물을 통해 뒷받침하고 있다. 이를 통해 비판적이거
나 '부정적'인 글쓰기 스타일이 오히려 깊이 있는 사고와 뛰어난 논증 능력의
징표가 될 수 있음을 보여준다.

5) 『管錐編』 卷四, 「論<全上古三代秦漢三國六朝文>」, 230쪽, 『全陳文』 卷七.

제4절 동훈(同訓) 계열

『설문』의 '동훈(同訓)' 계열은 동훈 현상이 주로 동일한 부수 내에서 발생한다는 인지 특성을 가지고 있다. 통계에 따르면, 『설문』의 동훈 해설 예는 약 1,400자에 이르며, 이 1,400개의 글자는 448개의 동훈 그룹을 구성한다. 각 그룹에는 최소 두 글자가 포함되어 있고, 많을 경우에는 수십 개의 글자가 포함되어 있다.

> · 녹(祿), 복이라는 뜻이다(福也).
> · 사(祠), 복이라는 뜻이다(福也).
> · 상(祥), 복이라는 뜻이다(福也).
> · 지(祉), 복이라는 뜻이다(福也).

동훈 글자들 사이에 사용된 설명어는 동일하기 때문에, 우리는 일부 낯선 글자의 의미를 이해하는 데 도움을 받게 된다. 예를 들어, 위의 동훈 글자 그룹에서 '록(祿)'을 '복(福)'의 의미로 설명했음을 바탕으로 '사(祠)'자의 원래 의미를 추론할 수 있다. '록(祿)', '상(祥)', '지(祉)', '사(祠)'가 동일한 동훈 계열에 속한다는 것을 기억한다면 '사(祠)'의 의미도 알게 된 것이나 진배없다.

그러나 동훈 계열이 제공하는 이러한 인지 상의 도움은 결국은 매우 제한적이다. 대부분의 동훈 계열, 특히 그 글자 수가 방대한 계열들은 논리학적으로 여러 하위 개념을 상위 개념에 포함시키기만 하지 구체적인 함의를 밝혀주지는 않는다. 따라서 우리는 구체적인 해

『설문해자』인지분석

당 지식을 얻을 수 없다. 예를 들면 다음과 같다.

· 료(璙), 옥을 말한다(玉也).
· 관(瓘), 옥을 말한다(玉也).
· 경(璥), 옥을 말한다(玉也).

· 전(瑱), 옥을 말한다(玉也).
· 우(瓔), 옥을 말한다(玉也).
· 력(瓅), 옥을 말한다(玉也).
· 강(玒), 옥을 말한다(玉也).
· 항(珦), 옥을 말한다(玉也).
· 랄(瓎), 옥을 말한다(玉也).
· 로(璐), 옥을 말한다(玉也).
· 가(珂), 옥을 말한다(玉也).
· 기(玘), 옥을 말한다(玉也).
· 후(珝), 옥을 말한다(玉也).
· 숙(琡), 옥을 말한다(玉也).
· 공(珙), 옥을 말한다(玉也).1)

· 구(球), 옥의 소리를 말한다(玉聲也).
· 령(玲), 옥의 소리를 말한다(玉聲也).
· 창(瑲), 옥의 소리를 말한다(玉聲也).
· 정(玎), 옥의 소리를 말한다(玉聲也).
· 쟁(琤), 옥의 소리를 말한다(玉聲也).

---

1) 한 가지 덧붙이자면, '옥을 말한다(玉也)'라고 같은 의미로 풀이한(同訓) 그룹 중
   에서 '공(珙)'과 그 옥의 '종류(種)'가 병렬되어 있음을 지적할 수 있다. 이는 우
   리로 하여금 『좌전』에 나타난 '공벽(拱璧)'의 '공(拱)'을 떠올리게 하는데, 그 본
   래 글자가 바로 '공(珙)'이다. 『집운 · 종(鍾)부』에는 이렇게 기록되어 있다. "공
   (珙, 拱)은 거(居)와 용(容)의 반절로 읽는다. 대벽(大璧)을 말하는데, 『춘추전』에
   서 '우리에게 그 공벽(拱璧)을 준다'라고 했다. 서막(徐邈)의 독음을 따랐으며, 혹
   체에서는 공(拱)으로 쓰기도 한다."

· 쇄(瑣), 옥의 소리를 말한다(玉聲也).
· 황(瑝), 옥의 소리를 말한다(玉聲也).

· 탁(琢), 옥을 다듬다는 뜻이다(治玉也).
· 주(琱), 옥을 다듬다는 뜻이다(治玉也).
· 리(理), 옥을 다듬다는 뜻이다(治玉也).

이 세 그룹의 동훈 글자들은 모두 「옥(玉)부수」에 속한다. 일부는 그저 그것들이 옥의 한 종류라는 것만을 알려줄 뿐, 구체적으로 어떤 종류의 옥이며, 어떤 특징을 가지고 있는지는 알려 주지 않는다. 또 다른 글자들은 단지 일련의 글자들이 공통으로 반영하는 물리적 속성만을 암시하며, 각각의 구체적인 '옥의 소리'가 '철기 병의 돌진 소리(鐵騎突出)'인지, 혹은 '은으로 만든 병이 갑자기 깨어지는 소리(銀瓶乍破)'인지, 아니면 '옥구슬이 옥 접시에 떨어지는 소리(珠落玉盤)'인지……어떠한지를 구체적으로 알 수 없다. 또 다른 그룹은 단지 '옥가공'이라는 공통의 정보만 알려줄 뿐, '가공'과 '세공' 사이에 어떤 차이가 있는지를 '동훈'만으로는 관찰할 수가 없다.

그럼에도 일부 동훈 글자 그룹의 처리는 한자사전의 편찬자에게 아마도 어쩔 수 없는 방식이었을 지도 모른다. 다음의 예를 보자.

· 교(璬), 옥 장식을 말한다(玉佩也).
· 결(玦), 옥 장식을 말한다(玉佩也).

· 숙(璹), 옥 기물을 말한다(玉器也).
· 뢰(瓃), 옥 기물을 말한다(玉器也).

다른 문헌을 참조하면, 이 두 그룹의 동훈 글자들이 언급하는 두

『설문해자』 인지분석

종류의 옥기와 두 종류의 옥 장식의 구체적인 형태와 특징을 명확하게 이해할 수 있을 것이다. 그러나 간결하고 명확한 언어로 그들 각각의 의미 범위를 정의였기에 독자들로 하여금 인지적으로 구분할 수 있게 만드는 것은 쉽지 않다. 하지만 한자자전 편찬이 가진 형식적 제한을 고려하면, 허신이 왜 동훈 방법을 대량으로 사용했는지를 이해할 수 있을 것이다.

또한, 『설문』의 동훈 계열을 종합적으로 처리하는 과정에서, 동일한 설명어를 사용하는 동훈 글자 그룹과 관련된 특정 현상을 자주 마주친다. 바로 소위 '표제자 소전체를 연결해 읽기(連篆讀)'로 단어를 형성하는 현상이 그것이다. 예를 들면 다음과 같다.

· 근(瑾), '근유'라는 아름다운 옥을 말한다(瑾瑜美玉也).
· 유(瑜), '근유'라는 아름다운 옥을 말한다(瑾瑜美玉也).

· 매(玫), '불로 구워낸 구슬(火齊)²)로, 매괴(玫瑰)'를 말한다.³)(火齊玫瑰也).
· 괴(瑰), '매괴'를 말한다(玫瑰).

· 편(萹), '편축' 즉 마디풀을 말한다(萹茿也).
· 축(茿), '편축' 즉 마디풀을 말한다(萹茿也).

---

2) [역주] 서호의 『단주전』에 의하면, "화제(火齊)는 약물과 불을 사용해 만들어낸다"라고 하였고, 장순휘의 『설문약주』에서는 이렇게 말했다. "화제(火齊)라는 방법은 중국의 고유한 방법이 아니라 외지에서 들어온 것으로, 오늘날 말하는 굽기에 의한 방법(燒料)이다. 구워서 만들어 낸 구슬을 매괴(玫瑰)라고 했는데, 이는 이후에 나온 뜻이다. 옥돌이 매괴(玫瑰)의 본래 뜻일 것이다."
3) [역주] 『단주』에서는 매괴(玫瑰)를 민괴(玟瑰)로 고쳤는데, 『운회(韻會)』에서 인용한 『설문』에 근거했으며, 「자허부(子虛賦)」의 진작(晉灼) 주석, 여정(呂靜)의 『운집(韻集)』도 마찬가지이라고 했다.

· 해(薢), '해구' 즉 초결명을 말한다(薢茩也).
· 후(茩), '해구' 즉 초결명을 말한다(薢茩也).

· 제(薺), '제질' 즉 돌피를 말한다(薺荚也).
· 질(荚), '제질' 즉 돌피를 말한다(薺荚也).

　위에서 「옥(玉)부수」에 속한 두 그룹의 예 중 '근(瑾)'과 '유(瑜)'는 동의어인데, 이는 오늘날에도 여전히 사용되는 '회근악옥(懷瑾握玉: 귀한 옥을 품고 옥을 쥐고 있다. 즉 훌륭한 인재가 자신의 능력을 숨기고 있다)'과 같은 관용구에서도 확인할 수 있다. 그러나 '근(瑾)'과 '유(瑜)'가 가리키는 것은 아마 특별한 종류의 '미옥(美玉)'일 것이므로, 『설문』에서 설명할 때 '미옥' 앞에다 두 글자를 연속으로 읽어 차이를 제한했다. '동훈 계열'을 통계 처리하는 과정에서도 그들을 단순하게 '미옥'의 범주에 포함시키지는 않았다. 또 '매(玫)'와 '괴(瑰)' 두 글자는 사용된 설명어가 다르지만, 실제로 이 두 글자는 기록된 언어에서는 소위 '연면어(連綿詞)'로 표현된다. 「초(草)부수」에 속한 세 그룹의 예도 모두 '연전독(連篆讀)'이며, 모두 '단순어(單純詞)'로 간주되어 두 음절을 연결하여 하나의 의미를 표현한다. 이러한 경우 이들을 분해하여 분석할 수 없으며, 이들을 '동훈'에 포함킨 것은 사실 기계적인 조치였을 뿐이다.
　『설문』의 '동훈 계열'의 대부분은 '종(種)에 근거해 속(屬)에다 분류시키는' 방식이다. 이것은 일반적으로 사람들에게 확정된 지식을 제공하지 못하며, 단순한 인지의 분류로, 하나의 범위를 나타낼 뿐이다. 그럼에도 고대 언어를 이해하는데 진정한 장애가 '명물(名物: 사물의 이름)'에 있다는 것을 알기 때문에, 『설문』의 동훈 계열을 이해하는 것이 단순히 인지 방법이라는 의미에 머물지만은 않는다.

「초(艸) 부수」에는 '풀을 말한다'라는 의미로 분류한 글자가 67자에 이른다. 「읍(邑) 부수」에서는 '지명'에 속하는 글자가 23자다. 「목(木) 부수」에서는 '종(種)에 근거해 속(屬)에다 분류하여 '나무이다'라고 풀이한 동훈 관계의 글자는 50자에 이른다. 「어(魚) 부수」에서는 '어류의 이름'으로 분류된 글자가 30자이다. 「충(蟲) 부수」에서 '벌레이다'라는 의미로 분류된 글자가 14자다.

한자에서 많은 '동훈 인지 계열'이 존재하며, 이는 언어 표현의 대비와 중첩, 나열을 편리하고 용이하게 한다. 중국에서는 '변부(駢賦: 변려체로 된 부)'가 특별히 발전하였으며, 특히 한나라 때의 '대부(大賦: 장편의 부)'는 한동안 매우 번성하였다. '부(賦)는 나열하다(鋪)는 의미'로, 한나라 때의 부(賦)는 나열과 대비를 최대한으로 활용하였는데, 솔직히 말하자면 이들은 이러한 인지 기반을 가지고 있었다.

매승(枚乘)의 「칠발(七發)」은 한자자전에서 '분해하여 종류별로 나열하는 것'과 거의 같은 방식이다. 다음을 보자.

> 이에 박학다식한 선비들로 하여금 산천의 근원을 탐구하고, 초목의 이치를 깊이 연구하게 하였으며, 사물을 비유하고 일을 연관 지으며, 말을 나누고 유사한 것들을 연결하게 하였다. 유유히 둘러보며 감상한 후, 우회(虞懷)의 궁전에다 술을 차려 놓았다. 회랑은 사방으로 뻗어있고, 누각은 층층이 쌓여있으며, 검푸른(玄綠)의 빛깔이 어지러이 펼쳐져 있다. 수레 길은 굽이굽이 이어지고, 황지(黃池)는 구불구불하다. 흰 해오라기와 공작, 학, 백조, 난새 새끼와 꿩들이 어울려 있다. 푸른 갈기와 자줏빛 갓끈을 한 용들이 덕스럽게 모여 우렁차게 울어댄다. 양어(陽魚)들은 뛰어오르며, 날개를 펴고 비늘을 흔든다. 물가에는 여뀌와 물풀이 가득하고, 덩굴식물과 향기로운 영지가 자라나 있다.
>
> (於是使博辯之士, 原本山川, 極命草木, 比物屬事, 離辭連類. 浮遊覽觀, 乃

下置酒於虞懷之宮, 連廊四注, 台城層構, 紛紅玄綠. 輦道邪交, 黃池紆曲. 溷章白鷺, 孔鳥鶤鵠, 鵁䴇鴻鷖. 翠鬣紫纓, 蟠龍德牧, 邑邑群鳴. 陽魚騰躍, 奮翼振鱗. 滾淼壽蓼, 蔓草芳苓.)[4]

심지어 가의(賈誼)의 「과진론(過秦論)」과 같은 위대한 글도 "중복된 문장 구성, 단어는 많지만 의미가 부족하다."라는 고질적인 문제를 피할 수 없었다. 다음을 보자.

'천하를 석권하다(席卷天下)', '우주 안을 모두 포괄하다((包擧宇內)', '사해를 주머니에 넣다(囊括四海)', '팔황을 모두 삼키다(並呑八荒)'라 는 네 구절은 모두 같은 뜻이다. 이 중 둘만 골라 쓰더라도 이미 충 분할 것 같은데, 지금 이렇게 구절을 쌓아올리니 말은 살찌고 뜻은 야위었다. 이는 『양공필록((楊公筆錄)』에서 조롱한 시구인 '한 명의 외로운 스님이 홀로 간다'나, 『광소부(廣笑府)』 권1에서 조롱한 시구 인 '문을 닫고 지게문을 잠그고 사립문을 가리다', 또는 『양반추우암 수필(兩般秋雨盦隨筆)' 권3에서 조롱한 '묵파(墨派)' 팔고문(八股文)의 '천지는 곧 우주의 건곤이요, 실로 내 마음의 중심에 품고 있는 바이 네.'라는 구절과 다를 바 없다. 비록 대우(對偶)가 정제되어 있다 하 더라도, 여전히 합장병(合掌病)의 병폐가 있다.
("席卷天下", "包擧宇內", "囊括四海", "並呑八荒"四者一意, 任擧其二, 似 已暢足, 今乃堆疊成句, 詞肥義瘠, 無異『楊公筆錄』所嘲詩句"一個孤僧獨自 行", 『廣笑府』卷一所嘲詩句"關門閉戶掩柴扉", 或『兩般秋雨盦隨筆』卷三所 嘲"墨派"八股"天地乃宇宙之乾坤, 吾心實中懷之在抱"; 卽對偶整齊, 仍病合 掌.)[5]

『설문』의 동훈 계열에서 보여주는 '종(種)에 근거해 속(屬)에다 분 류시키는' 인지 모델은 사실 중국 고대의 논리적 분류 사고를 반영하

---

4) 『全上古三代秦漢三國六朝文』, 『全漢文』 卷二十.
5) 『管錐編』, 권3, 891~892쪽.

　　　　　　　　　　　　　　　『설문해자』 인지분석

고 있다. 이러한 사고방식은 당연히 후대의 다른 분야에서도 나타난다. 예를 들어, 당나라 우세남(虞世南)의 『북당서초(北堂書抄)』는 송대에 이르러 '유서(類書: 중국의 백과사전)'를 성행시켰다. 『송사·예문지(藝文志)』에는 총 278부(部)의 유서가 기록되어 있는데, 이들 유서는 대부분 내용에 따라 분류하여 편찬되었다. 『태평유람(太平禦覽)』은 총 5,363개의 부류로 나누었으며(부록의 부류까지 포함하면 총 5,426개), 『태평광기(太平廣記)』는 92개의 대 부류와 150개 이상의 소 부류로 나누었으며, 『책부원귀(冊府元龜)』는 1,104개의 부류로 나누었다. 이러한 영향 하에, 송나라 판본 "당시별집(唐詩別集)"도 주로 내용에 따라 분류하여 편찬되었다. 예컨대, 『위소주집(韋蘇州集)』은 연집(燕集), 기증(寄贈), 송별(送別), 수답(酬答), 봉우(逢遇), 회사(懷思), 행려(行旅), 감탄(感歎), 등조(登眺), 유람(遊覽), 잡흥(雜興) 등의 분류로 나누었으며, 『맹동야집(孟東野集)』은 감흥(感興), 영회(詠懷), 유적(遊適), 거처(居處), 행역(行役), 기증(寄贈), 회기(懷寄), 수답(酬答), 송별(送別), 영물(詠物), 잡제(雜題), 애상(哀傷) 등 14개의 분류로 나누었다. 이러한 예는 더욱 다양하다.

제5절 일왈(一日) 계열

『설문』에서 '일왈(一日)'은 한 글자가 여러 의미(두 가지 혹은 그 이상의 의항)를 가진 현상을 반영하는 중요한 인지 방식이다. 글자의 의미는 복잡하고 다양한 체계를 가지고 있으며, 『설문』은 이전에 언급한 '체훈(遞訓) 계열'을 통해 이를 반영하고, 그 외의 주된 방법은 '일왈(一日) 계열'을 통해 이를 반영하게 된다.

『설문』 전용 데이터베이스의 통계에 따르면, '일왈 계열'은 총 712예에 이르는데[1], 대략 '파생(引申)'과 '이명(異名)' 두 가지 인지 유형으로 구분할 수 있다.

여기서 '파생' 관계에 있는 글자는 『설문』에서 기본 의미를 설명한 뒤 '일왈(一日)'을 추가한 경우를 가리키며, 이 둘 사이에는 '도출하는 것'과 '도출되는 것' 사이의 논리적 관계가 있는 부분의 글자임을 의미한다. 예를 들면 다음과 같다.

· 교(嘂), '큰 소리(高聲)'를 말한다. 일설에는 '크게 부르다(大呼)'라는 뜻이라고도 한다.(高聲也, 一日大呼也.)[2]

---

1) 『설문』의 대서본에 따르면 '일왈(一日)'을 사용하지 않은 누락한 예가 있다. 예를 들어, 「멱(糸)부수」에서 '지(紙)'자를 수록하고, 구조를 이렇게 분석했다. "絮一苫也. 從糸氏聲. 諸氏切." 『원본옥편(原本玉篇)』은 당시 『설문』의 기록을 인용하여 "설문』에서, 紙, 箈也, 一日絮也. 或爲紙字, 在巾部."라고 했다. 일본에 보관된 당나라 때의 사본 『전례만상명의(篆隸萬象名義)』도 관련된 기록을 보관하고 있으며, 두 문헌의 의미 항목과 순서는 완전히 일치한다. "紙, 之是[反]. 箈[也], 絮[也]."

'고성(高聲)'과 '대호(大呼)'의 관계는 명확하다. 둘 다 모두 큰 소리를 내는 것에서 비롯되었다. 그리고 이 두 가지 의항은 기본적으로 동일하다고 간주할 수 있기 때문에 '동의어 파생(同義引申)'이라고 부를 수 있다. 또한 '황(荒)'자의 설명에서 이렇게 말했다.

· 황(荒), '거칠다(蕪)'라는 뜻이다. 초(艸)가 의미부이고 황(巟)이 소리
  부이다. 달리 '잡초가 우거진 땅(艸淹地)'을 말한다고도 한다.(蕪
  也. 一日艸淹地也.)3)

'황무(荒蕪)'와 '초엄지(草淹地)' 두 의항 사이에서도 동의어 파생(同義引申)의 관계가 존재한다.

『설문』의 '일왈(一曰)' 계열에는 위에서 언급한 것처럼 글자의 의미가 같거나 유사한 일반적인 파생(引申) 인지 외에도 많은 특별한 파생유형이 포함되어 있다. 주요한 것들은 다음과 같다.

a. 인과 파생(因果引申)

· 성(胜), '개기름의 고약한 냄새(犬膏臭)'를 말한다. 일설에는 '익히지
  않은 것(不孰)'을 말한다고도 한다.(犬膏臭也. 一日不孰也.)4)

'견고취(犬膏臭)'와 '불숙(不熟)' 사이의 경우, '고기를 익히지 않아서' '견고취(犬膏臭)'가 생기게 된다. 두 가지 사이에는 원인과 결과의 관계가 존재한다. 같은 예를 들면 다음과 같다.

---

2) 『說文·吅部』: "교(咷)는 오늘날의 규(叫: 울부짖다)자이다."
3) 『說文·艸部』: "초(艸)는 초(草)의 고문체이다."
4) 『說文·肉部』: "성(胜)은 성(腥)의 본래글자이며, 숙(孰)은 숙(熟)의 고문체이다."

· 몽(矇), '눈이 무엇인가에 뒤덮인 것 같은 사람, 즉 청맹과니(童矇)'
  를 말한다. 일설에는 '눈이 밝지 않다(不明)'라는 뜻이라고도 한
  다.(童矇也. 一曰不明也.)[5]

'동(童)'은 눈동자를 말하고(瞳子也), '동몽(童矇)'은 눈의 동자에 무언
가 뒤덮인 것을 말한다. 그래서 자연스레 "분명하지 않다(不明)"는 뜻
이 나온다. 이 둘 간의 관계는 앞이 원인이고 뒤가 결과인 관계인데,
이 역시 '일왈(一曰)'의 예로 표시되었다.

b. 반정 파생(反正引申)
'일왈(一曰)' 계열에서 일부의 기본 의미와 '일왈'의 두 항목 사이에는
서로 상반되거나 대립되는 관계가 있는데, 이를 인지 방식에서의 반정
(反正) 파생 유형으로 볼 수 있다. 예를 들면 다음과 같다.

· 련(䜌), '[말이] 어지럽다(亂)'라는 뜻이다. 일설에는 '다스리다(治)'라
  는 뜻이라고도 한다.(亂也. 一曰治也.)

'치(治)'와 '란(亂)'은 서로 반대되면서도 상호 대립적이다. 둘 다 '련
(䜌)'에서 비롯된 글자들이다. 또한 다음과 같은 예도 있다.

· 매(昧), '매상(昧爽)은 해가 떠오를 때(旦明)'를 말한다.[6] 일설에는

---

5) 『說文·目部』, 단옥재(段玉裁) 주석본에서는 '동몽(童蒙)'으로 적었고, 이렇게 주
   석했다. "이는 눈동자에 무언가 뒤덮인 것 같은 것을 말한다(謂目童子如蒙覆也).
   『예기』에서 '마치 뒤덮인 것을 걷어낸 것처럼 밝다는 것은 뒤덮고 있던 것을 걷
   어냈다는 말이다(昭然若發矇. 謂如發其覆.)'라고 했다."
6) [역주] 이에 대해서는 '미상(昧爽)'을 표제자로 보아야 한다는 견해가 있다. 예컨
   대 청나라 때의 전대흔(錢大昕)은 『십가재양신록(十駕齋養新錄)』에서 "미상은 날

384 『설문해자』 인지분석

'어둡다(闇)'라는 뜻이라고도 한다.(爽旦明也. 一曰闇也.)[7]

'상(爽)'은 밝다는 의미이며, '암(闇)'은 문을 닫아 빛이 보이지 않음을 의미한다. '상단명(爽旦明)'과 '암(闇)'은 음과 양의 경계, 밝음과 어두움의 관계에서 상호 대립적인 관계에 있다. 그들의 인지는 '매(昧)'에서 비롯된다.

c. 체용 파생(體用引申)

'체(體)'와 '용(用)'은 모두 고전 철학의 개념으로, 하나의 실체가 있다면 그에 따른 쓰임도 있다는 관계를 중시한다. 이에 대해서는 앞서 언급한 내용을 참조하면 된다. 체(體)와 용(用)을 구분하지 않는 사고방식은 한자의 의미 확장 인지 규칙에도 반영되어 있다. 여기서는 '일왈(一曰) 계열' 중의 한 유형을 '체용 파생' 인지 방식이라고 일단 정의한다. 예를 들면 다음과 같다.

· 감(鑑), '큰 대야(大盆)'를 말한다. 일설에는 감(監) 즉 감(鑑)은 저(諸)를 말한다고도 하는데, 달빛 아래서 맑은 이슬을 채취할 때 쓰던 기물이다(可以取明水於月).[8](大盆也. 一曰監諸可以取明水於月.)[9]

이 밝다는 뜻이다(昧爽, 旦明也.)", "힐향은 베를 말한다(肣響, 布也.)", "추애는 아래라는 뜻이다(湫隘, 下也.)", "참상은 별을 말한다(參商, 星也.)" 등을 예로 들면서 이들은 『설문』에서 표제자가 연속되어 제시된 예로 보아야 한다고 했다. 이는 참고할만하다.

7) 『說文·日部』, 단옥재 『주』에서 "闇者, 閉門也."라고 했다.

8) [역주] 『주례·추관·사훤씨(司烜氏)』에 나오는 말이다. 고대 제사에 사용할 명정수로 쓸 깨끗한 이슬을 채취하기 위함을 말한다.

9) 『說文·金部』, 이 글자의 '일왈(一曰)'에 대한 단옥재 『주』의 해설은 변동이 너무나 컸다.

'감(鑑)'의 실체(體: 본체)는 큰 대야를 의미하며, '감(鑑)'의 쓰임(用: 용도)은 '달빛에 빛나는 물로 관찰할 수 있는 도구'를 의미한다. 큰 대야(大盆)라는 실체(體)를 가지면, 그것을 관찰하는 데 사용할 수 있는 쓰임(用)도 있게 된다. 둘 다 '감(鑑)'이라는 한 글자에서 비롯되었다. 다른 예를 들면 다음과 같다.

· 철(啜), '맛을 보다(嘗)'라는 뜻이다. 일설에는 '짐승의 주둥이(喙)'를 말한다고도 한다.(嘗也. 一曰喙也.)[10]

"췌(喙)라고 한다"라고 한 것은 그 실체의 기관을 나타내며 "상(嘗) 이라고 한다"는 것은 그 기능과 역할을 전달한다.

d. 동사-명사 파생(動名引申)

사실, 앞에서 언급한 '체용 파생' 유형 중 '철(啜)'자의 예는 '동사-명사 파생'으로도 부를 수 있다. '일왈(一曰) 계열'의 동사-명사 파생 유형에서 한 가지 의항은 명사에 대응하고, 다른 한 가지 의항은 동사에 대응한다. 이를 '동사-명사 파생'이라고 간단히 부른다. 예를 들면 다음과 같다.

· 조(琱), 옥을 다듬다는 뜻이다(治玉也). 일설에는 옥과 비슷한 돌이 라고도 한다(一曰石似玉).
· 지(枝), 삼나무를 말한다(橵也). 일설에는 꺽다는 뜻이라고도 한다. (一曰折也.)[11]

---

10) 『說文 · 口部』: "췌(喙)는 입을 말한다(口也)."
11) 『說文 · 木部』: "삼(橵)은 나무 이름이다(木也)."

　　　　　　　　　　　　　『설문해자』 인지분석

e. 통용-특정 파생(通專引申)

· 연(鷗), '새'를 의미한다. 일설에는 봉황(鳳凰)이라고도 한다.(鳥也. 一曰鳳凰也.)

이 예에서 '새(鳥)'는 일반 명칭을 가리키며, '일왈(一曰)'에서 말한 '봉황(鳳凰)'은 특정 명칭을 의미한다. 이러한 경우를 우리는 통용 명칭과 특정 명칭의 파생으로 간주하며, 간단히 '통용-특정 파생'이라고 부른다. 『설문』의 '일왈(一曰) 계열' 중에서 '통용-특정 파생'인지 방식을 반영하는 문자도 몇 가지 있다. 다음과 같은 예를 들어보자.

· 지(雉), '새의 이름(鳥)'이다.12) 일설에는 '지도(雉度)라는 새'를 말한다고도 한다.(鳥也. 一曰雉度.)
· 류(藟), '풀이름(艸)'으로 등나무 덩굴'을 말한다. 일설에는 '찰기장으로 만든 울창주(秬鬯)'를 말한다고도 한다.(艸也. 一曰秬鬯.)
· 비(芘), '풀이름(艸)'으로 비초(芘草)'를 말한다. 일설에는 비초목(芘茮木)이라고도 한다.(艸也. 一曰芘茮木.)

이들의 경우, 앞에서는 명사적인 의미로 사용되었으며, 뒤에서는 성질이나 상태를 나타내는 형용사적 의미로 사용되었다.

· 규(丩), '서로 뒤얽히다(相糾繚)'라는 뜻이다. 일설에는 '외의 줄기가 다른 것을 감고 올라가다(瓜瓟結丩起)'라는 것을 말한다고도 한다.13)(相糾繚也. 一曰瓜瓟結丩起.)

---

12) [역주] 『단주』에서는 "지조를 말한다(雉鳥也)"로 고쳤다. 그리고 한(漢) 무제(武帝)가 지작관(鳷鵲觀)을 지었는데, 그것은 운양(雲陽)의 감천궁(甘泉宮) 밖에 있었다고 했다.
13) [역주] 『단주』에서 이렇게 말했다. "오이나 박 등의 줄기(瓟之縢)가 다른 것을 말아 타고 올라가는 것을 말한다(緣物纏結而上). 『시·소아·남유가어(南有嘉

- 가(賈), '시장에서 물건을 파는 장사(賈市)'를 말한다. 패(貝)가 의미
  부이고 아(襾)가 소리부이다. 일설에는 '좌판에 앉아서 파는 것
  (坐賣售)'을 말한다고도 한다.(賈市也. 一曰坐賣售也.)

2.6. 동원 파생(同源引申)

- 방(玤), 옥에 버금가는 돌을 말하는데, 작은 옥패를 만드는데 사용
  한다. 일설에는 담패(盦蚌)와 같은 조개를 의미한다고도 한다.(石
  之次玉者, 以爲系璧. 一曰若盦蚌.)

'방(玤)'을 "옥에 버금가는 돌로서, 작은 옥패를 만드는데 쓴다."라
고 했는데 이는 장식물을 말한다. "일설에는 담패(盦蚌)와 같은 조개
를 의미한다고도 한다."라고 했는데 이 또한 장식물을 말한다. 단옥
재(段玉裁)의 주석에 따르면 "조개에서 나온 진주를 말하는데, 「옥(玉)
부수」에서 '빈(玭)'은 소리가 나는 조개를 의미한다."라고 했다. 또
"계벽(系璧)은 작은 옥패를 허리띠에 묶어 왼쪽이나 오른쪽에 매는 장
신구를 의미한다."라고 했다.14) 이 두 가지 용도는 서로 관련이 깊으
며, '방(玤)'과 '방(蚌)' 모두 '봉(丰)'에서 독음을 따왔다. 따라서 '방(玤)'
에서 '일왈(一曰)'이라 한 뜻은 두 단어의 의미가 동일한 근원에서 비
롯되었다는 것을 밝혀주고 있다. 또 다음을 보자.

- 해(解), '판단하다'는 뜻이다. 일설에는 해치(解廌)라는 짐승을 말한
  다고도 한다.(判也. 一曰解廌獸也.)

여기서 말한 "일설에는 해치(解廌)라는 짐승을 말한다고도 한다."라

魚)』에서 말한 '남녘의 가지 처진 나무엔, 단박 덩굴이 감겨 있네.(南有樛木, 甘
瓠纍之.)'라고 한 것과 같다."
14) 『說文解字注』에서 언급된 내용이다.

　　　　　　　　　　　　　　　　『설문해자』 인지분석

는 것은 '해(解)'가 판단하다는 의미로 사용된 원천을 설명해 주고 있다. '해분(解紛)' 또는 '판단(判斷)'은 '해(解)'가 짐승으로서 갖는 기능적 특성을 의미한다.

- 치(廌), '해치(解廌)'로, 짐승 이름인데(獸也), 들소를 닮았으며, 뿔이 하나이다(似山牛, 一角). 옛날 재판을 할 때, [해치로 하여금] 옳지 않는 자를 뿔로 들이받도록 하였다.(解廌獸也. 似山羊一角, 古者決訟, 令觸不直.)
- 법(灋), '형벌(刑)'을 말한다. 물과 같이 공평해야기에 수(水)가 의미부가 되었다. 치(廌)는 옳지 않은 자를 뿔로 받아버리기 때문에 의미부가 되었고, [뿔로 받아] 날려버리기 때문에 거(去)가 의미부가 되었다. 법(𤸰)은 금문체인데, 생략된 모습이다.(刑也. 平之如水, 從水. 廌所以觸不直者去之, 從去, 法, 今文省.)

'일왈(一曰) 계열'의 '파생(引申)' 인지 상황은 실제로 상당히 복잡하다. 그러나 그 중 '이명(異名)' 상황은 '일왈(一曰) 계열'의 총 수량에서 거의 3분의 2를 차지하고 있다. 여기서 말하는 '이명(異名)'은 '본래의 미(本義)'와 '일왈(一曰)' 사이의 두 의항 사이에 서로 파생시켰거나 파생된 관계가 없을 때를 지칭한다.

- 주(犫), '소가 헐떡거리는 소리(牛息聲)'를 말한다. 일설에는 소의 이름이라고도 한다.(牛息聲也. 一曰牛名.)

'소의 숨소리(牛息聲)'와 '소의 이름(牛名)'의 관계에서, 어느 것이 어느 것으로부터 파생된 것인지 말하기는 어렵다. 단순히 언어 속에서 두 가지 다른 명칭이 병존하는 것뿐이다. 한 글자에 두 가지 뜻이 담겼고, 한 몸에 두 가지 역할이 있는 것으로 볼 수 있다. 구체적으로 분석하자면, '일왈(一曰) 계열'에서의 '이명(異名)' 관계는 크게 두 가지 상황이 있다. 하나는 '이명동지(異名同指: 명칭은 다르나 지시물이 동일함)'이고, 다른 하나는 '이명이지(異名異指: 명칭도 다르고 지시물도 다름)'이다.

먼저 '이명동지(異名同指)'에 대해 알아보자.

> · 비(蓽), '비옷(雨衣)'을 말한다. 일설에는 '최의(衰衣: 상복)'를 말한다고도 한다.(雨衣. 一曰衰衣.)

'우의(雨衣)'와 '쇠의(衰衣)'의 관계에서, 둘의 명칭은 다르지만, 실제로 가리키는 대상은 동일하다. 『설문』에서 '쇠(衰)'를 「의(衣)부수」에 귀속시켰는데, "쇠(衰: 各 衾 簡帛 衺 石刻)는 풀로 만든 비옷을 말한다(艸雨衣). 진(秦) 지역에서는 이를 비(蓽)라 부른다. 의(衣)가 의미부이고 상형이다. 쇠(斉)는 쇠(衰)의 고문체이다.(艸雨衣. 秦謂之蓽. 從衣, 象形. 斉, 古文衰.)"라고 했다. 『집운·과(戈)부』에서는 "쇠(衰, 蓑, 斉)의 독음은 소(蘇)와 화(禾)의 반절이다. 『설문』에서는 풀로 만든 우의를 말하며, 진(秦) 지역에서는 비(蓽)라 부른다고 했다. 혹체자에서는 '초(艸)'로 구성되었다. 고문체로는 '쇠(斉)'으로 썼다."라고 했다. 그러므로 '비(蓽)'가 '풀로 만든 비옷' 또는 '쇠의(衰衣)'라 불리는 것은 단순히 지역별로 다른 이름일 뿐이다. '쇠(衰)'는 풀(艸)로 만든 비옷의 외형을 본떠 만든 것이며, 이에 따라 『설문』에서는 "구(裘)"자와 연관시켜, 같은 의미라고 설명했던 것이다.[15] 갑골문의 '구(裘)'자인 ⿰를 보면, 그 의미를 더 잘 이해할 수 있다.

---

15) 즉 『설문·의(衣)부수』에서 "구(裘)는 털옷을 말한다. 의(衣)가 의미부이며 구(求)가 소리부이다. 또한 형상을 따라 만든 것으로, '쇠(衰)'와 같은 의미다. 일반적으로 '구(裘)'와 관련된 것들은 모두 '구(裘)'에서 나온다. '구(求)'는 고문(古文)에서 '의(衣)'를 생략하여 쓴다."라고 되어 있다.

　　　　　　　　　　　　『설문해자』 인지분석

다음은 '이명이지(異名異指)'인데, 예를 들면 다음과 같다.

· 호(虝), '호랑이가 울부짖다(虎鳴)'라는 뜻이다. 일설에는 사자(師子)
　를 말한다고도 한다.(虎鳴也. 一曰師子.)

'호랑이의 울음(虎鳴)'은 호랑이의 행동을 나타내며, '사(師)'와 '사
(獅)'는 사자를 나타내는 정자와 속자의 관계에 속한다.[16] 반면 '사자
(師子)'는 사자(獅子)의 이름을 가리키는데, 이름이 다르기 때문에 지
칭하는 뜻도 다르다. 두 글자 사이에서, '호(虎)'에서 '사자(獅子)'로 파
생된 관계가 있는 것인지, 또는 다른 관계가 있는 것인지 판단하기는
어렵다.

'일왈(一曰) 계열' 중에서, '이명(異名)'이 차지하는 비중은 꽤 크다.
다음은 각 부문에서의 '이명'에 해당하는 예시 글자들이다.

· 담(菿), 관(萑)이라는 풀이 처음 나올 때를 말한다. 일설에는 란(薍)
　이라 하기도 하고, 일설에는 담(雚)이라 하기도 한다.(萑之初生.
　一曰薍, 一曰雚.)
· 약(若), 채소를 고르다는 뜻이다. 일설에는 두약(杜若)이라고도 한
　다.(擇菜也. 一曰杜若.)
· 희(唏), 웃다는 뜻이다. 일설에는 애통하지만 울지 않는 것을 희
　(唏)라고도 한다.(笑也. 一曰哀痛不泣曰唏.)
· 국(局), 재촉하다는 뜻이다. 일설에는, 육박(六博)을 말하는데, [규칙
　에 의해] 말을 움직여 하는 놀이이기 때문이다(所以行棊).[17](促也.

---

16) 『說文解字注』 제5편을 참조하면 된다.
17) [역주] 『단주』에서 이렇게 말했다. "박(博)은 박(簿)이 되어야 하는데, 박(簿)은
　　국희(局戱: 바둑이나 장기 같이 판 위에서 하는 놀이)를 말한다. 육저(六箸)와
　　십이기(十二棊)가 있다. 박(簿)에는 판(局)이 있고 12개의 말(棊)이 있다. 국(局)
　　자는 그 모양을 그렸기 때문에 [상형이라 했다]. 이는 또 다른 의미이다."

一曰博所以行棋)

· 칙(趨), '걸어가는 소리(行聲)'를 말한다. 일설에는 '[주저하여] 나아
가지 않는 모습(不行皃)'을 말한다고도 한다.(行聲也. 一曰不行貌.)

· 거(遽), 스승을 말한다. 일설에는 막히다는 뜻이라고도 한다.(傅也.
一曰窘也.)

· 견(雁), '석조(石鳥)'를 말한다. 일설에는 옹거(雝䴗: 할미새)라고도
한다. 또 일설에는 정열(精劉)이라 하기도 한다.(石鳥. 一名雝䴗.
一曰精列.)

· 긍(肯), '뼈 사이로 단단하게 붙어 있는 살(骨間肉肯肯箸)'을 말한
다. 일설에는 '고기가 붙어 있지 않은 뼈(骨無肉)'를 말한다고
도 한다.(骨間肉肯肯著也. 一曰骨無肉也.)

……

대량으로 존재하는 '이명(異名)'은 물체가 다방면으로 관찰될 수 있
음을 나타내며, 사건들이 복잡하게 얽혀 있어 다양한 관점에서 이야
기할 수 있다는 것을 보여준다. 동시에, 많은 문자의 의항 사이에는
반드시 어떤 필연적인 관계가 있어야 한다고 생각할 필요가 없다는
것도 알려 준다.

또한, 다른 '일왈(一曰) 계열'에는 문자의 내부 구조를 분석하는 표
현이 포함되어 있다. 예를 들어, "정(貞)은 점을 쳐 물어보다는 뜻이
다. 일설에는 정(鼎)의 생략된 모습이 독음이라고도 한다.(貞, 卜問也.
一曰鼎省聲.)" 또 어떤 경우에는 순전히 다른 독음 현상을 나타내는
경우인데, 예를 들면 다음과 같다. "반(奜)은 일을 풀어내다는 뜻이다.
일설에는 비(非)처럼 읽는다고도 한다.(奜, 賦事也. 一曰讀若非.)" 이러
한 유형의 글자는 그리 흔하지 않기 때문에 여기서는 자세히 다루지
않겠다.

제6절 동성(同聲) 계열

1. 형성구조의 생산성

여기서 '동성(同聲)'은 동일한 소리부를 갖는 문자 계열을 가리킨다. 독음을 나타내는 편방을 분석하는 것은 『설문』에서 기본 의미를 설명하는 중요한 방법이다. 이러한 인지에 기반하여 '동성 계열(同聲系列)'을 『설문』의 해석 체계에 포함시켜 고찰해도 무방할 것이다.

중국어의 역사를 이해하는 사람들은 『설문』 전체에서 형성자가 상당한 비중을 차지한다는 것을 알고 있다.[1] 그러나 지금까지 『설문』의 '동성 계열'에서 사용된 소리부와 그 파생 구조에 대한 완전한 정량적 분석을 수행한 경우는 거의 없었다.[2] 조사 통계에 따르면, 10,000개 이상의 문자 단위를 저장한 『설문』 전체에서 '성(聲)'이라고 표시된 기록은 총 8,403건이며, 'X가 의미부이고 X가 소리부이다(從某某聲)'라는 구조로 표시된 것은 총 7,776건, 'X의 생략된 모습이 소리부이다(某省聲)'라는 구조로 표시된 것은 322건, 'X는 소리부도 겸한다(某亦聲)'라는 구조로 표시된 것은 327건이다. 물론, 『설문』에서

---

1) 郭錫良(等編), 『古代漢語』(修訂本), 77쪽(天津教育出版社, 1991年版). 편자(編者)들에 의하면, 『설문해자』에 수록된 9,353자 중, 형성자(形聲字)는 80% 이상이라고 했다. 이러한 숫자는 학자마다 차이를 보인다.
2) 재판에서의 주석: 당시 이 조사 결과는 지난 세기 1990년대 초에 발표되었다. 오늘날 데이터베이스 문자학이 급속도로 발전하면서, 이 분야에서 큰 진전을 이루었고, 여러 분야에서 중요한 결론을 얻었다.

구조 분석 표시를 하지 않았지만 사실은 '형성(形聲)'의 인지 구조 원형에 속하는 일부도 있지만, 이는 통계 범위에 포함하지 않았다.3)

통시적인 시각에서 볼 때, 『설문』의 형성(形聲) 인지 패턴은 중국문자 발전사에서의 실제 수준을 드러낸다. 유지기(劉志基)(2015)는 전국시대의 초 간백(楚簡帛) 텍스트 데이터베이스를 깊게 분석하여 해당 시기의 상형(象形), 지사(指事), 회의(會意), 형성(形聲) 등 '사서(四書)' 구조의 사용 빈도와 '사서'가 차지하는 비율을 자세히 통계 낸 바 있다. "결과적으로 문자 형태가 불분명하거나 합성된 문자 등을 제외하고, 초나라 간독에서 구조 분석할 수 있는 고유한 문자 형태는 총 4,411개로, 실제 문자 빈도는 총 62,560회였다. 그 중 상형 문자는 203개로 총 빈도는 15,735회, 지사 문자는 51개로 총 빈도는 8,231회, 회의 문자는 549개로 총 빈도는 13,861회, 형성문자는 3,608개로 총 빈도는 24,733회였다." 또한 전진(先秦) 시기의 다양한 유적에서 발견된 문헌의 실제 사용 과정에서의 이 기존의 내용과 새로운 내용의 비교표도 함께 제시되었다.4)

---

3) 예를 들어, 「아(我)부수」에서는 "의(義)는 자신의 위엄을 말한다(己之威儀也). 아(我)가 의미부이고 양(羊)이 소리부이다."라고 설명하고 있다. 또한, 이체음독(異體音讀)과 구조에 대한 추가 설명도 있다. "의(羛)는 『묵적서(墨翟書)』에 보이는 의(義)인데, 불(弗)로 구성되었다. 위군(魏郡)에 의양향(羛陽鄉)이라는 곳이 있는데, 기(錡)와 같이 읽는다. 지금은 업군(鄴郡)에 속하며, 내황(內黃)의 북쪽 20리에 있다." 직음법(直音法)에서 의(義) 또는 의(羛)는 기(錡)처럼 발음되며, 이(錡)는 기(奇)에서 소리부를 가져왔고, 기(奇)는 가(可)에서 소리부를 가져온 글자이다. 이와 같이 의(義)와 가(歌→ 哥→ 可)는 같은 운부의 문자에 속한다.

4) 臧克和, 『中國文字發展史』, "前言" 第2節(華東師範大學出版社, 2015).

　　　　　　　　　　　　　　　　　　　　『설문해자』인지분석

사서(四書)유형	서주금문(西周金文)				초나라 간백문자(楚簡帛文)			
	글자수	자형비중	사용글자수	글자빈도비중	글자수	자형비중	사용글자수	글자빈도비중
象形	324	9.57%	29326	51.64%	203	4.56%	15735	25.15%
指事	42	1.24%	2266	3.99%	51	1.16%	8231	13.16%
會意	1037	30.64%	11178	19.68%	549	12.45%	13861	22.16%
形聲	1981	58.54%	14018	24.68%	3610	81.84%	24733	39.53%

전국시대의 이러한 문자사용 경향, 즉 형성구조의 급격한 증가는 기본적으로 어휘 의미 발전의 '차별화'를 위해 새로운 의항이 파생되고, 이를 위해 '본래글자(本字)'를 구조화하는 필요에서 비롯되었다. 게다가, 언제나 이미 사용되어져 인지적으로 친숙한 문자 부호를 새로 나타난 형성구조의 구성 성분으로 사용하였다.

형성구조를 빌려 새로운 해서체(楷字)를 구별하는 것은 마찬가지로 후세의 해서체 인지에서 주로 선택하고 사용하는 경향을 반영한다. 현존하는 해서서(楷書) 자전을 기반으로 통계를 내 보면, 형성구조가 차지하는 비중은 90% 이상에 달한다. 남조(南朝) 때의 원본『옥편(玉篇)』편찬에서『설문』에 보이지 않는 '새로 추가된(新增)' 부분은 총 714자인데, 그 중 형성구조는 676자로, 새로 추가된 전체 문자의 94.7%를 차지한다. 그 중에서 좌우구조는 553개로 전체 형성문자의 82%를 차지한다. 좌우구조에서는 왼쪽이 의미부이고 오른쪽이 소리부인 경우가 많다(오른쪽이 의미부이고 왼쪽이 소리부인 경우는 드물다. 왼쪽의 소리부가 '영(永)'이고, 오른쪽의 의미부가 '주(舟)'인 구조, 즉 '영(泳)'자의 이체자를 제외하면 나머지 모두「흠(欠)부수」에 귀속되어 있다). 이것은 문자의 필사가 점차 규범화되고 정형화되었다는 것을 반영하며, 규범적이고 안정된 문자는 의사소통에서 중요한 의미를 지닌다. 형성구조를 벗어난 구조

는 38개에 불과하며, 전체 '새로 추가된' 문자의 5.3%를 차지한다.[5]

석각(石刻) 이체자(異體字) 표의(表義) 구성요소의 교체 조사를 통해서도 이 해서화(楷化) 과정의 형성(形聲) 발전 규칙을 발견할 수 있다. 조사 통계에 따르면, 중고(中古)시기 석각의 이체자 표의 구성요소 교체 현상은 주로 형성구조 유형에서 발생했다. 교체되는 대략 358개의 중복되지 않는 단일 문자 중, 형성문자는 약 278개로, 교체된 전체 문자의 77.7%를 차지한다. 이러한 선택의 배후에 존재하는 규칙은 형성구조가 '인지 원형'으로서 해서체(楷字)의 구별성을 규정한다는 데 있다.[6]

2. 형성(形聲) 발전의 인지 선택

한자의 구조적 성격 및 그에 대한 인지에 관해, 국내외의 일부 한자 습득 교육 연구자들은 형성구조 내의 소리부(聲符) 부분이 나타낼 수 있는 음가를 전체 형성구조의 음가와 체계적으로 측정하고 비교함으로써 한자 구조의 성격을 다시 인지하려고 하였다. 필자는 이전에 지적했듯이, 형성구조에서 소리부나 의미부(形符) 중 어느 한 쪽을 떠나서 각자의 기능 특성이나 범위를 분석하는 것은 실제로 어려운 일이다. 형성구조 내의 소리부와 의미부는 서로 의존하고, 서로 대비하는 구조 관계 속에서 그 기능을 실현한다. 소리부와 의미부는 '구조적 대립'을 통해 문자 구조의 의미를 구별하게 한다. 이러한 구별

---

5) 朱葆華, 『原本玉篇文字硏究』 第六章, "『玉篇』新增字硏究", 160쪽(濟南: 齊魯書社, 2004).
6) 臧克和, 「表意文字的認知策略－以楚簡文字主要類型形聲結構增長爲例」, *JCWS* (SAGE, 2018年 第1期).

『설문해자』 인지분석

을 통해 우리가 평소에 말하는 표음과 표의, 즉 독음과 의미의 대응 관계가 확인된다. 요약하자면, 형성구조는 한자의 기본 구별 기능을 반영하며; 형성구조의 구별된 의미는 소리부와 의미부의 조합을 통해 이루어진다. 이 '구조적 대립'에서 출발하는 설명은 실제 상황과도 잘 부합한다 할 수 있다.

　문제를 이렇게 생각해 보아도 무방할 것이다. 한자를 처음 접하는 학습자에게, 그의 시각적 인지가 형성구조를 처음으로 접할 때, 그는 먼저 그것을 분석할 수가 있을까? 그 다음에는 그 구조 내의 각 구성요소의 기능을 인지할 수 있을까? 이런 것들은 아마도 논의하기 어려울 것이다. 그가 처음 인지할 수 있는 것은 형성구조의 전체 형태일 뿐이며, 그 형태와 그것이 표시하는 독음과 의미의 관계를 이해한 후에야 서서히 구조 내의 일부 구성요소가 전체 구조의 독음과 어떤 관련이 있는지, 심지어 '반쪽 읽기' 현상이 나타나기 시작한다는 것을 주목하게 될 것이다. 최종적으로 특정 수준까지 익숙해지면, 어떤 구성요소들이 구조 내에서 항상 기본적으로 같은 위치에 있으며, 그 구조 합성에서의 역할이 상대적으로 고정되어 있음도 구별할 수 있게 된다. 이렇게 모은 결과는 각 구성요소의 기능을 구조로부터 일시적으로 분리하는 것과 같다. 분리의 편리함은 먼저, 전체 형성 체계 내부의 조직 구조를 관찰하고 분석하는 것을 상대적으로 직관적으로 만든다는 것이다. 시각적 인지가 전체적인 인지 특성을 부각시킨다면, 한자 교육 과정에서 구조 분석 및 구성요소의 분해 기술을 사용할 때, 구조 전체의 연결을 강조할 수밖에 없다. 한자의 형체는 독음과 의미를 표시하며, 이는 구조 전체의 규정을 기반으로 한다. 구조 요소 간의 상호 의존성과 상호 규정은, 구조 전체의 연결을 떠나면 그 기능이 실현될 수 없다.

형성구조의 차별화된 특징 중 하나는 동일한 의미부(形符)의 범위
는 소리부(聲符)에 의해 결정된다는 것이다. 소리부를 배합함으로써
의미부는 비로소 차별화될 수 있다. 즉 범주에서 특정 종류로, 일반
적인 것에서 특별한 것으로 이동한다. 소리부의 합성이 없다면, 의미
부가 대응하는 것은 기본적인 범위에 제한될 뿐이다. 게다가 이 기본
범위는 대략적으로 결정되며, 엄격한 경계가 없다. 생산성이 높은 몇
가지 형성구조의 아래의 예시를 통해, 이러한 소리부가 의미부에 규
정을 부과하고, 차별화된 구조 관계를 구현되는 방법을 살펴볼 것이
다. 예를 들어, 「수(水)부수」에서 자주 나타나는 형성구조는 다음과
같다.

· 河: 水. 出焞煌塞外昆侖山, 發原注海. 從水可聲.
  하(河), '강 이름(水)[황하]'이다. 돈황(焞煌) 변새 밖의 곤륜산(昆侖
  山)에서 발원하여, 평원을 거쳐 바다로 흘러든다. 수(水)가 의미
  부이고 가(可)가 소리부이다.
· 江: 水. 出蜀湔氐徼外崏山, 入海. 從水工聲.
  강(江), '강 이름(水)[장강]'이다. 촉(蜀)군의 전저(湔氐) 교외의 민산
  (崏山)에서 발원하여, 바다(海)로 흘러든다. 수(水)가 의미부이고
  공(工)이 소리부이다.
· 沱: 江別流也. 出崏山東, 別爲沱. 從水它聲.
  타(沱), '장강의 지류(江別流)[타수]'이다. 민산(崏山) 동쪽에서 발원
  하여 따로 타수(沱)를 이룬다. 수(水)가 의미부이고 타(它)가 소리
  부이다.
· 沫: 水. 出蜀西徼外, 東南入江. 從水末聲. (按: "沫"則從未得聲, 同"湏"
  "頮"字, 記錄指涉有關水的功用. 但楷化之後, 區別性降低)
  말(沫), '강 이름(水)[말수]'이다. 촉(蜀) 지방 서쪽 교외에서 발원하
  여 동남으로 장강(江)으로 흘러든다. 수(水)가 의미부이고 말(末)
  이 소리부이다.(필자의 생각은 이렇다: '말(沫)'은 미(未)로부터 소리부
  를 가져왔다. '회(湏: 세수하다)', '회(頮: 세수하다)' 등과 같은 글자였으

나, 물과 관련된 기능을 기록하였으나, 해서화 된 이후 그 구별성이 저하되었다.)

· 溫: 水. 出犍爲涪, 南入黔水. 從水昷聲.

　온(溫), '강 이름(水)[온수]'이다. 건위(犍爲)군 부(涪)현에서 발원하여 남쪽으로 검수(黔水)로 흘러든다.[7] 수(水)가 의미부이고 온(昷)이 소리부이다.

· 滇: 益州池名. 從水眞聲.

　전(滇), '익주(益州)에 있는 못 이름(池名)[전지]'이다. 수(水)가 의미부이고 진(眞)이 소리부이다.

· 涂: 水. 出益州牧靡南山, 西北入澠. 從水余聲.

　도(涂), '강 이름(水)[도수]'이다. 익주(益州)군 목비(牧靡)현의 남산(南山)에서 발원하여 서북쪽으로 민강(澠)으로 흘러든다. 수(水)가 의미부이고 여(余)가 소리부이다.

· 淹: 水. 出越巂徼外, 東入若水. 從水奄聲.

　엄(淹), '강 이름(水)[엄수]'이다. 월휴(越巂)의 교외에서 발원하여 동쪽으로 약수(若水)로 흘러든다.[8]

· 溺: 水. 自張掖刪丹西, 至酒泉合黎, 餘波入於流沙. 從水弱聲.

　익(溺), '강 이름(水)'이다. 장액(張掖)군 산단(刪丹)현 서쪽에서 발원하여 주천(酒泉)에 이르러 려강(黎)에 합쳐지고, 나머지 일부(餘

---

7) [역주] 『단주』에서는 이렇게 말했다. "건(犍)은 왕씨(王氏)의 송본(宋本)에 근거할 때 목(木)으로 구성된 건(楗)으로 되었다. 『예석』에 의하면, 한나라 비석에서는 건위(犍爲)가 모두 건위(楗爲)로 표기되었다. 이것이 옳다. 각 판본에서 부(涪)로 적은 것은 잘못이므로, 부(符)로 고친다. 『한서·지리지』에서 건위(犍爲)군의 부(符)에서 '온수(溫水)는 남쪽으로 흘러 폐(鱉)에 이르러 겸수(黚水)로 흘러든다. 겸수(黚水)도 남쪽으로 흘러 폐(鱉)에 이르러 장강(江)으로 흘러든다고 했다." 지금 중국에서는 건위군(犍爲郡)으로 쓰고, 거기에 속한 현의 하나가 부현(符縣)이다.

8) [역주] 월휴군(越巂郡)은 달리 월휴(越嶲)군이나 월휴(越巂)군으로 적기도 하는데, 한 무제 원정(元鼎) 6년(B.C. 111)에 공도국(邛都國)을 정벌한 후 설치한 고대 지명이다. 치소(治所)는 공도현(邛都縣, 지금의 사천성 西昌 동남쪽)에 있었다. 서한 후기 때에는 익주자사부(益州刺史部)에 귀속되었으며, 왕망(王莽) 때에는 월휴(越巂)를 집휴(集巂)로 고치기도 했다. 양(梁)나라 때 휴주(巂州)가 설치되었으며, 수와 당나라 때에는 월휴(越巂)군이라는 옛날 이름으로 되돌아갔으나 당나라 말에 남조(南詔)에 귀속되었다.

波)는 유사(流沙)로 흘러들어 간다. 수(水)가 의미부이고 약(弱)이 소리부이다.

·漢: 漾也. 東爲滄浪水. 從水, 難省聲.

한(漢), '양수(漾)'를 말한다. 동쪽 부분은 창랑수(滄浪水)가 된다. 수(水)가 의미부이고, 난(難)의 생략된 모습이 소리부이다.

·浪: 滄浪水也. 南入江. 從水良聲.

랑(浪), '창랑수(滄浪水)'를 말한다.[9] 남쪽으로 장강(江)으로 흘러든다. 수(水)가 의미부이고 량(良)이 소리부이다.

·潦: 水. 出扶風鄠, 北入渭. 從水勞聲.

로(潦), '강 이름(水)'이다. 부풍(扶風)군 호(鄠)현에서 발원하여 북쪽으로 위수(渭)로 흘러든다. 수(水)가 의미부이고 로(勞)가 소리부이다.

·漆: 水. 出右扶風杜陵岐山, 東入渭. 一曰入洛. 從水桼聲. (按: "如膠似漆"本字原作會意之"桼"或形聲之"柒""汢""柒", 而"汁""沘"分化字)

칠(漆), '강 이름(水)[칠수]'이다. 우부풍(右扶風)군 두릉(杜陵)현 기산(岐山)에서 발원하여 동쪽으로 위수(渭)로 흘러든다. 일설에는 낙수(洛)로 흘러든다고도 한다. 수(水)가 의미부이고 칠(桼)이 소리부이다.(필자의 생각은 이렇다. "여교사칠(如膠似漆)"에서의 칠(漆)은 본래 회의구조로 된 '칠(桼)'이었으나 혹체에서 '칠(柒)', '질(汢)', '칠(柒)' 등으로 되었는데, '즙(汁)'이나 '질(沘)'의 분화자이다.)

·汝: 水. 出弘農盧氏還歸山, 東入淮. 從水女聲.

여(汝), '강 이름(水)[여수]'이다. 홍농(弘農)군 노씨(盧氏)현 환귀산(還歸山)에서 발원하여, 동쪽으로 회수(淮)로 흘러든다. 수(水)가 의미부이고 여(女)가 소리부이다.

·沁: 水. 出上黨羊頭山, 東南入河. 從水心聲.

심(沁), '강 이름(水)[심수]'이다. 상당(上黨)군 양두산(羊頭山)에서 발원하여 동남쪽으로 황하(河)로 흘러든다. 수(水)가 의미부이고 심(心)이 소리부이다.

---

9) [역주] 이 강이 어디에 있었는지에 대해서는 한수(漢水), 한수의 지류인 균수(均水), 한수(漢水)의 하류, 하수(夏水) 등 이설이 많다. 『맹자·이루(離婁)』(상)에서 말한, 어린 아이들의 노래에 "창랑의 물이 맑으면 갓끈을 씻고, 창랑의 물이 흐리면 발을 씻지요.(滄浪之水淸兮, 可以濯我纓: 滄浪之水濁兮, 可以濯我足.)"라고 한 그 강으로 알려져 있다.

·沾: 水. 出壺關, 東入淇. 一曰沾, 益也. 從水占聲.

첨(沾), '강 이름(水)[첨수]'이다. 호관(壺關)현에서 발원하여, 동쪽으로 기수(淇)로 흘러든다. 일설에는 '첨(沾)은 더하다(益)라는 뜻이다'라고도 한다. 수(水)가 의미부이고 점(占)이 소리부이다.

·灌: 水. 出廬江雩婁, 北入淮. 從水雚聲.

관(灌), '강 이름(水)'이다. 려강(廬江)군 우루(雩婁)현에서 발원하여, 북쪽으로 회수(淮)로 흘러든다. 수(水)가 의미부이고 관(雚)이 소리부이다.

·漸: 水. 出丹陽黟南蠻中, 東入海. 從水斬聲.

점(漸), '강 이름(水)'이다. 단양(丹陽)군 이(黟)현 남쪽 이민족 지역에서 발원하여, 동으로 바다로 흘러든다. 수(水)가 의미부이고 참(斬)이 소리부이다.

·泠: 水. 出丹陽宛陵, 西北入江. 從水令聲.

령(泠), '강 이름(水)'이다. 단양(丹陽)군 완릉(宛陵)현에서 발원하여, 서북쪽으로 장강(江)으로 흘러든다. 수(水)가 의미부이고 령(令)이 소리부이다.

·汨: 長沙汨羅淵, 屈原所沈之水. 從水, 冥省聲. (按: 今與"汩"字結構易混, 根源上也是不明形聲結構關系所致)

멱(汨), '장사(長沙)의 멱라강(汨羅淵)'을 말하는데, 굴원(屈原)이 빠져 죽은 강(所沈之水)이다.[10] 수(水)가 의미부이고, 명(冥)의 생략된 부분이 소리부이다. (필자의 생각은 이렇다. 오늘날 '골(汩)'자의 구조와 쉽게 혼동되는데, 그 근원은 의미를 알 수 없는 형성구조에서 기인했다.)

·深: 水. 出桂陽南平, 西入營道. 從水罙聲.

심(深), '강 이름(水)'이다. 계양(桂陽)군 남평(南平)현에서 발원하여, 서쪽으로 영도(營道)현으로 흘러들어간다. 수(水)가 의미부이고 심(罙)이 소리부이다.

·潭: 水. 出武陵鐔成玉山, 東入鬱林. 從水覃聲.

---

10) [역주] 굴원(屈原)은 중국 전국시대의 정치가이자 비극시인이다. 학식이 뛰어나 초나라 회왕(懷王)의 좌도(左徒: 左相)의 중책을 맡아, 내정·외교에서 활약하기도 했다. 작품은 한부(漢賦)에 영향을 주었고, 문학사에서 뿐만 아니라 오늘날에도 높이 평가된다. 주요 작품에는 『어부사(漁父辭)』 등이 있다.(『두산백과』)

담(潭), '강 이름(水)'이다. 무릉(武陵)군 심성(鐔成)현의 옥산(玉山)에
서 발원하여, 동쪽으로 울림(鬱林)군으로 흘러든다.11)

·油: 水. 出武陵屏陵西, 東南入江. 從水由聲.

유(油), '강 이름(水)'이다. 무릉(武陵)군 잔릉(屏陵)현 서쪽에서 발원
하여, 동남쪽으로 장강(江)으로 흘러든다. 수(水)가 의미부이고
유(由)가 소리부이다.

·穎: 水. 出潁川陽城幹山, 東入淮. 從水頃聲. (按: "脫穎而出"字也是形聲
結構, 同樣是由頃得聲形成有關"禾"類區別: 禾尾和穗芒)

영(穎), '강 이름(水)[영수]'이다. 영천(潁川)군 양성(陽城)현의 건산(乾
山)에서 발원하여, 동쪽으로 회수(淮)로 흘러든다. 수(水)가 의미
부이고 경(頃)이 소리부이다. (필자의 생각은 이렇다. "탈영이출(脫穎
而出)"의 '영(穎)'도 형성구조인데, 마찬가지로 경(頃)으로부터 소리부를
가져왔으며, '화(禾)'에 의해 의미가 구별된다. 즉 벼의 끝과 이삭의 까
끄라기를 말한다.)

·泄: 水. 受九江博安洈波, 北入氏. 從水世聲.

설(泄), '강 이름(水)[설수]'이다. 구강(九江)군 박안(博安)현의 순피(洈
波)를 받아들여, 북쪽으로 저수(氏)로 흘러든다.12)

---

11) [역주]『단주』에서 이렇게 말했다. "동입울림(東入鬱林)의 임(林)자는 덧보태어
진 것이므로 삭제되어야 옳다. 세속 사람들이 울(鬱)이 강 이름인 줄 몰라 그
렇게 되었다.『한서·지리지』에 의하면 광수(洭水)도 울(鬱)로 흘러들고, 이수
(離水)도 울(鬱)로 흘러든다고 했는데, 모두 첨림강(沾林)이다." 또『단주』에서
는 옥산(玉山)에 대해서도 왕산(王山)이라 해 놓고서는 "『집운』의 인용서는 옥
(玉),『운회(韻會)』의 인용에서는 오(五),『한서·지리지』에서는 옥(玉)이라 했는
데, 어떤 것을 따라야 할지 모르겠다."라고 했다.
12) [역주]『단주』에서 이렇게 말했다 "여기서 말한 박안(博安)은『수경(水經)』에서
의 언급과 일치한다. 순피(洈波)는 작피(勺陂)가 되어야 할 것이며, 저(氏)는 비
(比)가 되어야 할 것이다.『수경(水經)』에서 이렇게 말했다. '설수(泄水)는 박안
현(博安縣)에서 나와 북으로 작피(勺陂)의 서쪽을 지나 비수(沘水)와 합류한다.
다시 서북쪽으로 흘러 회수(淮水)로 흘러든다.'『수경주』에서는 이렇게 말했
다. 박안현(博安縣)은『한서·지리지』에서 말한 박향현(博鄉縣)을 말한다. 설수
(泄水)는 현의 위쪽에서 비수(沘水)를 마보천(麻步川)에서 만난다. 서북쪽으로
유계(濡谿)를 지나가기 때문에 유수(濡水)라 부른다. 유계(濡谿)는 안례현(安豊
縣)을 좁게 지난다. 북쪽으로 흘러 비강(淝)으로 흘러드는데, 거기를 유수구(濡
須口)라 부르기도 한다."

　　　　　　　　　　　　　　　　　　『설문해자』인지분석

......

　전체적으로 보면, 소리부(聲符)의 참여 구조가 특정 물 이름(水名)의
인지를 기록하는 규정을 구체화했다. 또「초(艸)부수」에서의 예를 살
펴보자.

- 艸: 百卉也. 從二屮. 凡艸之屬皆從艸. 倉老切.
  초(艸), '갖가지 풀(百卉)'에 대한 총칭이다. 두 개의 철(屮)로 구성
  되었다. 초(艸)부수에 귀속된 글자는 모두 초(艸)가 의미부이다.
  독음은 창(倉)과 로(老)의 반절이다.
- 菜: 艸之可食者. 從艸采聲.
  채(菜), '먹을 수 있는 풀(艸之可食者)'을 말한다. 초(艸)가 의미부이
  고 채(采)가 소리부이다. 독음은 창(蒼)과 대(代)의 반절이다.
- 芹: 楚葵也. 從艸斤聲. (按『艸部』: 葵, 菜也. 從艸癸聲.)
  근(芹), '초규(楚葵) 즉 미나리'를 말한다. 초(艸)가 의미부이고 근
  (斤)이 소리부이다. 독음은 거(巨)와 건(巾)의 반절이다. (필자의 생
  각은 이렇다.「초(艸)부수」에서 "규(葵)는 채소를 말한다(菜也). 초(艸)가
  의미부이고 계(癸)가 소리부이다."라고 했다.)
- 蓮: 芙蕖之實也. 從艸連聲.
  련(蓮), '연의 열매(芙蕖之實) 즉 연밥'을 말한다. 초(艸)가 의미부이
  고 련(連)이 소리부이다. 독음은 락(洛)과 현(賢)의 반절이다.
- 茄: 芙蕖莖. 從艸加聲.
  가(茄), '연의 줄기(芙蕖莖)'를 말한다. 초(艸)가 의미부이고 가(加)가
  소리부이다. 독음은 고(古)와 아(牙)의 반절이다.
- 荷: 芙蕖葉. 從艸何聲.
  하(荷), '연의 잎(芙蕖葉)'을 말한다. 초(艸)가 의미부이고 하(何)가
  소리부이다. 독음은 호(胡)와 가(哥)의 반절이다.
- 蔤: 芙蕖本. 從艸密聲.
  밀(蔤), '연의 밑동(芙蕖本)'을 말한다. 초(艸)가 의미부이고 밀(密)이
  소리부이다. 독음은 미(美)와 필(必)의 반절이다.
- 藕: 芙蕖根. 從艸, 水, 禺聲. (按: 完成芙蕖植物的各個部位認知, 分工細密.)

· 우(藕), '연의 뿌리(芙蕖根)'를 말한다. 초(艸)와 수(水)가 의미부이
고, 우(禺)가 소리부이다. 독음은 오(五)와 후(厚)의 반절이다. (필
자의 생각은 이렇다. 연꽃의 각 부위에 대한 인지를 완성하였으며, 분
업이 세밀하다.)

　　……

　형성구조의 차별화된 특징 중 두 번째는, 동일한 소리부(聲符) 유형
이 의미부(形符)의 구체적인 차별화를 필요로 한다는 것이다. 즉, 의
미부(形符)의 조합에 중점을 둠으로써 소리부(聲符)가 대응하는 문자
의 음가가 개별화되어 구체적인 음가가 구현된다.『설문』전체 검색
시스템에 따르면, '모(某)가 의미부이고 모(某)가 소리부이다(從某某聲)'
의 인지 표시를 가진 구조는 7,776자다. 이렇게 방대한 형성구조 집
단은 현재의 독음을 기준으로 할 때, 대부분이 의미부의 조합을 통해
소리부의 인지 기능을 나타내고 있다. 예를 들면, '자(朿)'의 독음을
기준으로, '제(帝)', '책(策)'과 같은 구조의 독음 차이를 제거하는 것은
적절하지 않다.

· 제(帝), 상(丄)이 의미부이고 자(朿)가 소리부이다.
· 책(策), 죽(竹)이 의미부이고 자(朿)가 소리부이다.

　예컨대, 소리부 '저(氐)'를 예로 들어보면, 모두가 저(氐)를 소리부로
삼는다고 해서 '지(祗)', '저(底)' 등과 같은 구조의 독음 인지 차별을
제거할 수는 없다.

· 지(祗), 시(示)가 의미부이고 저(氐)가 소리부이다.
· 저(底), 엄(广)이 의미부이고 저(氐)가 소리부이다.

또 소리부 '근(斤)'을 예로 들어보면, 모두가 근(斤)을 소리부로 삼는다고 해서 '흔(欣)', '기(沂)' 등과 같은 구조의 독음 인지 차별을 제거할 수는 없다.

· 흔(欣), 흠(欠)이 의미부이고 근(斤)이 소리부이다.(听, 口가 의미부이고 斤이 소리부이다. 또「口부수」부분의 口=欠 연결부류에 보인다).
· 기(祈), 시(示)가 의미부이고 근(斤)이 소리부이다.
· 기(沂), 수(水)가 의미부이고 근(斤)이 소리부이다.

또 소리부 '임(林)'을 예로 들어보면, 모두가 임(林)을 소리부로 삼는다고 해서 '금(禁)', '림(琳)' 등과 같은 구조의 독음 인지 차별을 제거할 수는 없다.

· 금(禁), 시(示)가 의미부이고 림(林)이 소리부이다.
· 림(琳), 옥(玉)이 의미부이고 림(林)이 소리부이다.

또 소리부 '유(攸)'를 예로 들어보면, 모두가 유(攸)를 소리부로 삼는다고 해서 '수(修)', '조(條)' 등과 같은 구조의 독음 인지 차별을 제거할 수는 없다.

· 수(修), 삼(彡)이 의미부이고 유(攸)가 소리부이다.
· 조(條), 목(木)이 의미부이고 유(攸)가 소리부이다
 ......

위의 내용은 주로 현대 음성학의 관점을 기반으로 형성구조 내의 소리부(聲符) 기능이 의미부(形符)에 의존하는 인지 상황을 검토한 것이다. 물론, 일부 분류에서는 소리부(聲符)가 전체 구조의 음가와 일치하는 경우도 있다. 그러나 이는 주로 현대 독음 관계를 기준으로

한 것이다. 이러한 의미에서 '고금의 음독변화(古今音變)' 와 '동일 독음은 반드시 동일한 분류에 속한다(同聲必同部)'라는 다양한 구분을 없애려는 주장은 아마도 형성구조의 기본적인 '차별화' 인지 기능 원칙에 반하는 것일지도 모른다. 소위 말하는 음성의 분화는 특정 조건들 하에 이루어진다. 이 조건들 중 상당한 부분은 형성구조의 조합과정에서 생기는 인지적 '차별화'에서 비롯된다.

형성화의 선택은 기호의 차별화 기능을 유지하고 확대하는 데 도움을 준다. 기호의 차별성은 궁극적으로 전체 필체 시스템에 의존한다. 조사 결과, 다른 책자 유형에 비해 필체 시스템의 주요 부분은 형성구조 인지 모델을 기반으로 구축되었다. 따라서 해서화된 기호의 차별성을 재구하는 것은 본질적으로 형성구조 선택의 문제이며, 단순히 간소화 경로를 따른 것이 아니다. 예를 들어 다음을 보자.

1. 窆一鞭. 『宋本·攴部』: "窆, 卑縣切." 『名義』: "窆, 卑綿反. 鞭字." 『名義』關聯窆, 鞭異體, 『笱景墓志』等魏晉南北朝墓志碑刻多處記錄皆用 "鞭"字, 選擇形聲結構, 並增加了跟相關形體的區別度.

편(窆)—편(鞭). 『송본(宋本)·복(攴)부수』에서 이렇게 말했다. "편(窆)은 비(卑)와 면(縣)의 반절로 읽힌다." 『명의(名義)』에서는 이렇게 말했다. "변(窆)은 비(卑)와 면(綿)의 반절로 읽히며, 편(鞭)자이다." 『명의(名義)』에서는 편(窆)과 편(鞭)을 이체자로 관련지었다. 「구경묘지(笱景墓志)」 등 위진 남북조 시대의 묘지와 비석에서도 여러 곳에서 '편(鞭)'으로 기록되어 있으며, 형성구조를 태는 선택하였으며, 관련 형체와의 구별도를 증가시켰다.

2. 叡一壑. 『宋本·穀部』: "叡, 呼各切. 溝叡也. 與壑同." 『名義·土部』: "壑, 呼各反. 深室也. 坑溝也. 池也." 魏晉南北朝墓志碑刻選擇如『元悰墓志』作壑, 『慈慶墓志』作壑, 大多用形聲結構, 且叡, 壑記號喪失區別性, 這也是選擇從土形聲結構的內在原因.

학(叡)—학(壑). 『송본(宋本)·곡(谷)부수』에서 이렇게 말했다. "학(叡)은 호

(呼)와 각(各)의 반절로 읽힌다. 골짜기를 말한다(叡: 溝叡) 학(壑)과 같다." 『명의·토(土)부수』에서는 이렇게 말했다. "학(壑)은 호(呼)와 각(各)의 반절로 읽히며, 깊은 구덩이다(深室). 구덩이(坑溝)이다. 못(池)이다." 위진 남북조 시대의 묘지와 비석인 「원종묘지(元悰墓志)」와 「자경묘지(慈慶墓志)」에서 '학(壑)'으로 사용했는데, 대부분 형성구조를 채택했다. 게다가 학(叡)과 활(豁)은 구별이 어려워졌으며, 이것이 토(土)가 더해진 형성구조를 선택한 내재적 이유이기도 하다.

3. 霝一零. 『宋本·雨部』: "霝, 力丁切. 落也. 零, 同上. 又徐雨也." 『名義』: "霝, 力丁反. 落也. 零, 同上." 『說文』: "霝, 雨零也. 從雨, 吅吅象雺形." 『說文』: "零, 餘雨也. 從雨令聲." 魏晉南北朝石刻像『牛景悅造石浮圖記』尙作霗, 『黃庭內景經』作本. 『名義』『宋本』已經將霝, 零關聯爲異體, 通行楷字選擇形聲結構. 又, 霛一靈. 『宋本·雨部』: "靈, 魯丁切. 古文靈." 參見『宋本·巫部』"靈", 靈, 靈異體. 魏晉南北朝石刻數據庫記錄『寇霄墓志』等凡用21靈字, 爲高頻用字. 構造或從巫或從玉或從器, 無用從三弓者. 蓋從三弓已經完全破壞形聲結構, 並喪失構造理據, 說明楷字選擇原則還是努力維持原本具有的構造模式.

령(霝)一령(零). 『송본·우(雨)부수』에서 이렇게 말했다. "령(霝)은 역(力)과 정(丁)의 반절로 읽힌다. 떨어지다(落)는 뜻이다. 영(零)과 같은 글자다. 또 서서히 내리는 비(徐雨)를 말한다." 『명의(名義)』에서는 이렇게 말했다. "령(霝)은 역(力)과 정(丁)의 반절로 읽히며, 떨어진다(落)는 뜻이다. 영(零)과 같은 글자이다." 『설문』에서 이렇게 말했다. "령(霝)은 비가 내린다(雨零)는 뜻이다. 우(雨)가 의미부이고, 령(吅吅)은 '비가 내리는(雺)' 모습을 본떴다." 『설문(說文)』에서 이렇게 말했다. "령(零)은 서서히 내리는 비(餘雨)를 말한다. 우(雨)가 의미부이고 령(令)이 소리부이다." 위진남북조 시대의 석각의 경우, 「우경열조석부도기(牛景悅造石浮圖記)」에서는 오히려 霗으로 적었고, 「황정내경경(黃庭內景經)」에서 本 으로 적었다. 『명의(名義)』와 『송본(宋本)』에서는 이미 '령(霝)'과 '령(零)'을 이체자로 연결하였으며, 통용된 해서자는 형성구조를 선택했다.

또 령(霛)—령(靈)의 경우, 『송본·우(雨)부수』에서 이렇게 말했다. "령(靈)은 노(魯)와 정(丁)의 반절로 읽힌다. '령(靈)'의 고문체이다." 『송본·무(巫)부수』의 '령(靈)'을 참조하면, '령(霛)'과 '영(靈)'의 이체자이다. 위진남북조 시대의 석각 데이터베이스의 확인 결과, 「구소묘지(寇霄墓志)」 등에서 '영(靈)'자가 총 21회 사용되어, 고빈도 한자에 해당되었다. 구조를 보면, 때로는 '무(巫)'로 구성되거나, 혹은 '옥(玉)'으로 구성되거나, 혹은 '영(皿)'으로 구성되었다. 그러나 '령(霛)'처럼 '3개의 궁(弓)'으로 구성된 경우는 없었다. 이는 '3개의 궁(弓)'으로 구성된 형성구조가 완전히 파괴되어 구성의 근거를 잃었음을 의미하며, 해서체 자형의 선택 원칙이 원래의 구성 방식을 유지하려고 노력했음을 설명해 준다.

4. 昏—昬. 『宋本·日部』: "昏, 呼昆切. 『說文』曰: 日冥也. 昬, 同上." 『名義』: "昏, 呼昆反. 暗也. 强也. 伐(作)也." 『說文』: "昏, 日冥也. 從日氏省. 氏者, 下也. 一曰民聲." 北魏『元引墓志』作昏, 『元鷙妃公孫甑生墓志』作昬: 魏晉南北朝墓志碑刻數據庫篩選楷字使用形聲結構, 爲從日民聲結構.

혼(昏)—혼(昬). 『송본·일(日)부수』에서 이렇게 말했다. "혼(昏)은 호(呼)와 곤(昆)의 반절로 읽힌다. 『설문(說文)』에서 '해가 지다는 뜻이다(日冥也).'라고 했다. 혼(昬)도 위와 같은 글자이다." 『명의(名義)』에서 이렇게 말했다. "혼(昏)은 호(呼)와 곤(昆)의 반절로 읽히며, 어둡다(暗), 강하다(强), 짓다(伐, 作)는 뜻이다." 『설문(說文)』에서 이렇게 말했다. "혼(昏)은 해가 지다는 뜻이다(日冥也). 일(日)이 의미부이고 저(氏)의 생략된 모습이 소리부인데, 저(氏)는 '아래'를 뜻한다. 일설에는 민(民)이 소리부라고도 한다." 북위(北魏) 때의 「원인묘지(元引墓志)」와 「원지비공손증생묘지(元鷙妃公孫甑生墓志)」에서는 '혼(昬)'으로 기록되어 있다. 위진남북조 시대의 묘지명 데이터베이스에서 검색한 해서 자형은 '일(日)이 의미부이고 혼(昏)이 소리부'인 형성구조를 채택하였다.

5. 昏—期. 『宋本·日部』: "昏, 巨基切. 古文期." 『名義』: "昏, 渠基反. 會也. 當也." 『名義』: "昏, 渠基反. 古期也." 『宋本·月部』: "期, 巨基切. 會也, 當也, 要也, 時也, 契約也. 昏, 古文." 北魏『元繼墓志』作期, 『乞伏賓墓志』作朞: 數據庫篩選5條記錄, 除了結構位置有上下, 左右的變化之外, 定形於從日其聲結構. 這並非違背楷字選擇簡化的原則, 而有可能是魏晉南北朝已經感到丌符的讀音區別功能喪失, 需要增加記號區別, 保持形聲結構.

기(㫷)—기(期). 『송본·일(日)부수』에서 이렇게 말했다. "기(㫷)는 거(巨)와 기(基)의 반절로 읽힌다. 기(期)의 고문체이다."『명의(名義)』에서 이렇게 말했다. "기(㫷)는 거(渠)와 기(基)의 반절로 읽히며, 만나다(會), ~을 당하다(當)는 뜻이다."『명의(名義)』에서는 이렇게 말했다. "기(㫷)는 거(渠)와 기(基)의 반절로 읽히며, 기(期)의 고문체이다."『송본·월(月)부수』에서 이렇게 말했다. "기(期)는 거(巨)와 기(基)의 반절로 읽힌다. 만나다(會), ~을 당하다(當), 필요하다(要), 시기(時), 계약(契約)을 뜻한다. 기(㫷)는 고문체이다." 북위(北魏) 때의 「원계묘지(元繼墓志)」에서는 '기(期)'로, 「걸복빈묘지(乞伏賓墓志)」에서는 '기(朞)'로 기록되었다. 데이터베이스에서 5개의 기록을 선별한 결과, 구조 위치가 상하 또는 좌우로 변화된 것을 제외하면, '일(日)'이 의미부이고 기(其)가 소리부'인 구조로 고정되었다. 이는 해서 자형 선택의 단순화 원칙을 위배하는 것이 아니라, 위진남북조 시대에 이미 '기(丌)'의 독음 구별 기능이 상실되어 구별 기호를 추가하여 형성구조를 유지하려는 필요성이 있었기 때문일 가능성이 있다.

6. 夨—側. 『宋本·日部』: "夨, 壯力切. 傾頭也, 今並作側."『名義』: "夨, 莊棘反. 傾頭."『說文』: "夨, 傾頭也. 從大, 象形."『側"又見『宋本·人部』. 北魏『元纂墓志銘』作側, 楷字最終選擇"側". 唐抄本『名義』反切釋義凡用近70"側"字, 而無一傳抄使用"夨"字例. 以夨形楷化雖簡, 但夨夭天大等記號區別性不夠, 維護形聲結構.

측(夨)—측(側). 『송본·일(日)부수』에서 이렇게 말했다. "측(夨)은 장(壯)과 력(力)의 반절로 읽는다. 고개를 기울이다는 뜻이다(傾頭也). 지금은 측(側)과 함께 사용한다."『명의』에서는 이렇게 말했다. "측(夨)은 장(莊)과 극(棘)의 반절로 읽힌다. 고개를 기울이다는 뜻이다(傾頭)."『설문』에서 이렇게 말했다. "측(夨)은 고개를 기울이다는 뜻이다(傾頭也). 대(大)로 구성되었고, 상형이다." '측

(側)'은 또 『송본·인(人)부수』에 보인다. 북위(北魏) 때의 「원찬묘지명(元纂墓志銘)」에서는 '측(側)'으로 표기되었고, 해서체로 최종 선택된 글자는 '측(側)'이다. 당나라 필사본『명의』에서는 반절이나 의미 해석에서 '측(側)'자가 약 70회 사용되었으나, '측(夨)'자를 사용한 예는 없다. '측(夨)'자의 형체를 해서화하는 것이 비록 간단하긴 하나, '측(夨)', '요(夭)', '천(天)', '대(大)' 등의 기호와의 구별이 충분하지 않아, 형성구조를 유지했다.

7. 牯—駕. 『宋本·牛部』: "牯, 古訝切. 牯車也. 籒文駕." 『名義』: "牯, 居暇反. 駕字." 『說文·馬部』: "駕, 馬在軛中. 從馬加聲. 牯, 籒文駕." 魏晉南北朝楷字通用 "駕"字, 不復有牛, 馬區分, 如『侯剛墓志』等, 皆用駕. 牯, 駕異體, 初分別爲牛, 馬駕車本字而設. 楷化選擇形聲結構, 從 "各" 讀, 早已不能明確, 寧可從繁取馬. 由是, 在 "駕車" 功能上, 牛, 馬區別告退.

가(牯)—가(駕). 『송본·우(牛)부수』에서 이렇게 말했다. "가(牯)는 고(古)와 아(訝)의 반절로 읽힌다. 수레를 몰다는 뜻이다(牯車). 가(駕)의 주문(籒文)체이다." 『명의(名義)』에서 이렇게 말했다. "가(牯)는 거(居)와 가(暇)의 반절로 읽힌다. 가(駕)자이다." 『설문마(馬)부수』에서 이렇게 말했다. "가(駕)는 말에 멍에가 얹혀 있다는 뜻이다(馬在軛中). 마(馬)가 의미부이고 가(加)가 소리부이다. 가(牯)는 가(駕)의 주문(籒文)체이다." 위진남북조 시대의 해서 자형에서는 '가(駕)'자를 통용함으로써, 소와 말로 끄는 수레의 구분이 더 이상 존재하지 않게 되었다. 예를 들어, 「후강묘지(侯剛墓志)」등에서 모두 '가(駕)'자를 사용하였다. '가(牯)'와 '가(駕)'는 이체자로, 처음에는 소와 말이 수레를 끄는 것을 구분하기 위해 만들어졌다. 하지만 해서화 과정에서 형성구조를 선택하면서 '각(各)'을 소리부로 하는 것이 이미 명확성을 담보하지 하지 못하게 되었고, 차라리 복잡한 형태에서 마(馬)로 구성하는 것이 더 선호되었다. 따라서 '수레를 타는(駕車)' 기능에서는 소와 말의 구별이 사라졌다.

8. 乙—鳦. 『宋本·乙部』: "乙, 於秩切. 玄鳥也. 或作鳦." 『名義』: "乙, 倚秩反. 玄鳥." 『說文』: "乚, 玄鳥也. 齊魯謂之乚. 取其鳴自呼. 象形. 凡

ㄴ之屬皆從ㄴ. 徐鍇曰: 此與甲乙之乙相類, 其形擧, 首下曲, 與甲乙字少異. 乿, 乙或從鳥."『詩經·商頌·玄鳥』: "天命玄鳥, 降而生商."『注疏』: "玄鳥, 乿也." ㄴ, 乙, 乿皆一字之分形, 由象鳥形輪廓, 趨向記號. 所造成區別者, 只是於記號的起筆或省或添. 但這種區別, 在書寫過程中微乎其微, 基本起不到區別作用. 於是楷字的選擇過程中, 只能恢復到乿的形聲結構. 這類犧牲簡化的代價, 在某些情況下似乎也是增加記號區別性所必需的.

을(乙)—을(乿).『송본·을(乙)부수』에서 이렇게 말했다. "을(乙)은 어(於)와 질(秩)의 반절로 읽힌다. 현조(玄鳥)를 말한다. 혹은 '을(乿)'로 쓴다."『명의(名義)』에서는 이렇게 말했다. "을(乙)은 의(倚)와 질(秩)의 반절로 읽힌다. 현조(玄鳥)를 말한다."『설문(說文)』에서 이렇게 말했다. "을(ㄴ)은 현조(玄鳥)를 말한다. 제(齊)와 노(魯) 지역에서는 현조를 을(ㄴ)이라고 한다. 그 울음소리를 따서 지은 이름이다. 상형이다. 을(ㄴ)로 구성된 글자는 모두 을(ㄴ)이 의미부이다. 서개(徐鍇)는 다음과 같이 말했다. 이것은 '갑을(甲乙)'의 '을(乙)'과 유사하며, 그 형태가 들려져 있고 머리가 아래로 굽어 있다. 그래서 '갑을(甲乙)'의 '을(乙)'과는 약간 다르다. '을(乿)'은 '을(乙)'의 혹체자인데 소(鳥)로 구성되었다."『시경·상송·현조(玄鳥)』에서 이렇게 말했다. "하늘이 현조에게 명하사, 내려와 상을 나았네.(天命玄鳥, 降而生商.)"『주소(注疏)』에서 이렇게 말했다. "현조(玄鳥)는 을(乿)을 말한다."

'을(ㄴ)', '을(乙)', '을(乿)'은 모두 한 글자의 변형으로, 모두 새의 윤곽이 기호화 한 것이다. 이들의 구분은 단지 이 글자를 쓸 때의 시작점에서 생략하거나 추가한 것에 불과하다. 하지만 이러한 구별은 필기 과정에서 미미하여 기본적으로 구별 기능을 수행하지 못한다. 따라서 해서체의 선택 과정에서는 '을(乿)'의 형성구조를 복원하는 것만이 가능하였다. 이러한 단순화의 희생은 어떤 경우에는 기호 구별성을 증가시키기 위해 필요했다.

9. 蠹—蠧.『宋本·蚰部』: "蠧, 丁護切. 木中蟲也. 又白魚也. 蠹, 古文."『名義』: "蠧, 丁胡反. 白蟲也. 蠹, 同上."『說文』: "蠹, 木中蟲. 從蚰橐聲. 當故切. 蠹, 蠧或從木, 象蟲在木中形, 譚長說." 北魏『元壽安墓志』

"齊地絲枲; 秦川桂蠹"作蠹, 『赫連悅墓志』"式遏寇虛, 銷革孟蠹"作蠹: 楷字選擇維護形聲結構原則.

두(蠹)—두(蠹). 『송본·곤(蚰)부수』에서 이렇게 말했다. "蠹는 정(丁)과 호(護)의 반절로 읽힌다. 나무속의 벌레이다(木中蟲也). 또한 백어(白魚)이다. 두(蠹)는 고문체이다." 『명의(名義)』에서는 이렇게 말했다. "두(蠹)는 정(丁)과 호(胡)의 반절로 읽히며, 하얀 벌레(白蟲)를 말한다. 두(蠹)도 위와 같은 글자이다." 『설문(說文)』에서 이렇게 말했다. "두(蠹)는 나무속의 벌레이다. 곤(蚰)이 의미부이고 탁(橐)이 소리부이다. 당(當)과 고(故)의 반절로 읽힌다. 두(蠹)는 두(蠹)의 혹체(或體)인데, 목(木)으로 구성되었고, 벌레가 나무 속에 있는 형상을 본뜬 것이다. 담장(譚長)의 학설이다."

북위(北魏) 「원수안묘지(元壽安墓志)」의 "제지사문(齊地絲枲) 주천계두(秦川桂蠹)(동쪽 제나라 땅의 혼란스런 자들과 서쪽 진나라 땅의 좀먹는 이들)"에서 '두(蠹)'로 기록되었고, 「혁연열묘지(赫連悅墓志)」의 "식알구허(式遏寇虛), 소혁모두(銷革孟蠹)"에서도 '두(蠹)'로 기록되었다. 해서(楷書)의 자형에서 형성구조 원칙을 유지하는 것으로 선택되었다.

10. 匊—掬. 『宋本·勹部』: "匊, 居六切. 兩手也, 滿手也, 四指也, 手中也, 物在手也. 亦作掬. 古文作臼." 『名義』本部: "匊, 居陸反. 手中也. 掬字." 『說文』: "匊, 在手曰匊. 從勹, 米. 臣鉉等曰: 今俗作掬, 非是." 北魏 『元寶月墓志』"掬子是哀, 友於彌篤"作掬. 楷字選擇形聲結構, 記號不憚從俗趨繁, 因爲"匊"形所從手符, 經過楷化已經不顯.

국(匊)—국(掬). 『송본·포(勹)부수』에서 이렇게 말했다. "국(匊)은 거(居)와 육(六)의 반절로 읽힌다. 두 손(兩手), 손에 가득 참(滿手), 네 손가락(四指), 손 안(手中), 손에 있는 물건(物在手) 등의 의미이다. 또 국(掬)으로도 쓴다. 고문체에서는 구(臼)로 쓴다." 『명의(名義)』에서 이렇게 말했다. "국(匊)은 거(居)와 육(陸)의 반절로 읽히며, 손 안(手中)을 말한다. 국(掬)자이다." 『설문(說文)』에서 이렇게 말했다. "국(匊), 손안에 있는 것을 국(匊)이라고 한다(在手曰匊). 포(勹)와 미(米)가 모두 의미부이다. [신 서현 등은 이렇게 생각합니다. '지금의 속자에서 국(掬)으로 쓰는데, 이는 올바르지 않습니다.']"

『설문해자』 인지분석

북위(北魏) 때 「원보월묘지(元寶月墓志)」의 "국자시애(匊子是哀),
우어미독(友於彌篤)"에서는 '국(匊)'으로 표기되었다. 해서의 자형
선택에서는 형성구조를 따랐으며, 기호를 번잡하게 사용하는 것
을 두려워하지 않았는데, 이는 '국(匊)'자를 구성한 수(手)자13)가
해서화 과정을 거치면서 더 이상 명확하지 않았기 때문이다.

11. ㄴ—隱. 『宋本·ㄴ部』: "ㄴ, 於近切. 匿也. 今作隱." 『名義』: "ㄴ, 於近
反. 匿也." 『說文』: "ㄴ, 匿也, 象迟曲隱蔽形. 讀若隱." 『宋本·阜部』:
"隱, 於謹切. 不見也, 安也, 度也, 匿也." ㄴ屬筆劃層次, 功能基本相當
於飾筆, 如"悳"字所從構件有ㄴ筆, 郭店楚墓竹簡 『老子』(甲)第33號作
   , 已省此筆劃. 本部楷字亦無所統屬: 直, 蠹楷字選擇皆無此飾筆. 字
書所存此部者, 以下出"凵部"從入從ㄴ, 分析之後, ㄴ件無所歸屬(另外,
楷化之後, "隱"初文ㄴ, 如"凵", 『說文』"逃也, 從入從ㄴ", 跟"玄鳥"之
ㄴ, 也混淆爲同形字). 北魏 『元順墓志』 "有杞無隱, 讜言屢陳"作"隱", 以
ㄴ筆基本不具備區別功能, 楷字選擇形聲結構.

은(ㄴ)—은(隱). 『송본·은(ㄴ)부수』에서 이렇게 말했다. "은(ㄴ)은 어
(於)와 근(近)의 반절로 읽힌다. 숨다(匿)는 뜻이다. 지금은 은(隱)
으로 쓴다." 『명의(名義)』에서 이렇게 말했다. "은(ㄴ)은 어(於)와
근(近)의 반절로 읽히며, 숨다(匿)는 뜻이다." 『설문(說文)』에서 이
렇게 말했다. "은(ㄴ)는 숨다(匿)는 뜻이다. 굽어 숨는 형상을 본
뜬 것이다(象迟曲隱蔽形). 은(隱)과 같이 읽는다." 『송본·부(阜)부
수』에서 이렇게 말했다. "은(隱)은 어(於)와 근(謹)의 반절로 읽힌
다. 보이지 않다(不見), 편안하다(安), 예측하다(度), 숨다(匿)는 뜻
이다."

은(ㄴ)은 필획의 일부로, 기능적으로는 장식 필획에 해당한다. 예
를 들어 '덕(悳)'자에서의 은(ㄴ) 필획처럼 사용되었다. 곽점 초묘
죽간 『노자(郭店楚墓竹簡 『老子』)』(갑) 제33호에서는 이 필획이 생
략되었다. 해서(楷書)에서는 이러한 필획을 포함하지 않았다. 직
(直)이나 측(蠹) 같은 해서체 글자에서도 이 장식 필획이 들어 있
지 않다.

---

13) [역주] 국(匊)의 경우, 지금의 자형에서는 포(勹)로 구성된 것처럼 보이지만, 소
전체까지만 해도 수(手)로 구성되었다.

자서(字書)에서 이 부수를 보존한 것은 「망(厶)부수」에서 "입(入) 이 의미부이고 은(乚)도 의미부"라고 했으나, 이렇게 분석한 뒤 은(乚)을 수록할 부수가 없어졌다. (이밖에 해서화 이후 '은(隱)'의 초기 형태인 '은(乚)'은 '망(厶)'[『설문』에서 도망가다(逃)는 뜻이며, 입 (入)이 의미부이고 은(乚)도 의미부라고 했다]과 '현조(玄鳥)'를 뜻하 는 '을(乚)'과도 혼동되는 동형자로 변했다.)

북위(北魏) 「원순묘지(元順墓志)」의 "유기무은(有杞無隱), 당언누진 (讜言屢陳)(기우 같은 지나친 걱정도 순기지 않았고, 곧은 말을 수 없이 진언했다)"에서는 '은(隱)'을 사용하였다. 필획 은(乚)은 구별 기 능을 거의 가지지 않으므로 해서체 글자 선택에서는 형성구조를 따랐다.

12. 罡一岡.『宋本·刀部』: "剛, 古郎切. 强也."『名義』: "剛, 居昂反. 堅强 也."『說文』: "剛, 强斷也. 從刀岡聲."『名義』"剛"次"刻""剮"之間. 北 魏『寇霄墓志』"灼灼剛紀"字作罡, 北齊『趙道德墓志』"剛而不撓"作罡: 將聲符替換爲罡, 在8字次中凡6次使用以罡爲聲符結構. 罡的變換, 主 要是將半包圍結構變爲上下結構, 記號選擇以便於書寫. 但是, 最終要 服從於區別性的基本原則, 所以"剛"字楷體最後還是恢復了從岡得聲的 結構.

강(罡)一강(岡).『송본·도(刀)부수』에서 이렇게 말했다. "강(剛)은 고 (古)와 랑(郎)의 반절로 읽힌다. 강하다(强)는 뜻이다."『명의(名義) 』에서 이렇게 말했다. "강(剛)은 거(居)와 앙(昂)의 반절로 읽히며, 단단하고 강하다(堅强)는 뜻이다."『설문(說文)』에서 이렇게 말했 다. "강(剛)은 강하게 끊다(强斷)는 뜻이다. 도(刀)가 의미부이고 강(岡)이 소리부이다."『명의(名義)』에서 '강(剛)'은 '각(刻)'자와 '단 (剮)'자 사이에 위치하고 있다.

북위(北魏) 「구소묘지(寇霄墓志)」의 "작작강기(灼灼剛紀)"에서는 '강(罡)'으로 썼고, 북제(北齊) 「조도덕묘지(趙道德墓志)」의 "강이 불요(剛而不撓)"에서는 '강(罡)'으로 써, 소리부를 '강(罡)'으로 대 체하였다. 총 8차례 출현하였는데, 그중 6회에서 '강(罡)'을 소리 부로 사용하였다. '강(罡)'으로의 변환은 주로 '반포위 구조'를 '상 하구조'로 바꾸면서 편하게 필사할 수 있도록 기호 선택을 한 것이다. 그러나 기본적인 구별성의 원칙을 따라야 하므로, 최종

적으로 '강(剛)'자의 해서체는 '강(岡)'을 소리부로 삼는 구조로 복
원되었다.

13. 炁—氣. 『宋本·火部』: "炁, 去旣切. 古氣字." 『名義』: "炁, 去旣反. 古
氣, 息也." 南北朝『爾朱紹墓志』作氣, 其餘石刻基本無例外; 『名義』凡
用72氣字, 凡『說文』用"氣"字, 『名義』皆作氣字. 楷字選擇從米氣聲字
形, 强調形聲結構原則.

기(炁)—기(氣). 『송본·화(火)부수』에서 이렇게 말했다. "기(炁)는 거
(去)와 기(旣)의 반절로 읽힌다. 기(氣)의 고문체이다." 『명의(名義)
』에서 이렇게 말했다. "기(炁)는 거(去)와 기(旣)의 반절로 읽히며,
기(氣)의 고문체이다. 숨을 쉬다(息)는 뜻이다."

남북조 시대의 「이주소묘지(爾朱紹墓志)」에서는 '기(氣)'자를 사용
하였고, 다른 석각에서도 거의 예외 없이 '기(氣)'자를 사용하였
다. 『명의(名義)』에서는 총 72회 '기(氣)'자를 사용하였는데, 『설
문(說文)』에서 '기(氣)'자를 사용한 곳에서는 모든 경우에 『명의
(名義)』에서도 '기(氣)'자로 표기되었다. 해서(楷書) 자형 선택에서
는 '미(米)'가 의미부이고 기(氣)가 소리부'인 구조를 선택하여 형
성구조의 원칙을 강조하였다.

14. 厸—鄰. 『宋本·厶部』: "厸, 力神切. 古鄰字. 近也, 親也, 五家也." 『名
義』: "厸, 力神反. 近也. 親也. 鄰字." 北魏『元顯儁墓志』作鄰, 北齊『劉
雙仁墓志』"地鄰沙漠, 境接邊荒, 羽檄不馳, 勳庸斯在"作鄰: 楷字使用
選擇形聲結構, 邑符左右位置尙不固定, 但數據庫沒有篩選到使用厸形
的任何記錄.

린(厸)—린(鄰). 『송본·사(厶)부수』에서 이렇게 말했다. "린(厸)은 역
(力)과 신(神)의 반절로 읽힌다. 린(鄰)의 고문체이다. 가깝다(近),
친하다(親), 다섯 집(五家)을 말한다." 『명의(名義)』에서 이렇게 말
했다. "린(厸)은 역(力)과 신(神)의 반절로 읽히며, 가깝다(近), 친
하다(親)는 뜻이다. 린(鄰)자이다."

북위(北魏) 「원현준묘지(元顯儁墓志)」에서는 '린(鄰)'자를 사용하였
고, 북제(北齊) 「유쌍인묘지(劉雙仁墓志)」의 "지리적으로 사막에
가까운 위치에 있으며, 국경은 황무지와 인접해 있다. 긴급한 군
사 명령은 전달되지 않았고, 공적을 세운 자들은 마땅히 받아야

할 보상을 받지 못했다.(地鄰沙漠, 境接邊荒, 羽檄不馳, 勳庸斯在.)"
에서 '린(鄰)'자를 사용하였다. 해서체의 자형에서는 형성구조를
채택하였으며, '읍(邑 = 阝)' 기호의 좌우 위치는 고정되지 않았으
나, 데이터베이스에서는 '린(𨛕)'자를 사용한 어떤 기록도 찾아볼
수 없었다.

이외에도, 해서체(楷字)의 사용 과정에서 일부 문자의 구별도를 높
이려는 시도가 있었다. 이러한 시도들은 후세에 널리 채택되지는 않
았지만, 구별을 명확히 하려는 노력을 반영하고 있다. 예를 들어 다
음을 보자.

1, ·暑一暑. 『宋本·攴部』: "暑, 式與切. 熱也."『名義』: "暑, 舒與反. 熱."
『說文』: "暑, 熱也. 從日者聲." 北魏『胡明相墓志』作暑,『元思墓志』
"寒暑"字作暑: 魏晉南北朝石刻所用楷字, 添加灬形記號. 這種現象, 在
功能方面可能存在兩種解釋: 或是增加聲符記號的區別, "者"作爲聲符
在魏晉南北朝時期已經功能不顯; 或是"暑"作爲整個記號記錄"熱"的表
意功能需要強調, 以便增加跟"署"等形近記號的區別. 但由於這種增加
記號區別性的努力是以犧牲記號簡約化的選擇原則爲代價的,　後世加
"灬"之"暑"並沒有流行開來.

1. 서(·暑)—서(暑). 『송본·복(攴)부수』에서 이렇게 말했다. "서(暑)는
식(式)과 여(與)의 반절로 읽힌다. 덥다(熱)는 뜻이다."『명의(名義)
』에서 이렇게 말했다. "서(暑)는 서(舒)와 여(與)의 반절로 읽히며,
덥다(熱)는 뜻이다."『설문(說文)』에서 이렇게 말했다. "서(暑)는
덥다(熱)는 뜻이다. 일(日)이 의미부이고 자(者)가 소리부이다."
북위(北魏) 「호명상묘지(胡明相墓志)」와 「원사묘지(元思墓志)」의
"한서(寒暑)"에서 '서(暑)'자를 사용하였다. 위진남북조 시대의 석
각에서 사용된 해서(楷書) 자형에서는 '화(灬)' 형태의 기호가 추
가되었다. 이러한 현상은 두 가지 기능적 설명이 가능하다: 첫
째, 소리 부호의 구별을 증가시키기 위함이다. 즉 '자(者)'가 소리
부로서 위진 남북조시기에 이르러 이미 그 기능이 명확하지 않

　　　　　　　　　　　　『설문해자』인지분석

앉을 수 있다. 둘째, '서(暑)'가 '덥다(熱)'는 표의 기능을 강조함으로써 '서(署)'자 등과 형태가 비슷한 기호와의 구별을 편하게 하기 위함이었다. 그러나 이러한 구별성을 증가시키려는 노력은 기호의 간략화 선택 원칙을 희생한 대가로 이루어졌기 때문에, '화(灬)'를 추가한 '서(暑)'는 후세에 널리 유행하지 않았다.

2. 雕一雕. 『宋本·隹部』: "雕, 鷲也, 能食草." 『名義』: "雕, 都堯反. 鷲也." 『說文』: "雕, 鷲也. 從隹周聲." 北魏『元顯儁墓志』"春風旣扇, 暄鳥亦還. 如何是節, 剪桂雕蘭. 泉門掩燭, 幽夜多寒"作雕: 是楷書將"雕"用爲"雕刻", 魏晉南北朝石刻用字試圖改造爲從刀專字, 以增加區別. 這一改造符合形聲簡化原則, 作爲記錄"雕刻"專字, 准確剴切, 但後來也還是未能通行開來. 至今記錄"雕刻"與"鷲鳥", 仍然混淆使用. 又如"鶴"字, 『宋本·鳥部』: "鶴, 何各切. 水鳥也." 『名義』: "鸖, 河各反. 大鳥." 『說文』: "鶴, 鳴九皋, 聲聞於天. 從鳥隺聲." 北魏·孝昌二年『秦洪墓志』"貞素貫雲, 晧氣冰潔; 鶴潛於罜, 聲聞遠戾"作鶴, 東魏·武定元年『勃海太守王偃墓志』"如彼鳴鶴, 振響騰雲"作鸖. 大抵魏晉南北朝楷化, 鶴所從聲符功能已經不顯, 於是替換爲從霍聲符, 『名義』抄同. 但是, "鸖"字後來也還是未能通行開來.

조(雕)―조(雕). 『송본·추(隹)부수』에서 이렇게 말했다. "조(雕)는 독수리(鷲)인데, 풀을 먹을 수 있다(能食草)." 『명의(名義)』에서 이렇게 말했다. "조(雕)는 도(都)와 요(堯)의 반절로 읽힌다. 독수리(鷲)이다." 『설문(說文)』에서 이렇게 말했다. "조(雕)는 독수리(鷲)이다. 추(隹)가 의미부이고 주(周)가 소리부이다."

북위(北魏) 「원현준묘지(元顯儁墓志)」의 "봄바람이 불기 시작하고, 새들이 돌아오기 시작하네. 이 계절이 어떤 계절이던가? 계수나무 가지 자르고 난초를 꾸밀 때라네. 그러나 묘문은 촛불이 가려져, 고요한 밤은 더욱 차갑네.(春風旣扇, 暄鳥亦還. 如何是節, 剪桂雕蘭. 泉門掩燭, 幽夜多寒.)"에서의 '조(雕)'를 '조(雕)'로 적었다. 해서체에서는 '조(雕)'를 는 '조각(雕刻)하다'는 뜻으로 썼다. 위진남북조 시대의 석각에서는 '조각(雕刻)'이라는 의미의 구별성을 높이기 위해 '도(刀)'와 '전(專)'으로 구성된 형태로 개조하려 시도하였다. 이러한 개조는 형성구조의 간략화 원칙에 부합하며, '조각(雕刻)'을 정확하게 기록하는 글자로 적합했으나, 이후 널리 통용되지 않았다. 현재도 '조각(雕刻)'과 '단조(鍛鳥)'를 기록하는 데에 여전히 혼용되고 있다.

예를 들어 '학(鶴)'자를 보면, 『송본・조(鳥)부수』에서 이렇게 말했다. "학(鶴)은 하(何)와 각(各)의 반절로 읽힌다. 물새(水鳥)이다." 『명의(名義)』에서 이렇게 말했다. "학(鶴)은 하(河)와 각(各)의 반절로 읽힌다. 큰 새(大鳥)이다." 『설문(說文)』에서 이렇게 말했다. "[『시경・소아・학명(鶴鳴)』에서] "높은 언덕에서 우니, 그 울음소리 하늘에 퍼지네.(鳴九皐, 聲聞于天.)"라고 노래했다.14) 조(鳥)가 의미부이고 학(隺)이 소리부이다."

북위(北魏) 효창(孝昌) 2년의 「진홍묘지(秦洪墓志)」의 "구름은 맑고 투명하며, 공기는 차갑고 깨끗하네. 학은 하늘에 숨어 있고, 소리는 멀리서 들리네.(貞素貫雲, 晧氣冰潔; 鶴潛於罜, 聲聞遠戾.)"에서는 '학(鶴)'으로 기록되었다. 동위(東魏) 무정(武定) 원년의 「발해태수 왕언묘지(勃海太守王偃墓志)」에서 이렇게 말했다. "저 울부짖는 학처럼 [날개를 퍼덕이며 높이 날아올라], 그 울음소리 하늘을 뒤흔들 수 있다면.(如彼鳴鶴, 振響騰雲.)"에서도 '학(鶴)'으로 기록되었다. 대체로 위진남북조 시대에서 '학(鶴)'자의 소리부 기능은 명확하지 않게 되었고, 따라서 '학(霍)'을 소리부로 한 '학(鸖)'으로 대체하였다. 『명의(名義)』에서도 동일하게 필사되었다. 그러나 '학(鸖)'자는 이후에도 널리 통용되지 않았다.

3. 酋—酋. 『宋本』"酋部第五百四十": "酋, 疾流切. 長也, 酒官也, 熟也, 醳酒也, 液也. 或作酋." 『名義』: "酋, 似流反. 熟也. 液也." 『說文』: "酋, 繹酒也. 從酋, 水半見於上. 『禮』有大酋, 掌酒官也. 凡酋之屬皆從酋." 『宋本・酋部』: "酋, 自流切. 亦作酋, 酒官也." 北魏『元弘嬪侯氏墓志』"大酋長"作酋. 酋, 酋之間, 系添加記號形成分化, 構成區別. 所以, 『宋本・酋部』: "酋, 自流切. 亦作酋, 酒官也." 『名義・酋部』: "酋, 似流反. 酋字." 曾經選擇形聲結構酋, 試圖以增加酋, 酋之間的區別度. 但比較起來, 酋, 酋之間的區別性還是比較明確的. 因此, "酋"這個形聲結構

---

14) [역주] 구(九)는 고(高)와 같아 '높다'라는 뜻이고, 고(皐)는 물가의 언덕을 말한다. 『집전』에서 학의 울음소리는 8리나 9리의 먼 곳까지 들린다고 하였다.

也就讓位於從簡的原則, 後來也沒有被使用.

추(醫)—추(酋).『송본-추(酋)부수』에서 이렇게 말했다. "추(酋)는 질
(疾)과 유(流)의 반절로 읽힌다. 길다(長), 술 관리(酒官), 익다(熟),
술을 빚다(釀酒), 액체(液)라는 뜻이다. 혹체에서는 추(醫)로 쓴
다."『명의』에서 이렇게 말했다. "추(酋)는 사(似)와 유(流)의 반절
로 읽힌다. 익다(熟), 액체(液)라는 뜻이다."『설문(說文)』에서 이
렇게 말했다. "추(酋)는 '오래된 술(繹酒)'을 말한다. 유(酉)가 의미
부이고, 수(水)의 절반만 그 위로 드러나 보인다.『예기·명당월령
(月令)』에 "대추(大酋)"가 있는데, 술을 관장하는 관리를 말한다.
추(酋)부수에 귀속된 글자들은 모두 추(酋)가 의미부이다."

『송본-유(酋)부수』에서 이렇게 말했다. "유(醫)는 자(自)와 유(流)의
반절로 읽힌다. 또한 추(酋)로도 쓰며, 술을 관리하는 자를 뜻한
다." 북위(北魏)「원홍빈후씨묘지(元弘嬪侯氏墓志)」의 "대추장(大酋
長)"에서 '추(酋)'로 기록되었다. '유(酉)'와 '추(酋)'자 사이에는 기
호를 추가하여 구별을 형성하였다. 따라서『송본·부(酉)부수』에
서 이렇게 말했다. "추(醫)는 자(自)와 유(流)의 반절로 읽힌다. 또
한 추(酋)로도 쓰며, 술을 관리하는 자를 뜻한다." 또『명의·유(酉)
부수』에서 이렇게 말했다. "추(醫)는 사(似)와 유(流)의 반절로 읽
히며, 추(酋)자이다."

한때 형성구조였던 '추(醫)'를 선택하여 '유(酉)'와 '추(酋)' 간의 구
별도를 높이려 시도했으나, '유(酉)'와 '추(酋)' 간의 구별이 비교
적 명확했기 때문에 '추(醫)'의 형성구조는 간략화 원칙에 따라
사용되지 않게 되었다.

4. 塲—場.『宋本·土部』: "塲, 除良切.『國語』曰: 屏攝之位曰塲, 壇之所除
地曰塲.『說文』云: 祭神道也. 一曰田不耕. 一曰治穀處."『名義』: "塲,
除良反. 春夏爲圃, 秋冬爲場."『說文』: "場, 祭神道也. 一曰田不耕. 一
曰治穀田也. 從土昜聲." 按"塲—場—場": 北魏『元維墓志』作塲,『謝伯
違造像記』作場, 與『名義』所傳抄萬全相同: 場之聲符本從"昜", 楷化之
後與塲之聲符所從"昜"區別性降低, 南北朝之際曾經使用從"傷"省聲的
楷字, 以增加區別度, 但以過於繁復, 又與記錄"封場""坻場"字混同, 也
就沒有通行開來.

장(場)—장(場). 『송본·토(土)부수』에서 이렇게 말했다. "장(場)는 제(除)와 량(良)의 반절로 읽힌다. 『국어(國語)』에 이르기를, '병풍을 설치하는 장소를 '장(場)'이라고 하고, 제단을 제거하는 장소도 '장(場)'이라고 한다.(屛攝之位曰場, 壇之所除地曰場.)' 『설문(說文)』에 따르면, '신에게 제사 지내는 곳(祭神道)이다. 일설에 따르면 경작하지 않은 밭(田不耕)을 말한다고도 한다. 일설에는 곡식을 다루는 곳(治穀處)을 말한다." 『명의(名義)』에서 이렇게 말했다. "장(場)은 제(除)와 량(良)의 반절로 읽히며, 봄과 여름에는 유(囿), 가을과 겨울에는 장(場)이 된다.(春夏爲囿, 秋冬爲場)" 『설문(說文)』에서 이렇게 말했다. "장(場)은 신에게 제사 지내는 곳(祭神道)이다. 일설에는 경작하지 않은 밭(田不耕)을 말한다고도 한다. 또 일설에는 곡식을 다루는 곳(治穀田)을 말한다고도 한다. 토(土)가 의미부이고 양(昜)이 소리부이다."

'장(場)—장(場)—장(場)'의 경우, 북위(北魏) 「원유묘지(元維墓志)」에서는 '장(場)'으로 기록되었고, 「사백위조상기(謝伯違造像記)」에서도 '장(場)'으로 기록되었다. 이는 『명의(名義)』에 전해진 것과 완전히 일치한다. '장(場)'의 소리부는 본래 '양(昜)'을 따랐으나, 해서(楷書)화 이후 '장(場)'의 소리부인 '역(易)'과의 구별성이 낮아졌다. 남북조 시기에는 '상(傷)'의 생략형을 소리부로 하는 해서 자형이 사용되어 구별성을 높이려 했으나, 너무 복잡하여 '봉장(封場)'이나 '지장(坻場)'과 혼동되면서 널리 통용되지 못했다.

5. 𢧢—武. "武"字爲會意結構, 但北魏建義元年『元瞻墓志』"顯武將軍"使用從戈目聲的形聲結構𢧢, 顯然也是增加整體的區別度, 試圖避免所從止, 山形經常導致混淆.

무(𢧢)—무(武)자는 회의구조로 구성되어 있다. 그러나 북위 건의(建義) 원년의 「원첨묘지(元瞻墓志)」에서는 "현무장군(顯武將軍)"이라는 표현에서 '과(戈)'가 의미부이고 목(目)이 소리부'인 형성구조로 사용되었다. 이는 전체적인 구별도를 높이기 위한 것으로, '지(止)'와 '산(山)'의 형태가 자주 혼동되는 것을 피하려는 시도였다.

위에서 볼 수 있듯이, 형성구조는 기호의 차별성을 재구축하는 시스템적 보장이기도 하다. 따라서 형성화 선택은 기호의 차별도를 높이는 것을 전제로 하며, 필획의 많고 적음에 구애받지 않는다. 형성화 선택과 간소화 선택은 서로 대비되면서 보완 관계에 있으며, 모두 뒤에 있는 차별성 인지 원칙에 의해 지배된다.[15]

3. '의미는 소리부에 존재한다(義存乎聲)'는 것에 관하여

『설문』에서는 대략 1,631개의 문자를 사용하여 형성구조를 분석하였다. 이 중 1,631개의 문자 중 일부는 순전히 독음 문자로, 대다수는 형성구조 자체이다. 『설문』의 '동성(同聲) 계열'을 통계 분석할 때, 단계를 나누어야 한다. 이 1,631개의 표제자는 각각 971개의 형성문자를 포괄한다. 따라서 『설문』에서 기본적인 소리부는 사실상 971개로, 이를 첫 번째 단계로 볼 수 있다. 첫 번째 단계의 형성구조는 새로운 소리부로 사용되거나 다른 형성구조로 파생되어, 차례로 두 번째 단계, 세 번째 단계 등으로 확장한다.

이론적으로 보자면, '동성 계열'의 형성구조는 무한히 파생될 수 있을 것처럼 보인다. 하지만 실제로 『설문』의 '동성 계열' 중 가장 적은 그룹은 단 하나의 단계만 포함하며, 가장 많은 그룹은 다섯 단계를 포함한다. 그러나 다섯 단계를 포함하는 것은 드물다. 개별 문자의 경우, 실제로는 '의미부+소리부'라는 하나의 단계만 존재한다. 다음은 몇 가지 예시 문자를 나열한 것이다.

---

15) 이 부분은 추가된 논의이며, 구체적으로는 『中國文字發展史』 제4책, 『隋唐五代文字』의 제1장 제2절 '해서체(楷字)의 구별성'에서 참조할 수 있다.

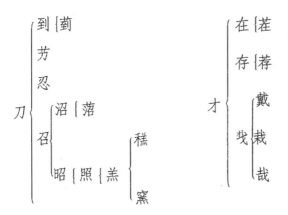

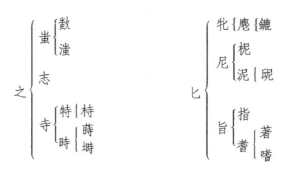

『설문해자』인지분석

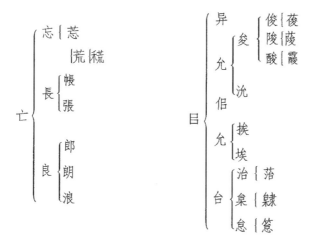

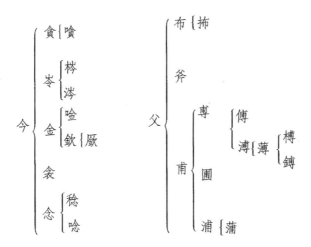

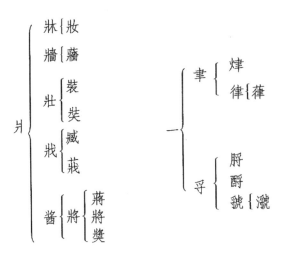

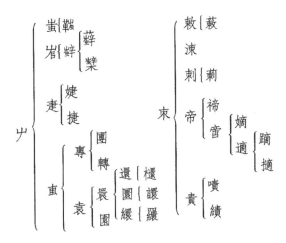

『설문해자』인지분석

형성자에서 소리부(聲符)가 연계되는 것, 즉 해체된 해성(諧聲)구조를 고찰하고 그 변이와 파생을 따져보면, 의미부(義符)가 속하는 구분에서 생긴 경계를 제거하고, 형태로 분류되는 한계를 보완할 수 있다.

청나라 때의 언어문자학자 주준성(朱駿聲)은 이러한 관점에서『설문』을 연구하였으며, 스스로 일가를 이루었다. 그는 이렇게 주장하였다. "육서(六書) 중 형성자는 열 중 아홉이 이에 해당한다. 이로써 수많은 서적 540부수에서 형태를 버리고 소리를 취하였으며, 그를 통해 1,137개의 모음으로 나누었고, 그것을 비교하여 18부로 정하였다. 이것은 모두 문자의 소리 기원을 밝히기 위함이다."16) 주준성은 이런 체계를 따라『설문통훈정성(說文通訓定聲)』을 편찬하였으며, 빛나는 청대의 학자들 가운데에서 독특한 위치를 차지하였다. 해석 연구에 있어서, '의미는 소리에 존재한다(義存乎聲)'는 원칙을 실천하며, 새로운 연구 방법의 문을 열었다.

단옥재(段玉裁)는『설문해자주(說文解字注)』를 지었는데, 음운(音韻)을 기반으로 삼아 많은 새로운 발명이 있었다. 예를 들면 다음과 같다.

·芋, 大葉實根駭人, 故謂之芋也.
　우(芋), (토란은) 사람을 놀랄게 할 만한 큰 잎과 강한 뿌리를 가지고 있기 때문에 '우(芋)'라고 불린다.

단옥재는 이 글자 아래에 다음과 같은 상세한 주석을 달았다.

『설문(說文)·구(口)부수』에서는 다음과 같이 말했다. "유(籲)는 놀라다(驚)는 뜻이다." 『모전(毛傳)』에서는 "우(訏)는 크다(大)는 뜻이다." 라고 했다. '우(于)'를 소리부로 삼는 모든 글자는 대부분 '크다(大)'로

---

16) 『說文通訓定聲·凡例』."六書形聲之字十居其九. 是編就許書540部舍形取聲, 貫穿聯綴, 離之爲1137母, 比之爲18部, 以著文字聲音之原."

해석된다. '우(芋: 토란)'라는 식물은 잎이 크고 뿌리가 실하며, 이 두 가지 모두 사람을 놀라게 할 정도이기에 '우(芋)'라고 부른다. 이 글자는 '초(艸)'가 의미부이고 '우(于)'가 소리부이다.(口部曰: 䎰, 驚也. 毛傳曰: 訏, 大也. 凡于聲字多訓大. 芋之爲物, 葉大根實, 二者皆墟駭人, 故謂之芋. 其字從艸於聲也)[17]

다음에서는『설문』에 보이는 이러한 '동성(同聲) 계열'과 관련된 글자들을 예시하면 다음과 같다.

- 우(亏): 우(竽), 우(吁), 우(盂), 후(朽), 화(𧮫), 우(芋), 우(雩), 과(夸), 우(訏), 우(靬), 우(盱), 우(邘), 우(宇), 우(杇), 우(扜), 우(姱), 우(忬), 우(汙), 우(玗), 우(吋)
- 과(夸): 과(跨), 과(誇), 과(胯), 과(刳), 호(瓠), 포(匏), 과(侉), 오(洿), 고(綌)
- 우(雩): 우(謣), 저(樗), 호(鄂)
- 화(𧮫): 엽(曗)
- 우(汙): 호(姱)

"무릇 우(于)를 소리부로 삼는 글자에는 '크다'는 뜻이 많다.(凡于聲字多訓大)"는 것과 부합도가 높은 예들을 나열하면 다음과 같다.

① 竽,『說文』: "竹三十六簧也." 朱氏按: 管樂也. 三十六管, 長四尺二寸.『呂覽』: 仲夏調竽笙壎箎. 注: 竽, 笙之大者, 以匏爲之.『荀子·正名』: 調竽奇聲以耳異. 注: 竽, 八音之首.──"竽"屬第一層次的形聲結構, 衍"于"聲, 有"大"義.
  우(竽),『설문(說文)』에서 이렇게 말했다. "대로 만든 36개의 관을 가진 생황이다(竹三十六簧也.)" 주준성의 생각은 이렇다. "관악기(管樂)이다. 36개의 관(管)으로 이루어져 있으며, 길이는 4척 2촌

17)『說文解字注』一篇下.『集韻·虞部』: "訏, 匈於切.『說文』詭譌也. 一日訏譽齊楚謂言曰訏. 一日大也."

이다. 『여람(呂覽)』에서 이렇게 말했다. '중하(仲夏)에 우(竽), 생
(笙), 훈(壎), 지(篪)를 조율한다.' 주석에서 이렇게 말했다. '우(竽)
는 큰 생황(笙)이며, 표주박(匏)으로 만든다.' 『순자·정명(正名)』에
서 이렇게 말했다. '우(竽)의 기묘한 소리를 조율하여 귀를 경이
롭게 한다.' 이에 대한 주석에서 이렇게 말했다. '우(竽)는 팔음(八
音)의 으뜸이다.' —— '우(竽)'는 첫 번째 층의 형성구조에 속하며,
'우(于)'를 소리부로 삼았기에 '크다(大)'의 의미를 가진다."

② 籲, 『說文』: "驚也." ——"籲"情形同"竽".
유(籲), 『설문(說文)』에서 이렇게 말했다. "놀라다(驚)는 뜻이다."
—— '유(籲)'는 '우(竽)'와 같은 형태와 구조를 가지고 있다.

③ 訏, 朱氏按: 『玉篇』引『說文』: 齊楚謂大言曰訏, 是也. 字與誇略同. 『詩·
溱洧』: 洵訏且樂. 『生民』: 實覃實訏. 『抑』: 訏謨定命. 『傳』皆本『爾雅』
訓大. 『方言』一: 誇, 大也, 中齊西楚之間曰誇. ——"誇"情形同上諸例.
유(訏), 주준성은 이렇게 생각한다. "『옥편(玉篇)』에서 『설문(說文)
』을 인용하여 '제(齊)와 초(楚) 지방에서는 크게 하는 말 '우(訏)'
라고 한다.'라고 했다. 이 글자는 '과(誇)'와 대략 같다. 『시·진유
(溱洧)』에서 '순과차락(洵訏且樂: 정말 재미있고 즐거울 텐데)'라고
했고, 「생민(生民)」에서 '실담실과(實覃實訏: 소리가 길고 커서)'라
고 했으며, 「억(抑)」에서 '과모정명(訏謨定命: 위대한 계획은 나라를
안정시키는 것이니)'이라 했는데, 『전(傳)』은 모두 『이아(爾雅)』에
서 '크다'로 해석하였다고 했다. 『방언(方言)』 권1에서 이렇게 말
했다. '과(誇)는 크다, 제나라 중심(中齊)과 서초(西楚) 사이 지역
에서는 '과(誇)'라고 한다." ——'과(誇)'는 위의 예와 같은 상황이
다.

④ 盱, 『說文』: "張目也." 朱氏按: 『魏都賦』: 乃盱衡而誥曰; 『注』: 擧眉
大視也. ——"盱"與上述情形正復相同.
우(盱), 『설문(說文)』에서 "눈을 크게 뜨다(張目)는 뜻이다."라고
했다. 주준성 나의 생각은 이렇다. "「위도부(魏都賦)」에서 '눈썹
을 치켜들고서 말을 했다(乃盱衡而誥曰)'[18]라고 했는데, 주석에서

---

18) [역주] '우형(盱衡)'은 눈썹을 치켜 세우다는 뜻이고, '고왈(誥曰)'은 '~라고 말
하다'는 뜻이다.

'눈썹을 들어 크게 바라보다는 뜻이다'라고 했다.──'우(盰)'도
위의 예와 동일한 상황이다.

⑤ 袎, 『說文』: "諸袎也." 朱氏按: "大袂衣, 如婦人袿衣也."

우(袎), 『설문(說文)』에서 이렇게 말했다. "모든 소매가 큰 옷을
말한다(諸袎也)." 주준성의 생각은 이렇다. "큰 소매 옷으로, 여자
가 입는 큰 소매 옷과 같다."

⑥ 夸, 『說文』: "奢也. 從大于聲." 朱氏按: 『廣雅·釋詁一』: "大也." 『呂覽
』: 下賢富有天下而不騁夸. 注: 詫而自大也. 據考察, "夸"字取象於圭
表, 實爲"大圓規", 參見本書『夸父意象』篇.

과(夸), 『설문(說文)』에서 이렇게 말했다. "크다는 뜻이다(奢也). 대
(大)가 의미부이고 우(于)가 소리부이다." 주준성의 생각은 이렇
다. "『광아(廣雅)·석고(釋詁)』권1에서 '크다(大)는 뜻이다'라고 했
다. 『여람(呂覽)』에서는 '현명하고 부유한 자가 세상을 다스리면
서도 자랑하지 않는다.'라고 했는데, 주석에서 '자랑하며 자부하
다.'는 뜻이라고 했다." 필자의 조사에 따르면, '과(夸)'는 규표(圭
表)를 본떠서 만든 것으로, 실제로는 '커다란 컴퍼스(大圓規)'를
의미한다. 이에 대해서는 이 책의 제5장 제4절 "과보 이미지(夸
父意象)"편을 참조하라.

⑦ 玗, 『說文』: "滿弓有所向也." 朱氏按: 『廣雅·釋詁一』: 玗, 張也.

오(玗), 『설문(說文)』에서 이렇게 말했다. "시위를 가득 당긴 활이 목
표를 향하다는 뜻이다." 주준성의 생각은 이렇다. "『광아(廣雅)·석고
(釋詁)』권1에서 '우(玗)는 활을 당기다(張)는 뜻이다'라고 했다."[19]

그렇게 볼 때, 첫 번째 계층에서, 글자의 의미와 소리부 '우(于)'가
연결된 것은 모두 7자인데, '우(于)'의 본래 의미가 '큰 컴퍼스(大圓規)'
의 형상이기 때문에, '우(于)'를 소리부로 한 이 7자는 모두 '크다(大)'
는 의미를 갖는다. 그리고 나머지 14자는 '우(于)'에서 소리를 얻었지
만 '크다(大)'는 의미와는 관련이 없다. 두 번째 계층의 형성구조에서

---

19) 『說文通訓定聲·豫部第九』.

『설문해자』인지분석

는 ‘우(于)’는 오직 ‘소리부(聲符)’로서의 ‘소리부’일 뿐이며, ‘과(夸)’와 ‘우(訏)’가 거의 동의어이지만, 나머지는 ‘우(于)’의 ‘크다(大)’는 의미와는 별로 연관이 없다. 또 다음의 예를 보자.

· 주(丶), 주(主)
· 주(主), 투(塒), 주(柱), 주(宔), 주(壨), 주(炷), 주(注), 주(駐), 주(麈), 주(疰)

『설문 · 주(丶)부수』에서, “주(丶: 　　金文), 종결하는 곳이 있어, 점으로 그것을 표시했다. 주(丶)로 구성된 글자들은 모두 주(丶)가 의미부이다.(有所絶止, 丶而識之也. 凡丶之屬皆從丶.)”라고 했다. 서현(徐鉉)의 주석에서는 “지(知)와 유(庚)의 반절로 읽는다.”라고 했다. 또 ‘주(主)’에 대해서, “주(主: 　　簡帛　　漢印　　　　　　　　石刻), 등불 속에 심지가 있는 모습이다(鐙中火主也.)”라고 했다. 서현(徐鉉)의 주석에서 “오늘날 사람들은 주(主)를 주(炷)라고 잘못 쓰는데, 이는 옳지 않다. 지(之)와 유(庚)의 반절로 읽힌다.”라고 했다. 보아하니 점(丶)과 주(主)는 사실상 같은 글자다. 전국시대 초나라 간독 문자에서 ‘주(主)’자를 　　로 적었는데, 초목으로 구성되었으며, ‘연체 상형(連體象形)’의 인지 모델에 속하며, 불이 타는 횃불을 상징한다. ‘주(主)’는 횃불이며, 이것은 ‘주(炷)’의 본래 글자다. 원시 시대에 불은 인간의 생활에서 매우 중요한 의미를 가졌다. 밤이 내리면, 하나의 횃불은 종종 사람들을 모이게 하는 중심이었으며, 이로 인해 ‘주인(主人)’이나 ‘군주(君主)’ 등의 의미로 확장되었고, 더 나아가 ‘주재(主宰)하다’, ‘주요(主要)’ 등의 의미로 발전하여 ‘주(主)’자의 상용 의미가 되었다.[20]

---

20) 속어나 방언에 있는 ‘향불(香火)’을 헤아리는 단위사인 ‘주(炷)’도 ‘주(主)’자의

2-1. 삼국시대 청자 「웅등(熊燈)」. 기물의 바닥에 "감로(甘露) 원년(元年) 오월(五月) 조(造)"라고 새겨져 있다. 남경(南京) 청량사(清涼寺) 출토

그렇다면 청대 언어 문자학자의 이론에 따르면, 모든 '주(主)'를 소리부로 하는 글자는 모두 주인(主)의 의미를 갖는다'는 것일까? 이제부터 하나씩 분석해 보자.

① 柱, 『說文』: "楹也." 朱氏按: 『書·禹貢』東至於底柱. 『水經·河水』注: 山名也. 河水分流包山而過, 山見水中, 若柱然. 字亦作砥, 『高唐賦』: 狀若砥砥. 『禮記·明堂位』: 殷柱鼓, 按有木支之如柱也.

주(柱), 『설문(說文)』에서 이렇게 말했다. "기둥을 말한다(楹也)." 주준성의 생각은 이렇다. "『서경·우공(禹貢)』에서 '동쪽으로 저주(底柱)에까지 이르다.'라고 했는데, 『수경(水經)·하수(河水)』의 주석에서 이렇게 말했다. '(저주는) 산의 이름이다. 하수가 산을 감싸

이미지 인식의 의미를 반영하였다고 할 수 있다. 이러한 연결은 문화사에서 말하는 '광명 숭상(光明崇尚)'에 해당하는 현상이라 할 수 있다.

　　　　　　　　　　　　　　　『설문해자』 인지분석

흐르며 지나가는데, 산이 물속에서 마치 기둥과 같이 보인다. 글자 또한 '주(砫)'로도 쓴다. 「고당부(高唐賦)」에서 '모양이 마치 숫돌과 같다(狀若砥砫).'라고 했고, 『예기·명당위(明堂位)』에서는 '은나라의 기둥 북이다. 이는 나무로 지탱한 기둥과 같다(殷柱鼓, 按有木支之如柱也).'라고 했다."

② 宔, 『說文』: "宗廟宔祏." 朱氏按: 經傳皆以主爲之.

주(宔), 『설문』에서 이렇게 말했다. "종묘에 설치해 둔 신주와 위패를 말한다(宗廟宔祏)." 주준성의 생각은 이렇다. "경전에서는 모두 주(主)자로 이를 대신했다."

③ 罜, 『說文』: "罜䍡, 魚罟也."

주(罜), 『설문』에서 이렇게 말했다. "주록(罜䍡)은 고기 잡는 그물을 말한다(魚罟也.)"

④ 駐, 『說文』: "馬立也." 朱氏按: 『後漢書·靈帝紀』: "駐駕"; 注: 停車處也. 『蒼頡篇』: "駐, 止也." 『一切經音義』十七: 駐, 古文作住, 尌, 侸, 逗四形. 蓋皆通用字. 『釋名·釋姿容』: 駐, 株也, 如株木不動也. 『東征賦』引『蒼頡』, 駐, 住也. 『集韻·侯部』: "侸偊, 當侯切. 佔侸, 極疲. 一曰僂侸, 下垂. 或作偊."

주(駐), 『설문(說文)』에서 이렇게 말했다. "말이 서 있다는 뜻이다(馬立也)." 주준성의 생각은 이렇다. "『후한서·영제기(靈帝紀)』에서 '주가(駐駕)'라고 했는데, 이에 대한 주석에서 '수레가 머무는 곳이다(停車處).'라고 했다. 또 『창힐편(蒼頡篇)』에서는 '주(駐)는 멈추다(止)는 뜻이다.'라고 했고, 『일체경음의(一切經音義)』권17에서는 '주(駐)는 고문체로 주(住), 주(尌), 주(侸), 주(逗) 등 네 가지 형태로 쓰인다. 이는 모두 통용되는 글자이다.'라고 했다. 또 『석명·석자용(釋姿容)』에서는 '주(駐)는 주(株)와 같아, 나무가 움직이지 않는 것과 같다.'라고 했다. 「동정부(東征賦)」에서 인용한 『창힐편(蒼頡篇)』에서는 '주(駐)는 주(住)이다.'라고 했다. 『집운·후(侯)부』에서는 '주(侸, 偊)는 당(當)과 후(侯)의 반절로 읽힌다. 범두(佔侸)는 매우 피곤하다는 뜻이다(極疲). 일설에 따르면 구부리고 늘어지다(僂侸, 下垂)는 뜻이라고도 한다. 혹체로는 두(偊)로 쓴다.'라고 했다"

⑤ 塵, 朱氏按: 塵尾辟塵, 古之談者揮焉. 釋藏『晉義指歸』云: 群鹿隨塵,
唯其所往, 以尾旋轉爲准.

주(塵), 주준성의 생각은 이렇다. "주미벽진(塵尾辟塵)[21]의 경우, 고
대의 이야기꾼들은 이를 휘두르며 이야기를 풀어나갔다. 불교의
경전 『음의지귀(晉義指歸)』에서는 '사슴 무리들이 주(塵: 큰사슴)
를 따라간다. 오로지 큰 사슴이 가는 곳만 따라가고, 꼬리를 회
전시키는 것을 기준으로 삼는다.'라고 했다.

⑥ 注, 『說文』: "灌也." 朱氏按: 注猶引導也. 『廣雅·釋詁二』: 注, 識也. 『
周禮』"獸人" 及 "獎田" 疏: 注猶聚也. 『詩』鄭氏箋疏: 注者, 著也. 言爲之
解說, 使其義著明也.

주(注), 『설문』에서 이렇게 말했다. "물을 대다는 뜻이다(灌也)." 주
준성의 생각은 이렇다. "주(注)는 이끌다는 뜻과 같다. 『광아·석
고(釋詁)』권2에서 '주(注)는 식(識)과 같다'고 했다. 『주례』의 '수
인(獸人)'과 '폐전(獎田)'에 대한 『소(疏)』에서 '주(注)는 모으다는
뜻이다(聚也)'라고 했다. 『시』에 대한 정현의 『전소(箋疏)』에서
'주(注)는 저(著)와 같다. 어떤 것을 위해서 해설하다는 뜻이며,
그 의미를 분명하게 드러내다는 의미이다'라고 했다."[22]

위에 언급된 여러 글자들은 '주(主)'로부터 소리부를 얻었으며, 직
접적으로나 간접적으로 '주지(主止)'의 의미와 연결된다. 그러나 나머
지 '주(主)'로부터 소리를 얻은 글자들은 '주지(主止)'의 의미와는 크게
관련이 없다.

다음으로 '길(吉)'을 소리부로 얻은 계열에 대해서도 살펴보자.

---

21) [역주] 주미벽진(塵尾辟塵)의 '주미(塵尾)'는 고대 문인들이 흔들며 사용하던 먼
지떨이로, 보통 사슴 꼬리로 만들어져 모기, 파리 또는 먼지를 쫓는 데 사용되
었다. '벽진(辟塵)'은 먼지나 더러움을 제거하여 환경을 깨끗하게 유지하는 것
을 의미한다. 따라서 이의 문자 그대로의 의미는 사슴 꼬리를 사용하여 먼지를
제거한다는 뜻이다. 이는 어떤 수단을 사용하여 나쁜 영향이나 찌꺼기를 제거
하고 사물을 깨끗하고 순수하게 만드는 것을 비유하는데 사용되기도 한다.
22) 『說文通訓定聲需部』 第八.

· 길(吉): 힐(詰), 길(桔), 할(硈), 힐(頡), 힐(欯), 결(袺), 길(姞), 길(拮), 길
(鮚), 힐(黠), 결(裛), 길(趌), 결(結), 길(蛣), 할(劼), 길(佶), 일(壹)
· 일(壹): 의(懿)

위의 계열자들은 모두 '길(吉)'에서 소리부를 얻었는데, 모두 '길하
다(吉)'의 의미를 갖는 것일까? 우선, '길(吉)'이 이미지를 가져온 본래
의미를 명확히 알아야 한다. 『설문·구(口)부수』에서는 "길(吉: 甲骨
金文簡帛古璽漢印
石刻), 좋은 것을 의미한다(善也). '사(士)'와 '구(口)'가 모두
의미부이다. 독음은 거(居)와 질(質)의 반절이다."라고 했다. 갑골문의
'길(吉)'자는 '화살(矢)'을 상징하며, 그 구조는 특정한 모양으로 이루어
져 있다. 그리고 '시(矢)'는 고대에 '정(正)' 또는 '직(直)'과 동의어였다.
『설문·목(木)부수』의 '구(榘)' 자에 대한 설명에서 "시(矢)는 바로 가
운데를 의미한다."라고 했고, 「시(矢)부수」의 '단(短)'자 아래에서는
"길이의 차이가 있을 때, 시(矢)를 기준으로 한다.(有所長短, 以矢爲
正.)"라고 언급하였다. 따라서 대체로 '길(吉)'에서 소리부를 가져온 글
자는 주로 '정직(正直)'의 의미를 갖는다.

① 桔, 『說文』: 桔梗也. 一曰直木也.
   길(桔), 『설문』에서 이렇게 말했다. "도라지를 말한다(桔梗也).일
   설에는 곧게 선 나무를 말한다고도 한다(一曰直木也)."
② 佶, 『說文』: 正也.
   길(佶), 『설문』에서 이렇게 말했다. "바르다는 뜻이다(正也)."
③ 頡, 『說文』: "直項也." 朱氏按: 『漢書揚雄傳』: "鄒衍以頡亢而取世
   資." 『東方朔畫贊』: "頡頑以傲世." 按皆傲睨之意, 猶言强項也.

힐(頡), 『설문』에서 이렇게 말했다. "목을 곧추 세우다는 뜻이다
(直項也)." 주준성의 생각은 이렇다. "『한서·양웅전(揚雄傳)』에서
'추연(鄒衍)은 목을 곧추 세우고 세상의 자본을 얻었다.'라고 했
다. 『동방삭화찬(東方朔畫贊)』에서는 '목을 곧추세움으로써 세상
에 거만을 떤다.'라고 했다." 필자의 생각에 거만을 떨며 흘겨본
다는 것은 말을 강하게 하다는 것과 같은 뜻이다.

④ 壹, 『說文·壹部』: "壹(　金文　漢印　　石刻), 專壹也. 從壺吉
聲. 凡壹之屬皆從壹. 於悉切." 朱氏按: 『左傳·莊三十二』: "聰明正直而
壹者也."

　일(壹), 『설문·일(壹)부수』에서 이렇게 말했다. "일(壹)은 전일하다는
뜻이다. 호(壺)가 의미부이고 길(吉)이 소리부이다. 일(壹)로 구성된
글자는 모두 일(壹)이 의미부이다. 독음은 어(於)와 실(悉)의 반절이
다." 주준성의 생각은 이렇다. 『좌전·장공(莊公)』32년에서 "총명 정
직하면서 오로지 전념하는 자이다."라고 했다.

⑤ 結, 『說文』: "締也." 『廣雅·釋詁一』: 結, 曲也." 「釋詁四」: "詘也." 『禮
記·月令』: "蚯蚓結蔡"; 注: 猶屈也. 『南都賦』: "結根竦本." 注: 猶固也.
　결(結), 『설문』에서 이렇게 말했다. "끈으로 묶다는 뜻이다(締也)."
『광아·석고(釋詁)』권1에서 이렇게 말했다. "결(結)은 굽히다는 뜻
이다(曲也)." 「석고(釋詁)」권4에서는 "굽히다는 뜻이다(詘也)."라
고 했다. 『예기·월령(月令)』에서 "구인결채(蚯蚓結蔡)"라고 했는데,
『주』에서 "굴(屈: 굽다)과 같은 뜻이다."라고 했다. 「남도부(南都
賦)」에서 "결근송본(結根竦本)"이라 했는데, 『주』에서 "고(固: 단단
하다)와 같다."라고 했다.

⑥ 蛣, 『說文』: "蛣蚰蠍也." 朱氏按: 蛣蚰疊韻連語. 凡體軟屈曲之蟲皆得
謂之蠍也, 蠍卽蛣蚰之合音.
　길(蛣), 『설문』에서 이렇게 말했다. "장구벌레로 전갈류에 속한다
(蛣蚰蠍也)." 주준성의 생각은 이렇다. '고굴(蛣蚰)'은 첩운으로 된
연면어이다. 몸이 부드럽고 구부러진 모든 곤충을 '전갈'이라 부
르는데, '(蠍)'은 '고굴(蛣蚰)'의 합음이다.23)

---

23) 『說文通訓定聲·履部』第十二. '일(壹)'자를 전서체에서는 　로 적었고, 그래서

이렇게 볼 때, '길(桔)', '길(佶)', '힐(頡)', '일(壹)' 등의 글자군은 모두 '길(吉)'에서 소리부를 가져왔으며, 직접적이든 간접적이든 '길(吉)'의 '정직(正直)'이라는 의미와 연결되어 있다. '결(結)', '길(蛣)' 등과 같은 글자들은 '정직(正直)'의 의미와는 반대이지만, 글자의 의미는 서로 반대되면서도 서로를 보완한다. 이는 한자의 의미 확장 방식 중 하나로 볼 수 있으므로[24], '길(吉)'에서 소리부를 가져왔다면 '길(吉)'의 의미를 가진다고 볼 수 있다. 그렇지만 이 계열에 속하는 다른 글자군은 소리부 '길(吉)'로 구성되었지만, 실제로 '정직(正直)'의 의미와는 관련이 없다.

앞서 분석한 몇몇 예시를 통해 볼 때, '동성(同聲) 계열'에는 어느 정도 '소리와 의미(聲—義)'의 대응에 대한 인지 규칙이 존재하는 것을 알 수 있다. 의미를 해석하고 설명하는 과정에서 이 원칙을 올바르게 이해하고 활용하면, 형태의 경계를 깨트리고 글자의 진정한 본 의미를 정확히 이해하는 데 매우 중요한 의미가 있다. 그러나 모든 일반적인 규칙은 과하게 적용되면 문제를 일으킬 수 있다. 위의 조사에서도 알 수 있듯이, '×로부터 소리부를 얻은 모든 글자'는 '×의 의미를 갖는다'라는 것은 필연적이지 않다. 이것은 언어와 문자의 기본적인 사실이다.

구석규(裘錫圭)는 이에 대해 매우 조심스러운 태도를 보였다. 보통 '우문설(右文說)'을 주장하는 학자들이 열광적으로 언급하는 예라 할 "잔(戔)을 소리부로 하는 글자는 모두 '작다(小)'는 의미를 갖는다."는 일련의 글자들에 대해 꼼꼼히 조사하고 분석하였다. 그는 이들 글자

호(壺)가 의미부이고 길(吉)이 소리부라고 할 수 있다.
24) [역주] 이를 반훈(反訓)이라 한다.

군에 존재하는 복잡한 의미의 연결 관계를 정리했다. 그러나 구석규가 제시한 한자의 형성자(形聲字) 대부분이 실제로는 이미 의미는 없고 소리만 있는 '기호(記號)'가 되었다는 주장은, 문자학 분야에서 매우 고려해 볼 만하다.25)

이곳에서 '동성(同聲) 계열'에 대한 분류 및 통계를 진행함은, 'X의 소리부를 가진 글자는 X의 의미를 갖는다(凡從X聲有X義)'는 고전적 견해가 어디까지 적용되는지, 즉 '의미는 소리에 있다(義存乎聲)'는 주장이 어느 정도로 타당한지를 다시 한 번 수량적으로 재검토한 것이다. 이러한 기준을 넘어서면, 문제점이 발생할 수밖에 없다.26)

---

25) 裘錫圭, 『文字學槪要』, 177쪽(商務印書館, 1988).

26) 『설문』은 중국문자의 '음계'(독음체계)를 기록한 것으로, 이 책은 문자의 음계와 관련된 정보를 보존하고 있다. 이는 『설문』 자체를 연구하고, 중국 문자의 자원학(字源學)과 어원학(語源學) 등을 연구하는 데 매우 귀중한 가치를 가지고 있다. 그러나 이 책에서는 분량의 제한으로 인해 자세한 논의를 펼칠 수 없다. 따라서 여기서는 관련 자료를 분류하여 정리하고, 『설문』 연구를 위한 추가적인 부록으로서 본 책의 제6부분으로 열거하였다. 이 부분의 자료는 이포(李圃)와 유지기(劉志基)가 제공한 것이라는 사실을 여기에서 간단히 설명드린다. 재판에서의 주석: 이는 오래된 주석으로 재판에서는 분량을 절약하고자 생략했다.

또한, 중국 소학(小學)의 역사에서 상당한 영향을 끼친 '우문설(右文說)' 이론의 발생에 대해, 전종서(錢鍾書)는 저술한 『관추편(管錐編)』 권3, 980쪽에서 언급하고 있다. "한(漢)나라 사람들이 의미를 모아 문자를 해석하는 것이 남발되었는데, 이는 단지 첨위(讖緯)에 그치지 않고 이미 왕성미(王聖美)의 '부류는 왼쪽에 있고 의미는 오른쪽에 있다(類左義右)'라는 설이 시작되었다." 이 역시 참고할만한 언급이다.

제3장 이미지 선택

『설문해자』의 이미지
인지방식 (상)

제3장 이미지 선택: 『설문해자』의 이미지 인지방식(상)

제1절 창힐(蒼頡) 이미지

『설문』(說文)』 제15권의 「서(敍)」에서 이렇게 말했다.

옛날 포희씨(庖犧氏)가 세상을 다스리던 시절, 위로 우러러보아 하늘에서 형상(形象)을 관찰했고, 아래로 굽어보아 땅에서 법칙을 관찰했다. 조수(鳥獸)의 무늬와 땅에 남긴 흔적이 서로 맞아 떨어지는 것을 보고서, 가까이로는 자신의 신체에서 형상을 취하고, 멀리로는 자연의 사물에서 형상을 취하였다. 이를 기초로 『역경(易經)』의 팔괘(八卦)를 창제하였으며, 이로써 천체의 현상을 추산하여 드러내었다. 신농씨(神農氏) 시대에 이르러서는 결승(結繩: 새끼매듭)이라는 방법으로 사회를 다스렸고 당시의 업무들을 통괄하였다. 그러나 갖은 업무와 사물이 나날이 늘어나고 복잡해지자, 교묘하게 꾸미고 숨기고 속이는 일들도 생겨나기 시작하였다. [황제(黃帝) 때에 이르러] 황제(黃帝)의 사관(史官)이었던 창힐(倉頡)이 조수(鳥獸)의 발자국을 관찰하고서는, 그 무늬들 간에 차이가 있고, 그에 따라 어떤 조수(鳥獸)인지를 판별할 수 있다는 것을 깨닫게 되었다. 그리하여 이를 바탕으로 서계(書契)를 처음으로 만들게 되었다. 이에 모든 관리들의 업무가 두루 잘 처리되었고, 만사만물도 모두 명확하게 살펴지게 되었다. 이는 『주역』의 쾌(夬)괘에서 그 의미를 가져온 것인데, 쾌(夬)괘에서

"조정에서도 이를 드러낼 수 있다."라고 하였다.[1] 이 말은 곧 문자 (文)라는 것이 왕의 조정에서 정교(政敎)를 널리 펴고 가르침을 밝히는 것이자, 신하와 백성들에게 은혜를 베푸는 도구이기도 하며, 덕 (德) 있는 사람이 덕행을 더 쌓고 금해야 할 것을 밝히는 도구임을 말해 준다.

창힐(倉頡)이 처음 문자(文字)라는 것을 만들었을 때, 대체로 사물의 부류에 의거하여 그 특유의 형상으로 형체를 그려내었는데, 이 때문에 이를 '문(文)'이라 한다. 그 뒤에는 형체(形)와 독음(聲)이 서로 결합하여 더해지게 되었는데, 이를 '자(字)'라고 한다. 그러므로 ['문(文)'이란 사물 형상의 본질을 말하고,][2] '자(字)'는 끊임없이 번식하여 점차 많아지는 현상을 말한다.

古者庖犧氏之王天下也, 仰則觀象於天, 俯則觀法於地, 視鳥獸之文, 與地之宜, 近取諸身, 遠取諸物, 於是始作易八卦, 以垂憲象. 及神農氏結繩爲治, 而統其事, 庶業其繁, 飾僞萌生, 黃帝之史倉頡見鳥獸蹄迒之跡, 知分理之可相別異也, 初造書契. 百工以乂, 萬品以察, 蓋取諸夬. 夬, 揚於王庭, 言文者宣敎明化於王者朝廷, 君子所以施祿及下, 居德則忌也. 倉頡之初作書, 蓋依類象形, 故謂之文; 其後形聲相益, 卽謂之字. 文者, 物象之本; 字者, 言孶乳而浸多也[3].

---

1) [역주] 이 말은 『주역·쾌괘(夬卦)』에 보인다. "夬, 揚于王庭, 孚號有厲.(夬: 조정에 알려 믿음으로 부르짖는 것은 위태로울 것이다.)"라고 했다. 이에 대해 단전 (彖傳)에서는 이렇게 말했다. "夬, 決也. 剛決柔也, 健而說, 決而和.(쾌는 결단하다는 뜻이다. 강함(剛)이 유약함(柔)를 결단하는 것이니, 굳세며 기뻐하고, 결단하여 화합하게 될 것이다.)" 이는 택천쾌괘(䷪)에서 아래의 다섯 양이 끝까지 저항하는 욕망의 화신인 위에 남은 마지막 음(상육)을 '결단하고 척결하여' 군자들로 가득한 '중천건괘'로 나아가기 직전의 괘이다. 왕이 궁정에서 마지막 남은 음을 척결할 것을 선포하고 백성들의 지지를 얻어 결행하여 모두에게 이로운 일을 행하게 된다는 뜻으로 볼 수 있다.

2) [역주] 『단주』에서 각 판본에서 "文者, 物像之本."이라는 말이 없으나 『좌전』 선공 12년 조에 근거해 보충해 넣었다고 했다.

3) 이 문장과 문장 해석은 단옥재의 주석본(段注本)을 따랐으며, 제15권 상, 753~754쪽에서 확인할 수 있다.

『설문해자』 인지분석

이 내용은 허신(許愼)이 문자의 발생 상황에 대해 말하고 있는 부분이다. 그의 말에 따르면, 중국 문자가 발생하기 전에 먼저 포희씨(伏犧氏)의 "하늘과 땅을 관찰하여 이미지를 취하는(觀法取象)" 방법이 있었고, 그 후에는 신농씨(神農氏)의 "결승으로 다스리는" 방법이 등장하였다. 이 두 가지 표현 방식은 모두 '이미지를 세우는 것'에 다름 아니다. 이 '이미지'는 다양한 면모를 가지고 있어, 전파하는 자들에게는 다양한 상황에 대응할 수 있게 해주며, 수용하는 자들에게는 다양한 관점에서 바라볼 수 있게 해준다. 이로 인해 시간이 지남에 따라 다양한 의미가 생겨나게 되었고, "거짓 장식이 생겨났다"는 것도 자연스러운 현상이었다.

"하늘의 상징을 관찰하고 땅의 법칙을 관찰한" 포희씨는 중국 문화사에서 매우 오랜 전통을 가진 전설로 알려져 있다(그림 3-1 참조). 그 다음 단계는 중국 문자의 원조로 알려진 창힐(蒼頡)로, '문(文)'과 '자(字)'는 각기 다른 기원을 가지고 있지만, 이 둘은 균형을 이루며 발전하였다. 그러나 오늘날 볼 수 있는 대서본(大徐本) 등에서는 "자(字)를 점차 번성하여 많아지는 것"이라고 했고, 이에 대응하는 "문(文)을 물체의 상징의 근원"이라는 부분은 누락되어 있다. 이는 마치 옹(翁)의 팔이 하나만 있는 듯하고, 규(夔)의 다리가 하나인 것처럼 불완전하다. 그래서 단옥재(段玉裁)의 주석본에서는 『좌전』 선공(宣公) 15년의 『정의(正義)』를 참조하여 이 부분을 보완하였던 것이다. 즉 지금 『전후한문(全後漢文)』 제49권의 '허신(許愼)' 항목 아래 수록된 『설문서(說文敘)』를 보면 거기에는 "문(文)이라는 것은 사물 형상의 근본이다(文者物象之本也)."라는 문장이 있다. 다만, 문장이 약간 달라 "문(文)이라는 것은 사물을 상징하는 근본이다(文者, 象物之本也.)"라고 되어 있다. 편집자는 아래 주석에서 "이 문장은 원본에서 누락되었는데, 『서서(書序)』와 『좌전』 선공(宣公) 50년의 『정의(正義)』에 근거하여 보완했다.”라고 설명했다.4)

3-1. 한나라 화상석(畫像石)―복희여와(伏羲女媧)롸 관상취법(觀象取法)

중국 문자의 기원에 관해서는 여러 가지 다양한 의견이 있었지만, 가장 큰 영향을 준 것은 ‘창힐이 문자를 창조했다(蒼頡造字說)’는 이야기, 즉 ‘성인이 문자를 창조했다(聖人造字)’는 주장이다.

예컨대, 『역・계사전(繫辭傳)』에 따르면, “고대에는 결승으로 규칙을 정해 다스렸고, 후대의 성인들은 이를 서계(書契)로 바꾸었다.”라고 했다. 하지만 이는 구체적인 사실을 지칭하지 않고 대략적으로 언급한 것에 불과하다. 또 『여씨춘추・군수(君守)』에서는 “창힐이 문자를 창조하였다.(蒼頡作書)”라고 했고, 『한비자・오두(五蠹)』에서도 “고대 창힐이 문자를 창작하였다.(古者, 蒼頡之作書也)”라고 했다.……

이러한 문헌들로 보아 ‘문자의 창제’는 이미 창힐의 ‘특허’로 여겼

---

4) 『全上古三代秦漢三國六朝文』, 740쪽(嚴可均(輯), 中華書局, 1958). 당나라 때의 혜림(慧琳)의 『일체경음의(一切經音義)』 제47권 ‘문신(文身)’ 항목에서 인용된 『설문』에도 “문(文)은 사물의 상징의 근원이다(文者, 物象之本.)”라는 문장은 없음을 알 수 있다. 이로 보아 당나라 시대의 『설문』에서 이 부분은 이미 누락되었던 것으로 보인다.

던 것 같다. 『회남자·본경훈(本經訓)』에서도 "옛날에 창힐이 문자를 창제했다."라며 창힐을 '사황(史皇)'이라 부르기도 했다. 또 「수무훈(修務訓)」에서는 "사황은 태어나자마자 글을 쓸 수 있었다.(史皇産而能書)"라고 했는데, 고유(高誘)의 주석에는 "사황인 창힐은 태어나자마자 새의 발자국을 보고 글을 쓸 수 있었기 때문에 '사황(史皇)' 혹은 '힐황(頡皇)'이라 부른다.(史皇蒼頡, 生見鳥跡, 知著書, 故曰史皇, 或曰頡皇.)"라고 설명했다.

그의 이름을 '사(史)'와 연결시킨 것은 글쓰기의 인식에 기반한 것이다. 『설문』에서는 「사(史)부수」를 특별히 설정하였지만, 단지 다음의 두 글자만 수록되었다.

· 史(甲骨 金文 古幣 漢印 石刻),

記事者也. 從又持中. 中, 正也. 凡史之屬皆從史. 疏士切.

사(史), '일을 기록하는 사람(記事者)'을 말한다. 손(又)으로 중(中·올바름)을 쥔 모습이다. 중(中)은 올바름(正)을 말한다.5) 사(史)부수에 귀속된 글자는 모두 사(史)가 의미부이다. 독음은 소(疏)와 사(士)의 반절이다.

· 事(玉書 簡帛 古璽 古陶 石刻), 職也. 從史, 之省聲.
史, 古文事. 鉏史切.

---

5) [역주] 『단주』의 말처럼, 『예기·옥조(玉藻)』에서 "행동은 좌사가 기록하고, 말씀은 우사가 기록한다.(動則左史書之, 言則右史書之.)"라고 했는데, 여기서는 '일을 기록하다(記事)'라는 말로 이 둘을 통칭한 것으로 보인다. 『단주』에서 "임금이 거둥하면 반드시 기록을 하게 되는데, 훌륭한 역사관의 필법이라면 절대로 숨기지 않는다.(君擧必書, 良史書法不隱.)"라고 했다.

사(事). '일을 기록하다(職)'라는 뜻이다. 사(史)가 의미부이고, 지
(之)의 생략된 모습이 소리부이다. 사(𢍮)는 사(事)의 고문체이다.
독음은 서(鉏)와 사(史)의 반절이다.

이는 또 나진옥(羅振玉)의 갑골문 '사(史)'자의 해석에 관한 필사 자
료에서도 볼 수 있다.

『집운·흡(洽)부』에서는 "진나라 때 도례들을 시켜 관리들의 필사
를 돕게 하였다(秦使徒隷助官書)"라는 언급이 보존되었는데, 이는 글
쓰기 정보에 속한다. "삽(𦳋, 箑)은 빠르게 쓴 글을 의미한다. 진(秦)나
라 때 도례들을 시켜 관리들의 필사를 돕게 하였는데, 글을 썼으며,
초삽(草𦳋)체로써 일상 업무를 기록하였다. 이러한 방식은 글쓰기의
속도를 중요시하며 정확한 필체나 규칙에 크게 주의를 기울이지 않
았다는 것을 의미한다. 이 글자는 필(筆)과 착(辵)으로 구성되었으며,
혹체에서는 삽(箑)으로 쓰기도 한다.(𦳋箑, 行書也. 秦使徒隷助官書, 艸
𦳋以爲行事, 謂艸行之間, 取其疾速, 不留意楷法也. 從筆從辵. 或作箑.)"

이후 시대에 들면 창힐(蒼頡)에 대한 경외심이 더욱 커졌다. 예를
들어, 『춘추연공도(春秋演孔圖)』, 『춘추원명포(春秋元命苞)』, 『하도옥
판(河圖玉版)』 등과 같은 위서(緯書)들, 그리고 최원(崔瑗), 조식(曹植),
채옹(蔡邕), 색정(索靖), 고야왕(顧野王) 등과 같은 학자들은 창힐을 고
대의 황제로 여겼다. 그는 선통(禪通) 시대에 태어났으며, 획린(獲麟)
으로부터6) 27만6천 년 전의 사람이라고 기록되어 있다. 북송 시대의

---

6) [역주] 획린(獲麟)에는 여러 의미가 있지만, 여기서는 역사적 사실을 말하며, 춘추
시대 노 애공(魯哀公) 14년(기원전 481년)에 노나라 애공이 서쪽으로 사냥을 나가
기린을 얻은 사건을 가리킨다. 당시 숙손씨(叔孫氏)의 수레를 몰던 서상(鉏商)이
대야(大野: 현재의 산동성 거야) 지역에서 사냥을 하다가 기린 한 마리를 잡았다.
처음에는 모두가 이 신수(神獸)를 알아보지 못했지만, 나중에 전문가에게 감정을
의뢰하여 기린임을 알게 되었다. 기린은 과도한 놀람과 부상으로 인해 얼마 지나

나필(羅泌)의 『노사(路史)』에서는 선통 시기에 창제(倉帝)였던 사황씨(史皇氏)의 이름이 힐(頡)인데, 성이 후강(侯岡)이라고 묘사되어 있다. 그의 얼굴은 용의 모습과 유사하였으며, 4개의 눈은 빛나고 있었다. 그는 하늘에 올라가 명령을 내렸으며, 모든 왕들의 규범이 되었다고 했다.……

전체적으로 볼 때, "창힐(蒼頡)이 문자를 창조했다"라는 주장은 시간이 지날수록 더욱 신성하고 세밀해졌으며, 초기로 갈수록 더욱 간결하고 대략적인 경향을 가진다. 이는 고대의 '집단적 사고'가 '집합 개념'을 형성하는 과정에서의 일반적인 인식 규칙을 반영한 것이다. 한편, 한나라 때의 허신(許愼)이 『설문·서(敍)』에서 언급한 "황제(黃帝)의 사관(史官)이었던 창힐(蒼頡)이 새와 짐승의 발자국을 보고, 구별할 수 있는 것을 알게 되어 처음으로 문자를 만들었다."라는 주장은 상당히 합리적으로 보인다. 많은 사람들은 고대의 '사관(史官)'과 '문자창제' 사이에 큰 연관성이 있었다고 믿었으며, 서계(書契)의 이미지는 '새와 짐승의 발자국'에서 영감을 받았다고 생각했다. 이로부터 '분리(分理)' 즉, '문리(文理)'가 서로 구별될 수 있다는 인식이 형성되었을 것이라는 주장도 상당히 합리적으로 보인다. 그래서 단옥재(段玉裁)의 『설문해자주』에서는 다음과 같이 주석하였다. "『제왕세기(帝

지 않아 죽고 말았다. 이 사건은 『춘추(春秋)』에 기록되어 있는데, '서수획사린(西狩獲死麟: 서쪽으로 사냥을 나가 죽은 기린을 잡았다)'이 그것이다.

보통 기린은 상서로운 짐승으로, 태평성세나 성인이 나타날 때만 모습을 드러낸다고 여겼는데, 이처럼 예(禮)가 무너지고 악(樂)이 무너진 춘추 말기에 기린이 뜻밖에 나타나 포획된 것은 비정상적인 현상으로 간주되었다. 이 때문에 '기린의 포획'은 시대의 종말 또는 변화를 상징한다. 그 때문에 공자도 기린 포획 사건을 듣고 기린이 나타날 때가 아니라고 여겨 눈물을 흘리며 "내 도(道)가 다하였구나(吾道窮矣)"라고 말했다고 하며, 공자는 이 사건을 끝으로 『춘추』의 집필을 중단했다고 한다.

王世紀)』에 따르면 황제(黃帝)의 기록하는 관리가 창힐(倉頡)이었다. 위형(衛恒)의 『사체서세(四體書勢)』에 따르면 고대 황제(黃帝) 시절에 모든 것이 창조되었다.……사(史)는 기록하는 자를 의미한다. 창힐(倉頡)은 일을 기록하던 관리였으며, 기록하는 방법을 찾아내어 그러한 문자가 생겨났다. '분리(分理)'는 '문리(文理)'와 같은 의미다. 고유(高誘)가 단『여람(呂覽)』의 주석에 따르면, '창힐(蒼頡)은 태어나자마자 글자를 쓸 줄 알았으며', 그는 새의 발자국을 모방하여 글자를 만들었다고 했다."7)

이렇게 볼 때, 글자 창제의 주체는 창힐(蒼頡)이 아니면 아니 되었다. 고대 중국에서 '사(史)', '사(事)', '리(吏)', '사(使)'는 모두 같은 글자였다. 앞서 들었던 『설문·사(史)부수』에 이미 '사(史)'와 '사(事)' 두 글자의 구조에 대한 인식이 들어 있고, 나머지 '리(吏)'와 '사(使)'자의 구조에 대한 인지는 다음에 보인다. 먼저, 「일(一)부수」에서 이렇게 말했다. "리(吏: 石刻)는 다스리는 사람을 말한다(治人者也). 일(一)이 의미부이고 사(史)도 의미부인데, 사(史)는 소리부도 겸한다. 서개(徐鍇)에 의하면, 남을 다스리는 관리(吏之治人)의 경우 마음이 하나에 집중되어야 하기에(心主於一) 그래서 일(一)로 구성되었다고 한다." 또 「인(人)부수」에서는 이렇게 말했다. "사(使: 石刻)는 '부리다'는 뜻이다(伶也). 인(人)이 의미부이고 리(吏)가 소리부이다."

사람들은 곧 그 속에 존재하는 논리적 결함을 알아차렸고, 따라서 '역사 유물론'을 인용하여 '군중이 문자를 창조했다'는 주장을 강조하

7) "帝王世紀云: 黃帝史官倉頡. 衛恒『四體書勢』云: 昔在黃帝, 創制造物.……按'史'者, 記事者也. 倉頡爲記事之官, 思造記事之法而文生焉. '分理'猶文理, 高誘注『呂覽』曰: '蒼頡生而知書, 寫仿鳥跡以造文章."

기 시작했다. 필자도 이 주장의 인식 방법상의 주요 문제점을 한번 파헤친 바 있는데, 문제는 '창힐(蒼頡)'과 '서계(書契)' 사이의 연결에 존재하는 것이 아니라 '창힐(倉頡)'이라는 이름의 원래 뜻에 대한 사람들의 인식에 초점에 있었다. 이 방법론적 관계를 명확하게 이해하면, '군중이 문자를 창조했다'는 설과 '창힐 서계설(蒼頡書契説)' 사이에는 어떤 대립이 존재하는 것이 아니며, '군중이 문자를 창조했다'는 것은 사실 말할 가치가 없는 뻔한 이야기일 뿐이다. 양수달(楊樹達)은 『중국문자학개요(中國文字學槪要)』의 첫 장에서 '고대 문자의 저자'에 대해 이렇게 논의하였다. "사실로 말하자면, 글을 쓴 사람은 창힐(蒼頡) 뿐만이 아니다. 『순자・정론편(正論篇)』에서도 '문자를 만든 사람은 많지만, 창힐만이 전승하였다.'라는 주장이 있다. 또 진(晉)나라 때의 위항(衛恒)의 『사체서세(四體書勢)』에 따르면, 고대 황제(黃帝)의 시절에 모든 것이 창제되었는데, 저송(沮誦)과 창힐(蒼頡)이 처음으로 서계(書契)를 만들어 결승(結繩)을 대체하였다고 했다는 말이다. 따라서 창힐 이외에도 저송이 있었다. 이는 글자를 만든 사람이 창힐(蒼頡)만이 아니었다는 증거이다."[8]

솔직히 말해서, 양수달이 인용한 자료는 여전히 조금 부족하다고 느껴진다. 게다가 여기서 인용한 『순자』의 본문은 '일(壹)' 즉 '전일하였다(專一)'는 원칙을 논증하기 위한 것이었으며, 또 그 출처도 「정론편(正論篇)」이 아닌 「해폐편(解蔽篇)」이다. 게다가 제자백가들의 설명이나 주장은 실제로 신뢰할 만한 역사적 기록으로 받아들일 수 없다는 문제도 존재한다.[9]

필자는 '창힐(蒼頡)'이라는 이름은 활을 만들었다는 '예(羿)', 항아리

---

8) 楊樹達, 『中國文字學槪要・文字形義學』, 2쪽(上海古籍出版社, 1988).
9) 臧克和, 「蒼頡・書契・筆書」, 『書法研究』 1993年 第3期(上海書畫出版社, 1993).

를 만들었다는 '곤오(昆吾)', 팔괘(八卦)를 창조했다는 '복희(伏犧)' 등과 같은 '집합개념(集合概念)'이라고 생각한다. 즉, 이 '사람들'이 이름을 얻게 된 것은 고대 사람들이 창조한 물건에서 왔고, 후대 사람들은 그와 관련된 모든 기능적 의미를 이 '사람들'에게 돌렸던 것이다. 이러한 '분류귀속의 인정(歸類認同)' 방법을 인류학적 방법으로 해명하자면, 그것은 원시인들의 일종의 '집단적 사고 표상'을 반영한다는 것이다. 예를 들어, 『순자·해폐』에서는 '창힐(蒼頡)' 외에도 문명사의 다양한 그룹을 연관시켰다. "농사를 잘하는 사람들이 많았지만 후직(后稷)만이 유일하게 전승하였으며, 음악을 좋아하는 사람들이 많았지만 규(夔)만이 유일하게 전승하였으며, 수(倕)가 활(弓)을 만들었고, 부유(浮遊)가 화살(矢)을 만들었고, 예(羿)는 활을 잘 쏘았다. 해중(奚仲)은 수레(車)를 만들었고, 승두(乘杜)는 말 타는 법을 만들었고, 조보(造父)는 말 모는데 정통했다."[10]

 '직(稷)'이 그런 이름을 얻게 된 것은 실제 '화(禾)'(곡식류)와 '측(畟)' (농사를 관리하던 전'준'(田'畯')의 다른 구조)에서 가져왔고, 주(周)라는 부족이 바로 그 이름을 사용해 농업 문명의 시조로서 후직(后稷)이라고 이름 했던 것이다. 이 때문에 음악을 주관하는 자도 '규(夔)'라고 불렀던 것이다.[11] 같은 이유로, '예(羿)'라는 이름을 얻는 것도 '활을 잘 쏘는

---

10) "好稼者衆矣, 而後稷獨傳者, 壹也; 好樂者衆矣, 而夔獨傳者, 壹也; 倕作弓, 浮遊作矢, 而羿精於射. 奚仲作車, 乘杜作乘馬, 而造父精於御."

11) 臧克和, 「漢字取象: 義理辭章考據會通擧隅」, 『天津師範大學學報』 1992年 第2期. 명실(名實)의 학문은 명칭을 규제하고 실체를 책임지는 것을 중요시한다. 그러나 글자의 형태만으로는 완전히 이해할 수 없는 경우가 있는데, 이는 "책을 지나치게 믿는 것은 책이 없는 것만 못하다"는 말과 같다. 한번은 해남도(海南島)의 릉수(陵水) 리족(黎族) 자치현을 방문했을 때, 그곳의 명물 음식을 먹은 적이 있는데, 그것은 현지의 '오족돼지(五脚猪)'를 재료로 한 것이었다. 토착민에게 자세히 물어본 후에야 그 돼지가 주둥이로 땅을 효과적으로 파는 능력이 있어, 마치 다리가 하나 더 있는 것처럼 보인다는 것을 알게 되었다. 이는 마

것'과 관련이 있으며, '예(羿)'는 실제로 중국 신화의 '활로 태양을 쏘았다'는 의식을 표현한 것에 불과하다.12)

"승두가 말 타는 법을 만들었다(乘杜作乘馬)", 즉 '승두(乘杜)'와 '승마(乘馬)'라는 이름의 원형 관계에 대해, 양경(楊倞)은 이미 『순자(荀子)』에서 정확하게 해설했지만, 그간 합당한 주목을 받지는 못한 것 같다. 양경의 주석에 따르면, "해중(奚仲)은 하우(夏禹) 때의 수레 담당 책임자였는데, 황제(黃帝) 시대에 이미 수레와 예복(車服)이 있었고, 그래서 그를 헌원(軒轅)이라 불렀다. ……『세본(世本)』에 따르면, 상토(相土)가 말 타는 법(乘馬)을 만들었다고 했는데, 두(杜)는 토(土)와 같은 의미이며, 승마(乘馬)는 말 네 마리(四馬)를 의미한다. 네 마리의 말이 수레를 끌기 시작한 것은 상토(相土) 때부터였으므로, 그것을 승마(乘馬)라고 했다. 그가 말 타는 법(乘馬)을 만들었기 때문에 그를 승두(乘杜)라고 불렀다. 승(乘)과 승(剩)은 독음이 같다."13)

'집단 사고 표상'은 원시인들의 '명명(命名)' 인지 원칙을 지배한다. 고대 그리스의 신화 전설에서, 사람들에게 별이 뜨고 지는 것을 관찰하게 한 것, 그리고 사람들에게 계산과 운용법을 기록한 기호로 생각을 교환하게 하는 등의 모든 문명 행위들은 예외 없이 불을 인류에게 훔쳐다 준 프로메테우스의 머리에 귀속시켰다. 이러한 신은 인류 문명의 조언자로 간주되었다.14) 이렇게 얻어진 이름은 필연적으로 부

치 『서유기(西遊記)』의 저팔계가 팔백 리 희시산(稀柿山)을 지나는 것과 같은 역할을 한다. 중국 대륙의 호사가들은 끊임없이 여러 가지를 추적하며 이리저리 끝없이 이야기를 만들어낸다.

12) 臧克和, 『漢語文字與審美心理』五(學林出版社, 1990).

13) "奚仲, 夏禹車正, 黃帝時已有車服, 故謂之軒轅.……『世本』云: 相土作乘馬; 杜與土同, 乘馬, 四馬也. 四馬駕車, 起於相土, 故曰作乘馬. 以其作乘馬之法, 故謂之乘杜. 乘, 並音剩."

14) '불'의 이미지는 서양 문헌에서 문명의 상징으로 간주된다. [독] 스바이브(斯威布)의 『그리스의 신화와 전설』중국어 번역판 제1권(人民文學出版社, 1990) 참조.

류 귀속의 인지에 관한 '집합개념'을 드러내었다. 이러한 관점에서, 필자는 다른 민족들의 문자의 기원에 관한 '성인(聖人)'의 신화적 사고를 비교하면서 '창힐(蒼頡)'이라는 이름이 '서계(書契)'에 들어있다는 사실을 발견한 바 있다.

　우선, '서(書)'에 대해 얘기해보자. 『설문·율(聿)부수』에 따르면, "서(書)는 저술하다(箸)는 뜻이며, 율(聿)이 의미부이고 자(者)가 소리부이다."라고 했는데, '저(箸)' 역시 '자(者)'에서 소리부를 가져왔다. 따라서 '저(箸)'로써 '서(書)'를 설명하는 것은 독음이 비슷한 글자를 가져와 뜻풀이 한 성훈(聲訓)에 해당하며, 이를 통해 '서(書)'라는 이름의 기원을 탐구했다. 『집운·어(魚)부』에서는 이렇게 말했다. "서(書, 書)는 상(商)과 거(居)의 반절로 읽힌다. 『설문』에 따르면 '저술하다(箸)'는 뜻이라고 했다. 일설에는 '같다(如)'는 뜻이거나 '많다(庶)'는 뜻이라고도 하는데, 다양한 사물(庶物)을 기록하기 때문이다. 혹체로는 서(書)로 표기한다."

　또 '자(者)'자의 원형을 추적해보자. 『설문·백(白)부수』에 따르면 '자(者)'를 "사물들을 구별하는 단어이다(別事詞也)"라고 했다. 『설문·서(敘)』에 따르면, "대나무나 비단에다 적는 것을 서(書)라고 한다. 서(書)라는 것은 똑 같게 하다(如)는 뜻이다(箸之竹帛謂之書, 書者, 如也.)"라고 했다. 단옥재(段玉裁)의 주석에 따르면, "저(箸)는 각 판본에서 저(著)로 표기되었지만, 지금 죽(竹)으로 구성된 저(箸)자로 바로 잡는다. 이 글자는 고대에서는 죽(竹)이 없는 '자(者)'자로만 썼다. '자(者)'란 특정한 일을 의미하는 단어이다. 사물들을 구별하면 그 일이 명확해진다. 그래서 '자명(者明)'이라는 말이 나왔는데, 보통 '저명(著明)'이라고 표기한다. 사물들을 구분하면 단어와 사물이 서로 연결되어 붙어있게 된다. 그래서 '직(直)과 략(略)의 반절'로 읽히는 '부착(附者)'이나 장(張)

과 략(略)의 반절로 읽히는 '의작(衣者)'이라는 단어로 확장되었다. 일반적으로도 '부착(附著: 붙다)'이나 '의작(衣著: 옷을 입다)'으로 표기한다. 어떤 사람들은 『설문』에는 '저(著)'자가 수록되지 않았다며 '저(箸)'자로 바꾸기도 했지만, 이것은 그 원형을 알지 못한 결과이다. '자우죽백(者于竹帛)'은 '대나무나 비단에 들어붙도록 하여 분명하게 쓰다'는 뜻이다."[15] 이 설명은 '서(書)'가 '자(者)'에서 그 이름을 얻게 된 인식적 연결을 비교적 분명하게 분석하였다.

'서(書)'를 표식을 나타내는 글자인 성씨로 사용한 것은 『만성통보(萬姓統譜)·어(魚)운』에 보인다. 즉 "서(書)는 독음이 상(商)이다. 상서(尚書)는 관직의 이름인데, 관직의 이름을 성씨로 삼았다." 따라서 '서(書)'가 표식을 나타내는 글자로서 성씨로 사용된 것의 기원은 '상서(尚書)'에서 비롯되었다고 볼 수 있다. '서(書)', '상(商)', '창(蒼)'은 독음이 비슷하다(실제로 '서(書)'는 어부(魚部)에 속하며, '창(蒼)'과 '상(商)'은 양부(陽部)에 속하는데, 이들은 '음양 대전(陰陽對轉)'[16]의 관계에 있다). 아마 '서(書)'가 '상(商)'으로 읽혔기 때문에 결국에는 '서계(書契)'라는 한 단어로 결합되었을 것이다. 왜냐하면 '상(商)'에 원래는 '계(契: 새기다)'의 의미가 있었기 때문이다. 이는 『유편(類篇)』에 보이는데, "상(商)은 새기다(刻)

---

15) 『說文解字注』卷十五下. "箸, 各本作著, 今正從竹. 此字古只作'者'; '者'者, 別事詞也. 別之則其事昭焯, 故曰者明, 而俗改爲著明. 別之則詞與事相粘連附麗, 故引申爲'直略切'之附者, '張略切'之衣者; 而俗亦皆作附著, 衣著. 或云『說文』無'著', 改爲'箸'; 皆未得其原也. '者於竹帛', 附著而著明之於竹帛也."

16) [역주] '음양대전(陰陽對轉)'은 청대 학자 공광삼(孔廣森)이 제시한 상고 한어 음운 변화에 관한 이론인데, 상고 한어에서 음성운(陰聲韻: 운미가 없거나 모음으로 끝나는 운모)과 양성운(陽聲韻: 비음 운미 -m, -n, -ng로 끝나는 운모), 입성운(入聲韻: 파열음 운미 -p, -t, -k로 끝나는 운모) 사이의 상호 전환 현상을 가리킨다. 예컨대, 어떤 글자들은 고대에 음성운에 속했지만, 음운 변화에 따라 나중에 양성운이나 입성운으로 변했다. 또 이와 반대로, 원래 양성운이나 입성운이었던 글자들이 음성운으로 변화하기도 했다. 이러한 상호 전환은 상고 한어 음운 체계의 동태적 변화와 내재적 연관성을 반영한다.

는 뜻이다."라고 했다. 또한, '상(商)'은 고대 중국 부족의 성씨로서, 그들의 시조인 '설(契)'의 의미와도 상응한다. '서계(書契)'의 계(契)는 '계(栔)'로 읽어야 하며, '계(契)'로 쓴 것은 대용으로 빌려서 사용된 것이다. '새기다'는 이 의미는 후에 '계(鍥)'로 썼는데, 이는 '금(金)'에서 부류를 취해온 구조로 '새기는(契)' 도구나 재료를 나타낸다. 『석명(釋名)』에 따르면 "계(契)는 계(刻: 새기다)를 의미한다. 숫자를 새겨서 알게 했다."라고 했다. 『설문·대(大)부수』에서는 "계(契)는 큰 약속을 의미한다(大約也). 대(大)가 의미부이고 계(㓞)가 소리부이다."라고 했다. 또 「도(刀)부수」에서는 "권(券)은 새기다(契)는 뜻이다. 구분하여 새긴 책은 그 옆을 칼로 잘라내므로 '계권(契券)'이라 한다.(券, 契也. 券別之書, 以刀判其旁, 故曰契券.)"라고 했다.

3-2. 나진옥(羅振玉)(撰著), 『은허서계고석(殷墟書契考釋)』원고 '상(商)'자의 구조 및 그 출처.

갑골문 시대보다 앞서는 시기의 도기(陶器) 기호의 고고학적 발견에서 알 수 있듯이, 신석기 시대부터 시작해서 중국의 특정 문화 유적지의 도기에서는 기호가 등장하는데 그중 일부는 새기는 방식으로, 또 일부는 붓과 같은 도구로 그려졌다. 양적으로 볼 때, 새긴 기호가 그린 것보다 많다. 예를 들어, 섬서성 반파(半坡)의 도기 기호는 기하학적 선으로 새겨져 있다. 좀 더 늦은 시기의 용산(龍山) 문화의 도기에서도 새긴 기호가 발견되었다. 산동성의 이리두(二里頭)에서 발견된 여러 도기에 새겨진 기호들은 모두 [눈에 쉽게 띄는] 큰 용기의 아가리 주변에 위치하고 있다.

다음으로 '창(蒼)'에 대해 얘기해보자. 중국의 훈고에 관한 문헌들에서, '창(蒼)'자는 상당히 신비한 뜻을 지니고 있다. 예컨대 『광아(廣

　　　　　　　　　　　　　　　『설문해자』 인지분석

雅・석천(釋天)』(권9)에서는 "푸른색 신(蒼)을 영위앙(靈威仰)이라 하며, 붉은색 신(赤)을 적차오(赤熛怒)라 하며, 노란색 신(黃)을 함추뉴(含樞紐)라 하며, 흰색 신(白)을 백뉴규(白扭矩)라 하며, 검은색 신(黑)을 엽광기(葉光紀)라 한다."라고 했다. 왕념손(王念孫)의 『광아소증(廣雅疏證)』에서는, "설종(薛綜)이 「동경부(東京賦)」에 주석을 달면서 하도(河圖)를 인용해 '창제(蒼帝)신의 이름이 영위앙(靈威仰)이다'라고 했다." 또한, 『광아・석궁(釋宮)』(권7)에서는, "오제(五帝)를 모시는 신당에서 푸른 것(蒼)은 영부(靈府)라 하며, 붉은 것(赤)은 문조(文祖)라 하며, 누른 것(黃)은 신투(神鬥)라 하며, 흰 것(白)은 현기(顯紀)라 하며, 검은 것(黑)은 원규(元矩)라 한다."라고 했는데, 왕념손의 『소증(疏證)』에서는, "『상서』의 「제명엄(帝命驗)」에서는 '제(帝)는 천(天)을 받들어 오부(五府)를 세워 천(天)을 존경하고 그 형상을 중요하게 한다. 적(赤)은 문조(文祖), 황(黃)은 신투(神鬥), 백(白)은 현기(顯紀), 흑(黑)은 원규(元矩), 창(蒼)은 영부(靈府)라 부른다."라고 했다.

이러한 다양한 신비한 개념들은 대개 이후 시기에 나온 것으로 보인다. 왕념손이 인용한 책들은 대부분 『수서(隋書)・우문개전(宇文愷傳)』, 『사기(史記)・오제본기(五帝本紀)』의 『색인(索引)』, 『정의(正義)』, 그리고 『문선(文選)・안연지<곡수>시서(顏延之<曲水>詩序)』의 이선(李善)의 주소(注疏) 등이다. 그러나 문자를 신성시하는 관념은 고대부터 존재해 왔다. 예컨대, 『장자・덕충부(德充符)』에서는, "영부(靈府)에 들어갈 수 없다."라고 했는데, 성현영(成玄英)은 이를 해석하면서, "영부(靈府)는 정신의 집, 즉 마음을 말한다."라고 하였다. 그리고 '창힐(蒼頡)'의 '힐(頡)'에 대해서도 주준성(朱駿聲)이 이를 음성학적으로 연결시킨 것으로 볼 때, 그것은 꽤 복잡하다는 것을 알 수 있다.

『설문통훈정성・리(履)부』 제12에서는 『장자・서무귀(徐無鬼)』에서

'힐활유실(頡滑有實: 논쟁이 교묘하면서도 실질적인 내용이 있다)'이라 하였는데, 상수(尚秀)의 『주(注)』에서는 '착란(錯亂: 뒤섞여 어지럽다)을 말한다.'라고 하였고, 「거협(胠篋)」에서 '힐활견백(頡滑堅白: 교묘하게 논쟁을 벌이다)'이라 하였는데, 이지(李贄)의 『주』에서는 '활계(滑稽: 교묘하다)'라고 하였다. 최찬(崔撰)의 『주』에서는 "전굴(纏屈: 복잡하게 얽다)'이다. 이는 빌려서 맺는다는 뜻이며, 또한 명칭을 빌려 문자를 알아본다는 것이다. 황제의 사관 창힐(倉頡)은 아마도 푸른 목(青項)에 근거해 범주화한 것일 것이다.(纏屈也. 則謂借爲結. 又托名幖識字, 黃帝史倉頡, 殆青項以類命爲象也.17))"라고 하였다.

또한 『중산경(中山經)』에서는 "침산(葴山)에서 물을 볼 수 있고, 거기서 많은 힐(頡: 푸른색의 개)이 나온다.(葴山, 視水出焉, 多頡.)"라고 하였는데, 주석에서는 "힐(頡)은 청구(青狗)와 같다"라고 했다. 종합해보면, 글자의 뜻을 그대로 받아들여야 한다면, '창힐(蒼頡)'이라는 이름의 문자적 의미는 '영이(靈異)의 분리(分理)'라고 직역할 수 있으며, 혹은 현대어로 이른바 '마음의 그림(心畫)'으로 해석해도 될 것이다.18)

음성학적 관점에서 보자면, 사람들이 '창힐(蒼頡)'을 '창계(創契)'나 '창결(蒼結)'로 풀이하는 데 이 또한 어느 정도 근거가 없다고는 할 수

---

17) 필자의 생각에, 앞뒤 문장을 살피면 여기서의 '명(命)'은 '구(狗)'의 오류라고 생각한다.
18) [역주] '영이(靈異)의 분리(分理)'는 '신비롭거나 초자연적인 것들을 구분하고 그 원리를 나누어 이해하는 것'으로 해석할 수 있다. 문자 창조의 맥락에서 이 표현은, 보이지 않는 개념이나 생각(영이)을 가시적인 형태로 표현하는 과정, 복잡한 현실 세계의 요소들을 구분하고 분류하여 문자로 나타내는 행위, 추상적인 개념을 구체적인 부호로 변환하는 작업으로 이해할 수 있다. 따라서 '창힐(蒼頡)'이라는 이름이 '영이의 분리'라는 의미를 갖는다는 것은, 문자 창제가 단순한 기술적 작업이 아니라 세계의 본질을 이해하고 그것을 가시적인 형태로 표현하는 신비로운 과정임을 암시한다. 그런 의미에서 '마음의 그림(心畫)'이라는 현대적 해석은 이러한 의미를 더 쉽게 표현한 것으로, 내면의 생각이나 개념을 외부로 표현하는 과정을 시각화한 것이라고 볼 수 있다.

없다. 그러나 만약 '창힐(蒼頡)'을 고대 인류가 군집적으로 인식한 '집합개념'으로 볼 경우, '창힐(蒼頡)'이라는 이름이 그 기능적 의미인 '서계(書契)'에서 비롯되었다고 하는 것, 즉 '창힐(蒼頡)'은 바로 '서계(書契)'라는 말이 변한 것이라고 간단명료하게 설명하는 것이 더욱 타당할 것이다. "조수의 발자국의 흔적(鳥獸蹄迒之跡)"은 바로 '청구(靑狗)의 부류와 같은' 창힐(蒼頡)'이라는 표현이며, "이치를 분별하여 구별했다(分理之相別異)"는 것은 처음으로 '서계(書契)'를 만들었다는 의미한다. 이로부터 이후로 '영부(靈府)'라는 의미의 '창(蒼)'의 개념이 생겨났는데, 이는 이후에 생겨난 개념이다.

후대 사람들은 '창힐(蒼頡)'이 민족의 '군집적 사유의 표상'의 하나인 '집합개념'이라는 인지 원리를 이해하지 못하고, '창씨(蒼氏)'를 두고 글쓰기 전문가로 인식하게 되었고, 더 나아가 그를 기록관으로 보았던 것이다. 그리고 더 나아가 그가 문자를 개선하거나 정리하는 작업을 수행했다는 설명을 추가했는데, 이는 글자가 군중들의 손에서 창조된 것이라는 주장과도 연결된다. 이러한 설명은 상식에 부합하는 것처럼 보이지만, 사실은 사물의 본질과는 전혀 일치하지 않으며, 문자의 물리적 본질과도 어긋난다. 오늘날 '창힐(倉頡)'에 응축되어 있는 글자 창조에 대한 인식은, 그들이 실제로 문자를 만들었는지에 대한 진위 여부가 아니라, 훈고학, 고고학, 인류학 등의 방법을 활용하여 그것들의 신비로운 특성을 제거한 후에 '창힐(蒼頡)들'이 창조한 '서계(書契)'의 특징, 즉 중국 문자의 발생 단계에서의 일부 상황을 대략적으로 이해하는 데 도움을 주고자하는 데서 시도되었다.

'서화동원(書畫同源: 그림과 글자가 같은 데서 생겨남)'이라는 의미에서 볼 때, 중국 문자의 발생은 일반적으로 원시적인 회화 예술의 기원과 거의 동시대로 발생했다고 인식하고 있다. '서(書)'와 '화(畫)'는 모두

‘율(聿: 즉 筆)’의 이미지를 바탕으로 분류되었으며, 그래서 『설문』에서
는 둘 다 「율(聿)부수」에 귀속되었다.19)

· 書(🖼🖼🖼)甲骨🖼🖼🖼 같은 🖼🖼金文🖼簡帛🖼🖼書古
璽🖼古陶書漢印🖼🖼🖼🖼🖼書書書🖼石刻), 箸
也. 從聿者聲.

서(書), ‘죽간이나 백서에 글을 쓰다(箸)’라는 뜻이다. 율(聿)이 의미
부이고 자(者)가 소리부이다.

· 畫(🖼🖼🖼🖼🖼🖼🖼)金文🖼🖼簡帛🖼🖼古璽🖼漢印🖼石
刻), 界也. 象田四界. 聿, 所以畫之. 書, 古文畫省. 🖼, 亦古文畫.

화(畫), ‘경계선을 그리다(界)’라는 뜻이다. 밭처럼 네 개의 경계로
나뉜 모습을 그렸다(象田四界). 율(聿)은 그것을 그리는 도구를
말한다. 화(書)는 화(畫)의 고문체인데, 생략된 모습이다. 화(🖼)
도 화(畫)의 고문체이다.

『집운·맥(麥)부』에서는 이렇게 말했다. “화(畫, 書, 劃, 畫)는 호(胡)
와 맥(麥)의 반절로 읽힌다. 『설문』에서는 ‘경계짓다(界)’는 뜻이라고
했는데, 이는 ‘밭의 사방 경계’를 상징하며, ‘붓(聿)’은 그 경계를 그리
는 도구로 사용되었다. 고문체에서는 화(書)나 화(劃)로 썼었지만, 예
서에서는 생략된 모습을 사용했다.”

신석기시대의 채색 도기 예술을 통해 볼 때, 고대 중국의 붓 제작

---

19) 실제로 『설문』에서는 ‘서(書)’자 다음에 ‘화(畫)’자가 등장하는데, 이 부분을 별
도의 부수로 설정할 필요는 없었다. 해당 부분에는 오직 ‘주(晝)’자만이 귀속되
어 있는데, ‘주(晝)’는 사실 「일(日)부수」에 속해야 한다. 『집운·어(魚)부』에
따르면, “서(書는 상(商)과 거(居)의 반절로 읽힌다. 『설문』에서는 ‘저(箸)’로
해석했다. 일설에는 ‘여(如)’로도 풀이된다고 했다. 또 다수(庶)를 의미하기도
하는데, ‘다양한 것들을 기록한다(紀庶物)’는 의미로 해석될 수 있다. 혹체자에
서는 서(書)로 쓰기도 한다.”

기술은 이미 오늘날 우리가 사용하는 기능을 기본적으로 갖추고 있었다. 이 기술은 역사적으로 붓을 개선한 기록이 있는 진(秦)나라 때의 장수 몽념(蒙恬) 시대보다 수천 년 이상 앞선 것이다. 지금까지 발견된 갑골(甲骨)의 새김글(刻辭)에는, 먼저 붓으로 글씨를 쓴 후, 칼로 새기기 전의 것들도 존재한다. 최소한 이런 판단으로 볼 때, 붓은 원시 예술 분야에서 성숙한 모습으로 광범위하게 사용되었는데, 이는 중국 문자가 매우 이른 시기에 탄생할 수 있게 한 중요한 물질적 요소였다고 할 수 있다.

원시적인 채색 도기 예술의 무늬와 고대 중국 문자의 상호 비교에 관해, 필자는 두 요소 사이에 있을 수 있는 상호 영향의 관계를 지적한 바 있다. 예를 들어, 채색 도기 무늬 중 '동물무늬'는 물고기의 사실적 표현에서 시작해 점차로 추상적인 물고기 형태의 그림으로 단순화되었는데, 이는 은주(殷周) 문자 체계에서 물고기의 형태를 따서 만들어진 '물고기 계열 문자(魚類字)'와 상응한다. 또한, 사슴의 실제적인 표현은 갑골문에서 사슴의 측면 모습을 그린 것과 일치한다. '신점(辛店) 유형'의 상형 무늬, 예컨대 사람, 개, 양, 닭 등의 동물 그림은 갑골문과 금문에서 이러한 인물이나 동물을 표현하는 문자의 표상과 일치한다. 또 그 중의 그물 무늬, 바구니 무늬, 줄무늬 등과 같은 '직물 무늬'도 있는데, 이들은 은주 문자 계열에서 '사(絲)'를 기반으로 한 문자 군과 연관되어 있다. 이렇듯, 이들 간의 깊은 관련성은 분명히 알 수 있다.

이와 동시에, 학자들은 '우연성'이라는 큰 함정에 빠지지 않으면서도 이 두 가지를 단순하고 기계적으로 연결하는 것을 피해야만 한다.[20] 지금까지 중국 문자 체계에 대한 조사에서는 주로 '표상과 분

---

20) 최근 몇 년 동안, 고고학자들은 산동성의 창락(昌樂)과 수광(壽光) 등지에서의

현장 조사를 통해 은상(殷商) 갑골문보다 훨씬 오래된 (수천 년 이상) '골각문(骨刻文)'을 발견하였다. 이를 은상 갑골문과 비교해 중국문자의 기원이 더 오래되었을 것이라는 결론을 도출하려고 시도하였다. 그러나 이러한 추측에는 많은 우연성이 있어서 성립하기 어려운 결론이다. 학계에서는 종종 '학술사를 다시 쓴다'라는 명언을 선언하기도 하나, 그 목표를 달성하기는 쉽지 않다. 『중국문자발전사 · 서문』에서도 언급한 바와 같이(4쪽 주석① 참조), 얼마 전에 '4500년 전의 갑골문'이라고 주장하는 고고학적 발견이 있었다. 산동성 창락(昌樂)에서 발굴된 100여 조각의 짐승 뼈에는 600여 개의 기호가 새겨져 있었는데, 이러한 구조와 구성은 일정한 규칙을 따르며, 이는 4500년 전의 초기 문자로 여겨진다. 고고학자들은 '골각(骨刻文)'의 조사 연구에 전문적으로 참여하였다. 신화사는 내몽골 적봉시(赤峰市) 옹우특기(翁牛特旗)의 고일소(高日蘇) 대흑산(大黑山)에서 발견된 원시 문자 기호가 새겨진 암각화에 대해 보도하였다. 이 보도에 따르면, 이는 5500년에서 4200년의 역사를 지닌 수천 개의 암각화 중 하나이며, 이러한 발견은 고대 중국 문자의 역사가 5000년 이상 된다는 것을 입증하였다고 주장한다. 2005년 『녕하일보(寧夏日報)』에서는, 대맥지(大麥地) 암각화의 문자가 갑골문보다 더 고대의 것이라는 주장도 있었다. 신화사 보도에 따르면, 내몽골 적봉시(赤峰市) 옹우특기(翁牛特旗)의 문화연구원인 오갑재(吳甲才)는 참가자들에게 암각화를 소개하였는데, 이 2㎡의 암석면에는 30개의 다양한 문자 기호가 있었다. 이것은 17개의 기본 기호 요소로 구성되어 있으며, 문자 기호의 형태, 배열 위치 및 표시 방향에 따르면, 이는 행운을 빌기 위한 그림일 가능성이 높다. 이 그림은 대흑산(大黑山) 산허리에서 발견된 인간 얼굴과 물고기 무늬, 그리고 소하연문화(小河沿文化) 시기의 무술(巫術) 문자 암각화와 내적인 연결을 갖는다. 이 암각화는 선사 시대의 마법 행위와 관련이 있다. 이 암각화 중 12개는 초기 문자 기호와 연결되어 있으며, 373개는 독립적인 초기 문자 기호와 연결되어 있다. 이러한 문자 기호의 고대성과 다양성은 전국에서 흔치 않으며, 이들은 홍산(紅山)문화의 후기 소하연(小河沿) 문화 시기에 속한다. 서북 제2민족대학의 암각화 전문가들의 조사와 연구에 따르면, 중위(中衛) 북산 대맥지에는 약 8,400개의 개별 암각화 그림이 있으며, 내용에는 태양, 달, 별, 천상의 신령, 사냥, 목축, 춤, 제사 등이 포함되어 있다. 암각화 전문가들은 탄소동위원소 연대 측정법을 사용하여 초기 암각화의 연대를 약 18000년에서 10000년 전의 것으로 추정하였다. 대맥지 암각화 내의 개별 그림에 대한 연구를 통해, 대맥지 암각화 내의 그림 기호는 중국의 원시 문자로, 1,500여 개의 상형 기호는 중국 원시 문자의 기본 상형 형태를 갖추고 있다는 것이 밝혀졌다. 이와 더불어, 두 개 이상의 상형 기호로 구성된 복합체는 상형 문자, 회의 문자, 지사 문자 등의 문자 요소를 기본적으로 갖추고 있다. 더 중요한 것은 이러한 상형 기호가 대맥지 암각화에서 우연하거나 고립되어 있지 않으며, 일정한 순서로 배열되어 있다는 것이다. 암각류'에 중점을 둔 접근법을 따랐다. 장학성(章學誠)은 중국의 문헌에서 '상(象: 이미지)'에 대해 논의하면서 한자의 표상과 분류는 이론적으로 연관이 있다고 하면서 다음과 같이 주장하였다.

> 물상은 복잡하게 뒤섞여 있어서 문(文)을 이루고, 사물들은 비교되어 그들의 부류를 갖게 된다. 사물의 이름과 의미가 복잡하게 퍼져 있고, 비교될 때, 그것을 전달하기 위해선 문(文)이면 충분하지 않고, 그것을 통하게 하기 위해서는 분류가 아니면 충분하지 않다. 육예(六藝)의 글을, 한 마디면 다 설명할 수 있다. 그럼 상(象)은 무엇인가? 흥(興)은 무엇인가? 예(例)는 무엇인가? 관(官)은 무엇인가? 바람과 말과 소는 서로 관련이 없는 것들인데, 그 문사들은 모두 문(文)이라 할 수 있으나, 그 이치는 분류를 통해야만 한다고 할 수 밖에 없다. 그러므로 학자들의 중요한 점은 분류에 대해 아는 것이다.
> 상(象)의 범위는 굉장히 넓다. 그것은 단순히 『역(易)』에 그치는 것만은 아니며, 육예(六藝) 모두 그것을 포함하지 않은 것이 없다. 그것은 도의 본질이 형성되기 바로 직전의 형상인 것이다.……온갖 만물은 그것들이 자연스럽게 움직이기 시작할 때, 형태는 아직 나타나지 않았지만 상은 이미 나타났다. 그러므로 도는 볼 수 없지만, 사람들이 도를 찾으려 할 때 마치 어렴풋이 보이는 것처럼 보이는 것은 모두 그 상(象)이다.
> 천지자연의 상(象)과 인간 마음에 형성된 상(象)이 있다. 천지자연의 상(象)에 대해, 「설괘(說卦)」에서는 하늘이 원형이라는 여러 조항으로 그것을 요약하였다. 인간 마음에 형성된 상, 「규괘(睽卦)」에서의 수레

화 전문가들은 최종적으로 결론을 내리기까지 대맥지 암각화에는 많은 상형 및 추상 기호들이 이미 고대 문자의 요소를 갖추고 있다고 판단하였다(「大麥地岩畫文字比甲骨文中還的古老」, 『寧夏日報』 2002년 9월 16일 제1판 참조). 출판계의 전문가들은 대맥지 암각화의 발견은 중국의 문자역사를 다시 써야 할 것이라고 낙관적으로 예측하고 있다(「大麥地岩畫群發現最古老圖畫文字」, 『人民日報』 해외판, 2005년 8월 18일 제2판 참조). 그런가 하면 최근 발견된 양저(良渚) 문화 유형도 누군가는 갑골문 이전의 문자라고 주장하며, 이는 갑골문보다 수 천 년 앞선다고 주장하기도 한다.

가득 실린 귀신(車之載鬼), 「중부(中孚)괘」의 "날 수 없는 닭이 하늘로 오른다(翰音之登天)" 등과 같이 마음이 원하면 무엇이든 가능하다. 그러나 마음은 비운 채 신령한 것을 사용하게 되면, 사람들은 천지 사이에 머물게 되어, 음과 양의 변화를 받지 않을 수 없다. 마음의 구조는 감정의 변화에 의해 이루어진다. 감정의 변화는 인간 세상의 구조에 의해 감응하게 되고, 음과 양의 변화에 의해 운용된다. 그러므로 인간 마음 구조의 상(象)은 천지자연의 상(象)에서 나온 것이다. (物相雜而爲之文, 事得比而有其類. 知事物名義之雜出而比處也, 非文不足以達之, 非類不足以通之; 六藝之文, 可以一言盡也. 夫象歟, 興歟, 例歟, 官歟, 風馬牛之不相及也, 其辭可謂文矣, 其理則不過曰通於類也. 故學者之要, 貴乎知類. 象之所包廣矣, 非徒『易』而已, 六藝莫不兼之; 蓋道體將形而未顯者也.……萬事萬物, 當其自靜而動, 形跡未彰而象見矣. 故道不可見, 人求道而怳若有見者, 皆其象也. 有天地自然之象, 有人心營構之象. 天地自然之象, 『說卦』爲天爲圓諸條, 約略足以盡之. 人心營構之象, 睽車之載鬼, 翰音之登天, 意之所至, 無不可也. 然而心虛用靈, 人累於天地之間, 不能不受陰陽之消息; 心之營構, 則情之變易爲之也. 情之變易, 感於人世之接構, 而乘於陰陽倚伏爲之也. 是則人心營構之象, 亦出天地自然之象也.)[21]

장학성에 의하면 주목해야 할 몇 가지 다음과 같은 주요 포인트들이 있다.

첫째, '상(象)'과 '형(形)'의 관계에 대해, '상'이 먼저 나타나고 '형'은 그 이후에 나타났다는 점은 『관추편』에서 이 두 가지 요소의 관계를 분석했을 때와 일치한다.

둘째, '상(象)'과 '부류(類)'의 관계, 즉 '사물들을 비교하여 부류가 만들어진다'는 것을 강조한다.

이 부분에서 주석을 한 사람은 『예기·학기』의 '비물추류(比物醜類)'를 인용하여 이렇게 주석했다. "사물로써 상황을 비교하여 부류를

---

21) 『文史通義·易教下』. 葉瑛校注本, 18~19쪽(中華書局, 1985年.)

나누는데, 추(醜)는 비(比)라는 뜻이다." 필자의 생각은 이렇다. '추(醜)' 와 '주(疇)'는 고대음에서 모두 유(幽)부에 속하며고 '추(醜)'는 창(昌)모, '주(疇)'는 정(定)모에 속한다. 전자는 『광운』에서 창(昌)과 구(九)의 반절로 표기되었고, 후자는 직(直)과 유(由)의 반절로 표기되었다. 그리고 '추(醜)'자의 중고음은 '창(昌)모 유(有)운 개구(開口) 3등(等) 삼성(上聲) 유(流)섭(攝)'에 해당하며 '주(疇)'자의 중고음은 '징(澄)모 우(尤)운 개구(開口) 3등(等) 평성(平聲) 류(流)섭(攝)'에 해당한다. 그래서 두 글자의 독음은 비슷하다. 『예기·학기(學記)』에서 사용된 '추(醜)'는 '주(疇)'의 대체자이다. '주(疇)'는 분류나 부류를 나누다는 뜻이다. 『한서』 제43권 「한팽영(韓彭英) 노오(盧吳) 전(傳)」(제4)에서 "법에 저촉되면 참수를 당하는데, 그 부류에 속하는 13명 모두 이미 참수를 당하였다(坐法當斬, 其疇十三人皆已斬)."라는 문장에서도 안사고(顏師古)는 "주(疇)는 부류를 말한다(類也)"라고 주석했다.[22] 이 '주(疇)'는 동사로 사용되었으며, '주류(疇類)'는 '비류(比類)'와 같아, '비물(比物)'과도 일치한다.

셋째, 장학성은 '천지자연의 상'과 '인간의 마음의 구조의 상'을 구별하였는데, 이는 실제로 당나라 공영달(孔穎達)의 『주역정의』에서 '실상'과 '허상'에 대한 인식을 바탕으로 한 것이다.[23]

---

22) 이에 따르면, 상주 청동기의 글귀에는 '아(亞)'라는 문자 형태가 많이 있는데, 그 중에는 집단의 상징을 강하게 담고 있는 부족의 상징인 것도 많다. 그러나 학자들은 이를 대부분 구분하지 않았다. 『설문·아(亞)부수』에 따르면 "아(亞)는 추함(醜)을 말한다."라고 했다. 아(亞)와 추(醜)는 모두 '필류(匹類: 짝을 이루는 부류)'로 해석할 수 있는데, 이는 어쩌면 씨족간의 비교나 분류의 제도로, 오늘날의 컴퓨터 언어학에서 말하는 '와일드카드(統配符)'와 비슷한 기능을 한 것은 아닐까? [역주]: 와일드카드(wildcard)는 어떤 문자든, 몇 개의 문자든 대체할 수 있는 '*'나 단 하나의 문자만 대체하는 '?'와 같은 기호들로, 여러 문자나 패턴을 한꺼번에 매칭할 수 있는 특수 문자를 말한다. '이와 비슷한 기능'이란 특정되지 않은 여러 가능성을 포괄할 수 있는 기능을 말한다.

23) 臧克和, 『漢字取象論』(臺灣聖環出版社, 1994).

『설문해자』 인지분석

제2절 수신(修身) 이미지

　‘수(修)’자는 『설문』에서 「삼(彡)부수」에 속하는데, ‘삼(彡)’이 의미부로 기능하는 글자는 총 9자와 1개의 중문(重文)을 포함한다. 그러나 각 부수에서 실제로 구성되는 글자는 십여 개에 이르며, 이를 통해 다음과 같은 ‘의미장(語義場)’을 얻을 수 있다.

- 삼(彡), 털 장식에 무늬를 그려 넣은 것이다(毛飾畫文也). 상형이다(象形).
- 수(須), 얼굴의 털이다(面毛也). 혈(頁)이 의미부이고 삼(彡)도 의미부이다.
- 형(形), 모양을 본떠다는 뜻이다(象形也). 삼(彡)이 의미부이고 견(幵)이 소리부이다.
- 진(㐱), 빽빽한 털을 말한다(稠髮也). 삼(彡)이 의미부이고 인(人)도 의미부이다.
- 수(修), 꾸미다는 뜻이다(飾也). 삼(彡)이 의미부이고 유(攸)가 소리부이다.
- 창(彰), 무늬가 빛나다는 뜻이다(文彰也). 삼(彡)이 의미부이고 장(章)도 의미부인데, 장(章)은 소리부도 겸한다.
- 조(彫), (옥에) 무늬를 쪼아넣다는 뜻이다(琢文也). 삼(彡)이 의미부이고 주(周)가 소리부이다.
- 청(彭), 맑은 장식을 말한다(淸飾也). 삼(彡)이 의미부이고 청(靑)이 소리부이다.
- 목(㣚), 세밀한 무늬를 말한다(細文也). 삼(彡)이 의미부이고 극(㣔)의 생략된 모습이 소리부이다.
- 채(彩), 무늬가 빛나다는 뜻이다(文章也). 삼(彡)이 의미부이고 채

(采)가 소리부이다.

· 문(妏), 빛나다는 뜻이다(黻也). 삼(彡)이 의미부이고 문(文)도 의미부이다.

· 언(彥), '문채가 나는 선비(美士有文)'를 말하는데, '다른 사람들이 칭송함(人所言也)'을 말한다. 문(妏)이 의미부이고 엄(厂)이 소리부이다.[1]

'삼(彡)'으로 구축된 이 '의미장'을 추적하면, 아래와 같은 상호 연결된 의미 지향 범주를 발견할 수 있다.

a. 정리 및 정비에 관한 어휘
b. 아름다운 형상에 관한 어휘
c. 문장을 정리하고 수식하는데 관한 어휘

'수(修)'자 이미지 채택의 본래 의미는 당연히 관련된 '장(場: 필드)'에 의해 규정되어야 한다. 단옥재(段玉裁)는 '수(修)'자에 대한 주석에서 기본적으로 그 원래 의미에 가깝게, 고대에서 멀지 않게 해석하였는데, 그는 다음과 같이 주장했다. "「건(巾)부수」에서는 '장식하는 것(飾)'을 '쇄(㕞)'라고 한다고 하였다. 또 「우(又)부수」에서는 '쇄(㕞)'는 '장식하다(飾)'는 뜻이라고 하였다. 이 두 글자는 전주(轉注)에 해당한다. '식(飾)'은 현대의 '식(拭: 닦다)'자이다. 닦으면 광채가 나기 때문에 문장의 수식이라는 의미로 확장되었다. 「여(女)부수」에서 '장(妝)'은 '수식하다'는 뜻이라고 하였는데, '수식'이라는 파생의미를 사용하였다. 여기서 말한 '수(修)'는 '장식'을 말한다고 한 것은 원래의 의미와

---

[1] 여기에 나열된 '삼(彡)' 부호에서 파생된 문자군은, 삼(彡)을 구성 요소로 포함하면서도 『설문(說文)』에서 다른 부수에 배치된 것은 제외하였으며, 또 팽(彭), 공(玒), 빈(彬) 등과 같이 「삼(彡)부수」와는 상당히 떨어진 문자도 있다. 만약 이 부분까지 고려한다면 이 또한 상당한 분량이 될 것이다.

확장된 의미를 모두 포함하여 부르는 것이다. 먼지나 더러움을 제거하지 않으면 '수식'이라고 부를 수 없으며, 추가적인 장식을 하지 않으면 '수(修)'라고 부를 수 없다. '수(修)'자가 '삼(彡)'으로 구성된 것은 '닦아내다'나 '장식하다'의 의미를 가지기 때문이며, 이는 모든 관리나 정리 작업을 나타낸다."[2]

'수(修)'자는 사실 고대인들의 '세례(洗禮)와 죄를 씻다(滌罪)'는 무술(巫術) 의식에서 비롯되었다. 다시 말하면, '수(修)'자의 구성에는 고대에 존재했던 '정화(修祓)'와 '수신(修身)'과 같은 인지 개념을 담고 있다.

'수(修)'자는 '유(攸)'에서 독음을 가져왔으며, 의미도 그대로 가져왔다. '유(攸)'자를 『설문·복(攴)부수』에서 이렇게 설명했다. "유(攸:

甲骨 金文 簡帛 古

石刻),는 물속에 들어가다는 뜻이다(行水也). 복(攴)이 의미부이고 인(人)도 의미부이며, 수(水)가 생략되었다. 서개(徐鍇)는 이렇게 말했다. '복(攴)'은 물에 들어갈 때 쓰던 막대를 말한다(入水所杖也). 독음은 이(以)와 주(周)의 반절이다. 은 진(秦)나라의 역산(繹山) 각석에서 이렇게 썼다."

그 아래에는 수록된 진(秦)나라 「역산(嶧山)각석」에서의 자형을 보면 수(水)로 구성된 '유(汝)'로 썼다. 『집운·우(尤)부』에서 "유(攸, 汝, 攸, 泅)는 이(夷)와 주(周)의 반절로 읽힌다. 『설문』에서 유(攸)는 '물속에 들어가다'는 뜻이라고 했다. 또 서개(徐鍇)는 이렇게 말했다. '복

---

2) 『說文解字注』 九篇上 「彡部」. "『巾部』曰: 飾者, 䭈也. 『又部』曰: 䭈者, 飾也. 二篆爲轉注. 飾卽今之拭字. 拂拭之則發其光采, 故引申爲文飾. 『女部』曰: 妝者, 飾也. 用飾引申之義. 此云修飾也者, 合本義引伸義而兼擧之. 不去其塵垢, 不可謂之修; 不加以繢采, 不可謂之修. 修之從彡者, 灑䭈之也, 藻繪之也. 引伸爲凡治之稱."

(攴)은 물에 들어갈 때 쓰던 막대이다.' 또한 성씨로 사용된다. 진(秦)나라 때의 역산(嶧山) 각석에서는 유(攸)로 적었다. 혹체에서는 유(攸)로 적기도 하며, 고문체에서는 유(泅)로 적기도 한다."

이 구조는 분명히 수(水)로 구성된 것에서 비롯된 것이며, 이것은 바로 『설문』에서 고대 중국의 '수신(修身)'에 관한 수수께끼를 밝히기 위해 보존된 매우 소중한 인식의 단서이다. 『설문·삼(彡)부수』에서 "수(修: [그림] 古璽 [그림] 石刻)는 장식하다(飾)는 뜻이다. 삼(彡)이 의미부이고 유(攸)가 소리부이다."라고 했다. 따라서 오늘날 우리가 흔히 보는 '유(攸)'자는 그 구조 중간의 세로획을 생략할 수는 없으며, 그것이 '물(水)'의 성분을 나타내는 것임을 알아야만 한다. 금문(金文)의 '유(攸)'자의 구조와 비교하면, 『설문』이 매우 오래된 원형의 글자를 보존하고 있음을 알 수 있다. 위에서 『설문』에 나열된 전서체와 출토 문자를 비교해 보면 다음과 같다.

청동기 명문에서의 '유(攸)'자는 대체로 흐르는 물의 성분을 포함하고 있다. 게다가 금문에서 '유(攸)'와 '수(修)'는 서로 통용되며, '유(攸)'는 '수(修)'자의 초기 형태로, '수(修)'는 사실 '유(攸)'자에서 파생한 형태이다. 주나라 중기 때의 「요호(舀壺)」에 새겨진 '수(修)'자와 「모공정(毛公鼎)」에 새겨진 '유륵(攸勒)'이라는 글귀를 비교해 보면 '유(攸)'자의 형태가 완전히 동일하다. 고새(古鉢)문자에도 '수신(修身)'이라는 말이 있는데, 이는 전국(戰國) 시기의 「진보(陳簠)」에 나타난 '수신(修身)'의 용례와 같다.[3]

『설문해자』 인지분석

'수(修)'자의 구조는 "물로 씻는(洗滌)" 모습을 그림으로 표현한 것이다. '수(修)자의 고문체는 옆으로 서 있는 사람의 신체, 그 사람의 등에서 흐르는 물, 그리고 손에 든 나뭇가지로 치는 '복(攴)'의 세 부분이 합쳐져 하나의 형태를 이룬다. 『설문·복(攴)부수』에서 "복(攴)은 살짝 약하게 치다는 뜻이다(小擊也). 우(又)가 의미부이고 복(卜)이 소리부이다."라고 했다. 왕균(王筠)의 『구두(句讀)』에서는 이렇게 말했다. "복(攴)을 경전(經典)에서는 '박(撲)'으로 표기한다. 「우서(虞書)」에 '박작교형(撲作敎刑)'[4]'이라는 말이 있는데, 『전(傳)』에서 박(撲)은 가초(檟楚: 오동나무와 가시나무)를 말한다고 했다."[5]

'수(修)'자가 내포하는 이미지는 손에 나뭇가지를 든 상태이며, 여기에 수(水)가 더해져(이를 통해 '滌'를 형성) 그것을 사용하여 사람의 등과 몸을 씻는 것임이 분명하다. 따라서 '수(修)'자의 원래 형상은 사람의 몸을 깨끗하게 씻는(洗滌) 것이다. 그래서 수(修)라는 것은 바로 척(滌: 씻다)이라고 할 수 있다.

『설문·수(水)부수』에 따르면, "척(滌)은 물을 뿌리다(灑, 독음은 洗)는 뜻으로, 수(水)가 의미부이고 조(條)가 소리부이다."라고 했다. 또 「목(木)부수」에서 "조(條)는 작은 가지를 의미하는데(小枝也), 목(木)이 의미부이고 유(攸)가 소리부이다."라고 했다. 그렇다면 '수(修)'도 유(攸)가 소리부인데, 이는 이미 앞에서 상세히 설명했다. 따라서 '수(修)'와 '척(滌)'은 원래 독음이 같았으며, 서로 대체 사용할 수 있었다. '척(滌)'의 독음은 '적(迪)'인데, '적(迪)'은 '유(由)'에서 독음을 가져왔다.

---

3) 『金文編』 卷三, 218쪽.
4) [역주] 상고 시대 형법의 일종이다. 이는 부지런하지 않은 사람에 대해 체벌을 가하고 마음을 경계하게 하는 것을 말한다. 박(撲)은 가초(檟楚)를 형구(刑具)로 사용하는 것을 의미하며, 교형(敎刑)은 형벌(刑罰) 중에서 비교적 가벼운 종류에 속함을 뜻한다.
5) 『說文句讀』 卷六(中國書店, 1983年影印本).

이에 대해 왕국유(王國維)의 이렇게 고증했다. "경전(經傳)에서는 '유(逌)'를 대부분 '유(攸)'로 썼다. 최근에 고우(高郵) 왕씨(즉 왕인지)의 『경의술문(經義述聞)』과 『경전석사(經傳釋詞)』에서는 역대의 시서(詩書)를 통해 '유(攸)'와 '적(迪)' 두 글자가 옛날에는 모두 통용되었음을 밝혔다. 또 나는 유(逌)와 적(迪)도 원래는 같은 글자였다고 생각한다. 고대에 '유(卣)'와 '유(由)'는 독음과 의미가 같았기 때문에 '유(逌)'는 때때로 'ㄴ'으로 구성되기도 했고, 이후 점차 '적(迪)'으로 잘못 변했던 것이다. 이는 '유(🔲)'가 '유(逌)'로 잘못 변한 것과 같은 이치이다. 『서(書)·다방(多方)』에서 '종일토록 상제의 깨우쳐 열어줌에 힘쓰지 않았다(不克終日, 勸於帝之迪.)'라고 했는데, 마융(馬融)의 원본에서는 적(迪)을 유(攸)로 썼다."6)

3-4. 해외 소장
청동기―양수제량유(羊首提梁卣)

3-5. 상나라 때의 과유(戈卣)

---

6) 『觀堂集林』 卷六. "釋由上"(中華書局, 1959年).

『설문해자』 인지분석

이를 통해 볼 때, '유(攸)'와 '적(迪)' 두 글자는 고대에 서로 대체하여 사용되었다. '적(迪)'은 원래 '유(由)'에서 독음이 왔으며, '유(攸)'와 '유(由)'는 독음이 같다.[7]

『방언(方言)』 제6권에서는 "유(由)와 적(迪)은 바르다(正)는 의미이다. 동쪽의 제(齊)의 청주(青州)와 서주(徐州) 지역에서는 정(正)을 유(由)나 적(迪)이라고 한다."고 했다. 유(由)가 사실은 수(修)에서 변한 글자임을 고려하면, 오늘날 산동(山東)의 제성(諸城) 등의 지역에서는 '수류(修溜)'라는 말은 '바르게 다스리다'는 의미를 가진다. 『방언음석(方言音釋)』 제1권에는 "수(脩)(즉 修), 준(駿), 융(融), 역(繹), 심(尋), 연(延)은 모두 길다(長)는 의미다. '수(脩=修)'는 '조(條)'와 첩운(疊韻)이며 이의 변형된 독음이다."라고 했다.[8]

『주례 · 춘관 · 사준의(司尊彝)』에서는 "무릇 술은 '물을 타서(脩=修)' 마신다.(凡酒脩[修]酌)"라고 했는데, 정현(鄭鉉)의 주석에 따르면 "범주(凡酒)는 세 가지 술을 의미한다. '수(修)'는 세척(滌濯)이라고 할 때의 척(滌)과 같이 읽는다."라고 했다. 『일주서(逸周書) · 주축(周祝)』에서는 "수양(修)을 높이면 높은 이성의 경지에 이를 것이다(舉其修, 則有理)."[9]라고 했는데, 왕념손(王念孫)의 『독서잡지(讀書雜志)』에 따르

---

7) 『집운 · 유부(尤部)』에서는 '유(庮)는 '이(夷)와 주(周)의 반절로 읽힌다. '천창(籫�)'을 '유'라고 한다. 또한 오래된 집의 썩은 나무를 의미하기도 한다. 혹체에서는 '구(卣)'로 구성되었다."라고 했다. 그리고 "우(郵)는 이(夷)와 주(周)의 반절로 읽힌다. 정의 이름(亭名)인데, '풍상의 고릉현(馮翊高陵縣)'에 있다. 때로 '우(郎)'로 쓰기도 한다."라고 했다.(『集韻 · 尤部』: "庮庮, 夷周切. 籫槼謂之庮. 一曰久屋朽木也. 或從卣.""郵郎, 夷周切. 亭名, 在馮翊高陵縣. 或作郎.")

8) 丁惟芬, 『方言音釋』, 16쪽(齊魯書社, 1985年).

9) [역주] "舉其修, 則有理."라는 이 문장은 『逸周書』 제67권의 「주축해(周祝解) · 시해(詩解)」에 나오는 말로, 원문은 "用其則必有群, 加諸物則爲之君, 舉其修則有理, 加諸物則爲天子."이다. 이의 대략적인 의미는 "특정 원칙과 규칙을 따르

면 "수(修)'는 조(條)이다. 반드시 조리(條理)가 있어야 하므로, 수양(修) 을 높이면 이성의 경지에 이를 것이다."라고 했던 것이다.

일본어에서, '수(修)'자의 본래 의미는 형성구조를 통해 표현된 '세 척(洗滌)과 청결(淸潔)'의 의미로 해석되며, '수볼(修祓)'이라는 단어는 '청소하다(淸める)'의 의미로 쓰인다.[10]

이는 앞서 언급한 의미 영역 a부류, 즉 '정리 및 정비(淸理整飾)'와 관련된 어휘와 일치한다. 고대 문헌에는 '수볼(修祓, 즉 修禊 및 祓禊)[11] 에 관한 많은 기록이 있다. '볼(祓)'은 원래 제사(祭祀)의 일종이었다. 『 설문・시(示)부수』에서는 "볼(祓)은 악을 제거하는 제사를 말한다(除 惡祭也)."라고 했다. 고대 중국 어휘에 '불제(祓祭, 즉 祓除)'라는 단어가 있으며, 『주례・춘관・여무(女巫)』에서는 "여성 무당은 세시와 관련 된 제사와 정화 의식과 목욕을 주관한다(女巫掌歲時祓除釁浴)."라고 하 였는데, 주석에서 "세시와 관련된 제사와 정화 의식은 지금의 3월 상 사(上巳)일에 물가에 가는 행사를 말한다."라고 설명한다. 이것은 원 래 고대의 민속 문화 활동에서 시작되었으며, 매년 3월 상사(上巳)일 에 물가에서 목욕하며 그간 누적된 더러움을 제거하는 행사인데, 이 는 몸과 마음의 청결과 불길한 것을 제거하는 것을 상징한다. 『후한 서・예의지(禮儀志)』에는 "이 달(3월) 상사일에, 관리와 민간인들은 모두 동쪽으로 흐르는 물가에서 몸을 씻는데, 이를 '세탁불제(洗濯祓 除)'라고 부르며, 누적된 더러움을 제거하고 대대적으로 정결하게 한

면 반드시 집단이 형성될 것이며, 이러한 원칙과 규칙을 사물에 적용하면 임 금이 될 수 있다. 개인의 수양을 높이면 높은 이성의 경지에 이를 수 있으며, 이러한 원칙과 규칙을 국가 운영에 적용하면 천자가 될 수 있다."는 말이다.
10) 『標準漢和辭典・人部』(日本旺文社, 1979年).
11) [역주] 볼계(祓禊)는 ① 재액을 털어버림. ② 3월 上巳節(첫 번째 巳日)에 지내 는 제사의 뜻이 있다. 볼식(祓飾) 즉 낡은 것을 털어버리고 새롭게 꾸밈을 말 한다.

다."라고 기록되어 있다. 기록에 따르면, 이러한 의식은 삼국시대 위(魏)나라 이후로는 3월 3일에만 행해졌다. 북주(北周) 때의 유신(庾信)의 『유자산집(庾子山集)』에 실린 「3월3일화림원마사부(三月三日華林園馬射賦)」에서는 "비록 발제를 지낸 술을 마시지만, 이는 봄 사냥의 의례를 사용한 것이라네.(雖行祓禊之飲, 卽用春蒐之儀.)"[12]라는 시가 있다.

이렇게 보면, '불탁(祓濯)'은 '세탁(洗濯)'의 의미로 해석된다. 『초학기(初學記)』에 수록된 서진(西晉) 때의 장화(張華)의 「삼월삼일후원회(三月三日後園會)」에서는 "화려한 연못에 즐겁게 모여(合樂華池), 맑은 물에 몸을 씻고(祓濯淸川), 저 용선을 둥둥 띄워(泛彼龍舟), 기수의 큰 물에서 노니네(沂遊洪源)."라고 적혀 있다. 『신당서(新唐書)』(제198권)의 「소덕언전(蕭德言傳)」에서는 "덕언(德言)은 나이가 들었어도, 점점 더 열심히 공부하게 되었는데, 경전을 볼 때마다 잠시 불탁(祓濯)하고 허리띠를 매고 꿇어앉았다.(德言晚節, 學愈苦, 每開經, 輒祓濯束帶危坐.)"[13]라고 기록하였다. 이를 통해 '불계(祓禊)'는 더는 '상사(上巳)'라는 특정한 날에만 한정된 행사가 아니게 되었으며, 보다 일반적인 경건하고 진지한 장면에 적용될 수 있다. '수불(修禊)'이라는 단어가 가리키는 상황도 대체로 다르지 않다. 한(漢)나라 때의 채옹(蔡邕)은 「불계

---

12) [역주] 춘수(春蒐)는 고대 천자나 왕후가 봄철에 벌이는 수렵 활동을 가리킨다. 『좌전・은공(隱公)』 5년에 이와 관련된 기록이 보이는데, "그러므로 춘수하묘(春蒐夏苗: 봄철의 사냥인 수와 여름철의 사냥인 묘), 추선동수(秋獮冬狩: 가을철의 사냥인 선과 겨울철의 사냥인 수)는 모두 농한기를 이용해서 하는 일을 말한다."라고 했다.

13) [역주] 당나라 때의 학자 소덕언(蕭德言)은 그의 깊은 학식과 고상한 품성으로 당 태종(太宗)의 찬탄을 받았으며, 말년에 더욱 열심히 학문에 정진하였다. 그는 매번 경서를 열기 전에 손과 얼굴을 씻고, 옷매무새를 가다듬은 후 바르게 앉아서 비로소 독서를 시작하였는데, 그의 아내가 한번 이렇게 권유했다고 한다. "당신은 이렇게 나이가 많은데다가, 과거의 명예나 이익을 추구하지도 않는데, 왜 이렇게 고생스럽게 책을 읽습니까?" 소덕언은 이에 이렇게 대답하였다. "선성(先聖)의 말씀에, 어찌 노력을 아낄 수 있겠습니까?"

문(祓禊文)」이라는 글을 썼으나 현재는 산일되어 완전하지 않은 상태이다. 그러나 그의 글에서는 "가득 차 넘치는 봄날(洋洋暮春), 음력 3월 상사일이네(厥日除巳), 존비에 관계없이 남녀 모두가 모였네(尊卑煙鶩). 여성과 남성(惟女與士), 모두 복이 내리기를 기원하며(自求多福), 낙수의 강가에서 즐기네(在洛之涘)……"라는 내용을 볼 수 있다.14)

'모춘(暮春)'에 '세척' 의식을 하는 것은 상고(上古)로부터 전해진 것처럼 보이다. 『논어(論語)』에서도 사람들이 동경하는 경치를 묘사하면서 "모춘 삼월이 되면, 봄옷을 만들어 입고, 어린이와 노인 몇몇이 기수(沂水)에서 목욕을 하고, 무(舞雩)에서 바람을 쐬며, 노래 부르며 돌아가고 싶구나.(暮春三月, 春服既成, 童子長者數人, 浴於沂, 風乎舞雩, 詠而歸.)"라고 했다.15)

이런 배경을 통해 상고(上古)의 기후가 따뜻하고 물의 온도가 높고 일찍 따뜻해졌을 것으로 추측된다. 그렇지 않다면, 이는 단순히 상징적인 세척 의식으로 여겨져야 할 것이다. 진(晉)나라 왕희지(王羲之)의 「임하서(臨河敘)」에서는 "음력 오월 초, 회계산 북쪽의 난정(蘭亭)에서 모였는데, 수계(修禊)를 하기 위해서였다.(暮春之初, 會於會稽山陰之蘭亭, 修禊事也.)"고 기록하였다.16)17)

---

14) 『全上古三代秦漢三國六朝文·全後漢文』卷十七.
15) 『論語·先進』.
16) [역주] 이 글은 동진(東晉) 시대의 유명한 서예가 왕희지(王羲之)의 『난정집서(蘭亭集序)』의 한 구절로, 문인들의 모임을 묘사했다. 영화(永和) 9년 봄, 곧 서기 353년에, 한 무리의 현사들이 회계군(會稽郡) 산음성(山陰城)의 난정(蘭亭)에 모여 계례(禊禮) 활동을 진행했다. 여기서 말하는 '수계사야(修禊事也)'는 계례를 행하는 것을 가리키며, 이는 고대의 풍습으로, 사람들이 음력 3월 상순의 사일(巳日)에 (나중에는 3월 3일로 고정) 물가에 모여 몸을 씻어 불길한 기운을 제거하고 건강과 장수를 기원하는 것을 말한다. 이 모임은 역사에서 '난정아집(蘭亭雅集)'이라 불리며 동진 시대 가장 유명한 문인 모임 중 하나였다. 모임에는 당시의 유명 인사들인 사안(謝安), 손작(孫綽) 등이 참석하여 난정에서 산수를 감상하고, 술을 마시며 시를 짓고, 문인들 간의 우아한 풍류를 즐겼

이렇듯, '수불(修祓)' 의식의 공통된 인식 특징은 바로 '물'의 이미지가 참여하고, '세척 및 목욕'에 의존해야 한다는 것이다. 『관자·소광(小匡)』에서는 "포숙(鮑叔)이 몸을 깨끗이 하고 목욕하였다(鮑叔祓而浴之.)"라고 적었다. 『소이아(小爾雅)·광고(廣詁)』에서는 "불(祓)은 깨끗이 하다(潔也.)는 뜻이다."라고 했다.

이렇게 보면, 『설문(說文)』에서 제시된 의미 영역에서 '정리 및 정비(清理整飾)'의 a부류에 속하는 어휘로 규정된 '수신(修身)'의 정황은 서양의 많은 민족들 사이에서 널리 행해지는 '세례(洗禮)'라는 종교 의식과 다소 유사하다는 것을 알 수 있다. 예수는 요단강에서 세례를 받은 후에 하나님의 아들이 되었으며, 『마가복음』과 『요한복음』도 모두 예수의 세례를 받는 이 의식부터 시작된다. 『고란경(古蘭經)』에서의 진주(眞主)는 사람들에게 선을 행하도록 권유하기 위해 '낙원(樂園)'의 특징이 '강으로 내려가는 것(下臨諸河)'이라고 사람들에게 여러 번 설명하였다.18)

기독교 세례의 방식 중 하나는 바로 '침례(浸禮, Immersion)'라는 것인데, 의식을 진행할 때, 침례를 받는 사람은 잠시 온몸을 물에 담그게 된다. 초기 기독교에서는 물을 뿌리는 세례 외에도 이 의식을 자주 진행하였다. 그 결과, 몇몇 오래된 교회 옆에는 '세례용 수조'라 불리는 기구가 설치되어 있었다. '침례교'로 알려진 이 기독교에서는 『

다고 한다.

17) 『全上古三代秦漢三國六朝文·全晉文』 卷五十一.

18) 『古蘭經』, 中譯本, 3쪽, 5쪽(中國社會科學出版社, 1981) 등 참조. 여기서의 '강'이 비유의 이미지로 사용되었다는 것은 상당히 의심스럽다. 왜냐하면 그 경전에서 진주(眞主) 스스로 "진주란 분명히 모기 혹은 더 작은 물건으로도 모든 비유를 설정하는 것을 꺼리지 않는다."라고 했으며, "그는 비유를 통해 많은 사람들을 미로에 들게 하였고, 또 비유를 통해 사람들을 바른 길로 인도하기" 때문이다. 이러한 특성은 "나는 하는 말마다 모두가 비유이다."라고 한 『성경』속의 여호와와 동일하다.

신약성경』에 기록된 '세례'와 '매장'의 관계(『로마서(Romans)』와 『골로새서(Colossians)』 참조)를 강조하기 위해 세례를 받는 사람은 온몸을 물에 담금으로써 죽어 매장된 사람이 부활한다는 의미를 특별히 강조했다.19)

『로만현대영어사전』에 따르면 '세례(baptism)'20)는 기독교의 종교의식 중 하나로, 사람의 몸에 물을 뿌려 깨끗해지게 함으로써 그 사람이 특정 교회의 회원으로 받아들여지도록 하는 것을 말한다고 했다. 일본 학자 시라카와 시즈카(白川靜) 역시 일본 및 다른 동방 해안 국가들의 '청신(清身)' 풍습과 연결하여 '수신'이 바로 '세례'의 마법 행위라고 주장한 바 있다.21)

'수신(修身)' 의식에서 '물'이라는 이 이미지는 매우 중요하다. 그것은 사람의 몸에서 불결한 것을 제거하고 옮기는 인식의 매개체이다. 『설문·수(水)부수』에서 "척(滌)은 뿌리다(灑)는 뜻이며", "쇄(灑)는 씻다(滌)는 뜻이다. 고문(古文)에서는 쇄소(灑埽)자로 표기한다."라고 했다. 또 "탁(濯)은 옷의 때를 씻다(瀚)는 뜻이며", "한(瀚)은 옷의 때를

---

19) 任繼愈, 『宗敎詞典』, 899쪽(上海辭書出版社, 1981). 8세기 이후로는, 침례가 여러 가지 면에서 불편하다고 여겨졌다. 특히 체질이 약하거나 병든 사람들에게 불편하게 느껴져, 서양 교회에서는 물을 뿌리는 세례를 진행하는 사람들이 늘어났고, 12세기에는 거의 모두 물을 뿌리는 세례를 사용하게 되었다.

20) [역주] 'baptism'의 어원은 고대 그리스어 동사 'βάπτω(baptō)'에서 시작된다. 이 어근은 '담그다' 또는 '물들이다'라는 의미를 가지고 있는데, 여기서 파생된 'βαπτίζω(baptizō)'는 보다 강조된 형태로 '완전히 담그다' 또는 '잠기게 하다'를 의미하게 되었다. 시간이 지나면서 이 단어는 의미 확장을 겪어, 단순한 물리적 행위를 넘어 종교적, 의례적 의미를 포함하게 되었다. 헬레니즘 시대를 거치며 유대교의 정결 의식과 연관되었고, 초기 기독교에서는 특별한 종교적 의미를 갖는 용어로 발전했다. 라틴어로 번역되면서 'baptismus'가 되었고, 이는 다시 여러 유럽 언어로 전파되어 영어의 'baptism', 프랑스어의 'baptême' 등으로 발전했다. 한국어의 '세례(洗禮)'는 이 개념을 번역한 용어로, 물로 씻는다는 원래의 의미를 반영하고 있다.

21) 『中國の神話』, 第1章 "中國神話學の方法"(中央公論社, 昭和52年 再版).

『설문해자』 인지분석

씻다(濯衣垢)는 뜻이다."라고 했다. 신화적 사고에서 말하는 '전이성(轉移性)'의 인지 원칙은 바로 '수신(修身)' 의식이 널리 행해지게 한 내재적 이유가 된다.

"그리스의 경배 축제와 일부 이오니아(Ionia) 축제의 일종의 속죄의식과 유사한 의식은 가장 오래된 신화적 기원에까지 거슬러 올라간다. 초기에, 이러한 죄 씻기와 속죄의식은 기호의 대체가 아니라 실질적인 물질적 전이를 기반으로 하였다. 한바탕 재앙에 휩쓸린 바타크(Batac) 사람들은 이 재앙을 제비에다 옮겨 '재앙이 날아가 버리도록' 할 수 있었다.……죄 씻기 의식이 끝날 때, 이러한 '속죄양들'은 바다나 강에 내던져졌고, 네 명의 속죄 신이 그것들을 지옥으로 데려가, 그곳에서 이 속죄양들은 흔적도 없이 사라진다."[22]

상술한 것과 연계해 볼 때, 고대 중국의 '수신(修身)'은 본래 무술종교의 의식이었으며, 이 상징은 결국 강한 상징적 의미를 내포하고 있다. 서양의 '세례' 의식이 완전한 침례에서 간단한 물 뿌리기로 바뀐 것처럼, 고대 중국의 '수신(修身)'도 점차 '세척'의 과정조차 엄격하게 지키지 않는 형식으로 변화하였다. 즉 '수신(修(=涤)身)' → '세심(洗心)'으로 변했다. 이는『설문』에서 제시된 의미 영역에서 a부류에서 b부류로 변화하는 것과 같으며, '정리 및 정비(淸理整飭)'의 인식에서 '아름다운 상징(美好形象)'으로 발전한 것과 일치한다. 출토 문헌과 전래 문헌에서 '수신(修身)', '수기(修己)', '수덕(修德)' 등과 같은 표현은 그 내용이 일관되게 연결된 인식이라는 것을 의미한다.

상주(商周), 춘추(春秋), 전국(戰國) 시기의 청동기 명문 데이터베이스에 근거하면,「모공정(毛公鼎)」에서 이미 '유륵(攸勒)'이라는 표현이

---

22) 카시러(Cassirer), 『신화사유(神話思維)』, 중국어판, 64쪽(中國社會科學出版社, 1992).

사용되었는데, 거기서의 '유(攸)'는 '수(修)'와 동일한 용법이었다. 전국 시기의 초(楚) 나라 간백(簡帛) 데이터베이스 통계에 의하면, '유(攸)'가 11번 사용되었는데, 그 중 4번은 '유(卣)'와 동일한 용법이었고, 나머 지는 모두 '유(攸)'와 '수(修)'와 동일한 용법으로 사용되었다.[23]

또 위진 남북조 시기의 석각(石刻) 데이터베이스에 의하면, '수신(修身)'이라는 단어는 단 1회 나타나지만, 수당(隋唐) 및 오대(五代) 석각 데이터베이스에서는 빈도가 높아져 30회 이상 사용되었다. 전래 문헌인 『금문상서(今文尙書)』에서 '수(修)'는 고빈도 글자에 해당하여 총 10회 사용되었다. 그 외의 문헌에서의 사용 예는 대략 아래와 같이 제시할 수 있다.

· 修己以安人(자신을 닦아 다른 사람을 안정시킨다).(『論語·憲問』)
· 修己以安百姓(자신을 닦아 백성을 안정시킨다).(『論語·憲問』)
· 修己以敬(공경으로써 자신을 닦아라).(『論語·憲問』)
· 修己而不責人(자신을 닦으면서 다른 사람을 비난하지 않는다).(『左傳』閔公二年)
· 修身也, 尊賢也(자신을 닦는 것, 그것은 어진 사람을 공경하는 것이다.) (『禮記·中庸』)
· 修身及家(자신을 닦는 행위가 집안 전체에 미치게 하라).(『禮記·樂記』)
· 修身以俟之(자신을 닦아서 명을 기다린다).(『孟子·盡心上』)
· 修身以俟死者, 不在此位也.(자신을 닦아서 죽음을 기다리는 자, 그런 사람들은 이 위치에 있지 않다.)(『禮記·射義』)
· 修身以道(도(道)로써 자신을 닦아라).(『禮記·中庸』)
· 修身則道立(자신을 닦으면 도(道)가 세워진다).(『禮記·中庸』)
· 修身愼行, 恐辱先也.(자신을 닦고 행동을 조심하여 선조들께 누가

---

23) 이러한 상주(商周) 명문 데이터베이스와 전국시대 초나라 간백(簡帛) 문자 데이터의 통계 결과는 인터넷 데이터베이스의 추가 처리된 데이터보다는 적을 것이다. 왜냐하면, 전자는 2002년까지의 텍스트 자료를 처리한 것이고, 후자는 2003년까지의 것이기 때문이다.

되지 않도록 한다.)(『孝經·感應』)

· 修身踐言, 謂之善行. 行修言道, 禮之質也.(자신을 닦고 말을 실행하
  는 것, 그것을 선한 행동이라 한다. 행동을 닦고 도(道)를 말하는
  것, 그것이 예의 본질이다.)(『禮記·曲禮上』)
· 修其身而天下平.(자신을 닦으면 천하가 평화로워진다.)(『孟子·盡心下』)
· 修厥身, 允德協於下.(자신을 닦아서 그 덕이 백성과 조화를 이루게
  하라.)(『書·商書·太甲中』)
· 修道之謂敎.(도를 닦는 것을 가르침이라 한다.)(『禮記·中庸』)
· 修道以仁.(인(仁)으로 도를 닦는다.)(『禮記·中庸』)
· 修德而後可.(덕을 닦아야만 가능하다.)(『左傳』昭公二十年)
· 修德息師而來.(덕을 닦아 군대를 잠재우고 돌아온다.)(『左傳』襄公九
  年)[24]
……

여기서 '수(修)'자에 대한 인식은 이미 상당히 추상화되어 있다. 대
체로 전국시기의 굴원(屈原) 시대에 이르러 '수신(修身)'의 이미지가
변화하였다고 볼 수 있다. 『초사(楚辭)』에서는 '호수(好修)'에 대해 여
러 번 언급했다. 예를 들면, 「이소(離騷)」에서는 "어지러운 나이지만
자신 속에 이미 이러한 아름다움을 가졌고, 다시 수능(修能)을 더하
네.(紛吾旣有此內美兮, 又重之以修能)."라고 했다. 이어서 "늙어 나이는
점점 들어가는데, 수명(修名)을 세우지 못할까 두렵다네.(老冉冉其將至
兮, 恐修名之不立.)"라고 했으며, 다시 "나만 닦음과 아름다운 품덕을
좋아해 스스로 구속되었구나, 아침에는 비판을 하였더니 저녁에 파직
되었네.(余雖好修姱以鞿羈兮, 謇朝誶而夕替.)"라고 했다. 그리고 "진언
을 했으나 받아들여지지 않고 도리어 죄명만 얻었느니, 물러나 초야
에서 다시 처음의 덕이나 닦으리라.(進不入以離尤兮, 退將復修吾初服.)"

---

24) 『十三經注疏』(中華書局, 1980年).

라고 했다.……

　이러한 부분에 대해 왕일(王逸)의 『장구(章句)』에서는 '수(修)'의 원래 의미를 잃어버려 종종 너무 추상적이고 부적절하게 해석하고 있다. 그러나 오히려 홍흥조(洪興祖)의 『보주(補注)』에서는 깊은 본질을 직접 탐구하여 더 깊게 해석했다. 예를 들어, '수명(修名)'에 대해 왕일(王逸)은 "몸을 닦고 덕을 세우려고 하지만 성공하지 못하고 명성을 이루지 못할까 두렵다.(恐修身建德, 而功不成名不立也.)"라고 주석했지만, 홍흥조(洪興祖)의 주석에서는 "수결(修潔)의 아름다움을 말한 것이다(修潔之名也.)"라고 설명했다.

　또 '수과(修姱)'에 대해서도 왕일의 주석에서는 "전인들의 대도(大道)를 익힌다(習前人之大道.)"라고 해석했지만 홍흥조의 주석에서는 "수결(修潔)을 통해 아름다워짐(姱)을 말한다(謂修潔而姱美也)"라고 설명하고 있다. 또한 "퇴장복수오초복(退將復修吾初服)"에 대해서도 왕일의 주석에서는 "나의 처음의 깨끗하고 청결한 덕을 닦는다(修吾初始淸潔之服也.)"라고 함으로써, 자신의 어떤 내원이 있음을 나타냈다. 또 "나만 홀로 언제나 닦음을 좋아하였구나(余獨好修以爲常)"라는 부분에 대해 왕일은 "나만 홀로 호수(好修)하고 정직함을 일상을 삼고 있네"라고 주석하였지만, 홍흥조는 "이어지는 다음 문장에서, '너는 어찌하여 넓게 비평하면서 닦기를 좋아하나?(汝何博謇而好修)'라고 했고, 다시 '진실로 마음속으로 가까기를 좋아한다면, 그것은 모두 스스로 깨끗하게 닦기를 좋아함을 의미한다.(苟中情其好修. 皆言好自修潔也.)'라고 했다."[25]

　아마도 이러한 차이 때문에 "紛吾皆有此內美兮, 又重之以修能.(어지러운 나이지만 자신 속에 이미 이러한 아름다움을 가졌고, 다시 수능(修能)을 더하

---

25) 『楚辭章句』, 5쪽, 王逸注, 洪興祖補注(嶽麓書社, 1989年).

네.)"이라는 이 결정적인 핵심 시구의 뜻풀이에 대한 인식의 차이가 발생했을 것이다. '의태(意態)'의 '태(態)'는 '능(能)'에서 그 독음을 가져왔다. 『설문·심(心)부수』에서 이렇게 말했다.

· 🦔, 意也. 從心從能. 徐鍇曰: 心能其事, 然後有態度也. 他代切. 氣, 或從人. 태(態, 🦔), '의태(意) 즉 심경'을 말한다.26) 심(心)이 의미부이고 능(能)도 의미부이다.27) 태(🦔)는 혹체자인데, 인(人)으로 구성되었다

대서(大徐)본의 구조 분석은 여러 방향에서 억지스럽다. 『집운·대(代)부』에서 이렇게 말했다. "태(態, 能)는 타(他)와 대(代)의 반절로 읽힌다. 『설문』에서는 '뜻(意)이라는 의미이다'라고 했다. 심(心)이 의미부이고 능(能)이 소리부이다. 서개(徐鍇)는 '마음으로 그 일을 할 수 있을 때라야 자세(態度)가 생긴다'고 했다. 혹체자에서는 인(人)으로 구성되었다."

『집운·등(登)부』에 따르면, "능(能, 𦞅, 耐)은 노(奴)와 등(登)의 반절로 읽힌다. 『설문』에서는, 곰의 일종이며, 발이 사슴과 비슷하고, 곰 무리는 속이 견고하다. 그래서 현능(賢能)이라는 뜻이 나왔다. 그

---

26) [역주] 『단주』에서는 각 판본에서 '意也'라고 하였는데, '意態也'가 되어야 한다고 하면서 태(態)자를 보충했다. 그리고 이렇게 말했다. "의태(意態)라는 것은 어떤 의지가 있으면 그러한 모습이 있게 마련이며(有是意因有是狀), 그래서 의태(意態)라고 한다. 이는 마치 말(言)이라는 것이 뜻을 안에 담고 있으면서 말로 밖으로 발설한 것(意內而言外)으로, 어떤 의도가 있으면 그러한 말이 있는 것(有是意因有是言)과 같은 경우다. 의(意)는 의식(識)을 말한다."

27) [역주] 심(心)이 의미부고 능(能)이 소리부로, 상태나 정황, 모양, 자태 등을 말하는데, 이러한 것이 심리 상태(心)의 반영임을 말해준다. 『설문해자』에서는 회의구조로 보았으며, 청나라 때의 단옥재(段玉裁)도 마음(心) 속에 있는 재능(能)이 밖으로 드러나는 법이며, 이것이 모양이라고 해서 회의구조로 설명했다. 하지만 계복(桂馥)은 능(能)의 고대음이 내(耐)와 같다는 것에 근거해 능(能)이 소리부라고 했다.

리고 강한 자를 현걸(賢傑)이라고도 한다. 달리 능(貀)이나 능(耐)이라고도 쓴다.(熊屬, 足似鹿, 能獸堅中, 故稱賢能. 而彊壯稱賢傑也. 或作貀耐.)"라고 했다.

소위 "『설문(說文)』에서 '곰의 종류를 말한다'라고 한" 인식적 연결은, 「동(東)부」의 이체구조 그룹에 속한다. 즉 "능(熊, 㷱, 能, 㹺, 難)은 호(胡)와 궁(弓)의 반절로 읽힌다. 『설문』에서는 '돼지와 비슷한 동물로, 산에 사는 짐승이며, 겨울에는 동면한다. 또한 성씨로도 사용한다. 혹체에서는 능(㷱), 능(能), 능(㹺), 능(難)이라고도 쓴다.'고 했다." 단옥재의 『설문주』에서는 "능(能)이 소리부도 겸한다'라고 했다.28)

여기서의 '능(能)'은 '자태(姿態)'의 '태(態)'로 읽어야 함을 인지할 수 있다. 그래야만 외적인 자태(姿態)가 이 시의 앞 구에서 나타난 '내재적 아름다움(內美)'과 서로 선전하고 서로 반영하며 서로 보완할 수 있게 된다. 그리고 '수능(修能)'의 '수(修)'는 여기서 사용된 의미가 위에서 논의된 본래 의미의 이미지이다. 「이소(離騷)」의 본문에서 기술된 '수능(修能)'의 구체적인 내용과 『초사(楚辭)』의 다른 편들을 연계해 보면 이 '수(修)'는 크게 '목욕'과 '장식' 두 가지 측면을 벗어나지 않는다. 이 둘을 합치면 수능(修能)은 대략 '향기롭고 깨끗한 외모'를 지칭하게 된다. 예를 들어, 「이소」 본편에서 구체적으로 서술한 "가을 난초를 꼬아서 장식으로 삼는다(紉秋蘭以爲佩)"는 것에 대해 왕일(王逸)의 주석에는 "자신의 몸을 꾸미고 깨끗하게 한다. …… 가을 난초를 줄로 꼬아서 장식으로 삼는다."라고 했다. 『구가(九歌)·운중군(雲中君)』에서는 "난초 탕에서 목욕을 하네, 향기로움에 목욕을 하네.(浴蘭湯兮沐芳.)"라고 하였는데, 홍흥조(洪興祖)의 『보주(補注)』에서는 이렇게 말했다. "악부(樂府)에 '목욕자(沐浴子)'라는 노래가 있다. 유차

---

28) 『說文解字注』 十篇下.

『설문해자』 인지분석

장(劉次莊)은 『초사(楚詞)』에 따르면, 새로 머리를 감은 자는 반드시 모자를 털고, 새로 목욕한 자는 반드시 옷을 흔들어야 한다.(新沐者必彈冠, 新浴者必振衣.)'라고 했고, 또 '여인과 함께 함지에서 목욕하네, 너의 머리를 양아에서 말린다네.(與女沐兮咸池, 晞汝髮兮陽之阿)'라고 했는데, 모두 깨끗하게 씻는다는 의미다."

'수신(修身)'의 이미지는 의미장의 a범주에서부터 b범주를 가리키며, 외적에서 내적으로 전환되는데, 고대어에서는 주로 '세심(洗心)', '세위(洗胃)', '심재(心齋)', '재계(齋戒)' 등의 어휘로 전달되었다. 『역·계사(繫辭)』(상)에서는 "성인(聖人)이 이를 통해 마음을 깨끗이 하였으며, 은밀한 곳에 자신을 숨긴다.(聖人以此洗心, 退藏於密.)"라고 하였는데, 주석에서는 "만물의 마음을 세탁한다."라고 설명했다. 바로 아래에서 "성인(聖人)은 이를 통해 재계(齋戒)하며, 그 덕을 신명나게 한다.(聖人以此齋戒, 以神明其德.)"라고 했는데, 주석에서는 "마음을 깨끗이 하는 것을 재(齋)라 하고, 걱정거리를 방비하는 것을 계(戒)라 한다."라고 했다. 이 부분에서도 "자신의 마음을 세탁한다."고 했지 "만물의 마음을 세탁한다"는 의미는 아니다.

『장자·산목(山木)』에서는 "님이여, 육체를 깎아 내고 피부를 벗기시고, 마음의 욕망을 제거하소서.(願君刳形去皮, 灑心去欲.)"라는 표현이 있으며, 또 「지북유(知北遊)」에서는 "네가 재계(齋戒)하며, 마음을 깨끗이 하고, 정신을 맑게 하라.(汝齋戒, 疏瀟而心, 澡雪而精神.)"라는 말이 있는데, 그 의미가 「계사(繫辭)」의 '세심(洗心)'과 일치한다. 이러한 '세심(洗心)'의 정신, 즉 '재계(齋戒)'의 형식은 후대에까지 계속해서 영향을 미친 것 같다. 『전진문(全晉文)』(권49)에 실린 부현(傅玄)의 「부자(傅子)」에서 "세상 사람들이 모두 그 용기를 씻을 줄은 알지만, 마음을 씻을 줄은 모르는구나.(人皆知滌其器而莫知洗其心.)"라는 말이

있다.29)

　『설문·시(示)부수』에서 관련된 문자 그룹의 인식을 살펴보면, 재(齋)는 사실상 마음과 몸을 깨끗하게 유지하면서 행하는 종류의 제사 의식이다. '재(齋)'는 '제(齊)'에서 독음을 가져왔기에, '제(齊)'의 의미와 연관된 인식이 일어나며, 이것은 『집운』에서 '재(齋, 齋, 齊, 粢, 齍, 鷰)'를 아예 동일한 의미로 사용하는 다양한 구조로 인식하였다. 『예기·곡례(曲禮)』(상)에는 "제계(齊戒)로 귀(鬼)와 신(神)들에게 고한다."라고 했다. 고대 사람들은 제사를 올리기 전에 마음을 깨끗이 하고 몸도 깨끗이 하여 엄숙함을 표현하였는데, 일상의 식사나 생활에서도 특별한 규정이 있었다. 『맹자·이루(離婁)』(하)에서는 "악인이라도 재계와 목욕을 하면, 상제(上帝)에게 제사를 드릴 수 있다."라고 했으며, '재계(齋戒)'와 '목욕(沐浴)'이 연결되어 나온다. 불교가 널리 퍼진 후에, '재(齋)'라는 의식은 식사의 인식적 측면에서도 두 가지 새로운 의미를 추가하였다. (1)정오가 지나면 식사하지 않는 것을 재(齋)라고 한다. 『석씨요람(釋氏要覽)』에서는 "불교에서는 정오 이후에 식사하지 않는 것을 재(齋)라고 한다."라고 했으며, 정오 이후에 다시 식사하는 것을 '비시식(非時食: 때가 아닌 식사)'이라고 한다. (2)채식을 재(齋)라고 한다. 집에서 수행하는 승려들이 '팔재계(八齋戒)'를 지키며 오직 채식만 먹을 때, 이를 '재 음식을 먹는다(吃齋)'라고 하며, 불교의 계명을 따라 재의 법칙을 지키면 '재를 지킨다(持齋)'라고 한다.30)

　위진남북조(魏晉南北朝) 석각 데이터베이스에 의하면, '재(齋)'는 고유명사나 정결한 의식으로서의 쓰인 고빈도 문자로, 총 17회 사용되었다. 수당오대(隋唐五代) 석각 데이터베이스에서는 사용 빈도가 정점

---

29) 『管錐編』卷一, 46쪽.
30) 任繼愈(主編), 『宗教詞典』, 903쪽(上海辭書出版社, 1981).

에 달하였으며, 총 209회 사용되었다.

이러한 역사적 배경 아래, 연대별로 누적된 '재(齋)'자의 구조는 다음과 같은 몇 가지 인식적 변화 과정을 겪었다.

『설문·시(示)부수』에 따르면, "재(齋: 金文簡帛 漢印)는 경계하다(戒), 청결하게 하다(潔)는 뜻이다. 시(示)가 의미부이고 제(齊)의 생략된 모습이 소리부이다. 독음은 측(側)과 개(皆)의 반절이다. 재(齋)는 재(齋)의 주문(籀文)체인데, 도(鬢)의 생략된 모습이며, 도(鬢)는 '도(禱)'로 읽힌다." 『집운·개(皆)부』에 따르면, "재(齋, 齋, 齊, 齋, 齋, 鬢)는 장(莊)과 개(皆)의 반절로 읽힌다. 『설문』에서는 경계하다, 청결히 하다는 뜻이라고 했다. 예서체에서는 '재(齋)'와 '제(齊)'로 쓰고, 고문체에서는 재(齋)로, 주문체에서는 재(齋)나 재(鬢)로 쓴다."라고 했다. 「채후반(蔡侯盤)」의 명문에서도 '시(示)'가 의미부이고 '재(齋)'가 소리부인 좌우구조로 되어, '집재(執齋, 즉 持齋: 재를 거행하다)'의 특성을 드러냈다. '재(齋)'자는 후대의 『정자통(正字通)』에서 볼 수 있으며, '재(齋)'와 '재(齋)'자는 『자휘보(字彙補)』에서 확인할 수 있다. 이들은 재(齋)가 어떤 식사의 금기에 대한 인식과 연관이 있음을 나타낸다.[31] 『자휘보·문(文)부수』에서는 "재(齋)는 재(齋)의 고문체이다."라고 했는데, 이는 문(文)과 미(米)가 의미부인 구조로, 소위 '채식'과 인식적으로 연결이 있음을 나타낸다. 또 『자휘보·식(食)부수』에 수록된 '재(齋)'자는 고문체에서 불(不)과 식(食)이 결합한 회의 구조이다. 문자 구조에 따르면 전자는 적어도 '오곡'만 먹거나 '채식'

---

31) 王重民, 王慶菽, 向達, 周一良, 啓功, 曾毅公 등이 편집 교열한 『敦煌變文集·太子成道經』에서 이렇게 말했다. "(부처께서는) 하루 깨 한 알 혹은 보리 한 알을 드시면서도, 오랜 시간 동안 참선과 관행을 행하셨네.(日食一麻或一麥, 長齋座禪觀行.)"(人民文學出版社, 1957).

만을 의미하며, 후자는 어떤 것을 먹지 않거나 특정 시간 동안 아예 음식을 전혀 먹지 않는다는 의미를 가질 것으로 보인다.

『남사(南史)』(권47)의 「순백옥전(荀伯玉傳)」에는 다음과 같은 기록이 전한다. "만약 어떤 사람이 자신을 개선하고자 한다면, 반드시 칼을 삼켜 내장을 도려내야 하고, 재를 마시며 위를 세척해야 한다.(若許某自新, 必呑刀刮腸, 飮灰洗胃.)" '세위(洗胃)'라는 말은 아마도 여기서 처음 등장하였을 것이며, 그 의미는 위에서 언급한 '재(齋)'자의 구조가 역사적으로 발전한 것과 관련이 있을 것이다.

이를 바탕으로, 적어도 선전(先秦) 시대의 사람들은 이미 순수한 '세심(洗心)'의 정신을 추구하였다고 할 수 있다. 예를 들어, 『장자·인간세(人間世)』에서는 이미 안회(顔回)와 공자(孔子) 사이의 대화를 통해 '식재(食齋)'와 '심재(心齋)'의 관계에 대해 논의한 바 있다. 안회가 말했다. "저의 집은 가난하여, 술도 마시지 않고, 고기도 먹지 않는 것이 몇 달이나 지속되었습니다. 이 같은 경우를 '재(齋)'라고 할 수 있는지요?" 공자께서 대답했다. "이것은 제사를 드릴 때의 '재(齋)'이지, '심재(心齋)'는 아니다." 여기서 말한 '심재(心齋)'는 『장자』에서 말하는 모든 생각과 욕망을 배제하고 마음의 상태를 청정하고 순수하게 유지하는 것을 말한다. 「인간세」에서는 이렇게 설명한다. "만일 뜻을 한 가지로 모은다면, 귀로 듣지 않고 마음으로 듣게 되고, 마음으로 듣지 않고 기(氣)로 듣게 된다. 듣기는 귀에서 멈추고, 마음은 기호에서 멈춘다. 그리고 기(氣)는 속을 비워 사물을 기다리는 존재이다. 오직 도(道)만이 빈 공간을 모을 수 있는데, 그 빈 공간이 바로 심재(心齋)이다."32)

---

32) "若一志, 無聽之以耳而聽之以心; 無聽之以心而聽之以氣. 聽止於耳, 心止於符, 氣也者, 虛而待物者也. 唯道集虛, 虛者心齋也."

오늘날의 말에서도 여전히 널리 사용되는 '세심혁면(洗心革面)'이나 '정신세례(精神洗禮)'와 같은 성어들에도 이러한 측면의 정보가 어느 정도 보존되어 있다. 위에서의 검토 과정을 통해, '수신(修身)'에서 '세심(洗心)'으로의 전환 과정은 '삼성오신(三省吾身)'이나 '삼성호기(參省乎己)' 같은 내면적 반성을 중시하는 선진(先秦) 시기의 여러 철학자들의 이성 정신의 역사를 배경으로 구성되었음을 알 수 있었다. 이로 인해 고대 중국의 '수신(修身)' 이미지가 전달하는 문화적 정신은 서양의 거의 광기 같은 외부의 종교 형태를 통해 드러내는 심리적 감정과 뚜렷한 대조를 이룬다.[33]

그러나 서양의 '수신(修身)'은 무술 같은 느낌을 더욱 뚜렷하게 보여주고 있다. 보츠와나(貝專納土, Botswana)[34] 사람들은 "다른 곳에서 여행을 다녀와서는 반드시 머리를 깎고 목욕을 하여 청결하게 해야 하는데, 그것은 외부의 사람들로부터 무술의 사악함을 받을까 두려워하기 때문이다." 또 서아프리카의 일부 지역에서는, 남자가 오랜만에 집으로 돌아와 아내와 만나기 전에 특정한 물로 목욕을 하고 무술사가 이마에 어떤 기호를 표시해야만 하는데, 이는 외지의 여성이 그의 몸에 건 저주를 제거하기 위해서다. 이러한 저주를 제거하지 않으면 그를 통해 무술이 마을의 다른 여성들에게 전파될 수 있다. 두 명의 인도 대사가 본토의 왕에 의해 임명되어 영국으로 파견됐다가 돌아

---

33) 臧克和, 『漢語文字與審美心理』一, 6~10쪽(學林出版社, 1990).
34) [역주] 보츠와나는 남부 아프리카에 위치한 내륙국으로, 나미비아, 짐바브웨, 잠비아, 남아프리카와 국경을 맞대고 있다. 1966년 영국으로부터 독립한 이래 안정적인 정치 환경과 경제 성장을 이루며 아프리카에서 가장 성공적인 국가 중 하나로 평가받는다. 수도는 가보로네이며, 주요 경제 활동은 다이아몬드 채굴과 관광업이다. 보츠와나는 또한 오크방고 델타와 초베 국립공원 같은 광활한 자연 보호구역으로 유명하다. 공용어는 영어이고, 츠와나어도 널리 사용되며, 인구는 약 240만 명이며, 투명한 민주주의와 거버넌스로 잘 알려져 있다.

올 때 그들은 외국인에 의해 너무 많이 오염되었다고 판단하는데, 이는 다시 태어나야만 순수함을 회복할 수 있다고 여긴다.[35]

동아시아의 일본 민족은 그들의 고대 기록인 『고사기(古事記)』에서 '아포키하라 하라이(阿波岐原祓禊)'[36]에 대해 언급하고 있다. 이 이야기에서는 대신 이에나기노미코토(伊邪那岐命)가 황천국(黃泉國)에서 현세로 돌아온 후, 황천국에서의 더러움을 씻기 위해 츠쿠시히노쿠니 히누가노쿠니 킷코몬(築紫日向國桔小門)의 아포키하라에서 하라이(祓禊) 의식을 진행하였다. 그는 하라이 과정에서 "상류는 물의 흐름이 너무 빠르고, 하류는 물의 흐름이 느리다."라고 하여 중류로 이동하여 몸을 씻었다. 이 하라이에서 버려진 물건들은 역병의 신 등으로 변화하였다고 하는데, 이는 실제 사건들과도 일치하였다.

그러나 단순한 한자 문자 구조가 보여주는 인식의 연관성을 보면 여러 지역의 전설이나 설화보다 훨씬 더 명확하게 이해할 수 있다.

---

35) 이러한 사실은 잰 조 프레이저(Jan Jo Frazer)의 『황금가지(金枝)』 중국어 번역본(中國民間文藝出版社, 1987年版)의 상권, 298쪽에서 확인할 수 있다.

36) 外國神話傳說大詞典編寫組(編), 『外國神話傳說大詞典』, 592쪽(中國國際廣播出版社, 1989).

『설문해자』인지분석

제3절 여성 이미지

『설문・여(女)부수』에는 대서본(大徐本)의 신부(新附)까지 포함하면 총 245자가 수록되었다. 실제로 이체자(重文) 및 여자가 주체로 구성된 여(女)부수와 인접한 글자들까지 포함하면 250자가 넘는데, 이는 책 전체에서 가장 큰 부류 중의 하나이다. 『송본옥편(宋本玉篇)・여(女)부수』에서는 383자로 발전하였는데, 이는 『만상명의(萬象名義)・여(女)부수』에서 반영한 남북조(南北朝) 때에 축적된 299자에 비해 82자가 증가하였고, 그 증가율은 20퍼센트를 넘는다. 이는 대체로 당(唐)나라 때 증가된 글자의 비율로 간주될 수 있다. 송나라 때의 『유편(類篇)・여(女)부수』에 이르러서는 599자에 달하였다. 여성에 관련된 글자가 대규모 축적된 것은 관련 분야의 인식 발전 수준을 반영한다.

「여(女)부수」에 수록된 방대한 글자군은 복잡한 '의미장'을 구성하였다. 『설문・여(女)부수』에 보존된 '여성의 의미장 속에는 위대함과 미미함이 공존하고, 고귀함과 비천함이 혼재하여, 매우 복잡한 상황을 드러내고 있다. 예를 들면, 한편으로는 '여(女)', '노(奴)', '여(如)' 등이 동원(同源)적으로 연계되어 있는 반면, 모계 시대의 유산 즉 '성씨(姓氏)'에 여(女)자가 들어감으로써 그에 대한 인식을 기록하고 있는데, "성(姓)은 사람이 낳았다는 뜻이다. 고대의 신성한 어머니가 하늘과 감응하여 아들을 낳았기 때문에 천자(天子)라고 한다. 여(女)도 의미부이고 생(生)도 의미부인데 생(生)은 소리부도 겸한다. 『춘추전(春秋傳)』에 따르면, 천자가 태어남에 근거하여 성을 하사하였다고 하였다."1) 이런 식으로 '강(姜)'성 등 일련의 여(女)로 구성된 '성(姓)'자를 비롯해 이름을 얻게 된 근원 등이 「여(女)부수」에 반영되었다. 한편으로는 인류가 공통적으로 갖는 간음, 질투, 게으름, 심지어 부끄러움 등과 같은 나쁜 본성도 모두 「여(女)부수」와 관련되어 있다. 반면에 일련의 아름다운 어휘로 만들어진 글자들도 '여(女)'로 구성되었으며, 심지어 여성을 위한 일련의 '전용 글자'를 만드는 것도 마다하지 않았다.

『설문·여(女)부수』에서 수록된 글자들이 기록한 '여성의 의미장'을 종합해 볼 때, 주로 다음과 같은 서로 구별되면서도 상호 연관된 측면들을 포괄하고 있다.

　　a. 여성의 혼인에 관한 인식 어휘를 지향한다.
　　b. 여성의 생육에 관한 인식 어휘를 지향한다.
　　c. 여성의 예의 규범에 관한 인식 어휘를 지향한다.
　　d. 여성의 금기 제도에 관한 인식 어휘를 지향한다.
　　e. 여성 전용 명칭과 관련된 인식 용어이다.

1. 혼인 의식

『설문·여(女)부수』에서 결혼과 관련된 일을 지향하는 글자는 총 6자이다.

먼저 '매(媒)'자이다. "매(媒)는 도모하다(謀)는 뜻이다. 두 성씨를 도모하여 합치다는 의미이다. 여(女)가 의미부이고 모(某)가 소리부이다." 『집운·폐부(廢部)』에 따르면, "계(勢)는 거(去)와 예(穢)의 반절

---

1) "姓, 人所生也. 古之神聖母感天而生子, 故稱天子. 從女從生, 生亦聲. 春秋傳曰: 天子因生以賜姓."

로 읽히는데, 누룩(糵)을 말한다. 제(齊) 지역 사람들은 누룩(麴麩)을
매(媒)라고 하는데, 서막(徐邈)의 학설이다." 또 「우(尤)부」에서는 "와
(圝, 囮)는 이(夷)와 주(周)의 반절로 읽히는데, 새를 유인해 잡는 데
쓰는 후림새를 말한다. 혹체에서는 와(囮)로 쓴다."라고 했으며, 「우
(尤)부」에서 "와(囮)는 이(以)와 구(九)의 반절로 읽히는데, 후림새를
말한다."라고 했다.

001 𡚤：少女也. 從女乇聲. 坼下切.

　타(𡚤), '소녀(少女)'라는 뜻이다. 녀(女)가 의미부이고 탁(乇)이 소리
　부이다. 독음은 탁(坼)과 하(下)의 반절이다.

002 媒：謀也, 謀合二姓. 從女某聲. 莫桮切.

　매(媒), '일을 도모하다(謀)'라는 뜻인데, '성이 다른 두 사람을 중
　매하다(謀合二姓)'는 뜻이다. 녀(女)가 의미부이고 모(某)가 소리
　부이다. 독음은 막(莫)과 배(桮)의 반절이다.

003 妁：酌也, 斟酌二姓也. 從女勺聲. 市勺切.

　작(妁), '작(酌)과 같아 헤아리다'는 뜻인데, '성이 다른 두 사람을
　연결시키다(斟酌二姓)'라는 뜻이다. 녀(女)가 의미부이고 작(勺)이
　소리부이다. 독음은 시(市)와 작(勺)의 반절이다.

004 嫁（𡡒嫁嫁簡牘文）：女適人也. 從女家聲. 古訝切.

　가(嫁), '여자가 다른 사람에게 시집가다(女適人)'라는 뜻이다. 녀
　(女)가 의미부이고 가(家)가 소리부이다. 독음은 고(古)와 아(訝)의
　반절이다.

005 娶（𡣕甲骨文 取簡牘文）：取婦也. 從女從取, 取亦聲. 七句切.

　취(娶), '여인을 아내로 맞아들이다(取婦)'라는 뜻이다. 녀(女)가 의
　미부이고 취(取)도 의미부인데, 취(取)는 소리부도 겸한다. 독음
　은 칠(七)과 구(句)의 반절이다.

006 婚（𡣪𡣪𡣪金文 𡣪 𡣪盟書 ）：婦家也. 『禮』: 娶婦以昏

時, 婦人陰也, 故曰婚. 從女從昏, 昏亦聲. 驫, 籒文婚. 呼昆切.

혼(婚), '신부의 집(婦家)'을 말한다. 『예기·사혼례(士婚禮)』에서 "아내를 맞아들이는 결혼은 해가 저물었을 때에 거행하는데, 여성이 음에 해당하기 때문이다. 그래서 [결혼을] 혼(昏)이 들어간 혼(婚)이라 부른다."라고 했다. 녀(女)가 의미부이고 혼(昏)도 의미부인데, 혼(昏)은 소리부도 겸한다. 혼(驫)은 혼(婚)의 주문체이다. 독음은 호(呼)와 곤(昆)의 반절이다.

007 婣： 壻家也. 女之所因, 故曰姻. 從女從因, 因亦聲. 嬿, 籒文姻從肙. 於眞切.

인(姻), '신랑의 집(壻家)'을 말한다. 여자가 기대는 대상이기 때문에 인(因)이 들어간 인(姻)이라 부른다. 녀(女)가 의미부이고 인(因)도 의미부인데, 인(因)은 소리부도 겸한다. 인(嬿)은 인(姻)의 주문체인데, 연(肙)으로 구성되었다. 독음은 어(於)와 진(眞)의 반절이다.

008 妻(金文 簡帛 石刻)： 婦與夫齊者也. 從女從屮從又. 又, 持事, 妻職也. 妻, 古文妻從肖, 女. 肖, 古文貴字. 七稽切.

처(妻), '부인(婦)'을 말하는데, '남편(夫)과 나란히 하여 함께 사는 사람'이라는 뜻이다. 녀(女)가 의미부이고 철(屮)도 의미부이고 우(又)도 의미부이다. 우(又)는 일을 맡아서 하다(持事)는 뜻인데, 이것이 아내가 할 일(妻職)임을 말한다. 처(妻)는 처(妻)의 고문체인데, 귀(肖)와 녀(女)로 구성되었다. 귀(肖)는 귀(貴)의 고문체이다. 독음은 칠(七)과 계(稽)의 반절이다.

000 婦(金文 簡帛 石刻)： 服也. 從女持帚灑掃也. 房九切.

부(婦), '복(服)과 같아 복종하다'라는 뜻이다. 여자(女)가 비(帚)를 들고 청소하는 모습을 형상했다. 독음은 방(房)과 구(九)의 반절이다.

010 甲骨 金文 石刻）：匹也. 從女
己聲. 芳非切.

　비(妃), '배필(匹)'을 말한다. 녀(女)가 의미부이고 기(己)가 소리부이
　다. 독음은 방(芳)과 비(非)의 반절이다.

011 ： 妃也. 從女毘聲. 匹計切.

　비(媲), '배필(妃)'을 말한다. 녀(女)가 의미부이고 비(毘)가 소리부
　이다. 독음은 필(匹)과 계(計)의 반절이다.

　『설문』에는 문자의 구조를 비롯해 관련된 분석과 해설을 축적하고
있어, 매우 오래전 고대의 결혼 제도를 잘 보존하고 있다. 어떤 사람
들은 허신(許愼)의 주장에 의구심을 표할 수도 있겠지만, 여기서 논의
하는 것은 '『설문』 속의 결혼 상징'이므로, 그것에 대해 따로 신경 쓸
필요는 없다. 『설문』의 분석과 인류학 자료가 일치하는 점을 고려할
때, 인류 역사상 가장 오래되었으면서도 야만스러운 결혼 제도인 '탈
취혼'의 기억을 간직하고 있다고 볼 수 있다. '혼(婚)'자는 '혼(昏)'에서
유래했고, '인(姻)'자는 '인(因)'에서, '취(娶)'자는 '취(取)'에서 유래하였
다. 우리가 주목해야 할 것은 『설문』에서 이 세 문자의 형태를 분석
할 때 특별히 "×가 의미부인데, ×는 소리부도 겸한다(從×, ×亦聲)"
라고 특별히 지적한 점이다. 예를 들어, "혼(昏)이 의미부인데, 혼(昏)
은 소리부도 겸한다", "인(因)이 의미부인데, 인(因)은 소리부도 겸한
다", "취(取)가 의미부인데, 취(取)는 소리부도 겸한다."라는 것이다.
이는 '혼(婚)', '인(姻)', '취(娶)' 세 글자의 구조에서 '혼(昏)', '인(因)', '취
(取)'는 표음과 표의의 역할을 동시에 하며, 이를 표음 기호로만 보아
서는 안 된다는 것을 의미한다.

　이렇게 보면, '혼(婚)'자는 '혼(昏)'에서 비롯되었으며, 고대에 해 질

무렵 신부를 맞이하는 풍속 의식에서 그 이미지를 얻어 '혼(昏)'을 빌려 '혼(婚)'자를 만들었다. 청나라 때의 『설문』 학자인 왕균(王筠)의 『설문구두(說文句讀)』에 따르면, "혼(婚):……그러므로 혼(婚)이라고 한다. 현응(玄應)은 이를 인용하여 '그러므로 혼(昏)이라고 한다'라고 했으나, '그러므로 혼(昏)을 사용한다'라고 해야 할 것이다. 이는 해 질 무렵에 신부를 데려오던 이유를 해석한 것이기 때문이다. 「사혼례(士昏禮)」의 『정목록(鄭目錄)』[2]에 따르면, '선비가 아내를 맞이하는 의식은 해 질 무렵을 기준으로 하며, 그 때문에 그렇게 불렀다." '인(姻)'자는 '인(因)'에서 비롯되었는데, 『설문구두(說文句讀)』에 따르면, "혼(昏)과 인(因)은 고자이고, 혼(婚)과 인(姻)은 이후에 만들진 글자이다. 『의례』에서는 혼례(昏禮)라고 적었지 혼례(婚禮)라고 적지 않았다. 『백호통(白虎通)』에 따르면, 여성은 남편 때문에 완성되므로 '인(因)'이라고 한다고 했다. 『시』에서는 '과거의 인(因)을 기억하지 않는다.'라고 했는데, 인(因)은 남편을 가리킨다.……일부 고본에서도 '인(因)'으로 썼다."[3]

이들을 종합해 보면, 『설문』에 보존된 '결혼(婚姻)'의 이미지는 그 의미의 역사적 배경은 거의 모든 인류가 경험해야 했던 야만스럽고 잔인한 탈취혼 제도의 기억이라 할 수 있다.

모건(Morgan)[4]은 특정한 결혼 형태가 특정한 혈연 공동체의 형태

---

2) [역주] "정목록(鄭目錄)"은 정현(鄭玄)의 『삼례목록(三禮目錄)』을 말한다. 『隋書·經籍志』에서 "『三禮目錄』 1권, 鄭玄撰."이라 했고, 『唐書·經籍志』에서도 마찬가지이다. 그래서 『경(經)』과 『주(注)』가 따로 간행되었으나, 송나라 이후에는 분리된 이 단행본은 이미 실전되었다.

3) 王筠, 『說文句讀』 卷二十四. 또 『周禮』에서는 "婚姻"의 예를 "陰禮"라고 불렀다. 즉 "大司徒之職, 以陰禮敎親."이 그것인데, 이에 대한 『주』에서 "陰禮는 婚姻之禮를 말한다."라고 했다.

4) [역주] 루이스 헨리 모건(Lewis Henry Morgan, 1818-1881)은 19세기 미국의 인류학자로, 현대 인류학의 선구자 중 한 명으로 평가받고 있는데, 그의 주요 학술적 성과는 다음과 같다. 첫째, 그는 북미 원주민, 특히 이로쿼이 족의 친족

　　　　　　　　　　　　『설문해자』 인지분석

와 연관되어 있다고 지적하였다. 혈연에 의한 결혼은 혈연 공동체와 연결되며, 집단 결혼과 대우혼(對偶婚)은 씨족(氏族)과 연결되고, 전속 결혼(專偶婚)은 가정과 연결된다. 인류 역사에서 생산력이 낮았던 단계에서는 생활 자원을 획득하기 위해 각각의 씨족이나 부족 간에 서로 죽이고 약탈하였고, 승리한 자는 패배한 자의 남자를 노예로 만들고, 여자는 대부분 아내나 여자 노예로 만들었다. 문헌을 깊게 파고들 필요도 없이, 『설문』에서 제공하는 '여성의 의미장'에서도 이러한 흔적을 찾을 수 있다. 예를 들어, '노(奴)'에 대해 다음과 같이 설명한다. "노(奴)와 비(婢)는 모두 고대의 죄인이었다. 『주례(周禮)』에 따르면, 노(奴)의 경우, 남자는 집이나 관부의 노비로, 여자는 곡식을 찧거나 요리하는 노비로 들어간다. 여(女)도 의미부이고 우(又)도 의미부이다."5) 글자의 형성을 보면, 사람의 손(又)이 '여자(女)'를 잡고 있는 모습이다. 그래서 여(女)와 노(奴)는 원래 같은 말이었다.

'탈취혼'에 대한 더욱 직접적인 증거로, 우리는 이 '의미장' 속에서 '결혼(婚姻)'과 유사한 의미 지향을 갖는 '취(娶)'자에 주목했다. 앞서 지적했듯이, 『설문』에서 이 글자의 구성을 볼 때는 특별히 '취(取)'자가 표음과 표의 두 역할을 동시에 한다고 표시하였으며, '취(取)'는 실

체계에 대한 광범위한 연구를 통해 『친족 체계와 고대 사회』(*Systems of Consanguinity and Affinity of the Human Family*)(1871)를 발표했으며, 이 연구는 인류의 가족 및 친족 구조에 대한 비교 연구의 기초를 마련했다. 둘째, 그의 대표작 『고대 사회』(*Ancient Society*)(1877)에서는 인류 사회의 진화 단계를 야만, 미개, 문명의 세 단계로 구분하는 이론을 제시했으며, 이 저작은 사회 진화론적 관점에서 인류 문화의 발전 과정을 체계화했고, 후대의 인류학과 사회학 연구에 큰 영향을 미쳤다. 셋째, 그의 연구는 문화 상대주의적 관점보다는 진화론적 접근을 취했지만, 그의 세밀한 현장 조사와 비교 연구 방법론은 현대 인류학의 발전에 중요한 기여를 했다. 특히 그의 친족 연구 방법론은 오늘날까지도 인류학적 현장 연구의 기본이 되고 있다.

5) "奴婢, 皆古之罪人也. 『周禮』曰: 其奴, 男子入於罪隷, 女子入於舂槁. 從女從又."

제로 '취(娶)'의 원래 글자였다. 그리고 『설문·우(又)부수』에 따르면, "취(取)는 잡다(捕取)는 뜻이다. 우(又)가 의미부이고 이(耳)도 의미부이다. 『주례』에서는 '잡은 자는 왼쪽 귀를 취한다'라고 했는데, 사마법(司馬法)에 따르면 '귀를 헌상한다(載獻職)'라고 했는데, 괵(職)은 귀(耳)를 말한다."6) 이로써 '취(取)'자의 형상은 사람의 손이 포로의 왼쪽 귀를 잡는 것을 의미한다. 왜냐하면 『주례』와 다른 문헌의 기록에 따르면, 고대에는 일정 시기 동안 적을 죽이거나 포로로 잡은 후 왼쪽 귀를 잘라 공적을 계산하였기 때문이다. '취(娶)'자가 '취(取)'에서 비롯된 것은 신부를 빼앗아 데려오는 행위가 처음에는 지금처럼 순전히 장난에서 시작되지 않았음을 보여준다.

남성이 여성과 결혼할 때, 빼앗던 '취(取)'에서 모셔오는 '취(娶)'로 발전하였지만, 탈취혼의 흔적은 여전히 찾을 수 있다. 일부 소수민족의 결혼 의식에서는 여전히 탈취혼 부분을 볼 수 있다. 그러나 이는 양측이 서로 협조하여 연극적으로 연출된 것일 뿐이다. 남성 그룹이 신부를 강제로 데려가기 위해 도착하면, 여성은 이미 준비가 되어 있고, 신부는 강제로 데려가기 위해 준비가 되어 있다. 남성이 신부를 짊어지고 도망갈 때 여성 그룹은 뒤쫓아 가며 싸우고, 신부는 '투쟁'하며 울부짖는다. 흥미로운 점은 몇몇 민족에서 탈취혼이 여전히 해질 무렵에 이루어진다는 것이다. 「초중경의 처를 위해 지은 고시(古詩 爲焦仲卿妻作)」에서는 결혼식 날의 모습을 이렇게 묘사했다. "그날 소와 말은 울어대고, 신부는 푸른 천으로 만든 장막 속으로 들어간다.7) 해가 져 캄캄해지면, 조용히 사람들이 자리를 잡고 앉는다.(日牛馬嘶,

---

6) "取, 捕取也. 從又從耳. 『周禮』: 獲者取左耳. 司馬法曰: 載獻職, 職者, 耳也."
7) [역주] 청포(靑布)로 만든 텐트는 혼례의식을 거행하던 장소이다. 동한(東漢) 때부터 당(唐)나라 까지 이러한 풍속이 지속되었다. 그래서 "신부가 푸른색의 장막으로 들어간다(新婦入靑廬)"라고 표현했다.

『설문해자』 인지분석

新婦入靑廬. 奄奄黃昏後, 寂寂人初定.)" 어렸을 때의 기억처럼, 필자의 고향인 산동성 제성(諸城) 지역에서는 민간의 결혼식에서 신부를 데려오는 그 꽃 장례 가마는 여전히 해 질 무렵에 출발하곤 했다.

해진 후의 탈취혼에 대한 한족들의 기록은 명확하지 않지만, 『역(易)』에서 "여자를 취한다(取女)"는 기록을 여러 차례 볼 수 있다. 예컨대, "여성을 얻으니 길하다(取女吉)"(「함괘(咸卦)」)라고 하였는데, 왕균(王筠)은 이렇게 지적하였다. "『역』의 괘(卦)와 효(爻)는 모두 '여자를 취한다(取女)'라고 적었는데, 이는 고문에서의 차용한 글자이다. 『맹자』에서는 취(娶)로 썼는데, 이후에 사용된 글자이다. 『역』에서 말한 '여성을 얻으니 길하다', '여성을 얻지 마라' 등은 명확하지 않은 표현이다……"[8] 고대 문헌에서는 '아내를 얻다(取妻)'라는 표현을 사용하였다. 『예기・곡례(曲禮)』에서는 "같은 성의 여성은 아내로 얻지 않는다."라고 하였으며, 『시・제풍・남산(南山)』에서는 "장가를 들려면 어떻게 해야 하지?(取妻如之何?)"라고 하였고, 『시경・빈풍・벌가(伐柯)』에서는 "장가를 들려면 어떻게 해야 하지? 중매쟁이가 아니면 안 되는 법이지.(取妻如何? 匪媒不得.)"라고 노래했다. 『설문・여(女)부수』의 '의미장'에 보이는 관련 문자의 형상 인식과 『설문』의 구조 분석을 통해, 결혼(婚姻)의 상징에 대한 대략적인 상황을 알 수 있다. 결혼 관습에 대한 전문적인 논문은 이미 너무나 많아서 여기에서 더 추가로 논의하지 않아도 될 것이다.

---

8) 『說文句讀』 卷二十四. "易卦爻皆作'取女', 是古文借字; 孟子作娶, 則後作也. 易言 '取女吉', '勿用取女', 是不定之詞……"

2. 예의(禮儀) 제도

중국의 고전문헌에서 여성에 관한 여러 복잡한 예의 규정은, 실제로 손을 움직이거나 발을 옮기는 하나하나에 대해서도 구체적이고 명확한 규정이 있었다고 할 수 있다. 특별한 사료 문헌으로서의『설문』은 그 자체로 독특한 기록을 반영하고 있다. 여기서는 그 독특한 부분에 대해서만 살피고자 한다.

『설문』에서 제공하는 '여성의 의미장' 중에서, 다음과 같이 '노모(老母)'에 대해 직접적으로 언급하는 어휘들이 있다.

· 𡡉, 娓也. 從女殹聲.
  예(𡡉), '갓난 아이(娓)'를 말한다.[9] 녀(女)가 의미부이고 예(殹)가 소리부이다. 독음은 오(烏)와 계(雞)의 반절이다.
· 娓, 𡡉娓也. 從女兒聲. 一曰婦人惡皃.
  예(娓), '갓난아이(𡡉娓)'를 말한다. 녀(女)가 의미부이고 아(兒)가 소리부이다. 일설에는 '못생긴 여자의 모습(婦人惡皃)'을 말한다고도 한다. 독음은 오(五)와 계(雞)의 반절이다.

---

9) [역주]『단주』에서는 각 판본에서 예(娓)의 앞에 예(𡡉)자가 탈락되었기에 이를 보충하여 '𡡉娓也'가 되어야 하며, 예예(𡡉娓)는 분리될 수 없는 하나의 단어라고 주장했다. 그리고 다음과 같이 말했다. "『석명(釋名)』에서 사람이 처음 태어났을 때를 영아(嬰兒)라 하는데 달리 예예(𡡉娓)라고도 한다고 했다. 예(𡡉)는 시(是)와 같다. 이 사람(是人)이라는 뜻이다. 예(娓)는 태어날 때 내는 울음소리를 말한다.『예기·잡기(襍記)』(하)에서 '中路嬰兒失其母焉(중로가 태어나자마자 어미가 돌아가셨습니다)'이라 했는데, 이의 주석에서 영(嬰)은 예미(鷖彌)와 같다고 했다. 내 생각에는 여기서 말한 예미(鷖彌)가 바로 예예(𡡉娓)로, 같은 말이나 글자가 달라진 것이라 생각한다." 다음에 나오는 예(娓)자의 해석에서 '𡡉娓也'라고 한 것을 보면 단옥재의 보충이 옳아 보인다.

말을 기록한 구조가 연면어(連綿詞)일 때 이러한 인지 정황에 대해 일부 학자는 이를 '연전독(連篆讀)'[10]으로 귀납시키기도 한다.

001 牳(甲骨 ... 金文 ... 簡帛 ... 古璽 ... 石刻)牧也. 從女, 象襄子形. 一日 象乳子也. 莫后切.

모(母), '기르다(牧)'라는 뜻이다. 녀(女)가 의미부이고, 아이를 안은 모습을 그렸다. 일설에는 '아이에게 젖을 먹이는 모습(乳子)'을 형상했다고도 한다. 독음은 막(莫)과 후(后)의 반절이다.

002 嫗: 母也. 從女區聲. 衣遇切.

구(嫗), '어미(母)'를 말한다. 녀(女)가 의미부이고 구(區)가 소리부이다. 독음은 의(衣)와 우(遇)의 반절이다.

003 媼: 女老偁也. 從女盈聲. 讀若奧. 烏皓切.

온(媼), '늙은 여자를 부르는 말(女老偁)[할미]'이다. 녀(女)가 의미부이고 온(盈)이 소리부이다. 오(奧)와 같이 읽는다. 독음은 오(烏)와 호(皓)의 반절이다.

004 姁: 嫗也. 從女句聲. 況羽切.

후(姁), '할미(嫗)'를 말한다. 녀(女)가 의미부이고 구(句)가 소리부이다. 독음은 황(況)과 우(羽)의 반절이다.

005 姐: 蜀謂母曰姐, 淮南謂之社. 從女且聲. 茲也切.

저(姐), '촉(蜀) 지역에서는 어미(母)를 저(姐)라 부르고, 회남(淮南)

---

10) [역주] '연전독(連篆讀)'은 고대 문자, 특히 일부 금문(金文)이나 고대 새인(璽印) 문자 등의 에서는 때때로 특정 글자의 전서(篆書) 형태를 다른 글자와 연결해 읽어야 하는 경우를 말한다. 예를 들어, 일부 합자(合字)나 특수한 문자 조합은 전서의 단일 글자를 단순히 하나씩 분리해서 해독할 수 없다. 대신 여러 전서 문자를 함께 결합하여 당시의 문자사용 관습과 특정 맥락에 따라 연결해 읽어야 정확한 의미를 이해할 수 있다. 이러한 '연전독' 해독 방식은 고대 문자가 표현하는 의미를 더 정확하게 이해하는 데 도움이 되며, 문자를 분리하여 해석함으로써 발생할 수 있는 오해를 방지한다.

지역에서는 사(社)라 부른다. 녀(女)가 의미부이고 차(且)가 소리부이다. 독음은 자(茲)와 야(也)의 반절이다.

006 姑 [金文]姑 [簡帛] [石刻]： 夫母也. 從女古聲. 古胡切.

고(姑), '남편의 어머니(夫母)[시어미]'를 말한다. 녀(女)가 의미부이고 고(古)가 소리부이다. 독음은 고(古)와 호(胡)의 반절이다.

007 威 [金文]威 [簡帛] [石刻]： 姑也. 從女從戌. 漢律曰: "婦告威姑." 於非切.

위(威), '시어미(姑)'를 말한다. 녀(女)가 의미부이고 술(戌)도 의미부다. 한나라 법률(漢律)에 "아내가 남편의 어머니[시어머니]를 고발했다(婦告威姑)"라고 했다. 독음은 어(於)와 비(非)의 반절이다.

008 妣 [金文]： 殁母也. 從女比聲. 𡚉, 籒文妣省. 卑履切.

비(妣), '돌아가신 어머니(殁母)'를 말한다. 녀(女)가 의미부이고 비(比)가 소리부이다. 비(𡚉)는 비(妣)의 주문체인데, 생략된 모습이다. 독음은 비(卑)와 리(履)의 반절이다.

009 姊 [古璽]： 女兄也. 從女𣎵聲. 將几切.

자(姊), '손윗누이(女兄)'를 말한다. 녀(女)가 의미부이고 자(𣎵)가 소리부이다. 독음은 장(將)과 궤(几)의 반절이다.

010 妹 [甲骨] [金文]： 女弟也. 從女未聲. 莫佩切.

매(妹), '손아래 여동생(女弟)'을 말한다. 녀(女)가 의미부이고 미(未)가 소리부이다. 독음은 막(莫)과 패(佩)의 반절이다.

011 娣 ： 女弟也. 從女從弟, 弟亦聲. 徒禮切.

제(娣), '여동생(女弟)'을 말한다.11) 녀(女)가 의미부이고 제(弟)도 의

---

11) [역주] 『단주』에서는 '同夫之女弟也'라고 하여 '同夫之'가 보충되어야 한다고 했다. 동부(同夫)라는 것은 남편이 같은 여자를 말한다(女子同事一夫). 『이아·석친(釋親)』에서 '여자가 한 남자에게 함께 시집갔을 때, 언니를 사(姒), 동생

　　　　　　　　　　　　　　　『설문해자』 인지분석

미부인데, 제(弟)는 소리부도 겸한다. 독음은 도(徒)와 례(禮)의 반절이다.

012 媦 : 楚人謂女弟曰媦. 從女胃聲. 『公羊傳』曰: "楚王之妻媦." 云貴切.

위(媦), '초(楚) 지역 사람들은 여동생(女弟)을 위(媦)라 부른다.' 녀(女)가 의미부이고 위(胃)가 소리부이다. 『공양전』(환공 2년)에서 "초나라 왕의 아내의 여동생(楚王之妻媦)"이라고 했다. 독음은 운(云)과 귀(貴)의 반절이다.

013 嫂 : 兄妻也. 從女叜聲. 穌老切.

수(嫂), '형의 아내 즉 형수(兄妻)'를 말한다. 녀(女)가 의미부이고 수(叜)가 소리부이다. 독음은 소(穌)와 로(老)의 반절이다.

014 姪 (甲骨) : 兄之女也. 從女至聲. 徒結切.

질(姪), '형의 딸(兄之女)'을 말한다.[12] 녀(女)가 의미부이고 지(至)가 소리부이다. 독음은 도(徒)와 결(結)의 반절이다.

015 姨 : 妻之女弟同出爲姨. 從女夷聲. 以脂切.

이(姨), '아내의 여동생 중 출가한 사람(妻之女弟同出)을 이(姨)라 부른다.' 녀(女)가 의미부이고 이(夷)가 소리부이다. 독음은 이(以)와 지(脂)의 반절이다.

016 娿 : 女師也. 從女加聲. 杜林說: 加敎於女也. 讀若阿. 烏何切.

아(娿), '여자[의 도리를 가르치는] 스승(女師)'을 말한다.[13] 녀(女)가

을 제(娣)라고 한다고 했다. 그렇다면 단순히 여동생이 아니라 한 남자에게 같이 시집간 여동생을 말한다. 고대 중국에서 귀족층의 경우 자매가 함께 시집가는 일이 많았다.

12) [역주] 『단주』에서는 각 판본에서는 '兄之女也'로만 되었는데, 이는 불완전해『이아』에 근거해 '女子謂兄弟之子也'로 보충한다고 했다. 『이아·석친(釋親)』에서는 '여자의 경우 형제의 자식을 질(姪)이라 한다고 했다. 또 『단주』에서는 당시 남자들이 형제의 자식을 질(姪)이라고도 불렀는데, 이는 잘못된 것이라고 했다.

13) [역주] 『단주』에서 이렇게 말했다. "『시·국풍·갈담』에서 '言告師氏(보모께 아뢰고)'라고 했는데, 『모전(毛傳)』에서 사(師)는 여사(女師)를 말한다고 했다. 옛날에는 여사(女師)가 부덕(婦德), 부언(婦言), 부용(婦容), 보공(婦功) 등을 가르쳤다. 이선(李善)이 인용한 『한서음의(漢書音義)』에서는 나이 50이 되어서도

의미부이고 가(加)가 소리부이다. 두림(杜林)에 의하면, '가르침(敎)을 여자(女)에게 더해주는(加) 사람'을 말한다고 한다. 아(阿)와 같이 읽는다. 독음은 오(烏)와 하(何)의 반절이다.

017 㛵 : 女師也. 從女每聲. 讀若母. 莫后切.

모(㛵), '여자[의 도리를 가르치는] 스승(女師)'을 말한다. 녀(女)가 의미부이고 매(每)가 소리부이다. 모(母)와 같이 읽는다. 독음은 막(莫)과 후(后)의 반절이다.

018 媾 (🐾甲骨文 🐾🐾🐾 金文) : 重婚也. 從女冓聲.『易』曰: "匪寇, 婚媾." 古候切.

구(媾), '겹혼인하다(重婚)'라는 뜻이다. 녀(女)가 의미부이고 구(冓)가 소리부이다.『역·둔괘(屯卦)』에서 "침탈자가 나타나지 않으면 겹혼인을 하게 되리라(匪寇, 婚媾)"라고 했다. 독음은 고(古)와 후(候)의 반절이다.

019 㛂 : 美女也. 從女多聲. 㛪, 㛂或從氏. 尺氏切.

제(㛂), '아름다운 여인 즉 미녀(美女)'를 말한다. 녀(女)가 의미부이고 다(多)가 소리부이다. 제(㛪)는 제(㛂)의 혹체자인데, 씨(氏)로 구성되었다. 독음은 척(尺)과 씨(氏)의 반절이다.

020 妭 : 婦人美也. 從女犮聲. 蒲撥切.

발(妭), '예쁜 부인(婦人美)'을 말한다. 녀(女)가 의미부이고 발(犮)이 소리부이다. 독음은 포(蒲)와 발(撥)의 반절이다.

021 嫨 : 女隸也. 從女奚聲. 胡雞切.

혜(嫨), '여자 노비(女隸)[계집종]'를 말한다. 녀(女)가 의미부이고 해(奚)가 소리부이다. 독음은 호(胡)와 계(雞)의 반절이다.

022 婢 : 女之卑者也. 從女從卑, 卑亦聲. 便俾切.

비(婢), '신분이 낮은 여자(女之卑者)'를 말한다. 녀(女)가 의미부이고 비(卑)도 의미부인데, 비(卑)는 소리부도 겸한다. 독음은 편(便)

아이가 없는 여성을 부(傅)로 삼았다고 했다."

　　　　　　　　　　　　　　　　『설문해자』인지분석

과 비(俾)의 반절이다.

023 (甲骨 ... 女金文 ... 簡帛 ... 古璽 ... 古

陶 ... 古幣 ... 漢印)： 奴, 婢, 皆古之辠人也. 『周禮』曰:
"其奴, 男子入于辠隸, 女子入于春藁." 從女從又. 𣎓, 古文奴從人. 乃都切.
노(奴), '노(奴)와 비(婢)는 모두 옛날에는 죄인들이었다.' 『주례·추
관사려(司厲)』에서 "그러한 노비들의 경우, 남자는 형벌이나 노
비를 관리하는 사람에게 보내고, 여자는 곡식을 찧거나 수확하
는 일을 관리하는 사람에게 보낸다(其奴, 男子入于辠隸, 女子入于
春藁)"라고 했다. 녀(女)가 의미부이고 우(又)도 의미부이다. 노
(𣎓)는 노(奴)의 고문체인데, 인(人)으로 구성되었다. 독음은 내
(乃)와 도(都)의 반절이다.

　　위에서 언급한 그룹들은 모두 나이든 여성과 직접 연결되어 있다.
그 중 '저(姐)'는 '차(且)'에서 파생되었는데, '조종(祖宗)'의 '조(祖)' 역시
'차(且)'에서 독음을 얻었다. 이는 '나이든 여성'의 절대적 권위를 보여
준다. 이에 대한 언급은 제3장 제5절 "과학기술 이미지·새사부(賽事
部)"에서 볼 수 있다. 특히 주목해야 할 점은 '위(威)'자와 '고(姑)'자 사
이의 동의어적 인식 관계이다. 『설문·여(女)부수』에서는 직접적으로
'위(威)'를 '고(姑)'자로 해석하였는데, 중국의 고대 문헌에서는 이렇게
직접적이고 분명하며 독특한 설명을 찾아보기는 어렵다.

　　"천년을 견딘 며느리가 시어머니가 된다(千年媳婦熬成婆)."라는 말
이 있다. 고대 중국의 가족 관계에서 시어머니(姑)는 며느리(婦)에게,
즉 시어머니(婆)는 며느리(媳)에게 절대적 권위를 가졌다. 『한률(漢律)
』에서는 아예 '위고(威姑)'를 하나의 단어로 만들어 버렸다. 이러한 역
사적 배경은 『설문』에서 '위(威)'자에 대한 인식 형상으로 결정되었다.
　　금문(金文)에서 '위(威)'자는 꽤 많이 등장하는데, 그 형상은 앞서 언

급한 '노모 인식에 관한 의미장'과도 일치한다. 『집운・미부(微部)』에 따르면, "위(威, 嵒, 叜, 畏)는 우(于)와 비(非)의 반절로 읽힌다. 『설문』에서는 시어미(姑)를 말한다고 하면서, 『한률』을 인용하여 '며느리가 시어머니를 고발했다(婦告威姑)'라고 했다. 일설에는 '위력이 있어 두려워하게 하는 것을 위(威)라고 한다.'라고 한다. 고문체에서는 위(嵒), 위(叜), 외(畏) 등으로 썼다. 성씨로도 사용되었다." 또 「미(未)부」에서는 이렇게 말했다. "외(畏, 嵒, 威)는 우(紆)와 위(胃)의 반절로 읽힌다. 『설문』에서는 미워하다(惡)는 뜻이라고 했다. 귀신의 머리와 호랑이의 발톱이 들었으니 무서워할만 하다. 고문체에서는 외(嵒)로 적기도 했고, 혹체에서는 위(威)로 적기도 했다." 이 두 부분의 해석은 양방향으로의 인식상의 소통을 나타낸다.

금문(金文)에서의 , , 등과 간백(簡帛) 문자 의 경우 구성 요소는 월(戉), 무(戊), 척(戚)과 같은 범주에 속한다. 우리의 상식에 의하면, 고대 문자의 구조 형태에서 부월(斧鉞)은 '권위(權威)'의 상징이다. 문제는 이러한 부월이 금문에서 어떻게 해서 여성의 머리 위로 높게 걸리게 되었는가? 그리고 권위의 상징으로서 언제, 어떠한 여성과 안정적인 연결을 맺게 되었는가? 이런 것들이 중요하다.

일본 학자들은 일본어에서 '위(威)'는 형성자(形聲字)로, '여(女)'가 의미를 표현하고 '술(戌)'이 독음을 나타내며, 두 부분이 합쳐져 '한 집의 권력을 가진 여성'을 의미한다고 여겼다.[14] '여(女)' 부분이 편방에 위치하는 것은 『설문』에서 '위(威)'자를 「여(女)부수」에 귀속시킨 것과 유사하다.

'위(威)', '군(君)', '외(畏)'는 동원자(同源字)이다. 『설문・초(艸)부수』

---

14) 『標准漢和辭典・女部』.

에서 '군(莙)'에 대하여 설명하면서 "초(艸)가 의미부이고 군(君)이 소리부로, 위(威)와 같이 읽는다."라고 했다. 『설문통훈정성·리부(履部)(제12)』에서는 "위(威)는 두려워하다(畏)는 뜻이다. 무(戉)가 의미부이고 타(㚢)의 생략된 모습도 의미부이다. 회의이다. 무(戉)는 모(矛)의 고문체이다."라고 했다. 계복(桂馥)은 『서증(書證)』을 인용하여 이렇게 말했다. "고(姑)의 경우, 『광아』에서 고(姑)를 위(威)로 해석했다. 나(계복)의 생각은 이렇다. 위고(威姑)는 군고(君姑)를 말한다. 『이아·석친(釋親)』에서 '고(姑)와 구(舅)가 계실 경우, 군구(君舅)와 군고(君姑)라고 한다'라고 했다. 또 『석명』에서는 '구고(舅姑)가 계실 경우 며느리(婦)가 그들을 부를 때 군구(君舅)와 군고(君姑)라고 한다.'라고 했다. 이 고(姑)에는 심지어 황(皇)을 더해도 된다. 「사혼례(士昏禮)」에서 '감히 황고(皇姑)에게 알렸다'라고 했는데, 어떤 주석에서는 '황(皇)은 군(君)이다'라고 설명했다. 『예·상복(喪服)』에서는 '공자(公子)의 처의 경우에도 황고(皇姑)처럼 상복을 입습니까?'라고 물었다. 이 주석에서도 '황(皇)은 군(君)을 말한다. 제후의 첩의

3-6. 『신금문편(新金文編)』에 수록된
'위(威)'의 자형

아들(서자)의 처(妻)도 군고(君姑)와 같이 제최복(齊衰服)을 입는다는 말인가?'라고 했다."15)

『석명·석언어(釋言語)』에 따르면, "위(威)는 외(畏)라는 뜻이다. 정말 무섭고 두렵다는 뜻이다."라고 했다.16) 이것은 인식에서의 양면성에 관한 예시다. 지팡이를 잡는 자는 권위(權威)를 가지고 있고, 그 권위에 영향을 받는 자는 그것이 두려울 것이다. 이 두 가지 관계는 고대중국의 가족 내에서의 시어미(婆)와 며느리(媳) 간의 관계를 요약할 수 있다. 다시 말해, '위(威)'자의 형상은 중국에서의 여성 제도와 예식의 오랜 역사적 사회관계에 대한 인식 과정을 암시적으로 포함하고 있다.

문학사에서의 예증을 보면, 먼저 남조(南朝) 때 서릉(徐陵)의 『옥대신영(玉臺新詠)』에서 수록한 한나라 악부(樂府) 중 가장 긴 서사시인 「공작동남비(孔雀東南飛)」(또는 「초중경의 처를 위해 지은 고시(古詩爲焦仲卿妻作)」라고도 한다)를 떠올릴 수 있다. 이 시의 작은 「서문」에 따르면, 그것은 한나라 말 건안(建安) 때의 일을 서술한 것이다. 시의 여주인공 유란지(劉蘭芝)는 영민하고 아름다웠다. 근면하고 어질었으며, 게다가 남편인 초씨(焦氏)와의 감정도 도타웠다. 다만 시어머니(婆婆)가 그녀를 좋아하지 않았기 때문에, 그녀는 결혼 당사자의 의지를 완전히 무시하고 그녀를 내쫓으려 했다. 심지어 그녀의 아들과 난지(蘭芝)의 남편이 나서서 청해 보았지만 어떤 타협의 여지도 없었다. "나는 오랫동안 화가 났다. 너는 어찌해야 자유로울 수 있을까?(吾意久懷忿, 汝豈

---

15) "姑也者,『廣雅』姑謂之威. 馥案: 威姑, 君姑也.『釋親』: 姑舅在, 則曰君舅君姑.『釋名』: 婦於舅姑在則稱之曰君舅君姑. "這位"姑"甚至又可冠以"皇": "『士昏禮』: 敢告於皇姑; 某氏注云: 皇, 君也.『禮·喪服』: 問公子之妻爲其皇姑; 注云: 皇, 君也, 諸侯妾子之妻爲其君姑齊衰歟?"
16)『說文解字義證』卷三十九(中華書局, 1987年版).

得自由?)" 이것은 현대 여성들이 보기에는 도대체 무슨 일인가 할 것이다. 초중(焦仲)은 "길게 무릎을 꿇고" 간절히 부탁했지만, 군고(君姑)의 사악한 권위는 크게 폭발했다. "어머니는 듣자마자, 침대를 몽둥이로 치며 크게 화를 냈다. 어린놈이 그 무엇도 두려워하지 않는구나. 어떻게 네 아내의 말을 돕는단 말이냐?"

이러한 갈등은 결국 눈물을 흘리게 만들고, 가지를 건 채 남쪽으로 날아가는, 공작이 맴돌며 슬퍼하는 비극이 되어서야 끝을 맺는다.[17] 주목할 만 한 점은, '위(威)'자의 이미지의 변형으로서, 아모(阿母, 시어머니)가 아들에게 강조하는 것은 '두려워하는 것이 있어야만 한다'는 것이었다. 이 장편 대작이 천고의 감동을 주는 매력을 지니고 있는 중요하고도 깊은 원인 중 하나는, 아마도 꽤 오래된 '위(威)'자의 형상에서 기인하는 여성 왕국의 제도 규범을 특별하게 재현했기 때문일 것이다.

『설문』의 '여성에 관한 의미 영역'에서 여성의 예식 제도와 관련된 글자 그룹에는 다음과 같은 항목들을 추가로 제시할 수 있다.

> 현(嬽), '재질이 견고함(材緊)'을 말한다. 녀(女)가 의미부이고 경(睘)이 소리부이다. 필자의 생각은 이렇다. 『집운·청(淸)부』에서 이렇게 말했다. "현(嬽, 婞, 儇, 悛, 學)은 규(葵)와 영(營)의 반절로 읽힌다. 홀어미를 말한다(獨也). 혹체에서는 현(婞, 儇, 悛, 學)으로 적는다. 통용체에서는 현(嫈)으로 적는다. 현(婞)은 일설에는 정

---

17) 이 시는 심덕잠(沈德潛)의 『고시원(古詩源)』에서 '한시(漢詩)'류로 분류하여 제4권에 수록했다. 서복(徐復)은 '텍스트'에서의 용어 사용을 중점적으로 검토하며, 이 시의 창작 연대가 대략 동진(東晉) 시대를 벗어나지 않을 것으로 판단했다. 물론 이는 판단하기에 쉽지 않은 일이다. 『전상고삼대진한삼국육조문(全上古三代秦漢三國六朝文)』에서 '최장(摧藏)'이라는 단어도 진(晉)나라 때의 도잠(陶潛)의 「한정부(閑情賦)」에서도 보이며, 해당 시에서도 '최장'을 사용하고 있기 때문이다.

숙한 미인을 말한다고도 한다(一曰淑嫚也)." 또 「산(删)부」에서 이렇게 말했다. "현(嬛)은 호(胡)와 관(關)의 반절로 읽힌다. 여자의 이름이다(女字)." 또 「선(仙)부」에서 이렇게 말했다. "현(嬛)은 영(縈)과 연(緣)의 반절로 읽힌다. 편현(便嬛)은 가벼운 우아함이다(輕麗)."

완(婠), '신체와 덕성이 모두 아름답다(體德好)'라는 뜻이다. 녀(女)가 의미부이고 관(官)이 소리부이다. 초(楚)나라 신하 이름인 각완(郤宛)[18]의 완(宛)과 같이 읽는다. 필자의 생각은 이렇다. '체덕(體德)'의 '덕(德)'은 '특(特)'과 같고, '태(態)'와 같은 뜻이다.『집운·환(換)부』에서 이렇게 말했다. "완(婠)은 고(古)와 완(玩)의 반절로 읽힌다. 좋은 모습이다(好皃)." 또 「할(鎋)부」에서 이렇게 말했다. "완(婠)은 평(乎)과 괄(刮)의 반절로 읽힌다. 좋다는 뜻이다(好也)."

원(媛), '미녀(美女)'를 말한다. 사람들이 끌어당기는 존재(人所援)라는 뜻이다. 녀(女)가 의미부이고 원(爰)도 의미부인데, 원(爰)은 당기다(引)는 뜻이다.『시·용풍·군자해로(君子偕老)』에서 "나라의 미인일세(邦之媛兮)"라고 노래했다. 필자의 생각은 이렇다.『집운·원(元)부』에서 이렇게 말했다. "원(媛)은 어(於)와 원(元)의 반절로 읽힌다. 선원(嬋媛)은 이끄는 모습을 말한다(牽引皃). 일설에는 아름답다는 뜻이라고도 한다(一曰美也)."

관련 기록들은 다시 다음과 같은 세 가지 '하위 의미장'을 형성한다.

(1) 첫 번째 '하위 의미장'은 다음과 같다.

---

18) 이 말은『좌전·소공』25년 조에 보인다. 각완(郤宛)은 극완(郤宛)이 되어야 한다. 극완(郤宛, ?~B.C. 515)은 희성(姬姓)으로, 극(郤)씨 혹은 극백(郤伯)씨이며, 자는 자오(子惡)이다. 춘추시기 초나라 대부로, 대부 백종(伯宗)의 손자이자 태재(太宰) 백주리(伯州犁)의 아들이다. 조상의 음덕으로 관직에 들어 좌윤(左尹)까지 벼슬이 올랐다. 행실이 발라 양령종(陽令終)과 진진(晉陳)과 함께 초나라 소왕(昭王)을 보좌했던 이름난 세 신하의 한 사람으로 알려졌다. 그러나 간신 비무극(費無極)의 모함을 받아 죽었으며, 그의 아들 백비(伯嚭)는 오(吳)나라로 망명하고 말았다.

- 현(嫘), '재질이 견고함(材緊)'을 말한다. 녀(女)가 의미부이고 경(巠)이 소리부이다. 필자의 생각은 이렇다. 『방언』 권1에서 이렇게 말했다. "현(嫘)은 계속되지 않다는 뜻이다(未續也). 초(楚) 지역에서는 이를 현(嫘)이라 한다. 그렇다면 계속해서 굳게 얽으려고 하나 아직 단단히 묶지 못했음을 말한다.

- 환(擐), 통으로 입다는 뜻이다(貫也). 수(手)가 의미부이고 경(睘)이 소리부이다. 필자의 생각은 이렇다. 『광아·석고(釋詁)』 권3에서에서 이렇게 말했다. "환(擐)은 착용하다는 뜻이다(著也). 『좌전·성공(成公)』 2년에서 '몸에는 갑옷을 착용하고 손에는 무기를 들었다(擐甲執兵)'라고 했는데, 원(援)으로 가차되어 쓰였다. 『예기·왕제(王制)』의 『주』에서 '옷을 입었으나 그의 팔과 정강이를 드러났다(擐衣出其臂脛)'라고 했다."

- 환(繯), 떨어지다는 뜻이다(落也). 멱(糸)이 의미부이고 경(睘)이 소리부이다. 필자의 생각은 이렇다. 이 글자는 환(絻)으로도 적는데, 『광아·석기(釋器)』에서 이렇게 말했다. 환(繯)은 헌솜을 말한다(絡也). 「석고(釋詁)」 권4에서는 이렇게 말했다. "환(絻)은 묶다는 뜻이다(繯也). 『방언』 권5에서는 에서 이렇게 말했다. 송(宋), 위(魏), 진(陳), 초(楚), 강회(江淮) 사이 지역에서는 이를 환(繯)이라 한다. 혹체에서는 환(環)으로 쓰기도 한다."

- 선(棏), 둥근 탁자를 말한다(圜案也). 목(木)이 의미부이고 경(睘)이 소리부이다.

- 원(圜), 천체를 말한다(天體也). 위(囗)가 의미부이고 경(睘)이 소리부이다. 필자의 생각은 이렇다. 혼원(渾圓)이 환(圜)이고, 평원(平圓)은 원(圓)이며, 원(圓)의 그림쇠(規)가 원(圓)이다. 『역·설괘(說卦)』에서 '하늘은 둥글다(乾爲圜)'라고 했다. 전주이다, 『고공기·윤인(輪人)』에서 '둥근 것에서 가져왔다(取諸圜也)'라고 했다.

- 현(儇), 지혜롭다는 뜻이다(慧也). 인(人)이 의미부이고 경(睘)이 소리부이다. 필자의 생각은 이렇다. 『순자·비상(非相)』에서 '시골의 꾀 많은 자(鄕曲之儇子)'라고 하였는데, 『주』에서 '경박하면서 교묘한 지혜를 가진 자를 말한다(輕薄巧慧之子也)'라고 했다. 훤(趡:

빨리 가다)으로 가차되었는데, 『시·환(還)』에서 '그대는 나에게 인
사하며 나보고 날쌔다 했지(揖我謂我儇兮)'라고 했는데, 『전』에서
'예리하다(利也)는 뜻이다'라고 했다. 『한시(韓詩)』에서는 이를 권
(嬽: 예쁘다)이라 적었다. 또 현(譞: 영리하다)으로도 쓰였는데, 『초
사석송(惜誦)』에서 '그런 경박하고 아부하는 말은 잊으시고, 그
런 사람들을 멀리하소서.(忘譞媚以背衆兮)'라고 했는데, 『주』에서
'아첨하다는 뜻이다(佞也)'라고 했다.

· 환(環), 벽옥을 말한다(璧也). 옥(玉)이 의미부이고 경(睘)이 소리부
이다. 필자의 생각은 이렇다. 『이아석기(釋器)』에서 이렇게 말했
다. "바깥 변의 너비(肉)가 가운데 구멍의 두께(好)의 두 배면 벽
(璧)이라 하고, 바깥 변의 너비(好)가 가운데 구멍의 두께(肉)의
두 배면 원(瑗)이라 하고, 바깥 변의 너비(肉)와 가운데 구멍의
두께(好)가 동일하면 환(環)이라 한다.(肉倍好謂之璧, 好倍肉謂之瑗,
肉好若一謂之環.)[19]" 이순(李巡)의 『주』에서는 '그 구멍과 변의 너
비의 크기가 동일하다.(其孔及邊肉大小適等.)'라고 했다. 『설문옥
(玉)부수』에서 이렇게 말했다. "환(環 簡帛 漢印)은 둥근
옥(璧)을 말한다. 바깥 변의 너비(肉)와 가운데 구멍의 두께(好)가
같으면 환(環)이라 한다(肉好若一謂之環). 옥(玉)이 의미부이고 경
(睘)이 소리부이다. 독음은 호(戶)와 관(關)의 반절이다."

왕국유(王國維)는 「환과 결의 해석(說環玦)」에서 이렇게 말했다.

『이아·석기(釋器)』에서는 이렇게 말했다. "바깥 변의 너비(肉)가 가
운데 구멍의 두께(好)의 두 배면 벽(璧)이라 하고, 바깥 변의 너비(好)
가 가운데 구멍의 두께(肉)의 두 배면 원(瑗)이라 하고, 바깥 변의 너
비(肉)와 가운데 구멍의 두께(好)가 동일하면 환(環)이라 한다."
환(環)은 벽(璧)이나 원(瑗)과는 다르지만, 바깥 변의 너비(肉)의 크기
로 구별했는데, 그 제도는 벽(璧)과 거의 같다고 볼 수 있다. 그러나

---

19) [역주] 육(肉)은 바깥 변의 너비를 말하고, 호(好)는 가운데 구멍의 두께를 말
한다. 그리고 "가운데 구멍의 직경과 변의 너비가 같은 것을 환(環)이라 한다.

『설문해자』인지분석

나는 『춘추좌씨전』에서 "선자(宣子)에게는 환(環)이 있는데, 그 중 하나는 정(鄭)나라의 상인에게 있다.(宣子有環, 其一在鄭商.)"라는 구절을 읽고서 환(環)이 하나의 옥으로 만들어진 것이 아님을 알았다. 기미년(1919년)에 나는 상우 나씨(上虞羅氏: 나진옥)가 소장한 고옥을 볼 기회가 있었는데, 총 세 개로 되었고, 모두 위쪽이 넓고 아래쪽이 좁았으며, 세 조각을 결합하면 하나의 원(規)이 되었다. 각 조각의 양쪽에는 구멍이 하나씩 있어, 옛날에는 이로써 물건으로 이어주었을 것이다. 내 생각에 이것이 바로 고대의 환(環)이라는 것이다. 환(環)이란 완전함을 의미하며, 결(玦)과 대비되는 말이다. 그중 하나라도 부족하면 결(玦)이 된다. 결(玦)이란 결(缺: 모자라다)을 의미한다. 옛날에는 성(城)의 남쪽 부분이 무너진 것을 격(缺)이라고 했다. 이것을 읽고 『좌씨전』을 비로소 해석할 수 있었다. 그러나 후대로 갈수록 더 단순해져서 환(環)과 결(玦)이 모두 하나의 옥으로 만들어졌다. 그 결과 그 제도는 사라지고 말았다. 또한, 옛날의 환(環)이 하나의 옥으로 되지 않았다는 것도 알게 되었고, 그 결과 연환(連環)이라는 말이 생겨났다.

(『爾雅・釋器』: "肉倍好謂之璧, 好倍肉謂之瑗, 肉好若一謂之環." 環與璧, 瑗之異, 但以肉之大小別之, 意其制度殆與璧同. 顧餘讀『春秋左氏傳』"宣子有環, 其一在鄭商", 知環非一玉所成. 歲在己未, 見上虞羅氏所藏古玉一, 共三片, 每片上侈下斂, 合三而成規. 片之兩邊各有一孔, 古蓋以物系之. 餘此卽古環也. 環者, 完也, 對玦而言. 闕其一則爲玦. 玦者, 缺也. 古者城缺其南方謂之缺. 以此讀『左氏』, 乃得其解. 後世日趨簡易, 環與玦皆以一玉爲之, 遂失其制. 而又知古環之非一玉, 於是有連環.)[20]

고고 발굴된 옥기(玉器)의 유형학적 연구에 의하면, 실제로 발굴된 유물 중에서 평평한 원형의 구멍이 있는 옥기에는 확실히 벽(璧), 원(瑗), 환(環)의 구분이 있었다. 하지만, 구멍의 크기가 문헌에서 언급된 것처럼 그렇게 규칙적이지는 않았다.

---

20) 王國維, 『王國維文存』, 10쪽(南京: 江蘇人民出版社, 2014).

위에 제시한 것이 『설문통훈정성』에서 열거한 '첫 번째 하위 의미장'이다. 그 중 다음과 같은 두 가지 점에 대해 설명하고자 한다.

첫째, '경(睘)'을 소리부로 삼는 일련의 문자들은 모두 '원환(圓環: 둥글다)'의 의미를 가지고 있다. '현(嬛)', '환(環)', '원(援)' 등은 동원자(同源字)이다. 그 중 '원(儇)'자만 조금 추상적으로 전환되긴 했지만 실제로 '원곡(圓曲)'이라는 의미를 포함하고 있다. 사람들의 말과 행동이 '고리(環)'처럼 원만하게 돌아가며, 도(道)가 유연하게 펼쳐지고 말림 없이 이어지는 것, 그것은 바로 기민한 지혜를 의미한다. '경(睘)'으로부터 '둥글다(圓)'는 의미를 얻게 되었는데, 사람들은 이와 관련된 일이나 사물에 대해 대체로 긍정적인 감정 태도를 가지고 있다.

둘째, 여성의 '현(嬛: 몸놀림이 재빠름)'에 대해, 『설문』에서는 '재목이 단단하다(材緊)'는 뜻으로 해석했고, 『설문통훈정성』에서는 '얽혀 매듭지어짐(纏結)'으로 설명했다. '긴(緊)', '견(堅)', '현(賢)'이 동원자이기에, 최초의 형태는 이들 글자의 독음이 되었던 '간(臤)'임을 알고 있다. 『설문・간(臤)부수』에서는, "간(臤)은 견고함(堅)을 말한다. 우(又)가 의미부이고 신(臣)이 소리부이며, '갱장(鏗鏘)'의 '장(鏘)'과 같이 읽는다. 고문체에서는 현(賢)으로 썼다."라고 했다. 『예석(隸釋)・국삼로원량비(國三老袁良碑)』에서는 "우간(優臤: 우수한 인재)에 대한 총애(寵)가 이때에 이르러 정점에 달하였다."라고 했는데, 홍석(洪適)의 주석에 따르면 "간(臤)은 바로 현(賢)이다."라고 했다. '견(堅)'으로 쓸 때도 바로 이 '간(臤)'자를 썼다. 예컨대, 『공양전(公羊傳)』 성공(成公) 4년에서 "삼월, 임신(壬申), 정백(鄭伯) 견(堅)이 졸(卒)했다."라고 했는데, 육덕명(陸德明)의 『석문(釋文)』에서는 "견(堅)은 원래 간(臤)으로 썼다."라고 했다. 『송본옥편・패(貝)부수』에서 "현(賢)은 하(下)와 전(田)의 반절로 읽히며, 선행(善行)을 하다는 뜻이며, 많다(多)는 뜻이며, 더하다(益)는 뜻이며, 능(能)하다는 뜻이며, 마음을 지킨다(指心)는 뜻이다. 또 하(下)와 전(田)의 반절로도 읽히는데, 의미는 『고공기(考工記)』에 보인다. 간(臤)은 고문체이다."라고 적혀있다. 고대 중국의 여성의 이미지는 원결(圓結)의 환(環)을 상징화하였고 그것으로 견고

한(堅) 성질과 현명한(賢) 성품을 의미했다. 이것이 『설문』의 '현(嫺)' 자와 관련된 범주에서 추적하는 의미 인식의 배경이다.21)

(2) 두 번째 '하위 의미장'은 다음과 같다.

· 완(婉), 순응하다(順)는 뜻이다. 여(女)가 의미부이고 완(宛)이 소리 부이다. 『좌전』 양공(襄公) 26년의 『전』에서 "대이완(大而婉)"이 라고 했는데, 주석에서 "유순하다(約)는 뜻이다"라고 했다. 또 『시·의차(猗嗟)』에는 "맑은 눈에 넓은 이마 이쁘기도 하지(淸揚婉 兮)"라는 표현이 있으며 『전』에서는 "예쁜 눈썹과 눈(好眉目也)을 의미한다."라고 했다. 『문선·조조를 위해 지어 손권에게 준 글(爲 曹公作書與孫權)』에는 "그 두 사람을 아꼈다(婉彼二人)"라는 표현 이 있는데, 주석에는 "친애하다는 말과 같다(猶親愛也)"라고 설명 했다. 또 '원(宛)'자로도 가차되어 쓰였는데, 『좌전』 성공(成公) 14 년의 『전』에서 "완이성장(婉而成章: 부드럽고 완곡하면서도 문장 또 는 법도를 이룬다)"이라고 했는데, 주석에서 "굽다(曲)는 뜻이다" 라고 했다.
· 완(琬): 길게 깎인 구슬의 머리 부분을 말한다. 완(宛)이 소리부이 다. 『고공(考工)·옥인(玉人)』에서는 "둥근 홀(琬圭)가 아홉 치에 이 른다(琬圭九寸而繅)"라고 한 말의 주석에서 "완(琬)은 둥글다(猶圜 也)라는 뜻으로, 왕이 그것을 뜻하는 특별한 표시로 사용한다(王 使之瑞節也)"라고 설명한다.
· 원(媛): 아름다운 여자, 사람들이 지탱한다는 뜻이다. 여(女)와 원 (爰)이 의미부이다. 원(爰)은 (어기사로) '~에(於)'라는 뜻이다.…… 『이아』의 손면의 주석에 따르면 "원(媛)은 군자가 지탱하는 것처 럼 하는 것을 말한다(君子之援助然)"라고 한다. 곽박의 주석에는

---

21) [역주] 안정된 가정생활에서, 여성의 위치는 중심적이며 그들의 행동과 태도가 가족의 화합과 행복에 큰 영향을 미친다. 따라서 고대 중국 문화에서는 여성 의 품격과 품질을 고려하며, 이를 다양한 방식으로 표현하였다. 원(圓)이나 환 (環) 같은 형태는 완전함, 조화로움, 그리고 무한함을 상징하며 여성의 미덕을 의미한다.

"원(媛)은 서로 친하게 지내기 위한 지지다(所以結好援)"라고 설명한다.

· 원(瑗): 큰 구멍을 가진 벽(璧)을 말한다. 여(女)가 의미부이고 원(爰)이 소리부이다. 『창힐편(蒼頡篇)』에서 "원(瑗)은 장식 옥의 이름이다(玉佩名)"라고 기록되어 있으며 "임금이 궁전의 계단을 내려올 때 그것을 사용하여 서로 당긴다(人君上除陛以相引)"라고 설명했다.

이 '하위 의미장'은 여성의 부드럽고 아름다운 성향이 '둥근 고리 옥(圓環)'의 형상에서 비롯된다는 것을 보여준다. 이는 아마도 동일한 기원의 다른 글자인 '천(釧)'과 연관시켜 보면 더욱 명확해질 것이다. '천(釧)'은 『설문·금(金)부수』의 새로 추가된 '신부자'에 들어 있는데, "팔목에 착용하는 팔찌(臂環)를 말한다. 금(金)이 의미부이고 천(川)이 소리부이다."라고 했다. 『광운』에서는 독음이 치(尺)와 견(絹)의 반절이라고 했으며, 고대음에서는 문(文)부에 속하여, 앞서 말한 '완(婉)'과 '원(媛)'이 속한 원(元)부와 가장 가깝게 연결되어 있으며, '문(文)'과 '원(元)'은 방전(旁轉)관계에 속한다. 혜림(慧琳)의 『일체경음의(一切經音義)』(제15권)에서는 "천(釧)이란 금이나 은으로 만든 팔찌로, 손과 발을 장식하는 것이다"라고 했다. 또 『정자통·금(金)부수』에 따르면 "천(釧)은 옛날에는 남녀 모두 사용했지만, 지금은 여성만 장식으로 사용한다."라고 했다. 남조 때의 하언(何偃)의 「상서께 드리는 감사의 글(與謝尚書)」에서는 "진귀한 옥으로 만든 것을 천(釧)이라 하는 것은 물건을 통해 감정을 표현했기 때문이다."라고 했다.

또 『신당서·회골전(回鶻傳)』(하)에서는 "부인들은 구리 팔찌를 끼고, 작은 방울을 옷깃에 매단다.(婦貫銅釧, 以子鈴綴襟.)"라고 했고, 송나라 계유공(計有功)의 『당시기사(唐詩紀事)』(권2)에서는 "(文宗이) 하루는 재상들에게 물었다. 고시에서 '가벼운 적삼과 도탈(輕衫襯跳脫)'이라고 했는데, 도탈(跳脫)은 무엇을 이르는 말인가? 재상들이 아무도 대답하지 못했다. 그러자 임금께서 '바로 오늘날 말하는 완천(腕釧: 팔뚝에 끼는 팔찌)을 말한다고 했다."

또한 '천(釧)'은 흔히 '탁(鐲)'으로도 불리는데, 명나라 때의 육용(陸容)의 『숙원잡기(菽園雜記)』(제8권)에서는 "오늘날 사람들은 팔목 팔찌를 탁(鐲)이라고 부르는데, 탁(濁)으로 읽힌다. 아마도 방언일 것이다."라고 설명했다. 따라서 '천(釧)'은 '천(川)'에서 이름을 가져온 것으로 보이는데, 이는 원만하고 유순하다는 의미를 포함하고 있다. 이는 '훈(訓)', '순(順)', '훈(紃)' 등이 모두 '천(川)'에서 파생했다는 것이 증거이다. 『설문·멱(糸)부수』에서는 "훈(紃)은 둥글게 엮은 채색 끈(圓采)을 말한다"라고 했다. 게다가 '천(川)'에서 파생한 '사천(四川)'도 달리 '촉(蜀)'(고대에는 蜀國과 蜀王이 있었다. 鐲자도 蜀에서 독음을 가져왔다)이라 하는데, 이는 이름과 의미가 일치한다. 이것이 과연 우연의 일치일까? 이는 이미 범주를 벗어난 문제라 생략한다.[22]

(3) 세 번째 '하위 의미장'은 다음과 같다.

> 완(婠), '신체와 덕성이 모두 아름답다(體德好)'라는 뜻이다. 『광운』에서는 이를 인용하여 체태(體態)라 적었다. 녀(女)가 의미부이고 관(官)이 소리부이다. 초(楚)나라 신하 이름인 '각완(卻宛)'의 완(宛)과 같이 읽는다.
> 관(琯), '피리(琯)'를 말하는데, 저(箎)를 닮았으며, 구멍이 여섯 개 뚫렸다. 12월을 상징하는 악기이다. 만물이 땅에서 싹을 틔우기 시작하는 때이므로 관(管)이라 했다.(琯, 如箎六孔, 十二月之音, 物開

---

22) 『邪馬臺への道』, 80쪽.

3-7. 큐슈(九州)대학 문학부 고고학연구실에서
발표한 야요이(彌生) 후기 시대의 갈고리가 있는
구리 팔찌 거푸집(有鉤銅釧鑄型)

地牙, 故謂之管.) 죽(竹)이 의미부이고 관(官)이 소리부이다. 필자
의 생각은 이렇다. 위의 '물개지아(物開地牙)'에서 '개(開)'는 '관
(關)'자의 오류이며, 관(關)은 또 '관(毌=貫)'자의 가차이다. 당연
히 '물관지아(物貫地芽)'로 적어야 할 것이며 이는 성훈(聲訓)에
해당한다.

관(綰), '조잡한 붉은색'을 말한다(惡絳也).23) 멱(糸)이 의미부이고 관
(官)이 소리부이다. 일설에는 '생사(綃)'를 말한다고도 한다. 송본
『설문』에서는 초(綃)로 적었다. 계란(雞卵)이라고 할 때의 란(卵)
과 같이 읽는다. 관(毌=貫)으로 가차되었으며, 환(繯)으로 쓰기도
하고, 환(擐)으로 쓰기도 한다. 『사기·고제기(高帝紀)』에 '노관(盧
綰)'이 나온다. 『사기집해』에서는 이의 독음은 '승관결물(繩綰結
物)'이라고 할 때의 '관(綰)'으로 읽는다고 했다. 『일체경음의』에
서는 『회남자』의 허주(許注)를 인용하여 '관(綰)은 관을 말한다(貫

---

23) [역주] 『단주』의 교정을 따라 "惡絳也"로 고친다. 그는 이렇게 말했다. "각 판
본에서 악(惡)자 다음에 야(也)자가 더 들어갔는데, 지금 삭제한다. 이는 비(粊)
자의 설명에서 악미(惡米: 질이 나쁜 쌀)를 말한다. 혹은 계(繫)자의 설명에서
악서(惡絮: 질이 떨어지는 솜)를 말한다고 한 것과 같다. 그래서 이는 조잡한
붉은색(絳色之惡者)을 말한다."

　　　　　　　　　　　　　　『설문해자』 인지분석

也)라고 했다.'[24]

이 '하위 의미장'과 앞서 언급된 첫 번째와 두 번째 '하위 의미장'은 모두 독음이 비슷하여 의미가 통용된 예와 관련되어 있다. 여성의 '신체적 특성'의 아름다움은 '관결(綰結: 繫結, 打結)'의 형상과 관련이 있으며, 이 관련성은 해당 '의미장' 즉 첫 번째 그룹에서의 '관(官)'이 소리부로 기능하는 글자들과 '권(圈)', '관(貫)', '란(卵)'자 그룹과의 관계를 통해 더욱 명확하게 드러난다.

'권(圈)'은 원형의 폐쇄된 영역을, '관(管)'은 원형의 물체를 나타내, 독음과 의미 모두가 근접하여, 확실히 동원관계를 가진다. '관(貫)'은 원래 '관(毌)'으로 썼으며, '관천(貫穿: 꿰뚫다)'과 같은 복합어는 평면적으로 볼 때는 '관결(綰結)'이지만, 입체적으로 보면 '관천(貫穿)'이 되는데, 이것은 한 글자에 두 가지 측면이 존재하는 예이다.

'란(卵)'에 대해 『설문』에서는 '관(綰)'의 동음이의어로 설명하면서, 고문체로는 '관(卝)'으로 적는다고 했는데, 한 가지 형태가 두 글자로 사용된 예이다. 『설문·석(石)부수』에서 "황(磺)은 구리와 철의 원석을 말한다. 관(卝)은 광(礦)의 고문체이다. 『주례』에 관인(卝人)이 등장한다."라고 했다. 『주례·지관(地官)』에 등장하는 '관인(卝人)'에 대한 정현의 주석을 보면 "관(卝)은 광(礦)을 말하는데, 쇠(金)나 옥(玉)을 아직 기물로 가공하지 않은 상태를 광(礦)이라 한다."라고 했다.

그러나 당나라 때의 장참(張參)은 『오경문자(五經文字)』에서 "관(卝)은 고(古)와 환(患)의 반절로 읽히는데, 『설문』에서는 란(卵)의 고문체라고 했다."라고 쓴 바 있다. 당현도(唐玄度)도 『구경자양(九經字樣)』에서 "『설문』에서 관(卝)으로 적었는데 예변(隸變) 과정을 거치면서

---

24) 모두 『說文通訓定聲·乾部』第十四에 보인다.

란(卵)으로 적게 되었다."라고 했다. 주준성(朱駿聲)은 글자의 형태로부터 이 두 글자 간의 의미적 연관성을 억지로 끌어 합쳤다. 즉 "광(礦)의 온박(韞樸)에 대한 관계는 란(卵)의 배(腹)에 대한 관계와 같다. 그래서 란(卵)이라고 했다."

그러나 두 가지 의미를 나타내는 독음은 전혀 서로 관련이 없으며, 너무나도 관련성이 적다. 사실상 이것은 같은 형태를 가지지만 다르게 읽는 경우이다. 여기에서 '관(綰)'과의 연결은 '관(艸)'이라는 독음과 관련이 있다. 고(古)와 환(患)의 반절로 읽는 '관(艸)'은 '결발(結髮: 머리를 묶음)'에서 그 형상을 가져왔다. 『시경・제풍・보전(甫田)』에서는 "머리칼을 묶어 쌍상투를 틀었네(總角艸兮)"라고 했는데, 여성이 머리칼을 땋아 묶어 양쪽으로 세워 상투(髻)처럼 만든 것을 가리킨다. 그리고 관(艸)이라는 이름이 붙여지게 된 것은 양의 뿔(羊角) 모양 때문이다. 『설문・관(丱)부수』에서 "관(丱)은 양의 뿔(羊角)을 말한다. 상형이다. 괴(乖)와 같이 읽는다."라고 한 바 있다. 『설문』에 보존된 단어 의미의 체계성과 연관시켜 볼 때, 「사(絲)부수」에서 "관(絆)은 사(絲)의 생략된 모습이 의미부이고 관(丱)이 소리부이다.(織絹從糸貫杼也. 從絲省, 丱聲.)"라고 했는데, 이 글자 역시 '연결(聯結)'의 의미를 갖고 있다.

이러한 관련성을 통해 우리는 '완(婠)'이 여성의 '체덕'의 아름다움을 표현하며, 그 형상의 기원은 '결발(結髮)'과 '관환(貫環)'의 형태에서 나온다는 것을 이해할 수 있다.

『순자・정명편』에서 "명칭을 정하는 것"의 중요한 개념인 '추요(樞要)'에 대해 이야기하면서 다음과 같은 관계를 밝혀냈다. "물체에는 같은 형태를 가지면서도 다른 성질을 가진 것들이 있고, 다른 형태를 가지면서도 같은 성질을 가진 것들이 있어서, 서로 구분할 수 있다."

라고 했다. 여기서 '형태(狀)'는 물체의 외적인 모양을 의미하며, '성질(所)'은 물체의 본질이나 내재적 특성을 의미한다. 이러한 의미에서 '같은 형태를 가지면서도 다른 성질을 가진 것'이란, 외형은 비슷하지만 본질이 다른 것을 가리킨다.

예를 들어, 앞서 이미 『설문·초(艸)부수』에서는 식물의 동적 형태와 인간의 자태, 그리고 감정의 관계에 대한 논의가 있었다. 여기서는 다시 두 가지 예를 들어 더 구체적으로 설명해 보자. 「초(艸)부수」에서 "경(莖)이란 나무의 줄기나 기둥을 말한다"고 했는데, 이는 식물의 꽃, 잎, 열매의 줄기나 기둥을 가리킨다. 반면에 「혈(頁)부수」에서 "경(頸)은 목의 줄기(頭莖)를 말한다"라고 했는데, 이는 사람의 목을 가리킨다. 또한 「우(牛)부수」에서 "경(牼: [金文])은 소의 다리 아래 정강이 뼈(牛䣅下骨)를 말한다. 우(牛)가 의미부이고 경(巠)이 소리부이다. 『춘추전』에서 '송(宋)나라 사마경(司馬牼)의 자가 우(牛)라고 했다'고 했다."라고 하였으며, 「육(肉)부수」에서 "경(脛)은 정강이(胻)를 말한다"라고 했다. 이처럼 동물이나 인간 신체의 줄기나 기둥을 '경(牼)'이나 '경(脛)'이라고 부른다. 이러한 물체들은 모두 위로 솟아오르는 형태와 기둥의 역할을 하고 있는데, 이것이 '같은 형태'를 가진다는 것이다. 그러나 이러한 물체들은 초목, 목, 신체 일부로서의 본질이 다르므로 '다른 성질'을 가진다는 것이다.

비슷한 예로, '문(虋: 차조)', '문(璊: 붉은 옥)', '문(璊: 붉은 털)' 세 글자는 모두 '빨간색'을 의미하지만, '문(虋)'은 곡물의 빨간 싹을, '문(璊)'은 '문(虋)'과 같은 색의 보석을, '문(璊)'은 솜털로 만든 '문(虋)'과 같은 색의 옷을 나타낸다. 이들은 모두 같은 빨간색이라는 '같은 형태'를 가지지만, 각각 곡물, 옥, 옷이라는 '다른 성질'을 가진다.

이른바 "다른 형태를 가지면서도 같은 성질을 가진 것"의 경우, '소

(所: 성질)'라는 것은 이 책에서 여러 번 언급된 '의미장'의 '장(場)'과 같다. 이는 물체의 형태가 천차만별이더라도 그 본질은 같은 범주에 속하는 것을 의미한다. 예를 들어 '추(芻)', '훼(卉)', '착(丵)', '추(犓)', '좌(莝)' 등의 이름이 나타내는 물체들은 형태적으로는 각각 다르다. '추(芻)'는 묶여진 깎인 풀을, '훼(卉)'는 모든 풀의 일반명칭을, '착(丵)'은 덩어리져서 자라는 풀을, '좌(莝)'는 깎은 짧은 풀을, '추(犓)'는 "꼴(芻)과 여물(莝)로 우리 속에서 소를 기르는 것"을 의미하는데, 이는 '다른 형태'를 가진다는 것이다. 그러나 본질적으로 이러한 물체들은 모두 '풀'로, 이것은 '같은 성질'을 가진다는 것이다.

또 '시(視)'와 '시(示)'의 경우, '시(示)'는 '보여주다'라는 의미로, 『설문』에서 "하늘이 나쁜 징조와 좋은 징조를 보여 주어 사람들에게 경고하는 것(天垂象見凶吉所以示人也)"이라고 설명되어 있다. 이에 비해 '시(視)'는 '주시하다'는 의미다. 형태적으로 보면 하나는 다른 사람에게 보여 주는 것이고, 다른 하나는 외부 세상을 보는 것이므로 두 가지는 다르다. 이것은 '다른 형태'를 가진다는 것이다. 그러나 보여주거나 주시하는 것 모두 같은 시각적 활동에 속하므로, 이것은 '같은 성질'을 가진다는 것이다.

『순자・정명편(正名篇)』에서는 또 이렇게 말했다. "형태가 동일하면서 성질이 다른 것은 합칠 수는 있지만 이들은 실체가 둘(二實)이라고 한다. 형태는 변했지만 실체는 차이가 없으면서 서로 다른 것을 '변화(化)'라고 한다. 변화가 있으면서 차이가 없는 것을 '실체가 하나(一實)'라고 한다." 이러한 언급의 의미는 형태가 같지만 실체가 다른 사물은 설사 합쳐서 같은 명칭을 함께 사용한다 하더라도, 즉 '경(頸)', '경(脛)', '경(桱)'이 독음 상으로는 완전히 같다 하더라도 이들은 실제적으로는 서로 다른 사물이라는 것이다.

반대로 형태상으로만 다르지 실질적으로는 전혀 구별이 없는 사물의 경우 이러한 차이는 '화(化)' 즉 변화라고 부를 수밖에 없다. 다시 말해 동일한 부류의 사물이 다른 단계로 표현된 서로 다른 형태인 것이다. 단지 형태상의 변화만 있고 실질적 구별이 없는 이러한 사물들은 한 가지 사물로 볼 수밖에 없다.

이러한 이론[25]은 사유의 논리상에서 어휘의 형식과 내용의 대립적 통일을 확정하며, 심리분석학적으로는 고대 중국인들의 "범주의 비유에 의한 이미지 선택(類比取象)"이라는 사유형식에서 근원했다. 『설문』에서 일관되게 체현해 낸 "하나를 대표로 세우고, 분별하여 배치한다(建類一首, 分別部居)"는 "동일한 성질(同所)"을 위한 것이며, 그러한 부류의 장벽을 파괴하여 동일한 소리부로 서로 연결한 것은 "동일한 형상(同狀)"을 만들어 내기 위한 것이었다. 이렇게 함으로써 글자의 독음과 의미의 관계를 전체적으로 처리할 수 있게 되었다. 『설문』이라는 책은 『순자』의 이러한 논리 이론을 관철시키고 실천한 것이라 하겠으며, 마찬가지로 우리가 '의미장'의 방법을 운용하고, 음성적 연관성으로써 연계하고, 실질이 다른 부류(즉 異所)를 함께 모으는 객관적 기초이기도 하다.

앞에서의 비교 분석을 통해 '환결(環結)' 이미지와 고대 중국의 여성에게서 멀건 가깝든 '같은 형태 다른 본질'의 어떤 관계를 가지는데, 이는 중국 사회의 여성 예의 제도에 대한 중요한 함축을 반영하고 있다. 이를 통해 알 수 있는 바와 같이, 중국 여성의 '환결(環結)' 상징은 깊은 역사적 배경을 가지고 있다.

고고학의 발견에 따르면, 중국의 신석기 시대에 이미 옥황(玉璜), 옥결(玉玦) 및 옥관(玉管) 등이 존재했다. 옥황의 형태적 특징은 반원

---

25) 陸宗達, 『說文解字通論』, 39〜40쪽(北京出版社, 1981).

형으로, 초기에는 반환형(半環形), 후기에는 반벽형(半璧形)이었다. 『주례』와 『설문』에 따르면 "벽(璧)의 절반을 황(璜)이라 한다." 옥황의 용도는 일반적으로 사람들이 생활을 꾸미기 위해 사용하는 장신구로 여겨진다. 남경시 북음(北陰)의 양영(陽營)에서 출토된 옥황은 대부분 인체의 목 부위에 위치했으며, 적으면 한 개 많으면 두 개였는데, 그 위치가 명확하므로, 당시 목걸이로 사용되었다는 것을 알 수 있다.

옥결(玉玦)은 형태가 원환(圓環)형에 가까우며 한쪽이 약간 넓은데, 넓은 부분에 하나의 틈이 있어 그런 이름이 붙었다. 옥결의 용도의 경우, 북음(北陰) 양영(陽營)에서 출토될 때의 위치를 통해 볼 때, 몇몇이 인체의 귀 부분에 위치하였기에 당시 사람들의 귀 장식이었던 것으로 여겨진다. 『설문·옥(玉)부수』에서 "결(玦)은 옥으로 만든 노리개(玉佩)이다."라고 했고, 『순자』에는 "사람을 결(玦)로 끊고, 끊긴 것을 환(環)으로 되돌린다.(絶人以玦, 反絶以環.)"라고 하였다.

이것은 옥결(玉玦)이라는 것이 한편으로는 사람의 몸에 달린 장식물이었으며, 다른 한편으로는 사람과의 관계를 끊는 상징물로 사용되었다는 것을 의미한다. 사람들은 바로 『사기·항우본기』의 항우와 한나라 사이의 갈등, 홍문의 연회 이야기를 떠올릴 것이다. "범증(范增)은 항왕에게 몇 번이나 눈짓을 하며 그에게 자신이 착용하고 있던 옥결(玉玦)을 들어 보였다. 그러나 항왕은 아무런 반응도 없었다." 태사공은 우리에게 당시의 옥결(玉玦)이 장식품(특히 여성만의 것이 아니었음)이었을 뿐만 아니라 관계를 끊거나 계약을 파기하는 상징물로도 사용되었다는 것을 구체적으로 알려주었다.

옥관(玉管)은 원기둥 모양으로 중앙에 하나의 구멍이 있어 얇은 줄을 꿰매는 데 사용할 수 있다. 옥관의 사용 방법은 구슬 끼우기와 거의 비슷하며, 여러 개의 옥관을 연결해야만 사용하기 편리하다.

남경박물관이 북음(北陰) 양영(陽營)에서 옥기를 발굴할 때 10개의 옥관이 함께 발견되었고, 이들은 사람의 상체 부근에 배치되었다. 이로 인해 연구자들은 이 옥관들이 당시 사람들의 가슴에 다는 장식품이었을 것이라고 추정하였다. 이는 현대 여성의 가슴 부근에 착용하는 목걸이와 유사한 기능과 형태를 지니고 있을 것이라 생각된다. 따라서 신석기 시대의 옥황(玉璜), 옥결(玉玦), 옥관(玉管)이 장신구로서의 기능을 가졌던 것으로 볼 수 있으며, 이는 해당 시대 장식물의 복원도를 그릴 수 있는 주요 근거가 된다.26)

'환결(環結)' 상징은 서양 세계에서 주로 무술(巫術) 사고에서 출발했다고 알려져 있다. 이 상징을 통해 여성은 남성에게 자신의 아름다움과 매력을 느끼게 할 수 있다. 전해지는 바에 따르면, "여성 무당은 '매듭'을 사용해 사랑하는 남자를 얻어 그를 자신에게 꽉 붙어 있게 할 수 있다. 예를 들어, 비르길리우스27)는 상사병을 앓는 소녀에게 마법 주문을 사용해 도시에 있는 연인을 소녀 곁에 끌어당기기 위해 세 가지 색상의 줄에 각각 세 개의 '매듭'을 지었다고 한다. 또 아랍의 어느 소녀는 한 남자를 진심으로 사랑했고, 그의 사랑을 얻기 위해 그를 자신에게 묶었다. 그녀는 그의 채찍에 여러 개의 '매듭'을 지었으나, 그녀의 경쟁자가 그녀를 질투해 그 '매듭'을 모두 풀었다고

---

26) 『南京博物院藏寶錄』, 91쪽(上海文藝出版社, 香港三聯書店, 1992年.)
27) [역주] 비르길리우스(Publius Vergilius Maro, 기원전 70-19)는 고대 로마의 가장 위대한 시인 중 한 명으로 평가받는다. 그의 주요 작품으로는 목가시집 「에클로가」, 농업에 관한 서사시 「게오르기카」, 그리고 그의 대표작인 서사시 「아이네이스」가 있다. 「아이네이스」는 트로이의 영웅 아이네아스가 로마를 건국하는 과정을 그린 작품으로, 로마의 국가 서사시로 여겨지는데, 이 작품은 그리스의 호메로스의 『일리아드』와 『오디세이아』에 비견되며, 서양 문학사에 지대한 영향을 미쳤다. 그의 시는 세련된 언어와 깊은 철학적 통찰, 그리고 로마의 역사와 가치를 결합시킨 것으로 유명하며, 그의 영향력은 중세와 르네상스를 거쳐 현대에 이르기까지 지속되고 있다.

한다. 같은 마법 원칙을 기반으로, '매듭' 상징은 또한 자신을 사랑하는 여성의 이탈을 방지하는 기능도 있었다.

"스와질란드에서는 길가의 작은 풀에 여러 '매듭'을 지은 것을 자주 볼 수 있다. 이 작은 '매듭'마다 각 가정의 비극을 담고 있다. 예를 들면, 아내가 남편을 떠나 도망갔을 때, 남편은 친구들과 함께 그녀를 되돌리기 위해 풀에 많은 '매듭'을 짓는다(그들은 이를 '도로의 차단'이라고 부른다). 이를 통해 도망자들은 원래의 길로 돌아왔다. 러시아에서는 '매듭'으로 가득 찬 그물이 마녀에게 대항하는 가장 효과적인 무기라고 생각한다. 그래서 러시아의 일부 지역에서는 신부가 결혼 의상을 입을 때, 그녀의 머리 위로 물고기 그물을 걸어 나쁜 힘으로부터 보호를 받고자 하기도 한다."28)

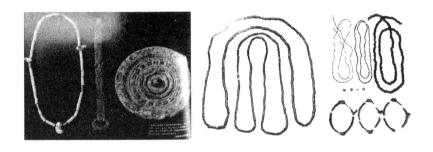

3-8. 야마타이국(邪馬臺國)에서 발굴된 야오이(彌生) 시대의 팔지(釧)와
목걸이(環)29)

'환결(環結)' 상징은 고대 중국 여성 사회에서 이렇듯 풍부한 예의 체계의 내용과 감정 태도 및 상징적 함의를 담고 있다. 그러므로 이것은 남성이 여성에게 애정을 표현할 때의 특별한 상징이 되었다.

---

28) 『金枝』, 359쪽.
29) [日本] 源弘道(編集), 『邪馬臺國への道』(朝日新聞社, 1980年).

한나라 때의 번흠(繁欽)은 「정정시(定情詩)」에서 이렇게 노래했다. "어찌하여 우리의 약속이 멀어졌는가? 팔목에는 쌍등이 팔찌를 차고 있는데.(何以致契闊？繞腕雙跳脫.)" 여기서 말한 '도탈(跳脫)'이 팔찌(釧鐲)를 의미한다는 것은 이미 앞에서 설명한 바 있다. 또 이 시에는 '비환(臂環)'과 '지환(指環)'과 같은 단어도 포함되어 있는데, 주요 목적은 '환결'의 상징을 통해 감정을 '정(定)'하게 하는 것이었다.

대체로 진(晉)나라 때의 사람들에게는 '환결'의 상징이 결혼이나 아내를 맞이하는 일반적인 의미로 사용되었다. 『진서(晉書)・서융전(西戎傳)・대안국(大宛國)』에 보면, "그들의 풍습에 따라 아내를 맞이할 때 먼저 금으로 만든 두 개의 동심 반지(同心指璫)를 선물로 한다."라고 적혀 있다. 북주 때의 유신(庾信)의 『유자산집(庾子山集)』의 「죽장부(竹杖賦)」에서는 "옥환으로 편지를 보내고, 장대(章臺: 버드나무)30)에

---

30) [역주] 남송(南宋) 시대 비평가인 심의부(沈義父)는 『악부지미(樂府指迷)』에서 "버드나무를 이야기할 때, 직접적으로 부러진 버드나무를 이야기할 수는 없다. 반드시 '장대(章臺)'나 '파안(灞岸)'이라는 단어를 사용해야 한다."라고 했는데, 이는 은유가 시어의 특징적인 요소임을 보여준다.
'파안(灞岸)'은 장안(長安) 동쪽에 있는 파수(灞水) 강변을 의미한다. 이 물 위에는 파교(灞橋)라는 다리가 있는데, 한(漢)나라 사람들은 종종 이곳에서 작별 인사와 선물을 주고받으며 버드나무 가지를 꺾었다. 그래서 이는 '이별하다'라는 의미의 동음이의어이다. 파교(灞橋)는 또 '청진교(清津橋)', '단심교(斷腸橋)'라고도 불린다. 파교의 버드나무에 관한 시는 무수히 많다. 예컨대, "파안(灞岸) 강가의 버드나무는 봄 연기를 가득 머금고, 매년 자라나 보행자들을 위해 꺾이네.(楊柳含烟灞岸春，年年攀折爲行人.)" 또한 이백(李白)의 "버드나무는 매년 물들고, 파릉(灞陵)은 이별을 슬퍼하네.(年年柳色，灞陵傷別)"와 낙빈왕(駱賓王)의 "버드나무가 파안(灞岸) 강변에 올라와 세차게 소매를 덮고, 마음은 연못과 양류(楊柳)의 추억으로 가득 차네.(柳攀灞岸强遮袂，水憶池陽渌滿心)" 이처럼 파안(灞岸) 버드나무는 분명히 이별의 슬픔을 가장 잘 표현하는 버드나무이다.
'장대(章臺)'도 고대 문학에서 상징적인 장소를 의미한다. 원래는 한(漢)나라 장안성(長安城)의 한 거리를 가리키며, 그곳에 많은 가수들이 살고 있었기 때문에 나중에 점차 가수들이 사는 곳의 동의어가 되었다. 시에서 '장대(章臺)'는 종종 버드나무를 지칭하는데, 특히 이별과 그리움에 관련된 감정을 묘사할 때

다 팔찌를 남겨둔다."라고 했는데, 도탈(跳脫)은 조탈(條脫)로도 썼다. 당나라 때의 이상은(李商隱)의 『이의산시집(李義山詩集)』(5)의 「중원작(中元作)」에서는 "양권(羊權)은 황금 팔찌(條脫)를 얻었지만, 온교(溫嶠)는 결국 옥 거울대(玉鏡臺)를 비웠네."라고 하였다. 당나라 이후로는 여성의 몸과 이 '환결' 상징이 분리되기 힘들 정도로 일체화되었다. 장계(張籍)의 「만중(蠻中)」 시를 보면, "옥팔찌를 귀에 낀 여인은 누구의 딸인가? 스스로 비파(琵琶)를 들고 바다 신(海神)을 맞이하네."라고 노래했다.

　'결(結)'의 다른 한 측면에 대하여, 『관추편(管錐編)』에서는 그것을 '혼인(婚姻)'의 상징으로 논증하였으며, 그 주제에는 더 이상 논의할 여지가 없다. 그의 논증 중 『태평광기(太平廣記)』(권328)에서 당나라 때의 소설 『염경(閻庚)』의 지조(地曹)[31]가 결혼을 주관하는 내용에서 "남녀의 발을 묶는다."라는 표현이 있고, 주머니 속에는 얇은 줄이 있다고 했다.

> 권159의 「정혼점(定婚店)」(『속유괴록(續幽怪錄)』에 보임)에서는 노인이 이렇게 말했다. "세상의 혼인 서류를 주관하며, 차고 다니는 주머니(巾囊) 안에는 붉은 줄이 있어 남편과 아내의 발을 묶을 수 있다." 소무(蘇武)의 「고시(古詩)」 제3수에서는 "머리칼을 묶어 부부가 되며, 사랑은 둘 다 변하지 않는다."라는 말이 나오는데, 이는 남녀가 각각

사용된다. 예를 들어, 당(唐)나라 한홍(韓翃)은 「장대류(章臺柳)」에서 "장대(章臺)의 버드나무, 장대(章臺)의 버드나무, 예전처럼 여전히 푸른가? 길게 늘어진 나무가 비록 늙어 보일지라도, 다른 사람의 손에 의해 꺾여야 하지.(章台柳, 章台柳, 昔日青青今在否? 縱使長條似舊垂, 也應攀折他人手.)"라고 썼다. 여기서 시인은 버드나무 묘사를 통해 지나간 좋은 시절에 대한 향수와 미래 운명에 대한 걱정을 표현했다.

31) [역주] 민간 전설에서 사람이 죽은 후 영혼이 향하는 곳을 가리키는데, 달리 '지부(地府)', '명부(冥府)', '음사(陰司)', '음조(陰曹)', '음간(陰間)'이라고도 한다.

'성인이 되기 시작할 때' 머리를 올림을 의미한다. 『문선(文選)』의 이선(李善) 해설에서는 "남녀의 머리카락을 결합하여 한 묶음으로 만들라는 뜻이 아니다."라고 매우 명확하게 설명했다. 당나라 소설에서는 실제로 발을 묶어 부부가 된다는 말이 나온다! 동심(同心)의 묶음이며 연계(連鷄)의 묶음과 같아, 이것으로 혼인의 상징을 나타내며, 그 의미는 깊고 미묘하다. 서양의 의례에서는 결혼의 상징으로 반지를 사용하며, 기독교의 「혼례사(婚禮詞)」에서는 "부부의 의례가 이루어지면, 반지가 그 증거가 된다."라는 말이 나온다. 그러나 그것을 재미있게 표현한 사람들은 "반지를 착용하는 것은 또한 코뚜레를 묶는 것과 같다"라고 말하는데, 이를 비교하고 참조할 수 있다.

(按卷一五九『定婚店』(出『續幽怪錄』)老人曰: "主天下婚牘, 巾囊中有赤繩子以系夫婦之足."按蘇武『古詩』第三首: "結髮爲夫妻, 恩愛兩不移", 乃謂男女各"始成人"而上頭也, 『文選』李善注說之甚明, 非謂合男女之髮糾成一結; 唐人小說則眞言系脚成夫妻矣! 同心之結而如連雞之縛, 以此示婚姻之象, 寓旨深微. 西方禮俗以指環爲婚姻標志, 基督敎『婚儀詞』所謂: "夫婦禮成, 指環爲證"; 而善滑稽者曰: "戴指之環卽亦拴鼻之環耳", 可相參印.)[32]

3. 생육 금기 인식

『설문』의 '여성 의미장'에는 '임(妊)', '신(娠)', '반(姅)' 등의 글자 그룹이 포함되어 있으며, 이들은 '의미는 같으나 형상이 다른 동소이상(同所異狀)'의 단어로, 공통의 의미 지향은 생육 금기와 관련된다. 이부분에서 연결되는 글자 그룹은 다음과 같다.

· 妊(金文)：孕也. 從女從壬, 壬亦聲. 如甚切.

---

32) 『管錐編』 卷二, 781~782쪽.

임(姙), '아이를 배다(孕)'라는 뜻이다. 녀(女)가 의미부이고 임(壬)도 의미부인데, 임(壬)은 소리부도 겸한다. 독음은 여(如)와 심(甚)의 반절이다.

· 𡜏 : 女姙身動也. 從女辰聲. 『春秋傳』曰: "后緡方娠." 一曰宮婢女隷謂

之娠. 失人切.

신(娠), '뱃속에 든 아이가 움직이다(女姙身動)'라는 뜻이다. 녀(女)가 의미부이고 신(辰)이 소리부이다.33) 『춘추전』(『좌전』 애공 원년, B.C. 494)에서 "후민(后緡)이 비로소 아이를 배었다"라고 했다.34) 일설에는 궁의 여자 종이나 노비(宮婢女隷)를 신(娠)이라고도 한다. 독음은 실(失)과 인(人)의 반절이다.

· 𡢘 : 婦人姙身也. 從女芻聲. 『周書』曰: "至于嫋婦." 側鳩切.

추(嫋), '여자가 임신하다(婦人姙身)'라는 뜻이다. 녀(女)가 의미부이고 추(芻)가 소리부이다. 『서·주서·재재(梓材)』에서 "[약한 자를 공경해 주고] 임산부를 돌보아 주는 경지에까지 이르고(至于嫋婦)"라고 했다. 독음은 측(側)과 구(鳩)의 반절이다.

· 𡣳 : 生子齊均也. 從女從生, 免聲. 芳萬切.

반(㜯), '많이 낳은 아이들이 모두 재주가 균등하다(生子齊均)'라는 뜻이다. 녀(女)가 의미부이고 생(生)도 의미부이고, 면(免)이 소리부이다. 독음은 방(芳)과 만(萬)의 반절이다.

해당 부분에 나열된 글자 그룹은 순차적으로 연관되어 있어, 『설문』 당시의 사람들이 가졌던 여성의 생육 과정의 각 특정 단계에 대한 인식 수준을 반영하고 있다. 또한, 현대 산부인과 관련 의학의 인식에 따르면, 『설문』에서 이 부분에 '간(姦)'자 아래에 여성 질병과 관련

---

33) [역주] 『단주』에서 이렇게 말했다. "아이를 배고서 태아가 움직이는 것(姙而身動)을 신(娠)이라 하는데, 이는 자세히 구분해 한 말이다. 뭉뚱그려 말하면, 임(姙)과 신(娠)에 구분이 없다."

34) [역주] 후민(后緡)은 하(夏)나라 제5대 임금인 사상(姒相)의 부인인데, 유잉국(有仍國), 지금의 산동성 濟寧의 수령이었던 유잉씨(有仍氏)의 딸로 알려졌다.

『설문해자』 인지분석

된 글자 그룹을 위치시킨 것은 명백히 문제가 있다고 볼 수 있다.[35] 사실, 이들은 '생육 의미장' 안에 있어야 할 것이다. 『설문』의 이 부수에서 이렇게 말했다.

- 姅: 婦人汚也. 從女半聲. 漢律: "見姅變, 不得侍祠." 博幔切.

  반(姅), '여인들의 월경(婦人汚)'을 말한다. 녀(女)가 의미부이고 반(半)이 소리부이다. 한나라 때의 법률(漢律)에 "월경 중에 있는 여성은 제사를 받들 수 없다(見姅變, 不得侍祠)"라고 했다. 독음은 박(博)과 만(幔)의 반절이다.

- 㜕: 女出病也. 從女廷聲. 徒鼎切.

  정(㜕), '자궁이 돌출되는 병(女出病)'을 말한다. 녀(女)가 의미부이고 정(廷)이 소리부이다. 독음은 도(徒)와 정(鼎)의 반절이다.

- 婥: 女病也. 從女卓聲. 奴敎切.

  작(婥), '여성의 병(女病)'을 말한다. 녀(女)가 의미부이고 탁(卓)이 소리부이다. 독음은 노(奴)와 교(敎)의 반절이다.

- 娷: 諉也. 從女垂聲. 竹恚切.

  수(娷), '일을 부탁하다(諉)'라는 뜻이다. 녀(女)가 의미부이고 수(垂)가 소리부이다. 독음은 죽(竹)과 에(恚)의 반절이다.

- 㛔: 有所恨也. 從女奻聲. 今汝南人有所恨曰㛔. 奴皓切.

  뇌(㛔), '원한이 있음(有所恨)'을 말한다. 녀(女)가 의미부이고 뇌(奻)가 소리부이다. 오늘날 여남(汝南) 사람들은 원한이 있는 것(有所恨)을 뇌(㛔)라고 한다. 독음은 노(奴)와 호(皓)의 반절이다.

- 媿: 慙也. 從女鬼聲. 愧, 媿或從恥省. 俱位切.

  괴(媿), '부끄럽다(慙)'라는 뜻이다. 녀(女)가 의미부이고 귀(鬼)가 소리부이다. 괴(愧)는 괴(媿)의 혹체자인데, 치(恥)의 생략된 모습으로 구성되었다. 독음은 구(俱)와 위(位)의 반절이다.

---

35) 『集韻·刪部』: 姦奻慁, 居顏切. 『說文』私也. 一曰僞也. 或作奻. 古作慁.

- **𡚻**(甲骨)： 訟也. 從二女. 女還切.

  난(奻), '송사를 벌이다(訟)'라는 뜻이다. 두 개의 녀(女)로 구성되었다. 독음은 녀(女)와 환(還)의 반절이다.

- **姦**(金文 簡帛 漢印)： 私也. 從三女. 𢖊, 古文姦從心旱聲. 古顏切.

  간(姦), '사통하다(私)'라는 뜻이다. 세 개의 녀(女)로 구성되었다. 간(𢖊)은 간(姦)의 고문체인데, 심(心)이 의미부이고 한(旱)이 소리부이다. 독음은 고(古)와 안(顏)의 반절이다.

  배열한 글자 순서의 공간적 위치는 내재적 인식의 연관성을 나타낸다. 사실, '반(姅)'자는 생육 인식과 관련이 있다. 왕균(王筠)은 '견(見)'의 독음이 '현(現)'이며, 마치 물이 갑자기 사라지다 나타나는 듯하다는 뜻으로 이해했다. 『석명』에서는 그것을 여성의 월경으로 설명하였으며, 『신선복식경(神仙服食經)』에서는 '월객(月客)'이라 불렀는데, '객(客)' 역시 '나타나다(見)'의 의미를 가지며, 일상적이지 않은 것을 뜻한다. 어떤 사람들은 그것을 '천규(天癸)'라 부르며, 또는 '도화(桃花) 계수(癸水)'라고도 부르며, 혹은 '입월(入月)'이라고도 부른다.36) 그러나 대서본 『설문·여(女)부수』에서는 이 반(姅)자가 수록되지 않았으며, 단옥재의 주석판에서도 같은 이유로 이 글자가 생략되었다.37) 그저 '여성의 불결함(婦人汚也)'이라 설명했다. 계복(桂馥)의 주석도 마찬가지로 '반(姅)'자는 '반(半)'에서 소리부를 얻었으며, '반(半)'에는 분리되는 의미가 있다. 『설문·반(半)부수』에 따르면, "반(半)은 물체가 분리됨을 의미한다." 따라서 '반(姅)'자의 원래 의미는 '면신(免身)'과 같다고 볼 수 있다. 그리하여 단옥재의 주석은 보다 명확하게 해석된

---

36) 『說文句讀』 卷二十四.
37) 『說文解字注』 十二篇下.

다. "월사(月事), 면신(免身), 상잉(傷孕) 모두 이것을 의미한다. 『광운(廣韻)』에 따르면, '반(姅)'은 상잉(傷孕)을 말하는데, 상잉(傷孕)은 '임신 중 상처를 입다'는 뜻이다.'[38]

『설문』에서 '반(姅)'자의 설명에서 인용한『한률(漢律)』의 '견반변(見姅變)'은 임신 기간 동안의 금기를 나타내는데, 단옥재의 주석에서 이 관계를 다음과 같이 밝히고 있다. "견반변(見姅變)은 오늘날 관습에서 산모의 방에 들어가지 못하는 것과 같다. 제사에도 참여할 수 없는데, 「내칙(內則)」에서 '재계 기간에는 측실의 문을 들어갈 수 없다'라고 했는데, 바로 이 의미다. 『한률』과『주례』는 서로 상호 보완의 관계에 있다."[39]

여성의 월경 및 출산을 '불결한 것'으로 여기고 다양한 금기를 설정하는 것은 여러 나라에서 흔한 현상이다. 예를 들어, 호주의 엔캉트베(Enkangtbe) 부족에서는 과거나 현재 여성이 월경 기간 동안 텐트에서 따로 떨어져 살아야 한다는 '미신'이 있었다. 젊은이나 소년이 그녀의 거처에 가까이 가면, 그녀는 큰소리를 쳐 접근하는 사람에게 경고를 하고, 젊은이는 그녀를 피해 돌아가야만 했다. 그녀가 이런 점을 소홀히 하면 비난을 받기도 하고, 때로는 남편이나 친척에게 체벌을 받기도 했다. 소년들은 어렸을 때부터 여성의 그런 핏자국을 절대로 보아서는 아니 된다고 교육받았으며, 그것을 보면 머리카락이 일찍 희어지고 평생 체질이 약해진다고 믿었다.

여성의 생리라는 이 기묘한 현상 주변에서 발생하는 많은 금기에 대한 유럽 문명국들의 인식도 원시적이고 미개한 민족들에게 뒤지지 않는다. 현존하는 가장 오래된 백과사전인 플리니우스(Gaius Plinius

---

38) "婦人汚也: 謂月事及免身及傷孕皆是也. 廣韻曰. 姅, 傷孕也. 傷孕者, 懷子傷也."
39) 『說文解字注』十二篇下.

Secundus)의 『자연사』40)에서는 월경에 대한 걱정으로 생긴 여성의 위험이 그 어느 원시 민족보다 훨씬 많다고 기술하고 있다. 그 책에 따르면, 월경 중인 여성이 포도주를 만지면 그 포도주는 식초가 된다. 그녀는 또한 농작물을 시들게 하고, 모종을 썩게 하며, 채소를 모두 망치고, 과일을 일찍 떨어뜨리게 하며, 거울을 어둡게 하고, 면도칼을 둔하게 하며, 철과 강철을 부식시키며 (특히 그 달의 후기에 그렇다), 꿀벌을 죽이며, 암말이 유산하게 하는 등의 일들을 일으킨다고 했다.

월경을 할 때 여성을 격리하는 목적은 그 위험한 영향을 제거하기 위함이었다. 원시인들의 사고방식에서, 처녀의 월경 때의 불결함과 신성한 신의 순결함 사이에는 본질적인 차이가 없다. 이들은 단지 동일한 신비한 힘의 다른 표현일 뿐이다. 이런 신비한 힘은 일반적인 힘처럼 그 자체로 좋거나 나쁘지 않다. 단지 어떻게 사용되어 사람들에게 이익을 가져다주느냐 아니면 해를 끼치게 되느냐 따라 다르다. 그러므로 월경을 하는 처녀처럼 신들도 땅에 닿을 수 없고 하늘을 볼 수 없다. 그 이유는, 한편으로는 땅과 하늘에 접촉한 후에 신의 파괴력이 땅과 하늘에 방출될 것을 두려워하기 때문이며, 한편으로 신이

---

40) [역주] 『자연사(自然史)』의 저자는 고대 로마의 작가, 정치가, 박물학자인 가이우스 플리니우스 세쿤두스(Gaius Plinius Secundus)로, 일반적으로 대(大) 플리니우스(Pliny the Elder)라고 불린다. 그는 서기 23년 또는 24년에 태어나 79년에 사망했으며, 로마 제국 시대의 중요한 인물이었다. 대 플리니우스의 영어 이름 약자는 'Pliny'이며, 전체 이름은 'Gaius Plinius Secundus'로 쓴다. 대 플리니우스는 부유한 기사 가문에서 태어났으며, 그의 군사 경력은 게르마니아 속주에서 시작되었고, 후에 로마 해군 함대의 지휘관이 되었다. 그의 저서 『자연사』(Naturalis Historia)는 광범위한 지식을 포함하는 백과사전식 작품으로, 당시 알려진 자연 세계의 여러 측면을 다루고 있으며, 식물학, 동물학, 지질학, 천문학 등을 포함하며, 후세의 과학 연구와 문학 창작에 깊은 영향을 미쳤다. 대 플리니우스는 서기 79년 베수비오 화산 폭발 때 불행히도 사망했다. 그의 조카인 소(小) 플리니우스(Pliny the Younger) 또한 유명한 로마의 작가이자 정치가이며, 그의 서간집이 유명하다.

『설문해자』인지분석

가진 미묘한 신성함이 소진될까 봐 걱정하기 때문이다. 따라서 앞서 언급한 모든 금지 사항들은 금지되어야 할 목록에 놓여 있으며, 그 목적은 신의 생명을 보호하고, 그와 함께 신의 신하들과 숭배자의 생명을 보호하는 것이었다.[41]

4. 여성을 전문적으로 지칭하는 글자군

「여(女)부수」에 의하면 다음과 같은 글자들이 존재한다.

001 甲骨 金文 簡帛 古璽 石刻): 婦人也. 象形. 王育說. 凡女之屬皆從女. 尼呂切.

여(女), '여인(婦人)'을 말한다. 상형이다. 왕육(王育)의 해설이다. 녀(女)부수에 귀속된 글자들은 모두 녀(女)가 의미부이다. 독음은 니(尼)와 려(呂)의 반절이다.

002 甲骨 古璽 石刻): 人所生也. 古之神聖母, 感天而生子, 故稱天子. 從女從生, 生亦聲. 『春秋傳』曰: "天子因生以賜姓." 息正切.

성(姓), '사람이 태어난 곳(人所生)'을 말한다. 옛날, 신성한 어머니가 하늘에 감응하여 아이를 낳았기 때문에, 천자(天子)라고 부른다. 녀(女)가 의미부이고 생(生)도 의미부인데, 생(生)은 소리부도 겸한다. 『춘추전』(『좌전』 은공 8년, B.C. 715)에서 "천자는 [덕 있는 사람을 제후로 삼을 때] 태어난 곳에 근거해 성(姓)을 하사하고 [봉토에 따라 씨(氏)를 내립니다.](天子因生以賜姓.)"라고 했다. 독음은 식(息)과 정(正)의 반절이다.

---

41) 『金枝』(中譯本), 856, 860, 861쪽(北京: 中國民間文藝出版社, 1987).

003 姜 (甲骨 金

文 石刻)： 神農居姜水, 以爲姓. 從女羊聲. 居良切.

강(姜), '[신농씨의 성인데] 신농(神農)씨가 강수(姜水)에 살았기 때문에 강(姜)을 성으로 삼았다.'42) 녀(女)가 의미부이고 양(羊)이 소리부이다. 독음은 거(居)와 량(良)의 반절이다.

004 姬 (甲骨

金文 簡帛 石刻)： 黄帝居姬水, 以爲姓. 從女臣聲.

居之切.

희(姬), '[황제의 성인데] 황제(黄帝)가 희수(姬水)에 살았기 때문에, 희(姬)를 성으로 삼았다.' 녀(女)가 의미부이고 이(臣)가 소리부이다. 독음은 거(居)와 지(之)의 반절이다.

005 姞 (金文)： 黄帝之後百鯈姓,

后稷妃家也. 從女吉聲. 巨乙切.

길(姞), '황제(黄帝)의 후손인 백유(百鯈)의 성이며, 후직(后稷)의 아내의 집안이다.' 녀(女)가 의미부이고 길(吉)이 소리부이다. 독음은 거(巨)와 을(乙)의 반절이다.

---

42) [역주] 강수(姜水)에 대해서, 『수경주(水經注)·위수(渭水)』에서는 "기수(岐水)가 강씨성(姜氏城)을 경과하면 강수(姜水)가 된다."라고 하였고, 『국어』에서는 "황제는 희수를 근거지로 하여 성장했고, 염제는 강수를 근거지로 하여 성장했다.(黄帝以姬水成, 炎帝以姜水成.)"라고 했다. 이에 대해 『단주』에서도 이렇게 말했다. "이는 『국어·진어(晉語)』의 말이다. 사공계자(司空季子)의 말에 의하면 다음과 같다. '옛날 소전(少典)씨가 유교씨(有蟜氏)를 아내로 맞아들여 황제(黄帝)와 염제(炎帝)를 낳았는데, 황제(黄帝)는 희수(姬水)를 기반으로 성장했고 염제(炎帝)는 강수(姜水)를 기반으로 성장했다. 성장하면서 덕(德)이 서로 다르게 되었다. 그래서 황제(黄帝)는 희(姬)성이 되었고 염제(炎帝)는 강(姜)성이 되었다.'……『수경주·위수편(渭水篇)』에서 기수(岐水)는 또 동쪽으로 흘러 강씨성(姜氏城)의 남쪽으로 지나 강수(姜水)가 된다고 했다. 『제왕세기(帝王世紀)』를 인용하여 염제(炎帝) 신농씨(神農氏)는 강성(姜姓)인데, 그의 어머니가 화양(華陽)에 놀러갔다가 신과 감응하여 염제(炎帝)를 낳았으며, 강수(姜水)를 근거지로 하여 성장했다고 했다."

006 [이미지] [이미지] (金文)： 少昊氏之姓也. 從女, 嬴省聲. 以成切.

영(嬴), '소호씨(少昊氏)의 성이다.'[43] 녀(女)가 의미부이고, 이(嬴)의 생략된 모습이 소리부이다. 독음은 이(以)와 성(成)의 반절이다.

007 [이미지] (金文 [이미지] 漢印 [이미지] 石刻)：

虞舜居姚虛, 因以爲姓. 從女兆聲. 或爲姚, 嬈也.『史篇』以爲: 姚, 易也. 余招切.

요(姚), '우순(虞舜)이 요허(姚虛)에 살았기 때문에 요(姚)를 성으로 삼았다.' 녀(女)가 의미부이고 요(兆)가 소리부이다. 혹자는 요(姚)가 '아리땁다(嬈)'라는 뜻이라고도 한다. 또 『사편(史篇)』에서는 '요(姚)가 쉽다(易)는 뜻이다'라고 했다. 독음은 여(余)와 초(招)의 반절이다.

008 [이미지] (金文)： 虞舜居嬀汭, 因以爲氏. 從女爲聲. 居爲切.

---

43) [역주] 소호씨는 전설시대 오제(五帝)의 첫 머리를 장식하는 인물이다. 태호(太皞) 복희씨에 이어 일어난 동이족의 수령으로, 성은 기(己), 이름은 지(摯) 혹은 질(質)이라 했다.『사기』에는 소호씨가 황제의 두 아들 중 하나인 현효(玄囂)로 나오며, 궁상(窮桑)에 도읍을 정했기 때문에 궁상씨라고 불렸다는 기록도 있다. 오행의 으뜸인 '금(金)' 자로 자신의 정치와 덕을 표시하고 '금덕(金德)으로 천하의 왕 노릇을 한다'는 설을 내세웠기 때문에 '금천씨'라고도 한다. 소호(少皞), 소호(少皓), 소호(少顥)라고도 하며, 청양씨, 운양씨(雲陽氏), 주선(朱宣)이라고도 불린다. 후세에 대화하현종강황제(大華夏顯宗康皇帝) 혹은 백제라고 불리었다. 84년간 재위하다가 100살로 세상을 떠났다고 한다.『여씨춘추』·『세경(細徑)』·『통감외기(通鑑外紀)』 등에는 소호씨를 삼황오제의 하나로 꼽고 있다. 삼황오제는 중국 고대의 전설적인 제왕을 일컫는데, 삼황은 일반적으로 복희씨·신농씨·여와를 말하며, 여신인 여와 대신 수인씨나 황제를 넣기도 한다. 오제는 사마천의『사기』에 의하면 황제·전욱·제곡·요·순을 말하는데, 황제를 삼황으로 꼽을 때는 '소호'를 오제에 넣기도 한다. 소호씨는 궁상(窮桑: 지금의 산동성 곡부 동북)에서 제위에 오른 뒤 곡부로 옮겼다. 죽어서는 엄(奄, 산동성 곡부현)에서 죽어 운양산(雲陽山, 산동성 곡부 서남쪽)에 장사지냈다고 한다.(『중국인물사전』)

규(嬀), '우순(虞舜)이 규수(嬀水)와 예수(汭水)가 합쳐지는 곳에 살 았기 때문에, 규(嬀)를 성으로 삼았다. 녀(女)가 의미부이고 위(爲) 가 소리부이다. 독음은 거(居)와 위(爲)의 반절이다.

009 金文：祝融之後姓也. 從女云聲. 𡐊,

籀文妘從員. 王分切.

운(妘), '축융(祝融)의 후손의 성이다.'[44] 녀(女)가 의미부이고 운(云) 이 소리부이다. 운(𡐊)은 운(妘)의 주문체인데, 원(員)으로 구성 되었다. 독음은 왕(王)과 분(分)의 반절이다.

010 ![姺]： 殷諸侯爲亂, 疑姓也. 從女先聲.『春秋傳』曰: "商有姓邳." 所臻切.

신(姺), '은(殷)의 제후들이 난을 일으켰는데, 선(姺)은 그들 중 하나 로 추정된다.[45] 녀(女)가 의미부이고 선(先)이 소리부이다.『춘추 전』에서 "상(商)나라 때에는 신(姺)과 비(邳)가 있었다"라고 했다. 독음은 소(所)와 진(臻)의 반절이다.

011 ![㜣]： 人姓也. 從女然聲. 奴見切.

연(㜣), '사람의 성(人姓)'을 말한다. 녀(女)가 의미부이고 연(然)이 소리부이다. 독음은 노(奴)와 견(見)의 반절이다.

012 ![妞]： 人姓也. 從女丑聲.『商書』曰: "無有作姟." 呼到切.

---

44) [역주] 축융은 전설 속 고양씨 전욱 후예의 한 갈래로 축송(祝誦) 또는 축화(祝 和)로 기록되기도 하였다. 모두 여덟 개 성씨로 나뉘어졌다고 한다. 제곡(帝嚳, 고신씨) 때 화정(火正)에 임명되었는데 불을 잘 다루었기 때문이다. 화정이란 불과 관련된 관직이었는데, 훗날 불의 신으로 받들어졌다. 일설에는 물을 담 당했던 공공이 그의 아들이라 한다. 축융의 활동 지구는 지금의 하남성 정주 일대였다. 나중에 자리를 잃고 남쪽으로 옮겨 강수(江水, 장강) 지역에 정착하 여 만족과 어울려 살았다. 축융의 한 갈래인 미(羋) 성은 훗날 서주 춘추를 거 치면서 점차 강대해져 마침내 남방에서 초나라를 세웠다고 한다. 전설 속에서 축융은 나무를 비벼 불을 얻은 수인씨의 뒤를 이어 부싯돌로 불을 얻었고, 일 찍이 화공으로 치우를 물리치기도 했다고 한다.『예기』・『좌전』・『회남자』・『여 씨춘추』등에 그에 관한 단편적인 기록들이 남아 있다.(『중국인물사전』)

45) [역주]『단주』에서 이렇게 말했다. "하(夏)나라 때에는 관(觀)과 호(扈)가 있었 고, 상(商)나라 때에는 신(姺)과 비(邳)가 있었고, 주(周)나라 때에는 서(徐)와 엄(奄)이 있었는데, 모두 당시의 난을 일으켰던 제후들이다."

호(姂), '사람의 성(人姓)'을 말한다. 녀(女)가 의미부이고 축(丑)이
소리부이다. 『상서·홍범(洪範)』에서 "사적으로 좋아하는 일을 하
지 말라(無有作姂)"라고 했다. 독음은 호(呼)와 도(到)의 반절이다.

013 㜝: 人姓也. 從女其聲. 杜林說: 娸, 醜也. 去其切.

기(娸), '사람의 성(人姓)'을 말한다. 녀(女)가 의미부이고 기(其)가
소리부이다. 두림(杜林)의 해설에 의하면, 기(娸)는 '추하다(醜)'라
는 뜻이라고 한다. 독음은 거(去)와 기(其)의 반절이다.

제4절 법(法) 이미지

　인류학자들의 연구에 따르면, 상징과 상징물 사이의 관계는 언어학적용어로 표현하면 바로 소위 능지(能指: 기표, 시니피앙)와 소지(所指: 기의, 시니피에) 사이의 관계이다. 그리고 서양 신화 체계에서의 '유니콘'과 같은 이미지는 현실에서는 존재하지 않는 순전히 '의미의 외부 투사'의 결과이다. 그 다음 다음과 같은 법칙을 도출할 수 있다. 즉 원시적 도덕률이 고대 인류의 최초의 법의 개념이었다.[1]

---

[1] 『묵자 · 천지(天志)』에서는 '귀신과 신(鬼神)'의 의지가 종종 '하늘의 뜻'이라고 했다. 그러나 「명귀(明鬼)」는 '귀신과 신'의 기능에 대해 설명하면서, 귀신과 신이 하늘을 대신하여 선과 악을 '보상하고 처벌'할 수 있다고 했다. 묵자는 '귀신이 존재한다'고 생각했으며, '귀신과 신'이 선과 악을 보상하고 처벌하는 기능을 가지고 있다고 믿었다. 예를 들어, 「명귀(明鬼)」에서 이렇게 말했다. "이는 단순히 책에서 말하는 그런 것이 아니다. 예전에 제(齊)나라 장공(莊公)의 신하들이 왕리국(王里國)과 중리요(鍾里徼)라는 두 아들을 3년이나 고발하여 옥살이가 끊이지 않았다. 제(齊)나라 군주가 이것이 싫어서 죽일까 생각했는데 무고일까 두려웠고, 풀어줄까 생각하니 또 유죄일까 걱정이 되었다. 그리하여 사람을 시켜 양 한 마리를 가져오게 하여 제나라의 신사에서 제사를 거행하게 했다. 두 아들이 이를 승낙했고, 그들은 구멍을 파고 양을 잡아 피를 받도록 했다. 왕리국의 변론을 읽고 나니 양이 이미 죽어버렸다. 그러나 중리요의 변론을 읽어나갔는데, 절반도 되지 않아 양이 일어나 뿔로 받아 그의 발을 부러뜨렸고, 조상의 사당을 치면서 맹약을 드리는 장소를 파괴했다. 당시 제(齊)나라 사람들 중 여기에 참석했던 사람은 보지 않은 자가 없었고, 멀리 있던 사람이라도 듣지 않은 자가 없었다. 이는 제나라의 『춘추』에 기록되어 있다."

'귀신과 신'의 이러한 총명하고 정직한 개념은 매우 깊은 영향을 미쳤고, 심지어 한자 구조에 대한 인식 분석에도 관련이 있게 되었다. 예를 들어, 한(漢)나라 허신(許愼)의 『설문해자』에서 '해(解)'에 대한 해석은 바로 '신수(神獸)'(귀신과 신의 작용을 갖춘 화신)로 '신판(神判)'을 진행한 것이다. 「각(角)부수」에서 이렇게 말했다. "해(解)는 분해하다는 뜻이다(判也). 칼로 소의 뿔을 갈라내다는 의미이다

『설문』에서는 두 개의 상호 연관된 인식의 '의미장'이 존재하고 있다. 하나는 「각(角)부수」의 글자로 구성된다.

· 觸(金文)：抵也. 從角蜀聲. 尺玉切.

　촉(觸), '뿔로 들이받다(抵)'라는 뜻이다. 각(角)이 의미부이고 촉(蜀)이 소리부이다. 독음은 척(尺)과 옥(玉)의 반절이다.

· 舡：擧角也. 從角公聲. 古雙切.

　강(舡), '뿔을 들어 올리다(擧角)'라는 뜻이다. 각(角)이 의미부이고 공(公)이 소리부이다. 독음은 고(古)와 쌍(雙)의 반절이다.

· 衡：牛觸, 橫大木其角. 從角從大, 行聲.『詩』曰: "設其楅衡." 東, 古文衡如此. 戶庚切.[2]

　형(衡), '소는 들이받기를 좋아하므로, 큰 나무를 뿔에 가로질러 잘 들이 받지 못하도록 한다(牛觸, 橫大木其角).' 각(角)이 의미부이고 대(大)도 의미부이며, 행(行)이 소리부이다.『시』[3]에서 "소뿔에 대는 가름 목을 진설하네(設其楅衡)"라고 노래했다. 형(東)은 형(衡)의 고문체인데, 이렇게 쓴다. 독음은 호(戶)와 경(庚)의 반절이다.

· 解 (甲骨 金文 簡帛 漢印 石刻)：判也. 從刀判牛角. 一曰解鷹, 獸也. 佳買切.

　해(解), '분해하다(判)'라는 뜻이다. 칼(刀)로 소의 뿔(牛角)을 분해하다는 뜻을 그렸다. 일설에는 '해치(解鷹)라는 짐승'을 말한다고도 한다.[4] 독음은 가(佳)와 매(買)의 반절이다.

(刀判牛角). 일설에는 해치를 말한다고도 하는데, 짐승의 이름이다(一曰解鷹, 獸也.)" 이와 관련된 것들이 「치(鷹)부수」에 네 글자가 수록되었는데, 고대 중국의 법률형식과 성질과 관련이 있으며, 동시에 신수(神獸)와도 관련이 있다. 자세한 것은 이 절의 '치(鷹)', '효(鷸)', '천(薦)', '법(灋)'자 등의 구조설명을 참조하라.

2)『說文句讀』卷八에 근거해 '저(著)'를 보충해 넣었다. 또 단옥재 판본에는 이 글이 없으며, 게다가 '其角也'도 삭제되었다.

3)『단주』에서『시(詩)』는 당연히『주례(周禮)』가 되어야 옳다고 했다.

·觿: 佩角, 銳耑可以解結. 從角巂聲.『詩』曰: "童子佩觿." 戶圭切.

휴(觿), '몸에 차고 다니는 장식용 뿔(佩角)'을 말하는데, 끝이 예리
해서 매듭을 푸는데 쓸 수 있다(銳耑可以解結). 각(角)이 의미부이
고 휴(巂)가 소리부이다.『시·위풍·환란(芄蘭)』에서 "아이가 뿔송
곳을 찼네(童子佩觿)"라고 노래했다. 독음은 호(戶)와 규(圭)의 반
절이다.

다른 하나는「치(廌)부수」에 존재한다.

·廌: 解廌, 獸也, 似山牛, 一角. 古者決訟, 令觸不直. 象形, 從豸省. 凡
廌之屬皆從廌. 宅買切.

치(廌), '해치(解廌)'로, 짐승 이름인데(獸也), 들소를 닮았으며, 뿔이
하나이다(似山牛, 一角). 옛날 재판을 할 때, [해치로 하여금] 옳지
않는 자를 뿔로 들이받도록 하였다(古者決訟, 令觸不直). 상형이
며, 치(豸)의 생략된 모습으로 구성되었다. 치(廌)부수에 귀속된
글자들은 모두 치(廌)가 의미부이다. 독음은 댁(宅)과 매(買)의 반
절이다.

·㺊: 解廌屬. 從廌孝聲. 闕. 古孝切.

고(㺊), '해치의 일종(解廌屬)'이다. 치(廌)가 의미부이고 효(孝)가
소리부이다. 구체적인 것은 알 수 없어 비워 둔다(闕). 독음은 고
(古)와 효(孝)의 반절이다.

·薦 金文 簡帛 古璽 石刻): 獸之
所食艸. 從廌從艸. 古者神人以廌遺黃帝. 帝曰: "何食? 何處?" 曰: "食
薦; 夏處水澤, 冬處松柏." 作甸切.

천(薦), '짐승이 먹는 풀(獸之所食艸)'을 말한다. 치(廌)가 의미부이

---

4) 지금은 견(犬)을 더한 '해(獬)'를 사용한다.

『설문해자』인지분석

고 초(艸)도 의미부이다. 먼 옛날, 신선이 치(廌)를 황제(黃帝)에
게 바쳤다. 그러자 황제가 물었다. "무엇을 먹고 사는가(何食)?
어디에 사는가(何處)?" 이렇게 대답했다. "천(薦)이라는 풀을 먹
고 사며, 여름에는 연못(水澤)에 살고, 겨울에는 소나무 숲(松柏)
에 삽니다." 독음은 작(作)과 전(甸)의 반절이다.

· 灋 ː 刑也. 平之如水, 從水 ; 廌, 所以觸不直者 ; 去之, 從去. 佱, 今文
省. 㳒, 古文. 方乏切.5)

법(灋), '형벌(刑)'을 말한다. 물과 같이 공평해야하기에 수(水)가 의
미부가 되었다. 치(廌)는 옳지 않은 자를 뿔로 받아버리기 때문
에 의미부가 되었고, [뿔로 받아] 날려버리기 때문에 거(去)가 의
미부가 되었다. 법(佱)은 금문체인데, 생략된 모습이다. 법(㳒)
은 고문체이다. 독음은 방(方)과 핍(乏)의 반절이다.

「각(角)부수」에 속한 '의미장'을 분석할 때, 우리는 다음과 같은 세
가지 의미지향에 주목해야 한다. 즉 '각(角)'의 이미지는 '균형(平衡)'의
기능, '해결(解結)'의 기능, 그리고 '판단(判斷)'의 효과가 그것이다. '각
(角)'의 이미지에 대한 이 세 가지 기능적 특징은 「치(廌)부수」의 '의
미장'과 연결될 수 있다. 또한, 『설문』에서 '해(解)'자에 대한 설명 중
'일설에는 ~라고도 한다(一曰)'라는 표현을 「치(廌)부수」의 관련 이미
지와 연계해 보면, 두 개념은 서로 일치한다. 즉 '해치(解廌)'는 '판단
하다(判)'는 기능적 의미를 자체적으로 가지고 있다.

「치(廌)부수」의 의미장에서 공통의 이미지인 '해치(解廌)'는 특별한
기능을 가진 '신수(神獸)'로 보인다. 여기서는 먼저 '법(法)'자의 형태와
그 변화에서 단서를 찾아보고자 한다.

---

5) 『集韻·乏部』: "灋法金, 弗乏切. 『說文』: 刑也. 平之如水, 從水, 廌所以觸不直者,
去之. 一曰則也. 亦姓. 或省. 古作㳒."

주나라 초기의 청동기인 「우정(盂鼎)」의 명문에서는 "법보선왕(法保
先王: 선왕(先王, 이전 시대의 훌륭한 왕)의 법도를 본받아 지키다)"의 '법(法)'을
🔲으로 표기했고, 이후의 「사유궤(師酉簋)」에서는 🔲으로, 「극정(克
鼎)」에서는 🔲으로, 「항궤(恒簋)」에서는 🔲으로 표기했다. 전국시대
의 고새(古璽) 문자를 보면 「진보(陳簠)」에서는 '법(法)'자를 🔲으로
표현했음을 통해 오늘날 사용하는 '법(法)'자가 위에서 언급한 글자들
의 줄임 형, 즉 '치(廌)'를 생략하여 만들어진 것임을 알 수 있다.

3-9. 해외 소장 청동기.
「양수제량유(羊首提梁卣)」

3-10. 상나라 때의 「과유(戈卣)」

금문(金文)은 그 표현도에서 볼 때, 사용된 재료와 쓰기 수단의 관
계로 인해 종종 갑골문(甲骨文)보다 상형성이 더 뛰어나다. 따라서 금
문의 형태 구조는 정리와 간소화 과정에서 '전체 삭제'의 원칙을 따르
기도 하는데, '법(灋)'자가 그 예 중의 하나이다. 그러나 '법(灋)'자의
원래 의미를 정확하게 해석하기 위해서는 나중에 생략된 '실상(實象)'

『설문해자』 인지분석

부분이 오히려 매우 중요한 단서가 된다. 이 '법(灋)'자에 든 '치(廌)'는 대체 무엇을 의미하는 것일까? 고대 사회의 '법제'는 무엇을 상징하는 가? 이는 중요한 연구 주제이다.

먼저 독음의 인식 관점에서 볼 때, '법(灋)'자를 구성하는 '치(廌)'와 '치(豸)'는 실제로 동일하며, 두 글자 모두 고대 독음에서 성모는 정모(定母) 운모는 지부(支部)에 속한다. 단옥재(段玉裁)는 "고대에는 '치(豸)'로 '해치(解廌)'의 '치(廌)'로 대신 사용했는데, 두 글자의 고대 독음은 같았기 때문이다. '해(解)'와 '치(廌)'의 고대 독음은 같은 운부에 속했다."라고 했다.6) 그리고 '치(廌)'는 '해치(解廌)'로 쓰기도 했는데, '해(解)'가 '해치(解廌)'로 쓰였다면 그것은 하나의 글자에 두 가지 독음이 존재한 예에 해당한다.

장태염(章太炎)의 「일자중음설(一字重音說)」에서는 이 예시를 들며 다음과 같이 말했다. "오늘날 『설문』을 통해 확인하면, 하나의 사물을 두 개의 문자로 표시하는 경우, 두 글자는 서로 쌍성(雙聲)이거나 혹은 첩운(疊韻)이다. 만약 단순히 독음을 기준으로만 본다면, 굳이 다른 문자를 만들 필요가 없었다. 그러나 고대에는 단지 한 개의 문자만 만들고 다른 문자를 만들지 않은 경우도 있었는데, 이는 마치 절뚝거리며 가는 것처럼 이상한 일이다. 만약 『설문』이 이를 빠트렸다면, 두 글자로 물체의 이름으로 사용하는 경우가 되는데, 『설문』은 항상 연속해서 기록했을진대 그렇게 쉽게 잊어버리지는 않았을 것이다. 따라서 문자를 처음 만들 때, 하나의 문자로 두 가지 의미를 포괄하는 것이 필요할 경우, 그 문자를 굳이 새로 만들 필요는 없었다. 예를 들면 『설문·치(廌)부수』에는 '해치(解廌)'가 있다. '치(廌)'는 원래의 글자이고, '해(解)'는 독음을 빌려온 글자다. 왜 '해(獬)'자를 만들지

---

6) 『說文解字注』九篇下.

않았는지 알게 되면, '치(廌)'자에 '해(解)와 치(廌)'의 두 가지 독음이 함께 포함되어 있음을 알 수 있다(치(廌)자에 '해(解)와 치(廌)'의 두 가지 독음이 포함되어 있다는 것은 확실하다. 즉 『좌전·선공(宣公)』(17년조)에서 '거의 일이 해결되지 않겠는가?(庶有豸乎)'라고 했는데, 두예의 주석에서 '치(廌)는 해결되다(解)는 뜻이다.'라고 되어 있으므로, 치(廌)자를 빌려와 해(解)자로 사용한 것이다. 즉 치(廌)에 해(解)라는 독음이 포함되어 있다는 증거이다)."[7]

다음으로 문자 형상에 대한 인식에서 보자. 『설문·치(廌)부수』에 따르면, "치(廌)는 '해치(解廌)'라는 동물을 말한다. 치(豸)의 생략된 모습을 의미부로 삼는다."라고 했다. 또 「각(角)부수」의 '해(解)'자에서는 "달리 해치(解廌)라는 동물을 지칭한다."라고 하였다. 그렇다면 '해(解)'는 '해(獬)'자로 파생될 수 있고, 그래서 이 동물을 달리 '해치(解廌)'로도, 또 '해치(獬豸)'로도 표현될 수 있다.

『설문·치(廌)부수』에서는 이 동물의 특성을 기술하면서 "야생 소와 비슷하게 생겼으며, 뿔이 하나 있다(似山牛, 一角.)…………상형이다."라고 기술하였다. 또한 은허(殷墟) 복사에는 시(𢊁=兕)라는 글자가 등장하는데, 『설문·시(𢊁)부수』에서 이 글자의 형상을 분석할 때 위에서 언급된 것과 어느 정도 유사하다고 설명하였다.

· 𢊁(甲骨 金文), 如野牛而靑. 象形. 與禽, 離頭同. 凡𢊁之屬皆從𢊁. 徐姊切. 兕, 古文從兒.

시(𢊁), 소와 비슷하면서 푸른색을 띤다. 상형이다. 금(禽)이나 리(離)와 머리가 같다. 시(𢊁)부수에 속하는 글자들은 모두 시(𢊁)가 의미부이다. 서(徐)와 자(姊)의 반절로 읽힌다. 시(兕)는 고문체로, 아(儿)로 구성되었다.

---

7) 『國故論衡』 卷上. 陸宗達, 『說文解字通論』, 89쪽 附錄에서 재인용(北京出版社, 1981年版).

『집운·지(旨)부』에 따르면, "시(兕, 児, 𧰧, 光, 𧰻)는 서(序)와 자(姊)의 반절로 읽히는데, 짐승 이름이다. 『설문』에서는 '푸른색을 띠는 들소이다'라고 했다. 상형이다. 금(禽)이나 리(離)와 머리 부분이 같다. 일설에는 암컷 무소(雌犀)를 말한다고도 한다. 고문체에서는 시(児)나 시(𧰧)로 적었고 혹체에서는 시(光)나 시(𧰻)로 적었다."라고 했다. 이는 이 짐승의 거대한 머리와 외뿔을 형태적 특징으로 삼았는데, 『설문』의 소전체와 대체로 일치한다. 즉 『설문·시(兕)부수』에서 "시

(兕)는 들소와 비슷하면
서 푸른색을 띤다. 상
형이다.(如野牛而靑. 象
形.)"라고 했다. 『산해
경·해내남경(海內南經)
』에서는 "시(児)라는 동
물이 야생 소와 비슷하
게 생겼는데, 검은색이
며, 뿔이 하나 있다."라
고 설명한다.

3-11. 한나라 동세(銅洗)에 새겨진 해치(解廌) 무늬

혹은 은대(殷代) 사
람들에게 '신수(神獸)를 가지고 분쟁을 결정'하는 제도가 아직 형성되지 않았거나, 아니면 '사(兕)'와 『설문』에서의 '사(兕)'는 본래 겉모습은 비슷하나 본질적으로 다른 대상이었을 것이다. 갑골 복사(卜辭)에서의 '사(兕)'는 단지 제물로 사용되기 위한 짐승에 불과했다. 그리고 실제로 '법(法)'자는 주로 종주(宗周) 시대 때 많이 나타났다. '치(廌)'라는 이 이미지의 기능적 특성에 인식을 더한 것은 『설문·치(廌)부수』

3-12~14. 주(周)나라 청동기에 부각된 양각(羊角)과 우각(牛角) 무늬

인데, 이렇게 말했다. "치(廌): 고대에는 분쟁을 결정했는데, 부정한 자를 뿔로 받아버렸다.(古者決訟, 令觸不直者.)"라고 했다 또 '법(法)'자의 설명에서는 "글자에 치(廌)가 들어간 것은 부정한 자를 제거해버리기 때문이다.(廌所以觸不直者去之.)"라고 하였다. 혜림(慧琳)의 『일체경음의(一切經音義)』에 따르면, "치(廌): 고대의 신수(神獸)였으며, 달리 해치(解廌)라고도 불렀다. 부정한 신하를 뿔로 받아 제거하였다."라고 하였다.8)

'치(廌)'자는 "판결하고 공평함을 취한다"는 특이한 기능을 가진 신수(神獸)로, 원래 사람들의 마음속에서 상상된 모습이다. 크게 보면 "영양이 잘 때 뿔을 나무에 걸고 자니, 그 발자국을 찾을 수가 없다. (羚羊掛角, 無跡可求.)"9)라는 말과 같다.

---

8) 『一切經音義』 卷三, "謝法"條.(上海古籍出版社, 1986). 日本獅穀白蓮社本을 底本으로 한 影印本.
9) [역주] 영양은 밤에 위험을 피하기 위해 발을 땅에서 떼고 뿔을 나무에 매달고 잠을 잔다. 즉 영양은 밤에 잘 때 침입을 막기 위해 발이 땅에 닿지 않도록 뿔을 나무에 매달아 둔다고 한다. 사악한 의도를 가진 사람들이 그 흔적을 찾기 위해. 이후 문학창작에도 사용되었는데, 이는 창작이 순간적인 영감에 의존하

　　　　　　　　　　　　　　『설문해자』 인지분석

따라서 나중에 이러한 이미지는 구조적 특성에 대한 인지(돌출되어 떠받아버리는 '뿔')가 '양과 유사한 것으로 변화되었다. 예를 들면, 『좌전』 선공(宣公) 17년에서 "거의 일이 해결되지 않겠는가?(庶有豸乎)"라는 구절이 있는데, 두예(杜預)는 주석에서 "치(廌)는 해결하다(解)는 뜻이다."라고 하였다. 『석문(釋文)』에서는 "해(解)의 독음은 해(蟹)이다."라고 했다. 또 『동파여복지(董巴輿服志)』에서 "해치(獬豸)는 신성한 양(神羊)을 말한다."라고 설명되었다. 그러나 어떠한 변화를 거치든, 이러한 이미지의 인식 특성은 항상 '정직함(直)'에 있다.

『논형·시응편(是應篇)』에 따르면, "유학자들은 해치(解廌)라는 동물을 '뿔이 하나인 양이라 설명했다. 이 양은 사람이 죄가 있는지 없는지를 안다. 고요(皐陶)가 법정에서 재판을 할 때, 죄가 의심스러운 사람들에게 그 양으로 하여금 들이받게 하였다. 죄가 있으면 양은 그 사람을 들이받고, 죄가 없으면 들이받지 않았다. 천성적으로 뿔이 하나인 이 성스러운 짐승은 법정의 검증을 돕기 위해 태어났다. 그래서 고요는 양을 공경하였고, 앉으나 서나 항상 그것을 모셨다."라고 했다. '해치(解廌)'는 실제로 '해치(解廌)'와 같은 말이며, '치(廌)'(敕과 豸의 반절로 읽는다)와 '치(廌)'(宅과 買의 반절로 읽는다)는 독음이 유사하기 때문에 이렇게 표현되었다. 『금루자(金縷子)·흥왕편(興王篇)』에는 "일상의 사람들은 신성한 짐승을 얻었는데, 그것은 양과 같았으며, 이름을 해치(解豸)라 하였다(常年之人, 得神獸, 若羊, 名曰獬豸.)"라고 했다. 『수서·예의지(禮儀志)』에서는 채옹(蔡邕)의 말을 인용하여 "해치(解豸)는 기린을 닮았는데 뿔이 하나이다."라고 하였다. 이에 이르면 '해치'는

며 이성적으로 설명할 수 없다는 뜻이다. 그리하여 시의 초월적인 예술적 개념을 비유하는 말로 자주 사용되었다. 더 나아가 예술적 개념이 분리되고 눈에 보이지 않는다는 뜻으로도 쓰였다. 나중에는 사람들은 그것을 불교 선(禪)의 용어, 즉 불합리하고 눈에 띄지 않는 '훌륭한 말에 대한 은유로도 이해했다.

3-15. 한(漢)나라 때의
「엄씨작양세(嚴氏作羊洗)」

공자께서 말씀하신 "기린을 잡았다"의 '기린'과 비슷한 모습으로 변화되었다.

그런가 하면 『신의경(神異經)』에서는 '소'의 형상을 취하고 있다. 즉 "소처럼 생긴 짐승으로, 뿔이 하나인데, 그 이름은 해치(獬豸)라 한다."라고 했다. '해(獬)'는 '해(解)'자에서 파생된 이후의 글자이며, '치(豸)'는 '치(蟲)'와 독음이 같다. 계복(桂馥)의 『소증(疏證)』에 따르면, 『태원(太元)・견차(堅次)』(8)에서 "오로지 해치(解蟲)의 정절(貞)만 사용하였다"라고 했는데, 주석에서 "해치(解蟲)는 바르고 곧은 짐승이다"라고 했다.(필자 주: 蟲는 豸의 후기 분화자이며, 貞은 正과 같아 바르다는 뜻이다.) 또 「난상(難上)」(9)에서는 "뿔을 가진 해지(角解豸)는 언제나 곧음에 근거해 시행하게 한다."라고 했는데, 주석에서 "해지(解豸)는 정직한 짐승이다. 의심스러운 경우에는 뿔로 받아버리며, 결국 사람들에게 굽음과 곧음(曲直)을 구별할 수 있게 해준다. 그래서 실행될 수 있다."라고 했다.

3-16. 해외소장
청동기―자모희준(子
母犧尊)

3-17. 해외소장 청동기―우준(牛尊)

또『곤학기문(困學紀聞)』에서는 "뿔을 가진 해치(角觟觼)"라는 말을
인용하였다.(필자 주: 角을 갖춘 몸체라면 바로 '곧음(直)'의 기능이 있다는 말이
다)『신이경(神異經)』에서는 "동북의 황무지(東北荒) 속에 짐승이 사는
데, 소처럼 생겼지만 뿔이 하나 있고, 털은 푸르고, 네 발은 곰처럼
생겼다. 사람을 보면 싸우는데 정직하지 않은 자를 뿔로 받아버리며,
사람들이 싸우는 말을 들으면 바르지 않은 사람을 깨물어 버린다. 그
이름은 해치(獬豸)라 하며, 달리 임법수(任法獸)라고도 한다. 그래서
옥(獄)을 모두 동북쪽에다 세우는데, 해치가 의존하는 방향이기 때문
이다." 이 지점에서, '치(廌)'라는 이미지는 이미 직접적으로 추상적인
'법(法)'이라는 개념과 함께 언급되었다.『한서·사마상여전(司馬相如
傳)』에는 "해치를 갖고 논다(弄解廌)"라고 되어 했는데, 장읍(張揖)은
이에 대해 "해치(解廌)는 사슴처럼 생겼으나 뿔이 하나이다. 인군(人
君)의 형벌이 올바르게 시행될 때는, 조정에서 살면서 바르지 않은
자를 떠받아버리는 일을 주로 한다."라고 했다.

이 지점에 이르러서는 '사슴과 비슷하다'라는 이미지로 바뀌었다. 그러나 "뿔로 받아버리다"라는 말로 '정직함(直)'을 표현하여, 그 기능에는 변함이 없었다. 『송서·부예지(符瑞志)』에서는 "해치(獬豸)는 굽음과 곧음을 안다. 법정에서 소송이 공평하면 그곳에 도착한다." 이 지점에 이르면 이미 '실상(實象)'에서 '허상(虛象)'으로 바뀌고, 구상적인 것에서 추상적인 것으로 바뀌어, 오직 상징적인 '부예(符瑞)'만을 갖게 되었다. 속석(束晳)의 「원거석(元居釋)」에서는 "조정(朝)에서는 부정한 것을 찌르는 짐승을 기르고, 관청(廷)에는 아부하거나 거짓을 구분하는 지녕초(指佞草)가 있네.[10]"라고 했는데, '조정(朝)'과 '관청(廷)'은 문장에서 대비를 이룬다. 『당서·후사지전(侯思止傳)』에서는 "고원(高元)의 예교(禮敎)에 따르면, 임금(上)께서 만약 그대에게 글자를 모른다고 문책하시면, 해치(獬豸)는 배우지 않아도 사악한 자를 받아버릴 수 있지 않습니까? 라고 대답하라."라고 되어 있다.

호광(胡廣)의 주석에 따르면, 「한관편(漢官篇)」에서 '어사법관(御史法冠)'을 달리 '해치(獬豸)'라고도 한다. '해치(獬豸)'는 짐승의 이름인데, 사람의 굽음과 바름을 알고 사악함이나 아첨하는 자를 떠받아버릴 수 있다고 했다. 『좌전』에 따르면, 남관(南冠: 죄수)[11]을 잡아 묶어 두는 자가 초관(楚冠: 법관)[12]이라고 했다. 진(秦)이 초(楚)를 멸망시키고

---

10) [역주] 녕초(佞草)를 말하며, 굴일초(屈軼草), 굴일(屈佚)이라고도 부른다. 전설에 따르면 이 풀은 배신자를 식별할 수 있다고 한다. 『옥함산방집일서(玉函山房輯佚書)』 권72집(輯)의 「전구자(田俅子)」에서 이렇게 기록했다. "황제 시대에 조정의 계단에 이 풀이 자라났다. 아첨꾼들이 조정에 나타나자 이 풀이 그들을 가리켰다. 그래서 이에 굴일(屈)이라 불렀다고 한다. 그 결과 아첨꾼들은 더 이상 조정에 출입하지 못했다."

11) [역주] 남관(南官)은 원래 춘추시대 남쪽의 초(楚)나라의 포로를 가리키는 용어로 사용되었다. 이 때문에, 초나라 관리가 뜻하는 '초관(楚官)'이 '남관'으로 불렸다. 이 용어는 나중에 일반적으로 포로 또는 전쟁 포로를 의미하는 단어로 사용되기 시작했다.

『설문해자』 인지분석

그 관을 근신어사(近臣御史)에게 하사하여 쓰게 하였는데, 지금의 해치관(解廌冠)이다. 옛날에는 해치(解廌)라는 짐승이 바르지 않은 것을 받아버릴 수 있었기 때문에, 법을 집행하는 자가 그 형태를 가져와서 관(冠)으로 사용하여 죄가 있는 사람들을 찌를 수 있게 했다(『한관의(漢官儀)』참조). 『속한서(續漢書)·여복지(輿服志)』에 따르면, 법관(法冠)은 달리 '주(柱)'라고도 하는데, 나중에는 '해치관(獬豸冠)'이라고도 불렀다. 해치(獬豸)는 신령스런 양(神羊)이며, 굽음과 곧음을 구별할 줄 안다. 초(楚)나라 왕은 언제나 해치를 잡아서 관(冠)으로 사용했다고 한다.[13]

이와 상응하여, '해치(解廌)'라는 신수(神獸)가 먹는 음식도 매우 자세하게 따졌다. 『설문』에서 관련 의미장에서는 '천(薦)'자가 풍부한 풀과 키가 큰 숲의 의미를 지향하고 있다. 예컨대 『관자(管子)』의 주석에 따르면, "천(薦)은 풀 중에서 아름다운 것을 의미한다."라 했다. 또 『장자·제물론(齊物論)』에서는 "사슴들은(麋鹿)은 천(薦)을 먹는다"라고 했는데, 『석문(釋文)』에 따르면 "사마(司馬)는 이를 아름다운 풀이다."라고 했고, 최찬(崔撰)은 "감초(甘草)를 말한다"고 했다.(필자 주: 『설문감(甘)부수』에 따르면 "감(甘)은 훌륭하다는 뜻이다(美也)."라고 했다.)

『태평어람(太平御覽)』에서는 『설문·치(廌)부수』를 인용하여 '천(薦)'자를 치(廌: 해치)의 생활 습성으로 설명했는데, 이는 현재의 『설문』과는 약간의 차이가 있다. 즉 "봄과 여름에는 연못에 살고, 가을과 겨울에는 대나무나 화살대나 소나무나 푸른 껍질의 대나무가 있는 곳에 산다. 백첩해치(白帖獬廌)는 신비한 짐승으로, 달리 임법(任法)

---

12) [역주] 초관(楚冠)은 고대 중국에서 어사(御史)가 착용하던 관모를 가리키는데, 『회남자(淮南子)·주술훈(主術訓)』에 보인다.

13) 『說文解字義證』卷三十.

이라고도 하는데, 소처럼 생겼다. 옛날 사람들은 소송을 결정할 때, 이 짐승에게 바르지 않은 자를 뿔로 떠받게 하였다. 황제(黃帝) 시대에 그 후예가 있었는데, 황제가 무엇을 마시고 사는지를 물었다. 그러자 천(薦)을 먹고 살며, 봄과 여름에는 연못에서 살고 가을과 겨울에는 소나무와 측백나무가 있는 곳에 산다고 대답했다."14)

　이상에서 열거한 '치(鷹)'의 이미지에 대한 인식의 흐름을 통해 쉽게 알 수 있듯이, 고대 중국에서 '치(鷹)'가 '법(法)'을 상징했는데, 그 원시적인 기본 내포는 '정직(正直)'이었다. 이와 연관된 증거로서 먼저 고대 중국의 고전에 나타난 뜻풀이를 살펴볼 수 있을 것이다.

　『한서·가추매로전(賈騶枚路傳)』에서는 공자의 말을 인용하여, "제(齊)나라 환공(桓公)은 법(法)을 따르면서 꾀부리지 않았다."라고 했다. 안사고(顔師古)는 '법(法)'자를 '법을 지키다'라고 해석했지만, 사실은 너무나 간략하고 표면적인 해석이다. 『논어』에서는 공자의 이 말을 그대로 인용하여 "정직하면서 꾀부리지 않는다"라고 했다. 중국의 속담에 "관아의 문은 남쪽을 향해 열려 있다(衙門口朝南開)"15)라는 표현이 있다. 이는 대체로 고대의 법제 상황을 묘사한 것이다. '남문(南門)'이라는 것이 법제도에 관한 또 하나의 이미지를 구성하고 있다. 왕념손(王念孫)은 『소증』에서 이렇게 말했다.

　　희공(僖公) 20년 『곡량전(穀梁傳)』에 따르면, "남문(南門)은 법문(法門)

---

14) 『說文解字義證』卷三十. "春夏處水澤, 秋冬處竹箭松筠. 白帖獬鷹, 神奇之獸, 一名任法, 狀如牛. 古者決訟, 令之以觸不直. 黃帝時有遺者, 帝問何者飮? 曰: 食薦. 春夏處水澤, 秋冬處松柏."

15) [역주] 이 속담은 "아문이 남쪽을 향해 열려 있으니, 이치가 있다 해도 돈 없으면 들어오지 말라.(衙門口向南開, 有理无錢莫進來.)"라는 뜻이다. 이는 옛날에 정부가 정의보다는 돈을 중시했음을 나타낸다. 돈이 없다면 소송을 제기하는 것조차 생각할 수 없었던 시절의 상황을 풍자적으로 표현한 말이다.

이다."라고 했는데, 법문(法門)은 정문(正門)을 의미한다. 『사기・가생전(賈生傳)』에서는 "정삭(正朔)을 변경하고, 복색(服色)을 바꾸며, 법제도(法制度)를 정하고, 관명(官名)을 확정했다."라고 했다. 여기서 말한 '법제도(法制度)'는 '올바른 제도(正制度)'를 의미한다. 『순자・성악편(性惡篇)』에는 "예의(禮義)를 밝히며 그것으로 개화시키고, 법과 정의를 세워서 그것으로 다스린다."라고 하였다. 또 "우(禹)가 우 임금으로 불리는 이유는 그가 인과 의로움, 법과 정의를 실현했기 때문이다."라고 했다. 『공자가어・72제자편(七十二弟子篇)』에서는 "고시(高柴)의 사람됨은 독실한 효성을 지녔으며 법과 정의감을 가지고 있었다."라고 하였다. 『대대례(大戴禮)・권학편(勸學篇)』에는 "물이 나올 때의 양이 균등해야만 정의롭다(正)."라고 하였다. 『순자・유좌편(宥坐篇)』에서는 '정(正)'을 '법(法)'으로 썼는데, 이것은 '법(法)'과 '정(正)'이 동의어임을 보여준다.16)

『설문・치(廌)부수』로 다시 돌아가서, '법(法)'자 아래에 수록된 고문체 '법(佱)'자를 살펴보면, '정(正)'자로 구성되었음을 알 수 있다.17) 이를 통해 중국의 원시적인 법 관념의 기본적인 방향성을 자연스럽게 이해할 수 있다. '법(法)'자의 원래의 의미에는 '정(正)'이 포함되어 있으므로, 우리는 다른 곳을 찾아볼 필요 없이, 앞서 언급된 '치(廌)'의 이미지가 상징하는 문화적 내포와 일치하는 인식을 얻을 수 있다.

더불어, 원시적인 '법(法)' 관념과 고대의 도덕률 사이의 관계 측면에서 연관된 분류를 조사해 볼 필요도 있다. 이 글에서 인용한 인류학자의 연구에 따르면, 원시적인 도덕률은 바로 고대 인류 초기의 법 관념이었다. 따라서 우리는 원시적인 의미의 인식 수준에서, 고대의 '법(法)'과 '덕(德)'은 원래 일치했음을 초보적이나마 추측할 수 있다.

---

16) 王念孫, 『讀書雜志・漢書第九』, "法而不諂"條(江蘇古籍出版社, 1985年).
17) 『說文・正部』: "佱, 古文正."

다시 말해, 도덕적 가치 관념이 기원했을 때, '법(法)'과 '덕(德)'은 원래 하나였으며, 동일한 것이었다.

이어서 '덕(德)'자의 상징적 형태와 그 변화를 살펴보기 위해 『설문·척(彳)부수』를 살펴보자.

: 升也. 從彳悳聲. 多則切.

덕(德), '올라가다(升)'라는 뜻이다. 척(彳)이 의미부이고 덕(悳)이 소리부이다. 독음은 다(多)와 칙(則)의 반절이다.

'덕(德)'의 경우, 갑골문에서는 척(彳)과 직(直)으로 구성되었다. 현대 글자로는 '덕(徝)'으로 옮겨 쓸 수 있는데, 이것이 '덕(德)'자의 초기 표기였다. 이후, 금문에서는 심(心)자가 추가되었다. 조사 결과, 이 '덕(徝)'도 직(直)에서 독음이 나왔다. '덕(德)'의 상고음(上古音) 독음은 단모(端母) 직부(職部)에 속하고, '직(直)'은 정모(定母) 직부(職部)에 속한다. 그래서 성모가 동일한 계열(둘 다 '방(幫)'그룹에 속함)에 속하면 운모는 중복이 된다.

고대 문헌에서 실제로 사용한 운(韻)의 활용에서도 이러한 관계를 발견할 수 있다. 예를 들면, 『시·숭고(崧高)』 제8장 첫 네 구절에서 "신백(申伯)의 덕(德)은, 부드러우면서도 곧다네. 온 세상 바로 잡으시어, 모든 나라에 명성 떨치셨네.(申伯之德, 桑惠且直. 揉此萬邦, 聞於四國)."에서는 직부(職部)의 운을 사용하면서 '덕(德)'과 '직(直)'을 협운(協韻)하였다. 또한 마서진(馬瑞辰)은 『시·청묘(淸廟)』의 "제제다사(濟濟

『설문해자』 인지분석

多士: 수많은 사람들이), 병문지덕(秉文之德: 문왕의 덕을 받들어)"을 연구하여 '덕(德)'의 고대음이 '치(置)'로 읽혔다고 했으며, 그로부터 '사(士)'자가 '덕(德)'자와 협운할 수 있었다고 했다.[18] 사실, '치(置)'도 직(直)에서 독음이 나왔으며, 직(直)과 치(置)는 원래 서로 통용되었다.『설문·목(木)부수』에서 '식(植)'자에 대해 "목(木)이 의미부이고 직(直)이 소리부이다. 치(櫃)는 혹체자인데 치(置)로 구성되었다."라고 했다.『집운·직부(職部)』에서는 "식(植, 櫃)은 승(丞)과 식(職)의 반절로 읽힌다.『설문』에서는 '지게문의 세로로 선 나무(戶植)를 말한다'라고 했다. 또 '세우다'는 뜻이다. 혹체에서는 치(置)로 구성되었다."라고 했는데, 이들이 그 증거이다. 또『설문·심(心)부수』에는 '덕(悳)'이라는 글자도 포함되어 있는데, "직(直)도 의미부이고 심(心)도 의미부이다"라고 했다. 단옥재의 주석에 따르면, "홍법(洪範)의 세 가지 덕 중 하나가 정직(正直)이다. 직(直)은 소리부도 겸한다."라고 했다.[19] 따라서 여러 상황에서 '치(徝)'와 '덕(悳)'과 '덕(德)'은 실제로 동일한 글자의 다른 표기였다.

『집운·맥(麥)부』에서 이렇게 말했다.

· 적(柿, 樀, 樀, 樀, 樀)은 척(陟)과 혁(革)의 반절로 읽힌다.『설문』에서 짤막한 몽둥이를 말한다(槌也)라고 했다. 혹체에서는 적(樀), 적(樀), 적(樀), 적(樀)으로 적는다.

『광운』을 비롯한 다른 사전에서 보이는 '덕(櫃)'과 '득(樀)' 등도 같은 글자의 다른 표기이다. 그래서 '직(直)', '치(徝)', '덕(悳)', '덕(德)', '득(得)'은 독음이 같은 관계를 알 수 있다. 이미지 인지라는 관점에서

---

18)『毛詩傳箋通釋』, 341쪽(中華書局, 1983).
19)『說文解字注』十篇下.

보면, '치(徝)'는 달리 로도 적는데, 이는 『시경』의 '주행(周行)'이나 '경행(景行)'이라고 할 때의 '행(行)'에서 상징된다. 이는 '도로(道路)'의 상징으로, 이로 인해 인식적으로 '행위(行爲)'라는 기능적 의미를 가진다.

'도덕(道德)', '덕행(德行)', '품행(品行)' 등은 고대부터 연결되어 복합어로 사용되었는데, 그들이 사실 같은 데서 상징을 가져왔다는 것은 단순한 우연이 아니다. '치(徝)'는 직(直)에서 독음이 왔고, 직(直)에서 의미도 받아들였으니, 의미가 독음 속에 존재하는 셈이다. 따라서 '정직(正直)'이 원래 도덕의 기본적인 내포였다. 고대 사람들은 종종 '직(直)'을 '도로'와 연결시켰다. 예를 들어 『시경·소아·대동(大東)』에서 "주(周)로 가는 도로(道)는 숫돌처럼 단단하며, 그 곧기는 화살 같다네."라고 했다. '화살'에서 상징을 가져왔기에 '곧음(直)'이라는 뜻이 생겼는데, 이에 대해서는 이 책의 제5장 제1절의 "활과 화살의 상징" 부분을 참조하라. 지금까지의 방언과 속어에서도 덕행이 있는 사람을 "정도를 걷다(走正道)", 덕이 없는 사람을 "사악한 길을 걷는다(走邪路)", 정상적이지 않은 사람을 "길을 따르지 않는다(不上道)"라고 표현하는데, 이 역시 증거가 될 수 있다. 전종서(錢鍾書)는 학자들에게 다음과 같이 경고한 바 있다. "한 세대에서 마음과 성품에 깊이 뿌리내린 습관과 선입견들은 풍토에 의해 부추겨지고, 당시의 도덕과 이치에 관한 책들에 익숙하지만 서로 잊혀지고, 소홀하여 기록되지 않는 경우가 많은데, 이러한 것들은 종종 문장과 언어 속에 표현되곤 한다."[20]

'덕(德)'자는 도로(道路)라는 조직 제도에서 규범적 기능적 의미로 전환되었는데, 이러한 인식의 발전과 연관성을 잘 나타내주고 있다.

---

20) 『管錐編』卷三, 909쪽. "一代於心性之結習成見, 風氣扇被, 當時義理之書熟而相忘, 忽而不著者, 往往流露於文詞語言."

'덕(德)'자는 양면의 의미를 다 포함하는데, 고대의 뜻풀이와 해석 과정에서도 반복적으로 나타나고 있다. 예를 들면, 『시경·석서(碩鼠)』의 제2장에서는 "즐거운 나라, 즐거운 나라여, 거기 가면 내 곧게 살리라.(樂國樂國, 爰得我直.)"라고 했는데, 『모전(毛傳)』에서 "직(直)은 올바른 길을 얻는다는 뜻이다(得其直道)"라고 설명했다. 그러나 이는 두가지 의미를 모두 포함하고 있지만, 정확한 의미가 무엇인지 모두들 불분명하다고 생각했다. 예컨대, 『정전(鄭箋)』에서는 "직(直)은 바로 올바름(正)을 의미한다"라고 했지만, 후대의 『모정시고증(毛鄭詩考證)』에서도 두 가지 의미를 모두 포함하지만 한쪽으로 치중됨(偏枯)을 피하고자 "나로 하여금 곧바르게 한다(直)는 것은 내 본성을 따르며, 인생의 정도를 벗어나지 않는다."는 의미로 해석했다. 이러한 상황들은 고대와 그리 멀지 않은 시대 때의 사례이다.

'덕(德)'의 기준이 '선(善)'이라는 점도 연계하여 고찰해 볼 필요가 있다. 모든 종교, 수많은 학파와 신앙에 관계없이 그들의 교의가 다양하게 분화되어 있을지라도 그 원초적인 목표는 사람들의 마음을 '선(善)'이라는 가치로 향하도록 이끄는 것에 있다. 『설문』에서는 '길(吉)'과 '선(善)'을 서로 뜻풀이(互訓) 하고 있는데, 「경(誩)부수」에서는 "선(善)은 길하다(吉)는 뜻이다"라고 했고, 「구(口)부수」에서는 "길(吉)은 선하다(善)는 뜻이다"라고 했다. 은허 복사(卜辭)의 경우 '선(善)'자의 표기와 사용 등에 대해 현재 학계에서 논의할 수 있는 자료는 거의 없다. 일반적으로 '선(善)'자에 대한 분석은 사실상 아직도 『설문』의 '미(美)와 선(善)이 같은 뜻'이라는 힌트를 넘어서지 않았다. 문자학연구 분야에서 이러한 조심스러운 태도가 더 믿을만하다고 생각되는데, 자세한 것은 이 책의 제4장 제1절 "대양(大羊) 이미지"를 참조하면 된다. '길(吉)'자의 경우, 그 상징이 '화살(矢)'에서 나왔으며, 어원학적으로 '직(直)'의 의미와 연계되어 있음을 확인할 수 있다. 자세한 내용은 이 책의 제5장 제1절 "궁시(弓矢) 이미지"에서 확인할 수 있다. 따라서 이에 대한 추가 설명은 생략한다.

이상을 요약하자면, 중국 고대 문헌의 해석 및 원초적 도덕률의 조사를 통해 이들이 『설문』에서의 '치(廌)'자의 이미지 상징과 매우 일치한다는 것을 발견하였다. '치(廌)'는 '분쟁을 해결'할 수 있으며, 결국 '분쟁을 해결'하는 '치(廌)'는 특정한 종류의 '신수(神獸)'라는 것이다. 그렇다면, 종교적 의미의 차원에서, 중국 고대 사람들은 '법(法)'의 원초적 내포를 최상의 신(神)과 연결한 것이 된다.

먼저, 중국 고대인들은 귀신이나 천제가 정직한 성격을 가졌다고 믿었다. 『묵자』의 「천지편(天志篇)」과 「명귀편(明鬼篇)」에서는 당시 사람들은 천지나 귀신이 끊임없이 사람들의 행위와 선악, 옳고 그름을 감시하고 있으며, 선한 것에는 복을, 악한 것에는 재앙을 내려 준다고 믿고 있었다. 굴원(屈原)의 「이소(離騷)」에는 "구천을 가리켜 정의롭다(指九天以爲正)"라고 하는 말이 있는데, 모든 것을 꿰뚫어 보고 정직하고 공평무사한 '천(天)'을 끌어와 증인으로 삼고 있음을 볼 수 있다.

이와 동시에, 고대 문헌에서는 또 다른 측면도 보여준다. 즉 천제나 귀신의 허락을 받기 위해 천제나 귀신에게 기도하는 사람 자체는 반드시 지극히 정직하고 선한 덕행을 가져야 했는데, 『좌전』에서는 이러한 의미를 반복적으로 보여주고 있다. 예를 들어, 「양공(襄公)」 9년에는 "맹약에 바탕(質)이 없으면 신(神)이 강림하지 않는다. 강림한다는 것을 믿기 어렵다고 하는데, 믿는 자는 상스러우며, 선(善)의 주인이 된다. 그래서 신이 강림하게 된다.(且要盟無質, 神弗臨也. 所臨難信, 信者, 言瑞也, 善之主也. 是故臨之.)"라고 되어 있다. 또 「양공(襄公)」

『설문해자』인지분석

27년에서는 "진나라에 말하면서 숨기는 것이 없었다. 그 축관은 귀신에게 진실한 말만 하였지 부끄러운 거짓말은 하지 않았다.(言於晉國, 無隱情; 其祝史陳信於鬼神, 無愧辭.)"라고 했다. 또한 「장공(莊公)」10년에서는 "희생과 옥백(玉帛), 감히 마음대로 더하면 안 된다. 반드시 진실함으로 해야 한다.(犧牲玉帛, 弗敢加也, 必以信.)"라고 했다. 이와 같은 예시는 다양하여, 일일이 열거할 수 없을 정도로 많다.

다른 국가와 문화의 자료를 비교하면, 인류학자들은 다음과 같은 결론을 내린다. "도덕적 측면에서 볼 때, 원시의 최고신은 항상 정직하다…… 도덕률의 제정자는 그 자체가 도덕의 근원이기 때문이다…… 다음과 같은 민족들, 예컨대 북극 문화권의 원시인, 사모예드인, 아이누 인, 북미 대부분의 원주민들은 이러한 신념을 가지고 있다."

최고의 신과 도덕률의 관계에 대해서는 두 가지 주요 관점이 존재한다. 첫째, 최고의 신은 도덕률의 제정자다. "우리가 잘 알고 있는 피그미, 그리고 사모예드인, 아이누 인, 중북부 캘리포니아인, 알공킨 인, 티에라 델 푸에고 인, 남동부 오스트레일리아 인들은 모두 최고의 신이 도덕률의 창립자라고 믿는다." 그 결과, "원시 민족의 도덕성은 반드시 낮다고 할 수 없다……이러한 민족들은 정치적이나 사회적으로 어떠한 제약도 받지 않는다. 아직 성인이 되지 않은 자녀가 부모에게 복종하는 것 외에는 누구도 누구를 관리할 수 없다……그럼에도 그들은 자신의 의지를 제어하여 최고의 신에게 복종할 수 있다. 이로써 그들이 최고의 신을 얼마나 경외하는지 알 수 있다. 더 나아가, 최고의 신은 도덕의 수호자이며, 그의 전지전능함으로 도덕을 감독한다." 둘째, 최고의 신은 도덕적이고 반도덕적인 행위를 보상하거나 처벌한다. "최고의 신이 인류의 행동을 감독하기 때문에 도덕적 측면에서 선을 보상하고 악을 처벌할 수 있다." 또 "어떤 민족들은 사람이 죽은 후에도 최고의 신 앞에서 공정한 심판을 받게 된다고 믿는다."[21] 오늘날까지도 많은 야만 민족들은 아직도 '신의 심판'이라는 의식을 유지하고 있다.『고란경(古蘭經)』의 제25장에서도 "너의 신은 밝게 보신다"라고 했다.

고대의 법률 집행 기관을 '옥(獄)'이라고 했다.『설문・은(狀)부수』에는 총 3글자가 수록되었는데, 이는 작은 규모의 '동소어군(同所詞群)' 또는 '의미장'을 구성한다.

· 狀, 兩犬相齧也. 從二犬.
은(狀): 개 두 마리가 서로 물어뜯다는 뜻이다. 두 개의 견(犬)으로 구성되었다.
· 獄, 司空也. 從狀臣聲. 復說獄司空.
시(獄): 사공(司空)을 말한다. 은(狀)이 의미부이고 이(臣)가 소리부이다. 또한 옥(獄)의 사공(司空)을 말한다고도 한다.
· 獄, 確也. 從狀從言, 二犬所以守也.
옥(獄): 확실하다는 뜻이다. 은(狀)도 의미부이고 언(言)도 의미부이다, 개(犬) 두 마리가 지키고 있다는 뜻이다.

이들 '동소어군(同所詞群)'은 모두 두 마리의 개(犬)의 상징에서 유래한 것 같이 보인다. 단옥재의『설문해자주』의 해설에 따르면, '사공(司空)'은 한나라가 주나라의 제도를 모방해서 범죄를 다루는 전담으로 설치한 관직이다. "응소(應劭)의『한관의(漢官儀)』에 따르면, 수화(綏和) 원년에 어사대부(御史大夫) 직을 폐지하고, 주나라 제도를 따라 처음으로 사공(司空)을 설치하였다고 했다. 논자들은 현(縣)과 도(道)의 관직에 옥사공(獄司空)이 있었으며, 그래서 '대(大)'자를 붙여 '대사

---

21) W・施密特,『原始宗教與神話』中譯本, 338쪽, 339쪽, 342쪽(上海文藝出版社, 1987年12月.)

공(大司空)'이라고 했다고도 한다. 이에 따라 한나라 때에는 도사공(都司空)과 옥사공(獄司空)이 있었으며, 모두 죄인을 주재하였고, 모두 옥(獄)을 관리하는 직책이었다. 옥(獄)을 다루었기 때문에 은(狱)에서 유래하였는데, 은(狱)은 옥(獄)의 줄임말이다."22)

『설문』에서 '확실하다(確)'라는 말로 '옥(獄)'을 설명하였고, '지키는 바이다(所以守)'라는 말로 '옥(獄)'자가 개(犬) 두 마리에서 상징을 가져 왔음을 분석했다. 즉, '두 마리의 개(犬)'는 고대의 법 집행 과정에서의 역할을 상징한다. '확(確)'과 '각(塙)'은 동원어이다. 『설문해자주』에서는 또 이렇게 말했다. "『시·소남(召南)』의 『전』에 의하면, 옥(獄)은 각(塙)이고, 각(塙)은 확(確)과 같은데, 견고하게 서로 견제하는 의미이다." 일본어에서도 '옥(獄)'자는 개(犬) 두 마리가 "서로 물어뜯는다(狗咬狗)"로 해석되어, 재판장 앞에서 서로 다투는 것을 상징한다는 의미로 해석된다.23)

법에 의해 처벌받는 자를 '죄범(罪犯)'이라 한다. 『설문』에서는 법을 시행하는 대상의 상징적인 표시를 '신(辛)'으로 지칭하였다.

- 신(辛), ……일(一)이 의미부이고 건(辛)도 의미부인데, 건(辛)은 죄라는 뜻이다(罪也).
- 죄(皐), '법을 어기다(犯法)'라는 뜻이다. 신(辛)이 의미부이고 자(自)도 의미부인데, 죄인이 코가 잘려 나가는 형벌을 받고 힘든 고통을 받는 상태를 뜻한다. 진(秦) 나라 때에 죄(皐)가 황(皇)자와 비슷하다고 해서 죄(罪)로 바꾸었다.(犯法也. 從辛從自, 言皐人戚鼻辛苦之憂. 秦以皐似皇字, 改爲罪.)24) 『집운회(賄)부』에서 이렇게

---

22) 『說文解字注』十篇上.
23) 『標准漢和辭典·犬部』.
24) [역주] 소전체에서 매우 비슷하다. 그래서 진시황이 스스로 황제의 시작이라 칭하여 숭고하기 그지없는 뜻의 황자가 죄자와 같은 것을 참기 어려워했다. 이

말했다. "죄(辠)는 조(粗)와 회(賄)의 반절로 읽힌다. 『설문』에서 '법을 어기다(犯法)'라는 뜻이라고 했다. 자(自)가 의미부인 것은 죄인이 코가 잘려 나가는 형벌을 받고 힘든 고통을 받는 상태를 뜻한다. 진(秦)나라에서 죄(辠)가 황(皇)자와 비슷하다고 해서 죄(罪)자로 고쳤다." 또 「회(賄)부」에서 이렇게 말했다. "죄(辠, 辠)는 조(粗)와 회(賄)의 반절로 읽힌다. 『설문』에서는 삼의 모양을 말한다(屾兒)고 했다. 혹체에서는 죄(罪)로 구성되었다."

· 고(辜), '죄(辠)'라는 뜻이다. 신(辛)이 의미부이고 고(古)가 소리부이다.25) 『송본옥편·신(辛)부수』에서 이렇게 말했다. "고(辜)는 고(古)와 호(胡)의 반절로 읽힌다. 죄(罪)를 말한다. 옛날에는 고(辜)로 적었다. 고(𦴊)는 고(辜)의 고문체이다."

「신(辛)부수」에 따르면 '고(辜)'와 '죄(辠)'는 체훈(遞訓)으로 사용되었으며, "무고한 자를 마구잡이로 죽이다(濫殺無辜)"라고 할 때의 '고(辜)'는 바로 죄(罪)를 의미한다. 그러나 『설문』에서 수록된 고문체를 보면, '고(辜)'는 일반적인 죄(罪)와는 달랐던 것으로 보인다. 고문체인 '고(𦴊)'는 죽음(死)에서 의미를 가져왔으므로, 그 의미에는 차이가 있음을 알 수 있다. 또한 '옥을 다스리는(治獄)' 사람을 '변(辯)'이라 했는데, "변(辯)은 다스리다(治)는 뜻인데, 언(言)이 변(辡) 사이에 위치한 모습이다." 따라서 '신(辛)'자는 '죄(罪)와 옥(獄)'의 상징과 깊게 관련되어 있다. 갑골문에서 '신(辛)'과 '건(辛)'은 사실상 같은 글자로, 그 구성과 구조는 다음과 같다. 『설문·신(辛)부수』에서 이렇게 말했다.

· 辛 (甲骨)

에 당시의 저명한 문자학자 양웅(揚雄)을 시켜 새로운 글자를 만들도록 했는데, 모든 죄인(罪)을 일망타진하거나 그물에 가두다(网=罔=網)는 뜻을 담았다.
25) 『標准漢和辭典·宀部』 "宰"의 說解.

『설문해자』인지분석

金文 簡帛 古璽 古幣 石刻） :　秋時萬物成而孰 ; 金剛, 味辛, 辛痛卽泣出. 從一從辛. 辛,

辠也. 辛承庚, 象人股. 凡辛之屬皆從辛. 息鄰切.

신(辛), '가을이 되면 만물이 성장하여 익게 된다(秋時萬物成而孰).' 쇠(金)를 뜻하는데 쇠는 단단함의 상징이다. 또 신맛을 뜻하는데, 신맛은 고통스러워 눈물이 남을 상징한다. 일(一)이 의미부이고 건(辛)도 의미부인데, 건(辛)은 죄(辠)를 뜻한다. 신(辛)이 경(庚)을 이어서 나오는 것은 사람에게서 넓적다리(股)가 [경(庚)의 상징인] 배꼽에 이어져 있는 것과 같은 이치이다. 신(辛)부수에 귀속된 글자들은 모두 신(辛)이 의미부이다. 독음은 식(息)과 린(鄰)의 반절이다.

곽말약(郭沫若)은 '신(辛)'이 고대의 새김칼(剞劂)의 모습이라고 했다. 새김칼(剞劂)은 굽은 칼로서, 얼굴에 형벌로 문신을 새기던 도구로 사용되었다. 그 모양은 현대의 드릴(圓鑿)과 유사한데, 끝부분이 날카로워지며, 칼의 몸체는 60도의 활모양을 띤다. '신(辛)'자를 금문에서는 ▨이나 ▨과 같이 그렸는데, 새김칼의 정면 모습이다. 또 ▨이나 ▨으로 그린 것은 종단면의 모습이다. 이것을 알면 왜 '건(辛)'과 '신(辛)'이 같은 글자인지를 알 수 있다.26) 그러나 '건(辛)'과 '신(辛)'이 원래 한 글자이자, 같은 상징이었다는 해석과 함께 '신(辛)'을 완전히 형벌 도구의 상징으로 해석하는 것은 어떤 한쪽 면만 강조한 것으로 보일 수 있다. 왜냐하면 『설문·건(辛)부수』에서 실제로 여러 '죄가 있는 사람들'을 나열하고 있기 때문이다. 다음의 예를 보자.

---

26) 『甲骨文字硏究·釋干支』(北京: 科學出版社, 1982).

· 동(童)은 "남자가 죄가 있을 때 노(奴)라 하는데, 노(奴)를 동(童)이라 하고, 여자는 첩(妾)이라 한다. 건(辛)이 의미부이고 중(重)의 생략된 모습이 소리부이다.(男有罪日奴, 奴日童; 女日妾. 從辛, 重省聲.)" 『집운·동(東)부』에서 이렇게 말했다. "동(童童, 𩰫)은 도(徒)와 동(東)의 반절로 읽힌다. 『설문』에서 '남자가 죄가 있을 때 노(奴)라 하며, 노(奴)를 동(童)이라 하고, 여자는 첩(妾)이라 한다.'라고 했다. 일설에는 초목이 없는 산을 동(童)이라 한다고 한다(一日山無艸木日童). 또 성(姓)으로 쓰인다. 주문(籀文)체의 '동(童)'과 '절(竊)'은 모두 입(廿)으로 구성되었다."

· 첩(妾)은 '죄를 지은 여자'를 말하는데, 임금 옆에 붙어서(接) 일을 거들기 때문에 첩(妾)이라 부른다. 건(辛)이 의미부이고 여(女)도 의미부이다. 건(辛)이 의미부이고 여(女)도 의미부이다.(有罪女子, 給事之得接於君者. 從辛從女.)

그렇지만, 다른 글자를 구성하고 있는 '신(辛)'의 구조를 통해, '신(辛)'의 형태가 '표식'의 용도로도 사용되었음을 알 수 있다. 이는 '신(辛)'의 상징이 '형벌 도구'로만 사용되었던 것이 아님을 의미한다. 예를 들어 '장(章)'자를 보면, 『설문·음(音)부수』에서 이렇게 말했다.

· 장(章)(金文)(簡帛)(古璽)(漢印)(石刻)은 '음악의 한 장이 다 끝나는 것을 일장(一章)이라고 한다.' 음(音)이 의미부이고 십(十)도 의미부이다. 십(十)은 숫자의 종결점(數之終)을 뜻한다.(樂竟爲一章. 從音從十. 十, 數之終也.) 『집운·양(陽)부』에서 이렇게 말했다. "장(章)은 제(諸)와 양(良)의 반절로 읽힌다. 『설문』에서 '음악의 한 장이 다 끝나는 것을 일장(一章)이라고 한다. 음(音)이 의미부이고 십(十)도 의미부이다. 십(十)은 숫자의 종결점을 뜻한다.'라고 했다. 일설에는 '따다'는 뜻이라고도 한다(一日采

也). 성(姓)으로도 쓰인다." 금문에서는 (『乙亥殷』), (『頌殷』) 등으로 적었는데, 신(辛)이 일(日: 태양) 속을 꿰뚫은 모습이며, 이로부터 '밝은 모습(昭彰之象)'을 나타냈다. 그래서 '장(章)'은 사실 '창(彰)'의 초기 글자이다.

또 '상표(商標)'라고 할 때의 '상(商)'자에 대해 『설문·눌(㕯)부수』에서 이렇게 말했다.

상(商), '외부의 모습으로부터 속의 것을 헤아리다(從外知內)'라는 뜻이다. 눌(㕯)이 의미부이고, 장(章)의 생략된 부분이 소리부이다. 상(𩂨)은 상(商)의 고문체이다. 상(𠣪)도 상(商)의 고문체이다. 상(𠷖)은 상(商)의 주문체이다. 독음은 식(式)과 양(陽)의 반절이다.

『원본옥편·눌부(㕯部)』에서는 "상(商)은 서(舒)와 양(羊)의 반절로 읽힌다. 『주역』에 '교섭이 아직 안정되지 않았다(商兌未寧)'[27]라는 말이 있는데, 왕필(王弼)은 '상(商)을 상량(商量: 의논하다), 즉 제재(裁制)를 가하다는 뜻이다.'라고 풀이했다." 『설문』에서는 "외부를 통해 내부를 아는 것"이라고 했고, 『광아(廣雅)』에서는 "상(商)은 헤아리다(度)는 뜻이고, 상(商)은 상(常)과 통용된다."라고 했다. 『예기』에서는 "상(商)은 초가을을 상징하는 소리이다(孟秋其音商)"라고 하였는데, 정현(鄭玄)은 이렇게 말했다. "음악에서 치(徵: 현대의 '도'음에 해당)를 삼분의

---

27) [역주] 협상이나 대화가 여전히 진행 중이거나 불확실한 상태를 말한다.

일로 줄여서 상(商: 현대음의 '레'음에 해당)을 만든다고 했다. 상(商)의 길이는 72이며, 그것은 오행에서 금(金)에 해당하며, 상(商)의 탁음(즉 저음)은 궁(宮: 현대음악의 '도'음에 해당)의 다음에 놓이므로 궁(宮)의 신복(臣服)이라는 이미지이며, 가을은 일기가 평화로워 상(商)의 음조는 가장 조화롭다.(三分徵一以生商. 商數七十二屬金者, 以其濁次官臣之象也. 秋氣和則商聲調也.)"

또 '상(商)'은 '장(張: 펼치다)'이나 '장(將: 나아가다)'을 의미하며, 음기가 닫히고 양기가 펼쳐져 다가옴을 말한다.『초사(楚辭)』에서 "서풍과 비가 내려 해를 끼쳤다(商風雨而宵之)"라고 했는데, 왕일(王逸)은 "상풍(商風)은 서풍(西風)을 말한다"라고 했다.『한서』에서는 "서쪽에는 상업의 중심이 있다(西則有商中)"라고 하였다. 여순(如淳)은 '적절하다(適遳)'는 뜻이라고 했다. 시호법(諡法)에 따르면 '상(商)'은 명확한 업적과 백성들을 안정되게 하였을 때 붙이는 시호이며, 인자함이 안팎으로 다 미쳤을 때 '상(商)'이라 부른다고 했다. 상고(商賈: 장사)의 상(商)은 '상(賞)'자로, 패(貝)부수에 수록되었다. '상(𧶞)'은『설문』에서 '상(商)'의 주문체로 설명되었고, '상(𠶣)'은『설문』에서 '상(商)'의 고문체로 소개되었으며, '상(𠷎)'은『설문』에서 또 다른 '상(商)'의 고문체라고 했다.

『전례만상명의·눌부(𧶠部)』에서는 '상(商)'의 주요한 의미 항목을 다음과 같이 요약하였다. "상(商)은 서(舒)와 강(羌)의 반절로 읽힌다. 탁(度: 헤아리다)이라는 뜻이다. 상(常: 항상)이라는 뜻이다. 장(張: 펼치다)이라는 뜻이다. 강(降: 내려오다)이라는 뜻이다. 정(庭: 조정)이라는 뜻이다."『송본옥편·눌부(𧶠部)』에서는 "상(商)은 서(舒)와 양(羊)의 반절로 읽힌다. 5가지 소리 중 금(金)에 해당하는 소리이다. 또 상(𧶞)은 주문체이며, 상(𠶣)과 상(𠷎)은 모두 고문체이다."라고 했다.

『집운·양(陽)부』에 따르면, "상(商, 啇, 㢂, 㡅, 䨶, 䪧, 𧶜)은 시(屍)와 양(羊)의 반절로 읽힌다. 『설문』에서는 '밖으로부터 안을 아는 것을 말한다'고 했다. 일설에는 '새기다'는 뜻이라고도 한다. 또한 설(契)이 분봉받았던 땅의 이름이다. 또 성을 말한다. 또 오음에서 치(徵)음이 생기는 곳을 말한다. 고문체로는 상(㢂), 상(啇), 상(䨶), 상(㡅), 상(䪧) 등으로 적었고, 주문체로는 상(𧶜)으로 적었다.

이 글자들의 이미지 선택은 더더욱 '상표'의 문양과 유사하다. 위에서 언급한 『설문·상(商)부수』의 '상(商)'자를 한나라의 인장에서는 나타난 𠷤𠷤𠷤 및 일본에서 발굴된 기물에서 나타난 '상(商)'의 형태를 참고하면 도움이 될 것이다.

3-18. 일본 후쿠오카(福岡) 시가섬(志賀島)에서 출토된 한(漢)나라 때의 "한위노왕국(漢委奴國王)"이라 새겨진 금인(金印)

갑골문에서는 𠷤, 금문에서는 𠷤으로 적었는데, 이들이 신(辛)에서 유래한 것은 매우 분명하다. 『유편』에서는 '상(商)'을 '각(刻: 새기다)'이라는 뜻으로, 혹은 '계(契: 새기다)'라고 해석했는데, '계(契)'는 '계이불사(鍥而不舍: 꾸준히 노력하여 중도에 그만두지 않는다)'나 '계주(鍥舟: 배에 표시를 해두다)'[28]에서의 '계(鍥)'의 원래 글자이다. 글자가 신(辛)으로 구

---

28) [역주] '계주(鍥舟)'는 '각주구검(刻舟求劍)' 즉 '배에 표식을 새겨 칼을 찾다'라는 우화에서 유래했다. 한 사람이 배 위에서 칼을 물에 빠뜨리고, 배에 표시를

성되었기에 '새기다'라는 기능을 가진다. 마침 이 두 가지 의미가 서로 상응하고 있다.『설문·상(商)부수』에 따르면 '상(商)'은 "외부에서 내부를 아는 것"는 의미라고 했고,『주례·추관(秋官)』에는 "해가 지고 나서 3각(刻)이 될 때를 혼(昏), (해가 뜨기 전) 3각이 되지 않았을 때를 명(明)이라 한다(日入三刻爲昏, 不盡三刻爲明)."[29]라는 기록이 있는데,『의례(儀禮)』에서는 이를 "해가 지고 나서 3상(商)이 될 때를 혼(昏)이라 한다(日入三商爲昏)"라고 했다. 따라서 '각(刻)'과 '상(商)'은 이체자 관계이다.

『광운(廣韻)』및『집운(集韻)』에서는 일반적인 사용 의미 외에도 성씨와 관련된 많은 정보도 보존하고 있다. 예를 들어,『광운·양(陽)부』에 따르면, "상(商)은 금(金)에 해당하는 소리이다. 탁(度: 재다)이라는 뜻이다. 장(張: 펼치다)이라는 뜻이다. 강(降: 내려오다)이라는 뜻이다. 상(常: 일상적이다)이라는 뜻이다. 또한 주(州)의 명칭으로도 사용되었는데, 이는 고대 상(商)나라에 있었다. 이후 위(魏) 때에는 이 지역에 낙주(洛州)를 설치했고, 주(周)나라 때에는 상주(商州)라고 불렀는데 상(商) 땅에 있었기 때문에 붙여진 이름이다. 또한 성씨로도 사용되었는데,『가어(家語)』에는 상구(商瞿)라는 인물이 등장한다. 위에서 언급한『집운·양(陽)부』의 내용도 비슷하다. "상(商, 蔺, 高, 㘞, 啇, 蔺, 蔺)은 시(屍)와 양(羊)의 반절로 읽히는데,『설문』에서는 밖에서 안을 아는 것을 말한다고 했다. 일설에는 새기다(刻)는 뜻이라고도 했다. 또

해두고 나중에 그 자리에서 칼을 찾으려 했다는 이야기로, 융통성 없는 행동이나 상황에 맞지 않는 고집스러운 태도를 비판할 때 사용한다.

29) [역주] 삼각(三刻)은 고대 중국의 시간 측정 단위인데, 고대 중국에서는 하루(一晝夜)를 100각(百刻)으로 나누었다. 이 체계에서 '삼각(三刻)'은 현대의 약 43분에 해당한다. 즉 1각(刻)은 현대의 약 14.4분에 해당하며(24시간 ÷ 100＝0.24시간＝14.4분), 따라서 3각은 14.4분×3＝43.2분, 즉 약 43분이 된다.

『설문해자』인지분석

일설에는 설(契)이 분봉을 받은 땅이름이라고도 하며, 또한 성씨로도 쓰였다."

더 후대로 가서『정자통(正字通)』같은 책에서는 '상(商)'과 '각(刻)'과 '계(契)' 사이의 밀접한 연관성을 직접 기록하였다. 즉 "상(商)은 누전(漏箭: 물시계)[30]의 각인된 부분을 나타내며, 고대에는 각인을 상(商)이라고 했는데, 상금(商金), 상은(商銀) 등이 바로 그것이다. 각루(刻漏)라는 것은 물의 흔적을 각인함으로써 검증하는 것을 의미한다."

고대 문헌들, 예를 들면『상서・요전(堯典)』과『사기・은본기(殷本紀)』등에서는 상(商)나라의 시조를 '설(契)'이라고 불렀다. 이는 전설 속의 은상(殷商)의 조상으로, 제곡(帝嚳)의 아들로 알려져 있다. 순(舜)임금 때에 우(禹)와 함께 홍수를 다스리는 데 공을 세웠고, 사도(司徒)의 직책에 임명되었다. 그는 상(商) 땅에 분봉되었으며, 자(子)라는 성(姓)을 부여받았다. 현재까지 발견된 갑골문의 대부분은 상대(商代) 중후기의 문헌이다. 해석된 소수의 글자들을 보면 하대(夏代)와 은대(殷代)의 왕족 기록은 드물지만, '계(契)'자는 거의 고빈도로 사용된 것으로 나타났다. 이러한 연관성에 기초하여 '상(商)' – '각(刻)' – '계(契)'의 인지 연결이 이미 존재했던 것이 후대에 은(殷) 왕조를 '상(商)'이라 부르는 기초가 되었을지도 모른다.

『집운・제(霽)부』에서 이렇게 말했다. "계(契)는 결(詰)과 계(計)의 반절로 읽힌다.『설문』에서는 '큰 약속'을 말한다고 했다.『역(易)』에서는 '후대의 성인(聖人)이 그것을 계(契)로 바꾸었다'라고 했다." 또 같은 곳에서 이렇게 말했다. "계(栔, 鍥)는 힐(詰)과 계(計)의 반절로

---

30) [역주] 누전(漏箭)은 고대 시계의 하나로, 물의 표면 상승과 하강을 관찰하여 시간을 판단할 수 있는 고대의 시간 측정 도구이다. 누전(漏箭)은 물이 떨어지는 항아리 안에 배치되어 물에 뜨고 가라앉으면서 시간을 측정하며, 그 위에 눈금이 새겨져 시간을 측정한다.

읽힌다. 『설문』에서는 새기다는 뜻이다(刻也)라고 했다. 혹체에서는 금(金)으로 구성되며, 계(契)와 통용되었다."

이외에, 『설문』에서 위에서 언급한 법제 의미상의 이미지와 연결되는 '변(辡)'과 '경(競)' 두 글자도 함께 언급할 수 있을 것이다. 『설문·경(誩)부수』에서 '경(競)'에 대해 이렇게 설명했다.

> 競(甲骨金文簡帛古璽), 彊語也. 一曰逐也. 從誩, 從二人. 渠慶切.
>
> 경(競), '격렬한 논쟁(彊語)'을 말한다. 일설에는 '각축을 벌이다(逐)'라는 뜻이라고도 한다. 경(誩)이 의미부이고, 두 개의 인(人)으로 구성되었다. 독음은 거(渠)와 경(慶)의 반절이다.

또 '경(誩)'자의 본래 의미에 대해 『설문』에서는 "말을 다투다는 뜻이다(競言也). 경(競)과 같이 읽는다."라고 했다. 『집운·영(映)부』에서는 "경(誩, 䛌)은 거(渠)와 영(映)의 반절로 읽힌다. 『설문』에서는 '말을 다투다는 뜻이다(競言也)'라고 했다. 두 개의 언(言)으로 구성되었으며, 고문체에서 경(䛌)로 썼다."라고 했다. 『집운·증(蒸)부)』에서는 이렇게 말했다. "경(兢, 兢)은 거(居)와 능(陵)의 반절로 읽힌다. 『설문』에서는 다투다는 뜻이다(競也)라고 했다. 두 개의 형(兄)으로 구성되었다. 두 개의 형(兄)으로 구성된 것은 다투다(競)는 의미이다. 일설에는 공경하다는 뜻이다(敬也)라고 한다. 고문체에서는 경(兢)으로 적었다." 또 「영(映)부」에서는 이렇게 말했다. "경(竸, 競, 譪)은 거(渠)와 영(映)의 반절로 읽힌다. 『설문』에서는 강한 말을 말한다(彊語也)고 했다. 일설에는 쫓아가다는 뜻(逐也)이라고도 한다. 예서에서는 경(競)으로 적었고, 혹체에서는 경(譪)으로 적었다."

이렇게 볼 때, '경(競)'과 '경(誩)'은 사실 한 글자에서 분화된 글자이다. '경(競)'자의 '경주(競走)'라는 의미는 사실 『설문·경(誩)부수』의 '경(競)'자의 설명에서 제시한 "일설에는 쫓아가다는 뜻이라고도 한다(一曰逐也)"라고 한 그 뜻이다. '경축(競逐)'이라는 표현의 상단에는 어떻게 해서 머리 장식이 추가되었을까? 'ᵛ'은 '건(辛)'이라는 기호와 동일한 인식 기능을 가지고 있으며, '명확한 표시'를 의미하는 상징으로 쓰였다. 금문에서는 '언(言)'으로 구성되었는데, 사실 '언(言)'도 '신(辛)'의 구조에서 왔다. 갑골문에서 '언(言)'을 ᵛ(『粹』47)으로 적었는데, 구(口)가 의미부이고 신(辛)도 의미부이다. 즉 "구설(口舌)이라는 의미"의 상징에 대한 인지를 드러낸 것이라 할 수 있다. 『설문』에서는 "강하게 말하다(强語也)"는 의미로 '강(誩)'자를 설명했는데, 그 근원을 깊게 파헤쳤다 하겠다. 단옥재의 주석에서 "경(競)과 강(强)은 첩운관계에 있다. 강하게 말하다(强語)는 것은 서로 다투다(相爭)는 뜻이다."[31]라고 했다. 「변(辡)부수」에서도 "변(辡)은 죄지은 사람들이 서로 소송을 벌이다는 뜻이다(罪人相與訟也)"라고 했는데, 이 역시 연관된 부류로, 그 방증이 될 것이다.

　위에서 언급한 몇 가지 '동소어군(同所詞群)'의 연관성을 통해, 다른 문헌 유형에 비해 『설문』은 중국 고대 사회에서 '법(法)의 이미지'에 대한 인식의 연결성을 상당 부분 완전하게 보존하고 있다는 것을 알 수 있다.

---

31) 『說文解字注』 三篇上. 또한 해치(解廌)는 정직함의 이미지를 가지고 있는데, 그 영향은 후대 중국 역사에서도 찾아볼 수 있다. 북송 시대에 솔직함으로 유명했던 한 관리는 자신의 이름을 정해(鄭獬)라고 지었다. 고대에는 사람의 이름이 그의 성격과 일치해야 한다고 여겨졌다. 이 강직했던 정해(鄭獬)의 자는 이부(毅夫)였다. 『설문·수(夺)부수』에서 "의(毅), 일설에는 결단력이 있다는 뜻이다(一曰有決也)라고도 한다."라고 했다. 錢鍾書, 『宋詩選注』, 50쪽, "鄭獬"題解(人民文學出版社, 1989年 第二版.)

3-19. 서주(西周) 청동기에 보이는 소(牛)와 양(羊) 무늬

　　　　　　　　『설문해자』 인지분석

제5절 과학기술 이미지

『설문』이라는 책은 만물을 포괄하여, 실제로 중국 고대 사회의 백과사전과 같은 존재이다. 그 속에는 중국 고대 과학기술에 관한 기록만 해도 천문학, 역법, 음악, 지리, 궁전 건축, 마차, 복식, 식물, 의료, 제조, 수학, 농학 등 다양한 분야가 포함되어 있다. 주의 깊은 독자들이라면 전문 역사를 다루기 위해서는 반드시 『설문』의 관련 부분에서부터 시작하여 주요 포인트와 아이디어를 찾아야 한다는 사실을 발견할 수 있을 것이며, 이는 이미 거의 일반적인 관행으로 자리 잡았다.[1]

어떤 전문가들은 자신의 선행 연구에 다른 연구자들의 연구를 비교하거나, 더 오래된 시대의 고고학적 발견, 예를 들면 갑골문이나 종정문의 명문 같은 것들을 열거하기도 한다. 그러나 『설문』의 체계적인 구성과 발전된 인식 순서를 고려할 때, 이런 개별적인 조각들은 문맥이 빠졌거나 특정 문맥에서 어려움을 겪을 수 있기에 이러한 조각들을 섞어 넣는다고 해도 그것은 그저 장식에 지나지 않는다. 여기서는 『설문』 전체의 관련된 문자 그룹과 그들의 상징적인 기본 의미, 그리고 음악, 경기, 시간, 계절, 역법 등과 관련된 이미지 인식에 한정하여 간단하게 논의하고자 한다. 물론 이는 관련 연구의 시작으로도 볼 수 있을 것이다.

---

1) 陸宗達의 『說文解字通論』에서는 "古代의 科學"이라는 장을 따로 설정해 기술했다.

1. 음악(音樂)

음악은 원시인들이 기본적인 생존 문제를 해결한 후의 '여가 활동'이라고 할 수 있다. 따라서 음악 악기의 제작 및 사용 상황은 당시 사회의 생산 수준을 가장 잘 반영할 수 있다. 먼저 『설문』에서 반영된 고대 악기에 대해 살펴보자.

(1) '고반(考槃)'

『시경·위풍(衛風)』에 「고반(考槃)」이라는 시가 있는데, 이렇게 노래했다. "울퉁불퉁한 언덕에 움막을 이룩하니, 숨어 사는 어진 사람의 마음은 크네. 혼자 자다 깨어나 노래하노니, 딴 생각 안 하겠다 언제나 다짐하네.(考槃在阿, 碩人之薖. 獨寐寤歌, 永矢弗過.)"[2] 『시경·위풍(衛風)』에 나오는 이 '고반(考槃)'에 대한 해석은 여러 전문가들 사이에 아직 의견 통일이 되지 않았다. 『모전(毛傳)』에 따르면, "고(考)는 완성된 것을, 반(槃)은 음악을 의미한다."라고 했다. 그러나 주희(朱熹)의 『집전(集傳)』에서는 진부량(陳付良)의 설명을 인용하여, "고(考)는 두드리다는 뜻을, 반(槃)은 악기의 이름을 의미한다. 그것을 사용하여 노래의 리듬을 맞추는 데, 마치 북이나 타악기를 사용하여 음악을 연주하는 것과 같다."라고 했다. 또 황춘(黃橒)의 『시해(詩解)』에서는 "고

---

2) [역주] 김학주의 주석에 의하면, 고(考)는 『모전』에서 성(成) 즉 '이루다'는 뜻이라고 했고, '반(槃)'의 경우, 『모전』에서는 '즐기는 것'이라 했고, 『집전』에서는 '머뭇거리는 것' 즉 숨어 사는 것을 말한다고 했다. 그러나 윤계미(尹繼美)는 『시지리공략(詩地理攷略)』에서 '나무를 걸치어 집을 만드는 것' 즉 움막을 짓는 것이라 보았다.(『새로 옮긴 시경』, 217쪽)

『설문해자』 인지분석

반(考槃)은 악기를 연주하여 자신을 즐겁게 한다는 의미로 사용되었다."라고 설명한다. 여기서 『모전』에서 풀이한 '고(考)'와 '반(槃)'은 이미 파생의미로 실제 의미가 사라진 인지

3-14. 서주청동기─반(盤)

와 연계되어 있음을 쉽게 발견할 수 있다.

『설문』의 「목(木)부수」에서 이렇게 설명했다. "반(槃)은 '물건을 받잡는 나무쟁반(承槃)'을 의미하는데, 목(木)이 의미부이고 반(般)이 소리부이다. 반(鎜)은 고문체인데 금(金)이 의미부이다. 또 반(盤)은 주문(籀文)체인데, 명(皿)이 의미부이다."

『설문』에는 '반(槃)'이라는 자형만 남아 있는데, 물질문화의 발전이라는 시각에서 그것들의 질료, 즉 나무(木)로 되었는지 아니면 쇠(金)로 되었는지를 밝혀 그 질료를 드러내었다. 또 명(皿)으로 구성되었다는 것은 그것의 기능을 밝힌 것이다.

『집운(集韻)·환(桓)부』에서는 이렇게 말했다. "반(槃, 鎜, 盤, 柈)은 포(蒲)와 관(官)의 반절로 읽힌다. 『설문』에서는 승반(承槃)을 말한다고 했다. 고문체에서는 금(金)으로 구성되었고, 주문체에서는 명(皿)으로 구성되었고, 혹체에서는 반(柈)으로 적었다." '반(槃)'이 '반(般)'을 소리부로 삼고 있고, 또 '반(般)'과 '반(槃)'은 같은 글자에서 분화한 글자들이다. 그리고 『설문·주(舟)부수』에서 "반(般)은 '[피해서] 돌아서다(辟)'

라는 뜻이다. 배가 회전하는 모습을 형상했다."라고 했으며, 게다가 '반(般)'을 주(舟)부수에 귀속시켜 놓았다.

이 두 글자 사이에는 어떤 유형의 인지 관계가 존재하는 것일까?

· 『說文·舟部』: "般(甲骨金文漢印石刻), 辟也. 象舟之旋, 從舟, 從殳. 殳, 所以旋也."

반(般), '[피해서] 돌아서다(辟)'라는 뜻이다.3) 배가 회전하는 모습을 그렸다. 주(舟)가 의미부이다. 수(殳)도 의미부인데, 수(殳)는 '돌게 하는 도구(所以旋)'라는 뜻이다. 반()은 반(般)의 고문체인데, 지(支)로 구성되었다. 독음은 북(北)과 반(潘)의 반절이다.

'고반(考槃)'에서의 '고(考)'는 『시경·산유추(山有樞』에서의 말한 "불고불고(弗鼓弗考: 북을 치지도 두드리지도 않네.)"의 '고(考)'와 동일한 의미를 가진다. 이 시에서 '고반(考槃)'은 '오가(寤歌)'와 상응하고 있다. 그래서 『시해(詩解)』에서는 뜻밖에도 '고(考)'를 '악기를 연주하여 자신을 즐겁게 하다'로 해석했는데, 이 해석은 근거를 가지고 있는 것처럼 보인다. 그러나 '반(槃)'의 원래 의미가 악기였으며, 이후에 '반악(般樂)'이라는 의미로 확장되었다면, '반(槃)'이 정확히 어떤 종류의 악기를 지칭하는지에 대한 인식의 문제가 존재하고 있다.

---

3) [역주] 『예기·투호(投壺)』에 이런 말이 있다. "손님이 두 번 절하고 (막대를) 받으면 주인이 주변을 빙 돌고서 말하기를 '벽(辟: 돌아서세요!)'이라고 하고, 주인은 섬돌위로 올라가 절을 하고 보낸다.(賓再拜受, 主人般旋曰辟. 主人阼階上拜送.) 손님도 반선하여 '벽'이라고 한다.(賓般旋曰辟)." 『단주』에서 "반벽(般辟)은 중국인들의 말로, 뒤로 물러서서 도는 모습을 말한다.(般辟, 漢人語, 謂退縮旋轉之兒也.)"라고 했다.

이체 구조의 관계를 살펴보면, '반(般)', '반(槃)', '반(盤)', '반(鑿)', '반(盆)' 등은 모두 동일한 글자에서 나온 것으로, 오직 '체(體)'와 '용(用)'의 차이만 존재할 뿐 그 의미는 같다. 은허(殷墟)의 갑골문에서는 '반(般)'을 ▨으로 적었다. 이 글자는 '범(ㅂ, 凡)'과 '복(ㅏ, 攴)'으로 구성되었는데, 범(ㅂ)은 높은 키에 두루마리 발(高圈足)을 가진 '그릇(槃)'을 형상했다. 윗부분은 그 기물을 그렸고, 아랫부분은 그릇의 두루마리 발을 나타낸다. 그릇을 만들 때는 회전시키며 점토를 빚어야 하므로, '반(槃)'에는 '회전하다'는 뜻이 있다. …… 갑골문에서 '범(ㅂ, 凡)'과 '주(ㅂ, 舟)'는 종종 혼동되어 나타나고 있다. 따라서 『설문』에서는 '범(凡)'으로 구성된 것을 오인하여 '주(舟)'로 구성되었고, 또 '배가 회전하는 모습을 형상했다'라고 설명했던 것이다.[4]

3-15. 해외 소장 청동기─세반(洗盤)　　3-16. 대만 고궁박물원 소장 반(盤)

---

4) 『甲骨文字典』 卷八.

'반(般)'자는 그 자체로 '범(: 돛)'을 '치다(攴)'는 뜻을 나타내는 회의 구조이다. 흥미로운 것은 치는 대상인 '범(, 凡)'이 어떻게 해서 음악적 기능을 지니게 되었는지에 대한 것이다. 이러한 표현에서의 상징을 찾기 위해, 우리는 이를 은허(殷墟)의 갑골문에서 '풍(風)'자와 연관시킬 수 있다. 이러한 인식상의 연관성도 여전히 『설문·풍(風)부수』에서 그 실마리를 찾을 수 있다.

· 風(甲骨簡帛石刻),

八風也. 東方曰明庶風, 東南曰淸明風, 南方曰景風, 西南曰涼風, 西方曰閶闔風, 西北曰不周風, 北方曰廣莫風, 東北曰融風. 風動蟲生. 故蟲八日而化. 從蟲凡聲. 凡風之屬皆從風. 鳳, 古文風.

풍(風), '팔방의 여덟 가지 바람(八風)'을 말한다.5) 동방의 바람을 명서풍(明庶風)이라 하고, 동남방의 바람을 청명풍(淸明風)이라

---

5) [역주] 갑골문에 이미 '사방풍'에 관한 이야기가 등장한다. 대표적인 것이 『갑골문합집』제14294편인데, 전문은 다음과 같다. "東方曰析, 風曰劦, 南方曰因, 風曰凱, 西方曰韋, 風曰彝, 北方曰伏, 風曰殳.(동방의 신을 석(析)이라 하고, 동방의 바람 신을 협(劦)이라 한다. 남방의 신을 인(因)이라 하고, 남방의 바람 신을 미(凱)라 한다. 서방의 신을 위(韋)라 하고, 서방의 바람 신을 이(彝)라 한다. 북방의 신을 복(伏)이라 하고, 북방의 바람 신을 역(殳)이라 한다.)"
『산해경(山海經)·대황동경(大荒東經)』에도 비슷한 기록이 보인다. "절단(折丹)이라는 사람이 있는데, 동방을 관장하는 신을 석(析)이라 하며, 내뿜는 바람을 준(俊)이라 한다. 동방의 극지방에 있으면서 바람을 내뿜고 들이 쉰다.(有人名曰折丹, 東方曰析, 來風曰俊, 處東極以出入風)" 또 『산해경·대황남경(大荒南經)』에서는 이렇게 말했다. "인인호(因因乎)라는 신이 있는데, 남방을 관장하는 신을 인호(因乎)라 하고, 바람을 내뿜는 신을 호민(乎民)이라 하는데, 남방의 극지방에 처하면서 바람을 내뿜고 들이 쉰다.(有神名曰因因乎, 南方曰因乎, 夸風曰乎民, 處南極以出入風)" 이들 표현이 위의 갑골 편과 매우 유사해, 놀라움을 금치 못하게 한다. 이는 상나라 때의 사방신(四方神)과 사방의 바람 이름에 대한 인식이 약 1천 년 간이나 전해져 전국시대 때까지 기억으로 존재했음을 말해 준다. 동시에 『산해경』 같은 전래 문헌들이 결코 허위로 날조된 것이 아니라 상당한 근거를 갖고 있음을 보여주기도 한다.

『설문해자』인지분석

하고, 남방의 바람을 경풍(景風)이라 하고, 서남방의 바람을 량풍(涼風)이라 하고, 서방의 바람을 창합풍(閶闔風)이라 하고, 서북방의 바람을 부주풍(不周風)이라 하고, 북방의 바람을 광막풍(廣莫風)이라 하고, 동북방의 바람을 융풍(融風)이라 한다. 바람이 불면 벌레가 생겨난다. 그래서 벌레는 8일이 지나면 변화하여 형체가 생긴다. 충(虫)이 의미부이고 범(凡)이 소리부이다. 풍(風)부수에 귀속된 글자들은 모두 풍(風)이 의미부이다. 풍(𠙴)은 풍(風)의 고문체이다. 독음은 방(方)과 융(戎)의 반절이다.

『집운·동(東)부』에서는 해서화한 형태로 다음의 자형들을 보존하고 있다. "풍(風, 飌, 𩗗, 𩘋)은 방(方)과 풍(馮)의 반절로 읽힌다. 『설문』에 의하면, 팔방의 바람을 의미하는데, 바람이 불면 벌레가 생겨나고, 그래서 벌레는 8일이 지나면 번데기로 변한다고 했다. 일설에는 '풍자하다(諷)'는 뜻이라고도 한다. 또한 성(姓)으로도 사용된다. 혹체에서는 관(䖝)으로 구성되었고, 고문체에서는 풍(𩗷)과 풍(風)으로 표기하였다."

전국시대 초나라의 간독 문헌에서는 충(蟲)이 의미부이고 범(凡)이 소리부인 구조를 사용하였다. 갑골 복사에서는 '범(凡)'자로 '풍(風)'자를 대신했고, 봉새(鳳)라고 할 때의 '봉(鳳)'자로 가차하여 사용하였다. 『설문·조(鳥)부수』에 따르면 "봉(鳳)은 신성한 새다……조(鳥)가 의미부이고 범(凡)이 소리부이다." 따라서 『집운·동(東)부』에는 "풍(䫻, 梵)은 부(符)와 풍(風)의 반절로 읽힌다. 바람이 나무 위로 휘몰아치는 것을 풍(䫻)이라고 한다. 혹체에서는 풍(梵)으로 쓴다."라고 했다. '풍(䫻)'자를 혹체에서는 '풍(梵)'으로 썼다는 것이 그 증거가 된다.

음성적 연결에 따르면, 고대 중국어 독음 체계에서 '범(凡)', '풍(風)', '반(般)'은 모두 성모가 방(幫) 계열에 속한다. 게다가, 이들은 모두 동음으로 된 구조이다. 갑골문에서 '반경(盤庚)'을 합문으로는 '▨'으로 썼으며, 또한 '▨'으로 쓰기도 하며, 또 '▨'과 같은 형태로 표현하기도 하는데[6], 이러한 점들도 증거가 될 수 있을 것이다.

결국 '반(槃)'의 초기 형태는 '▨'이나 '▨'이었으며, 그 형태와 독음 및 의미를 이미 모두 갖추고 있었다. 후세에 들면서 '반(鎜)', '반(盤)', '반(磐)', '반(槃)'과 같은 글자들로 분화되었는데, 이들은 단순히 '체(體)'와 '용(用)'의 인식 관계의 차일일 뿐 의미는 같다. 즉 목(木), 석(石), 금(金)으로 구성된 것은 그것의 재질에 중점을 두었기 때문이며, 명(皿)으로 구성된 것은 그 기능을 강조했기 때문이다. 변화의 핵심은 '▨'나 '▨'(즉 舟)의 형태가 비슷하게 잘못 변하게 되었고, 그렇게 되자 부득불 재구조화 하게 되었는데, '▨'에다 목(木)이나 금(金)이나 명(皿)을 추가하여 그 기능을 명확히 표시하게 되었던 것이다. 사실상, '반(般)'은 그 자체로 악기의 기능을 가지고 있기에, '고반(考槃)'은 '고반(敲盤: 소반을 두드리다)' 또는 '격명(擊皿: 그릇을 두드리다)'를 의미한다. 『설문·노(老)부수』에 따르면 "고(考)는 늙다(老)는 뜻이며, 노(老)의 생략된 모습이 의미부이고 고(丂)가 소리부이다."라고 했다. 또 '고(攷)'도 고(丂)가 소리부인데, '고(考)'는 '고(攷)'에서 빌려온 글자이다. 『설문·복(攴)부수』에 따르면 "고(考)는 구(敂: 두드리다)이다. 복(攴)이 의미부이고, 고(丂)가 소리부이다."라고 했다. 또 "구(敂)는 치다(擊)는 뜻이며, 복(攴)이 의미부이고, 구(句)가 소리부인데, 구(扣)와 같이 읽는다."고 했다.

'고반(考槃)'에서 '두드리는(考)' 대상은 쟁반(盤)이나 그릇(皿)임은 이미 위에서 상세히 다루었다. 『설문』의 관련 분류를 보면, 고대에는

---

6) 『甲骨文編』에 수록된 '합문(合文)'이다. 『殷契粹編』 275片(日本 東京文求堂 石印本, 1937年).

『설문해자』 인지분석

'명(皿)', '부(缶)', '와(瓦)'의 세 가지 큰 의미 범주가 처음에는 그다지 명확하게 구별되지도 않았을 것으로 보인다.

3-17. 서주 목왕(穆王) 때의 「백옹부반(伯雍夫盤)」　　3-18. 굽이 높은 반(高臺盤)

3-19. 한(漢)나라 「우반(右盤)」
명문에 사용된 주(舟)와
우(又)로 구성된 '반(盤)'의
구조

3-20. 한나라 「행촉반(行燭盤)」 명문에
새겨진 금(金)이 의미부이고 반(般)이
소리부인 '반(鎜)'의 구조
『설문·목(木)부수』의 '반(盤)'
의 고문체인 '반(鎜)'자와 동일하다.

『시경』에는 '육의(六義)'가 있는데, 그 중 '부(賦)', '비(比)', '흥(興)'은 표현 방식에 관한 것이다. 반면 '풍(風)', '아(雅)', '송(頌)'에 대해서는 전인들이 이미 음악적 특징을 중심으로 그 성격을 검토한 바 있다. 한나라 학자들의 주장에 따르면, 고대의 군주들은 풍속의 순정함과 혼탁, 정치의 성패를 검토하기 위해 시를 채집하는 관리를 전문적으로 설치하였으며, 이들은 각지에서 민가와 민요를 수집하여 악관에게 제출했다. 그 악관들은 이에 악곡을 붙여서 다시 천자에게 드렸다. 이러한 시들이 많이 쌓이자, 그것들을 모아 『시경』이 탄생하게 되었다. 이를 편집한 자는 당연히 각 지역의 음악적 특징을 잘 이해하는 악관들이었을 것이다. 『좌전』 양공(襄公) 29년의 기록에는 오(吳)나라 공자 차(箚)가 노(魯)나라를 찾아간 사건이 기록되어 있는데, 그 때 악공들이 그를 위해 「주남(周南)」, 「소남(召南)」, 「패(邶)」, 「용(鄘)」, 「위(衛)」, 「왕(王)」, 「정(鄭)」, 「제(齊)」, 「빈(豳)」, 「진(秦)」, 「위(魏)」, 「당(唐)」, 「진(陳)」, 「회(鄶)」, 「소아(小雅)」, 「대아(大雅)」, 「송(頌)」 등의 노래를 불렀다고 했는데, 지금의 『시경』에 포함된 거의 모든 내용을 포함하고 있다. 위에서 언급한 『좌전』의 기록은 이들 300편의 시가 모두 음악이 배합되어 노래로 부를 수 있었으며, 그것은 자주 불리던 노래였음을 분명하게 알려준다. 이들 300편의 시는 '풍', '아', '송'의 세 범주로 크게 나뉘며, 각각의 범주는 '지역'과 '음악'의 두 가지 의미를 함께 가지고 있다.

(2) '풍요(風謠)'

'풍(風)'은 바로 「국풍(國風)」을 의미한다. 총 15개의 국풍이 있는데, 대부분은 각 지역의 민간 가요로, 음악적으로는 각 지역의 지역적인 곡조를 반영하고 있다. 『설문·풍(風)부수』에서 이렇게 말했다. "풍(風)은 팔방의 바람을 말한다. 동쪽은 명서풍(明庶風), 동남쪽은 청명풍(淸明風), 남쪽은 경풍(景風), 서남쪽은 량풍(涼風), 서쪽은 창합풍(閶闔風), 서북쪽은 부주풍(不周風), 북쪽은 광막풍(廣莫風), 북동쪽은 융풍(融風)이라 한다. 바람이 불면 벌레들이 생겨나므로, 벌레들은 8일이 지나면 번데기로 변한다. 그래서 충(蟲)이 의미부이고 범(凡)이 소리부이다." 이 여덟 방향의 '바람(風)'은 여덟 가지 음악과 상응한다. 『회남자·천문훈(天文訓)』에 따르면, "조풍(條風)은 생(笙)을, 명서풍(明庶風)은 관(管)을, 청명풍(淸明風)은 축(祝)을, 경풍(景風)은 현(弦)을, 량풍(涼風)은 훈(壎)을, 창합풍(閶闔風)은 종(鍾)을, 부주풍(不周風)은 반(磬)을, 광막풍(廣莫風)은 북(鼓)을 상징한다."[7]

이러한 상응 관계는 팔괘(八卦) 사상의 영향을 받았다. 하지만 시로써 시를 해석해 보자면, 『대아·숭고(崧高)』의 제8장에서 말한 "그 시는 매우 거대하고, 그 소리는 아주 좋다네(其詩孔碩, 其風肆好.)"에서처럼 '시'와 '풍'은 대립어로 사용되었다. 『석문(釋文)』에서 왕숙(王肅)의 주석을 인용하여 "풍(風)은 소리(音)를 말한다."라고 하였고, 『집전(集傳)』에서도 "풍(風)은 소리(聲)를 말한다."라고 하였다. 이는 이 장의 악곡과 음조가 마음을 읊은 '시'와 잘 어울린다는 것을 의미한다. 『산해경(山海經)』에서는 음악에 관해 언급할 때면 대부분 '난새(鸞鳥)'와 '봉새(鳳鳥)'를 언급하였다. 예컨대, 「대황서경(大荒西經)」에서는 "축융(祝融)이 태자(太子) 장금(長琴)을 낳았는데, 그는 나산(榣山)에 살면서, '음악(樂風)'을 처음 만들었다. 거기에는 다채로운 새들이 사는데, 세 가지 이름을 갖고 있다. 하나는 황조(皇鳥)이고, 다른 하나는 난새(鸞鳥)이며, 또 다른 이름은 봉새(鳳鳥)이다."라고 했다. 또 "엄주(弇州)의

---

7) 『二十二子·淮南子』, 高誘注(上海古籍出版社, 1986年).

산에는 다채로운 새들이 있는데, 하늘을 올려다보며 노래하기에 새의
이름을 명조(鳴鳥)라고 했다. 그곳에는 온갖 노래와 춤이 있다."라고
도 했다.

'풍(風)'자의 어원과 악기로서의 '반(般)'은 원래 같은 것이었음은 대
략 추측이 가능할 것이다. '십오국풍(十五國風)' 혹은 '풍요(風謠)'의 '풍
(風)'의 언어적 의미는 먼저 각 지역의 특색을 반영하는 민간 악기의
공통된 명칭을 가리키며, 이를 바탕으로 가사와 음악을 조화시킴으로
써 각기 다른 지역 특색을 지닌 음악적 성격의 인식 방식이 형성되었
다. 이를 통해 한 지역의 민속과 풍모를 파악할 수 있다. 일본어에서
는 이를 '국정(國情)'(國ふり: 한 나라의 전반적인 모습, 풍속, 관습, 또는 국가
적 특성)이라 부른다. 중국의 역사에서는 매우 이른 시기부터 각 지역
방언의 어투의 청탁(淸濁)과 완급 등에 주목하였다. 예를 들면, '제(齊)
방언 어투(齊氣)'의 느긋함[8], 양주(揚州) 방언의 명료하고 격렬함, 오

8) 방언에서의 '풍(風)'에 대해 이야기할 때, '제(齊) 지역의 어투가 느긋하다(緩慢)'
   는 것은 일찍이 문학 비평가들의 주목을 받은 바 있다. 1990년대 초반, 필자는
   「제 지역어의 어투를 논함(論'齊氣')」이라는 글을 쓴 적 있다. 어투가 느긋하다
   는 것은 어기(語氣)를 의미하여, 사실상 전달되는 언어 정보는 줄어들지 않는다.
   남방 방언 지역과 비교할 때, 재촉하는 소리는 매우 급하지만, 실제로 의미 표
   현은 제한적이지만, 어투의 느림은 도리어 경제 원칙과 일치한다. 제(齊)와 노
   (魯) 사이의 제성(諸城) 방언에서 '咱們(zámén: 우리)'을 '嘴(zèng)'이라고 발음하
   여 단음절(單音節) 단어로 읽는데, 단수가 아니라 복수(複數)를 지칭한다. 사실,
   이는 '咱們'의 합음(合音)이며 발음도 비교적 길다. 또한 '那樣(그렇게)'이라는 단
   어의 경우, 제성(諸城), 청주(靑州) 등의 지역에서 'niang-'으로 발음되는데, 길게
   늘여서 발음한다. 청나라 유악(劉鶚)의 『노잔유기(老殘遊記)』 제4회(回)에 이런
   묘사가 등장하난. "제남부(濟南府)의 서문을 나와 북쪽으로 18리를 가면, 낙구
   (雒口)라는 마을이 나온다. 원래 황하(黃河)가 대청하(大淸河)에 합류하기 전, 도
   시의 72개의 샘물(泉水)이 이곳에서 강으로 흘러들어 매우 번성했던 곳이다. 그
   러나 황하가 합류한 이후로도 화물선이 오가지만, 전체의 10분의 1에서 2분의
   1에 불과하여 엄청난 차이를 보였다."(上海古籍出版社, 2005년판)
   '낙구(雒口)'라는 이름의 유래에 따르면, 이는 '入河口(강 입구에 들어가는 곳)'이
   라는 의미이다. 청주(靑州)의 제로(齊魯) 사이 지역에서의 방언 규칙은 주로 [r]을

『설문해자』 인지분석

[l] 성모로 발음한다. 몇 가지 예를 들어보면, '肉(고기)'를 [lou]로 발음하고, '人 (사람)'을 [lin]으로 발음하며, '入河(강에 들어가다)'를 촉급하되 느긋하게 발음하 면 음절 구조는 [luo]가 되어 문자 그대로 '낙(雒)'과 비슷하게 된다. 그래서 혹자 는 '낙(雒)'을 '입하(入河)'의 촉급하게 읽되 천천히 발음하는 것이라고 하는 것이다. 이는 고대에서는 "제 지역의 어기(齊氣)'는 '말이 완만했다(語緩)'고 했는데 이것 이 충분한 증거가 될 것이다.

물론 반대의 예도 있다. 'niang'의 중간에 완만한 음조를 넣어서 'niang乎㯳'으로 천천히 읽는 경우도 있다. 또 하나의 음절을 여러 음절로 늘여서 읽는 경우도 있다. 예를 들어, 제성(諸城) 방언에서는 시간 부사 '장(將: 곧 ~하려 하다)'를 '將mang'으로 발음하며, '剛才'를 'caijiangmang'으로 발음한다. 고서에 보이는 많 은 단어들이 음절수에서 차이를 보이는데, 이는 촉급과 완만함의 발음에서 유 래했을 가능성이 있다.

예를 들어, 『삼국지연의』와 같은 고대 구어 소설에서는 병사가 측면에서 돌진 하는 것을 표현할 때 '刺斜里[jixieli]'의 3음절을 사용하지만, 실제로는 문어에서 는 '첩(捷)'을 느리게 읽는 발음에 지나지 않는다. 또 제48회에서는 '隔斜里'의 구조를 사용하지만, 발음은 더욱 이에 가깝다. "한당(韓當)이 방패로 가로막았 다. 초촉(焦觸)이 장창(長槍)을 조종하며 한당과 접전했다. 한당이 창을 손으로 들어 올려 초촉을 찔러 죽였다. 장남(張南)이 뒤이어 크게 소리치며 달려왔다. 주태(周泰)의 배가 비스듬히(隔斜里) 나타났다. 장남이 창을 세우고 배 머리에 섰는데, 양쪽에서 활과 화살이 난사되었다. 주태는 한 팔로 방패를 끼고, 한 손 으로 칼을 들었다. 두 배가 7-8척 거리 정도로 떨어져 있을 때, 주태는 몸을 날 려 단번에 뛰어 장남의 배 위로 곧바로 뛰어올랐다. 손에 든 칼을 내리쳐 장남 을 물속으로 베어 떨어뜨렸고, 배를 조종하는 군사들을 마구 죽였다."

고서(古書)의 주석에 따르면, '첩(捷)'은 '옆으로 나아감'을 의미한다. 『좌전·성공 (成公)』 5년에서 "중인(重人)이 말하길, 나를 기다리는 것보다 첩(捷)하는 것이 더 빠를 것이다.(重人曰: 待我, 不如捷之速也.)"라고 했는데, 두예(杜預)의 주석에 서 "첩(捷)은 비스듬히 나아감이다."라고 했다. 『국어·진어(晉語)』(5)에서도 "전달 (傳)은 빠름을 생명으로 한다. 만약 내가 피하기를 기다린다면 더욱 늦어질 것 이다. 오히려 첩(捷)하여 행하는 것만 못하다.(傳爲速也. 若俟吾避, 則加遲矣. 不 如捷而行.)"라고 했는데, 위소(韋昭)의 주석에서 "옆으로 나아감을 첩(捷)이라 한 다."라고 했다. 한어 어휘 구조 형식의 '확산(擴散)'은 어휘 단위의 증가를 가져 온다. 『집운(集韻)』과 같은 운서(韻書)를 살펴보면 이를 대략적으로 이해할 수 있다. 『한서·지리지(地理志)』(8하)에서 이렇게 말했다. "무릇 백성(民)들은 오상 (五常)의 성품을 갖추고 있으나, 그 강유(剛柔)와 완급(緩急)과 음성(音聲)이 다른 것은 수토(水土)의 풍기(風氣)에 따른 것이므로 이를 풍(風)이라 한다. 호오(好惡) 와 취사(取舍)와 동정(動靜)이 항상성을 잃는 것은 군주의 정욕(情欲)을 따르는 것이므로 이를 속(俗)이라 한다.(凡民函五常之性, 而其剛柔緩急, 音聲不同, 系水土

(吳) 방언의 부드러움, 연(燕) 방언의 강함 등등이 있다. 이렇게 각 지역에서 사용되는 악기도 이와 조화를 이루면서 각각의 특색을 띠게 되는 것은 자연스러운 일이다. 왕사탁(汪士鐸)은 그의 저서 『왕매촌선생집(汪梅村先生集)』 권5의 「기성사(記聲詞)」 제2편에서 "『악기』에서 말한 …… 정(鄭), 위(衛), 송(宋), 제(齊) 지역의 음악, 그리고 『논어』에서 말한 '정(鄭)나라의 음악은 모두 음조를 말한 것이다. 이는 오늘날 말하는 지방색을 가진 음조, 예를 들면 매산(脈山), 고평(高平), 익양(弋陽) 등의 음조라는 말과 비슷하다."라고 하였다.9)

전종서(錢鍾書)는 이러한 훈고(訓詁) 자료에 대해 특별하게 연구하였고, 그 결과 '풍(風)'자가 '풍요(風謠)'와 '풍교(風敎)'의 두 가지로 이중적 의미로 해석될 수 있다고 주장하였다.

> 그 기능으로 말하자면, '풍(風)'은 바로 풍간(風諫)과 풍교(風敎)를 의미한다. 그 근원을 말하자면 '풍(風)'은 토풍(土風)과 민가(風謠)를 지칭하는 것이며(『漢書·五行志』(하)의 윗부분에서 "천자는 민풍을 살펴서 이를 음악으로 만들었다(夫天子省風以作樂)."라고 하였는데, 응소(應劭)는 주석에서 "풍(風)은 패당 지역의 풍속을 말한다(土地風俗也)"라고 했다), 이를 현대 용어로 하자면 '지역 민요'가 된다. 그 체제에 따라 '풍'은 바로 풍영(風詠)과 풍송(風誦)이며, 이는 목구멍, 혀, 입술 등을 통해 이루어지는 것이다.(『論衡·明雩篇』에서 "무우에서 바람을 쐰다(風乎舞雩)

之風氣, 故謂之風; 好惡取舍, 動靜必常, 隨君上之情欲, 故謂之俗)."(1640쪽). "제(齊) 지역의 임치(臨淄)를 영구(營丘)라 한다. 그래서 『제시(齊詩)』에서 '그대의 영(營)이여, 나를 험준한 산간에서 만나네.'라고 했고, 또 '나를 저곳에서 기다리시오.'라고 했다. 이 또한 그 느긋하고 완만한 체(體)이다. 오(吳)나라의 계찰(季札)이 제(齊)나라의 노래를 듣고서 이렇게 말했다. '아아, 대풍(大風)이로다! 그 태공(太公)이던가? 나라를 가늠할 수가 없구나!(齊地―臨淄名營丘, 故『齊詩』曰: 子之營兮, 遭我乎巇之間兮. 又曰: 俟我於著乎而. 此亦其舒緩之體也. 吳箚聞齊之歌曰: 泱泱乎, 大風也哉！其太公乎? 國未可量也.)"(1659쪽).
9) 『管錐編』卷一, 60쪽에서 재인용.

라고 했는데, 풍(風)은 노래를 부르다(歌也)는 뜻이다.”라고 했다. 仲長統의
『樂志論』에서는 “무우 아래서 바람을 쐰다(諷於舞雩之下)”라고 했다.) 이
를 현대 용어로 말하자면 ‘가창문학(歌唱文學)’에 해당한다. 『한서·예
문지』에서도 “총 305편중에서, 진(秦)나라의 환란을 겪고도 남아 있
는 것들은 그것들이 노래로 불렸기 때문이지, 간백 자료에만 의존한
것이 아니었다.”라고 하지 않았던가! ‘풍(風)’이라는 한 글자로서『시
』의 기원에 관한 체(體)와 용(用)을 모두 포괄하였으며, 의미를 각각
따로 해석하면서도 종합적으로 해석한 말이라 할 것이다.

(言其作用, “風”者, 風諫也, 風敎也. 言其本源, “風”者, 土風也, 風謠也(『漢
書·五行志』下之上: “夫天子省風以作樂,” 應劭注: “‘風’, 土地風俗也”), 今語
所謂地方民歌也. 言其體制, “風”者, 風詠也, 風誦也, 系乎喉舌唇吻(『論衡·
明雩篇』: “‘風乎舞雩’; ‘風’, 歌也”; 仲長統『樂志論』: “諷於舞雩之下”), 今語
所謂口頭歌唱文學也; 『漢書·藝文志』不云乎: “凡三百五篇, 遭秦而全者, 以
其諷誦, 不獨在竹帛故也.” “風”之一字而於『詩』之淵源體用包擧囊括, 又並
行分訓之同時合訓矣.)10)

　　후세의 시 평론가들은 대개 ‘풍(風)’의 근원과 발전 및 그 본체와
쓰임 등의 관계를 주의 깊게 연구하지 않았다. 그러나 그들은 대부분
‘풍’의 기능, 즉 풍간(風諫)과 교화(敎化)에 중점을 둔 채, ‘풍’이라는 글
자만 보고 억지로 부합시키려는 경향이 많았으며, 나머지에 대한 언
급은 적었다.

　　연원이라는 관점에서 볼 때, ‘풍’에 해당하는 시는 바로 지역성을
띤 곡조의 민요들이었다. 게다가 ‘풍(風)’과 ‘요(謠)’는 고대부터 연결되
어 쓰이거나 심지어 ‘풍요(風謠)’라는 하나의 단어로 사용되어왔다. 이
렇게 보면, ‘요(謠)’자의 탐구를 통해 ‘풍(風)’의 근원과 그 음악적 특성
에 대한 다른 인식적 흔적을 찾을 수도 있을 것이다.

　　‘요(䚻)’의 경우, 『집운·소부(宵部)』에 따르면 “요(䚻, 謠, 猶)는 여(餘)

10)『管錐編』卷一, 58～59쪽.

와 초(招)의 반절로 읽히는데, 『설문』에서는 '반주가 없는 노래'를 말한다고 했다." 금문(金文)에서의 '요(謠)'('口䚊攵絉')는 『설문·언(言)부수』에서 수록한 고문체 '요(䚊)'와 동일한 형태로, 그 구조는 육(月=肉)이 의미부이고 언(言)도 의미부이다. 여기서 '육(肉)'은 노래가 순전히 입과 목에서 나오는 것임을 나타낸다. 『설문·언(言)부수』에 따르면 "요(䚊)는 '반주가 없는 노래'를 의미한다."라고 했는데, 이것은 초기의 민요가 원래 악기의 반주 없이 자연스럽게 감정에서 나와 입으로 불리던 것임을 의미하는데, 달리 '천뢰(天籟)'라고 불러도 될 것이다. 기록에 따르면, 당나라 때의 사람들은 반주가 없는 노래를 '도가(徒歌)'나 '육성(肉聲)'이라고 불렀다. 『정자통』에 따르면, "당나라 때의 사람들은 반주가 없는 노래(徒歌)를 '육성(肉聲)'이라고 불렀다."라고 했다.[11]

　　대체로 「유웅비(劉熊碑)」에 이르러 '요(䚊)'는 이미 '요(謠)'로 사용되었다. 그리고 『한간(汗簡)』, 『고문사성운(古文四聲韻)』, 『진한위진전례(秦漢魏晉篆隸)』, 『반마자류(班馬字類)』 등과 같은 『설문』 이후의 사전들에서도 모두 '요(䚊)'를 기반으로 하고 이에 '부(缶)'를 추가한 '요(嗂)'나 '요(謠)'와 같은 다양한 이체자들이 수록되었다. 단옥재의 『설문해자주』의 '요(䚊)'자 주석에서 "요(䚊)와 요(謠)는 고금자의 관계이다"라고 했다. 이렇게 보면, '풍요(風謠)'에서부터 여기에 이르기까지의 발전 과정을 보면, 노래는 더 이상 간결하고 장식이 없는 '반주 없는 노래(徒歌)'가 아니라, 악기와의 조화를 이루는 특별한 느낌을 가진 것으로 변화되었다. 그래서 문자의 표현에서도 '타악기'를 나타내는 요소가 강조되었으며, 그 결과로 『용감수감(龍龕手鑒)·언(言)부수』에는 '요(䚊)'자의 이체자로 '요(訤)'가 수록되었으며, "요(訤)는 속자

---

11) 『事物異名錄·音樂部』.

　　　　　　　　　　　　　『설문해자』 인지분석

이고, 요(謠)는 정자이다."라고 했던 것이다. 또『자휘(字彙)·언(言)부수』에서도 "요(詜)는 요(謠)와 같다."라고 했던 것이다.

'요(謠)'자에 '부(缶)'의 성분이 포함된 형태로 바뀌게 된 것은 '요(謠)'자에 이미 음악적 성분이 포함되었다는 것을 보여 주며, 이러한 의미상의 발생 변화는 기본적인 문자 구성 요소. 즉 '문자부호'의 변경을 통해 설명할 수 있다. 그리고 내친김에『이아』등과 같은 사전에서의 '요(謠)'(즉, '䚻'에 '缶'가 추가되어 파생한 형태)자의 의미 변화를 제대로 반영하지 못해왔다는 점을 지적하고자 한다. 예를 들어, 「석악(釋樂)」에서는 "반주 없이 부르는 노래를 '요(謠)'라고 한다."라고 했고, 『옥편·언(言)부수』에서는 "요(謠)는 혼자 부르는 노래를 뜻한다."라고 하였다. 이런 기록들은 기존의 표현을 그대로 따른 것으로, 새로운 의미 변화를 제대로 반영하지 못했다고 할 것이다.

이러한 현상을 통해 우리는 문자 기호와 언어 기호가 동일한 수준에서 작용하고 있지 않았음을 알 수 있다. 다시 말해, 둘은 항상 일대일로 대응되지 않았다. 문자의 초기 형태가 원래의 문화적 전달에 가지는 영향력은 매우 강력하여 그 영향력은 안정적으로 지속해서 나타난다. 그럼에도 단순히 문자 형태만을 바라보고 의미를 해석하는 접근 방식은 언어의 실제 상황을 고려하지 않은 것이므로, 그 결과는 신뢰할 수 없으며, 신빙성이 떨어진다고 볼 수 있다.

'요(謠)'자는 '부(缶)'에 근거하여 '음악'적 기능을 지향했다. '부(缶)'의 본질에는 '악기'로서의 쓰임이 존재함을 의미한다. 이러한 관계는 '요(謠)'자의 구성 기호의 대체 행위를 통해 확인할 수 있다. 예를 들면, 구(口)가 더해진 '요(嗂)'의 경우, 『설문·구(口)부수』에서 "기쁘다는 뜻이다(喜也). 구(口)가 의미부이고, 요(䚻)가 소리부이다."라고 했다.『광운·소(宵)운』에서는 "요(嗂)는 음악(樂)을 의미한다."라고 했다. '부

(缶)'에는 악기의 기능이 있기에, 이를 다른 형태인 '요(嶢)'로 대체할 수 있으며, 이 '요(嶢)'는 다시 음(音)으로 구성되었다. 『개변사성편해 (改拼四聲篇海)·구(口)부수』는 『용감수감』을 인용하여 "여(嶢)는 즐거운 음악을 의미한다(喜樂也)"라고 했다. 또 『정자통·구(口)부수』에서는 "요(嶢)는 속자에서 요(嶢)로 적는다"라고 했으며, 또 '요(瑤)'나 '요(嶢)'로 적을 수 있다고 했다. 『용감수감·옥(玉)부수』에는 "요(瑤)는 속자이며, 요(瑤)는 정자이다."라고 했다. 이 모든 것들은 일관된 증거로 제시되고 있다.

이렇게 볼 때, '부(缶)'는 그릇으로서 그 자체로 음악의 기능을 갖추고 있다. 몇 가지 예를 들자면, 『역경·리괘(離卦)』에서 "질그릇을 두드리지 않고서 노래한다(不鼓缶而歌)"라고 했고, 『시경·진풍(陳風)·완구(宛丘)』에서는 "통통 항아리 두드리며, 완구로 가는 길에서 놀고 있네.(坎其擊缶, 宛丘之道.)"라고 하였는데, 공영달의 주석에서는 "부(缶)는 질그릇이며, 음악의 리듬에 맞출 수 있다."라고 하였다. 『사기·염파인상여열전(廉頗藺相如列傳)』에서는 "조(趙)나라 왕이 진(秦)나라 왕이 노래를 잘 하는 것을 몰래 듣고서는 깨끗한 동이와 장군(瓵=缶)을 가져와 진왕(秦王)을 위해 연주하였다."라고 했다. 인상여가 진나라 왕 앞에서 그릇을 치며 노래를 불렀다는 것인데, 단순히 편의를 위해서가 아니라 "옛날의 모습을 잃지 않기 위해서였다"는 의미였다. "질그릇 두드렸다"는 것은 원래 현지의 전통음악, 즉 진(秦)나라 지역의 음악적 특색을 대표했기 때문이다. 『설문·부(缶)부수』에서도 "부(缶)는 질그릇으로서 술이나 장을 담는 그릇이다. 진(秦)나라 지방 사람들은 이를 치며 노래의 리듬을 맞춘다."라고 하였다. 또한 『장자』에서도 장주(莊周)가 동이를 두드리며 노래한 것이 기록되어 있는데, 이는 일상적인 일로 음악에 반주가 동반되었던 것으로 볼 수 있다.

『설문해자』 인지분석

이상의 자료에서도 쉽게 파악할 수 있듯이, '부(缶)'는 '풍요(風謠)' 안에서 분명히 '악기를 두드리는' 효과를 지니고 있는데, 이는 이전의 문헌적 해설과 잘 맞아떨어지는 것 같으며, '풍요(風謠)'로서도 이는 한 지역에만 국한되지 않았다. 그런데도 이런 인식은 아직도 부족해 보인다. 『설문』의 '범주선택 설(取類說)'에 따르면, '요(謠)'는 문자 기호로서 '부(缶)'로 구성되었다. 이 '부(缶)'는 하나의 분류를 향하게 되는데, 즉 개념의 외연은 '질그릇(瓦器)' 전체에 관련되어 있다. 그리고 '질그릇(瓦器)'의 경우, 『설문·와(瓦)부수』에 의하면 "이미 구워진 토기의 총칭"이라 할 수 있다. 따라서 '부(缶)'와 '와(瓦)'는 동일한 '의미부류(義類)'로 인식되었다. '부(缶)'의 구성 형태와 '와(瓦)' 간에는 형태 구별이 없으며, 이들 두 부호는 서로 교환 가능하며 다양한 구조를 형성한다. 아래에서 몇 가지 예를 들어 보자.

· '부(缶)'는 달리 '부(𦈢)'로도 썼는데, 『집운·유(有)부』에 따르면, "부(缶, 𦈢)는 부(俯)와 구(九)의 반절로 읽힌다. 『설문』에서는 질그릇이며, 술이나 장을 담는데 쓰며, 진(秦)나라 사람들은 이를 두드리면서 노래를 불렀다. 상형이며, 혹체자에서는 와(瓦)로 구성되기도 한다."라고 했다.

· '강(瓨)'은 '강(缸)'으로 쓰기도 하는데, 『설문·와(瓦)부수』에 따르면, "강(瓨)은 와(瓦)가 의미부이고 공(工)이 소리부이다." 『집운』에서는 독음에 호(胡)와 강(江)의 반절과 고(古)와 쌍(雙)의 반절 등 두 가지가 있다고 했고, 왕균(王筠)의 『설문구두』에서는 "이 글자는 「부(缶)부수」의 '강(缸)과 같은 글자이다"라고 했다.

· '자(瓷)'는 달리 '자(䰈)'로도 쓰는데, 이는 『집운·지(脂)부』에서 볼 수 있다.

· '병(䍓)'은 '병(瓶)'으로도 쓰는데, 『설문·부(缶)부수』의 '병(䍓)'자의 설명에 수록된 혹체자에서 볼 수 있다.

'범주선택(取類)'의 인지적 의미는 언어와 문자의 '의미부류(義類)' 사이의 경계를 깨뜨리는 데 있다. 이렇게 본다면, 『시경·위풍(衛風)』의 '고반(考槃)', 『장자』에서의 '고분(鼓盆)'[12], 그리고 『사기』에 기록된 진왕(秦王)의 '격부(擊缶)'는 모두 '도가(徒歌)' 내에서 음악적 반주를 동반하는 미적 효과를 가지고 있으며, 이는 '요(謠)'자가 '부(缶)'라는 의미부류에 근거하여 구성된 문자 기호의 언어적 배경을 보여준다.

　따라서 '부(缶)'와 '와(瓦)'는 '이미 구워진 토기에 대한 종합적 명칭'으로서, 순수하게 음악적 기능에서 보면 중국 고대의 '팔음(八音) 개념(즉 흙, 쇠, 골, 가죽, 실, 나무, 박, 대나무)과 연관되어 있다고 할 수 있다. 『국어·주어(周語)』(하)에는 "금석으로 그것을 움직이고, 실과 대나무로 그것을 진행시키며, 시(詩)로 그 방향을 이끌고, 곡으로 그것을 운율하며, 박으로 그것을 전파하고, 질그릇으로 그것을 찬양하며, 풀과 나무로 그것을 조절한다.(金石以動之, 絲竹以行之, 詩以道之, 歌以詠之, 匏以宣之, 瓦以贊之, 草木以節之.)"라고 설명되어 있다. 여기서 '와(瓦)'는 '훈(塤)'의 다른 이름으로 언급된다. 『설문·토(土)부수』에 따르면 "훈(壎)은 악기이다. 흙으로 만들며, 6개의 구멍이 있다. 토(土)가 의미부이고 훈(熏)이 소리부이다." 중국은 고대 악기의 전체 명칭인 '팔음(八音)'이라는 것은 사실 다양한 역사적 단계와 지역적 음악 특성을 포함하는 다중적 다면적 개념이라고 볼 수 있으며, 주로 악기의 체제와 재료를 바탕으로 한 것이다. 앞서 언급된 '반(般)'자가 목(木)을 의미부

---

12) 필자의 생각은 이렇다. '명(皿)'은 도대체 '부(缶)'부류에 속하는가? 아니면 '와(瓦)'부수에 속하는가? 예를 들어, 『집운·산(産)부』에서는 이렇게 말했다. "잔(琖, 觛, 盞, 湔, 醆)은 조(阻)와 한(限)의 반절로 읽힌다. 옥으로 만든 잔을 말한다(玉爵也). 하(夏)나라에서는 잔(琖), 은(殷)나라에서는 가(斝), 주(周)나라에서는 작(爵)이라 했다. 혹체에서는 각(角)이 의미부이고 명(皿)도 의미부이다. 또한 잔(湔)이나 잔(醆)으로 적기도 한다." 혹체에서는 명(皿)을 부(缶)로 바꾸어 '잔(醆)'이라는 구조로 쓰기도 한다.

로 삼기도 하고, 금(金)을 의미부로 삼기도 하고, 명(皿)을 의미부로 삼기도 하고, 석(石)을 의미부로 삼기도 할 수 있는 것처럼 많은 유형을 허용하고 있다. 그러므로 '팔음'은 아마도 여덟 가지 구체적인 악기를 의미한 아닐 것이다.

중국의 고대 문헌들에 의하면, '부(缶)'가 '풍요(風謠)'에서 갖는 음악적 기능이 고대의 간단하고 소박함에 국한되지 않았음을 보여준다. 적어도 당나라 때의 성대한 궁중 음악 대회에서도 '부(缶)' 계열의 악기는 상당히 중요한 부분을 차지했음 규모도 상당히 컸다. 앞서 언급한 『시·진풍(陳風)·완구(宛丘)』에서 묘사된 음악과 춤의 장면에 대해 당나라 공영달(孔穎達)은 주석에서 "부(缶)는 악기로서 리듬을 맞추는 데 사용할 수 있는데, 오늘날(당나라)의 '격구(擊甌: 사발 연주)'와 같다." 라고 설명했다. 당나라 때의 단안절(段安節)이 쓴 『악부잡록(樂府雜錄)·격구(擊甌)』에서도 "무종(武宗) 대에 곽도원(郭道源)이 다시 봉상부(鳳翔府) 천흥현(天興縣)의 책임자로 임명되었는데, 태상시(太常寺)의 음률 조율관의 임무를 맡았으며, 구(甌)를 치는 데 능했다. 그는 총 20개의 형구(邢甌)와 월구(越甌)를 이용했고, 속에다 물을 많이 넣거나 적게 넣고 대나무로 그것을 쳤는데, 그 소리는 방향(方響)[13]보다 더 아름다웠다."라고 설명하였다.

'국풍(國風)'과 '민요(民謠)'는 서로 연결되어 있는데, 사실상 동일한 것을 가리킨다. 또한 '15국풍(十五國風)'에는 '이남(二南)'이 포함되어 있는데, 이는 지역과 음악이라는 두 가지 측면을 모두 포괄하는 개념

---

13) [역주] 방향(方響)은 고대 중국의 타악기로, 주로 동으로 만들어진 현대의 목어(木魚)와 비슷한 형태를 가지고 있다. 불교 의식과 궁중 음악에서 리듬을 인도하거나 특정 구절을 강조하는 데 사용되었다. '방향'이라는 이름은 그 모양과 소리의 특성에서 유래되었는데, '방(方)'은 그 정사각형의 외형을 가리키며, '향(響)'은 그것이 내는 소리를 의미한다.

이다. 『설문·발(米)부수』에 따르면 "남(南)은 초목의 가지가 남쪽으로 무성하게 자라는 것을 의미한다(艸木至南方有枝任也). 발(米)이 의미부이고, 임(羊)이 소리부이다."라고 했다. 이는 '남(南)'자의 어원을 기록하고 있는데, '남(南)'은 '임(任)'으로도 읽힌다. 『집운·침(侵)부』에서 "임(鵀, 鵻)은 여(如)와 임(林)의 반절로 읽히는데, 대승(戴勝)이라는 새14)를 의미하며, 혹체에서는 추(隹)로 구성되기도 한다."고 했으며, 「본(本)부」에서는 "임(鵀)은 니(尼)와 심(心)의 반절로 읽히며, 새의 이름이다. 『박아(博雅)』에서 대임(戴鵀)은 재승(載勝)이라는 새를 말한다고 했다."고 했다.

『방언(方言)』제8권에 따르면 "시구(屍鳩)라는 새는 함곡관 동쪽 지역에서는 '대임(戴鵀)'이라 부르며, 동쪽 제(齊)의 해대(海岱) 지역에서는 '대남(戴南)'이라고 부르는데, '남(南)'은 '임(鵀)'과 같은 뜻이다."라고 했다. 필자의 생각에, '임(鵀)'이 임(壬)을 소리부로 삼았다는 것은 '남(南)'과 '임(壬)'이 서로 상통했다는 증거이다. 또한, '임(鵀)'과 '남(南)'은 각각 그 독음이 여(如)와 임(林)의 반절과 여(女)와 금(金)의 반절이며, 또 주(周)나라 때 종(鍾)이라는 악기 계열의 '대림(大林)'이나 '임종(林鍾)' 등은 주로 '임(林)'과 관련이 있다. 『국어·주어(周語)』에는 주(周)나라 경왕(景王)이 '대림(大林)'이라는 악기를 주조한 일을 기록했는데, 임(林)과 남(南)은 모두 침부(侵部) 평성(平聲)자로, 각각 래(來)와 니(泥) 성모에 속하며, '임(任)'도 침부(侵部) 일모(日母)에 속하는데, 일(日)과 모(母)는 고대음에서 모두 니(泥)모에 속했다. 또 오늘날 산동의 동쪽 청주(靑州) 방언에서는 '임(任)'을 '임(林)'으로 읽고 있는데, 이

---

14) [역주] 대승(戴勝)은 두견새를 말하는데, 두견과에 속하는 두견속의 새이다. 이들은 유라시아와 아프리카의 일부 지역에서 널리 분포하며 흔히 볼 수 있다. 두견새는 펼쳤을 때 화려한 모자와 같은 모양의 두드러진 볏을 가지고 있어서 이러한 이름이 붙여졌다. 중국 문화에서 두견새는 종종 행운과 행복을 상징한다.

『설문해자』인지분석

들은 모두 '임(任)'과 '남(南)'의 독음이 같다는 증거이다. 단옥재(段玉裁)도 『설문주』에서 "남(南)은 임(任)과 같다고 해야 할 것인데, 이는 동(東)과 동(動)이 같은 것과 같은 예이다."라고 한 바 있다.[15)

'남(南)'이라는 악기는 원래 '남임(南任)'이라 불렸으며, 현재까지도 묘(苗)족들은 신성한 의미를 지니면서도 민간에서 사용되는 악기를 '남임(南任)'이라 부르고 있다.[16)] 『예기·문왕세자(文王世子)』에 따르면 "남(南)은 남쪽 이민족의 음악을 말한다(南夷之樂也)"라고 했는데, '임(任)' 한 글자만으로 쓰기도 한다. 또 『예기·명당위(明堂位)』에서도 "남(南)은 남쪽 이민족의 음악을 말한다(南夷之樂也)"라고 했으며, 또 『공양전(公羊傳)』 소공(昭公) 25년의 기록에서 "남쪽 이민족의 음악(南夷之樂)을 임(任)이라 한다"라고 했다. 『시·소아·고종(鼓鍾)』 제3장에서 "아악(雅)도 연주하고 남쪽 음악(南)도 연주하며, 피리 춤(籥)은 질서가 정연하네.(以雅以南, 以籥不僭.)"라고 했는데, 『모전(毛傳)』에서 "남쪽 이민족의 음악(南夷之樂)을 남(南)이라 한다."고 했다.

『설문·발(宋)부수』에서 이렇게 말했다.

---

15) 『說文解字注』 六篇下. 『집운·완(緩)부』에서 이렇게 말했다. "완(盌, 䀾, 埦, 椀)은 오(鄔)와 관(管)의 반절로 읽힌다. 『설문』에서 작은 바리를 말한다(小盂也)고 했다. 혹체에서는 완(盌, 埦, 椀)으로 적는다." 이 또한 관련 제도의 부류와 관련이 있으며, 보편적으로 적용된다. 『집운·범(梵)부』에서 이렇게 말했다. "범(盕, 㲼, 鈒, 釩)은 부(孚)와 범(梵)의 반절로 읽힌다. 『박아(博雅)』에서는 잔(盞, 盕)은 잔을 말한다(杯也)고 했다. 혹체에서는 범(㲼, 鈒, 釩)으로 적는다."

16) [日] 白川靜, 『中國の神話』第三章"南人異鄕"(日本 中央公論社版). 『집운·담(覃)부』에서 이렇게 말했다. "남(南, 㭴)은 나(那)와 함(含)의 반절로 읽힌다. 『설문』에서 '초목은 남쪽으로 뻗을 때 가지가 생긴다(艸木至南方, 有枝任)'라고 했다. 고문체에서는 남(㭴)으로 적었다."

石刻）： 艸木至南方, 有
枝任也. 從朱羊聲. 羊, 古文. 那含切.

남(南), '초목은 남쪽으로 뻗을 때 가지가 생긴다(艸木至南方, 有枝
任)'라는 뜻이다. 발(朱)이 의미부이고 임(羊)이 소리부이다. 남
(羊)은 고문체이다. 독음은 나(那)와 함(含)의 반절이다.

서중서(徐中舒)는 다음과 같이 생각했다. "갑골문의 '남(南, ▦)'자는
아래 부분이 ▦나 ▦로 되었는데, 질그릇을 뒤집어 놓은 모습을 그
렸으며, 상단의 '▮'는 토기를 매달기 위한 줄을 나타낸다. 당란(唐蘭)
은 이를 토기로 만든 고대의 악기라 해석했는데(『殷墟文字記』참조), 이
도 따를 만한 이론이다."17)

갑골문에 '▦'라는 글자가 있는데18), 이를 정자체로 바꾸면 '수(殳)'
가 의미부이고 '남(南)'이 소리부인 구조이다. '남(南)'이 악기로 사용되
었다면 이는 타악기를 의미할 것인 바, 이는 '경(磬)'자의 의미와 일맥
상통할 것이다. 『설문·석(石)부수』에 따르면, "경(磬)은 악기로 쓰는
돌을 말한다. 석(石)과 성(殸)이 모두 의미부인데, 악기걸이 틀에 매달
린 돌과 그것을 몽둥이(殳)로 치는 것을 그렸다. 그 옛날에 구씨(句氏)
가 '경(磬)'을 만들었다. '성(殸)'은 주문체인데, 생략된 모습이다." 갑골
문과 같은 발굴 문헌은 『설문』의 인식이 어떻게 형성되었는지에 대
한 근거를 제공해 준다.

---

17) 『甲骨文字典』卷六.
18) 羅振玉『殷墟書契前編』5, 41, 8. 中國科學院考古研究所編輯, 『甲骨文編』卷六,
   15쪽(中華書局, 1965年).

『설문해자』인지분석

(『前』7, 42, 1) (『前』) 4, 10, 3)……

자형을 보면 ''와 ''과 '(殳)'로 구성되었는데, 은 석경(磬)을 매달던 끈을 나타내고, 은 석경(磬)의 모습을 그렸다. 석경(磬)의 실체가 악기용 돌이므로 '(石)'으로 그 형태를 나타내고, '(殳)'로 그것을 쳤던 것이다. 이것은 '경(磬)'자의 원래 표기법이다. 『설문』에 실린 주문체는 갑골문과 대체로 비슷한데, 이는 원시인들이 '돌을 치는' 행위의 생동감 있는 표현으로 볼 수 있다. '성(殸)'이 소리부로 사용되었는데, 이에 '석(石)'을 추가하여 '경(磬)'이 되었고, '이(耳)'가 추가되어 '성(聲)'이 되었다. 돌의 소리는 청량하고 선명하며, 이는 청각에 호소하므로 '성음(聲音)'의 '성(聲)'도 '성(殸)'에서 유래했다고 볼 수 있다. 이렇듯 '경(磬)', '성(聲)', '경(罄)'은 모두 동일한 기원을 가진 글자다. 『설문·부(缶)부수』에 따르면, "경(罄)은 속이 빈 그릇을 말한다. 부(缶)가 의미부이고 성(殸)이 소리부이다." 이것은 『설문』의 고대 물리 음향학에 대한 인식을 반영한 것이다. 즉 '부(缶)'는 속이 비어 있어 소리를 수용할 수 있다. 이는 남조(南朝) 양(梁)나라 주흥사(周興嗣)가 쓴 『천자문』에서 말한 "빈 계곡이 소리를 전달하고, 빈 대청에서 듣기 연습을 한다.(空谷傳聲, 虛堂習聽.)"라는 말과 동일한 원리로, 이렇게 속이 비어야만 '경(罄)'의 쓰임이 있게 되는 것이다. 그리고 석(石)을 부(缶)로 바꾸면 '경(磬)'은 '경(罄)'이 된다.

3-21. 한나라 때의 요종(搖鐘)[19]

(3) 대아(大雅)와 소아(小雅)

　‘아(雅)’는 지역과 음악이라는 두 가지 의미를 모두 가진 글자다. ‘아(雅)’는 ‘하(夏)’를 의미하는데, 주로 서주(西周) 왕국의 중심 지역을 가리킨다.『설문·복(攵)부수』에 따르면, “하(夏)는 중국의 사람을 뜻한다.” 따라서 ‘아음(雅音)’은 ‘하음(夏音)’이고, 이는 ‘중원 지역의 표준 발음’이라는 뜻이다. 그래서 아(雅)는 민가인「국풍(國風)」과는 구분된다. 마찬가지로, ‘아(雅)’자는 또 ‘악기’라는 의미도 갖는다. 앞서 언급된『시경·소야고종(鼓鍾)』의 제4장에서는 “아(雅)로 하고 남(南)으로

---

19) ‘요종(搖鐘)’은 악기로 사용되며, ‘민요 채집(采集民謠)’의 ‘요(謠)’와 인지적 연관성이 있을 수 있으며, 이것이 그 이름을 부여한 이유일 수도 있다.

하여, 약(籥: 다관피리)을 사용하여도 과도하지 않네.(以雅以南, 以籥不僭.)"라고 기술하고 있다. 정사농(鄭司農)은 『주례·생사(笙師)』에 주석을 달면서 "아(雅)는 칠기로 만든 대나무 통과 같은 모양을 하고 있으며, 아가리가 넓다. 크기는 둘레의 두 배이고, 길이는 5척 6치이며, 양가죽으로 그 위를 덮고, 두 개의 단추와 세밀한 그림이 있다.(雅, 狀如漆筒而弇口, 大二圍, 長五尺六寸, 以羊韋鞔之, 有兩紐, 疏畫.)"[20]라 설명하여, 그 구조를 상세히 설명했다.

(4) 세 가지 '송(頌)'

'송(頌)' 역시 지역과 음악이라는 두 가지 의미를 포함한다. 『시』에서 '송(頌)'은 「주송(周頌)」, 「노송(魯頌)」, 「상송(商頌)」의 세 부분으로 구성되어 있으며, 모두 종묘에서 제사를 진행할 때 쓰던 노래다. 『시대서(詩大序)』에서는 "송(頌)은 아름답고 풍부한 덕을 형용하며, 그렇게 함으로써 성공을 신에게 알리기 위한 것이다."라고 기술한다. 정현(鄭玄)은 『주례』에 대한 주석에서, "송(頌)이란 '송독(誦讀)'이라는 의미이며, '용모'를 말한다. 현재의 덕을 낭독하며, 그것을 넓게 전해 아름답게 한다.(頌之言誦也, 容也, 誦今之德, 廣以美之.)"라고 설명했다. 필자의 생각에, '송(頌)'자의 원래 의미는 바로 시를 낭독하는 것을 의미하며, 음악과 춤에 의존하여 그 형태를 부여하는 것이라고 생각한다. 『설문·혈(頁)부수』에서 이렇게 말했다.

---

20) 向熹, 『詩經詞典』, 542쪽(四川人民出版社, 1986).

石刻), 皃也. 從頁公聲. 餘封切. 又, 似用切. 額, 籀文.

송(頌), '용모(皃)'를 말한다. 혈(頁)이 의미부이고 공(公)이 소리부이다. 송(額)은 주문체이다. 독음은 여(余)와 봉(封)의 반절이다.

주문(籀文)체에서 '송(額)'은 용(容)이 소리부인 구조이다. 또 "모(貌)는 송의(頌儀)를 말한다."라고 했는데, 이에 대해 단옥재는 "[송의(頌儀)라 하여] 반드시 의(儀)자를 덧보태만 했던 것은 칭송(頌)할 때의 예의(儀) 정도가 용모(貌)를 닮았기 때문이다.(必言儀者, 謂頌之儀度可貌象也)"라고 했다. 『설문』의 기록에 따르면, '송(頌)'은 원래 '용모(容貌)'나 '형용(形容)'이라고 할 때의 '용(容)'의 본래글자였다. 또 '용(容)'자는 원래 '용기(容器)'나 '용납(容內=容納)'이라고 할 때의 '용(容)'을 가리켰다. 『설문·면(宀)부수』에는 "용(容)은 가득하다는 뜻이다(盛也). 면(宀)과 곡(谷)이 모두 의미부이다. 용(宕)은 고문체인데, 공(公)으로 구성되었다."라고 했다. 『집운·종부(鍾部)』에 따르면 "송(頌)과 송(額)은 독음이 여(余)와 봉(封)의 반절이다. 『설문』에서는 '용모(皃)'라고 설명했으며, 주문체에서는 송(額)이라 적었고, 통용체에서는 용(容)으로 쓴다."라고 했다. 또한 완원(阮元)의 「석송(釋頌)」에 따르면, "송(頌)의 뜻을 '크고 훌륭한 덕(盛德)'으로 풀이하는데, 이는 부차적인 의미이다. 송(頌)의 뜻을 '형용(形容)'으로 풀이하는 것이 원래의 의미다. 게다가 '송(頌)'은 바로 '용(容)'자이다. '용(容)', '양(養)', '양(美)'은 동일한 발음의 변형이며, 고대 문헌에서는 자주 서로 대체하여 사용된다. 오늘날의 세속에서 전해지는 양(樣)자는 『당운(唐韻)』에서 시작되었는데, 바로 '용(容)'자였다. 「주송(周頌)」, 「노송(魯頌)」, 「상송(商頌)」이라 부르는 것은 마치 '주(周)나라의 모습', '노(魯)나라의 모습', '상(商)나라의 모습'이라고 말하는 것과 같을 뿐, 다른 의미는 없다. '세 가지 송(三頌)'의 각 장은

『설문해자』 인지분석

모두 춤을 추는 '모습(容)'이기 때문에 '송(頌)'이라 부른다. 또한 원(元)나라 이후의 희곡(戲曲)에서는 가수와 춤추는 사람들과 악기 연주자들이 모두 함께 움직인다."라고 설명한다. 왕국유(王國維)의 「주송에 대한 해설(說周頌)」에 따르면, '송(頌)'의 곡조는 '풍(風)'이나 '아(雅)'에 비해 느리다고 했다.[21]

나머지 『시(詩)』에 관련된 악기를 중심으로 한 내용 외에도, 『설문』이라는 책에는 고대의 다른 일부 악기 제도에 관한 인식 역사 자료들이 보존되어 있다. 여기서 몇 가지 글자를 간략히 소개하고자 한다.

⑸ 기타

'종(鐘)'과 '경(磬)'이 걸려있는 걸이대의 상단에 위치한 큰 판을 '업(業)'이라고 부른다. 그 형태의 특징은 톱니 모양의 홈이 파여 있으며, 그 기능은 주로 장식적인 측면을 고려한 것이다. 『설문·착(丵)부수』에서 이렇게 말했다.

> · 業()金文簡帛 漢印 石刻), 大版也. 所以飾縣鐘鼓. 捷業如鋸齒, 以白畫之. 象其鉏鋙相承也. 從丵從巾. 巾象版. 『詩』曰: 巨業維樅. 魚怯切. 喝, 古文業. 按說解"業"之形制功能甚詳.
> 업(業), '[악기를 매다는] 커다란 널빤지(大版)'를 말한다. 종이나 북을 걸거나 장식하는데 쓰인다. 톱날 같이 어긋나게 배열하고 흰색으로 칠을 하는데, 들쭉날쭉 고르지 않으면서도 서로 이어지는 듯 보이게 하는 효과가 있다. 착(丵)이 의미부이고 건(巾)도 의미부인데, 건(巾)은 널빤지(版)를 형상한 것이다. 『시·대아영대(靈臺)』에서 "종과 경 틀에 기둥나무와 가로나무 아래위로 있고

---

21) 『詩經詞典』, 437쪽.

(巨業維樅)"라고 노래했다. 업(𤕱)은 업(業)의 고문체이다. 독음은 어(魚)와 겁(怯)의 반절이다.

『집운·업부(業部)』에서 이렇게 말했다. "업(業, 𤗲, 𤎦, 𤗻)은 역(逆)과 겁(怯)의 반절로 읽힌다. 『설문』에 따르면 '큰 판자(大板)'를 의미하는데, 종이나 북을 걸기하기 위해 사용되었다. 첩업(捷業)[22]을 톱니 모양처럼 보이게 하기 위해 흰색으로 그려지며, 그 모양은 서로 연결되어 있다. 업(業)은 착(丵)이 의미부이고 건(巾)도 의미부인데, 건(巾)은 판자(板)를 형상했는데, 『시』의 '거업유종(巨業維樅: 종과 경 틀에 기둥나무와 가로나무 아래위로 있고)'을 인용했다. 혹체에서는 업(𤗲)으로도 표기되며, 고문체에서는 업(𤎦)이나 업(𤗻)으로 쓰기도 했다. 업(業)은 달리 '크다'는 뜻이라고도 한다. 또 단서(緖), 일(事), 시작(始) 등의 의미도 갖는다."

『설문』에 수록된 고문체는 금문과 비교하여 서로 확인할 수 있다. 단옥재(段玉裁)는 『설문주』에서 이렇게 해설했다. "「주송(周頌)」의 『전』에서, '업(業)'이란 '큰 판자(大版)'를 의미하는데, 이는 가름대를 설치하여 악기를 매다는 데 사용되었다. '업(業)'의 모양은 톱니처럼 생겼는데, 혹자는 그 위에 그림을 그렸다고도 한다. 수직으로 설치된 것을 '거(虡)'라 하고, 수평으로 설치된 것을 '순(栒)'이라 한다. 「대아(大雅)」의 『전(箋)』에 따르면, '거(虡)'든 '순(栒)'이든 모두 종과 북을 매달기 위한 것들이다. 큰 판자를 위에 설치하고, 그 위에 문양을 새

---

22) [역주] '첩업(捷業)'은 관용어로, '첩(捷)'과 '업(業)' 두 단어로 구성되었다. 여기서 '첩(捷)'은 빠르고 순조롭다는 의미를 가지며, '업(業)'은 일과 경력을 의미한다. 따라서 '첩업(捷業)'은 보통 경력이나 일에서 순조롭게 성취를 이루거나 단기간 내에 성공을 달성하는 것을 표현하는 데 사용된다. 예를 들어, 누군가가 '첩업(捷業)을 이루었다'고 말할 수 있으며, 이는 그들이 일에서 중요한 성공이나 성과를 달성했음을 의미한다.

겨 장식을 했다. 내 생각에는, '순(栒)'은 종이나 북을 매달기 위한 것이고, '업(業)'은 '순(栒)'을 덮기 위한 장식이다. 그 모양은 톱니처럼 세밀하게 새겨져 있었으며, 또한 흰색으로 그려져 선명하게 볼 수 있었다. 그래서 이 큰 판자를 '업(業)'이라 불렀다. '업(業)'의 의미는 '알(齾: 톱니)'과 같다. …… 모든 과정과 누적된 일들을 '업(業)'이라 하는 것은, 판자 위에 새겨진 것처럼 세밀하게 계산될 수 있기 때문이다."

『설문』에서 '업(業)' 아래에 『시경』을 인용하면서, "거업유종(巨業維樅)"이라 했는데, 단옥재 역시 주석에서 이렇게 설명했다. "이는 「대아(大雅)」의 글인데, 오늘날 판본에서는 '거(虡)'로 썼다. 「상림부(上林賦)」에서는 '거(虡)'를 '거(鐻)'로, '허(許)'는 '거(巨)'로 적었다. 아마 삼가시(三家詩)에서 '거(巨)'와 '거(鐻)'는 같이 쓰였을 것으로 보인다. 『묵자귀의(貴義)』에서는, '거(鋸)'란 하얀 것, '겸(黔)'이란 검은 것을 의미한다고 했는데, '거업(鋸業)'은 아마도 흰색으로 그려진 것을 의미하는 것이 아니겠는가?"[23] 이 '거(虡)'를 『설문·호(虍)부수』에서는 '거(虡)'로 쓰고 있으며, "종과 북의 받침대다. 맹수로 장식한다. '호(虍)'가 의미부인데, '이(異)'는 그 아래쪽의 발을 나타낸다. 거(鐻)는 거(虡)의 혹체인데 금(金)이 의미부이고 거(豦)가 소리부이다. 거(𢊁)는 전서체인데 거(虡)의 생략된 모습이다."라고 했다.

이러한 구조적인 분석은 관련된 인식 수준을 반영한다. 즉 '거(虡)'의 물질, 형태, 기능 등을 포함하여 관련된 악기 제도와 관련되어, 찍어 낸 인쇄물인 냥 그대로이다. 『집운·어(語)부』에서는, "거(虡, 虡, 鐻, 鐻, 𣛴, 簴)는 왈(曰)과 허(許)의 반절로 읽힌다. 『설문』에 따르면, 종과 북의 받침대다. 맹수로 장식되며, 호(虍)가 의미부이고, 이(異)는 그 하단의 발을 나타낸다. 혹체에서는 생략되기도 하며, 또한 '거(鐻)', '거

23) 段玉裁, 『說文解字注』 三篇上(上海古籍出版社, 1988).

'鐻)', '거(櫨)', '거(簴)' 등으로 쓰기
도 한다."

『설문』에서 인용한 『시경』은 「
대아영대(靈臺)」로, 공영달(孔穎達)
의 『정의(正義)』에서는 이렇게 설
명한다. "종(鐘)과 경(磬)을 매달기
위해서는 양 끝에 세운 나무가 있
고 그 위에 가로로 댄 나무가 있다.
세로로 서 있는 것을 '거(虡)'라 하
며, 가로로 놓인 것을 '순(栒)'이라
한다. '순' 위에 큰 판을 얹어 장식
으로 사용한다." 소위 가로로 놓인
나무는 문헌에서 언급하는 '순(筍)'
이고, 세로로 세운 나무는 문헌에

3-22. 야마타이국(邪馬臺國)
야요이(彌生) 시대의
가사거문동탁(袈裟欅文銅鐸)

서 언급하는 '거(虡)'이다.『설문·호(虍)부수』에서는 두 개의 세로로 된
나무를 "맹수로 장식하였다"고 설명한다. 현재 남경박물관에 소장된
춘추 시기의 「장손종(臧孫鍾)」의 형태와 규모를 보면, 이것은 사람의
모습을 형상화한 것으로 보이며, 장식용으로도 사용되었을 뿐만 아니
라 지탱하는 역할도 했을 것이다. 고고학자들은 종과 경(磬)과 같은
악기들이 원래는 상고시대에 선조들이 환희하며 노래하고 춤추면서
생활용품이나 생산 도구를 무작정 치면서 나온 소리에서 발전한 것
이라 추정된다. 속이 빈 원형 용기의 소리는 공명이 되며 조화롭고,
긴 모양의 돌로 만든 도구의 소리는 선명하게 울려 퍼진다. 이들이
아마 종(鐘)과 경(磬)의 전신이었을 것이다.24) 이러한 추론은 대체로 『

---

24)『南京博物院藏寶錄』, 157쪽(上海文藝出版社, 香港三聯書店, 1992).

『설문』의 구조 분석과 인식의 결론과 일치한다.

'사죽(絲竹)'류의 악기에 관한 『설문』의 기록도 매우 완벽하다. 여기서는 그 중에서도 특별히 「약(龠)부수」를 열거하고자 하는데, 이에는 '약(龠)'을 중심으로 한 '의미장'을 형성하고 있다.

· 약(龠), '대나무 관을 사용하여 만든 악기(樂之竹管)'를 말한다. 구멍이 여럿인데(三孔)25), 이로써 여러 가지 소리를 조화시킨다(以和衆聲). 품(品)과 륜(龠)이 모두 의미부인데, 륜(龠)은 '조리(理)'를 뜻한다.(樂之竹管, 三孔以和衆聲也. 從品龠, 龠, 理也.)

· 취(籥), '취(籥)는 음률(音律)을 만들어내는 관악기와 질그릇 악기(管塤之樂)'를 말한다. 약(龠)이 의미부이고 취(炊)가 소리부이다.(籥 音律管塤之樂也. 從龠, 炊聲.)『집운·치(寘)부』에서 이렇게 말했다. "취(籥, 龡)는 척(尺)과 위(僞)의 반절로 읽힌다.『설문』에서 취(籥)는 '음률을 만들어내는 관악기와 질그릇 악기'를 말한다(音律管塤之樂也)고 했다. 혹체에서는 생략된 모습을 했다. 취(吹)와 통용하여 사용한다."

· 지(籬), '관악기(管樂)'를 말한다. 약(龠)이 의미부이고 사(虒)가 소리부이다. 지(簾)는 지(籬)의 혹체자인데, 죽(竹)으로 구성되었다.(管樂也. 從龠, 虒聲. 簾籬或從竹.)『집운·지(支)부』에서 이렇게 말했다. "지(籬, 篪, 筂, 箎)는 진(陳)과 지(知)의 반절로 읽힌다.『설문』에서 '관악기를 말한다(管樂也)고 했다. 혹체에서는 지(簾, 筂)로 적는다. 또한 지(箎)로도 적는다."

· 화(龢), '조절하다(調)'라는 뜻이다. 약(龠)이 의미부이고 화(禾)가 소리부이다. 화(和)와 똑같이 읽는다.(調也. 從龠禾聲. 讀與和同). 또

---

25) [역주] 삼(三)은 셋이라기보다는 허수로 '여럿'을 뜻한다. 그래서『단주』의 말처럼,『주례·생사(笙師)』,『예기·소의(少儀)』,『예기·명당위(明堂位)』의 정현 주석과『이아』의 곽박 주석 등에서는 구멍이 셋이라고 하였지만(이도 여럿으로 풀이하는 것이 더 낫다), 유독『모전』에서는 구멍이 여섯이라고 하였고,『광아』에서는 구멍이 일곱이라고 했다고 했는데, 셋을 여럿으로 보아야 하는 이유이다.

「명(皿)부수」에서 이렇게 말했다. "화(盉: 金文), 맛을 조절하다는 뜻이다(調味也). 명(皿)이 의미부이고 화(禾)가 소리부이다."

· 해(龤), '음악이 조화를 이루다(樂和龤)'라는 뜻이다. 약(龠)이 의미부이고 개(皆)가 소리부이다. 『우서(虞書)』(「요전(堯典)」)에서 "여덟 가지 악기의 소리가 조화를 이룰 수 있다(八音克龤)."라고 하였다.(樂和龤也. 從龠, 皆聲. 虞書曰: 八音克龤.)

『설문·약(龠)부수』에 따르면, 약(龠: 甲骨金文)은 "대나무 관악기로, 세 개의 구멍이 있어, 다양한 소리를 조화롭게 낸다. 품(品)과 륜(侖)이 모두 의미부인데, 륜(侖)은 이치를 의미한다."라고 했다. 갑골문과 금문의 '약(龠)'자는 바로 대나무 관악기를 형상화한 모습으로, 관악기의 초기 형태를 잘 나타낸다. '취(籥)'는 '악기를 불다(吹打彈唱)'26)는 뜻의 '취(吹)'의 원래 글자이다.

『집운·양(漾)부』에 따르면, "창(唱, 䚈, 謳, 倡, 昌)은 척(尺)과 량(亮)의 반절로 읽힌다. 『설문』에서는 '이끌다(導)'는 뜻이라고 했다. 혹체에서는 약(龠)이 의미부이고 언(言)도 의미부인 구조로 되었다. 또한 창(倡)이나 창(昌)으로 적기도 한다." 또 '지(䶵)'는 "물소를 타고 등 위에서 피리를 연주하다(水牛背上橫笛音)"라고 할 때의 '적(笛)'의 원래 글자다. 또 '화(龢)'는 여러 개로 된 관의 소리가 '조화'를 이루어야 했으므로, '조화(調和)'라는 뜻으로 확장되었다. '해(龤)'는 '화해(和諧)'의 '해(諧)'의 원래 글자다.

---

26) [역주] '취타탄창(吹打彈唱)'은 음악 공연 방식을 설명하는 용어로, 보통 종합적인 형태의 음악 공연을 의미한다. 여기서 '취(吹)'는 피리나 태평소(嗩吶) 등의 관악기를 의미하고, '타(打)'는 징, 북 등의 타악기를 뜻한다. '탄(彈)'은 비파, 고쟁(古筝) 등의 타는 현악기를 의미하며; '창(唱)'은 노래를 말한다. 이러한 형태의 공연은 전통 중국 음악, 민속 음악 및 일부 축하 행사에서 자주 등장한다.

　　　　　　　　　　　　　『설문해자』 인지분석

이렇게 볼 때, 중국의 미학에서 '화해(和諧: 조화)'와 '해조(諧調: 잘 조화됨)'라는 개념은 관악기에서 직접 비롯된 것으로 보인다. 이것은 중국 고대의 관악기 발달과 체계의 완성을 보여준다. 『설문·죽(竹)부수』에서는 다음과 같은 '의미장'을 형성하고 있다.

· 우(甲骨 簡帛 古璽): 管三十六簧也. 從竹亏聲. 羽俱切.

　　우(竽), '혀(reed)가 36개 달린 관악기(管三十六簧)'를 말한다.[27] 죽(竹)이 의미부이고 우(亏)가 소리부이다. 독음은 우(羽)와 구(俱)의 반절이다.

· 생: 十三簧. 象鳳之身也. 笙, 正月之音. 物生, 故謂之笙. 大者謂之巢, 小者謂之和. 從竹生聲. 古者隨作笙. 所庚切.

　　생(笙), '혀(reed)가 13개 달린 악기(十三簧)'를 말하는데, 봉새의 몸을 닮았다. 생(笙)은 정월(正月)을 대표하는 음악이다. 이때는 만물이 자라날 때이다. 그래서 생(生)이 들어간 생(笙)이라 부른다. 그중 큰 것을 소(巢)라 하고, 작은 것을 화(和)라 한다. 죽(竹)이 의미부이고 생(生)이 소리부이다.[28] 먼 옛날, 수(隨)라는 사람이 생(笙)을 만들었다.[29] 독음은 소(所)와 경(庚)의 반절이다.

---

27) [역주] 『단주』에서는 "管三十六簧也"의 경우 관(管)자 다음에 악(樂)자가 더 들어가야 한다고 했다. 그리고 이렇게 말했다. "대로 만든 것은 모두 관악(管樂)이라 한다. 『주례(周禮)』에서 생사(笙師)는 우(竽) 부는 법을 가르치는 법을 담당한다고 했는데, 정중의 해설에서는 우(竽)는 36개의 혀(reed)가 달렸다고 했다. 『광아(廣雅)』에서도 우(竽)는 36개의 혀가 달린 관악기라고 했다. 그렇다면 관(管)에는 모두 혀(簧)가 있다는 말이다. 『역위(易緯)·통괘험(通卦驗)』과 『풍속통(風俗通)』 모두에서 길이가 4자 2치라고 했다. 우(竽)와 생(笙)의 관은 모두 박(匏)에다 열을 지어 만든다. 『송서(宋書)·악지(樂志)』에서 우(竽)는 오늘날 이미 사라지고 없다고 했다."

28) [역주] 소전에서처럼 竹(대 죽)이 의미부고 生(날 생)이 소리부로, '생황(笙簧)'을 말하는데, 소리를 만들어 내는(生) 대나무(竹)로 만든 악기라는 의미를 담았다. 옛날에는 13~19개의 관으로 되었는데, 지금은 24개로 되어 있으며, 화음을 내는 유일한 국악기로 알려졌다.

29) [역주] 이 말은 『통전(通典)』에서 『세본(世本)』에 나온다고 했다.(『단주』)

· 簧： 笙中簧也. 從竹黃聲. 古者女媧作簧. 戶光切.

황(簧), '생(笙)에 달린 진동을 만들어 주는 혀(reed)(笙中簧)'를 말한다. 죽(竹)이 의미부이고 황(黃)이 소리부이다. 먼 옛날, 여와(女媧)가 황(簧)을 만들었다.[30] 독음은 호(戶)와 광(光)의 반절이다.

· 篪： 簧屬. 從竹是聲. 是支切.

시(篪), '악기의 혀(reed)의 일종이다(簧屬).'[31] 죽(竹)이 의미부이고 시(是)가 소리부이다. 독음은 시(是)와 지(支)의 반절이다.

· 簫： 參差管樂. 象鳳之翼. 從竹肅聲. 穌彫切.

소(簫), '길이가 다른 관을 합쳐 만든 악기(參差管樂)'이다. 봉새의 날개를 닮았다. 죽(竹)이 의미부이고 숙(肅)이 소리부이다. 독음은 소(穌)와 조(彫)의 반절이다.

· 筒： 通簫也. 從竹同聲. 徒弄切.

통(筒), '퉁소(通簫)'를 말한다. 죽(竹)이 의미부이고 동(同)이 소리부이다. 독음은 도(徒)와 롱(弄)의 반절이다.

· 籟： 三孔龠也. 大者謂之笙, 其中謂之籟, 小者謂之箹. 從竹賴聲. 洛帶切.

뢰(籟), '구멍이 세 개 뚫린 퉁소(三孔龠)'를 말한다. 큰 것을 생(笙)이라 하고, 중간치를 뢰(籟)라 하고, 작은 것을 약(箹)이라 한다. 죽(竹)이 의미부이고 뢰(賴)가 소리부이다. 독음은 락(洛)과 대(帶)의 반절이다.

· 箹： 小籟也. 從竹約聲. 於角切.

약(箹), '구멍이 세 개 뚫린 작은 퉁소(小籟)'를 말한다. 죽(竹)이 의미부이고 약(約)이 소리부이다. 독음은 어(於)와 각(角)의 반절이다.

· 管： 如篪, 六孔. 十二月之音. 物開地牙, 故謂之管. 從竹官聲. 琯, 古者玉琯以玉. 舜之時, 西王母來獻其白琯. 前零陵文學姓奚, 於伶道舜祠下

---

30) [역주] 『단주』에서 이 말도 『세본(世本)·작편(作篇)』에서 나온다고 했다.
31) [역주] 『단주』에서 "오늘날의 자물통(鎖)을 보면 황(簧)으로 그것을 넓히고 시(篪)로 수렴하는데, 그렇게 하면 열린다. 이 사용법이 생(笙)에서의 황(簧)과 같은 이치이다."라고 했다.

得笙玉琯. 夫以玉作音, 故神人以和, 鳳皇來儀也. 從玉官聲. 古滿切.
관(管), '피리'를 말하는데, 저(簾)를 닮았으며, 구멍이 여섯 개 뚫렸
다. 12월을 상징하는 악기이다. 만물이 땅에서 싹을 틔우기 시작
하는 때이므로 관(管)이라 했다. 죽(竹)이 의미부이고 관(官)이 소
리부이다. 관(琯)의 경우, 옛날에는 옥으로 관을 만들었기 때문
에 이렇게 썼다. 순(舜)임금 때 서왕모(西王母)가 와서 그에게 백
관(白琯: 흰 옥피리)을 바쳤다.[32] 이전에, 영릉(零陵)의 문학(文學)
이었던 해경(奚景)이라는 사람이 영도(伶道)에 있던 순(舜) 임금의
사당에서 생(笙)과 옥으로 만든 피리(玉琯)를 얻었다.[33] 보통 옥
(玉)으로 악기를 만들어 소리를 내면, 신인(神人)이 이를 알라 화
답하고, 봉황(鳳皇)이 날아와 춤을 춘다. 옥(玉)이 의미부이고 관
(官)이 소리부이다.[34] 독음은 고(古)와 만(滿)의 반절이다.

· 箙 : 小管謂之箙. 從竹眇聲. 亡沼切.
묘(箙), '작은 피리(小管)를 묘(箙)라고 한다.' 죽(竹)이 의미부이고
묘(眇)가 소리부이다. 독음은 망(亡)과 소(沼)의 반절이다.

· 笛 : 七孔筩也. 從竹由聲. 羌笛三孔. 徒歷切.
적(笛), '구멍이 일곱 개 난 관악기(七孔筩)'를 말한다. 죽(竹)이 의
미부이고 유(由)가 소리부이다. 강족의 피리(羌笛)는 구멍이 셋이
다.[35] 독음은 도(徒)와 력(歷)의 반절이다.

---

32) [역주] 『단주』에서 이 말은 『대대예기(大戴禮記)』와 『상서대전(尙書大傳)』에
보인다고 했다.
33) [역주] 『단주』에서 이렇게 말했다. "이 말은 『풍속통(風俗通)』, 맹강(孟康)의 『
한서주(漢書注)』, 『송서(宋書)·악지(樂志)』에 보이는데, 한나라 장제(章帝) 때
영릉(零陵)의 문학(文學)이었던 해경(奚景)이 영도(伶道)의 순(舜)임금의 사당
아래서 생(笙)과 백옥관(白玉管)을 얻었다고 했다. 다만 맹강의 『주』에서는 생
(笙)자가 없다. 북주(北周) 때의 노변(盧辯)이 주석한 『대대예기(大戴禮記)』에서
는 명제(明帝) 때의 일이라 했고, 거기서도 생(笙)자는 빠졌다."
34) [역주] 『단주』에서 이 말은 『풍속통(風俗通)』에 보인다고 했다.
35) [역주] 강적(羌笛)은 2천여 년의 역사를 가진 고대 악기로 현재에도 사천성 북
부의 티베트-강족(藏羌) 자치주에서 사용되고 있다. 관이 2개이며 몇 개의 구
멍(이전에는 5개, 지금은 대부분 6개)이며 고산에서 3500~4000미터에서 나는
유죽(油竹)으로 만든다. 2개의 관을 선으로 묶어 하나로 만들며, 길이는

· 築 : 以竹曲五弦之樂也. 從竹從巩. 巩, 持之也. 竹亦聲. 張六切.

축(筑), '대 막대로 쳐서 각종 음악을 연주하는 것으로, 5현으로 된 악기이다(以竹曲五弦之樂).'36) 죽(竹)이 의미부이고 축(巩)도 의미부인데, 축(巩)은 '그것을 손으로 쥐다(持之)'라는 뜻이다. 죽(竹)은 소리부도 겸한다. 독음은 장(張)과 륙(六)의 반절이다.

· 箏 : 鼓弦竹身樂也. 從竹爭聲. 側莖切.

쟁(箏), '현을 튕겨서 연주하는 악기인데, 축의 몸통을 닮은 악기이다(鼓弦竹身樂).'37) 죽(竹)이 의미부이고 쟁(爭)이 소리부이다.

13~19센티미터, 관의 직경은 2센티미터 정도이다.(바이두백과) 『설문』에서는 구멍이 3개라고 했으나 지금은 5~6개로 조금 변했음을 알 수 있다.

36) [역주] 단옥재는 이 부분이 말이 되지 않는다면서 다음처럼 말했다. "대 막대로 쳐서(以竹曲)라는 말은 통하지가 않는다. 『광운(廣韻)』에서는 '以竹爲(대로써)'라고 했는데 이 역시 오류이다. 오직 「오도부(吳都賦)」의 이선(李善) 주에서만 '似箏, 五弦之樂也.(쟁과 같이 생겼는데, 5현으로 된 악기이다)'라고 했는데, 이것이 사실에 부합한다. 쟁(箏)자에서 '5현으로 된 축의 몸통이다(五弦筑身)'라고 했는데, 그렇다면 축(筑)은 쟁(箏)과 비슷한 악기라는 말이다. 그러나 고유의 『회남자주』에서 '축곡 21현(筑曲二十一弦)'이라 하여, 이 악기를 축곡(筑曲)이라 불렀음도 알 수 있다. 『석명(釋名)』에서 축(筑)은 대로 치는 악기이다(以竹鼓之也)라고 했고, 『태평어람(御覽)』에서는 「악서(樂書)」를 인용하여 '대 막대로 쳐서 연주하는데(以竹尺擊之), 거문고를 치듯 한다.(如擊琴然)'라고 했다. 지금 이들 문헌들을 자세히 정리해 보건대, '筑曲以竹弦之樂也(축곡으로, 대로 현을 타는 악기이다)'가 되어야 할 것이다. 다만 고유가 말한 21현, 「악서」에서 말한 13현 등, 축(筑)의 현(弦)의 숫자가 몇인지는 알 수 없다. 옛날에는 쟁(箏)은 5현이라고 했는데, 『설문』에서는 아마도 축(筑)자의 해설에서 말한 '구현(鼓弦)'과 쟁(箏)자의 해설에서 말한 '5현(五弦)'이 서로 잘못된 것이 아닐까 한다. 쟁(箏)자의 해설에서 '축의 몸통(筑身)'이라 했으니, 축(筑)자의 해설에서 '쟁과 비슷하다(似箏)'라고 할 필요는 없었을 것이며, 이선(李善) 또한 축곡(筑曲)에 대해 잘 알지 못해 고친 것일 것이다."

37) [역주] 『단주』에서는 "鼓弦竹身樂也"를 "五弦筑身樂也(5현으로 된 축의 몸통을 닮은 악기이다)"로 고쳤다. 그리고 이렇게 말했다. "『태평어람(太平御覽)』에 근거해 이렇게 바로 잡았다. 『풍속통(風俗通)』에서는 이렇게 말했다. '쟁(箏)은 「악기(樂記)」에 근거해 볼 때 5현으로 된 축의 몸통이다(五弦筑身也)라고 했다. 그런데 오늘날의 병주(幷州)와 양주(梁州)에서 사용하는 쟁(箏)의 형체가 슬(瑟)을 닮았다. 누가 고친 것인지는 알 수가 없다. 혹자는 진(秦)나라 때의 몽염(蒙恬)이 만들었다고도 한다.' 이에 근거해 볼 때, 옛날의 쟁(古箏)은 5현(弦)으로

독음은 측(側)과 경(莖)의 반절이다.

· 觱：吹鞭也. 從竹孤聲. 古乎切.

고(觚), '입으로 불어서 연주하는 채찍처럼 생긴 악기(吹鞭)'를 말한
다. 죽(竹)이 의미부이고 고(孤)가 소리부이다. 독음은 고(古)와 호
(乎)의 반절이다.

· 篍：吹籟也. 從竹秋聲. 七肖切.

추(篍), '입으로 불어서 연주하는 통소(吹籟)'를 말한다. 죽(竹)이 의
미부이고 추(秋)가 소리부이다. 독음은 칠(七)과 초(肖)의 반절이다.

한 가지 종류 내에서도 큰 것, 중간 것, 작은 것으로의 구분이 있어
다양한 음계에 맞게 적용할 수 있다. '현악기(弦樂)'의 경우, 『설문·금
(琴)부수』에서 보여주는 이 종류의 악기의 음악 기능에 대한 이해는
상당히 흥미로울 정도의 인식의 깊이를 보여주고 있다.

· 琴 (🔳🔳簡帛 🔳🔳石刻), 禁也. 神農所作. 洞越. 練朱五弦, 周加二
弦. 象形. 凡珡之屬皆從珡. 巨今切. 𨯳, 古文珡從金.

금(琴), '금(禁)과 같아 [사악한 마음을] 금하게 하다'라는 뜻이다. 신
농(神農)이 만들었다. 아래 판에 소리가 나오는 구멍이 있다(洞
越).[38] 붉은 색의 삶은 비단으로 5가닥의 현을 만드는데, 주나라

되었는데, 몽염이 12현으로 고쳤고, 형체도 슬(瑟)처럼 고쳤을 뿐이다. 위진(魏
晉) 이후로 쟁(箏)은 모두 슬(瑟)처럼 12현이 되었고, 당(唐) 이후부터 지금까지
는 13현으로 되었다. 축(筑)은 쟁(箏)과 비슷하나 목이 가늘다. 옛날의 축(古筑)
은 쟁(箏)과 비슷하나 슬(瑟)과는 다르다. 축(筑)의 몸통(身)이라고 한 것은 슬
(瑟)과 같이 생긴 형체는 옛날의 것이 아님을 내보이기 위함이고, 5현으로 된
축의 몸통이라 한 것(五弦筑身者)은 쟁(箏)의 현(弦)이 축(筑)보다 작은 것을 내
보이기 위함이다. 『송서(宋書)·악지(樂志)』에서 축의 몸통(筑身)을 슬의 몸통
(瑟身)이라 한 것은 오류이다."

38) [역주] 『단주』에서 이렇게 말했다. "동(洞)자는 당연히 동(迵)이 되어야 한다.
동(迵)은 통과하다(通達)는 뜻이다. 월(越)은 금슬 아래쪽에 난 구멍(琴瑟底之
孔)을 말한다. 그래서 동공(迵孔)은 거문고의 뱃속을 비게 하고 두 개의 구멍

때 2개의 현이 더해졌다. 상형이다. 금(珡)부수에 귀속된 글자들은 모두 금(珡)이 의미부이다. 금(𤨒)은 금(珡)의 고문체인데, 금(金)으로 구성되었다. 독음은 거(巨)와 금(今)의 반절이다.

·瑟(𤼇 𤼊 𣂃 𤼁 簡帛)庖犧所作弦樂也. 從珡必聲. 所櫛切. 㼿, 古文瑟. 슬(瑟), '포희씨가 만든 현악기(庖犧所作弦樂)'를 말한다. 금(珡)이 의미부이고 필(必)이 소리부이다. 슬(㼿)은 슬(瑟)의 고문체이다. 독음은 소(所)와 즐(櫛)의 반절이다.

『집운·침부(侵部)』에서는 이렇게 말했다. "금(琴, 瑧, 𤨒, 𪁉)은 거(渠)와 금(金)의 반절로 읽는다. 『설문』에서는 '금하다(禁)'는 뜻이라고 했다. 신농(神農)씨가 제작하였고, 동월(洞越: 오동나무와 소의 힘줄)로 '붉은 오현금(朱五絃)'을 만들었으며39), 주(周)나라 때에는 현을 두 개 더 더하게 되었다. 또한 성씨로도 사용된다. 고문체에서는 금(瑧), 금(𤨒), 금(𪁉)으로 적었다."

『집운·즐(櫛)부』에서는 "슬(瑟): 슬(瑟, 㼿, 㼿, 𤺫)은 색(色)과 즐(櫛)의 반절로 읽는다. 『설문』에서는 포희(庖犧)가 만든 현악기라고 했다. 달리 '매우 많은 모양(衆多兒)'을 말하기도 하고, 또 '엄숙하고 근엄한 모양(矜莊兒)'을 말한다고도 하며, 또 '샘이 흐르는 모양(泉流兒)'을 말한다고도 한다. 고문체에서는 금(㼿), 금(㼿), 금(𤺫)으로 적었다." '금(琴)'을 '금(禁: 금지하다)'로 해석한 것은 성훈(聲訓)에 해당한다.

『백호통(白虎通)』에 따르면 "금(琴)은 '금지하다'는 뜻인데, 사람의

을 뚫어 관통시켰다는 뜻이다."

39) [역주] '동월(桐鉞)'은 여기서 사람의 이름을 가리키는 것이 아니라 고대 악기 제작 방법을 의미한다. 고대에는 주로 거문고(琴)를 만들기 위해 오동나무와 소 힘줄을 사용했다. 오동나무는 '동(桐)'이라 불렸고, 소 힘줄은 '월(鉞)'이라 불렸다. 따라서 '동월(桐鉞)'은 실제로 오동나무와 소 힘줄로 만들어진 거문고를 의미한다.

사악하고 음란한 마음을 '금지시켜' 바르게 하는데 도움을 준다.(琴, 禁也. 以禁止淫邪, 正人心也.)"라고 했다. 이는 '금(琴)'이 '금(今)'을 소리 부로 삼고 있다는, '금(今)'의 의미를 담고 있다는 말이다. '금(今)'자는 원래 '열고 닫다(關閉)'는 의미를 포함하고 있는데, 역시 『설문』에서 이 방면의 정보를 제공하고 있다. 「함(丏)부수」에서 "함(丏)은 초목의 꽃이 아직 활짝 피지 않은 모습(艸木之華未發函然)을 그렸다. 상형이 다. 독음은 함(含)과 같이 읽는다." 오늘날 우리가 사용하는 '신함(信函: 편지봉투)'이나 '포함(包函: 포장봉투)'의 함(函)은 바로 이 함(丏)의 구조에서 온 것이다. 「함(丏)부수」에서 "함(函)은 혀를 말한다(舌也). 상형이다. '설체함함(舌體丏丏: 혀 놀림이 대단하다)'라고 했다. 함(丏)이 의미부인데 함(丏)의 소리부도 겸한다. 함(肣)은 함(函)의 속체인데, 육(肉)과 금(今)으로 구성되었다." '함(含)'과 '함(肣)'은 모두 금(今)이 소리부이다. '함(肣)'은 '포함(包函)'이라고 할 때의 '함(函)'을 말한다. 또 '금약한선(噤若寒蟬)'[40]이라는 성어에서의 '금(噤)'의 본래글자로, 응당 '음(吟)'이 되어야 마땅할 터인데, 이 '음(吟)' 또한 금(今)이 소리부이다.

『설문』에 수록된 고문체의 '금(琴)'은 또 금(金)으로 구성되어 '금(鼗)'으로 썼는데, 사실 '금(金)'도 '금(今)'이 소리부이다. 『설문·금(金)부수』에서 "금(金)은 흙이 좌우로 주입되는 모습을 형상했는데, 쇠(金)가 흙(土)의 가운데 든 모습을 그렸다(從土左右注, 象金在土中形). 금(今)이 소리부이다."라고 했다. 혹자는 '금(今)'이 고문자에서 위치관계를 나타내는 의미 유형으로, '왈(曰)'이 위를 향해 입이 열려 기운을 분출하는 모습을 그렸다면, 금(今)은 열린 입이 아래로 향해 기운을 내뿜는 모습을 그렸다고 해석하기도 한다.[41] 이는 『설문』에서의 실

---

40) [역주] 늦가을의 매미처럼 아무 소리를 내지 못하다. 입을 다물고 말을 않다. 감히 말을 하지 못하다는 뜻이다.

제적 의미 관계에 부합하는 해석으로 보인다.

'금(琴)'자의 구성과 『설문』에서의 어원 관련 해석은 중국 고대인의 미학 관념을 반영한다. 고대 중국에서 음악은 감정을 표현하는 수단이었다. 그뿐만 아니라, 특히 깊고 신성한 역사를 가진 악기들, 예를 들면 '금(琴)'이나 '슬(瑟)' 같은 악기들에 대한 사람들의 관심은 그것들의 다른 기능에도 주목하였다. 그 기능은 바로 사악함을 억제하고 방종을 통제하는 것이었다. 즉 한쪽에서는 감정을 발산하고, 다른 한쪽에서는 그 감정을 제어하여 무작정 흘러가지 않게 하는 것이었다. 이것은 중국의 음악과 시학이 주장하는 '중화(中和)'라는 미학적 가치 판단과 연결된다.

이런 관점에서, 우리는 한나라 때의 사람들이 『시·관저(關雎)』의 의미를 어떻게 이해했는지 그 언어적 역사적 배경을 추적할 수 있다. 「관저」는 '군자'가 '숙녀'를 '사모하는' 연정을 묘사하는데, 거의 한쪽의 일방적인 사랑, 즉 '고통스러운 사랑'을 표현한다. "잠들지 못하고 그리워하는(寤寐思服)" 눈물 나는 감정부터 "이리저리 뒤척이는(展轉反側)" 심장 쫄깃한 감정까지, 주인공은 거의 자신의 감정을 억누를 수 없다. 바로 이때, 시에는 금(琴)이나 슬(瑟), 종(鐘)이나 북(鼓) 같은 상징물이 나타나 감정을 약화시키거나 분산시키려 한다. 즉 그것을 통제하고 있다. 이로 인해 전체 시의 "즐겁되 음란하지 않은(樂而不淫)" 정서적 흐름의 기조를 만들었다. 이러한 "즐겁되 음란하지 않은" 감정적 특성은 사람들의 감정을 자제하게 만들어, 기쁨, 분노, 슬픔, 즐거움 등의 감정을 적절하게 조절하게 된다. 이와 달리, 직접적으로 감정을 표현하려고 하는 것은 기쁨의 원인이 될 수 있다.

『논어·팔일(八佾)』에서 말한 "즐겁되 음란하지 않으며, 슬프더라도

---

41) 裘錫圭, 『文字學槪要』, 141쪽(商務印書館, 1988).

상처받지 않는다.(樂而不淫, 哀而不傷.)"라는 말, 그리고 『예기·경해(經解)』에서의 "온유하고 성실함(溫柔敦厚)", 『사기·굴원가생열전(屈原賈生列傳)』에서의 "원망하고 비방지만 분노하지 않는다(怨誹而不怒)"는 것과 같은 고대인들의 시학적 인식과도 완전하게 일치한다. 이런 의미에서 "시 삼백 편"에서 「관저」를 맨 앞에 두고, 그 전체 책을 누르는 것은 편집자의 시학적 사고를 반영하고 있다고 볼 수 있으며, 이는 단순한 우연이 아니다.[42]

이상의 예시를 통해 『설문』이 담고 있는 중국 고대 음악에 관한 내용을 조명하였다. 이를 통해 우리는 고대의 악기 제도의 규모, 제작 재료의 풍부함 및 악기의 다양성을 짐작할 수 있다.

또한, 이러한 관점에서 중국 고대 사회의 생산 및 과학기술 수준에 대한 이해도 얻을 수 있었다. 그러나 이 절의 주요 내용은 『시』에서 다루는 음악 문제가 『설문』에서 어떻게 반영되었는지에 대한 일부 추론을 포함하고 있다. 이러한 추론 과정을 통해 다음과 같은 몇 가지 점을 고려할 수 있다.

첫째, '요(謠)'자는 초기에는 '부(缶)'로 구성되지 않았고, 금문(金文)에서는 '요(䍃)'로만 적었다. 문자 기호로서 '부(缶)'의 카테고리에 속하게 된 것은 이후에 발생한 일이다. 이런 변화 과정은 『설문』에서 관련 부분의 문자 수록 및 해석을 통해 완벽하게 반영되었다. 문자 기호의 변화를 통해 볼 때, '풍요(風謠)'는 본질적으로 민중의 구전 노래에서 시작되었음을 알 수 있다. '15국풍(十五國風)'의 이러한 인식은 매우 오래되었음을 알 수 있다.

둘째, 고대 '풍요(風謠)'에 포함된 여러 '타악기'의 기원은 초기 인류

---

42) 臧克和, 『簡帛與學術』의 "孔子詩論"에 관헌 여러 장절 참조(鄭州: 大象出版社, 2010).

의 주술과 제사 활동과도 관련이 있을 것이다. 『회남자·정신훈(精神訓)』에 따르면, "이제 빈한한 마을에서도 그릇을 두드리고 노래를 부르면서 스스로 즐겁게 여기고 있다.(今夫窮鄙之社也, 叩盆拊瓴, 相和而歌, 自以爲樂矣.)"라고 했는데, 이러한 상황은 초기에는 '빈곤한 마을'에서만 제한되지 않았을 것이다. 그리고 '스스로 즐겁게 여긴다'라고 하는 것은 실제로는 '신을 즐겁게 하고 사람들을 즐겁게 하는 것'을 동시에 의미한다고 볼 수 있다.

셋째, 고대 '풍요(風謠)'에 참여한 '부(缶)'의 성분이 전문적인 악기 부류는 아니었을 것임은 설명이 필요 없는 명백한 사실이다. 예를 들어 '부(缶)'는 언어 기호로서 '도기(瓦器)'를 지칭한다. 그래서 『설문·부(缶)부수』에서는 먼저 "술이나 장을 담는 용기이다"라고 설명했다. 그러나 음식과 음료를 저장하는 용도로 사용되면서도 동시에 '노래에 맞추는(節歌)' 기능도 갖게 되었다. 간단히 말해, 이런 종류의 '도기'는 "원래는 자신의 고유한 기능을 갖추고 있었으나", "인간의 활동이 변화하면서 제작 방법도 달라지면서 초기에는 사용하기 위해 예술을 적용하였고, 나중에는 그 원래의 기능을 잃어버리면서 예술만이 남게 되었다."[43] '풍요(風謠)'에 대한 고대사회의 인식 변화는 전적으로 전종서(錢鍾書)가 밝힌 예술 인식의 발원과 변화 법칙을 충분히 반영하고 있다.

---

43) 『管錐編』 卷二, 539쪽.

2. 새사(賽社)

오늘날까지도 끊임없이 이루어지는 다양한 경기(競技)의 근원이 신에게 제물을 바치며 보답하는 의식이었다는 것을 누가 생각할 수 있었을까? 『설문』은 우리에게 이러한 기억을 보존해 주었는데, 그 중에서도 「패(貝)부수」에서는 '새(賽)'자의 구조를 분석하며 이렇게 설명했다. "새(賽)는 '[신에게] 알리다'는 뜻이다(報也). 패(貝)가 의미부이고 새(塞)의 생략된 모습이 소리부이다." 『설문』에서 제공하는 이러한 관계를 통해 우리는 고대 '경기의 원형(賽事原型)'에 대한 이미 기억에서 사라진 인식 배경을 다시 연결해 볼 수 있다.

『설문·패(貝)부수』에서는 '[신에게] 알리다(報)'는 풀이를 통해 '새(賽)'의 의미를 설명하였는데, '보(報)'는 고대의 제사 이름의 하나였으며, '새(賽)'도 제의의 하나였다. 일본어에서는 '새(賽)'의 본래 의미가 '제사'로서, 신에게 감사하는 제사로 해석된다. 이로부터 세 번째 의미인 '승부를 벌이다(勝負角逐)'는 의미가 파생되었다.[44] 중국어에서 '새(賽)'는 신의 은혜를 갚는 제사 의식을 가리킨다. 『국어·노어(魯語)』(상)에서는 "체(禘), 교(郊), 조(祖), 종(宗), 보(報) 등 이 5가지는 국가 급의 제사이다(國之祀典也)."라고 했는데, 위소(韋昭)의 주석에서 "보(報)는 덕에 보답하다(報德)는 뜻인데, 제사를 말한다."라고 주석했다.

이처럼 '새(賽)'는 원래 '보제(報祭)'였으며 '국가의 제례'로서 그 규모가 상당했다. 그러나 이 '새(賽)'자는 나중에 생긴 것으로, 『설문』에서는 '신부(新附)' 부분에 소개되어 있다. '새(賽)'와 '새(塞)'는 모두 '새(寒)'라는 소리부로부터 파생된 글자이다. 왕념손(王念孫)에 따르면,

---

44) 『標准漢和辭典·貝部』.

"새(賽)는 원래 '새(塞)'로 적었으며, 고대에는 '새(賽)'라는 글자는 없었고, '새(塞)'로써 '새(賽)'를 대신 사용하였다."[45] 이러한 관계로 고대 문헌에서 제사를 의미하는 '새(塞)'는 '새(賽)'와 혼용되어 사용되기도 했다. 예를 들면, 『한비자·외저설우(外儲說右)』(하)의 "병이 낫도록 소를 죽여 '새'제사를 지냈다(病愈, 殺牛塞禱.)"에서 '새(塞)'는 '새(賽)'로 적기도 한다. 또 『사기·봉선서(封禪書)』에서는 "겨울에는 '새'제사를 드려 기도한다(冬塞禱祠)"라고 했는데, 사마정(司馬貞)의 『색은(索隱)』에서 '새(塞)'는 '새(賽)'와 같다고 하면서, '새(賽)'는 오늘날 말하는 복을 비는 제사라고 했다. 『문선·완적(阮籍)』의 「위정충권진왕전(爲鄭沖勸晉王箋)」에서도 "서쪽에서 강원에게 보답의 제사를 올리고, 민산에게 멀리서 제사를 드리네.(西塞江源, 望祀岷山.)"라고 할 때도 '새(賽)'자를 사용했는데, 이선(李善)의 주석에서 "새(塞)는 신에게 제사를 올려 은혜에 보답하는 것을 말한다."하고 하였다. 여기서 '서새(西塞)'는 '망사(望祀)'와 대구를 이루고 있는데, '새(塞)'와 '망(望)'은 모두 제사를 말한다. 또 고대 문헌에서는 '도새(禱賽)'라는 식으로 연결하여 사용했는데, 예를 들어 『논형·변숭(辨崇)』에서는 "항우가 양안을 공격했을 때. 양안에서는 먹을거리가 없었지만, '도새' 제사를 드리지 않을 수 없었다.(項羽攻襄安, 襄安無噍類, 未必不禱賽也.)"가 그렇다.

'새사(賽社)'는 '신에게 감사드리는(報神)' 제사로, 이는 고대 사람들이 심리적 균형을 추구하고, 그로 인해 마음의 평온을 찾고자 하는 동기에서 비롯됐다. 『설문·토(土)부수』에서 "새(塞)는 '격리시키다(隔)'는 뜻이다."라고 했는데, 이는 '새사(賽社)'의 본래 글자가 아니다. '새(賽)'와 '색(憲)'은 동일한 기원을 가진다. 『설문·심(心)부수』에 따르면, "색(憲)은 '가득하다(實)'는 뜻인데, '심(心)'이 의미부이고 새(塞)의 생

45) 『讀書雜志·史記』(江蘇古籍出版社, 1986年版).

략된 모습이 소리부이다."라고 했다. 대서(大徐)본의『설문·패(貝)부수』의 '신부(新附)자'에는 "새(賽)는 '보답하다(報)'는 뜻인데, 패(貝)가 의미부이고 새(塞)의 생략된 부분이 소리부이다."라고 했다.『집운·덕(德)부』에서는 "색(寒, 寠, 寨)은 실(悉)과 칙(則)의 반절로 읽히는데,『설문』에서는「우서(虞書)」의 '강하면서도 속이 가득 차다(剛而塞)'는 말을 인용하면서 '가득 차다'는 뜻이라 했다. 고문체에서는 색(寠), 색(寨)으로 적는다."라고 했다.『광아석고(釋詁)』(1)에서는 이렇게 말했다. "색(寒)은 평안하다(安)는 뜻이다"라고 했는데, 왕념손(王念孫)의『소증(疏證)』에서는 "『방언(方言)』에서 염(猒)과 새(塞)는 편안하다(安)는 뜻이라 했는데, 곽박(郭璞)의『방언주』에서 물건이 충복하면 안정된다(物足則定)라고 했다. 염(猒)은 염(懕)과 통용되며, 새(塞)는 색(寒)과 통용된다."[46)]『용감수감(龍龕手鑒)·심(心)부수』에서도 "색(寒)은 마음을 안정시키다는 뜻이다(心安也)."라고 했다.

고대 한어에서는 '새신(賽神)'이나 '새원(賽願)'과 같은 용어를 자주 사용하였는데, 이는 제사를 지내며 소원을 이루는 것을 의미한다. 백거이(白居易)의『장경집(長慶集)·춘촌(春村)』에서는 "황혼의 숲 아래 길에서, 북과 피리로 신들에게 무사히 돌아갈 수 있도록 제사를 지냈다.(昏林下路, 鼓笛賽神歸.)"라는 내용이 있다. 송나라의 영형(永亨)이 쓴『수채이문록(搜采異聞錄)』의 네 번째 이야기에서는 "내가 최근 사신의 자격으로 금(金)나라를 방문했을 때, 동생 경손(景孫)을 데리고 함께 갔다. 떠날 때, 동생의 아내는 집에서 제사를 드려 평안하게 다녀올 수 있기를 기도드렸고, 집에 돌아왔을 때는 신의 비호에 감사드리는 제사를 올렸다. 나는 이를 위해 도교에서 사용하는 부적 글(靑詞)을 써서 신에 대한 감사와 축복을 비는 데 사용했다."[47)]라는 내용

---

46) 王念孫,『廣雅疏證』卷一上, 釋詁, 349쪽(上海古籍出版社, 1987年).

이 담겨 있다.

옛 사람들은 생명의 번식과 수확이 모두 신들로부터의 축복과 은총 때문이라고 믿었다. 초기의 사람들에게 자신을 포함한 모든 생명의 번식과 모든 물건의 풍성함은 신들의 축복과 선물로 여겨졌다. 신과의 정신적인 일치를 얻기 위해 신을 맞이하고 놀리며, 은혜에 감사하고 원을 이루기 위해 제사를 지냈다. 따라서 증(烝), 상(嘗), 보(報), 헌(獻) 등과 같은 제사와 춤추며 노래 부르는 것 등 모든 의식은 '새(賽)'의 인식적 내용을 구성하게 된다.

『시경·주송·풍년(豐年)』의 「서문」에서는 "풍년이 들면, 가을과 겨울에 감사제를 드린다.(豐年, 秋冬報也.)"라고 기록되어 있다. 정현(鄭玄)의 「전(箋)」에는 "보(報)라는 것은 상(嘗)을 말하고 증(烝)을 말한다."라고 했다. 필자의 생각에, '상(嘗)'자는 지(旨)가 의미부이고, 지(旨)는 또 감(甘)이 의미부이다.『설문·지(旨)부수』에서는 "상(嘗)은 입으로 맛을 보다는 뜻이다. 지(旨)가 의미부이고 상(尙)이 소리부이다."라고 설명하고 있다. 또 "지(旨)는 맛있다(美)는 뜻이다. 감(甘)이 의미부이고, 비(匕)가 소리부이다."라고 했다. 이것은 토지와 곡식 신에게 새로 익은 곡물과 다른 신선한 음식으로 제사를 바치는 것을 의미한다.

'새(賽)'라는 제사의 외재적 형식은 주로 음악과 춤, 제물을 바치는 행위를 포함한다. 고대 언어에서는 '새회(賽會)'라는 용어가 있는데, 이는 의식과 음악, 무용, 희극을 통해 신을 맞이하는 행사를 의미한다. 육유(陸遊)의 『검남시고(劍南詩稿)』 제45장의 「춘진기가희수사(春盡記可喜數事)」에는 "이웃집에서 제사를 지내는 잔치가 있어서, 나도 기뻐하며 참석했다.(鄰家賽神會, 自喜亦能來.)"라는 말이 나온다. 그리고 '새사(賽社)'라는 용어는 주(周)나라 때의 12월 마지막 달 제사의

---

47) "予頃使金國時, 辟景孫弟輔行, 弟婦在家許齋醮, 及還家賽願, 予爲作靑詞."

『설문해자』 인지분석

풍습을 나타낸다. 한 해의 농사일이 끝나면, 술과 음식을 제물로 바쳐 밭의 신을 제사 지내고, 사람들끼리 술을 마시며 즐겼다. 신을 기쁘게 하고 사람들의 즐거움을 동시에 추구했다. 송(宋)나라 때까지도, 사람들은 여전히 '새사'의 모습을 이렇게 묘사하였다. 왕안석(王安石)의 「반산즉사(半山卽事)」(10수 중 4번째 시)에서는 "신비로운 숲 속 곳곳에서는 피리와 북 소리가 들리고, 모두가 가장 풍요로웠던 그 해의 첫 가을의 수확을 기념하는 제사를 지내고 있네.(神林處處傳簫鼓, 共賽元豐第一秋.)"라고 노래했다. 또한, 유극장(劉克莊)의 『후촌집(後村集)』(제19)에서는 "마을 깊은 곳에서는 희미하게 피리와 북 소리가 들리며, 농민들이 제사를 지내고 돌아오는 모습을 알 수 있네.(村深隱隱聞簫鼓, 知是田家賽社還.)"라는 내용이 등장한다. 이러한 예시들을 통해 고대의 제사 풍습을 짐작해 볼 수 있다.

'새사(賽事)'는 내용 면에서 제사에서 사용할 제물을 집중적으로 모으며, 형식적으로는 노래와 춤, 의식적인 행렬을 통해 표현된다. 이러한 내포는 오늘날까지 계속 전승되는 '새회(賽會)'라는 용어의 의미에서도 그 의미의 일부를 알 수 있다. 원(元)나라 때의 작가 두인걸(杜仁傑)의 희곡 『반보조(般涉調)·사해아(耍孩兒)』의 「장가부지구란(莊家不識勾闌)」[48]에서는 "몇몇 여성들이 무대 위에 앉아 있음을 보았다. 이것은 '신을 맞이하는 새 제사(迎神賽社)'가 아니었는데도, 그들은 계속해서 북과 징과 꽹과리를 치며 놀았다."라고 기술되어 있다. 여기서 언

---

48) [역주] 이 문장은 원대 극작가 두인걸(杜仁杰)의 작품 『반섭조(般涉調)·사해인(耍孩儿)』에 나온 것으로, "시골 농사꾼이 유명한 구란(勾欄)을 몰라본다"라는 의미이다. 여기서 장가(莊家)는 시골의 농민을 지칭하며, 구란(勾欄)은 고대에 연극이 공연되던 장소로, 현대의 극장과 유사하다. 그래서 이 시 제목은 시골 농사꾼이 처음 도시에 들어와 연극을 관람하는 장면을 묘사하며, 당시의 사회 생활과 문화생활을 보여준다.

급된 '신을 맞이하는 새 제사(迎神賽社)'는 '제삿날'(즉 토지 신에게 지내는 제삿날)의 의례적인 행렬, 악기 연주, 서커스 공연, 연극을 통해 신을 사당에서 모시고 거리를 돌며 진행하는 행사를 가리킨다.

이러한 시구에서 표현된 새 제사 활동이 민간에서 얼마나 널리 퍼져 있고 활기찼는지를 보여주지만, 그 세부 사항은 구체적으로 언급되지 않았다. 송나라 때 학자 맹원로(孟元老)의 『동경몽화록(東京夢華錄)』에서는 이를 더욱 자세히 기술하였다.

> 24일은 주(州) 서쪽 관구(關口)의 이랑신(二郎神)의 생일이었는데, 현장은 매우 활기찼다. 사원은 만성문(萬勝門) 바깥쪽으로 약 1리 쯤 떨어진 곳에 위치하고 있었으며, 황실 칙령에 의해 신보관(神保觀)으로 명명되었다. ……(23일에는) 사원 앞 야외무대에 음악용 천막이 설치되어, 교방(敎坊)의 균용직(鈞容直)49)이 음악을 연주하고 교대로 드라마와 춤 공연이 이루어졌다. ……(24일에는) 각 부서와 계층의 사람들이 많은 선물을 가져왔다. 그들은 야외 테라스에서 사화(社火) 공연50)을 선보였다. 이른 아침부터 다양한 곡예단 공연이 야외 플랫

---

49) [역주] '교방균용직작악(敎坊鈞容直作樂)'은 공식적으로 조직된 오락 기관인 교방에 소속된 균용직(鈞容直)이라는 악단이 수행하는 음악 공연을 가리킨다. 교방(敎坊)은 당나라 이래로 궁중 음악과 무용 공연을 관리하는 공식 기관이다. 균용직(鈞容直)은 교방에 소속된 악단으로, 전문 음악가들로 구성되어 있으며, 각종 공식 행사와 축제에서 음악을 연주하여 관객들에게 오락을 제공하는 역할을 담당했다.

50) [역주] 사화(社火)는 중국의 전통적인 민속 축제 형태 중 하나로, 특히 농촌 지역에서 인기가 있다. 주로 춘절, 원소절 또는 기타 중요한 축제 기간에 열리는 집단 거리 공연이다. 사화 활동은 사자춤, 용춤, 앙가(秧歌), 고교(高蹺), 곡예, 오페라 발췌 등 다채롭고 풍부한 민속 공연이 포함된다. 이러한 공연은 다가오는 해의 좋은 운과 풍년을 기원하고, 공동체 구성원 간의 감정을 교환하고 단결을 강화하는 방법으로 설계되었다. 많은 참가자들이 지역 주민들로, 그들은 자발적으로 조직하고, 연습하며, 축제 기간 동안 대중에게 공연을 선보인다. 사화 활동은 축제적이고 기쁜 분위기로 가득 차 있으며, 전통 중국 문화의 중요한 부분으로 평가받는다.

『설문해자』 인지분석

폼에서 펼쳐졌는데, 폴 클라이밍, 저글링, 줄넘기, 레슬링, 북치기, 노래하기, 닭싸움, 농담하기, 다양한 연극, 등롱 수수께끼 맞추기, 생황 합주, 모방 곡예, 괴상한 사람들, 탕아 놀이, 드라마, 무술, 동물 소리 내기, 칼 놀이, 유령 분장, 북 두드리기, 카드 스틱 연주, 도교 공연 등 다양한 종류가 있었다. 밤이 되어도 공연은 아직 끝나지 않았다.

(二十四日, 州西灌口二郞神生日, 最爲繁盛. 廟在萬勝門外一裏許, 敕賜神保觀. ……(二十三日)於殿前露臺上設樂棚, 敎坊鈞容直作樂, 更互雜劇舞旋. ……(二十四日)諸司及諸行百姓獻甚多. 其社火呈於露臺之上. ……自早呈拽百戱, 如上竿, 趯弄, 跳索, 相撲, 鼓板, 小唱, 鬪雞, 說諢話, 雜扮, 商謎, 合笙, 喬筋骨, 喬相撲, 浪子, 雜劇, 葉果子, 學像生, 倬刀, 裝鬼, 砑鼓, 牌棒, 道術之類, 色色有之. 至暮呈拽不盡.)

　이것이 바로 민간에서의 벌어지던 새신(賽神) 행사의 모습이었다. 그 현장의 분주함은 상상만으로도 알 수 있다. 이러한 제신(祭神) 의식에 나타나는 화려함은, '새사(賽事)'가 신을 즐겁게 하는 것에서 사람들을 즐겁게 하는 것으로 변화하면서, 결국엔 단지 '새사'의 형식만 남게 되었다. 사람들은 이를 통해 누가 더 우수한지 경쟁하게 되었고, 이로 인해 오늘날 널리 행해지고 있는 다양한 '새사' 활동이 생겨났다. 혹은 다양한 경기 활동은 본질적으로 신을 즐겁게 하는 의식에서 출발하였다고 할 수 있다. 모든 무술과 종교의 형태, 초기에 얼마나 '실제로 그 이름에 걸맞게' 존재했던 것인지, 결국에는 세속적으로 전환되며 겉치레가 화려해지고, 의식이 공허하게 되며, 형식만이 남게 되었다. '새신(賽神)'에서 '새사(賽事)'로의 변화는 그 궤적을 보여준다.
　어쩌면 우리는 서양 고대 그리스의 체육 경기인 '올림피아 경기(奧林匹亞競技)'에 대해서도 생각해 볼 수 있다. 그 말의 어원을 추적하면, 주신 제우스(Zeus)의 대제를 기리기 위한 것과 관련이 있다. 이 이름은 '올림피아 산(奧林匹亞山)'에서 유래하였는데, 이 산에는 올림피아 제우스 신전이 건설되어 있어 고대 그리스의 종교 제사와 체육 경기의 중심이었다. 이러한 경기 활동은 체력을 키우고 강한 체격을 추구하는 명확한 목적이 있었는데, 이는 전쟁이나 항해와 같은 활동에서의 체력 요구사항에 부응하기 위한 것이었다. 따라서 '올림피아 경기'의 항목은 달리기, 투포환(shot put), 경마, 투기 등을 포함하게 되었다. 이러한 특성 때문에, 순수한 '체육' 활동으로 발전하기가 매우 쉬웠다. 현대 국제 올림픽 위원회가 주최하는 종합 체육 경기인 '올림픽'은 바로 이 고대 그리스의 새신 경기에서 유래한 것이다. 반면, 중국 고대의 '새사(賽事)' 활동도 신제의 의식에서 기인하였지만, 초기의 목적이 단순히 '신의 은혜에 보답하고 신을 즐겁게 하는 것'이었기 때문에, 중국의 '새사'는 짙은 민속적 특색을 지닌 지역적인 엔터테인먼트 활동으로 발전하게 되었다. 예를 들면, 서커스 기술 같은 활동의 발상지는 중국이라 할 수 있다. 그런데 지금은 누가 생각할 수 있을까? 용춤이나 사자춤, 서커스나 공차기와 같은 활동이 원래는 신의 은혜에 보답하고 신을 즐겁게 하는 제사 의식에서 비롯된 것이라는 것을 말이다.51)

현대 사회에서 새사(賽事)와 관련된 용어를 사용할 때, 그 언어적 기원과 인식은 거의 잊은듯하다. 즉, 새사(賽事)가 새사(賽社)의 역사적 배경으로부터 비롯된 것이라는 인식은 거의 사라졌다. 그러나 『설문』은 우리에게 그 연결 고리를 복원해 줄 단서를 제공한다. 더불어, '새사(賽社)'의 '사(社)'와 관련된 상황도 더 자세히 조사하여 이를 증명하고자 한다.

'새사(賽社)'의 '사(社)'는 고대 사회 제도와 국가의 제도적 인식과

---

51) 臧克和, 『語象論』, 20쪽(貴州教育出版社, 1992年).

　　　　　　　　　　　　　『설문해자』 인지분석

관련하여 매우 복잡한 문제로, 『설문』에도 상당히 풍부한 기록이 남아 있다. 「시(示)부수」에서 이렇게 말했다.

· 社 (金文 社 祗 簡帛), 地主也. 從示, 土. 『春秋傳』曰: 共工之子句龍爲社神. 『周禮』: 二十五家爲社, 各樹其土所宜之木. 常者切. 祐, 古文社.

사(社), '땅을 주관하는 신(地主)'을 말한다. 시(示)와 토(土)가 모두 의미부이다. 『춘추전』(『좌전』소공 29년, B.C. 513)에서 "공공(共工)의 아들인 구룡(句龍)이 땅을 관장하는 신이 되었다."라고 했다.52) 주나라 때의 예제에 의하면, "25가(家)를 하나의 사(社)로 삼았는데, 각기 그 땅에 알맞은 나무를 심었다." 사(祐)는 사(社)의 고문체이다. 상(常)과 자(者)의 반절이다.

「설문」의 해설에서 진행한 구조적 분석과 문헌의 인용은 '사(社)'의 제도와 '사(社)'의 형식적 구조라는 두 가지 측면을 포함하고 있다. 『집운·마(馬)부』에서는 이렇게 설명했다. "사(社, 社, 祐)는 상(常)과 자(者)의 반절로 읽는다. 『설문』에 따르면 '땅의 주인'을 말한다고 했다. 『춘추전』을 인용하여 '공공(共工)의 아들인 구룡(句龍)을 토지 신(社神)이 되었다고 한다. 또한 『주례』에 따르면, 25가구(家)가 1사(社)

---

52) [역주] 공공(共工)은 달리 공공씨(共工氏)라고도 부르는데, 중국 고대신화에 등장하는 물의 신으로 홍수를 관장했다. 『열자(列子)』에 의하면 공공씨는 평소 불의 신인 축융(祝融)과 불화하였는데, 둘이 세상이 놀랄만한 커다란 전쟁을 일으켰으나, 결국 공공씨가 분노하여 건드렸다가 망하고 말았다고 한다. 또 일설에 의하면 공공 씨는 헌원(軒轅)의 후예인 황제(黃帝) 때의 부락이름으로, 환두(驩兜), 삼묘(三苗), 곤(鯀) 등과 함께 4대 원흉으로 알려졌다. 구룡(句龍)은 공공의 아들인데, 『좌전』(소공 29년)에 의하면 "공공 씨에게 구룡(句龍)과 후토(后土)라는 아들이 있었다."라고 했고, 『국어(國語)·노어(魯語)(상)에서는 "공공 씨는 구주(九州)를 통일했으며, 그의 아들로 후토(后土)가 있었는데, 구주의 땅을 다스릴 능력이 있었고, 그 때문에 토지 신으로 모셔졌다.

를 이루며, 각각 그 지역에 적합한 나무를 심었다. 또한 사(社)는 성씨로도 사용된다. 고문체에서는 사(社)나 사(祑)로 썼다."

'사(社)'라는 제도는 본질적으로 고대 토지 제도의 한 종류인 예식을 통해 신의 권력 개념이 나타내 주고 있다. 고대의 사(社)와 토(土)는 동음어였는데, 『설문의증(說文義證)』의 첫 권에서 '사(社)'자에 대해 이렇게 설명했다. "시(示)와 토(土)를 의미부라고 한 것은 소리부를 헛되게 삭제한 결과이다. 왕념손(王念孫)에 따르면, 『계전(繫傳)』에서는 시(示)가 의미부이고 토(土)가 소리부라고 했다. 그러나 오늘날 판본에는 소리부가 없으니, 서현(徐鉉)이 사(社)와 토(土)의 발음이 가깝지 않아 그것을 생략해 버렸다고 생각한다. 사(社)자의 고대 독음을 고찰해보면 토(土)이기 때문에, 토(土)가 소리부인 것은 분명하다."

『좌전』 민공(閔公) 2년에서 "두 사(社: 씨족집단) 사이를 공실(公室)의 보조 공간으로 둔다.(間於兩社, 爲公室輔.)"라고 했고, 『한서·서전(敘傳)』에서 "안영은 연(燕)나라와 제(齊)나라를 두루 돌아다녔고, 노(魯)나라의 재상도 역임했다. 백성들은 그의 정치를 그리워하여, 혹은 돈(金)으로 혹은 사당(社)을 세워 기념했다.(布歷燕齊, 叔亦相魯. 民思其政, 或金或社.)"[53]라고 했다. 또 『백호통』에서는 "사(社)는 바로 토지(土)를 말한 것이 아니던가?"라고 했다. 이름을 사(社)로 바꾼 것은 수많은 토지(土)와 구분하기 위해 그랬던 것이다. 여러 자료를 종합해 볼 때, 모두 사(社)를 토(土)로 읽었었다. 그렇다면 사(社)가 토(土)로부터 소

---

53) [역주] 『좌전·희공(僖公)』 26년에 나오는 말이다. '포력연제(布歷燕齊)'는 안영(晏嬰)이 연(燕)과 제(齊)를 여행한 것을 말한다. '숙역상로(叔亦相魯)'는 안영이 노(魯)의 재상으로도 일했다는 것을 나타낸다. '인사기정(人思其政)'은 사람들이 안영의 국정 운영 정책에 대한 그리움과 향수를 반영한다. '혹금혹사(或金或社)'에서 금(金)은 돈을, 사(社)는 토지 신을 모시는 사당을 뜻한다. 이는 안영의 정책으로 인한 경제 번영과 사회 안정을 갈망하는 사람들의 비유를 말한 것이다.

리부를 가져온 것은 매우 분명하다.

『설문·면(宀)부수』에서 이렇게 말했다.

·宅(甲骨) ... 金文 ... 簡帛 ... 古幣 ... 石刻): 所託也. 從宀乇
聲. 宅, 古文宅. 庄, 亦古文宅. 場伯切.

택(宅), '몸을 의탁하는 곳(所託)'을 말한다. 면(宀)이 의미부이고 탁
(乇)이 소리부이다. 택(宅)은 택(宅)의 고문체이다. 택(庄)도 택
(宅)의 고문체이다. 독음은 장(場)과 백(伯)의 반절이다.

『집운·백(陌)부』에서 이렇게 말했다. "택(宅, 宆, 庄, 度)은 직(直)과
격(格)의 반절로 읽힌다. 『설문』에서는 '기탁하는 곳(所託)'을 말한다
고 했다. 고문체에서는 택(宆), 택(庄)으로 썼고, 혹체에서는 택(度)으
로 쓴다." 이러한 설명은 고대의 토지가 사람들의 생존을 의존하는
기본 생산 자원임을 나타낸다. 신의 권력의 형태로 토지 소유 제도를
고정시키면, 이것은 고대 사회의 상층 구조가 되는데, 이것을 사(社)
라고 한다. 『설문』에서는 또 "『주례』에 의하면 25가구는 1사(社)를
이루며, 각자 그 토지에 적합한 나무를 심는다."라고 했는데, 이는 주
(周) 시대의 사(社) 체제를 나타내 주고 있다. 고문체에서는 사(社)를
'사(社)'로 적었는데, 구조상으로 목(木)으로 구성되었으며, 이것은 그
들의 인식을 나타낸다. 그러나 이와 관련된 상황은 복잡하며, 고대와
현대 사이에 변화도 있었다. 이에 대해 자세히 논의하기에는 여유가
없어 미처 다루지 못하였다. 『설문·여(女)부수』에서 이렇게 말했다.

·저(姐), "촉 지역에서는 어미를 저(姐)라고 하며 회남 지역에서는

사(社)라 부른다(蜀謂母爲姐, 淮南謂之社)."

『집운·마(馬)부』에서 이렇게 말했다. "저(姐, 毑, 她, 媎)는 자(子)와 야(野)의 반절로 읽힌다. 『설문』에서는 '촉(蜀) 지역에서는 어미(母)를 저(姐)라 부르고, 회남(淮南) 지역에서는 사(社)라 부른다.'고 했다. 고 문체에서는 자(毑)로 적고, 혹체에서는 저(她)나 저(媎)로 적는다."

『회남자·설산훈(說山訓)』에서는 이렇게 기록했다. "서가(西家)의 아 이가 보고나서 돌아가 그의 어미(母)에게 말했다. 어머니(社)께서는 어찌 이렇도록 빨리 죽으려 하십니까? 저는 어머니(社) 때문에 슬퍼 통곡하고 말겁니다.(西家子見之, 歸謂其母曰: 社何愛速死, 吾必悲哭社.)" 여기서 '사(社)'는 '어머니'를 가리킨다. 고유(高誘)의 주석에 따르면, "강회(江淮) 지역에서는 어머니를 '사(社)'라고 부른다."라고 했다

서유럽 언어에서도 '토지'를 '어머니'로 여기는 유사한 상황이 있다. 예를 들어, 라틴어에서 'Terra'는 토지를 의미하며, 'Terra'(여성)와 'Tellus'(남성)는 토지의 신을 가리키는데[54], 이는 한어의 사(社)와 같 다. 그러나 이 신에게는 'Magna Mater'라는 다른 이름이 있는데, 이 는 '위대한 어머니'로 번역된다. 이로 보아 인류는 토지가 모든 물질

---

54) [역주] 'Terra'의 변천을 살펴보면, 이는 고대 로마에서 단순히 '땅'을 의미했을 뿐만 아니라, 'Terra Mater'라는 여신으로 숭배되며 풍요와 농경의 신격을 상 징했다. 중세에 들어서면서 기독교의 영향으로 그 신성한 의미가 약화되고, 대신 지리학적, 물리적 개념으로 사용되기 시작했다. 르네상스와 대항해 시대 에는 'Terra incognita'(미지의 땅)라는 개념이 등장하며, 지도 제작과 새로운 대륙 발견의 맥락에서 중요한 용어가 되었다. 근대에 이르러 'Terra'는 지질학 에서 지구를 지칭하는 학술 용어로 자리 잡았고, 생태학적 관점에서 지구 생 태계를 의미하는 것으로 그 개념이 확장되었다. 그리고 현대에는 우주 과학 분야에서 '지구'를 나타내는 용어로 사용되며, 환경 보호 운동에서는 지구를 상징하는 단어로 활용되고 있으며, SF 장르에서 'Terran'(지구인)과 같은 새로 운 단어를 만드는 어원이 되기도 했다.

을 키우는 곳이라고 여겼으며, 따라서 '토지의 신'을 '어머니'라는 호칭으로 불렀다. 또한 한어에서 '어머니(母)'는 '민(敏)'으로 쓰기도 한다. 『예기·중용(中庸)』에 따르면, "땅의 이치는 나무를 키우는 것이다 (地道敏樹)"라고 했는데, 『석문(釋文)』에서 "민(敏)은 때로는 모(謀)로 쓰기도 한다."라고 했다. '민(敏)'으로 쓴 것은 독음의 변화에 의한 것이며, '모(謀)'로 쓴 것은 바로 '매(腜)'자인데, '매(腜)'는 "아이를 배다 (腜孕)'는 뜻이다.[55]

『설문』에서는 '사(社)'를 '주인(主)'으로 뜻풀이를 했다. 『급취편(急就篇)』의 안사고(顏師古) 주석에서 "사(社)는 토지의 주인을 의미한다." 라고 했으며, 『설문의증(說文義證)』(권1)에서는 이렇게 말했다. "고문(古文)으로 된 『논어』에 나오는 애공(哀公)이 재아(宰我)에게 주(主)를 묻는 구절에 대해, 정현의 주석에는 '주(主)'는 토지의 주인, 즉 사(社)를 의미한다고 했다. 또 『예운(禮運)』에서는 '하늘의 명이 사(社)에 내려오는 것을 효지(殽地)라 부른다.'라는 구절이 있는데, 이에 대한 주석에는 '사(社)는 토지의 주인을 의미한다.'라고 설명한다. 『백호통·사직편(社稷篇)』에 따르면, '사(社)는 토지의 신을 의미하며, 토지는 만물을 낳기에, 천하의 주인이 된다.'라는 해석이 있다. 또 「물리론(物理論)」에서는 '땅은 달리 후토(后土)라고 불린다.'라는 것에 대한 주석에서 '후토(后土)는 사(社)를 의미하며, 사(社)는 땅의 주인을 의미한다.'라고 설명했다."

'주(主)'는 원래 빛나는 것에 대한 숭배에서 비롯된 것으로, 따라서 '사화(社火)'라는 용어가 생겨났다. 『설문·주(丶)부수』에서 이렇게 말했다.

---

55) 『說文解字通論』, 208쪽.

・주(ヽ: ↙, ▊ ▊ ▊(金文), '끊기는 곳이 있어, 점으로 표시하다(有所
絶止, ヽ而識之)'라는 뜻이다.56) 주(ヽ)부수에 귀속된 글자들은 모
두 주(ヽ)가 의미부이다. 독음은 지(知)와 유(庚)의 반절이다.(有所
絶止, ヽ而識之也. 凡ヽ之屬皆從ヽ. 知庚切.)"

이는 사실 '주(主)'자의 초기 글자이다. 『설문·주(ヽ)부수』에서 이렇
게 말했다.

・주(主: ▊, ▊ ▊簡帛 ▊漢印 ▊ ▊ ▊ ▊ ▊ ▊ ▊石
刻), '등잔 속의 심지(鐙中火主)'를 말한다. [ヽ를 뺀] 나머지(▊)가
의미부이고, 상형이다. 주(ヽ)도 의미부인데, 주(ヽ)는 소리부도 겸
한다. 신 서현 등은 '오늘날 속자에서 주(炷)로 쓰는데 이는 잘못
된 것이라 생각합니다.' 독음은 지(之)와 유(庚)의 반절이다.(鐙中火
主也. 從纹, 象形. 從ヽ, ヽ亦聲. 臣鉉等曰: 今俗別作炷, 非是. 之庚切.)

『설문』에서 '주(主)'자를 해석할 때, 고대 문헌에 제시된 문자적 의
미에 얽매이지 않고, 문자의 형태에서 나타나는 상징을 통해 '주(主)'
자의 본래 의미를 탐구했다. 이러한 방식으로 문자의 근본적인 의미
를 추적하는 것이 바로 『설문』의 뛰어난 점이다. 독자들은 『설문』에
서 제시하는 연결고리를 통해 '주(主)'자의 상징적인 인식 흐름을 찾
아낼 수 있다. 이러한 연결을 통해, 우리는 문명사에서 한때 존재했
던 빛을 숭배하는 문명의 흔적을 발견할 수 있다.

각 민족에서, '사화(社火)'의 이미지는 오랜 역사를 가지며 변화하고
발전해 왔다. 역사적 전승 과정에서, 여러 성별의 주방 신이 파생되

---

56) [역주] 주준성의 『통훈정성』에 의하면, "오늘날 책을 읽을 때, 점을 찍어 끊기
는 곳을 표시하는데, 이도 이러한 것의 하나이다."라고 했다.

었지만, 불에 대한 숭배는 변하지 않았다. 일부 소수 민족들은 매년 가을에 가축이 살찌는 시기에 '갈리시아(吉西亞, Galicia)'라는 행운의 신을 공양하기 위해 화려한 불 헌사를 거행하며, 이 행사는 여성들이 주관한다. 부랑족(布朗族)은 불덩이를 가장 경건하고 신성한 곳으로 간주하며, 불덩이를 넘어서는 것을 엄격히 금지하며, 또한 불덩이에 신발이나 의류를 놓는 것을 금기시한다. 이족(彝族)은 매년 음력 정월 초하루부터 초삼일까지 대규모의 불 신제를 거행하여 불의 용 왕자를 숭배하며, 모든 집안이 산에 불을 지르고, 음식과 술을 바쳐 불의 신의 축복을 기도한다. 덕분에 사람들은 불과 불의 신에 대한 무한한 숭배로 인해 각 가정이 자신만의 불의 저장 방법을 가지고 있다. 민간의 사화는 고대 사람들의 불과 불의 신에 대한 무한한 숭배의 역사와 사회적 조건에서 '불 신'의 이미지가 확장된 것이다. 따라서 우리는 사회와 사회 사이의 사화 전달과 사화 수령을 주된 활동으로 하는 대중적인 통합 예술 활동으로 보는 것이 타당하다. 하나의 밀짚 불더미를 놓는 것은 초기 단계에서 상호 전달과 수령의 '불'의 기본 의미에 있다. 이러한 유적은 1920~1930년대까지도 간접적으로 알 수 있다. '사회(社)'는 넓은 의미에서의 기본 조직의 총칭이다. 청해(青海) 지역의 민간에서는 지금까지도 마을 사람들을 '한 마을 한 사회의 사람'이라고 부른다. 그리고 사화의 형성, 그 초기 모습은 이미 한 시대의 유행 중인 '백희(百戲)' 중에 나타났다. 한나라에서 불덕의 국왕, 다섯 가지 중에서 불이 바로 유방(劉邦)이 세운 한나라 왕조의 정신적으로 가장 숭배되는 물건이 되었다. '사화(社火)'의 이미지는 시대의 발전에 따라 변화하고 있다.

남송(南宋) 때의 시인 범성대(范成大)는 「상원기오중즐물배해체(上元紀吳中節物俳諧體) 32운(韻)」에서 이렇게 적었다. "경박하게 끄는 노래가 지나가고, 광기 섞인 사당의 춤을 선보인다.(輕薄引歌過, 顚狂社舞呈.)" 그의 주석에 따르면, "민간의 북과 음악을 '사화'라고 부른다. 모든 것을 다 기록할 수 없지만, 대부분 유머로 승리를 거두려 한다."라고 했다. 청나라 때의 이두(李斗)의 『양주화방록(揚州畫舫錄)』은 사화(社火)의 인물에 대해 다음처럼 상세히 기록하였다. "입춘(立春) 전날, 태수(太守)는 성의 동쪽 번리관(蕃厘觀)에서 봄을 맞이하는데, 관기로 하여금 사화(社火)로 변장하게 하였다. 춘몽파(春夢婆) 1명, 춘저(春姐) 2명, 춘리(春吏) 1명, 조례(皂隸) 2명, 춘관(春官) 1명이 그들이다." 청해(青海) 지역의 사화(社火)는 강회(江淮)와 진농(秦隴) 지역에서 조상들의 이동을 따라 전해졌으며, 티베트(藏族)의 '겸목(謙目)'(啞社火)[57] 형식을 흡수하여 지역 특성을 강조하였다. '사화'의 이미지의 변화 과정에서 볼 때, '사화'의 본래 목적은 약화되어 이름만 남겨져 있지만, 다양한 형식의 예술 활동은 매우 활기차게 진행되고 있음을 알 수 있다.[58]

'사화(社火)'의 이미지 변화와 전승의 흔적은 '새사(賽事)' 의례의 흐

---

57) [역주] 벙어리 사화(啞社火)나 벙어리 극(啞巴戲)은 무언사화(無言社火)나 무언극(無言劇)으로 번역될 수 있다. 이는 중국에서 기원한 전통 민속 예술 형태로, 주로 중국 북부와 서북부에서 인기가 있다. 사화 공연에서 무언 캐릭터는 보통 신의 역할을 하며, 얼굴을 검게 칠하고 초라한 옷을 입는다. 그는 맨발로 허리에 종을 매고 불붙은 막대기를 들고 말없이 자유롭게 춤을 춘다. 그의 민속적 상징 의미는 세 가지 층위가 있다. 첫째, 그는 하늘의 뜻을 대표한다. 즉 "하늘은 사계절 동안 말하지 않으며, 모든 것이 양육된다." 둘째, 그는 인류의 조상으로 여겨진다. 즉 인간은 처음에 말을 할 수 없었고 윤리도 없었기 때문에, 그들은 얼굴을 칠하고 무언인 척하여 후세의 수치를 감추려 한다. 셋째, 민간 전설에서 그는 초나라 장공(楚莊公)의 화신으로 여겨진다. 그는 초라한 옷을 입고 얼굴에 더러움을 뒤집어쓴 채 벙어리인 척하며 추격 병력을 성공적으로 따돌렸다고 한다.
58) 許英國, 『社火發微』, 『高校文科學報文摘』(1992年 卷九 第3期), 『青海民族學院學報』(1992年 1期).

『설문해자』 인지분석

름과 변화 과정과 상호 검증할 만하다.

3. 시간(時間)

'시간(時間)'의 상징은 말로 전달하기 어렵다. 어떤 한 민족의 시간에 대한 인식과 이해 방식은 그 민족의 문명 발전 수준을 가장 잘 반영할 수 있다고 할 수 있다. 현대 천체 물리학의 우주 관점에서도 '시간에 대한 인식과 묘사는 여전히 알기 어렵다. 현대 천체물리학의 우주관이 '양자' 수준에까지 도달하였음에도 '시간에 대한 이해와 설명은 여전히 불분명하여 혼란스럽다.

⑴『설문』학과 출토 문헌의 대조를 통해, 중국 고대인이 춘추전국시대에 이미 천문학적 인식 구조를 형성하였음을 알 수 있다. 만물은 끊임없이 흐르며, 색계 밖에 빈 공간이 없다. 화하(華夏) 민족은 '시간에 대한 관찰과 이해를 통해 공간, 기후, 심지어 동식물의 생명 주기와 '접착된 공동체'의 세밀한 인식 체계를 구축하였다. 예를 들어, '시(時)'자의 소리부를 통해 '글자 그룹'을 다음처럼 구축하게 된다.

- 『설문·일(日)부수』: "시(時: 曜, 金文 簡帛 漢印 石刻), 사계절을 의미한다(四時也). 일(日)이 의미부이고 시(寺)가 소리부이다. 독음은 시(市)와 지(之)의 반절이다. 㫑는 시(時)의 고문체인데, 지(之)와 일(日)로 구성되었다." 필자의 생각은 이렇다. 금문에서는 일(日)이 의미부이고 지(之)도 의미부인데, 지(之)는 소리부도 겸한다. 지(之)는 움직임을 나타내는 기호로, 태양의 주기성을 띤 운행으로 인한 '시간의 법

칙을 형성하는 구조적 인식을 그려낸 글자이다.

- 『설문·토(土)부수』: "시(塒), 닭이 올라가 쉬는 횃대를 시(塒)라고 한다. 토(土)가 의미부이고 시(時)가 소리부이다." 필자의 생각은 이렇다. 여기서 말한 쉬는 공간, 즉 횃대는 동물의 활동 주기에서 이름을 가져왔다. 다시 말해 자연 현상을 시간의 기준으로 사용했다.
- 『설문·초(艸)부수』: "시(蒔), 농작물을 다른 곳으로 옮겨 심는 것을 의미한다(更別種). 초(艸)가 의미부이고 시(時)가 소리부이다." 필자의 생각은 이렇다. 갱(更)은 다른 곳으로 옮기다(別)는 뜻이다. 다시 말해 모를 '다른 곳으로 옮겨' 심는 것을 말한다. 계절 인식과 관련하여, 『설문』의 해당 부류는 기본적으로 작물의 초기 단계의 생태를 기반으로 하였음을 보여준다.

한자의 문자 구조는 풍부하고 다양하며, 그 발전과 사용은 수천 년 동안 중단되지 않았다. 이 과정에서 중간 단계의 문자 형태나 중개 문자의 흔적은 계산하기 어려울 정도로 많다. 그리하여 이러한 객관적 사항을 기반으로, 한 문자의 구조와 관련된 의미를 고립적으로 파악하는 것은 바람직하지 않으며, 대개는 헛된 노력이다. 『설문』에서 제시한 인식 패턴은 논의 대상 문자를 가능한 한 통합된 문자 그룹 구조 안에서 비교하도록 하고 있다. 따라서 해석자는 개별 문자를 관련 텍스트의 통합 구조 안에 넣어야 한다. 위에서 언급한 「일(日)부수」, 「토(土)부수」, 「초(艸)부수」의 '시(時)자 그룹'을 예로 들면, 독자들이 '시(蒔)'의 실제 사용에 더 부합하는 인식 구조를 구축하는 데 도움을 줄 수 있다.

부가적으로 언급하자면, 「초(艸)부수」의 '약(若)'자에 대한 인식에서, 『설문』은 그 구조를 초(艸)도 의미부이고 우(右)도 의미부이라고 했는데, 우(右)는 또 '손(又)'을 말한다. 그래서 "손으로 채소를 고르다"가

『설문해자』 인지분석

'약(若)'의 인지라면, 이는 채집이 사회생활에서 중요한 위치를 차지했던 어느 시기가 있었음을 나타낸다. 채소류 식물의 성장주기를 선택하고 따르는 것은 생존과 관련된 경험적 인지 유형이 되었다. "약(若)"자가 소전체 이전의 고문자 체계에서 원래 의식과 관련된 인지 유형에 속했던 것으로, 형태 구조 중간에서 오류 변화를 겪으면서 "채소를 고르다"는 채집의 측면과 결합한 것도 보인다. 또한「초(艸)부수」의 '군(莙)'자는 초(艸)가 의미부이고 군(君)이 소리부인 구조이며, 이의 독음은 '위(威)와 같이 읽는다'는 것으로 연관된다. 그래서 '큰' 식물을 의미하는 '군(莙)'은 그 의미가 소리부인 '군(君)', 즉 소리부인 '위(威)'로부터 왔다. 이에 대해서는 제3장 제3절의 "여성 이미지"의 인지 부분을 참조하면 된다.

인류는 생산 및 생활을 위해 '시간'을 인식하고 그것을 통제할 필요가 있었다. 그러나 인간의 시간 의식과 시간 측정 능력은 본래 타고나게 갖추어진 것이 아니다. 예컨대, 중국 의학은 특별히 발전하였으나, 고대의 시계 같은 계측 도구의 부재로 인해 의학 서적에서는 걸음걸이(공간적 거리)를 이용하여 시간(시간적 길이)을 나타내야 했다. 이는 약의 효과에 영향을 주는 매우 자연스러운 현상이다. 적어도 당나라 때까지는 그 정확성이 부족했다.

왕도(王燾)의『외대비요방(外臺秘要方)』권1의『승마탕방(升麻湯方)』에서 이렇게 말했다. "약을 세 번 복용하되, 사람이 5리를 걷는 데 걸리는 시간만큼 기다린 후 다시 복용하라." 또『감초탕방(甘草湯方)』에서는 "약을 두 번 복용하되, 사람이 5리를 걷는 데 걸리는 시간만큼 기다린 후 다시 복용하라."라고 했으며, 권3의『치자탕(梔子湯)』에서는 "약을 세 번 복용하되, 사람이 8~9리를 걷는 데 걸리는 시간만큼 기다린 후 다시 복용하라."라고 했다. 또『지모탕(知母湯)』에서는 "약을 세 번 복용하되, 사람이 8리를 걷는 데 걸리는 시간만큼 기다린 후 1번 복용하라."라고 했다. 또『천행병방(天行病方)』(6)에서는 "약을 세 번 복용하되, 매번 사람이 10리를 걷는 데 걸리는 시간만큼 기다린 후 복용하라."라고 했다. 또『천행구역지(天行嘔逆方)』(1)에서는 "약을 세 번 복용하되, 사람이 6~7리를 걷는 데 걸리는 시간만큼 기다린 후 다시 한 번 더 복용하라."고 했다. 또『천행구완방(天行嘔琓方)』(7)에서는 "나누어 세 번 복용하되, 다른 사람이 떠나가 6~7리를 걷는 데 걸리는 시간만큼 기다린 후 다시 한 번 더 복용하라."라고 했다. 제6권의『구역불하식방(嘔逆不下食方)』(3)에서는 "약을 세 번 복용하되, 떠난 사람이 6~7리를 걷는 데 걸리는 시간만큼 기다린 후 다시 한 번 더 복용하라."라고 했다. 심지어는 "여(如: ~와 같이)"나 "가다(行)" 등과 같은 글자를 생략하기조차 한다. 예컨대, 권20의『수기방(水氣方)』(2)에서는 "약을 네 번 복용하되, 떠난 사람이 20리쯤 갔을 때."라고 했다. 이러한 예는 너무나 많아 다 들 수가 없을 정도이다.[59)]

3-23. "28수(宿) 칠갑도(漆匣圖)" 호북성 수현(隨縣)
증후을묘(曾侯乙墓) 출토.

---

59)『管錐編增訂』, 19~20쪽(中華書局, 1982年).

『설문해자』인지분석

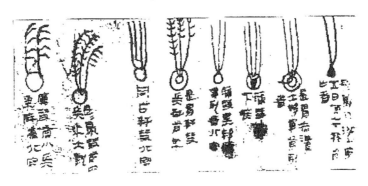

3-24. "춘추전국시대의 혜성도(彗星圖)" 호남성 장사(長沙) 마왕퇴(馬王堆)
출토

　사람의 걸음걸이에는 빠르고 느린 차이가 있기 때문에, 이러한 방
식으로 시간을 측정하는 것은 매우 모호하다. 이러한 불명확한 시간
측정 방식으로 인한 의학적 효과가 어떠했는지는 예상할 수 있을 것
이다.

　초기 문명 단계에 속한 어떤 야만 민족들에게는 아마도 시간의 개
념이 아직 존재하지 않았을 것이다. 『운룡기왕(雲龍記往)·운남비정지
(雲南備征志)』(권18)에서는 "남자가 결혼하지 않으면 '계농(葵弄)'(즉
가축)과 같다고 하였다. 결혼할 적절한 시기가 있는데 어떻게 해서
사람들은 그것을 부끄러워하지 않는가? 어떤 사람이 왜 적절한 시기
에 결혼하지 않느냐고 물었더니, 그들은 어떻게 그 시기를 알 수 있
겠느냐고 답했다."라고 한다. 이 글에서는 시간의 개념을 모르기 때
문에 언제 결혼해야 할지도 모르는 흥미로운 사건을 기술하고 있
다.[60] 이러한 사례는 비록 남방 이민족에게서 나온 것이지만, 대체로
대부분의 민족에서도 겪게 되는 필수적인 과정이었을 것이다.

---

60)　劉志基, 「漢字與初民的原始時間觀」(『國風』 1989年　第2卷　第2期).

⑵ 각 민족들은 고대에 어떻게 시간을 인식하고 자신들만의 시간 인식 관념을 형성했는가?

고대 문헌에서는 이에 관한 충분한 증거를 찾기는 어렵다. 특히 그들에게서 구체적인 시간 단위에서 주기적인 시간 개념으로 추상화하는 것은 더욱 어려운 일이었다. 그러나『설문』에서는 해, 달, 별을 기반으로 한 이미지를 사용하여, 그저 거대한 '구체적 시간 인식의 의미장'을 저장해 두었을 뿐 아니라 몇몇 문자의 본래 의미와 구조를 통해 주기적 시간 인식의 이미지 그룹을 형성하고 있다.

(a) 주야에 대한 시간 이미지 인식

『설문』은 '일(日)'의 이미지 군을 통해 사람들에게 구체적인 공간에서 구체적인 시간 단위로 인식하게 만들고, 이러한 구체적인 시간 단위의 인식 표시를 구분하고 확립했다.

001 日(甲骨　　　　　金文　　　　簡帛⊙　　　日〇古幣　漢印　　　　　　　　　　石刻): 實也. 太陽之精不虧. 從囗一. 象形. 凡日之屬皆從日. 𝌆, 古文. 象形. 人質切.

일(日), '실(實)과 같아서 [햇빛이] 가득하다'라는 뜻이다. 태양의 정기가 줄어들지 않음을 말한다. 위(囗)와 일(一)이 의미부이다. 상형이다. 일(日)부수에 귀속된 글자들은 모두 일(日)이 의미부이다. 일(𝌆)은 고문체이다. 상형이다. 독음은 인(人)과 질(質)의 반절이다.

002 昊: 秋天也. 從日文聲.『虞書』曰: "仁閔覆下, 則稱旻天." 武巾切.

민(旻), '가을 하늘(秋天)'을 말한다. 일(日)이 의미부이고 문(文)이 소리부이다. 『우서(虞書)』의 해설에서 "하늘은 인자하시어 온 만물을 보살피시니 이를 일러 민천이라 한다(仁閔覆下, 則稱旻天)"라고 했다. 독음은 무(武)와 건(巾)의 반절이다.

003 時 (金文 簡帛 漢印

石刻)：四時也. 從日寺聲. 旹, 古文時從之´日. 市之切.

시(時: 簡牘文), '사시사철(四時)'을 말한다. 일(日)이 의미부이고 사(寺)가 소리부이다. 시(旹)는 시(時)의 고문체인데, 지(之)와 일(日)로 구성되었다. 독음은 시(市)와 지(之)의 반절이다.

004 早 (金文 簡帛)：晨也. 從日在甲上. 子浩切.

조(早), '새벽(晨)'이라는 뜻이다. 태양(日)이 갑옷(甲) 위로 떠 오른 모습을 형상했다. 독음은 자(子)와 호(浩)의 반절이다.

005 旳 ： 尚冥也. 從日勿聲. 呼骨切.

'아직 어두울 때(尚冥)'를 말한다. 일(日)이 의미부이고 물(勿)이 소리부이다. 독음은 호(呼)와 골(骨)의 반절이다.

006 昧 (金文 簡帛)：爽, 旦明也. 從日未聲. 一曰闇也. 莫佩切.

매(昧), '매상(昧爽)은 해가 떠오를 때(旦明)'를 말한다.61) 일(日)이 의미부이고 미(未)가 소리부이다. 일설에는 '어둡다(闇)'라는 뜻이라고도 한다. 독음은 막(莫)과 패(佩)의 반절이다.

007 暏 ： 旦明也. 從日者聲. 當古切.

도(暏), '해가 떠오를 때(旦明)'를 말한다. 일(日)이 의미부이고 자(者)

---

61) [역주] 이에 대해서는 '미상(昧爽)'을 표제자로 보아야 한다는 견해가 있다. 예컨대 청나라 때의 전대흔(錢大昕)은 『십가재양신록(十駕齋養新錄)』에서 "미상은 날이 밝다는 뜻이다(昧爽, 旦明也.)", "힐향은 베를 말한다(肦響, 布也.)", "추애는 아래라는 뜻이다(湫隘, 下也.)", "참상은 별을 말한다(參商, 星也.)" 등을 예로 들면서 이들은 『설문』에서 표제자가 연속되어 제시된 예로 보아야 한다고 했다. 참고할만하다.

가 소리부이다. 독음은 당(當)과 고(古)의 반절이다.

008 晣 ： 昭晣, 明也. 從日折聲.『禮』曰：“晣明行事.” 旨熱切.

절(晣), '소절(昭晣)은 밝다(明)'라는 뜻이다. 일(日)이 의미부이고 절(折)이 소리부이다.『의례·사관례(士冠禮)』에서 “날이 밝고 나서 관례를 행한다(晣明行事)”라고 했다. 독음은 지(旨)와 열(熱)의 반절이다.

009 昭(漢印 石刻)： 日明也. 從日召聲. 止遙切.

소(昭), '날이 밝다(日明)'라는 뜻이다. 일(日)이 의미부이고 소(召)가 소리부이다. 독음은 지(止)와 요(遙)의 반절이다.

010 晤 ： 明也. 從日吾聲.『詩』曰：“晤辟有摽.” 五故切.

오(晤), '날이 밝다(明)'라는 뜻이다. 일(日)이 의미부이고 오(吾)가 소리부이다.『시·패풍·백주(柏舟)』에서 “날만 밝으면 쿵쿵 가슴만 두드리네(晤辟有摽)”라고 노래했다.62) 독음은 오(五)와 고(故)의 반절이다.

011 旳 ： 明也. 從日勺聲.『易』曰：“爲旳顙.” 都歷切.

적(旳), '날이 밝다(明)'라는 뜻이다. 일(日)이 의미부이고 작(勺)이 소리부이다.『역·설괘(說卦)』에서 “[진괘(震)는] 흰한 이마를 상징한다(爲旳顙)”라고 했다. 독음은 도(都)와 력(歷)의 반절이다.

012 晃 ： 明也. 從日光聲. 胡廣切.

황(晃), '날이 밝다(明)'라는 뜻이다. 일(日)이 의미부이고 광(光)이 소리부이다. 독음은 호(胡)와 광(廣)의 반절이다.

013 曠 ： 明也. 從日廣聲. 苦謗切.

광(曠), '날이 밝다(明)'라는 뜻이다. 일(日)이 의미부이고 광(廣)이 소

---

62) [역주] 금본에서는 오(寤)로 되었다. '보통 (날이 밝아) 잠에서 깨어나다'로 해석하나, 조사로 보아 해석하지 않기도 한다(김학주). 벽(辟)은 가슴을 두드리는 것(『모전』), 원통할 때 하는 행동이다. 유표(有摽)는 가슴을 두드리는 모양을 말한다(『모전』).

리부이다. 독음은 고(苦)와 방(謗)의 반절이다.

014 旭： 日旦出兒. 從日九聲. 若勖. 一曰明也. 許玉切.

욱(旭), '해가 떠오르는 모양(日旦出兒)'을 말한다. 일(日)이 의미부이
고 구(九)가 소리부이다. 욱(勖)과 같이 읽는다. 일설에는 '날이 밝
다(明)'라는 뜻이라고도 한다. 독음은 허(許)와 옥(玉)의 반절이다.

015 晉(甲骨　　　　　　　金文　　　　　　
玉書　簡帛　　　　　　　　　　古幣　漢印
石刻)： 進也. 日出萬物進. 從日從臸. 『易』曰："明出地
上, 晉." 卽刀切.

진(晉), '나아가다(進)'라는 뜻이다. 해가 떠올라 만물이 성장함을 말
한다. 일(日)이 의미부이고 진(臸)도 의미부이다. 『역·진괘(晉卦)』
에서 "밝은 태양이 땅위로 솟아, 만물이 자라날 것이다(明出地上,
晉)"라고 했다. 독음은 즉(卽)과 도(刀)의 반절이다.

016 暘(　　簡帛)： 日出也. 從日易聲. 『虞書』曰："暘谷." 與章切.

양(暘), '해가 뜨다(日出)'라는 뜻이다. 일(日)이 의미부이고 양(易)이
소리부이다. 『우서(虞書)』에 "[해가 뜨는] 탕곡(暘谷)"이라는 말이
있다. 독음은 여(與)와 장(章)의 반절이다.

017 啓： 雨而晝姓也. 從日, 啓省聲. 康禮切.

계(啓), '비가 오고 나서 하늘이 청명하다(雨而晝姓)'라는 뜻이다. 일
(日)이 의미부이고, 계(啓)의 생략된 부분이 소리부이다. 독음은
강(康)과 례(禮)의 반절이다.

018 暘： 日覆雲暫見也. 從日易聲. 羊益切.

역(暘), '해가 구름에 덮였다가 잠시 내보임(日覆雲暫見)'을 말한다.
일(日)이 의미부이고 역(易)이 소리부이다. 독음은 양(羊)과 익(益)
의 반절이다.

019 晌： 日出溫也. 從日句聲. 北地有昫衍縣. 火于切.

구(昫), '해가 나와 따뜻하다(日出溫)'라는 뜻이다. 일(日)이 의미부이

고 구(句)가 소리부이다. [진(秦)나라 때] 북지(北地)군에 구연현(昫衍縣)이 있었다. 독음은 화(火)와 우(于)의 반절이다.

020 晛: 日見也. 從日從見, 見亦聲. 『詩』曰: "見晛曰消." 胡甸切.

현(晛), '해가 나다(日見)'라는 뜻이다. 일(日)이 의미부이고 현(見)도 의미부인데, 현(見)은 소리부도 겸한다. 『시·소아·각궁(角弓)』에서 "햇빛만 나면 녹네(見晛曰消)"라고 노래했다. 독음은 호(胡)와 전(甸)의 반절이다.

021 晏(簡帛漢印): 天淸也. 從日安聲. 烏諫切.

안(晏), '하늘이 맑다(天淸)'라는 뜻이다. 일(日)이 의미부이고 안(安)이 소리부이다. 독음은 오(烏)와 간(諫)의 반절이다.

022 曣: 星無雲也. 從日燕聲. 於甸切.

연(曣), '날이 맑아 구름이 없다(星無雲)'라는 뜻이다. 일(日)이 의미부이고 연(燕)이 소리부이다. 독음은 어(於)와 전(甸)의 반절이다.

023 景(漢印石刻): 光也. 從日京聲. 居影切.

경(景), '햇빛(光)'을 말한다. 일(日)이 의미부이고 경(京)이 소리부이다. 독음은 거(居)와 영(影)의 반절이다.

024 晧(簡帛): 日出皃. 從日告聲. 胡老切.

호(晧), '해가 나오는 모양(日出皃)'을 말한다. 일(日)이 의미부이고 고(告)가 소리부이다. 독음은 호(胡)와 로(老)의 반절이다.

025 暤: 晧旰也. 從日皐聲. 胡老切.

호(暤), '햇빛이 밝게 비치다(晧旰)'라는 뜻이다. 일(日)이 의미부이고 고(皐)가 소리부이다. 독음은 호(胡)와 로(老)의 반절이다.

026 曄: 光也. 從日從𠌶. 筠輒切.

엽(曄), '햇빛(光)'을 말한다. 일(日)이 의미부이고 화(𠌶)도 의미부이다. 독음은 균(筠)과 첩(輒)의 반절이다.

027 暉(石刻): 光也. 從日軍聲. 許歸切.

휘(暉), '햇빛(光)'을 말한다. 일(日)이 의미부이고 군(軍)이 소리부이다. 독음은 허(許)와 귀(歸)의 반절이다.

028 旰 ： 晚也. 從日干聲. 『春秋傳』曰：“日旰君勞.” 古案切.

간(旰), '해가 저물다(晚)'라는 뜻이다. 일(日)이 의미부이고 간(干)이 소리부이다.『춘추전』(『좌전』소공 12년, B.C. 530)에서 "날이 저물 때가 되니, 임금께서 피곤해 하셨다.(日旰君勞)"라고 했다. 독음은 고(古)와 안(案)의 반절이다.

029 暆(漢印)： 日行暆暆也. 從日施聲. 樂浪有東暆縣. 讀若酏. 弋支切.

이(暆), '해가 서서히 서쪽으로 넘어가다(日行暆暆)'라는 뜻이다. 일(日)이 의미부이고 시(施)가 소리부이다. 낙랑(樂浪)군에 동이현(東暆縣)이 있다. 이(酏)와 같이 읽는다. 독음은 익(弋)과 지(支)의 반절이다.

030 晷(石刻)： 日景也. 從日咎聲. 居洧切.

구(晷), '해의 그림자(日景)'를 말한다. 일(日)이 의미부이고 구(咎)가 소리부이다. 독음은 거(居)와 유(洧)의 반절이다.

031 昃(甲骨 簡帛 古璽 古幣 石刻)： 日在西方時. 側也. 從日仄聲. 『易』曰：“日昃之離.” 阻力切.

측(昃), '해가 서쪽에 있을 때(日在西方時)'를 말한다. '기울다(側)'라는 뜻이다. 일(日)이 의미부이고 측(仄)이 소리부이다.『역·리괘(離卦)』에서 "해가 서쪽으로 기울어 질 때의 도깨비(日昃之離)"라고 했다. 독음은 조(阻)와 력(力)의 반절이다.

032 晚(漢印)： 莫也. 從日免聲. 無遠切.

만(晚), '날이 저물다(莫)'라는 뜻이다. 일(日)이 의미부이고 면(免)이 소리부이다. 독음은 무(無)와 원(遠)의 반절이다.

033 昏(甲骨 簡帛 石刻)： 日冥也. 從日氐省. 氐者, 下也. 一曰民聲. 呼昆切.

혼(昏), '해가 져 어둡다(日冥)'라는 뜻이다. 일(日)과 저(氐)의 생략된 부분이 의미부이다. 저(氏)는 '아래(下)'를 말한다. 일설에는 민(民)이 소리부라고도 한다. 독음은 호(呼)와 곤(昆)의 반절이다.

034 **爛**: 日旦昏時. 從日爛聲. 讀若新城爛中. 洛官切.

란(爛), '해가 막 넘어가려 할 때(日旦昏時)'를 말한다.63) 일(日)이 의미부이고 련(爛)이 소리부이다. 신성(新城)현에 있는 연중(爛中)의 연(爛)과 같이 읽는다.64) 독음은 락(洛)과 관(官)의 반절이다.

035 **晻**: 不明也. 從日奄聲. 烏感切.

엄(晻), '밝지 않다(不明)'라는 뜻이다. 일(日)이 의미부이고 엄(奄)이 소리부이다. 독음은 오(烏)와 감(感)의 반절이다.

036 **暗**: 日無光也. 從日音聲. 烏紺切.

'해에 빛이 없다(日無光)'라는 뜻이다. 일(日)이 의미부이고 음(音)이 소리부이다. 독음은 오(烏)와 감(紺)의 반절이다.

037 **晦**(簡帛): 月盡也. 從日每聲. 荒內切.

회(晦), '달이 없어지는 그믐날(月盡)'을 말한다. 일(日)이 의미부이고 매(每)가 소리부이다. 독음은 황(荒)과 내(內)의 반절이다.

038 **曃**: 埃曃, 日無光也. 從日能聲. 奴代切.

---

63) [역주] 『단주』에서, 지금의 각 판본에서 단(旦)이라 적었는데, 이는 차(且)가 되어야 한다고 했다.

64) [역주] 『단주』에서 이렇게 말했다. "『한서·지리지(地理志)』에서 하남군(河南郡)의 신성(新城) 아래에 만중(爛中)이 있는데, 옛날 융만(戎爛)의 부속국(子國)이라고 했다. 또 『후한서·군국지(郡國志)』에서는 하남군(河南郡) 신성(新城)에 만취(鄭聚)가 있는데, 옛날 만씨(鄭氏)의 것으로, 지금은 만중(爛中)이라 한다고 했다. 『좌전』 소공(昭公) 16년 조에서도 초나라 공자(楚子)가 융만(戎爛)의 왕자를 유인하여 살해했다고 했는데, 두예의 주석에서 하남(河南) 신성현(新城縣) 동남쪽에 만성(爛城)이 있다고 했다. 『수경주(水經注)·이수(伊水)』에서도 신성현(新城縣)은 옛날 만(爛)의 부속 국이었는데, 거느리는 현(縣)에 만취(鄭聚)가 있었는데, 지금의 만중(爛中)이다. 한나라 때의 신성(新城) 옛 터는 지금의 하남성 하남부(河南府) 낙양현(洛陽縣) 남쪽에 있었다. 『좌전』과 『곡양전』에서는 만(爛)이라 적었고 『공양전』에서는 만(曼)이라 적었다. 또 유소(劉昭)가 인용한 『좌전』에서는 만(鄭)이라 적었다. 란(爛)은 독음이 만(爛)과 같다. 『집운』에서 말한 모(謨)와 환(還)의 반절음이 바로 그렇다."

능(皆), '애내(埃皆)'를 말하는데, 해에 빛이 없다(日無光)'라는 뜻이
다. 일(日)이 의미부이고 능(能)이 소리부이다. 독음은 노(奴)와 대
(代)의 반절이다.

039 曀 : 陰而風也. 從日壹聲.『詩』曰 : "終風且曀." 於計切.

에(曀), '흐리면서 바람이 부는 날(陰而風)'을 말한다. 일(日)이 의미
부이고 일(壹)이 소리부이다.『시·패풍·종풍(終風)에서 "바람 불고
날 음산한데(終風且曀)"라고 노래했다. 독음은 어(於)와 계(計)의
반절이다.

040 旱 (簡帛 石刻): 不雨也. 從日干聲. 乎旰切.

한(旱), '비가 내리지 않음(不雨)'을 말한다. 일(日)이 의미부이고 간
(干)이 소리부이다. 독음은 호(乎)와 간(旰)의 반절이다.

041 㫃 : 望遠合也. 從日´ 匕. 匕, 合也. 讀若窈窕之窈. 烏皎切.

요(㫃), '아득히 먼 곳을 바라보면 만물이 하나로 합쳐짐(望遠合)'을
말한다. 일(日)과 비(匕)가 의미부인데, 비(匕)는 '합쳐지다(合)'라
는 뜻이다. 요조(窈窕)라고 할 때의 요(窈)와 같이 읽는다. 독음은
오(烏)와 교(皎)의 반절이다.

042 昴 : 白虎宿星. 從日卯聲. 莫飽切.

묘(昴), '백호 일곱 별 중 가운데 별(白虎宿星)'을 말한다. 일(日)이 의
미부이고 묘(卯)가 소리부이다. 독음은 막(莫)과 포(飽)의 반절이다.

043 曏 : 不久也. 從日鄉聲.『春秋傳』曰 : "曏役之三月." 許兩切.

향(曏), '얼마 되지 않다(不久)'라는 뜻이다. 일(日)이 의미부이고 향
(鄉)이 소리부이다.『춘추전』(『좌전』 희공 28년, B.C. 632)에서 "성
복의 전역이 있었던 얼마 전의 3월(曏役之三月)"이라고 했다.[65]
독음은 허(許)와 량(兩)의 반절이다.

---

65) [역주]『단주』에서 이렇게 말했다. "이는 희공(僖公) 28년 조의『좌전』문장이
다. 향(曏)은 전(前)과 뜻이 같다. 성복의 전역(城濮之役)은 4월에 있었다. 이
전역이 있기 전 3개월 이전이라는 뜻이다. 마침 얼마 전이라는 의미와 부합한
다. 두예의 주석에서는 향(鄉)이라 적었고 향(鄉)은 속(屬·이어지다)과 같은 뜻
이라고 했는데, 매우 잘못된 해설이다."

044 褧 : 襺也. 從日襄聲. 奴朗切.

낭(褧), '얼마 되지 않은 접때(襺)'를 말한다. 일(日)이 의미부이고 양(襄)이 소리부이다. 독음은 노(奴)와 랑(朗)의 반절이다.

045 昨 : 壘日也. 從日乍聲. 在各切.

작(昨), '옛날(壘日)'이라는 뜻이다.66) 일(日)이 의미부이고 사(乍)가 소리부이다. 독음은 재(在)와 각(各)의 반절이다.

046 暇 : 閑也. 從日叚聲. 胡嫁切.

가(暇), '한가한 틈(閑)'을 말한다. 일(日)이 의미부이고 가(叚)가 소리부이다. 독음은 호(胡)와 가(嫁)의 반절이다.

047 暫 : 不久也. 從日斬聲. 藏濫切.

잠(暫), '시간이 얼마 되지 않다(不久)'라는 뜻이다. 일(日)이 의미부이고 참(斬)이 소리부이다. 독음은 장(藏)과 람(濫)의 반절이다.

048 昪 : 喜樂皃. 從日弁聲. 皮變切.

변(昪), '기뻐하는 모양(喜樂皃)'을 말한다. 일(日)이 의미부이고 변(弁)이 소리부이다. 독음은 피(皮)와 변(變)의 반절이다.

049 甲骨 金文 簡帛 古璽

古陶 古幣 漢印

石刻 : 美言也. 從日從曰. 一曰日光也. 『詩』曰 : "東方昌矣." 勥, 籒文昌. 尺良切.

창(昌), '아름다운 말씀(美言)'을 말한다. 일(日)이 의미부이고 왈(曰)

---

66) [역주] 『단주』에서 이렇게 말했다. "류(絫)를 서현의 판본에서는 류(壘)로 적었는데, 오류이다. 서개본에서는 류(累)로 적었다. 류(絫)와 류(累)는 정속자(正俗字)의 관계이다. 고대 문헌에서는 적류(積累·누적)라는 뜻일 때에는 모두 루(絫)로 적었다. 류(厽)부수의 설명에서, 류(絫)는 더하여 쌓이다는 뜻이다(增也)고 했다. 그렇다면 누일(絫日)은 날짜가 쌓이다는 뜻이다(重絫其日也). 『광운(廣韻)』에서 작일(昨日)은 하룻밤 이전을 말한다(隔一宵也)고 했고, 『주례·춘관·종백(宗伯)·사준이(司尊彝)』에서는 작(昨)을 수초(酬酢)의 초(酢)자로 가차하여 사용했다."

도 의미부이다. 일설에는 '햇빛(日光)'을 말한다고도 한다. 『시·제풍·계명(鷄鳴)』에서 "동방이 밝았다(東方昌矣)"라고 했다. 창(昌)은 창(昌)의 주문체이다. 독음은 척(尺)과 량(良)의 반절이다.

050 暀: 光美也. 從日往聲. 于放切.

왕(暀), '빛이 곱다(光美)'라는 뜻이다. 일(日)이 의미부이고 왕(往)이 소리부이다. 독음은 우(于)와 방(放)의 반절이다.

051 昄: 大也. 從日反聲. 補縮切.

판(昄), '크다(大)'라는 뜻이다. 일(日)이 의미부이고 반(反)이 소리부이다. 독음은 보(補)와 관(縮)의 반절이다.

052 昱: 明日也. 從日立聲. 余六切.

욱(昱: ![甲骨文] 甲骨文 ![金文] 金文), '밝게 빛나는 햇빛(明日)'을 말한다. 일(日)이 의미부이고 립(立)이 소리부이다. 독음은 여(余)와 륙(六)의 반절이다.

053 㬉: 溫溼也. 從日, 㬉省聲. 讀與㬉同. 女版切.

난(㬉), '온습하다(溫溼)'라는 뜻이다. 일(日)이 의미부이고, 난(㬉)의 생략된 부분이 소리부이다. 난(㬉)과 똑같이 읽는다. 독음은 녀(女)와 판(版)의 반절이다.

054 暍: 傷暑也. 從日曷聲. 於歇切.

갈(暍), '더위를 먹다(傷暑)'라는 뜻이다. 일(日)이 의미부이고 갈(曷)이 소리부이다. 독음은 어(於)와 헐(歇)의 반절이다.

055 暑(![簡帛] 簡帛 ![漢印] 漢印 ![石刻] 石刻): 熱也. 從日者聲. 舒呂切.

서(暑), '덥다(熱)'라는 뜻이다. 일(日)이 의미부이고 자(者)가 소리부이다. 독음은 서(舒)와 려(呂)의 반절이다.

056 㬉: 安㬉, 溫也. 從日難聲. 奴案切.

난(㬉), '안난(安㬉)'을 말하는데, 따뜻하다(溫)'라는 뜻이다. 일(日)이 의미부이고 난(難)이 소리부이다. 독음은 노(奴)와 안(案)의 반절이다.

057 㬎: 衆微眇也. 從日中視絲. 古文以爲顯字. 或曰衆口皃. 讀若唫唫.

或以爲繭；繭者, 絮中往往有小繭也. 五合切.

현(㬎), '대단히 미세한 것(衆微杪)'을 말한다. 햇빛(日) 속에서 실(絲)을 살피는 모습을 형상했다.[67] 고문에서는 현(顯)자로 보았다. 혹자는 '말이 많은 모양(衆口兒)'을 말하여, 금금(唫唫)의 금(唫)과 같이 읽는다고도 한다. 혹자는 견(繭)자라고도 하는데, 견(繭)은 솜 속에 종종 있는 작은 누에고치를 말한다.[68] 독음은 오(五)와 합(合)의 반절이다.

058 㬎(簡牘文 石刻): 晛也. 從日從出, 從収從米. ᛗ, 古文㬎,

---

67) [역주] 문맥이 잘 통하지 않는다. 그래서『단주』에서 "衆微杪也, 從日中視絲." 에 대해 이렇게 말했다. 이 9자는『광운』에서 "衆明也, 微妙也, 從日中視絲.(매우 지혜롭다는 뜻이다. 미묘하다는 뜻이다. 햇빛 속에서 가는 실을 살피다는 뜻이다.)"라는 11자로 되었다. 그리고 이는 "衆明也, 從日中見絲, 絲散眇也.(매우 지혜롭다는 뜻이다. 햇빛 속에서 가는 실을 살피는 모습을 그렸는데, 비단실이 매우 가늘기 때문이다.)"가 되어야 할 것으로 생각한다. 미(散)자는 오늘날의 미(微)자이고, 묘(眇)자는 오늘날의 묘(妙)자이다.『옥편』에서도 묘(妙)로 적었다. "日中視絲"는 "대단히 지혜로운 자는 그 살핌이 미묘한 것에까지 이른다(衆明察及微妙)라는 뜻이다." 참고할 만하다.

68) [역주]『단주』에서는 견(繭)이 누에고치가 아니라 고치에서 실을 뽑고 남은 찌꺼기로 보았다. 그는 이렇게 말했다. "이는 견(繭)에 이어서 해석한 것이다. 이렇게 다시 해석해야 하는 것은, 여기서의 견(繭)이 멱(糸)부수에서 말한 누에고치(蠶衣)라는 뜻의 견(繭)과는 달랐기 때문이다. 여기서 말한 뜻은 누에고치(蠶衣)라는 뜻의 파생의미이다.『이아·석명(釋名)』에서 견(繭)은 덮고 있는 막(幕)을 말한다. 가난한 자는 옷을 입을 때 헌솜이나 솜을 덮어씌우기도 한다. 혹자는 이를 견리(牽離·누에고치)라고도 하는데, 고치를 푹 삶은 뒤 느슨하게 솜(縣)처럼 뽑아내기 때문이다. 견리(牽離)는 바로 멱(糸)부수에서 말한 계(繄)이다. 계(繄)는 달리 악서(惡絮·질 낮은 솜)라고도 한다. 계(繄)는 독음이 견(牽)과 해(奚)의 반절이고, 례(縰)는 랑(郎)과 혜(兮)의 반절이다. 이는 견리(牽離)와 같은 말이 변한 것이다. 괘(絓)자의 해석에서도 견재(繭滓·고치 찌꺼기)라고 하면서 이는 달리 괘두(絓頭)라고도 하며 또 견리(牽離)라고도 한다고 했다. 내 생각에, 견(繭)은 아마도 고체를 켜서 실을 뽑고 남은 찌꺼기(繰絲之餘滓)를 말한 것으로, 옷으로 만들 수 있다. 그러나 중간에 맺힌 매듭들이 있다. 그래서 '솜 속에 분명하게 남아 있는 작은 고치들(絮中歷歷有小繭)이라고 했는데, 고치(繭)는 매듭(結)을 말한다. 「석명」에서는 푹 삶아서 실을 뽑아 솜 바깥에 덮어씌울 수 있다(可以煮爛牽引幕之絮外)고 했는데,『설문』의 말과는 맞지 않다. 아마도 이런 것을 견(繭)이라 했을 것이다."

從日麃聲. 薄報切.

포(暴), '햇볕에 말리다(晞)'라는 뜻이다. 일(日)이 의미부이고 출(出)도 의미부이고, 공(収)도 의미부이고 미(米)도 의미부이다. 포(𩏯)는 포(暴)의 고문체인데, 일(日)이 의미부이고 포(麃)가 소리부이다. 독음은 박(薄)과 보(報)의 반절이다.

059 曬: 暴也. 從日麗聲. 所智切.

쇄(曬), '햇볕에 말리다(暴)'라는 뜻이다. 일(日)이 의미부이고 려(麗)가 소리부이다. 독음은 소(所)와 지(智)의 반절이다.

060 暵: 乾也. 耕暴田曰暵. 從日堇聲. 『易』曰: "燥萬物者莫暵于離." 呼旰切.

한(暵), '말리다(乾)'라는 뜻이다. 밭을 갈아엎어 말리는 것을 한(暵)이라고 한다. 일(日)이 의미부이고 근(堇)이 소리부이다. 『역·설괘(說卦)』에서 "만물을 말라 죽게 하는 것 중 불보다 더한 것은 없다(燥萬物者莫暵于離)"라고 했다. 독음은 호(呼)와 간(旰)의 반절이다.

061 晞: 乾也. 從日希聲. 𦚻, 籒文從肉. 香衣切.

희(晞), '말리다(乾)'라는 뜻이다. 일(日)이 의미부이고 희(希)가 소리부이다. 희(𦚻)는 주문체인데, 육(肉)으로 구성되었다. 독음은 향(香)과 의(衣)의 반절이다.

062 昔(甲骨 金文 簡帛古陶 石刻): 乾肉也. 從殘肉, 日以晞之. 與俎同意. 思積切.

석(昔), '말린 고기(乾肉)'를 말한다. [윗부분은] 남은 고기(殘肉)를 말하고, 이를 햇빛에 말리는 모습을 형상했다. 조(俎)와 같은 뜻이다. 독음은 사(思)와 적(積)의 반절이다.

063 暱: 日近也. 從日匿聲. 『春秋傳』曰: "私降暱燕." 𥇀, 暱或從尼. 尼質切.

닐(暱), '날로 친근해지다(日近)'라는 뜻이다. 일(日)이 의미부이고 닉(匿)이 소리부이다. 『춘추전』(『좌전』 소공 25년, B.C. 548)에서 "개인적으로 가까운 자들과 즐기는 연회를 줄였다(私降暱燕.)"라고 했다. 닐(𥇀)은 닐(暱)의 혹체자인데, 니(尼)로 구성되었다. 독음은 니(尼)와 질(質)의 반절이다.

064 暬 : 日狎習相慢也. 從日執聲. 私列切.

설(暬), '날로 익숙해져 습관적으로 거만하게 대하게 됨(日狎習相慢)'
을 말한다. 일(日)이 의미부이고 집(執)이 소리부이다. 독음은 사
(私)와 렬(列)의 반절이다.

065 否 : 不見也. 從日, 否省聲. 美畢切.

밀(否), '보이지 않음(不見)'을 말한다. 일(日)이 의미부이고, 부(否)의
생략된 부분이 소리부이다. 독음은 미(美)와 필(畢)의 반절이다.

066 㫕(＜簡帛 ＜古璽 ＜石刻） : 同也. 從日從比. 古渾切.

곤(昆), '같다(同)'라는 뜻이다. 일(日)이 의미부이고 비(比)도 의미부
이다. 독음은 고(古)와 혼(渾)의 반절이다.

067 晐（＜古陶） : 兼晐也. 從日亥聲. 古哀切.

해(晐), '함께 갖추다(兼晐)'라는 뜻이다. 일(日)이 의미부이고 해(亥)
가 소리부이다. 독음은 고(古)와 애(哀)의 반절이다.

068 普（＜簡帛 ＜漢印 ＜石刻） : 日無色也. 從日從並. 滂古切.

보(普), '태양에 색이 없음(日無色)'을 말한다. 일(日)이 의미부이고
병(並)도 의미부이다. 독음은 방(滂)과 고(古)의 반절이다.

069 曉 : 明也. 從日堯聲. 呼鳥切.

효(曉), '밝다(明)'라는 뜻이다. 일(日)이 의미부이고 요(堯)가 소리부
이다. 독음은 호(呼)와 조(鳥)의 반절이다.

070 昕 : 旦明, 日將出也. 從日斤聲. 讀若希. 許斤切.

흔(昕), '새벽(旦明)'을 말하는데, '해가 막 뜨려고 하다(日將出)'라는
뜻이다. 일(日)이 의미부이고 근(斤)이 소리부이다. 희(希)와 같
이 읽는다. 독음은 허(許)와 근(斤)의 반절이다.

위에 언급된 『설문』에서 구축된 '의미장' 중, 원래 「초(艸)부수」나
「단(旦)부수」에서 비롯된 일부를 제외하면 나머지는 모두 「일(日)부수

」에서 나왔다. 만약 여기서 '글자의 기본 의미'를 '단어의 기본 의미'로 보게 된다면, 이 '의미장'에 있는 모든 단어는 다음의 두 가지 특성이 있음을 발견하게 된다. 첫째, 아침부터 밤, 그리고 다시 저녁부터 새벽까지의 모든 시간 단위를 차례로 나타내었다. 다시 말하면 하루 전체의 주기를 나누었다. 둘째, 각각의 시간 표시어는 '일(日)'과 연관이 있다. 다시 말하면, 하루의 구체적인 시간의 구간을 결정하기 위해 고대 사람들은 하늘에서 움직이는 태양이 다양한 위치를 관찰하여 이를 실현시켰다.

이처럼 '태양'이라는 천체를 참조물로 사용함으로써, 고대 사람들은 어두움과 밝음, 새벽과 황혼과 같은 순환 주기 내의 시간 구간을 구체적이고 세밀하게 구분할 수 있었다.

'황혼(黃昏)'에 대응하는 시간을 '아침'이라고 한다. 『설문·간(倝)부수』에서 이렇게 설명했다.

· 조(朝): 倝(甲骨金文簡帛古璽漢印石刻), 해가 뜨는 때를 말한다(旦也). 간(倝)이 의미부이고 주(舟)가 소리부이다. 독음은 척(陟)과 요(遙)의 반절이다.

이 글자의 이미지 채택 과정을 보면, 원래 '조(朝)'와 '단(旦)'은 각각 다른 의미를 가지고 있었다. 태양이 지평선 위에 나타나는 특정 시간을 '단(旦)'이라고 했으며, '조(朝)'의 상징성은 '단(旦)'보다 조금 더 이른 것 같다. 즉, 태양이 아직 풀과 나무 사이에 있고, 희미한 달과 함께 있는 그 시간대를 '조(朝)'라고 했다. 갑골문에서 나타나는 형태들에 대해 나진옥(羅振玉)는 이렇게 주장했다. "이 아침저녁(朝暮)이라고 할 때의 '조(朝)'자는 태양이 이미 지평선 위에 있지만 달이 아직 지지 않았다. 이것이 바로 '조(朝)'이다. 고대의 금문은 생략하여 조(卓)로 표상하였다. 그러나 후세의 전서체에서는 간(倝)이 의미부이고 주(舟)가 소리부인 구조로 되었으며, 그러자 원래의 형태는 사라지고 의미까지 불분명해지고 말았다."[69]

후대의 문헌에서는 아침부터 (아침) 식사 때까지의 시간을 특정하였다. 『광운·소(宵)운』에 따르면 "조(朝)는 조(早)와 같다. 또한 단(旦)부터 식사시간(食時)까지를 '종조(終朝)'라고 한다."라고 했다. 『상서대전』(권3)에서는 "보통 여섯 가지를 시작으로 삼는데, 한 해(歲)의 아침을 한해의 시작, 한 달(月)의 아침을 한 달의 시작, 하루(日)의 아침을 하루의 시작으로 삼는다.(凡六滲之作, 歲之朝, 月之朝, 日之朝.)"라고 했는데[70], 유향(劉向)의 주석에는 "정월(正月)부터 사월(四月)까지가 한 해(歲)의 아침, 상순(上旬)이 한 달(月)의 아침, 평단(平旦)부터 식사시간까지가 하루(日)의 아침이다."라고 했다.

'조(朝)'는 공간적 방향에서 '동쪽'을 가리킨다. 『주례·지관·대사도(大司徒)』에서는 "태양이 서쪽에 있을 때 그림자는 동쪽(朝)에 있다. 그림자가 길다."라고 했고, 『한비자·유도(有度)』에서는 "고대 왕들이 사남(司南)을 설치하여 아침(朝)와 저녁 시간(夕)을 확정했다."라고 하였다. 천기유(陳奇猷)의 주석에는 "조(朝)와 석(夕)은 동쪽과 서쪽을 의미

---

69) 『增訂殷墟書契考釋』.
70) [역주] 이 문장은 『예기·월령(月令)』에 나오는 말로, 원문은 "범밀지작(凡六滲之作), 세지조(歲之朝), 월지조(月之朝), 일지조(日之朝)."이다. 여기서 '육밀(六滲)'은 여섯 가지 제사 활동을 가리키며, 하늘과 땅에 대한 제사, 오제(五帝)에 대한 제사, 사방(四方)에 대한 제사, 산택(山澤)에 대한 제사, 선왕(先王)에 대한 제사, 선사(先師)에 대한 제사를 포함한다. 이러한 제사 활동은 각각 매년의 연초, 월초, 초일에 진행되어 한 해의 평안과 풍작을 기원했다.

『설문해자』 인지분석

한다. 태양이 동쪽(朝)에서 동쪽에서 뜨고, 서쪽(夕)에 서 진다. 그래서 조(朝)와 석(夕)을 동쪽과 서쪽으로 보았다."라고 하였다.

또 행위의 측면에서는 '조견(朝見: 아침 조회)'을 가리킨다. 『자휘(字彙)·월(月)부수』에서 "조(朝)는 이른 아침(晨朝)을 말한다. 군주가 정사를 볼 때, 신하들이 군주를 만나러 가려면 일찍(早) 가는 것이 가치 있기에, 발음이 조(朝)로 바뀌었다."라고 하였다. 『서·순전(舜典)』에서는 "천자와 함께 하는 네 번의 조회(群后四朝)"[71]라고 하였다. 이렇듯, '조(朝)'에는 시간, 공간, 행위의 세 가지 측면이 있다.

고대의 역사학자들은 은(殷)나라 사람들이 조석(朝夕)으로 태양을 예배하는 의식이 있었다고 하였다.[72] 이 '조(朝)'자는 '조배(朝拜: 떠오르는 태양에 대한 숭배)' 의식에서 그 상징을 가져온 것으로 보인다. 시간의 측면에서는 태양이 거의 지평선 위로 떠올랐으나 달이 아직 지지 않았을 때의 '아침'을 맞이하는 것에서부터 왔고, 공간적 방향에서는 자연스럽게 '동쪽'을 향하게 되며, 행위 방식에서는 이에 경배하는 것을 말한다.

'명(明)' 또한 시간 인지의 한 단위로, '조(朝)' 이후의 시간을 나타낸다. 어떤 사람들은 이와 관련된 몇몇 각사 명문을 비교하였고, 그 결과 '명(明)'과 '측(昃)'자가 서로 상응한다는 것을 발견하였다. 예를 들면, 「소우정(小盂鼎)」에서는 "매상(昧爽)에 왼쪽의 세 제후와 오른쪽의 세 제후가 입조하여 술을 마셨으며, 명(明)에 왕께서 주나라의 종묘로 납시었다.(昧爽, 三左三右多君入服酉, 明, 王各於周廟.)"라고 했는데, '명(明)'이 '매상(昧爽)'과 짝을 이루어 그 다음에 나타나는데, 이를 통해

---

71) [역주] 원문은 "五載一巡守, 群后四朝."이다. 여기서 군후(群后)는 제후의 임금인 천자를 말하며, 사조(四朝)는 천자가 5년마다 전국을 순행하는데, 이때 사방의 제후들이 동서남북의 사악(四嶽)에서 천자를 만나 조회하는 것을 말한다.
72) 『殷契粹編考釋』, 184쪽(日本 東京文求堂 石印本, 1937).

그 시간대를 알 수 있다.[73] 『집운·경(庚)부』에 근거하면 '명(明)'과 '명(朙)'의 독음에 대한 인지관계를 구축할 수 있다.

- 명(朙, 明)은 미(眉)와 병(兵)의 반절로 읽힌다. 『설문』에서는 '비추다'는 뜻이라고 했다. 월(月)이 의미부이고 경(冏)도 의미부이다. 고대에는 명(明)으로 썼다. 또한 성씨로 사용되며, 지명으로도 사용된다.
- 맹(盟, 盟, 盟, 䀛)은 미(眉)와 병(兵)의 반절로 읽힌다. 『설문』에서는 『주례』를 인용하여 "나라에 의문이 있으면 맹약(盟)을 행한다."라고 했다. 각 제후(諸侯)들이 다시 모여 회합하는데, 12년에 한 번씩 만나는 것을 맹(盟)이라 한다. 북쪽을 향해 하늘에게 맹서하고, 사신(司愼: 제사를 주관하는 신)과 사명(司命: 운명을 주관하는 신)께 이 내용을 보고한다.[74] 맹(盟)은 희생을 잡아 흘린 피를 마시는 삽혈(歃血)인데, 붉은 접시와 옥으로 만든 용기(敦)에 피를 받고, 소의 귀를 거기에다 세워서 사용한다. 혹체에서는 명(朙)이나 명(明)으로 구성되었으며, 고문체에서는 맹(䀛)으로 썼다.
- 맹(鵬, 鵬)은 미(眉)와 병(兵)의 반절로 읽힌다. 『박아(博雅)』에서 "초명(鸊鵬)은 봉새(鳳)를 말한다."라고 했다. 혹체에서는 명(朙)으로 구성되었고, 또 맹(鸎)으로 쓰기도 한다.

『설문·명(朙)부수』에서는 이렇게 말했다.

- 명(明: 𐥑, 甲骨金文

73) 『卜辭通纂·天象』, 393쪽(科學出版社, 1983年版).
74) [역주] 이 문장은 『주례·사맹(司盟)』에 나온 말로, 원문은 "북면조천지사신사명(北面詔天之司愼司命)"이다. 이는 제후들이 맹회를 개최할 때, 북쪽을 향해 하늘의 신에게 맹세를 선언하고, 그런 다음 사신(司愼, 제사를 주관하는 신)과 사명(司命, 운명을 주관하는 신)이 함께 이를 증명하는 것을 의미한다. 이는 고대의 종교 의식으로, 이러한 의식을 통해 제후들은 하늘의 신에 대한 경외와 맹약에 대한 충성을 표현할 수 있었다.

石刻), '비추다'는 뜻이다(照也). 월(月)이 의미부이고 경(囧)이 소리부이다. 명(朙)으로 구성된 글자들은 모두 명(朙)이 의미부이다. 독음은 무(武)와 병(兵)의 반절이다. 명(⿰日月)은 고문체의 명(朙)인데 일(日)로 구성되었다.

'측(昃)'도 시간대를 지칭하는 단위로 인식되었다. 은허(殷墟) 복사에는 다음과 같은 기록이 있다. "중일(中日)에서 측(昃)까지, 비가 올까요? 측(昃)에서 용(墉)까지, 비가 오지 않을까요?(中日至昃, 其雨? 昃至墉, 不雨?)"(『殷契拾掇』394) 이 복사에 따르면 '측(昃)'은 '중일(中日)' 이후 '용(墉)'(오후 4시) 이전의 시간대를 가리킨다. 이는 하늘에서의 태양의 위치를 나타낸 것이다. 『역·풍(豊)괘』에서 "일중(日中)이 측(昃)이다."라는 표현이 있어 복사와 일치한다. 고대 사람들은 어떻게 이 시간 개념을 형성하고, 이 시간대를 어떻게 인식하고 판단했을까? '측(昃)'자를 갑골문에서는 ⿱⿰大日으로 썼는데, 그 구조와 기원은 이미 위에서 설명했다. 이는 태양 빛이 사람에게 비추어, 그림자가 기울어진 모습을 묘사했다. 이때, 태양은 정오를 지나 서쪽 방향으로 기울어진 위치에 있다. 『설문·일(日)부수』에서는 "측(昃)은 태양이 서쪽에 있는 때 기울어진 모습이다.(日在西方時側也.)"라고 했다. 문자의 독음의 관점에서 보면, '측(昃)'과 '측(側)'은 둘 다 장모(莊母) 직부(職部)에 속하므로, 동일한 기원을 가지고 있다. '측(昃)'은 태양이 기울어진 것을 의미함이 분명하며, 태양이 기울어진 그 모습이 바로 '측(昃)'이라는 시간대의 기원이 된 인식 표지이다.

밤이 가까워지는 시간을 '모(暮)'라고 불렀다. 『설문·초(艸)부수』에 보존된 원래의 문자는 '막(莫)'이다.

· 막(莫: 甲骨 金文 簡帛 漢印 石刻), 해가 장차 넘어
가려는 때를 말한다(日且冥也). 해(日)가 풀숲(茻) 속에 있음을
그렸다. 독음은 막(莫)과 고(故)의 반절이다. 또 모(慕)와 각(各)의
반절도 있다.

『집운·막(莫)부』에 이르면 이미 고금자의 구분이 생겨났다.

· 막(莫, 暮)은 막(莫)과 고(故)의 반절로 읽힌다. 『설문』에서는 '해가
넘어가려는 때를 말한다(且冥也)'라고 했다. 해(日)가 풀숲(茻) 속
에 있음을 그렸다. 혹체에서는 모(暮)로 적었다.

갑골 복사에서도 '모(暮)'는 하나의 구체적인 시간대의 단위로 인식
되고 있다.

· 저녁에 비가 내리지 않을까요?(其莫(暮), 不其蕭(遘)雨?)(『殷契粹編』
695)
· 저녁에 돌아올까요?(其莫[暮]歸?)(『殷契佚存』 851)

위에서 든 두 가지 복사의 경우, 전자는 '모(暮)'라는 이 시간대에
비가 내릴 것인지를 물었고, 후자는 '모(暮)'라는 이 시간대에 돌아올
수 있을 것인지를 물었다. 문자의 구성에서 볼 때, 『설문』에서의 분
석은 "태양(日)이 풀(茻) 속에 있는 모습"으로, 은상 문자와 일치하며,
풀 속으로 태양이 사라지는 모습을 묘사한다. 어원과 관련시켜 보면,
'모(暮)', '묘(墓)', '몰(沒)', '몰(歿)'은 모두 명모(明母) 입성자이며, 의미

『설문해자』 인지분석

상에서도 공통점이 있다. 즉 태양이 풀 속으로 들어가면 '모(暮)', 사람이 땅 속으로 들어가면 '묘(墓)'가 되고 '몰(歿)'이 된다. 그래서 고대에는 '물고(物故: 사람이 죽음)'이라는 단어가 나왔다. 또 사물이 물속으로 사라지는 것을 '몰(沒)'이라고 했다. 이미 알려진 이러한 인식 관계를 정리하면, '모(暮)'라는 시간 단위의 기원과 구분이 자명해진다.

고대인들의 시간 인식 개념으로서, '모(暮)'와 가장 근접한 시간대는 바로 '혼(昏)'이다. 그래서 우리는 종종 '일몰(日沒)'과 '황혼(黃昏)'이라는 문구를 사용한다. 『설문』에서는 '혼(昏)'을 "날이 어두워짐"이라고 설명하는데, "날이 거의 어두워진" '모(暮)'에 비해 조금 더 늦은 시간대를 나타내는 것 같다. 원래의 의미에서 보면, '혼(昏)'의 문자구조는 '일(日)'이 '저(氏)' 아래에 위치하고 있다. 『설문·저(氏)부수』에 따르면 "저(氏)는 '도달하다'는 뜻이다. 씨(氏) 아래에 '하나'를 뜻하는 '일(一)'이 붙어 있는데, 여기서 '일(一)'은 '땅'을 의미한다.(氏, 至也. 從氏下著一. 一, 地也.)"라고 했다. 따라서 '혼(昏)'의 의미는 태양이 막 지평선 아래에 도달한 것이다. 이것으로 미루어 보아, 고대 인간의 관찰 및 인식의 정밀함을 알 수 있다.

복사에서 '혼(昏)'은 구체적인 시간대를 나타내는 단어로 사용되었다.

- '용혜'에서 '혼(昏)'까지, 비가 오지 않을까요?(墉兮至昏, 不雨?) (『殷契粹編』 715)
- 오늘 신(辛)일에, 혼(昏)까지 비가 올 것이다.(今日辛, 至昏雨.)(『戰後寧滬新獲甲骨集』 1, 70)

『설문·일(日)부수』에서 태양의 상징을 참조하여 구체적인 시간을 구분한 것으로 '난(暯)', '향(曏)', '낭(曩)', '작(昨)', '하(暇)', '잠(暫)' 등과 같은 글자들이 있는데, 모두 태양의 운행 거리를 기반으로 하고 있다.

태양이라는 천상의 이러한 상징에 따른 인식의 기능과 유사하게, 초기 중국인들이 이미지 채택으로 참조할 수 있었던 것은 당연히 달을 '인식 원형'으로 연결하는 것이었다. 『설문·월(月)부수』에서 형성된 '밤의 시간과 관련한 '의미장'은 모두 달의 증감 변화와 연관되어 있다.

- 삭(朔), '달은 매월 초하루에 다시 시작된다(月一日始蘇).' 월(月)이 의미부이고 역(屰)이 소리부이다.
- 비(朏), '달이 아직 가득 차지 않았을 때의 밝음(月未盛之明)'을 말한다. 월(月)과 출(出)이 모두 의미부이다.
- 패(霸), 달이 자라나기 시작할 때 곁으로 빛이 뿌연 것(月始生, 霸然.)'을 말한다. [전 달이] 큰 달일 때에는 초이틀에 그렇게 되고, 작은 달일 때에는 초사흘에 그렇게 된다(承大月, 二日; 承小月, 三日.) 월(月)이 의미부이고 박(霎)이 소리부이다.75)

이외에도 다른 부수에 포함되었지만 월상(月象)과 간련된 것으로는 다음의 것들이 있다.

- 망(望), 달리 가득 차 해를 서로 바라보듯 임금께 조회하다는 뜻이다(月滿與日相望以朝君也). 월(月)이 의미부이고 신(臣)도 의미부이며 정(壬)도 의미부인데, 정(壬)은 조정을 말한다(朝廷也). 망(朢)은 고문체의 망(望)인데 생략된 모습이다.(「壬部」)
- 회(晦), 달리 다하여 없어진 때를 말한다(月盡也). 이(日)이 의미부이고 매(每)가 소리부이다.

75) [역주] 『설문』에서 이어지는 말은 다음과 같다. "『서·주서(周書)·강고(康誥)』에서 '[3월 달] 달의 흰빛이 생기기 시작할 때(哉生霸)'라고 했다. 패왕(霸王)이라고 할 때의 패(霸)로 쓰였다. 패(??)는 고문체이다. 독음은 보(普)와 백(伯)의 반절이다." 이렇게 볼 때 패(霸)는 박(霎, 비에 적신 가죽)과 월(月, 달)로 이루어졌는데, 霎은 가죽(革)이 비(雨)에 젖어 '뿌옇게' 변함을 말한다. 그래서 霸는 달(月) 주위로 달빛이 뿌옇게(霎) 형성되는 때를 말했으나, 이후 제멋대로 하다, '패자(霸者)' 등의 뜻으로 가차되었다.

『설문해자』 인지분석

달이 둥글어짐과 이지러짐(圓缺), 그리고 가득 참과 줄어짐(盈虧)의 주기는 상대적으로 짧기 때문에 초기의 사람들이 이를 쉽게 인지하고 확고한 시간 개념을 형성하는 데 도움이 되었다. '삭(朔)'은 특히 음력의 매월 첫날을 의미한다. 『사기·진시황본기(秦始皇本紀)』에 따르면, "매년 조정에 경하 드리는 일의 시작을 변경하여, 모두 10월 초하루부터 시작한다.(改年始朝賀, 皆自十月朔.)"라고 했다. '삭(朔)'의 경우, 그 글자의 모양에서 가져온 상징적 의미를 보면, 『설문』에서는 "월(月)이 의미부이고 역(屰)을 소리부"로 분석했다. 사실, '역(屰)'자는 소리부일 뿐 아니라 의미도 함께 포함하고 있다. '역(屰)'의 갑골문은 🔱(『甲』 2083)으로, 거꾸로 된 사람의 모양을 나타내며, '역(逆)'자 초기 글자이다. 『설문·필(𠦄)부수』에서, 이 '역(屰)'자는 '아이가 거꾸로 나오는 것'으로 인식되었는데, "기(棄), …… 돌(𠫓)은 아이가 거꾸로 나옴을 말한다."에서도 그런 인식을 볼 수 있다. '삭(朔)'의 상징적 의미는 달이 처음으로 나타나는 것이 아기가 아직 완전하지 않은 형태로 태어난 것처럼 해석된 것으로 보인다.

'망(望)'에 대해 『설문』에서는 '달이 가득 찬 것(月滿)'으로 설명하고 있으며, 매월 보름이면 달리 가득 찬다고 했으니, 이 시간 개념의 기원을 알 수 있다.

'패(霸)'에 대해서는 『설문』의 분석에 따르면, 매월 초에 보이는 달을 가리키며, 특히 이 '패연(霸然)'이라는 달 현상이 나타내는 그 시간을 의미한다. 이를 '삭(朔: 초하루)'와 구분하기 위해 『설문』에서는 '삭일(朔日)'의 다음 날임을 특별히 언급하였으며, '큰 달'과 '작은 달'의 관계까지 미세하게 구분하여 이렇게 말했다. "큰 달에는 둘째 날, 작은 달에는 셋째 날이다." 이에 대한 단옥재의 주석을 보면 "패(霸)와 백(魄)은 첩운이다. 『향음주의(鄕飮酒義)』에서는 '달은 세 달이면 백(魄)이 완성된다.'라고 말한다. 『정의(正義)』에서는 '이전 달이 클 경우에는 둘째 날에 백(魄)이 생기고, 이전 달이 작을 경우에는 셋째 날에 백(魄)이 생긴다.'라고 설명했다.……월 초에 밝게 나타나는 것을 패(覇)라고 한다. 『한지(漢志)』에 인용된 「무성(武成)」과 「고명(顧命)」에서는 모두 패(覇)로 적었으며, 후대에 들어 백(魄)이 통용되면서 패(覇)는 사용되지 않았다." 오늘날 통용되는 판본 『상서·강고(康誥)』에서는 '패(覇)'를 '백(魄)'으로 적고 있다. 완원(阮元)의 『주인전(疇人傳)·대진(戴震)』에서는 "삭(朔), 망(望), 비(朏), 패(覇)는 달을 기록한 것이다."라고 설명하였다.

'회(晦)'에 대하여, 『설문』에서는 "달빛이 모두 사라진" 그 시간을 특정하고 있다. '회(晦)'와 '매(脢)'는 동일 기원의 글자로, 달이 달 마지막에 숨겨져 아직 나오지 않은 상태를 '회(晦)'라고 한다.

민속학 자료를 통해 볼 때, 해, 달, 천체의 공간 위치 변화를 관찰하여 시간 개념을 획득하는 것은 각 민족의 원시 시대에 공통된 사고방식인 것 같다. 명(明)나라 이사총(李思聰)의 『백이전(百夷傳)』에 따르면 "포인(蒲人), 아창(阿昌), 합라(哈喇), 합두(哈杜), 노자(怒子) 등은 모두 산맥에 거주하는데, ……사계절의 순서를 모르며, 오직 달의 뜨고 지는 것만으로 시간을 측정한다."라고 기록되어 있다. 납서족(納西族)의 동파경(東巴經) 문자에 기록된 납서족 선조들의 시간 개념도 크게는 일월의 관찰과 연관되어 있는 것 같다. 동파 문자로, ⊕는 햇빛을 상징하는 글자는 '니미(尼美)'로 읽혀 '태양'이라는 의미를 가진다. '니(尼)'로 읽을 경우 '날짜'라는 뜻의 '날'이라는 의미가 된다. 또 다른 글자로 ⊕도 햇빛의 모양을 상징하며 '낮'을 의미한다. 그리고 ⊕는 태양 광선이 사방으로 뻗어나가는 모양을 가진 글자는 '정오'를 나타

『설문해자』인지분석

낸다. 또한 🔵는 떨어지는 해의 경사진 빛을 상징하여 '저녁 무렵'을 의미한다. 달을 상징하는 🌙는 '달'을 의미하며, 달을 세로로 쓴 🌙는 '월(月)'을 의미하고, 거꾸로 쓴 🌙은 '저녁'(저녁에서 밤까지의 시간대)을 의미한다. 🌙에다 검은 색을 추가한 🌙는 '밤'(즉 '저녁' 이후의 암흑)을 의미한다.76) 분명히, 위에서 든 동파 문자들은 일, 월의 상징을 통해 일련의 시간 개념을 표현하는 것이며, 이는 앞서 분석한『설문』에서 기록된 '시간어'와 크게 다르지 않다. 이 두 가지 다른 문자의 놀랍도록 비슷한 점은 원시적인 시간 인식이 개념을 형성하는 공통 특성을 반영하는 것이다.

(b) 사계절(四季)에 대한 시간적 의미

계절의 변화는 낮과 밤의 주기보다 훨씬 길기 때문에 고대인들이 이를 인식하고 파악하는 것은 더 복잡하고 어려웠다. 인류학자들의 연구에 따르면, 자연 주기나 주기적 변화에 대한 인식의 빠르기는 대개 특정 주기의 길이에 따라 결정된다. 예를 들어, 낮과 밤의 순환은 극지를 제외하고는 전 세계적으로 매일 발생한다. 이 주기는 매우 짧고 빈번하게 반복되므로 고대인들은 빠르게 이것을 받아들였다. 그러나 우리는 고대 이집트인들이 매일 마법을 사용하여 화려한 노을 속에 사라진 빨간 태양을 아침에 다시 동쪽으로 되돌리려고 했다는 사실을 알고 있다. 반면, 1년 중의 사계절의 주기는 그렇게 단순하지 않다. 원시인들에게는 한 해의 시간이 너무나 길게 느껴져 정확한 주기적 규칙을 인식하는 것이 거의 불가능했다는 것을 알 수 있다. 이는 기억의 단기성과 시간 기록 방법의 부족 때문에 발생했다.77)

---

76) 문자(文字)와 석의(釋義)는 모두 李霖燦,『麽些象形文字字典』(雲南人民出版社, 1980)을 참조했다.

『설문』에서 우리는 규칙적인 자연의 변화와 주기적인 인간의 활동이 이미 중국 고대 인류의 시간 인식과 분류의 기준으로 활용되었음을 발견할 수 있었다.

『상서·요전(堯典)』은 중국 고대의 인류가 자연 현상을 관찰하고 사계절을 확정하는 데 기울인 노력을 반영하며, 이는 이 책의 제5장 제4절 "과보 이미지(誇父意象)"에 상세히 기술되어 있다. 「요전」에는 "윤달을 이용하여 사계절을 확정하고 연도를 완성하라."라는 기록이 있음으로써, 봄(春), 여름(夏), 가을(秋), 겨울(冬)의 사계절 개념의 존재는 이미 오랜 역사를 갖고 있다는 것을 알 수 있다. 그럼 이 사계절의 순서 개념은 어떻게 형성되었을까?

여기서는 『설문』에서 제공된 인식 연결을 통해 추적해보자. 유물에서 발견된 은허의 갑골문에서는 '춘(春)'이 이미 계절의 명칭으로 사용되고 있음을 확인할 수 있다.

· 무인일에 점을 칩니다. '쟁'이 물어봅니다. 올 봄 노예들이 일을 할 수 있을까요? 10월이었다.(戊寅卜, 爭貞: 今春衆有工? 十月.)(『殷墟文字外編』 452)
· 물어봅니다. 다가오는 봄, 풍년이 들지 않을까요?(貞, 來春, 不其受年?)(『殷契粹編』 881)

위의 두 점의 갑골복사에서 '춘(春)'은 『공양전』의 은공(隱公) 원년에서 이야기한 "봄(春)이란 무엇인가? 그 해의 시작이다."라는 해석과 일치하고 있다. 초기의 사람들은 왜 '봄(春)'을 한 해의 시작으로 정하였을까? 『설문』의 '춘(萅)'자는 「초(艸)부수」에 속하며, 그 이미지 구성 요소는 '초(艸)', '일(日)', '둔(屯)' 세 부분을 포함하고 있다. 여기서

---

77) 『金枝』, 468쪽.

'초(艸)'와 '일(日)'은 이미 생명력의 상징이 되었다. 『설문』은 '추(推: 밀고 나오다)'로 '춘(春)'을 설명하였는데, 이는 성훈(聲訓)에 의한 뜻풀이의 인식 모델로 볼 수 있다. 오늘날의 강서 지역에서 남을 욕할 때 쓰는 '우준(愚蠢: 멍청하다)'을 '둔화(屯貨)'라고 한다. '춘(春)'자의 소리부인 '둔(屯)'도 사실은 '둔(屯: 언덕, 싹이 돋아 남)'이라는 의미를 제공하고 있다. 단옥재의 주석에는 "둔(屯)는 식물이 초기에 자라는 것을 나타내며, 이는 이미지와 발음을 동시에 나타낸다."라고 되어 있다. 『설문·철(屮)부수』에서 "둔(屯)은 어렵다는 뜻이다. 식물이 처음 자라날 때의 어려운 상황을 상징한다. '새싹(屮)'이 '일(一)' 위로 올라오는 모습을 그렸다. '일(一)'은 땅을 의미한다. 꼬리는 구부러져 있다. 『역』에 따르면, '둔(屯)'은 강함과 약함이 처음으로 교차하면서 어려움이 생김을 상징한다고 하였다. 『설문·초(艸)부수』의 '춘(萅)'의 구조의 고문체에서는 다음과 같이 적었다.

· 춘(萅: , 甲骨金文 簡帛古璽漢印石刻), 밀어내다는 뜻이다(推也). 초(艸)가 의미부이고 일(日)도 의미부인데, 풀이 봄이 되어 자라남을 말한다(艸春時生也). 둔(屯)이 소리부이다. 독음은 창(昌)과 순(純)의 반절이다.

『설문』에서는 모두 식물이 햇빛 아래에서 흙을 뚫고 나오는 것을 표현하고 있다. '춘(春)'의 어원은 바로 '둔(屯)'이므로 모이다는 의미와 생명력의 의미를 갖고 있다. '둔(屯)'자는 갑골문에서 바로 막 흙을 뚫고 나온 어린 싹을 표현한다. 대지가 봄을 맞아 소생하고, 모든 것이 다시 살아나며, 움직이려는 듯한 기운을 가지며, 이는 겨울 내내 흙

속에 숨어 있던 생명력을 모아 모여서 나타나기 때문에, '둔(屯)'에는 '모이다'라는 의미도 있다.『광아·석고(釋詁)』(3)에 따르면 "둔(屯)은 모이다(聚)"는 뜻이라고 했다.『한서·진승전(陳勝傳)』의 주석에는 "사람들이 모이는 곳을 '둔(屯)'이라고 한다."라고 했다. 그래서 군대를 모으는 것을 '둔병(屯兵)'이라고 하고, 농민들을 모아 농사를 짓는 것을 '둔경(屯耕)'이라고 하며, 사람들이 모이는 곳을 '둔(邨)'이라고 한다.『설문』의 '둔(屯)'자에는 또 '어렵다'는 의미도 있다. 어린 싹이 흙을 뚫고 나오려면 여러 가지 장애를 뚫고 나와야 한다. 이것도 바로 봄의 이미지의 특징이다.『장자·외물(外物)』에서는 '어려움에 빠진 사람들을 위로한다(慰瞥沈屯)'라고 하였는데, 사마표(司馬彪)의 주석에는 "둔(屯)은 어렵다(難)는 뜻이다"라고 되어 있다.[78]「유통부(幽通賦)」에서는 '여러 어려움을 함께 만났구나, 연속되는 좌절이여!(紛屯遭與蹇連兮)라고 하였는데, 조(曹)의 주석[79]에서도 '둔(屯)은 어렵다(難)는 뜻이다"라고 되어 있다. 이 모든 상징적 의미는 '둔(屯)'이라는 이미지를 식물의 초기 생장 형태에서 단서를 찾을 수 있음을 보여주고 있다.

---

78) [역주] 사마표(司馬彪, ?~306)의『장자주』는 21권 52편으로 구성되어 있는데, 해당 주석본은 "기이하고 허탄한 내용이 다수 포함되어 있어, 일부는『산해경』과 유사하고, 일부는『점몽서』와 유사한 성격을 띠고 있다."라고 평가되며, 또 "후대인의 증보로 인해 점차 원문의 진의를 상실하였다"는 문제가 제기되기도 한다. 이에 비해 곽상(郭象, ?252~312)의『장자주』는 사마표의 52편본에 "편협한 재주로 망령되이 기이한 설을 삽입한 부분이 있다"고 판단하여 이를 삭감하는 작업을 수행하였다. 그의 주석본은 33권 33편으로 구성되어 있으며, 내편 7편, 외편 15편, 잡편 11편으로 되었는데, 현재까지 전해지는 유일한 완정한 형태의『장자』주석본으로 평가받고 있다.

79) [역주] 반고(班固)의 작품인「유통부(幽通賦)」에 주석을 달았다는 '조(曹)'의 주석'은 아마도 '조대가(曹大家)'를 말한 듯하다. '조대가'는 반소(班昭)의 자(字)로, 동한 시대의 저명한 사학자이자 문학가이며, 반고(班固)의 누이이다. 그녀는 부친과 형의 유지를 이어받아『한서(漢書)』의 속편을 완성하였으며, 이에 대한 주석 작업과 정리 작업을 수행하였다. 조세숙(曹世叔)의 아내가 되었기에 사람들은 그녀를 존칭하여 '조대가(曹大家)'라 불렀다.

식물의 싹이 처음으로 생길 때는 먼저 땅속에 '모여 있어' 생명력이 땅 속에 집중된다. 그러므로 '둔(屯)'에는 생명이라는 의미도 있다. 유우석(劉禹錫)의 「수낙천양주초봉석상견증(酬樂天揚州初逢席上見贈)」에서 "병든 나무 앞에 온갖 나무가 봄이구나(病樹前頭萬木春.)"라고 하였다. '춘(春)'이라는 이 이미지의 '생명력'의 내포는 '춘(春)'자에 '발아하기 시작하다(萌動)'라는 의미를 나타내 준다. '춘(春)'은 창모(昌母) 문부(文部)에 속하는 글자로, '춘(春)'과 비슷한 독음을 가진 글자들은 대부분 '모이다'는 의미를 가진다. 예컨대 '준(蠢)'은 춘(春)이 부리부인데, 『설문·곤(蚰)부수』에서 "벌레가 움직이다(蟲動)는 뜻이며, 곤(蚰)이 의미부이고 춘(春)이 소리부이다."라고 하였다. 또 '준(惷)'은 오늘날의 '우준(愚惷: 어리석다)'라고 할 때의 '준(惷)'인데, 『설문·심(心)부수』에서 "준(惷)은 어지럽다(亂)는 뜻이다. 심(心)이 의미부이고 용(春)이 소리부이다."라고 설명하였다. 그래서 '준(惷)'은 청춘의 생기가 솟아나는 '봄(春)'을 나타낸다. 즉 『시·소남·야유사균(野有死麕)』에서 말한 "유녀회춘(有女懷春: 아가씨 봄을 그리워하기에)"의 춘(春)의 의미이다.[80]

『설문·심(心)부수』에서 "준(惷)은 혼란하다(亂)는 뜻이다. 심(心)이 의미부이고 춘(春)이 소리부이다."라고 설명하였으며, 경전을 가지고 이를 증명하였는데 "『춘추전』에서 '주나라 왕실은 우둔하구나(王室日惷惷焉.)'라고 하였다." 『설문』에서 증거로 인용한 글은 『좌전』소공(昭公) 23년의 글인데, 오늘날의 판본에서는 "지금의 주나라 왕실은 정말 우둔하기 그지없구나(今王室實惷焉.)"이라고 하였고, 주석에서 "준(惷)은 어지러운 모양을 말한다(動擾貌)."라고 했다.

또 '진(震)', '진(振)', '신(娠)' 같은 글자들도 장모(章母) 문부(文部)에 속하며, '춘(春)'과 동일한 운부에 속하고 성뉴도 비슷하여, 모두 '움직

---

80) 臧克和, 『語象論』 五(貴陽: 貴州教育出版社, 1993年).

이다'는 의미를 가진다. 『설문·우(雨)부수』에서 "진(震)은 벽력처럼 물체를 흔든다(辟歷振物)는 뜻이다"이라고 하였다. 또 「여(女)부수」에서 "신(娠)은 여성이 임신하여 몸이 움직이는 것(女妊身動)을 말한다."라고 설명하였다. 이처럼 '춘(春)'은 풀과 나무의 싹이 솟아나서 흙을 뚫으려 하는 것이 분명하며, '신(娠)'은 아기가 움직이며 태어나려 하는 것으로, 동일한 의미를 가진다.

『설문』에서의 앞서 언급한 연관성을 검토하면, '춘(春)'이라는 이 시간의 상징과 초목이 싹트고 처음 태어나는 자연 현상 사이의 밀접한 관계를 분명히 알 수 있다. 『집운·순(諄)부』에서는 이렇게 말했다. "춘(萅, 萫, 旾, 暜, 春)은 추(樞)와 륜(倫)의 반절로 읽힌다. 『설문』에서는 '밀고나오다(推)'는 뜻이라고 했다. 초(艸)가 의미부이고 일(日)도 의미부인데, 초(艸)는 봄에 태어남을 말한다(春時生也). 일설에는 꿈틀거리다(蠢)는 뜻이라고도 한다. 고문체에서는 춘(萫), 춘(旾), 춘(暜)으로 적었고, 예서체에서는 춘(春)으로 쓰였다. 또 성씨로도 사용되었다."

"야생의 꽃이 피어나며 은은한 향기를 풍기는 것"이 '봄(春)'이라면, "우아한 나무가 활짝 핀 그늘"은 '여름(夏)'이다. 그래서 '하(夏)'에는 '웅장하다'는 뜻이 포함되어 있다. 『설문·치(夂)부수』에서 이렇게 말했다.

· 하(夏: 가운데 나라의 사람들을 말한다(中國之人也). 치(夂)가 의미부이고 혈(頁)도 의미부이고 구(臼)도 의미부이다. 구(臼)는 두 손을 말하며(兩手); 치(夂)는 두 발을 뜻한다(兩足也). 하(㚆)는 고문체의 하(夏)이다.

중국 민족의 조상은 자신들을 '화하(華夏)'라고 부르는데, 이는 지역의 명칭이자 '큰 나라'라는 자부심을 내포하고 있다. 마서륜(馬敍倫)은 '하(夏)'가 '대(大)'의 이체자라고 생각했다.[81] 『방언(方言)』(권1)에는 "함곡관으로부터 서쪽으로, 진(晉)과 진(秦) 사이에서는 무엇이든 물건 중에서 크고 웅장한 것을 좋아하는데, 그것을 '하(夏)'라고 부른다.(自關而西, 秦晉之間凡物之壯大者而愛偉之, 謂之夏.)"라고 했다. 『시·진풍(秦風)·권여(權輿)』에는 "나에게 커다란 집에서 융숭한 대접 하시더니, 지금은 먹는 것도 근근이 끼니를 이을 정도네.(於我乎夏屋渠, 今也每食無餘.)"라고 했는데, 여기서 말한 '하옥(夏屋)'이란 크고 웅장한 집을 의미한다. 『초사·구장(九章)·애영(哀郢)』에는 "이전에는 정말로 큰 것이 산이라는 것을 말지 못했네.(曾不知夏之爲丘兮)"라고 했는데, 홍흥조(洪興祖)의 『보주(補注)』에 따르면 "하(夏)는 큰 전당(大殿)을 의미한다."고 했다. 이 의미는 이후에 '하(廈)'로 분화하여 사용되었다.

『상서·순전(舜典)』에는 "만이(蠻夷)와 활하(猾夏)"라고 기록되어 있는데, 『정의(正義)』에 따르면, "하(夏)는 크다(大)는 뜻이다. 중국에는 문장(文章)의 광화(光華)와 예의(禮義)가 웅장하다."라고 했다. 일상생활에서 자신을 우월하게 여기고 타민족을 열등하게 보는 경향이 있어, 다른 종족을 업신여기거나 비난하는 경우가 많았다. 이로 인해 나라의 명칭이 품질의 기준으로 변화하는데, 이도 이러한 사례 중 하나이다. 그렇다면 '하(夏)'는 어떻게 시간의 순서나 계절의 이름이 되

---

81) 『說文解字六書疏證』卷之十(上海書店, 1985年). 『集韻·馬部』에서 이렇게 말했다. "하(憂, 夔, 夏)는 해(亥)와 아(雅)의 반절로 읽는다. 『설문』에서 '가운데 나라에 사는 사라들을 말한다(中國之人也)'라고 했다. 치(夂)가 의미부이고 혈(頁)도 의미부이고 구(臼)도 의미부이다. 구(臼)는 두 손을 말하며(兩手); 치(夂)는 두 발을 뜻한다(兩足). 일설에는 크다는 뜻이라고도 한다(一曰大也). 또 나라 이름으로도 쓰인다. 고문체에서는 하(會)로 적었고, 예서체에서는 하(夏)로 적었다."

었을까? 주준성(朱駿聲)의 『설문통훈정성(說文通訓定聲)』에서는 최은
(崔恩)의 『삼례의종(三禮義宗)』을 인용하여 이렇게 말했다. "하(夏)는
크다는 뜻이다. 이때가 되면, 모든 사물이 이미 크게 자란 상태이기
때문에 그렇게 이름 붙였다.(夏, 大也, 至此之時, 物已長大, 故以爲名.)"
라고 하였다. 여기서 말하는 '사물(物)'은 당연히 '인간(人)'과 대비되는
모든 식물을 의미한다. 따라서 초기의 사람들이 '하(夏)'라는 계절에
대한 인식은 푸르른 초목과 활기찬 자연 경치에서 시작된 것으로 보
인다.

봄에는 꽃이 활짝 피고, 가을에는 열매가 익는다. '추(秋)'를 『설문
(說文)』에서도 「화(禾)부수」에 귀속시켰는데, 곡물의 생장 주기와의
인식적 연관성을 반영하고 있다.

· 추(秋: 麕, 甲骨簡帛
古璽石刻), 곡식이 익은 때를 말
한다(禾穀孰也). 화(禾)가 의미부이고, 추(爐)의 생략된 모습이 소
리부이다. 추(粗)는 주문체인데 생략되지 않은 모습이다.82)

---

82) 『설문』에서 시절, 계절, 절기, 농작물 수확 등과 관련된 글자들의 이름은 종종
독음의 인지적 연관성을 통해 얻어진다. 예를 들어, '추(秋, 가을)'자는 구조상
'귀(龜)'자의 독음을 따르고, '춘(春, 봄)'자는 구조상 '둔(屯, 언덕)'자의 독음을
따른다. 또 '서(黍, 기장)'자는 '서(暑, 더위)'자의 독음을 따른다.
　　"서(黍: 甲骨古璽古幣), '벼의 일종인데 찰진 것(禾
屬而黏者)'을 말한다. 대서(大暑) 때 익기 때문에(穜), 서(黍)라고 한다. 화(禾)가
의미부이고, 우(雨)의 생략된 부분이 소리부이다. 공자(孔子)께서 '기장으로 술
을 담을 수 있다(黍可爲酒). 그래서 화(禾)와 입(入)과 수(水)로 구성되었다.'라
고 했다. 서(黍)부수에 귀속된 글자들은 모두 서(黍)가 의미부이다." '진(秦)' 등
과 같은 지역 공간의 고유명사에 대해서도 마찬가지로 구조적 인지 관련성이
발생할 필요가 있다. "진(秦: 甲骨金文簡帛

　　　　　　　　　　　　　　　　　　『설문해자』 인지분석

『집운·우(尤)부』에 따르면, "추(秋, 穐, 龝)는 자(雌)와 유(由)의 반절로 읽힌다. 『설문』에서는 '곡물이 익는 것을 말한다'라고 했다. 전서체로는 '추(炋)'로 썼다. 일설에는 '추추(秋秋)'는 '말(馬)이 뛰는 것'을 의미한다 하였는데, 이는 말을 잘 다루어 이를 통제하여 날뛰지 못하게 하는 것을 의미한다.(一曰秋秋, 馬騰驤也. 所謂秋駕, 以善馭不憂逸也.) 또한 '추(秋)'는 성씨로도 쓰였다. 고문체에서는 추(穐)나 추(龝)로 썼다."

이에 따르면, 『설문』에서는 곡물의 성숙을 '가을(秋)'이라는 계절의 인식적 특징으로 보았다. 그렇다면 '추(秋)'의 계절적 특징을 반영하는 상징은 무엇으로 할 것인가? 『설문·화(禾)부수』에서 '추(秋)'자의 설명에 주문(籒文)체인 '추(秌)'자를 수록했는데, "주문체에서는 생략된 모습이 아니다."라고 분명하게 설명함으로써 소리부를 완전하게 보존하고 있다. 『설문』에서 '추(秋)'자의 본의에 대한 설명은, 원시인들이 농업생산 과정에서 얻은 경험 인식의 역사적 배경을 반영하고 있으며, 이 설명은 매우 합리적이고 과학적이다. 그리고 이러한 역사적 배경과 계절적 특징을 포함하는 물체나 상징만이 '가을'의 상징으로 사용될 수 있으며, 반드시 한 가지 형태나 상징에 구애받지 않아도 된다. '추(秋)'는 이미 은허 갑골복사에서 시간을 기록하는 이름으로 사용되었는데, '춘화추실(春華秋實)'과 '추수동장(秋收冬藏)'에서의 '추(秋)'라는 의미이다.

古璽 漢印 石刻), '백익(伯益)의 후손이 봉해졌던 나라(封國)인데, 벼를 심기에 적합했다(地宜禾).' 화(禾)와 용(舂)의 생략된 부분이 모두 의미부이다. 일설에는 진(秦)이 '벼의 이름(禾名)'이라고도 한다. 진(秝)은 진(秦)의 주문체인데, 력(秝)으로 구성되었다."

- 무인일에 점을 칩니다. '빈'이 물어봅니다. 이번 곡식이 익을 때, '공'방이 비(欂) 땅을 공격해 올까요?(戊寅卜賓貞今秋 ▨方其 ▨ 于 欂.)(『存』1, 550)
- 무술일에 점을 칩니다. '각'이 물어봅니다. ▨ 제사에 6개를 사용하면 풍년이 들까요?(戊戌卜殼貞 ▨ 祀六來秋.)(『佚』991)[83]

　'추(秋)'자는 갑골문에서 ▨(『殷契粹編』878)로 썼는데, 곽말약(郭沫若)은 이를 다음처럼 해석했다. "지금 글자의 형태를 보면 정말로 지느러미에 뿔이 있는 곤충, 즉 귀뚜라미와 같은 모습이다." 그러나 곽약우(郭若愚)는 이를 "메뚜기와 같은 모습이지만, 촉수가 있으며 날개와 다리, 발이 있는, 메뚜기의 전체 모습을 다 갖추었다."라고 해석한다. 이 두 해석은 사실 큰 차이가 없다. 귀뚜라미는 가을을 상징하는 곤충으로, 『시경·빈풍·칠월』에서도 찾아볼 수 있다. 메뚜기는 가을에 곡식이 익어갈 때 번성하며, 갑골복사에서도 '메뚜기'에 대한 제사가 등장한다.

- 물어봅니다. 가을에 메뚜기를 위해 창주를 바치고 사당에서 제사를 지낼까요?(貞帝秋于豐于土(社).)(『卜』592)
- 갑신일에 점을 칩니다. '빈'이 물어봅니다. 메뚜기를 위해 황하 신에게 제사를 드릴까요?(甲申卜賓貞告秋于河.)(『佚』525)
- 물어봅니다. 메뚜기 떼를 안정시키기 위해 다가오는 신묘일에 술을 마시는 제사를 지낼까요?(貞其帯秋來辛卯飮.)(『甲』3642)[84]

　'귀뚜라미'와 '메뚜기'라는 두 가지 이미지를 사용하여 '추(秋)'라는

---

83) 『甲骨文字典』卷七, 著錄(四川辭書出版社, 1990年).
84) 『甲骨文字典』卷七에 저록됨.

계절 개념을 나타내는 것은 선민들이 시간과 계절을 인식하는 특성에 부합한다. 그러나 하나의 곤충과 계절 사이의 연결은 선민들의 마음속에서 견고한 연결을 형성하기는 어려울 것 같다. 그래서 갑골문에서 '추(秋)'자는 또한 '화(火)'에서 그 이미지를 얻어 구조를 🐢(『殷契粹編』1151)로 나타냈다. 왜 '불'에서 이미지를 가져왔을까? 이 문제는 '추(秋)'자의 후속 문자 형태의 변화를 고려하여 생각해야 한다. 『설문』의 주문체는 이 기반 위에서 '화(禾: 곡식)'자를 더했다. 소전체에서는 직접 화(火)와 화(禾)를 의미부로 삼았다. 분명히, 가을은 성숙하고 수확하는 계절이며, 그 물질과 색깔은 타오르는 듯한 '불'과 같다. 이런 현상은 결국 선민들의 '가을'이라는 계절 개념과 견고한 연결을 형성하게 되었다.

어원적으로 볼 때, 이러한 연결을 발견하기는 어렵지 않다. '추(秋)'와 독음이 가까운 글자는 대부분 '성숙하고 풍요롭다'는 의미를 가진다. '추(秋)'는 청뉴(淸紐) 유부(幽部)에 속하며, '수(秀)'는 심뉴(心紐) 유부(幽部)에 속해 '추(秋)'와 독음이 가깝고 운도 같다. '수(秀)'의 본래 의미는 꽃이 피고 열매를 맺는 것을 뜻한다. 『시경·빈풍·칠월』에는 "사월이면 아기 풀 이삭이 패고(四月秀葽)"라고 노래했는데, 『모전』에는 "꽃을 피우지 않고 열매를 맺는 것을 수(秀)라 한다(不榮而實曰秀)."라고 했다. 『설문』에서는 '수(秀)'자에 대해 이 글자가 한나라 임금인 유수(劉秀)의 이름을 피해 사용했기 때문에, 따로 다른 설명이 없다. 서개(徐鍇) 주석에 따르면, "수(秀)는 '열매'를 말한다. 열매를 맺어 아래로 늘어진 모습을 그렸다."라고 했다. '수(秀)'자는 또한 '꽃을 흩뿌리는 것(揚花)'을 의미할 수 있는데, 『논어·자한』에는 "싹이 트지 않는 것도 있고, 열매를 맺지 않는 것도 있는 법이다.(苗而不秀者有矣夫, 秀而不實者也有夫.)"라고 되어 있다. 그리고 열매를 맺는 것, 꽃을 흩뿌리는 것 모두 식물이 성숙한 상징이다. 식물이 성숙하면 수확해야 하며, '수(收)'와 '추(秋)'의 고대음도 같은 부에 속한다. '추수(秋收)'는 단어로서 연결되어 있으므로, 어원적으로 인식적 연결이 반드시 존재한다. 이런 동일 기원의 인식적 연결은 선민들이 성숙한 물질과 색상에서 '추(秋)'라는 시간 순서의 계절을 인식했다는 것을 매우 명확하게 나타낸다.

겨울이 되면 수확물을 저장한다. 『설문·빙(仌)부수』에서 이렇게 말했다.

· 冬(甲骨金文簡帛古幣漢印石刻), 四時盡也. 從仌從夊. 夂, 古文終字. 𩫡, 古文冬從日.

동(冬), '사계절이 다하다(四時盡)'라는 뜻이다. 빙(仌)이 의미부이고 종(夊)도 의미부이다.[85] 종(爨)은 종(終)의 고문체이다. 동(𩫡)은 동(冬)의 고문체인데, 일(日)로 구성되었다. 독음은 도(都)와 종(宗)의 반절이다.

위에서처럼 '동(冬)'자를 갑골문에서는 (『殷墟書契乙編』7156)으로 썼다. 이 글자의 상징에 대해서는 섭옥삼(葉玉森)은 "가지가 처지고 잎이 떨어지는 모습을 그렸다. 혹자는 남아 있는 한두 개의 떨어진 잎과 큰 과일의 형태를 형상했다고 하는데, 이는 보기만 해도 겨울의 모습을 알 수 있다."라고 했다.[86] 이러한 해석은 다소 억지스러운 면이 있다. 혹자는 이것이 실이나 끈의 두 끝이 묶여 있거나 묶이지 않은 모습을 상징하여, '끝'이라는 의미를 표현했으며, 이는 '종

---

85) [역주] 종(夊)을 『단주』에서는 종(夂)으로 고쳤다.
86) 『甲骨文字集釋』, 十一, 3419쪽(臺灣中央研究院曆史研究所, 1974).

『설문해자』 인지분석

(終)'의 원래 글자라고 본다. 『설문·멱(糸)부수』에서 이렇게 말했다.

· 終 (簡帛 古陶 石刻): 絿絲
也. 從糸冬聲. 兂, 古文終. 職戎切.
종(終), '꼬아놓은 실'을 말한다(絿絲也). 멱(糸)이 의미부이고 동(冬)
이 소리부이다. 종(兂)은 종(終)의 고문체이다.

단옥재의 주석에 따르면, "구(絿)는 실이 꼬이다(紏)는 뜻이다.(絿之
言紏也.)"라고 했는데, '수사(絿絲)'는 바로 '실의 끝단에서 실을 꼬다'
라는 뜻이다.87) '동(冬)'과 '종(終)'은 사실상 같은 글자이며, 이러한 현
상을 통해 우리는 '겨울(冬)'이라는 계절의 기원을 엿볼 수 있다. 『백
호통·오행(五行)』에서, "겨울(冬)의 뜻은 마치다(終)는 뜻이다."라고 했
다. 『광운』에서는 '동(冬)'을 "끝(極)이라는 뜻이다. 또 다하다(窮)는 뜻
이다. 또 끝나다(竟)는 뜻이다."라고 해석한다. 이러한 음운적 인식의
연결은 갑골문에서 '동(冬)'자의 사용 상황과 서로 증명할 수 있다.

· 계묘일에 점을 칩니다. '상갑'께서 날이 개도록 하실까요? 개지 않
도록 할까요? 밤에 비가 내렸다.(癸卯卜甲 啟不 啟冬夕雨.)(『屯南』
744)88)

'동(冬)'이 '끝나다(終)'로 뜻풀이 되는 것은 독음의 인식적 연결 때
문이다. '동(冬)'과 '종(終)'의 고대음에서 같은 부에 속하며, 그 독음은
단지 설두음과 설상음의 차이만 있을 뿐이다. 그리고 상고음에서 설
두음과 설상음 사이에는 별다른 차이가 거의 없었다. 『초학기(初學記)

---

87) 『甲骨文字典』 卷十一.
88) 『甲骨文字典』 卷十一.

』에서는 채옹(蔡邕)의 「월령장구(月令章句)」를 인용하여 "동(冬)은 종(終)과 같다. 만물은 겨울에 이르러 종료된다."라고 했다. 『춘추번로·천변재인(天辨在人)』에서는 "겨울은 생명이 소멸하는 시기다."라고 설명했다. 분명히, '종(終)'이 가리키는 것은 겨울의 삭막함, 즉 풀과 나무 같은 생명이나 생명력의 종말을 의미한다. 그렇게 보면, 사람들은 모든 것이 죽는 자연의 풍경 속에서 '겨울'이라는 계절의 개념을 얻어 왔을 것이다. 이 개념은 처음에는 선민들이 땅이 얼어붙는 시기의 자연 풍경에 대한 인상과 혼합되어 있었다. 그것이 추상화되고 독립적이 된 것은 그 이후의 일이다. 갑골문에서 '동(冬)'자는 아직 '겨울철'이라는 시간 한정어로 사용되지는 않았다. 『삼체석경(三體石經)』과 『설문』에서 '동(冬)'자는 '일(日)'이 더한 형상으로 표현되기 시작했다.

· 🔲(『三體石經·僖公』)
· 🔲(『說文·仌部』)

대략 전국시대 때의 「진성호(陳騂壺)」에서 '동(冬)'은 이미 '초하루'라는 의미로 쓰였는데, '일(日)'에서 상징을 가져와 🔲라는 구조로 나타냈다.[89] 이것은 '동(冬)'이 바로 이 시점에서 이미 독립적인 순수한 시간 개념으로 진화했을 수 있다는 것을 보여준다.[90]

자연에 존재하는 물상과 색상에서 사계절의 순서에 대한 인식 개념을 얻는 것은, 고대의 여러 민족들이 모두 같은 마음과 논리로 이해하고 있었기 때문이다. 동파(東巴) 경전의 글자에서 '봄(春)'은 🔲로 쓰여 있다. 상단은 하늘을 상징하며, 중간은 바람이고, 하단은 눈(眼)

---

89) 『漢語古文字字形表』卷11·11에 수록됨.
90) 『集韻·冬部』: "冬舅舅, 都宗切. 『說文』: 四時盡也. 又姓. 古作舅, 舅."

이다. 이러한 결합에서 알 수 있듯이 "운남(雲南) 지역의 봄은 바람의 계절이므로, 하늘 아래에 바람을 그려 계절의 표시어로 사용했다. 눈이 들어간 이유는 …… 사람들로 하여금 쉽게 연상하도록 하기 위해서다." '여름(夏)'은 🐘로 표현되어 있으며, '하늘'과 '비'의 상징을 결합한 것이다. "운남 지역의 여름은 비의 계절이므로, 하늘 아래에 비를 나타내는 글자를 그려 계절의 표시로 사용했다." '가을(秋)'은 🏛로 표현되어 있는데, 그 상징 특징은 위쪽이 하늘, 아래쪽이 땅이며, 하늘과 땅 사이에는 꽃이 들어 있다. "운남 지역의 가을에는 꽃이 아름다우므로, 땅 위에 꽃을 그려 계절의 표시로 사용했다." '겨울(冬)'은 🐢로 표현되어 있는데, 하늘과 눈(雪)의 상징을 결합한 것이다. "운남 지역의 겨울에는 눈이 많이 내려서, 하늘 아래에 비 글자를 그려 겨울의 표시로 사용했다."

또한, 방국유(方國瑜)와 화지무(和志武)의 『납서상형문자보(納西象形文字譜)』 「서론(緒論)」에 따르면, 납서족(納西族)의 고대에는 조류의 활동을 계절의 표시로 사용했다. 봄에는 뻐꾹새(布谷)를, 여름에는 야생오리(野鴨)를, 가을에는 기러기(大雁)를, 겨울에는 백학(白鶴)을 기준으로 했다.[91] 이 모든 것은 '멀리 물체에서 가져오기(遠取諸物)', '땅에서 법칙을 관찰하기(觀法於地)', '하늘에서 법칙을 관찰하기(觀法於天)'라는 인지 유형에 속한다.

(c) 1년에 대한 시간 이미지

1년은 365일로, 또 다른 인식의 참조로는 '1년은 365리 길'이라는

---

91) 劉志基, 「漢字與初民的原始時間觀」. 부가적으로 설명하자면 이 논문은 이러한 문제에 대해 매우 상세하고 깊이 있게 연구했으며 이 글은 많은 내용을 참조했음을 밝혀둔다.

말로 표현되기도 한다. 그러나 『설문』에서의 '연세(年歲)'는 다방면에서 다차원적인 내용을 반영한다. 『이아』에서는 "하(夏)나라 때에는 세(歲)이라 하고, 상(商)나라 때에는 사(祀)라 하며, 주(周)나라 때에는 년(年)이라 했다."라고 했다. 이로 보아 '연세(年歲)'와 상(商)나라 때의 '사(祀)'는 길이가 유사한 시간 개념이었다. 그러나 갑골 각사에서는 '세월(歲月)'이라는 자도 동일한 범주에 속한다.

『설문·화(禾)부수』에서 이렇게 말했다.

·년(年: 𥞉, 甲骨 ... 金文 ... 簡帛 ... 漢印 ... 石刻), 곡식이 익다는 뜻이다(穀孰也). 화(禾)가 의미부이고 천(千)이 소리부이다. 『춘추전(春秋傳)』에서 "큰 풍년이 들었다(大有秊.)"라고 했다.

『설문』에서는 '년(年)'자를 「화(禾)부수」에 귀속시켰다. 출토 고문자의 구조나 인식은 사람(人)을 기준으로 하고 있는데, '천(千)'자의 독음도 인(人)에서 왔다. 구조적 분석을 통한 인식은 '곡물이 익다'는 것이다. 이것은 은허 갑골문에서 사용된 '년(年)'자와 잘 부합한다.

·물어봅니다. 동쪽 땅에 풍년이 들까요?(貞: 東土受年?)(『京都』788)
·물어봅니다. 서쪽 땅에 풍년이 들지 않을까요?(貞: 西土不其受年?)(『乙』7009)

소위 '수년(受年)'은 『설문』에서 받아들인 '큰 풍년이 들었다(大有年)'를 의미하며, 풍년이 들어 좋은 수확을 얻는 것을 말한다. 이 두 용어 모두는 그 해의 수확이 어떻게 될지에 대한 점복에 관한 것이다. 이것들은 모두 '년(年)'자의 본래의 의미이다. 그러나 갑골 복사에서의 '년(年)'자는 또 다른 역할을 하면서 '연령(年歲)'의 의미를 가지게 된다.

> ……점을 칩니다. 물어봅니다. '인'에서 10년에 이르기까지……
> (……卜, 貞: 寅至於十年……)(『粹』1279)
> ……'묘'에서 10년……이해 10월이었다. 사용하라.(……卯十年? 年
> 十月, 用.)(『前』4, 7, 8)

전자에서의 '년(年)'은 그 앞에 있는 숫자의 수식을 받으며, 후자의 '년(年)'은 뒤에 '시월(十月)'이 접미사로 붙어 있다. 이를 통해 그것이 시간 단위임을 알 수 있다.

곡물의 성숙과 수확이 어떻게 '연세(年歲)'의 시간적 의미와 동일한 구조를 가지게 되었을까? 이것은 고대 농업 생산 기술 수준으로 인해 농작물이 기본적으로 한 해가 성숙한 주기라는 것을 반영한다. 농경을 주요 생산 방식으로 하는 선민들에게는 농작물의 수확은 중대한 의미를 가진다. 따라서 연간 수확은 선민들의 마음속에서 큰 일로 여겨지게 되었으며, 한 번 수확에 필요한 시간 주기인 '연세(年歲)'의 개념도 그에 따라 고정되었다. 따라서 '년(年)'의 시간적 의미와 성숙한 의미는 동일한 구조를 가지게 되었으며, 이는 '연세(年歲)'이라는 시간 주기가 형성된 특징을 정확하게 반영한다.

'년(年)'과 '세(歲)'는 고대부터 연속되어 성어로

3-25. 나진옥(羅振玉) 『은허서계고석(殷墟書契考釋釋)』의 "세월(歲月)" 부분

사용되었다.

『금문총고(金文叢考)』에 따르면, "「자화자부(子禾子釜)」에서 세(歲) 자를 살펴보면, 실제로는 '월(戉: 도끼)'을 상형한 문자임을 알 수 있다."라고 했다.[92] 일부 학자들은 '세(歲)'가 '도끼'의 상징에서 유래한 것에 근거해 '연세(年歲)'가 동일한 기원을 가진다고 여겼다. 예컨대, 진몽가(陳夢家)의 『은허복자총술(殷墟卜辭綜述)』에 따르면, "세(歲)의 뜻은 이삭(穗)을 말한다."고 했다. 유지기(劉志基)는 이것이 바로 '세(歲)'(=鉞)의 수확 기능을 언어의 음성적 관계로 설명하는 것이라고 생각한다. '세(歲)'는 상고음에서 심뉴(心紐) 월부(月部)에 속하며, '수(穗)'는 사뉴(邪紐) 질부(質部)에 속한다. 두 글자는 모두 치두(齒頭)음과 입성운미([-t])로 끝나는 글자로, 그들 사이에 동일 기원의 인식 관계가 확실히 존재한다. '세(歲)'는 수확 도구를 의미하며, '수(穗)'는 수확 대상을 뜻한다. 이러한 인식적 연결로 인해 선민들은 비슷한 발음을 가진 단어로 그것을 부르고 명명하였던 것이다. 복사에는 다음의 표현이 있다.

· 올해 풍년이 들까요?(今歲受年?)(『甲』3298)
· 내년에 풍년이 들까요?(來歲受年?)(『乙』6881)

두 용어 중 '세(歲)'는 『시경·위풍(魏風)·석서(碩鼠)』에서 노래한 '삼세관녀(三歲貫女: 삼 년 동안이나 너를 섬겼거늘)'에서의 '세(歲)'와 같은 의미이다. 이렇게 보면, '세(歲)'자의 원래 의미 역시 '연세(年歲)' 개념과 농사 활동 간의 밀접한 관계를 반영한다.

그러나 한자의 이미지 취득은 『역(易)』의 이론으로 상징을 세우는

---

92) 『漢語大字典·止部』에 수록됨.

『설문해자』 인지분석

것과 유사한 경우도 있으며, 단순히 한 형태, 한 상징에 국한된 것만은 아니다. '세(歲)'의 상징은 바꿀 수 있으며, 그 변화도 다르다. 그 형태의 역사적 진화에 대한 상황은 『설문·보(步)부수』에서 볼 수 있다. 이 부수에는 부수자를 포함해서 겨우 2자만 수록되었다.

· 보(步: , 甲骨 金文 簡帛 古陶

漢印 石刻). 가다는 뜻이다(行也). 지(止)와 달(少)이 서로 등진 모습이다. 보(步)로 구성된 글자는 모두 보(步)가 의미부이다.

· 세(歲: , 甲骨 金文 簡帛

古璽 古陶 漢印 石刻),

'목성(木星)'을 말한다. [목성은] 28수(宿)93)를 모두 지나서, [12년에] 음양 12시진(時辰)을 한 바퀴 다 돌게 된다.94) 12개월에 1개의 시진을 지나기 때문에, 이를 세(歲)라고 한다.95) 보(步)가 의미부이고 술(戌)이 소리부이다. 율력서(律曆書)에서는 오성(五星)96)

---

93) [역주] 28수(宿)는 동방(東方)의 창룡(蒼龍) 7수(七宿)(즉 角, 亢, 氐, 房, 心, 尾, 箕): 북방(北方) 현무(玄武) 7수(七宿)(즉 斗, 牛, 女, 虛, 危, 室, 壁): 서방(西方) 백호(白虎) 7수(七宿)(즉 奎, 婁, 胃, 昴, 畢, 觜, 參): 남방(南方) 주작(朱雀) 7수(七宿)(즉 井, 鬼, 柳, 星, 張, 翼, 軫)를 말한다.

94) [역주] 선편(宣徧)은 다시 되돌아 오다는 뜻이다. 서개의 『계전』에 의하면, "자(子)에서 사(巳)에 이르기까지의 6개 천간이 양(陽)에 속하고 오(午)에서 해(亥)에 이르는 6개 천간이 음(陰)에 속하며, 12진(辰)은 이를 말한다."라고 했다.

95) [역주] 12월에 1개의 시진을 가기 때문에 한 바퀴 돌려면 12년이 걸리며, 이것이 목성의 주기이다. 그래서 고대인들은 황도(黃道) 부근에 12개의 지점을 표시해 놓고 한 해의 주기를 살폈다. 이 때문에 목성(木星)을 세성(歲星)이라 불리게 되었다. 『이아·석천(釋天)』에 의하면, 고대 중국에서 '한 해'를 하(夏)나라 때에는 세(歲), 상(商)나라 때에는 사(祀), 주(周)나라 때에는 년(年)이라 달리 사용했다 한다.

96) [역주] 율력서는 『한서·율력지』를 말한다. 오성(五星)에 대해 『단주』에서 "수(水)에 해당하는 것을 진성(辰星)이라 하고, 금(金)에 해당하는 것을 태백(太白)이라 하고, 화(火)에 해당하는 것을 형혹(熒惑)이라 하고, 목(木)에 해당하는 것을 세성

을 오보(五步)라 불렀다.(木星也. 越歷二十八宿, 宣徧陰陽, 十二月一次. 從步戌聲. 律歷書名五星爲五步.)

『집운·제(祭)부』에서 이렇게 말했다. "세(歲, 𢧛)는 독음이 수(須)와 윤(銳)의 반절이다. 『설문』에서는 "목성(木星)'을 말한다. [목성은] 28수(宿)를 모두 지나서 [12년에] 음양 12시진(時辰)을 한 바퀴 다 돌게된다.'라고 했다. 독음은 보(步)와 수(戌)의 반절이다. 율력서에서는 5개의 별을 '오보(五步)'로 부른다. 고문체에서는 세(𢧛)로 썼다." 『설문』의 이러한 설명은 '세(歲)'가 '보(步)'에서 그 상징을 취했다는 인식적 연관을 분석하였으며, 이에는 중국 고대의 완벽한 천문 역법 인식이 포함되어 있다.

'세(歲)'는 목성(木星)의 옛날 이름이며, 달리 '세성(歲星)'이라고도 불린다. 이것은 태양계에서 다섯 번째 행성이며, 금(金)·수(水)·화(火)·토(土)의 네 행성과 함께 '오성(五星)'이라고 불린다. 고대 사람들은 일(日), 월(月), 오성(五星)의 운행을 관측하기 위해 '황도(黃道)'(지상에서 관찰한 태양의 일 년 동안의 운행 궤도) 주변에 28개의 항성(恒星) 무리를 표식으로 선택하여 '28수(二十八宿)'라고 불렀다. '세(歲)'는 황도를 따라 주천(周天)을 순환하므로 '28수를 넘어선다'라고 했던 것이다. 고대 사람들은 또한 황도 주변의 주천을 열두 부분으로 나누고 이를 '12차(次)'라고 불렀다. 서쪽에서 동쪽으로 성기(星紀)·현효(玄枵)·추자(諏訾)·강루(降婁)·대량(大梁)·실심(實沈)·순수(鶉首)·순화(鶉火)·순미(鶉尾)·수성(壽星)·대화(大火)·석목(析木)으로 명명하였다. '세(歲)'가 주천을 순환하는데 약 12년이 걸리기 때문에(실제로는 4,332여일로, 12년에는 조금 못 미친다), 지상에서 볼 때 매년 1'차(次)'를 통과하므로 '열두 달에 1차(次)'

(歲星)이라 하고, 토(土)에 해당하는 것을 전성(塡星)이라 한다."라고 했다.

　　　　　　　　　　　　　『설문해자』 인지분석

라고 했던 것이다.

고대 사람들은 '세(歲)'가 규칙적으로 운행한다는 것을 관측하여 이를 연대를 기록하는 데 사용하였다. 이 주기는 굉장히 길기 때문에 일, 월, 계절 등의 시간 개념을 정의하는 것보다 훨씬 더 어려웠다. '세(歲)'가 특정 '차(次)'에 도달하면 '세가 어디에 있다(歲在某)'는 식으로 표현하였다. 예를 들어, 『좌전』의 양공(襄公) 30년에는 이렇게 기록되어 있다. "이때 자교(子蟜)가 사망했고, 장례를 준비했다. 공손회(公孫會)와 비조(裨竈)는 이른 아침에 장례식 준비를 논의하기 위해 갔다. 그들은 백유씨(伯有氏)의 집을 지나가다가 그의 집 문 위에 잡초가 자라는 것을 보았다. 자우(子羽)가 물었다. '이 잡초가 여전히 남아 있을 수 있을까요?' 그 해의 '세(歲)'는 강루(降婁) 별자리에 있었는데, 강루 별자리가 한가운데 오면 새벽이 된다. 비조가 하늘을 가리키며 말했다. '백유씨의 집은 아직 연말까지는 버틸 수 있겠지만, 세성(歲星)은 다시 이 위치로 돌아오지 않을 것입니다.' 백유씨의 집이 망했을 때, 세성(歲星)은 '추자(諏訾)'의 입구로 이동했으며, 이듬해 세성은 다시 '강루(降婁)' 자리로 돌아왔다. 부전(仆展)은 백유를 따라 결국 죽고 말았다."

자교(子蟜)가 죽었을 때는 양공(襄公) 19년이었고, 그 해의 세성은 '강루' 별자리에 있었다. 당시의 점성술에 따르면 하력(夏曆) 5월에 루수(婁宿)가 하늘 중앙에 나타나 빛날 것이라고 했다. '연말까지는 살수 있을 것이다'라는 표현은 백유씨가 반드시 죽을 운명이지만, 세성이 태양을 공전하는 동안, 즉 12년 동안은 생존할 수 있다는 의미다. 그때가 되면, 세성은 다시 '강루' 별자리로 돌아올 것이다. 그러나 세성이 실제로 태양을 공전하는 데 걸리는 시간은 십일 년 조금 넘기 때문에, 매년 이동하는 범위가 별자리 하나보다 약간 더 된다. 이렇게 축적되면, 세성은 순서가 맞지 않게 되고, 86년마다 별자리 하나를 더 이동하게 된다. 고대인들은 이를 '조진(跳辰)' 또는 '초진(超辰)'이라고 불렀다. 십이 별자리의 패턴을 변경하지 않기 위해 세(歲)를 '초진(超辰)' 별자리에서 1년을 더 머무르게 한다.

『좌전』의 양공(襄公) 28년에서 "세(歲)가 성기(星紀)에 있으면서 현효(玄枵)로 침투하였다"라고 했는데, 이는 그 해에 '세(歲)'가 원래의 성기(星紀)에 있어야 했으나 현효(玄枵)로 넘어간 것으로, 별자리를 하나를 더 지났다는 의미이다. 양공(襄公) 29년에 '세(歲)'가 '현효(玄枵)' 별자리에 머물렀고, 한 해 더 머물렀던 것은 바로 28년의 '도진(跳辰)'을 보완하기 위한 것이었다. 따라서 양공(襄公) 30년에 '세(歲)'는 '주자(諏訾)' 별자리에 있었고, '강루(降婁)' 별자리에는 도달하지 않았다. 따라서 비조(裨竈)는 '세(歲)'가 이 별자리에 도달하지 않을 것이라고 말하였고, 다음 문장에서는 "그들이 사망하였을 때, 세(歲)는 주자(諏訾)의 입구에 있었으며, 그 다음 해에야 강루(降婁)에 도달하였다."라고 설명했던 것이다.

허신(許愼)의 설명 중에서 '보(步)'가 의미부이고 술(戌)이 소리부이다라는 설명은 '세(歲)'자의 자형과 그 운행 특성에 관한 내용을 담고 있다. 단옥재(段玉裁)는 주석에서 "하늘을 운행하는 것이 일정하므로 보(步)에서 그 의미를 가져왔다"라고 했는데, 이는 정확한 해설이다. 이는 '세(歲)'가 한 별자리에서 다른 별자리로 순차적으로 움직인다는 것을 의미한다. 술(戌)은 실(悉)과 같은 의미이다. 『설문』에서 '함(咸)' 자의 설명에서 "술(戌)은 실(悉)이다."라고 했다. "술(戌)이 소리부이다"라고 한 것은 "28수(二十八宿)을 넘어서 양(陽)과 음(陰)을 넓게 퍼뜨리다"라는 의미를 포함하고 있다.

그러나 '세(歲)'는 서쪽에서 동쪽으로 움직이는 반면, 고대의 '12진

(十二辰)'의 방향은 동쪽에서 서쪽으로 배열되어 정반대로 되어있어, '세(歲)'로 연대를 기록하는 것에 문제가 발생하였다. 따라서 고대 사람들은 가상의 '태세성(太歲星)'을 설정하였는데, 이를 청룡(靑龍), 혹은 천일(天一), 또는 태음(太陰)이라고 불렀다(『광아』에 보임). 이 별은 동쪽에서 서쪽으로 움직이기에 '세(歲)'와 대응하게 설계되었다. 『주례·풍상씨(馮相氏)』에서 대한 가의(賈誼)의 『소(疏)』에서 "이 태세(太歲)는 지상에 있으며, 하늘 위의 세성(歲星)과 대응하여 움직인다. 세성(歲星)은 양(陽)으로, 하늘에서 오른쪽으로 움직인다."라고 했다. 또 "세성(歲星)은 양(陽)이며, 사람들이 볼 수 있다. 태세(太歲)는 음(陰)이며, 사람들이 볼 수 없다. 세성(歲星)과 태세(太歲)는 오른쪽으로 가는 것과 왼쪽으로 가는 것이 다르지만, 움직이는 정도는 다르지 않다. 그래서 세성(歲星)을 들어 태세(太歲)를 나타낸다."라고 설명하였다.

세성(歲星)을 이용한 연대를 기록하는 방법은 다음과 같다. '세(歲)'가 성기(星紀)에 있을 때, 태세(太歲)는 석목(析木), 즉 인(寅)에 위치하므로, 그 해를 '태세가 인에 있다(太歲在寅)'라고 표현한다. '세(歲)'가 현효(玄枵)에 있을 때, 태세(太歲)는 대화(大火), 즉 묘(卯)에 위치하므로, 그 해를 '태세가 묘에 있다(太歲在卯)'라고 표현했다. 나머지 연도도 이와 같은 방식으로 표현한다.

고대 사람들은 '태세가 인에 있다(太歲在寅)', '태세가 묘에 있다(太歲在卯)'라는 식으로 12년에 대해 각각 특별한 이름을 붙였는데, 그것이 바로 섭제격(攝提格), 단알(單閼), 집서(執徐) 등이다. 예를 들어, 『이소(離騷)』에서 '섭제(攝提)에서 맹추(孟諏)에게 묻는구나'라는 구절은 '태세가 인에 있는(太歲在寅)'를 가리키며, 맹추(孟諏)는 인월(寅月)을 말한다.

『설문』에는 중국 고대의 역법과 관련된 여러 설명이 포함되어 있다.

예를 들어, 「왕(王)부수」에서 '윤(閏)'에 대한 설명에서 이렇게 말했다. "윤(閏)은 '여분의 달(餘分之月)'을 의미하는데, 5년마다 두 번의 윤달이 추가된다. 고삭(告朔)의 예를 거행할 때, 천자(天子)는 종묘(宗廟)에 머무는데, 윤달에는 문 가운데에서 지낸다. 왕(王)이 문(門) 가운데에 자리하는 모습을 형상했다. 『주례』에서는 '윤달 동안 왕은 그 달이 끝날라 때까지 문 가운데에 머무른다'라고 했다."

이러한 설명들은 중국 고대의 천문 역법 연구가 얼마나 완벽하고 정교했는지를 보여준다. 이를 통해 중국 고대의 과학 기술의 인식 및 성취를 엿볼 수 있다.

『설문·시(示)부수』에서 "사(祀)는 계속 이어지는 제사(祭無已)를 의미하며, 시(示)가 의미부이고 사(巳)가 소리부이다."라고 했다. 이것은 고대 사람들이 연속적이고 주기적인 제사 활동을 가졌음을 나타낸다.

동작빈(董作賓)의 『은력보(殷曆譜)』와 진몽가(陳夢家)의 『은허복사종술(殷墟卜辭綜述)』의 연구에 따르면, 상대(商代)의 제사 활동에는 소사주(小祀周: 작은 제사주기), 중사주(中祀周: 중간 제사주기), 대사주(大祀周: 큰 제사주기)가 있었으며, 대사주의 시간은 제일(帝乙)과 제신(帝辛) 시대에 약 360일에서 370일 사이였다. 이것은 태양년에 상응한다. 제사는 고대 사람들에게 매우 중요한 행위였다. 『좌전』에서는 "국가의 큰일에는 제사와 전쟁에 있다"라고 했으며, 『예기·예기(禮器)』에서는 "큰일을 할 때는 반드시 천시(天時)를 따라야 한다."라고 했는데, 주석에서 "큰일이란 제사를 의미한다."라고 했다. 『서·대전(大傳)』에서도 "천자에겐 받들어야 할 일이 있다(天子有事)"라고 했는데, 주석에서 "받들어야 할 일이란 제사를 말한다."라고 했다.

이러한 인간의 활동이 이렇게 중요하며 특정 주기를 갖고 있을 때, 고대 사람들이 제사와 그 주기와 필요한 시간을 연결시키면서 '사(祀)'

　　　　　　　　　　　　　　『설문해자』인지분석

의 시간 개념이 자연스럽게 형성된 것이다. 복사와 서주의 청동기 명문에는 '유왕모사(隹(唯)王某祀: 어떤 왕 몇 년)'이라는 문장이 많이 보이는데, 모두 시간을 나타낸다. 『서·요전(堯典)』의 본문에서 손염(孫炎)은 "사(祀)는 사계절의 제사가 한 바퀴 도는 것을 말한다."라고 했는데, '사(祀)'에 든 '연세(年歲: 한 해)'라는 의미가 주기적인 신사(事神) 활동에서 비롯되었음을 밝혔다.

『설문』은 중국 고대의 문자 해석서로, 그 안에는 여러 인간의 활동과 관련된 시간 개념에 대한 문자의 해석이 포함되어 있다. 예를 들면, 「식(食)부수」에서 '포(餔)'는 '하루 중 신시(申時)에 먹는 식사'를 의미한다고 설명했다. 이렇게 사람들의 일상생활에서의 특정한 시간의 수행 활동을 기준으로 시간 개념을 정의한 문자들이 여럿 있지만 더 기술하지는 않는다.

(d) 일반적인 명칭에 대한 시간 이미지

소위 시간 이미지의 일반적인 명칭이라는 것은, 구체적인 시간 구간 개념의 기반 위에서 형성된 '시(時)'나 '석(昔)'과 같은 일반적이면서도 넓은 의미로 시간을 가리키는 명사를 의미한다. 먼저 『설문·일(日)부수』에 수록된 '시(時)'와 '석(昔)' 두 시간대의 인식 특징에 대하여 논의해보기로 한다.

· 석(昔: 告, 甲骨 金文 簡帛古陶 石刻), '말린 고기(乾肉)'를 말한다. [윗부분은] 남은 고기(殘肉)를 말하고, 이를 햇빛에 말리는 모습을 형상했다. 조(俎)와 같은 뜻이다. 석()은 석(昔)의 주문체인데 육(肉)으로 구성되었다.

『설문』의 주문체에서 '석(昔)'자는 인간의 활동과 관련하여 상징적 의미를 갖는다. 단옥재의 주석에서는 이렇게 말했다. "어제의 남은 고기를 오늘 건조시킨다. 그래서 일(日)이 의미부로 들었다. 「납인(臘 人)」에 대한 정현(鄭玄)의 주석에서, 석(臘)은 석(夕: 밤)을 뜻한다. 이 는 『주례』에서 원래는 석(昔)자를 사용하였으나, 후대에 변형되었음 을 증명한다. 석(昔)은 고문체이며, 주문에서는 육(肉)을 추가하여 석 (臘)으로 표현되었는데, 이것은 의미적으로 더 축약된 형태다. 석(昔) 의 고기는 하룻밤을 꼭 거쳐야 하므로, 고대에는 석(夕)으로 대용되었 다. …… 그리고 이것을 확장시켜, 석(昔)을 작(昨: 어제)으로 대용했다. 또한 의미가 확장되어 금고(今古)와 같은 금석(今昔)의 의미가 나왔다. 이는 금고(今古)라는 의미가 널리 퍼졌고, 그러자 원래의 의미는 점차 사라졌다. 일반적으로 오래된 것을 석(昔)이라 부른다. 『주례』에 '석 주(昔酒)'라는 말이 있는데, 정현의 주석에는 오늘날 '오래된 술'을 의 미한다고 했다."97)

갑골문과 금문에서의 상징 인식은 다음과 같다. 석(昔: 甲骨)은 일(日)과 이 의미부인 구조이다. 섭옥삼(葉玉森)은 는 대홍수의 모습이며, 이것은 고대의 자라고 주장했다. 또 일(日)에 서 파생한 것은 고대 사람들이 홍수가 났던 날을 잊지 않으려 했으므 로 '석(昔)'자를 만들었고, '홍수가 발생한 그날'이라는 의미를 가져왔 다고 했다.98)

---

97) 『說文解字注』 七篇上. "昔之殘肉, 今日晞之, 故從日. 鄭注『臘人』云: 臘之言夕也. 此可證『周禮』故作昔字, 後人改之. 昔者古文, 籀文增肉作臘, 於義爲短. 昔肉必經 一夕, 故古假借爲夕, ……又引申之, 則假借爲昨. 又引申之, 則以今昔爲今古矣. 今古之義盛行而其本義遂廢. 凡久謂之昔. 『周禮』: 昔酒; 鄭注云: 今之酋久日酒."
98) 『甲骨文字典』 卷七에 수록된 葉玉森의 「說契」.

『설문해자』 인지분석

'석(昔)'의 고문체는 '일(日)'과 '수(水)'가 결합된 표의 구조이다. 그러나 문제는 이 회의 구조 내부의 구성 성분 간의 관계 인식은 상당히 처리하기 까다로우며, 많은 논란의 여지가 있다는 점이다. 자형에 근거해 의미를 제멋대로 해석하던 전통이 있었는데, 송나라 때의『자설(字說)』과 같은 작품에서는 거의 모든 것을 회의구조로 풀이하여, 나머지 '서(書)'(六書의 書)99)는 거의 폐기되고 말았다. 이러한 심오함은 아마도 이 부분에서 찾아볼 수 있을 것이다. 즉 섭옥삼의 견해에 따르면, 초기 사람들이 거대하고 망망한 홍수 시대를 나타내기 위해 특정 문자를 만들었다는 것이다. 그러한 관계는 사실에 충실하고 이를 정확히 표현한 것으로100), 마치 '검은 일요일(Black Sunday)'이나 '태고의 날(The Great Day)'과 같은 의미를 지닌다고 볼 수 있다.101)

한자의 이미지 표현은 가상인 것도 있고 실제인 것도 있다.102) 가

---

99) [역주] 즉 회의를 제외한 상형, 지사, 형성, 전주, 가차를 말한다.
100) [역주] '실주편정(實主偏正)'은 고대 중국 문학 이론에서 사용되는 용어로, 주로 시나 문학의 스타일과 구조적 특징을 설명하는 데 사용된다. 여기서 실(實)은 내용이 실질적이고 구체적임을, 주(主)는 주제나 중심을, 편(偏)은 편향성과 치우침을, 정(正)은 형식성과 규범을 의미한다. 따라서 '실주편정(實主偏正)'은 풍부한 내포와 명확한 주제를 모두 갖춘 글쓰기 방식을 묘사하는 데 사용된다. 즉, 내용에서 실용성과 구체성에 주목하고 형식에서 규범과 표준을 추구한다.
101) [역주] '블랙 선데이'와 '태고의 날'은 각각 문학 작품이나 노래의 제목으로 사용되며, 각각 다른 의미와 배경을 가지고 있다. '블랙 선데이'는 헝가리 작곡가 룰란스 찰스(Rulans Charles)가 작곡한 동명의 노래에서 처음 등장했으며 원래 제목은 '세상의 끝(The End of the World)'이었다. 이 노래는 깊은 감정과 비극적인 음악 스타일로 사람들에게 깊은 인상을 남겼기 때문에 '블랙 선데이'로 알려졌다. 또한, '블랙 선데이'는 사람들을 우울하고 절망적으로 만드는 어떤 날들을 묘사하는 데에도 사용된다.
'태고의 날'은 고대 중국 신화와 전설 속의 '선사시대(prehistoric era)'에서 유래되었으며, 우주의 시작과 혼돈의 시대를 의미한다. 이 시대에는 모든 것이 아직 형성되지 않았고 모든 것이 원시 상태에 있었습니다. 따라서 '태고의 날'은 통상 고대의, 원시적인, 신비로운 시대를 묘사하는 데 사용된다.

상과 실제가 교차하는 경우, 모든 것을 동등하게 바라보는 것은 허용되지 않으며, 각각의 실체를 확인해야 한다. 일본 학자는 '석(昔)'의 윗부분인 ☰을 상징적인 기호로 보고, 이를 '중첩되어 쌓여 올라가는 날들'을 의미한다고 설명했다(일본어로 '세월이 쌓이다'는 의미를 표현하기 위해 '쌓다'와 '日'을 조합하여 사용한다). 반면, 유지기(劉志基)는 흐르는 물의 이미지가 시간의 흐름을 상징할 수 있다고 주장했는데, 그 설명은 상황과 이치에 매우 부합하며, 다른 해석보다 더 깊다는 생각이 든다. '석(昔)'은 일(日)과 수(水)로 이루어져 있으며, 일(日)은 실체를, 수(水)는 가상을 나타낸다. 그것의 의미는 날짜(日)가 흐르는 물(水)처럼 지나가다는 뜻이다. 이로서 우리는 고대 사람들의 눈에 비친 지나간 시간은 바로 지나간 태양임을 알 수 있다.103) 이는 자연스럽게 연결되기에 다른 증명을 필요로 하지 않는다. 여기서 사람들은 즉시 『논어·자한』에서 공자의 말을 떠올릴 것이다. "공자가 강가에서 말했다. 시간이 이렇게 흘러가는구나!(逝者如斯夫!)" 그리고 복사에서도 '석(昔)'자는 '지난 날'을 의미한다.

- 계미일에 점을 칩니다. 물어봅니다. 지난 정축일에 '문무제'께……
  (癸未卜貞昔丁丑文武帝……)(『前』 4, 27, 3)
- 정해일에 점을 칩니다. '각'이 물어봅니다. 지난 을유일에 '복(籛)'
  [관직이름]이 '어'제사를……'대정', '대갑', '조을'께 창주 100주전
  자, 배를 가른 강족 3백……(丁亥卜㱿貞昔乙酉籛旋御……大丁大甲
  祖乙百鬯百羌卯三百……)(『後上』 28, 3)104)

다음은 '시(時)'에 대해서 알아보자. 「설문·일(日)부수」에서 이렇게

---

102) 臧克和, 『漢字取象論』 第一編.
103) 劉志基, 「漢字與初民的原始時間觀」.
104) 『甲骨文字典』 卷七에 수록됨.

『설문해자』 인지분석

말했다.

- 『설문·일(日)부수』: "시(悅)＜image＞金文＜image＞簡帛＜image＞漢印 ＜image＞石刻), 사계절을 의미한다(四時也). 일(日) 이 의미부이고 시(寺)가 소리부이다. 독음은 시(市)와 지(之)의 반 절이다. 볼는 시(時)의 고문체인데, 지(之)와 일(日)로 구성되었다.

『설문』에서는 '사시(四時)'로 '시(時)'자를 해석했다. '시(時)'가 이미 시간 인식의 '일반적 명칭'으로 사용되었으며, 그것은 시절이나 계절 을 의미한다는 것을 보여준다. '시(時)'의 고문체는 '지(之)'로 구성되었 는데, '지(之)'는 독음과 의미를 동시에 나타낸다. '지(之)'는 앞으로 나 아가는 발의 모습을 나타내며, 기본적인 의미는 '도달하다, 가다'이다. 따라서 일(日)과 지(之)로 구성된 고문체 '시(볼)'자는 태양이 직접 운 행하는 것을 나타내는 표현이다. 갑골문의 '시(時)'자는 『설문』에 수 록된 고문체와 일치하는 것처럼 보인다.

볼(『前』 6, 24, 7), 볼(『甲』 30)[105]

일본어에서 '시(時)'의 본래의미는 '태양의 이동'(太陽が移り行く意) 으로 이해하는데, 모두 사실에 부합한다. 고대의 시간 개념의 확립은 항상 태양과 같은 천상이라는 공간에서의 운행을 관찰하는 것과 왜 분리될 수 없었던 것일까? 『역·계사(繫辭)』에서는 "하늘에 걸려있는 형상 중 분명하고 밝은 것은 해와 달보다 더 큰 것이 없다.(懸象著明, 莫大乎日月.)"라고 했다. 『설문·시(是)부수』에서 이렇게 말했다.

---

105) 『漢語大字典•日部』에 수록.

· 시(是: 금문(金文) 簡帛 古璽 古幣 漢印 石刻), 곧다는 뜻이다(直也). 일(日)과 정(正)이 의미부이다. 시(是)로 구성된 글자들은 모두 시(是)가 의미부이다. 시(昰)는 주문체 시(是)인데, 정(正)의 고문체로 구성되었다.

단옥재의 주석에서는 이렇게 보충했다. "태양을 기준으로 정한 것이 바로 '시(是)'이다. 일(日)과 정(正)이 의미부이며, 회의자이다. 세상의 모든 것 중에서 태양만큼 정확한 것은 없다.(以日爲正則曰是. 從日, 正, 會意. 天下之物莫正於日也.)"

『설문』에서 다룬 일련의 시간 상징들을 종합적으로 보면, 대부분이 시간과 공간의 이원일체의 인식 특징을 가지고 있다. 고대 사람들의 시간 개념은 공간적 거리에서 비롯되었으며, 공간을 통해 시간을 표현한 것은 원시적 사고의 일부 인식 특성을 반영하고 있다.

전국시대의 굴원(屈原)은 "음과 양의 위치가 바뀌었으니, 때가 맞지 않구나.(陰陽易位, 時不當兮.)"라고 했다(『楚辭·涉江』).106) '위치(位)'가 바뀌어 '시간(時)'이 맞지 않게 되었으니, '시간(時)'을 맞추어야 할까? 아니면 '위치(位)'를 맞추어야 할까? 실제로는 한 몸에 둘의 얼굴을 가진 예이다. 전종서(錢鍾書)는 이를 비교하여 다음과 같이 명쾌하게 표현했다.

---

106) [역주] "陰陽易位, 時不當兮."에서 "음과 양의 위치를 바꾸다(陰陽易位)"는 군주가 약하고 신하가 강한 상황, 즉 군주가 부하에게 통제당하고 그의 적절한 권위를 잃는 상황을 은유한다. 그리고 "시기가 맞지 않다(時不當兮.)""는 것은 '잘못된 시기에 태어났다는 의미로, 즉 본래 태어나지 않았어야 할 시대에 태어난 것을 말한다. 이는 굴원(屈原)이 자신의 불운한 시대에 대해 느끼는 슬픔을 표현한 것으로 보인다.

시간의 경험은 언어로 표현하기 어렵기 때문에, 종종 공간적 개념을 빌려 표현한다. 예를 들면 '지난날(往日)', '내년(來年)', '과거 왕조(前朝)', '후세(後世)', '먼 시대(遠世)', '근대(近代)' 등과 같은 표현들은 모두 공간적 개념을 시간 관계에 적용한 것이다. 이러한 특성은 모든 국가의 언어와 문학에서 찾아볼 수 있다.

(時間體驗, 難落言詮, 故著語每假空間以示之, 若"往日""來年""前朝""後世""遠世""近代"之類, 莫非以空間槪念用於時間關系, 各國語文皆然.)[107]

　『상서·요전(堯典)』에서의 "희화사면(羲和四面: 희화가 사계절을 주관하다)", 신화 전설에서의 "과보축일(誇父逐日: 과보가 태양을 쫓다)"(제5장 제4절 참조)이라는 표현들은 『설문』에서 보존된 인식 정보와 결합하여 인류의 영원한 '시간 인식'의 혼란을 형성하였다. 현대 천문학과 물리학의 체계에서, 시간은 물리적 특성을 가지지만 본체의 특성이 아니다. 다시 말해, 시간은 공간의 거리와 운동의 속도를 설명하는 물리량일 뿐이다. 카시러(Cassirer)는 원시적 사고의 언어적 표상에 대해 이렇게 언급하였다. "언어는 원래 공간적 고려를 바탕으로 시간의 정의와 관계를 명시하였다."[108] 즉 위에서 언급된 '시(時)'의 개념의 경우, 중국어에서 원래는 확정된 시점과 시간으로 나뉜다. 확정된 시점에 대해서는 따로 설명할 필요가 없다. 하지만 명확한 기준에 대해서는 '시(時)'를 어원적으로 인식하여 파생된 단어들이 있다. 예를 들어, 모를 균등하게 심는 것은 모가 확정된 위치에 있다는 것을 의미하며, 이로 인해 '시(蒔: 모종을 내다)'라는 단어가 생겼다. 또 닭이나 새가 밤이 되면 돌아가는 곳, 그 확정된 위치를 '시(塒: 횃대)'라고 했다.

---

107) 『管錐編』 卷一, 174~175쪽. 또 『增訂』, 19~20쪽.
108) 『符號形式哲學』, 『中國文化新論』에 수록된 『素樸的與激情的－詩經與楚辭』에서 재인용(臺灣聯經事業出版公司, 1979年版).

『설문·토(土)부수』에 따르면, "시(塒)는 닭이 쉬는 담벼락을 말한다(雞棲垣爲塒). 토(土)가 의미부이고, 시(時)가 소리부이다." 황계강(黃季剛)은 "닭의 횃대를 말하는 계시(雞塒)의 시(塒)는 주(疇)로 읽어야 한다."[109]라고 했는데, '주(疇)'는 공간을 가리킨다.

『설문·초(艸)부수』에서 "시(蒔)는 농작물을 다른 곳으로 옮겨 심다(更別種)는 뜻이다. 초(艸)가 의미부이고 시(時)가 소리부이다."라고 했다. 중국어의 역사에서는 '염염(冄冄)'이나 '임염(荏冄)'과 같은 표현들이 많이 나타난다. '염(冄)'이라는 문자의 표상에 대해[110] 단옥재는 "염염(冄冄)은 부드럽고 약하게 처지는 모습을 의미한다.(冄冄者, 柔弱下垂之貌.)"라고 주석하였다.[111] 이것은 '염(冄)'이 원래는 공간의 형태로서의 표상을 가지고 있음을 의미한다.

그리고 『초사·이소(離騷)』에서는 "노년이 서서히 다가오니(老冄冄其將至兮)"라고 했는데, 왕일(王逸)의 주석에서 "염염(冄冄)은 가는 모양이다(行貌)"라고 했고, 주희(朱熹)의 『전(傳)』에서는 "염염(冄冄)은 차츰 나아가다(漸)는 뜻이다."라고 했다. 여기서 '염염(冄冄)'은 시간의 흐름을 의미한다.

또 『구장(九章)·비회풍(悲回風)』에서 "세월은 홀연히 쇠퇴해가는구나.(歲曶曶其若頹兮)"라고 했으며, 『구변(九辨)』에서는 "세월의 급박하게 흐름이 하늘에 높이 걸린 태양처럼 피할 수 없구나.(春秋逴逴而日高兮)"라고 하여, 물체가 아래로 떨어짐이나 높이 쌓인 것으로부터 시간의 흐름을 인지하고 있다.[112]

또 포조(鮑照)의 「무학부(舞鶴賦)」에서는 "세월이 화려함을 다투더

---

109) 『黃侃聲韻學未刊稿』 卷下, 542쪽(武漢大學出版社, 1985).
110) 『甲骨文編』 卷四, 18쪽에 수록된 『佚』 688편.
111) 『說文解字注』 十篇下.
112) 『語象論』, 13쪽, 14쪽, 44쪽.

니 저물어 가고 있네.(歲崢嶸而將暮)"라 했는데, 『문선』의 이선(李善) 주에서 "세월이 다 되어 가는 것은 물건이 높은 곳에 이르는 것과 같다.(歲之將盡, 猶物至高處.)"라고 하였데, 『초사』에서의 표현과 서로 일치한다. 이밖에 '분음(分陰)'이니 '촌음(寸陰)'이나 하는 것도 서로 증거삼을 수 있는 자료이다.113) 이처럼 다양한 고전 문헌에서 이러한 표현을 통해 물체가 떨어지거나 높이 쌓이는 것을 통해 시간의 변화와흐름을 암시하는 것을 볼 수 있다.

또한 '임염(荏冉)'이라는 표현은 '임염(荏染)'으로도 쓰는데, 이것은시간이 흐르는 것을 물체가 부드럽게 처지는 공간적 형태로 표현한것이다. 예컨대, 『시』에서 "야들야들한 부드러운 나무를(荏染柔木)"이라 하였는데, 단옥재는 『설문해자주』에서 "염(染)은 염(冉)의 가차자이다."라고 했다. 이 역시 시간의 흐름을 물체가 부드럽게 아래로 처진 공간으로부터 가져왔다는 증거가 된다.

인도의 종교적 직관에서도 시간의 인식은 꾸준한 질서와 패턴 속에서 흘러가는 것으로 표현된다. 예를 들어, 『시편베다(詩篇吠陀)』의한 시에서 "강은 법칙을 따라 흐르고, 여명은 법칙을 따라 떠오르며, 법칙은 질서의 길을 따라간다. 우리는 그것이 하늘로 가는 길을 잃지않는다는 것을 안다."라고 했다. 똑 같은 질서가 1년의 진행을 통제한다. 하늘을 돌며 영원히 늙지 않는 법칙의 열두 수레바퀴 즉 '1년'이 회전한다.

또 『주문베다(咒文吠陀)』의 시편에서, 시간 즉 카라(Kàla)는 다음에서처럼 많은 고삐를 가진 말처럼 질주한다고 했다. "그의 수레바퀴는전체 생물의 세계이다. 이 '시간은 회전하는 바퀴와 일곱 개의 수레

---

113) 『管錐編』 卷一, 175쪽. 또 『管錐編』 卷二 "論 『楚辭補注』考"의 "崢嶸" 一詞, "時空依待".

바퀴를 가지고 있다. 수레의 축은 불멸한다." 이러한 이미지를 사용
한 의미전달은 그 구상과 배치는 직조기의 북처럼 독특하고 독창적
이다. T·F·트룰스-룬드(T. F. Truers-Lund, 1840-1921)는 『시간 변화
속의 천체 개념과 우주관』(*Himmelsbillede og Verdensopfattelse*)114)에서
"방향 감각과 빛에 대한 인식은 인류의 지능에서 가장 기본적이고 깊
이 뿌리내린 표현 형태이다."라고 설명한 바 있다.115)

---

114) [역주] 이 책은 중세부터 근대에 이르는 유럽의 천문학적 개념과 우주관의
    변천사를 다룬 문화사적 연구서로, 고대와 중세의 전통적 우주관에서 시작하
    여 르네상스 시대의 변혁을 거쳐 근대 과학의 발전에 따른 우주 인식의 변화
    를 종합적으로 분석했다. 종교적, 철학적, 과학적 관점을 아우르며 시대별 우
    주관의 특징과 변화 과정을 상세히 서술한 이 책은 특히 천체 현상에 대한
    인식과 해석이 시대에 따라 어떻게 변화했는지, 그리고 이러한 변화가 당대
    의 사회문화적 맥락과 어떻게 연관되는지를 중점적으로 다루었다. 이 때문에
    이 책은 과학사와 문화사의 접점에서 우주관의 변천을 조명한 선구적 연구
    로 평가받으며, 역사학, 천문학, 문화연구 등 다양한 학문 분야에서 중요한
    참고 문헌으로 활용되고 있다.
115) 恩斯特·卡西爾, 『神話思維』(中譯本), 130쪽, 110쪽(中國社會科學出版社, 1992).

부록(1):

간백(簡帛)에 보이는 시간 인지[1)]

『한서·예문지·육예략(六藝略)』의 분류에 따르면, '수술략(數術略)'은 천문(天文), 역보(曆譜), 오행(五行), 시귀(蓍龜), 잡점(雜占), 형법(形法) 등 여섯 가지 소분류로 이루어져 있으며, "모든 수술은 190가(家)로, 2,528권(卷)이다."라고 했다. 『한서·예문지·수술략』에서는 해당 학문의 기원에 대해서도 이렇게 밝혔다. "수술(數術)이라는 것은 모두 명당(明堂), 희화(羲和), 사복(史卜)에 관한 일이다. 사관(史官)이 폐기된 지 이미 오래 되었고, 그 책은 완전하게 전달되지 못했을 뿐더러, 책은 있다 해도 그를 전달할 사람이 없었다. 『역』에서 '만약 그 사람이 아니라면, 도(道)는 허상(虛行)으로 행해진다.'라고 했다. 춘추(春秋) 시대에는 노(魯)나라에는 재신(梓愼)이 있었고, 정(鄭)나라에는 비조(裨竈)가 있었으며, 진(晉)나라에는 복언(卜偃)이 있었고, 송(宋)나라에는 자위(子韋)가 있었다. 육국(六國) 시대에는 초(楚)나라에는 감공(甘公)이 있었고, 위(魏)나라에는 석신부(石申夫)가 있었다. 한(漢)나라에는 당도(唐都)가 있었다. 이를 통해 그 대략을 알 수 있다. 대체로 까닭이 있어서 쉽게 이루어지는 것이 있고, 까닭도 없이 이루기가 어려운 것도 있기에, 옛 책들에 의거하여 수술(數術)을 여섯 가지로 순서대로 정리했다."

---

1) 이 부분은 졸저, 『簡帛與學術』 '歲月與四時－戰國楚帛書' 부분에도 보인다.(鄭州: 大象出版社, 2008).

이 글은 출토된 전국 시대 초(楚)나라의 간백 문헌에 보이는 시간 인식 분석을 기초로 하고, 이를 『설문』에 수록된 시간 관련 한자 구조의 형성을 비교하여, 관련 시기의 시간 인식 수준을 관찰하기 위한 것이다.[2]

3-26. 장사 자탄고 초나라 백서 갑편

---

2) 이 부분의 해석문은 이영(李零)이 저술한 『長沙子彈庫戰國楚帛書硏究』(北京: 中華書局, 1985)을 참조하였다. 해석문과 데이터는 화동사범대학(華東師範大學) 중

『설문해자』 인지분석

1. 장사(長沙) 자탄고(子彈庫)의 전국 초(楚) 백서(帛書) 갑편(甲篇)에 보이는 '세(歲)'의 탄생

이 부분은 달리 '사시(四時)편'이라고도 불리며(백서 중간의 13행), 세 부분으로 구성되어 있다. 기록된 내용은 봄, 여름, 가을 및 태양, 달, 별자리, 세덕(歲德)과 상벌 그리고 천지의 여러 신들에 관한 것이다. 그중에서도 중점은 '세(歲)'에 있는데, 이는 시령(時令)을 따르고 세시(歲時)를 아는 것의 중요성을 강조했다. 문장은 형식면에서, 백서 전체가 대략적으로 협운(協韻)을 하였는데, 다소 예스럽고 질박한 느낌을 준다.

(1) '월행(月行)'과 '불상(不常)'에 관하여

隹(惟)□□□月, 則贏絀,不得亓(其)裳(當). 春夏和(秋)各(冬), ○又(有) □尚(常), 日月星唇(辰), 亂逆(逆)亓(其)行. 绖(贏)絀逆(逆)囗, 卉木亡尚(常), □[謂]宎(妖). 天堕(地)乍(作)羕(殃), 天棓(鼓)牆(將)乍(作)灖(湯), 降於亓(其)[四]方, 山陵亓(其)雙(墮), 又(有)泉乎濕(汩), 是胃(謂)孛=(悖)战(歲), □月内(朒), 月吉=(吉)□○又(有)電霝. 雨土, 不旲(得)亓(其)參職. 天雨囗

국문자연구와 응용센터에서 개발한『전국 초문자 디지털화 검색 시스템(戰國楚文字數字化檢索系統)』(상해교육출판사, 2004)에서 가져왔다. 백서(帛書)는 많은 부분이 파손되거나 희미하여, 실제로 완전하고 신뢰할 수 있는 문헌으로 사용될 수 있는 단편은 그다지 많지 않다.

口, 是遴(逆)月閏之勿行: 月=(一月), 二月, 三月, 是胃(謂)遴(逆)終亡, 奉
口口元(其)邦; 四月, 五月, 是謂亂紀亡, 尿口. 口歲: 西國有吝, 如日月)既
亂, 乃又(有)鼠(爽)口; 東郵(國)又(有)吝, 口口乃兵, 口於元(其)王.

(무릇……달은 잉여(剩餘)와 부족함이 있어 그 때를 얻지 못한다. 춘
하추동에는……일정함이 있고, 일월성신(日月星辰)은 그 운행이 어지
럽고 역행한다. 잉여와 부족함이 역행하면……초목이 일정함이 없
어지니, 이를 요(妖)라고 한다.

천지가 재앙을 일으키고, 하늘이 우레를 치며 탕(湯)을 일으켜 사방
에 내리니, 산과 언덕이 무너지고 샘물이 솟아난다. 이를 패세(悖歲)
라 하며,……달이……길(吉)……번개가 있다.

흙비가 내려 그 직분을 얻지 못한다. 하늘이 비를……이는 달의 윤
(閏)을 거스르는 것으로 행하지 말아야 한다. 정월, 이월, 삼월은 이
를 일컬어 끝남이 없다 하고,……그 나라를 받든다. 사월, 오월은 이
를 일컬어 기강이 어지럽고 나라가 망함이라 한다.……

…… 해: 서쪽 나라에 인색함이 있어, 일월이 이미 어지러우면
곧……있고; 동쪽 나라에 인색함이 있어……곧 병사가……그 왕에
게 ……)3)4)

(2) '세유덕닉(歲有德匿)'에 관하여

凡歲悳慝, 如口口, 惟邦所口妖之行, 卉木民人, 以口四淺之. 尙口口上妖,
三時是行.

惟悳慝之歲, 三時口口, 繼之以需降. 是月以數擬爲之正, 惟十有二口, 惟悖
口慝, 出自黃泉, 土攵亡口; 出口[空]同, 作其下凶. 日月皆亂, 星辰不炯. 日

---

3) [역주] 장사(長沙) 자탄고(子彈庫) 초나라 백서(楚帛書)는 빠진 글자가 많아 완전
하지가 않고 내용이 난삽하여 학자들마다 해석이 다르다. 여기서는 이 책의 전
체 논의에 대한 이해를 돕기 위해 학술적인 번역이 아닌 간단한 '참고용' 대역
만을 참고로 제공한다. 다음에서도 마찬가지이다.
4) [역주] 이 부분은 고대 중국의 천문학적 관찰과 그에 따른 예언, 그리고 정치적
해석을 담고 있는 것으로 보인다. 달의 운행, 계절의 변화, 자연 현상 등이 언급
되었으며, 이러한 현상들이 국가와 왕에게 미치는 영향에 대해 설명하고 있다.

月飢亂, 歲季乃□, 時雨進退, 無有常恒. 恐民未知, 擬以爲則毋動. 羣民以
□, 三恒隳, 四興鼠爽, 以□天常. 羣神五正, 四興失詳. 建恒懷民, 五正乃
明. 百神是盲, 是謂悳匿, 羣神乃悳. 帝曰: (絲, □之哉! 毋弗或敬. 惟天作
福, 神則格之; 惟天作妖, 神則惠之. □敬惟備, 天像是則, 鹹惟天□, 下民之
戒, 敬之毋貮!

(무릇 해가 덕(德)과 악(惡)을 갖출 때,……와 같이, 오직 나라가……
요사(妖邪)의 행함이니, 초목과 백성들이……네 가지로 가볍게 여긴
다. 오히려……위의 요사(妖邪)는 세 계절에 행해진다.

덕(德)과 악(惡)이 있는 해에는 세 계절이 ……, 이어서 큰 비가 내린
다. 이 달은 수(數)로써 그 정(正: 바름)을 가늠하니, 오직 열두……이
며, 오직 어그러짐과……악(惡)이 황천(黃泉)에서 나와, 땅이……없어
지고;……에서 나와 공허함과 같아져, 그 아래에 흉함을 만든다. 일
월이 모두 어지럽고, 별들이 빛나지 않는다. 일월이 이미 어지러우
면 해의 끝에 이르러 ……, 때에 맞는 비가 나아가고 물러남에 일정
함이 없다.

백성들이 아직 알지 못할까 두려워 가늠하여 법칙을 삼아 움직이지
못하게 한다. 뭇 백성들이……로써, 세 가지 항상됨이 무너지고, 네
가지 흥함이 어그러져,……로써 하늘의 항상됨을 삼는다. 뭇 신들의
다섯 가지 바름과 네 가지 흥함이 자세함을 잃는다. 항상됨을 세워 백
성을 품으면, 다섯 가지 바름이 곧 밝아진다. 모든 신들이 이를 믿으
니, 이를 일컬어 덕(德)이 숨는다 하고, 뭇 신들이 곧 덕(德)을 갖춘다.
제(帝)가 말씀하시길, '요(絲)여,……하구나! 공경하지 않음이 없게 하
라. 오로지 하늘이 복을 만들 때, 신들이 곧 이르고, 오로지 하늘이
요사(妖邪)를 만들 때, 신들이 곧 은혜를 베풀 것이다.……오로지 공
경함이 갖추어 잘 때, 하늘의 모습이 이 법칙과 같아져, 모두가 오직
하늘의……이 될 것이니, 아래 백성들의 경계로 삼아, 공경하여 어
긋나지 않게 하라!')[5]

---

5) [역주] 이 부분에서는 고대 중국의 천문학적 관찰, 자연 현상, 그리고 이에 따른
   정치적, 윤리적 해석을 담고 있다. 하늘의 현상과 인간 세상의 관계, 덕(德)과 악
   (惡)의 개념, 신과 인간의 관계 등이 복잡하게 얽혀 있는 내용을 포함하고 있다.

(3) '민인경신(民人敬神)'에 관하여

民毋用□□百神, 山川漢浴(谷), 不欽□行. 民祀不歆, 帝將縣以亂□之行. 民
則有殻, 亡有相擾, 不見陵□. 是則鼠(爽)至, 民人弗智(知)歲), 則無攸祭, □
則□民, 少有□, 土事勿從, 凶.
(백성들은……사용하여 백신(百神)을 ……하지 않으며, 산천과 골짜
기에서……공경스럽게 행하지 않는다. 백성들의 제사를 신이 흠향
하지 않으니, 제(帝)가 장차 요(縣)로써……의 행함을 어지럽게 할 것
이다. 백성들에게는……이 있으나, 서로 어지럽힘이 없고, 능멸함을
보지 않는다.
이에 어그러짐이 이르러, 백성들이 '세(歲)'를 알지 못하면, 곧 제사
지낼 곳이 없어지고,……곧……백성, 조금……있으며, 토지의 일을
따르지 않으니, 흉하게 된다.)6)

위의 인용된 설명은 『중국방술고(中國方術考)』의 최신 판본에서 백
서의 각 편에 대한 소개를 함께 살펴서 제시한 것이다.7) 여기에 포함
된 내용 중 본 논문과 관련이 있거나 추가로 논의될 수 있는 부분에
대해 각각 설명을 추가할 예정이다. 훼손되었거나 완전하지 않은 부

---

6) [역주] 이 부분은 고대 중국의 종교적, 정치적 관행과 그 결과에 대해 언급하고
있다. 주요 내용은 다음과 같다. 첫째, 백성들의 종교적 실천(신에 대한 제사 등)
이 올바르지 않음을 지적한다. 둘째, 이로 인해 신들이 제사를 받아들이지 않고,
제(帝, 최고 통치자 또는 하늘)가 개입하여 상황을 바로잡으려 한다고 설명한다.
셋째, 백성들 사이의 평화로운 관계를 언급하지만, 동시에 자연의 순환(해, 歲)
을 이해하지 못하는 문제를 지적한다. 나아가 이러한 무지가 제사의 중단으로
이어지고, 결국 농사(토지의 일)에 악영향을 미쳐 흉년을 초래한다고 경고한다.
이렇게 볼 때, 이 텍스트는 고대 중국의 종교, 정치, 농업이 밀접하게 연관되어
있었음을 보주며, 신에 대한 올바른 예우, 자연의 이해, 그리고 농업의 성공이
서로 연결되어 있다는 관점을 드러내고 있다.
7) 李零, 『中國方術考』(北京: 東方出版社, 2000年). 이 부분은 주로 이 책을 참고했다.

분은 추측하지 않을 것이며, 비교적 확실하며 본 논문과 관련 있는 부분만을 다룰 것이다. 자형의 표현 형식은 관대한 방식으로 표현하였기에, 원래의 문자와 대조하여 표현하되 엄격하게 일치하게 하지는 않았다.

1. '부득기당(不得亓當)'

백서에서는 '달(月)'의 운행이 일반적인 천문학적 법칙에 부합하지 않는다고 설명하고 있다. 『중국방술고(中國方術考)』에서는 이 글자(裳)를 시(示)가 의미부이고 상(尙)이 소리부인 구조로, '당(當)'으로 해석하였다. 그러나 초간(楚簡) 등과 같은 문헌의 용어 사용과 비교해 보았을 때, 반드시 적절하다고는 할 수 없다. 『설문·건(巾)부수』에서 이렇게 말했다.

· 상(常: 簡帛 古陶

石刻), '아래치마'를 말한다(下裙也). 건(巾)이 의미부이고 상(尙)이 소리부이다. 상(裳)은 상(常)의 혹체인데 의(衣)로 구성되었다.

『집운』에서는 이렇게 말했다. "항(恒, 死, 悑)은 호(胡)와 등(登)의 반절로 읽힌다. 『설문』에서 이렇게 말했다. '항상(常)'이라는 뜻이다. 심(心)이 의미부이고 주(舟)도 의미부인데, 하늘과 땅(二) 사이에 아래위로 놓인 모습이다. 생각하는 마음을 배에 실어 왔다 갔다 하며(心以舟施) 영원히 잊지 않는다(恒)는 뜻이다.(從心從舟, 在二之間上下, 心以舟施當(恒)也). 『시』에서 '달처럼 항구하소서(如月之恒)'라고 노래했다. 일설에는 산 이름을 말한다고도 한다(一曰山名). 고문체에서는 항(死),

항(恒)으로 적었다."

출토 초간(楚簡) 문헌에서는, 시(示)가 의미부이고 상(尙)이 소리부인 당(裳)으로 되었으며, 제사와 천상(天常) 등을 나타내는 용어로 쓰였다. 상해박물관 소장 『전국초죽서(戰國楚竹書)』 제4권 중 「간대왕박한(柬大王泊旱)」의 제5간(簡)에서 초나라의 종교 제사 풍습의 정례(常)에 대해 언급하면서, '🐛'자로 표기했다. 이 죽간에서는 초나라에 '유상(又[有]🐛)'이라고 했는데, 여기서 '상(常)'은 전통적인 제사 제도를 지칭한다. 이 죽간에서 "왕자임복(王自臨卜)"이나 "명산명계(名山名溪)"에서 점복을 했다거나, "상제귀신고명(上帝鬼神高明)", "불능사자이형지이한(不能祠[祀]者而刑之以旱)" 등의 내용을 통해, 당시 초나라에서는 제사가 매우 활발하게 거행되었으며 제사에는 정례(常典)가 있었음을 알 수 있다. 『곽점초묘죽간(郭店楚墓竹簡)』의 『노자(老子)』 갑 제34호 죽간에서 "화왈상(和曰常)"이라고 할 때의 '상(常)'자를 '🐛'으로 표기하였다. 또 「치의(緇衣)」 제16호 죽간에서 "송유상(頌有常)"이라고 할 때의 '상(常)'자를 '🐛'으로 표기하였으며, 「성지문지(成之聞之)」 제31호 죽간에서 "🐛🐛大🐛, 以里(理)人侖(論)."이라고 했는데, 앞 구절은 '천행대상(天行大常)'으로 해석된다(楚簡의 첫 번째 글자인 '천(天)'은 '이(而)'자와 자주 혼용되며, 두 번째 글자는 두 발이 상하로 대치하고 있는 모습인데, '행(行)'의 원래글자로 판단된다). 그중 '상(常)'자는 마찬가지로 시(示)가 의미부이고 상(尙)이 소리부인 구조이다.

「성지문지(成之聞之)」 제32호 죽간은 "옛날 소인들이 하늘의 상도를 어지럽혀 대도에 역행했다(古小人亂天常以逆大道)."라는 내용인데, 그중 '천상(天常)'의 필사법은 제31호 죽간에 보이는 '천행대상(天行大常)'에서의 형태와 동일하다. 이로써 이것은 전국 초간 문자에서 사용되던 '일상적인 모습(常態)'임을 알 수 있다. 백서에서 말한 '부득기상

(不得其常)'은 월행(月行)이 "그 일상에 맞지 않음('不合其常)"을 말한 것이다. 또 백서의 여기서 말한 것은 천체의 운행, 다시 말해 『순자 천론(天論)』과 같은 전래문헌에서 말한 '천상유상(天行有常)'이라고 할 때의 '상(常)'을 말한다.

백서에는 '상(常)'을 기록한 방식이 두 가지로 나뉘는데, 하나는 시(示)가 의미부이고 상(尚)이 소리부인 구조(常)이고, 다른 하나는 '상(尚)'으로 빌려 쓴 상(常)이다. 아마도 연구자는 아래에서 '상(尚)'을 '상(常)'의 가차자로 사용한 사례를 보고서 시(示)가 의미부이고 상(尚)이 소리부인 구조를 사용하는 것이 각기 사용 목적에 '맞게' 사용되었다고 생각했을 것이다.

2. '춘하추동(春夏秋冬)'의 본래글자

백서(帛書)에서는 사계절이 정상적이지 않다고 서술했다. 이 편에서 주목해야 할 점은 사계절의 순서인데, 백서에서 사용된 관련 글자가 모두 '일(日)'로 구성되었다. 이것은 사계절의 구분이 모두 태양의 운행이라는 '일상(常)'과 관련이 있다는 것을 보여준다. 이것은 사계절에 관한 백서(帛書)의 본래글자와 초간(楚簡)의 월령 전용 문자가 일치하다는 것을 의미한다.

여기에서, '춘(春)'자는 '🪶'으로 표현되었는데, 일(日)이 의미부이고 둔(屯)이 소리부인 구조이다. 이것은 『병편(丙篇)』에서의 '병사춘(秉司春)'의 구조와 같으며, 『곽점초간(郭店楚簡)』의 「육덕(六德)」 제25호 죽간의 '춘추(春秋)'의 구조와도 같은데, 거기서는 '춘(春)'을 '🪶'으로 표현했다. 이는 『어총(語叢)』(1)의 제40호 죽간의 "춘추소이회고함(금)지(春秋所以會古含(今)之)"의 구조와도 동일하다. 『설문』에서는 '춘(春)'

을 다음에서처럼 「초(艸)부수」에 귀속시켰는데, 이는 식물의 특성에
대한 인식을 강조한 것이다.

· 萅(춘) [甲骨 그림] 甲骨 [金文 그림] 金文 [그림들]
簡帛 [그림] 古璽 [그림들] 漢印 [그림] 石刻 推也.
從艸從日, 艸春時生也; 屯聲.
춘(春), '밀어내다(推)'라는 뜻이다. 초(艸)가 의미부이고 일(日)도 의
미부인데, 풀(艸)은 봄날(春時)에 자라난다는 의미를 담았다. 둔
(屯)이 소리부이다. 독음은 창(昌)과 준(純)의 반절이다.

『집운·순(諄)부』에서 이렇게 말했다. "춘(萅, 萫, 暙, 旾, 春)은 추(樞)
와 륜(倫)의 반절로 읽힌다. 『설문』에서는 밀어내다(推也)는 뜻이라고
했다. 초(艸)가 의미부이고 일(日)도 의미부이다. 초(艸)는 봄이 되면
자라난다(春時生也). 일설에는 꿈틀거리다는 뜻이라고도 한다(一日蠢
也). 고문체에서는 춘(萫), 춘(旾), 춘(暙)으로 적었고, 예서에서는 춘
(春)으로 적었다. 성(姓)을 말하기도 한다."

‘하(夏)'자는 초간(楚簡)에서 ‘[그림]'로 표현되었는데, 그 인식구조는 일
(日)이 의미부이고 하(夏)가 소리부인 것으로 분석될 수 있다. 전래 문
헌에 기록된 ‘하계(夏季: 여름)'는 지금까지 ‘대하(大夏: 크다)'라는 문자
로 사용되어 왔는데, 이는 시간과는 관련이 없는 가차자로 간주된다.
전국시대 백서(帛書)에서 볼 수 있는 것이 ‘하계(夏季)'의 본래글자임이
분명하다. 또『포산초간』의『복서제도기록(卜筮祭禱記錄)』제200호 죽
간에서 ‘하제유희(夏祭有喜)'의 ‘하(夏)'자를 ‘[그림]'로 표기했는데, 마찬가
지로 일(日)이 의미부이고 하(夏)가 소리부인 구조이다. 또『포산초간』
의『문서(文書)』제6호 죽간에서 ‘하견(夏犬)'의 ‘하(夏)'를 ‘[그림]'로 표현

했는데, 구조가 같아 일(日)이 의미부이고 하(夏)가 소리부인 구조이다.

이는 '대하(大夏: 크다)'의 하(夏)로 사용되어, '하견(夏犬)'은 '큰 개'를 의미한다. 『포산초간』『문서(文書)』제12호 죽간의 '하시지월(夏屍之月)'의 '하(夏)'도 일(日)이 의미부이고 하(夏)가 소리부인 구조인데, 초나라 지역에서 사용된 월령 관련 전용 문자이다. 『설문·쇠(夂)부수』에서 이렇게 말했다.

石刻)中國之人也. 從夂從頁從臼. 臼, 兩手; 夂, 兩足也. 峹, 古文夏.

> 하(夏), '중원 지역의 사람(中國之人)'을 말한다. 쇠(夂)가 의미부이고 혈(頁)도 의미부이고 구(臼)도 의미부이다. 구(臼)는 '두 손(兩手)'을 뜻하고, 쇠(夂)는 '두 발(兩足)'을 뜻한다. 하(峹)는 하(夏)의 고문체이다. 독음은 호(胡)와 아(雅)의 반절이다.

『집운·마(馬)부』에서 이렇게 말했다. "하(憂, 夏, 夏)는 해(亥)와 아(雅)의 반절로 읽힌다. 『설문』에서는 '가운데 나라의 사람들을 말한다(中國之人也)'라고 했다. 쇠(夂)가 의미부이고 하(夏)가 의미부이고 구(臼)도 의미부이다. 구(臼)는 두 손을 말하고(兩手), 쇠(夂)는 두 발을 말한다(兩足). 일설에는 크다는 뜻이라고도 한다(一曰大也). 또한 나라 이름으로도 쓰인다. 고문체에서는 하(憂)로 적었고, 예서에서 하(夏)로 적었다."

'추(秋)'자는 백서(帛書)에서 ''로 표기했는데, 화(禾)가 의미부이고 일(日)도 의미부인 구조이다. 『곽점초간』「육덕(六德)」제25호 죽

간의 '춘추(春秋)'에서 '추(秋)'를 ''로 표기 했는데, 이미 화(火)가 추
가된 모습이다. 「어총(語叢)」(1) 제40호 죽간의 "춘추소이회고함(금)지
(春秋所以會古含(今)之)"의 '추(秋)'자도 동일한 구조로 되어, 일(日)이
의미부이고 추(秋)가 소리부인 구조로 분석할 수 있다. 『포산죽간』의
「복서제도기록(卜筮祭禱記錄)」 제214호 죽간의 "지추삼월(至秋三月),
새도소왕(賽禱卲王), 시우(哉牛)."(가을의 세 번째 달이 되면 '소왕'께 '새' 세사
를 드리는데, 희생 소를 사용했다.)라고 할 때의 '추(秋)'도 일(日)이 의미부
이고 화(禾)도 의미부인 ''로 표기되었다. 이를 제외하면, 이 부분의
출토문헌에서는 대부분 화(火)가 의미부이고 추(秋)가 소리부인 구조
를 사용하였다. 『설문·화(禾)부수』에서 이렇게 말했다.

추(秋), '벼 같은 곡식이 익을 때(禾穀孰)'라는 뜻이다. 화(禾)가 의미
부이고, 추(爐)의 생략된 부분이 소리부이다. 추()는 주문체인
데, 생략되지 않은 모습이다. 독음은 칠(七)과 유(由)의 반절이다.

『집운·우(尤)부수』에서 이렇게 말했다. "추(秋, 穐, 龝)는 웅(雌)과
유(由)의 반절로 읽힌다. 『설문』에서는 벼와 같은 곡식이 익다(禾穀孰)
는 뜻이라고 했다. 전서체에서는 추(烞)로 적었다. 일설에는 '추추(秋
秋)'를 말한다고도 하는데, 말이 뛰어올라 머리를 쳐들다는 뜻이다.
소위 '추가(秋駕)'를 말하는데, 말을 잘 부려 도망가지 않도록 하다는
뜻이다.(一曰秋秋, 馬騰驤也. 所謂秋駕, 以善馭不㘯逸也.) 또 성(姓)으로도
쓰인다. 고문체에서는 추(穐), 추(龝)로 적었다."

『설문해자』인지분석

『설문』에서는 계절을 나타내는 '추(秋)'자를 「화(禾)부수」에 귀속시켰는데, 이는 곡식의 생장 주기에 대한 인식과 파악을 체현한 것이다.

'동(冬)'자는 '✕✕'으로 적었는데, 일(日)이 의미부 쇠(夊)가 소리부인 구조이다. 『옥편·빙(仌)부수』에 따르면, "동(冬)은 도(都)와 농(農)의 반절로 읽힌다. 동(冬)은 끝나다(終)는 뜻이다. 달리 동(各)으로도 표기한다. 동(奥)은 정(丁)과 종(宗)의 반절로 읽히는데, 동(冬)의 고문체이다. 동(各)도 마찬가지이다."라고 했다.

『곽점초간』『노자(老子)』(갑) 제8호 죽간의 "여동섭천(如冬涉川)"의 '동(冬)'자를 '✕'으로 썼는데, 백서(帛書)에서 사용된 '동(冬)'자와 동일하며, '동계(冬季)'라는 계절을 나타내는 '동(冬)'자의 본래글자이다. 『포산초간』「문서(文書)」 제2호 죽간의 "冬✕之月"의 '동(冬)'자는 '✕'으로 적었는데, 여기서의 '✕✕'은 전국시대 초나라 지역에서 겨울을 나타내는 월령(月令) 전용자이다. 『설문·빙(仌)부수』에서 이렇게 말했다.

也. 從仌從夊. 夊, 古文終字. 奥, 古文冬從日.

동(冬), '사계절이 다하다(四時盡)'라는 뜻이다. 빙(仌)이 의미부이고 종(夊)도 의미부이다. 종(𦅻)은 종(終)의 고문체이다. 동(奥)은 동(冬)의 고문체인데, 일(日)로 구성되었다. 독음은 도(都)와 종(宗)의 반절이다.

『설문』의 구조 분석에 의하면, 의미부로 쓰인 '쇠(夊)'는 '고문체의 종(終)자'이다. 이는 갑골문과 비교하여, 실의 두 끝을 나타내는 종결(終結)의 개념에서 추출된 것으로, 시간의 개념이 공간적 형태로 표현된 인식과 연관되어 있다. 마찬가지로, 인디언 중 오지브웨(Osbewe, 奧斯伯威)족8)은 달(月)을 나누는 방법으로, 순서대로 '야생 쌀 월(野稻月)', '낙엽 지는 월(落葉月)', '얼음 어는 월(冰月)', '썰매 타는 월(滑雪板月)' 등을 사용한다.9) 초나라 지역의 월명(月名)은 그 자체로 하나의 체계를 형성하며, 수호지(睡虎地) 진묘(秦墓)에서 출토된 을조(乙組) 간문(簡文)과 비교할 수 있는데, 이는 『망산초간고석(望山楚簡考釋)』을 참조하면 된다.10)

秦	十月	十一月	十二月	正月	二月	三月	四月	五月	六月	七月	八月	九月
楚	冬(中)夕	屈夕	援夕	刑夷(屍)夏屍	紡月	七月	八月	九月	十月	爨月	獻馬	

---

8) [역주] 오지브웨(Ojibwe)족, 또는 치페와(Chippewa)족으로 알려진 Osbewe족은 북미 원주민 부족으로, 주로 미국의 미시간, 미네소타, 위스콘신 주와 캐나다의 온타리오, 매니토바 주에 거주했다. 이들은 알곤퀸 어족에 속하는 오지브웨 어를 사용하며, 전통적으로 반유목민 생활을 하였다. 주요 경제 활동으로는 사냥, 낚시, 농업 등이 있으며, 옥수수, 콩, 호박 등을 재배하였다. Osbewe족은 씨족 사회로 구성되며, 각 씨족은 동물 토템을 가지고 있다. 이들은 영적 신념과 전통 의식을 중요시하며, 춤, 노래, 이야기 등을 통해 문화를 전승해왔다. 17세기 유럽 탐험가들과의 접촉 이후, Osbewe족은 모피 거래를 중심으로 유럽인들과 상호작용하였다. 그러나 19세기 이후 미국 정부와의 여러 조약과 강제 이주 정책으로 인해 많은 Osbewe족이 전통적인 영토를 상실하게 되었다. 현대에 들어서도 Osbewe족은 자치 정부를 통해 자치권을 행사하며, 문화와 언어 보존을 위해 노력하고 있다. 전통 춤, 음악, 예술 등의 문화적 활동을 통해 정체성을 유지하고 있으며, 교육과 경제 발전을 위한 다양한 프로그램을 운영하고 있다.

9) [英] 愛德華·泰勒, 『人類學－人及其文化硏究』, 連樹聲(譯本), 306쪽(上海文藝出版社, 1993).

10) 湖北省文物考古硏究所, 北京大學中文系所(編), 『望山楚簡·考釋』, 86쪽(中華書局, 1995).

『설문해자』 인지분석

3. "일월성신, 난역기행(日月星辰, 亂逆其行)"

이 문장에서 '성신(星辰)'이 모두 일(日)로 구성된 글자로 되었다. 예컨대 '신(辰)'자는 위가 소리부인 진(辰)이고 아래는 의미부인 일(日)로 되었다. '난(亂)'자의 백서(帛書) 원형을 보면 '▒'으로 썼는데, 위아래를 손으로 줄기 모양의 물건을 정리하는 모습을 나타냈다.

- 『설문·을(乙)부수』에서 이렇게 말했다. "난(亂)은 다스리다(治)는 뜻이다. 을(乙)이 의미부인데, 을(乙)은 그것을 다스리다(治)는 뜻이다. 난(𤔔)도 의미부이다."
- 『전례만상명의·을(乙)부수』에서는 이렇게 말했다. "난(亂)은 력(力)과 관(館)의 반절로 읽힌다. 다스리다(治), 갈무리하다(理)는 뜻이다."
- 『송본옥편·을(乙)부수』에서는 이렇게 말했다. "난(亂)은 력(力)과 관(貫)의 반절로 읽힌다. 갈무리하다(理)는 뜻이다. 또 병구(兵寇)를 의미한다. 혹체에서는 난(𤔔)로 쓴다."
- 『설문·표(受)부수』에서는 이렇게 말했다. "표(𤔲)는 다스리다(治)는 뜻이다. 어린 아들들이 난을 일으키다(厶子相亂)는 뜻이다. 난(亂)과 같이 읽는다. 일설에는 갈무리하다는 뜻이라고도 한다(一曰理也). 서개(徐鍇)는 '먼 곳을 말하는데, 멀리 떨어져 잇는 곳을 말하며, 경계를 뜻한다(曰冂, 坰也, 界也)'라고 했다. 난(𩇐)은 고문체의 난(𤔔)이다."

'역(逆)'자의 경우, 『중국방술고(中國方術考)』에서 '역(逆)'자가 언(㤦)으로 구성되었다고 재해석하고, '잃어버리다(失)'는 의미로 해석했다. 이 글자의 백서(帛書) 원형은 '▒'으로 나타나지만 그 형태가 명확하지 않으며, 해당 글자의 아래 부분도 모호하다.

『곽점초간』「성지문지(成之聞之)」 제32호 죽간의 "시고소인난천상이역대도(是故小人亂天常以逆大道: 이 때문에 소인은 하늘의 이치를 어지럽히고 대도를 거역한다)"에서 '역(逆)'은 '遠'으로 나타나는데, 착(辵)이 의미부이고 역(屰)도 의미부인 구조인데, 역(屰)의 형태가 세 개의 가로줄로 변형되었다. 후대의 해서화(楷化)된 '역(逆)'은 '逆'으로 표기되었다. 예를 들어, 남북조 때의 「이주습묘지(爾朱襲墓志)」에서 "元顥肆逆, 毒流神甸, 涓涓不擁, 蔓蔓將及.(원호[11]의 반역행위가 계속되어 악행이 신성한 곳에까지 이르는데, 작은 것조차 포용하지 못한다면, 결국 심각한 결과를 초래할 것이다.)"에서의 '역(逆)'자를 '逆'으로 표기했다. 또 중당(中唐) 때의 돈황(敦煌)본 『곽상주장자남화진경(郭象注莊子南華眞經)』에서도 동일한 방식으로 표기되었다.

따라서 이곳에서는 백서(帛書)의 '역(逆)'자가 실제로 언(狄)으로 구성되었을 가능성이 인정되며, 이는 소위 '장식용 편방 인지 기능'[12]의

---

11) [역주] 원호(元顥, 약 485~529)는 원래 이름이 원경락(元景略)이며 자가 자명(子明)으로, 북위(北魏) 헌문제(獻文帝) 탁발홍(拓跋弘)의 손자이자 북해왕(北海平王) 원군(元詳)의 아들인데, 북위 말년의 정치 혼란 속에서 거병하여 당시의 정권에 대항하여 한 때는 스스로 황제를 칭할 정도의 세력을 가졌었다. 그의 행위는 보통 '원호사역(元顥肆逆)'이라 불린다. 그는 남조(南朝) 양(梁)의 지지를 등에 업고 낙양(洛陽)을 함락시켰으며 잠시 정권을 세우기도 했으나 북위의 이주영(爾朱榮) 장군의 반격으로 패퇴하고 피살되었다.

12) [역주] "羨符認知作用": 선부(羨符)는 한자 구성의 독특한 요소로, 고대 한자의 변천 과정에서 광범위하게 존재하며 특히 전국시대 초문자(楚文字)에서 수가 많고 종류가 다양하다. 선부(羨符)는 문자로 기록된 언어 단위의 음의(音義)와 관련이 없으며, 그 문자 체계 내에서 구별 기능을 가지지 않으므로 불필요한 요소로 간주되어 있을 수도 있고 없을 수도 있다. 일부 선부(羨符)는 문자 형태를 장식하고 아름답게 만드는 기능을 가지며, 일부는 문자 분류 등의 이유로 추가된 것이다. 선부(羨符)는 필획과 편방(偏旁)을 포함하며, 그중 필획은 선획(羨畫)이라 부를 수 있고, 편방(偏旁)은 선방(羨旁)이라 부를 수 있다. 고문자 연구에서 선부(羨符)의 연구는 한자의 변천 규칙과 서사 습관을 밝히는 데 도움이 된다. 선부(羨符)를 분석함으로써 연구자들은 고대 서예가들이 서사 과정에서 추구했던 미적 관점과 개성적인 표현을 알 수 있다. 또한, 선부(羨符)의 연구는 학자들이 고문자의 의미를 더 정확하게 이해하는 데 도움을 주어 고문자학의 발전을 촉진할 수 있다. 결론적으로, 선부(羨符)의 인지적 역할은 한자 구성, 서사 습관, 미적 경향을 이해하는 데 중요한 가치를 지니며, 고문자학 연구에서의 응용 잠

영향을 받았을 것으로 판단된다. 백서(帛書)의 아래서 등장하는 '탕(湯)'자에 대해서도 『중국방술정고(中國方術正考)』에서는 언(忯)으로 구성되었다고 판단했지만, 여전히 '탕(湯)'으로 해석하였다.

4. "卉木亡尚(常), □[謂]宎(妖). 天地作義(殃), 天鼓將作湯, 降於其[四]方."

분석에 따르면, "훼목망상(常), □[위]요(요). 천지작앙(앙), 천고장작탕, 강우기[사]방(卉木亡尚(常), □[謂]宎(妖). 天地作義(殃), 天鼓將作湯, 降於其[四]方)"이라는 문장에서 '앙(義)'자를 '상(祥)'자로 해석한 것은 문맥과 맞지 않는 것으로 보인다.

『중국방술고(中國方術考)』에서 '앙(義)'자를 '상(祥)'으로 해석했지만, 그렇게 되면 원래의 '앙(殃)'으로 해석하는 것과는 정반대의 의미가 된다. 이러한 현상은 글자 사용의 범주에 속하며, 즉 '앙(殃)' 또는 '상(祥)'의 해석은 문맥을 통해 결정해야 한다. 이 문장의 내용은 전후 모두 '반상(反常)'의 유형에 관한 것이다. 따라서 '상(祥)'으로 해석하는 것은 해당 문맥에 부합하지 않는다.

그래서 필자의 생각은 이렇다. '상(祥)'으로 해석하는 것은 부적절하며, 굳이 '앙(殃)'으로 사용할 필요도 없다. '앙(義)'은 '양(樣)'의 초기 문자로, 모양이나 상태를 의미하는 것으로, 다른 글자를 가지고 해석할 필요가 없다. 이 문장의 의미는 다음과 같다. "꽃과 나무가 정상적이지 않으면, 이것을 요정(妖孽)의 징후로 간주한다. 천부성(天栝星)이 불안정하게 움직이며, 네 방향으로 흩어지는 모습이 바로 천지가 보여주는 모습과 양태이다." 이는 모두 '반상(反常: 일상과 반대되는)'의 천상을 묘사한 것이다.

재력을 반영한다.

『중국방술고』에서는 원래 '천고(天鼓)'로 해독된 부분을 '천부(天棓)'로 수정하였다. '천부(天棓)'는 별의 이름이며, 이는 매우 중요한 인식 과정의 발전을 나타내 주고 있다.

아래는 여러 원문에서 '천부(天棓)'에 관한 언급들이다.

『사기(史記)』 천관서(天官書) 제오(第五)에서는 "자궁(紫宮)의 왼쪽 세 개의 별은 천창(天槍)이라 하며, 오른쪽 세 개의 별은 천부(天棓)라 한다."라고 했다. 이에 대해 『색은(索隱)』에서는 "부(棓)는 '피(皮)'라고 읽는다."라고 했고, 위소(韋昭)는 "부(剖)라고 읽는다."라고 했다. 『시위(詩緯)』에 따르면, "천창(天槍)의 세 개 별과 천부(天棓)의 다섯 개 별은 두작(斗杓)의 좌우에 위치하며, 창(槍)과 부(棓)에 해당하는 사람을 지배한다."라고 했다. 또 『석시성찬(石氏星讚)』에서는 "천창(天槍)과 천부(天棓)의 여덟 개 별은 비정상적인 변화를 상징한다."라고 했다.
『오례통고(五禮通考)』에서 '주하오개천부숙(廚下五個天棓宿)' 항목에는 '천부(天棓) 다섯 개의 별'에 대한 기록이 있다. "『성경(星經)』에 따르면, 천부(天棓) 다섯 개의 별은 저(氐) 아래로 1도(度)만큼 떨어져 있으며, 북진(北辰)에서 28도(度)만큼 떨어져 있다. 『사기·천관서(天官書)』에 따르면, 자궁(紫宮)의 오른쪽에 천부(天棓)라는 다섯 개의 별이 있다고 했다. 또 『진서(晉書)·천문지(天文志)』에 따르면, 천부(天棓) 다섯 개의 별은 여상(女床)의 북쪽에 있으며, 천자(天子)의 선구가 된다. 창(槍)과 부(棓)는 모두 비정상 상황을 대비하기 위한 것이다."[13]

---

13) [역주] 성경(星經)에서 말한 천부성(天棓星)은 중국 고대 천문학에서 중요한 성관(星官)으로, 자미궁(紫微宮) 안에 위치하며 북두칠성(北斗七星) 근처에 있다. 고대 중국의 성관 체계에서 천봉성은 특별한 의미를 가지며, 보통 군사와 권력과 관련이 있다. 또 『사기·천관서(史記·天官書)』에서의 언급은 천부성이 자미궁의 오른쪽에 위치함을 확인해 주는데, 자미궁은 고대 중국 성관 체계에서 중요한 구역으로, 황권의 중심을 상징한다. 그리고 『진서·천문지(天文志)』의 언급은 천부성이 여상성좌(女床星座)의 북쪽에 위치하며, 천자의 선행과 관련이 있음을 말한다. 여기서 말한 '천자선구(天子先驅)'는 천봉성의 위치가 천자의 행동 방향을 예시함을 의미하며, '봉개소이비비상야(棓皆所以備非常也)'는 천봉성의 존재가 긴급 상황을 대비하기 위함을 나타내 준다.

『설문해자』 인지분석

『고미서(古微書)』권33에서는, "세성(歲星)의 정수(精)는 천부(天棓), 천창(天槍), 천화(天猾), 천충(天沖)으로 흐른다."라고 했다.

5. "범세덕닉(凡歲悳匿)"과 "유덕닉지세(惟悳匿之歲)"

백서(帛書)에 따르면 '세성(歲)'에는 '덕(德)'과 '닉(匿)'의 두 끝(邊)이 있다고 했다. 이것은 『한비자·이병(二柄)』에서의 설명과 유사한데, 그 곳에서는 "현명한 군주(明主)가 그 신하들을 지배하는 수단은 두 가지에 불과하다. 그 두 가지는, 형(刑)과 덕(德)이다. 형(刑)이란 살육(殺戮)을 의미하며, 덕(德)은 경상(慶賞)을 의미한다."라고 기술되어 있다.

『순자·천론(天論)』에 따르면, "그래서 도덕(道德)이 지향하는 선이 정확할 때는 따를 수 있으나, 기울면 따를 수가 없고, 숨길 때는 큰 혼동이 발생한다."라고 설명하였다.

왕념손(王念孫)의 『독서잡지(讀書雜誌)·순자(荀子)』(5)에서는 "닉(匿)은 특(慝)과 같으며, 특(慝)은 모자람(差)을 의미한다. 큰 혼란은 모자람에서 발생한다."라고 하였다.

그중에서 '세(歲)'자를 백서(帛書)에서 '⬟'로 표현했으며, 초간(楚簡)에서의 '세(歲)'자는 대체로 월(月)을 기반으로 한 형성구조를 사용하였다. 예를 들면, 『포산초간』의 『문서(文書)』제2호에서는 '⬟'로 기록되었다.

『설문』에서는 '세(歲)'자를 「보(步)부수」에다 분류하였는데, 이를 통해 공간적 인식과 관련이 있음을 알 수 있다.

· 歲 甲骨 金文 簡帛 古璽 古陶 漢印 石刻), 木星也. 越歷二十八宿, 宣徧陰陽, 十二月一次. 從步戌聲. 律歷書名五星爲五步.
세(歲), ‘목성(木星)’을 말한다. [목성은] 28수(宿)¹⁴⁾를 모두 지나서,
[12년에] 음양 12시진(時辰)을 한 바퀴 다 돌게 된다.¹⁵⁾ 12개월에
1개의 시진을 지나기 때문에, 이를 세(歲)라고 한다.¹⁶⁾ 보(步)가
의미부이고 술(戌)이 소리부이다. 율력서(律曆書)에서는 오성(五
星)¹⁷⁾을 오보(五步)라 불렀다. 독음은 상(相)과 예(銳)의 반절이다.

6. “□之哉!毋弗或敬. 隹(惟)天乍(作)福, 神則各(格)之; 隹(惟)天乍(作)夭(妖),
神則惠之. □敬隹(惟)備, 天像(象)是惻(則), 咸惟天□, 下民之戒, 敬之毋
戈(㦯)”

백서(帛書)에서는 ‘경천(敬天)’에 대해서도 언급했다.
『중국방술고』에서는 이 문장의 시작 부분에서 누락된 ‘경(敬)’자를
복원하였다. 『상서』에서 사용된 ‘경(敬)’자는 ‘근(謹)’의 기능과 유사하

---

14) [역주] 28수(宿)는 동방(東方)의 창룡(蒼龍) 7수(七宿)(즉 角, 亢, 氐, 房, 心, 尾,
箕), 북방(北方) 현무(玄武) 7수(七宿)(즉 斗, 牛, 女, 虛, 危, 室, 壁), 서방(西方)
백호(白虎) 7수(七宿)(즉 奎, 婁, 胃, 昴, 畢, 觜, 參), 남방(南方) 주작(朱雀) 7수
(七宿)(즉 井, 鬼, 柳, 星, 張, 翼, 軫)를 말한다.
15) [역주] 선편(宣徧)은 다시 되돌아 오다는 뜻이다. 서개의 『계전』에 의하면, “자
(子)에서 사(巳)에 이르기까지의 6개 천간이 양(陽)에 속하고 오(午)에서 해(亥)
에 이르는 6개 천간이 음(陰)에 속하며, 12진(辰)은 이를 말한다.”라고 했다.
16) [역주] 12월에 1개의 시진을 가기 때문에 한 바퀴 돌려면 12년이 걸리며, 이
것이 목성의 주기이다. 그래서 고대인들은 황도(黃道) 부근에 12개의 지점을
표시해 놓고 한 해의 주기를 살폈다. 이 때문에 목성(木星)을 세성(歲星)이라
불리게 되었다. 『이아·석천(釋天)』에 의하면, 고대 중국에서 ‘한 해’를 하(夏)나
라 때에는 세(歲), 상(商)나라 때에는 사(祀), 주(周)나라 때에는 년(年)이라 달
리 사용했다 한다.
17) [역주] 율력서는 『한서·율력지』를 말한다. 오성(五星)에 대해 『단주』에서 “수(水)
에 해당하는 것을 진성(辰星)이라 하고, 금(金)에 해당하는 것을 태백(太白)이라
하고, 화(火)에 해당하는 것을 형혹(熒惑)이라 하고, 목(木)에 해당하는 것을 세성
(歲星)이라 하고, 토(土)에 해당하는 것을 전성(塡星)이라 한다.”라고 했다.

다. '천상시칙(天象是則)'은 『상서』의 문장 구조와 일치한다. 『중국방술고』에서는 '칙(則)'을 '적(賊)'으로 해석하였다. 물론 '측(惻)'과 '적(賊)'은 모두 '칙(則)'에서 독음을 가져왔다. 하지만 앞뒤 문맥을 고려하면, 여기서 모두 '경천(敬天)'을 강조하고 있는데, 이 '천(天)'은 당연히 '천상(天象)'을 의미한다. 따라서 '천상시칙(天象是則)'은 천상(天象)을 따라야 함을 의미하는데, 세(歲)를 알고 신(神)을 존경한다는 것과 일치한다.

『중국방술고』에서 이를 수정한 동기나 근거를 확실히 알 수는 없다. 그러나 초보적인 추정에 따르면, 이 수정은 저자가 백서(帛書)에서 '사시(四時)'의 생성 과정과 일치하도록 하기 위한 것일 수 있을 것이다. 즉, '갑편(甲篇)'에서는 네 아들이 걷기 시작하는 것(四子步行)만을 나타내고, '을편(乙篇)'에서 '일월(日月)의 행동'을 통해 '사시(四時)'가 확정되며, 이 '사시(四時)'의 확정은 상제(上帝)의 행동으로 볼 수 있다.

그러나 백서(帛書)에는 신화 전설이 많이 섞여 있으며, 그래서 각 편의 내용이 완전하고 연속적인 경우는 많지 않다. 따라서 인위적으로 일관성 있게 처리한다면 그 자체의 신뢰성에 의문이 제기되기 쉬울 것이다.

7. "민인불지(지)세(民人弗智(知)歲), 즉무유제(則無攸祭)"

이는 제3절에서 말하고 있는 주제로, '세(歲)를 알아야 한다'는 것의 중요성을 강조하고 있다. 민중(民人)이 '세(歲)'를 모른다면 제사를 지낼 수 없으며, 농사에도 영향을 미친다. 따라서 '세(歲)'의 인식은 제사와 밀접하게 관련되어 있음을 알 수 있다. '지(智)'가 '지(知)'로 사용된 것은 금문(金文)과 간문(簡文)에서 흔히 볼 수 있는 예이다.

2. 전국 장사 자탄고 전국 초백서 을편(乙篇)에서의 '사시(四時)' 의 생성에 관한 내용

이 부분은 '사시(四時)'의 생성에 대해 설명하고 있다(백서 중간 8행). 네 신들이 사방을 지키지만, 그들의 주된 기능은 사계절을 결정하는 것이다. 이는 중국에 현존하는 시간의 구분 및 규정에 대한 가장 오래된 기록이다. 전승 문헌에서 가장 초기의 기록은 『상서·요전(堯典)』이다. 비교하기 쉽게 관련 내용을 다음과 같이 나열하였다.

> 옛날을 상고해 보건데, 요임금께서는 지극한 공훈을 이루셨다. 그는 공경하고 밝으며, 문체가 빛나고 생각이 자연스러우셨다. 참으로 공경하고 사양하여, 그 빛이 사방에 미치고 하늘과 땅에 이르렀다. 큰 덕을 밝혀 구족(九族)을 친하게 하니, 구족이 이미 화목해졌다. 백성을 고루 밝게 다스리니 백성들이 밝아지고, 모든 나라를 화합하게 하니 백성들이 변하여 평화스럽게 되었다.
>
> 이에 희(羲)씨와 화(和)씨에게 명하여, 흠모하여 하늘을 삼가 따르게 하고, 해와 달과 별(日月星辰)들의 운행을 관찰하여, 역서(曆書)와 상기(象器)를 만들어, 삼가 사람들에게 시절(時節)을 알려주게 하였다. 희중(羲仲)에게 따로 명하여, 우이(嵎夷)에 거주하게 하였는데, 양곡(暘谷)이라 하는 것이다. 떠오르는 해를 공경히 맞아 봄 농사를 고루 다스리도록 하니 낮과 밤의 길이가 같은 것을 조성(鳥星)으로 중춘(仲春)을 정하니, 그 백성들은 들과 밭으로 흩어지고, 조수(鳥獸)가 젖을 먹이고 교미하였다.
>
> 희숙(羲叔)에게 다시 명하여, 남교(南交)에서 거주하게 하니, 명도(明都)라고 하는 곳이다. 여름 농사를 고루 다스리도록 하여 공경하며 이루니, 해가 긴 것과 화성(火星)으로 중하(仲夏)를 바로 잡으니, 백성들은 들과 밭으로 흩어지고, 조수는 털을 갈라 모습을 바꾸었다.

화중(和仲)에게 따로 명하여, 서쪽에 거주하게 하니, 매곡(昧谷)이라는 곳이다. 지는 해를 공경히 보내며, 추수를 고루 다스리게 하니, 밤과 낮의 길이가 같은 것과 허성(虛星)으로 중추(仲秋)를 바로 잡으니, 백성들은 편안하고, 조수들의 털은 윤택해졌다.

화숙(和叔)에게 다시 명하여, 북방에 거주하게 하니, 유도(幽都)라는 것이다. 겨울 밭일을 고루 다스리게 하고, 해가 짧은 것과 묘성(昴星)으로 중동(仲冬)을 바로잡으니, 백성들은 방안으로 들어가고 조수는 솜털이 났다.

임금(帝)께서 말씀하셨다. "아! 그대 희씨와 화씨여, 일 년은 삼백 육십 육일이니, 윤달을 만들어 사 계절을 정하고 한 해를 이루면, 백공(百工)들이 잘 다스려지고, 모든 공적이 다 빛나게 될 것이다."

(曰若稽古, 帝堯曰放勳. 欽明文思安安, 允恭克讓, 光被四表, 格於上下, 克明俊德, 以親九族, 九族旣睦, 平章百姓, 百姓昭明, 協和萬邦, 黎民於變時雍. 乃命羲和, 欽若昊天, 曆象日月星辰, 敬授人時. 分命羲仲, 宅嵎夷, 曰暘谷, 寅賓出日, 平秩東作. 日中, 星鳥, 以殷仲春, 厥民析, 鳥獸孳尾. 申命羲叔, 宅南交, 平秩南訛. 敬致, 日永, 星火, 以正仲夏, 厥民因, 鳥獸希革. 分命和仲, 宅西, 曰昧谷, 寅餞納日, 平秩西成. 宵中, 星虛, 以殷仲秋, 厥民夷, 鳥獸毛毨. 申命和叔, 宅朔方, 曰幽都, 平在朔易. 日短, 星昴, 以正仲冬, 厥民隩, 鳥獸氄毛. 帝曰: 咨, 汝羲曁和, 朞三百有六旬有六日, 以閏月定四時, 成歲. 允厘百工, 庶績咸熙.)

이것은 중국의 모든 '사계절' 신화에 대한 근원이다. 필자는 『상서문자교고(尚書文字校詁)·요전(堯典)』에서 이미 장사자탄고(長沙子彈庫) 전국 초백서(戰國楚帛書) 등의 출토 문헌을 초기 비교자료로 참고한 바 있으며[18], 이를 통해 시간인식이 공간의 참조에 의존하고 있다는 것을 설명하였다. 이것은 고대사회에서 시간을 파악하는 데 있어서의

---

18) 臧克和, 『尚書文字校詁·堯典』(上海教育出版社, 1999). 시간이 공간을 빌려서 표현된다는 것에 대해서는 錢鍾書, 『管錐編』 第1冊, 『左傳正義』 第6則을 참조(北京: 中華書局1979).

특징적인 인식 방식이며, 이는 국내외를 막론하고 동일하다. 예를 들어, 남호주의 토착민들은 천금(天琴) 별자리를 '윤조(倫鳥)'라고 부른다. 그들은 천금 별자리와 태양이 함께 있을 때, 현지에서 '윤조'의 알을 주워올 수 있는 시기가 시작된다는 것을 발견하였다.19) 백서의 기록과 비교해 본 결과, 『상서』에 있는 일 년 동안의 사시의 길이와 짧음, 그리고 윤달 조정 등의 시간 주기에 대한 인식은 동일한 과정에서 완성되었다는 것을 할 수 있다. "너 희화(羲和)와 함께, 한 해는 366일로, 윤달로 사시를 정하고, 일 년을 완성하라." 백서에서는 우주질서의 정립과 관련하여 훨씬 복잡한 절차를 거쳤다. "일 년 사계절의 인공적 결정으로부터 태양과 달의 탄생까지, 또 태양과 달의 움직임에 따른 일 년 사계절의 결정, 그리고 하루와 사계절의 결정까지가 그렇다.

'사계절의 생성'은 '사방과 대응하는데, 이는 「요전(堯典)」의 희화(羲和)와 네 명의 중(仲)에 대한 직책을 대조하여, 『백서(帛書)』 을편(乙篇)』의 관련된 문장은 다음과 같다.

日(粤)故(古)□贏蔽(黿)庖(戲)，出自□霝，尻(居)于睡□，乎□魚=(漁)□□□女，夢=(夢夢)墨=(墨墨)，亡章弼，□□水□風雨。是於乃取(娶)虐□○子之子，曰女皇(媧)。是生子四□，是襄天埃(踐)，是各(格)參共(化)。墻(廢)逃，爲禹爲萬(禼)以司墉，襄咎(晷)天步。□乃卡=(上下)朕迵(斷)，山陵不斌(疏)。乃命山川四晦(海)，□熏獎(氣)百獎(氣)，以爲亓(其)斌(疏)。以涉山陵瀧汩凼(淵)漢，未又(有)日月，四神相戈(隔)，乃步以爲戠(歲)。是隹(惟)四寺(時)。

옛날에⋯⋯포희가⋯⋯에서 나와，⋯⋯에 거주하며，⋯⋯물고기⋯⋯

---

19) 『人類學－人及其文化研究』, 306쪽.

여자, 몽매하고 몽매하여 분별치 못하고,……물……비바람. 이
에……의 자식을 취하여, 여와(女媧)라 불렀다.

이로써 네……자식을 낳았는데, 이들이 하늘을 밟고 올라가 격참화
(格參化)를 행했다. 폐기되어 도망가서, 우(禹)가 되고 설(离)이 되어
사도(司徒)의 직을 맡았으며, 하늘의 걸음을 측정했다.……이에 위아
래로 통하는 기둥을 끊어, 산과 언덕이 통하지 않게 되었다.

이에 산천과 사해에 명하고,……기운 백 가지 기운을……하여, 이로
써 그 통로를 만들었다. 이로써 산과 언덕을 오르고, 폭포와 깊은 물
과 계곡을 건넜으나, 아직 일월이 없었으며, 사신(四神)도 서로 격리
되어 있었다. 이에 걸어서 한 해(歲)를 만들었다. 이것이 곧 사시(四
時)이다.

長(長)日青榦(榦)，二曰未〔朱〕四單(單)，三曰□黃難，四曰□墨
榦(榦)。千又(有)百歲(歲)，日月夋(允)生，九州不坪(平)。山陵備
峨，四神□乍(作)至于返(覆)。天旁(方)逴(動)，扞(扞)敓(蔽)之青
木、赤木、黃木、白木、墨木之橋(精)。炎帝乃命祝㼟(融)以四神
降，奠三天：□思敕，奠四亟(極)。曰：非九天則大峨，則毋敢斁天
霝(靈)。帝夋乃爲日月之行。

첫째 아들을 청간(青榦)이라 하고, 둘째는 주사단(朱四單)이라 하며,
셋째는……황난(黃難)이라 하고, 넷째는……묵간(墨榦)이라 한다. 천
백 년이 지나, 일월이 진실로 생겨났으나, 구주(九州)는 아직 평정되
지 않았다.

산과 언덕이 갖추어져 있고, 사신(四神)이……하여 뒤집어짐에 이르
렀다. 하늘이 움직이니, 청목(青木), 적목(赤木), 황목(黃木), 백목(白木),
묵목(墨木)의 정령(精靈)을 막고 가렸다.

이에 염제(炎帝)가 축융(祝融)에게 명하여 사신(四神)을 내려 보내 삼
천(三天)을 안정시키게 했다.……생각하고 ……, 사극(四極)을 안정시
켰다. 말하길, '구천(九天)이 아니면 크게……하니, 감히 하늘의 영
(靈)을……하지 말라.' 제준(帝夋)이 이에 일월의 운행을 만들었다.

共工□步十日四時，□○神則閏□。毋思百神，風雨晷禕，亂作，乃□日月以轉相□思有宵有朝，有晝有夕。

공공이 걸음을 과시하여 열흘에 사시(四時)를 확정하고, 신이 윤(閏)으로 네 □을 정하였다. 백신(百神)을 생각하지 않으니, 풍우가……어지럽게 일어나, 이에……일월로 서로 돌면서……생각하니,……밤(宵)이 있고 아침(朝)이 있으며, 낮(晝)이 있고 저녁(夕)이 있게 되었다.

1. "曰故□□黿戲"

『상서문자교고』의 '요전(堯典)'편에서는 이러한 발언으로 시작하는 고전을 모방한 형식에 대해 비교했는데, 이는 금문(金文)에서도 자주 보이는 형식이다. 『상서·요전』의 시작은 "曰若稽古, 帝堯曰放勳.(옛날에 황제 요(帝堯)를 방훈(放勳)이라 불렀다.)"이다. 이전의 학자들 중 일부는 「우정(盂鼎)」의 명문인 '월약(粵若)'을 참조하여 '왈약(曰若)'이 바로 이 '월약(粵若)'과 동일하다고 하면서, 둘 다 문장의 시작 부분에서 사용되는 어기사라고 주장했다. 이는 크게 문제가 없다. 그러나 '계고(稽古)'는 설명하기가 어렵다. 서주(西周) 시기에 세 점의 기물 명문에서 '왈고(曰古)'라는 표현이 사용되었다. 예를 들면 '왈고문왕(曰古文王)'(「장반(牆盤)」 또는 「사장반(史牆盤)」), '왈고문왕(曰古文王)'(「가종(訶鍾)」), '왈고백재(曰古白子)'(「고백준(古伯尊)」) 등이 그렇다. 이 중 첫 두 예는 문장의 시작 부분에서 나타나, 기록의 시작을 말하는 데 사용되었다. 「요전(堯典)」의 시작 부분인 '왈약계고(曰若稽古)'라는 네 글자는 기능적으로 '왈고(曰古)'라는 두 음절과 동일할 수 있다. 혹은 '왈약계고(曰若稽古)'는 '왈고(曰古)'를 느릿하게 읽은 것일 수도 있다. 명문은 질박하여 두 음절로 읽히지만, 『상서』는 구전으로 전해진 것이기에 네 음절로 읽혔을 것이다. '왈약(曰若)' 혹은 '왈월(曰越)' 혹은 '왈월(曰粵)'은 '왈(曰)'과 같고, '계고(稽古)'는 쌍성으로 '활계(滑稽)'가 쌍성인 것과 같다. 이로부터 대체로 「요전」의 '왈약계고(日若稽古)'는 청동기 명문의 '왈고 (日古)'와 동일하며, 그 기능은 기록의 시작을 나타내는 전형적인 형식이라 할 수 있을 것이다.[20] 백서의 문법은 청동기 명문과 같으며, 그 성격 역시 고대의 사계절 인식에 대한 추적 기록과 동일하다.

2. 박희(黽戲), 여와(女媧), 사자(四子)

박희(黽戲)는 『옥편·우(雨)부수』에서 "박(黽)과 박(黿)은 이체자이다" 라고 했고, 『설문·우(雨)부수』에서는 정(晶)이 의미부인 구조로 되었는 데, 박(黿)의 고문체라고 했다. 박희(黽戲)는 바로 복희(伏羲)이다. 여와 (女媧)의 경우, 『중국방술고』에서는 여전(女墳)으로 바꾸었는데, 이 글 자의 원형은 '🔆'으로 적었는데, 정확하게 식별하기가 어렵다. '몽몽묵 묵(夢夢墨墨), 무장필(亡章弼)'의 경우, 『중국방술고』에서는 '몽몽묵묵 (夢夢墨墨), 무장필필(亡章弼弼)'로 보충했다. 몽몽묵묵(夢夢墨墨)은 '몽 매(蒙昧)'의 중첩된 형식이며, 무장(亡章)은 『상서』에서 습관적으로 보 이는 '평장(平章: 분별하다)'의 부정 형식이다. 평장(平章)은 편장(便章), 즉 변별하다(辨別)는 뜻이다. 그래서 무장(亡章)은 '구별할 수 없다', '명확히 알 수가 없다'는 뜻이다. 『상서』에서는 '필(弼)'자를 자주 사용 하고 있다. 예컨대, 『상서·고요모(皐陶謨)』에서 "윤적궐덕(允迪厥德), 모명필해(謨明弼諧)."라고 했는데, 공안국(孔安國)의 『전』에서 "임금이 마땅히 고인(古人)의 덕(德)을 신뢰하고 행하며, 계획을 넓고 밝게 하 여 정사를 보좌하고 조화를 이루어야 한다.(言人君當信蹈行古人之德, 謀廣聰明, 以輔諧其政.)"라고 했고, 공영달(孔穎達)의 『소』에서는 "총명 (聰明)은 본래 자신의 성품이지만, 또한 사람의 말을 받아들여 많은

---

20) 臧克和, 『殷周金文集成讀書雜志(二)』, 『古文字研究』 第24輯(北京: 中華書局, 2002).

것을 듣고 보게 하여 이 총명을 넓고 크게 하여 정사를 보좌하고 조
화를 이루어야 한다.(聰明者自是己性, 又當受納人言, 使多所聞見, 以博大
此聰明, 以輔弼和諧其政.)"라고 했다.

그러나 '필(弼)'자를 중첩 사용하여 기록하고자 한 의미가 무엇이었
는지는 여기서 결코 분명하지 않다. 사자(四子)는 『상서·요전(堯典)』에
나오는 희화의 네 아들을 말한다(羲和四子).

3. "是襄天墌(踐), 是各參化……爲禹爲萬(离), 以司堵, 襄咎(晷)天步"

'양(襄)'은 원래 천문(天文) 이동 거리의 단위를 가리키며, 이 문맥에
서는 '천천(天踐)' 앞에 사용되어 천문 운행을 관측하고 기록하는 것
을 의미한다. 『시경·소아 대동(大東)』에서 "기피직녀(跂彼織女: 직녀별을
바라보니), 종일칠양(終日七襄: 하루 종일 일곱 번이나 베틀에 오르네)."[21]이라
고 했는데, 『모전』에서 "양(襄)은 반(反: 반복하다)[22]이다."라고 했고,
정현(鄭玄)의 주석에서는 "양(襄)은 가(駕)인데, 가(駕)는 그 자리를 변
경하는 것을 말한다. 새벽부터 저녁까지 일곱 번의 시간(辰)인데, 한
시진(辰)에 한 번 이동하기에 이를 칠양(七襄)이라 했다.(襄, 駕也. 駕,
謂更其肆也. 從旦至莫七辰, 辰一移, 因謂之七襄.)"라고 했다.

'천천(天踐)'에 대해서는 『중국방술고(中國方術考)』에서 '이천(而踐)'
으로 수정되어 있다. '천(墌)'자는 『용감수감·토(土)부수』에 보이는데,
"초(初)와 한(限)의 반절'로 읽힌다. 『상서·요전(堯典)』의 '인전납일(寅餞
納日)'의 경우 각 판본에서는 '전(餞)', '천(踐)', '천(淺)' 세 글자가 통용

---

21) [역주] 별이 돌아가는데 있어서 묘시(卯時)와 유시(酉時)사이에 별이 일곱 번
    위치를 옮긴다는 말이다.
22) [역주] 베를 짤 때 북이 한번 왔다 갔다 하는 것을 말한다.

　　　　　　　　　　　　『설문해자』 인지분석

되고 있다. '이(而)'와 '천(天)'의 자형이 비슷하여 초간에서는 혼동되기 쉽다. 따라서 초간에서는 전후 문맥을 기준으로 하여 '이(而)'와 '천(天)'의 구분을 확정한다.

"위우위설(爲禹爲离)"에 대해서는 『중국방술고(中國方術考)』에서 '위사(爲思)'로 수정하였으나 이는 확실하다 할 수 없다. '위만(爲萬)'과 나란히 쓰인 것으로 보아 '위사(爲思)'로 해석하기는 어려운 점이 있기 때문이다.

백서(帛書)의 원형은 '🔲'로 적었으며, 『곽점초간(郭店楚簡)』 등에서 나오는 '우(禹)'자는 대부분 토(土)로 구성되었다. 따라서 백서에서의 이 글자는 확정하기 어렵지만, "위우위만(爲禹爲萬)"으로 이해하면 앞의 "양천천(襄天踐), 각참화(各參化)"와 연결되어 관련된 두 가지 춤(舞蹈)과 무술(巫術) 의식일 가능성이 있다.

"양구천보(襄昝天步)"에 대해 『중국방술고(中國方術考)』에서는 "구이주달(昝而辵達)"[23]로 수정하였으며, '양(襄)'은 위의 구(上句)에 ㅇ녀결되고, '달(達)'은 새로 추가된 글자이다. '이(而)'와 '천(天)'의 관계는 앞에서 설명한 것과 같다. 지(止)가 두 개 중첩된 '주(辵)'의 백서 원형은 '🔲'로, '보(步)'자인데, 이는 초간(楚簡)의 용례를 보면 알 수 있다. 예를 들어, 『포산초간(包山楚簡)』「문서(文書)」 제105호 죽간에서 '🔲'로 사용한 것과 같다.

"양구천보(襄昝天步)"의 경우, '양(襄)'은 앞서 설명한 것과 같으며, '구(昝)'는 '구(晷)'와 통용된다. 이는 일영(日影)의 이동 궤적을 측정하는 도구, 즉 출토된 계표(圭表)와 같은 것을 의미한다. 그리고 '천보(天

---

23) [역주] 주(辵)를 『자휘보(字彙補)』에서는 "자(子)와 구(苟)의 반절로 읽힌다. 독음은 주(走)이며, 의미는 알 수 없다."라고 했다. 『한전(漢典)』에서는 주(走)자의 와변으로 보인다고 했다.

步)'는 천체의 운행을 뜻한다.

　따라서 이 절의 전체 문장은 천문 관측 기록 방식과 관련된 내용을 다루고 있다 할 것이다.

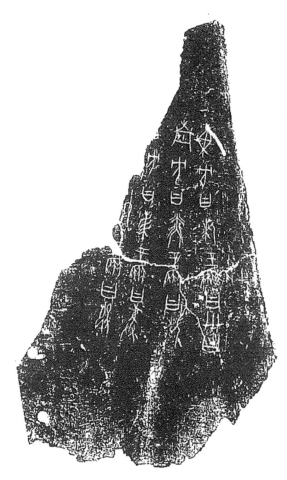

3-27. "사방풍"의 신(神)에 대한 기록. 『갑골문합집』
제14294편

『설문해자』인지분석

4. "내명산천사해(乃命山川四海)"

곽점 초 죽간(郭店楚簡) 『노자』 갑 제2호 죽간에서 '강해(江海)'의
'해(海)'자를 모(母)가 소리부로 된 '𣴓'로 썼다. 『상서·여형(呂刑)』에는
"우평수토, 주명산천(禹平水土, 主名山川: 우임금이 물길과 땅을 평정하고,
산천에 이름을 붙였다)."이라는 구절이 있다. 여기서 '명(命)'은 이름을 지
정하다, 즉 명명하다는 뜻이다.

5. "未有日月, 四神相戈(隔), 乃步以爲歲, 是惟四寺(時)"

『중국방술고(中國方術考)』153쪽에서는 다음과 같이 설명하고 있다.
"당시에는 일월(日月)이 없었고, 사신(四神)이 사방을 나누어 지켜(分守)
서로 위치를 교환하며 걸음걸이(步行)를 통해 시간을 계산하고, 이를
통해 '사시(四時)'를 표시하였다."[24] 이 부분의 문장은 사신이 어떻게
최종적으로 한 해의 사시를 결정하는지를 요약하고 있다. "미유일월
(未有日月)"은 그때 아직 이 두 천체가 존재하지 않았다는 것이 아니
라, 당시에는 일월의 운행 규칙을 시간 길이의 기준으로 사용하지 않
았음을 의미한다. 즉, 시간 길이를 일(日)과 월(月) 주기의 단위로 정확
하게 측정하지 않았음을 말한다.

그러나 백서의 기록에는 "천유백세, 일월윤생(千有百歲, 日月允生)"이
라는 표현이 분명하게 나타나고 있는데, 이는 고대의 시간 주기에 대
한 신앙이 우주 질서의 배치와 밀접하게 연결되어 있음을 반영한다.

"사신상격(四神相隔)"은 『상서·요전(尙書·堯典)』에 기록된 희화(羲和)
의 네 아들이 동서남북 사방에 분포하여 각기 직무를 수행하는 것과

---

24) 『중국방술정고』, 153쪽.

일치한다. "내보이위세(乃步以爲歲)"에서 '보(步)'는 위에서 언급한 '천보(天步)'를 의미하며, 사신이 서로 떨어져 보행한 거리와 대응한다. '세(歲)'자는 주된 의미가 '보(步)'에서 파생된 것으로, 이 시간 거리(時段)가 생겨난 특징을 설명해 주고 있다. 백서(帛書)에서의 원형은 '월(月)'로 구성되었고, 초간(楚簡) 문자에서도 모두 '월(月)'로 구성되었다.

『설문·보(步)부수』에서 이렇게 말했다. " '목성(木星)'을 말한다. [목성은] 28수(宿)[25]를 모두 지나서, [12년에] 음양 12시진(時辰)을 한 바퀴 다 돌게 된다.[26] 12개월에 1개의 시진을 지나기 때문에, 이를 세(歲)라고 한다.[27] 보(步)가 의미부이고 술(戌)이 소리부이다. 율력서(律曆書)에서는 오성(五星)을 오보(五步)라 불렀다."

갑골문(甲骨文)에서는 '세(歲)'는 보(步)가 의미부이고 월(戉)이 소리부인 구조로 되어, 牂(餘1.1), 牂(明2235), 𦥑(燕493), 𦥑(粹188) 등으로 적었다. 또 금문(金文)에서도 동일한 구조로 되었는데, 예를 들어 𢧜(利簋), 𢧜(㝬鼎), 𢧜(毛公鼎), 𢧜(甫人盨), 𢧜(陳猷釜) 등으로 적었다. 또 수호지(睡虎地) 진간(秦簡)에서도 보(步)로 구성된 𢧜로 적었다.[28]

---

25) [역주] 28수(宿)는 동방(東方)의 창룡(蒼龍) 7수(七宿)(즉 角, 亢, 氐, 房, 心, 尾, 箕), 북방(北方) 현무(玄武) 7수(七宿)(즉 斗, 牛, 女, 虛, 危, 室, 壁), 서방(西方) 백호(白虎) 7수(七宿)(즉 奎, 婁, 胃, 昴, 畢, 觜, 參), 남방(南方) 주작(朱雀) 7수(七宿)(즉 井, 鬼, 柳, 星, 張, 翼, 軫)를 말한다.

26) [역주] 선편(宣徧)은 다시 되돌아 오다는 뜻이다. 서개의 『계전』에 의하면, "자(子)에서 사(巳)에 이르기까지의 6개 천간이 양(陽)에 속하고 오(午)에서 해(亥)에 이르는 6개 천간이 음(陰)에 속하며, 12진(辰)은 이를 말한다."라고 했다.

27) [역주] 12월에 1개의 시진을 가기 때문에 한 바퀴 돌려면 12년이 걸리며, 이것이 목성의 주기이다. 그래서 고대인들은 황도(黃道) 부근에 12개의 지점을 표시해 놓고 한 해의 주기를 살폈다. 이 때문에 목성(木星)을 세성(歲星)이라 불리게 되었다. 『이아·석천(釋天)』에 의하면, 고대 중국에서 '한 해'를 하(夏)나라 때에는 세(歲), 상(商)나라 때에는 사(祀), 주(周)나라 때에는 년(年)이라 달리 사용했다 한다.

28) 臧克和, 『說文解字新訂·步部』 '歲'字下(中華書局, 2002). 아래에서 동일한 출처에 대해서는 따로 주석하지 않는다.

"시유사시(是惟四時)"는 한 해의 사시(四時) 주기의 탄생을 의미한다. 『중국방술고(中國方術考)』의 수정에 따르면, 사시(四時)의 탄생 당시에는 아직 일월(日月)을 참조하지 않았으며, '세(歲)'도 세성(歲星)의 운행 결과가 아니라 다른 천체 현상을 참조하지 않았으며, 이후에 일월의 운행으로 표시된 사시가 생겼다고 했다.

6. "長曰靑榦, 二曰朱四單, 三曰黃難, 四曰墨榦."

백서(帛書)에 등장하는 네 아들의 이름은 『상서(尙書)』에서 각각 '희(羲)'와 '화(和)'로 나뉜다. 백서에 나오는 네 아들의 이름에는 두 가지 특이점이 있다.

첫째, 각 아들의 이름이 색깔(色)과 관련되어 있는데, 이것이 사방(四方)의 대응 요소가 되는지의 여부는 아직 연구가 필요하다. 둘째, 이 이름들은 오색신목(五色神木)에서 유래하였으며, 이어지는 글에 "청목(靑木), 적목(赤木), 황목(黃木), 백목(白木), 묵목(墨木)의 정령(精)"이 언급되었다. 이러한 신목이 과보(誇父)의 규표(圭表)와 관련이 있는지는 추가적인 주의가 필요하다.

7, "炎帝乃命祝鬵(融)以四神降, 奠三天……敷奠四極, 曰: 非九天則大昳, 則毋敢斁天霝(靈). 帝允乃爲日月之行."("염제(炎帝)는 축융(祝融)에게 네 신을 내려 보내어, 삼천(三天)을 안정시키고……사극(四極)을 펴서 안정시켰다. 이르길, 구천(九天)이 아니면 큰 昳가 될 것이니, 천령(天靈)을 감히 범하지 말라. 제(帝)가 이를 허락하여 일월(日月)의 운행을 만들었다.")

백서(帛書)는 '전(奠)'과 '부전(敷奠)'이라는 글자를 사용하고 있는데, 이는 『상서·우공(禹貢)』의 "禹敷土, 隨山刊木, 奠高山大川.(우임금이 땅을 구획하고 정리했으며, 산을 따라가면서 나무를 베어냈고, 높은 산과 큰 강의 위치를 정하고 다스렸다.)"과 동일하다. 여기서 "왈(曰): ……"은 그 성격상 축을 시작할 때의 말(祝由詞)에 해당할 가능성이 있다. 백서에서 말한 "제윤내위일월지행(帝允乃爲日月之行)"은 일월(日月)의 운행이 상제(上帝)에 의해 이루어졌음을 명확히 밝히고 있다. 이는 일월의 운행을 기준으로 시간의 주기를 정확히 측정할 수 있음을 의미한다.

8. "共工誇步十日四時, 神則閏四□. ……有宵有朝, 有畫有夕."(공공이 걸음을 과시하여 열흘에 사시(四時)를 확정하고, 신이 윤(閏)으로 네 □을 정하였다.……밤(宵)이 있고 아침(朝)이 있으며, 낮(畫)이 있고 저녁(夕)이 있게 되었다.)

백서에서 주목할 점은 다음과 같다. 첫째, "공공과보(共工誇步)"이다. 백서에서 '과(誇)'자 원형은 '𡗢'로 적었는데, 『설문해자신정(說文解字新訂)·대(大)부수』에서 이렇게 말했다. "사치하다(奢)'는 뜻이며, 대(大)가 의미부이고 우(于)가 소리부이다. 𡗢(粹1027), 𡗢(甑文), 𡗢(爵文), 𡗢(戈文), 𡗢(古陶), 𡗢(睡虎秦簡)." 서로 참조할 만하다.

만약 백서에서 "공과보(共工誇步)"가 맞다면, 이는 '과보축일(誇父逐日)' 전설의 원형일 가능성이 크다. '과보(誇步)'와 '과보(誇父)'는 고대음이 같으며, 과보가 정한 시간 주기는 이미 '열흘에 사시(十日四時)'로 정확하게 되었고, 이를 통해 하루의 밤(宵), 아침(朝), 낮(畫), 저녁(夕) 사시를 확정했다. 전승 문헌인 『산해경(山海經)』 등에서도 과보가 일영(日影)을 추구하여 일출과 일몰 사이에 있었다고 했다.

둘째, 백서에서 '윤(閏)'자를 사용한 점이다. 이를 비교할 만한 문헌은 『상서·요전(堯典)』의 "윤월을 이용해 사시를 정하고, 일 년을 완성한다.(以閏月定四時, 成歲.)"이다. 백서에서 '윤(閏)'자 이후의 글자가 완전하지 않아 확정할 수 없지만, 만약 '윤일(閏日)'을 의미한다면, '세시(歲時)' 주기의 정확한 조정 방법에 상당한 인식이 이루어졌음을 의미한다.

3. 전국 장사 자탄고 전국 초백서 변평(丙篇)(주변 문자)의 12 '월령(月令)'

· 曰取(陬): 䖪則至, 不可以殺. 壬子丙子凶, 作□北征, 帥有咎, 武□, □其□ — 取(陬)於下

· 曰女(如): 可以出師築邑, 不可以嫁女取臣妾, 不兼得不憾 — 女(如)此(訾)武

· [曰秉:]……畜生(牲), 分□ — 秉司春

· 曰餘: 不可以作大事. 少杲其□, □龍其□, 取女爲疑 — 餘取女

· 曰㕀: 盜帥□得以匿. 不見月在□□, 不可以亯祀, 凶. 取□□爲臣妾 — 㕀出睹

· 曰戱: 不可出師. 水師不復, 其敗? 其復? 至於其下□, 不可以亯 — 戱司夏

· 曰倉: 不可以川□, 大不順於邦, 有鳥入於上下 — 倉莫得

· 曰[臧]: 不可以築室, 不可[以]作, 不脨不復, 其邦有大亂. 取女, 凶 — 臧杜□

· 曰玄: 可以築□? ……可□□徙, 乃□…… — 玄司秋

· 曰陽: 不[可]毁事, 可□□折, 除去不義於四…… — 陽□義

· 曰姑: 利侵伐, 可以攻城, 可以聚衆, 會者(諸)侯, 型(刑)首事, 戮不義 — 姑分長

· 曰荼: 不可以攻[城], □□□□□□ — 荼司冬

1. 추(郰)월:
 을(釳)이 도착하면 살생해서는 안 된다. 임자일과 병자일은 흉하
 니,……북쪽으로 정벌을 하면 지휘관에게 재앙이 있을 것이다.
 무…… ,……그…… — '추월'에는 아래에서…….

2. 여(如)월:
 군대를 출정시키고 성읍을 쌓을 수 있으나, 여자를 시집보내거나
 첩을 들여서는 안 된다. 겸하여 얻지 못하면 한이 된다 — 자무
 (訾武)와 같다.

3. [병(秉)월]:
 ……가축을 기르고,……나눈다 — 병은 봄을 관장한다.

4. 여(餘)월:
 큰일을 해서는 안 된다. 작은……이 그 ……,……용이 그 ……, 여
 자를 취하면 의심스럽다 — 여(餘)는 여자를 취한다.

5. 구(咎)월:
 도적의 두목이……얻어 숨을 수 있다. 달이……에 있는 것을 보
 지 못하면 제사를 지내서는 안 되니 흉하다.……를 취하여 첩으
 로 삼는다 — 구(咎)는 여명(睄)을 낸다.

6. 사(戯)월:
 군대를 출정시켜서는 안 된다. 수군이 돌아오지 않으면, 패배할
 것인가? 돌아올 것인가? 그 아래에 이르러 ……, 제사를 지내서
 는 안 된다 — 사(戯)는 여름을 관장한다.

7. 창(倉)월:
 강을……해서는 안 되며, 크게 나라에 순종하지 않으면, 새가 위
 아래로 들어올 것이다 — 창(倉)은 얻지 못한다.

8. [장(臧)월]:
 집을 지어서는 안 되며,……을 만들어서는 안 된다.……하지 않고
 돌아오지 않으면, 그 나라에 큰 혼란이 있을 것이다. 여자를 취
 하면 흉하다 — 장(臧)은……를 막는다.

9. 현(玄)월:
 ……을 지을 수 있는가?……옮길 수 있으며, 이에…… — 현(玄)은
 가을을 관장한다.

『설문해자』 인지분석

10. 앙(陽)월:

일을 망쳐서는 안 되며,……꺾을 수 있고, 사방의 불의를 제거한
다…… — 앙(陽)은……의(義)이다.

11. 고(姑)월:

침략하는 것이 이롭고, 성을 공격할 수 있으며, 무리를 모을 수
있고, 제후들을 모을 수 있다. 형벌을 내리는 것이 첫 번째 일이
고, 불의한 자를 처형한다 — 고(姑)는 장(長)을 나눈다.

12. 도(荼)월:

[성을] 공격해서는 안 되며,……— 도(荼)는 겨울을 관장한다.

　위에서 열거한 백서(帛書)에서 정월부터 제12월까지의 열두 달에
해당하는 내용은 전승 문헌에서 말하는 월령(月令)과 일치하며, 구두
점과 형식에 다소 변화가 있어 주로 쉽게 읽히도록 구성하였다. 형식
적인 면에서, 각 월의 시작 부분에 해당 월의 신명(神名)을 강조하여
표기할 필요가 있다. 각 월령의 주제는 내용의 제목과도 같으며, 새
로 개정된 『중국방술고(中國方術考)』에서도 이 부분에 많은 수정이 있
었다. 각 월의 시작 부분에 해당 월의 신명을 표기하여, 총 12월의 신
명을 연구한 학자들의 결론에 따르면, 이는 『이아·석천(釋天)』의 12월
명칭과 상당히 유사하다고 한다. 여기에서 이를 하나씩 대조하고 그
관련성을 표시해 보기로 한다.

　『이아주소(爾雅注疏)』의 「석천(釋天)」 제8의 '월양(月陽)' 항목에서
다음과 같이 각 월의 이름을 설명하고 있다.

・'정월(正月)은 주(陬)'
・'이월(二月)은 여(如)'
・'삼월(三月)은 병(寎)'
・'사월(四月)은 여(餘)'
・'오월(五月)은 고(皋)'

· '유월(六月)은 차(且)'
· '칠월(七月)은 상(相)'
· '팔월(八月)은 장(壯)'
· '구월(九月)은 현(玄)'
· '시월(十月)은 양(陽)'
· '십일월(十一月)은 고(辜)'
· '십이월(十二月)은 도(塗)'

　　백서에 나타난 십이월의 신의 이름들은, 글자의 형태나 발음 모두 위에서 언급된 이름들과 연관성이 있다.

· 취(取) — 추(陬): 추(陬)는 '취(取)'에서 소리부를 가져왔다. 『이아주소(爾雅注疏)』는 그 문헌적 증거로 『초사·이소(離騷)』에서 "섭제정어맹추혜(攝提貞於孟陬兮)'라는 구절을 인용했다.
· 여(女) — 여(如): 여(如) '녀(女)'에서 소리부를 가져왔다. '여(女)'는 '여(如)'의 원래 글자이다. 본 월령편의 제목인 '여자무(如訾武)'는 『예기주소(禮記注疏)』 제14권 '월령(月令)'에서 "이는 맹춘(孟春)이라고 하는데, 해와 달이 추자(諏訾)에서 만나며 두(斗)가 인(寅)자리에 있을 때를 말한다."라고 한 부분을 참고한다.
· 병(秉) — 병(痫): 병(棅) 또는 병(柄)으로 적기도 한다. 이 모두 '병(丙)'에서 소리부를 가져왔다.
· 여(餘) — 여(餘)
· 구(㖈) — 고(皋): 백서의 원래 형태에는 '흠(欠)'이 더해진 모습이었다. 즉 '구(口)'가 중복된 모습이다. 이 글자는 '구(九)'에서 소리부를 가져왔다. 예컨대, '고요(皋陶)'는 '구요(咎繇)'로도 썼다.
· 처(戯) — 차(且): 저(戯)는 '차(虘)'에서 소리부를 가져왔으며, '차(虘)'는 '차(且)'에서 소리부를 가져왔다.
· 창(倉) — 상(相): '창(倉)'은 『명의(名義)』에서 '차(且)와 랑(郞)의 반절로 읽힌다고 했고, 『광운(廣韻)』에서는 '칠(七)과 강(岡)의 반절로 읽힌다'고 했는데, 발음 부위는 당운(宕) 개구(開) 일등운(一) 평성(平) 당운(唐) 청모(淸)에 있다. '상(相)'은 『명의(名義)』에서 '선(先)

과 량(亮)의 반절로 읽힌다'고 했고, 『광운(廣韻)』에서는 '식(息)과 량(亮)의 반절로 읽힌다'고 했는데, 발음 부위는 당(宕)모 개구(開) 삼등운(三) 거성(去) 양운(漾) 심모(心)에 있다.

· 장(臧) ─ 장(壯): 장(臧)은 장(匨)으로도 쓰이며, 장(匨)은 장(壯)에서 소리부를 가져왔다. 『설문·신(臣)부수』에서 "장(臧: [고문자 자형들] 金文 [자형들] 簡帛 [자형들] 古璽 [자형들] 古陶 [자형들] 古幣 [자형들] 漢印 [자형들] 石刻)은 선하다는 뜻이다(善也). 신(臣)이 의미부이고 장(戕)이 소리부이다. 장(臧)은 주문(籒文)체이다."라고 했다. 『집운·당(唐)부』에서 이렇게 말했다. "장(臧, 匨, 臧)은 자(茲)와 랑(郎)의 반절로 읽힌다. 『설문』에는 '선하다는 뜻이다(善也)'라고 했다. 또한 성씨로도 쓰인다. 고문체에서는 장(匨)으로 쓰였고, 주문체로는 장(臧)으로 쓰였다. 장(藏)으로 통용된다." 이어서 또 이렇게 말했다. "장(藏, 臧, 匨, 匨)은 자(慈)와 랑(郎)의 반절로 읽힌다. 『설문』에는 '숨기다는 뜻이다(匿也)'라고 했다. 혹체에서는 장(臧)으로 쓴다한다. 고문체에서는 장(匨)과 장(匨)으로 썼다."

· 현(玄) ─ 현(玄): 『주소(注疏)』에 따르면 "『국어(國語)』에서 '현월(玄月)에 이르렀다'라고 했는데, 이를 말한다.

· 양(陽) ─ 양(陽): 『주소(注疏)』에서 "순수한 음(陰)이 작용하여, 양(陽)이 없는 것을 꺼리기에, 그 이름을 이렇게 지었다.(純陰用事, 嫌於無陽, 故以名云.)"라고 했다.

· 고(姑) ─ 고(辜): 둘 다 '고(古)'에서 소리부를 가져왔다.

· 도(荼) ─ 도(塗): 둘 다 '여(余)'에서 소리를 가져왔는데, 백서의 원래 형태는 토(土)가 더해졌는데, 이는 주로 소리부의 기능을 강조하기 위함이다.

『이아주소(爾雅注疏)』에 따르면 이러한 12개의 이름들은 "모두 월의 다른 이름들로, 세양(歲陽)에서 여기까지 그 내용과 의미는 아직 자세히 파악되지 않았으므로 생략한다."라고 말하고 있다.

백서(帛書)의 12개 월령과 금지 내용은 전세 문헌인『예기·월령(月令)』,『대대례(大戴禮)·하소정(夏小正)』,『여씨춘추』의 '십이기(十二紀)' 등과 비교해볼 수 있다. 예를 들어, 백서(帛書)의 정월(正月) '취우하(取于下)'의 내용은 주로 살생과 징병을 금지하는 내용을 포함하고 있다. 그와 관련하여『여씨춘추』권12의 '몽춘기(孟春紀)'의 첫 번째 '정월기(正月紀)'에서는 이렇게 규정하고 있다. "이 달에는……희생으로 암컷을 사용하지 않으며, 나무를 베지 않고, 새의 둥지를 엎지 않으며, 어린 벌레나 태어나지 않은 강아지, 나는 새를 죽이지 않는다. 또한 알이나 알의 빈껍데기를 깨뜨리지 않으며, 큰 군중을 모으지 않고, 성과 요새를 세우지 않는다.……이 달에는 군대를 모집해서는 안 되며, 군대를 모집하면 반드시 천재가 따른다.……(是月也……犧牲無用牝, 禁止伐木, 無覆巢, 無殺孩蟲胎犬飛鳥, 無麛無卵, 無聚大衆, 無置城郭…… 是月也, 不可以稱兵, 稱兵必有天殃……)." 금기시하는 부분의 내용이 일치한데, 전세 문헌에서는 더 구체적으로 규정하고 있을 뿐이다.

　결론적으로 말해서,『상서·요전(堯典)』은 희화(羲和)의 네 아들이 '관상수시(觀象授時)'를 시작으로 하였는데, 전국시대(戰國時期)의 장사(長沙) 초(楚) 백서(帛書)에도 이와 관련된 몇 가지 요소가 있음을 볼 수 있으며, 이런 신화 전설이 수술(數術) 학설에서 얼마나 영향을 미쳤는지 알 수 있다. 따라서『한서·예문지·수술략(數術略)』는 그 학술적 흐름을 밝히며 "수술자(數術者)는 모두 명당(明堂), 희화(羲和), 사복(史卜)의 직업이다."라고 한 것의 주요 출처 중 하나가 바로 이곳이었을 것을 말해준다.[29]

---

29)『중국방술고(中國方術考)』143쪽에 따르면, 북위(北魏) 시기에 이르러 양현지(楊衒之)의『낙양가람기서(洛陽伽藍記序)』에 기록된 사면십삼문(四面十三門: 동쪽에 세 개, 남쪽에 네 개, 서쪽에 네 개, 북쪽에 두 개로 주조모(周祖謨)의 교석에 의하면,『하남지(河南志)』권2「기진성궐(記晉城闕)」에서 '육기(陸機)의『

시간에 관한 규정은 공간을 통해 나타나야 한다. 『중국방술정고(中國方術正考)』는 희화(羲和)의 네 아들의 전설이 시간에 관한 신화의 원천이라고 본다. 백서(帛書)의 12명의 신들은 네 면에 각각 세 개씩 배열되어 있어, 12월과 대응된다. 이것이 여러 월령(月令) 문헌의 기원이다. 이러한 시간의 파악 특징, 또는 시공간의 관념은 후세의 관

낙양기(洛陽記)』에 따르면 낙양(洛陽)에는 열두 문(門)이 있다.'라고 했다.)는 다음과 같다.

동쪽 세 개의 문은 북쪽에서 남쪽으로 차례대로 건춘문(建春門: 『교석』에서 이렇게 말했다. 이우(李尤)의 명(銘)에 따르면 '상동(上東)의 소양(少陽), 그 위치는 인(寅)에 있으며, 조풍(條風)이 동물을 움직이게 하며, 월은 맹춘(孟春)에 있다.'고 했다), 동양문(東陽門), 청양문(青陽門)이다.

남쪽 네 개의 문은 동쪽에서 서쪽으로 차례대로 개양문(開陽門: 『교석』에서 이렇게 말했다. 이우(李尤)의 명(銘)에 따르면 '개양(開陽)은 맹(孟)에 있으며, 그 위치는 사(巳)에 있다.'고 했다), 평창문(平昌門: 『교석』에서 이렇게 말했다. 이우(李尤)의 명(銘)에 따르면, '평문(平門)은 독사(督司)이며, 오(午)의 위치는 중앙에 있으며, 외양(外陽)은 남쪽에 있으며, 연서(炎暑)는 혁녹(赫融)한다.'라고 했다), 선양문(宣陽門), 진양문(津陽門: 『교석』에서 이렇게 말했다. 이우(李尤)의 명(銘)에 따르면 '명칭은 위치를 정하며, 그 월은 미(未)에 있다.'라고 했다)이다.

서쪽 네 개의 문(『교석』에서 이렇게 말했다. 한(漢)나라부터 진(晉)나라까지, 서쪽에는 세 개의 문이 있었으며, 원위(元魏)에서는 한 개의 문을 더 추가하여 네 개의 문이 되었다. 즉, 오랜 시간 동안 사계절과 열두 달의 공간적 대응을 위해 열두 개의 문이 항상 있었다.)은 남쪽에서 북쪽으로 차례대로 서명문(西明門: 『교석』에서 이렇게 말했다. 이우(李尤)의 명(銘)에 따르면 '광양(廣陽)의 위치는 맹(孟)에 있으며, 그 월은 신(申)에 있다.'라고 했다), 서양문(西陽門: 『교석』에서 이렇게 말했다. 이우(李尤)의 명(銘)에 따르면 '용문(雍門)은 중앙에 있으며, 그 위치는 유(酉)에 있다.'라고 했다), 창합문(閶闔門: 『교석』에서 이렇게 말했다. 이우(李尤)의 명(銘)에 따르면 '상서(上西)는 계(季)에 있으며, 그 월은 술(戌)에 있다.'라고 했다), 승명문(承明門)이다.

북쪽 두 개의 문은 서쪽은 대하문(大夏門: 『교석』이렇게 말했다. 이우(李尤)의 명(銘)에 따르면 '하문(夏門)은 맹(孟)에 있으며, 그 월은 해(亥)에 있다.'라고 했다), 동쪽은 광막문(廣莫門: 『교석』에서 이렇게 말했다. 『사기·율서(史記·律書)』에 따르면 '광막(廣莫)의 풍(風)이 북쪽에 있다.'라고 했다), 한(漢)나라 때는 곡문(穀門: 『교석』에서 이렇게 말했다. 이우(李尤)의 명(銘)에 따르면 '곡문(穀門)은 북쪽 중앙에 있으며, 위치는 자(子)에 있다.'라고 했다)이다.

주조모(周祖謨)의 『교석』과 함께 북위(北魏)의 양현지(楊衒之)의 『낙양가람기(洛陽伽藍記)』 4~7쪽(북경: 과학출판사 1958).

런 문헌 기록을 규정했다. 시공(時空)은 대응되어야 하며, 주변(周遍)에는 결점이 없어야 했다.

『설문해자』 인지분석

부록(2):

시간과 금기

− 진간(秦簡) 『일서(日書)』 −

1. 진간(秦簡) 『일서(日書)』 『갑종(甲種)』과 『을종(乙種)』

이미 발표된 전국(戰國) 및 진한(秦漢) 시대의 간백(簡帛) 중에서 『일서(日書)』 및 관련 문헌류가 그 대종을 이루고 있는데, 연구자들의 초기 통계에 따르면 다음과 같다. 호북(湖北)성 강릉(江陵) 구점(九店) 초간(楚簡) 『일서(日書)』, 상해박물관 소장 전국 초간 『일서(日書)』 잔편, 후북성 운몽(雲夢) 수호지(睡虎地) 진간 『일서(日書)』 『갑종』, 『을종』, 감숙(甘肅)성 천수(天水) 방마탄(放馬灘) 진간 『일서(日書)』 『갑종』, 『을종』, 호북성 사시(沙市) 주가대(周家臺) 관저(關沮) 진간 『일서(日書)』, 호북성 강릉(江陵) 악산(嶽山) 진독(秦牘) 『일서(日書)』, 강릉 왕가대(王家臺) 한간(漢簡) 『일서(日書)』, 호북성 수주(隨州) 공가파(孔家坡) 한간 『일서(日書)』, 정현(定縣) 한간 『일서(日書)』, 부양(阜陽) 한간 『일서(日書)』, 호계산(虎溪山) 한간 『일서(日書)』, 홍콩중문대학(香港中文大學) 문물관 소장 한간 『일서(日書)』 등이다. 현존하는 일서 자료를 보면, 진대(秦代)의 것이 가장 많고 체계적이다. 간백 학자들은 일서(日書)에 대한 점복(占卜) 방술(方術) 연구가 일서 연구의 기초 중 하나라고 보고 있다.

해당 조사 연구의 문헌 주체는 수호지(睡虎地) 진묘(秦墓) 죽간(竹簡) 정리 팀이 편찬한 『수호지 진묘 죽간(睡虎地秦墓竹簡)』이다. 이 죽간에 사용된 문자는 부드러운 붓, 즉 모필(毛筆) 묵서(墨書)의 진례(秦隸)이다. 편집자의 설명에 따르면, 운몽(雲夢) 수호지 11호 묘에서 출토된 『일서(日書)』는 두 종류가 있으며, 구별하기 위해 각각 『일서』『갑종(甲種)』과 『일서』『을종(乙種)』으로 명명되었다. 『일서』『을종』의 마지막 죽간 뒷면에는 『일서』라는 제목이 적혀 있었다.

『일서』의 주요 내용은 시일(時日)을 선택하는 것으로, 예를 들어 출행(出行), 관원(官員)을 만나는 일, 옷을 재단하는 일, 집을 짓는 일 등을 위해 길일(吉日)을 선택해야 했다. 그 외에도 집의 배치, 우물, 창고, 문 등은 어디에 배치해야 길한지, 귀신을 만났을 때 어떻게 대처해야 하는지 등도 중요한 내용이다. 『일서』에는 이전 기록에서 보지 못한 내용이 상당히 많기 때문에 민속학 연구에 귀중한 자료로 여겨지고 있다.

진한(秦漢) 때의 저술에서는, 예를 들어 『한비자·무징(亡徵)』에서 "시일을 사용하고, 귀신을 믿는 것은 망하는 길이다.(用時日, 信鬼神, 可亡也.)"라고 말하지만, 그들이 비판한 구체적인 내용과 후대의 이와 같은 책들에서 기록된 내용이 어떻게 다른지는 자세히 알 수 없었다. 『일서』의 출현은 이러한 결점을 보완해 줄 수 있다.[1]

진간(秦簡) 『일서(日書)』의 풍부한 기록은 진나라 지역에서 금기 규정이 세속 생활에서 활용된 강한 실용적 인식을 반영하고 있다. 두 종류의 『일서』를 비교하면 상호 보완이 가능하고, 심지어 대조하여 새로운 사실을 발견할 수도 있다. 『갑종』은 주로 여러 인간 활동의

---

[1] 睡虎地秦簡整理小組, 『睡虎地秦墓竹簡』(北京, 文物出版社, 1990). 이 책의 『日書』甲種 釋文과 注釋은 179~228쪽, 乙種은 231~255쪽에 보인다.

배치에 중점을 두고, 『을종』은 시간의 규정성에 더 주목하는 듯하다. 『갑종』과 『을종』 각각의 중점이 달라, 전체적으로 시간 선택의 원칙을 완전하게 보여준다.

일서(日書)는 먼저 '건제(建除)' 문제를 다루고 있다. 『사기(史記)』 권 127 「일자열전(日者列傳)」 제67에서 저선생(褚先生)은 다음과 같이 말했다. "효무제(孝武帝) 시대에 모임이 있었다. 점쟁이에게 어느 어느 날이 아내를 맞이하기에 좋은지 물었다. 오행가(五行家)는 좋다고 했고, 감여가(堪輿家)는 안 된다고 했으며, 건제가(建除家)는 길하지 않다고 했고, 총신가(叢辰家)는 대흉(大凶)하다고 했으며, 역가(歷家)는 소흉(小凶)하다고 했고, 천인가(天人家)는 소길(小吉)하다고 했으며, 태을가(太乙家)는 대길(大吉)하다고 했다. 논쟁이 해결되지 않아 이 상황을 보고하였다. 「제(制)」에서 말하기를, '모든 흉일(忌日)을 피하고, 오행을 기준으로 하라. 사람들은 오행을 따르기 때문이다.'(孝武帝時聚會. 占家問之某日可取婦乎? 五行家曰可, 堪輿家曰不可, 建除家曰不吉, 叢辰家曰大凶, 歷家曰小凶, 天人家曰小吉, 太乙家曰大吉: 辯訟不決, 以狀聞. 制曰: 避諸死忌, 以五行爲主. 人取於五行者也.)" 이로써 한(漢)나라 때에는 '건제(建除)'와 '총신(叢辰)' 등 여러 학파들이 병렬되어 있었음을 알 수 있다.

『한어대사전(漢語大詞典)』 '건제(建除)' 항목의 해석에 따르면, 고대 술수가(術數家)는 천문(天文) 중의 12신(十二辰)이 각각 인간사의 건(建), 제(除), 만(滿), 평(平), 정(定), 집(執), 파(破), 위(危), 성(成), 수(收), 개(開), 폐(閉) 12가지 상황을 상징한다고 여겼다. 이후 '건제(建除)'는 천문을 기준으로 인간사의 길흉화복을 점치는 방법을 의미하게 되었다.

『회남자 천문훈(天文訓)』에서 이렇게 말했다. "인(寅)은 건(建)이 되고, 묘(卯)는 제(除)가 되며, 진(辰)은 만(滿)이 되고, 사(巳)는 평(平)이 되며, 주로 생명을 담당한다. 오(午)는 정(定)이 되고, 미(未)는 집(執)이

되어, 주로 함정에 빠뜨린다. 신(申)은 파(破)가 되어, 주로 평형을 담당한다. 유(酉)는 위(危)가 되어, 주로 국자(杓)를 담당한다. 술(戌)은 성(成)이 되어, 주로 소덕(少德)을 담당한다. 해(亥)는 수(收)가 되어, 주로 대덕(大德)을 담당한다. 자(子)는 개(開)가 되어, 주로 태세(太歲)를 담당한다. 축(丑)은 폐(閉)가 되어, 주로 태음(太陰)을 담당한다."

청(淸)나라 때의 전당(錢塘)의 『회남·천문훈보주(補注)』에서 이렇게 말했다. "이는 건제법(建除法)이다……건제법에는 두 가지가 있다.『월절서(越絶書)』에서는 연(年)을 따르고,『회남서(淮南書)』및『한서(漢書)』에서는 월(月)을 따랐는데, 후대에는 오직 월(月)을 따랐다." 구체적인 월별 시간 주기와의 관계는『전국초죽서(戰國楚竹書)』제2책 '경건납지(競建內之)'편의 '일식(日食)'에 관한 논의를 참조할 수 있다.[2]

일서에서 자주 등장하는 '대건(大建)', '소건(小建)'의 '건(建)'은 주로 월(月)의 크기를 나타내며, 대월(大月)은 '대건(大建)', 소월(小月)은 '소건(小建)'으로 불린다. '건(建)'은 『설문(說文)』 대서본(大徐本)에서 "율(聿)이 의미부이고 인(廴)도 의미부이다. 신 서현(臣鉉) 등은 이렇게 생각합니다. 율(聿)은 율(律)의 줄임형입니다."라고 했다. '진(盡)'자도 '신(㶳)'으로 구성되었는데, '신(㶳)'도 '율(聿)'로 구성되었다. 민간 속어에서 대건(大建)과 소건(小建)은 각각 대진(大盡)과 소진(小盡)으로 부르기도 한다.

진간(秦簡)『갑종』과『을종』두 종류의『일서(日書)』는 모두 '건제(建除)'표의 나열로 시작하며, 이어서 각 월별 시일에 따른 인간사의

---

2) 그러나 해당 책의 편집자는 '경건(競建)'을 제대로 이해하지 못하고 오해했으며, 그 결과 대형 사전에서 '입춘(立春)' 등 용어 군을 조사해도 명확히 알기 어려운 점이 있었다. 이 내용은 필자의 저서『간백과 학술(簡帛與學術)』의 본편 해석을 참조하기 바란다. 아래에 첨부된 도표는 고대 '건양(建陽)'과 '입춘(立春)'이 동일한 의미로 쓰일 수 있음을 보여준다.

길흉화복(吉凶禍福) 대응 관계를 서술하여 피해야 할 일과 선택해야 할 일을 쉽게 정리하고 있다. 그 내용에 따르면, 『일서(日書)』류 문헌은 시간의 금기와 선택에 국한되지 않고 일상생활의 금기와 관련된 다양한 측면을 다루고 있다. 예를 들어, 『일서』 『갑종』의 「몽편(夢篇)」 이후에는 건축 배치의 중요성과 공간 환경에 대한 규정이 부록으로 첨부되어 있다.

우(宇: 집)가 나라의 가장 높은 곳에 있으면 귀하게 되고, 집이 나라의 가장 낮은 곳에 있으면 부유하나 병이 난다. 집의 사방이 높고 중앙이 낮으면 부유하고, 사방이 낮고 중앙이 높으면 가난하다. 집의 북쪽이 높고 남쪽이 낮으면 총애를 받지 못한다. 집의 남쪽이 높고 북쪽이 낮으면 상업에 이익이 있다. 집의 동쪽이 높고 서쪽이 낮으면 여자가 주인 노릇을 한다. 집에 요(腰: 허리처럼 중간의 홀쭉한 부분)가 있으면 가난하거나 반드시 형벌을 받게 된다. 집 중앙에 곡식 창고가 있으면 길하지 않다. 집의 오른쪽이 길고 왼쪽이 짧으면 길하다. 집의 왼쪽이 길면 여자가 주인 노릇을 한다. 집이 서남쪽에 많으면 부유하고, 집이 서북쪽에 많으면 후손이 끊긴다. 집이 동북쪽에 많으면 평안하고, 집이 동북쪽에 많으면 쫓겨난다. 집이 동남쪽에 많으면 부유하고 여자가 주인 노릇을 한다. 길이 집을 둘러싸면 길하지 않다. 나무를 신목으로 삼아 집 앞에 심으면 길하지 않다. 원(垣: 담)이 동쪽이 높고 서쪽이 낮으면 군자가 뜻을 이루지 못한다. 연못을 서남쪽에 만들면 부유하고, 연못을 정 북쪽에 만들면 어머니에게 이롭지 않다. 수구(水竇: 물길)가 서쪽으로 나가면 가난해지고 여자의 말이 많아지며, 수구가 북쪽으로 나가면 재물이 모이지 않는다. 수구가 남쪽으로 나가면 가정에 이롭다. 가축의 우리가 집의 서남쪽에 있으면 귀하고 길하다. 가축의 우리가 집의 정 북쪽에 있으면 부유하고, 가축의 우리가 집의 정 동쪽에 있으면 패망한다. 가축의 우리가 집의 동남쪽에 있으면 총애를 받으나 세상을 오래 가지 못한다. 가축의 우리가 집의 서북쪽에 있으면 자식을 기르기에 적합하다. 곡식 창고가 집의 서북쪽에 있으면 비천하고 길하지 않다. 곡식 창고가 집의 동남쪽에 있으면 가득 차지 않고 집안에 이롭지 않다. 곡식 창고가 집의 서남쪽에 있으면 길하다. 곡식 창고가 집의 동북쪽에 있으면 길하다.

('凡宇最邦之高, 貴貧. 宇最邦之下, 富而痒. 宇四旁高, 中央下, 富. 宇四旁下, 中央高, 貧. 宇北方高, 南方下, 毋(無)寵. 宇南方高, 北方下, 利賈市. 宇東方高, 西方下, 女子爲正. 宇有要(腰), 不窮必刑. 宇中有穀, 不吉. 宇右長左短, 吉. 宇左長, 女子爲正. 宇多於西南之西, 富. 宇多於西北之北, 絶後. 宇多於東北之北, 安. 宇多於東北, 出逐. 宇多於東南, 富, 女子爲正. 道周環宇, 不吉. 祠木臨宇, 不吉. 垣東方高西方之垣, 君子不得志. 爲池西南, 富. 爲池正北, 不利其母. 水竇西出, 貧, 有女子言. 水竇北出, 毋(無)臧(藏)貨. 水竇南出, 利家. 圈居宇西南, 貴吉. 圈居宇正北, 富. 圈居宇正東方, 敗. 圈居宇東南, 有寵, 不終泄(世). 圈居宇西北, 宜子與. 囷居宇西北匢(陋), 不利. 囷居宇東南匢(陋), 不盈, 不利室. 囷居宇西南匢(陋), 吉. 囷居宇東北匢(陋), 吉.)

정(井: 우물)이 집의 출입문과 창문 사이에 있으면 부유해진다. 우물이 서남쪽에 있으면, 그 주인은 반드시 가난해진다. 우물이 서북쪽에 있으면, 반드시 후손이 끊긴다. 무(廡: 부속 건물)가 동쪽에 있고, 우물을 향하면, 해가 떠오를 때 그 머리 부분을 태우니, 그 후손은 반드시 고기를 먹게 된다. 여자를 맞이할 때는 작은 방을 만든다. 내(內: 안채)가 서남쪽에 있으면, 여자가 주인에게 사랑받지 못한다. 안채가 서북쪽에 있으면, 자식이 없다. 안채가 동북쪽에 있으면, 길하다. 안채가 정 동쪽에 있으면, 길하다. 안채가 남쪽에 있으면, 가축을 기르지 않으며, 사당에 맞닿아 있다. 길을 따라 작은 방을 만들면, 자식을 두기에 적합하지 않다. 혼(圂: 화장실)이 서북쪽에 있으면, 돼지에게는 이롭지만 사람에게는 이롭지 않다. 화장실이 정 북쪽에 있으면, 길하다. 화장실이 동북쪽에 있으면, 아내가 병에 잘 걸린다. 화장실이 남쪽에 있으면, 개에게 적합하지만 나쁜 말이 많아진다. 병(屛: 울타리)이 집 뒤에 있으면, 길하다. 울타리가 집 앞에 있으면,

길하지 않다. 문은 집의 중앙에 있으면, 길하다. 문이 경사져 있으면, 길하지 않다. 작은 집에 큰 문이 있으면, 가난해진다. 큰 집에 작은 문이 있으면, 여자가 집안에서 힘을 쓴다. 안쪽 문의 오른쪽으로 들어가면, 길하지 않다.

(井當戶牖間, 富. 井居西南圀(陋), 其君不口必窮. 井居西北圀(陋), 必絶後. 廡居東方, 鄉(向)井, 日出炙其韓, 其後必肉食. 取婦爲小內. 內居西南, 婦不媚於君. 內居西北, 毋(無)子. 內居東北, 吉. 內居正東, 吉. 內居南, 不畜, 當祠室. 依道爲小內, 不宜子. 圂居西北圀(陋), 利豬, 不利人. 圂居正北, 吉. 圂居東北, 妻善病. 圂居南, 宜犬, 多惡言. 屛居宇後, 吉. 屛居宇前, 不吉. 門欲當宇隋, 吉. 門出衡, 不吉. 小宮大門, 貧. 大宮小門, 女子喜宮斲(門). 入裏門之右, 不吉.')[3]

위에서 언급된 길흉(吉凶)과 이익과 손해의 내용은 시간의 적절성이나 금기를 다루는 것이 아니라, 건축물 각 부분의 위치와 배치 비율에 관련된 것이다. "여자가 집안에서 힘을 쓴다(女子喜宮斲(門))"라는 표현에서 편집자는 '착(斲: 깎다)'과 '문(門)'을 혼동한 것으로 보인다.

1. 『갑종』과 『을종』 두 종류의 『일서(日書)』에서 '건제일진(建除日辰)'과 '적절한 시간 선택'의 관계

『일서(日書)』『갑종』은 [표 1]과 [표 2]를 포함하며, 『일서(日書)』『을종』도 [표 1]과 [표 2]를 포함한다. 『갑종』과 『을종』의 표가 복잡하여 평면적으로 봤을 때 그 상관관계를 발견하기 어렵다. 하지만 관찰의 편의를 위해, 여기에서는 먼저 『갑종』과 『을종』이 나열한 [표 1]의 내적 연관성을 밝혀 보기로 한다.

---

3) 睡虎地秦簡 『日書』 甲種의 데이터베이스는 華東師範大學 中國文字硏究與應用中心의 『簡帛文字數據庫』(上海, 2005)에 근거하였다.

3-28. 한어(漢語)에서 '입춘(立春)'이라는 단어의 유래는 명확하지 않은 부분이 있다. 2018년 5월 3일 서울에서 몇 시간 동안 차를 몰아 회하진(回河鎭)의 한 옛날 전통 마을에 도착했다. 이곳은 산이 둘러싸고 물이 흐르는 곳으로, 서원이 잘 보존되어 있었다. 한 고택의 문 위에는 아직도 '입춘(立春)'과 '건양(建陽)'의 시절 인식이 연관되어 있는 대련(對聯)이 남아 있었다.

『일서(日書)』『갑종』[표 1]:

除:

			子	丑	寅	卯	辰	巳	午	未	申	酉	戌	亥		
濡	十一月	斗	子	丑	寅	卯	辰	巳	午	未	申	酉	戌	亥		
贏	十二月	須		丑	寅	卯	辰	巳	午	未	申	酉	戌	亥	子	
建	正月	營			寅	卯	辰	巳	午	未	申	酉	戌	亥	子	丑
陷	二月	奎				卯	辰	巳	午	未	申	酉	戌	亥	子	丑	寅
彼	三月	胃					辰	巳	午	未	申	酉	戌	亥	子	丑	寅	卯
平	四月	畢						巳	午	未	申	酉	戌	亥	子	丑	寅	卯	辰

『설문해자』인지분석

寧　五月東　　午 未 申 酉 戌 亥 子 丑 寅 卯 辰 巳
空　六月柳　　未 申 酉 戌 亥 子 丑 寅 卯 辰 巳 午
坐　七月張　　申 酉 戌 亥 子 丑 寅 卯 辰 巳 午 未
蓋　八月角　　酉 戌 亥 子 丑 寅 卯 辰 巳 午 未 申
成　九月氐　　戌 亥 子 丑 寅 卯 辰 巳 午 未 申 酉
甬　十月心　　亥 子 丑 寅 卯 辰 巳 午 未 申 酉 戌

『일서(日書)』『갑종』[표 2]:

11月	12月	正月	2月	3月	4月	5月	6月	7月	8月	9月	[10月]	
子	丑	寅	卯	辰	巳	午	未	申	酉	戌	亥	窊結
丑	寅	卯	辰	巳	午	未	申	酉	戌	亥	子	贏陽
寅	卯	辰	巳	午	未	申	[酉]戌	亥	[子]	丑	[建]交	
卯	辰	巳	午	未	申	酉	戌	亥	子	丑	寅	窞羅
辰	巳	午	未	申	酉	戌	亥	子	丑	寅	卯	作陰
巳	午	未	申	酉	戌	亥	子	丑	寅	卯	辰	平達
午	未	申	酉	戌	亥	子	丑	寅	卯	辰	巳	成外
未	申	酉	戌	[亥]	子	丑	寅	卯	辰	巳	午	空外
申	酉	戌	亥	子	丑	寅	卯	辰	巳	午	未	[跣外]
酉	戌	亥	子	丑	寅	卯	辰	巳	午	未	申	盍絕
戌	亥	子	丑	寅	卯	辰	巳	午	未	申	酉	成決
亥	子	丑	寅	卯	辰	巳	午	未	申	酉	戌	復秀

『일서(日書)』『을종』[표 1]:

· 사용할 수 없는 날: 가을 3개월의 진일(辰日), 겨울 3개월의 미일
(未日), 봄 3개월의 술일(戌日), 여름 3개월의 해일(亥日)은 사용하
지 못하는 날이다.

· 결일(結日): '결일'에는 일을 시작해도 성공하지 못하며 제사에 사용하면 인색해진다. 이 날에 자식을 낳으면 형제가 없거나, 형제가 있으면 반드시 죽습니다. 타인에게 의지하면 그 타인이 반드시 주인의 집을 빼앗는다.

· 양일(陽日): '양일'에는 모든 일이 순조롭게 이루어진다. 국가와 군(郡)이 좋은 해를 맞이하고, 평민도 성공한다. 이 날에 제사를 지내면 상하의 여러 신들이 즐기며, 목적을 이룬다.

· 교일(交日): '교일'에는 일을 실제로 행하기에 유리하다. 우물을 파면 길하고, 문을 제사하고 물을 다루면 길하다.

· 해일(害日): '해일'에는 흉한 일을 제거하기에 유리하며, 제사를 지내면 길하다. 제사를 지내면 가장 많은 사람들 중에서도 반드시 어지러움이 발생한다.

· 음일(陰日): '음일'에는 집안일을 처리하기에 유리하다. 제사, 결혼, 장작 들이기 모두 대길하다. 군주를 만나면 여러 번 만날 수 있으며, 재앙이 없다.

· 달일(達日): '달일'에는 군대를 출정시키고 사람을 만나는 데 유리하다. 제사를 지내면 상하 모두 길하다. 아들을 낳으면 길하고, 딸을 낳으면 반드시 나라 밖으로 나간다.

· [외]양일([外]陽日): '[외]양일'에는 외지에서 건축하기에 유리하며, 사냥에 나설 수 있다. 떠나면 얻지 못하고, 문을 닫는다.

· 외해일(外害日): '외해일'에는 일하거나 출행할 수 없다. 사방의 외지로 가면 반드시 도적을 만나거나 병사를 보게 된다.

· 외음일(外陰日): '외음일'에는 제사에 유리하다. 일을 하거나 장작을 들이면 모두 길하다. 그러나 외지로 나갈 수는 없다.

· □□□□□可名曰擊日: 이 날에 자식을 낳으면 가난하고 고아가 된다. 사람을 얻지 못하며, 맹세나 저주를 하면 길하지 않다.

· 쾌광일(夬光日): '쾌광일'에는 높은 곳에 올라가고 음식을 먹거나 사방의 외지로 사냥을 나가기에 유리하다. 집에서는 음식을 얻고, 길에서는 이익을 얻는다. 이 날에 자식을 낳으면 남녀 모두 아름답다.

· 수일(秀日): '수일'에는 큰일을 시작하기에 유리하다. 큰 제사도 길

하다. 관례, 수레 제작, 옷 재단, 허리띠 착용에 길하다. 이 날에
자식을 낳으면 길하지만, 형제는 흉하다.

- 凡不可用者, 秋三月辰, 冬三月未, 春三月戌, 夏三月亥.
- 結日, 作事, 不成以祭, 閒(咨). 生子毋(無)弟, 有弟必死. 以寄人, 寄人必
  奪主室.
- 陽日, 百事順成. 邦郡得年, 小夫四成. 以蔡(祭), 上下羣神鄕(饗)之, 乃盈志.
- 交日, 利以實事. 鑿井, 吉. 以祭門行, 行水, 吉.
- 害日, 利以除凶厲, 兌(說)不羊(祥). 祭門行, 吉. 以祭, 最衆必亂者.
- 陰日, 利以家室. 祭祀, 家(嫁)子, 取(娶)婦, 入材, 大吉. 以見君上, 數達,
  毋咎.
- 達日, 利以行帥<師>出正(征), 見人. 以祭, 上下皆吉. 生子, 男吉, 女必
  出於邦. [外]陽日, 利以建野外, 可以田邋(獵). 以亡, 不得, 口門.
- 外害日, 不可以行作. 之四方野外, 必耦(遇)寇盜, 見兵.
- 外陰日, 利以祭祀. 作事, 入材, 皆吉. 不可以之野外.
- 口口口口可名曰擊日, 以生子, 襄孤. 口人, 不得. 利以兌(說)明(盟)組
  (詛), 百不羊(祥).
- 夬光日, 利以登高, 飲食, 邋(獵)四方野外. 居有食, 行有得. 以生子, 男女
  必美.
- 秀日, 利以起大事. 大祭, 吉. 寇 〈冠〉, 制車, 折衣常(裳), 服帶吉. 生子
  吉, 弟凶.

『일서(日書)』『을종』[표 2]:

- 원결일(窓結之日): '원결일'에는 말로 맺기에 유리하지만, 큰일을
  시작할 수는 없다. 글을 배우기에 유리하다.
- 영양일(贏陽之日): '영양일'에는 사람을 만나고, 제사를 지내며, 큰
  일을 시작하고, 결혼하기에 유리하며 길하다. 관례를 치르고 허
  리띠를 착용하면 군자의 일이 더욱 번창한다.
- 건교일(建交之日): '건교일'에는 바람을 이용해 우물을 파는 데 유
  리하며, 口口口는 길하다. 이 날에 태어난 남녀는 口이다.
- 담라일(窞羅之日): '담라일'에는 맹세와 저주를 하는 데 유리하며,

병을 버리고 집을 짓거나 장례를 치르는 데 길하다. 그러나 이
날에 타인에게 의지하면 그 타인이 반드시 집을 빼앗는다.
· 작음일(作陰之日): '작음일'에는 집에 들이는 데 유리하며, 반드시
  자산을 들이게 됩니다. 결혼, 공격, 승리에 유리하며 길하다.
· 평달일(平達之日): '평달일'에는 군대를 이끌고 사람을 만나고 나라
  에 들어가는 데 유리하다. 사냥과 관련된 일이 성공하며, 일을
  하는 데 길하다.
· 성외양일(成外陽之日): '성외양일'에는 제사 지내기에 유리하며, 사
  방의 외지로 가기에 좋다. 열기가 □하다.
· 공외해일/책일(空外害/迮之日): '공외해일'에는 출행할 수 없다. 사
  방 이웃으로 가면 반드시 병사를 보게 된다.
· 작외음일(戱外陰之日): '작외음일'에는 작은 제사를 지내기에 유리
  하며, 길하다. 이 날 태어난 자식은 멀리 여행할 수 없으며, 여
  행을 가면 돌아오지 못한다.
· 개절기일(蓋絕紀之日): '개절기일'에는 옷을 만들고 맹세와 저주를
  하는 데 유리하다.
· 성결광일(成決光之日): '성결광일'에는 큰일을 시작하고 제사를 지
  내며 결혼하기에 유리하며, 길하다. 집에서는 음식이 있고, 길에
  서는 이익이 있다. 이 날 태어난 자식은 아름답다.
· 복수일(復秀之日): '복수일'에는 수레를 타고, 관례를 치르고, 검을
  차고, 옷을 만들고, 제사를 지내며, 큰일을 시작하고, 결혼하는
  데 모두 유리하며 길하다.[4]
· 窓結之日, 利以結言, 不可以作大事, 利以學書.
· 贏陽之日, 利以見人, 祭, 作大事, 取妻, 吉. 褻(製)寇〈冠〉帶, 君子益事.
· 建交之日, 以風鑿井, □□□吉. 生男女□.
· 窘羅之日, 利以說盂(盟)詐(詛), 棄疾, 鑿宇, 葬, 吉. 而遇(寓)人, 人必奪其室.
· 作陰之日, 利以入(納)室, 必入資貨. 家(嫁)子, 攻擊, 吉, 勝.
· 平達之日, 利以行師徒, 見人, 入邦. 罔(網)邁(獵), 獲. 作事, 吉.
· 成外陽之日, 利以祭, 之四旁(方)野外, 熱□.

---

4) 睡虎地秦簡『日書』의『갑종』과『을종』두 가지 표는 華東師範大學 中國文字硏
   究與應用中心의『簡帛文字數據庫』에 근거했다.

· 空外害/走之日, 不可以行. 之四鄰, 必見兵.
· 黇外陰之日, 利以小然〈祭〉, 吉. 生子年不可遠行, 遠行不仮(返).
· 蓋絕紀之日, 利以裞(製)衣常(裳), 說孟(盟)詐(詛).
· 成決光之日, 利以起大事, 祭, 家(嫁)子, 吉. 居有食, 行有得. 生子, 美.
· 復秀之日, 利以乘車, 寇〈冠〉, 帶劍, 裞(製)衣常(裳), 祭, 作大事, 家
   (嫁)子, 皆可, 吉.

『일서(日書)』『갑종』의 [표 1] 일진(日辰) 항목과 [표 2] 의기일진(宜
忌日辰) 항목은 일치하지 않지만, 『을종』의 의기일진(宜忌日辰) 항목과
는 일치한다. 이는『갑종』과『을종』『일서(日書)』 두 표의 차이점이
며, 두 종류의『일서(日書)』문헌이 서로 연관되고 보완할 수 있는 연
결고리이다. 이를 바탕으로『갑종』의 [표 2]와『을종』의 [표 2] 일진
명칭을 다음과 같이 대응시킬 수 있다.

· 결일(結日) — 원결지일(宛結之日)
· 양일(陽日) — 영양지일(贏陽之日)
· 교일(交日) — 건교지일(建交之日)
· 음일(陰日) — 담라지일(宭羅之日)
· 달일(達日) — 평달지일(平達之日)
· 외양일([外]陽日) — 성외양지일(成外陽之日)
· 외해일(外害日) — 공외해/착지일(空外害/走之日)
· [외]음일(外陰日) — 작음지일(作陰之日)
· □□□ — 개절기지일(蓋絕紀之日)
· 쾌광일(夬光日) — 성결광지일(成決光之日)
· 수일(秀日) — 복수지일(復秀之日)

『일서(日書)』『을종』[표 1]에 표시된 일진(日辰) 명칭은 두 글자로
줄여서 표기되며, 완전한 명칭은 [표 2]에 나와 있다. '건제(建除)'표와

대응 관계 표의 연관성은 '건제'표(『갑종』)와 [표 2](『을종』)의 시일 속성 표제에 있다. 이러한 연관성을 바탕으로 다음과 같은 두 가지 점을 알 수 있다.

1. 『갑종』과 『을종』 『일서(日書)』의 관련 표제를 서로 비교하고 보충 설명할 수 있다.
2. 각종 『일서(日書)』의 두 가지 표는 사실 하나의 표로, 표제를 통해 일진과 의기를 연결하는 하나의 통합된 체계로 볼 수 있다.

이 두 가지에 따라, 어떤 연구자들이 [표 1]을 일진(日辰)만 다루고 '의기(宜忌: 반드시 기피해야 할 일)'는 무시하며, [표 2]를 의기만 다루고 일진은 무시하는 것으로 보는 데, 이는 불완전한 견해이다. 첫 번째 관점에 따라, 『일서(日書)』 『갑종』의 '건제'표에서 첫 번째 표제 '유(濡)'와 『을종』의 '건제'표에서 첫 번째 표제 '원결(寃結)'은 일치시켜야 하다. 대조를 통해 알 수 있듯, 『을종』의 '해(達)'는 『갑종』의 '해(害)'자와 같으며, 『을종』의 '작음지일(作陰之日)'은 『갑종』의 '외음일(外陰日)'과 같다. 『갑종』과 『을종』 두 표 모두에서 '외해(外害)'와 '외양(外陽)'이 등장하므로, 『을종』의 '작음(作陰)'은 '외음(外陰)'과 혼동된 것으로 추정할 수 있다. 『갑종』의 '쾌광일(夬光日)'는 『을종』의 '성결광지일(成決光之日)'과 같다.[5]

---

5) [역주] 이의 대응 명칭을 다시 정리하면 다음과 같다. 1. 『갑종』 '濡' = 『을종』 '寃結'; 2. 『갑종』 '害' = 『을종』 '害/辵)'; 3. 『갑종』 '外陰日' = 『을종』 '作陰之日'; 4. 『갑종』 '夬光日' = 『을종』 '成決光之日'

2. 『일서(日書)』 『갑종』과 『을종』의 비교

이 부분에서는 표 형식을 통해 『갑종』과 『을종』의 공통점과 차이점을 비교하여 제시하며, 차이점에 대해 분석하기로 한다. 표를 통해 고대 사람들이 행위, 시간, 성수(星宿), 집짓기, 금기, 흉사, 길사 등에 대해 일정한 인식을 가지고 있었으며, 모든 행위 규칙이 점복(占卜)과 성수(星宿), 시진(時辰)과 관련이 있다는 것을 알 수 있다. 또한, 많은 추상적인 개념을 인간과 연관시키고, 예를 들어 「인자(人字)」편, 일출과 일몰 등 구체적인 개념과 연결하여 일상생활에 유용하게 사용했다. 이것이 『일서(日書)』의 특징이다.

『갑종』의 내용은 『을종』에 비해 훨씬 복잡하며, 상대적으로 『을종』보다 체계적이지 않다. 일부 구체적인 내용은 상응하는 편목에 포함되지 않는다. 예를 들어, 죽간 157~180에 해당하는 『을종』의 「인자(人字)」편에서는 질병에 대해 어떻게 점 칠 것인지에 대해 언급하고 있다. 이는 지일(支日)로 병을 점치며, 먼저 방향의 길흉을 점치고, 다음으로 아침과 저녁의 문 여닫음을 점치며, 그 후에야 병세와 병인의 길흉을 점친다는 내용이다. 이러한 항목들은 『갑종』에서는 볼 수 없는 내용이다.

『일서(日書)』의 『갑종』과 『을종』 두 표를 비교해 보면, 『갑종』의 내용이 비교적 복잡하고, 『을종』의 문서 내용은 상대적으로 간단하다는 것을 쉽게 알 수 있다. 또한, 『갑종』과 『을종』은 동일한 제목 아래에서도 같은 문장에서 일부 문자가 차이가 있기도 한다. 수호지(睡虎地) 진묘(秦墓) 죽간(竹簡)에서는 정리자가 두 종류의 차이를 구체적으로 분석해 두었다. 따라서 『갑종』과 『을종』을 읽을 때는 동일한 제목이나 유사한 내용을 비교하면서 읽는 것이 좋다. 이렇게 하면 누락되거나 이해할 수 없는 부분이 있을 때 비교를 통해 문장의 의미를 이해할 수 있다.

　내용 면에서 보면, 『갑종』의 구분이 비교적 크다. 즉, 같은 제목 아래 많은 세부 내용이 있을 수 있으며, 『을종』에서는 『갑종』의 큰 제목 아래 많은 작은 항목을 추출하여 각각 하나의 제목으로 만든 경우가 많다. 예를 들어, 『을종』의 월별 내용은 『갑종』의 '현과(玄戈)'와 '성(星)'의 각 부분을 추출하여 각각의 제목으로 설명하고 있다. 하지만 '현과(玄戈)'와 '성(星)'은 『을종』의 개별 월별 기록보다 훨씬 자세하다. 다른 월별 내용도 대체로 비교할 수 있다.

　『일서(日書)』의 내용에는 축사의 성격을 포함한 부분도 있다. 이러한 축도 형식은 후세 관련 문헌 기록의 초기 출처를 엿볼 수 있게 한다. 예를 들어, 『갑종』의 꿈 점에 관한 표에서 다음과 같이 기록되어 있다.

> 기도하면서 이렇게 말했다. "고(皐)여! 감히 그대에게 고하노라. 모모가 악몽을 꾸었으니, 이를 제거해 주소서. 많이 마시고 많이 먹으며, 큰 부를 내게 주시어, 돈이 아니면 천을, 고치가 아니면 솜을 주소서. 그러면 멈출 것이리라."
> (禱之曰: 皐! 敢告爾. 某, 有惡夢, 走歸之所. 强飲强食, 賜某大富, 非錢乃布, 非繭乃絮. 則止矣.)

또한, 『갑종』의 「마매(馬禖)」에서는 다음과 같이 기록되어 있다.

> 기도문에서 이렇게 말했다. "먼저 목일 병(丙)을 맞이하여, 마매가 신을 모은다." 동쪽을 향해 남쪽을 향해 각각 한 마리의 말로 □□□ □□□ 중토에서 마매를 하며, 벽을 뚫어 중앙에 이르게 하고, 중앙에 삼주(三腏), 사구행(四廄行)하여 이렇게 말한다. "대부가 먼저 사좌

에 앉고, 오늘이 좋은 날이라, 살찐 돼지와 맑은 술, 질 좋은 흰 쌀로 주군의 곳에 도착하리라. 주군은 말들을 보호하며, 그 재앙을 몰아내고, 그 불운을 제거하며, 그들에게 □를 좋아하게 하고, □을 좋아하게 하며, 자유롭게 스스로 행하게 하고, 몰지 않아도 스스로 나오게 하며, 그 코가 향기를 맡을 수 있게 하고, 귀가 밝고 눈이 맑으며, 머리가 몸의 균형을 이루게 하고, 등이 몸을 강하게 하며, 다리가 몸을 □하게 하며, 꼬리가 잘 움직이게 하며, 배가 백초의 주머니가 되고, 네 발이 잘 걷게 하소서. 주군은 많이 마시고 많이 드시소서. 내가 해마다 감히 잊지 않겠소."

(祝曰: '先牧日丙, 馬禖合神.' 東鄉(嚮)南鄉(嚮)各一馬□□□□中土, 以爲馬禖, 穿壁直中, 中三腏, 四廏行: '大夫先兒席, 今日良日, 肥豚淸酒美白粱, 到主君所. 主君筍屛調馬, 敺(驅)其央(殃), 去其不羊(祥), 令其□耆(嗜)□, □耆(嗜)飮, 律律弗禦自行, 弗驅(驅)自出, 令其鼻能糗(嗅)鄉(香), 令耳悤(聰)目明, 令頭爲身衡, 脊爲身剛, 脚爲身□, 尾善驅(驅)□, 腹爲百草囊, 四足善行. 主君勉飮勉食, 吾歲不敢忘.)

『을종』의 「몽편(夢篇)」에서도 비슷한 기록이 있다.

기도하면서 이렇게 말했다. "고(皐)여! 감히 그대에게 고하노라. 모모가 악몽을 꾸었으니, 이를 제거해 주소서. 많이 마시고 많이 먹으며, 큰 부를 내게 주시어, 돈이 아니면 천을, 고치가 아니면 솜을 주소서."(祝曰: '皐!敢告爾宛奇, 某有惡夢, 老來□之, 宛奇强飮食, 賜某大富, 不錢則布, 不繭則絮.)

또한『을종』의 「행행사편(行行祠篇)」에서는 다음과 같이 기록되어 있다.

기도문에서 이렇게 말했다. "왕사의 일 없이, 오직 복만을 관장하니, 많이 마시고 많이 먹으며, 많은 복을 빌어 주소서."

(其祝曰: '毋(無)王事, 唯福是司, 勉飮食, 多投福.)

이 중에서 사람들이 익숙한 전승 문헌의 기도 축사는 "많이 마시고 많이 드시소서."라는 표현이 『일서』『갑종』에서 처음으로 나타난다. 『을종』에서는 약간 변형되어 '완기강음식(宛奇强飮食)'이 된다. 이는 후세에 이어져 고전 속의 축복 어구가 되었다. 예를 들어, 『고공기(考工記)』에서 이렇게 말했다.

> "많이 마시고 많이 먹으며, 너의 후손에게 수많은 복을 주노라."
> (强飮强食, 詒女曾孫諸侯百福.)

한(漢)나라 때의 출토 문헌인 『거연한간(居延漢簡)』에서도 이러한 용례가 있다.

> "원컨대, 장인(丈人)께서 옷을 가깝게 입고 술과 음식을 많이 받게 하소서."
> "원컨대, 어린 손자와 젊은 아내가 옷과 음식을 풍족하게 입고 먹으며, 제사의 상서로움을 신중히 지키게 하소서."
> ("願丈人近衣强奉酒食." "原幼孫少婦足衣强食, 愼塞上.")

이는 각각 『거연한간합교(居延漢簡合校)』 을(乙) 부(附) 51편과 『거연한간합교』 10·16편에 나타난다. 『거연신간(居延新簡)』에도 "원컨대, 군께서 음식을 더하여 만년동안 평안하시게 하소서.(願君加飧食, 永安萬年.)"라는 기도문도 있다.[6]

이를 통해 이러한 어구가 적어도 한대(漢代)까지는 비교적 널리 통용되었음을 알 수 있다. 한나라 말 때의 「고시십구수(古詩十九首)」에

---

6) 華東師範大學 中國文字硏究與應用中心의 『出土簡帛文字數據庫』에 근거함.

서도 "열심히 밥을 먹게 하소서(努力加餐飯)."라는 문구의 발전 과정
을 여전히 식별할 수 있다.

3. 『일서(日書)』 『갑종』과 『을종』의 기타 내용

『갑종』에서 언급된 내용은 비교표 외에도 다음과 같다.

> 치(啻), 토기(土忌), 작사(作事), 훼기(毀棄), 치실(置室), 문(門), 행(行),
> 귀행(歸行), 도실(到室), 생자(生子), 인자(人字), 취처(娶妻), 작녀자(作女
> 子), 이(吏), 힐(詰), 토기(土忌), 문(門), 반지(反支).

이로 보아 『갑종』은 인사와 관련된 다양한 생활 영역을 다루고 있
음을 알 수 있다.

『을종』에서 언급된 내용은 비교표 외에도 다음과 같다.

> 목일(木日), 마일(馬日), 우일(牛日), 양일(羊日), 저일(豬日), 견일(犬日),
> 계일(雞日), 초전(初田), 관(官), 인일(人日), 남자일(男子日), 개옥(蓋屋),
> 개기(蓋忌), 제실(除室), 초관(初冠), 기인실(寄人室), 행일(行日), 행자(行
> 者), 입관(入官), 행기(行忌), 행사(行祠), 행행사(行行祠), □사(□祠), 사
> (祠), 망일(亡日), 망자(亡者), 견인(見人), 천호기(穿戶忌), 가자□(嫁子
> □), 시나도(視羅圖), 입관(入官), 생(生), 실화(失火), 일서(日書).

이로 보아 『을종』은 주로 시간과 날짜, 출입, 작업 및 집 배치와
관련된 사항을 더 많이 다루고 있음을 알 수 있다.

단순히 제목만을 보면, 『갑종』의 제목이 『을종』보다 훨씬 적지만,
각 제목의 내용은 실제로 『갑종』이 더 상세하게 묘사되어 있다. 반면

에 『을종』은 각 제목의 설명이 상대적으로 간단하며, 어떤 경우에는 제목을 설명하는 한 문장만 포함되어 있다. 주요 내용은 여섯 가지 크게 나눌 수 있다.

1. 가취(嫁娶): 결혼과 관련된 사항
2. 시간: 시간과 날짜에 대한 사항
3. 건방과 방위: 집짓기와 방위에 관한 사항
4. 행사와 제사: 행위와 제사에 관한 사항
5. 출입: 출입과 관련된 사항
6. 기타: 기타 사항

또한, 『갑종』의 「힐(詰)」편은 귀신을 대처하는 주문과 그에 따른 처리 방법을 기록하고 있는데, 이는 여기서 생략한다.

『일서(日書)』『갑종』, 『을종』 생자시간(生子時間) 선택표

時間	甲種: 生子	乙種: 生子	比較
甲戌生	飮食急	好甲	甲種≠乙種.
乙亥生	穀而富	利酉(酒)醴	甲種≠乙種.
丙子生	不吉	吉	甲種≠乙種.
丁丑生	好言語, 或眚於目	好言五(語),有生(眚)目	甲種＝乙種.
戊寅生	去父母南	遠去, 女子於南	甲種＝乙種. 可以互補,
己卯生	去其邦	去其邦	甲種＝乙種.
庚辰生	好女子	好[女]子	甲種＝乙種. 對照甲種, 乙種可補字.
辛巳生	吉而富	當(富)吉	甲種＝乙種. 對照甲種, 乙種當, 富字形近混淆.
壬午生	穀而武	穀於武, 好貨	甲種≤乙種. 乙種用介詞'於', 性質關系明確.
癸未生	長大, 善得	長	甲種≥乙種.
甲申生	巧, 有身事	必有事	甲種≥乙種.

『설문해자』인지분석

乙酉生	穀, 好樂	穀, 利樂	甲種≦乙種.
丙戌生	有事	有終	甲乙互補發明.
丁亥生	工巧, 孝	考(巧)	甲種≧乙種.
戊子生	去其邦北	去其邦北亟	甲種＝乙種.
己丑生	貧而疾	疾	甲種≧乙種.
庚寅生	女爲賈, 男好衣佩而貴	女子爲巫	甲種≠乙種.
辛卯生	吉及穀	不吉	甲種≠乙種.
壬辰生	武而好衣劍	必善醫, 衣常	甲種≠乙種.
癸巳生	穀	穀	甲種≧乙種.
甲午生	武有力, 少孤	武有力, 寡弟	對照乙種, 甲種'孤'似通'寡'.
乙未生	有疾, 少孤, 後富	少疾, 後富	甲種≧乙種.
丙申生	好家室	好室	甲種＝乙種.
丁酉生	嗜酒	吉旨(嗜)酉(酒)	甲種＝乙種.
戊戌生	好田野, 邑屋	姓楚(性野)	甲種≧乙種. 對照甲種, 乙種當改爲'性野'. 野或作埜, 埜楚形近.
己亥生	穀	小(少)孤	甲種＝乙種. 甲種穀當通孤.
庚子生	少孤, 汗		乙種缺失.
辛丑生	有心終	有終	甲種＝乙種.
壬寅生	不女爲醫, 女子爲也	不吉, 女子爲醫	甲種語意不淸, 對照乙種可得說明
癸卯生	不吉	不吉	甲種＝乙種.
甲辰生	穀且武而利弟	穀	甲種≧乙種.
乙巳生	吉		乙種缺失
丙午生	嗜酒而疾, 後富	疾	甲種≧乙種.
丁未生	不吉, 無母, 必嘗繫囚	不吉, 貧, 爲人臣	甲乙兩種互補.
戊申生	寵, 事君	有寵, 必事君	甲種＝乙種.
己酉生	穀, 有商	穀	甲種≧乙種.
庚戌生	武而貧	武, 貧	甲種＝乙種.
辛亥生	不吉	不吉	甲種＝乙種.

壬子生	勇	愳(勇)	甲種＝乙種. 乙種愳, 勇通用.
癸丑生	好水少疾必爲吏	好□	甲種≧乙種, 可補乙種缺字.
甲寅生	必爲吏		乙種缺失.
乙卯生	腰(夭)不夀(壽)	□□夀	甲種≠乙種.　對照甲種可能腰, 夭通用, 夀爲壽之混.
丙辰生	有疵於體而勇	必有疵於(體)	甲種≧乙種.
丁巳生	穀而美, 有敗	穀, 媚人	甲種≧乙種. 甲種敗, 媚字通.
戊午生	嗜酒及田獵	好田邋(獵)	甲種≧乙種.
己未生	吉	穀	甲種＝乙種, 使用同意詞.
庚申生	良	愳(勇)	甲種≧乙種.
辛酉生	不吉	不吉	甲種＝乙種.
壬戌生	好家室	好室家	甲種＝乙種.
癸亥生	無終	貧, 毌(無)終	甲種≦乙種.
甲子生	少孤, 衣汗	少孤	甲種≧乙種.
乙丑生	武以工巧	不武乃工考(巧)	甲種＝乙種. 對照甲種有脫文.
丙寅生	武以聖	武, 聖	甲種＝乙種.
丁卯生	不正, 乃有疵前	不正, 不然必有疵於前	甲種＝乙種.
戊辰生	有寵	有寵	甲種＝乙種.
己巳生	鬼, 必爲人臣妾	凶, 爲臣妾	甲種＝乙種.
庚午生	貧, 有力, 無終	貧, 武有力, 無終	甲種≦乙種.
辛未生	肉食	肉食	甲種＝乙種.
壬申生	聞	有問(聞)邦	甲種≦乙種.
癸酉生	無終	有終	甲種≠乙種.
		凡己巳生, 勿擧, 不利父母, 男子爲人臣, 女子爲人妾. 庚子生, 不出三日必死.	
		凡生子北首西鄉, 必爲上卿, 女子爲邦君妻.	

[표 3-1]에 대한 통계와 대조 설명은 다음과 같다.

'『갑종』=『을종』' 즉 『갑종』과 『을종』이 동일한 경우는 24곳이며, '『갑종』≠『을종』' 즉 완전히 다른 경우는 8곳, '『갑종』≥『을종』' 즉 『갑종』의 정보가 『을종』보다 더 많거나 포함하는 경우는 16곳, '『갑종』≤『을종』' 즉 『을종』의 정보가 『갑종』보다 더 많거나 포함하는 경우는 5곳이다. 전체적으로 『갑종』과 『을종』 사이에 차이가 나거나 완전히 다른 경우가 일치하는 경우보다 훨씬 많다. 이는 두 종류가 비록 같은 시기와 장소에서 발견되었지만, 각기 다른 출처를 가졌을 가능성이 있음을 나타낸다.[7]

비교해 보면, 『갑종』에 저장된 정보가 『을종』보다 더 풍부하다. 『갑종』과 『을종』을 상호 비교함으로써 서로 보완하고, 나아가 정확한 문자사용을 교정할 수 있다. 이와 관련된 예는 16곳이 있다. 이는 출토 문헌에서 다른 텍스트의 가치가 있음을 보여준다. 예를 들어, '무술생자(戊戌生子)'의 경우, 『갑종』의 '호전야(好田野)'라는 참조가 없었다면, 『을종』의 '성초(姓楚)'는 도대체 무슨 뜻인지 알 수 없었을 것이다. '야(野)' 또는 '야(埜)'와 '초(楚)'는 형태가 비슷하므로, 『을종』은 '성야(性野)'로 수정되었다.

또, '정유생자(丁酉生子)'의 경우, 『갑종』은 '기주(嗜酒)'로 규정하고, 『을종』은 '길지유(吉旨酉)'로 기록되어 있다. 『갑종』과 비교해 보면, '지유(旨酉)'가 '기주(嗜酒)'와 통용됨을 알 수 있다. 또 '임자생자(壬子生子)'의 경우, 『갑종』은 '용(勇)'으로 기록하고 있다. 이와 비교해 보면, 『을종』의 '용(愚)'이 '용(勇)'과 독음이 같고 통용됨을 알 수 있다.

---

7) 睡虎地秦簡 『日書』 甲乙生子의 내용은 華東師範大學 中國文字研究與應用中心의 『簡帛文字數據庫』에 근거함.

반대로, '을묘생자(乙卯生子)'의 경우, 『갑종』은 '곡이미(穀而美), 유민(有啟)'으로 규정하고 있다. 『을종』의 '곡(穀), 미인(媚人)'이라는 참조 자료가 없었다면, '민(啟)'이 '미(媚)'의 독음이 비슷한 차용 글자임을 알 수 없었을 것이다. 또 다른 예로, '을묘생자(乙卯生子)'의 경우, 『갑종』은 '요불저(腰不犫)'로 기록되어 있고 『을종』은 '□□수(□□壽)'로 규정되어 있다. 비교해 보면, 『갑종』은 '요불수(夭不壽)'로 수정되어야 하며, '요(腰)'와 '요(夭)'는 음이 같고, '저(犫)'와 '수(壽)'는 형태가 비슷함을 알 수 있다. 이와 같은 예가 표에 비교되어 있다.

'갑인생자(甲寅生子)'와 '을사생자(乙巳生子)'는 『을종』에서는 완전히 누락되어 있으며, 후에 이를 보충하는 전용 항목도 없다. 반면에 '경자생자(庚子生子)'는 『을종』의 후반부 추가 항목에서 별도의 보충이 존재한다.

수호지(睡虎地) 진간(秦簡) 『일서(日書)』 『갑종』과 『을종』을 비교해 보면, 『일서(日書)』는 당시 진나라 사회의 민속을 반영하고 있음을 알 수 있다. 『일서』는 명리(命理)를 추산하고, 길흉을 예측하며, 집의 배치를 계획하고, 출행, 옷을 재단하며, 꿈을 해석하는 등의 내용을 포함하고 있다. 또한, 이상한 현상에 대한 대처 방법, 예를 들어 귀신을 어떻게 대처해야 하는지에 대한 설명과 해결 방법도 제공하고 있으며, 많은 민간의 질병 인식에 대한 문제도 다루고 있다.

고대부터 지금까지, 아내를 맞이하고 딸을 시집보내며 자식을 낳는 것은 인생의 중요한 부분이었다. 이에 관련된 시간, 길흉 피하기, 금기 선택, 복잡한 의식 등은 중요한 요소로 다루어졌다. 『일서』는 『갑종』이든 『을종』이든 이에 대해 많은 분량을 할애하여 서술하고 있으며, 이는 진나라에서 금기 규정이 세속 생활에서 널리 사용되었음을 반영하고 있다.

『갑종』과 『을종』을 비교해 보면, 『갑종』은 다양한 인간 활동의 배열에 더 중점을 두고 있는 반면, 『을종』은 시간의 규정에 더 주의를 기울이는 경향이 있다. 『갑종』과 『을종』은 각각의 중점을 가지고 있으며, 이를 통해 완전한 시간 선택 원칙을 보여준다. 따라서 『갑종』과 『을종』은 당시 함께 사용된 세속 생활의 실용적인 지도 도구였을 것이다.

2. 진간(秦簡)과 「월령(月令)」 및 전국시대 초(楚) 백서

진간(秦簡) 『일서(日書)』와 『예기·월령(月令)』은 수호지(睡虎地) 진간(秦簡) 『일서(日書)』에 『갑종』과 『을종』을 포함하며, 내용이 매우 풍부하다. 기본적으로 두 가지 대분류로 나눌 수 있다.

1. 첫 번째 대분류: 날을 선택하는 내용으로, 『일서(日書)』의 주체를 이룬다.
2. 두 번째 대분류: 날의 선택과 관련이 없는 내용으로, 양택(相宅), 꿈 해석(占夢), 귀신 쫓기(驅鬼去邪) 등을 다룬다.

이 두 가지 대분류는 내부적으로 다시 여러 소분류로 나눌 수 있다. 총체적으로 『일서(日書)』의 내용은 날의 길흉을 설명하는 것을 주로 하며, 동시에 길흉을 피하고 좋은 것을 선택하는 수술(數術)을 겸하고 있다. 이 부분은 『갑종』과 『을종』의 내부 관계에 관련된 내용을 이미 상술하였다. 외부 관계에 있어서는 전승된 「월령(月令)」 문헌과 전국시대 초(楚) 백서의 월령 문헌과의 관계를 대조할 수 있다.

『예기·월령(月令)』의 내용은 『여씨춘추 십이기(十二紀)』, 『회남자 시칙훈(時則訓)』과 기본적으로 유사한 구조를 가지고 있으며, 주로 천문과 물후(物候)에 따라 예의 행동과 사회생활을 배치하는 역서이다. 이 중 「월령(月令)」은 물후, 농사 일정 및 관련 정령과 금기를 기록하고 있어, 성질상 시간의 길흉을 다루는 것에 속한다. 진간(秦簡) 『일서(日書)』와 『예기·월령(月令)』 등의 문헌에는 고대 사람들이 시간 선택과 관련된 금기를 어떻게 인식했는지가 기록되어 있다.

운몽(雲夢) 진간(秦簡) 『일서(日書)』는 점복 체계를 중심으로 반영하고 있으며, 연속적인 시간을 배열하는 역법 체계도 설명하고 있다. 수호지(睡虎地) 진간(秦簡) 『일서(日書)』의 「제(除)」편, 「관(官)」편에서는 동일한 12개월과 28성수(星宿)의 조합 관계를 기록하고 있다. 이러한 조합 관계는 또한 형주(荊州) 주가대(周家臺) 진간(秦簡) 『일서(日書)』와 서한(西漢) 유음후(汝陰侯)의 '육임식반(六壬式盤)'에서도 볼 수 있다.

또한, 운몽(雲夢) 진간(秦簡)은 진대(秦代)의 종교와 신앙도 반영하고 있으며, 중하층 사회 사람들의 종교적 귀신 관념을 언급하고 있다. 사회 정치적 관련성에서 수호지(睡虎地) 진간은 「월령(月令)」 등의 전승 『일서』만큼 풍부하지 않다. 다시 말해, 진간 『일서(日書)』는 주로 세속 인사의 실용적인 생활 금기를 다루고 있다.

진(秦)나라 지역에서 출토된 『일서(日書)』의 생활 범위의 광범위함과 시간의 길흉 규정의 체계성을 볼 때, 전승 문헌 『예기·월령(月令)』 등과 전국 후기의 시간 선택 관념과 관련 기록은 일정한 연원 관계가 있다. 『예기·월령(月令)』의 성립 연대에 대해서는 한(漢)나라 이래로 여러 의견이 분분하여 관련 연구자들이 그 가치를 충분히 인식하지 못했다. 풍부한 출토 『일서(日書)』 문헌을 비교해 보면, 『월령(月令)』은 그 연원이 깊다. 이를 통해 그 형성 시스템이 적어도 전국 중후기 시기보다 늦지 않았음을 추정할 수 있다.

장사 자탄고(長沙子彈庫) 전국 초(楚) 백서 병편(丙篇)의 내용 역시 열두 '월령(月令)'의 금기 사항에 관한 것이다. 두 문헌을 비교해 보면, 전국 초(楚) 백서는 원본이 남아있지 않고 매월 금기 사항이 대략적이어서 두 문헌 간의 내적 관련성을 찾아내기가 어렵다. 상대적으로, 『일서(日書)』는 매월의 금기 사항이 구체적인 별자리 인식과 연결되어 있어, 생활의 여러 측면을 다루고 있으며 매우 구체적으로 규정되어 있다. 이를 통해 고대 일서의 특정 발전 경향과 추세를 엿볼 수 있다.8)

---

8) 이 부분의 대조 자료는 『간백과 학술』 제5부분 '간백 및 시간', 125-154쪽에서 도 확인할 수 있다.

전국 초(楚) 백서는 원본이 남아있지 않고 매월 금기 사항이 대략적이어서 두 문헌 간의 내적 관련성을 찾아내기가 어렵다. 상대적으로,『일서(日書)』는 매월의 금기 사항이 구체적인 별자리 인식과 연결되어 있어, 생활의 여러 측면을 다루고 있으며 매우 구체적으로 규정되어 있다. 이를 통해 고대 일서의 특정 발전 경향과 추세를 엿볼 수 있다.[8]

---

[8] 이 부분의 대조 자료는『간백과 학술』제5부분 '간백 및 시간', 125-154쪽에서도 확인할 수 있다.

『설문해자』 인지 분석 (상)

초판 1쇄 인쇄 2024년 11월 30일
초판 1쇄 발행 2024년 11월 30일

지은이 장극화(臧克和)
옮긴이 하영삼(河永三)
펴낸이 정혜정
펴낸곳 도서출판3
표지디자인 배소연
편집 및 교열 김형준

출판등록 2013년 7월 4일 (제2020-000015호)
주소 부산광역시 금정구 중앙대로 1929번길 48
전화 070-7737-6738
팩스 051-751-6738
전자우편 3publication@gmail.com

ISBN: 979-11-87746-74-4 (94720)
       979-11-87746-73-7 (총서)

『설문해자』 인지분석

(하)

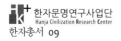

한자총서 09

원저: 『<說文>認知分析』
저자: 장극화(臧克和)
출판사: 중국 호북인민출판사, 2019.

This work was supported by the Ministry of Education of the Republic of Korea and the
National Research Foundation of Korea (NRF-2018S1A6A3A02043693)
中國教育部人文社會科學重點研究基地重大項目"全能型出土實物文字智能圖像識別研究"(項目批准
號：22JJD740034)
中國教育部人文社會科學重點研究基地重大項目"全息型出土實物文字釋讀網絡查詢平臺建設"(項目批
准號：22JJD740023)

설문해자
인지분석

Cognitive analysis of *Shuoweniezi*

장극화(臧克和) 지음
하영삼(河永三) 옮김

도서출판

특별한 인연의 큰 씨앗, 지혜의 재탄생

― 한국한자연구소의 번역 출간에 부쳐 ―

생성형 대규모 언어 모델의 언어 상호작용이 지속적으로 발전하면서, 각계 사용자들에게 편리함과 놀라움을 안겨주고 있습니다. 이와 동시에 전문가들 사이에서 여러 논의가 이어지고 있습니다. 이러한 논의 중 일부는 인간 번역과 비교했을 때, 기계의 언어 상호작용이 언어의 문화적 층위에 도달하지 못하여 '재창작'이라는 번역 가공 과정을 완성하기 어렵다는 점에 집중되어 있습니다. 심지어 일부 논문에서는 언어가 사고와 완전히 동일한 관계를 가지는지에 대한 고찰까지 이어지고 있습니다.

유성 언어와 비교하여, 역사적 한자는 '이차원 코드'로서 '문화적 거울'이라는 심층적 인지 구조를 지니고 있으며, 정보의 '수용―전달'의 주요 경로인 '시각적 사고'와 밀접한 관련성을 가집니다. 다른 문자 체계와 비교해볼 때, 이러한 연관성이 수천 년간 단절 없이 지속되어 왔다는 점은, 아마도 유전자 차원에서 문자 사용자 사회 집단의 인지 방식에 깊은 영향을 미치고 영구적인 흔적을 남겼을 가능성을 배제할 수 없습니다.

이러한 피상적이고 모호한 인식에 집착하면서, 지난 1980~1990년대부터 지금까지 간헐적으로 저술해 온 『설문해자(說文解字)의 문화해설』 등 몇 권의 소책자들은 대부분 역사 한자의 문화개념에 대한 '지식 수집'에 해당한다 하겠습니다. 최근 필자는 그간 산발적으로 발표한 논문과 출판된 문집들을 모아 『독자록(讀字錄)』을 출판하기도 했습니다. 순간의 흥취에 따라, 또 감흥을 따라 글을 쓰는 과정이었지만 뿌리 깊은 생각이 하나 있었습니다. 그것은 바로 이 정미한 분야가 급변하는 사회 속에서는 언제나 이른바 '냉대 받는 업(業)'에 속한다는 것이었습니다. 그래서 한가하고 관심을 가진 독자가 몇 없을 것이라 생각하여, 독자를 위한 배려를 진정으로 고민한 적도 거의 없었습니다. 이러한 이유로 이 책을 지금 제가 다시 읽어보아도 매우 생경하고 읽기 어렵게 느껴집니다.

최근, 한국한자연구소의 하영삼 소장께서 무더위를 무릅쓰고 화동사범대학까지 직접 방문하여 올 가을 상해에서 개최될 세계한자학회 제10회 연례회의의 준비 상황을 점검하고 지도해 주셨습니다. 이 기회를 빌려 저와 직접 만나 이 책의 번역 관련 문제도 논의하고 검증하는 시간을 가졌는데, 이를 통해서 많은 깨달음을 얻었습니다. 이 과정에서 저는 하 교수님께서 연구소의 관련 교수님들과 함께 이해하기 어려운 저의 옛 저작들의 난해한 중국어 텍스트를 우아한 한국어 텍스트로 '생성' 변환하는 작업을 거의 완료하였다는 소식을 듣게 되었습니다. 앞서 언급한 이유들까지 생각하니, 경외감과 동시에 불교에서 말하는 '죄책감' 같은 감정이 갑자기 일어났습니다.

하영삼 선생님은 수십 년을 한결 같이 헌신하시며 현대 학계에 뚜렷한 공헌을 하신 저명한 언어학자이자 문자학 연구자이며 번역가입니다. 동서양 고전 언어학 이론의 전파와 번역에서부터 중국 역사 한자에 관한 수많은 저작의 전문적 연구에 이르기까지, 각 분야에서 뛰어난 성과를 이루었습니다. 여기서 한 가지 예를 들자면, 중국 최초의 자전인『설문해자』는 과학적인 편찬 체계와 복잡한 구조를 지녀 문사 전공 학자들의 필수 참고서가 되었습니다. 하지만 중국 대륙에서조차 아직 현대 중국어로 완전히 번역된 '금역본'이 없을 정도로, 이 번역 작업이 얼마나 방대하고 어려운지를 짐작할 수 있습니다.『설문해자』의 세계 최초 완역본인 한국어 '번역본'이 바로 하 선생님의 10년간의 노고를 담아 출판되었습니다. 웅장하고 아름다운 대작이며, 10년의 고된 노력이 비범했음을 보여줍니다.

또 작년 말에 저희들이 협업하여 출간한『중국문자학 핸드북』도 하 선생님의 한국한자연구소에서 이미 번역을 완성했다고 했습니다. 이는 제가 아는 한 세계 중국학계의 주요 언어 중 가장 빠른 최초의 번역본입니다.

현재 예측 가능한 지금의 시대에서도, 대규모 언어 모델은 금석학 도상과 같은 역사적 한자의 상호작용 요구에 아직 대응하지 못하고 있습니다. 하 선생님과 그가 이끄는 팀의 동료들은 오랜 시간의 정진과 창작을 통해 마침내 돌을 금으로 바꾸는 기적을 이루어내었습니다. 쌓여있던 것을 연기처럼 사라지게 하고, 굳어있던 것을 흐르게 만들었으며, 낡은 것을 신비로운 것으로 바꾸어, 진정한 연금술의 도가니를 만들어냈습니다.

학술적 전통에서 역사적 한자는 줄곧 동아시아 지역에서 '사료'로서 인식되고 활용되어 왔습니다. 동아시아 지역의 역사적 한자 기록 메모리 데이터베이스는 문자 발전사, 언어사 및 새로운 사료학의 기초 플랫폼일 뿐만 아니라, 인류 세계의 인지 발전을 발굴하고 지혜 전승의 법칙을 밝히며 '디지털 에너지'를 부여하는 데 기여합니다.

바로 이런 의미에서 하 교수님이 오랫동안 천착해 오신 한자학 사업은 진정으로 저와 특별한 인연과 의미가 있다 하겠습니다.

장극화(臧克和)

갑진년 초여름에

상해 화동사범대학 중국문자연구와응용센터에서

『설문해자』 인지분석

하 권

상 권

제4장 이미지 선택

『설문해자』의 이미지
인지방식 (하)

제4장 이미지 선택: 『설문해자』의 이미지 인지방식(하)

제1절 대양(大羊) 이미지

중국 미학에서 고대인들의 심미의식 영역에서 '미(美)'라는 글자의 어원학적 인지는 지속적으로 국내외 학자들의 주목을 받아온 흥미로운 주제이다. 그러나 우리가 알고 있는 바로는, '미(美)'의 어원에 대한 여러 새로운 해석들에서 시도한 추측들은 수천 년 전의 『설문』의 견해를 뒤집기에는 여전히 부족하다. 고대중국인의 심미 발생학에서의 문자학, 언어학, 문화학 연구에 대해서 필자는 일찍이 『한어문자와 심미심리』에서 사용 방법론과 종합적 검토라는 관점에서 좀 더 체계적으로 다룬 바 있다. 북경도서관 서목문헌출판사의 편집자 양양(楊揚)은 지난 1993년에 개혁개방 이후 '중국 미학의 탐구 및 그 성과'에 대해 종합적으로 서술하면서 이 책을 "고대 문자 해석을 통한 한민족의 심미심리 탐구"의 대표작으로 선정하고 다음처럼 소개한 바 있다.

> 장극화(臧克和)는 『한어문자와 심미심리(漢語文字與審美心理)』에서 전종서(錢鍾書)의 논저를 통한 학습 경험을 바탕으로, 고대 문자 해석에서 시작하여 한민족(漢民族)의 심미심리를 탐구하였고, 여러 가지

새로운 논지를 제시하였다. 예컨대, '이(宜)'라는 문자 그룹을 예로 삼아, '이(宜)', '가(嘉)', '호(好)', '미(味)', '화(和)', '원(圓)' 등과 같은 글자들에 대한 인식을 훈고학적 관점에서 해석하였으며, 다음과 같은 논점을 제시하였다.

① 고대중국인의 심미 가치판단은 음식과 밀접한 관련이 있다. ② 심미 가치판단의 기초는 자신(즉 種)의 번식을 숭배하는 것과 큰 연관이 있다. ③ 심미 가치판단의 기원은 물산의 풍부함을 추구하는 것과 연결되어 있다. ④ 심미 활동을 나타내는 문자 그룹의 어원은 초기 사람들의 제사 활동과 연결되어 있으며, 이러한 제사 활동은 그들의 번식에 대한 갈망을 반영한다. ⑤ 위에서 언급된 고대 심미 가치 지향과 관련한 고문자 기호의 어원적 함의 및 여러 유형의 연관성을 요약하면, 기본적으로 다음과 같은 두 가지 상황으로 요약할 수 있다. 첫째, 외재적 자태로서의 미에 대한 시각적 감수성이다. 둘째, 내재적 즐거움으로서의 미에 대한 미각적 감수성이다. ⑥ 이 두 유형은 인류 사회의 원시적 단계에서 자신(種)의 번식과 물산의 풍성함이라는 두 가지 주제를 대표하며, 이 두 가지의 통일은 해당 사회 단계의 기본 구조를 구성한다. 그리고 이 구조의 심층 기초는 생존 메커니즘으로 요약될 수 있으며, 이것은 모든 종교, 철학, 예술의 궁극적인 역사적 배경이다.

위에서 언급된 중국 고대의 심미 가치 지향의 특성은 중국민족의 심미 인식 범주의 형성에 영향을 주었으며, 그것을 분명한 특징으로 만들었다.[1]

'미(美)'에 대한 문자학, 언어학, 문화학적인 기원 및 발전 흐름에 관한 인지연구는 『한어문자와 심미심리』에서의 전문적인 논의를 참조하면 되기에, 여기서는 이미 언급된 사실과 결론을 더는 반복하지 않겠다.

---

1) 『人民日報』(海外版), 北京圖書館文獻部 楊楊 主任의 "中國美學的探索及其成果"欄, 1993年2月11日.

『설문』이라는 책에는 '미(美)'의 이미지에 대한 다양한 층위와 각도에서의 인식이 포함되어 있다. 여기서는 그를 바탕으로 다음과 같은 몇 가지 측면을 나열하고 기초적인 분석을 진행하고자 한다. 첫째, '미(美)'의 이미지는 '양(羊)'의 문자사용에 대한 조사 통계에서 얻어진다. 둘째, 『설문』에서의 여러 '미(美)' 인식과 관련된 의미장들이다. 셋째, 『설문』에 보존된 '미(美)'의 이미지와 관련된 인식의 흔적들이다.

『설문』에서는 '미(美)'자를 「양(羊)부수」와 귀속시켜 설명하고 있는데, 그 구조적인 형상은 '양(羊)'자로부터 분석된다. 이후의 연구자들이 어떤 '새로운 해석'을 시도했든, 이 '양의 머리'는 이미 하나의 유기체로 자리 잡았으며, 어떤 해석에서도 그것을 피할 수 없었으며, 차이라면 단지 '가상 형상'과 '실제 형상'의 차이가 있을 뿐이다. 그렇다면 '미(美)'의 이미지가 왜 '양(羊)'에서 비롯되었을까? 이 속에는 복잡한 역사적 문화적 이유가 담겨져 있다.

고고학의 연구에 따르면, 중국은 매우 일찍부터 농업 문명사회에 진입하였다. 농업은 인류에게 두 가지 중요한 생활 조건인 음식과 정착의 기회를 제공하였다. 이 두 가지 조건은 다시 세 번째 생활 조건인 가축의 출현을 촉진하였다. 이미 나투프(納吐夫) 후기 유적[2]에서 (기원전 8천년) 소형 가축의 뼈가 발견되었고, 나투프의 후속 문화인 예리코(耶利哥) 문화[3](기원전 7천년부터 6천년) 및 이 시기의 여러 다른 초

---

2) [역주] 나투프 유적지(Natufian site)는 일반적으로 나투프 문화와 관련된 고고학적 유적지를 말하는데, 이는 서아시아의 중석기 시대 문화로, 기원전 약 12,500년부터 기원전 8,000년까지 존재했으며 주로 시리아, 팔레스타인 및 레바논에 분포했다. 나투프 문화의 주민들은 부싯돌로 도구를 만들어 사용했으며, 채집, 낚시, 사냥에 종사하며 자연 식물과 동물을 섭취했다. 오늘날 예리코 근처에 살던 나투프 인들은 채집 사회의 후기 단계에서 이미 정착을 시작했고, 점차적으로 밀과 같은 야생 식물을 재배하기 시작했다. 또한, 기본적인 농업 도구를 발명하고 야생 동물을 길들였다고 한다.
3) [역주] 예리코 문화(Jericho Culture)는 오늘날 팔레스타인에 위치한 예리코 유적

기 신석기 문화들(아나톨리아의 카탈호육(恰塔爾休于) 문화[4]), 북아프리카의 카림
샤히르(卡里姆沙希爾) 문화[5] 및 좀 더 늦은 자르모(耶莫) 문화[6])에서는 기르던 산
양과 면양[292, 26-30; 144, 115; 459, 5-6]의 존재가 확인되었다. 현
대의 과학적 연구에 따르면, 처음에는 개와 양이 가축화되었고, 소와

지로 대표되는 여러 선사시대 문화를 가리킨다. 예리코 유적지는 중석기 시대
부터 청동기 시대까지 이어지는 문화층을 가진 중요한 고고학적 유적지로, 인
간이 수렵채집 생활에서 정착 농업 사회로 변모하는 과정을 보여준다. 이 문화
의 특징으로는 초기 석기 도구, 건축 유적, 후기에 나타나는 도자기와 금속 공
예품 등이 있는데, 이러한 유물들은 초기 인간 문명의 발달을 연구하는 데 있어
중요한 물리적 증거를 제공한다. 예를 들어, 예리코에서 발견된 선 토기 신석기
시대 유적지에는 두꺼운 석벽과 도랑이 있어 당시의 고도로 발달된 사회 조직
과 방어 체계를 반영하고 있다. 또한, 예리코 문화는 종교적 관습과도 관련이
있는데, 유적지에서 발굴된 우상과 종교 의식 도구들은 초기 주민들의 종교적
신앙과 의례 활동을 나타낸다.

4) [역주] '아나톨리아의 카탈호육 문화'(The Catalhoyuk culture in Anatolia)는 오
늘날 터키의 신석기 문화에 위치한 카탈호육 유적을 말한다. 이 유적지는 기원
전 7000년경으로 거슬러 올라가는 가장 초기의 알려진 정착지 중 하나이다. 차
탈호육 문화는 종종 다산과 번영의 이미지로 여겨지는 수많은 여성 조각상을
포함하여 독특한 건축 양식, 벽화, 조각품으로 유명하다.

5) [역주] 카림샤히르 문화(Karim Shahir culture)는 주로 현재 이라크의 자그로스
산맥 지역에 위치한 초기 신석기 시대의 선사 시대 문화를 말한다. 기원전
9000년부터 기원전 7000년까지 거슬러 올라가는 이 문화는 정착 농업 공동체
의 가장 초기로 알려진 사례 중 하나이다. 카림샤히르 문화의 사람들은 식물과
동물의 가축화를 포함하여 초기 형태의 농업에 종사했다. 그들은 또한 석기를
사용하고 간단한 집을 짓는 것으로도 유명하다. 카림샤히르 유적의 고고학적
발견은 유목 수렵 채집 사회에서 정착 농업 공동체로의 전환에 대한 귀중한 통
찰력을 제공하고 있다. 다만 본문에서 말한 "북아프리카"는 삭제되거나 중동 정
도로 기술되어야 할 것이다.

6) [역주] 자르모(Jarmo) 문화는 현대 이라크의 자그로스 산맥에 위치한 초기 신석
기 문화를 말하며, 기원전 7000년경으로 거슬러 올라가는데, 정착 농업 공동체
의 초기 사례 중 하나로 간주된다. 자르모(Jarmo) 사람들은 농업에 종사하여 밀
과 보리와 같은 작물을 재배하고 염소와 양과 같은 동물을 길렀다. 그들은 작은
진흙 벽돌집에서 살았으며 다양한 석기 도구와 도자기를 사용했다. 자르모 문
화는 농업과 정착 생활의 초기 발전을 이해하는 데 기여하고 수렵 채집 사회에
서 더 복잡한 농업 공동체로 전환하는 데 중요한 역할을 했다.

『설문해자』 인지분석

말의 가축화는 그보다 좀 더 늦게 이루어졌다.[7)]

4-1. 해외 소장 청동기 - 쌍양준(雙羊尊)

　'양(養)'이라는 글자의 어원은 바로 '양(羊)'이다. 『설문·식(食)부수』에 따르면, "양(養)은 공양(供養)을 뜻한다. 식(食)이 의미부이고 양(羊)이 소리부이다. 양(羘)은 고문(古文)체에서의 양(養)자이다." 『집운(集韻)·양(漾)부』에 따르면, "양(養, 羘)은 익(弋)과 양(亮)의 반절로 읽힌다. 공양(供)을 뜻한다. 또는 양(羘)으로 쓴다." '양(養)'에 소리부로서의 '양(羊)'이 들었다는 것은 고대 사람들이 양을 생계를 유지하기 위한 공양으로 인식했음을 반영한다. 고문체 양(羘)의 구조는 '양(養)'의 어근이 양(羊)임을 더욱 분명히 보여준다.

　일찍이 상(商)나라 때에, 은(殷) 민족은 이미 목축의 전통을 가지고 있었다. 복사(卜辭)에서 보존된 가축 이름과 관련된 내용을 보면, 당시 '육축(六畜)'인 말(馬), 소(牛), 양(羊), 닭(雞), 개(犬), 돼지(豕) 등이

---

7) [蘇] 列·謝·瓦西裏耶夫, 『中國文明的起源問題』(中譯本), 121쪽(文物出版社. 1989年).

모두 포함되어 있다. 그리고 필자가 구축한 데이터베이스의 통계에 따르면, '육축'의 비율은 고대 인류학 연구의 결론(즉, 양과 개의 사육이 다른 종류의 가축화보다 빨랐다)과 기본적으로 일치한다. 서중서(徐中舒)가 주편한 『갑골문자전(甲骨文字典)』에 수록된 글자의 상황을 보면, 표제자를 포함하여 부록까지 포함된 통계에서 '육축'을 대표하는 문자는 각각 첫 번째 계층을 구성하는 상황으로 참여하였는데, 그것은 각각 말, 소, 양, 닭, 개, 돼지를 문자의 뿌리로 하는 문자수는 다음과 같다.

· 「양(羊)부수」 45자
· 「시(豕)부수」 36자
· 「견(犬)부수」 33자
· 「우(牛)부수」 20자
· 「마(馬)부수」 21자
· 「계(雞)부수」 3자

그 중에서 「양(羊)부수」에 속한 문자가 우세를 차지하고 있음이 명확하며, 나머지는 모두 그 다음을 이어 받고 있다. 『설문』에 이르러서는, 「양(羊)부수」의 글자 수는 이미 감소하는 추세를 보였는데, 이체자(重文)를 포함하여 총 34개의 문자를 포함하고 있다.

『이아(爾雅)』는 전국시대의 말기에 완성되었다. 이것은 중국 최초의 의미 분류 사전이자, 춘추전국시대의 명물 해설집으로, '정명명물(正名命物: 이름을 바로잡고 사물을 올바르게 부르기)'이 주요 편찬 목적 중 하나였다. 그 중에서도 「석축(釋畜)」장에서는 '육축(六畜)'의 다양한 이름을 총 109개나 수록하고 설명하였는데, 다음과 같은 내용이 포함되어 있다.

『설문해자』 인지분석

각종 말(馬)이름 51자
각종 소(牛)이름 18자
각종 양(羊)이름 11자
각종 개(犬)이름 10자
각종 닭(雞)이름 6자
각종 돼지(豕)이름 13자

택존당(澤存堂) 각본 『송본옥편(宋本玉篇)』은 당(唐)나라 때 추가된 문자를 반영하고 있다. 글자 수의 증감은 해당 시대의 관련 인식의 발전 수준을 반영하게 된다. 이에 실린 글자 수는 다음과 같다.

· 「양(羊)부수」 62자
· 「우(牛)부수」 135자
· 「마(馬)부수」 259자
· 「견(犬)부수」 241자
· 「시(豕)부수」 71자

당(唐)나라 때 필사된 일본의 쿠카이 대사(空海大師)[8]가 편찬한 『전례만상명의(篆隷萬象名義)』는 남북조(南北朝)의 문자 분류 인식 수준을

---

[8] [역주] 쿠카이 대사(空海大師, 774-835)는 일본 헤이안 시대의 탁월한 승려이자 학자로, 일본 불교와 문화 발전에 지대한 공헌을 했다. 그는 중국에서 밀교를 배워 일본에 도입하고 진언종을 창립했으며, 고야산에 금강봉사를 세워 밀교의 중심지로 삼았다. 학문적으로는 불교 철학, 언어학, 문자학 등 다양한 분야에서 독창적인 이론을 제시했다. 특히 그의 저서 『비밀만다라십주심론』은 불교 사상을 체계화한 중요한 철학 저작으로 평가받는다. 그는 또한 일본 최초의 종합 대학이라 할 수 있는 '종예종지원(綜藝種智院)'을 설립하여 교육 혁신에 기여했으며, 서예와 조각 등 예술 분야에서도 뛰어난 재능을 발휘했다. 언어 연구에 있어서는 『성어약집』을 통해 언어의 본질에 대한 독특한 견해를 제시했다. 특히 그가 편찬한 사전인 『전례만상명의(篆隷萬象名義)』는 일본 최초의 한자사전으로 평가받으며, 『원본 옥편』을 저본으로 하여 『옥편』의 원형을 연구하는 중요한 자료로 평가받고 있다.

반영하고 있다. 이에 실린 글자 수는 다음과 같다.

- 「양(羊)부수」 49자
- 「우(牛)부수」 80자
- 「마(馬)부수」 178자
- 「견(犬)부수」 136자
- 「시(豕)부수」 41자

송(宋)나라 때 편찬된 『유편(類篇)』은 데이터베이스 검색에 의하면, 총 25,854자가 수록되었는데, 이는 송나라 때의 문자 분류의 인식 상황을 반영하고 있다. 이에 실린 그중 육축에 대한 글자 수는 다음과 같다.

- 「양(羊)부수」 76자
- 「우(牛)부수」 151자
- 「마(馬)부수」 290자
- 「견(犬)부수」 326자
- 「시(豕)부수」 81자

각 시기별로 수록된 '육축(六畜)'의 비중과 갑골문에서 반영된 상황을 비교하면, 각 시대에 따른 변화와 그에 따른 대비를 발견할 수 있다. 이러한 변화는 사회생활의 인식 발전을 반영한다. 카시러(Ernst Cassirer)는 『인론(人論): 인류문화철학 도론』에서 "분류는 인류 언어의 가장 기본적인 특성 중 하나이다. 명명 활동 자체도 분류 과정에 의존한다."라고 하였다. 그리고 "모든 분류는 특정한 필요에 의해 결정되고 지배된다. 또한 이러한 필요는 사람들의 사회 문화생활의 다양한 조건에 따라 변화한다." 따라서 "인류의 언어는 항상 특정한 인류 생활 형태에 부합하고 그에 대응한다."

위의 통계에서 볼 수 있듯이, 중국은 매우 이른 시기부터 발달한 축산업을 갖추고 있었으며, 특히 '육축(六畜)' 중에서 '양(羊)'이 가장 중요한 위치를 차지하고 있었다. 이것은 고대중국인들이 긍정적인 감정과 가치를 '양(羊)'에게 주입하고 집중시켰던 사회적 생활 인식의 기반이 되었다. 『설문·양(羊)부수』에서 다음과 같이 기술했다.

· 羊: 甲骨 金文 簡帛 古
璽 古幣 漢印 石刻), 祥也. 從丷, 象頭角足尾之形. 孔子曰:
"牛羊之字以形舉也." 凡羊之屬皆從羊.

　양(羊), '상(祥)과 같아 상서롭다'라는 뜻이다. 개(丷)가 의미부이다.
　양의 머리와 뿔과 다리와 꼬리의 모습을 그렸다. 공자(孔子)는
　"우(牛)나 양(羊)과 같은 글자는 모두 형체를 그대로 그린 글자이
　다"라고 했다. 양(羊)부수에 귀속된 글자는 모두 양(羊)이 의미부
　이다.

또 『설문·시(示)부수』의 '상(祥)'자에서 다음과 같이 해설하였다.

· 祥: 甲骨 石刻), 福也. 從示羊聲. 一云善. 似羊切.
　상(祥), '복(福)'을 말한다. 시(示)가 의미부이고 양(羊)이 소리부이
　다. 달리 '선하다(善)'라는 뜻이라고도 한다. 독음은 사(似)와 양
　(羊)의 반절이다.

　과거의 인식 발전 수준과는 달리 현대인들은 어린이, 여성, 노인에 이르기까지 이러한 동물들이 사람들의 생존과 밀접한 관련을 가졌던 과거의 경험과 지식 대신 그저 추상적인 '분류 개념'만을 인식하게 되었다. 상고(上古) 시대에는 사람들이 양, 소, 돼지, 말, 개 같은 동물들

에 대해서 그들의 외모나 털의 색, 그리고 내부적인 성장 주기와 같은 다양한 특징을 기준으로 상세한 분류 인식을 가지고 있었다.

따라서 고대중국인들의 심리 속에서 '양(羊)'은 '길하고 복이 있으며 선한 것의 어원이자 자원으로 간주되었다. 발굴된 서한(西漢) 때의 동세(銅洗: 청동으로 만든 손이나 얼굴을 씻는 용기) 무늬에서 '길상(吉祥)'은 여전히 '길양(吉羊)'으로 표기되었다. 이처럼,

4-2. 상(商)나라 중기의 양머리 무늬 준(尊)

이러한 긍정적인 감정 태도의 기원은 명확하게 추적할 수 있다.

4-3. 한나라 "대길양(大吉羊)" 세기(洗器) 무늬 및 사용 글자

4-4. "길양(吉羊)" – 한나라 때의 지팡이 머리 부분의 장식 명문

『설문해자』 인지분석

『설문』에서 제시하는 '미(美)'의 상상력과 관련된 '의미장'을 보면, 고대 중국인들의 심미 의식은 다양한 출처에서 비롯된 것으로 보인다. 해당 '의미장'은 다양한 특성을 보이며, 단순하고 깔끔한 것이 아니라 책 전체에 걸쳐 흩어져 있다. 여기서는 연계하여 다음과 같이 분류했다. 먼저, 미각에 대한 인식 '의미장'에 관한 글자들이다.

- 羡: 甘也. 從羊從大. 羊在六畜主給膳也. 美與善同意. 無鄙切.(「羊部」)

  미(美), '맛있다(甘)'라는 뜻이다.[9] 양(羊)이 의미부이고 대(大)도 의미부이다. 양은 여섯 가지 가축 중에서 고기를 제공하는 대표적 동물이다.[10] 미(美)는 선(善)과 같은 뜻이다. 독음은 무(無)와 비(鄙)의 반절이다.

- 善, 吉也. 從言從羊. (『言部』)

  선(善, 善), 길하다는 뜻이다(吉也). 언(言)이 의미부이고 양(羊)이 소리부이다.

- (鬻): 五味盉羹也. 從鬲從羔.『詩』曰 : "亦有和鬻." 羹, 或從美, 鬻省. (鬻), 鬻或省. 羹, 小篆從羔從美. 古行切.(『弼部』)

  갱(鬻), '다섯 가지 맛이 조화를 이룬 진한 수프(五味盉羹)'를 말한다. 력(鬲)이 의미부이고 고(羔)도 의미부이다.『시·상송·열조(烈祖)』에서 "갖은 양념한 국도 있는데(亦有和鬻)"라고 노래했다. 갱(羹)은 혹체자인데, 미(美)와 갱(鬻)의 생략된 모습으로 구성되었다. 갱(鬻)은 갱(鬻)의 혹체자인데, 생략된 모습으로 구성되었다. 갱(羹)은 소전체인데 고(羔)도 의미부이고 미(美)도 의미부이다. 독음은 고(古)와 행(行)의 반절이다.

- 鬲: 煮也. 從鬲羊聲. 式羊切.(『鬲部』)

---

9) [역주]『단주』에 의하면, "「감(甘)부수」에서 아름답다는 뜻이다(美也)라고 했는데, 감(甘)은 오미(五味) 중의 하나이지만 오미 중에서 훌륭한 것은 모두 감(甘)이라 할 수 있다. 그래서 훌륭한 것은 모두 미(美)라 부르게 되었다."
10) [역주] 육축은 말(馬), 소(牛), 양(羊), 돼지(豕), 개(犬), 닭(雞)을 말한다.

상(鬺), '삶다(煮)'라는 뜻이다. 력(鬲)이 의미부이고 양(羊)이 소리
부이다. 독음은 식(式)과 양(羊)의 반절이다.

- 甘： 美也. 從口含一. 一, 道也. 凡甘之屬皆從甘. 古三切. (『甘部』)

  감(甘), '맛있다(美)'라는 뜻이다. 입(口) 속에 어떤 것(一)을 머금은
  모습을 그렸다. 일(一)은 도(道)를 뜻한다.[11] 감(甘)부수에 귀속된
  글자들은 모두 감(甘)이 의미부이다. 독음은 고(古)와 삼(三)의 반
  절이다.

- 甛： 美也. 從甘從舌. 舌, 知甘者. 徒兼切.(『甘部』)

  첨(甛), '맛있다(美)'라는 뜻이다. 감(甘)이 의미부이고 설(舌)도 의미
  부이다. 혀(舌)는 단맛을 느끼게 해주는 신체 기관이다. 독음은
  도(徒)와 겸(兼)의 반절이다.

- 甘麻： 和也. 從甘從麻. 麻, 調也. 甘亦聲. 讀若函. 古三切.(『甘部』)

  감(甘麻), '조화로운 맛(和)'을 말한다. 감(甘)이 의미부이고 마(麻)도
  의미부인데, 마(麻)는 조절하다(調)는 뜻이다. 감(甘)은 소리부도
  겸한다. 함(函)과 같이 읽는다. 독음은 고(古)와 삼(三)의 반절이다.

- 旨(甲骨): 美也. 從
  甘匕聲. 凡旨之屬皆從旨. 𠮧, 古文旨. 職雉切.(『旨部』)

  지(旨), '미(美)와 같이 맛있다'라는 뜻이다. 감(甘)이 의미부이고 비
  (匕)가 소리부이다. 지(旨)부수에 귀속된 글자들은 모두 지(旨)가
  의미부이다. 지(𠮧)는 지(旨)의 고문체이다. 독음은 직(職)과 치
  (雉)의 반절이다.

- 嘗(金文)(簡帛)(石刻): 口味之也. 從旨尙
  聲. 市羊切.『旨部』

  상(嘗), '입으로 맛을 보다(口味之)'라는 뜻이다. 지(旨)가 의미부이
  고 상(尙)이 소리부이다. 독음은 시(市)와 양(羊)의 반절이다.

- 味： 滋味也. 從口未聲. 無沸切.(『口部』)

---

11) [역주] 『단주』에서는 이렇게 말했다. "음식물은 각기 다르지만 그것의 도(道)
는 하나인데, 맛의 풍요로움(味道之腴)이 바로 그것이다."

『설문해자』 인지분석

미(味), '맛(滋味)'을 말한다. 구(口)가 의미부이고 미(未)가 소리부이
다. 독음은 무(無)와 비(沸)의 반절이다.

이상의 '의미장에 따르면, 모두 사람의 미각 감관의 기쁨과 만족에
대한 인식을 지향한다. 『설문·양(羊)부수』에서 '미(美)'자를 제외하면,
나머지는 모두 양의 생활 습성, 태어난 성별 등에 대해 매우 세밀하
게 기술한 어휘들이다.12)

'미(美)'와 '미(味)'는 동일한 어원을 가지며, 고대음에서 모두 명모
(明母)로 분류된다. 지(脂)부와 물(物)부는 방대전(旁對轉)13)의 관계를
형성한다. 또한 '미(美)'와 '지(旨)'도 동일한 어원을 가지며 '각(覺)'자
와 연관이 있다. 여기서 '지(旨)'는 '지(脂)'로 파생하였으며, 지부(脂部)
의 대표자이다. 반면 '미(美)' 역시 지부(脂部)에 속한다.

'감(甘)'과 '흠(欠)'은 모두 견(見)모 담(談)부에 속하며, 같은 어원을
가진 글자이다. 훈고학자들은 '흠(欠)', '차(次)', '선(羨)' 등이 동일 어원
및 동일한 근원의 글자 그룹임을 연구한 바 있다. 『설문』에 따르면,
"흠(欠)은 입을 벌리고 숨을 쉬다(張口氣悟也.)"는 뜻이라고 했는데, 단
옥재(段玉裁)의 주석에서는 "흠(欠)은 기가 부족한 상태를 말하며, 이
로 인해 부족함을 의미하게 되었다.(又欠者, 氣不足也, 故引申爲欠少
字.)"라고 보충하였다. 흠(欠)은 상고음에서는 운모가 담(談)이고 성모
가 계(溪)에 해당하는 글자이다. 욕망이란 종종 부족함으로 인해 생기

---

12) 일본의 「야나미 국어사전(岩波國語辭典)』 91쪽. 야나미 서점 출판의 제3판에
　　따르면, 일본어에서 '우마이(うまい)'라는 단어는 세 가지 서기 형태가 있다. 즉
　　'우마이(旨い)', '아마이(甘い)', '미오이(美味い)' 등이 그것이다.
13) [역주] '방대전(旁對轉)'은 고대 한어의 한 음운 현상으로, 같은 운부 내에서 주
　　요 모음이 변화하면서 운미는 변하지 않는 현상을 말한다. 이러한 변화는 주
　　로 같은 가로 축의 운부 사이에서 발생하며, 즉 음성운, 양성운, 입성운 사이
　　의 전환을 의미한다. 예를 들어, '지(之)'와 '직(職)'은 이들의 운미는 같지만 주
　　요 모음이 다르기 때문에 방대전 관계에 속한다.

는 법, 그 결과로 '선(次)'자가 생겼다. 『설문』에서 "선(次)은 욕망으로 인해 입에서 침이 흘러나오는 모습을 말하며(慕欲口液也), 흠(欠)과 수(水)가 의미부이다."라고 했다. 단옥재의 주석에는 "욕망이 있어 입에서 침이 나오므로, 흠(欠)과 수(水)를 의미부로 삼았다.(有所慕欲而口生液也, 故其字從欠, 水.)"라고 했다. 선(次)은 상고음에서는 운모가 원(元)이고 성모가 사(邪)이다. '담(談)'과 '원(元)'은 통전(通轉)14)이 가능하다. 따라서 의미적 측면에서 보면, 욕망으로 인한 침 분비라는 '선(次)'의 의미는 '흠(欠)'에서 파생된 인식 발전의 결과이다. 어원적 측면에서 보면, '선(次)'은 '흠(欠)'의 의미를 취하는 동시에 독음도 취했다. 자원이라는 측면에서 보면, '선(次)'과 '흠(欠)'의 독음과 의미의 관계를 바탕으로 '선(次)'자를 만들 때, '흠(欠)'의 모양을 그대로 사용하여 그들의 독음과 의미의 관계가 글자 모양에도 반영되도록 하여 이중 채널 인식을 획득하도록 하였다. 『설문』에서 "선(羨)은 탐욕을 말한다. 선(次)과 유(羑)의 생략된 모습이 의미부이다."라고 했다. 단옥재의 주석에서는 "유(羑)는 유(羑)가 되어야 한다.……유(羑)는 서로 꾀는 것을 의미한다. 이 글자는 「사(厶)부수」에 보인다. 탐욕이 있는 자는 내면의 선악에 제한이 없고, 외부로부터 유혹을 받기 때문에 유(羑)의 생략된 모습으로 구성되었다.(按羑當作羑, ……羑, 相詶呼也. 見厶部. 有所羨者, 心好惡無節於內, 知誘於外, 故從羑省.)"라고 설명했다. 『집운·유(有)부』에서는 "유(羑, 誘, 誦, 糯)는 이(以)와 구(九)의 반절로 읽힌다. 『설

---

14) [역주] '통전(通轉)'은 성운학에서 한자가 압운, 협성, 가차 등의 측면에서 읽는 소리가 한 운부에서 다른 운부로 전환되는 현상을 가리킨다. 구체적으로 통전은 두 가지 유형으로 나눌 수 있는데, 대전(對轉)과 방전(旁轉)이 그것이다. 대전(對轉)이 주요 모음은 변하지 않고 운미만 변화하는 현상을 말하는 반면, 방전(旁轉)은 음성운과 음성운 사이, 양성운과 양성운 사이, 입성운과 입성운 사이의 상호 변화를 포함한다.

문』에서는 서로 꾀다는 뜻이라고 했다(相詂呼也). 혹체에서는 유(誘), 유(誚), 유(䜖)로 적는다."라고 했으며, 『광운』에서는 "선(羨)은 탐하여 바라다는 뜻이다(貪慕也.)"라고 했다.15)

지금 살펴보면, 당나라 이전의 『설문』 판본에 보이는 '선(羨)'자의 해설은 대서본, 소서본과는 크게 차이가 난다. 혜림(慧琳)의 『일체경음의(一切經音義)』에서 『설문』을 인용하여 이렇게 설명했다. "『고성(考聲)』에서는 '선(羨)은 아끼다는 뜻이다(愛也), 흠모하다는 뜻이다(慕也)'라고 했다. 『설문』에서는 '탐욕을 말한다(貪欲也). 미(美)(독음은 眉와 彼의 반절)가 의미부이고, 차(次)가 소리부이다.'라고 했다. 선(㳄)은 독음이 석(夕)과 연(延)의 반절로, 타액을 말한다(口液也). 수(水)가 의미부이고 흠(欠)도 의미부이다. 지금의 속체에서는 양(羊)과 차(次)로 구성된 선(羨)으로 쓰는데 이는 잘못된 것이다."16) 『집운·선(僊)부』에서도 "선(㳄, 㳄, 涎, 潹, 㵣)은 서(徐)와 연(連)의 반절로 읽힌다. 『설문』에서 욕망이 생겨 침을 흘리는 모습이다(慕欲口液也)라고 했다. 혹체에서는 선(㳄), 선(涎), 선(潹), 선(㵣)으로 적고, 또 선(溫)으로 적기도 한다."라고 했다.

'선(善)'자가 이러한 '미각과 관련된 의미장'의 다음에 배치된 것은 언뜻 보기엔 관련이 없어 보이나, 실제로는 동일한 인식 범주에 속한다. 양(羊)을 모티브로 '선(善)'에서 파생된 '수(羞)'라는 또 다른 글자 하나가 더 있다. 『설문·축(丑)부수』에 따르면, "수(羞)는 바치다는 뜻이다(進獻也). 양(羊)이 의미부인데, 양을 바치는 대상물이다. 또 축(丑)도 의미부인데, 이는 소리부도 겸한다."라고 했다. 갑골문의 자형과 비교해보면, 『설문』의 설명이 사실임을 알 수 있으며, '수(羞)'는 원래

---

15) 周光慶, 『古漢語詞彙學簡論』, 39쪽(武漢: 華中師大出版社, 1989年).
16) 『一切經音義·大寶積經第五十九卷』, "歈羨"條에서 인용한 『說文』.

'진수(珍膳)'라고 할 때의 '수(膳)'자의 원형이었다.[17]

- ☶: 『甲』 1394, 『合』 15430
- ☶: 『鄴』 3下. 46. 1, 『合』 32768
- ☶: 『甲』 2006, 『合』 30768

갑골문의 이러한 이미지는 양(羊)과 우(又)에서 나왔다. 나진옥(羅振玉)은 이를 '수(羞)'로 해석하여, 양을 들고 (제사에) 바치는 모습으로 설명하였다.[18] 복사에서도 다음처럼 '진헌(進獻)'이라는 의미로 사용하였다.

- 제사를 드리는데 제물을 바치면 왕께서 보호해 주실까요?(……祀 其羞王受又.)(『甲』 2006)
- 물어봅니다. 제물을 바치지 말까요? 1월이었다.(貞勿羞用一月.) (『前』 4, 34, 3)[19]

'선(善)'도 사실은 '선식(膳食)'이나 '진선(進膳)'이라고 할 때의 '선(膳)'자의 원형이다. 갑골문으로부터 소전(小篆)에 이르기까지의 주요한 이미지 선택 방식은 양(羊)에서 가져와 일맥상통하였지만, 자형과 구조에는 약간의 변화가 있었다. 이 때문에 여기서는 먼저 해당 고문자 자형을 나열할 필요가 있다. 『설문·경(誩)부수』에서 이렇게 말했다.

---

17) 『集韻·尤部』: "羞膳饈膡, 思留切. 『說文』進獻也. 一日致滋味爲羞. 或從肉從食. 亦作膡. 羞, 一日恥也."
18) 『增訂殷虛書契考釋』 中.
19) 『甲骨文字典』 卷十四.

『설문해자』 인지분석

刻), 吉也. 從誩從羊. 此與義美同意. 常衍切. 譱, 篆文譱從言. 常衍切.
선(善, 譱), '아름답다(吉)'라는 뜻이다. 경(誩)이 의미부이고 양(羊)
도 의미부이다. [양(羊)이 의미부가 된 것은] 의(義)나 미(美)자와
같은 이치이다. 선(譱)은 선(善)의 전서체인데, 언(言)으로 구성
되었다. 독음은 상(常)과 연(衍)의 반절이다.

또 '선(膳)'자에 대해 『설문·육(肉)부수』에서 이렇게 말했다.

· 膳(簡帛   石刻), 具食也. 從肉善聲. 常衍切.
　　선(膳). 먹을 것을 갖춘다는 뜻이다. 육(肉)이 의미부이고 선(善)이
　　소리부이다. 상(常)과 연(衍)의 반절이다.

『집운·선(獮)부』에서는 또 이렇게 말했다. "선(譱, 譱, 善, 嬗)은 상
(上)과 연(演)의 반절로 읽힌다. 『설문』에서는 '길하다는 뜻이다(吉也)'
라고 했다. 혹체에서는 줄여서 쓰며, 예서체에서 선(善)으로 썼다. 또
선(嬗)으로도 쓰기도 한다." 『집운·선(線)부』에서는 이렇게 말했다.
"선(膳, 饍)은 시(時)와 전(戰)의 반절로 읽힌다. 『설문』에서는 '음식물
을 갖추어 차리다(具食)'라는 뜻이다. 요리사가 음식의 맛을 조화롭게
만들면 반드시 맛있는 요리가 되는 법, 그래서 선(善)으로 구성되었다
(庖人和味必嘉善, 故從善.) 혹체에서는 식(食)으로 구성되었다." 또 「선
(銑)부」에서 이렇게 말했다. "전(腆, 籑, 籑)은 타(他)와 전(典)의 반절
로 읽힌다. 『설문』에서 '고기반찬을 많이 진설하다(設膳腆腆多)'라는
뜻이라고 했다. 혹체에서는 전(籑)이나 전(籑)으로 쓴다. 또 혹체에서
는 전(胮)으로도 쓴다." 혹체에서는 육(肉)으로 구성되었는데, 미각의
인식을 연결하기 위해 의미부 '설(舌)'과 연계시켰다.
　　어떤 갑골 복사에서는 해당 이미지를 하나의 통통한 큰 양의 머리

의 형태에서 가져오기도 했다. 단순히 양의 뿔(羊角)만이 아니라 양의 눈(羊目)까지 함께 새겼으며, 이로써 그것이 머리(頭部) 전체임을 나타냈다. 원시 미술사는 우리에게 다음과 같은 사실을 알려준다. "상징적인 표현 수법은 형상을 단순화하려는 경향이 있으며, 그 결과 매우 단순한 그림으로 만들어진다. 그리고 이러한 경향은 정해진 면적 내에서 무늬를 변화시키는 방식보다 더 큰 영향을 준다."20) 이런 상징 방식의 단순화 원칙에서 얻어진 "형상의 주요 특징은 대표성이 있는 몇 가지 특색만을 사용하여 사물을 표현하는 것이다." 복사(卜辭)에서 '선(善)'자는 양의 가장 대표적인 부분인 양머리(羊頭)에서 그 이미지를 가져오게 되었고, 가능한 한 '완전한 형태(完形)'의 방식으로 머리의 양쪽 눈까지 함께 그려 나타내, 그것의 전체적인 인지 특징을 보여준다. 그러나 이런 이미지 선택 방식은 여전히 일부를 통해 전체를 상징하는 이미지 선택 인지 유형에 불과하다. 『설문·양(羊)부수』에서 양(羊)을 설명하면서 "소와 양을 나타내는 문자는 그 형상을 들추어 냈다.(牛羊之字以形舉也.)"라고 하여 공자(孔子)의 말을 인용했다.

또 다른 갑골 복사에서는 '양(羊)'에서 그 이미지를 가져왔고, 또한 '신(臣: 눈)'에서도 그 이미지를 가져왔다. 혹은 이 '신(臣)'자를 '선(善)'자의 독음을 나타낸다고 생각할 수도 있을 것이다. '선(善)'자의 상고음은 선(禪)모 원(元)부이며, '신(臣)'은 선(禪)모 진(眞)부에 속하여, 이들은 쌍성 관계이고, 게다가 '진(眞)'과 '원(元)'의 방전(旁轉) 관계에 있다. 『설문』에 수록된 전서체에서는 또 '언(言)'으로 구성되었는데, 여전히 '형성' 구조가 그대로 보존되어 있다. '선(善)'과 '언(言)'은 고대음에서 모두 원(元)부에 속하며, 또 첩운 관계에 속한다. 지적해야 할 것은, '선(善)'자의 이런 형성(形聲) 구조는 약간 복잡하다는 점이다.

---

20) [美] 弗朗玆·博厄斯, 『原始藝術』(中譯本), 133쪽(上海文藝出版社, 1989年).

즉 처음에는 두 개의 '신(臣)' 혹은 두 개의 '언(言)'로 구성되었기 때문에 일반 사람들은 이 표상 때문에 이 글자의 구조 내부에 든 음성 관계가 은폐된 것을 알아보지 못했었다. 이것은 실제로 조금 특별한 유형에 속한다. 왜냐하면 두 개의 '신(臣)'으로 구성된 것이 두 개의 '언(言)'으로 구성된 것과 같지만, 문자 부호라는 차원에서는 여전히 하나의 '신(臣)'이나 하나의 '언(言)'만 그 역할을 하고 있기 때문이다. 그러므로 두 개의 '신(臣)'은 전체적으로 한 개의 '신(臣)'으로 줄어들 수 있고, 두 개의 '언(言)'은 전체적으로 한 개의 '언(言)'으로 줄어들 수 있다. 그렇지 않으면 '언(言)'과 '경(誩)'은 독음과 의미가 크게 달라지기 때문이다.[21]

갑골 복사에서 '선(善)'은 '향(饷)'자로도 사용되었는데, 이는 금문에서 '선(善)'이 '선(膳)'으로 사용된 것으로부터 이를 간접 증명할 수 있다. 복사에 '선일(善日)'이라는 예가 있는데, 진몽가(陳夢家)는 이를 '정오 이전의 시간대'를 의미하는 것으로 추정하고서, 이 때의 '선(善)'은 '향(饷)'으로 사용되었다고 주장했다.[22] 이러한 '선(善)'(즉, 膳)의 사용은 대체로 『사기·항우본기(項羽本紀)』에서 말한 "단일향사졸(旦日饗士卒: 이튿날 병사들에게 잔치를 베풀어 잘 먹였다)"에서의 '향(饗)'과 비슷하다. 「대궤(大簋)」의 청동기 명문에서는 '선(膳)'을 '선(善)'으로 표기하였으며, 「제후돈(齊侯敦)」에서도 '선(膳)'을 '선(善)'으로 표기했다.[23] 한(漢)나라 때의 세기(洗器) 명문에도 '상양(尚羊)'이라는 표현이 보인다.

---

21) 유사한 예를 보면, 『說文·魚部』에서 "鱻"의 전서체를 '漁'로 적었다.
22) 陳夢家, 『殷虛卜辭綜述』(北京: 科學出版社, 1956年).
23) 『金文編』 卷四의 著錄 참조.

4-5. "상양(尙羊)" – 한나라 좌씨(左氏) 제작 세기(洗器)

4-6. "상양(尙羊)" – 한나라
세기(洗器) 명문

4-7. "양세(羊洗)" – 한라라 동씨(董氏)
제작 세기(洗器) 무늬

　고대 중국인들의 '미(味: 맛)'에 대한 감각적 인식은 '미(美)'의 언어
적 기원과 직접 연결되어 있다. 따라서 일부 복잡한 감정 체험은 언
어로 표현하기가 어려워 이러한 '입과 뱃속의 미각(口腹滋味)'이라는
인식을 통해 전달되곤 했다. 예를 들어, 『초사·천문(天問)』에서는 이
렇게 말했다. "선량한 부인이 임금의 아내가 되어, 그 자신이 대업을
이어가려 했네. 그런데 어찌 서로의 기호가 그렇게 달라서, 일시의

　　　　　　　　　　　　　　『설문해자』 인지분석

즐거움에만 만족했던 것인가? (閔妃匹合, 其身是繼, 胡維嗜不同味, 而快朝飽?)" 여기서 굴원(屈子)은 대우(大禹)가 도산(塗山)의 여인과 통정한 것에 대한 질문에서, 아침의 허기짐에 한 끼 식사로 만족스러워 하는 쾌감(즉, 생리적 필요 충족)이라는 맛을 사용하여 남녀 간의 성적 행위에서 일어나는 감정적 체험을 비유하였다.

따라서 '아침의 허기짐에 한 끼 식사로 만족스러워 하는 쾌감(快朝飽)'으로 '짝 지움의 달콤함(甘匹合)'을 은유한 것은 입과 뱃속의 생리적인 맛을 통해 이성 간의 감정적 체험을 표현한 것이다. 이와 맞물려서, 감정적으로 만족되지 않는 미각은 생리적인 배고픔의 맛으로 표현될 수 있다.

전종서(錢鍾書)는 문예 심리학 현상에 관한 해석에서 이를 '감정의 배고픔(情感饑餓)'이라고 불렀다. 예를 들면, 『시·여분(汝墳)』에서 "그대 뵙지 못하니, 주린 아침의 음식처럼 그리웠네.(未見君子, 惄如調饑.)"라고 했는데, 정현(鄭玄)의 『전(箋)』에서 "조(調)는 아침(朝)을 의미하며, 마치 아침에 배가 고파 음식이 생각나는 것처럼 그립다.(調, 朝也. 如朝饑之思食.)"라는 뜻이라고 풀이했다. 전종서는 음식을 통해 남녀를 은유하고, 달콤함을 통해 짝을 은유한 인식 방식은 발자크(Balzac, 巴爾紮克)가 말한 사랑과 배고픔의 유사성과 비교할 만하다.[24] 중국의 속담에도 "배부른 사람은 배고픈 사람이 얼마나 배고픈지를 모른다(飽漢子不知餓漢子饑)"라는 말이 있는데, 바로 이런 '시각적 속담'에 대한 주석이다. '맛(味)'의 인식적 함축이 점차 풍부해지고 발전하면서, 결국 모든 정신적 감정의 만족과 즐거움의 인식 체험은 음식의 생리적 미각을 통해 비유될 수 있었다. 대체로 춘추 시기에 이르면 '미(味)'에 대한 감각적 인식 체험은 이미 음악 등의 예술 감상

---

24) 『管錐編』 卷一, 73쪽.

영역에 도입되기 시작했다. 우리가 익숙한 『논어·술이(述而)』에 이런 기록이 있다. "공자께서 제(齊)나라에서 '소(韶)'라는 음악을 들었을 때, 세 달 동안 고기 맛을 모르게 되었는데, '음악의 즐거움이 이 정도로 깊은 줄은 몰랐다'라고 하셨다.(子在齊聞『韶』, 三月不知肉味, 曰: 不圖爲樂之至於斯也.)" 중국의 수사학에서 초기 시기의 '공감(通感)'을 예로 들 때 성인 공자(孔子)의 감상을 잊어서는 안 된다.25) 발굴된 문화유물 중에는, 은상과 서주 시대부터 이미 '조미(調味)'의 기능을 가진 '화(盉)'라는 기물이 대량으로 존재할 뿐 아니라, 심지어는 인식 수준이 상당하다는 '조색(調色)' 기능을 가진 기물도 존재한다.

4-8. 서주(西周) 때의 조색(調色)용 기물

---

25) 나머지 예는 『漢語文字與審美心理』四, 「'味'字群」에 보이는데, 여기서는 간단한 예만 보충했다. 소명태자(昭明太子)의 「칠계(七契)」에서 "怡神甘口, 窮美極滋.(마음을 기쁘게 하고 입에 달며, 지극히 아름답고 맛이 매우 좋다.)"라고 했다. '미(美)'와 '자(滋)'(즉 '味')는 대문(對文)으로 같은 뜻임은 더더욱 분명하다.

　　　　　　　　　　　　　『설문해자』 인지분석

4-9. 은상(殷商)과 서주(西周) 시기의 화(盉)

그 다음으로, 『설문』에 보이는 감각 체험과 관련된 '의미장'에 대해 살펴보자.

·美, 甘也. 從羊從大. 羊在六畜中主給膳也. 美與善同意. 徐鉉曰: 羊大則美, 故從大.

미(美), '달다'는 뜻이다. 양(羊)이 의미부이고 대(大)도 의미부이다. 양은 육축 중에서 고기를 가장 많이 제공한다. 미(美)와 선(善)은 같은 뜻이다. 서현은 이렇게 말했다. 양(羊)이 크면(大) 맛있다(美). 그래서 대(大)로 구성되었다.

왕균은 이렇게 말했다. 양이 크면 살지고 맛있다. 허신의 말은 아마도 수(羞)자가 양(羊)자로 구성된 것으로부터 해석을 했을 것이다.……무릇 식품은 맛있다(羞)는 것으로 통칭되는데, 양(羊)

이 고기의 주된 식품이었다. 그래서 글자에 우(牛)나 견(犬) 등이 들지 않고 양(羊)이 들었던 것이다.26)

단옥재는 이렇게 말했다. 단 맛(甘)은 오미 중의 하나이다. 그리고 오미 중에서 맛있는 것은 모두 감(甘)이라 한다. 양(羊)이 크면(大) 살지고 맛있다.(段玉裁曰: 甘者, 五味之一, 而五味之美皆曰甘. 羊大則肥美.)27)

· 肥, 多肉也. 從肉從卪. 符非切. (『肉部』)

비(肥), '살이 쪄 고기가 많다(多肉)'라는 뜻이다. 육(肉)이 의미부이고 절(卪)도 의미부이다. 독음은 부(符)와 비(非)의 반절이다.

· 朕, 婦始孕朕兆也. 從肉某聲. 莫栝切. (『肉部』)

매(媒), '부인이 처음으로 아이를 밸 징조(婦始孕朕兆)'를 말한다. 육(肉)이 의미부이고 모(某)가 소리부이다. 독음은 막(莫)과 배(栝)의 반절이다.

· 媄, 色好也. 從女從美, 美亦聲. 無鄙切. (『女部』)

'여성의 얼굴색이 좋다(色好)'라는 뜻이다. 녀(女)가 의미부이고 미(美)도 의미부인데, 미(美)는 소리부도 겸한다. 독음은 무(無)와 비(鄙)의 반절이다.

· 媚, 說(悅)也. 從女眉聲. 美祕切. (『女部』)

미(媚: [甲骨文] [金文], '기쁘게 하다(說)'라는 뜻이다. 녀(女)가 의미부이고 미(眉)가 소리부이다. 독음은 미(美)와 비(祕)의 반절이다.

· 尾, 微也. 從到毛在尸後. 古人或飾繫尾, 西南夷亦然. 凡尾之屬皆從尾. (今隸變作尾) 無斐切.

미(尾), '미(微)와 같아 미세하다는 뜻이다.' 거꾸로 된 꼬리가 시(尸)의 뒤에 놓인 모습이다. 옛사람들은 간혹 장식으로 꼬리를 달기도 했는데, 서남쪽의 이민족들이 그러했다. 미(尾)부수에 귀속된 글자들은 모두 미(尾)가 의미부이다. [오늘날에는 예변(隸變)을 거쳐 미(尾)로 씁니다.] 독음은 무(無)와 비(斐)의 반절이다.

---

26) 『說文句讀』卷七.
27) 『說文解字注』四篇上.

784   『설문해자』인지분석

·義, 己之威儀也. 從我, 羊. 羛, 墨翟書義從弗, 魏郡有羛陽鄉, 讀若錡. 宜
寄切. (『我部』)

'자기 자신의 위엄 있는 거동(己之威儀)'을 말한다. 아(我)와 양(羊)
이 모두 의미부이다. 의(羛)는 『묵적서(墨翟書)』(즉 『묵자』)에 의하
면, 의(義)인데 불(弗)로 구성되었다. 위군(魏郡)에 의양향(羛陽鄉)
이라는 곳이 있는데, 기(錡)로 읽힌다. 독음은 의(宜)와 기(寄)의
반절이다.

이와 관련하여 시각적 감각 체험의 '의미장'은 '살찌며 아름답고(肥
美) 성대(盛大)하다'라는 것으로 요약할 수 있다. 구체적인 논증 과정
은 『한어 문자와 심미심리(漢語文字與審美心理)』의 제2장 "미(美) 관련
글자군"에서 자세히 볼 수 있다. 여기서는 추가로 다음과 같이 몇 가
지만 지적하고자 한다.

'미(美)'라는 글자의 이미지 선택 및 구조의 내부 관계는 수 천 년
동안의 논쟁거리가 되었다. 구석규(裘錫圭)는 중국 고대문자에서 그림
(圖畫)의 이미지에서 문자 기호로의 발전 과정, 즉 2차원의 인식에서
1차원의 인식의 경향으로 전환하는 것을 분석하면서 다음의 예를 언
급한 바 있다.

그림문자(文字畫) 단계에서는 이미 추상적인 형태나 상징 등 비교적
복잡한 방법을 통해 의미를 표현하기 시작하였다. 이러한 방법들은
앞서 언급한 일부 단어들의 글자를 창조하는 데 사용될 수 있었다.
또 어떤 단어들의 의미는 추상적인 그림으로 표현될 수 있었다. 예
를 들어, 작은 숫자를 표현하는 글자를 만들 때, 선이나 점을 사용한
그림문자 단계에서의 표현 방법을 계승할 수 있었는데, 고대 한자에
서 '일(一)', '이(二)', '삼(三)', '사(亖=四)'가 그렇다. 또 고대 한자에서
는 '□'로 '네모(方)'를, 'O'으로 '원(圓)'을 표현하였으며, 메소포타미
아 문자의 성서체(聖書體)에서는 '×'로 '나누다(劃分)'는 의미를 표현

했다. 또한 일부 단어들은 이미지 등의 방법으로 표현될 수 있었다. 예를 들어, 고대 한자에서는 성년 남성의 형태를 사용하여 '대(大)'를 표현했는데, 성인은 아이보다 '크기(大)' 때문이다(또한 일부는 '대(大)' 자가 두 팔을 펼친 사람의 형태로 '크다'는 의미를 표현한다고 생각하는데, 이 역시 복잡한 의미 표현방법 중 하나이다).

성서체(聖書體)에서는 왕의 지팡이(王笏)인 🜊를 사용하여 '통치(統治)' 라는 개념을 나타냈는데, 왕의 지팡이는 통치권의 상징이기 때문이다. 이런 방법으로 만들어진 글자들은 형태적으로는 그림과 비슷하게 보일지라도, 본질적으로는 그림과는 전혀 다르다. 예를 들어 '🜊🜊'으로 '큰 사슴(大鹿)'을 나타내는 것은, 매우 큰 사슴을 그려 이 의미를 나타내는 것과는 근본적으로 다른 표현 방식이다. '🜊'가 '크다(大)'는 의미라는 것을 모른다면, "🜊🜊'이 무엇을 말하는지 이해할 수 없다. 그것들을 그림으로 간주하면, 그저 사람과 사슴이 함께 있는 것으로만 이해할 수 있다. 사람이나 사슴과 같은 구체적인 사물의 상형 기호는 아마도 '사(三)'나 '대(大)' 등과 같은 그림과는 명확히 구분되는 문자가 생기기 시작한 후, 그들의 영향 하에서 점차 그림과 구분되어, 진정한 문자 기호가 되기 시작했을 것이다.[28]

같은 원리와 같은 상징 표현의 인식 관계로, 고대인들은 '양(羊)'을 대표로 하여 '여섯 가지 식용 가축'의 번성과 살찜을 표현할 때도, 인체의 '큰 모습(大)'(즉 '가까이로는 몸에서 가져옴(近取諸身)'을 통한 것)으로 그 상징적 의미를 표현할 수밖에 없었다. 그렇지 않으면, 그저 '한 사람'과 '양 한 마리'가 함께 있는 것으로만 이해할 수 있게 되기 때문이다.

또 '미(尾)'자의 이미지 선택에 관해서는 이 책의 제4장 제2절 "무용 이미지(舞蹈意象)"에서 자세히 논의했다. 주준성(朱駿聲)의 『설문통훈정성(說文通訓定聲)』에 따르면, 『사기·오제본기(五帝本紀)』의 『집해

---

28) 『文字學概要』, 3쪽(商務印書館, 1988年).

(集解)』에서 『설문』을 인용하여 "미(尾)는 교접하다(交接)는 뜻이다." 라고 했다.29) 이러한 해석은 『상서』에서 말한 "조류와 짐승이 교미를 하다(鳥獸孳尾)"라고 할 때의 '미(尾)'와 같다. 이와 관련된 해석은 "무용 이미지"의 관련 부분에서 자세히 볼 수 있다.

또 '의(義)'자의 어근 역시 '양(羊)'에서 그 이미지를 취하고 '아(我)'에서 그 독음을 가져왔다. 이 또한 '아름답고 풍성함(美盛)과 살찌고 큼(肥大)'의 의미를 나타낸다. 그래서 '미(美)'와 '선(善)'이 동일한 범주에 속하게 되며, 같은 이미지(象)와 의미(義)에서 출발했다. 먼저 언어적 연결 관점에서 보면, '아(我)'에서 독음을 얻은 일련의 글자들은 모두 '높고 크다(高大)'는 의미를 가지는데, 이는 '미선(美善)'의 의미를 가지는 것과 같다.

· 誐, 嘉善也. 從言我聲. 『詩』曰: "誐以溢我." 五何切.
아(誐), '아름다운 말(嘉善)'을 말한다. 언(言)이 의미부이고 아(我)가 소리부이다. 『시·주송유천지명(維天之命)』에서 "아름다운 말로 우리를 이롭게 하셨으니(誐以溢我)"라고 노래했다.30) 독음은 오(五)와 하(何)의 반절이다.

· 峨, 嵯峨也. 從山我聲. 五何切.
아(峨), '산이 우뚝 솟다(嵯峨)'라는 뜻이다. 산(山)이 의미부이고 아(我)가 소리부이다. 독음은 오(五)와 하(何)의 반절이다.
『광아·석고(釋詁)』(4)에서 "높다는 뜻이다(高也)."라고 했다. 필자의 생각은 이렇다. '차아(嵯峨)'는 첩운으로 된 연면어로, 수의(嶊巖: 산꼭대기)와 같은 단어이며, 달리 '차아(嵳峩)'로도 쓴다. 『시·역박(棫樸)』에서 "봉장아아(奉璋峨峨: 옥잔을 공경히 들고 있는 모습. 뛰어난 분들에게 잘 어울리네.)"라고 노래했는데, 『전(傳)』에서

---

29) 『履部第十二』(武漢古籍書店, 1983年影印).
30) [역주] 『단주』에서는 일(溢)은 밀(謐)이 되어야 한다고 하면서, 이는 서현의 대서본에서 『모시(毛詩)』에 근거해 제멋대로 바꾼 결과이며, 『광운(廣韻)』에서 인용한 『설문』에서는 밀(謐)로 되었다고 했다. 참고할만하다.

"풍성하고 장함을 말한다(盛壯也)."라고 했다. 『공양전·정공(定公)』8년의 주석에서 『석문(釋文)』에서는 본래 아(娥)로 적었고, 『이아석훈(釋訓)』에서는 '아아(峨峨)는 살피다는 뜻이다(祭也).'라고 했다. 『광아석훈(釋訓)』에서는 '아아(莪莪)는 높다는 뜻이다(高也).'라고 했다.

・厬, 厒厬也. 從厰義聲. 魚爲切.

의(厬), '수의(厒厬) 즉 산꼭대기'를 말한다. 엄(厂)이 의미부이고 의(義)가 소리부이다. 독음은 어(魚)와 위(爲)의 반절이다.

『석문(釋文)』에서는 간혹 차아(厒厒)로도 적는다고 했다. 필자의 생각에, '수의(厒厬)'는 뒤에 나온 단어인데, 첩운으로 된 연면어이다. 이는 '차아(嵯峨)'와 같으며, 달리 '최외(崔嵬)'로도 통용된다. 『집운·가(歌)부』에서 이렇게 말했다. "아(峨, 厰)는 우(牛)와 하(河)의 반절로 읽힌다. 『설문』에서 '산이 우뚝 솟다는 뜻이다(嵯峨也)라고 했다. 혹체에서는 아(厰)로 적는다. 또 아(莪)로 쓰기도 한다."

・娥, 帝堯之女, 舜妻娥皇字也. 秦晉謂好曰娙娥. 從女我聲. 五何切.

아(娥), '요(堯) 임금의 딸로, 순(舜) 임금의 부인인 아황(娥皇)의 자(字)'이다. 진(秦)과 진(晉) 지역에서는 훌륭한 여자(好)를 경아(娙娥)라고 한다. 녀(女)가 의미부이고 아(我)가 소리부이다. 독음은 오(五)와 하(何)의 반절이다.

『방언(方言)』권1에서 이렇게 말했다. 아(娥)는 훌륭하다는 뜻이다(好也). 진(秦) 지역에서는 아(娥)라 한다. 진(秦)과 진(晉) 사이 지역에서는 무릇 훌륭하고 나이 젊은 자(好而輕者)를 아(娥)라 한다.31) 권2에서는, 진(秦)과 진(晉) 사이에 아름다운 모습을 아(娥)라고 한다고 했다.32)

'의(義)'와 '의(儀)'는 고대음에서 모두 의모(疑母) 가부(歌部)에 속하

---

31) [역주] 한 무제(漢武帝) 때의 제도에 의하면, 첩여(倢伃), 경아(娙娥), 용화(傛華), 충의(充依) 등에게는 모두 작위가 주어졌다.

32) 『說文通訓定聲·隨部第十』. 『集韻·歌部』: "娥, 牛河切. 『說文』: 帝堯之女, 舜妻娥皇字也. 秦晉謂好曰娙娥."

『설문해자』 인지분석

여, 사실상 같은 글자의 파생자이다. 일본어에서는 '의(義)'가 '아름답다(美しい)'는 뜻의 '양(羊)'과 독음을 나타내는 '아(我)'가 결합하여 형성된 형성 문자로 간주되며, 그 이미지의 본래의미는 '우아한 무용 자세(優美舞姿)'(아름다운 춤의 모습)이라고 보았다.33) 『설문』에서는 '의(義)'와 '의(羛)'는 이체자의 관계에 있다. 다음은 「아(我)부수」에서 이 부수의 전서체와 고대 문자의 구조를 비교하면 다음과 같다.

石刻), 施身自謂也. 或說我, 頃頓也. 從戈從↑. ↑, 或說古垂字, 一曰古殺字. 凡我之屬皆從我. 徐鍇曰: "從戈者, 取戈自持也." 𢦠, 古文我. 五可切.

아(我), '자기 자신을 부를 때 쓰는 호칭이다(施身自謂).' 혹자는 아(我)는 기울다(頃頓)는 뜻이라고도 한다. 과(戈)가 의미부이고 수(↑)도 의미부이다. 수(↑)에 대해 혹자는 수(垂)의 고문체라고도 한다. 일설에는 살(殺)의 고문체라고도 한다. 아(我)부수에 귀속된 글자들은 모두 아(我)가 의미부이다. 아(𢦠)는 아(我)의 고문체이다. 독음은 오(五)와 가(可)의 반절이다.

石刻), 己之威儀也. 從我, 羊. 臣鉉等曰: 此與善同意, 故從羊. 宜寄切. 狂, 『墨翟書』義從弗. 魏郡有羛陽鄕,

33) 『標准漢和辭典·羊部』.

讀若錡. 今屬鄴, 本內黃北二十里.

의(義), '자기 자신의 위엄 있는 거동(己之威儀)'을 말한다. 아(我)와 양(羊)이 모두 의미부이다. 의(𦍙)는 『묵적서(墨翟書)』(즉 『묵자』)에 의하면, 의(義)인데 불(弗)로 구성되었다. 위군(魏郡)에 의양향(義陽鄉)이라는 곳이 있는데, 기(錡)로 읽힌다. 지금은 업(鄴)에 귀속되었다. 원래는 내황(內黃)의 북쪽 20리 되는 곳에 있었다. 독음은 의(宜)와 기(奇)의 반절이다.

서중서(徐中舒)는 '의(義)'의 구조에 대해 '아(我)가 의미부이고, 양(羊)도 의미부이다.'라고 주장하였는데, 이는 『설문』의 '의(義)'자의 전서체 구조와 동일하다. 단옥재(段玉裁)는 '양(羊)'과 '선(善)'과 '미(美)'는 서로 의미가 같다고 했다. 『시·문왕(文王)』에서 "훌륭한 명성 밝게 빛나게 하고(宣昭義問)"라고 했는데, 『전』에서 "의(義)는 선(善)이다."라고 했다. 이것이 아마도 '의(義)'자의 원래 의미일 것이다.[34] 고대 문헌에서 '의(義)'와 '의(儀)'의 사용 상황을 통해 유추할 수 있는 것은, '의(義)'와 '미(美)' 사이에 존재하는 '동의어' 관계, 그리고 '의표와 자태(儀表姿態)' 및 '의장의 성대함(儀仗盛壯)'도 이의 한 장면이다. 왕인지(王引之)는 『경의술문(經義述聞)』에서 이와 관련된 거의 모든 것을 분석하였다.[35]

『대전(大傳)』에서 이렇게 말했다. "위로 조상의 사당을 갈무리하는 것은 존경해야하는 이를 높이 받들기 위함이며(尊尊也), 아래로 자식과 손자를 다스리는 것은 친해야 할 사람에 대해 친밀함을 나타내기 위함이며(親親也), 옆으로 형제들을 관리하는 것은 가족을 끌어들여 먹게 하기 위함이며, 순서대로 나열하여 시시비비를 분명히 하는

---

34) 『甲骨文字典』 卷十二.
35) 『經義述聞』 卷十五, 361~362쪽, "別之以禮義" 등을 참조(南京: 江蘇古籍出版社, 1985年).

것은 예의(禮義)로 구별함으로써 인간의 도를 다하기 위함이다." 이에 대해 『정의(正義)』에서는 이렇게 말했다. "예의(禮義)로 구별함으로써 인간의 도를 다하기 위함이라고 하는 것은, 조상을 다스리는 것과 아들과 손자, 그리고 형제를 관리하는 것을 요약한 것이다. 이세 가지 모든 일들을 예의로 구별함으로써 인간의 도리를 완전히 이루어 낸다." 내(왕인지) 생각은 이렇다. 가족들을 끌어들여 먹게 하고, 순서대로 나열하여 질서를 구축하고, 예와 의로 구별하는 것은 모두 형제를 관리하는 일이며, 이를 통해 인간의 도를 다한다고 했다. 이는 이 세 가지를 통합하여 요약한 것이다. 예의로 구별한다고 할 때의 '의(義)'는 '예의(禮儀)'라고 할 때의 '의(儀)'로 읽는다. 『설문』에 따르면, 의(義)는 자기 자신의 위엄과 품위를 나타낸다는 뜻이라고 했다. 『시·소아(小雅)·초자편(楚茨篇)』에서는 '예의졸도(禮儀卒度: 예와 의를 모두 법도에 맞고)'라고 했는데, 『한시(韓詩)』에서는 의(儀)를 의(義)로 썼다. 『주관(周官)』에서는 '사사치기예의(隸師治其禮儀: 스승이 그의 예와 의를 다스린다)'라고 했는데, 고서에서는 '의(儀)'를 '의(義)'로 썼다. 정사농(鄭司農)은 '의(義)'를 '의(儀)'로 읽는다고 했다. 고대에는 '의(儀)'를 단순히 '의(義)'로 썼으며, 현대에서는 '의(義)'를 '의(誼)'로 쓴다. 이는 고대에는 예의(禮儀)의 의(儀)를 원래는 의(義)로 썼다는 것을 말한다. 문왕이 세자일 때 이렇게 말했다. "왕이 자신의 종족과 함께 연회를 주최할 때는, 다른 성을 가진 사람들은 손님이 되며, 음식을 담당하는 자가 주인이 된다. 왕이 아버지와 형제들과 함께 식사를 할 경우, 세대가 한 단계 떨어진다. 이 모든 것들은 예의로 구별된다는 것을 의미한다. 만약 단순히 예의로만 말한다면, 그것은 전후 문맥과 연관되지 않을 것이다."

(大傳: 上治祖禰, 尊尊也; 下治子孫, 親親也; 旁治昆弟, 合族以食, 序以昭繆, 別之以禮義, 人道竭矣. 正義曰: 別之以禮義, 人道竭矣者, 總結上治祖禰下治子孫旁治昆弟. 言此三事, 皆分別之以禮義, 使人之道理竭盡於此矣. 引之謹案: 合族以食, 序以昭繆, 別之以禮義, 皆旁治昆弟之事, 人道竭矣; 乃總承上三事言之. 別之以禮義, 義, 讀爲禮儀三百之儀. 『說文』: 義, 己之威儀也. 『小雅·楚茨篇』: 禮儀卒度; 韓詩儀作義. 『周官』: 隸師治其禮儀; 故書儀爲義. 鄭司農云: 義讀爲儀. 古者書儀但爲義, 今時所謂義爲誼, 是古禮儀字本作義也. 文王世子曰: 若公與族燕, 則異姓爲賓, 膳宰爲主人; 公與父兄齒, 族食, 世降一等, 皆所謂別之以禮儀也. 若空言禮義, 則與上下文意不相屬矣.)

또한 『악기(樂記)』에서는 이렇게 말했다. "예의가 세워지면, 귀천(貴賤)이 동등하게 된다. 악의 정신(樂文)이 일치하면, 위와 아래(上下)가 화합한다." 이에 대한 『정의(正義)』의 설명에 따르면, "의(義)는 적절함(宜)을 말한다. 예를 따라 적절하게 행동하면, 귀천(貴賤)이 각각에 계급이 생긴다."라고 했다. 내(왕인지) 생각은 이렇다. 의(義) 역시 의(儀)로 읽는다. 예의(禮儀)는 악문(樂文)과 정확히 대응한다. 『주관(周官)·대사도(大司徒)』에서 "의(儀)로 등급을 구별하면, 백성들은 선을 넘지 않는다."라고 했다. 고서에서는 의(儀)를 때로는 의(義)로 쓰기도 했는데, 두자춘(杜子春)은 이를 의(儀)로 읽었다. 『관자·금장편(禁藏篇)』에서는 또 "예의(禮儀)는 귀천(貴賤)을 구별하기에 충분하다."라고 했다. 이는 예의(禮儀)가 세워지면 귀천(貴賤)이 동등해 진다는 것을 의미한다. 또 「사사(司士)」에서는 "조정의 의(儀)를 바르게 정함으로써 그 귀천(貴賤)을 구별한다."라고 했고, 「전명(典命)」에서는 "제후들의 오의(五儀: 다섯 가지 행동)를 관리한다."라고 했는데, 고서에서는 의(儀)를 의(義)로 썼으며, 정사농(鄭司農)은 이를 의(儀)로 읽었다……

(又樂記曰: 禮義立, 則貴賤等矣; 樂文同, 則上下和矣. 正義曰: 義, 宜也. 若行禮得其宜, 則貴賤各有階級矣. 引之謹案: 義亦讀爲儀. 禮儀與樂文正相對. 周官·大司徒: 以儀辨等, 則民不越. 故書儀或爲義, 杜子春讀·爲儀. 管子·禁藏篇: 禮儀足以別貴賤, 卽此所謂禮儀立則貴賤等也. 又司士: 正朝儀之位, 辨其貴賤之等. 典命: 掌諸侯之五儀. 故書儀作義, 鄭司農讀爲儀. ……)

또한 이어지는 글에서 이렇게 말했다. "그것을 척도와 수치로 측정하고, 그것을 예와 의(禮義)로 규정한다." 이에 대해 『정의(正義)』에서는 "사람들의 감정을 예와 의(禮義)로 조절한다는 것을 의미한다."라고 했다. 내(왕인지) 생각은 이렇다. 의(義)는 또한 의(儀)로 읽는다. 예의(禮儀)와 척도와 수치는 서로 관련되어 있다. 『한서·예악지(禮樂

志)』에 따르면, 정식으로 규정된 것은 예와 의(禮儀)이다. 순열(荀悅)
의 『한기(漢紀)』에서도 동일하다.

(又下文: 稽之度數, 制之禮義. 正義: 謂裁制人情以禮義. 引之謹案: 義亦讀
爲儀. 禮儀與度數, 義相因也. 考漢書·禮樂志正作制之禮儀. 荀悅漢紀同.)

또한 「치의(緇衣)」에서 이렇게 말했다. "아래가 위를 섬기는 것이다.
만약 몸이 바르지 않고, 말이 믿을 만하지 않다면, 그 의(義)는 하나
가 되지 못하며, 행동에는 부류가 없게 된다." 여기서의 의(義)도 의
(儀)로 읽는다. 의(義)가 하나가 되지 못한다는 것은, 위엄과 의(儀)가
일치하지 않는다는 것을 의미한다. 이후 내용에서 『시』를 인용하여,
"훌륭한 군자님은, 그의 언행은 한결같으시네(淑人君子, 其儀一也.)."
라고 했는데, 이는 바로 의(義)와 의(儀)가 같은 글자라는 것을 증명
해 주고 있다.

(又緇衣曰: 下之事上也, 身不正, 言不信, 則義不壹, 行無類也. 義亦讀爲儀.
義不壹, 謂威儀不齊一也. 下文引詩曰: 淑人君子, 其儀一也. 正以爲儀壹之證.)

『설문』에서 주목할 만한 것은 '미(美)', '선(善)', '의(義)'가 동일한 의
미를 갖는다는 인식적 연결을 반복적으로 제시하고 있다는 점이다. 이
러한 힌트는 『설문』에서 인식에 관한 중요한 단서로 간주될 수 있다.

· 「양(羊)부수」의 '미(美)'자의 설명에서, "미(美)는 선(善)과 같은 뜻이
  다"라고 했다.
· 「경(誩)부수」의 '선(善)'자의 설명에서, "선(善)은 의(義)와 미(美)와
  같은 뜻이다"라고 했다.
· 「아(我)부수」의 '의(義)'자의 설명에서, "의(義)는 아(我)가 의미부이
  고 양(羊)도 의미부이이다. 의(羛)는 『묵적서(墨翟書)』(즉 『묵자』)에
  의하면, 의(義)인데 불(弗)로 구성되었다. 위군(魏郡)에 의양향(羛陽
  鄉)이라는 곳이 있는데, 기(錡)로 읽힌다."라고 했다

필자의 생각은 이렇다. '의(義)'자의 주요 이미지는 '양(羊)'이며, '아

(我)'는 실제로 '의(義)'의 독음을 나타내는 소리부로 사용되었다. 그 때문에 소리부를 '불(弗)'로 교체할 수도 있었던 것이다. 『설문』에서는 고대 지명, 즉 위군(魏郡)의 의양항(羛陽鄉)이라는 곳을 통해 그 독음을 제시했다. '의(義)'자의 고대 발음은 가(歌)부에 속하며(錡→奇→可→哥→歌), '아(我)'도 가(歌)부에 속한다. 『석문(釋文)』에 따르면, "의(羛)자는 원래 아(峨)로 쓰였고, 또한 아(峨)로도 쓰였다. 모두 오(五)와 호(何)의 반절로 읽힌다." '의(羛)'자는 의(義)에서 독음을 가져왔다고 『설문·엄(厂)부수』에서 언급한 바 있다. 그리고 '의(峨)'자 역시 아(我)에서 독음을 가져왔다. 왕념손(王念孫)의 『광아소증(廣雅疏證)』 권6상에서 "아아(峨峨)와 의의(儀儀)는 고대에 같은 발음이었다."라고 했다.

'의(義)'자의 이미지 선택의 주체가 '양(羊)'인 것을 감안할 때, 이것은 "미(美)와 선(善)과 같은 뜻이다." 서현(徐鉉)은 "이것이 선(善)과 같은 의미이기 때문에 양(羊)에서 그 의미를 가져왔다"라고 했다. 단옥재(段玉裁)는 "양(羊)이 의미부인 것은 미(美)와 선(善)과 같은 의미를 가지기 때문이다"라고 주석했다. 왕균(王筠)은 "의(義)가 양(羊)으로 구성되게 된 의미에 대해서는 미(美), 선(善), 구(茍) 등 세 글자 아래의 설명에서 볼 수 있다."라고 했다.36)

『설문』에서 나타난 이러한 인식적 연결은 필자의 『한어문자와 심

---

36) 각기 大徐本 『說文·我部』 '義'字의 해석, 『說文解字注』 十二篇下, 『說文句讀』 卷二十四에 보인다. 또 『說文·茍部』에서 구(茍)에 대해 이렇게 말했다. "양(羊)의 생략된 모습이 의미부이고 포(包)의 생략된 모습도 의미부이고, 구(口)도 의미부이다. 양(羊)으로 구성된 것은 양(羊)과 의(義), 선(善), 미(美)와 같은 뜻이기 때문이다. 구(蒥)는 고문체인데 양(羊)이 생략된 모습이 아니다.(從羊省從包省從口. 從羊, 羊與義善美同意. 蒥, 古文羊不省.)" 『집운·후(厚)부』에서 이렇게 말했다. "구(茍, 蒥)는 거(擧)와 후(後)의 반절로 읽힌다. 『설문』에서는 풀을 말한다(艸也)고 했다. 일설에는 '게다가'라는 뜻이라고 한다(且也). 혹체에서는 구(蒥)로 적었다. 또 성(姓)으로도 쓰인다."

미심리(漢語文字與審美心理)』의 "미(美)자 범주"에서 이미 고대 한어의 언어적 현실을 기반으로 구체적이고 상세하게 비교하고 분석한 바 있다. '미(美)'자가 위에서 언급한 두 개의 '의미장'에 걸쳐 있음을 볼 때, 『설문』에서 제공한 다음과 같은 언어 및 문자의 사실을 명확하게 파악할 수 있다. 즉 '미(美)'자의 표현은 원래 다양한 측면과 차원에서의 인식 대상이었다. 앞서 언급된 다양한 텍스트에서 제공된 자료는『설문』의 '미(美)'에 대한 해석이 시각적 이미지와 맛의 인식 경험을 연결하여 '양(羊)'의 형상과 이미지에다 주입시키고 있다는 것을 보여준다.

'시각적 이미지와 맛의 인식 경험'이라는 이 두 가지 사이의 심층적 연계는 종교 시대를 살았던 사람들의 생식 숭배 인식에서 비롯되었을 것이라고 해석할 수 있다. '미(美)'의 핵심 이미지인 '양(羊)'을 보면, 이는 '행운과 복(吉祥福祐)'이라고 할 때 '행운(祥)'의 어근이며, 또한 그 말의 기원이다. 혹은 '행운(祥)'은 '양(羊)'의 결과물이라고도 할 수 있는데, 이것은 원래『설문』이 우리에게 제공한 연계였다. 중국어라는 언어 시스템에서 동일한 기원의 연계는 우리에게 다음과 같은 추정을 제공하는 증거가 된다. 예를 들면, '미(美)', '매(禖)', '매(膡)'는 동일한 기원의 글자 그룹이며, 모두 명(明)모의 쌍성자들이다. '매(膡)'자의 원래 의미는 사람의 생육을 의미하는데, 이는『설문·육(肉)부수』에서 확인할 수 있다. 또 '매(禖)'자의 원래 의미는 제사(祭祀)이다.『설문·시(示)부수』에서 "매(禖), 제사(祭)를 말한다."라고 했다. 고대 중국어에서 '고매(高禖)'라는 용어는 '중매의 신(媒神)'을 의미하며, 황제는 자식을 얻기 위해 제사를 지냈다고 한다. '의(宜)', '의(義)', '의(儀)'는 또 다른 동일 기원의 단어 그룹으로, 이 단어 그룹의 고대 독음은 모두 의(疑)모 가(歌)부에 속한다. '의(義)'와 '의(儀)'가 시각 인지에 대한 인식을 나타낸다는 것은 이미 앞서 언급되었다. '의(宜)'에 대해서는, 『설문·면(宀)부수』에서 이렇게 말했다.

· 의(宜: 宜, 石刻), 편안한 곳을 말한다(所安也).
면(宀): 집의 아래이자 일(一: 땅)의 위를 말한다. 다(多)의 생략된
모습이 소리부이다. 독음은 어(魚)와 기(羈)의 반절이다. 의(宜)는
의(宜)의 고문체이다.
『집운·지(支)부』에서 이렇게 말했다. "의(宜, 宜, 宜, 宜)는 어(魚)와
기(羈)의 반절로 읽힌다. 『설문』에서는 편안한 곳을 말한다(所安
也)고 했다. 또 성(姓)으로도 쓰인다. 또 주(州)의 이름으로도 쓰
인다. 예서에서는 의(宜)로 적었다. 고문체에서는 의(宜)와 의(宜)
로 적었다."

『설문』및 『집운』에서 보존된 고문체는 갑골문의 (『擴續』101)
와 비교해볼 수 있다. 서중서(徐中舒)는 이 글자의 구조와 인식 의미
를 분석하면서 이렇게 말했다. "도마(俎) 위에 고기가 놓인 형태를 상
징한다. 이를 구성하는 석(夕)은 한 개, 두 개, 세 개 등으로 상황에
따라 그 수가 일정하지 않다. 차(且)는 조(俎)자의 원형으로, 원래 나
무를 잘라 만든 접시를 의미한다. 그 측면의 모습이 , 이고, 그
위에다 고깃덩어리를 올린 모습이 , , , , 등이다. 따라
서 '차(且)', '의(宜)', '조(俎)'는 실제로 같은 데서 기원한 글자들이다
."37) 갑골복사에 있는 (『菁』3)는 아(我)와 의(宜)로 구성된 구조인
데38), 지금까지 이에 대한 설명은 없었으며, 『설문』에서도 나타나지
않은 글자에 속한다. 이를 '의(宜)'나 '의(義)'자 등이 같은 기원에서 나
왔다는 관계를 고려하면, '의(宜)'의 이체자로, 이미지가 다른 형성 구
조(宜가 의미부이고 戈가 소리부로, '희생(犧牲)'의 '희(犧)'자로 사용된 것

---

37) 『甲骨文字典』卷十二.
38) 『甲骨文字典』卷十二에 著錄.

으로 보인다.

프랑스의 인류학자 레비-스트로스(Lévi-Strauss, 列維-斯特勞斯)는 『
야생의 사고』에서 토템과 계급 제도를 설명하면서 다음과 같은 흥미
로운 현상을 지적했다. "요루바(約盧巴, yoruba)[39]라는 단어는 결혼,
식사, 소유물, 성과, 이익, 획득물 등을 가리키는데, 결혼과 식사를 동
일한 일로 여긴 결과이다."[40] 이런 다양한 의미가 '동시에 합쳐져서'
발생하는 인식 현상은 원시적 사고에서 유효하다. 어떤 면에서는, 중
국 고대의 '미(美)'라는 하나의 이미지가 여러 측면의 인식과 연결되는
것과도 어느 정도 유사하다고 볼 수 있다. '결혼과 음식을 먹는 것이
동일하다'는 점에 대해, 그것과 대응되는 내용을 『설문』에서 찾는다면
'심(甚)'자의 이미지 선택이 여기에 충분히 대응될 수 있을 것이다. 『
설문·감(甘)부수』에서 이렇게 말했다.

---

39) [역주] 레비 스트로스(Lévi-Strauss)는 『야성의 사고』(*The Savage Mind, La Pensée
sauvage*)에서 다양한 문화가 토템이나 상징체계를 통해 어떻게 세계를 조직하
고 분류하는지 탐구했다. 그가 언급한 '요루바'는 특정 문화에서 결혼, 식사,
소유, 성취 등의 사회적 관행을 하나의 통일된 시스템으로 연결하는 방식을
상징한다. 이는 결혼과 식사 같은 개념이 소유, 성취, 획득 등의 경제적, 사회
적 거래와 긴밀히 연결된 세계관을 반영한다. 많은 전통 사회에서 식사와 결
혼은 단순한 개별 행위가 아니라 더 큰 사회적, 공동체적 의미를 지닌 행사이
다. 예를 들어, 결혼은 개인적 관계를 넘어 자원 교환, 가문 간 동맹, 공동체
유대 강화의 역할을 한다. 마찬가지로 식사는 단순한 음식 섭취가 아닌, 소유
물이나 부의 관리처럼 공유, 환대, 자원 분배를 상징하는 공동 행위이다.
레비스트로스가 결혼과 식사를 동일시한 것은 두 행위가 모두 교환, 유대 형
성, 부나 사회적 자본의 분배라는 상징적이고 실용적인 의미를 공유한다고 본
것이다. 이러한 체계에서는 결혼이나 공동 식사 같은 사회적 행사가 소유물이
나 업적이 집단 내에서 순환하는 것과 유사하게, 재분배와 공동체 통합의 핵
심 계기가 된다. 따라서 레비 스트로스는 문화적 분류 체계가 겉보기에 별개
로 보이는 결혼, 식사, 물질적 부와 같은 활동들을 하나의 통합된 구조로 엮
어, 더 깊은 사회적, 상징적 의미를 반영할 수 있음을 강조하고 있다.
40) 列維－斯特勞斯, 『野性的思維』(中譯本), 150쪽(商務印書館, 1987年).

·甚, 金文(簡帛), 尤安樂也. 从甘, 从匹耦

也. 常枕切. 㞏, 古文甚.

심(甚), 더욱 안락하다는 뜻이다(尤安樂也). 감(甘)이 의미부이고, 짝
이라는 뜻의 필(匹)로 구성되었다. 독음은 상(常)과 침(枕)의 반절
이다. 심(㞏)은 고문체의 심(甚)이다.

출토 문자들, 예를 들어 금문(金文)이나 초나라 죽간(楚簡)에서는
'심(甚)'은 구(口)와 필(匹)로 구성되었다. 『설문구두·감(甘)부수』에서
이렇게 말했다. "심(甚)은 특별히 편안하고 즐겁다는 뜻이다. 감(甘)이
의미부이고 필(匹)도 의미부인데, 필(匹)은 짝을 이루다는 뜻이다.(甚,
尤安樂也. 從甘從匹, 匹, 耦也.)"[41] 또 『집운·침(寢)부』에서는 이렇게 말
했다. "심(甚, 㞏, 𤲃)은 식(食)과 임(荏)의 반절로 읽힌다. 『설문』에서
는 특별히 안락하다는 뜻이라고 했다(尤安樂也). 감(甘)이 의미부이고
필(匹)이 의미부인데, 필(匹)은 짝을 말한다(耦). 일설에는 만나다는 뜻
이라고도 한다(一曰遇也). 고문체에서는 심(㞏)이나 심(𤲃)으로 썼다."

---

41) 『說文句讀』本 卷九 宋本 및 『韻會』의 인용에 근거해 수정함. 大徐本에서는 "從
甘從匹, 耦也."라고 했다.

『설문해자』 인지분석

제2절 무용(舞蹈) 이미지

　무용(舞蹈) 관련 글자에 대한 『설문』의 정보는 상당히 파편화되어 있는데, 주로 '천(舛)', '쇠(夂)', '무(巫)', '우(羽)', '우(雨)'부수 등에서 찾을 수 있다. 아마도 이러한 상황 자체가 고대 무용(舞蹈)의 형태와 기능에 대한 인식의 복잡성을 반영한 한 가지 관점이라고 추정할 수 있을 것이다. 다음을 보자.

> ・『설문·무(巫)부수』: 完: 𡃱甲骨𡅄金文𡄛玉銘𡄜漢印𡄝石刻, 祝也. 女能事無形, 以舞降神者也. 象人兩褒舞形. 與工同意. 古者巫鹹初作巫. 凡巫之屬皆從巫. 覡, 古文巫. 武扶切.
>
> 　무(巫), '무당(祝)'을 말한다. 형체가 없는 존재를 잘 모시는, 춤을 추어서 신을 내려오게 하는 여성(女能事無形, 以舞降神者)을 말한다. 사람이 두 소매를 흩날리며 춤을 추는 모습을 그렸다. [법식을 뜻하는] 공(工)자와 같은 의미이다. 옛날, 무함(巫鹹)이 처음으로 무당(巫)이 되었다.1) 무(巫)부수에 귀속된 글자들은 모두 무(巫)가 의미부이다. 무(覡)는 무(巫)의 고문체이다. 독음은 무(武)와 부(扶)의 반절이다.

---

1) [역주] 『상서(尚書)』에 의하면, 무함(巫鹹)은 상나라 태무(太戊) 임금을 모시던 신하로 알려졌다. 그의 아들 무현(巫賢)은 태무 임금의 손자 조을(祖乙)이 왕위에 오른 이후 재상을 맡았으며 그도 현신으로 이름이 났다고 한다. 갑골문에도 함무(鹹戊)가 보이는데, 이 때문에 학자들은 무함(巫鹹)이 혹시 상나라 태무의 대신이 아니었을까 여기고 있다. 후함(巫鹹)에 대해서는 다른 전설도 존재하는데, 북(鼓)을 발명했다고도 한다. 또 시초(蓍)를 사용하여 점을 쳤던 최초의 인물이라 하기도 하고, 항성(恒星)을 처음으로 측정한 점성가라고도 한다. (바이두백과)

• 『설문·쇠(夊)부수』: "韸, 繇也. 舞也. 樂有章. 從章從夅從夊. 『詩』曰: 韸
韸舞我."

감(韸), '노래하면서 춤도 추다(繇也舞)'라는 뜻이다. 음악에는 악장
이 있게 마련이다. 장(章)이 의미부이고 강(夅)도 의미부이며 쇠
(夊)도 의미부이다. 『시·소아벌목(伐木)』에서 "둥둥 북치고(韸韸舞
我)"라고 노래했다.[2] 독음은 고(苦)와 감(感)의 반절이다.

• 『설문·천(舛)부수』: 舞: 金文漢印, 樂也. 用足相背, 從舛; 無
聲. , 古文舞從羽, 亡. 文撫切.

무(舞), '음악(樂)의 일종'이다. 발을 서로 뒤로 보게 하여 추는 춤
이다. 그래서 천(舛)이 의미부이다. 무(無)가 소리부이다. 무()
는 무(舞)의 고문체인데, 우(羽)와 망(亡)으로 구성되었다. 독음은
문(文)과 무(撫)의 반절이다.

• 『설문·망(亡)부수』: "
甲骨簡帛漢印
石刻), 亡也. 從亡𣞤聲. 武扶切. 㮃, 奇字
無, 通於元者. 王育說: 天屈西北爲無. 武扶切."

무(無), '없다(亡)'라는 뜻이다. 망(亡)이 의미부이고, 무(無)가 소리부이
다. 무(㮃)는 무(无)의 기자(奇字)인데, 원(元)자의 한 획이 위로 관
통한 모습이다. 왕육(王育)에 의하면, 하늘이 서북쪽으로 기운 모습
(天屈西北)이 무(无)라고 했다. 독음은 무(武)와 부(扶)의 반절이다.

---

2) [역주] "감감무아(韸韸舞我·둥둥 춤추고)"는 금본에서 "감감고아(坎坎鼓我·둥둥
북치고)"로 되었다. 『단주』에서는 이렇게 보충했다. "『시(詩)』에서 '감감고아
(韸韸鼓我)'라고 했는데, 고(鼓)를 오늘날의 판본에서는 무(舞)로 적었다. 지금
『운회(韻會)』에 근거해 바로 잡는다. 사(士)부수에서 이를 인용하여 '준준무아
(墫墫舞我)'라고 했다. 그렇다면 이는 당연히 같은 『시경』의 인용이었을 것이
다. 지금 「소아(小雅)·벌목(伐木)」에서는 감감(坎坎)으로 적었는데, 『모전』에서
는 따로 설명이 없다. 그러나 「진풍(陳風)」에서 감감(坎坎)은 북치는 소리를 말
한다(擊鼓聲也)라고 했고, 「위풍(魏風)」의 『전』에서는 감감(坎坎)을 나무를 베
는 소리를 말한다(伐木聲也)라고 했다. 또 『노시(魯詩)』의 「벌목(伐檀)」에서는
이를 감감(欲欲)으로 적었다. 그래서 '韸韸鼓我'는 『삼가시』를 채택한 것으로,
『모시』와는 다르다 하겠다."

『설문해자』 인지분석

『설문』을 기반으로 한 후세의 자서에서 관련 자형과 독음상의 인지 변화를 비교해보면, 다음과 같다.

- 『집운·우(虞)부』: 무(巫, 𦯧, 𤕣)는 미(微)와 부(夫)의 반절로 읽힌다. 『설문』에서는 무당을 말한다고 했다. 형체가 없는 존재를 잘 모시는, 춤을 추어서 신을 내려오게 하는 여성을 말한다. 사람이 두 소매를 흩날리며 춤을 추는 모습을 그렸다. 옛날, 무함(巫咸)이 처음으로 무당(巫)이 되었다. 또 성(姓)으로도 쓰인다. 고문체에서는 무(𦯧), 무(𤕣)로 썼다.(巫𦯧𤕣, 微夫切『說文』祝也. 女能事無形以舞降神者. 象人兩褎舞形. 古者巫咸初作巫. 亦姓. 古作𦯧𤕣.)
- 『집운·우(虞)부』: 우(雩, 𩁹)는 운(雲)과 구(俱)의 반절로 읽힌다. 『설문』에서는 '여름에 지내는 제사(夏祭)'로, 적제(赤帝)에게 음악을 바치며, 감우(甘雨)를 내려 달라고 빈다고 했다. 혹체에서는 우(羽)로 구성되었다. 우(雩)는 깃을 들고 추는 춤이다. 일설에는 유차(籲嗟)라고도 하는데, 비 내리기를 구하는 제사이다. 또 일설에는 멀리 온갖 곡식을 위해 비 내리기를 구한다는 뜻이라고도 한다.(雩𩁹, 雲俱切.『說文』夏祭, 樂於赤帝, 以祈甘雨. 或從羽. 雩, 羽舞也. 一曰籲嗟, 求雨之祭. 一曰遠爲百穀祈雨.)
- 『집운·우(虞)부』: 무(無, 无, 亡, 武, 𣞤)는 미(微)와 부(夫)의 반절로 읽힌다. 『설문』에서는 '없다는 뜻이다'라고 했다. 기자에서는 무(无)로 썼는데, 원(元)자의 한 획이 위로 관통한 모습이다. 왕육(王育)에 의하면, 하늘이 서북쪽으로 기운 모습(天屈西北)이 무(无)라고 했다. 혹체에서는 무(亡), 무(武), 무(𣞤)로 쓴다.(無无亡武𣞤, 微夫切.『說文』亡也. 竒字作无. 無通於元者. 王育說: 天屈西北爲無. 或作亡武𣞤.)
- 『집운·우(噳)부』: 무(舞, 儛, 𤾓)는 망(罔)과 보(甫)의 반절로 읽힌다. 『설문』에서는 음악을 말한다고 했다. 발과 발을 서로 뒤로 보게 하여 추는 춤이다. 혹체에서는 인(人)으로 구성되었다. 고문체에서는 무(𤾓)로 썼다.(舞儛𤾓, 罔甫切.『說文』樂也. 用足相背. 或從人. 古作𤾓.)

•『집운·호(晧)부』: 도(纛, 鸏, 翿, 翳)은 두(杜)와 호(晧)의 반절로 읽
힌다. 깃으로 꾸민 일산을 말한다. 춤추는 사람이 이를 들고 춤
을 춘다. 혹체에서는 도(纛), 도(翿)로 쓴다. 고문체에서는 도(翳)
로 쓴다.(纛鸏翿翳, 杜晧切. 翳也. 舞者所執. 或作纛翿. 古作翳.)
•『집운·물(勿)부』: 불(翇, 帗)은 분(分)과 물(物)의 반절로 읽힌다.『설
문』에서 악무를 출 때 온전한 깃을 들고서 사직의 신에게 제사
를 지낸다고 하였다. 혹체에서는 건(巾)으로 구성되었다. 또한
불(狱)로 쓰기도 한다.(翇帗, 分物切.『說文』樂舞執全羽以祀社稷也.
或從巾. 亦書作狱.)

'무(舞)'에 대한 이상의 기록을 통해 두 가지 점을 발견할 수 있다.
첫째, 중국 고대 무용의 성격에 대한 인식의 문제이고, 둘째, 중국 고
대 무용 의례의 장식에 대한 인식의 문제이다. 이제『설문』에 저장된
관련 자료를 바탕으로 각각을 설명해 보자.

『설문』에서는 '무(無)'와 '무(舞)'를 두 개의 부수로 구분하였다. 문
자의 어원학적 관점에서 볼 때, 이 두 글자는 사실 한 글자의 분화된
형태이다. 즉 '무(無)'는 '무(舞)'의 초기 표기법이었다.『설문·무(㐬)부
수』에서 제시한 '무(無)'의 형체 구조를 갑골문에서는 '무(無)' 즉
 등으로 적었다. 금문과 간독문자에 이르러서는 '무
(舞)'가 생겨났다. 예컨대, (「余義鍾」), (「匽侯舞易器」)3),
(楚簡) 등이 그렇다. '무(無)'에서부터 '무(舞)'에 이르는 과정에서 동
작을 나타내는 편방 '천(舛)'이 추가되었다. 이를 통해 '무(舞)'에 대한
인지 발전의 궤적을 분명하게 알 수 있다.

갑골문을 보면, '무(舞)'자는 사람이 두 손으로 장식물을 들고 춤을

---

3)『金文編』卷五, 385쪽 수록.

추는 모습을 나타내었다. 이것은 고대인들이 손으로 춤추고 발로 뛰는 의식을 간결하게 묘사한 것으로 해석할 수 있다.

은허복사의 기록에 의하면, '무(舞)'는 간혹 비 내리기를 기원하는 의식에도 사용되었다. 다음의 예를 보자.

· 신사일에 점을 칩니다. '빈'이 물어봅니다. 무당을 부르면, 비를 내리게 할 수 있을까요?(辛巳卜, 賓貞, 乎無, 有從雨)(『合』188)
· 황하 신에게 비 내리는 제사를 지내지 않으면, 비가 오지 않을까요?(勿無河, 亡其雨)(『乙』6857)
· 산악 신에게 비 내리는 제사를 지내지 않으면, 비가 올까요?(無嶽, 雨)(『乙』6857)[4)]

또 제사를 나타내는 다른 글자들과 연결되어 사용된 '사례(辭例)'도 보인다. 예컨대 다음을 보자.

· 갑신일에 점을 칩니다. '무초'를 불러 춤을 추게 하여 비 내리기를 빌면 신께서 받아들일까요?(甲申卜, 無楚言).[5)]

전자는 '비를 내리게 하는 일(雨事)'의 인식과 관련되어 있으며, 이 '무(舞)'가 지칭하는 것은 바로 『설문』에서 말한 '우(雩)'에 해당하는데, 「우(雨)부수」에서는 다음과 같이 설명했다.

· 우(雩: 雩, 甲骨 丁金文 簡帛 古璽 古陶), '여름에 지내는 제사(夏祭)'로, 적제(赤帝)에게 음악

---

4) 『甲骨文字典』 卷五, 630쪽, 631쪽 수록. 句讀는 筆者가 참고용으로 더한 것임.
5) 『殷契粹編』, 圖版 322, 圖版 1315(1937年, 日本文求堂版). 句讀는 筆者가 참고용으로 추가한 것임.

을 바치며, 감우(甘雨)를 내려 달라고 빈다. 우(雨)가 의미부이고
우(于)가 소리부이다. 우(霯)는 혹체자인데, 우(羽)로 구성되었다.
우(雩)는 깃털을 들고 추는 춤(羽舞)이다. 독음은 우(羽)와 구(俱)
의 반절이다.(夏祭, 樂於赤帝, 以祈甘雨也. 從雨於聲. 霯, 或從羽. 雩,
羽舞也. 羽俱切.)

　때로는 나제(裸祭)와 함께 진행되는 경우도 있었는데, 춤(舞)이 의
례의 구성 요소였음은 의심할 여지가 없다.『설문·시(示)부수』에 따르
면 "나(裸)는 관제(灌祭)를 말한다." 여기서 주목해야 할 것은 '무초(舞
楚)'라는 용어이다. 이는『주례·춘관(春官)』에 나타난 주(周)대의 악무
(樂舞)와 정면으로 대응된다.『주례·춘관』에 따르면, 음악과 춤을 주
관하는 모든 직책 아래에는 모두 '서(胥)'자가 붙어있어, 대서(大胥)와
소서(小胥) 직에 있던 자가 춤을 주관했다고 했다. '초(楚)'와 '서(胥)'는
둘 다 소(疋)에서 독음을 가져온 글자로, 이들은 서로 통용될 수 있다.
『설문·육(肉)부수』에 따르면 "서(胥)는 육(肉)이 의미부이고 소(疋)가
소리부이다."라고 했고, 또「임(林)부수」에서 "초(楚)는 임(林)이 의미
부이고 소(疋)가 소리부이다."라고 했다.

　「모공정(毛公鼎)」의 명문에 "대초부와 소초부를 신중하게 부려라
(埶大小楚賦)"라는 말이 있는데, 손이양(孫詒讓)과 왕국유(王國維) 모두
초(楚)와 서(胥)가 동일한 의미를 가진다고 주장했다. 즉『상서대전(尚
書大傳)』에서 인용된『상서·다방(多方)』에서 "월나라에는 '서부'와 '소
다정'과 '대다정'이 있다(越惟有胥賦小大多正)"라고 하였는데, 여기서의
'서부(胥賦)'는 '초부(楚賦)'를 의미한다. 이 둘은 서로 증거가 될 수 있
다.6) 또한,『은허서계 전편(殷墟書契前編)』에 보이는 '다로무(多老舞)'
에서의 '다로(多老)'도 역사학자들의 연구에 따르면 특정한 무당의 이

---

6)『殷契粹編·粹編考釋』, 683～684쪽.

름일 것이라고 한다. 은(殷)나라 사람들은 점(占)을 쳐서 신에게 물었는데, 무당 '다로'를 불러 춤을 추도록 하여 비를 청하면 적절하겠는지를 물어보았을 것이다.

『설문』에서의 '무(舞)'자의 구조를 보면, 중국 고대 악무(樂舞)에는 '무당의 춤(巫舞)'으로 분류될 수 있는 시기가 있었다는 것을 알 수 있다. '무(巫)'와 '무(舞)'자의 고대음은 모두 명모(明母) 어부(魚部)에 속한다. 『설문·무(巫)부수』에 따르면, '무(巫)'는 '무(舞)'에서 해당 이미지를 가져왔으며, 이 둘은 독음과 의미가 모두 같아, 사실은 같은 이미지와 동일한 어원을 가진 글자로 보이다.

중국 고대문헌 중 원시적 무용 의식에 대한 가장 완전한 서술은 『여씨춘추·고악편(古樂篇)』에 실린 '갈천씨(葛天氏)의 음악'이라고 해야 할 것이다. 거기서 이렇게 말하고 있다. "세 명이 소꼬리를 들고 발을 내디뎌 팔궐(八闋)의 노래를 부른다. 첫째는 '재민(載民)', 둘째는 '현조(玄鳥)', 셋째는 '수초목(遂草木)', 넷째는 '분오곡(奮五穀)', 다섯째는 '경천상(敬天常)', 여섯째는 '달제공(達帝功)', 일곱째는 '의지덕(依地德)', 여덟째는 '총금수(總禽獸)의 극(極)'이다."[7] 무용 연구자들에 의하면, 이 음악의 구조와 형식은 다음과 같다고 한다. 즉 세 명(혹은 많은 사람들)이 소의 꼬리를 손에 들고 음악의 리듬에 발을 디디며 노래하며 춤을 춘다. 노래와 춤은 여덟 개의 단락으로 나뉜다. 첫째 단락은 인류 자체를 찬양하는 조상들을 노래한 내용이다. 둘째 단락에서는 그들이 숭배하던 토템 기호인 '현조(玄鳥)'를 찬양한다(『시경·상송·玄鳥』에서 '하늘이 현조에게 명하사, 내려와 상을 낳게 하셨네.(天命玄鳥, 降而生商.)'라고 했다). 셋째 단락에서는 풀과 나무가 무성하게 자라길 기원한다. 넷째

---

7) "三人操牛尾, 投足以歌八闋: 一曰載民, 二曰玄鳥, 三曰遂草木, 四曰奮五穀, 五曰敬天常, 六曰達帝功, 七曰依地德, 八曰總禽獸之極."

단락에서는 다섯 가지 곡식의 풍년을 기원한다. 다섯째 단락에서는 천지에 대한 경의를 표현한다. 여섯째 단락에서는 천제의 은혜와 인간을 도와주는 공덕을 찬양한다. 일곱째 단락에서는 대지의 은혜에 감사를 표한다. 마지막 여덟 번째에서는 새와 짐승이 많이 번식하여 사람들에게 풍족한 옷과 음식을 제공하기를 바란다. 노래와 춤을 통해 선조들의 원시 종교 인식, 즉 천지와 조상, 생식에 대한 숭배를 전달했던 것이다.

『설문·천(舛)부수』에서는 '무(舞)'자의 고문체를 '무(翆)'로 기록하였는데, 이는 깃털에서 해당 이미지를 가져왔다. 이로부터 고대 무용의 장신구에 대한 정보를 엿볼 수 있다. 이는 『시경·완구(宛丘)』에서 묘사한 장면, 즉 "덩덩 북을 치며, 완구 밑에서 놀고 있네. 겨울 여름 없이, 백로깃 들고 춤을 추네.(坎其擊鼓, 宛丘之下, 無冬無夏, 値其鷺羽.)"와도 일맥상통한다. 깃털을 무용 장신구로 사용한 것은 기본적으로 두 가지 인지 유형을 전달한다. 첫째, 사냥과 관련된 무술 활동이고, 둘째, 비를 청하고 가뭄을 가라앉히는 종교 의식과 연관된 것이다.

먼저, '깃(羽)' 장식은 사냥의 획득물로 볼 수 있다. 『상서·익직(益稷)』과 『사기·하본기(夏本紀)』에는 "기(夔)가 춤을 추면,……새와 짐승이 빙빙 날아다니며 춤을 추고, '소소(簫韶)' 음악이 완성되면, 봉황(鳳凰)이 모여들었으며, 모든 짐승들이 따라서 춤을 추었다.(夔行樂, ……鳥獸翔舞, 『簫韶』九成, 鳳凰來儀, 百獸率舞)"라는 내용이 기록되어 있다. 이는 고고 발견된 유물과도 일치한다. 청해성(靑海省) 대통현(大通縣) 상손가채(上孫家寨) 무덤에서는 신석기시대의 춤추는 모습이 그려진 도분(陶盆)이 발견되었다. 고고학계의 연구에 따르면, 이는 현재까지 발견된 가장 이른 시기의 무용 이미지를 반영한 유물이다. 도분의 내벽 근처에 네 줄의 평행한 띠무늬가 있으며, 무늬 위에는 세 그룹의 무용수의 이미지가 그려졌다. 각 그룹마다 다섯 명의 무용수가 있으며, 얼굴과 몸은 약간 기울어져 있다. 각 그룹의 양쪽에 있는 두 명의 무용수는 팔이 두 줄로 그려져, 흔들리는 모습을 형상적으로 나타내었다. 무용수의 머리에는 아래로 땋은 머리나 장식물이 그려졌으며, 몸 뒤에는 작은 꼬리가 달려 있다. 이것은 아마 "모든 짐승들이 따라 춤을 추었다(百獸率舞)"라는 원시 사회 시대의 무용 모습을 반영한 것으로 보인다.

'미(尾)'자에 대한 『설문』에서의 구성 및 해석은 이러한 춤추는 모습을 설명하기 위한 구조적 인식 관련성을 제공한다. 특별히 「미(尾)부수」를 따로 설정하였는데, 이에는 다음의 4자가 수록되었다.

- 미(尾: 甲骨 簡帛 古璽), '미(微)'와 같아 미세하다는 뜻이다.' 거꾸로 된 꼬리가 시(尸)의 뒤에 놓인 모습이다. 옛사람들은 간혹 장식으로 꼬리를 달기도 했는데, 서남쪽의 이민족들이 그러했다. 미(尾)부수에 귀속된 글자들은 모두 미(尾)가 의미부이다. [오늘날에는 예변(隸變)을 거쳐 미(尾)로 쓴다.] 독음은 무(無)와 비(斐)의 반절이다.(微也. 從到毛在屍後. 古人或飾繫尾, 西南夷亦然. 凡尾之屬皆從尾. 無斐切. 今隸變作尾.)

- 속(屬: 金文 漢印 石刻), '이어지다(連)'라는 뜻이다. 미(尾)가 의미부이고 촉(蜀)이 소리부이다. 독음은 지(之)와 욕(欲)의 반절이다.(連也. 從尾蜀聲. 之欲切.)

- 굴(屈: 金文 簡帛 古幣 漢印 石刻 '꼬리가 없[어 보일만큼 짧]다(無尾)'라는 뜻이다. 미(尾)가 의미부이고 출(出)이 소리부이다. 독음은 구(九)와 물(勿)의 반절이다.(無尾也. 從尾出聲. 九勿切.)

- 뇨(尿: 『汗簡』古文字), '사람이 소변을 보다(人小便)'라

는 뜻이다. 미(尾)가 의미부이고 수(水)도 의미부이다. 독음은 노
(奴)와 조(弔)의 반절이다.(人小便也. 從尾從水. 奴弔切.)

한눈에 보아도 알 수 있듯, 인류의 진화 과정에서 이런 물종(物種)
의 특징인 꼬리는 일찍부터 없어졌다. 유인원도 문자가 만들어지기
훨씬 전에 이미 훨씬 고도화된 동물, 즉 '인간'으로 진화했는데, 그
'인간'의 외형적 특징이 바로 "두 발에 털이 없는" 것이다.[8] 그래서
'미(尾)'자가 표현한 모습에 대한 해석은 대체로 한 가지만 가능한데,
그것은 바로 사람들이 장식적 인식을 통해 다시 자연과 동일시하려
고 했던 결과라는 것이다. 『설문·미(尾)부수』에 보존된 구조적 인식으
로 볼 때, "고대 사람들은 꼬리를 장식으로 착용했으며, 서남의 이민
족들도 그렇게 했다."라는 설명을 얻을 수 있다. 이러한 민족지와 어
원학의 증거는 출토 유물로 상호 검증할 수 있다. 『후한서·서남이열
전(西南夷列傳)』에서는 "모든 사람들이 몸에 문신을 하고, 용무늬 옷
을 입고 꼬리를 달고 있다."라고 기록되어 있다.[9]

발레 델 토르카 카스테욘 캐니언 암각화(Valle del Torca Castellón
Canyon Rock Carvings)[10]의 상형문자들은 극도로 과장된 형태로 원

---

8) 현대 학자들의 경우, 점점 더 많은 이들이 인류 문명이 시작부터 단계적으로
   오늘날의 고급 단계로 진화해 온 것이 아니라, 중간에 수없이 많은 성패의 순환
   을 거쳤다고 보는 경향이 있다

9) 『太平御覽』 卷791 『四夷部』에서 인용한 『永昌列傳』에 보임. 또 이러한 풍속은
   古代 僚人들에게도 일정 정도 보존되었을 것으로 보인다(中華書局 影宋本,
   1960年).

10) [역주] 스페인 티리그(Tírig)에 위치한 발레 토르타(Valle Torta)에 있는 카스테
   욘 협곡(Castellón Canyon)의 절벽 그림은 이 지역 초기 주민들의 선사 시대
   생활과 문화를 보여주는 놀라운 증거로 알려져 있다. 유네스코 세계문화유산
   으로 지정된 이 고대 예술품은 자연 환경과의 긴밀한 상호 작용을 특징으로
   하는 과거 시대를 생생하게 묘사하고 있으며, 암벽화는 사냥 장면을 주요 특
   징으로 하며 주로 고대 공동체의 일상생활과 생존 전략의 측면을 보여준다.
   이 장면은 그 지역에 널리 퍼진 동물의 종류와 사람들이 사용하는 사냥 기술

　　　　　　　　　　　　　『설문해자』 인지분석

4-10. 발레 델 토르카 카스테욘 캐니언 암각화(Valle del Torca
Castellón Canyon Rock Carvings)의 상형문자들

시 무용과 사냥 생활의 밀접한 관계를 반영했다.(위의 그림 4-10 참조).
이런 원시 사냥 무용은 강한 주술적 특징을 지니고 있다.11) 분명히
주술을 목적으로 무용수는 때로 사냥할 대상으로 변신하기도 한다.
인류학자들은 북미 인디언의 원시 버펄로 무용을 연구했는데, 무용수
들은 자신이 사냥하려는 버펄로가 나타나게 만들기 위해 "그들 각자

에 대한 통찰력을 제공하며, 생계를 위해 사냥에 깊이 의존했던 당시 사회의
모습을 암시해 준다. 생존 활동 외에도 그림은 사회적, 종교적 관습도 기록되
었으며, 춤과 의식 같은 집단 활동이 묘사되어 문화적, 정신적 차원을 지닌 복
잡한 사회 구조를 나타냈다. 이러한 공동 장면은 지역사회 결속력을 키우는
데 있어 사회적 유대와 공유된 문화적 관행의 중요성을 부각한다. 더욱이, 그
림에 다양한 동식물이 포함되어 있는 것은 고대인과 환경 사이의 친밀한 관계
를 강조한다. 이러한 묘사는 예술 작품에 아름다움을 더할 뿐만 아니라 고대
사회가 이용할 수 있는 환경 지식과 자원에 대한 지표 역할도 한다고 보인다.

11) H·奧伯梅爾, P·沃納特, 「瓦列托爾塔卡斯特利翁峽谷的摩崖壁畫」(Las Pinturas
Rupestres del Barranco de Valletorta Comisión de investigaciones
paleontológicas Ypre históricas), 『考古與史前硏究委員會記要』 第23期(國家自然
科學博物館, 馬德里, 1919年.) 여기서는 [美] 弗朗茲·博厄斯, 『原始藝術』(中譯
本), 154쪽에서 인용함(上海文藝出版社, 1989).

의 머리에는 버펄로 머리에서 벗겨낸 뿔이 달린 버펄로 가죽을 쓰거
나 소머리로 그려진 가면을 썼다.……첫 번째 인디언이 피곤해질 때,
그는 몸을 앞으로 기울여서, 지쳐 쓰러질 것처럼 보이게 한다. 바로
이 때, 다른 사람이 그에게 활로 무딘 화살을 발사하고, 그는 버펄로
처럼 쓰러진다." 이것은 원시적 사고에서 '공감 주술 원리(交感巫術原
理)'라고 불린다.

원시시대부터 현재에 이르기까지, 중국의 각 민족들에게서는 다양
한 조류나 짐승의 행태를 모방한 춤들이 많이 전승되어 왔다. 예를
들면, 사자춤, 용춤, 물고기와 용 춤(魚龍舞), 공작 춤(孔雀舞), 비취새
춤 등등이 있다. 중국어에 기록된 전통적인 춤 관련 용어에도 많은
것들이 조류나 짐승의 움직임을 이름으로 삼았다. 예컨대, '원앙새를
막대기로 치다(打鴛鴦場)'[12), '기러기가 날아올랐다(雁翹了)'[13), '거북등
(龜背兒)', '쌍으로 나는 제비(雙飛燕)', '대붕이 날개를 펴다(大鵬展翅)',
'호랑이가 뛰어 오르다(虎跳)', '호랑이 희롱하기(撲虎)', '오룡이 기둥에
묶였다(烏龍攪柱)'[14), '상양의 다리(商羊腿)'[15) 등이 그렇다. 직접적이

---

12) [역주] '원앙새를 막대기로 치다'라는 뜻으로, 사랑하는 부부나 연인을 강제로
    갈라놓는 것을 비유한다.

13) [역주] '雁翹了'라는 표현에서 안(雁)은 큰 기러기를 의미하고, 교(翹)는 본래 '치
    켜들다, '올리다'라는 뜻으로, 기러기가 날아오르는 모습을 묘사했다. 따라서 '雁
    翹了'는 대개 큰 기러기가 날아오르거나 비상하는 상태를 지칭한다. 중국 고대
    문학에서 큰기러기는 종종 이별과 그리움의 이미지로 사용된다. 큰기러기는 계
    절에 따라 이동하는 습성이 있어 산과 강을 넘나들며 소식을 전한다는 상징적
    의미를 지니고 있다. 따라서 '雁翹了'는 기러기가 날아오르는 것의 묘사에 그치
    지 않고, 이별의 순간과 그에 따른 기대감과 아쉬움을 내포할 수도 있으며, 만
    남을 고대하고 이별에 대한 무력감을 상징하는 감정을 담고 있을 수 있다.

14) [역주] '烏龍攪柱'(烏龍絞柱)는 전통 중국의 희극 무대에서 사용되는 용어로, 무
    술 동작에서 파생된 말로, 공격을 피하거나 죽음 직전의 고통스러운 몸부림을
    표현하는 데 주로 사용된다. 구체적으로 표현하자면, 배우가 무대에 누워 등
    을 대고, 팔을 휘두르고 다리를 빠르게 공중에서 꼬면서 상체를 옆으로 뒤집
    어 옆으로 눕는다. 이 과정에서 배우는 대부분 시계 반대 방향으로 몸을 연속

든 아니면 간접적이든 이 모두는 원시적인 춤이 사냥과 깊은 연관이 있음을 나타내고 있다.[16]

민족지에 실린 자료도 이를 입증해 준다. 몇몇 소수민족은 사슴신과 우신(牛神)을 춤(舞)으로 표현했다. 춤추는 사람들은 머리에 사슴과 소의 머리를 쓰고, 악령을 상징하는 인형을 뿔로 받고 뒤집히게 하면서 구르면서 그것과 싸우는 행위로 보여주는 것은 납서족(納西族)이 춤추는 동물 신 춤이다. 특히 흥미로운 것은, 납서족의 동파(東巴) 가면 춤은 한때 매우 번성했으나, 최근에 점차 무대에서 사라졌는데, 그 춤의 동작은 아직도 남아 있지만, 가면은 이미 없어졌다는 점이다. 나이 많은 동파(老東巴)들의 회상에 따르면, 오래 전 동파의 가면은 모두 동물로 만들어졌으며, 그 중에는 말, 사슴, 소, 야크(犛牛), 사자, 호랑이, 돼지, 개, 쥐, 뱀, 개구리, 용, 산양, 야생 소, 원숭이, 절벽에

적으로 굴리며 다리는 계속해서 꼬인다. 때로는 다리를 꼰 후 관성과 상지의 도움으로 서는 자세를 취하기도 하지만, 이는 높은 신체 조정 능력과 허리, 복부의 힘이 필요하다. 따라서 '烏龍攪柱'는 전통 연극에서 감정 표현을 풍부하게 하고 관람의 즐거움을 높이는 역할을 하며, 배우의 신체 능력과 기술 수준을 보여주는 중요한 요소로 기능한다.

15) [역주] '商羊腿'라는 용어는 중국 고대 신화와 전설에서 유래한 것으로, 이 전설에 따르면, 상양(商羊)이라는 새는 큰 비가 오기 전에 한쪽 다리를 구부리고 춤을 추며, 이 새를 보는 사람들은 곧 비가 올 것을 알고 농지에 물길을 만들어 농작물에 물을 대기 위한 준비를 했다고 한다. 역사가 흘러 상양새가 점차 멸종하면서 현지 사람들은 더 이상 이 새의 모습을 볼 수 없게 되었고, 그래서 가뭄이 심할 때마다 사람들은 상양새를 흉내 내어 가면을 쓰고, 소리 나는 판을 들고, 한쪽 다리를 들고 높이 뛰면서 머리를 흔들고, 발에 종을 달고 뛰어다니며 춤을 추었다고 한다. 이 춤은 중국 현지의 어린이 게임인 '팽괴(碰拐)'에서도 발견되는데, 이 놀이는 두 어린이가 각각 한쪽 다리를 들고 무릎으로 서로를 밀치는 방식으로 진행된다. 현재 고전 무용에서는 여전히 '상양다리(腿)'라는 동작이 사용되고 있으며, 이는 한쪽 발을 들고 서는 포즈와 유사한 동작을 포함하고 있다.

16) [宋] 周密, 『癸辛雜識』, 『德壽宮舞譜』의 '舞蹈動作'과 '隊形名'. 文物圖版은 『中國古代舞蹈史話』의 附錄 참조(人民音樂出版社, 1980年).

사는 산양(崖牛), 노루(獐), 큰 노루(麃), 공작새, 대붕(大鵬) 등이 있었다
고 한다. 동파의 경전에는 많은 신령스런 동물들이 그려졌으며, 동파
의 상형문자 중 많은 어휘들이 동물의 머리 모양에서 유래되었다.[17]
동파의 춤 악보(舞譜)에 남아 있는 다양한 조류와 짐승의 춤은, 예전
납서족의 가면을 쓴 신무(神舞)와 동물의 춤의 번성을 생각나게 한다.

4-11. 납서족들의 홍교(紅敎) 우신무(牛神舞)와 홍교 사자신 춤

내몽골자치구 중서부에 위치한 포두(包頭)시 석만(石灣)의 한나라
무덤[18]에서 출토된 황색 유약이 칠해진 부조(浮雕)로 된 도준(陶樽)에

---

17) 方國瑜, 『納西象形文字譜』(雲南人民出版社, 1981年).
18) [역주] 이 유적은 내몽골자치구의 포두시(包頭市)에 있으며, 한나라의 역사와
    문화에 대한 중요한 통찰력을 제공하는 중요한 고고학 유적지이다. 1950년대
    부터 발굴되기 시작한 이 유적은 독특한 건축 양식과 독특한 장례 유물이 특
    징이며, 한나라 당시 오원군(五原郡) 주민들의 생활과 문화를 반영한다. 발굴
    작업을 통해 한 왕조의 사회 구조, 종교적 신념 및 일상생활에 대한 연구에
    도움이 되는 조각품 및 도기 등 다양한 출토 유물을 통해 그 시대의 경제적
    번영과 문화 교류가 강조되었다. 이 유적지는 또한 한족과 헝가리 민족 간의
    상호 작용에 대한 관점을 제공해 주고 있다. 특히 왕소군(王昭君)을 통한 "선

는 용(龍), 조류(鳥), 여우(狐)와 같은 동물들, 한 춤추는 사람이 활을 당기려는 모습, 그리고 네 명의 동물로 분장한 무당의 그림이 그려져 있다. 이 무당들은 각각 소(牛), 양(羊), 늑대(狼) 그리고 나무 관(樹冠)을 머리에 쓴 사람 모양의 가면을 착용하며, 기도드리는 모습과 춤추는 자세를 취하고 있다.[19]

4-12. 포두(包頭)시 석만(石灣) 한나라 무덤 출토 도준(陶樽)

중국어에 '장수선무(長袖善舞)'[20]라는 말이 있다. 『설문』에서는 "사람의 양쪽 소매를 흔드는 모습(象人兩袖舞形)"을 상징적으로 묘사하여 '무(巫)'자를 설명했다. 이는 고대의 춤의 예식에서 이러한 미적 특징을 잡아낸 것이며, 출토 문헌도 이를 입증해 준다. 예를 들어, [그림 4-13]은 각기 한나라 때의 도용(陶俑)과 동경(銅鏡)에 나타난 긴 소매

우(單于)와의 화친"을 기록한 와당(瓦當), 동한 영제(靈帝) "건녕(建寧) 3년"(서기 170년)의 석비(石碑) 등과 같은 진귀한 유물이 포함되어 있다.

19) 王克芬, 『中國舞蹈發展史』, 279쪽(上海人民出版社, 1989年).

20) [역주] '長袖善舞'이라는 성어는 원래 긴 소매가 춤추기에 유리하다는 것을 의미했다, 이후 무언가를 의지할 수 있으면 일이 쉽게 성공할 수 있다는 비유로 사용되었다. 예컨대, 권력이나 부, 영향력을 가진 사람들이 자신의 위치를 이용하여 일을 쉽게 처리할 수 있음을 의미한다.

를 가진 춤추는 여성의 형상이다. [그림 4-14]는 한나라 무덤에서 출토된 상아와 옥으로 만든 춤추는 인형과 무위(武威) 한나라 무덤의 칠로 된 술독(漆樽)에 그려진 춤 모습이다. [그림 4-15]는 전국시대의 긴 소매와 주름진 옷자락을 가진 옷을 입고 춤추는 옥 조각에 보이는 형상이다. 이 모든 것들은 중국의 춤의 이미지에서 넓은 양쪽 소매를 흔드는 모습이 공통적인 특징임을 보여준다.

4-13. 한나라 무녀(舞女)들들이 그려진 채색 도용(陶俑)과 동경(銅鏡)의 무늬

4-14. 한나라 무덤에서 출토된 상아와 옥으로 만든 무용(舞俑) 및 무위(武威)의 한나라 무덤에서 출토된 칠준(漆樽)의 무용(舞踊) 도안

『설문해자』 인지분석

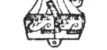

4-15. 전국시대 옥에 새겨진 긴소매 무용수

『설문·습(習)부수』와 「우(羽)부수」, 그리고 이들과 관련된 「비(飛)부수」에는 중국 고대 무용장식의 인식과 관련된 의미장이 완전하게 보존되어 있다. 그 중 「습(習)부수」에는 부수자를 포함하여 총 2자가 수록되었다.

- 습(習: 習, 甲骨文 簡牘文 古璽文), '자주 날개 짓을 하다(數飛)'라는 뜻이다.[21] 우(羽)가 의미부이고 백(白)도 의미부이다.[22] 습(習)부수에 귀속된 글자는 모두 습(習)이 의미부이다. 독음은 사(似)와 입(入)의 반절이다.(數飛也. 從羽從絶. 凡習之屬皆從習. 似入切.)
- 완(翫: 翫), '만족할 때까지 익히다(習猒)'라는 뜻이다. 습(習)이 의미부이고 원(元)이 소리부이다. 『춘추전』(『좌전』 소공 원년, B.C. 541)에서 "세월 흘러감이 일상적인 것이긴 하지만 날이 짧음을

---

21) [역주] 여기서의 수(數)는 '삭'으로 읽어야 하며, '자주 날다'는 뜻이다.
22) [역주] 『단주』에서는 "從羽白聲(羽가 의미부이고 白이 소리부이다)"로 고쳤다. 허신이 의미부로 본 백(白)은 자(自)의 변형일 가능성이 크다.

한탄한다(亂歲而愒日)"라는 말이 있다. 독음은 오(五)와 환(換)의 반절이다.(智獸也. 從智元聲.『春秋傳』曰: '亂歲而愒日. 五換切.)

「우(羽)부수」는 이에 비해 대단한 규모인데, 새로 다해진 글자까지 합하여 총 37자가 수록되었다.

001 우(羽): 甲骨文 金文 簡牘文), '새의 긴 깃털(鳥長毛)'을 말한다. 상형이다. 우(羽)부수에 귀속된 글자는 모두 우(羽)가 의미부이다. 독음은 왕(王)과 구(矩)의 반절이다.(羽: 鳥長毛也. 象形. 凡羽之屬皆從羽. 王矩切.)

002 시(翄): '새 중에서 무서운 새의 강한 깃(鳥之彊羽猛者)'을 말한다. 우(羽)가 의미부이고 시(是)가 소리부이다. 독음은 구(俱)와 시(跂)의 반절이다.(翄: 鳥之彊羽猛者. 從羽是聲. 俱跂切.)

003 한(翰): 金文 石刻), '신화에 나오는 천계의 붉은 깃(天雞赤羽)'을 말한다.[23) 우(羽)가 의미부이고 간(倝)이 소리부이다.『일주서(逸周書)』「왕회(王會)」에서 "대한(大翰)은 휘치(翬雉) 즉 금계와 비슷한데, 달리 신풍(鷗風)이라고도 한다. 주(周)나라 성왕(成王) 때 촉(蜀)나라에서 헌상되었다."라고 했다. 독음은 후(侯)와 간(幹)의 반절이다.(翰: 天雞赤羽也. 從羽倝聲.『逸周書』曰: "大翰, 若翬雉, 一名鷗風. 周成王時蜀人獻之." 侯幹切.)

004 적(翟): 甲骨 金文 簡帛 漢印 石刻), '꼬리가 긴 꿩(山雉尾長者)'을 말한다.[24) 우(羽)가 의미부이고 추(隹)도 의

─────────────────────────────

23) [역주] 천계(天雞)는 중국 신화에 나오는 하늘에 산다는 꿩을 말한다. 남조(南朝) 양(梁)나라 임방(任昉)의 『술이기(述異記)』(권하)에 이렇게 기술되어 있다. "동남쪽에 도도산(桃都山)이 있고, 그 산 정상에 큰 나무가 있는데 '도도(桃都)'라고 한다. 가지 사이가 3천리나 벌어져 있으며, 그 위에 천계(天雞)가 산다. 해가 뜰 때 나와서 이 나무를 비추고, 천계(天雞)가 울면 세상의 모든 닭들이 따라서 운다." 사천성 삼성퇴(三星堆) 유적 제2고 제사 갱에서 청동 꿩이 출토되었는데, 이 신화에 나오는 천계의 형상으로 보기도 한다.

미부이다. 독음은 도(徒)와 력(歷)의 반절이다.(翟: 山雉尾長者. 從
羽從隹. 徒歷切.)

005 비(翡: 漢印), '붉은 깃을 가진 참새(赤羽雀)'를 말한다. 울창한
숲에 산다. 우(羽)가 의미부이고 비(非)가 소리부이다. 독음은 방
(房)과 미(味)의 반절이다.(翡: 赤羽雀也. 出鬱林. 從羽非聲. 房味切.)

006 취(翠: 漢印石刻), '푸른 깃을 가진 참새(靑羽雀)'를 말한다.
울창한 숲에 산다. 우(羽)가 의미부이고 졸(卒)이 소리부이다. 독
음은 칠(七)과 취(醉)의 반절이다.(翠: 靑羽雀也. 出鬱林. 從羽卒聲.
七醉切.)

007 전(翦: 古陶), '새의 깃이 새로 나다(羽生)'라는 뜻이다. 일설
에는 '화살의 깃(夭羽)25)'을 말한다고도 한다. 우(羽)가 의미부
이고 전(前)이 소리부이다. 독음은 즉(卽)과 천(淺)의 반절이다.
(翦: 羽生也. 一曰夭羽. 從羽前聲. 卽淺切.)

008 옹(翁: 漢印石刻), '새 목덜미의 깃털(頸毛)'을 말
한다. 우(羽)가 의미부이고 공(公)이 소리부이다. 독음은 오(烏)와
홍(紅)의 반절이다.(翁: 頸毛也. 從羽公聲. 烏紅切.)

009 시(翄), '새의 날개(翼)'를 말한다. 우(羽)가 의미부이고 지(支)가
소리부이다. 시(翄)는 시(翄)의 혹체자인데, 씨(氏)로 구성되었다.
독음은 시(施)와 지(智)의 반절이다.(翄: 翼也. 從羽支聲. 翄, 翄或從
氏. 施智切.)

010 객(翮), '새의 날개(翅)'를 말한다. 우(羽)가 의미부이고 혁(革)이
소리부이다. 독음은 고(古)와 핵(翮)의 반절이다.(翮: 翅也. 從羽革
聲. 古翮切.)

011 교(翹: 漢印), '새 꼬리의 긴 깃털(尾長毛)'이라는 뜻이다. 우
(羽)가 의미부이고 요(堯)가 소리부이다. 독음은 거(渠)와 요(遙)의

---

24) [역주] 『단주』에서는 "山雉也, 尾長."으로 고쳤고, 『이아·석조(釋鳥)』에서 말한
"적(翟)은 산 꿩을 말한다(山雉)"와 곽박의 주에서 말한 "꼬리가 긴 꿩이다(長
尾者)라는 말은 인용했다.

25) [역주] 뉴수옥의 『교록』에 의하면, 시(夭)는 시(矢)의 잘못된 표기라고 했다.

반절이다.(翢: 尾長毛也. 從羽堯聲. 渠遙切.)

012 후(翭), '새 깃의 뿌리(羽本)'를 말한다. 일설에는 '깃이 처음 자라나는 모습(羽初生皃)'을 말한다고도 한다. 우(羽)가 의미부이고 후(侯)가 소리부이다. 독음은 호(乎)와 구(溝)의 반절이다.(翭: 羽本也. 一曰羽初生皃. 從羽侯聲. 乎溝切.)

013 핵(翮), '새 깃의 줄기(羽莖)'를 말한다. 우(羽)가 의미부이고 력(鬲)이 소리부이다. 독음은 하(下)와 혁(革)의 반절이다.(翮: 羽莖也. 從羽鬲聲. 下革切.)

014 구(翑), '새 깃의 굽은 부분(羽曲)'을 말한다. 우(羽)가 의미부이고 구(句)가 소리부이다. 독음은 기(其)와 구(俱)의 반절이다.(翑: 羽曲也. 從羽句聲. 其俱切.)

015 예(翳), '새가 깃을 펴 바람을 타고 올라가다(羽之翳風)'라는 뜻이다. 또 옛날의 제후(諸侯)를 말한다. 일설에는 '활쏘기를 관장하는 책임관(射師)26)'을 말한다고도 한다. 우(羽)가 의미부이고 견(幵)이 소리부이다. 독음은 오(五)와 계(計)의 반절이다.(翳: 羽之翳風. 亦古諸侯也. 一曰射師. 從羽幵聲. 五計切.)

016 저(翥), '새가 날아오르다(飛擧)'라는 뜻이다.27) 우(羽)가 의미부이고 자(者)가 소리부이다. 독음은 장(章)과 서(庶)의 반절이다.(翥: 飛擧也. 從羽者聲. 章庶切.)

017 흡(翕), '새가 날다(起)'라는 뜻이다. 우(羽)가 의미부이고 합(合)이 소리부이다. 독음은 허(許)와 급(及)의 반절이다.(翕: 起也. 從羽合聲. 許及切.)

018 현(翾), '새가 가볍게 날다(小飛)'라는 뜻이다. 우(羽)가 의미부이

---

26) [역주] 『일주서(逸周書)·대무해(大武解)』에서는 이렇게 말했다. "육려(六勵)를 보면, 첫째 인(仁)인데 이로써 행동(行)을 닦게 하고, 둘째 지(智)인데 이로써 도(道)를 닦게 하고, 셋째 무(武)인데 이로써 용(勇)을 닦게 하고, 넷째 사(師)인데 이로써 사(士)를 닦게 하고, 다섯째 교정(校正)인데 이로써 어(御)를 닦게 하고, 여섯째 사사(射師)인데 이로써 오(伍)를 닦게 한다."라고 했다. 주우증(朱右曾)의 『교석(校釋)』에서 "사사(射師)는 주사(主射)를 말한다. 그래서 대오를 연마시킨다."라고 했다.

27) [역주] 왕균의 『구두』에 의하면, "땅으로부터 처음 날아오를 때를 말한다."라고 했다.

고 경(睘)이 소리부이다. 독음은 허(許)와 연(緣)의 반절이다.(翾: 小飛也. 從羽睘聲. 許緣切.)

019 휘(翬), '새가 세차게 날다(大飛)'라는 뜻이다. 우(羽)가 의미부이고 군(軍)이 소리부이다. 일설에는 '이수(伊)와 낙수(雒)의 남쪽 지역에 사는 다섯 가지 색을 모두 갖춘 꿩'을 휘(翬)라고도 한다. 『시·소아·사간(斯干)』에서 "오색 꿩이 나는 듯 아름답네(如翬斯飛)"라고 노래했다. 독음은 허(許)와 귀(歸)의 반절이다.(翬: 大飛也. 從羽軍聲. 一曰伊ʾ 雒而南, 雉五采皆備曰翬. 『詩』曰: "如翬斯飛." 許歸切.)

020 료(翏): 金文 簡帛 古璽 漢印), '새가 높이 날다(高飛)'라는 뜻이다. 우(羽)가 의미부이고 진(㐱)도 의미부이다. 독음은 력(力)과 구(救)의 반절이다.(翏: 高飛也. 從羽從㐱. 力救切.)

021 편(翩: 石刻), '새가 빠르게 날다(疾飛)'라는 뜻이다. 우(羽)가 의미부이고 편(扁)이 소리부이다. 독음은 방(芳)과 련(連)의 반절이다.(翩: 疾飛也. 從羽扁聲. 芳連切.)

022 삽(翜), '민첩하다(捷)'라는 뜻이다. 나는 동작이 빠르다(飛之疾)는 뜻이다. 우(羽)가 의미부이고 협(夾)이 소리부이다. 색(濇)과 같이 읽는다. 일설에는 '호협하다(豪俠: 호방하고 의협심이 있다)'는 뜻이라고도 한다. 독음은 산(山)과 흡(洽)의 반절이다.(翜: 捷也. 飛之疾也. 從羽夾聲. 讀若濇. 一曰俠也. 山洽切.)

023 익(翊: 甲骨石刻), '새가 나는 모양(飛皃)'을 말한다. 우(羽)가 의미부이고 입(立)이 소리부이다. 독음은 여(與)와 직(職)의 반절이다.(翊: 飛皃. 從羽立聲. 與職切.)

024 탑(翍), '새가 무리지어 나는 모습(飛盛皃)'을 말한다. 우(羽)가 의미부이고 모(冃)도 의미부이다. 독음은 토(土)와 합(盍)의 반절이다.(翍: 飛盛皃. 從羽從冃. 土盍切.)

025 치(翅), '새가 무리지어 나는 모습(飛盛皃)'을 말한다.28) 우(羽)가 의미부이고 지(之)가 소리부이다. 독음은 시(侍)와 지(之)의 반절

---

28) [역주] 『단주』에서는 "飛盛皃"를 "羽盛皃也"라고 하여, '날개 짓이 성한 모습'으로 풀이했다.

이다.(翀: 飛盛皃. 從羽之聲. 侍之切.)

026 고(翱), '새가 선회하며 날다(翱翔)'라는 뜻이다. 우(羽)가 의미부
이고 고(皐)가 소리부이다. 독음은 오(五)와 뢰(牢)의 반절이다.
(翱: 翱翔也. 從羽皐聲. 五牢切.)

027 상(翔: **翔**漢印), '새가 빙빙 회전하며 날다(回飛)'라는 뜻이다.
우(羽)가 의미부이고 양(羊)이 소리부이다. 독음은 사(似)와 양(羊)
의 반절이다.(翔: 回飛也. 從羽羊聲. 似羊切.)

028 홰(翽), '새가 날 때 나는 소리(飛聲)'를 말한다. 우(羽)가 의미부
이고 세(歲)가 소리부이다. 『시·대아권아(卷阿)』에서 "봉황새가
날아감에, 날개를 펄렁이네.(鳳皇于飛, 翽翽其羽.)"라고 노래했다.
독음은 호(呼)와 회(會)의 반절이다.(翽: 飛聲也. 從羽歲聲. 『詩』曰:
"鳳皇于飛, 翽翽其羽." 呼會切.)

029 학(翯), '새가 깨끗하고 살이 붙어 반지르르한 모습(鳥白肥澤皃)'
을 말한다. 우(羽)가 의미부이고 고(高)가 소리부이다. 『시·대아·영
대(靈臺)』에서 "백조는 깨끗하고 희기도 하네(白鳥翯翯)"라고 노
래했다. 독음은 호(胡)와 각(角)의 반절이다.(翯: 鳥白肥澤皃. 從羽
高聲. 『詩』云: "白鳥翯翯." 胡角切.)

030 황(翌), '악무(樂舞)'를 말하는데, 깃으로 목 부위를 덮고 춤을 추
면서 별의 신에게 제사를 지내는 춤을 말한다.[29] 우(羽)가 의미
부이고 왕(王)이 소리부이다. 황(皇)과 같이 읽는다. 독음은 호(胡)
와 광(光)의 반절이다.(翌: 樂舞. 以羽翿自翳其首, 以祀星辰也. 從羽
王聲. 讀若皇. 胡光切.)

031 불(翇), '악무(樂舞)'를 말하는데, 온전한 깃을 들고 사직 신에게
제사를 드리는 춤을 말한다. 우(羽)가 의미부이고 발(犮)이 소리
부이다. 불(紱)과 같이 읽는다. 독음은 분(分)과 물(勿)의 반절이
다.(翇: 樂舞. 執全羽以祀社稷也. 從羽犮聲. 讀若紱. 分勿切.)

032 도(翿), '깃으로 만든 일산(翳)'을 말한다. 춤을 추는데 사용한다.
우(羽)가 의미부이고 수(㲋)가 소리부이다. 『시·왕풍·군자양양(君

---

29) [역주] 『주례·지관·무사(舞師)』에 대한 정현(鄭玄) 주석에서 정사농(鄭司農, 즉
鄭衆)의 말을 인용하여, "황무(皇舞)는 몽우무(蒙羽舞)라고도 하는데, 문헌에서
는 간혹 황(翌)으로 쓰기도 한다."라고 했다.

子陽陽)』에서 "왼 손에 새 깃 집어 들고(左執翿)"라고 노래했다.
독음은 도(徒)와 도(到)의 반절이다.(翿: 翳也. 所以舞也. 從羽𣎯聲.
『詩』曰: "左執翿." 徒到切.)

033 예(翳: 〔圖〕石刻), '화려한 덮개(華蓋)'를 말한다. 우(羽)가 의미부
이고 예(殹)가 소리부이다. 독음은 어(於)와 계(計)의 반절이다.
(翳: 華蓋也. 從羽殹聲. 於計切.)

034 삽(翣: 〔圖〕簡帛 〔圖〕古璽), '관에 하는 깃 장식(棺羽飾)'을 말한다. 천
자는 8개, 제후는 6개, 대부는 4개, 사(士)는 2개를 쓰며, 아래로
늘어뜨린다. 우(羽)가 의미부이고 첩(妾)이 소리부이다. 독음은
산(山)과 흡(洽)의 반절이다.(翣: 棺羽飾也. 天子八, 諸侯六, 大夫四,
士二. 下垂. 從羽妾聲. 山洽切.)

035 번(翻), '새가 날다(飛)'라는 뜻이다. 우(羽)가 의미부이고 번(番)이
소리부이다. 혹체에서는 비(飛)로 구성되기도 한다. 독음은 부(孚)
와 원(袁)의 반절이다.(翻: 飛也. 從羽番聲. 或從飛. 孚袁切.) [신부]

036 령(翎), '새의 깃털(羽)'을 말한다. 우(羽)가 의미부이고 령(令)이
소리부이다. 독음은 랑(郎)과 정(丁)의 반절이다.(翎: 羽也. 從羽令
聲. 郎丁切.) [신부]

037 홍(翁), '새가 나는 소리를 말한다(飛聲).' 우(羽)가 의미부이고 공
(工)이 소리부이다. 독음은 호(戶)와 공(公)의 반절이다.(翁: 飛聲.
從羽工聲. 戶公切.) [신부]

여기에서, 일부 어휘는 깃털 장식(羽飾)의 출처와 생산지를 나타내며,
다른 일부 어휘는 깃털 장식의 기능과 용도를 가리킨다. 또한, 『설문
비(飛)부수』에서 수록된 2자도 깃털(羽)에서 해당 이미지를 가져왔다.

'비(飛)'자의 전서체는 〔圖〕로 표현되는데, 이는 세 개의 '우(羽)'로 구
성되었다. 『설문』의 설명에 따르면, "조류가 높이 날아오르는 모습이
다(鳥翥也). 상형이다." 그 중에서 가장 주목해야 할 부분은 이 부수에
수록된 '익(翼)'자이다. "익(〔圖〕)은 날개를 치다는 뜻이다(翄也). 비(飛)

가 의미부이고 이(異)가 소리부이다. 익(翼)은 전서체로 익()으로 쓰는데, 우(羽)로 구성되었다." 금문 「진공박(秦公鎛)」의 명문에서 "受明德"의 익(翼)을 으로 적었다. 「중산왕착호(中山王壺)」의 명문에서 "지지익익(祗祗翼翼)"이라 하였는데 '익(翼)'을 으로 적었다. 모두 춤추는 사람의 머리 부분이 깃털로 장식된 특이한 모양을 한 데서 이미지를 가져왔는데, 『설문』에서 말한 '무(舞)'자에 대해 '깃털(羽)'로 장식하는 것으로 설명한 것이 매우 오래된 어원을 갖고 있음을 보여준다. 그리고 「우정(盂鼎)」에서는 '기이(奇異)'의 '이(異)'자를 '익(翼)'자로 직접 사용하였으며, 구조는 으로 표현했는데[30], 이는 필자의 '익(翼)'자에 대한 상징적인 의미에 대한 추론이 틀리지 않음을 증명해 준다.

인류학의 자료에 따르면, 『설문』에 저장된 중국 고대에서 '깃털(羽)'을 춤 장식(舞飾)으로 사용했던 어원 분석은 상당히 깊고 오랜 역사적 배경을 가지고 있다.

운남성 창원(滄源) 암각화의 제6지점 제3구역에서는 대규모의 복잡한 제사(祭祀) 현장이 그려져 있다[그림 4-16]. 그림에 나타난 인물 중 일부는 머리에 깃 달린 관(羽冠)을 쓰고, 몸에는 조류의 깃털로 장식하였으며 양팔을 펼쳐 날갯짓하는 모습을 하고 있다. 다른 일부는 몸체를 직사각형으로 그렸는데, 머리 위에는 수직으로 된 여러 개의 선이 그려졌다. 마치 띠 풀로 엮어 만든 우의 모양으로 전체 몸을 감싼 것처럼 보이는데, 아마 신화적인 인물이 아닌가 생각된다. 또한, 몇몇 인물은 줄로 여러 마리의 소를 끌고 오는 모습인데, 이는 아마 제사에서 희생으로 사용될 소였을 것이다.[31]

---

30) 『金文編』 卷11에 수록된 著錄.
31) 汪寧生, 『雲南滄源岩畫的發現與研究』, 75쪽(文物出版社, 1985年版).

『설문해자』 인지분석

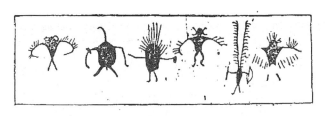

4-16. 운남성 창원(滄源), 내몽골 음산(陰山), 사천성 공현(珙縣)
암각화

　이를 바탕으로 전국시대 때의 「노함환수렵화상문호(魯銜環狩獵畫象紋壺)」와 연관 지을 수 있다. 이 호리병의 상단에는 사냥 생활이 새겨져 있고, 가장 아래 부분에는 사람들이 새 모양을 변장한 채 춤을 추는 모습이 새겨졌다. 일렬로 줄을 지어 한 방향을 향하며, 머리 위에는 긴 병 모양의 장식을 달고, 팔은 조류의 깃털처럼 보이며, 몸 뒤에는 꼬리 장식이 달렸다. 또 중국 고대 남방 지역의 동고(銅鼓)에는 깃털을 단 인간의 형상(羽人像)이 새겨져 있으며, 그 머리는 대부분 조류의 머리처럼 보인다.[그림 4-17]

　1986년에는 절강성 여항(餘杭) 반산(反山)과 요산(瑤山)에서 수천 점의 신석기시대 양저(良渚) 문화의 옥 유물이 출토되었다. 그 중에서 옥종(玉琮) 위에 새겨진 독특한 짐승 얼굴 문양(獸面紋)은 사람과 짐승의 복합 문양의 단순화라 할 수 있다. 아래 부분은 괴이한 얼굴의 앉아 있는 괴물이고, 윗부분은 깃털 장식을 한 '신성한 무당(神巫)'이 그려져 있다.32)[그림 4-18]

4-17. 서한 시기 동고(銅鼓) 상의 무늬

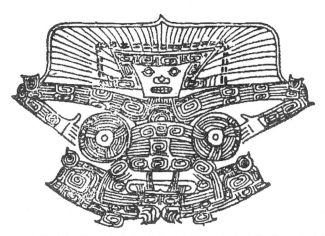

4-18. 옥종(玉琮) 위에 새겨진 독특한 짐승 얼굴 문양(獸面紋). 절강성
여항(餘杭) 반산(反山) 양저(良渚) 문화 출토

---

32) 汪遵國, 「良渚文化玉斂葬述略」(『文物』 1984年 第2期).

『설문해자』 인지분석

나아가, 문헌학 분야에서의 증거로는, 선진(先秦) 시대의 의례와 제사에 쓰던 음악과 춤에 상로(翔鷺) 음악과 춤이 있었던 것을 들 수 있다.『시경·노송·유필(有駜)』에서는 "훨훨 나는 백로여, 백로가 날아가다 내려앉네. 북 소리 둥둥 울리고, 취하여 춤을 추니, 모두가 즐거워하네.(振振鷺, 鷺于飛; 鼓咽咽, 醉言歸, 于胥樂兮)"와 "훨훨 나는 백로여, 백로가 날아가다 내려앉네. 북 소리 둥둥 울리고, 취하여 돌아가니, 모두가 즐거워하네.(振振鷺, 鷺于下; 鼓咽咽, 醉言舞, 於胥樂兮.)"라고 노래했다. 이는 상로(翔鷺)로 변장한 춤추는 사람들이 규칙적인 북 소리에 맞춰 춤을 추는 모습을 묘사한 것이다. 또 초(楚)나라 사람들이 태양신(日神)에 대해 제사할 때의 음악과 춤도 상록 춤과 비슷하다.『초사·구가(九歌)·동군(東君)』에서는 "거문고 타는 소리는 북 소리와 교차하고, 대나무 통과 종소리는 옥돌로 장식한 조각한 악기 틀에서 울리고, 다고나 피리 울리니 생황을 불고, 영보를 생각하니 ㄹ=아름받기만 하구나. 날아오르는 물총새처럼 춤을 추며, 시를 펼치고 춤을 추니, 모두가 음악과 리듬에 맞구나.(緪瑟兮交鼓, 簫鍾兮瑤簴, 鳴箎兮吹竽, 思靈保兮賢姱, 翾飛兮翠曾, 展詩兮會舞, 應樂兮合節.)"라고 노래했다. 왕부지(王夫之)는『초사통석(楚辭通釋)』에서 "현(翾)은 조금 날아오르는 것을, 증(曾)은 높이 들어 올리는 것을 의미한다. 취증(翠曾)은 물총새처럼 날아오르는 것을 말하는데, 춤의 모습을 뜻한다.(翾, 小飛也. 曾, 高擧也. 翠曾如翠鳥之飛, 謂舞容也.)"라고 주석을 달았다. 상로(翔鷺)와 취조(翠鳥)는 같은 종류의 조류이며, 그들의 춤 스타일도 비슷하다. 이것은 모두『설문』에서 제공하는 관련 '의미장'과 일치한다.

운남성 개화(開化)의 여덟 폭의 고고요(鼓鼓腰)의 춤추는 모습 중, 각 그림마다 한 명의 춤추는 사람이 있는데, 그들의 머리에는 세모 저고리 형태의 깃털이 달려 있고, 틀어 올린 머리 뒤에는 상록의 머

4-19. 운남성 개화(開化)의 고고요(鼓鼓腰)의 춤추는 모습(모사본)

리 모양 장식이 달려 있으며, 몸에는 상록 꼬리 모양의 춤옷을 입었
다. 왼손에는 깃털로 장식된 지팡이를 들었고, 오른손은 펼쳐져 날갯
짓하는 춤 자세를 취하고 있다.[그림 4-19]

고대 동고(銅鼓)에 새겨진 음악과 춤 그림에서도, 일부 춤추는 사람
들은 무기를 들고, 일부는 깃털을 들고, 또 다른 일부는 무기와 깃털
장식을 모두 들고 있다. 이것은 명백하게 깃털 춤과 관련된 음악과
춤의 형태임을 알 수 있다.

운남 강천(江川) 이가산(李家山) M24:36호 고고요(鼓鼓腰)의 음악과
춤 그림에서, 춤추는 사람들의 머리에는 두 줄의 매우 높은 세모 저
고리 형태의 깃털 또는 조류의 날개 장식이 있고, 지팡이의 꼭대기에
도 매우 높은 세모 저고리 형태의 깃털 또는 조류의 날개 장식이 있
다. 아래쪽에는 원형의 점과 원으로 조합된 조류의 눈 모양이 그려져
있다. 춤추는 사람들은 모두 앉아 있으며, 양손에 지팡이를 들거나
양손에 깃털을 들고 있다. 이런 종류의 음악과 춤에서, 깃털 장식은
여전히 상당한 비중을 차지하며, 고문헌에서 언급하는 '만무(萬舞)'에
해당할 것으로 보인다.33)

고대의 음악과 춤은 크게 문(文)과 무(武)의 두 유형으로 나뉜다. 문무(文舞)는 주로 깃털과 플루트 등을 주요한 춤의 장식(舞節)으로 사용하며, 무무(武舞)는 주로 무기와 지팡이를 주요한 춤 장식으로 사용한다. 만무(萬舞)는 문무와 무무의 둘을 결합한 것을 의미한다. 『모전(毛傳)』에 따르면, "지팡이와 깃털을 가지고 만무를 춘다.(以幹羽爲萬舞.)"라고 했다. 깃털을 들고 있는 것은 문화적인 통치(文治)를 상징하며, 무기와 지팡이를 들고 있는 것은 무공(武功)을 나타낸다.

『상서·대우모(大禹謨)』에 따르면, 우(禹)는 병사를 이끌고 유묘(有苗)를 공격했으나 묘족들이 항복하지 않았다. 나중에 그는 병사들을 정렬시키고 크게 문덕(文德)을 전파하며, "두 계단 사이에서 지팡이와 깃털로 춤을 추었고, 70일 후에 유묘는 스스로 항복해왔다.(舞幹羽於兩階之間, 七旬而有苗自服來至)"라고 기록되어 있다.

『시경·진풍(秦風)·소융(小戎)』에서는 "몽벌유운(蒙伐有苑: 큰 방패와 손잡이 달린 작은 방패 아름답구나)"이라는 표현이 등장하는데, 『모전(毛傳)』에서는 "몽(蒙)은 잡다한 깃(討羽)을 의미하며, 벌(伐)은 중간 크기의 방패(中干)를 의미하며, 원(苑)은 우아한 모습(文貌)을 말한다."라고 설명했다. 『정의(正義)』에서는 "몽(蒙)으로 잡다한 깃을 삼으며, 여러 새를 그린 깃으로 방패의 장식으로 삼는다.(以蒙爲討羽, 謂畫雜鳥之羽以爲盾飾也.)"라고 했다.

『시경·정풍(鄭風)·청인(淸人)』에서는 "청읍의 군대는 팽(彭) 땅에 주둔하고 있는데, 갑주를 두른 네 필 말 위세 등등하고, 두 뾰족한 긴 창에 달린 무거운 장식, 황하 강변에서 자유로이 내달리네.(淸人在彭, 駟介旁旁, 二矛重英, 河上乎翶翔.)"라고 노래했다. 『모시정의』에서는 "「

---

33) 中國古代銅鼓硏究會編, 『中國古代銅鼓』, 172쪽에 첨부된 圖片 참조(文物出版社, 1988年版).

노송」에서는 창에 달린의 장식을 '주영(朱英)'이라 했는데, 붉게 염색하여 화려하게 장식했다는 말이다. 두 가지 창의 길이가 달라 그 장식도 중첩되어 보이기에, 이를 '중영(重英)'이라 했다.(魯頌說矛之飾謂之朱英, 則以朱染爲英飾, 二矛長短不同, 其飾重累, 故謂之重英也.)"라고 했다.

이러한 문헌적 기술들은 상당 부분 『설문』에서 제시된 '의미장'과 일치한다.

물론, 중국어의 성어인 '무자편편(舞姿翩翩: 무희의 우아한 춤사위)'의 '편(翩)'자도 '우(羽)'로 구성되었으며, '천의대모(穿衣戴帽: 옷을 입고 모자를 쓰다, 즉 사람이라면 예의범절은 알아야 한다.)'의 '대(戴)'자는 '이(異)'로 구성되었는데, 이 '이(異)'는 '익(翼)'의 어근이기도 하다. 이러한 것들 모두 『설문·우(羽)부수』와 관련된 '의미장'과 연계되어 중국 고대의 춤 장식에 관한 정보를 전달하고 있다.

또한, 『설문』에서는 깃털을 춤 장식으로 사용하여 달콤한 비를 기도하는 마법의 동기를 상당히 직접적으로 전달하고 있다. 이는 제5장 제1절의 "궁시(弓矢) 이미지" 편에서 확인할 수 있다. 그 외에도 '춤의 자태(舞態)'라고 할 때의 '태(態)'의 어원은 '능(能)'이다. 이는 제3장 제2절의 "수신(修身) 이미지" 편에서 볼 수 있다. 그리고 금문에서 '능(能)'은 𤞤로 써34), 우(羽)와 능(能)이 모두 의미부인데, 아마도 춤 장식으로서의 깃털 형태를 취한 태도(姿態)에서 가져온 것이 아닐까 생각된다.35)

'거(虡)'자의 경우, 호랑이(虍)로 문식(文飾)을 표현했는데, 『설문·호

---

34) 『金文編』 卷10, 688쪽에 수록된 「鄂君啓舟節」. 이의 銘文에서 "歲能返."이라 했다.
35) [역주] 역자는 이 글자가 '일(一)'로 해석되며, 이는 곰에서 인류가 탄생했다는 곰 토템과 관련되었으며, 그것의 신화적, 인류학적, 문자학적 의미를 상세히 논증한 바 있다. 「'일[羽/能]'의 해석: 인류탄생신화의 한자고고학적 전석」(한국중국언어학회, 『중국언어연구』 103집, 309~354쪽) 참조.

(虍)부수』에서 "호(虍)는 호랑이 무늬(虎文)를 말한다."라고 했다. '거(虛)'가 '이(異)'에서 해당 이미지를 가져왔다면 이 또한 '거(虛)'의 명명 근원을 밝혀주고 있다. 금문(金文)에서는 '거(虛)'를 🔥로 적어, 춤추는 사람의 기이한 자태를 나타냈다는 사실을36), 한눈에 알아볼 수 있게 해준다.

---

36) 『金文編』 卷五, 334쪽에 수록된 「邵鍾」.

제3절 장식(文飾) 이미지

『설문』에는 무늬 장식에 관한 이미지가 가장 많이 실렸다고 할 수 있으며, 이는 책 전체에 산재해 있다. 정리하면, 크게 (1) 털 장식무늬(毛飾畫文), (2) 교차무늬 장식(交錯畫飾), (3) 의상복식(衣裳服飾) 등의 이미지 군으로 나눌 수 있으며, 이는 각각 다음과 같은 '의미장'에 대응한다.

(1) 털 장식 무늬(毛飾畫文)

이 '의미장'은 『설문·삼(彡)부수』에 보존되어 있다.

- 삼(彡: **彡**簡帛), '모발이나 수식이나 그림이나 무늬(毛飾畫文)'를 말한다. 상형이다. 삼(彡)부수에 귀속된 글자들은 모두 삼(彡)이 의미부이다. 독음은 소(所)와 함(銜)의 반절이다.(**彡**: 毛飾畫文也. 象形. 凡彡之屬皆從彡. 所銜切.)
- 형(形: **形**簡牘文), '형체를 본뜬 것(象形)'을 말한다. 삼(彡)이 의미부이고 견(幵)이 소리부이다. 독음은 호(戶)와 경(經)의 반절이다.(**形**: 象形也. 從彡幵聲. 戶經切.)
- 진(参: **参**金文), '머리칼이 빽빽함(稠髮)'을 말한다. 삼(彡)이 의미부이고 인(人)도 의미부이다. 『시·용풍·군자해로(君子偕老)』에서 "검은 머리 구름 같으니(参髮如雲)"라고 노래했다.[1] 진(**鬒**)은

---

1) [역주] 금본에서는 진(参)이 진(鬒)으로 되었다.

진(乡)의 혹체자인데, 표(彡)가 의미부이고 진(眞)이 소리부이다.
독음은 지(之)와 인(忍)의 반절이다.(乡： 稠髮也. 從彡從人. 『詩』
曰: "乡髮如雲." 鬒, 乡或從彡眞聲. 之忍切.)

· 수(修): 古璽文 古陶文 簡牘文 古璽
文 石刻, '수식하다(飾)[꾸미다]'라는 뜻이다. 삼(彡)이 의
미부이고 유(攸)가 소리부이다. 독음은 식(息)과 류(流)의 반절이
다.(修： 飾也. 從彡攸聲. 息流切.)

· 창(彰): 古陶文 簡牘文 古陶 石刻), '무늬가 빛나다(文
彰)'라는 뜻이다. 삼(彡)이 의미부이고 장(章)도 의미부인데, 장(章)
은 소리부도 겸한다. 독음은 제(諸)와 량(良)의 반절이다.(彰： 文
彰也. 從彡從章, 章亦聲. 諸良切.)

· 조(彫): 古陶文 簡牘文), '무늬를 새겨 넣다(琢文)'라는
뜻이다. 삼(彡)이 의미부이고 주(周)가 소리부이다. 독음은 도(都)
와 료(僚)의 반절이다.(彫： 琢文也. 從彡周聲. 都僚切.)

· 정(彭), '소박하게 꾸미다(淸飾)'라는 뜻이다. 삼(彡)이 의미부이고
청(靑)이 소리부이다. 독음은 질(疾)과 영(郢)의 반절이다.(彭： 淸
飾也. 從彡靑聲. 疾郢切.)

· 목(彡), '정교하고 세밀한 무늬(細文)'를 말한다. 삼(彡)이 의미부이
고, 극(剢)의 생략된 모습이 소리부이다. 독음은 막(莫)과 복(卜)
의 반절이다.(彡： 細文也. 從彡, 剢省聲. 莫卜切.)

· 약(弱): 古陶文 簡牘文 漢印 石
刻), '부드럽게 휘어지다(橈)'라는 뜻이다. 위쪽은 부드럽게 휘어
진 모습을 그렸고, 삼(彡)은 털로 만든 꼬리가 부드럽게 날리는
모습을 그렸다. 부드러운 물체를 둘 모았기에, 두 개의 궈(弓)으
로 구성되었다. 독음은 이(而)와 작(勺)의 반절이다.(弱： 橈也.
上象橈曲, 彡象毛氂橈弱也. 弱物幷, 故從二弓. 而勺切.)

· 채(彩: 石刻), '무늬가 빛남(文章)'을 말한다. 삼(彡)이 의미부이고
채(采)가 소리부이다. 독음은 창(倉)과 재(宰)의 반절이다.(彩: 文
章也. 從彡采聲. 倉宰切.)

또「문(彣)부수」에도 2자가 수록되었다.

· 문(彣: 石刻), '화려한 색이 나는 무늬(䫌)'를 말한
다. 삼(彡)이 의미부이고 문(文)도 의미부이다. 문(彣)부수에 귀속
된 글자들은 모두 문(彣)이 의미부이다. 독음은 무(無)와 분(分)의
반절이다.(彣: 䫌也. 從彡從文. 凡彣之屬皆從彣. 無分切.)

· 언(彦: 漢印石刻), '문채가 나는 선비(美士有文)'를 말하는
데, '다른 사람들이 칭송함을 말한다. 문(彣)이 의미부이고 엄(厂)
이 소리부이다. 독음은 어(魚)와 변(變)의 반절이다.(彦: 美士有
文, 人所言也. 從彣厂聲. 魚變切.)

이러한 무늬장식 이미지는 대체로 인위적인 장식에서 비롯되었는
데, 그 중 '수(修)'자는 깊은 종교적 의미를 가지고 있다. 이에 관해서
는 제3장 제2절의 "수신 이미지(修身意象)" 편을 참조하면 된다. '창
(彰)'자는 실제로 '문장(文章)'이라고 할 때의 '장(章)'의 원래 글자이며,
이 또한 "수신 이미지" 편에 상세히 기술되어 있다. 그리고 '문(彣)'과
'문(文)'은 실제로 동일한 글자로, 『한간(汗簡)』에 기록된 '문(文)'자의
고문은 으로 표기되었고, 『고문사성운(古文四聲韻)』에서도 동일한
구조인 으로 표기되었다. 예를 들면, '채(彩)'자는 삼(彡)으로 구성되
었는데,『한간』및『고문사성운』과 같은 자서에서는 으로 표기되
었는데, 이 또한 '문(彣)'에서 비롯되었다. 혜림(慧琳)의『일체경음의(一

切經音義)』에서는 자서를 인용하여 이렇게 말했다. "『이아(爾雅)』에 따르면, 아름다운 선비를 언(彦)이라고 한다. 『설문』에서는 문(彣)이 의미부이고 한(厂)이 소리인데, 한(厂)은 독음이 한(漢)이다. 문(彣)은 정자로, 삼(彡)과 문(文)이 모두 의미부이다."[2] 그리고 『설문』에서는 '언(彦)'을 "다른 사람들이 하는 칭송의 말(人所言也)"로 해석했는데, 훈고학의 방법으로 보면 이것은 [언(言)을 사용하여 언(彦)을 설명했기에] '성훈(聲訓)'에 해당한다. 하지만 도리어 '삼(彡)'과 같은 '털 무늬장식(毛飾畫文)'의 이미지를 보여주며, 일반적인 장식에서 '학설을 세우다(立言)'라는 뜻의 '문장(文章)'이라는 의미도 가리키게 되었다.

또한, '삼(彡)' 부류에 속하는 무늬장식 이미지로는 적어도 '동(彤)', '표(彪)', '공()' 등의 글자까지 연계시킬 수 있다. 『설문·단(丹)부수』에 따르면, "동(彤)은 붉게 칠한 장식이다(丹飾). 단(丹)이 의미부이고 삼(彡)도 의미부인데, 삼(彡)은 그 그림을 말한다(其畫也)."라고 했다. 또 「호(虎)부수」에 따르면, "표(彪)는 호랑이의 문양이다. 호(虎)가 의미부이고 삼(彡)은 그 문양을 나타낸다."라고 했다. 중국어에서는 '표병(彪炳)'[3]이라는 단어를 만들 수 있는데, 여기서도 무늬장식에 대한 의미를 살펴볼 수 있다. '공()'자는 『설문·공(工)부수』에서 수록된 고문체인데, "공(工)은 교묘한 장식을 말한다(巧飾也). 사람이 규구를 들고 있음을 그렸으며(象人有規矩也), 무(巫)와 동일한 의미다. 공()은 고문체인데 공(工)과 삼(彡)으로 구성되었다." 이렇게 볼 때, '공(工)'은 '정교한 장식'이며, 그것은 바로 삼(彡)에서 비롯된 것임을 알 수 있다.

---

2) 『一切經音義』 卷九二, '髦彦'條.
3) [역주] '표병(彪炳)'은 주로 두 가지 의미를 가지고 있다. 첫째는 문필이 찬란하게 빛나고, 눈부시게 빛난다는 것을 뜻하며, 둘째는 특정 인물이나 사물의 성취, 업적, 사적 등이 매우 뛰어나고 탁월하여 다른 이들의 존경과 찬사를 불러일으킬 만큼 인상적임을 말한다.

(2) 교차무늬 장식(交錯畫飾)

이 '의미장'은 주로 『설문·문(文)부수』에 보인다.

· 문(文: 甲骨 金文 簡帛 古璽 古幣 石刻), '획을 교차시킨 획(錯畫)'이라는 뜻이다. 교차된 무늬(交文)를 형상했다.[4] 문(文)부수에 귀속된 글자들은 모두 문(文)이 의미부이다.

---

4) [역주] 『설문해자』에서는 "획을 교차시키다는 뜻으로, 교차한 무늬를 형상했다. (錯畫也. 象交文)"라고 하여, 획을 교차시킨 것이 文의 원래 뜻이라고 했다. 하지만, 갑골문에 근거해 보면 '문신(文身)'이 원래 뜻이다. 바깥의 仌은 사람의 모습이고, 중간의 ×·∨·入·丿 등은 가슴팍에 새겨진 무늬이다. 혹자는 금문의 용례를 중심으로 文을 제사 지낼 때 신위 대신으로 그 자리에 앉혀 제사를 받게 했던 시동(尸童)과 연계시켜 해석했지만 이러한 제사 제도가 확립되기 전으로 거슬러 올라가게 되면, 죽음이라는 것을 영혼이 육체에서 분리되는 과정이라 생각했고 그것은 피 흘림을 통해 이루어졌다는 원시인들의 죽음에 대한 인식에 근원 한다. 당시에는 사고나 야수의 습격 등으로 피를 흘려 죽은 사고사가 대부분이었는데, 그런 경우가 아닌 자연사한 경우에는 인위적으로 칼집에 의한 피 흘림 의식을 행해 죽은 사람의 영혼이 육신으로부터 분리될 수 있게 하였고, '文'은 죽은 사람에 대한 신성화한 기호를 말하며, 죽은 시신을 묻을 때에는 붉은색을 가슴팍에다 칠하기도 했다. 이처럼, 文의 옛 형태는 사람의 가슴에 어떤 무늬를 새겨 놓은 것을 형상했다. 고대 중국인들은 죽음을 육체로부터 영혼이 분리하는 것이라 생각했고, 이 분리는 피 흘림을 통해 이루어진다고 믿었기 때문에 피 흘림 없이 시체에다 문신을 그려 넣었다. 이것을 그린 것이 文이고 그래서 이의 처음 뜻은 '무늬'이다. 문자란 일정한 필획을 서로 아로새겨 어떤 형체들을 그려낸 것이다. 그래서 무늬라는 의미의 文에 '문자(文字)', 즉 '글자'라는 의미도 담기게 되었다. 이후 이러한 글자로 쓰인 것, 즉 '글'을 '문장(文章)'이나 '문학작품'이라 하게 되었다. 이렇게 되자 文은 '문자'나 '문장'이라는 의미로 주로 쓰이게 되었고, 처음의 '무늬'라는 의미를 나타낼 때에는 다시 멱(糸)을 더하

독음은 무(無)와 분(分)의 반절이다.(𢾓 : 錯畫也. 象交文. 凡文之
屬皆從文. 無分切.)

· 비(斐), '분별해 주는 무늬(分別文)'를 말한다. 문(文)이 의미부이고
비(非)가 소리부이다. 『역·혁괘(革卦)』(상육)에서 "군자는 표범과
같이 변화하는데, 그의 문채가 분명하구나(君子豹變, 其文斐也)."
라고 했다. 독음은 부(敷)와 미(尾)의 반절이다.(斐 : 分別文也. 從
文非聲. 『易』曰 : "君子豹變, 其文斐也." 敷尾切.)

· 반(辬), '[여러 색이 뒤섞인] 얼룩무늬(駁文)'를 말한다. 문(文)이 의미
부이고 변(𢍃)이 소리부이다. 독음은 포(布)와 환(還)의 반절이다.
(辬 : 駁文也. 從文𢍃聲. 布還切.)

· 리(嫠), '미세하게 그린 획(微畫)'을 말한다. 문(文)이 의미부이고 리
(𠩺)가 소리부이다. 독음은 리(里)와 지(之)의 반절이다.(嫠 : 微
畫也. 從文𠩺聲. 里之切.)

모든 사물은 서로 뒤섞여 어지럽게 펼쳐진 것처럼 보이는데, 이로
인해 '교차된 무늬 장식'이라는 상징적 기능을 갖게 되었을 것이다.

· 份, 𠐊, 文質僭也. 從人分聲. 『論語』曰 : "文質份份." 彬, 古文份從彡,
林. 林者, 從焚省聲. 臣鉉等曰 : 今俗作斌 非是. 府巾切. (『人部』)
빈(份), '문질빈빈(文質僭: 내용과 형식이 겸비되다)'이라는 뜻이다. 인
(人)이 의미부이고 분(分)이 소리부이다. 『논어·옹야(雍也)』에서
"문질빈빈(文質份份)"이라고 했다. 빈(彬)은 빈(份)의 고문체인데,
삼(彡)과 림(林)으로 구성되었다. 림(林)은 분(焚)의 생략된 모습이
소리부이다. 신(臣) 서현 등은 이렇게 생각합니다. "오늘날의 속체에서는

여 문(紋: 무늬)으로 표시했다. 물론 糸이 더해진 것은 베를 짜는 과정에서의 무
늬가 생활과 상당히 밀접하게 연관돼 있었기 때문으로 보인다. 그리하여 文은
시신에 낸 무늬로부터 시각적 아름다움이, 다시 시각은 물론 철학적 형식미로까
지 발전하여 급기야 문학(文學)과 문학 행위까지 지칭하는 의미로 확장되었다.

빈(斌)으로 적는데, 이는 잘못된 것입니다." 독음은 부(府)와 건(巾)의
반절이다.

· 粉, 粉: 傅面者也. 從米分聲. 方吻切. (『米部』)
분(粉), '얼굴에 바르는 분가루(傅面者)'를 말한다. 미(米)가 의미부
이고 분(分)이 소리부이다. 독음은 방(方)과 문(吻)의 반절이다.

· 黺, 黺: 袞衣山龍華蟲. 黺, 畫粉也. 從黹, 從粉省. 衛宏說. 方吻切. (『黹
部』)
분(黺), '임금 옷에 수놓은 산과 용과 꽃과 벌레(袞衣山龍華蟲)'를
말한다. 분(黺)은 '그림을 그리고 색을 칠하다(畫粉)'라는 뜻이다.
치(黹)가 의미부이고, 분(粉)의 생략된 부분이 소리부이다. 위굉
(衛宏)의 학설이다. 독음은 방(方)과 문(吻)의 반절이다.

· 絥, 絥: 繡文如聚細米也. 從糸從米, 米亦聲. 莫礼切. (『糸部』)
미(絥), '작은 쌀알을 모아 놓은 듯 세밀하게 놓은 수(繡文如聚細米)'
를 말한다. 멱(糸)이 의미부이고 미(米)도 의미부인데, 미(米)는 소
리부도 겸한다. 독음은 막(莫)과 례(礼)의 반절이다.

......

이 '의미장'이 제공하는 이미지 특징, 즉 '교차무늬 장식(交錯畫飾)'
은 '문(文)'자의 자원에서 채택한 이미지에 따라 결정되는데, 이에 대
해서는 다음의 본문을 참조하면 된다.

(3) 직물복식(織物服飾)

고대 중국인들에게서, 의상 장식은 그 자체로 무늬장식의 효과를
가지고 있으며, 이는 가볍게 봐서는 안 되는 문제이다. 『설문』의 「치
(黹)부수」와 「멱(糸)부수」 등에서 제공되는 '의미장'을 보기로 하자.(「멱
(糸)부수」에 대해서는 부록: "「멱(糸)부수」의 비교"편을 참조하라)

·치(黹: 甲骨 金文 古璽), '바늘과 실로 바느질한 옷(箴縷所絍衣)'을 말한다. 폐(㡀)가 의미부이고, 착(丵)의 생략된 부분이 소리부이다. 치(黹)부수에 귀속된 글자들은 모두 치(黹)가 의미부이다. 독음은 척(陟)과 궤(几)의 반절이다.(黹: 箴縷所絍衣. 從㡀, 丵省. 凡黹之屬皆從黹. 陟几切.)

·초(黼: 金文), '온갖 화려한 색깔을 다 모은 색깔(合五采鮮色)'을 말한다. 치(黹)가 의미부이고 차(盧)가 소리부이다. 『시·조풍부유(蜉蝣)』에서 "옷이나 깨끗이 입으려 하니(衣裳黼黼)"라고 노래했다.5) 독음은 창(創)과 거(擧)의 반절이다.(黼: 合五采鮮色. 從黹盧聲. 『詩』曰: "衣裳黼黼." 創擧切.)

·보(黼), '흰색과 검은색이 서로 순서를 이루는 무늬(白與黑相次文)'를 말한다. 치(黹)가 의미부이고 보(甫)가 소리부이다. 독음은 방(方)과 구(榘)의 반절이다.(黼: 白與黑相次文. 從黹甫聲. 方榘切.)

·불(黻), '검은색과 청색이 서로 순서를 이루는 무늬(黑與靑相次文)'를 말한다. 치(黹)가 의미부이고 발(犮)이 소리부이다. 독음은 분(分)과 물(勿)의 반절이다.(黻: 黑與靑相次文. 從黹犮聲. 分勿切.)

·최(黼), '온갖 색깔을 다 모은 비단의 색깔(會五采繒色)'을 말한다. 치(黹)가 의미부이고, 최(綷)의 생략된 부분이 소리부이다. 독음은 자(子)와 대(對)의 반절이다.(黼: 會五采繒色. 從黹, 綷省聲. 子對切.)

·분(黺), '임금 옷에 수놓은 산과 용과 꽃과 벌레(袞衣山龍華蟲)'를 말한다. 분(黺)은 '그림을 그리고 색을 칠하다(畫粉)'라는 뜻이다. 치(黹)가 의미부이고, 분(粉)의 생략된 부분이 소리부이다. 위굉

---

5) [역주] 『단주』에서 이렇게 말했다. "『시경·조풍(曹風)·부유(蜉蝣)』에서 '의상초초(衣裳楚楚·옷이나 깨끗이 입으려 하니)'라고 했는데, 『전』에서 초초(楚楚)는 선명한 모습을 말한다(鮮明皃)고 했는데, 허신이 근거했던 판본이다. 초(黼)는 정자이고, 초(楚)는 이의 가차자이다. 아마도 삼가시(三家詩)에서는 초초(黼黼)로 적었을 것이다."

(衛宏)의 학설이다. 독음은 방(方)과 문(吻)의 반절이다.(黺： 袞衣
山龍華蟲. 黺, 畫粉也. 從黹, 從粉省. 衛宏說. 方吻切.)

위에 나열된 '직물복식'에 관한 의미장에 따르면, 중국 고대의 '색
상의 기본 개념에 대한 인식이 갖가지 구체적인 '직물복식'에서 기원
했다는 것을 알 수 있다.

4-20. 고궁(故宮)박물원 소장 청동기 무늬　　　　4-21. 12장(章) 무늬

위에서 언급한 '의미장'에 대응하여, 아래에서는 중국의 무늬 이미
지와 관련한 글자들의 자원에서의 취했던 이미지 채택과 관련한 인
지적 의미에 대해 논의하고자 한다.

우선 '털 장식무늬(毛飾畫文)'에 대해 얘기할 때, 우리는 중국 고대
의 '필(筆)'이라는 이 이미지를 빼놓을 수 없다. 중국의 채도(彩陶) 예
술 연구자들은 다음의 사실을 발견했다.

반파(半坡) 도기의
인면어(人面魚) 무늬

반파(半坡) 도기의 직조 무늬

4-22. 신석기 시대 반파(半坡)
채도 상의 모늬

4-23. 마가요(馬家窯) 문화 도기의 무늬들

"신석기 시대의 채도 예술은 현재 중국에서 발견된 그림 역사 자료 중 가장 초기의 역사에 속하는 작품들이다. 7,000년 전쯤, 중국의 조상들은 이미 상당히 엄격한 이중 연속 패턴으로, 간략화 된 몇 가지 주제들을 규칙적으로 구성할 수 있었다.……반파(半坡)의 인면어(人面魚) 무늬, 살아있는 사슴을 그린 사발(缽) 등은 우리에게 고대 선민들의 생활에 대한 진정한 감각을 제공해 준다.……마가요(馬家窯)의 유창한 선의 묘사, 반파(半坡)의 날카로운 필획은 중국 그림의 선묘(線描: 선으로만 그림)의 특성이 전승된 것임을 보여주며, 이러한 채색에서 우리는 중국에서 붓(毛筆)의 제작이 신석기 시대에 이미 현대적 사용의 특성을 기본적으로 갖추고 있었음을 알 수 있게 해 준다. 그것은 역사상 붓을 개선했다는 진(秦)나라의 장군 몽괄(蒙恬)보다 최소 4,000년 이상 빠르다."[6] 고고학자들은 청해성 낙도(樂都) 류만(柳

灣)에서 감숙성 앙소(仰詔) 문화 마창(馬廠) 유형의 도기 기호를 발견했다. 이 문화 유형은 앙소 문화 반포 유형보다 늦으며, 기호는 오직 한 종류의 채도 주전자에만 나타났지만, 그것은 붓과 같은 도구로 그려졌다.[7]

4-24. 고궁(故宮)박물원 소장 교룡(交龍) 무늬

'서(書)'나 '화(畫)'자와 같은 범주의 글자들은 모두 '율(聿)'에서 그 이미지를 가져왔다. 실제로 '율(聿)'은 '필(筆)'의 고문체인데, 필(筆)은 이후에 '율(聿)'을 기반으로 '죽(竹)'을 추가하여 그 형태와 재료를 특별히 나타내게 된 글자이다.

· 율(聿)( 甲骨   金文   簡帛), '글을 쓰는 도구(所以書)'를 말한다. 초(楚) 지역에서는 율(聿)이라 하고, 오(吳) 지역에서는 '불률(不律)'이라 하고, 연(燕) 지역에서는 '불(弗)'이라한다. 녑(聿)이 의미부이고 일(一)이 소리부이다.[8] 율(聿)부수에 귀속된 글자는 모두 율(聿)이 의미부이다. 독음은 여(余)와 률(律)

---

6) 鄭爲, 『中國彩陶藝術』, 69쪽(上海人民出版社, 1985年).
7) 李學勤, 『古文字學初階』, 18쪽(中華書局, 1985年).
8) [역주] 단옥재는 "일이 소리부이다(一聲)"라는 것은 잘못되었으며, "녑(聿)과 일(一)이 모두 의미부이다"로 바뀌어야 한다고 했다.

의 반절이다.(聿： 所以書也. 楚謂之聿, 吳謂之不律, 燕謂之弗. 從
聿一聲. 凡聿之屬皆從聿. 余律切.)

· 필(筆)(漢印), '진(秦) 지역에서는 [붓을] 필(筆)이라 부른다.' 율
(聿)이 의미부이고 죽(竹)도 의미부이다. 독음은 비(鄙)와 밀(密)의
반절이다.(筆： 秦謂之筆. 從聿從竹. 鄙密切.)

· 진(肀)(簡帛), '붓으로 꾸미다(聿飾)'라는 뜻이
다. 율(聿)이 의미부이고 삼(彡)도 의미부이다. 속어에 "붓글씨를
잘 쓰는 것을 진(肀)이라 한다(以書好爲肀)"라는 말이 있다. 진
(津)과 같이 읽는다. 독음은 장(將)과 린(鄰)의 반절이다.(肀： 聿
飾也. 從聿從彡. 俗語以書好爲肀. 讀若津. 將鄰切.)

· 서(書)(甲骨金文簡帛古璽
古陶漢印石刻), '죽간
이나 백서에 글을 쓰다(箸)'라는 뜻이다.[9] 율(聿)이 의미부이고
자(者)가 소리부이다. 독음은 상(商)과 어(魚)의 반절이다.(書： 箸
也. 從聿者聲. 商魚切.)

「율(聿)부수」에 이어지는 「화(畫)부수」에는 3글자가 수록되었다.

· 화(畫)(金文簡帛古璽漢印
石刻), '경계선을 그리다(界)'라는 뜻이다. 밭처럼 네 개의 경계
로 나뉜 모습을 그렸다(象田四界). 율(聿)은 그것을 그리는 도구
를 말한다. 화(畫)부수에 귀속된 글자는 모두 화(畫)가 의미부이

---

9) [역주] 『단주』에서 『설문·서(敍)』의 말을 인용하여 이렇게 말했다. "죽간이나
백서에 글을 쓰는 것(箸於竹帛)을 서(書)라고 한다. 서(書)라는 것은 똑같이 하다
는 뜻이다(如也). 죽간이나 백서에 글을 쓰려면 붓이 아니고서는 불가하다.(箸於
竹帛. 非筆末由矣.)"

다. 화(書)는 화(畫)의 고문체인데, 생략된 모습이다. 화(都)도
화(畫)의 고문체이다. 독음은 호(胡)와 맥(麥)의 반절이다.(畫：界
也. 象田四界. 聿, 所以畫之. 凡畫之屬皆從畫. 書, 古文畫省. 都, 亦古
文畫. 胡麥切.)

· 주(晝)(書金文 書 書古陶文 書 畫簡牘文 書帛書), '태양이 떠서
질 때까지의 시간을 말하는데, 밤과 경계를 이룬다(日之出入, 與
夜爲界).' 화(畫)의 생략된 모습이 의미부이고, 일(日)도 의미부이
다. 주(書)는 주(晝)의 주문체이다. 독음은 척(陟)과 구(救)의 반절
이다.(晝：日之出入, 與夜爲界. 從畫省, 從日. 書, 籒文晝. 陟救切.)

'율(聿)'은 사람이 손으로 붓을 들고 쓰는 모습에서 그 이미지를 가
져왔는데, 혹자는 이를 '필(筆)'의 초기글자로 보기도 한다. 허신(許愼)
은 '율(聿)'이 방언에서 다양하게 읽히는 독음에 대해 지적하였는데,
언어학적으로 '율(聿)'의 고대 독음이 바로 '필(筆)'임을 확인해 준다.
우리는 '불(弗)'로부터 독음을 얻은 '불(佛)'의 고대음이 바로 병모(並
母) 물부(物部)라는 것을 잘 알고 있다. 위의 관계를 보면, '율(聿)'과
'필(筆)'은 문자학에서 말하는 '고금자'에 지나지 않는다. 그래서 주준
성(朱駿聲)은 『설문통훈정성(說文通訓定聲)』에서 "율(聿)은 진(秦)나라
이후에 모두 필(筆)자로 썼다."라고 했다.

위에 언급된 대로, '서(書)'와 '화(畫)'자의 구조는 모두 '율(聿)'에서
그 이미지를 가져왔는데, 이에 대해서는 "서계 이미지(書契意象)"편에
서 이미 언급되었기에 거기를 참고하면 된다.

고대에는 '서예(書藝)'를 '진(聿)'이라 불렀는데, 현대어에서의 "진진
락도(津津樂道: 정말 즐겁다)"나 "진진유미(津津有味: 정말 감칠맛 난다)"와
같은 칭찬의 말로 쓰이는 글자가 바로 이 '진(聿)'자이다. 『설문·율(聿)

『설문해자』 인지분석

부수』에서는 "붓의 장식"으로 여겼다. 「삼(彡)부수」에 속하는 글자는
대부분 '정교한 장식(巧飾)'이라는 의미를 가지는데, 서개(徐鍇)는 『설
문계전(說文繫傳)』에서 '진(肂)'자에 대해 『서경』을 인용하여 이렇게
말했다. "세상 사람들은 대부분 유리와 상아로 된 필관으로 사용하는
데, 그런 붓은 장식이 아름답지만, 붓은 가볍다. 모든 장식물은 일반
적으로 삼(彡)자를 사용한다." '진(肂)'은 삼(彡)으로 구성되었는데, 이
도 예외가 아니다. 『옥편』에 따르면, "진(肂)은 장식을 말한다."라고
했다. 그렇게 보면, 이러한 칭찬의 말은 사실 서예 예술에 대한 칭찬
에서부터 시작된 것 같다. 『설문·율(聿)부수』에 따르면 "진(肂)은 붓의
장식을 말한다. 율(聿)이 의미부이고 삼(彡)도 의미부이다." 속어에서
는 좋은 글씨를 '진(肂)'이라 하며, 진(津)과 같이 읽는다. 일본어에서
'書く'라는 단어는 기본 의항(義項)에 '글자를 쓰다'와 '그림과 도형으
로 표현해 내다'라는 의미를 함께 포함했다. 또한, 일반 문자학자의
조사에 따르면 '그림 문자'라는 단어는 어원학적으로 라틴어의
'pictus'(그려진)와 그리스어의 'rpaψω'(쓰다)에서 유래했다고 한다. 고대
이집트어에서 '그리다', '쓰다', '그림 그리기'와 '문자', '예술가'와 '글
쓰는 사람'이라는 몇 가지 단어들은 모두 동일했다.10)

  '교차무늬 장식(交錯畫飾)'에 관하여, 필자는 일찍이 '문(文)'자의 자
원에서 취한 이미지가 사람의 몸에서 시작되었으며, 이는 소위 '가까
이로는 몸에서 취하는(近取諸身)' 유형에 속한다는 것을 논증한 바 있
다.11) 인체의 대칭적이고 복잡함에 대한 인식 특성은, 고대 사람들이
'문(文)'에 대한 인식의 참조물로서 가장 먼저 생각했을 가능성이 높
다는 점이다.

---

10) [蘇] B·A·伊斯特林, 『文字的産生和發展』(中譯本), 110쪽(北京大學出版社, 1987年).
11) 『漢語文字與審美心理』一, '文'字類.

북미 인디언의 원시적인 그림 문자를 간략히 비교해 보면, 그들의 그림문자에서 '영민한 사람'이라는 단어를 ▮로 기록했음을 볼 수 있다.[12] 이를 보면, 갑골문에서의 '문(文)'자는 사실은 단순히 인체 윤곽을 선형화 하거나 추상화 한 것에 그친 것이 아니라는 것을 쉽게 발견할 수 있다. 따라서 '문(文)'자의 구조의 어원은 소위 '가까이로는 몸에서 취하는(近取諸身)' '인문(人文)'의 범주에 속한다 할 것이다. '문(文)'자 내부에 채워진 실제 부분의 기호는 사람의 '영민함'을 나타내는 문장의 내용을 표시하는 데 사용된다. 역사의 변화 과정을 관찰하면 이 점은 더 분명해진다. 앞에서 나열된 금문(金文)의 '문(文)' 글자 구조, 즉 ▮▮▮▮▮▮▮▮을 살펴보면, '문(文)'자 내부의 상당 부분이 하나의 '심(心: 심장)'으로 구성되어 있음을 명확하게 알 수 있다. 이는 '문(文)'자의 초기 이미지 선택이 사람의 몸을 펼쳐 앞에서 본 것과 관련이 있을 수 있는데, 이는 마치 주니족(祖尼族, Zuni)[13]들이 사슴을 장식으로 사용하고, 사슴 내부의 심장까지 '투시' 하여 그린 것과 같다. 주니족의 이러한 모습은 [그림 4-26]의 도기 위의 장식 도안에서 찾아볼 수 있다.[14]

---

12) 『文字的産生和發展』, 71쪽.

13) [역주] 주니(Zuni)족은 주로 뉴멕시코와 애리조나 중서부 국경을 따라 위치한 아메리카 원주민 푸에블로 부족을 지칭한다. 페누티(Penuti) 언어 그룹과 연결된 언어를 사용하는 이들의 기원과 초기 역사는 대체로 미스터리로 남아 있으며, 신화에 따르면 이들의 조상이 지하에서 나타나 현재 위치로 이주했다는 전설이 있다. 주니족 사회는 13개의 모계 씨족으로 구성되어 있으며 통치권은 주로 남성의 손에 있다. 남자들은 주로 농업, 특히 옥수수 농업에 종사하지만 은세공 및 청록색 장식물 제작 기술로도 유명하며, 여성들은 전통적으로 바구니 짜기와 도자기에 중점을 둔다. 주니족은 평화로운 성격과 깊은 종교심으로 유명하며, 남성들이 신이나 영혼을 형상화하기 위해 가면과 의상을 입는 카치나 숭배 의식과 정교한 예절을 특징으로 한다. 20세기 후반까지 주니 푸에블로족의 인구는 약 5,000명에 이른다.

14) [美] 弗朗茲·博厄斯, 『原始藝術』(中譯本), 155쪽(上海文藝出版社, 1989年).

4-25. 야요이(彌生) 시대
야마타이국(邪馬臺國)의 구운 토기에
새겨진 인체 대칭 무늬

4-26. 사천성 주니족(袓尼族)들의 도기
항아리(罐)

그러나 중국 고대의 '문심(文心)'과 '조룡(雕龍)'의 관계를 고려한다면15), '조룡(雕龍)'이 바로 '문심(文心)'이며, 형식 자체가 의미를 지니고 있다고 이해해야 할 것이다. 이 점을 위에서 언급한 북미 인디언의 '영민한 사람'이라는 단어의 이미지 선택과 형상화와 비교해 보면, 둘 간의 특징이 명백하게 드러난다. 북미 인디언은 '영민함'이라는 추상적인 내포를 묘사하기 위해 인체에서 이미지를 가져왔지만, 외부

---

15) [역주] '문심(文心)'은 글을 쓰는 데 기울이는 마음을 뜻하며, 이는 곧 글쓰기의 생각, 사고방식, 구상을 의미한다. 이는 작가가 문학 창작을 할 때의 내면 활동, 사고과정, 그리고 지니고 있는 태도와 감정을 강조한다. '조룡(雕龍)'에서 '조(雕)'는 조각하고, 다듬고, 정성껏 갈고 닦는다는 의미를 가지며, '용(龍)'은 중국 문화에서 고귀함, 신비로움, 완벽함을 상징한다. 따라서 '조룡'은 용무늬를 조각하듯이 정성스럽고 세밀하게 문학 작품을 다듬고 완성한다는 뜻으로, 높고 정교한 경지에 도달하는 것을 의미한다. 예를 들어, 뛰어난 작가는 창작 과정에서 끊임없이 자신의 '문심'을 활용하여 줄거리를 구상하고 인물을 형상화하며, 동시에 '조룡'의 정신으로 문장을 다듬고 구조를 최적화하여 작품을 완벽에 가깝게 만든다.

형태에 호소했다는 점이다. 즉 인체의 특징이 양 날개로 두 손을 대체하는 것에 의존했다는 점이다. 이에 반해 고대 한자의 '문(文)'자는 '문(文)'의 기민함을 전달하기 위해 '내심'에 호소했지만, 그것은 외적인 표현에 호소하였다고도 할 수 있다.

고대 문자는 유형의 비교를 통해 통합하여 살펴볼 수가 있다. 예를 들어, 위에서 언급한 '내포식(包孕式)' 구조 외에도, 금문(金文)에서는 「백가보궤(伯家父簋)」에서의 구조처럼 상하구조로 재구성될 수 있었다. 이를 『고문사성운·주(籀)운』에서 기록된 고문체 '문(玟)'의 구조인 상하구조의 '문(态)'자로 증명해 보면, 이는 위에서 언급한 고문체 '문(文)'의 변형체에 지나지 않음을 잘 알 수 있다. 또한 금문에서 '경(慶)'자는 다음과 같이 표현되고 있다.

·경(慶)(, 甲骨 金文 簡帛 古璽 古陶 漢印 石刻), '가서 다른 사람을 축하해 주다(行賀人)'라는 뜻이다. 심(心)이 의미부이고 치(夂)도 의미부이다. 길례(吉禮) 때에는 사슴 가죽(鹿皮)을 폐백(贄)으로 삼는다. 그래서 록(鹿)의 생략된 부분이 의미부가 되었다. 독음은 구(丘)와 경(竟)의 반절이다.(行賀人也. 從心從夂. 吉禮以鹿皮爲贄, 故從鹿省. 丘竟切.)

위에서 언급된 몇 가지 형태는 모두 '심(心)'에서 유래하며, 이후 두 형태는 각각 "고홍유경(高弘有慶: 큰 경사가 있으소서)"과 "유백기부경작여고(唯伯其父慶作旅盉: 백기보가 경하하기 위해 휴대용 기물을 만들었다)"라는 명문에서 발견되었다. 금문 연구자들은 이를 "록(鹿)이 의미부이고 문(文)도 의미부"()인 것으로 해석했다. '심(心)'은 '문(文)'으로 바뀔 수 있고, 그래서 '문(文)'은 바로 '심(心)'이라 할 수 있다.

전 소련 학자 모이세이 카간(莫·卡岡)[16]이 '예술의 형태'를 고찰하면서 다음의 사실을 발견했다.

> (문예는) 처음에는 인체 자체의 장식에서부터 시작되었으며, 그 후에는 그의 몸체를 위해 예술적 의미를 지닌 외피(복장)와 그것과 함께 다양한 장식을 설계했다. 이어서 사람들은 자신의 일상생활 활동에서 사용하는 모든 물건에 미학적 가치를 부여했다 — 제사에 사용하고, 일상에 사용하는 것과 생산 도구부터 시작하여.[17]

다시 말하면, 자신의 몸을 표현 재료로 사용하는 형태는 원시적인 '인문(人文)'이 시작된 곳일 가능성이 가장 높다. 따라서 우리는 중국의 고문자 기호인 '문(文)'이 인체에서 그 이미지를 가져온 것임에 주목해야 한다. 이는 당연히 인체를 표현 재료로 사용하는 '문신(文身)' 방식도 포함된다. '교차된 무늬(交紋)'는 최초에 인체에서 그 이미지를 가져왔으며, 그 기본적인 이유는 아마도 인체 자체의 구조적 특성 때문일 것이다. 인체 구조의 가장 뚜렷한 특징은 바로 교차와 대칭이다.

인류학자들은 안다만(Andaman) 군도 원주민들이 대칭적인 무늬로 문신하는 것을 좋아한다는 것도 발견했다.(안다만 섬 주민의 문신 스타일은

---

16) [역주] 모이세이 카간(Моисей Самойлович Каган, Moisei Kagan, 1921-2006)은 소련의 저명한 미학자이자 문화철학자이다. 레닌그라드 대학에서 교수로 재직하며 '활동이론'을 문화연구에 접목시켰다. 그의 핵심 이론은 인간 활동의 체계적 분석과 예술의 형태학적 연구인데, 특히 예술을 변증법적 체계로 파악하고, 문화현상을 총체적으로 이해하는 방법론을 제시했다. 대표 저서인 『예술의 형태학』에서는 예술의 본질과 기능을 체계적으로 분석했으며, 『미학강의』에서는 마르크스주의 미학을 현대적으로 재해석했다. 그의 연구는 소련 미학의 교조적 한계를 넘어 예술과 문화에 대한 새로운 이론적 지평을 열었다는 평가를 받는다.

17) [蘇] 莫·卡岡, 『藝術形態學』(中譯本), 215쪽(三聯書店, 1986年版).

[그림 4-27]을 참고하면 된다.) 인류학자들은 '교차 무늬 장식'에서 대칭 형태의 규칙이 광범위하게 사용되는 것을 알아차렸고, 그 직접적인 원인 중 하나는 인체의 생리적 구조가 팔의 대칭 운동을 결정하기 때문이라고 생각했다. 좌우 양팔은 대칭적인 방식으로 자연스럽게 움직이며, 이러한 움직임은 단순히 대칭적이지 않고 리듬이 있다. 이러한 현상은 대칭 현상을 발생시키는 중요한 요인으로 여겨질 수 있으며, 그 중요성은 인간 또는 동물 몸체의 대칭성에 뒤지지 않는다. 문제는 사람들이 좌우

4-27. 안다만(Andaman) 군도 원주민들의 대칭 문신

두 손으로 동시에 그림을 그리는지 여부가 아니라, 좌우 양쪽의 움직임이 인간의 대칭 감각을 초래한다는 것이다.18)

이미지는 '가까이로는 몸에서 취하는(近取諸身)' 방식 외에도, '멀리서는 사물에서 취하는(遠取諸物)' 유형도 있다. 이는 고대 중국인들에게 "우러러 하늘에서 이미지를 보고, 굽어 땅에서 법칙을 본다.(仰則觀象於天, 俯則觀法於地)"라고 불렸다.19) 신석기시대의 채도(彩陶) 무늬의 기원을 살펴보면, 모두가 동물, 식물 및 직물에서 변화된 무늬들이다.20)

---

18) 『原始藝術』(中譯本), 24쪽.
19) 『說文解字』第十五上.
20) 鄭爲, 『中國彩陶藝術』, 8쪽(上海人民出版社, 1985年版).

4-28~30. 왼쪽에서부터 차례로 상(裳=常)은 장식을 뜻한다(章也) - 고대
장복(章服), 반(盤)의 무늬, 춘추(春秋)시대의 질장구(㼴)의 무늬

　'하늘에서 관찰한다(觀象於天)'에서, 첫 번째로 고대 사람들의 관심을
끈 것은 태양에서 가져온 '태양 무늬(太陽紋)'였는데, 이것을 고대 중국
인들에게서 천문(天文)'이라고 불렀다. 중국의 동고(銅鼓: 청동 북) 무늬
연구자들에 따르면, 만가패(萬家壩) 유형의 고대 동고의 태양 무늬는
처음에는 원판 모양이었으나, 나중에 각진 또는 바늘 모양의 광선과
줄로 이루어진 후광이 추가되었다고 한다. 석채산(石寨山) 유형의 북에
보이는 태양 무늬는 광체와 광선이 하나로 합쳐져 있으며, 광선은 6개
에서 32개까지에 이른다. 냉수충(冷水沖) 유형의 태양 무늬는 석채산
유형과 유사한데, 대부분 12개의 광선을 가지고 있다.[21] 이것은 아래
의 광서성 좌강(左江) 암각화의 동고에 그려진 문양과 일치한다.

---

21) 中國古代銅鼓研究會編, 『中國古代銅鼓』, 150쪽(文物出版社, 1988年版).

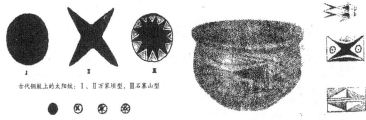

古代铜鼓上的太阳纹：Ⅰ、Ⅱ万家坝型，Ⅲ石寨山型

4-31~32. "광서(廣西)성 좌강(左江)의 동고(銅鼓) 무늬"와 "반파(半坡)의 도기 무늬의 변화"

『설문·시(示)부수』에서 '시(示)'자에 대해 이렇게 말했다. "'하늘에서 형상을 내려 주어, [인간사의] 길흉을 드러나게 하는데, 이는 사람들에게 계시를 주려는 것이다. 상(二)이 의미부이다. [상(二)은 상(上)의 고문체이다.] 세로로 늘어뜨려진 세 개의 획은 각각 해(日)와 달(月)과 별(星)을 뜻한다.[22] 천문(天文)을 자세히 살피면 시세의 변화를 살필 수 있다. 시(示)는 신과 관련된 일임을 뜻한다.(示, 天垂象, 見凶吉, 所以示人也. 從二, 三垂, 謂日月星也. 觀乎天文以察時變, 示神事也.)" 허신의 해석은 『역·계사전(繫辭傳)』과 『분단전(貢象傳)』에서 인용되었다. 단옥재는 이에 대한 주석에서 "상(二)은 상(上)의 고문체이다"라고 했다. "이는 천상의 현상을 드러내어 사람들에게 내 보이며, 성인(聖人)은 이를 바탕으로 신도(神道)에 따른 가르침을 세운다." 계복(桂馥)의 『의증(義證)』에서는 이렇게 말했다.

"하늘이 이미지를 드리우며, 길흉을 보여준다."라고 하였는데, 이는 『주역·계사전』의 문장이다. 송충(宋衷)의 해석에 따르면, "천은 음양의 이미지를 드리워 길흉을 보여주는데, 이는 해와 달의 일식과 월

---

22) [역주] 서개의 『계전』에 의하면, "세로로 된 세 획 중, 왼쪽 획은 해를, 오른쪽 획은 달을, 중간 획은 별을 상징한다. 세로획으로만 표현한 것은 빛이 아래로 내비치어 사람들에게 계시를 내린다는 것을 상징한다."라고 했다.

식, 다섯 행성의 무질서한 움직임을 말한다. 성인은 이를 모방하여 구육(九六)괘의 위치가 성공과 실패를 드러내어 사람들에게 길흉을 점치는 근거를 보여준다."라고 하였다. 『주역』에서도 "이미지를 드러내어 명확히 보이는 것 중, 해와 달보다 더 큰 것은 없다."라고 하였다. ……「교특생(郊特牲)」에서는 "땅은 만물을 지탱하고, 하늘은 이미지를 드리운다. 재료는 땅에서 취하고, 법칙은 하늘에서 취한다."라고 하였다.[23] '시(示)'는 고문체에서 �로 적었는데, 이는 『설문·시(示)부수』에서도 보인다. 서개(徐鍇)는 지나치게 구체적으로 설명하였다 할 수 있는데, "왼쪽 그림은 해를, 오른쪽 그림은 달을, 중간은 별을 나타낸다."라고 하였다.

나(계복)의 생각은 이렇다. "(示자의 아랫부분이) 가리키는 것은 바로 세 가지 천체, 즉 해와 달과 별이다." 『찬요(纂要)』에서는 "해와 달과 별을 삼진(三辰)이라 한다."라고 했다. 『좌전』 환공(桓公) 2년에서는 "삼진의 깃발이 그 밝음을 드러낸다(三辰旂旗昭其明也)"라고 했는데, 복건(服虔)은 "삼진(三辰)은 해와 달과 별을 말한다."라고 주석했다. 『회남자·원도훈(原道訓)』에서는 "우주를 묶어 삼광(三光: 즉 해와 달과 별)을 밝게 한다."라고 했는데, 허씨(즉 허신)의 주석에서 "삼광은 해, 달, 별을 말한다."라고 했다. 『서·고명(顧命)』에서는 "중광(重光)을 널리 편다."라고 했는데, 마융(馬融)의 주석에서 "중광(重光)은 해, 달, 별을 말한다."라고 주석했다. 또 부원(傅元: 필자의 생각에 원(元)은 현(玄)인데, 이는 피휘를 했기 때문이다.)의 『삼광편(三光篇)』에서는 "삼광이 이미지를 드러내어 천지를 드러내고, 해시계로 각도를 측정하며, 소리는 음을 조화롭게 하여 응답하며, 형태는 해시계를 세워 자연스럽게 따른다."라고 했다.

(天垂象, 見凶吉者, 『易·繫辭傳』文. 宋衷解曰: 天垂陰陽之象, 以見吉凶, 謂日月薄蝕, 五星亂行, 聖人象之, 亦著九六爻位得失, 示人所以有吉凶之占也. 『易』又云: 懸象著明, 莫大乎日月. ……『郊特牲』: 地載萬物, 天垂象. 取材於地, 取法於天.' 古文'示'作�, 亦見『說文·示部』. 徐鍇過於坐實: '左畫爲日, 右畫爲月, 中爲星也.' 桂馥按: (示字下部)所指'卽三辰, 『纂要』: 日月星

23) 『說文解字義證』 卷一·九.

謂之三辰. 桓二年左傳: 三辰旂旗昭其明也. 服虔云: 三辰謂日月星. 『淮南子·原道訓』: 紘宇宙而章三光. 許氏(卽許愼)注云: 三光, 日月星也. 『書·顧命』: 宜重光. 馬注: 重光, 日月星也. 傅元(按: 元, 玄也. 避諱字)『三光篇』: 三光垂象表天地, 有晷度, 聲和音響應, 形立影自附.)[24]

　총괄해서 볼 때, 중국에서는 태양, 달, 별, 천체의 형상이 오랜 전통의 예술 장식 요소로 사용되어 왔다. 『상서·익직(益稷)』에서는 "나는 고인들이 관찰했던 현상, 즉 태양, 달, 별, 천체, 산, 꽃, 용, 벌레, 회합, 종묘의 제기 등을 보고자 한다.(予欲觀古人之象, 日, 月, 星, 辰, 山, 華, 龍, 蟲, 作會, 宗彛.)"라고 했는데, 이는 주(周) 왕조 시대에 "사물을 관찰하여 이미지를 채택하는(觀物取象)" 방식이 이미 널리 퍼졌다는 것을 의미한다.

　태양 무늬를 예술 장식으로 사용한 것은 고대 사회에서 자연 신에 대한 숭배와 관련이 있다. 중국에서 상(商)나라 때의 갑골문에는 은(殷)나라 사람들이 태양의 일출과 일몰을 숭배하고 이에 관해 점복을 행한 기록이 있다. 『주례·춘관·대종백(大宗伯)』과 『상서·요전(堯典)』에서도 태양을 제물로 바친 기록이 보인다. 중국의 고대 남방 민족들에게도 태양을 숭배하는 전통이 있었고, 위수(魏收)[25]의 「오일(五日)」 시에서도 "창오군이 생각나서, 오늘 태양에게 제사를 드리네.(因想蒼梧郡, 茲日祀東君.)"[26]이라 했다. 『교남쇄기(嶠南瑣記)』 및 『광동신어

---

24) 『說文解字義證』 卷一·九.
25) [역주] 위수(魏收, 507∼572)는 자가 백기(伯起)이고 어릴 때의 이름이 불조(佛助)로, 거록군(鉅鹿郡) 곡양현(曲陽縣)(지금의 하북성 晋州市 鼓城村) 사람이다. 남북조 때의 정치가, 역사학자, 문학가로, 북위 때 표기대장군을 역임했던 위자건(魏子建)의 아들이다. 문학적 소질이 뛰어나 온자승(溫子升)과 형소(邢邵)와 함께 "북방 삼대 재자(北地三才子)"로 불렸고, 『위서(魏書)』 130권을 편찬했다.
26) [역주] 창오군(蒼梧郡)은 중국 고대의 행정 구역으로, 역사적으로 관할 구역과 설립 시기가 다양한 시대마다 변화했다. 전국시대에 초나라는 남방 지역의 관

(廣東新語)』도 중국 광동 지방의 사람들이 2월 13일에 축융(祝融)의 생일을 축하하면서 청동 북을 연주하는 풍습이 있다고 기록했는데, 축융의 생일은 바로 태양의 생일을 말한다.

태양은 고대 중국 사회에서 최고의 권력을 지닌 지배자의 상징이기도 했다. 『예통(禮統)』에 "태양은……인간의 군주, 즉 왕의 이미지"라는 기록이 있고, 『역전(易傳)』에서도 "태양은 모든 양기의 정수로서……인간의 군주를 상징한다."라고 설명되어 있다. 이러한 관점에서 보면, 중국 고대의 예술 장식에서 태양 무늬를 사용하는 청동 북은 태양의 깊은 내적 의미를 담았다고 할 수 있다.

신석기 시대의 옥기의 형태와 문양은 "하늘을 본받고 땅을 본떴으며(法天象地)", 앞서 언급된 '천문(天文)'의 범주와 상호 반영할 수 있다. 『주례』에서는 "하늘에는 푸른 벽(璧)으로 예의를 표하고(蒼璧禮天)", "땅에는 누른 옥으로 만든 종(琮)으로 예의를 표한다(黃琮禮地)."라고 하였다. 정현(鄭玄)은 이 두 문장에 대해 주석을 달아 "벽(璧)은 둥글어 하늘을 상징하고", "종(琮)은 팔각형으로 땅을 상징한다."라고 하였다. 출토된 양저(良渚) 문화 유형에 속하는 옥벽과 옥종을 보면, 중국

리를 강화하기 위해 창오군을 처음 설립했으며, 그 핵심 지역은 오늘날의 호남성 영주시(永州市) 근처에 있는 창오산(蒼梧山)에 위치했다. 이 시기의 창오군은 나중에 서한(西漢) 시대의 귀양군(桂陽郡)과 영릉군(零陵郡) 지역을 대략 포함했다. 한나라에 들어서서 특히 무제(武帝) 원정(元鼎) 6년(기원전 111년)에 한 무제가 남월(南越)을 통일한 후 이 지역의 통치를 공고히 하기 위해 창오군을 재설치했다. 그때 설립된 군의 군치는 광신현(廣信縣)에 위치해 있으며, 이는 오늘날의 광동성 조경(肇慶)에서 광서성 오주(梧州) 일대, 즉 서강(西江)과 희강(賀江)이 만나는 지역이다.

문화적 측면에서 보면, 초구군의 이름은 고대 창오족(蒼梧族)에서 유래했다. 이는 장족(壯族) 선조의 한 지파로, 창오족의 이름은 주대(周代) 이전에 이미 존재했으며, 그들의 부족은 주로 오주(梧州) 지역에서 활동했으며 창오(倉吾)라 불렸다. 또 역사의 흐름에 따라 다른 이름으로도 불렸는데, 당송(唐宋) 시대에는 '오허인(烏滸人)', 명청(明淸) 시대에는 '동고인(僮古人)'으로 불렸다.

은 주(周)나라 때보다 1000년 이상 일찍 이러한 무늬에 대한 개념을 갖고 있었음을 알 수 있다.

프리어 미술관(The Freer Gallery of Art)의 컬렉션 중에는 직경이 23.5cm이고 구멍 지름이 4.7cm인 옥벽이 있는데, 그것의 1.1cm 너비의 세밀하고 좁은 요철 진 가장자리에는 서로 대응하고 번갈아 나타나는 네 개의 주요 문양이 새겨져 있다―날아가는 새 두 마리와 헤엄치는 물고기 두 마리, 그리고 새와 물고기 사이에는 긴 모습의 구름무늬가 세 그룹 새겨졌다. 새는 태양을 상징하고, 물고기는 물을 상징하며 고대 중국 문화에서 물과 달이 연관되어 있기 때문에 달을 상징한다. 구름무늬는 우주에 퍼진 구름 기운을 나타낸다. 또 벽(璧)의 한 면에는 새가 한 마리 서 있는 계단이 있고, 계단 아래는 일곱 개의 소용돌이 문양으로 이루어진 둥근 공과 세 개의 호 모양으로 된 반달이 있다. 요컨대, 벽(璧)과 가장자리의 무늬는 모두 천체와 관련이 있다. 옥벽은 천체를 모방하여 하늘의 이미지로 사용될 수 있다. 또한 옥종의 경우, 그 모양을 보면 사각형과 원의 두 가지 기하학적 형태의 조합이 나타나며, 전체 종(琮)의 형태는 사면이 여덟 개의 직사각형 돌출 면으로 이루어져 있다. 고대 중국에는 '천원지방(天圓地方)'의 개념이 있었는데, 전국 시대 초나라의 송옥(宋玉)은 「대언부(大言賦)」에서 "네모진 땅은 수레가 되고(方地爲車), 둥근 하늘은 덮개가 된다(圓天爲蓋)."라고 표현했다.27)

그 외에도, 신석기 시대 유물인 물고기 모양 뼈로 만든 숟가락[그림 4-33]은 그 문양이 교차하고 대칭적으로 나타나 있어, 복잡한 변화의 미(美)를 보여주고 있다.

---

27) 『南京博物院藏寶錄』, 94~95쪽(上海文藝出版社, 三聯書店(香港)有限公司聯合出版, 1992年). 「魚形骨匕」는 이 책의 67쪽에 수록된 圖版에 보인다.

　　　　　　　　　　　　　『설문해자』 인지분석

4-33. 신석기 시대의 물고기 모양 뼈로 만든 숟가락의 문양

유희재(劉熙載)가 『예개(藝槪)』 제1권에서 언급한 것처럼 고대 중국에서 '인문(人文)'과 '천문(天文)'은 서로 연결되었다. 예컨대, "『역·계사(繫辭)』에서는 '사물은 복잡하게 얽혀 있으므로 이를 문(文)이라 한다.'라고 했으며, 『국어(國語)』에는 '사물이 하나로 통일되면 문(文)이 존재하지 않는다'라고 했다. 서개(徐鍇)의 『설문계전(說文繫傳)』에서는 '강약이 서로 조화를 이루고 강함과 부드러움이 서로 작용하기에 문(文)이 되며, 인간도 교차하여 문(文)이 된다.'라고 설명했다. 또 『주자어록(朱子語錄)』에서는 '두 사물이 서로 대치하기 때문에 문(文)이 생기며, 서로 분리되면 문(文)이 형성되지 않는다.'라고 했다. 문(文)이 된다는 것은, 문(文)이 어디서 생기는지를 깊게 생각해보아야 한다는 것이 아니겠는가?"[28]

이어지는 설명에서는 한 걸음 더 나아가 이렇게 말했다. "『국어』에서 '뒤섞여 있지 않은 사물이 없다'라고 했는데, 이는 후세의 사람들이 '물체에 단일성이 없으면 문(文)도 없다'는 것을 더욱 잘 알아야 한다는 말이다. 그 '하나(一)'는 문(文)의 진짜 주인이다. 중심에 '하나'가 있어야만 그것이 아닌 다른 것들을 사용할 수 있다."[29]

---

28) "『易·繫辭』: 物相雜, 故曰文. 『國語』: 物一無文. 徐鍇 『說文通論』: 强弱相成, 剛柔相形, 故於文: 人, 乂爲文. 朱子 『語錄』: 兩物相對待, 故有文, 若相離去, 便不成文矣. 爲文者盍思文之所生乎?"

29) "『國語』言 '物一無文', 後人更當知物無一則無文. 蓋一乃文之眞宰; 必有一在其中,

전종서(錢鍾書)는 이 논의에 대해 깊게 감탄하여 이렇게 말했다.

> "사백(史伯)이 정(鄭)나라 환공(桓公)에게 말했다. '소리가 단일하면 들
> 을 수 없고, 물체가 단일하면 문(文)이 없습니다.'라고 했는데, 이 말
> 은 『국어·정어(鄭語)』에 보인다. '다양함'과 '단일성'이라는 것은 '다양
> 한 색상과 조화로움이 시선과 마음을 기쁘게 한다(Varietas delectat
>)'[30]는 의미이다. 유희재는 '하나 됨'과 '하나 되지 않음'을 서로 보완
> 하여 문(文)이라는 개념을 만들었는데, 그 논리가 매우 깊다 하겠다.
> 하나로 되면 복잡해지지만 혼란하지 않으며, 복잡해지면 하나가 되
> 지만 많은 것을 할 수 있다."(史伯對鄭桓公曰: '聲一無聽, 物一無文', 見
> 『國語·鄭語』. 曰'雜'曰'不一'卽所謂'品色繁殊, 目悅心娛'(Varietas delectat).
> 劉氏標一與不一相輔成文, 其理殊精: 一則雜而不亂, 雜則一而能多.)[31]

이것이 바로 '문심(文心)'과 '조룡(雕龍)'이 하나로 통합된 관계이다.

'직물 복식(織物服飾)'의 경우에도, 이 또한 '인문(人文)'의 계열에 속
한다. 그 속에 축적된 '문심(文心)' 정신은 중국의 언어 문자에도 반영
되었다. 『설문·의(衣)부수』에서, "의(衣)는 의(依)와 같아서 '의지하다'
는 뜻이다. 윗옷을 '의(衣)'라 하고, 아래쪽 옷을 '상(裳)'이라 부른다."
라고 했다. 전종서(錢鍾書)는 특히 '의(衣)'자의 해석을 언급하면서, 이
것이 예술과 문학의 토론에 중요한 자료가 될 것이라고 지적하였다.

『예기·악기(樂記)』에서 "의미와 비유를 넓게 배우지 않으면 시(詩)를

斯能用夫不一者也."

30) [역주] 'Varietas delectat'는 '다양한 즐거움' 또는 '다양함의 즐거움'을 의미하는
라틴어 문구이다. 다양한 것을 경험하거나 삶의 다양성을 누리는 것이 즐거움
과 만족을 가져온다는 생각을 반영한다. 이 문구는 종종 경험, 아이디어, 선택
의 다양성의 가치를 강조하며, 다양한 요소의 혼합이 삶을 더 즐겁고 흥미롭
게 만들 수 있음을 시사한다.

31) 『管錐編』 卷一, 52쪽.

『설문해자』인지분석

잘 알 수 없다."라고 했는데, 정현(鄭玄)은 "의(依)는 넓은 비유를 의미하는데, 때로는 '의(衣)'로 표기되기도 한다."라고 주석하였다. 『설문』에서는 "의(衣)'는 '의존하다'는 뜻이다"라고 했고, 『백호통(白虎通)·의상(衣裳)』에서는 "의(衣)는 숨기는 것이고, 상(裳)은 가리는 것이다."라고 설명하였다. '숨기다'는 '드러나다'의 반대 개념이며, 드러나지 않는다는 것은 직접 말하지 않고 비유나 드문 비유를 통해 말하는 것을 의미한다.

『여람(呂覽)·중언(重言)』에 따르면 "성공(成公) 가(賈)는 '원컨대 왕과 농담을 나누고 싶다'라고 했다"는 말이 있는데, 『사기·초세가(楚世家)』에서는 "오거(伍擧)가 '원컨대 숨긴 뜻을 드러내고 싶다'라고 했다"라고 했는데, 배인(裴駰)의 『집해』에서 "이는 그 뜻을 숨기는 것을 말했다."라고 풀이했다.

또 『한서·동방삭전(東方朔傳)·찬(贊)』에서 "세상을 희롱하며 놀고 즐겼는데, …… 그의 유머 감각은 정말 최고였다."라는 말이 있다. 이에 대해 여순(如淳)은 여기서 "의(依)는 숨기거나 피하다"는 뜻이라고 했는데, 잘 모르고서 억지 해석을 한 것이다.

『문심조룡·해은(諧隱)』편의 "내원위배(內怨爲俳: 내부의 감정이나 원망을 유머나 은유를 통해 표현함)"와 사(詞)를 논하면서 말한 상주파(常州派)의 "의내언외(意內言外: 말 속에 담긴 의미가 화자의 입 밖으로 직접 표현되지 않고 내포된 의미가 있음)"(謝章鋌의 『賭棋山莊詞話』 속집 권5 참조) 등은 모두 은유에 속한다.

『예기』의 「곡례」와 「내칙」 모두에 "불이은질(不以隱疾: 병을 은폐해서는 아니 된다)"이라는 언급이 있는데, 정현의 주석에서는 모두 "의중지질(衣中之疾: 옷 속에 가려진 질병)"이라고 풀이했다. 이는 옷이라는 것이 본래 가려주는 기능을 가지고 있기 때문이다. 그러나 옷은 동시에 화려함을 뽐내는 수단이 될 수 있다. 예컨대, 『예기·표기(表記)』에서는 "의복이이지(衣服以移之: 옷으로 그를 존엄하게 만든다)"라고 했는데, 정현의 주석에서는 "이(移)는 광대함을 뜻한다"라고 풀이하였으며, 공영달(孔穎達)의 『소(疏)』에서는 "그것을 존엄하게 만든다"라고 설명했다. 따라서 '옷(衣)'이라는 것은 '존엄하게 만들며(移)', 그러므로 "복위신지장(服爲身之章: 옷은 사람의 외모나 모습을 꾸미거나 장식하는 역할을 한다)"이라고 할 수 있다.

(『禮記·樂記』: '不學博依, 不能安詩', 鄭玄注: '廣譬喩也, '依'或爲'衣'.' 『說文』: '衣, 依也'; 『白虎通·衣裳』: '衣者隱也, 裳者障也'. 夫隱爲顯之反, 不顯言直道而曲喩罕譬; 『呂覽·重言』: '成公賈曰: '願與君王讔', 『史記·楚世家』作: '伍擧曰: '願有進隱'', 裴駰集解: '謂隱藏其意'; 『史記·滑稽列傳』: '淳於髡喜隱', 正此之謂. 『漢書·東方朔傳·贊』: '依隱玩世, ……其滑稽之雄乎', 如淳注: '依違朝隱', 不知而强解耳. 『文心雕龍·諧隱』篇之'內怨爲俳', 常州派論詞之'意內言外'(參觀謝章鋌『賭棋山莊詞話』續集卷五), 皆隱之屬也. 『禮記』之『曲禮』及『內則』均有'不以隱疾'之語, 鄭注均曰: '衣中之疾', 蓋衣者, 所以隱障. 然而衣亦可資炫飾, 『禮記·表記』: '衣服以移之', 鄭注: '移猶廣大也', 孔疏: '使之尊嚴也'. 是衣者, '移'也, 故'服爲身之章'.)

『시·후인(詩·候人)』에서는 "그들의 자손이 제대로 옷을 갖추어 입지 못한다."고 비웃었다. 『중용(中庸)』에서는 "옷의 화려함은 숭상하지만, 드러난 장식은 싫어한다."라고 했는데, 정현(鄭玄)은 "그 장식이 너무 드러나 보이기 때문이다."라고 주석을 달았다. 『맹자·고자(告子)』에서는 "자신의 명성이 널리 알려지길 원하지만, 수놓은 화려한 옷을 입는 것을 원치 않는다."라고 했는데, 조기(趙歧)는 "화려한 옷을 의미한다."라고 주석을 달았다. 이는 사람들이 자신의 명성을 널리 퍼뜨리고 싶지만, 그것을 너무 화려하게 드러내고 싶지는 않다는 것을 의미한다.

『논형(論衡)·서해(書解)』에서는 "문덕이라는 것은 세상이 인정하는 옷이다. 글로써 표현하는 것이 문(文)이고, 행동으로 실천하는 것이 덕(德)이며, 옷으로 드러나는 것이 복(服)이다. 의복을 갖고 말함으로써 인품을 드러내고 현란한 무늬를

"라고 설명하였다. 이들은 모두 옷의 다양한 색상과 패턴을 예로 들어, 사람들이 자신의 능력과 가치를 표현하는 데 옷을 사용한다는 것을 의미한다.

따라서 옷은 몸을 숨기거나 보호하는 데 사용되기도 하지만, 동시에

자신의 능력이나 가치를 표현하거나 드러내는 데도 사용된다. 시는 다양한 비유나 예시를 통해 뜻을 전달하며, 옷의 숨기거나 보호하는 역할, 그리고 눈에 띄게 만들거나 드러내는 역할을 모두 포함하고 있다.

『논형·서해(論衡·書解)』에서는 이렇게 말했다. "문(文)과 덕(德)은 세상 사람들이 입는 옷과 같다. 글로 쓰는 것이 '문'이고, 실제로 행하는 것이 '덕'이며, 이를 옷으로 드러내는 것이 '복(服)'이다. 옷으로 현자를 구별하고, 현자는 문채로써 차등을 둔다. 이는 마치 봉황의 깃털과 호랑이의 털이 오색찬란하지만 질서를 가진 것에 비유할 수 있다. 따라서 몸을 숨기는 것이 오히려 눈길을 끄는 수단이 되고, 자신을 가리는 것이 역설적으로 자신을 드러내는 효과를 가진다. 이는 서로 반대되면서도 서로를 완성하는 것으로, 같은 본체이지만 다른 용도로 쓰이는 것을 말함이다. 시는 비유를 널리 사용하여 사물에 빗대어 뜻을 전달한다. 그 의미는 아득하면서도 생동감 있게 뛰어오르는 듯한데, 이는 옷이 숨기고 가리는 것과 같다. 반면 그 표현은 찬란하고 아름다운데, 이는 옷이 눈길을 끌고 드러내는 것과 같다. '옷(衣)'이라는 한 글자로 깊은 사고와 화려한 문채를 모두 아울렀으니, 이는 서로 다른 뜻으로 해석하면서도 동시에 합쳐서 해석한 것이다. 문학을 논하는 사람들은 분명 여기에서 얻을 바가 있을 것이다."

또 『당척언(唐摭言)』 권10에서는 조목(趙牧)이 이하(李賀)의 시를 본받아 지은 것에 대해 "금을 주름잡고 수를 놓은 것과 같다고 할 수 있다."라고 했다. 또 유광원(劉光遠)이 이하의 시를 흠모하여 지은 「장단가(長短歌)」에 대해 "특히 의미를 깊이 묻어두는 데 능하다."라고 했다. 이들은 마침 '옷(衣)'의 두 가지 의미를 모두 포함하였다는 것을 알 수 있다.[32]

(『詩·候人』譏'彼其之子, 不稱其服';『中庸』: '衣錦尙絅, 惡其文之著也', 鄭注: '爲其文章露見';『孟子·告子』: '令聞廣譽施於身, 所以不願人之文繡也', 趙歧注: '繡衣服也', 明以芳聲播遠擬於鮮衣炫衆;『論衡·書解』: '夫文德, 世服也. 空書爲文, 實行爲德, 著之於衣爲服. 衣服以品賢, 賢以文爲差', 且擧

---

32) 『管錐編』 卷一, 5~6쪽(中華書局, 1986年).

鳳羽虎毛之五色紛綸爲比. 則隱身適成引目之具, 自障偏有自彰之效, 相反相
成, 同體歧用. 詩廣譬喩, 托物寓志: 其意恍兮躍如, 衣之隱也, 障也; 其詞煥
乎斐然, 衣之引也, 彰也. 一'衣'字而兼槪沉思翰藻, 此背出分訓之同時合訓
也, 談藝者或有取歟. 『唐摭言』卷一○稱趙牧效李賀爲歌詩, '可謂蠻金結繡',
又稱劉光遠慕李賀爲長短歌, '尤能沒埋意緒'; 恰可分詁'衣'之兩義矣.)

서현(徐鉉)의 『설문』 판본에서는 '의(衣)'자를 어(於)와 희(稀)의 반절
로 읽으며, '은(隱)'자는 어(於)와 근(謹)의 반절로 읽는다고 했는데, 이
두 글자는 독음이 유사하다. 또 『설문·부(阜)부수』에 따르면, "장(障)
은 부(阜)가 의미부이고 장(章)이 소리부이다." 그런가 하면 「삼(彡)부
수」에 따르면, "창(彰)은 삼(彡)이 의미부이고 장(章)도 의미부인데, 장
(章)은 소리부도 겸한다." 이렇게 볼 때 '장(障: 숨기다)'에는 먼저 '창
(彰: 드러내다)'의 의미가 먼저 포함된 것으로 해석할 수 있다. 그렇지
않다면 '장(障)'의 깊은 의미를 논할 수가 없다.

고대 운서(韻書)에서도 이러한 연결 관계가 반영되어 있다. 『집운·
미(尾)운』에서 "의(依)는 비유(譬喩)를 말한다"라고 했다. 왕인지(王引
之)의 『경의술문(經義述聞)』 권32의 「증자해경(增字解經)」에서 이렇게
말했다. "「무일(無逸)」편에서 '그런 즉 소인이 숨기는 것을 알 수 있고
((則知小人之依), 그리하여 소인이 숨기는 것을 알 수 있다爰知小人之
依)라고 했는데, 여기서의 '의(依)'는 '은폐하다(隱)'는 뜻이다." 또 『전
상고삼대진한삼국육조문(全上古三代秦漢三國六朝文)』 권211에서는 곽
박(郭璞)의 「객오(客傲)」를 인용해 "진불위해은(進不爲諧隱: 나아가서는
숨기면 아니 된다), 퇴불위방언(退不爲放言: 물러나서는 제멋대로 말해서는 아
니 된다)"이라고 했는데, 여기서의 '진(進)'과 '퇴(退)', '해은(諧隱)'과 '방
언(放言)'은 모두 반의어로서 서로 대비를 이룬다. 또 같은 책의 『전
진문(全晉文)』 권61에서는 손작(孫綽)의 「유천태산부(遊天台山賦)」를

인용하여 "이무은이불창(理無隱而不彰: 은폐된 채 드러나지 않는 이치는 없다), 계이기이시조(啓二奇以示兆: 두 가지 경이로움을 드러내며 징조를 표시한다)"라고 했는데, 여기서의 '은(隱)'은 '의은풍세(依隱諷世: 은일하며 세상을 비웃다)'의 '은(隱)'이나 '순우곤희은(淳于髡喜隱: 순우곤은 은일하기를 좋아했)'의 '은(隱)'과 같다.

『설문』에서 제시한 '문식(文飾)'의 이미지 그룹은 모든 '문채(文彩)'를 가리킨다. 이는 자연스럽게 인체에 근거하여 그 위에 장식된 '의복(衣服)'을 포함한다. 이는 『좌전』 환공(桓公) 2년에 언급된 "화룡보불(火龍黼黻)이 그 무늬(文)를 드러낸다.(火龍黼黻, 昭其文也.)"라는 구절과도 일치한다. 어떤 종류의 문식(文飾)이든, "원래는 모두 자체적인 기능을 갖추고 있었다." 그러나 인간과 세상이 바뀌고 제작도 변화함에 따라, 처음에는 그 기능을 위해 사용되었던 예술이 나중에는 원래의 사용 목적은 사라지고 예술만이 남게 되었다.[33]

---

33) 『管錐編』 卷二, 39쪽.

제4절 술(酒) 이미지

'술'을 뜻하는 '주(酒)'는 시각화할 형상이 존재하지 않는다. 그래서 『설문·유(酉)부수』에서는 술을 담는 용기인 '유(酉)'의 형태를 빌어 '술'을 표현했다. 「유(酉)부수」에서는 '유(酉)'에서 유래한 67개의 글자를 수록하였는데, 여기에다 이체자(重文) 8자와 '신부(新附)'자 6자가 추가되었다. 또 「유(酉)부수」에 포함되지는 않았지만 '유(酉)'에서 유래한 3개의 인접 글자가 있어, '술'과 관련된 이미지는 총 80개 이상의 글자로 구성되어 있다. 이는 '유사하지만 다른 형태'로 된 상당히 큰 규모의 '의미 장'을 형성한 예에 해당한다. 당나라 때의 필사본인 「전례만상명의·유(酉)부수」에서는 103개의 글자로 발전하였고, 글자를 증보한 당나라 때의 『송본옥편·유(酉)부수』에서는 154개의 글자가 수록되었고, 송나라의 『유편·유(酉)부수』에서는 169개의 글자로 확장되었다. 대략적으로, 이 의미장은 다음과 같은 인지 분야를 포함하고 있다.

· 술그릇 분류에 관한 어휘
· 술의 제조(양조)에 관한 어휘
· 술의 특성에 관한 어휘
· 술을 마시는(음주) 예절에 관한 어휘
· 술을 사용한 제사에 관한 어휘……

금문 『상서』는 총 28편으로 구성되었으며, 그 중에 「주고(酒誥)」라는 편이 남아 있는데, 이는 상(商)나라 때의 기록에 속한다. 고고학적 유물을 통해 볼 때, 술에 관한 다양한 기구나 도구는 상나라 때부터 이미 많이 사용되었음을 확인할 수 있으며, 그 기능과 용도는 사람을 놀라게 할 정도의 인지 수준에 이르렀다.

고문자의 구조와 출토 실물 자료에 근거해 다음과 같은 인지상의 연계를 확인할 수 있다.

4-34. 상나라 초기의 술 섞는 기물—화(盉)

· 『설문·명(皿)부수』: "盉(盉,

金文), 調味也. 從皿禾聲."

화(盉), '맛을 조절하다'는 뜻이다(調味也). 명(皿)이 의미부이고 화(禾)가 소리부이다.

· 『설문·창(鬯)부수』: "爵(爵, 甲骨

金文, 漢印), 禮器也. 象爵之形, 中有鬯酒, 又持之也. 所以飮. 器象爵者, 取其鳴節節足足也. 𩰫, 古文爵, 象形."

작(爵), '의식용 제기(禮器)'를 말한다. 참새(爵)의 모양을 닮았으며, 중간에 울창주가 들었고, 손(又)으로 그것을 쥔 모습이다. 술을 마시는 잔이다. 기물이 참새를 닮은 것은 술을 따를 때 '짹짹'하고 나는 소리가 참새의 우는 소리를 닮았기 때문이다. 작(𩰫)은 작(爵)의 고문체이다. 상형이다.

· 『설문·두(斗)부수』: "斝(斝, 甲骨), 玉爵也. 夏曰琖, 殷曰斝, 周曰爵. 從叩從斗, 冂象形. 與爵同意. 或說斝受六升. 古雅切."

가(斝), '옥으로 만든 잔(玉爵)'을 말한다. 하(夏)나라 때에는 잔(琖)이

라 했고, 은(殷)나라 때에는 가(斝)라 했고, 주(周)나라 때에는 작
(爵)이라 했다. 훤(皿)이 의미부이고 두(斗)도 의미부이며, 경(冂)은
상형이다. 작(爵)과 의미가 같다. 혹자는 가(斝)에 6말(斗)을 담을
수 있다고 한다. 독음은 고(古)와 아(雅)의 반절이다.

단순히 기구의 형태만을 고려하면, 작(爵)과 가(斝)는 확실히 동일
한 범주에 속한다. 즉 "가(斝)와 작(爵)은 의미가 같다."

- 『집운·마(馮)부』: "가(斝, 斚)는 거(居)와 아(迓)의 반절로 읽힌다. 울창
  주를 담는 술통에 곡식이 그려진 것이다(鬱酒之尊畫禾稼者)."
- 『집운·혼(魂)부수』: "준(罇, 尊, 罇, 墫, 甋)은 조(租)와 곤(昆)의 반절
  로 읽힌다. 『설문』에서는 '술그릇이다(酒器也)'라고 했다. 추(酋)가
  의미부, 두 손(廾)으로 이를 받든 모습이다. 『주례』에서는 6가지
  술통으로 제사와 빈객을 모시는 예에 사용했다(六尊以待祭祀賓客
  之禮)라고 했다. 혹체에서는 촌(寸)으로 구성되었고, 부(缶)로 구성
  되었고, 토(土)로 구성되었고, 와(瓦)로 구성되었다. 준(樽), 준(尊)
  과 통용된다. 일설에는 높은 것에 대한 칭호라고 한다(一曰高稱)."
- 『집운·회(灰)부수』: "뢰(櫑, 罍, 蠱, 鐳, 鼺)는 로(盧)와 회(回)의 반절
  로 읽힌다. 『설문』에서 '거북 눈이 그려진 술 독(龜目酒尊)'이라
  고 했는데, 나무로 된 것에는 구름-번개무늬를 새기는데(刻木作
  雲雷象), 끝없이 퍼지는 모습을 그렸다(象施不窮也). 혹체에서는
  부(缶)로 구성되었고, 명(皿)으로 구성되었고, 금(金)으로 구성되
  었다. 주문체에서는 뢰(鼺)로 적었다. 또 뢰(鐳)로 적기도 한다."
- 『집운·우(尤)부수』: "유(卣, 脩)는 이(夷)와 주(周)의 반절로 읽는다.
  중간 크기의 술독을 말한다(中尊也). 혹체에서는 유(脩)로 썼다."
- 『집운·산(産)부』: "잔(琖, 餞, 盞, 湔, 醆)은 조(阻)와 한(限)의 반절로
  읽는다. 옥으로 만든 술잔을 말한다(玉爵也). 하(夏)나라 때에는
  전(琖), 은(殷)나라 때에는 가(斚), 주(周)나라 때에는 작(爵)이라 했
  다. 혹체에서는 각(角)으로 구성되었고, 명(皿)으로 구성되었다.
  또 잔(湔), 잔(餞)으로도 적는다."
- 『집운·약(藥)부』: "작(爵, 釂, 凲, 爵)은 즉(卽)과 약(約)의 반절로 읽

　　　　　　　　　　　　　　　『설문해자』 인지분석

는다. 『설문』에서 예기를 말한다(禮器也)고 했다. 작(爵)의 모습을 형상했는데, 속에 창주(鬯酒)가 들었으며, 손으로 잡은 모습이다. 마시는 그릇이다. 기물이 참새(爵)를 닮은 것은 참새의 울음이 찍찍 쨋쨋하고 울기 때문이다(取其鳴節節足足也). 일설에 ‖는 작위를 말한다고도 한다(一曰爵位也). 고문체에서는 작(䨠), 작(𤔲)으로 적었고, 예서에서는 작(爵)으로 적었다.”

- 『說文·瓦部』: ‘瓵, 甌也. 從瓦音聲. 蒲口切.’
  부(瓵), ‘단지(甌)’를 말한다. 와(瓦)가 의미부이고 부(音)가 소리부이다. 독음은 포(蒲)와 구(口)의 반절이다.

- 『說文·角部』: ‘觚(觚 𧣴), 鄕飮酒之爵也. 一曰觴受三升者謂之觚. 從角瓜聲.’
  ‘향음주례에 사용하는 술잔(鄕飮酒之爵)’을 말한다. 일설에는 ‘3되를 담을 수 있는 술그릇을 고(觚)’라고도 한다.[1] 각(角)이 의미부이고 고(瓜)가 소리부이다.

- 『說文·木部』: ‘桮(桮 𣟃唐寫本), 䆘也. 從木否聲. 布回切. 匰, 籀文桮.’
  배(桮), ‘술잔(䆘)’을 말한다. 목(木)이 의미부이고 부(否)가 소리부이다. 배(匰)는 배(桮)의 주문체이다. 독음은 포(布)와 회(回)의 반절이다.

- 『집운·후(侯)부』: ‘㼻瓵, 蒲侯切. 『說文』小缶也. 或從瓦.’
  부(㼻, 瓵)는 포(蒲)와 후(侯)의 반절로 읽힌다. 『설문』에서는 작은 장군을 말한다고 했다. 혹체에서는 와(瓦)로 구성되었다.’

- 『집운·지(脂)부』: ‘䍃䍃, 倫追切. 酒器也. 古作䍃.’
  뢰(䍃, 䍃)는 윤(倫)과 추(追)의 반절로 읽힌다. 술그릇이다. 고문체에서는 뢰(䍃)로 적는다.’

- 『집운·모(模)부』: ‘觚酤, 攻乎切. 『說文』鄕飮酒之爵也. 一曰觴受三外者謂之觚. 或從酉.’
  ‘고(觚, 酤)는 공(攻)과 호(乎)의 반절로 읽힌다. 『설문』에서 향음주례에 사용하는 술잔이라고 했다. 일설에는 ‘3되를 담을 수 있는 술그릇을 고(觚)’라고도 한다. 혹체에서는 유(酉)로 구성되었다.’

- 『집운·회(灰)부』: ‘桮䀞杯盂䀘匟匰, 晡枚切. 『說文』䆘也. 蓋今飮器. 或作䀞杯盂䀘匟匰.’

---

1) [역주] 『주례·고공기』에 의하면, “작(勺)은 용량이 1되, 작(爵)은 2되, 고(觚)는 3되이다.”라고 했다.

'배(桮, 盎, 杯, 盃, 鉢, 匜, 匼)는 포(晡)와 매(枚)의 반절로 읽힌다.
『설문』에서 작은 잔을 말한다고 했다. 지금의 음료를 마시는 잔
을 말한 것으로 보인다. 흑체에서는 배(盎), 배(杯), 배(盃), 배(鉢),
배(匜), 배(匼)로 적는다.'

4-35. 상나라 중기의
부(缶)

4-36. 상나라 초기의
고(觚)

4-37. 상나라 중기의
고족배(高足杯)

고대 중국사회에서 오래 숙성된 술에는 깊고 두터운 존경과 숭배
의 인지가 스며들어 있다. 술은 기도와 축복에 사용되었다. 고문자에
서 '복(福)'자는 원래 '술'과 관련된 인식에서 기인했다. 『설문·시(示)부
수』에서 이렇게 말했다.

· 복(福: 釄, 甲骨 金文 簡帛 古璽 漢印 石刻), 祐也. 從示畐聲. 方六切.'
복(福), '보우하다(祐)'라는 뜻이다. 시(示)가 의미부이고 핍(畐)이 소

『설문해자』인지분석

리부이다. 독음은 방(方)과 육(六)의 반절이다.

  나진옥(羅振玉)의 해석에 따르면, "(갑골문에서) 두 손으로 술독을 들어 보이는 모양을 나타냈다. 때로는 두 손(廾)을 생략하거나 심지어 시(示)를 생략하기도 했다. 이는 후대의 복(福)자이다."2) 이러한 관념, 즉 술로 신에게 제사 드리며 기도하는 인식은 고대사회에서 상당히 긴 시간 동안 영향을 미친 것으로 보인다. 『용감수감(龍龕手鑒)·유(酉)부수』에는 '제(醮)'자가 수록되었는데, "제(醮)는 제사(祀)를 말한다."라고 했다. 또한 『직음편(直音篇)·유(酉)부수』에서도 "제(醮)는 제(祭: 제사)와 같다."라고 했다. 이들은 '술'이 제사에 사용되었음을 보여준다. 또한 '준(尊)'자에 대해서는 『설문·추(酋)부수』에 "술그릇을 말한다. 추(酋)가 의미부이고, 두 손으로 그것을 받든 모습이다. 『주례(周禮)』에는 여섯 가지 술그릇이 있다고 했는데, 희준(犧尊), 상준(象尊), 저준(著尊), 호준(壺尊), 태준(太尊), 산준(山尊) 등이 그것이다.3) 제사나 손님을 대접하는 향연에서 사용한다."라고 했다. 갑골 복사에서 '주(酒)'는 제사의 이름으로 사용되었는데, '술'을 조상의 사당에 바치는 의식을 의미한다. 나진옥의 『은허문자유편(殷墟文字類編)』 제14장에서도 "복사에 기록된 '주(酒)'는 제사 이름이다."라고 했다.

---

2) 『增訂殷墟書契考釋』.
3) [역주] 『단주』에서 이렇게 말했다. "이는 『주례·사준이직(司尊彝職)』에 보이는 말이다. 회(犧)를 헌(獻)으로 적었는데 정중(鄭司農)은 헌(獻)을 회(犧)로 읽는다고 했다. 희준(犧尊)은 비취로 장식한 술독을 말한다. 상준(象尊)은 봉황을 형상한 술독을 말하는데, 혹자는 코끼리뼈로 장식한 술독을 말한다고도 한다. 저준(著尊)은 저략준(箸略尊)을 말하는데, 혹자는 발이 없어 밑 부분이 바닥에 닿는 술독을 말한다고도 한다. 호(壺)는 호리병(壺)을 술독으로 삼은 것을 말한다. 『춘추전(春秋傳)』에서 '노나라의 호리병으로 술독을 삼았다(尊以魯壺)'라고 했다. 대준(大尊)은 아주 오래 전에 쓰던 질그릇으로 된 술독(瓦尊)을 말한다. 산준(山尊)은 산뢰(山罍)를 말한다." 산뢰(山罍)는 산이나 구름무늬를 넣은 술독을 말한다.

그렇다면 고대 중국에서는 왜 '술'로 신을 섬기고, 술로 제사를 지내며 축복을 기원했던 것일까? 고대 중국인의 의식 속에서, '술의 신(酒神)'이라는 인식 개념은 어떻게 축적되었던 것일까? 아마도 다양한 측면과 단계적으로 답을 할 수 있을 것이다. 그러나 그것이 '술 숭배(酒崇拜)'라는 인식에서 비롯된 것이라면, 『설문』이라는 책에서는 그 흔적을 찾아볼 수 있고, 이렇게 해석할 수 있는 근거도 있다. 예컨대, '예신(禮神)'은 '예신(醴神)'으로 표기하기도 하는데, 『설문·유(酉)부수』에서는 "예(醴)는 하룻밤 동안 숙성된 술을 말한다(酒一宿孰(熟)也). 유(酉)가 의미부이고 예(豊)가 소리부이다."라고 했다. 고대 문자 기호에서 볼 수 있는 가치관을 통해, '주(酒)'의 자원과 언어적 기원은 모두 '술병(酉)'에서 왔다. 『설문·유(酉)부수』에 따르면 "주(酒)는 수(水)가 의미부이고 유(酉)도 의미부인데, 유(酉)는 소리부도 겸한다." 또 '유(酉)'와 '추(酋)'는 같은 기원에 같은 모습을 한 글자이며, '주(酒)'와 '준(尊)'도 같은 형상이며, '주(酒)'와 '정(精)'은 같은 어원을 가진다. 이러한 문자 그룹은 표현이 동일하며, 언어적 기원도 같다. 그들은 하나로 연결되어, 고대 중국인의 '술 숭배'라는 인식을 전해 주고 있다.

먼저, '주(酒)'와 '추(酋)'에 관해 분석해 보자. '주(酒)'와 '추(酋)'는 어원이 같고 형상도 같은 글자인데, 인식의 방향성에서 한쪽은 '신성한 권위'를, 다른 한쪽은 '시간이 장구함'을 지향한다. 『설문·추(酋)부수』에서는 이렇게 말했다. "추(酋)는 '오래된 술(繹酒)'을 말한다. 유(酉)가 의미부이고, 수(水)의 절반만 그 위로 드러나 보인 모습이다. 『예(禮)』에 '대추(大酋)'가 있는데, 술을 관장하는 관리를 말한다."

여기서 언급한 『예(禮)』는 『예기·월령(月令)·중동지월(仲冬之月)』을 말하는데, 거기서 "이에 대추를 임명한다(乃命大酋)"라고 했고, 『주』에서 "술이 익은 것을 추(酋)라 한다(酒熟曰酋). 대추(大酋)는 술을 관리하는 자를 말한다(酒之長也).”라고 설명하였다. 『집운·우(尤)부』에서도 이렇게 말했다. “추(酋, 醔)는 자(字)와 추(秋)의 반절로 읽는다. 『설문』에서는 오래된 술을 말한다(繹酒也)고 했다. 『예(禮)』에 대추(大酋)가 있는데, 술을 관리하는 관리를 말한다(掌酒官也). 혹체에서는 추(醔)로 적는다.”

그러나 수령이나 부족의 존경받는 장로도 ‘추(酋)’라고 불렀다. 좌사(左思)의 「오도부(吳都賦)」에서는 “담이흑치의 우두머리, 금린상군의 지도자(儋耳黑齒之酋, 金鄰象郡之渠)”4)라고 하였는데, 주석에는 “추(酋)와 거(渠)는 모두 호걸 장수를 부르는 말이다.”라고 하였다. 군왕(君王)이라고 할 때의 ‘군(君)’에 대하여, 『집운·문(文)부』에서는 이렇게 말했다. “군(君, 𠷎, 㕆, 䇹, 𡆥)은 구(拘)와 운(雲)의 반절로 읽힌다. 『설문』에서는 받드는 사람을 말한다(尊也)고 했다. 윤(尹)이 의미부인데, 명령을 내리는 사람이므로 구(口)로 구성되었다. 일설에는 ‘수많은 아랫사람들이 돌아가는 곳’을 말한다(一曰羣下之所歸也)고 한다. 고문체에서는 군(𠷎), 군(㕆), 군(䇹)으로 적었다. 당나라 무후(唐武后)의 창제문자에서는 군(𡆥)으로 적었다.”

마찬가지로 주목해야 할 것은 ‘작(爵)’의 구조에 대한 인지의 발전이다. 『설문·유(酉)부수』에 따르면 “조(釂)는 ‘있는 술을 다 마셔버리다(歆酒盡)’라는 뜻이다. 유(酉)가 의미부이고, 작(嚼)의 생략된 모습이 소리부이다.”라고 했다. 또 고문자, 예를 들면 갑골문에서의 ‘작(爵)’자는 술잔의 형태를 그대로 나타내고 있다. 기본적인 의미는 『시·소아·빈지초연(賓之初筵)』의 “큰 잔에 술 부으니, 과녁 맞힌 분들을 위함일

4) [역주] ‘담이흑치(儋耳黑齒)의 우두머리’는 고대 중국에서 남방인 해남도(海南島) 지역에 살던 ‘담이(儋耳)족’의 우두머리를 말하는데, 그들은 귀가 특별나게 들어져 컸고, 이빨을 까맣게 물들이는 관습이 있어 그렇게 불렀다. ‘금린상군(金鄰象郡)의 지도자’는 오늘날 베트남 경내에 있었던 고대 금린(金鄰)국의 임금을 말한다.

세.(酌彼康爵, 以奏爾時.)"라고 한 '작(爵)'과 같다. 이러한 인식의 발전을 통해 '작위(爵位)'라는 의미가 생겼는데, 『한비자·정법(定法)』에서 "관작의 옮김은 머리를 베어오는 공과 비례했다(官爵之遷與斬首之功相稱也)."라는 문장에서의 '작위(爵位)'는 존경받는 자의 지위를 말한다. 술잔의 형상에서 작위라는 의미가 파생되었는데, 이것은 '술(酒)'의 권위적인 측면을 잘 보여준다.

'술'은 인간과 신의 관계를 연결할 수 있어, 고대인들의 눈에 보이는 '옥(玉)'의 기능에 상당하는 '영물(靈物)'처럼 여겨졌다. 이 측면은 앞서 언급한 '복(福)'자 등의 표상과 연관된 인식에서 이해할 수 있다. 왜냐하면 술에는 '신성(神聖)'하다는 인식의 측면이 있어, 조상과 신령에게 제사를 드리는 중요한 요소가 되었기 때문이다. 『설문』의 '전(奠)'에 대한 분석을 살펴보면, "전(奠)은 차려서 제사를 지내다는 뜻이다(置祭也). 유(酋)가 의미부인데, 유(酋)는 술을 말한다(酒也)."라고 했다. 이 표상은 『시경·소남·채빈(采蘋)』의 "그것을 놓아두는데, 종실의 창 아래라네.(于以奠之, 宗室牖下.)"라고 할 때의 '전(奠)'과 같다.

나아가 '숙(茜)'자의 경우, 그 인식적 연관성은 '숙(茜)'을 「초(艸)부수」에 귀속시키지 않고 오히려 「유(酉)부수」에다 귀속시키게 되었다.

· 숙(茜: 𩰥, 𣂪 𦮙 簡帛), '제사에 관한 예법(禮祭)에 따르면, 띠 풀을 묶고, 거기에다 관제를 행할 때 쓰는 옥홀을 얹고, 울창주를 뿌리는데, 이를 숙(茜)이라고 한다(禮祭, 束茅, 加于祼圭, 而灌鬯酒, 是爲茜).' 이는 신으로 하여금 술을 흠향하도록 하는 것을 이미지화 했다. 일설에는 '숙(茜)이 술독의 마개(榼上塞)'를 말한다고도 한다. 유(酉)가 의미부이고 초(艸)도 의미부이다. 『춘추전』(『좌전』 희공 4년, B.C. 656)에서 "너희들이 공납으로 바쳐야 할 띠 풀로 싼 술을 바치지 않으니, 천자의 제사에도 사용할 그런 술(茜酒)이 없구나.(爾貢包茅不入, 王祭不供, 無以茜酒.)"라고 했다.

분명히 '숙(茜)'은 묶은 띠 풀에 술을 뿌리는 제신 의식을 나타낸다. 그리고 '숙(茜)'자의 표상은 바로 이런 술을 이용한 제사의 모습을 나타낸다. '초(艸)'에서 이미지를 가져왔으며, 그 의미는 『설의(說義)』에서 인용된 『좌전』 희공(僖公) 4년의 "너희들이 공납으로 바쳐야 할 띠 풀로 싼 술을 바치지 않으니, 천자의 제사에도 사용할 그런 술(茜酒)이 없구나.(爾貢包茅不入, 王祭不供, 無以茜酒.)"에서 찾을 수 있다.

'초(醮)'도 '술'에서 그 이미지를 가져온 글자로, 특정 제사를 의미한다. 『설문·유(酉)부수』에 따르면, "초(醮)는 관례나 혼례를 행할 때 마시는 술(冠娶禮)을 말하는데, 제사를 드리다(祭)는 뜻이다. 유(酉)가 의미부이고 초(焦)가 소리부이다. 초(禥)는 초(醮)의 혹체자인데, 시(示)로 구성되었다." 인식의 발전에 따라 '초(醮)'는 일반 제사에도 사용되었다. 예를 들면, 송옥(宋玉)의 「고당부(高唐賦)」에서 "모든 신들에게 제사를 드린다(醮諸神.)"라고 기술하였다.

'술(酒)'의 신성하고 영적인 특성을 나타내는 문자 그룹 중에서, '의(醫)'자는 특별히 주목할 만하다. 『설문·유(酉)部』에서 이렇게 말했다.

· 의(醫: 鬐, 🐚 🐚簡牘文 醫漢印), '병을 다스리는 기술자(治病工)'를 말한다. 예(殹)는 '보통 사람과는 다른 나쁜 상태(惡姿)'를 말하는데, 의사의 속성이 그러하다.[5] 술(酒)을 치료의 보조재로 사용하기에 유(酉)가 의미부가 되었다. 왕육(王育)의 학설이다. 일설에는 '예(殹)는 병이 들어 앓는 소리(病聲)'를 말한다고도 한다. 술(酒)은 병을 치료하는 약이다. 『주례·천관·주정(酒正)』에 약으로 쓰는 술(醫酒)이 나온다. 먼 옛날, 무팽(巫彭)이 처음으로 의료 행

---

5) [역주] 왕균의 『설문구두』에서는 "작은 도리에 정통한 자들은 성정이 괴팍하고 어그러진 경우가 많다."라고 하였는데 의사라는 기술자에 대한 전통적인 폄하 의식이 반영된 것으로 보았다.

위를 했다고 한다.6) 독음은 어(於)와 기(其)의 반절이다.(醫: 治病
工也. 殹, 惡姿也; 醫之性然. 得酒而使, 從酉. 王育說. 一曰殹, 病聲.
酒所以治病也.『周禮』有醫酒. 古者巫彭初作醫. 於其切.)

다시 말해 오늘날 우리가 부르는 '의사(醫生)'이다. '의(醫)'가 어떻게
해서 '유(酉)'에서 그 표상을 가져왔던 것일까?『설문』에서는 이에 이
어서 이렇게 말하고 있다. "술은 병을 치료하는데 사용된다.『주례』
에 '의주(醫酒)'가 있고, 고대에 무풍(巫彭)이 처음으로 의사가 되었다.
(酒所以治病也.『周禮』有醫酒, 古者巫彭初作醫.)" 이는 의사가 병을 치료
할 때 술을 사용했음을 의미한다. 이러한 주장은 인식적 근거가 있다.
「곡례(曲禮)」에 따르면 "병이 있을 때는 술을 마시고 고기를 먹는다."
라고 했고,『한서·식화지(食貨志)』에서는 "술은 백약 중의 최고다."라
고 했다. 그러나 술이 실제로 이러한 효과를 가지고 있을까? 현대 의
학의 관점에서 볼 때 이는 매우 의심스럽다. 이러한 의문은 일단 뒤
로 미루고, 청대의 '설문학'의 대표 학자였던 단옥재(段玉裁)의 주석을
살펴보자. "의(醫)는 원래 술의 이름이었다(醫本酒名也)."7) 이는 분명
'의(醫)'가 원래 술의 일종이라는 것을 의미한다.『주례·천관·주정(酒正)』

---

6) [역주] 무팽(巫彭)은 고대 중국의 신화에 나오는 신령스런 의사이다.『산해경·해
내서경(海內西經)』'개명동유제무료알유(開明東有諸巫療窫窳)'에서 "개명(開明)의
동쪽에 무팽(巫彭), 무저(巫抵), 무양(巫陽), 무리(巫履), 무범(巫凡), 무상(巫相), 협
알유(夾窫窳)의 신이 있는데, 모두 불사약으로써 떨어지게 하였다."라고 했는데,
주석에서 "이들은 모두 신령스런 의사들이었다고 했다." 또「대황서경(大荒西經)
」에서도 영산십무(靈山十巫)가 등장하는데, 이렇게 말했다. "대황(大荒) 속에 풍
저(豐沮)라는 산이 있다. 거기에 있는 옥문(玉門)은 해와 달이 드나드는 곳이다.
또 영산(靈山)이 있는데, 무함(巫咸), 무즉(巫卽), 무반(巫盼), 무팽(巫彭), 무고(巫
姑), 무진(巫眞), 무례(巫禮), 무저(巫抵), 무사(巫謝), 무라(巫羅) 등 10명의 무(巫)
들이 여기를 통해 하늘로 올라가고 인간 세상으로 내려왔으며, 온갖 선약들이
다 거기에 있었다."
7)『說文解字注』十四篇下.

에 따르면 "네 가지 음료를 구별한다. 첫째는 청(淸), 둘째는 의(醫), 셋째는 장(漿), 넷째는 배(配)이다.(四飮之物: 一曰淸, 二曰醫, 三曰漿, 四曰配.)" 여기서 '의(醫)'는 '배(配)'와 함께 언급되었는데, 술의 종류를 가리킨다. 『설문·유(酉)부수』에 따르면 "배(配)는 술의 색을 의미한다. 유(酉)가 의미부이고 기(己)가 소리부이다.(配, 酒色也. 從酉己聲.)"[8]라고 했다.

이는 단옥재의 주석과 일치하는 부분이 있다. 그렇다면 술의 이 특별한 효능은 어디서 비롯되었을까? 일반적으로, 술 자체로 질병에 대한 치료 효과는 크지 않다. 오히려 술은 종종 병을 앓게 만든다. 『설문』에서도 이와 관련된 기록이 있다. 「유(酉)부수」에서 "정(酲)은 '병들게 하는 술'을 말한다. 일설에는 '취했으되 깨어있음'을 말한다고도 한다. 유(酉)가 의미부이고 정(呈)이 소리부이다.(酲, 病酒也. 一曰醉而覺也. 從酉呈聲.)"라고 했는데, 이는 고어로 "술을 깨게 하는 정(酲)(解酒以酲)"이라고 할 때의 '정(酲)'을 의미한다. 물론, 여기서 술이 특정 약재와 함께 효과를 발휘할 수 있는 것을 배제하지는 않는다. 그러나 이러한 기능만으로, 사람들의 마음속에서 '백약 중의 최고'라는 지위를 차지하기는 어려울 것이며, 고대 사람들이 '유(酉)'를 '의(醫)'의 표상으로 사용한 이유도 설명하기 어렵다. '의(醫)'는 '의(毉)'로도 쓰기도 하는데, 이는 이 책의 제5장 제1절 "궁시(弓矢) 이미지"에서 설명하게 될 것이다. 「유준례묘지(劉遵禮墓志)」에서도 의(醫)는 무(巫)로 구성된 '의(毉)'로 표기되었으며, 이는 같은 구조에서 '유(酉)'와 '무(巫)'가 서로 바뀌 사용될 수 있다는 것을 의미한다. 이것은 고대 사람들의 이런 관념 즉 '유(酉)'와 '무(巫)'는 원래 같은 범주에 속한다는 것을 매우 직관적이고 정직하게 나타내고 있다.[9] '의(毉)'가 '무(巫)'로 구성되었

---

8) 徐鉉本補正說: '己非聲, 當從妃省.'

9) 劉志基, 「漢字所見幾個先民崇拜物」 二, 「酒崇拜的演化(『國風』 1989年 第3卷).

다는 것은, 고대 사람들이 무술로 병을 치료하고 무당을 의사로 여겼음을 나타낸다. '무(巫)'는 원래 인간과 신을 연결하는 기능을 가지고 있으며, '술' 역시 '복우(福祐: 복을 내리고 보우하다)'의 '복(福)'이 본질적인 이미지이다. 그래서 이 둘은 합리적으로 연결된다.

'주(酒)'와 '추(酋)'가 서로 연관된 인식 지향에서의 '시간의 장구함'이라는 의미에 대해 계속 조사해보자. 『설문·추(酋)부수』에서 이렇게 말했다. "추(酋)는 오래된 술을 말한다(繹酒也)." 단옥재의 주석에서는 "역(繹)은 석(昔)을 뜻하는데, 석(昔)은 오래 되었음을 말한다.……그렇다면 '역주'는 '오래된 술'을 말한다.(繹之言昔也, 昔, 久也……然則繹酒謂曰久之酒.)"[10]라고 설명하였다. 『육서고(六書故)·공사(工事)』(4)에서 "주(酋)는 오랫동안 발효시킨 술을 말한다(酒釀而久者)."라고 설명한다. 또 방언에서 '추(酋)'에는 '익다(熟)'는 의미를 가진다. 그래서 '주(酒)', '유(酉)', '추(酋)'는 같은데서 근원하였음을 알 수 있다.

또 『방언』 권7에서는 "추(酋)는 익다는 뜻이다(熟也). 황하 이북 지역의 조(趙)와 위(魏) 사이에서는 불에 익히는 것(火熟)을 난(爛)이라 하고, 증기로 익힌 것(氣熟)을 치(糦)라고 하며, 오랫동안 익힌 것(久熟)을 추(酋)라고 한다."라고 했다. 위소(韋昭)의 『국어·정어(鄭語)』 주석에서도 "완전히 익은 것을 '추(酋)'라고 한다."라고 설명하였다. 사실, 어원학적 연결에서 '추(酋)', '주(酒)', '유(酉)'는 모두 '성취하다(就)'는 뜻으로 풀이할 수 있다. 예컨대, 『한서·서전(序傳)』(상)에서 "「설난(說難)」이 완성되자 그의 몸은 포로가 되었다.(「說難」既酋, 其身乃囚.)"라고 기록하였는데, 왕념손(王念孫)의 『독서잡지(讀書雜志)』에서는 "추(酋)를 취(就)로 읽는다. 취(就)는 완성하다는 뜻이다."라고 설명하였다. 따라서 중국 고대의 '오행' 개념에서 '추(酋)'는 공간적 위치에서 서쪽

10) 『說文解字注』 十四篇下.

『설문해자』 인지분석

을, 시간적 계절에서는 가을을 나타낸다. 예컨대, 『태현(太玄)·현문(玄文)』에서는 "추(酋)는 서쪽이며, 가을이며, 모든 것이 완전한 형상을 이루고 성취를 이룬다.(酋, 西方也, 秋也, 物皆成象而就也.)"라고 설명하였다. 오래된 술, 즉 진주(陳酒)는 오랜 시간이 지나야만 완성될 수 있다.

다음은 '주(酒)'와 '유(酉)'에 관한 것이다. '주(酒)'와 '유(酉)'는 동일한 기원과 형상을 갖고 있으며, 이들의 인식 방향은 한편으로는 '오래 되었음'을 나타내는 정도의 의미를, 다른 한편으로는 충만하고 가득하다는 범위의 의미를 나타낸다. 『설문·유(酉)부수』에서 "주(酒)는 성취하다(就)는 뜻이다. 수(水)가 의미부이고 유(酉)도 의미부인데, 유(酉)는 소리부도 겸한다."라고 했다. 실제로, 금문에서는 '주(酒)'를 '유(酉)'로 쓰기도 했다.11) 『삼체석경(三體石經)·무일(無逸)』에서도 마찬가지로 '유(酉)'로 기록하였다. 그래서 '유(酉)'와 '주(酒)'는 동일한 기원, 동일한 형상, 동일한 구조를 가진다. 나진옥(羅振玉)에 의하면, "『설문』의 유(酉)와 주(酒)의 독음은 대체로 동일하다. 원래는 하나의 문자였기 때문에 금문에서 주(酒)자는 모두 유(酉)로 쓰였다."라고 하였다.12) 이렇게 볼 때, '유(酉)'는 '주(酒)'의 고문체이며, 술독에서 그 형상을 가져왔으며, 갑골문의 '유(酉)'와 동일한 형상과 구조를 가진다.13) 『설문·유(酉)부수』에서는 "유(酉)는 '이루다'는 뜻이다(就也). 8월에 기장이 익으면 술을 빚을 수 있다.(八月黍成, 可爲酎酒.)"라고 했다. 이처럼 '유(酉)'는 '주(酒)'는 『설문』에서 모두 '성취'의 '취(就)'자로 설명되었는데, 이는 성훈(聲訓)에 해당한다. 『이아·석고(釋詁)』(하)에서는 "취(就)는 이루다는 뜻이다(成也)"라고 하였다. 성(成)은 '익다(熟)' 또는 '오래되다

---

11) 『金文編』卷十四所著錄『盂鼎』.
12) 『殷墟文字編』, 『漢語大字典·酉部』의 인용부분.
13) 『殷契粹編』 61 참조.

(老)’는 의미이다. 『광아·석고(釋詁)』(3)에서는 “취(就)는 오래 되다는 뜻이다(久也).”라고 하였다. 고대한어의 경우, 『석명·석천(釋天)』에서 “유(酉)는 (열매가) 익다는 뜻이다(秀也). 수(秀)는 사물이 모두 완성됨을 말한다(物皆成也).”라고 했다. 서개(徐鍇)의 『설문계전(說文繫傳)』에서도 “취(就)는 성숙하다는 뜻이다(成熟也).”라고 했고, 『광운·유(有)운』에서도 “유(酉)는 오래되다는 뜻이다(老也).”라고 했으며, 『사기·율서(律書)』에서도 “유(酉)는 만물이 늙었음을 말한다(萬物之老也).”라고 했다.

두 번째로 ‘주(酒)’와 ‘유(酉)’에 남아 있는 충만하고 완전하다는 의미에 관한 것이다. 『석명』에 따르면 “주(酒)는 유(酉)이다”라고 했다. 『회남자·천문훈(天文訓)』에서는 “유(酉)는 포(飽: 배가 부르다)”라고 했다. 이렇게 해석해 나가면 ‘주(酒)’와 ‘포(飽)’가 연결될 수 있다. 이는 먼저 술 양조업의 시작과 발전의 문제와 관련이 있다. 『설문·유(酉)부수』에서, “주(酒)는……일설에는 ‘만들다(造)는 뜻인데, 길흉이 만들어지는 바이다.’라고도 한다. 옛날 의적(儀狄)이 술을 만들었는데, 우(禹)가 일찍이 이를 마셔보고 찬미하였으며, 이 때문에 의적(儀狄)을 멀리하게 되었다. 또 두강(杜康)이 차조로 술을 만들었다.”[14]라고 했다. 어떤 물건을 처음 만든 것에 대해 그 창조자의 이름을 붙이게 되는데, 이는 그의 신성성을 강조하기 위한 것이다. 강통(江統)[15]은 「주고(酒

---

14) “酒: 就也, 所以就人性之善惡. 從水從酉, 酉亦聲. 一曰造也, 吉凶所造也. 古者儀狄作酒醪, 禹嘗之而美, 遂疏儀狄. 杜康作秫酒. 子酉切.”

15) [역주] 강통(江統, 미상~310년)의 자는 응원(應元)이며, 진유군(陳留郡) 어현(圉縣)의 명문가 출신이다. 그는 사방의 이민족들이 중원을 어지럽히는 것을 우려하여 「이융론(徙戎論)」을 지어 진(晉) 혜제(惠帝)에게 올렸다. 이 글에서 그는 저(氐)족과 강(羌)족 등을 이주시킬 것을 주장했으나 채택되지 않았다. 강통은 여러 관직을 역임했으며, 동궁에 있을 때 태자의 행동에 대해 상소를 올려 간언하고 제안을 했는데 이는 채택되었다. 영강 원년(永康元年, 300년), 태자가 폐위되어 세상을 떠나자 그를 위해 애도문을 지어 슬픔을 표했다. 영가 4년(永嘉四年, 310년), 영가의 화(永嘉之禍) 때 강통은 성고(成皋)로 도망쳤으나

誥)」에서 "식량이 부족하지 않아, 남은 것을 비워 둔 채로 저장하여, 오랜 시간 동안 저장하면서 맛이 좋아지고, 오래 보관하면 향기가 좋아진다.……"라고 했는데, 이는 아마도 술의 발명 과정을 설명한 것일 것이다. 술은 원래 식품의 잔여물을 장기간 보관하면서 자연스레 발효가 일어난 것일 것이다. 『설문·유(酉)부수』의 관련 '의미장'에서는 술의 양조 과정을 체계적으로 기록하고 있다. 술의 기원을 추적해 보면, 술은 원시인들이 기본적으로 '배고픔 문제를 해결'한 이후에 일어난 '남는 일'이었을 것이다. 즉, 음식이 풍부하여 남아 있었기 때문에 술을 만들었을 것이다. 『설문』에 따르면, "도(酴)는 주모(酒母) 즉 술밑을 말한다. 유(酉)가 의미부이고 여(余)가 소리부이다." 주모(酒母)는 효모(酵母)로, 술을 빚는 매개체이며 필수적인 존재이다. 그리고 '도(酴)'자는 여(余)에서 소리부를 가져왔으나, '여(余)'는 실제로 의미부도 겸한다. 나중에 '도(酴)'는 전적으로 '주모(酒母)'를 가리키게 되었다. 먼 옛날, 인류가 채집생활로 생계를 유지하던 시기, 발효성 당분을 함유한 야생 과일이 일정 시간 보존된 후, 공기 중의 곰팡이와 효모와 접촉하여 발효를 거쳐 술이 되었다.

농경사회에 들면서, 곡물 저장이 부적절하면 쉽게 습기를 흡수하여 곰팡이가 생기게 되었고, 그리하여 자연적으로 누룩이 생기게 되었고, 물과 접촉하면 발효하여 술이 되었다. 그러나 이러한 기본 조건은 사람들이 먼저 배를 채운 다음, '식량이 부족하지 않아야' 가능했다. 이것이 '주(酒)'와 '포(飽)' 간의 의미적 연결이다. 『설문·유(酉)부수』에 수록된 글자의 기록을 보면, 술의 발명은 오랜 역사를 가지고

얼마 지나지 않아 병으로 사망했다. 그는 문재가 뛰어났으며 그의 작품들은 중요하게 여겨졌다. 그의 문집은 이미 소실되었으나, 「이옹론」 등은 영향력 있는 작품으로 남아있다. 그의 고향 사람들은 어진(圉鎭)에 그를 위한 사당을 세웠으며, 동선(董宣)과 채옹(蔡邕)과 함께 제사를 지냈다.

4-38. '술 제조'에 관한 한나라 화상석(畵像石). 사천성 팽현(彭縣) 출토

있다. 중국 사천성에서 출토된 한나라 시대의 그림 벽돌에는 이미 술 양조장이 등장한다.([그림 4-40] 참조)

당시는 생산력이 낮아서 제대로 배조차 채우는 것조차 쉽지 않은 시절이었다. 그러나 식량이 남아서 술을 양조할 수 있었다면 그것은 상당히 부유했음을 의미한다. 이를 통해 우리는 '주(酒)'와 '유(有)'가 음성적으로 가까우면서도 의미적으로 연관된 동일 기원의 단어 쌍이라는 것을 알 수 있다. 다음처럼 생각해볼 수도 있다. 고대인들이 '술'이라는 것을 갖게 된 후에, 술과 남아 있는 음식과의 관계를 인지하게 되었다. 그리고 이를 통해 '술'이라는 개념이 형성되었으며, '주(酒)'와 '유(有)'의 의미가 연관되어 있음을 발견하여, '유(有)'와 동일하거나 유사한 발음으로 '술' 즉 '주(酒)'를 부르게 되었다(子와 酉의 반절로 읽힌다). 이것은 언어 발달의 일반적인 현상이다. 고대 중국어에서 '주(酒)'의 독음은 유(幽)부에 속하고, '유(有)'는 지(之)부에 속해 인접한

『설문해자』 인지분석

운 사이의 방전(旁轉)에 해당한다.16) 중국 산동성의 제성(諸城) 지역에서는 매년 설날을 맞을 때 집집마다 곡물 창고의 문에다 '유(酉)'자 써 붙여 부유하고 남아돌기를 바라는 의미를 표현하곤 했음을 필자는 기억하고 있다.

다음으로 '주(酒)'와 '준(尊: 술통)'에 대하여 살펴보자. 이 두 글자는 모두 같은 이미지에서 그 의미를 가져왔으며, '주(酒)'에 본래 '오래되다'라는 의미가 있다는 것은 이미 위에서 설명하였다. 여기서 알아야 할 것은, 초기 농업 문명사회에서 이렇게 오래 동안 보관된 좋은 술이라면 오랜 시간 동안의 '사회가 필요로 하는 노동 시간'을 축적한 것일진대, 그것이 얼마나 소중한 가치를 지녔을 지를 상상할 수 있으며, 따라서 이러한 술을 즐길 수 있던 사람은 반드시 존경받는 사람이었을 것이라는 사실이다. 은상 시대의 중국에서는 희(犧), 준(尊), 뢰(罍) 등과 같은 술을 담을 수 있는 대량의 청동기를 제작하였다. 이를 통해 '존례(尊禮)'나 '존중(尊重)'의 '존(尊)'이 원래 '술'에서 그 이미지를 가져왔음을 알 수 있다. 『설문·추(酋)부수』에서 "준(尊)은 술그릇이다."라고 했다. '술'의 위에서 설명한 성격과 그것이 적용되는 대상의 특성 때문에 '존중(尊重)'이나 '존로(尊老)' 등과 같은 의미가 파생되었다. 단옥재의 『설문해자주』에 따르면, "무릇 술을 따를 때는 반드시 준(尊)을 사용해야 했다. 그래서 존비(尊卑)라는 의미로 의미가 파생되었다.……이후에 존비를 나타내는 전용 의미로 사용하게 되었고, 그러자 다시 준(罇)이나 준(樽)자를 만들어 술그릇을 의미하는 글자로 사용했다.(凡酌者必資於尊, 故引申以爲尊卑字……自專用爲尊卑字, 而別制罇, 樽爲酒尊字矣.)" 사실, '주(酒)'자가 가리키는 표상에 근거하여 그 근원을 추론해 보면, 이에는 '오래됨', '숙성함' 등의 의미가 있다. 그

---

16) 劉志基, 「漢字中所見幾個先民崇拜物」.

래서 '오래되어 숙성함'의 의미로 사용된 '추(酋)'자가 '족장'이라는 의미를 표현하는 것은 충분히 가능하지 않았을까?

4-39. 상나라 때의 삼양뢰(三羊罍), 술   4-40. 서주 초기의 술 마시는
저장 기구   용기 – 치(觶)

『설문』에서 제공하는 '의미장'을 통해 볼 때, 중국 고대의 '술(酒)'의 이미지가 내포하고 있는 문화적 함의는 크게 '충만하고 성숙함'과 '오래된 것을 오랫동안 존중하다'는 것의 두 부분으로 나뉜다. 전자는 정도를 나타내며 후자는 시간을 나타내는데, 이 두 부분은 서로 연결되어 있다. 사실, '충만하고 성숙함'과 '오래된 것을 오랫동안 존중하다'라는 이 두 가지 측면은 중국 특유의 '술에 대한 신앙적 숭배'를 구성하는 것으로 볼 수 있다. 이 '술의 신성한 특성'은 중국 문학에 큰 영향을 미쳤으며, 이러한 종류의 문학을 '주신(酒神)의 문학'이라고 부를 수 있을 것이다.

이러한 접근 방식을 중국의 문화와 역사의 실제와 연결해 살펴보면, 중국의 '주신의 문학'은 서양 시학계에서 서양 문학을 '태양 신'과 '술의 신'의 두 가지 유형으로 구분하는 것과는 크게 다르다는 것을

『설문해자』 인지분석

발견할 수 있다. 서양에서 상징적 의미로 술의 신이 쓰인 것은 그리스의 주신에 대한 제사에서 비롯되었다. 그리스 신화에 따르면, 술의 신이자 환희의 신, 그리고 포도주 양조와 포도 재배의 수호자인 디오니소스(Dionysus)(그리스어 Διόνυσος; 라틴어 Dionysus)는 그리스에서 이러한 '난폭한' 특징과 양조 및 농업과의 관계를 보여준다. 고대 그리스 신화에서 디오니소스는 종종 포도 재배를 가르치는 역할로 나타난다. 그의 상징적 특징은 제우스의 부인 헤라의 학대로 미친 듯한 상태에 빠지게 되었으며, 프리기아 의상을 입고 메이나드스와 숲의 신들을 동반하여 동방 여러 국가를 순회했다. 그 후 그는 정화되어 그의 미친 듯한 상태에서 회복되었다. 디오니소스를 따르는 여성들은 긴 덩굴 꽃으로 만든 관을 쓰고 사슴 가죽을 입었으며, 솔방울 모양의 지팡이를 들고 자신의 집을 버리고 그와 함께 산들을 떠돌았다. 때로는 야수를 찢어 먹고 성적 욕망을 방출하기도 했다. 디오니소스에 대한 숭배는 고대의 의식과 밀접한 관련이 있는데, 그를 기리는 축제에는 종종 신비한 의식이 포함되어 있다. 참가자들은 흔히 환희와 술에 취하여 일상의 금기를 잊어버리고 남성 생식기를 숭배의 대상으로 여기며, 극도로 미친 상태에서는 아이나 작은 동물을 찢어 먹기도 했다. 이를 술의 신과 함께 성찬을 나누는 것이라고 믿었다.

대체로, 고대 그리스의 비극과 희극은 바로 이런 종류의 숭배 의식에서 비롯된 것으로 생각된다. 그리스의 술의 신에 대한 의식에서 사람들은 모든 금기를 깨트리며, 광란의 상태로 술에 취하고, 본능을 과도하게 표출했다. 따라서 서양에서 '술의 신'의 이미지는 감정의 방출을 상징한다. 서양 철학자 니체는 이를 이렇게 설명했다. 주신(酒神)의 상태는 "전체 감정 체계가 흥분하고 과열되는 상태"로, "감정의 총체적인 격발과 해방"을 의미한다. 니체에 따르면, 이는 개인의 구속을 해제하고 원시적인 자연으로 돌아가려는 경험이다. 개인에게는 자신의 분해가 가장 큰 고통이지만, 이 고통은 모든 고통의 원인을 제거하고, 세계의 본체와 통합되는 최고의 기쁨을 얻게 한다. 따라서 "주신의 상태는 고통과 환희가 교차하는 광란의 상태이며, 술에 취함은 일상생활에서의 술의 신 상태에 이르는 것이었다."[17]

반면 중국에서 '주신'의 이미지가 상징하는 문학 유형은 이와 정반대이다. 이에 대한 자세한 내용은 다음의 『설문』의 구조적 인식 분석을 참조하면 된다.

· 酣, 酒樂也. 從酉從甘, 甘亦聲. 胡甘切.
  감(酣), '술을 마셔 즐겁다(酒樂)'라는 뜻이다. 유(酉)가 의미부이고 감(甘)도 의미부인데, 감(甘)은 소리부도 겸한다. 독음은 호(胡)와 감(甘)의 반절이다.

· 酖(🔲金文), 樂酒也. 從酉尤聲. 丁含切.
  탐(酖), '술을 마셔 즐겁다(酒樂)'라는 뜻이다. 유(酉)가 의미부이고 유(尤)가 소리부이다. 독음은 정(丁)과 함(含)의 반절이다.

· 酺(酉甫漢印), 王德布, 大歈酒也. 從酉甫聲. 薄乎切.
  포(酺), '왕이 덕을 베풀어 온 백성이 다함께 술을 마시다(王德布, 大歈酒)'라는 뜻이다. 유(酉)가 의미부이고 보(甫)가 소리부이다. 독음은 박(薄)과 호(乎)의 반절이다.

· 醉, 卒也. 卒其度量, 不至於亂也. 一曰潰也. 從酉從卒. 將遂切.
  취(醉), '취하다(卒)'라는 뜻이다. 자신의 주량이 다하도록 마셨지만 정신은 잃지 않음을 말한다. 일설에는 '술에 취해 술주정을 부리다(潰)'라는 뜻이라고도 한다. 유(酉)가 의미부이고 졸(卒)도 의미부이다. 독음은 장(將)과 수(遂)의 반절이다.

『설문』을 기반으로 한 인식 관련 분석을 통해 우리는 중국 문화와

---

17) [德] 尼采, 『悲劇的誕生』(中譯本), 78쪽(三聯書店, 1986).

언어 속에 깊숙이 뿌리박힌 많은 술과 관련된 어휘와 개념을 볼 수 있다. 예를 들어, '감창통쾌(酣暢痛快: 매우 즐겁고 만족스럽다)'라는 표현에는 술의 성분과 그 효과가 분명하게 드러나 있다. 또 '담어침닉(耽於沈溺: 탐닉하여 빠져 나오지 못하다)'은 원래의 맥락에서 보면 술의 영향으로 인한 몸살과 방종의 상태를 설명할 것이다. '포덕대례(布德大禮: 덕을 널리 베푸는 큰 예절)'도 술과 관련이 있는데, 고대에는 어떤 연회나 의식에서도 술은 필수적이었다. 포(酺: 연회)는 유(酉)가 의미부이고 보(甫)가 소리부인데, '보(甫)'는 또 부(父)로부터 소리부를 가져왔으며, '포(布)'도 건(巾)이 의미부이고 부(父)가 소리부인 글자이다.

즐기되 방탕하지 않고, 마시되 나태하지 않으며, 나태하되 스스로를 잘 유지하고, 절제와 방임을 알맞게 조절하는 것, 이것이 중국 고대인들이 '취(醉: 취하다)'자의 본래 의미를 이해한 방식이다. '취하다'라는 것이 술을 절제하여 마시되, 지나치게 취하지 않음을 의미했음을 알 수 있다. "이백(李白)은 말술을 마시며 시를 백 편을 썼다(李白斗酒詩百篇)."라는 구절에서처럼, 방탕하며 형식에 얽매이지 않고, 자연스럽게 술에 잠기며, 인위적인 힘을 빌리지 않고, 자연스럽게 이를 이루어내는 모습은, 중국 고대 시학 형태학에서 '이백의 전형'이라 할 수 있다. 그러나 중국 문학에서 '주신(酒神)'이 상징하는 유형은 '청춘(青春)'이나 낭만(浪漫)'과는 무관하며, 앞서 언급한 '주신 숭배' 인식을 바탕으로 노두(老杜: 두보) 전형'으로 요약할 수 있다. 전종서(錢鍾書)는 두보(杜甫)가 중국 비평사에서 미친 영향과 지위에 대해 이렇게 평가하였다.

중당(中唐) 이후, 대중의 기대를 한 몸에 받은 최고의 시인은 줄곧 두보(杜甫)였다.……원진(元稹)의 「고공부원외랑두군묘계명(故工部員

外郎杜君墓繫銘)」에서 일찍이 두보가 이백(李白)을 넘어서 '고금을 겸비한 장점'을 가졌다고 칭송하였다. 송기(宋祁)는 비록 시작은 '서곤체(西崑體)'의 영향을 깊이 받았으나, 그의 『신당서·두보전찬(杜甫傳贊)』은 원진의 「두군묘명(杜君墓銘)」과 일치하며, 서곤체의 영수였던 양대년(楊大年)처럼 "두공부의 시를 좋아하지 않아 두보를 '촌부자(村夫子)'라고 여겼던 것"과는 다르다. 『황조문감(皇朝文鑒)』 권12에 실린 손하(孫何)의 「문잠(文箴)」에서는 "여전히 고아함을 귀하게 여겨 칭송하니, 두보가 그 무리를 통합하였다."라고 하였는데, 여기서 '통합'은 곧 '겸비하고 통섭함'을 의미한다. 두보는 「우제(偶題)」에서 스스로 이렇게 말했었다. "문장은 천고의 일이요, 그 득실은 한 치 마음이 안다.……법도는 본래 유가에 있고, 마음은 어릴 때부터 지쳤네." 후세의 평론가들은 이에 동의했는데, 진관(秦觀)의 「회남집(淮南集)」 권11 「한유론(韓愈論)」에서는 아예 두보를 "대성을 이룬 유학의 종주 공자"에 비유했다.…… 오가(吳可)의 『장해시화(藏海詩話)』에서는 "시를 볼 때 몇몇 집안의 작품을 표준으로 삼되, 두보를 정통으로 하고 나머지를 겸통으로 한다."라고 하였다.…… 진선(陳善)의 『문슬신화(捫虱新話)』 권7에서는 "노두(두보)의 시는 시 중의 '육경'이라 해야 할 것이고, 다른 사람의 시는 제자백가의 한 유파일 뿐이다."라고 하였으며, 오교(吳喬)의 『위로시화(圍爐詩話)』 권2에는 "두보의 「육경」"이라는 표현이 있다. 장사전(蔣士銓)의 『충아당문집(忠雅堂文集)』 권1 「두시상주집성서(杜詩詳注集成序)」에서는 "두보의 시는 시 중의 '사자서(四子書: 『논어』, 『맹자』 『중용』, 대학』의 사서)'이다."라고 하였다.…… 반씨(潘氏)(필자 주: 여기서 潘德輿를 가리킴)의 다른 책 『이두화(李杜話)』 권2에서는 두보를 두고 "집대성을 이루었다"라고 칭송하며, "이백과 두보를 나란히 칭하는 것은 마치 유가에서 공자와 맹자를 병립시키는 것과 같다. 한 사람은 '지성'이고, 한 사람은 '아성'이어서, 여전히 두보가 더 위에 있다."라고 하였다.

(中唐以後, 衆望所歸的最大詩人一直是杜甫. ……元稹『故工部員外郎杜君墓繫銘』早稱杜甫超過李白, 能'兼古今之長'; 宋祁雖然作詩深受'西崑體'的影響, 而他的『新唐書·杜甫傳贊』和元稹的『杜君墓銘』一致, 並不像西崑體領袖

『설문해자』 인지분석

楊大年那樣不喜杜工部詩, 謂爲'村夫子'. 『皇朝文鑒』卷十二孫何『文箴』:
'還雅歸頌, 杜統其衆'; '統'正是'兼綜'. 杜甫『偶題』自說: '文章千古事, 得失
寸心知. ……法自儒家有, 心從弱歲疲.' 後世評論家順水推船, 秦觀『淮南集
』卷一一『韓愈論』索性比杜甫於'集大成的儒宗孔子'. ……吳可『藏海詩話』:
'看詩且以數家爲率, 以杜爲正經, 餘爲兼經也.' ……陳善『捫虱新話』卷七:
'老杜詩當是詩中『六經』, 他人詩乃諸子之流也'; 吳喬『圍爐詩話』卷二有'杜『
六經』'的名稱; 蔣士銓『忠雅堂文集』卷一『杜詩詳注集成序』: '杜詩者, 詩中
之『四子書』也.' ……潘氏(和按: 指潘德輿)另一書『李杜話』卷二曾頌贊杜甫
'集大成', 所以'李杜'齊稱也好比儒家並推'孔孟', 一個'至聖', 一個'亞聖', 還
是杜甫居上的.)[18]

이것은 마치, 진정한 시학 이론에서 지속적으로 중요시하는 것은
천추백련(千錘百煉) 후의 '노련한 완성'과 '노련하면서도 매서운' 경지
임을 의미한다. 시와 글의 평가에서 최고의 표현은 바로 '달콤한 술
을 마시는 듯하다(如飮甘醇)'는 것이다. 만약 이를 이미지로 표현하자
면, '늙은 나무에 핀 꽃(老樹著花)'과 같다. 화려함은 모두 사라져 진정
한 순수함이 드러나며, 허례와 가식은 모두 제거되어 진실한 본래의
모습으로 돌아간다.

사공표성(司空表聖: 사공도)이 제시한 『이십사시품(二十四詩品)』 중
'고요하고 우아함(典雅)'이라는 유형은 '술(酒)'에서 그 이미지를 얻었
다. '비취 병에 술을 사서, 오두막에서 즐기네.(玉壺買春, 賞酒茆屋.)'라
는 표현에서 '오두막(茆屋)'은 황량한 강가의 오래된 집을 의미하며,
'봄(春)'은 당대 사람들이 흔히 '술(酒)'을 부르던 말이다.

소식(蘇軾)의 「서황자사시집후(書黃子思詩集後)」에서는 "오로지 위
응물(韋應物)과 유종원(柳宗元)만이 간결하고 오래된 것에서 아름다움
을 찾아냈다."라고 했다. 최고의 '시적 표현'은 '고아하고 오래됨(高古)'

---

18) 『七綴集·中國詩與中國畫』, 19~20쪽(上海古籍出版社, 1985年).

이다. 장계(張戒)의 『세한당시화(歲寒堂詩話)』에서 "세상 사람들은 단지 자미(子美: 두보)의 거친 속됨만을 보지만, 거친 속됨이 시구에 가장 어려운 것임을 알지 못한다. 그것은 거친 속됨이 아니라 지극한 고고함이다."라고 하였다. 서예 예술에서도 '상고(尙古)'라고 평가하는 것과 같다. 장언원(張彦遠)의 『서법요록(書法要錄)·두몽(竇蒙) 「술서부어례자격(述書賦語例字格)」』에서는 "고(古): 평범한 정서를 제거하는 것이 고(古)이다."라고 하였다.

하나같이 '노련하고 고졸함(老拙)'의 취향을 추구하고 존중해왔다는 것은 중국의 예술 형태 거의 모든 부분에서 공통된 특징이다. 예를 들면, 중국 문학에서 '호방(豪放)'이라는 스타일에 대해 언급하면, 사람들은 즉시 소식(蘇軾)을 떠올린다. 사실상, 이 동파 거사의 '호방함'은 전종서(錢鍾書)의 말로 표현하자면, "법과 규정 안에서 새로운 아이디어를 제시하며, 호방함의 바깥에 묘한 이치를 기탁했다.(出新意於法度之中, 寄妙理於豪放之外.)"라고 할 수 있다. 게다가, "후반부의 '호방함'은 심사숙고해야 할 것이며, 그것은 술에 취해 난동을 부리는 것처럼 되묻는 것이 아니다."19) '심사숙고해야 할 것(耐人尋味)'이라는 말에서, 전종서도 '술(酒)'에서 그 이미지를 차용했다.

중국의 예술가들은 대체로 '누적된' 공력을 요구하는데, '능한 주부도 밥을 태울 때가 있다(巧婦難爲無米炊)'라는 말은 그들의 표현 방식이다. 중국의 학자들은 '두텁게 모으고 얇게 퍼뜨리기(厚蓄而薄發)'를 중시한다. 전종서는 '물을 그리고 얼음을 조각하며(畫水鏤冰) 시간과 함께 사라져 간다(與時消釋)'라는 표현을 특별히 언급하면서, 이를 다시 해석하고 논증했다.

---

19) 『宋詩選注·蘇軾·題解』(人民文學出版社, 1989年第二版).

『설문해자』 인지분석

예술과 기술을 실현시키려면 재료의 특성에 맞게 작업해야 한다. 그렇지 않으면 성공할 수가 없다. 한번 성공하면 곧 그 다음에 파괴될 것이다. 예술가들은 그 작품이 세상을 오래 견디기를 바란다. 그들은 어려움을 겪으며, '진정한 인식은 어려운 것(妙識所難)'이라는 사실을 깨닫는다(『文心雕龍·明詩』). 그들은 어려움을 극복하려 노력한다(L' ostacolo trionfato)[20]. 그래서 그들은 항상 금을 조각하거나 돌을 새기는 것처럼, 재료가 단단하고 기술이 필요하며, 작품이 오랫동안 남아 있을 것이라고 생각한다. 그러나 어려움을 피하고 쉬운 길을 택하며, 기교를 사용하고 시대의 추세를 따른다면, 그 이름과 그 몸은 사라질 것이다. 그것은 마치 얼음을 조각하거나 지방덩어리를 조각하는 것과 같다.

(施工造藝, 必相質因材, 不然事無成就; 蓋成矣而毀卽隨之, 浪抛心力. 造藝者期於傳世不朽, 寧慘淡艱辛, '妙識所難'(『文心雕龍·明詩』), 勉爲而力排其難(I'ostacoLotrionfato); 故每取喩雕金斫石, 材質堅, 功夫費, 制作庶幾閱世長存. 若夫逃難就易, 取巧趨時, 則名與身滅, 如鏤冰刻脂而已.)[21]

황계강(黃季剛)[22]은 후학들에게 "50세 이전에는 저술에 몸담지 말라."라고 했던 것으로 전해진다. 장황(章黃) 학과의 정통 제자인 서복

---

20) [역주] "L'ostacolo trionfato"는 이탈리아어로, 'The overcome obstacle' 또는 'The conquered obstacle', '극복한 장애물'이라는 의미이다. 즉 이 표현은 어떤 장애물이나 어려움을 극복했다는 성취와 승리를 나타낸다.

21) 『管錐編』 卷三, 973쪽, 974쪽.

22) [역주] 황계강(黃季剛, 1873-1935)은 중국 근대의 저명한 학자로, 고문헌학과 문학 연구에 큰 족적을 남겼다. 그의 학술 사상은 '실사구시(實事求是)'를 바탕으로 하며, 엄격한 고증학적 방법론을 적용했다. 문자학과 음운학 연구에 뛰어났으며, 고대 중국어의 발음 체계 복원에 중요한 공헌을 했다. 주요 저서로는 『문선학』, 『맹자정의』, 『논어정의』 등이 있다. 『문선학』에서는 문학 작품의 분석과 해석에 새로운 방법론을 제시했고, 『맹자정의』와 『논어정의』에서는 경학 연구에 대한 새로운 해석을 담았다. 또한 『설문주음』을 통해 한자의 음운 체계 연구에 기여했다. 그는 전통적 학문 방법과 서구의 과학적 방법론을 결합하려 노력했으며, 이를 통해 중국 고전 연구의 새로운 지평을 열었다고 평가된다.

(徐復)은 직접 이렇게 가르치셨다. "서두르지 말라. 몇 가지 문제를 해결할 수 있다면 그 몇 가지만 해결하라." 필자의 오래된 동료이자 선배인 이지민(李志民)은 '이십사사(二十四史)'를 가슴 속에 나열하면서, 그것들이 마치 진주처럼 끈에 꿴 것처럼 분명하게 나열되었지만, 쉽게 글을 쓰지 않았다. 이러한 모든 것들은 "물이 깊지 않으면 큰 배를 지탱할 힘이 없다.(夫水之積也不厚, 則其負大舟也無力.)"는 것을 상징한다 하겠으며, 좋은 예가 될 수 있을 것이다.

중국의 예술과 학술의 이런 특징을 '존경하고 오랜 시간을 중시하며' '충만하고 성숙하다'는 중국의 '주신(酒神)' 유형과 연결하면, '복(福)'자를 통해 상징적으로 '술(酒)'이 언어에서 공통의 기원이 있다는 것을 알 수 있었다. '복(福)'자는 '주(酒)'에서 이미지를 가져왔으며, 복(畐)에서 이름을 얻었다. 『설문·시(示)부수』에 따르면, "복(福)은 보우하다는 뜻이다(祐). 시(示)가 의미부이고 복(畐)이 소리부이다." '복(畐)'의 고대음은 직(職)부에 속하며, 그것은 유(幽)부에 속한 '주(酒)'와 '방대전(旁對轉)'의 관계를 형성하며, 주요 모음이 동일한, 독음이 비슷한 글자이다. 『설문·복(畐)부수』에 따르면, "복(畐)은 가득 차다(滿)는 뜻이다. 고(高)의 생략된 모습이 의미부인데, 높고 두툼한 형태를 상징한다. 읽을 때는 복(伏)과 같이 읽는다." 『옥편(玉篇)』에는 "장(腸)이 가득차면 그것을 복(畐)이라고 한다."라는 설명이 있어 '복(福)'자와 어원적으로 연결되는 '주(酒)'에 원래 '쌓다'는 의미가 있음을 보여준다. 다음의 예를 보자.

· 부(富), 집이 부유하다는 뜻이다. 『설문·면(宀)부수』에서 복(畐)으로부터 독음을 가져왔다고 했다.(富, 室家富有也, 『說文·宀部』分析爲從畐得聲.)
· 복(餻), 『옥편·식(食)부수』에서, "복(餻)의 독음은 보(普)와 력(力)의

반절이다. 배부르다는 뜻이다."라고 했다.(䭈, 『玉篇·食部』: '䭈, 普力切. 飽也.)

· 벽(稫), 『집운』에서 "벼가 빽빽하게 자란 모양을 말한다."라고 했다.(稫, 『集韻』釋爲'禾密貌'.)

· 복(楅), 『설문·목(木)부수』에서 "(소가) 가까이 오는 것을 막기 위해 묶은 나무를 말한다."라고 했다.(楅, 『說文·木部』: '木有所逼束也.')

· 복(輻), 『광운』에서 "바퀴살이 한데 모여 다투는 모습이다."라고 했다.(輻, 『廣韻』: '輻湊, 競聚.')

위에서 든 글자 그룹은 모두 '복(畐)'으로부터 독음을 얻은 형성자이지만, 이들의 소리부로 기능하는 '복(畐)'은 의미부의 기능도 겸하고 있다.

내친김에 하나 더 연관 지어 본다면, 한어에서는 종종 '매력(魅力)'이라는 단어를 사용하여 중국 문학의 감동적인 부분을 형용하곤 한다. 실제로 '매력(魅力)'의 기원을 고려한다면, 중국의 '주신(酒神)'의 이미지와 연결될 수도 있다. 『설문·귀(鬼)부수』에 따르면, "매(魅)는 늙은 물질의 정령이다."라고 했다. 오랜 시간이 흐른 후에야 정령으로 변하며, 오랜 세월이 축적되고서야 붓이 신의 손에 있는 것처럼 느껴지는 법이다.

제5절 변증법적 이미지

　전종서(錢鍾書)는 중국어문의 특수한 의의를 논하면서, 한편으로는 일반 의미론적 관점에서 한 시대의 심성과 풍조가 형성되는 과정을 설명하였다. 당시의 의리서(義理書)가 갑자기 저술되지 않거나 습관적으로 잊히는 경우, 그것이 종종 문자와 언사(言辭)에 드러난다고 보았다. 동시에 다른 한편으로 그는 "감정 자체가 본질적으로 변증법이다"는 점을 강조하였다. 더불어 '마음의 운행'과 '양 극단의 감정' 흐름의 궤적을 나타내는 문자 기호로서, 그 구조 자체가 풍부하고 순수한 변증법적 인식의 내포를 부여받았다고 보았다. 이는 전종서의 대표적 학술서인 『관추편(管錐編)』의 곳곳에서 이러한 유형의 글자 해석이 발견된다.

　의미의 이동이나 감정의 복잡성은 다양한 상황에서 표현된다. 특정한 감정은 연관된 내용을 통해 이해할 수 있으며, 동일한 단어는 다양한 의미를 내포할 수 있다.

　"훈고(訓詁: 고대 문헌의 뜻풀이)가 유동적인 이유는 무엇일까? 그것은 감정의 복잡성 때문이다. 서로 다른 감정들 사이에도 연결된 흐름이 있기에, 같은 글자가 때로는 서로 다른 의미를 포함하게 된다. 언어가 때때로 모호하고 광범위한 것은 사실 인간의 감정과 상황이 불분명하고 복잡하게 뒤섞여 있기 때문이다. 이러한 언어의 모호함과 광범위함이 오히려 언어를 친근하고 직접적으로 만드는 요소가 되는 것은 아닐까?"

예를 들어, '애(哀)'는 '슬퍼하면서도 상처받지 않음(哀而不傷)'에 적용될 수 있으며, '사랑하고 기뻐하는' 뜻으로도 해석될 수 있다. '망(望)'은 '희망'으로 사용될 수도 있고, '원망'의 의미로도 해석될 수 있다. 이러한 감정적 판단은 감정이 서로 분리되지 않고, 사실 서로 보완적이라는 것을 보여준다.

소위 감정 속에 내재된 변증법은 관념 속의 변증법보다 더욱 순수하고 명확하다. 『노자』 제40장에서 말했듯, "반(反)은 도(道)의 움직임이다." '반(反)' 또한 감정의 '움직임'이다. 중외고금을 막론하고 고대문헌에는 모두 한 글자가 반대의 뜻으로 훈석되는 예가 있다. 예를 들어, '요(擾: 어지럽다)'가 '안(安: 안정되다)'으로도 훈석되고, '란(亂: 어지럽다)'이 '치(治: 다려지다)'로도 훈석되며, '걸(丐: 구걸하다)'이 '여(與: 주다)'로도 훈석된다. 심리학자들은 이를 통해 마음의 정반합을 엿볼 수 있다. 생각건대 본래 정반(正反) 두 가지 뜻을 겸하지 않던 글자라도, 세속에서는 종종 이를 사용하여 원래 뜻과 정반대되는 상황을 지칭하기도 하니, 이 또한 증거가 된다. 또한, "마음의 움직임을 살펴보면, 사랑과 미움이 바로 이른바 '양극단의 감정'이다. 글로써 마음을 표현할 때, 바른 말이 오히려 반대로 보일 수 있으니, 굳이 따로 해설할 필요가 없다."[1]

"문자 자체가 변증법을 지닌다"라는 인식 명제는 구체적으로 입증되며, 이는 『설문』의 분류 분석 체계 전반에 걸쳐 나타나고 있다. 훈고학에서는 이를 관습적으로 '반정인신(反正引申: 정과 반의 파생)'이라고 부르며, 언어학에서는 이를 '역방향 의미 투사(反向語義外投)'라고 부른다.

---

1) 『管錐編』 卷三, 1055~1059쪽.

(1) '분(分)'자의 사용과 감정 변증 인식

『설문·팔(八)부수』에 따르면 "분(分)은 구별하다(別)는 뜻이다. 팔(八)이 의미부이고 도(刀)도 의미부이다. 도(刀)는 물건을 나누기 위해 사용된다."라고 했다. 임의광(林義光)의 『문원(文源)』에서는 "팔(八, 微韻)'과 '분(分, 文韻)'이 서로 대전(對轉)의 관계에 있으며, 사실은 같은 글자에서 나왔다."라고 했다. 고홍진(高鴻縉)의 『중국자례(中國字例)』에서는 이렇게 말했다. "임의광의 해설이 옳다. 팔(八)의 원래 의미는 분(分)으로, 나누어 갈라진 모습을 표현한 것으로, 지사자에 속하며, 동사이다. 이후에(은나라 때에 이미 그랬다) 숫자 '팔'로 차용되기 시작했다. 오랜 세월 동안 원래의 의미로 되돌아가지 못하자, '도(刀)'를 의미부로 추가하여(刀는 나누는 도구이다) '분(分)'을 만들었고, 이로써 원래의 의미를 표현했다. 은대 이후로 '팔(八)'과 '분(分)' 두 글자는 따로 사용되는 바람에 이들이 원래 같은 글자에서 나온 것을 거의 알지 못했다."

'분(鳶)'자는 '분(分)'에서 독음을 얻었지만, 분석하면 '모이다'라는 의미로 해석된다. 『설문·조(鳥)부수』에 따르면 "분(鵞)은 '새들이 모이는 모양을 말한다. 일설에는 비행하는 모양을 말한다고도 한다. 조(鳥)가 의미부이고 분(分)이 소리부이다.(鳥聚兒. 一曰飛兒. 從鳥分聲.)"라고 했다. '분(分)'의 어원은 나누다는 의미의 '도(刀)'로부터 해당 의미를 가져오고 '팔(八)'로부터 독음을 가져왔다. '팔(八)'은 '분(分)'자의 원형이다. 그래서 원래의 의미는 '구분하다'로 인식된다. 중국어에서는 '떨어져 있음'과 관련된 상황에서 사용되며, '분산(分散)'이나 '분붕리석(分崩離析: 나뉘어 붕괴되고 분리되어 흩어지다)'과 같은 단어가 있다. 『

논어·계씨(季氏)』편에 대한 하안(何晏)의 『집주(集解)』에서는 공안국(孔安國)의 주석을 인용해 "백성들이 다른 마음을 가지는 것을 분(分)이라 한다."라고 했다. 공간적으로 '분리(分)'가 되면 '틈(隔)'이 생기게 되고, 시간적으로 '분리(分)'가 되면 '단절(斷)'이 이루어진다. 예를 들어, '춘분(春分)'이나 '추분(秋分)' 등이 그렇다. 『좌전·희공(僖公)』 5년에서는 "무릇 분(分), 지(至), 계(啓), 폐(閉)에는 반드시 운물(雲物: 그날의 구름 색과 기상 현상)을 기록해야 했다."[2]라고 했는데, 공영달(孔穎達)의 주석에 따르면 "'춘분'과 '추분'은 각각 '봄'과 '가을'의 절반이며, 낮과 밤의 길이가 같다. 낮과 밤은 100각(刻)으로 나누기 때문에, '봄'과 '가을'의 절반을 '춘분'과 '추분'이라고 부른다."라고 했다.

인간 간의 감정 관계를 지칭할 때, 서로 멀어지거나 떨어진 상태를 '생분(生分)'이라고 표현한다. 그러나 '분격(分隔)'이라는 표현에는 반드시 '합치다(合契)'라는 뜻이 내포되어 있다. 따라서 감정이 잘 맞거나 매우 친밀한 상태를 나타낼 때도 '분(分)'이라는 말을 사용하는데, 중국어에서는 '정분(情分)', '연분(緣分)', '투분(投分)' 등이 이러한 의미로 사용된다. 『문선·조식(曹植)「증백마왕표(贈白馬王彪)」』에서는 "은애(恩愛)가 진정으로 부족하지 않다면, 멀리 떨어져 생각한다 해도 날마다 보는 것처럼 친하다.(恩愛苟不虧, 在遠分日親.)"라고 했는데, 이에 대해 이선(李善)의 주석에서 "분(分)은 바로 지(志)와 같다"라고 했다. 또한 원(元)나라 때 진간부(秦簡夫)의 『동당로(東堂老)』 서문에는 "나와 거

---

2) [역주] "凡分, 至, 啓, 閉, 必書雲物." 이는 고대 중국의 천문 관측 관습을 나타낸다. 고대에는 사람들이 천문 현상을 관찰하여 길흉을 예측하고 그 결과를 기록하여 미래의 참고 자료로 삼았다. 분(分), 지(至), 계(啓), 폐(閉)는 각각 춘분, 추분, 동지, 하지와 입춘, 입하, 입추, 입동과 같은 중요한 절기를 가리킨다. '운물(雲物)'은 그날의 구름 색과 기상 현상을 의미하는데, 다섯 가지 구름(청색, 백색, 적색, 흑색, 황색)과 기타 기상 변화를 포함한다. 고대인들은 이러한 천문 현상과 구름의 변화를 관찰하여 미래의 날씨와 길흉을 예측할 수 있다고 믿었다.

사(居士)는 30년 가까이 친밀하게 지내왔다. 감정은 매우 깊고, 서로를 생각함은 마치 진중(陳重)과 뇌의(雷義)처럼 하나같다."라고 했다.[3] '정(情)'과 '분(分)' 사이에서는 서로 상반되는 의미가 있다. '분(分)'이 '친밀한 관계'를 지향할 때 특히 더 분명하다.

'분(分)'자의 이미지 생성과정을 보면, "원래 서로 반대되는 의미를 겸하지는 않아" 양쪽을 다 포함하였다. 그래서 언어에서는 "종종 원래의 의미와 반대되는 상황을 가리키기도 한다." '분(分)'은 '정분(情分)'과 '생분(生分)'이라는 두 가지 의미를 동시에 가지고 있으며, 이는 마침 감정이 '분(分)'에서 '합(合)'으로, 또 '멀어짐'에서 '가까워짐'으로의 극단으로 흐름을 나타낸다. 만약 '생분'이 없다면, '정분'에 대해서도 이야기할 수 없을 것이다. 중국어 속담에서는 "멀리 떨어져 있는 것이 새로 결혼한 것보다 낫다(遠別勝過新婚)."라고 하였는데, 이를 하나의 글자로 표현한다면 '분(分)'자가 바로 그것이 아니겠는가?

따라서 글자 속에 감정의 변증법이 포함되어 있다고 할 수 있다. 서양의 인지 심리학 연구에 따르면, 감정은 항상 양극단을 가지고 있다. 한자의 표현 원리와 인지적 사용 규칙은 이러한 복잡한 감정 구조의 특징을 나타내 준다.

---

3) [역주] "老夫與居士通家往來三十餘年, 情同膠漆, 分若陳雷." 이는 원나라의 진견부가 쓴 잡극 『동당노가 가정 파탄의 아이들을 설득하다(東堂老勸破家子弟)』에서 나온 말이다. 여기서 '노부(老夫)'는 희곡의 등장인물인 조국기(趙國器)를 가리키고, '거사(居士)'는 그의 좋은 친구인 이실(李實)을 말한다. 이 문장의 의미는 조국기와 이실이 30년 넘게 깊은 우정을 유지해왔으며, 그들의 관계는 접착제처럼 밀접하고 견고하여, 아무리 어려움과 도전에 직면하더라도, 그들은 교칠지교(膠漆之交)의 주인공인 진중(陳重)과 뇌의(雷義)처럼 항상 단결하고 결코 포기하지 않는다는 의미이다.

(2) '판(判)'자의 '분합(分合)' 동일 구조

　'판(判)'자의 어원은 '반(半)'이다. 『설문·도(刀)부수』에 따르면 "판(判)
은 나누다는 뜻이다(分也). 도(刀)가 의미부이고 반(半)이 소리부이다."
그리고 '반(半)'은 "소의 절반(牛之分)"을 의미한다. 따라서 '반(半)'에서
독음을 얻은 글자는 모두 '절반(半)'의 의미를 포함하고 있다. 예를 들
면, '반(畔: 논밭의 경계)'은 물과 땅이나 땅과 땅의 경계를 의미하며,
'반(叛: 반역)'은 사람과 사람 사이의 분리를 의미한다. 『설문·반(半)부
수』에서 "반(叛)은 반(半)과 같아 절반으로 나누다는 뜻이다."라고 되
어 있다. 『주례·추관·조사(朝士)』에는 "책임이 있는 자는 판서(判書)를
통해 다스리고, 판서의 말대로만 하면 된다.(凡有責者, 有判書以治則
聽.)"라는 말이 있는데, 정현(鄭玄)의 주석에서 "판(判)은 반(半)으로 나
뉘었다가 다시 합치는 것을 말한다.(半分而合者)"라고 설명했다. 『공
양전(公羊傳)·정공(定公)』(8년)에는 '장판(璋判)'이라는 표현이 나오는데,
하휴(何休)의 주석에는 "판(判)은 절반을 말한다."라고 했다.

　그러나 '분(分)'이라는 것은 먼저 '합(合)'이 있어야 하며, '반(半)'은
먼저 통째로 나누어지지 않은 것이 있어야 한다. 따라서 경계를 구분
하는 것을 '판약경위(判若涇渭: 맑은 경수와 탁한 위수처럼 분명하게 구분됨)'
라고 하며, 칼로 두 조각을 나누는 것을 '판분(判分)'이라고 한다. 또한
남자와 여자, 두 성이 합쳐져 하나의 몸이 되는 것도 '판(判)'이라고 한
다. 『주례·지관·매씨(媒氏)』에서는 "만민의 판(判)을 관리한다."라는 표
현이 있는데, 정현의 주석에서 "판(判)은 반(半)으로 나누어진 것을 합
치는 것으로, 부부를 이루기 위해 합치는 것을 말한다."라고 설명했다.
『설문·멱(糸)부수』에 따르면 "반(絆)은 말을 매는 줄을 뜻하며(馬繫也),

멱(糸)이 의미부이고, 반(半)이 소리부이다." 이 글자는 달리 '반(鞶)'이 라고도 쓰는데, 『석명(釋名)』에서도 '반(半)'으로 설명하였다. 이는 그 의미가 서로를 얽혀 연결하다는 것을 나타낸 것으로 볼 수 있다.

(3) '화(化)'자의 표상과 인식 지혜

갑골문에서 '화(化)'자는 4)와 같이 그려졌는데, 주방포(朱芳圃)의 『은주문자석총(殷周文字釋叢)』에서는 이렇게 말했다. "화(化)는 사람이 한 명은 정상으로 한 명은 거꾸로 선 형태를 나타내는데, 이것은 현 대어로 말하자면 뒤집힌 상태를 말한다. 『국어·진어(晉語)』에는 '승패 가 마치 화(化)와 같다.(勝敗若化)'라는 말이 있는데, 위소(韋昭)의 주석 에서는 '화(化)는 변화가 일정하지 않다는 것을 의미한다.'라고 설명했 다. 『순자·정명편(正名篇)』에서도 '형태는 바뀌지만 본질은 다르지 않 고 다르게 보이는 것을 화(化)라고 한다.'라고 되어 있는데, 양경(楊倞) 의 주석에서는 '화(化)는 오래된 형태를 바꾼다는 의미이다.'라고 설명 했다."5)

주방포의 설명에 따르면 '화(化)'의 표상은 '사람이 거꾸로 선 상태' 를 나타낸다. 그러나 이에 근거해 '전환'이라는 의미를 '화(化)'의 파생 의미라고 간주하는 것은 부적절하다. '화(化)'자는 사람의 몸이 한 명 은 정상으로, 한 명은 거꾸로 된 형태의 공간 관계를 통해 '전환'이라 는 의미를 나타냈는데, 이는 '가까이로는 신체에서 가져온다'는 유형 에 해당한다. 사람이 '거꾸로 선 모습'은 '정(正)'과 '반(反)'의 전환을 나타낼 수 있으며, 인간의 행동이 그러할진대 세상의 변화와 우주의

---

4) 『漢語大字典·人部』, 108쪽에 저록된 『乙』 2268.
5) 『漢語大字典·人部』의 '化'字 아래 인용 부분 참조.

『설문해자』 인지분석

흐름도 그렇다. 주방포는 '본래의미(本義)'를 너무 좁게 해석한 것이라 보이며, 이는 그가 '이미지'가 '기호'와 동일하지 않다는 것을 이해하지 못했기 때문일 수도 있으며, 또 '이미지'가 '기호'로 작용할 때의 기능을 제대로 이해하지 못했기 때문일 수도 있다.

이를 시각적 사고 이론의 연구 결론을 빌려 표현하자면, 필자가 『한어 문자와 심미 심리』라는 책에서 제시했던 것처럼 핵심 개념은 이미지(意象)가 그림이나 기호로서의 기능 외에도 부호의 기능을 가진다는 것이다. 이것이 바로 우리가 한자의 '이미지 채택(取象)'을 이미지로 보는 근거이다. 이러한 관계를 이해하면, 한자의 구조를 '부류 채택(取類)'으로 해석할 수 있다. 즉, '본애의미(本義)'와 글자 모양의 '이미지 채택'이 나타내는 의미를 동일시할 수 없다는 것이다. 이미지가 기호로 사용될 때, 그 추상성은 반드시 기호가 암시하는 것보다 낮다. 달리 말하면, 하나의 기호는 반드시 어떤 '부류(類)'의 사물이나 어떤 부류의 힘의 작용 방식에 구체적인 '형상을 부여할 수 있어야만 한다. 이미지 자체는 물론 특수한 종류의 사물이지만, 그것이 어떤 '부류'의 사물을 대표할 때 기호의 기능을 갖게 된다. 예를 들어, '견(犬)'이라는 형상을 사용하여 '개'라는 부류의 개념을 대표할 때, 이 형상은 개의 부류를 대표하는 기호가 된다. 이렇게 되면, 이러한 이미지는 그 추상화 작업을 완전히 기호의 사용자에게 맡기게 된다. 왜냐하면 이미지 자체는 이러한 사용자들이 해당 사물의 관련 특성에 주목하거나 파악하는 데 도움을 줄 수 없기 때문이다.6) 이러한 표현은 '한자 부류선택의 구형설(漢字取類構形說)'에 해당된다.

이러한 논리에 따르면, '화(化)'는 사람의 몸이 정상인 것과 거꾸로인 '전화(轉化)'에서 그 이미지를 가져왔는데, 이는 『역』의 '변역(變易)'

---

6) [美] 魯道夫·阿恩海姆, 『視覺思維』(中譯本), 21쪽(光明日報出版社, 1984年版).

과 비슷한 이미지이다. 그래서 『옥편·화(匕)부수』에서 "화(化)는 변화(易)를 의미한다."라고 했고, 『역·항괘(恒卦)』에서도 "태양과 달이 하늘을 얻어 길게 빛날 수 있고, 사계절은 변화함으로써 길게 이루어질 수 있다.(日月得天而能久照, 四時變化而能久成.)"라고 했다. '변역'의 원리를 '항괘—영구한 이미지(䷟, 巽괘가 아래에 震괘가 위에 있는 모양)로 표현하고, '반대 이미지로 증명하는' 것은 고대중국인의 사변적인 지혜를 특히 잘 드러낸 것이다. 한곳에 머물지 않고 계속 흐르면서 정(正)과 반(反)이 전화(轉化)하는 것, 그것이 바로 자연의 '항구함'이다.

'화(化)'자의 고문자 형체 변화를 살펴보면, 청동기 명문에서는 다른 구조로 '𧴫'(「伯貨甗」)[7]으로 표현되기도 했는데, 이는 '패(貝)'에서 의미를 가져왔고 '화(化)'의 생략된 모습이 소리부인 구조이다. '패(貝)'로 구성되었다는 것은 본질(體)을 나타내고 '화(化)'로 구성되었다는 것은 그 쓰임(用)을 표현해 준다. '패(貝)'로 구성된 본질, 즉 이 구조가 '화(貨)' 즉 화폐(貨幣)의 본질을 나타내 주고, '화(化)'로 구성된 쓰임을 통해 또 화폐가 지닌 유통의 기능을 보여준다. '본질本體)'과 '쓰임(用)'을 하나의 형태로 표현한 것이 바로 '화(貨)'라는 글자이다. 이는 또한 제(齊)나라 화폐(貨幣) 문자에 새겨진 '제방법화(齊邦法化: 제나라의 법정 화폐)'나 '즉묵법화(卽墨法化: 즉묵의 법정 화폐)[8]의 '화(化)'와 같은 의미로, '화(化)'는 바로 '화(貨)'의 어원이자 자원(字源)이다.

'화(貨)'는 그 쓰임으로 인해 끊임없이 활용된다. 그 실체가 사실 둥글기(圓) 때문에 고대 화폐를 '원(圜)'이라고도 불렸다. 『한서·식화지

---

7) 『金文編』 卷六, 430쪽.
8) [역주] '卽墨法化'는 춘추전국시대 제국의 즉묵읍(卽墨邑)에서 주조된 일종의 도전(刀錢)을 말하며, 글자 그대로 즉묵 지역의 법정 화폐라는 뜻이다. 이 도전의 정면에는 보통 '절묵지법화(節墨之法化)'라는 글귀가 새겨져 있는데, 이는 즉묵 지역에서 공식적으로 발행된 화폐임을 말하며, 여기서 화(化)는 화(貨)와 같다.

(食貨志)』(하)에 따르면, "태공(太公)이 주(周)를 위해 구부(九府)의 원법(圜法)을 세웠다"라고 했다. 안사고(顔師古)의 주석에서 이기(李奇)의 말을 인용하여, "원(圜)은 바로 돈(錢)이다."라고 했다. 전종서는 『사기·화식열전(貨殖列傳)』의 '화폐는 마치 물처럼 흐른다(財幣欲其行如流水)'라는 내용에 대해 이렇게 논하였다.

『평준서(平準書)』에 이런 언급이 나온다. "태사공(太史公)이 말하기를, '우하(虞夏)의 화폐(幣)는……때로는 전(錢)이라 하기도 했고, 때로는 포(布)라 하기도 했으며, 때로는 도(刀)라 하기도 했다." 여순(如淳)과 사마정(司馬貞) 등의 주석에 따르면 "포(布)은 민간에서 사용되었다……천(錢)은 원래 천(泉)이라 불렀는데, 이는 화폐(貨)의 흐름이 샘물(泉)과 같다는 뜻이다. 또 포(布)는 화폐가 퍼져나간다는 뜻이다……"라고 했다. 『한서·식화지(食貨志)』(하)에 따르면 "전(錢)의 외부는 원(圜)이고 내부는 네모(方)이다.……도(刀)에는 이익이 있고, 천(泉)에는 흐름이 있으며, 포(布)에는 퍼져나감이 있고, 백(帛)에는 묶음이 있다."라고 했다. 이에 대한 맹강(孟康)과 이기(李奇) 등의 주석에 따르면 "외부는 원(圜)이며 내부는 구멍(孔)인데 네모(方)꼴이다. 묶음(束)은 모으다는 뜻이다."라고 했다. 『전진문(全晉文)』 권113 노포(魯褒)의 「전신론(錢神論)」에서 "돈(錢)의 본체(體)는 하늘의 성질(乾性)과 땅의 성질(坤性)을 가지는데, 내부는 네모(方)이고 외부는 원(圜)이다. 그 축적(積)은 산과 같고, 그 흐름은 강(川)과 같다. ……전(錢)을 '천(泉)'이라고 부르는 것은 그 원천(源)이 바닥나지 않고, 아무리 멀어도 가지 않는 곳이 없고, 아무리 깊어도 도달하지 않는 곳이 없기 때문이다."라고 했다. 이 모든 것은 "재물(財幣)이 흐르기를 움직이는 물과 같기를 원한다"는 뜻이다.……아담 스미스는 『국부론』에서 돈(錢)의 통화(流通)를 바퀴가 도는 것으로 비유했다. 독일의 철학자도 돈(錢)의 본체와 기능이 흐르며 머무르지 않는다고 말했다. 그 형태가 원형(圜)이기 때문에 계속 돌 수 있다. 돈(錢)이 원형(圜)이어서 돈다는 것은 각국의 속담에 모두 나타나지만, 프랑스의 속담만이

모든 면에서 가장 완전하다. 즉 돈(錢)의 형태가 원형(圓)이기 때문에
움직이며, 또한 돈(錢)의 각이 진 것은 축적(累積)된다는 것을 상징한
다. 이것은 '흐름(流行)'과 '묶음(束聚)'의 상반되는 관계를 동시에 표
현해 주고 있다.

(按『平準書』: '太史公日: 虞夏之幣……或錢, 或布, 或刀'; 如淳, 司馬貞等
注: '布於民間也; ……錢本名泉, 言貨之流如泉也; 布者, 言貨流布; ……'『
漢書·食貨志下』: '錢圜函方. ……利於刀, 流於泉, 布於布, 束於帛'; 孟康,
李奇等注: '外圜而內孔方也; 束, 聚也.'『全晉文』卷一一三魯褒『錢神論』:
'錢之爲體, 有乾有坤, 內則其方, 外則其圓, 其積如山, 其流如川. ……錢之
爲言泉也, 其源不匱, 無遠不往, 無深不至.' 皆'財幣欲其行如流水'之旨.
……亞當·斯密『原富』喩錢之流通爲圓轉如輪; 德國哲學家亦言錢之體用在
乎流動不居, 其形圓, 卽長轉之象. 錢圓故轉, 各國諺都有, 而法國諺獨面面
俱到: 錢形圓所以轉動也, 而錢形又區所以累積也, 蓋兼明'流行'與'束聚'之相
反相成矣.)9)

『설문·화(匕)부수』에서의 '화(化)'에 대한 설명은 이를 충분히 확인
할 수 있다. '화(化)'는 단순히 '화(匕)'에서 파생해 이후에 생성된 글자
에 지나지 않으며, "화(匕)는 변하다는 뜻이다. 사람을 뒤집은 모양에
서 유래했다."라고 설명했다.『설문해자주』제8편(상)에서는 "지금은
변화(變匕)라는 글자의 '화(匕)'를 모두 '화(化)'로 사용하고 있으며, '화
(化)'자가 통용되면서 '화(匕)'는 사용되지 않게 되었다. ……사람을 거
꾸로 뒤집어 놓은 것이 바로 변화(變化)의 의미이다."라고 했다.

(4) '머무름(留止)'과 '흘러감(流逝)'의 동일한 근원

『설문·전(田)부수』에 따르면, '유(留: 머무르다)'자는 '류(流: 흐르다)'

---

9)『管錐編』卷一, 384쪽.

　　　　　　　　　　　　　　　　　　　　　『설문해자』인지분석

의 의미와 '지(止: 멈추다)'의 의미를 동시에 포함하고 있다. 이들 방향은 서로 대립하고 있지만, 그것은 같은 근원에서 유래한다. 유사한 예로 '치란(治亂)'이 동일한 이미지를 가지고 있고'[10], '출(出)'이 '굴신(屈伸)'의 '굴(屈)'로 사용되는 것[11] 등이 그렇다. 결국, 그것은 모든 것의 본질에서 나오며, 그것은 타고난 이치이다.

'류(溜)'와 '류(流)'가 언어 기호로서, 이 두 글자는 모두 고대음에서 유부(幽部)에 속하며, 그 지시하는 의미는 서로 통한다. 『문선·반악(潘嶽) 「사치부(射雉賦)」』에 따르면 "천천히 물이 흘러 물방울 토해내네.(泉涓涓而吐溜.)"라고 했는데, 이선(李善)의 주석에서 "류(溜)는 물이 흐르는 모양이다"라고 했다. 그리고 '류(溜)'자의 어원은 바로 '유(留)'이다. 『설문·수(水)부수』에 따르면, "류(溜)는 수(水)가 의미부이고 유(留)가 소리부이다." 그리고 '유(留)'는 '지(止)'의 의미를 갖는데, 『설문·전(田)부수』에 따르면 "유(留)는 멈추다는 뜻이다(止也)"라고 했다. 또 '흐르다(流)'의 의미와도 관련이 있다. 예컨대, 『장자·천지편(天地篇)』에 따르면 "흐르고 움직여 사물이 생겨나고, 사물이 완성되면서 이치가 생겨나는데, 이를 형체(形)라고 한다.(留動而生物, 物成生理, 謂之形.)"라고 했다. 육덕명(陸德明)의 『석문(釋文)』에 따르면 "유(留)는 달리 류(流)로 쓰기도 한다."고 했다. 따라서 '유(留)'를 어원으로 하는 파생된 문자 그룹은 『설문』에서 '정착'과 '유동'의 두 가지 의미 범주를 동시에 보존하고 있다.

---

10) 『語象論』二一: '亂'字取象.
11) 졸저 『錢鍾書與中國文化精神』 七: '異質同構(南昌: 百花洲文藝出版社, 1993年). 참조. 다만 이 책은 조악하고 엉성한 점이 많아 견딜 수가 없는 지경이다. 표지 디자인에서조차 '종서(鍾書)'를 '종서(鐘書)'로 잘못 표기했다. 편집자에게 이를 지적했더니, 오히려 온갖 변명으로 해명하려 들었다. 그래서 이후의 글에서는 이 책에 대해 전혀 언급하지 않았다.

‘류(瘤)’의 경우, 『설문·녁(疒)부수』에 따르면, "종양을 의미하며, 녁 (疒)이 의미부이고 류(留)가 소리부이다." 또한 『석명·석질병(釋疾病)』 에 따르면, "류(瘤)는 흐르다는 뜻이다. 피의 흐름이 모이게 되면서 발생한 종양을 의미한다.(瘤, 流也. 血流聚所生瘤腫也.)"라고 했다. 그렇다면 『석명』의 해석대로, ‘류(瘤)’의 의미는 도대체 ‘류(流)’인가, 아니면 ‘취(聚)’(즉, 留나 止)인가? 두 가지 의미가 동시에 존재하는 것처럼 보이며, 이는 해석의 모호성을 초래할 수 있어 보인다. 예를 들어, 주준성(朱駿聲)의 『설문통훈정성·유(幽)부』에서는 "류(流)는 유(留)로 표기되어야 한다"라고 정정하였다.

실제로, 언어에서 이러한 모호성과 불분명함은 사물의 복잡하고 중첩된 본질적 상태와 그것이 사고에서 ‘가위로도 자를 수 없고, 이치로도 꼬여 있는' 현상을 반영하는 것이다.

‘류(罶)’의 경우, 『설문·망(网)부수』에서 이렇게 말했다. "류(罶)는 ‘곡량(曲梁)'을 말하는데, 과부조차도 쓸 수 있는 통발(曲梁, 寡婦之笱)'을 말한다. 물고기(魚)를 머물게 하는(罶) 곳이라는 뜻을 담았다. 망(网)과 류(罶)가 모두 의미부인데, 류(罶)는 소리부도 겸한다." 이는 ‘류(罶)'를 물고기가 ‘머무는(留止) 대나무로 만든 통발을 말한 것이다.

바로 이런 구조와 기능 때문에 일부 학자들은 ‘머물다(留止)'는 기능에 중점을 두어 ‘류(罶)'자를 분석했다. 예를 들어, 청나라 때의 소봉의(蕭鳳儀)는 단정히 앉아 장엄하게 논하였는데, 특별히 「과부도 사용할 수 있는 통발을 류(罶)라고 한다는 것에 대한 해설(嫠婦之笱謂之罶解)」이라는 글을 썼다. 그는 ‘유어(留魚)'의 ‘쓰임(用)'은 그 ‘형체(形)' 에 있다고 했다. 즉 "이는 바구니와 비슷하며, 입은 넓고 목은 좁고, 배는 크고 길며, 바닥이 없다. 이를 사용할 때 반드시 끈으로 꼬리를 묶고, 목 안쪽에 가는 대나무를 엮어 거꾸로 삽입하기 때문에 ‘곡부

(曲簿)'라 부른다. 들어갈 때는 순조롭지만, 나올 때는 거꾸로 되어 그 안으로 들어간 물고기는 나올 수가 없다. '류(罶)'라고 불리는 이유는 '류(罶)'자가 '망(网)'과 '류(留)'로 구성되었으며, 이는 물고기를 머물게 하고 떠나지 않게 할 수 있음을 뜻하기 때문이다. 대부분 이를 아치형 다리(曲梁)에 설치하여 그 공간을 이용하는데, 사람이 물에 들어가지 않아도 되므로 부인도 사용할 수 있다."[12)

필자의 생각에, 사실 '류(罶)'가 물고기를 '머물게(留)' 하는 것은 물고기가 '흐름(流)'에 따라 들어오게 하는 것에 있다. 그렇지 않으면 '머물게' 할 수가 없다. 『시경·소아·어려(魚麗)』에서 "물고기들이 통발에 잡혔는데, 동자개와 모래무지들이네.(魚麗于罶, 鱨鯊)."라고 하였는데, 『모전(毛傳)』에서는 "려(麗)는 력(歷: 지나오다)이며, 류(罶)는 곡량(曲梁: 굽은 다리에 설치하는 통발)이다."라고 설명하였다. 이는 '유(罶)'가 물고기를 '머무르게(留)' 하는 것뿐만 아니라 '역어(歷魚)' 즉 '물고기를 가게 하는(流魚)' 기능도 있다는 것을 나타낸다.

또 '류(霤)'의 경우, 『설문·우(雨)부수』에서 "류(霤)는 지붕에서 떨어지는 빗물을 의미한다. 우(雨)가 의미부이고 류(留)가 소리부이다."라고 했다.

『석명·석궁실(釋宮室)』에서는 "유(霤)는 흐르다는 뜻이다. 물이 지붕에서 흘러내림을 말한다."라고 설명한다. 방언에서는 '집의 처마(屋簷)'를 '유유첨(霤霤簷)'이라 부르는데, 그 용도는 건축물 위의 빗물을 배수하여 흐르게 하는 것이다. 즉 '물을 흐르게 하는 것'이다. 그러나 '흐름(流)'은 먼저 '머무름(留)'이 있어야 하므로, 물을 '머무르게(留)'

---

12) "與筐籠相似, 口闊頸狹, 腹大而長, 無底. 施之, 則必以索束其尾, 喉內編細竹而倒之, 謂之曲簿, 入則順, 出則逆, 故魚入其中而不能出. 謂之罶者, 罶, 從網從留, 言能留魚而不使去也. 多就曲梁施之以承其空, 人不必入水, 雖婦人亦能用."

하여 '흐르게(流)' 하는 것이 '유(霤)'이다. 그래서 고인 물('머무른 물')을 '흐르게(流)' 하는 것을 '유(霤)'라고도 한다. 따라서 '유(霤)'라는 글자는 '접류(接流)'와 '적류(積流)'의 의미도 갖게 된다. 예컨대, 『예기·단궁(檀弓)』(상)에서는 "관곽의 장식은 지붕의 배수 구조를 본떠야 한다(池視重霤)"[13]라고 했는데, 정현(鄭玄)은 "낙숫물 받는 것을 나무로 만들어 물을 흐르게 한다.(承霤以木爲之, 用行水.)"라고 주석하였다. 서개(徐鍇)의 『설문계전·우(雨)부수』에서는 "유(霤)는 지붕 처마에서 물방울이 떨어지는 곳을 말한다(屋簷滴處)"라고 설명하였다.

필자는 『한어문자와 심미심리: '덕(德)'자류』에서 이러한 '유(流)'와 '주(留)'의 관계에 대해 다음과 같이 설명한 바 있다. 물이 흐르지 않는다는 것(즉 留)은 먼저 흐르는 것(즉 不留)이 있어야 하며, 흐르지 않는 것은 바로 정체되어 머문다(滯留)는 것을 의미한다. 따라서 '유수(流水)'는 바로 '류수(溜水)'를 의미한다. 이것은 '류(流)'와 '류(溜)'가 언어 기호로서 '반의동근(反義同根: 동일한 의미의 반대의미)'과 '배출분훈(背出分訓)'이라는 관계를 가지며, 이는 일상생활에서 "막아서지 않으면 흐르지 않는다(不塞不流)"[14]는 객관적 실재를 반영하는 것이다.[15]

---

13) [역주] '池視重霤'에서 '지(池)'는 고대에 관곽을 장식하는 데 사용된 대나무로 만든 용기를 의미하며, 이는 새장과 비슷한 모양인데 갑판을 받치는 데 사용되었다. '중류(重霤)'는 지붕 아래에서 빗물을 받는 도랑, 즉 천구를 가리킨다. 고대 장례식에서 생전의 생활환경을 모방하기 위해 관곽에 지붕의 처마와 유사한 장식을 설치했는데, 이를 '지(池)'라고 불렀다. '중류(重霤)'는 이 지붕 처마의 배수 부분을 모방하여 만든 것이다.

14) [역주] '不塞不流'는 당나라 한유의 「원도(原道)」에 나오는 말로, 글자 그대로 번역하면 "막아서지 않으면 흐르지 않는다."는 말이다. 이는 낡고 잘못된 것을 제거해야만 새로운 올바른 것을 세울 수 있다는 비유로 사용된다. 즉 변화와 발전을 위해서 기존의 장애물을 제거하고 새로운 길을 마련해야 한다는 깊은 의미를 내포하고 있다.

15) 『錢鍾書與中國文化精神』七: '異質同構'에도 보임.

(5) '순(順)'과 '위(違)'의 동원성

'약(若)'자는 원래 '낙(諾)'의 초기문자(初文)인데, 고대문자에서는 '구(口)'와 '언(言)'은 원래 서로 구분되지 않았다. 예를 들어, '모(謀)'자는 고대 도기문자에서에 '모(謀)'로 표현되었는데, '언(言)'이 의미부이고 '모(某)'가 소리부이다. 또한 『설문·언(言)부수』에서는 고문체로 '모(𤰞)'를 수록하였는데, 이는 '구(口)'가 의미부이고 모(母)가 소리부인 구조이다. 또 '신(訊)'자를 갑골문에서는 으로 적었는데, 구(口)에서 의미를 가져왔다. 『설문·언(言)부수』에서는 이의 고문체로 를 수록하였는데, 이 역시 언(言)에서 의미를 가져왔다.

그런가 하면 '신(信)'자를 『설문』에서는 「언(言)부수」에 귀속시켰지만, 고대 금문에서는 '구(口)'에서 파생된 (『戠叔鼎』)을 사용하였다. 이는 『설문』에서 '신(信)'자 아래에 수록한 고문체와 동일한 구조를 가지고 있다. 또 '영(詠)'자도 주나라 초기의 청동기에서 으로 표현되었는데, 이는 '구(口)'에서 파생되었고, '영(永)'에서 독음을 따왔다. 이는 『설문·언(言)부수』의 '영(詠)'자 아래에 수록한 이체자와 같은 구조를 가진다.16)17)

'약(若)'자의 경우, 갑골문과 금문에서는 '구(口)'로 구성된 구조, 즉 '낙(諾)'의 용법으로 사용되었다. 시간이 지남에 따라 이 글자의 형태

---

16) 『漢語文字與審美心理』, 一. '文'字類, 四. '德'字類에서 재인용.
17) [역주] 이러한 글자의 변화를 통해 우리는 한자의 발전 과정에서 '구(口)'와 '언(言)' 두 부분이 원래 서로 구분되지 않았으며, 시간이 지나면서 두 부분이 서로 다른 의미로 발전하였음을 알 수 있다. '순(順)'과 '위(違)'는 이러한 동일한 출처에서 파생된 글자로, 서로 반대되는 의미를 가지게 되었다.

가 바뀌게 되면서 ①약(若)→약(若)→낙(諾), ②약(若)→약(叒)→상(桑) 등 이렇게 두 경로로 발전하게 되었다. 한 경로는 인간과 관련된 의미를, 다른 경로는 식물에 관한 의미를 갖게 되었다. 동일한 근원에서 나온 두 단어가 서로 다른 방향으로 발전하게 된 것이다. 그래서 '낙(諾)'은 '약(若)'을 기반으로 하되 '언(言)'을 추가하여 원래의 의미를 표시하게 되었다. 사실, 단순히 문자 기원의 관점에서만 보면 '약(若)'은 이미 '구(口)'에서 파생되었으며, 다시 '언(言)'을 추가하여 '낙(諾)'을 형성하게 되었는데, 이는 중복된 구조라 할 수 있다.18)

'약(若)'은 '낙(諾)'의 초기문자인데, '약(若)'에는 '순응하다'라는 의미가 포함되어 있다. 상승조(商承祚)는 『은허문자유편(殷虛文字類編)』에서 이렇게 설명했다. "내 생각에, 갑골 복사의 여러 글자들 중 '약(若)'은 손을 들어 올리고 무릎을 꿇는 사람의 모습인데, 이는 약속을 할 때의 순응하는 모습을 의미한다. 고대문자에서 '낙(諾)'과 '약(若)'은 같은 글자였으며, 그래서 '약(若)'자는 '순응하다'라는 의미로 해석된다. 고대 금문의 '약(若)'자도 이와 유사하다." 『이아·석언(釋言)』에서는 "약(若)은 순종하다는 뜻이다."라고 했다. 『시·소아·대전(大田)』에서도 "이미 조정도 넓고, 후손들도 잘 따른다.(旣庭且碩, 曾孫是若.)"라고 했는데, 정현의 주석에서 "약(若)은 순종한다는 뜻이다."라고 했다.

그러므로 '순종(順)'은 먼저 '위배(違)'('불순')의 의미를 함축하고 있다. 그렇지 않다면 '순종'이라는 개념 자체가 존재하지 않을 것이다. 이에 따라 '약(若)'에서 파생된 '낙(諾)'의 의미는 '순종하다'이며, 같은 어원에서 파생된 '아(婼)'는 '순응하지 않음' 또는 '반대'라는 의미를 지닌다. 『설문·여(女)부수』에 따르면 "아(婼)는 순응하지 않다는 뜻이

---

18) '若'字 본래의미의 이미지 선택에 관해서는 臧克和, 「釋若」을 참조(『殷都學刊』 1990年 第1期).

다(不順也). 여(女)가 의미부이고 약(若)이 소리부이다."라고 했으며, 『옥편』에서는 "아(婼)는 따르지 않는다는 뜻이다(不從也)."라고 했다.

'순(順)'과 '위(違)'는 뿌리가 같으며, '약(若)'과 '낙(諾)'은 어원이 같다. 이것은 또한 사물들이 상반되면서도 상호 연관되어 있음을 나타내며, 이는 언어가 지니고 있는 '변증법'을 반영하는 것이다.

(6) '철(叕)'의 이미지로 귀속되는 '중단(中斷)'과 '연속(連續)'

『설문·철(叕)부수』에서 '철(叕)'자를 [이미지]로 적었으며, 『노자(老子)』갑(甲) 후(後) 456에서는 [이미지]로 적었는데, 그 의미는 서개(徐鍇)의 『설문계전』에서 말했듯 "철(叕)은 옷감을 서로 꿰매어 놓은 모습(交絡互綴之象)"에서 가져왔다.

그러므로 '철(叕)'자가 가리키는 것은 '연철(聯綴)'(즉 '綴'의 초기 글자, 이후 '綴'로 적었다)인데, 『설문·철(叕)부수』에서 "철(叕)은 연결하여 꿰매다는 뜻이다(聯綴也)."라고 했으며, 『옥편·철(叕)부수』에서는 "철(叕)은 연결하다는 뜻이다(連也)"라고 했다.

그러나 '결합'과 '연결'에는 그 의미의 반대인 '중단' 또는 '끊어짐'을 함축하고 있다. 그렇지 않다면 '결합' 또는 '연결'이라는 의미 자체가 존재하지 않을 것이다. 이러한 변증법적 사고방식은 '철(叕)'이라는 글자의 동일한 어원의 의미적 발전에서도 나타난다. 예를 들어, 중국어에서 '철(叕)'은 또한 '멈추다(止)'는 의미로 해석될 수 있다.

예컨대, 『용감수감(龍龕手鑑)·우(又)부수』에서 "철(叕)은 그치다는 뜻이다(止也)."라고 했다. 또 '철(輟)'자도 '철(叕)'을 소리부로 하여 파생된 글자인데, 『설문·거(車)부수』에서 "철(輟)은 '수레 대열이 잠시 흩어졌다가 다시 합쳐지는 것(車小缺復合者)'을 말한다. 거(車)가 의미부이고 철(叕)이 소리부이다."라고 했는데, 서현(徐鉉)은 "철(輟)은 「망(网)부수」의 철(叕)과 같다."라고 했다.[19]

또 '철(輟)'로 구성된 복합어로는 '철경(輟耕)'(농사일의 중단)[20], '철학(輟學)'(학업의 중단), '불철(不輟)'(중단 없이) 등과 같은 단어가 있다.[21]

(7) 동일한 뿌리의 '생사(生死)'와 같은 어원의 '시종(始終)'

『설문·알(歹)부수』에서 '조(殂)'자의 설명에서 고문체인 '𣨛'가 수록되었다. 이는 '알(歹)'과 '작(作)'으로 구성되었는데, '작(作)'은 또 '사(乍)'에서 파생된 글자이다. 『집운·모(模)운』에서 "조(殂)는 고문체로 조(殐)로 적는다."라고 했다. '조(殂)'의 원래 의미는 죽음이나 종결을 나타내지만, '사(乍)'(=作)에서 파생된 글자이기에 '시작'이라는 의미도 함께 담고 있다. 예를 들어, 『시경·채미(採薇)』에서 "고비도 뜯고 있네(薇亦作止.)"라고 했는데, 이는 수확의 시작과 끝을 나타내고 있다. 이런 관점에서 볼 때, 생명의 시작과 종료는 같은 어원에서 파생된 것으로 보이며, 이는 변증법적 사고를 대표한다.

또 '조(殂)'와 '조(徂)'자는 모두 '차(且)'에서 파생되었다. '조(徂)'는 '가다'라는 의미를 가지고 있으며, 이는 '죽음'이라는 중요한 인생의 경로에 대한 문자를 창제했던 사람들의 고찰을 반영한다. '죽음을 돌아가는 것(歸)으로 생각한다.'라는 말은 고대의 사람들이 죽음을 인생의 한 단계인 '귀환'의 과정으로 보았다는 것을 의미한다. 따라서 『설문·알(歹)부수』에는 "조(殂)는 죽음으로 돌아가는 것을 말한다(往死也)"

---

19) 大徐本『說文解字』十四上,「車部」(中華書局, 1963年影印).
20) [日] 瀧川資言,『史記會注考證附校補』卷四十八,『陳涉世家第十八』(上海古籍出版社, 1986年版).
21) 陸宗達, 王寧,『訓詁方法論』, 153쪽 참조(中國社會科學出版社, 1983年版).

라고 했다. 왕균(王筠)의 『설문구두(說文句讀)』에서는 "조(殂)는 조(徂: 가다)를 말한다. 조(徂)는 '가다'는 뜻이며, 이는 자신들의 군주가 죽는 것을 원치 않기 때문에 임금의 죽음을 '조(殂)'라고 간접적으로 표현 했던 것이다.(殂之言徂也. 徂, 往也, 此謂不忍死其君者, 諱而言殂也.)"라 고 설명했다. 『이아·석훈(釋訓)』에서는, "귀(歸): 귀신이 되는 것을 귀 (歸)라고 한다.(歸, 鬼之爲言歸也.)"라고 했는데, 학의행(郝懿行)의 『이아 의소(爾雅義疏)』에서는 이렇게 풀이했다. "살아있을 때는 임시로 기탁 해 있다가, 죽으면 돌아간다.(生, 寄也; 死, 歸也.) 『열자·천서편(天瑞篇) 』에서는 '귀(鬼)는 돌아가다는 뜻이다(歸也).'라고 했고, 또 '옛날에는 죽은 사람을 귀인이라고 했다(古者謂死人爲歸人)."

　또한, 살아 있는 동안은 만물의 영혼이며, 자연의 정수로 간주되었 으나, 일단 죽게 되면 물질적 형태로 회귀한다. 따라서 '몰(歿)'과 '물 (物)'도 같은 근원에서 비롯되었다. 『설문·알(歹)부수』에 따르면 "몰 (歿)은 '끝'을 말한다(終也). 알(歹)이 의미부이고 물(勿)이 소리부이다." 라고 했다. 그리고 '물(物)'도 '물(勿)'에서 독음을 가져왔다. 그래서 고 대 사람들은 '죽음'을 '변화해서 갔다(化去)'나 '물질로 변했다(物化)'라 고 표현했다. 고대 한어에서, '물(物)'은 '몰(歿)'과 동일한 의미로 쓰일 수 있으며, '물고(物故)'는 한나라는 물론 심지어 그 이전 시대의 일반 적인 표현이었다. 예를 들면, 『순자·군도(君道)』에는 "군주는 놀고 쉬 는 시간이 있을 수밖에 없지만, 반드시 병에 걸리거나 '상황의 변화' 도 있을 수밖에 없다.(人主不能不有遊觀安燕之時, 則不得不有疾病物故之 變焉.)"라는 내용이 있다. 『한서·소건전부소무(蘇建傳附蘇武)』에서는 "선우(單于)가 소무(蘇武)를 따르는 관리들을 소집하였을 때, 이미 투 항했거나 죽은 사람들을 제외하고 소무와 함께 돌아온 사람은 겨우 9 명이었다.(單於召會武官屬, 前以降及物故, 凡隨武還者九人.)"라는 내용이 나온다. 왕념손(王念孫)의 『독서잡지(讀書雜志)·한서(漢書)』에서는 '물고(物故)'에 관한 내용을 모두 모아 놓았는데, "「초원왕전(楚元王傳)」에는 '죽거나 떠나간 사람들이 십만 명이나 되었다.(物故流離以十萬數.)'라고 했고, 「하후승전(夏侯勝傳)」에서는 '떠나거나 죽은 백설들이 절반 이상이었다.(百姓流離物故者過半.)'라고 했다." '물고(物故)'와 '유리(流離)'는 이들 문장에서 동등한 위치를 차지하며, 두 단어는 서로 나란히 배열되어 있다.

앞에서 제시한 예문들을 통해 볼 때, '고(故)'는 언어에서 '사망'을 나타내는 시간적 상(相, Aspect)을 의미하기도 한다. 예를 들면 '고(故)'를 기반으로 구성된 '신고(身故: 사망)', '병고(病故: 병사)' 등의 단어를 형성할 수 있다. '고(故)'자는 '원래의', '과거의' 등의 의미로도 사용된다. 예를 들어, 『광운·모(暮)운』에는 "고(故)는 과거를 말한다(舊也)."[22]라고 했다. 또 고대 중국인들은 자신이나 타인의 이전에 맡았던 직위를 '고(故)'라고 했다. 양수달(楊樹達)은 『사영(詞詠)』 권3에서 "고대 사람들은 사람의 이전 직위를 '고(故)'라고 했는데, 생사에 관계없이 그렇게 불렀다."[23]라고 했다. 그러나 '과거'라는 개념은 그 자체로 '현재'를 암시하고 있다는 이런 식의 변증법적 사고방식은 '고(故)'자의 주석 현상에도 나타나게 된 것이다. 따라서 '고(故)'의 의미는 '현재'를 가리키게 된다. 『이아·석고(釋詁)』(하)에는 "고(故)는 현재를 말한다(今也)."라는 설명이 있는데, 곽박(郭璞)의 주석에서 "고(故)도 현재를 의미한다."라고 했다.

언어는 바로 사고의 발자취이다. 세상의 모든 것은 다양한 현상과 형태로 나타나며, 서로 상반되거나 조화를 이루기도 한다. 모든 것에

---

22) 『宋本廣韻』 '暮韻第十一'(中國書店, 1982年, 張氏澤存堂本影印本).
23) 『楊樹達文集』의 제3책, 『詞詮』 卷三, 86～89쪽(上海古籍出版社, 1986年版).

는 '두 가지 측면'이 있으며, 때로는 '다양한 측면'도 존재한다.24) 이러한 현상이 언어에 반영될 때, 동일한 형태를 가진다는 점도 명백해진다. 전종서는 특히 중국의 문자는 스스로 부정의 부정을 가지고 있으며, 한 글자에 여러 의미가 있다는 점을 지적하였다. 그는 "다양한 의미를 간결한 하나의 글자로 표현하고, 동시에 서로 다르거나 이중적 의미를 통합하여 표현하며, 그렇게 되지 못할 경우에는 타협하여 서로 반대되는 것을 하나로 합친다."라고 하였고, 또 "(글자의) 형태는 다양한 의미를 포함하지만 사용될 때는 그 의미가 항상 통합되지는 않는다."라고 주장하였다.25) 이것은 한자의 특성 중 하나로, 본질적으로 변증법적 특징을 가졌음을 강조하고 있다.

(8) 동일한 어원의, 본질은 다르나 동일한 구조(異質同構)를 가진 '분노(怒)'와 '쇠뇌(弩)'

『설문』에서 「심(心)부수」와 「궁(弓)부수」를 살펴보면 '노(弩)'와 '노(怒)'는 모두 '노(奴)'에서 독음을 가져왔으며 같은 어원에서 비롯되었다. 그러므로 '노(弩)'를 직접 '노(怒)'로 해석할 수 있다. 예컨대, 『방언』권1에는 "모든 사람들이 말을 할 때 줄여서 말하면, 그것을 過라고 하거나 첨(僉)이라고 한다. 동쪽의 제(東齊) 지역에서는 그것을 검

---

24) 『管錐編』 卷一, 37~40쪽.
25) 『管錐編』 卷一, 1~8쪽, 259쪽; 卷四, 1260쪽; 『管錐編增訂』, 1~2쪽 등을 참조. 불교 범어(梵語)에서 '염라(閻羅)'라는 단어의 원래 의미가 이처럼 혼융(混融)되어 있다고 한다. 혜림(慧琳)의 『일체경음의(一切經音義)』 제53권 '염라(閻羅)' 항목의 주석에서 이렇게 말했다. "혹은 염마라(閻魔羅)라고도 하는데, 야마로가(夜摩盧迦)라고 해야 한다. 이는 '쌍세(雙世)'로 번역되는데, 내(혜림) 생각으로는 고통과 즐거움(苦樂)을 함께 받기 때문에 '쌍(雙)'이라 일컫는다고 생각한다."

(劍)이라 하거나 노(弩)라고 한다. 노(弩)은 노(怒)와 같다.(人語而過, 謂之**過**, 或曰劒. 東齊謂之劍, 或謂之弩. 弩, 猶怒也.)"라고 했는데, 전역(錢繹)26)의 『방언전소(方言箋疏)』에 따르면 "노(弩)란, 『석명』에서 '노(弩)는 노(怒)를 말한다.'라고 했는데, 분노(怒)의 기세를 갖고 있다는 말이다."라고 했다.

기쁨이나 '분노'는 감정적이고 추상적이기 때문에 '가까이로 몸에서 그 이미지를 가져오는' 것은 불가능하다. 따라서 외부의 사물에서 그 이미지를 얻어야만 한다. 칼을 뽑고, 쇠뇌(弩)를 당기는 것 등의 이미지는 '갑자기 분노로 변하다(勃然怒作)'나 '분노가 머리끝까지 차다(怒發沖冠)'와 같은 표현과 비슷하며, 본질적으로는 다르다 하겠지만 감정적인 상태는 동일하다. 마음의 활시위를 당겼으니, 조금만 건드리면 발사된다. 이것은 '분노(怒)의 모습'이 '쇠뇌(弩)의 상태'와 같다는 것을 의미한다. 이러한 이치에 근거하여 『석명(釋名)』에서는 '분노(怒)'로 '쇠뇌(弩)'를 해석하였는데, 이는 참으로 심오한 이해라 할 수 있다. 『설문통훈정성·예(豫)부』 제9권에 인용된 『석명』에서는 이 부분을 "유집노야(有執怒也)"라고 하여, 약간 다르게 인용되었다.

---

26) [역주] 전역(錢繹)은 청나라 때의 학자로 『방언전소(方言箋疏)』 13권을 지었다. 자가 자락(子樂)이고 호는 소려(小廬)이며, 강소성 가정(嘉定, 지금의 上海)사람이며, 전대흔(錢大昕)이 그의 백부이고 전대소(錢大昭)가 그의 부친인데, 두 사람 모두 청나라 건가(乾嘉) 시기의 대단한 언어학자였다. 전역은 총명하고 오려서부터 가학을 이어 그의 형 동원(東垣)과 동생 동(侗)과 함께 경전과 역사 및 금석학을 연구하여 큰 성취를 이루었으며, 당시 사람들은 이들을 '세 마리의 봉새(三鳳)'라고 불렀다. 전역은 평생 출사하지 않고 죽을 때까지 저술에 힘써, 『십삼경단구고(十三經斷句考)』 1권, 『설문해자독약고(說文解字讀若考)』 3권 및 『궐의고(闕疑考)』 1권, 『구경보운고정(九經補韻考正)』 1권, 『석대(釋大)』 및 『석소(釋小)』 각 1권, 『석곡(釋曲)』 1권, 『훈고유찬(訓詁類纂)』 106권 등을 저술했다. 만년에는 동생 전동(錢侗)의 『방언』에 대한 연구 기초 위에서 이를 보충하고 정련하여 「방언전소(方言箋疏)」 13권 20여만 자에 이르는 대작을 완성했다.(郭瓏, 「錢繹 『方言箋疏』 的訓詁特点」, 『學術論壇』, 2005.)

　　　　　　　　　　　　　　　　　　　　　『설문해자』 인지분석

하지만 그 기원을 찾자면, '노(怒)'로 '노(弩)'를 해석하는 것은 후대의 일이며, 이는 의미 운동의 '역방향'에 속한다. 초기에는 '노(弩)'라는 '실상'을 '노(怒)'라는 '허상'을 나타내는 데 사용했을 것이며, '노(怒)'가 '노(弩)'의 형상을 통해 표현되었으며, '노(弩)'도 '노(怒)'로 비유되어 설명되었을 것이기 때문이다. 이는 구체적인 것을 추상적인 것으로 변환하고, 동일하게 구체적인 것으로 추상적인 것을 비유하는 것이다. 이는 두 개념이 '이질적'이면서도 '동일한 구조'를 가질 수 있음을 증명하며, 이는 곧 전역이 말한 '노(弩)'에 '분노한 기세(怒勢)'가 있다는 주장과 일치한다.

(9) '연(衍)'자의 의미인 '번연(繁衍)'의 배경

갑골문에서 이미 '연(衍)'자가 등장하는데, 그 구성은 ⿰⿱⿰⿰이다(『전(前)』 4·12·8). 한눈에 보아도 이는 "물이 길을 따라 흐르는" 이미지를 나타냈다. 『설문·수(水)부수』에 따르면, "연(衍)은 물이 종국적으로 바다를 향해 흐름을 말한다(水朝宗於海也). 수(水)가 의미부이고 행(行)도 의미부이다."라고 했다. 왕균(王筠)의 『설문구두』에 따르면, "자형은 물(水)이 길(行)의 가운데 있는 연(衍)과 물(水)이 '길(行)'의 바깥에 있는 '행(洐)'은 다르다. 이것은 바로 형태가 의미인 것으로, 『맹자』에서 '물이 땅 속을 통해 흐른다'는 것을 나타낸다. 앞의 '홍(洪)'과 '강(洚)'자는 대 홍수가 났던 시기를 의미하고, '연(衍)'자는 대우(大禹)가 물길을 다스린 이후, 물길을 따라 물이 바다를 향해 흘러감을 말한다."라고 했다.

'연(衍)'자가 '강물이 물길을 따라 안정적으로 흐르는' 이미지를 가지며, 이는 대우(大禹)가 물길을 다스린 이후의 배경 위에 확고히 자리 잡았다고 한 왕균의 해설은 지나치게 통속적인 해석으로 보인다. 그러나 '연(衍)'자가 바로 그 형태가 그 의미인 것, 그리고 물이 그 길을 흐르는 것을 의미한다면, 그 의미가 『설문』에서 말하는 "물이 종국적으로 바다를 향해 흘러감을 말하는 것', 즉 물이 강을 따라 바다로 흐르는 것을 의미하는 것과 크게 다를 것은 없다.

물이 물길 밖으로 흐르며, 방향을 잃고 흩어지는 것은 여러 자전에 반영되었다. 예컨대, 『설문』에서도 '연(衍)'자가 포함되었으며, 『광운』에서는 이를 호(戶)와 경(庚)의 반절로 읽히며, 『설문·수(水)부수』에서 '행(洐)은 개울의 물이 흐르는 것을 말한다(溝水行也)'라고 설명했다. 『주례·지관·초인(草人)』의 "개울로 물을 흘려보내다(以溝蕩水)"에서, '탕(蕩)'은 물이 '흐르는 것'을 의미하므로, '만연(漫衍)'의 '연(衍)'이 바로 이 '행(洐)'자의 원래 의미일 것이다.

그러나 '행(洐)'자는 나중에 나온 것으로 보이며, 처음에 '번연(繁衍)' 또는 '만연(漫衍)'의 의미를 설명할 때, '연(衍)'자와 동일한 글자로 사용할 수밖에 없었다. 이러한 연결의 배경은 고대 사람들의 변증법적 사고방식에 기인하는데, 물이 그 자신의 길을 따라 바다로 안정적으로 흐르는 것은 '대우(大禹)'가 물길을 다스리기' 이전의 '만연(漫衍)' 상태, 즉 무질서한 상태가 먼저 있었다는 것을 의미한다. 이와 반대로 '물길을 따라 흐르지' 않아야 논의할 규칙도 존재하게 되는 법이다.

이러한 의미적 연결의 구축은 시간이 지나며 습관화되어, 나중에 '행(洐)'자를 다시 만들어도 그것을 대체할 수 없게 되었다. 따라서 오늘날 우리는 글자의 역사에서 이러한 기호가 한번 나타났다는 것을 자서에서만 볼 수 있을 뿐, 다른 기록 문헌에서는 볼 수가 없다.

이어서, 여기서 '연(衍)'자와 관련된 문제에 대해 더 언급해도 될 것이다. 동성파(桐城派)에 속했던 방포(方苞)가 쓴 『옥중잡기(獄中雜記)』

에는 다음과 같은 문장이 기록되어 있다. "죄를 지은 자들이 오랫동안 옥에 갇혀 있으면, 옥졸들과 서로 내통해 사이가 좋아져, 상당히 기이한 관계를 형성했다.(奸民久於獄, 與胥卒相表裏, 頗有奇羨.)" 일반적인 문학 발췌 본에서 이 글이 포함되어 있지만, '기선(奇羨)'에 대한 주석은 대부분 모호하다. 예를 들어, 주동윤(朱東潤)이 편집한『중국역대문학작품선(中國歷代文學作品選)』에서는 이 단어를 '특별한 이익(特別贏利)'이라고 주석하며, '선(羨)'은 '남다는 뜻이다(餘)'라고 설명했다. 주석자는 '기(奇)'를 '괴(怪: 이상하다)'(즉 특별히 생겨난)라는 의미로, '선(羨)'을 '이익이 남다'라는 의미로 해석하였는데, 사실은 둘 다 잘못된 해석이다. '기(奇)'는 '우(偶)'와 반대되는 말로, '더 많다'라는 의미이다. 그리고 '선(羨)'은 '연(衍)'의 가차자로, '기선(奇羨)'은 동의 복합어이다. 『사기·화식열전(貨殖列傳)』에서 "나라 안에서 세금을 징수할 때, 때로는 특별히 넘치기도 했다.(中國委輸, 時有奇羨.)"[27]라고 되어 있다. 『색은(索隱)』에 따르면, "기(奇)는 기(羈)로 발음하며, 선(羨)은 양(羊)과 전(戰)의 반절로 읽는다. 기선(奇羨)은 특이하면서도(奇) 넘치는 것이 있음(衍)을 의미한다."라고 되어 있다. 이렇듯 '연(衍)'이 '선(羨)'으로 사용된 것은 오랫동안 잊혀 왔던 용법이다.

(10) '시(詩)'자의 배경과 구분된 훈독(背出分訓), 상호반대이자 상호완성(相反相成)

전종서의 『관추편(管錐編)』에서는 『모시정의(毛詩正義)』의 첫 번째

---

27) [역주] '위수(委輸)'는 고대 중국의 조세 징수 방법을 의미하며, 식량, 옷감 등 생활필수품으로 세금을 징수하는 것을 말한다. 또 '기선(寄羨)'은 세금 징수 과정에서 발생하는 목표를 넘어선 수입이나 잉여 물자를 가리킨다.

항목에서 『시보서(詩譜序)』에 대해 검토하면서, '시(詩)'자 하나의 이름에 세 가지 뜻풀이가 존재한다는 점을 논의하였다. 이것은 훈고학(訓詁學)에서 말하는 소위 '병행된 훈독과 동시에 결합된 훈독(並行分訓之同時合訓)'의 유형을 의미한다. 이러한 의미 구조 유형을 통해, 중국의 시학에서의 중화(中和)와 변증(辯證)의 정신을 이해할 수 있다. 이 역시 한자의 이미지가 본질적으로 변증법적인 것의 예이기도 하다.

1. '도(度)'자는 '초월'과 '절제'의 양면성을 동시에 지닌다.

'도(度)'는 『설문』에서 「우(又)부수」에 귀속시켰는데, "법제(法制)를 말한다. 우(又)가 의미부이고 서(庶)의 생략된 모습이 소리부이다."라고 했다. '도(度)'자는 '우(又)'(손)에서 의미를 가져왔다. 단옥재의 주석에 따르면, "촌(寸), 척(尺), 지(咫), 심(尋), 상(常), 인(仞) 등은 모두 인체를 기준으로 한다. '촌(寸)'은 손의 '마디'를,……'인(仞)'은 팔을 뻗은 길이를 기준으로 한다. 모두 손에서 법칙을 가져왔기 때문에 '우(又)'로 구성되었다."[28] '도(度)'자는 '우(又)'(손)에서 그 이미지를 가져왔으므로 또 '절제'의 의미를 가진다. 『광운·모(暮)운』에서 "도(度)는 법도(法度)를 말한다."라고 했고, 『자휘(字彙)·엄(广)부수』에서는 "도(度)는 법(法)을 말한다. 또 원칙(則)을 말한다."라고 했다. 독음의 흐름에서 보면 '도(度)'는 '구두(句讀)'이고 '구두'는 '구도(句度)'로도 쓰인다. 음악의 흐름에서 보면 '도(度)'는 '절주(節奏: 리듬, 박자)'이며, '절(節)'은 제한이고, 제한은 속박을 말한다. '절약(節約)'은 '약속(約束)'과 같다. 『후한서·마원전부마방(馬援傳附馬防)』에서는 "많은 악곡을 모아 놓아 그 곡조가 교외 사당에서 연주되는 것만큼이나 아름다웠다.(多聚聲樂, 曲度比諸郊廟.)"[29]라고 했고, 이에 대한 이현(李賢)의 주석에서는 "곡도

---

28) 『說文解字注』三篇下.

(曲度)는 곡의 절도를 의미한다."라고 했다. 조비(曹丕)의『전론(典論)·논문(論文)』에서는 "음악에 비유하자면, 모든 음악은 같은 곡조를 가지고 있지만, 동일한 리듬을 가진다.(譬諸音樂, 曲度雖均, 節奏同檢.)"[30]라고 했다. 또 무용의 흐름에서 보면 '도(度)'는 '절도(節度)'를 의미한다.『문선』에 실린 한나라 부의(傅毅)의「무부(舞賦)」에서는 "가만있지 않고 계속해서 움직이되, 소리에 응답한다.(兀動赴度, 指顧應聲.)"[31]라고 했는데, 이에 대한 이선(李善)의 주석에서도 "가만있지 않고 움직이되, 그 절도를 따른다.(兀然而動, 赴其節度.)"라고 했다.

'도(度)'자는 또 '초월(超越)'이라는 의미도 포함하고 있다.『자휘·엄

---

29) [역주] 여기서 '곡두(曲度)'는 노래의 리듬과 음조를 의미한다. 이 문장은 마원이 음악에 능한 많은 사람들을 모아 함께 연주하는 것을 좋아했음을 뜻한다. 그들의 음악 곡조는 너무나 아름다워 고대 제사에서 교외 사당에서 열리는 음악 의식과 견줄 수 있을 정도였다는 말이다. 여기서 '교외 사당'은 고대에 천지 신을 숭배하던 장소를 가리키며, 그곳에서는 특별한 음악 의식이 거행되었다. '교외 사당만큼이나 아름다운 음악'이라는 표현은 그들의 음악 공연이 매우 뛰어나고 높은 예술적 수준에 도달했음을 의미한다.

30) [역주] 이 말은 조비가 음악을 비유로 사용하여 문장 창작이 특정 원칙과 기준을 따라야 함을 설명한 것이다. '곡(曲)'은 음악의 멜로디 라인을 의미하고, '률(律)'은 음악의 강약과 길이의 순서를 의미한다. 조비는 멜로디 라인과 리듬 배열이 완벽하더라도 '이끄는 기가 가지런하지 않으면(引氣不齊)', 즉 음악의 호흡과 감정 표현이 통일되지 않으면, 아버지와 아들, 형제간에도 서로 가르치고 배우기 어려울 것이라고 했다. 문장 창작에서 '이끄는 기운이 가지런하지 않음(引氣不齊)'은 글의 기세와 스타일이 일치하지 않는 것으로 이해할 수 있다. 언어가 화려하더라도 내부의 일관성과 통일성이 부족하다면 진정한 예술적 경지에 도달하기 어렵다는 말이다. 따라서 조비는 문장 창작에서 '순수함, 탁함, 몸'의 중요성을 강조하며, 즉 글의 내적인 정신과 기질이 통일되어야 하며, 임의로 변할 수 없다고 했다. 이는 전반적으로 이 문장은 음악이든 글이든 내적 조화와 통일성이 있어야 진정한 예술적 효과를 달성할 수 있음을 강조한 말이다.

31) [역주] '올동부도(兀動赴度)'는 무용수가 음악의 리듬에 따라 가만히 있지 않고 계속해서 춤을 춘다는 의미이며, '지고응성(指顧應聲)'은 무용수의 손짓과 눈빛이 음악의 멜로디와 일치하여 춤의 모든 동작이 음악과 긴밀하게 조화를 이루며 매우 높은 수준의 조화와 예술성을 보여준다는 뜻이다.

(厂)부수』에 따르면, "도(度)는 넘다는 뜻이다.(過也.)"라고 했다. 조조(曹操)의 「단가행(短歌行)」에서 "밭두렁을 건너고 논두렁을 넘어서(越陌度阡)"라고 했는데, 여기서 '월(越)'과 '도(度)'는 서로 대응하는 문장 구성 요소이다. 『설문·우(又)부수』에서 "도(度)는 서(庶)의 생략된 모습이 소리부이다."라고 했는데, '서(庶)'를 소리부로 삼는 글자는 '다양하고 초월하다'는 의미가 포함되어 있다. 따라서 또 '우(又)'로부터 이미지를 가져왔기에 '절제(節制)'의 의미를 받아올 수 있다. 예를 들면, '차(嗻)'자는 주준성의 『설문통훈정성』의 제9부에서 "말이 많은 모습을 의미한다."고 했다. 반면에 '차(遮)'는 '제지하다'는 의미를 가진다. 또한, '척(蹠)'은 『설문·족(足)부수』에서 "촉 지방 사람들은 뛰어오르는 것을 척(蹠)이라고 한다.(楚人謂跳躍曰蹠)"라고 했으며, '도(敷)'는 『설문·복(攴)부수』에서 "닫다는 뜻이다(閉也). 복(攴)이 의미부이고 도(度)가 소리부이며, 두(杜)와 같이 읽는다."라고 했다. '두색(杜塞)'은 '도색(敷塞)'을 의미하며, '닫혀있다'는 의미이다. 따라서 '도(度)'자는 동시에 '보내다'와 '통제하다', '절제'와 '방종'의 두 가지 측면을 지칭한다.

2. '지(之)'와 '지(持)'의 두 가지 의미를 동시에 포함한 '시(詩)'

'시(詩)'자는 '시(寺)'에서 독음을 가져왔다. 『설문·언(言)부수』에서 "시(詩)는 지(志)를 의미한다. 언(言)이 의미부이고 시(寺)가 소리부이다."라고 했다. 따라서 '시(詩)'는 '지(持)'의 의미를 갖는다. 『설문·촌(寸)부수』에서는 "시(寺)는 조정을 의미하는데, 규정과 법도가 있는 곳이다(廷也, 有法度者也). 촌(寸)이 의미부이고 지(之)가 소리부이다."라고 했다. '시(寺)'자는 '촌(寸)'에서 의미를 가져왔는데, 이는 '지(持)'의 원래의 글자로 간주된다. 금문 「주공경종(邾公牼鐘)」에서 "분기시지(分器是持)"의 '지(持)'를 半로 표기했으며, 「석고문(石鼓文)」에 있는

'지사(持射)'의 '지(持)'도 로 썼다. 이를 바탕으로, 임의광(林義光)의 『문원(文源)』에서는 '사(寺)'의 본래 의미는 '지(持)'라고 주장하였으며, 용경(容庚)의 『금문편(金文編)』12권에서는 "(금문에서) '지(持)'는 수(手)로 구성되지 않았다."라고 하였다. 혜림(慧琳)의 『일체경음의(一切經音義)』제23권의 '도탑사물(盜塔寺物)' 항목에서는 "만약 의미를 바탕으로 이름을 정한다면, 부처의 제자는 부처의 교화를 돕고, 정법(正法)을 주도한다.(今若以義立名, 則佛弟子助佛揚化, 主持正法.)"라고 기술되어 있다. 여기서 '지(持)'는 '통제'나 '제약'이라는 의미를 가진다. 이백(李白)의 「강하행(江夏行)」에서는 "예전의 그녀의 예쁜 모습을 생각하니, 봄 마음도 스스로 자제되네.(憶昔嬌小姿, 春心亦自持.)"라고 하였으며, 왕안석(王安石)의 「명비곡(明妃曲)」에서는 "오히려 왕인데도 스스로를 자제하지 못한다.(尙得君王不自持.)"라고 했다. 그리고 '시(寺)'자는 '지(之)'에서 독음을 가져왔으며, '지(之)'는 '가다'는 의미를 포함하고 있다. 그러므로 '의견 제시'나 '주장'과 같은 '의식 활동'도 '지(持)'라고 불렀다. 『순자·비십이자(非十二子)』에서는 "그의 주장에는 이유가 있으며, 그의 말은 논리에 부합한다.(其持之有故, 其言之成理.)"라고 기술되어 있다. 여기서 '지(持)'와 '언(言)'은 함께 언급되었다. 또한 '시(時)'자도 '시(寺)'에서 독음을 얻었는데, '시(寺)'는 '지(之)'로 읽힌다. 그래서 '시(時)'자를 고문체에서는 로 적었는데, "태양의 움직임"이 '시간(時)'임을 나타냈다.

따라서 '시(詩)'는 '지(之)'의 의미도 포함하고 있다. 고문에서의 '시(詩)'자도 '지(之)'에서 독음을 얻었으며, 그 형태는 ''로 되어 있다. 『설문·언(言)부수』에서는 "언(言)이 의미부이고 지(之)가 소리부이다"라고 했다. 여기서 '지(之)'는 '시(詩)' 내에서 '마음의 활동'을 의미하는 것으로, 이것은 『석명(釋名)』에서 "시(詩)는 가다(之)는 뜻이다. 뜻(志)이 가는 것을 말한다.(詩, 之也; 志之所之也)"라고 설명된 것과 같다. 이리하여 또 '지(志)'라는 의미도 생겨났는데, '지(志)' 역시 '지(之)'에서 독음을 가져왔다. 『설문·심(心)부수』에서 "지(志)는 뜻이다(意也). 심(心)이 의미부이고 지(之)가 소리부이다."라고 했다.

그리하여 공영달(孔穎達)의 『모시정의(毛詩正義)』에서 "시(詩)에는 세 가지 뜻풀이가 있다(詩有三訓)"라고 주장했다. 즉 "승(承)이고(필자 주: 시(寺)를 어원으로 삼으면 '시(侍)'로 파생될 수 있으며, 『설문·인(人)부수』에는 '시(侍)는 받들다(承)는 뜻이다. 인(人)이 의미부이고 시(寺)가 소리부이다.'라고 했다), 지(志)이고, 지(持)이다. 시의 저자는 군주의 선악을 받들어(承) 자신의 의지(志)를 표현하며 시(詩)를 지었다. 그래서 사람들의 행동을 주도하여(持) 그들이 넘어지지 않게 한다. 그래서 '하나의 이름에 세 가지 뜻풀이가 있다.'라고 했던 것이다. 『정의(正義)』는 언어의 뜻풀이를 '나란히 나누어진 뜻풀이가 하나로 합쳐지는 현상(並行分訓之同時合訓)'으로 해석하는데, 이는 중국 시학의 근본 원칙이라 할 것이며, 이는 매우 통찰력 있는 설명이다. 그러나 전종서의 관점에서 보면, '지(志)'와 '지(持)'에 대한 설명은 아직 완전하지 않았다. 따라서 그는 다음과 같이 더욱 깊은 해석을 제시했다.

> 「관저서(關雎序)」에 따르면, "시(詩)는 뜻(志)이 가는 곳을 뜻한다. 마음 안에 있으면 지(志)이며, 말로 통해 표현되면 시(詩)이다." 『석명(釋名)』에서는 "시(詩)는 지(之)와 같다. 뜻(志)이 향하는 곳이다."라고 설명하고 있다. 『예기·공자한거(孔子閑居)』에서는 '다섯 가지 정점(五至)'에 대해 "뜻(志)이 향하는 곳에 시(詩)도 그곳에 도달한다."라고 했다. 이는 마음을 따라 표현하고, 감정에서 나오는 것만 의미하며, 이는 '발호정(發乎情)'에서의 '발(發)'을 의미한다.
> 『시위함신무(詩緯含神霧)』에는 "시(詩)는 지(持)이다."라고 했는데, 이

『설문해자』 인지분석

는 '지호예의(止乎禮義: 예의에서 멈춘다)'에서의 '지(止)'를 의미한다. 『
순자·권학(勸學)』에서는 "시(詩)는 마음속의 소리가 멈추는 곳이다."
라고 했고, 「대략(大略)」에서 '국풍(國風)'에 대해 논할 때 "욕구가 가
득 차 있지만 그침을 넘어나지 않는다."라고 했다. 이 '지(止)'는 단순
히 『정의(正義)』에서 말한 '사람의 행동을 주도하는 것' 뿐만 아니라
스스로의 나태한 성향을 제어하여, 기쁨, 분노, 슬픔, 즐거움이 적절
하게 표현되도록 하는 것이다. 이는 특별한 의미나 목적 없이 감정
을 표현하는 것과는 다르다.

『논어·팔일(八佾)』에서는 "즐거우나 방탕하지 않고, 슬프나 상처받지
않는다."라고 했고, 『예기·경해(經解)』에서는 "온화하고 성실하다."라
고 설명했다. 『사기·굴원열전(屈原列傳)』에서는 "원망과 비방은 혼란
스럽지 않다."라고 했다. 고대 사람들이 시를 설명할 때 모두 '지(持)'
와 '멈추어야 할 곳을 넘지 않는다(不愆其止)'는 것에 귀결된다. 육귀
몽(陸龜蒙)의 『자견시삼십수(自遣詩三十首)·서(序)』에서는 "시(詩)는 지
(持)다. 감정과 성향을 제어하여 폭발하지 않게 한다."라고 했다.

여기서 '폭발하다(暴去)'는 것은 '방탕(淫)', '상처(傷)', '혼란(亂)', '과도
함(愆)'을 의미하며, 이는 적절하지 않은 표현을 의미한다. '오래 노
래하다 보면 울게 되지만(長歌當哭)', 노래하는 것이 곧 우는 것은 아
니다. 울음은 감정의 자연스러운 배출이고, 노래는 감정의 예술적
표현이다. '그칠 수 있다면', 감정을 '붙들 수 있다면' 예술을 통해 감
정을 표현할 수 있을 것이며, 서양인들이 조롱하듯 '영혼의 배설'에
불과한 감정의 배출이 되지 않을 것이다.

『關雎序』云: '詩者, 志之所之, 在心爲志, 發言爲詩', 『釋名』本之云: '詩, 之
也; 志之所之也', 『禮記·孔子閑居』論'五至'云: '志之所至, 詩亦至焉'; 是任
心而揚, 唯意所適, 卽'發乎情'之'發'. 『詩緯含神霧』云: '詩者, 持也', 卽'止
乎禮義'之'止'; 『荀子·勸學』篇云: '詩者, 中聲之所止也', 『大略』篇論'國風'
曰: '盈其欲而不愆其止', 正此止'也. 非徒如『正義』所云'持人之行', 亦且自
持惰性, 使喜怒哀樂, 合度中節, 異乎探喉肆口, 直吐快心. 『論語·八佾』之
'樂而不淫, 哀而不傷'; 『禮記·經解』之'溫柔敦厚'; 『史記·屈原列傳』之'怨誹
而不亂'; 古人說詩之語, 同歸乎'持'而'不愆其止'而已. 陸龜蒙『自遣詩三十首·

序』云: '詩者, 持也, 持其情性, 使不暴去'; '暴去'者, '淫', '傷', '亂', '愆'之
謂, 過度不中節也. 夫'長歌當哭', 而歌非哭也, 哭者情感之天然發泄, 而歌者
情感之藝術表現也. '發'而能'止', '之'而能'持', 則抒情通乎造藝, 而非徒以渲
泄爲快有如西人所嘲'靈魂之便溺'矣.[32]

　이처럼 '지(之)'와 '지(持)'는 서로 대조적이면서도 상호 보완적이다.
하나는 방출하고 다른 하나는 제한하는 성격을 갖고 있으며, 하나는
주고 다른 하나는 제어한다. 이 두 의미는 서로 상반되면서도 동시에
어우러져 있다. 이는 훈독 해석학에서 전종서의 『관추편』에서 제시
한 '나란히 나누어진 뜻풀이가 하나로 합쳐지는 현상(並行分訓之同時
合訓)'의 유형에 해당한다. 『설문』은 문자의 형상을 취하면서도 그 안
에 내재된 대립적인 요소들을 고려하는 것으로, 이러한 접근법은 좋
은 예시로 간주될 수 있다.

---

32) 『管錐編』 卷一, 57~58쪽.

제5장

『설문해자』 이미지 체계와
중국 신화사유

제5장 『설문해자』 이미지 체계와 중국신화사유

제1절 '궁시(弓矢)' 이미지

『설문(說文)』에서의 「궁(弓)부수」와 「시(矢)부수」는 크게 볼 때 수록자가 많은 부수로 볼 수는 없다. 그러나 「대(大)부수」의 '이(夷)'(大와 弓이 모두 의미부이다)나 「녁(疒)부수」의 '질(疾)'(疒이 의미부이고 矢가 소리부이다) 같은 글자들을 연계시켜 살펴본다면, '궁(弓)'과 '시(矢)'가 서로 하나로 연결되어 고대인들이 '궁시(弓矢)' 이미지에 대해 가진 존경, 경외, 미움 등의 복잡한 감정과 의미가 드러난다는 것을 쉽게 알 수 있다. 본 절에서는 『설문』에 나타난 '궁시(弓矢)' 이미지에 대해 아래의 세 가지 문제에 중점을 두면서 살펴보고자 한다.

(1) 『설문』 속의 '궁시(弓矢)'의 상징적 의미

『설문』에서 '궁(弓)'과 '시(矢)'자의 형태와 해석을 살펴보면, 다음과 같은 현상을 단번에 알아볼 수 있다. 즉 '궁시(弓矢)'의 상징은 상반되면서 동시에 대응하는 두 가지 의미로 연결되어 있다. 즉 이것은 감정적 가치가 양 극단으로 나타나며 '궁시(弓矢)'의 상징적 이미지와 동일한 구조를 가지고 있다.

『설문·구(口)부수』에서는 '길(吉)'을 "선(善)하다는 뜻이다. 사(士)와 구(口)가 모두 의미부이다."라고 했다. 허신(許愼)은 이 글자의 형태를 설명할 때 이미 변형된 소전(小篆)체를 기준으로 하였다. 그러나 갑골문에서 '길(吉)'자는 자주 등장하여 빈도가 높은 글자이며, 🔾1)이나 🔾2) 등과 같은 모습으로 나타난다. 이 중 🔾의 형태에서 나타나는 부분을 섭옥삼(葉玉森)은 화살(矢)의 뾰족한 끝을 상징한다고 생각하였다.3) 따라서 '길(吉)'자는 원래 '시(矢)'에서 그 이미지를 가져온 것으로 볼 수 있다. 🔾나 🔾은 갑골문에서 주로 거주지를 의미한다. 고대인들은 움집에 살았으며, 🔾이나 🔾는 움집의 상징으로 간주된다. 우리는 갑골문에서 '출(出)'자가 🔾4)로, '각(各)'자(원래 의미는 '오다'이다)가 🔾5)로 표현된다는 것을 잘 알고 있다. 이 글자들은 모두 사람의 발이 집으로 들어가거나 집에서 나오는 것을 상징한다. 『집운·흘(迄)부』에서는 "굴(詘, 䚘)은 곡(曲)과 물(勿)의 반절로 읽힌다. 『설문』에서는 굽히다(詰詘)는 뜻이라고 했다. 일설에는 주름치마(屈襞)를 말한다고도 하고, 일설에는 충굴(充詘)이라고도 하는데, [충굴(充詘)은] 기쁜 감정이 너무 넘쳐 절도를 잃은 모습을 말한다(喜失節兒). 혹체는 굴(屈)로 구성되었다."라고 했다.

필자는 갑골문의 '길(吉)'자가 '시(矢)'에서 이미지를 가져와 '정직함(正直)'을 상징한다고 생각한다. 먼저 '길(吉)'에서 독음과 의미 모두를 가져온 일련의 문자들을 살펴보면 대부분 '정직하다'는 의미를 가지

---

1) 胡厚宣, 『戰後京津新獲甲骨集』 3146(群聯出版社, 1954年版).
2) 『甲骨文編』 卷三에 저록된 『合』 118.
3) 李孝定, 『甲骨文字集釋』 卷二.(臺灣中央研究院歷史研究所, 1974年版).
4) 『甲骨文編』 卷五에 저록된 『前』 7, 28, 3; 『甲』256.
5) 『甲骨文編』 卷五에 저록된 『前』 7, 28, 3; 『甲』256.

고 있음을 알 수 있다. 예를 들어 다음을 보자.

- 힐(詰): 『설문·언(言)부수』에 따르면 '묻다(問)'는 의미로, 언(言)이
  의미부이고 길(吉)이 소리부이다. 이는 실제로는 '직접 서로 물
  어보다'라는 의미로, 『광아·석고(釋詁)』(1)에서는 '힐(詰)은 책임을
  따지다'라는 의미로 설명된다.
- 길(桔): 『설문·목(木)부수』에 따르면 '도라지(桔梗)라는 약초'를 말하
  는데, 목(木)이 의미부이고 길(吉)이 소리부이다. 일설에는 '곧게
  자라는 나무(直木)'를 말한다고도 한다.
- 길(佶): 『설문·인(人)부수』에 따르면 '곧다(正)'라는 의미로, 인(人)이
  의미부이고 길(吉)이 소리부이다.
- 힐(頡): 『설문·혈(頁)부수』에 따르면 '목을 곧게 하다(直項)'라는 의
  미로, 혈(頁)이 의미부이고 길(吉)이 소리부이다.

'시(矢)'는 정직함의 기능적 의미를 가지고 있다. 일부 소수민족은
옛날에 실체를 비유하는 방법으로 언어에서 상대적으로 추상적인 의
미를 표현하였는데, 그 중에는 '화살'을 사용하여 '정직함'을 상징하기
도 했다.[6] 『설문』 역시 '정직함'이라는 특성을 가진 '시(矢)'의 정보를
저장하고 있다. 예를 들어 다음을 보자.

「시(矢)부수」에서 "단(短)은 '길이의 차이가 있을 때, 화살로 정확하
게 측정한다.(有所長短, 以矢爲正.)'는 뜻인데, 시(矢)가 의미부이고 두
(豆)가 소리부이다."라고 했다.

「공(工)부수」에서 "구(榘)는 거(巨)의 혹체자로 목(木)과 시(矢)로 구성
되었는데, 시(矢)는 '그 안의 정확함을 말한다(其中正也)'."라고 했다.

「계(彑)부수」에서 "체(彘)는 '돼지'를 의미하며, 계(彑)가 의미부이고
시(矢)가 소리부이다. 두 개의 비(匕)로 구성되었다. 체(彘)의 발과 사

---

6) 臧克和, 『漢字取象論』一(臺北聖環圖書公司, 1993年).

슴의 발은 같은 모습이다."라고 했다. 체(彘)의 형상도 '시(矢)'에서 이미지를 가져왔는데, 갑골문에서는 🐖7)로 적어 돼지의 모습 위에 화살 모양이 추가되어 있다. 일부 연구자들은 고대에 돼지가 사냥 대상이었기 때문에 문자를 만드는 사람들이 화살 모양을 추가했다고 생각한다. 하지만 이런 설명은 표면적이다. 고대의 사냥 대상은 돼지만이 아니었기 때문에 다른 동물들, 예를 들면 말, 사슴, 돼지, 기러기와 같은 짐승과 조류들을 표현할 때도 화살 모양을 추가해야 했을 것이다. 이에 필자는 '체(彘)'자가 주술 등 무속적인 영향을 받아 화살 모양과 관련이 있었을 가능성이 있으며, 이는 원시적인 사냥 벽화와 연결될 수 있다고 생각한다. 그러나 '시(矢)'자가 '체(彘)'자의 구조에서 이미 소리부로 사용되기 시작했을 때, 이 문제는 더 이상 이 단계에 머물지 않는다는 것이다. '체(彘)'자의 어원은 바로 '시(矢)'이며, '시(矢)'에서 독음을 가져왔기 때문에 '시(矢)'의 의미도 가져왔다고 볼 수 있다.

앞서 말한 '부류채택의 구조(取類構形)' 원칙에 따르면, 여기서의 '시(矢)'가 '체(彘)'자의 구조에 들어가게 되었을 때, '시(矢)'는 더 이상 '화살'의 의미가 아니라 그것이 '곧게 선' 특징을 그렸기에 이로부터 '곧게 선' 특징을 가진 사물을 상징하고 있다.

『광아소증(廣雅疏證)』에 따르면 "단(端), 직(直)……정(貞)…시(矢)는 바름(正)을 말한다."라고 했는데, 이들은 문헌에 보이는 증거 자료이다. 이러한 의미로, 우리가 잘 알고 있는 두 가지를 더 들어 보자.『산해경』에서는 "호체(豪彘)는 멧돼지(豕)의 일종으로, 호체(豪彘)라고 부르는데, 털은 찌르는 창처럼 생겼고, 중간에는 강렬한 화살이 있다."라고 설명했으며,『북산경(北山經)』에서는 '장체(長彘)'에 대해 "크

---

7) 『漢語古文字字形表』 卷九에 저록된 『鐵』 210, 2.

기가 백 척을 넘으며, 그 수염은 화살처럼 생겼다."라고 기술하였다. 이러한 설명들은 모두 '체(彘)'자가 '시(矢)'의 의미에서 파생된 것임을 시사하는데, 그것은 뾰족한 수염과 찌르는 듯한 모양의 털 때문일 것이다.

'길(吉)'자가 애초에 '시(矢)'로부터 그 이미지를 얻었고 그 때문에 『설문』에서는 '길(吉)'을 '선(善)'이라고 해석했는데, 이는 고대 사회의 도덕적 판단을 잘 보여준다. 정직하다는 것은 행운을 뜻하고, 행운은 선(善)을 의미한다. 그래서 '길선(吉善)'은 '덕(德)'의 가치 지향으로서, 이들 두 가지는 서로 일치하며 조화를 이룬다. 갑골문에서 '덕(德)'자의 구조는 𢛳[8])인데, '직(直)'의 형태에서 비롯되었으며, '직(直)'은 독음 기능도 한다. 이것은 '길(吉)'자의 이미지와 잘 어울리는 것처럼 보인다. 그리고 은허(殷墟) 복사(卜辭)에서 '길(吉)'자는 '선(善)' 또는 '행운(吉利)'의 의미로 사용되었다. 다음을 보자.

· 기미일에 점을 칩니다. 왕께서 물어봅니다. '유'제사와 '훼'제사를 '조을'께 드릴까요? 왕께서 '길하다고 하였다. 이 점괘를 사용하라.(己未卜王貞气㞢蒯於祖乙王吉茲卜)(『佚』 894)
· 왕께서 점괘를 해석하여 말씀하셨다. '길하리라, 재앙이 없으리라.'(王㪰曰吉亡禍)(『乙』 3427)[9])

'시(矢)'의 상징이 정직, 덕에 부합함, 그리고 행운 등과 같은 특성을 가지고 있을진대, 고대에 이러한 상징에 긍정적인 감정 태도를 부여한 것은 아주 자연스러운 일이었다.

예를 들어, 일부 소수 민족에서는 여전히 화살로 행운과 축복을 기

---

8) 『殷契粹編』 864.
9) 『甲骨文字典』 卷二, 93쪽 '吉'字條에 수록됨.

원하는 전통이 남아 있다. 중국의 운남성 북서쪽의 여강(驪江) 영녕(永寧) 지역에 사는 납서족(納西族)은 집 안에 몇 개의 화살을 제물로 바치며, 이 화살들이 악령을 물리치고 집안의 행운과 평온함을 지켜줄 것이라 믿는다고 한다.[10]

실제 생활에서도, 화살과 활은 항상 서로 의존적이다. 두 상징 사이의 교류나 교체는 자주 발생하는 일이다. 『설문·희(喜)부수』에 따르면, "희(喜)는 즐겁다는 뜻이며(樂也), 주(豈)가 의미부이고 구(口)가 소리부이다." 그런데 '희(喜)'의 이체자로 '면(宀)' 아래에 두 개의 '궁(弓)'과 두 개의 '옥(玉)'으로 구성된 �[11]자가 있는데, 이는 집 안에 활과 구슬이 있으면 행복하다는 의미로 해석된다.

인류 사회에서 모권이 부권으로 대체된 이후로, 사람들은 남자 아이를 선호하는 경향이 생겼다. 따라서 남자 아이를 출산하는 것은 큰 기쁨으로 간주되었고, '궁(弓)'의 이러한 상징은 오랜 시간 동안 남자와 연관되어 왔다. 『예기·내칙(內則)』에 따르면, "아들이 태어나면 문의 왼쪽에 활을 걸었다."라고 했다. 『설문·궁(弓)부수』에 따르면, "호(弧)는 나무 활을 의미한다(木弓也)."라고 했으며, 『시·소아·사간(斯干)』에는 "곧 아들을 낳아, 침대에 뉘어놓고, 좋은 옷 입혀주고, 서옥(瑞玉) 가지고 놀게 하네.(乃生男子, 載寢之床, 載衣之裳, 載弄之璋.)"라고 했다. 이는 남자 아이의 탄생을 기뻐하는 문화에서 호(弧: 나무 활)와 장(璋: 옥기)과 같은 상징들을 사용한 것으로, 이것은 '희(𥳐)'라는 글자의 상징적인 의미를 더욱 부각시키는 주석이라고 할 수 있다.

남자 아이의 탄생을 기뻐하는 문화에서 활과 화살을 상징적인 의미로 사용하는 관습은 몇몇 소수 민족에서도 오늘날까지 계속되고

---

10) 『中國原始社會史』, 467쪽(文物出版社, 1987年版).
11) 『玉篇·宀部』(中華書局, 1960年, 四部備要本).

　　　　　　　　　　　　　　　　　『설문해자』인지분석

있다. 예를 들어, 중국 요녕성의 만주족 지역에서는 "남자 아이가 태어나면 가정의 문 앞에 작은 활과 화살을 걸어둔다." 또한, 낙파족(珞巴族)[12]은 "누구든지 남자 아이를 출산하면 이웃과 친척들이 축하 방문을 하여 활과 화살을 선물로 전달한다."

또한, 고대에는 천자(天子)가 공신(功臣)들에게 활과 화살로 상을 주는 풍습이 널리 퍼져 있었다. 『시·소아·동궁(彤弓)』에는 "줄이 느슨한 붉은활을, 잘 받아서 간직하네.(彤弓弨兮, 受言藏之.)"라고 노래했다. 「서(序)」에서는 "동궁(彤弓)은 천자가 공로가 있는 군왕에게 하사하는 것이다."라고 설명했다. 『설문·궁(弓)부수』에서 "초(弨)는 활이 역방향으로 휘는 것이다."라고 했는데, 단옥재(段玉裁)의 주석에는 "활이 역방향으로 휘는 것이 초(弨)의 본래 의미이며, 이를 풀어주면 역방향으로 휘게 된다."라고 풀이했다. 이것은 고대에 좋은 활을 보관할 때에는 먼저 그 활을 풀어 놓았다는 것을 의미한다. 『상서·문후지명(文侯之命)』에도 '붉은 칠을 한 활(彤弓)'에 대한 기록이 있으며, 주(周)가 동쪽으로 수도를 옮긴 후, 평왕(平王)은 진(晉)나라 문후(文侯)의 공로를 인정하고 '동궁(彤弓: 붉은 칠을 한 활) 1개, 동화살 1백 개, 노궁(盧弓: 검은 칠을 한 활) 1개, 노화살 1백 개"를 선물로 주었다. 이와 같은 기록

---

12) [역주] 낙파족(珞巴族)은 중국의 소수민족 중 하나로, 주로 티베트 동부의 찰우(察隅)에서 서부의 문우(門隅)에 이르는 낙유(珞渝) 지역에 분포하고 있으며, 미림(米林), 묵탈(墨脫), 찰우(察隅), 융자(隆子), 낭현(朗縣) 등지에서 가장 밀집해 있다. '낙파'라는 이름은 티베트어로 '남쪽 사람'을 의미하는데, 이는 티베트인들이 그들을 부르던 이름이다. 신 중국 수립 후, 실제 상황과 민족의 의사에 따라 공식적으로 '낙파족'으로 명명되었다. 낙파족 내부에는 여러 부족이 있는데, 주요 부족으로는 박알이(博嘎爾), 영파(寧波), 방파(邦波), 덕근(德根), 아적(阿迪), 탑금(塔金) 등이 있다. 낙파족은 주로 농업과 사냥을 생업으로 하며, 자체 언어를 가지고 있지만 별도의 문자는 없고, 오랫동안 나무에 새기거나 매듭으로 숫자와 사건을 기록하는 방식을 사용해 왔다. 일부는 티베트어와 티베트 문자를 이해하기도 한다.

은『좌전』에서 가장 집중적으로 나타난다. 「문공(文公)」 4년에는 "왕이 문공에게 동궁 1개, 동화살 1백 개, 노궁과 노화살 1천 개를 선물로 주었다."라고 기록되어 있으며, 또 「희공(僖公)」 28년에는 "진후(晉侯)가 왕에게 초(楚)의 포로를 바쳤는데, 왕은 그에게 동궁 1개, 동화살 1백 개, 노궁과 노화살 1천 개를 선물로 주었다."라고 기록되어 있다.

그러나 반대되는 상황도 있다. 『설문』에는 '병(疾)'자가 수록되어 있는데, 이는 시(矢)에서 독음을 가져왔다. 또한 '상(殤)'자도 시(矢)의 형태로 구성되어 있다. 『설문·시(矢)부수』에 의하면, "상(觴)은 상처를 입다는 뜻이다(傷也). 시(矢)가 의미부이고 양(昜)이 소리부이다."라고 했다. 또『설문·인(人)부수』에서는 "傷(傷: 🀄🀄🀄🀄簡帛 🀄🀄漢印), '상처를 말한다(創也)'. 인(人)이 의미부이고, 상(殤)의 생략된 모습이 의미부이다."라고 했다.

비교를 통해 실제로 대서본(大徐本)의 「시(矢)부수」에 남아있는 구조는 시(矢)가 의미부이고 양(昜)이 소리부인 구조로, 그 형태에서 약간의 차이가 있다는 점은 쉽게 구별할 수 있다. 초나라 죽간에서는 인(人)이 의미부이고 양(昜)이 소리부인 구조이기도 하고, 혹은 과(戈)가 의미부이고 양(昜)이 소리부인 구조도 있다. 『고문사성운(古文四聲韻)』과『유편(類篇)』에는 '상(殤)'이 '상(傷)'의 혹체자로 되어 있다. 이러한 모든 것들은 다시 한 번 '화살과 활(弓矢)'의 상징이 단순히 긍정적인 미덕과 연결되는 것뿐만 아니라, 사람들의 두려움과 경계를 불러일으키는 재앙과도 관련이 있음을 보여준다. 양과 음의 두 가지 감정 태도는 화살과 활의 상징 속에서 서로 반대되고 충돌하는 방향으로 동시에 나타나고 있는 것이다.

『관추편(管錐編)』에서는 다음을 여러 차례 강조한 바 있다. "한 세대의 마음과 습관적인 선입견, 풍조의 영향, 그 시대의 도덕적 원칙에 대한 책들이 익숙하게 되어 서로 잊혀지고, 간과되는 경우가 많다. 이러한 것들은 종종 문학적 언어에서 나타난다."[13)

언어에서 '화살의 이미지는 사람들의 재앙과도 관련이 있다. 예를 들면, 사람들을 다치게 하는 악한 바람을 '화살 바람(箭風)'이라 부른다. 송나라 고사손(高似孫)의 『위략(緯略)·피풍(避風)』에서는 "손사막(孫思邈)이 건강을 논하면서 사람들에게 어두운 바람(暗風), 화살 바람(箭風)을 피하라고 권했다."라고 했다. 상을 당했을 때 착용하는 대나무 머리핀을 '전죽(箭竹: 화살 대나무)'이라 부른다. 『의례(儀禮)·상복(喪服)』에서는 "전죽의 길이는 1자이다.(箭竹長尺)"라고 했다. 적호(翟灝)의 『통속편·복식(服飾)』에서는 "고대의 상(喪) 제도를 보면, 여성들은 머리핀으로 가는 대나무(筱竹)을 사용했는데, 이를 전죽(箭竹)이라고 부른다."라고 설명했다. 중국어에서 마음이 극도로 아픈 것을 '만 개의 화살이 마음을 관통한다(萬箭穿心)'라고 하고, 원한이 깊으면 '화살 같은 원수(一箭之仇)'라 하고, 재앙을 피할 수 없음을 '어둠 속에서 화살이 사람을 다치게 하다(暗箭傷人)'하고 하는데……이러한 것들은 '활과 화살'에 대한 사람들이 공포심을 반영했다.

몇몇 원시 문화 유적들, 예를 들면, 강소성 비현(邳縣)의 육돈자(六墩子) 유적지와 운남성 작모(作謀)의 대둔자(大墩子), 산서성 강현(絳縣) 등에서는 화살 끝이 박힌 뼈가 발견되었는데, 이는 사망자가 화살에 맞아 죽었음을 보여준다. 이러한 사실은 활과 화살이 실제로 원시인들에게 재앙을 가져다주는 것이었음을 보여준다. 이를 통해 고대인들이 '질병(疾)'이나 '상처(煬)'와 같은 글자를 만들 때의 인지 심리적 근거를 유추할 수 있다.

---

13) 『管錐編』 卷三, 909쪽.

이로써 알 수 있는 바와 같이, 고대의 어떤 역사적 단계에서 '활과 화살'은 원시인들이 동시에 존경하고 두려워하는 이중적 성격의 이미지였다. 이런 모순적이면서도 통일된 감정은 어떻게 형성되었던 것일까? 이 문제를 명확히 하려면 활과 화살의 출현이 원시인들의 생산 활동에 미친 영향을 되돌아봐야 한다. 인류가 농경사회로 들어가기 전에는 사냥을 주요 생계 수단으로 사용하여 종의 번식을 유지했다. 당시 인류에게 활과 화살의 발명이 갖는 의미는 말할 필요도 없다. 인류학자 모건(Morgan)은 활과 화살의 발명을 무지한 시대의 고급 단계의 시작으로 간주했으며, 고고학에서는 그것을 '중석기 시대'의 특징 중 하나로 보았다. 활과 화살이 있으면 사냥의 효율성이 크게 향상되는 것은 물론이고, 활과 화살을 의지하여 야수와의 짧은 거리 접촉을 피하게 되어 사냥 중의 위험과 부상을 크게 줄일 수 있었다. 게다가, 원시인들에게 있어서 부족 전쟁 과정에서 활과 화살은 유리한 무기였을 뿐만 아니라, 자신을 곤경에 처하게 하는 잔혹한 도구이기도 했다. 따라서 고대인들이 '활과 화살'의 이미지에 반대되는 모순적인 감정 가치 태도를 부여한 것은 아주 자연스러운 일이었다.[14]

'활과 화살'의 이미지에는 또 그것을 영적인 것으로 인지한 것도 반영되어 있다. 『설문·옥(玉)부수』에서는 '영(靈)'자에 대해 "무당이 옥으로 신을 섬긴다(巫以玉事神). 옥(玉)이 의미부이고 영(霝)이 소리부이다."라고 했다. 우리는 『설문·옥(玉)부수』에 수록된 '함(琀)', '전(瑱)', '농(瓏)' 등과 같은 일련의 글자와 그 관련된 설명[15]을 『산해경』에서 옥(玉)으로 신의 제물로 바친 통계자료를 연계해 살펴보면[16] 고대 사

---

14) 劉志基, 「漢字中所見幾個先民崇拜物」.
15) 『說文·玉部』: "瓏, 禱旱玉, 龍文." "瑱, 以玉充耳也.""琀, 送死口中玉也."
16) 『산해경·오장산경(山海經·五藏山經)』의 각 편 마지막 부분은 해당 산지의 산의 수와 그 산의 신에게 제사를 드릴 때 사용하는 옥기 류의 제물을 개괄적으로

　　　　　　　　　『설문해자』 인지분석

회에서 '옥'의 신성한 성격을 알 수 있다. 『집운·청(靑)부』에서는 이렇게 말했다. "영(霝, 靈, 霛, 靇, 𩆜)은 랑(郞)과 정(丁)의 반절로 읽힌다. 『설문』에 의하면, 영(靈)은 무사가 옥으로 신을 모시는 것을 말한다(巫以玉事神). 일설에는 선하다는 뜻이라고도 한다(善也). 또 성(姓)을 망한다. 또 주의 이름(州名)이기도 하다. 혹체에서는 무(巫)로 구성되었다. 고문체에서는 영(霝), 영(靇), 영(𩆜)으로 적었다. 속체에서는 영(灵)으로 적는데, 이는 잘못된 것이다." 『광운』에 수록된 '영(靈)'자의 고문체는 '영(霛)'으로 적었는데, 이는 '옥(玉)'자를 '왕(弜)'으로 바꾼 것이며, 『비구도보기(比丘道寶記)』에서도 '왕(弜)'은 '왕(王)'자의 이형이다. 고대의 사고방식에 따르면, 많은 것들이 셋으로 표현되는 경우가 많다. 세 개의 궁(弓)으로 구성된 '왕(王)'자가 만들어진 의도는 '활을 많이 가진 자'가 바로 '왕'이라는 것이다.[17]

기술하고 있다. 통계에 따르면, 중국의 산지는 총 26개의 산경(山經)으로 나뉘며, 그중 21개의 산지에서는 신을 제사하는 데 옥석을 사용하고 있다. 단 4개의 산지에서는 옥석을 사용하지 않았으며, 1개의 산지는 문헌의 누락으로 인해 분명하지 않다.

17) 3개의 궁(弓)으로 구성된 자형이 후대에 생겼다는 것은 신뢰할 만한 근거가 되기에는 부족하다. 「당 초본 자서에 존재하는 해서체 자형 관계 선석(唐抄本字書所存楷字字際關系選析)」이 『고한어연구(古漢語研究)』(2007년 제2기)에 게재되었는데, 그 중 "주(州) - 왕(弜) - 영(靈)"에 대해 다음처럼 상세하게 설명한 바 있다. "『명의(名義)』이서 '주(弜), 구(口)와 주(舟)의 반절로 읽힌다. 주(州)의 고문체이다.'라고 했다. 『송본(宋本)』의 「궁(弓)부수」에서는 이 부분이 빠졌다. 『한어대자전(漢語大字典)·궁(弓)부수』에도 기록되어 있는데, 출처는 『용감수감(龍龕手鑒)』이라 했다. 『명의』에 초록된 내용으로 볼 때, 늦어도 남북조 시대에 이미 해당 자형을 사용했음을 알 수 있다. 궁(弓)과 도(刀)는 같은 부류이며, 게다가 해서화(楷書化) 과정에서 형태가 혼동되기 쉬웠다. 북위의 「원수안묘지(元壽安墓志)」에서 주(州)를 州로 썼고, 「구치묘지명(寇治墓誌銘)」에서는 𡗉로 썼다. 『진서(晉書)』 권127 「모용덕재기(慕容德載記)」의 '시요(時謠)'에서, '대풍(大風)이 세차게 불어 먼지를 날리니, 팔정삼도(八井三刀)가 갑자기 일어났네. 사해(四海)가 들끓고 중산(中山)이 무너지니, 오직 덕인(德人)만이 삼대(三臺)를 차지하네.(大風蓬㪍揚塵埃, 八井三刀卒起來. 四海鼎沸中山頹, 唯有德人

오기창(吳其昌)은 '왕(王)'자의 고문체가 도끼 모양이라 해석했는데, 그의 설명에 의하면, "고대의 왕들이 모두 그 위력으로 세상을 정복했기 때문에 도끼는 무기로써 세상을 정복하는 데 사용되었다. 따라서 이를 확장해서 세상을 정복하는 모든 사람을 '왕'이라 부르게 되었다." 전 세계의 고고학적 발굴에서 중석기 시대의 돌도끼가 대량으로 출토되는 것은 고대의 원시인들의 생활에서 도끼가 중요한 위치를 차지했음을 보여준다. 따라서 '활과 화살'의 이미지로 '왕'을 나타내는 것과 도끼의 형상으로 '왕'을 상징하는 것, 이 두 가지 이미지는 서로 대체 또는 전환될 수 있으며, 글자를 만드는 데 이 두 기호가 이형문자를 구성할 수 있음을 보여준다. 이러한 인지 과정은 자연스럽게 이루어졌다고 볼 수 있다.

『설문』에서 '활과 화살' 이미지는 이처럼 신성한 의미를 가지고 있었기 때문에, 활을 당기고 화살을 쏘는 의식은 고대에 매우 중요한

據三臺.)'라고 했다. 여기서 말한 '팔정삼도'는 병주(幷州)를 가리키며, '병주'의 지리에 관한 글자 사용의 해서화 상황을 묘사하고 있으며, 당시에 이러한 해설이 성행했음을 알 수 있다. 『복고편(複古編)·하평성(下平聲)』에서 '수중에 거할 수 있는 곳을 주(州)라 한다. 천(川)이 중복된 모습이다. 주(洲)로 쓰는 것은 잘못이다. 직(職)과 류(流)의 반절로 읽힌다.'라고 했다. 여기에 남아있는 전서체 구조는 '궁(弓)'이 3개로 된 형태에 가깝다. 이를 통해 알 수 있듯이, '3개의 궁(弓)'으로 구성된 주(州)의 형태는 '3개의 도(刀)'로 구성된 형태와 마찬가지로 모두 '주(州)'자의 해서화 과정에서 나타난 변이체이다. 위진남북조 석각자료 데이터베이스에 기록된 「구소묘지(寇霄墓志)」 등에서 총 21개의 '영(靈)'자를 사용했는데, 이는 고빈도 사용 글자에 해당한다. 그 구조는 무(巫)로 구성되거나 옥(玉)으로 구성되거나 기(器)로 구성된 것은 있지만, '3개의 궁(弓)'으로 구성된 것은 없어, '3개의 궁(弓)'으로 구성되어 이미 완전히 구조적 근거를 상실했음을 알 수 있다. '영(靈)'자의 이체자로 영(靁), 영(霝), 영(霛), 영(霊), 영(霝) 등이 있는데, 그 중 '왕(弱)'은 '주(州)'의 변형일 가능성이 있다. '주(州)'는 아마도 '주(㸬)'의 간략화한 형태일 것이며, 이는 주(呪), 주(呪), 주(㕧), 주(說)가 통용되었다. 그렇다면 고문(古文)체의 '영(靈)'은 무사(巫師)나 방사(方士)의 주술과 관련이 있으며, 특별히 그 기능을 표시한 것일 뿐이다."

『설문해자』 인지분석

의미를 지녔을 것이다. 「시(矢)부수」에서 이렇게 말했다.

· 熱(甲骨文)金文簡帛石鼓漢印
石刻)弓弩發於身而中於遠也. 從矢從身. , 篆文躲
從寸. 寸, 法度也, 亦手也.
사(躲), '활이나 쇠뇌가 몸에서 발사되어 멀리 날아가 적중함(弓弩
發於身而中於遠)'을 말한다. 시(矢)가 의미부이고 신(身)도 의미부
이다. 사()는 사(射)의 전서체인데, 촌(寸)으로 구성되었다. 촌
(寸)은 법도(法度)라는 뜻이며, 손(手)을 뜻기도 한다. 독음은 식
(食)과 야(夜)의 반절이다.

위에서 제시된 것처럼, 갑골 및 금문에 기록된 '사(射)'의 형태는 모
두 활을 쏘는 행위나 사건을 상징한다.『설문』에서 기록한 전서체의
'사(射)'는 형태가 달라져서 신(身)과 촌(寸)의 조합으로 표현되었다.
일부 학자들은『설문』에 수록된 '사(射)'자가 잘못된 형태로 변형되었
다고 비판하지만, 이는 지나치게 단순한 시각이라 할 수 있다.『설문
』에는 많은 글자들이 잘못되거나 정확하지 않은 형태나 해석으로 기
록되어 있지만, 이러한 오류나 누락을 감안하더라도『설문』의 중요
성과 가치를 부정할 수는 없다. 여기서 특히 강조하고 싶은 것은『설
문』을 연구할 때 역사적 차원의 시각을 가져야 한다는 것이다. 즉,『
설문』에서 제시된 글자 형태나 그에 대한 해석이 현대의 시각에서
어떻게 변화하였는지, 그리고 이러한 변화나 발전이 어떠한 역사적
배경 속에서 일어났는지에 주목해야 한다.
　『설문·시(矢)부수』에서는 '신(身)'에서 그 이미지를 가져왔는데, 그
것은 '활쏘기(射)'의 행위가 '몸(身)'에 가깝게 위치한다는 것을 표현하

였고, '시(矢)'의 상징을 '촌(寸)'으로 대체함으로써 '시(矢)' 또한 인체와 관련이 있다는 것을 나타내었다. 『설문·촌(寸)부수』에서는 '촌(寸)'을 '십분의 일'이라고 정의하며, 사람의 손목에서 한 '촌(寸)'을 떨어진 곳에는 맥박이 있어 '촌구(寸口)'라고 부른다고 설명한다. 이 때문에 맥을 진단할 때 정확한 위치를 파악하기 위한 기준으로 '촌(寸)'이 사용되었고, 이에 따라 '법도'나 '기준'이라는 의미를 갖게 되었다.

예를 들어, 『설문·촌(寸)부수』에서 "사(寺)는 조정(廷)이며, 법도가 있는 곳이다. 촌(寸)이 의미부이고 지(之)가 소리부이다."라고 설명한다. 고대어에서 '대리사(大理寺)'는 현재의 '법정(法庭)'에 해당한다. 전해지는 바에 따르면, '불사(佛寺)'라고 할지라도 여전히 법도가 있는 곳으로 간주되었다. 『일체경음의(一切經音義)』의 '도탑사물(盜塔寺物)' 항목에서는 이렇게 말했다. "『풍속통』에 따르면, 사(寺)는 사(司: 관리하다)를 의미하며, 법도가 있는 곳을 관장한다. 현재 제후가 머무는 곳도 모두 사(寺)라고 한다. 만약 의미를 따라 이름을 세운다면, 불제자는 부처의 가르침을 널리 펼치고, 정법(正法)을 주관한다."라고 했다.[18]

또 '관(冠)'에 대해서도 『설문·멱(冖)부수』에서는 "관(冠)은 법제가 있다는 말이며, 촌(寸)이 의미부이다."라고 설명한다. 이는 사람의 신분에 따라 각기 다른 규정이 있다는 것을 의미한다. 추가적인 예는 더 이상 열거하지 않아도 될 것이다.

'촌(寸)'자가 지닌 의미를 이해한다면, '신(身)'과 '촌(寸)'으로 구성된 '사(射)'의 문자 창제에서 상징적 의미를 좀 더 명확하게 인지할 수 있다. 즉 '신(身)'의 의미는 인체를 가리키며, '촌(寸)'자가 법도와 준칙을 나타내므로, '사(射)'자의 상징적 의미는 "인간의 삶에는 도(道)가 존재한다"는 것을 의미한다. 즉, 『설문해자』의 '사(射)'가 가리키는 '활쏘기

---

18) 慧琳, 『一切經音義』 卷二三, 12쪽.

(射矢)'라는 의례 활동 속에서 '활과 화살'의 이미지는 매우 추상적인 상징과 은유적 내포를 획득하였다는 것을 알 수 있다.

『설문·대(大)부수』에서는 "이(夷)는 평평하다는 뜻이다. 대(大)가 의미부이고 궁(弓)도 의미부이다. 동쪽에 사는 사람을 가리킨다."라고 설명한다. 이 '동이(東夷)'는 당시에 어떤 덕성을 지니고 있었을까?『설문·양(羊)부수』의 '강(羌)'자에 대한 설명에서 사방의 민족의 특성을 비교할 때 이렇게 설명했다. "동이(東夷)는 대(大)에서 유래하였으며, 대(大)는 '사람을 의미하며 동이족의 풍속은 인자하다(仁). 인자한 사람은 오래 산다. 그래서 그들에게는 군자가 죽지 않는 나라가 있다. 공자도 도(道)가 행해지지 않을 때 뗏목을 타고 바다를 넘어 구이(九夷)로 가고 싶다고 했다. 그것은 다 이유가 있다."

이렇게 볼 때, 인의 도덕을 강조한 대성인 공자(孔子)는 "도가 행해지지 않아", 크게 탄식하며 "나와 함께 돌아갈 이는 누구인가?"라고 말할 때, 먼저 떠올린 것이 바로 이 동지인 '동이군자(東夷君子)'였다. 이로부터 '이(夷)'의 사람들의 도덕성이 얼마나 고상한지 알 수 있다. 이 예에서도 볼 수 있듯이, '이(夷)'의 구성 요소인 '궁(弓)'은 이미 한 가지 상징으로 등장하고 있으며, 그것은 도덕적 규범을 은유하는 기능을 지니고 있음을 알 수 있다.

'궁시(弓矢)'의 상징과 그것이 지시하는 '사의(射儀)'가 지닌 이런 은유적 내포는 중국이라는 문화적 배경과 매우 깊은 관련을 가지고 있다. 『예기·사의(射義)』에는 '사의(射儀)'에 대한 수많은 설명이 들어있다. 예를 들면, "활쏘기는 인(仁)의 도(道)이다. 활쏘기는 스스로를 바르게 한다."라는 설명에서 "활쏘기는 스스로를 바르게 한다."라는 것은 구체적인 행위를 나타내는 반면, "인(仁)의 도(道)"는 추상적인 개념을 의미하며, 이 둘은 '궁시'의 상징이 지니는 은유적 기능을 통해 서로 연결된다. 비슷한 맥락으로, "독행을 세우는 데는 활쏘기(射) 만한 것이 없으며, 그래서 성왕들은 이에 집중했다."라고 말하며, "그러므로 활쏘기는 …… 덕행을 보게 해 주는 것이다."라고 설명한다. 이로 보아 '사의'는 사람의 덕행을 대변하게 되었으며, 그러므로 덕 없는 사람과는 함께 할 수 없다고 했던 것이다. "활쏘기의 경우 활은 어떻게 쏘는가? …… 오직 어진 사람만이 할 수 있는가? 그렇지 않은 사람이라면, 그가 어떻게 과녁을 적중시키겠는가?"라는 내용으로 볼 때, '사의'의 중요성이 이렇게 컸기 때문에 고대의 통치자들은 종종 이것을 재능 있는 사람을 선발하는 기준으로 사용했다. "옛날 천자들은 활쏘기로써 제후와 경(卿)과 대부와 사(士)를 선발했다." "사후(射侯: 활을 쏠 때 과녁으로 쓰는 베)는 활을 쏘아서 제후가 된다는 뜻이다. 활을 쏘아 적중시키면 제후가 될 수 있고, 적중시키지 못하면 제후가 될 수 없다."는 설명도 그러한 예시 중 하나이다.

그래서 '사(射)'는 오래 전부터 고대 교육의 내용 중 하나로 정해졌다. 주(周)나라 때의 교육 내용을 '육예(六藝)'라고 하였는데, 그 중 하나가 '사(射)'였다. 고대의 학교는 '상서(庠序)'라고 불렀다. 『설문·엄(广)부수』에서 이렇게 말했다.

· 庠: 禮官養老. 夏曰校, 殷曰庠, 周曰序. 從广羊聲. 似陽切.
  상(庠), '예를 관장하는 관리가 노인들을 봉양하던 곳(禮官養老)'을
  말한다. 하(夏)나라 때에는 교(校)라 했고, 은(殷)나라 때에는 상(庠)
  이라 했고, 주(周)나라 때에는 서(序)라고 했다.19) 엄(广)이 의미부
  이고 양(羊)이 소리부이다. 독음은 사(似)와 양(陽)의 반절이다.

---

19) [역주] 이는 『한서·유림전(儒林傳)』에서도 이렇게 말했다. 그러나 『맹자·등문공
(滕文公)』과 『사기·유림전(儒林傳)』에서는 차이를 보여, 하(夏)나라 때는 교(校),
은(殷)나라 때는 상(庠), 주(周)나라 때는 서(序)라고 했다 하여 『설문』이나 『한
서』와 차이를 보인다. 단옥재는 『맹자』와 『사기』가 잘못된 것으로 보았다.

『설문해자』 인지분석

· 序 (石刻): 東西牆也. 從广予聲. 徐呂切.

序(序), '집에서 동쪽과 서쪽으로 만들어진 담(東西牆)'을 말한다.
엄(广)이 의미부이고 여(予)가 소리부이다. 독음은 서(徐)와 려(呂)
의 반절이다.

그리고 '서(序)'의 원래 글자는 로 표기되었다. 서주(西周)의 금문
에는 20)과 같은 글자가 존재하는데, 그것은 실내에서 활을 쏘는
모습을 상징한다. 『설문·엄(广)부수』에 따르면, "엄(广)은 집을 뜻하기
때문에, 그것은 높은 집의 형태를 형상했다.(因广爲屋, 象對刺高屋之
形)." 그러나 용경(容庚)21)은 이렇게 해석했다.

『설문』에는 그런 내용이 없다. 「신부」에서는 목(木)으로 구성되어 '사
(榭)'로 적었고, 경전에서는 잘못변하여 '서(序)'로 적었다. 『예기·향음

---

20) 『金文編』 卷九, 660쪽.
21) [역주] 용경(容庚, 1894~1983)은 중국의 저명한 문자학자, 고고학자, 금석학
   자, 시인, 서예가이다. 그의 본명은 용조경(容肇庚)이며, 자는 희백(希白), 초기
   호는 용재(容齋)였다가 후에 송재(頌齋)로 바꾸었다. 광동성 동관현(현 동관시)
   출신으로, 청말 서환(書宦) 가문에서 태어났다. 어릴 때 외숙부인 등이아(鄧爾
   雅)에게 서예와 전각을 배웠고, 후에 나진옥(羅振玉)의 제자가 되어 고문자를
   연구했고, 1922년 나진옥의 소개로 북경대학 연구소 국학문에서 연구생으로
   공부했다. 졸업 후 연경대학 교수, 『연경학보』 주편집인 겸 북평고기물진열소
   감정위원, 영남대학 중문과 교수 겸 학과장, 『영남학보』 주편집인, 중산대학
   중문과 교수 등을 역임했다.
   그는 청동기의 수집과 연구에 특히 힘썼다. 그의 저서 『금문편(金文編)』은 오
   대징(吳大徵)의 『설문고주보(說文古籀補)』 이후 최초의 금문 자전이며, 『상주이
   기통고(商周彝器通考)』는 상주시대 청동예기 연구의 기초를 다진 저작이다. 이
   외에도 『은계복사(殷契卜辭)』, 『은주청동기통론(殷周青銅器通論)』(공저), 『보운
   루이기도록(寶蘊樓彝器圖錄)』, 『진한금문록(秦漢金文錄)』, 『송재길금도록(頌齋
   吉金圖錄)』, 『무영전이기도록(武英殿彝器圖錄)』, 『해외길금도록(海外吉金圖錄)』,
   『선재이기도록(善齋彝器圖錄)』 등의 저서가 있으며, 서화와 비첩 분야에서도
   연구 업적을 남겼다.(바이두 백과)

주』의 『의소(義疏)』에서는 “방이 없으면 서(序)라 한다.”라고 했다. 『이아·석궁(釋宮)』에서도 “방이 없으면 사(榭)라고 한다.”라고 했다. ‘서(序)’와 ‘사(榭)’는 고대음에서 같이 우(遇)운에 속하며, 독음과 의미가 같다. 그래서 서(序)는 사(榭)의 오류임을 알 수 있다. 그러나 『주례·지관』에는 “주장(州長)은 예로 사람들을 만나 활을 서(序)에서 쏜다(州長以禮會民而射於州序)”라고 했고, 『맹자』에서 “서(序)는 활 쏘는 곳이다”라고 한다고 했을 때의 서(序)는 ⿸广射로 써야 한다. 『당운(唐韻)』에서는 “고대에 서(序)와 서(榭)는 같았다. 그러나 세월이 오래 되면서 서로 연용하면서 구분이 어려워졌다.”라고 했다. 또 사(謝)로도 가차되었는데, 『좌전 · 선공(宣公)』 16년의 『좌전』에서 성주(成周)의 선사(宣榭)가 불에 탔다고 했다. 그러나 『공양전』과 『곡량전』에서는 이를 사(謝)로 적었다. 「경궤(卿簋)」에서 ‘왕께서 선사에 도착하였다(王各於宣謝).’라고 하여 엄(广)을 생략하였다. 「괵계자백반(虢季子白盤)」에서는 “왕께서 주나라 종묘의 선사에 도착하셨다(王各周廟宣⿸广射).”라고 했다.22)

『금문편』의 연구를 통해 알 수 있듯이, ‘서(序)’의 초기 문자는 ‘사(射)’에서 유래했으며, ‘사(射)’는 바로 ‘서(序)’(⿸广射)의 원래 이름이었다. 이로서 ‘활쏘기(射)’ 기술이 ‘서(序)’, 즉 고대 교육에서 그 지위가 평범하지 않았음을 알 수 있다. 심지어 ‘육예’(禮 · 樂 · 射 · 禦 · 書 · 數) 중에서도 가장 대표적인 것의 하나로 간주되었다. 그렇지 않았다면 ‘⿸广射’자의 형성은 그 이미지를 ‘사(射)’에서 가져오지만은 않았을 것이다.

결론적으로, 『설문』에서 ‘활과 화살’의 상징적 의미와 중국 고대의 ‘사의’와의 관계는 다방면에서 다루어지고 있으며, 중국 고대의 예식문화와도 상당히 복잡하게 연결되어 있다. 『설문』에서 활과 화살의 이미지와 관련된 고대의 숭배, 존경, 공포 등의 감정 태도와 가치관을 중심으로, 아래의 두 주제를 중점적으로 다룰 수 있을 것이다.

---

22) 『金文編』 卷九, 660쪽.

(2) 『설문』 속의 '태양을 쏘다(射日)'의 상징

'사일(射日: 태양을 쏘다)'에 관한 이야기는 중국 신화 전설에서 매우 깊은 영향을 미쳤다. 『설문』에서 '사일' 의식의 '본래 사건'에 대한 기억은 주로 '진(晉)'자와 '예(羿)'자의 이미지 구성 및 해석 과정에서 제공된 부분에 집중되어 표현되었다. 다음은 각각에 대한 고찰이다.

먼저, '진(晉)'자에 대한 해석이다.

『설문·일(日)부수』에서 "진(晉)은 해가 떠올라 만물이 성장함을 말한다. 일(日)이 의미부이고 진(臸)도 의미부이다. 『역』에서 '밝음이 땅 위에서 나아가는 것이 진(晉)이다.'라고 했다.('晉, 進也. 日出萬物進. 從日從臸. 易曰: 明出於地上晉.)" '진(晉)'은 『설문·일(日)부수』에서 수록된 자형은 '진(臸)'과 '일(日)'에서 상징을 취한 것으로, 이 문자 구조는 매우 고대의 것으로, 갑골문과 금문도 이 형태와 약간 다르게 나타날 뿐이며, 각각 다음과 같이 표현되었다.

23)

유지기(劉志基)는 두 개의 '시(矢)'로 구성된 이 '진(晉)'자가 사실은 '전(箭)'자의 원래 형태이며, 이러한 이미지 채택은 '사일(射日)'의 전설이 초기 사람들의 심리에 미친 깊은 영향을 반영한다고 생각했다.24) 그는 이 문제에 대해 세밀하게 조사하였으며, 이를 간략히 요약하여

---

23) 각기 『甲骨文編』 卷七·1쪽에 수록된 『鐵雲藏龜拾遺』13, 1; 『金文編』 卷七·456쪽에 수록된 기물인 「格伯作晉姬簋」, 「晉公簋」에 보인다.
24) 劉志基, 「漢字中所見幾個先民崇拜物」.

다음과 같이 인용하고자 한다.

『주례·직방씨(職方氏)』에서 "그 예리한 청동 주석 그리고 대나무 화
살(其利金錫竹箭)"이라고 했는데, 정현(鄭玄)의 주석에서는 "전(箭)은
조릿대(篠)를 말한다.……두자춘(杜子春)에 의하면 '진(晉)은 전(箭)이
되어야 하며, 문헌에서도 때로 전(箭)으로 쓴다.'라고 했다." 분명하
게 볼 수 있듯이, 『주례』의 이 기록에 따르면, '전(箭)'을 '진(晉)'으로
는 표기했던 예가 있었다는 말이며, 그렇지 않다면 두자춘(杜子春)이
이러한 글자의 변경에 관한 언급을 할 이유가 없을 것이다. '진(晉)'
과 '전(箭)'의 문자 교체는 이렇게 우연히 한 번 일어난 것만은 아니
다. 『주례·교감기(校勘記)』에서도 이렇게 말했다. "『한독고(漢讀考)』에
'대사철저전(大射綴諸箭)'이라는 표현이 있는데, 주석에서 고문에서는
'전(箭)'이 '진(晉)'으로 표기됐다고 했다." 『설문·일(日)부수』의 단옥재
주석에서는 "『예기』의 고문과 『주례』의 옛 판본에서는 '전(箭)'을 빌
려 '진(晉)'을 대신했다."라고 했다. 또 '전(箭)'자의 주석에서는 "『오월
춘추(吳越春秋)』에서 '진죽십수(晉竹十瘦: 진죽 열 다발)'라고 했는데25),
'진죽(晉竹)'은 바로 '전(箭)'을 의미한다."라고 설명했다. 따라서 '진
(晉)'과 '전(箭)'은 고대와 현대에서 교차하여 사용된 두 가지의 자형
임이 분명하다. 더 구체적으로 말하자면, '화살(箭)'이라는 단어를 기
록할 때 원래는 '진(晉)'이라는 자형을 사용했으며, 나중에 '전(箭)'이
라는 자형으로 대체되었다.

(『周禮·職方氏』: '其利金錫竹箭."鄭玄注: '箭, 篠也……杜子春曰: '晉當爲
箭, 書亦或爲箭.'"顯然, 『周禮』的這段記載, 有過"箭"寫作"晉"的異文, 否則,
杜子春就不會有此改字之說. '晉"與"箭"的用字互換, 並非僅此偶然一遭, 『周
禮·校勘記』: '漢讀考』云: '大射綴諸箭. '注: 古文箭爲晉."『설문·日部』段注

---

25) [역주] 이 말은 『吳越春秋·勾踐歸國外傳』에 나오는데, 원문은 "越王乃使大夫種索
葛布十萬, 甘蜜九黨, 文筍七枚, 狐皮五雙, 晉竹十廋, 以復封禮."이다 즉 월왕(越王)
구천(勾踐)이 대부(大夫) 문종(文種)을 파견했을 때 갈포(葛布) 10만 필(匹), 감밀
(甘蜜) 9통(桶), 무늬가 든 대상자(竹筍) 7개, 여우 가죽 5짝(雙), 진죽(晉竹) 10다
발(捆)을 보내 오왕(吳王)에 대한 예물로 삼았다는 말이다.

‘晉”下云: 『禮』古文·『周禮』故書皆假‘晉’爲‘箭’."‘箭”下又云: 按『吳越春秋』: ‘晉竹十瘦’, ‘晉竹卽’箭’."顯然, ‘晉’與‘箭’, 是古今互換使用的兩個字形, 具體說, 在記錄‘箭’這個詞時, 最初用‘晉’這個字形, 後來才用‘箭’這個字形取而代之.)

글자의 음운적인 관점에서 볼 때, ‘진(晉)’과 ‘전(箭)’자는 성모는 같지만 운모는 다르다. ‘진(晉)’은 정뉴(精紐) 진부(眞部)에 속하지만, ‘전(箭)’은 정뉴(精紐) 원부(元部)에 속한다. ‘진부(眞部)’와 ‘원부(元部)’가 비록 극히 가까워 고염무(顧炎武)의 고음 10부(古音十部)에서는 아직 합쳐진 채 분리되지 않았지만, 이 두 글자의 독음이 결국 같은 것은 아니다.

그래서 상고음에서 ‘진(晉)’과 ‘전(箭)’은 독음이 가까우나 같은 것은 아니라고 할 수 있다. 그러나 ‘진(晉)’은 상고음에서 도리어 여러 가지 독음을 가진 글자였다. 예컨대, 『주례·동관(冬官)·고공기(考工記)·여인(廬人)』에 ‘진위(晉圍)’라는 표기가 있는데, 『설문(釋文)』에서 “진(晉)은 또 전(箭)으로 발음한다”라고 했다. 또 『집운(集韻)』의 ‘진(晉)’자에 대한 해설에도 “자(子)와 적(賊)의 반절로 읽히며, 전(箭)으로 읽는다.”라는 주석이 있다. 이는 ‘진(晉)’이 원래 ‘전(箭)’과 동일한 독음도 갖고 있었음을 의미한다. 이러한 독음이 어쩌면 ‘진(晉)’자의 원래 독음, 즉 ‘전(箭)’자의 초기 형태 때의 독음이었을지도 모른다. 그리고 ‘진부(眞部)’에 속하는 이독음(異讀音)은 나중에 추가된 것으로, ‘진(晉)’이 다른 의미로 사용되면서 원래의 의미를 ‘전(箭)’자로 표기할 때 생겨난 독음이라고 볼 수 있다.

‘진(晉)’과 ‘전(箭)’은 단순히 문자로서만 교체될 수 있는 것이 아니라, 독음도 다르지 않고, 의미 또한 같다. 『석명(釋名)』에 따르면, “전(箭)은 나아가다(進)는 뜻이다.”라고 했다. 『설문(說文)·죽(竹)부수』에서

"전(箭)은 화살(矢)을 말한다. 죽(竹)이 의미부이고 전(前)이 소리부이다."라고 설명하였다. '화살(箭)'을 사용할 때는 반드시 '앞쪽(前)'을 향해 발사한다. '전(箭)'이라는 글자가 '전(前)'이라는 글자에서 독음을 가져왔으며, 의미도 거기서 가져왔다. 그래서 언어학적 관점에서, '전(箭)'과 '전(前)'은 동일한 기원을 가진 것으로 볼 수 있다.

마지막으로 다루어야 할 주제는 자형에 관한 문제로, 고대의 사람들이 왜 두 개의 화살을 사용하여 태양을 쏘는 모습을 바탕으로 '전(箭)'이라는 글자를 표현하였는지, 그리고 '화살(箭)'이라는 단어를 표현하는 글자로서 '진(晉)'이 왜 '전(箭)'에 의해 대체되었는지에 대한 것이다.

이스트린은『문자의 생성과 발전』이라는 책에서 고대 이집트 문자의 생성 방법 중에 소위 '수수께끼 방법(解謎法)'이라 불리는 것을 언급했다.26) 이 방식은 "단어와 그림 사이의 연결이 외부인들에게는 수

---

26) [역주] 이스트린(В. А. Истрин, 1906-1967)은 소련의 저명한 언어학자이자 문자학자이다. 그는 모스크바 국립대학교에서 교육을 받았으며, 후에 같은 대학교에서 교수로 재직했다. 주로 슬라브어 문헌학, 고대 러시아 문학, 그리고 문자의 역사와 발전에 관한 연구로 유명하다. 그의 대표적인 저서 중 하나인『문자의 생성과 발전』(Возникновение и развитие письма)은 1965년에 출판되었으며, 문자의 기원과 역사적 발전 과정을 종합적으로 다루고 있다. 이 저서에서 이스트린은 다양한 문자 체계의 발생과 진화를 분석하며, 그 과정에서 고대 이집트 문자의 생성 방법 중 하나로 '수수께끼 방법(解謎法)'을 언급했다. 그가 말한 '수수께끼 방법(解謎法)'은 고대 이집트 문자 생성의 한 방식으로, 추상적 개념이나 독음을 구체적 사물의 그림으로 표현하는 기법인데, 이는 독음이 유사한 단어나 개념을 연결하여 문자를 만드는 방법이다. 예를 들어, '생명'이라는 추상적 개념을 표현하기 위해 독음이 유사한 '사자'의 그림을 사용할 수 있다. 이 방법은 추상적 개념의 표현을 가능케 하여 문자 체계의 표현력을 확장시켰으나, 해석의 모호성을 야기할 수 있다는 한계도 있다. 이러한 원리는 후에 '그림이나 기호를 사용하여 단어나 구절의 소리를 나타내는 방법'인 레부스 원리(Rebus principle)로 발전하여 다른 문자 체계 발전에도 영향을 미쳤다.

그의 연구는 문자학 분야에서 중요한 기여를 했으며, 특히 슬라브 문자의 역

944 　　　　　　　　　　　　　　　　　　　　　『설문해자』인지분석

수께끼와 같다는 것을 기반으로 한다. 즉, 이러한 연계는 특정 전설이나 민간신앙을 바탕으로 형성된다."27) 예를 들면, 고대 이집트인들은 문자에서 '정의(正義)'라는 단어를 나타내기 위해 '타조의 깃털' 모양을 사용했다. 왜냐하면 타조의 두 날개에 있는 모든 깃털이 동일한 크기를 가지고 있다는 전설이 있기 때문이다. 또한 이집트 문자에서는 '년(年)'이라는 단어를 나타내기 위해 '종려나무의 가지'를 사용했는데, 이는 이집트인들이 종려나무가 매년 딱 12개의 가지만 자란난다고 믿었기 때문이다.

고대 중국에서는 한자의 일부 형태와 구조도 특정 신화, 전설, 주술, 의식과 복잡하게 연결되어 있었다. '사일(射日)'이라는 전설은 고대 중국인의 사고에서 깊고 오래된 영향을 가지고 있었으며, 이 영향으로 인해 사람들은 '화살'과 '태양'을 연결시켰다. 따라서 '화살에 대해 언급할 때면, 사람들은 그것의 '태양을 쏘는' 신비롭고 초월적인 기능을 잊지 못했다. 따라서 두 개의 화살로 태양을 쏘는 이미지를 사용하여 '전(箭)'자를 구성하는 것은, 기능적 특징을 사용하여 전체를 대표하는 이미지를 사용하는 방식이었다.

유사한 경우가 한자의 표현과 구성에서 결코 극히 드문 것만은 아니다. 이에 대한 예를 두 가지만 들어보자. 갑골문에서 '무지개'를 의미하는 '홍(虹)'자는 28)과 같이 표현되었는데, 이는 두 개의 머리를 가진 용의 형상에서 그 이미지를 가져왔다. 이러한 표현으로 '홍

사와 발전에 대한 그의 연구는 높이 평가받고 있으며, 고대 러시아 문학 작품의 텍스트 분석과 해석에도 중요한 업적을 남겼다. 그의 학문적 접근 방식은 역사언어학적 방법론과 문헌학적 분석을 결합한 것이 특징인데, 그의 연구는 문자의 발전을 단순히 기술적인 측면에서만 보지 않고, 사회문화적 맥락 속에서 이해하려 했다는 점에서 의의가 있다고 평가된다.

27) 中譯本, 140쪽(北京大學出版社, 1987年版).
28) 『殷墟書契前編』 7·7·1. 『甲骨文編』 卷一一, 14쪽.

(虹)'자를 만든 것은 신화와 전설을 기반으로 한 것이다. 『산해경·해외동경』에는 "홍홍(蚩蚩)은 그 북쪽에 위치한다. 각각 두 개의 머리를 가지고 있다."라고 기록되었는데, 곽박(郭璞)의 주석에 따르면 "홍(蚩)은 홍(虹)이라 읽힌다."라고 했다. 그렇다면 '홍(蚩)'은 '홍(虹)'의 다른 형태라고 볼 수 있다. 두 개의 머리를 가진 용의 형상을 사용하여 '홍(虹)'자를 만든 것은 『산해경』에 나타난 신화와 일치한다. 또한 '예(羿)'자의 경우, 『설문』에 의하면 고대의 '후예(后羿)'가 태양을 쏜 주술 의식을 기반으로 한 것이다. 이에 대해서는 아래에서 자세히 고찰하게 될 것이다.

그렇다면, '화살'이라는 단어의 서면 기록으로서, '진(晉)'은 어떻게 해서 결국 '전(箭)'자에 의해 대체되었을까? 이러한 상황은 사실 '태양을 쏘다'는 신화의 영향이 고대인들의 심리에서 점차 약화되면서 연계된 것이다. 물론 '태양을 쏘다'는 신화는 주술 시대의 사고방식을 기반으로 한다. 그러나 사회 발전과 함께 주술이 점차 사라지게 되고, 이성적 사고로 대체되면서 사람들은 '태양을 쏘다'는 신화 등에 의문을 가지게 되었다. 이미 굴원(屈原)은 이에 대해 의문을 제기하였다. "예(羿)는 어떻게 해서 태양을 쏐는가(羿焉彈日)?"라고 물었던 것이다.29) 한나라 시대가 되자, 사람들은 '태양을 쏘다'라는 전설을 직접 무의미한 이야기로 간주하기 시작했다. 왕충(王充)은 이렇게 비판적으로 물었다. "유학자들의 전하는 책에 따르면 '요의 시절에 10개의 태양이 동시에 떴고, 그리하여 모든 것이 마르고 타버렸다. 요는 10개의 태양을 쏘아 9개는 없애고 하나만 남겼다.'라고 한다. 이것은 허구이다. 화살을 쏘면 100보를 넘지 못하며, 화살의 힘도 그 지점에서 끝난다. …… 천국과 인간 세상의 거리는 수만 리인데, 요가 어떻게

---

29) 『楚辭·天問』. 蔣驥, 『山帶閣注楚辭』(上海古籍出版社, 1984年).

태양을 쏘았단 말인가?"30)

분명한 것은, 화살에 대한 신화적 인지에 대한 의심과 부정으로 인해 사람들은 두 화살로 태양을 쏘는 형태로 '화살'이라는 단어를 설명하는 방법을 이해할 수 없게 되었고, 결국 '죽(竹)'을 의미부로 삼고 '전(前)'을 소리부로 하여 만든 '전(箭)'으로 대체하게 되었다는 것이다. '진(晉)'자의 형태 변화 과정은 우리에게 역사적으로 특정 자형이 나타내는 의미의 이동이나 폐기는 결국 그 자형의 문화적 배경의 변화 또는 소실로 인한 것이라는 규칙을 알려준다.

다음으로 '예(羿)'에 대하여 이야기 해 보자.

『설문』에서 '예(羿)'자가 채택한 이미지도 '사일(射日)' 의식의 개괄적인 묘사이며, 이 역시 동일한 신화 전설과 주술적 사고의 역사적 배경에 대한 구체적 표현이다.31)

『설문·우(羽)부수』에서는 "예(羿)는 일설에는 '활의 명수(射師)'라고도 불린다. 우(羽)가 의미부이고 견(幵)이 소리부이다."리고 했다. 이는 '예(羿)'가 견(幵)에서 소리부를 가져왔는데, 이후의 형태인 '예(羿)'는 예서를 해서체로 옮기는 과정에서 변형되어 오늘날 볼 수 있는 이 글자가 되었다. 서호(徐灝)의 『설문주전(說文注箋)』에서는 "예(羿)는 견(幵)이 소리부인데, 그것은 '계(笄)'와 같은 유형에 속한다. 소리부인 견(幵)은 고대음에서 원부(元部)에 속했으나 지부(脂部)로 편입되었다. 예서체에서 생략되어 예(羿)로 변했다."

아래는 『설문』에서 '견(幵)'을 소리부로 사용한 글자들의 연관 상황이다.

· 견(鵑): "교청새를 말한다(鮫鯖也). 조(鳥)가 의미부이고 견(幵)이 소리부이다." 『이아』에서 "견(鵑)은 교청새를 말한다(鮫鯖也)라고

---

30) 『論衡·感虛篇』(北京大學歷史系, 『論衡注釋』, 中華書局, 1979年).
31) 『語象論』 二三, '上古善射者皆曰羿'의 '文字取象於神話'.

했는데, 『주』에서는 '오리 발 모양의 높은 볏을 가졌다. 강동(江東) 사람들이 화재를 막기 위해 이를 기른다.'라고 했다. 주목할 만한 것은 '견(幵)'을 소리부로 한 '견(鵳)'의 기능이 '화재를 막음'에 있다는 것으로, 화재는 가뭄 이미지의 변형으로 볼 수 있다.
· 연(姸): "재주를 말한다(技也). 여(女)가 의미부이고 견(幵)이 소리부이다." 단옥재 의 주석에서는 "재주(技)라는 것은 교묘함을 말한다(巧也)"라고 했다.

또 『설문·궁(弓)부수』에 '예(弜)'자도 보이는데, "예(弜)는 제곡 때의 화살 명수였는데(帝嚳射官), 하나라의 [제6대 임금으로 알려진] 소강이 그를 죽였다(夏少康滅之)." 『논어』에서는 "예(弜)가 화살을 잘 쏘았다"라고 했고 한다. 궁(弓)이 의미부이고 견(幵)이 소리부이다. 그렇다면 이는 실제로, 우(羽)가 의미부인 '예(羿)'와 같은 글자의 다른 구조이다. 그래서 궁(弓)으로 구성된 '예(弜)'는 단지 '예(羿)'의 이체자일 뿐이다. 『옥편·궁(弓)부수』에서도 "예(弜)는 달리 예(羿)로 적기도 한다."라고 했다.

소리부와의 연결이라는 관점에서 볼 때, '예(羿)'자의 형상적 구성에서 주목해야 할 점은 두 가지이다. 하나는 '잘 쏘았다 것(善射)'이고, 다른 하나는 '우(羽)'의 이미지와 '궁(弓)'의 이미지가 동일한 문자의 다른 구성법에서 서로 연결된다는 점이다. 전자는 바로 보면 알 수 있지만, 후자에 대해서는 설명이 필요하다.

이체자 간에 일어나는 글자 구성요소의 교체는, 이미지 간의 흐름과 확장된 이미지 자체가 가리키는 논리적 개념의 외연을 가장 잘 보여준다. 『설문』에서 '예(羿)'자는 '우(羽)'를 '궁(弓)'으로 바꾸어 '예(弜)'로 적을 수 있는데, '우(羽)'와 '궁(弓)'이라는 두 이미지가 같은 글자에서 다른 구조를 구성한다. 이는 우리에게 『설문』에서 '예(羿)'가 갖는 문화 이미지에 대해 새로운 시각을 가지도록 만들어 준다. 다시 말해,

　　　　　　　　　　　　　　　『설문해자』인지분석

'우(羽)'의 이미지와 '궁(弓)'의 이미지는 '예(羿)'라는 이미지 내에서 통합되었으며 상호 보완적인 작용을 한다. 마찬가지로 동일한 글자의 다른 구조(同字異構)에서, 위에서 언급한 우리의 주장을 확인해 주고 있는데, 다름 아닌『용감수경(龍龕手鏡)』에서 '예(羿)'자의 아래 부분을 다르게 구성한 구조, 즉 '궁(弓)'과 '우(羽)'의 두 이미지를 하나의 형체로 합쳐 '예(弳)'를 만들었다는 것이다. 관찰의 편의를 위해 '예(羿)'자의 다른 구조의 이미지 교체 과정, 즉 의미 범주의 연결 과정을 다음과 같이 도식화 할 수 있다.

이미지 채택 구조 '예(羿)'	이미지 채택 구조 '예(弳)'	이미지 채택 구조 '예(弲)'
우(羽: 깃) 이미지 『설문·우(羽)부수』	→ 우(羽: 깃)＋궁(弓: 활) 이미지 『용감수경(龍龕手鏡)』 ←	궁(弓: 활) 이미지 『설문·궁(弓)부수』

동일한 글자의 다른 구조(同字異構)의 흐름 변화 과정에서, 언어적으로 기술된 대응 부호는 항상 같은 글자(언어 부호에 대응)로, 아무런 변이가 일어나지 않은 것과 다르지 않다. 그러나 구성적인 부호로서(문자 부호에 대응)는 두 개의 형상적 문자 간에 교체된 조합이 발생한다. 즉, '예(羿)'가 선택한 형상은 '우(羽)'이고, '예(弲)'는 '궁(弓)'의 형상을 중점적으로 선택했다. '잘 쏘는 것'을 가리키는 '궁(弓)'은 수단으로 표현되며, 그 목적은 '태양을 쏘는 것(射日)'에 있었다. '해(日)'는 가뭄(旱)의 이미지이므로, 이를 통해 그 목적이 '가뭄을 멈추게 하는 것(弭旱)'이라고도 할 수 있다. 고대 문헌에 따르면, '가뭄을 멈추게 하다'의 이미지는 주로 '우(羽)'에서 찾아진다. 물론 고대에 깃털을 화

살 꼬리로 사용했던 상황이 실제로 존재했을 가능성을 고려할 수 있지만(예컨대『주례·고공기·矢人』의『주』에서 '화살은……. 깃털은 길이가 6치이다.'라고 했다), 전래 문헌에서 '우(羽)'의 이미지가 본래 '춤을 통해 가뭄을 멈추게 한다(舞雩)'는 완전한 의미를 가진다면, '우(羽)'의 이미지를 '가뭄을 멈추게 하다(弭旱)'의 이미지 선택으로 이해하는 것이 더 타당할 것이다.『초사천문』에서 "예(羿)는 어떻게 태양을 쐈는가? 까마귀는 어찌하여 깃털을 풀었는가?(羿焉彃日, 烏焉解羽.)"라고 했다. '깃털(羽)의 해체(解)'는 '태양(日)의 쏘기(彃)'와 같으며, '까마귀(烏)'는 원래 '태양(日)'에 속하는 이미지이므로, 바로 '태양'을 가리키기 위해 사용될 수 있었다. 고대의 '가뭄을 멈추게 하는(弭旱)' 것은 종종 춤과 비슷한 무술 활동이나 종교 의식을 통해 이루어졌으며, 이러한 활동은 '우(羽)'의 이미지 참여 없이는 이루어질 수 없었다.

『설문』은 우리에게 이 부분에 대한 정보를 제공한다. 예컨대,「천(舛)부수」에서 '무(舞)'자에 대해 고문체 자형 하나를 수록하였는데, '우(羽)'에서 이미지를 가져와 '무무(𦏵舞)'로 표현하였다. 이 글자에 대해 "고문체의 무(舞)는 우(羽)와 무(亡)가 모두 의미부이다."라고 했으며,『집운·우(噳)부』에서도 "무(舞, 儛, 𦏵)는 망(罔)과 보(甫)의 반절로 읽힌다.『설문』에서는 즐겁다는 뜻이라고 했다(樂也). 발을 서로 반대되게 하였다. 혹체에서는 인(人)으로 구성되었다. 고문체에서는 무(𦏵)로 적었다."라고 했다. 또「우(虞)부」에서도 이렇게 말했다. "우(雩, 𩁹)는 운(雲)과 구(俱)의 반절로 읽힌다.『설문』에서는 여름제사(夏祭)로, 적제(赤帝)에게 즐거움을 드리면서 감미로운 비(甘雨)가 내리기를 기원한다고 했다. 혹체자에서는 우(羽)로 구성되었다. 우(雩)는 깃 춤(羽舞)을 말한다. 일설에는 유차(籲嗟)를 말한다고도 하는데, 비 내리기를 기원하는 제사를 말한다. 또 일설에는 멀리 백곡에 풍년이

　　　　　　　　　　　　　　　　『설문해자』인지분석

들도록 비 내리기를 기원하다는 뜻이다(遠爲百穀祈雨)라고도 한다."

비 내리기를 기원하는 고대의 제사와 춤 의식을 '우(雩)'라고 불렀다. 『설문·우(雨)부수』에서 "우(雩)는 여름 제사로 적제(赤帝)에게 단비를 기원한다(祭樂於赤帝以祈甘雨也)."라고 했다. '적제(赤帝)'는 가뭄을 의미한다. 그리고 이 '우(雩)'는 『설문·우(雩)부수』에서 혹체자의 다른 구조로 '우(翌)'를 제시했는데, 이 역시 '깃털(羽)'에서 그 이미지를 가져왔다. 이들과 연관하여 볼 때, 이 '깃털(羽)'의 형상은 고대의 비를 기원하는 제사 때 무술사가 신을 즐겁게 하던 장식품을 의미한다. 『집운·우(遇)운』에서는 "우(翌)는 깃털을 모으다는 뜻이다. 우(雩) 제사에서 이를 들고 춤춘다."라고 설명했다. 또한 『주례·지관·무사(舞師)』에 따르면 "깃털로 춤추는 것을 가르치며, 사방의 제사에 춤을 추게 한다. 황무(皇舞)를 가르치며, 가뭄과 더위에 관련된 일에서 춤을 추게 한다."라고 했다. '황무(皇舞)'의 '황(皇)'은 다른 구조인 '황(翌)'으로도 나타나기도 하는데, 이 역시 깃털(羽)에서 그 이미지를 가져왔다. 정현(鄭玄)의 주석에서 "황무(皇舞)는 깃털을 덮어쓰고 추는 춤이며, 달리 황(翌)으로 쓰기도 한다."라고 설명했다.

'가뭄을 멈추게 하는(弭旱)' 것, 즉 '깃털(羽)'에서 그 이미지를 가져온 것은 목적이고, '태양을 쏘았다(射日)'는 것 즉 '활(弓)'에서 그 이미지를 얻은 것은 수단이다. '예(羿)'라는 글자는 한 글자에 두 가지 이미지를 다 담고 있어, 활쏘기 명수로서의 '잘 쏘는 것(善射)'의 특징을 잘 개괄했으며, 동시에 '태양을 쏘다'에 관한 신화 전설의 역사적 배경에 대한 개괄과 인지를 잘 담았다고 볼 수 있다. 마찬가지로, 여기에서 '활(弓)'의 이미지 선택이 나타내는 것은 구체적인 활과 화살이 아니라 신성한 물체에 대한 숭배를 반영한다.

『산해경』에서 반영된 중국의 신화 무술 의식은 세 가지 유형으로 분류할 수 있다. 첫째, 특정 동물이나 식물을 신성한 물체로 과장하며 연결하는 것, 둘째, 특정 원시 도구를 신성한 물체로 과장하는 것, 셋째, 원시 무술(巫術: 마법)의 지배를 받는 어떤 것을 과장하며 연결하는 것이 그것이다. '태양을 쏘다'의 의식에서 '활(弓)'의 이미지는 두 번째와 세 번째 요소를 모두 포함할 수 있다. 이렇게 보면, 중국의 신화 전설에서 '태양을 쏘다'와 재앙을 제거한 기록이 왜 모두 '활과 화살의 이미지에 집중되었는지 쉽게 이해할 수 있다. 이러한 상황은 중국 신화 전설에 등장하는 '종규(鍾馗)'라는 신의 탄생과 크게 다르지 않다. 고대에는 큰 나무를 '추(椎)'라고 불렀으며, 제(齊)나라에서는 그것을 천천히 발음하여 '종규(鍾葵)'라고 불렀다. 큰 나무 막대는 귀신을 쫓아내는 데 사용될 수 있기 때문에, 신화에서 귀신을 잡는 사람을 '종규(鍾葵)'라고 불렀다(구조나 형태에 따라 '종규(鍾馗)'로도 쓰기도 한다). 큰 나무 막대를 말하는 '추(椎)'가 인간화되어 '종규(鍾葵)'가 되었는지, 아니면 '종규(鍾葵)'의 이름이 큰 나무 막대를 뜻하는 '추(椎)'인지는 확실하지 않다. 아마도 둘은 동시에 발생했을 것이며, 한 쪽만을 고려해서는 안 될 것이다.

'예(羿)'와 '예(羿)'의 구성에서 '활(弓)'과 '깃털(羽)'의 이미지는 거칠게 말하자면 '가뭄을 멈추게 하는 의식(弭旱儀式)'의 고도로 응축된 표현이라 할 수 있다. 인류학자들은 이러한 문자에 대응하는 언어를 '의례(儀禮) 용어'로 정의한다.32)

그렇다면 '예(羿)' '예(羿)', '예(羿)'의 구조적 인지 원리는 '태양을 쏘다(射日)'를 '무술 의식 언어'의 사고 표상으로 해석하는 것이 적절하며, 한나라의 왕충(王充)의 숙연하고도 엄숙한 논의—즉 "하늘과 인간 세상 사이의 거리는 수 만 리나 되는데, 요(堯)가 태양을 쏬을 때, 어

---

32) [蘇], 馬林諾夫斯基(Malinowski), 『巫術與語言』, 28쪽(上海文藝出版社, 1988).

떻게 태양을 맞출 수 있었을까?"—에 대해 일일이 그 현실성을 지적
할 필요는 없을 것이다.

'예(羿)'의 이미지 선택 구조가 대응하는 것은 '의식(儀式) 언어'이며,
이것은 '무술적 사고(巫術思維)'의 인지를 의미한다. 고대 문헌에서는
'활과 화살(弓矢)'을 '태양(日)'과 연관시켰다. 예컨대,『주례·추관·정씨
(庭氏)』에는 "나라 안의 요조(夭鳥)33)를 쏘는 일을 담당한다. 만약 그
새나 짐승을 보지 못한다면, 태양을 구하는 활과 달을 구하는 화살로
그것을 쏜다.(掌射國中之夭鳥, 若不見其鳥獸, 則以救日之弓, 與救月之矢射
之.)"라고 기술되어 있다. 고대인들은 '활과 화살'의 발명과 제작, 그
리고 다양한 기능을 모두 '예(羿)'라는 한 사람에게 집중시켰다. 예컨
대 다음을 보자.

- 『논어·헌문(憲問)』: "예(羿)는 활을 잘 쏜다.(羿善射.)"
- 『묵자·비유(非儒)』(하): "고대의 예(羿)가 활을 만들었다.(古者羿作弓.)"
- 『관자·형세해(形勢解)』: "예(羿)는 고대의 활을 잘 쏘는 명수였다.
  (羿, 古之善射者也.)"
- 『순자·유효』(荀子·儒效): "예(羿)는 세상에서 가장 뛰어난 활의 명수
  였다. 활과 화살이 없으면 그의 능숙함을 보여줄 방법이 없다.
  (羿, 天下之善射者也, 無弓矢則無以見其巧.)"
- 『여람(呂覽)·물궁(勿躬)』: "예(羿)가 활을 만들었다.(夷羿作弓.)"
- 『장자·추수(秋水)』의 『소(疏)』: 성현영(成玄英)이『산해경』(山海經)을

---

33) [역주] '요조(妖鳥)'는 일반적으로 밤에 으스스하게 노래하는 것으로 묘사되는
악마적이거나 불길한 새를 가리킨다. 이 개념은 그러한 새가 때때로 특별히
올빼미로 인식되는 고대 중국 민속 및 문학에 뿌리를 두고 있는데, 한나라 때
에는 이 새가 악령을 물리치고, 해로운 영향을 물리치고, 영혼을 불멸로 이끄
는 특별한 기능을 가지고 있다고 믿었다. '요조'는 또 고대 중국 시가에도 등
장하는데, 특정 새의 독특한 특성을 묘사하거나 더 깊은 의미를 담은 상징으
로 사용되었다. 이 시들은 종종 불길한 예감의 주제를 전달하거나 자연계의
초자연적 요소를 반영하기 위해 '요조'의 이미지를 활용했다.

인용하여 "예(羿)가 아홉 개의 태양을 쏘았고, 그것은 옥초(沃焦)로 떨어졌다.(羿射九日, 落爲沃焦.)"라고 기록하였으나, 필원(畢沅)의 교정본에는 이 부분이 생략되었다.[34]

· 『맹자·고자(告子)』(상): "예(羿)가 사람들에게 활쏘기를 가르칠 때, 반드시 활이 겨누는 과녁을 맞히도록 했다.(羿敎人射, 必志於彀.)"

· 『회남자·본경훈(本經訓)』: "요(堯)임금 시대에, 10개의 태양이 동시에 떠올라, 농작물을 태워버리고 나무와 풀을 죽여 사람들에게 먹을 것이 없었다. 알유(猰貐)·착치(鑿齒)·구영(九嬰)·대풍(大風)·봉희(封希)·수사(修蛇) 등이 모두 사람들에게 피해를 주었다. 요는 그래서 예(羿)에게 착치(鑿齒)를 주화(疇華)의 들판에서 처단하게 하고, 구영(九嬰)을 흉수(凶水)에서 죽이게 하고, 대풍(大風)을 독구(毒丘)의 습지에서 속박하게 했다. 그는 태양 10개 중에서 9개를 쏘아서 떨어트렸고, 알유(猰貐)를 죽였으며, 수사(修蛇)를 동정(洞庭)에서 붙잡고, 봉희(封希)를 상림(桑林)에서 포획하게 했다. 모든 사람들은 기뻐했고, 그들은 요(堯)를 천자로 삼았다.(堯之時, 十日並出, 焦禾稼, 殺草木而民無所食. 猰貐·鑿齒·九嬰·大風·封希·修蛇皆爲民害. 堯乃使羿誅鑿齒於疇華之野, 殺九嬰於凶水之上, 繳大風於毒丘之澤, 上射十日而下殺猰貐, 斷修蛇於洞庭, 禽封希於桑林. 萬民皆喜, 置堯以爲天子.)"

예(羿)가 태양을 쏘았다는 전설 중 가장 상세한 기록은 바로 위에서 든 것처럼 『회남자』에서의 묘사이다. 정산(丁山)의 연구에 따르면, 「회남자」에서 언급된 예(羿)가 죽인 대상들 중, '봉희(封希)'는 홍수를 가져오는 비의 신이며, '알유(猰貐)'는 가뭄의 신이다. '대풍(大風)'은 사람들의 집을 파괴하는 바람의 신 '풍백(風伯)'이며, '수사(修蛇)'는 코끼리도 집어삼키는 거대한 뱀이다. 그리고 '착치(鑿齒)'와 '구영(九嬰)'은 북쪽의 적대적인 이민족이다.[35]

---

34) 필자의 생각에, 畢沅의 校本에서 빠졌다(闕)라고 생각한다.
35) 『中國古代宗教與神話考』, 267~269쪽(上海文藝出版社, 1988年影印本).

여기에서 예(羿)가 활을 쏘아 떨어뜨린 9개의 태양, 예(羿)가 죽인 재앙을 초래하는 걱정거리는 사실 고대 인류의 생존에 관한 모든 고민과 고통을 상징한다. 다시 말해, 후대 문헌의 기록에 따르면, '예(羿)'라는 이미지가 포함하는 범위는 '태양을 쏘다'에만 국한되지는 않았다. 전종서(錢鍾書)의 말로 요약하자면, "고대에는 활에 능한 사람을 모두 '예(羿)'라고 불렀다."[36]

앞서 인용한 기록들을 연결하여 조사하면, 예(羿)가 신화 속 인물로서 원래는 요(堯) 임금의 '활과 화살'일지도 모른다는 것을 알 수 있다. 그렇지 않다면, 왜 예(羿)가 그렇게 다양한 천재와 인간세상의 환란을 민간에서 제거했음에도 만백성들은 예(羿)를 추종하지 않고 "요(堯)를 천자로 삼았던 것일까?" 그래서 일부 문헌에는 간단히 "요(堯)가 태양을 쐈다"(『논형·감허(感虛)』)는 것으로 기록하기도 했다.

'예(羿)'에 대해서, '예(羿)'라는 이 이미지는 '깃털(羽)'과의 관계(舞雩의식)와 '활(弓)'과의 관계(태양을 쏘는 의식)를 통해 더욱 분명해진다. 이를 증명하는 추가적인 증거도 찾을 수 있다.

예컨대, '예(羿)'가 '유궁(有窮)'이라고 불렸던 것은 '활(弓)'과 큰 관련이 있다. '유(有)'는 일반적으로 '유우(有虞)'나 '유주(有周)'의 '유(有)'와 같이 단순한 접두사로 이해된다. '궁(窮)'과 '궁(弓)'은 동일한 어원을 가진다. '궁(窮)'은 '궁(躬)'에서 독음을 가져왔으며, '궁(躬)' 역시 '궁(弓)'에서 독음을 가져왔다. 『설문·궁(弓)부수』에서는 "활은 가까운 것

36) 『관추편(管錐編)』 권2, 『태평광기(太平廣記)』 권7. 중국의 고대 문헌에서는 많은 약물이 신령으로 변화하는 것(예: 인삼이 신동으로 변하는 등)을 볼 수 있으며, 도구는 신이 되어, 예를 들면 가뭄을 멈추게 하는 의식에서 사용되는 활이 '잘 쏘는 것'의 '예(羿)'로 변하거나, 큰 나무 막대인 '종(柊)'이 귀신을 쫓는 '종규(鍾馗)'로 변하며, 해를 측정하는 기구인 규표가 '과보(誇步)' 또는 '과보(誇父)'로 변하고, '신의 의사인 '화타(華佗)'의 이름은 인도의 범어에서 '약주머니(藥囊)'라는 말의 번역에서 왔다.

을 멀리 도달하게 하기 위해 사용된다(以近窮遠). 상형이다."라고 기술되어 있다.[37)]

두 번째는, 후대의 예(羿)에 관한 종교 활동에서 추가적인 증거를 찾을 수 있다. 『회남자·사론훈(氾論訓)』에 따르면 "예(羿)는 천하의 재앙을 제거하고 사후에 종포(宗布)라는 신으로 모셔졌다.(羿除天下之害死而爲宗布)"라고 했다. 이에 대한 고유(高誘)의 주석에서는 "예(羿)는 천하에 큰 공을 세웠으므로 사망한 후에 종포(宗布)라는 신으로 모셔 제사를 지냈다……일설에는, 현재 사람들의 집 안에서 제사 모시는 대상이 바로 이 종포(宗布)신이다."라고도 한다.

유문전(劉文典)의 『회남홍열집해(淮南鴻烈集解)』에서는 손이양(孫詒讓)의 말을 인용하여 이렇게 말했다. "종포(宗布)는 아마도 『주례·당정(黨正)』에서 말한 제영(祭禜)이나 「족사(族師)」에서 말한 제포(祭酺)일 것이다. 정현의 주석에는 '영(禜)은 우영(雩禜), 즉 물과 가뭄의 신이며, 포(酺)는 사람과 사물에게 재앙을 끼치는 신이라고 했다. 영(禜)과 포(酺)는 모두 재앙을 제거하는 제사다. 예(羿)가 재앙을 제거할 수 있었기 때문에 그에게 제사를 지냈던 것이다."[39)]

5-1. 해외 소장 청동기 – 쌍으로 된 유금(鎏金) 청동 포수(銅鋪首)[38)]

---

37) [역주] 이러한 설명을 통해, '유궁(有窮)'이라는 이름이 '활(弓)'과 어떻게 관련되어 있는지를 파악할 수 있다. '유궁'의 이름은 활쏘기의 뛰어난 능력과 깊은 연관이 있으며, 이는 '멀리 있는 것을 가깝게 만드는' 활의 기능을 상징하게 된다.
38) 施萬逸編, 『海外皮藏中國青銅器金銀器銅鏡精品集』, 83쪽(北京: 文物出版社, 2010年).
39) 『訂訛類編續補』 卷上, '宗'字條(上海書店, 1986年影印).

956   『설문해자』 인지분석

손이양의 해설은한 의미는 매우 적절하다. 그러나 '종(宗)'과 '영(縈)' 두 글자의 성모와 운모는 크게 다르다. '종포(宗布)'의 '종(宗)'은 아마도 '영포(縈布)'의 '영(縈)'의 오류일 것이다. 글자 모양이 비슷하기 때문에 오류가 발생했을 것으로 보인다. 이렇게 볼 때 '종포(宗布)'는 '영포(縈酺)'와 같으며, 이것은 예(羿)의 이미지로서의 기능과 매우 잘 맞아 떨어진다.

'예(羿)'라는 글자의 이미지 채택은 '활과 화살'이라는 이미지와 연관된 '무술 의식'을 나타낸다. 전설 속의 '사사(射師)'는 실제로는 고대인들이 비를 기원하고 가뭄을 멈추게 하고자 깃털로 춤을 추는 상당히 구체적이면서도 일반화된 표식일 뿐이다. 이런 일반화 과정은 여러 단계의 역사적 문화적 내용을 포함하며, 분명하고 정확하게 고대의 무술에 관한 인지원칙을 보여준다.

이런 의미에서, 우리는 '예(羿)'를 개념적 기능을 가진 어휘로 볼 수 있다. 이런 관점에서, 전종서(錢鍾書)의 "고대에는 훌륭한 활의 명수를 모두 '예(羿)'라고 불렀다"라는 주장은 말이 간결하면서도 정확하여 문화 인류학자들의 끊임없는 논의에 맞설 만하다. 카시러(卡西爾)는 '언어와 신화'의 관계에 대해 특별히 이렇게 설명한 바 있다. "신화는 결코 논리적 사고방식으로 사물을 바라보지 않는다. 대신 그것은 그것만의 특별한 '신화적 사고'의 방식이 있다. 이것은 소위 '은유적 사고'라고 하는데, 이 '은유적 사고'도 개념을 형성하는 기능을 가지고 있다. 그러나 그것은 논리적 사고처럼 추상적 방법으로 '추상적 개념'을 형성하는 것이 아니라, 소위 '부분을 대표로 전체를 대표하는 원칙'을 따라 '구체적 개념'을 형성한다."40)

---

40) [독] 恩斯特·卡西爾, 『語言與神話』第三·六章(三聯書店, 1988年版). 사실, '요(堯)'도 하나의 '구체적 개념'이다. 이에 대해서는 "홍수(洪水) 이미지"의 관련

이러한 관점에서 보면, 『관추편(管錐編)』에서 언급한 '예(羿)'는 '구체적 개념'에 해당한다. 언어의 역사에서 볼 수 있는 사실은, 특정 명칭이 독음의 우연한 변화로 원래의 의미를 잃거나, 단어의 근원이 오래되어 현대 언어와의 연결을 잃게 될 때, "이 명칭은 더 이상 그것을 사용하는 사람에게 특정 활동의 개념을 제시하지 않게 된다는 점이다. 따라서 이 단어는 특정 명칭으로 변모하게 되고, 사람의 이름처럼, 이 이름에는 인격 개념의 의미가 부여된다.……그는 이제 다양한 활동에 참여하게 되지만, 그는 더 이상 과거처럼 그 특정 기능만을 수행하지 않게 된다."[41]

이처럼 '예(羿)'라는 글자의 이미지 채택과 그것이 갖는 의미의 변화는, 어떻게 사람들의 인지가 언어를 통해 어떻게 발전했는지의 예를 잘 보여준다.

(3) 『설문』 속의 '사후(射侯)' 이미지 인지

『설문·인(人)부수』에서 "질(佚)은 시샘하다는 뜻이다(妬也). 인(人)이 의미부이고 질(疾)이 소리부이다. 일설에는 독을 의미한다고도 한다(毒也). 질(嫉)은 질(佚)의 혹체자인데, 여(女)로 구성되었다."라고 했다. 이들은 똑같이 '질(疾)'에서 소리부를 가져온 글자들인데, 『설문』에서는 '질(佚)'과 '질(嫉)'이라는 이체자 그룹으로 제시하였다. 「여(女)부수」에서는 '해(妎)'자에 대해서도 "질투하다는 뜻이다(妬也)."라고 풀이했다.

『집운·질(質)부』에서 이렇게 말했다. "질(佚, 嫉, 瘵)은 작(昨)과 실(悉)의 반절로 읽힌다. 『설문』에서 '시샘하다는 뜻이다(妬也), 일설에

부분과 각주를 참조하기 바란다.
41) 『語言與神話』, 48쪽.

는 독을 말한다(毒也)고 했다. 혹체자는 여(女)와 심(心)으로 구성되었다. 또 질(姪)로 적기도 한다." 또 「지(至)부」에서 이렇게 말했다. "질(嫉, 姐)은 질(疾)과 이(二)의 반절로 읽힌다. 시샘하다는 뜻이다(妬也). 혹체자는 질(姐)로 적는다."

이는 '질투(嫉妬)'가 인간의 보편적 감정이며, 처음에는 남녀 구분 없이 존재했음을 나타낸다. 하지만 『초사·이소(離騷)』에서 말한 "여러 여자들이 그 나비 같은 눈썹으로 질투하네.(衆女嫉餘之蛾眉兮)"와 같이 특별히 여성에게 국한되어 사용되었다. 그리고 이것이 여성의 전유물이 된 것은 후대의 일이다. 예를 들어, 송나라 때의 『집운·태(兲)부』에서는 "해(妎, 嫭)는 하(下)와 개(蓋)의 반절로 읽힌다. 『설문』에서는 '질투하다는 뜻이다'라고 했고, 혹체자는 해(嫭)로 쓴다."라고 했다. 또한 「괴(怪)부」에서는 "해(妎)는 거(居)와 배(拜)의 반절로 읽는다. 여성에게 쓰는 글자이다."라고 설명하며, 한편으로는 성별을 비하하는 데 사용되고 다른 한편으로는 여성 전용 글자로 사용되었다.

'질투(嫉妬)'는 인류의 복잡한 감정 중 하나로, 고대부터 현대까지 그 본질은 크게 변하지 않았을 것이다. '질(姪)'과 '질(嫉)'은 모두 '질(疾)'에서 독음이 유래되었으며, 선진(先秦) 문헌에서 '질(嫉)'의 언어적 의미는 '질(疾)'자를 통해 기록되고 전달되었다. 몇 가지 예시를 들면 다음과 같다.

1. 『좌전·은공(隱公)』 4년: "우보(羽父)가 군사를 이끌고 합류하겠다고 했으나, 공(公)이 허락하지 않았다. 그런데도 그가 고집하여 갔기 때문에 '휘솔사(翬帥師)'라고 기록했는데, 이러한 행위를 싫어했기 때문이다." 『정의(正義)』에서는 "……기록으로 남기고 다시 비난하는 말을 추가해 두었다."라고 했다.
(『左傳』隱公四年: "羽父請以師會之, 公弗許. 固請而行, 故書曰: 翬帥師. 疾之也." 『正義』: "……書又加貶責.")

2. 『논어·태백(泰伯)』: "공자께서 '용기를 좋아하면서 가난을 싫어하면 혼란을 일으킨다. 인하지 않은 사람에 대해서 지나치게 고통스러워하는 것도 혼란을 일으킨다.'라고 하셨다." 『소(疏)』에서는 "싫어하고 미워함이 매우 심하다는 말이다……"라고 했다.

(『論語·泰伯』: "子曰: 好勇疾貧, 亂也. 人而不仁, 疾之已甚, 亂也." 『疏』: '疾惡太甚……")

3. 『시경·대아·첨앙(瞻卬)』 제1장: "해충이 해를 끼치면, 그 경계가 없다."라고 했다. 『정의』에서는 "벼를 좀먹는 해충처럼 하는 것을, 상식이 없고, 또 쉼이 없다고 한다."라고 했다. '적(賊)'은 '해(害)'를 뜻하며, '적(賊)'과 '질(疾)'이 서로 대응한다. 그래서 『집전(集傳)』에서는 "질(疾)은 해를 끼치다는 뜻이다(害也)"라고 했다.

(『詩經·大雅·瞻卬』一章: "蟊賊蟊疾, 靡有夷屆." 『正義』: '如蟊賊之害禾稼然, 爲之無常, 亦無止息時.'"賊"亦"害"也, 而'賊'·'疾'對文, 故而『集傳』說: "疾, 害也.")

4. 『시·소아·우무정(雨無正)』 제7장: "쥐가 너무 많은 생각으로 피눈물을 흘리듯, 어떤 말도 고통을 담고 있지 않은 것이 없네."라고 했는데, 『전(傳)』에서는 "하는 말에 고통이 담기지 않은 것이 없다"라고 설명했다.

(『詩·小雅·雨無正』七章: "鼠思泣血, 無言不疾." 『傳』: "無所言而不見疾也.")

5. 『시·위풍·백혜(伯兮)』 제3장: "원컨대 그대만 생각하고 싶네, 마음이 달고 머리가 아프네."

(『詩·衛風·伯兮』三章: "願言思伯, 甘心首疾.")

6. 『시경·소야소변(小弁)』 제2장: "마음이 근심스럽네, 마치 머리가 아픈 것처럼."

(『詩·小雅·小弁』二章: "心之憂矣, 疢如疾首.")

7. 『맹자·양회왕(梁惠王)』(하): "백성들이 아픈 머리를 들고 이마를 찌푸린다."라고 했는데, 조기(趙岐)의 주석에서 "질수(疾首)는 머리가 아프다는 뜻이다."라고 했다.

(『孟子·梁惠王下』: "百姓舉疾首蹙額"; 趙岐注: '疾首, 頭痛也."[42])

8. 『공양전(公羊傳)』환공(桓公) 7년: "어떻게 그들을 에워싸서 불태
웠던가? 장작을 쌓아서 그렇게 했다. 장작을 쌓아서 했다는 것
은 무슨 말인가? 화공을 했다는 말이다. 왜 '화공'으로 했다고 말
하는가? 질병은 '화공'으로부터 시작하기 때문이다."43)

(『公羊傳』桓公七年: "焚之其者何? 樵之也. 樵之者何? 以火攻也. 何言
乎以火攻? 疾始以火攻也.")

9. 『곡량전』환공(桓公) 7년: "주(邾)나라의 함구(咸丘)라고 언급하지
않은 것은 무엇 때문인가? '화공'으로 했다는 것을 꺼렸기 때문
이다."

(『穀梁傳』桓公七年: "其不言邾咸丘何也? 疾其以火攻也.")

10. 『좌전』성공(成公) 2년: "노나라와 위나라의 사신이 간하여 말했
다. 제나라가 우리를 싫어합니다. 죽은 이들은 모두 가까운 친구
들입니다. 그대께서 복수를 허락해 주지 않는다면, 우리의 증오
는 더욱 심해질 것입니다. 무엇을 더 원하십니까?"44)

(『左傳』成公二年: "魯衛諫曰: 齊疾我矣, 其死亡者皆親暱也. 子若不許,
仇我必甚. 唯子則又何求?")

11. 『좌전』성공(成公) 13년: "우리 문공(文公)께서 다른 제후들과

---

42) 『管錐編』卷一, 99쪽: "今俗語有曰'傷腦筋'……".
43) [역주] 이는 기원전 705년의 사건인데, 이 이야기는 노(魯)나라가 초나라(焦國)
의 함구(咸丘) 성을 점령하고 지배한 주루국(邾婁國)에 대해 보복을 하면서, 공
격 방법으로 불을 사용하는 것에 대한 전략적 고려 사항과 의미에 대한 설명
을 담고 있다.
본문의 질문과 답변 스타일은 이 특정 전술 뒤에 있는 이유를 탐구하고 정당
화하려는데 초점이 맞추어져 있다, 즉 "누가 불태우고 있는가?" 등 전쟁의 결
과와 윤리적 고려에 대한 성찰적 고찰을 의미한다. 그리고 "왜 주(邾)나라의
함구(咸丘)라고 명시하지 않았는가?" "불로 공격하는 것이 질병의 시작이다"라
는 문구는 그러한 공격적인 전술의 더 넓은 파급력을 상징하며, 분쟁 중 불
공격의 시작은 질병의 확산과 유사하게 더 많은 합병증이나 파괴로 이어질 수
있음을 암시한다. 이 기록은 전쟁에서 화공을 사용하는 최초의 기록 중 하나
로 알려졌다.
44) [역주] 노(魯)나라와 위(衛)나라의 사신이 진(晉)나라의 신하들에게 말한 내용이
다, 이어지는 말은 이렇다. "만약 우리가 제나라의 국보를 얻을 수 있다면, 우
리도 땅을 얻을 수 있고, 이것은 우리에게 매우 영예로울 것입니다. 이것을 얻
을 수 있는 나라가 설마 진(晉)나라뿐일까요?"

진(秦)나라를 이끌고 정(鄭)나라를 포위했다. 진(秦)나라 대부들은 우리 임금에게 자문을 구하지 않고서, 무단으로 정(鄭)나라와 동맹을 체결하는데, 제후들이 이를 싫어했다."

(『左傳』成公十三年: "我文公帥諸侯及秦圍鄭, 秦大夫不詢於我寡君, 擅及鄭盟, 諸侯疾之."[45])

12. 『관자소문』: "목민관이 백성의 고통을 모르면 백성이 고통 받는다."

(『管子·小問』: "夫牧民不知其疾則民疾.")

13. 『회남자설산훈』: "풀을 먹는 짐승이 수풀을 쉽게 바꾸지는 않는다."

(『淮南子·說山訓』: "食草之獸不疾易藪."[46])

14. 『사기·손자오기열전』: "손빈(孫臏)이 위(魏)나라에 도착하자 방연(龐涓)은 그가 자신보다 나을 것을 두려워하여, 그를 미워했다."

(『史記·孫子吳起列傳』: "臏至, 龐涓恐其賢於己, 疾之.")

그렇다면, 우리가 먼저 조사해야 할 것은 바로 이 '질(疾)'자의 이미지 채택을 통한 상징의미이다. 『설문·녁(疒)부수』에서 "질(疾)은 병(病)을 의미하며, 녁(疒)이 의미부이고 시(矢)가 소리부이다."라고 했다.

먼저 '녁(疒)'의 이미지 채택을 살펴보자. 『설문』에 따르면, "녁(疒)은 기댄다는 뜻으로(倚也). 사람이 질병을 앓을 때 침상에 기대어 있는 모습을 그렸다(人有疾病, 象倚著之形.)"라고 했다. 고문자의 이미지 채택을 검토해 보면, 『설문』의 해설이 글자의 기원을 직접적으로 탐구하며 고대의 의미를 보존하고 있음을 알 수 있다. 갑골문에서의 '녁(疒)'은 𤕫(『乙』738)이나 𣲳(『粹』126)과 같이, 사람(人)과 침대(爿: 오늘날의 床자)로 구성되어 있다. 우성오(于省吾)는 "녁(疒)은 질병이라는 의미의 녁(疒)을 의미하며, (갑골문에서는) 사람이 침대에 누워 있는 모

---

45) 모두 阮元, 『十三經注疏』에 보인다(中華書局, 1980年).
46) 모두 『二十二子』에 보인다(上海古籍出版社, 1986年).

『설문해자』인지분석

습을 그렸다."라고 했다. 『설문·녁(疒)부수』에 기록된 소전체인 '녁(疒)'은 부수로서의 구조를 조정하기 위해 변경된 것으로 보이며, 이 때문에 '녁(疒)'이 사람이 침대에 기댄 모습이라는 것을 더 이상 확인할 수 없게 되었다.

또한, '질(疾)'자는 '시(矢: 화살)'에서 독음과 의미를 모두 가져왔다. 다시 말해, '질(疾)'자가 처음 형상화될 때의 핵심 구성은 '인(人)'과 '시(矢)' 두 부분이었을 것이다. 갑골문과 금문 등의 고대 문자에서 '질(疾)'자의 구조적인 인지 상황을 검색하면, 이러한 추측을 확인할 수 있다.

(『乙』383) (『後下』35, 2) (『毛公鼎』)[47]

왕국유(王國維)는 「모공정(毛公鼎)」의 명문에서 '질(疾)'자의 이미지 채택을 기초로 다음과 같이 해석하였다. "'질(疾)'의 원형은 사람의 겨드랑이(亦)[48]에 화살(矢)이 든 모습인데, 고대에는 전쟁이 빈번했기 때문에 사람이 화살에 맞은 것이 바로 '질병(病)'이라 생각했던 것이다."[49]

관당(觀堂: 왕국유)의 해석에 따르면, '전쟁'으로 인해 "사람이 화살에 맞은 것"이 '질(疾)'로 비유되었다. 그렇다면 '질(疾)'에 대한 초기 기록의 인지는 당연히 '외과(外科)'적이었던 것으로 보이다. 선진(先秦) 시대 문헌을 검토해 보면, '질(疾)'자에 관한 기록에서 '화살에 맞아 부상당하다'는 의미를 나타내는 예는 전혀 찾을 수가 없다. 고대의 경전에서 '무기에 의한 상처'라는 인지를 전달하는 데는 '병(病)'자가

---

47) 徐中舒主編, 『漢語古文字字形表』 卷七, 21쪽에 수록.
48) '亦'은 바로 옛날의 '腋'자이다. 『설문·역(亦)부수』에서 "사람의 겨드랑이를 말한다(人之臂亦也)."라고 했다.
49) 『觀堂集林·毛公鼎銘考釋』(中華書局, 1959年).

사용되었다. 『설문·녁(疒)부수』에 따르면, "병(病)'은 질(疾)이 심해지다는 뜻이다(疾可)"라고 했다. 여기서 우리는 대표적이면서도 익숙하게 알고 있는 『좌전』 성공(成公) 2년의 예를 들어보자.

극극(郤克)이 화살에 상처를 입고 피가 신발에까지 흘러내렸지만, 북소리는 멈추지 않았다. 그는 말했다. "나는 **부상을 입었소**(我病矣)!" 장후(張侯)가 대답했다. "처음 전투가 시작될 때 화살이 내 손을 관통해 팔꿈치까지 도달했지. 나는 그것을 꺾어 방패로 사용했고, 왼쪽 바퀴까지 붉게 물들었소. 그런데 그대가 어찌 이것을 **부상**(病)이라고 할 수 있소? 부디 참아 주시오." 이에 극극이 다시 말했다. "전투가 시작되고 위험이 있을 때마다 나는 항상 내려서 전차를 밀어야만 했소. 당신이 그것을 알아차린 적이 있소이까? 그럼에도 **부상**을 입었단 말이오(子病矣)!" 장후(張侯)가 말했다. "군대의 귀와 눈은 내 깃발과 북에 있고, 전진과 후퇴는 그것에 따라서 진행하오. 이 전차에는 한 사람만이 그 뒤를 지키고 있으며, 그것으로 작전을 계획할 수 있소. 이런데 어떻게 **부상**을 핑계로 주군의 대사를 망칠 수 있겠소? 갑옷을 입고 무기를 든 상태에서는 당연히 죽음을 각오해야 하오. 부상이 죽음에까지는 이르지 않았으니, 그대는 더 매진하시오!"
(郤克傷於矢, 流血及屨, 未絶鼓音. 曰: "余病矣!" 張侯曰: "自始合, 而矢貫余手及肘, 余折以禦, 左輪朱殷, 豈敢言病? 吾子忍之." 緩曰: "自始合, 苟有險, 余必下推車. 子豈識之?——然子病矣!" 張侯曰: "師之耳目, 在吾旗鼓, 進退從之. 此車一人殿之, 可以集事. 若之何其以病敗君之大事也? 擐甲執兵, 固卽死也. 病未及死, 吾子勉之!"[50])

이 문헌에서 등장하는 모든 '병(病)'자는 예외 없이 '병기로 입은 부상'이라는 인지를 전달해 주고 있다.

그렇다면, '질(疾)'자의 구성과 그 표현의 원래 의미는 어떠한 '병의 증상을 전달했던 것일까? 필자는 이 문제에 대해 특별히 연구해본

---

50) 『十三經注疏』, 『左傳』成公二年. 강조 부분은 필자가 추가한 것이다.

바 있으며, '질(疾)'자가 표현하는 의미는 화살이 사람을 관통하는 모양으로, 세계 각지에서 발견된 원시적인 사냥 벽화와 비슷하다. 동물에게 주술의 영향을 주기 위해 그 동물들의 몸에다 화살을 그려 넣는 것은, [그림 5-2]를 참조하면, 주술을 사용하여 동물을 통제하려는 동기에서 비롯된 것이다. 그러나 중국의 고대 문자에서는 주술의 영향을 받는 대상이 동물에서 사람의 몸으로 변했을 뿐이다. 구체적인 연구 과정은 여기서 더 이상 중복하여 논술하기 않겠다.51)

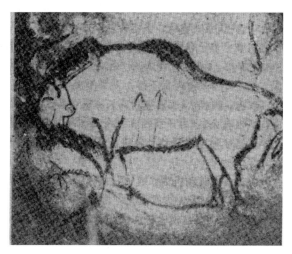

5-2.프랑스 니오(尼奧)의 동물 암각화

일본어에서, '질(疾)'자의 원래 의미는 '화살에 의해 부상을 입히다'는 것으로 해석되며(やまい(疒)와 し(矢)를 합쳐 화살에 의한 상처로 해석함), 이로부터 '질투'의 뜻(にくむ, ねたむ)이 파생되는데52), 이 또한 서로

---

51) 자세한 것은 臧克和, 『錢鍾書與中國文化精神』 八을 참조.(南昌: 百花洲文藝出版社, 1993年).
52) 『標准漢和辭典·疒部』(旺文社, 1979年版).

참조할 수 있다.

'질(疾)'자의 이러한 이미지 채택과 글자 구성이 어떤 어원적 배경에서 발생했는지를 이해한다면, 아래에서 볼 수 있는 이후 세대의 사전 및 문헌에서 나타난 '질(疾)'자의 의미 간의 연관성을 쉽게 이해할 수 있을 것이다.

1. 독(毒)이 있는 물건. 전염병. 『좌전』선공 15년: "산림에 병균이 숨어 있다." 『국어·노어』(상): "예를 들면 전염병과 같다."
   (毒害之物; 瘟疫. 『左傳·宣公十五年』: "山藪藏疾." 『國語·魯語上』: "譬之如疾.")

2. 미움. 증오. 『자휘·녁(疒)부수』: "질(疾), 원망하다는 뜻이다." 서호의 『설문해자주전·녁(疒)부』: "질(疾), 또 미워하는 뜻으로도 쓰인다."
   (恨; 憎惡. 『字彙·疒部』: "疾, 惡也." 徐灝『說文解字注箋·疒部』: "疾, 又爲疾惡之義.")

3. 질투. 『편해유편·인사류·녁(疒)부』: "질(疾)은 질투하다는 뜻이다 (妒也)." 『전국책·진책』(5): "그 사람은 능력 있는 사람을 시기하고, 성과를 낸 신하를 질투했다." 『신당서·곽자의전』: "어조는 평소에 그의 업적을 원래 질투했고, 그로 인해 그를 모함하려 했다."
   (嫉妒. 『篇海類編·人事類·疒部』: "疾, 妒也." 『戰國策·秦策五』: "其爲人疾賢妒功臣." 『新唐書·郭子儀傳』: "魚朝恩素疾其功, 因是謀譖之.")

4. 비난. 『예기·치의』: "군주는 소소한 계획으로 큰일을 도모하지 않으며, 먼 것으로 가까운 것을 말하지 않는다. ······ 이렇게 하면 대신들은 원망하지 않고, 가까운 신하들은 미워하지 않는다."
   (非難. 『禮記·緇衣』: "君毋以小謀大, 毋以遠言近, ······則大臣不怨, 邇臣不疾." ······)

5. 걱정; 근심. 『옥편·녁(疒)부』: "질(疾), 걱정하다는 뜻이다." 『논어·위령공』: "군자는 세상에 살면서 이름이 언급되지 않을까를 걱정한다." 『문심조룡·제자』: "군자의 처세는 이름과 덕이 빛나지 않을까를 걱정하는 것이다."

『설문해자』인지분석

(患; 擔憂. 『玉篇·疒部』: "疾, 患也." 『論語·衛靈公』: "君子疾沒世而名
不稱焉." 『文心雕龍·諸子』: "君子處世, 疾名德之不章.")53)

　'화살'을 쏘는 쪽의 동기는 '질투(嫉妬)'이고, 화살을 맞는 쪽에서는
그것이 '우환(憂患)'으로 반영된다. 또한 화살을 쏘는 쪽에서 그것은
'증오(憎惡)'를 표출하는 것으로, 화살을 맞는 쪽에서는 그것이 '해를
받는 것(受毒害)'으로 반영된다. 『설문』 역시 이러한 인지를 보존하고
있다.

　『설문·녁(疒)부수』에 기록된 전서체 '녁(疒)'은 이미 '인체에 화살이
꽂힌' 형상은 알아보기 어려워졌지만, 『설문·녁(疒)부수』의 이 글자 아
래에는 또 다른 고문체인 '질(𤴕)'을 보여주고 있다. 바로 『설문』의 이
러한 보존 덕분에 우리는 '녁(疒)'자가 갑골문과 금문에서 인체에 화살
이 꽂히는 모습을 기반으로 하였다는 사실을 파악할 수 있게 되었다.

　『설문·녁(疒)부』의 고문체인 질(𤴕, 𤴕)은 후(厌)에서 파생되었는데,
이는 마침 중국 고대 문헌에 기록된 '사후(射侯)'의 '후(侯)'와 동일하
다. 갑골문(예컨대 『甲』 2292)과 청동기의 명문(예컨대 「保卣」, 「冀侯父戊簋
」), 그리고 옥에 새긴 글자인 「후마맹서(侯馬盟書)」 등에서의 글자 구
조는 모두 '후(厌)'와 동일한데, 이들 글자의 전승관계를 정확하게 볼
수 있다. 『집운·질(質)부』에서 "질(疾, 𤴕, 𤴕)은 작(昨)과 실(悉)의 반절
로 읽힌다. 『설문』에서는 '병(病)'을 말한다'고 했다. 주문체에서는 질
(𤴕)과 질(𤴕)로 적는다."라고 했다. 운서(韻書)에 보존된 문자들 간의
실제 관계가 이렇다. 이들 글자의 구조적 분석은 '후(侯)'자의 이미지
채택과 '사시(射矢)', 그리고 '사후(射侯)' 의식과의 연관성을 재구성하
는 데 도움을 준다.

---

53) 의미 항목 정렬 및 서적 인용은 모두 『漢語大字典·疒部』에서 참조하였다.

위에서 열거한 고문체 '후(侯)'는 '질(疾)'자의 고문체와 비교해 볼 때, '화살로 사람을 쏘는 형태'로 파악될 수 있다. 그러나 이러한 문자 그룹을 독립적으로 관찰할 경우, '후(侯)'자가 사람으로부터 파생된 것인지 쉽게 파악하기는 어렵다. 여전히 『설문』이 연결시켜 주고 있다. 『설문』에서 '후(侯)'자를 「시(矢)부수」에 귀속시켜 놓았는데, 그 아래에 고문체인 '후(医)'자가 등장한다. 이는 갑골문 등의 자형과 일맥상통하며 큰 변화가 없다. 자형의 인지를 분석하면 "인(人)이 의미부이고 엄(厂)도 의미부로, 펼쳐진 베(과녁) 아래에 화살이 있는 모습을 그렸다."라고 할 수 있다. 단옥재의 『설문해자주』에서는 『주례』의 주석을 인용하여 "후(侯)라는 제도를 보면 위가 넓고 아래로 좁은 모양을 하여, 사람을 상징한 것으로 보인다."라고 설명하였다. 『집운·후(疾)부』에서는 이렇게 말했다.

> "후(侯, 医, 帿)는 호(胡)와 구(溝)의 반절로 읽힌다. 『설문』에서는 '봄의 축제에서 사용된 화살 과녁을 말한다'라고 했다. 인(人)이 의미부이고 엄(厂)도 의미부로, 펼쳐진 베 아래에 화살이 있는 모습을 그렸다. 천자의 과녁은 곰, 호랑이, 표범을 사용하여 강인함을 나타내며, 제후는 곰, 돼지, 호랑이를 사용한다. 대부는 큰사슴을 사용하는데, 큰사슴은 신과 감응시킨다. 사(士)는 사슴과 돼지를 사용하는데, 논밭의 해충을 제거한다는 의미이다. 기도를 할 때 이렇게 주문한다. '교란하지 않도록 후(医)로 꾸미고, 제대로 된 곳에서 조회를 거행할 수 있도록 하기 위해 짝을 이루어 당신에게 사용한다.' 일설에는 원숭이를 말한다고도 하고, 또 밧줄(維)을 말한다고도 한다. 고문체에서는 후(医)로 썼고, 혹체에서는 건(巾)으로 구성되었다.
> (侯医帿. 胡溝切. 『說文』春饗所躲侯也. 從人; 從厂, 象張布, 矢在其下; 天子躲熊虎豹, 服猛也; 諸侯躲熊豕虎, 大夫躲麋, 麋, 感也. 士躲鹿豕, 爲田除害也. 其祝曰: 毋若不寧侯, 不朝於正所, 故伉而躲汝也. 一曰猴也. 維也. 古作医. 或從巾.)

또 『집운』의 같은 「후(鍭)부」에서 이렇게 말했다. "후(鍭)를 『설문』에서 청동 화살촉에다 깃을 날개로 붙인 화살을 말한다(矢金鏃翦羽謂之鍭)라고 했다." 그렇다면 이 글자도 동원자일 가능성을 고려해야 한다. 또 『집운·지(旨)부』에서 이렇게 말했다. "시(矢, 笶, 乇, 㒃)는 신(矧)과 시(視)의 반절로 읽힌다. 『설문』에서 활이나 쇠뇌의 화살을 말한다(弓弩矢也)고 했다. 입(入)이 의미부인데, 살촉에 깃을 묶은 모습을 그렸다(象鏑括羽之形). 옛날 이모(夷牟)라는 사람이 처음으로 화살을 발명했다. 혹체에서는 죽(竹)으로 구성되었다. 고문체에서는 시(乇), 시(㒃), 시(矢)로 적었다. 일설에는 진설하다는 뜻이라고도 한다(一曰陳也)."

이렇게 볼 때, 후(厌)와 후(矦)의 구조는 다른 곳에서 근원한 것이 아니다. 즉 후(厌)의 경우, 『설문·시(矢)부수』에서 소전체로 후(矦)로 썼는데, 그 윗부분이 '사람(人)'으로 구성되었다는 것은 한눈에 알아볼 수 있다.

'후(矦)'자는 인(人)이 의미부이고 시(㠯)가 소리부이다. 『설문통훈정성·리(履)부』(제12)에서 "시(㠯), 이는 시(矢)의 고문체이다."라고 하면서 이 글자는 "시(㠯)의 전서체에 근거해 보충 설명해 두었다"라고 특별히 주석을 달아 놓았다. '시(㠯)'는 또 형성구조로 된 합체자로 간주된다. "시(㠯)는 또 시(尸)를 소리부로 삼았다. 『이아·석고(釋詁)』에서 '시(屍)는 늘어 놓다는 뜻이다(陳也)'라고 했다. 또 『광아·석고(釋詁)』(2)에서 '시(屍)는 진설하다는 뜻이다(陳也)라고 했는데, 이들은 모두 고문체이다."[54]

'후(矦)'자가 정말로 화살로 사람을 쏘는 이미지를 채택한 것인지에 대

---

54) 『說文通訓定聲·履部第十二』.

한 의문에 대해서도, 『설문』은 이와 관련된 정보를 전해주고 있다.

·矦(甲骨文 金文 古陶文 盟書 簡牘文 帛書 石刻古文): 春饗所躬矦也. 從人; 從厂, 象張布; 矢在其下. 天子躬熊虎豹, 服猛也; 諸侯躬熊豕虎; 大夫射麋, 麋, 惑也; 士射鹿豕, 爲田除害也. 其祝曰: "毋若不寧矦, 不朝于王所, 故伉而躬汝也." 䧃, 古文矦. 乎溝切.

후(矦), '봄날, 향음주례를 행할 때 사용하는 베로 된 화살 과녁(春饗所躬矦)'을 말한다. 인(人)이 의미부이고, 엄(厂)도 의미부인데, 아래로 펼쳐진 베(張布)와 그 아래로 화살(矢)이 있는 모습을 형상했다. 천자는 곰(熊)이나 호랑이(虎)나 표범(豹)으로 장식된 과녁을 사용하는데, 맹수를 복종시킨다는 의미를 담았다. 제후는 곰(熊)이나 멧돼지(豕)나 호랑이(虎)로 장식된 과녁을 사용한다. 대부는 큰사슴(麋)으로 장식된 과녁을 사용하는데, 큰 사슴(麋)은 신과 감응하게 한다. 선비(士)는 사슴(鹿)이나 멧돼지(豕)로 장식된 과녁을 사용하는데, 논밭의 해악을 제거한다는 의미를 담았다. 그들이 활을 쏠 때는 다음과 같이 축원한다. "불안정한 제후들처럼 되어 왕이 계신 곳에 조회를 하지 않는 법이 없도록 하라. 그래서 너희들을 화살로 쏘느니라.(毋若不寧矦, 不朝于王所, 故伉而躬汝.)" 후(厗)는 후(矦)의 고문체이다. 독음은 호(乎)와 구(溝)의 반절이다.

이렇듯 『설문』에서 밝힌 '후(矦)'자의 설명은, 고대의 '후제(矦制)', 사냥 대상, 기능, 이유, 성격 등에 대한 다양한 정보를 제공한다. 이제 이 정보를 기반으로 고대 기록에서의 '사후(射矦)' 의식에 대해 분석해 보고자 한다.

『소이아·광기(廣器)』(7)에서 이렇게 말했다. "화살을 쏠 때에 사용하는 큰 천을 '후(矦)'라고 부른다. 그 '후(矦: 과녁)'에 명중하면 '곡(鵠: 고니)'라고 부르며, '곡(鵠)'에 명중하면 '정(正: 중앙)'이라 부른다. 이 '정(正)'은 한 변이 두 자 크기로 되었으며, '정(正)'의 중앙에 명중하면 '예(槷)'라고 부른다. '예(槷)'는 한 변이 6촌(寸)의 크기로 되었다."

또 『시·제풍(齊風)·의차(猗嗟)』에서 "하루 종일 '과녁'을 쏘는데, 한번도 '표적'에서 빗나가지 않네.(終日射侯, 不出正兮.)"라고 노래했는데, 주희의 주석에는 "큰 규모의 활쏘기에서는 동물의 가죽을 펼쳐 과녁을 만들고 곡(鵠)을 그려 넣는다. 손님들이 활쏘기를 하면 천을 펼쳐 '정'을 설치한다.(大射則張皮侯而設鵠, 賓射則張布而設正.)"라고 설명했다.

『의례·향사례(鄕射禮)』에서는 "그러면 과녁의 아랫줄을 당긴다(乃張侯下綱)"라고 했다. 또 『백호통·향사편(鄕射篇)』에서는 이렇게 말했다. "과녁은 왜 천으로 만드는가? 천은 [옷을 만드는 것으로] 인간 행위의 시작이기 때문이다. 근본이 바로 서면 나머지는 바로 잡히는 법이다.(侯者以布爲之何? 布者, 用人事之始也. 本正則末正矣.)"라고 설명했다.

『주례』에는 '사후(射侯)'의 성격과 대상에 대해 구체적이고 상세한 규정이 있는데, 「사인(射人)」에서는 "왕이 큰 규모의 활쏘기를 할 때는 너구리 발을 사용하여 세 개의 '후(侯: 과녁)'을 펼친다"라고 설명되어 있다. 또 「대사의(大射儀)」에는 "큰 규모의 활쏘기에서는 '후(侯)'는 구십, '참(參)'은 칠십, '간(干)'은 오십으로 한다."라고 기록되어 있다. 주석에서 "후(侯)는 활쏘기 할 때 사용하는 천을 의미한다. 높은 사람은 활을 쏘아서 '제후(侯)'를 위협하여 불안하게 하고, 낮은 사람은 활을 쏘아 '제후(侯)'가 되기를 바란다."라고 설명되어 있다.

『차사·대초(大招)』에 따르면, "소질이 이미 설정되었고, 큰 '후(과녁)'가 펼쳐졌다.(昭質旣設, 大侯張之.)"라고 했는데, 왕일(王逸)의 주석에는 "후(侯)는 활쏘기 할 때 사용되는 천으로 만든 과녁을 의미한다. 왕은 수호를 위해 제후들을 규제해야 하기 때문에 과녁을 '후(侯)'라고 부르며 그것을 향해 화살을 쏜다."라고 설명했다.

이로서 알 수 있는 것은, '사후(射侯)'의 '후(侯)'는 그 이름이 바로 '제후(諸侯)'에서 나왔다는 사실이다. 그리고 천자(天子), 제후(諸侯), 대부(大夫), 사(士)에 이르는 '사후(射侯)'는 각기 다른 등급으로 구분되었으며, 이는 '사후(射侯)'의 상징적 의미를 표현하는 것이자, '사후(射侯)'의 성격을 구체화한 것이다.

먼저, "곰(熊)이나 호랑이(虎)나 표범(豹)으로 장식된 과녁을 사용한다."라고 하였는데, 『백호통』에서 이렇게 설명했다.

> "길상스런 좋은 날에, 천자는 곰을 향해 활쏘기를 하며, 제후는 큰 사슴을, 대부는 호랑이와 표범을, 사(士)는 사슴과 멧돼지를 향해 활쏘기를 한다. 천자가 곰을 향해 활쏘기를 하는 것은 무엇 때문인가? 그것은 그가 강력하고 교묘한 것을 규제해야 한다는 것을 나타내기 위한 것이다. 곰은 교묘한 짐승 중의 하나로, 단순히 강력함만을 규제하는 것이 아니라, 천하의 교묘하고 부정직한 신하도 규제해야 한다는 것을 나타낸다. 제후가 사슴을 향해 활쏘기를 하는 것은 사람들의 혼란을 해소하기 위한 것이다. 사슴은 '신과 감응하게 함을 의미한다. 대부는 호랑이와 표범을 향해 활쏘기를 하여 그들의 강력함을 규제하며, 사(士)는 농작물에 해를 끼치는 짐승을 향해 활쏘기를 하여 해를 없애기 위한 것이다. 이 모두가 자신의 덕을 통해 규제할 수 있는 것을 나타내기 위한 것이다."
> (含文嘉曰, 天子射熊, 諸侯射麋, 大夫射虎豹, 士射鹿豕. 天子所以射熊何? 示服猛巧佞也. 熊爲獸猛巧者, 非但當服猛也, 示當服天下巧佞之臣也. 諸侯射麋者, 示達迷惑人也, 麋之言迷也. 大夫射虎豹者, 亦服猛也. 士射鹿豕者, 示除害也. 各取德所能服也.)55)

이를 통해 알 수 있는 것은, 활쏘기 대상에는 각기 다른 규정이 있

---

55) 『說文解字義證』 卷十五, 系摘述.

으며, 그들 각각에는 구체적인 의미와 상징성이 함께한다는 것이다.

이렇듯 '사후(射侯)'의 성격은 원래 신의 권력 아래에서 진행된 저주의 의식이었음을 분명하고도 쉽게 알 수 있다. 이러한 무술 의식은 신화적 사고 시대의 종족 사회에서 기원했을 것이다. '사후'라는 무술 의식은 반역하는 '제후(諸侯)' 즉 부족의 우두머리를 저주하기 위한 것이었다. 『사기·봉선서(封禪書)』에 이런 기록이 있다. "이때에 장홍(萇弘)이 주(周) 영왕(靈王)의 문제로 인해 제후들이 더는 주나라를 섬기지 않자 주나라(周)의 힘은 약해졌다. 장홍은 이에 귀신과 신들을 섬겼고, '이수(貍首: 삵의 머리)'가 그려진 과녁을 설치했다. '이수'는 조회하러 오지 않는 제후(諸侯)를 의미한다. 그는 이상한 현상을 바탕으로 제후를 유인하려 했던 것이다."56) 『사기·봉선서』에서 말한 '설사리수(設射貍首: 삵의 머리가 그려진 과녁을 쏘았다)'는 『한서·교사지(郊祀志)』에서는 '설사불래(設射不來: 조회하러 오지 않는 제후들을 그려놓고 쏘았다)'라는 말로 직접 표현되었다. 연맹의 주군은 제후들의 모든 반역과 행동을 엄격하게 제재했으며, 『좌전』에서는 연맹의 주군이 제후를 소집하여 연맹 회의를 여는 것을 여러 차례 기록하였는데, 주요 내용 중 하나는 맹세(盟誓) 외에도 저주(詛呪)였다.

한나라 때의 허신(許慎)은 '후(侯)'자를 '사후(射侯)'의 인지와 직접 연결하여 해석했을 뿐만 아니라, 『설문』에서는 『주례·고공기(考工記)』를 인용하여 이 의식에서 사용했던 저주의 내용도 함께 보존하였다. 비슷한 저주 문장은 『대대례(大戴禮)·투호(投壺)』와 『백호통의(白虎通義)·향사(鄕射)』 등에서도 볼 수 있는데, 비교해 보면 내용은 크게 다르지 않고, 세세한 내용만 조금 다르다.

---

56) "是時萇弘以方事周靈王, 諸侯莫朝周, 周力少. 萇弘乃明鬼神事, 設射貍首. 貍首者, 諸侯之不來者. 依物怪欲以致諸侯."

· 「고공기(考工記)」에서는 이렇게 말했다. "그 저주의 말은 다음과 같다. 오직 평온한 제후(侯)라야 한다. 혹시라도 당신이 평온하지 않은 제후(侯)에 속하지 않기를 바라지만, 왕의 통제권에 속하지 않아서, 그래서 당신에게 대항하여 화살을 쏜다. 억지로 술을 먹이고 음식을 먹여, 너희들의 증손과 제후(侯)들의 백복(百福)을 기원한다."

(其辭云: 惟若寧侯, 毋或若女不寧侯, 不屬於王所, 故抗而射女. 强飲强食, 詒女曾孫諸侯百福.)

· 『대대례·투호(大戴禮·投壺)』에서는 이렇게 말했다. "방탕하거나 거만하지 않고, 오만하지 않게 서서, 말을 넘기지 않아야 한다. 그런 사람은 항상 작위(爵)를 가질 것이다. 아, 평온하지 않은 제후(侯)들이여, 왕의 장소에서 섬기지 않기 때문에 너희들을 위해, 그래서 너희들을 쏜다. 억지로 음식을 먹이면서 증손들과 제후들의 백복(百福)을 기원한다."

(辭曰: 無荒無傲, 無倨立, 無逾言, 若是者有常爵. 嗟爾不寧侯, 爲爾不朝於王所, 故亢而射女. 强食食而曾孫侯氏百福.)

· 『백호통(白虎通)』에서는 이렇게 말했다. "후(侯)로 이름 지은 것은 무엇 때문인가? 제후(諸侯)가 조회를 하지 않으면 그들을 쏘기 위함이다. 그러므로 예사(禮射)를 할 때의 저주의 말씀은 다음과 같다. '아, 평온하지 않은 제후(諸侯)들이여, 왕의 곳에서 섬기지 않기 때문에, 그래서 세상은 해야 할 일을 잃게 되었고, 그래서 너희들에게 당당하게 화살을 쏜다.' 왜 직접 사람을 쏘지 않는 것인가? 군자는 모름지기 동류(同類)를 중요하게 여기어, 그들을 차마 쏘지 못하기에, 부득불 동물을 그려서 그것을 쏘는 것이다."

(所以名爲侯何? 明諸侯有不朝者則射之. 故禮射祝曰: 嗟爾不寧侯, 爾不朝於王所, 以故天下失業, 亢而射爾. 所以不射正身何? 君子重同類, 不忍射之, 故畫獸而射之.)

이러한 저주 문장들에서 그 주요 내용은 모두 동일하다는 것을 분명하게 볼 수 있다.57)

『설문해자』인지분석

먼저, '말을 잘 듣는 제후(寧侯)'와 '말을 듣지 않는 제후(不寧侯)'를 비교해 보자. '말을 잘 듣는 제후'는 연맹의 주재자가 보상하는 대상인 반면 '말을 잘 듣지 않는 제후'는 연맹 회의에서 공동으로 저주하는 대상이다. 따라서 먼저 보상받는 사람을 드러내어 다른 이들에게 권고하고, 그 다음에 연맹을 배반한 사람을 명확히 지적하여 '모든 공격 화살의 대상'으로 만든다. 그리고 그들의 죄악을 열거한 후, 참가한 사람들에게 축복을 준다. 우리는 『좌전(左傳)』에서 많은 연맹 회의를 기록했으며, 그 연맹의 선서는 대체로 유사하다는 것을 알 수 있다. 부족 연맹의 집회와 선언에 대한 초기 기록의 실상은 알 수 없다. 그러나 주(周)나라의 이러한 '사후(射侯)' 의식과 그 이전의 선서(宣誓)는 분명히 그 기원을 갖고 있다.

'사후(射侯)' 의식의 특징에 대해서, 장태염(章太炎)은 그의 저서『문시(文始)』에서 다음과 같이 설명하였다. '사후(射侯)'라는 이름은 제후(諸侯)에서 유래하였다. 『육도(六韜)』에서는 '정후(丁侯)가 조회에 참석하지 않으면 태공(太公)이 그를 그려서 그에게 활을 쏜다.'라고 하였다. 『사기』에서도 '장홍(萇弘)이 '삵의 머리(貍首)'를 쏠 수 있도록 설치한 것은 제후(諸侯)가 조회를 오지 않은 것에 대한 것이다.'라고 했다. 이것은 고대의 신화적 사건들이 주(周)나라 때까지 계속되었다는 것을 의미한다. 『예기·사의(射義)』에서 '활쏘기에서 과녁을 적중시킨 사람이 제후(諸侯)가 될 수 있다'라고 하였다. 『춘추』와『국어』에서도 '당숙(唐叔)이 도림(徒林)에서 화살로 무소를 쏘았는데, 죽여서 큰 갑옷(大甲)으로 만들어 진(晉)나라 임금에게 바쳤다.'고 기록하였다. 「사의(射義)」의 설명도 이에 대한 증거가 있다. 이것은 주(周)나라의 도(道)가 문화를 존중하였으며, 무당의 의식을 변형하여 그 의미를 바꾸

---

57) 『說文解字義證』 卷十五에서 인용했다.

었다는 것을 나타낸다.[58]

　장태염이 언급한 '상고(上古) 시대의 신성한 일'은 필자가 말한 '사후(射侯)'가 원래 부족 사회에서 신의 권력을 활용하여 행한 무술 의식이었다는 것을 의미한다. 현재 우리가 볼 수 있는, 귀중한 문자 자료로 보존된 「저초문(詛楚文)」은 원래 전국시대에 있었던, 진(秦)의 소양왕(昭襄王)이 초(楚)나라 회왕(懷王)의 죄를 신들에게 저주하는 문서였다. 이러한 저주 의식은 무함(巫咸) 신의 관할에 속한 것이었으며, 이러한 무술적 힘을 통해 초(楚)나라를 통제하려는 목적이 있었다.『구양문충공집(歐陽文忠公集)』권 134의『집고록발미(集古錄跋尾)·우별본(又別本)』에서는 "오른쪽에 있는 무함(巫咸) 신에 대한 진(秦)나라의 글은 오늘날 「저초문(詛楚文)」이라 부르는 것인데, 이는 초나라 왕 웅상(熊相)의 죄를 말하고자 했던 것이다."라고 기록되어 있다.

　따라서 앞서 검토한 '질(疾)'자의 이미지 채택 인지와 연결해보면, '사후(射侯)' 의식의 이미지와 '질(疾)'자의 표상이 뭉쳐낸 문화적 함축이 서로 맞닿아 있다는 것을 쉽게 발견할 수 있다. 이를 통해 다음 두 가지 결론을 도출할 수 있다. 첫째, '사후(射侯)'의 이미지가 지향하는 것은 사람을 쏘는 행위, 즉 사람을 쏘는 것이 '질(疾)'자의 표상과 같다는 것이다. 둘째, 저주 의식의 특성은 명백히 무술 행위에 속한다는 것이다. 따라서 '질(疾)'자는 무술 인지 활동을 암시하며, 실제로 군사적 힘에 의존하는 것이 아닌 저주와 활쏘기를 행위로 하는 것이며, 그 목적은 상대방에게 무술적 영향을 미치는 것이다.

　불교경전에서 '욕전(欲箭)'이라는 표현을 찾아볼 수 있는데, 혜림(慧琳)의『일체경음의』권10의 '욕전(慾箭)' 항목에서 "욕심이 대상과 상호 작용하여, 마치 화살이 명중시키듯 한다.(欲心與境相應, 如箭之中

---

58) 陸宗達・王寧,『說文解字通論』, 197쪽(北京出版社, 1981年).

也.)"라고 설명하였다. 또한 중국 고대의 기록에는 '귀사(鬼射)'라는 기록이 있는데, 송나라 홍매(洪邁)의 『이견지(夷堅志)』 제3 지임권(志壬卷)의 제1 『풍씨음화(馮氏陰禍)』에서 "의사들이 환자를 치료할 때 귀신을 쏘는 행위로 하는데, 이는 치료될 수가 없는 방법이다.(醫以病傷者爲鬼射, 無法治.)"라고 기록되어 있다. 이들은 모두 '질사(疾射)'라는 개념과 동일한 의미를 공유하고 있는데, 이 또한 '질사(疾射)' 개념의 한 단면을 보여주고 있다.

'영대(靈臺) 위에 내려지는 신의 화살을 피할 방법이 없다(靈臺無計逃神矢)'59)라는 표현은 '질사(疾射)'의 또 다른 의미를 말해주고 있다. 인류학적 관점에서 동서양 문화를 비교해보면, 남녀 이성 간의 관계에서 유사한 정황이 존재한다. 인류학자들은 말레이 반도의 주술사가 아름다운 여인의 사랑을 얻기 위해 그녀의 영혼을 활로 쏘려고 했다고 기록하였다. "옴마! 내가 활을 당기고 화살을 쏘노라. 첫 번째 화살을 쏘면, 낮이 어두워질 것이리라. 두 번째 화살을 쏘면, 태양이 빛을 잃을 것이리라. 세 번째 화살을 쏘면, 별들이 숨을 것이리라. 그러나 나는 태양, 별, 달을 쏘려는 것이 아니다. 세상 사람들 중에서 가장 아름답고 사랑스러운 소녀 ×××의 마음을 쏘려는 것이다!"60)

---

59) [역주] "영대(靈臺) 위에 내려지는 신의 화살을 피할 방법이 없다."라는 말은, 사람의 마음(영대(靈臺)이 사랑의 신이 쏘는 화살을 피할 수 없음을 의미한다. 이 시구는 노신(魯迅)의 「자화상(自畫像)」에서 나온 것으로, 노신이 조국에 대한 깊은 사랑과 애착을 반영하고 있다. 그는 비록 이러한 감정적 애착에서 벗어나고자 했지만, 마치 사랑의 신이 쏘는 화살에 맞은 것처럼 벗어날 수 없었다. 이는 노신의 내면 깊숙한 곳에서 조국의 운명에 대한 걱정과 그것을 위해 싸우겠다는 결의를 반영한다. 이 때문에 어떤 사람이 어떤 이상(理想), 목표(目標) 또는 감정(感情)에 깊이 빠져 그것의 영향에서 벗어날 수 없을 때, "신의 화살을 피할 방법이 없다"라는 표현을 사용하여 이와 같은 쉽게 놓을 수 없는 심경을 묘사할 수 있다.

60) [英] 弗雷澤, 『金枝』(中譯本), 284쪽(中國民間文藝出版社, 1987年).

프레이저가 말한 '교감 주술' 원리의 분석은, '유사의 법칙' 즉 '동종 상생' 혹은 '결과는 원인과 같아야 한다'는 원시적 사유 규칙에 부합한다. 마찬가지로, 중국 고대의 남녀 간의 관계에서도 비슷한 이야기가 전해진다. 예를 들어, 『진서(晉書)·문원전(文苑傳)』에는 고개지(顧愷之)가 "이웃집 여자를 좋아했지만, 그녀의 마음을 얻지 못하여 벽에다 그녀의 모습을 그리고 가시로 그녀의 가슴을 찌르자, 그녀가 가슴을 아파했다."라고 기록되어 있다. 이러한 사랑의 주술로 인해 원수나 배필이 되고, 몰래 쏜 화살은 '심장을 아프게 한다(害心疾)'.

『관추편((管錐編)』에서는 1970년대에 이미 '질(疾)'자의 어원과 그 배후의 간직된 문화적 내포에 대해 연구한 바 있다.

> · '박한지중인(薄寒之中人)'.
>
> 이 문장에서의 '중(中)'은 '중시(中矢)'나 '중상(中傷)'에서의 '중(中)'과 같으며, 물여우 즉 '단호(短弧)'가 그림자를 쏘아 맞추다는 뜻의 '중(中)'을 말한다. 또한 '질(疾)'자의 구성 요소인 '녁(疒)'과 '시(矢)'를 '물여우가 그림자를 쏘다'는 말과 결합해 본다면, 고대 중국인들은 마음속으로 병마(病魔)를 은밀한 화살을 맞은 것으로 상상하였음을 알 수 있다.
>
> 또한, 서양의 신화에서도 유사한 내용이 등장한다. 예를 들면, 사랑의 신이 화살로 사람들의 마음을 사로잡는 이야기나, 호머의 서사시에서 태양의 신이 화살로 사람과 가축을 공격하여 질병을 일으킨다는 내용 등이 그렇다.
>
> 왕안석의 『자설(字說)』은 이미 소실되어 그가 '질(疾)'자에 대해 어떻게 설명하였는지 알 수 없다. 또 완원(阮元)의 『연경실집(揅經室集)』권1의 「석시(釋矢)」에서는 활과 화살이라고 할 때의 '시(矢)'를 시닉(矢溺)의 '시(矢)'와 통용시켰을 뿐이다.
>
> ('薄寒之中人'. 按'中'如'中矢'·'中傷'之'中', 猶蜮'短弧'射影'之'中'. '疾'字從'疒'從'矢', 合之蜮射之說, 則吾國古人心目中之病魔以暗箭傷人矣. 西方神話有相類者, 不獨愛情之神彎弓以射也; 如荷馬史詩卽寫日神降

大疫, 在空中發矢下射人畜. 王安石『字說』已佚, 不識於‘疾’字作底解會; 阮元『揅經室集』卷一『釋矢』祇以弓矢之‘矢’通矢溺之‘矢’而已.)[61]

『관추편』에서 철학적으로 풀이한 ‘사자(射刺)’의 이미지는 동서양 문화를 통틀어 조리 있게 깊이 분석하였다 하겠다. 동서 문화 속에서 전승되는 주술과 무술은 크게 두 가지로 구분된다. 하나는 유사한 대상을 대상으로 주술을 행하는 방식이며, 다른 하나는 접촉하여 에너지나 힘을 전달하는 방식이다. 전자의 경우, 프레이저(弗雷澤)는 그의 저서 『황금가지(金枝)』에서 이를 ‘상사율(相似律)’이라고 지칭했다.[62] 후자는 ‘접촉율(接觸律)’로 분류될 수 있다.[63]

프로이트(弗洛伊德)는 ‘상사성(相似性)’ 외에도 ‘친화성(親和性)’의 개념을 도입하여 이를 보완하였다. 그는 이렇게 말하였다. “이미 언급된 방식 외에도 적을 해치울 수 있는 무술이 있다. 사람이 적의 머리

---

61) 『管錐編』卷二, 629~630쪽.

62) [역주] 프레이저가 『황금가지』에서 제시한 ‘상사율(Law of Similarity)’은 “비슷한 것은 비슷한 것을 낳는다.”는 주술적 사고 원리를 말한다. 이는 유사한 외형이나 특성을 가진 것들 사이에 인과관계가 있다고 믿는 사고방식이다. 예를 들어, 부두 인형을 사용하여 실제 사람에게 영향을 주려는 행위, 키 큰 사람들의 춤을 통해 작물의 성장을 촉진하려는 의식, 빠른 동작을 흉내 내어 사냥의 성공을 기원하는 행위, 물을 뿌려 실제 비를 내리게 하려는 의식 등이 이에 해당한다. 이러한 상사율은 많은 주술적, 종교적 관행의 기초가 되며, 인간의 원시적 사고방식과 문화를 이해하는 데 중요한 통찰을 제공한다.

63) [역주] 프레이저의 ‘접촉율(Law of Contagion)’은 “한 번 접촉한 것들은 물리적으로 분리된 후에도 계속해서 서로 영향을 미친다.”는 주술적 사고 원리를 말한다. 이는 물체나 사람들 사이의 과거의 접촉이 지속적인 연결을 만들어낸다고 믿는 관념이다. 예를 들어, 누군가의 머리카락이나 손톱을 이용해 그 사람에게 주술을 걸려는 시도, 성인의 유물을 통해 그의 힘을 얻으려는 행위, 적의 무기를 소유함으로써 그 적을 제압하려는 믿음, 또는 사랑하는 사람의 물건을 간직하여 그 사람과의 연결을 유지하려는 행동 등이 이에 해당한다. 접촉율은 많은 문화권의 주술적 실천, 종교적 의례, 그리고 일상적 미신에서 발견되며, 인간의 심리와 문화적 관행을 이해하는 데 중요한 개념으로 여겨진다.

카락, 손톱, 버린 물건 혹은 옷 조각 등을 획득할 때, 그것들에게 잔인한 행위를 하면, 그 보복은 마치 직접 적을 잡아 부상을 입힌 것처럼, 그 물건에 가한 모든 손상이 그대로 적에게 돌아간다. 원시민족의 관념에서는 사람의 이름이 그 사람의 가장 중요한 부분 중 하나이다. 그러므로 어떤 사람이나 영혼의 이름을 알게 되면, 그는 그의 일부의 힘을 동시에 얻게 된다. 이러한 예에서는 '상사성'이 '친화성'에 의해 대체되는 것이 분명하다."[64]

그리고 주술 방법은 크게 두 가지로 나뉜다. 첫 번째는 '염매(厭魅, L'envoûtement)'[65]이며 두 번째는 '사자(射刺, Les Sagittaire)'[66]이다. '사자'에 관해서는 '화살'과 '바늘에 의한 찌름' 사이에서의 의미적 변환을 종종 볼 수 있다. 『관추편』에서는 또한 정사(正史), 자질구레한 일을 기록한 다량의 문헌을 고증하였다.

'사자'에 관한 내용은 『전상고삼대문(全上古三代文)』 제6권에서 태공(太公)의 『육도(六韜)』를, 그리고 제7권에서 태공의 『금궤(金匱)』를 인용하여 기록하였다. 무왕(武王)이 은(殷)을 공격했을 때, 정후(丁侯)가 조정을 방문하지 않았다. 그래서 태공은 전략적으로 정후를 그려 세 화살로 그림을 겨냥했고, 결과적으로 정후는 병든 상태가 되었다. 이 내용은 『봉신연의(封神演義)』 제48회와 제49회에서 풀잎 활과 복숭아 나뭇가지로 만든 화살로 풀로 만든 인형을 겨냥한 것과도 일맥

---

64) [독] 弗洛伊德, 『圖騰與禁忌』(中譯本), 99쪽(中國民間文藝出版社, 1986年).

65) [역주] '랑부뜨망(L'envoûtement)'은 사람의 의지를 매혹시키거나 구속하는 것으로 여겨지는 의식, 주문 또는 부적의 사용과 관련된 문화인류학과 사회학의 현상을 말한다. 다양한 무술적, 종교적 전통에 뿌리를 둔 이 관행이 신앙 체계와 공동체 내의 개인행동에 미치는 심리적, 사회적 영향을 연구한다. 이는 문화적 규범과 초자연적 신념이 인식과 행동에 어떻게 영향을 미칠 수 있는지를 나타낸다.

66) [역주] '레 사지테르(Les Sagittaire)'는 궁수(Archer)로 상징되는 점성술 별자리 궁수자리(Sagittarius)를 의미한다. 이 별자리는 황도대의 아홉 번째 별자리이다.

상통한다.

또한, 『송서(宋書)·문오왕전(文五王傳)』에 따르면, 송 태종(太宗)은 이렇게 명령했다. "내 모습을 그리고 내 이름을 새기고 화살이나 칼로 공격하라."

『태평광기(太平廣記)』 제128권에는 공손작(公孫綽)의 기록에 따라 노비가 주술을 사용해 그의 모습을 닮은 나무인형을 만들어 그 위에 천을 박았다고 기록되어 있다. 또한, 제284권에서는 여용지(呂用之)가 처형당하기 전에 집 안쪽에서 돌로 만든 작은 상자를 찾았고, 그 안에는 나무로 만든 사람 모양의 물건이 있었으며, 그 길이는 약 세 자(尺)였다. 그 나무 인형은 족쇄를 차고 있었으며, 입에는 긴 못이 꽂혀 있었다.

『통감(通鑑)·양기(梁紀)』에 따르면, 원제(元帝)가 무릉왕(武陵王)의 상경 소식을 듣자 무술사에게 무릉왕의 모습을 그리게 하고 직접 나무 인형에 못을 박아 무술로 피해를 주려 했다고 한다. 또한 『수서(隋書)·문사자전(文四子傳)』에는 황태자가 나무 인형을 만들어 그 위에 자신과 한왕(漢王)의 성과 이름을 적은 후 손을 묶고 가슴에 못을 박아 화산(華山) 아래에 묻었다고 한다. 이러한 사례들은 확실히 '사자(射刺)'의 전통을 보여준다.

『구당서(舊唐書)·양리전(良吏傳)』에서는 승려 정만(淨滿)이 제자를 위해 그의 모습을 그린 여자를 높은 탑에 그리고, 그런 다음 그의 모습을 그려 활을 당기는 모습으로 만든 뒤, 그것을 제왕에게 가져가 승려가 저주와 반역을 했다고 말했다고 기록되어 있다. 심지어 『홍루몽(紅樓夢)』 제25회에서도 이러한 내용의 묘사가 있다.[67]

'사람을 쏘는(射人)' 신화 전설에서는 이에 상응하는 것이 '암전중상

---

67) 『管錐編』 卷一, 296~300쪽.

(暗箭中傷: 암암리에 화살에 중상당하는)' 패턴으로 구성된다. 『설문·충(蟲)부수』에 따르면, "역(蜮)은 꼬리가 짧은 여우와 비슷하며 거북처럼 생긴 세 발의 생물로, 그의 기운으로 사람을 쏜다.(蜮, 短狐也. 似鱉·三足, 以氣射害人.)"라고 한다. 『산해경·대황남경(大荒南經)』에는 "역산(蜮山)이라는 곳에 역민(蜮民)의 나라가 있는데, ……그들은 사람을 쏘는 동물인 '역(蜮)'을 먹는다. 또한 사람들이 활을 쏘아 노란 뱀을 잡으려 할 때, 그를 '역인(蜮人)'이라 부르기도 한다.(蜮山者, 有蜮民之國……射蜮是食. 有人方扞弓射黃蛇, 名曰蜮人.)"라는 기록이 있다. 곽박(郭璞)의 주석에 따르면, "역(蜮)은 꼬리가 짧은 여우로, 사람을 쏘는 것으로 알려져 있다. 만약 역에게 쏘이면 병에 걸려 죽게 된다."라고 한다.

『초사·대초(大招)』에서는 "역(蜮)이 내 몸을 상하게 하였다"라는 표현이 있다. 홍흥조(洪興祖)의 『초사보주(楚辭補注)』에서 이렇게 보충했다. "곡량자(穀梁子)는 '역(蜮)'이 사람을 쏜다고 말한다. 『전한서·오행지(五行志)』에는 다음과 같이 기록되어 있다. '역(蜮)은 남월(南越)에 생기며, 난기(亂氣)로부터 생겨나며, 물가에 존재하며, 사람을 쏠 수 있다. 심한 경우 사람이 죽기도 한다.' 육기(陸機)는 이를 일명 '사영(射影)'이라고 한다고 했다. 사람이 강변에 있을 때, 그림자가 물속에 비치면, 그림자를 향해 사람을 쏜다. 어떤 이들은 '함사사인(含沙射人)'이라고도 부르기도 한다. 손진인(孫眞人)은 이렇게 말했다. 강동(江東)과 강남(江南) 지역에는 단호(短狐)라는 이름의 벌레가 있으며, 이는 계독(溪毒)이라고도 하며, 또한 사공(射工)이라고도 불린다. 이 벌레는 눈이 없으나 귀가 매우 예민하여 사람의 목소리를 듣고는 입에서 독을 발사하여 사람을 쏜다."

'호(狐)'와 '호(弧)'는 모두 과(瓜)에서 독음을 가져왔고, 따라서 두 글자는 예에서 서로 통용할 수 있다. 『한서·오행지(五行志)』에서 '단호(短

『설문해자』인지분석

狐'는 '단호(短弧)'로 썼다. 여기서 '단(短)'은 '시(矢)'로 구성되었으며,『설문』에서는 「시(矢)부수」에 귀속시켜 놓았다. '호(弧)'는 '궁(弓)'으로 구성되었으며,『설문』에서는 「궁(弓)부수」에 귀속시켜 놓았다. 이 둘은 모두 '쏘다'에서 의미가 비롯되었다. 따라서 '사인(射人)'의 '역(蜮)'은 또 '수누(水弩)'라고도 불리는데,『한서·오행지』의 안사고(顏師古) 주석에서 "역(蜮)은 바로 사공(射工)이며, 또한 수누(水弩)라고 부른다."라고 했다. 진(晉)나라 때 장화(張華)의 『박물지·이충(異蟲)』에서도 이렇게 기록했다. "강남(江南)의 산속 계곡(山溪)에 살며, 수사공충(水射工蟲)으로, 갑류(甲類)에 속한다. 길이가 1~2촌이고, 입 안에 누형(弩形)이 있어, 기(氣)로 사람의 그림자를 쏘면 맞힌 곳에 종기가 나타나며, 치료하지 않으면 사람이 죽고 만다." 또한 육덕명(陸德明)의 『경전석문』에서도 이렇게 말했다. "일명 사공(射工)이라 하는데, 세속에서는 수누(水弩)라고도 부르며, 물속에서 모래를 머금은 채 사람을 쏜다. 일설에는 사람의 그림자를 향해 쏜다고도 한다."

이렇게 보건대, 중국문화에서 '역(蜮)'의 이미지가 '질(疾)'자 이미지를 대신하는 자격을 획득한 듯하다. 두 글자의 연관성은 '암중에서 사람을 쏘다'에 있으니, '뒤에서 차가운 화살을 발사하다', '암중의 화살은 방어하기 어렵다'. 사람들은 '암중의 화살'에 겁을 먹고, '기심(機心)'에 두려워한다. 이는 이미 오랫동안 문화적인 심리 모델로 정착되었다. 옛날부터 현재까지, 사람들이 가장 걱정하는 것은 뜻밖에 오는 암중의 중상이며, 이것은 이 사회에서 질투하는 자의 암중 화살이 널리 퍼져 있음을 나타낸다! 세속에서는 여전히 그대로 모방하고, 법에 따라 만드는 사람들이 있다. 그 기원을 추적하면, 원래는 무술적 사고에서 시작된 것으로, 그 유래가 매우 오래되었다고 할 수 있다. 따라서 우리는 '질(疾: 질투)'이 이런 종류의 무술 의식의 동기이며, '질

(疾: 사람을 쏘다)'도 이런 종류의 무술 의식의 방식과 결과라고 말할 수 있다. 그러므로 언어학적 의미에서도, 우리는 '질(疾)'과 '질(嫉)' 두 글자를 단순히 '통용가차'의 관계로 정리할 수는 없다.

'질(疾)'자는 무술 활동에서 상징을 얻었으며, '질(疾)'과 '의(醫)' 두 글자는 서로 관련이 있음을 알 수 있다. 후세에서는 '질(疾)'자를 주로 '질병(疾病)'의 의미로 사용하였으니, 당연히 '의(醫)'와 어떠한 관계가 있을 것이다. '의(醫)'자의 발생 상황은 우리가 의(醫)와 질(疾) 사이에 내재적 연결이 있다고 추측하는 것에 어느 정도 근거가 있다는 것을 보여준다. 『설문·혜(匚)부수』에서는 '의(医)'자의 원래 의미는 "활과 화살을 담는 도구"라고 설명하였다. 이는 본래 "혜(匚)가 의미부이고 시(矢)도 의미부인데 시(矢)는 소리부도 겸한다." 그리고 '의(医)'자를 소리부로 하여 파생한 '예(殹)'자의 경우, 『설문·수(殳)부수』에서 "타격하는 소리를 의미한다(擊中聲也). 수(殳)가 의미부이고 의(医)가 소리부이다."라고 했는데, 여기서 말한 '격중(擊中)'은 화살이 목표물을 맞히는 것을 의미한다. '의(醫)'는 바로 '예(殹)'자 기반 위에 발생된 구조이며, 『설문』에서는 이를 「유(酉)부수」에 귀속시키고서 "질병을 치료하는 무당이다"라고 설명했다. 또한, 『설문』의 '무(巫)'자의 설명에서 "무(巫)는 공(工)은 같은 뜻이다"라고 설명하고 있다. 『설문』 및 기타 문헌에서는 "고대의 무팽(巫彭)이 처음으로 의사가 되었다"라고 언급되었다. 예를 들어, 『세본』에서는 "무팽(巫彭)이 의사가 되었다"라고 했으며, 『여씨춘추·물궁(勿躬)』에도 유사한 기록이 있다.

『설문』의 '무(巫)'자의 해설을 보면, "고대의 무함(巫咸)이 처음으로 무당이 되었다."라고 되어있다. 그리고 『산해경·해내서경』에서는 "개명(開明)의 동쪽에 무팽(巫彭)·무저(巫抵)·무양(巫陽)·무리(巫履)·무기(巫幾)·무상(巫相) 등이 있었다."라고 했는데, 『주』에서 "이들은

　　　　　　　　　　　　　　　『설문해자』 인지분석

모두 신의(神醫)들이다"라고 했다.[68]

『대황서경』에서도 언급하였다. "대황(大荒)의 가운데, ……영산(靈山)이 있다. 무함(巫咸)·무팽(巫彭)……10명의 무당이 이로부터 오르내리며 온갖 약초가 다 거기에 있다.(十巫, 從此升降, 百藥爰在)."라고 했다. 실제로 고대의 무(巫)와 의(醫) 두 가지 역할은 한 사람의 몸에서 동시에 이루어졌다. 즉 무(巫)는 치료를 하는 사람이었으므로 고대의 '의(醫)'자는 '무(巫)'에서 변형되어 '의(毉)'로 표현될 수 있었던 것이다.

『국어·월어』(상)에서는 "면할 사람을 알려 주면, 공의가 그를 지켜 준다(將免者以告, 公醫守之.)"라고 했는데, 다른 판본에서는 '의(毉)'로 쓰여져 있어, 이를 증명한다. 『광아』에서 "의(醫)는 무(巫)이다."라고 되어 있고, 『집운·지(之)부』에서도 "의(醫, 毉)는 어(於)와 기(其)의 반절로 읽힌다. 『설문』에서는 '질병을 치료하는 사람'이라고 했으며 '예(殹)'는 방자함을 미워하다는 뜻이다(惡恣也). 의사의 본질이 그러하다. 술(酉)을 얻어서 사용하기에, 유(酉)로 구성되었다. 왕육(王育)의 설명에 따르면, '예(殹)'는 병이 들어 앓는 소리를 말한다고도 한다. 술은 병을 치료하기 위한 것이다. 『주례』에 치료용 술이 있다. 고대의 무팽(巫彭)이 처음으로 의사가 되었다. 혹체에서는 무(巫)로 구성되었다. 속체에서는 의(醫)로 쓰지만, 이는 올바르지 않다."

---

68) 『說文解字義證』 卷四十八.

5-3. 한나라 「상욕분(常浴盆)」과 「의공분(醫工盆)」의 명문

'의(醫)'자와 관련된 다른 글자들을 통해, '질(疾)'자와 '무(巫)'의 인지적 연결을 다른 관점에서도 관찰할 수 있다.

『설문』에서 '활과 화살'이라는 이미지에 대한 탐구를 통해, 활과 화살의 이미지 위에 집약된 무술 의식 활동 및 고대 중국인들의 관념적 심리를 여러 관점에서 조망할 수 있었다. 더욱이, 어떤 면에서는 다른 문헌의 기록보다도 보다 순수하고 뚜렷하게 볼 수 있다. 아래 문헌은 이를 상호 확인하는 데에도 도움이 될 수 있을 것이다.

『설문통훈정성·리(履)부』제12에서 '질(佚)'자에 대해 이렇게 말했다.

"질(佚)은 혹체에서 여(女)로 구성되었다. 글자는 또 질(誺)로 적기도 하고 또 질(恎)로도 적는다." 또『광아석고(釋詁)』(1)에서 "질(嫉)은 투기하다는 뜻이다(妒也). 세 가지 악행 중의 하나이다."라고 했다.『이소(離騷)』에서는 "각자가 마음을 일으켜 질투한다(各興心而嫉妬)"라고 했는데, 이에 대한 주석에서 "현자를 해하는 것이 질(嫉)이고 여성을 해하는 것이 투(妒)이다.(害賢爲嫉, 害色爲妒.) 경전에서는 대부분 질(疾)자를 사용했다. 예컨대,『서·진서(秦誓)』에서 '모질이오지(冒疾以惡之)'라고 했다. '언(言)'으로 구성된 것은 저주에 기댄다는 의미를 담았다. 즉 후세에서 말하는 참언(讒言)이 그것이다. '심(心)'으로 구성된 것은 심리활동을 체현한 것이다. 그래서 이들을 보충 설명하여 뒤에 덧붙여 둔다."

(俠, 或從女, 字亦作詃·作悵. 『廣雅·釋詁一』: 媙, 妒也, 三惡也. 『離騷』: 各興心而媙妒. 注: 害賢爲媙, 害色爲妒. 經傳多以疾爲之. 『書秦誓』: 冒疾以 惡之. 從'言'訴諸詛咒, 後世謂之讒言; 從'心'體現爲心理活動. 故補注於篇末.)

또 『관추편』에서는 일찍이 이미 이렇게 기술한 바 있다.

프로이트는 '순식간에 이루어지는 행동'을 무술의 특성이라고 말한다. 독일의 속담에는 '빠르다고 해서 반드시 요술인 것은 아니다'라는 말이 있어서, 속세의 감정을 '요술로서의 빠름'으로 엿볼 수 있다. 일반적인 말로는 '신속'이라고 한다. 서양의 무술 주문에는 '빨리 변해라!(presto chango!)'[69]라는 표현도 있다. 중국의 장편 소설에는 『수호지』의 제52회, 제54화에서 고렴(高廉)·송강(宋江)·공손(公孫)이 그들을 이기자 모두 '빨리(疾)!'라고 외쳐댔다는 내용이 있다.

(弗洛伊德謂, 倏忽成辦, 乃魔術之特色. 德國諺語說: 迅捷非卽妖法, 適堪窺俗情之以妖術爲迅捷矣. 常語遂言'神速' 西方幻術咒語亦曰'快變!'presto chango!). 中國章回小說中有如『水滸』第五二·五四回高廉·宋江·公孫勝之'喝聲道'疾!')[70].

이러한 내용을 통해 볼 때, '질투'나 '빠름'과 같은 개념이 동양과 서양의 문헌과 전통에서 어떻게 표현되는지를 깊이 이해할 수 있다. 또 『관추편』(증정편)의 47쪽에는 다음과 같이 기술되어 있다.

---

69) [역주] 'Presto Chango!'는 다가오는 무술의 변화나 갑작스러운 변화를 알리는 데 사용되는 고전적인 무술사의 문구이다. '빠른'이라는 뜻의 이탈리아어 '프레스토(presto)'에서 유래한 것으로, 무언가를 사라지게 하거나 갑자기 나타나게 하는 등 놀라운 속임수나 환상을 드러내기 직전에 자주 발화되는 경우가 많다. 이 문구는 공연에 기발하고 연극적인 요소를 더해 관객의 무술에 대한 기대감과 경험을 고조시키곤 한다.

70) 『管錐編』 卷二, 665~667쪽.

『수경주』권36, 「약수(若水)」에 따르면, "이 강물의 주변에는 나쁜 기운이 특별하게 심하다. 그 기운 속에는 물체가 있으나, 그 형태는 보이지 않는다. 소리만 날 뿐, 나무를 중심으로 부러뜨리며, 사람을 해한다. 그 이름은 '귀탄'이다." 탄(彈)과 시(矢)는 둘 다 활을 장전하여 '사람을 맞추는' 것이다. 양장거(梁章鉅)의 『제의총화(制義叢話)』 권8에서 호천유(胡天遊)가 13세 때 작성한 「질(疾)」이라는 글자에 대한 주제를 인용하여 이렇게 말했다. "질(疾)이라는 글자가 시(矢)로 구성된 것은 특정한 방향 없이 사람을 심하게 맞추기 때문이다(無向而中人甚疾)."

또 유월(兪樾)은 『춘재당시편(春在堂詩編)』 권13의 『장선산집유관아시사수(張船山集有觀我詩四首), 의작(擬作)』의 제3편 「병(病)」에서 이렇게 말했다. "병마가 찾아오는 것은 마치 공중의 화살과 같다." 이에 대한 자신의 주석에서, "평범하게 말하면 '병이 화살처럼 온다는 뜻이며, 이 말은 '질(疾)'자가 '시(矢)'에서 비롯된 의미와 깊게 연결되어 있다." (『水經注』卷三六『若水』: "水傍瘴氣特惡. 氣中有物, 不見其形, 其作有聲, 中木則折, 中人則害, 名曰'鬼彈'." 彈與矢均張弓發以'中人'者也. 梁章鉅『制義叢話』卷八引胡天遊十三歲作『疾』一字題云: "'疾'之文從乎'矢', 來無向而中人甚疾"; 兪樾『春在堂詩編』卷一三『張船山集有觀我詩四首, 擬作』之三『病』云: "病魔來似空中箭", 自注: "俗言'病來似箭', 此語深合'疾'字從'矢'之義.")

돈황 지역의 오래된 풍속에서는 '부적을 삼키는(吞符)' 전통이 있는데, 이것은 12개 지지로, 순서대로 배열하면 다음과 같다.

- 자(子)일에 병든 사람은 머리에 줄을 묶고, 태산으로 추방되기 전에 이 문자를 삼킨다.
- 축(丑)일에 병든 사람은 머리카락을 줄로 묶고, 머리를 막대기로 때리는 것이 효과가 없을 경우, 이 문자를 삼킨다.
- 인(寅)일에 병든 사람은 귀신화살로 허리를 맞힌 후, 이 문자를 삼킨다.
- 묘(卯)일에 병든 사람은 팔을 귀신화살로 쏜 후, 이 문자를 삼킨다.

- 진(辰)일에 병든 사람은 귀신화살로 머리를 쏘고, 태산으로 추방하기 전에 이 문자를 삼킨다.
- 사(巳)일에 병든 사람은 빨간 줄로 묶인 귀신화살로 가슴을 깊게 쏜 후, 이 문자를 삼킨다.
- 오(午)일에 병든 사람은 귀신화살로 가슴을 쏘면 문제가 해결되며, 이 문자를 삼킨다.
- 미(未)일에 병든 사람은 귀신화살로 복부를 쏘면 사망하지 않으며, 이 문자를 삼킨다.
- 신(申)일에 병든 사람은 귀신화살로 허리를 쏜 후, 이 문자를 삼킨다.
- 유(酉)일에 병든 사람은 머리에 줄을 묶고, 이 문자를 삼킨다.
- 술(戌)일에 병든 사람은 귀신화살로 허리를 쏜 후, 이 문자를 삼킨다.
- 해(亥)일에 병든 사람은 귀신화살로 발을 쏜 후, 이 문자를 삼킨다.
- 子日病者, 以索系頭, 放送太山未去, 呑此符. ……
- 丑日病者, 索系發及棒打頭, (鬼)未去, 呑此符. ……
- 寅日病者, 以鬼箭射著人腰, 呑此符. ……
- 卯日病者, 鬼箭射著臂, 呑此符吉. ……
- 辰日病者, 以鬼箭射頭, 送太山, 宜呑此符吉. ……
- 巳日病者, 赤索縛鬼箭射人胸之深, 呑此符. ……
- 午日病者, 以鬼箭射著病人心除難差, 呑此符. ……
- 未日病者, 以鬼箭射著病人心腹不死, 宜呑此符. ……
- 申日病者, 以鬼箭射著要胯死, 呑此符. ……
- 酉日病者, 以索系頭, 呑此符. ……
- 戌日病者, 以鬼箭(射)著要時, 宜呑此符. ……
- 亥日病者, 鬼箭射人脚, 呑此符. ……[71]

앞서 언급된 12일간의 '문자를 삼키다' 연속에서, 자(子)일, 축(丑)일 및 유(酉)일을 제외한 나머지 아홉 날은 모두 '귀신화살이 몸을 맞춘다(鬼箭射著)'는 것, 즉 '활과 화살(弓矢)'의 이미지가 포함된 부적(符籍) 주문(呪文)식의 인지 내용을 확인하는 데 도움이 된다.[72]

---

71) 高國藩, 『敦煌古俗與民俗流變』, 109~111쪽(南京: 河海大學出版社, 1990年).

72) [역주] 이는 활과 화살, 특히 '귀신화살' 이미지가 고대 중국 민간의 의례나 무
술의 주문에서 중요한 역할을 했음을 나타낸다. 이런 이미지는 사람들에게 화
살이나 무술의 힘이 특정 부위를 겨냥하거나 공격하는 것으로써 병을 치료하
거나 해를 피할 수 있을 것이라는 믿음을 주었다. 이러한 믿음은 그 시대의
사람들의 삶과 문화에서 중요한 부분을 차지하였으며, 이를 통해 고대 중국의
민간신앙과 요법에 대한 깊은 이해를 얻을 수 있다.

제2절 귀신 이미지

『설문』에서 「옥(玉)부수」, 「시(示)부수」, 「귀(鬼)부수」 등은 서로 일관되어 있으며, '귀신(鬼神)'에 관한 고대 중국인들의 세계에 대한 인지를 중심 이미지로 구성하고 있다. 이러한 중심 이미지를 둘러싸고 고대 중국의 신령 숭배사상과 귀신에 대한 인지구조를 집중적으로 전달해주고 있다.

(1) 신령스런 무당의 인지구조: 한 형체 속의 두 가지 모습, 한 몸이 수행하는 두 가지 임무

원시 무속 사유 시대 때는 소위 '만물에 정령이 깃들어 있다'는 것을 믿던 시대였다. 『설문·옥(玉)부수』에서 '영(靈)'을 '영(霝)'으로 적고 이렇게 풀이했다.

> · 霝: 金文 漢印 石刻):
> 靈巫. 以玉事神. 從玉霝聲. 巫, 靈或從巫.
> 영(靈), 무당이 옥(玉)을 갖고서 신(神)을 섬기는 모습을 그렸으며, 옥(玉)이 의미부이고 영(霝)이 소리부이다"

'영(靈)'의 이체자 중 혹체(或體)자로 '영(靈)'을 제시하였고, 이에 대해 '달리 무(巫)로 구성된 영(靈)으로 쓰기도 한다"라고 했다. 이러한 설명으로 미루어 '옥(玉)'은 고대사회에서 신을 섬기는 것에 관한 상당히 풍부한 인지 정보가 부여되었음을 알 수 있다.

『집운(集韻)·청(靑)부』에서 이렇게 말했다.

> "영(靈), 영(靈), 영(霛), 영(靐), 영(霝)은 독음이 랑(郞)과 정(丁)의 반절이다. 『설문』에서 영(靈)을 두고 무당이 옥(玉)을 갖고서 신(神)을 섬기는 모습을 그렸다고 했다. 달리 선하다(善)는 뜻도 있다. 또 성(姓)으로도 쓰인다. 또 주(州)의 이름으로도 쓰인다. 간혹 무(巫)로 구성되기도 한다. 옛날에는 영(霛), 영(靐), 영(霝) 등으로 적었다. 속체에서는 영(霊)으로 적었는데, 잘못된 일이다."

『집운·청(靑)부』에서는 또 다음의 이체자들을 제시했다. "영(䰱, 𩴧)은 랑(郞)과 정(丁)의 반절로 읽힌다. 산신(山神)을 말하는데, 사람 얼굴에 짐승의 몸을 하였다. 달리 영(𩴧)으로 적는다. 또 영(䴇)으로도 적는다." 이렇게 하여 '영(靈)'과 '귀신(鬼)'의 인지관계를 설정하였다.

『설문』의 「옥(玉)부수」에는 총 1백26자가 수록되어 있으며, 각 글자들은 옥돌(玉石)의 종류, 성질, 기능, 용도 등에 대해 기술하고 있다. 이는 고대 중국인들이 매우 일찍부터 '옥(玉)'에 대해 정밀하게 관찰하고 깊이 인지했다는 사실을 반영한다.

'옥(玉)'이 기왕에 '무(巫)'와 이렇게 밀접한 관계를 갖고 있을 잔대, '무(巫)'의 자원과 그 어원을 먼저 살펴보아야 할 것이다. 『설문·무(巫)부수』에는 다음의 2자가 수록되었다.

·巫: 甲骨金文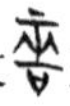玉書漢印石刻) 祝也. 女能事無形, 以舞降神者也. 象人兩褎舞形. 與工同意.. 古者巫咸初作巫. 凡巫之屬皆從巫. 𢒈, 古文巫.)

무(巫), 무당(祝)을 말한다. 형체가 없는 것을 섬기는 능력이 뛰어나, 춤으로써 신을 내리게 하는 자자를 말한다. 사람의 두 소매를 펼치고 춤을 추는 모습을 그렸다. 옛날, 무함(巫咸)이 처음으로 여자 무당이 되었다. 무(巫)부수에 속한 글자들은 모두 무(巫)가 의미부이다. 무(靈)는 무(巫)의 고문체이다.

· 覡: 巫ᅵ 覡 玉書)能齊肅事神明也. 在男曰覡, 在女曰巫. 從巫從見. 徐鍇曰: '能見神也.')

격(覡), 목욕재계하고 엄숙함 마음으로 신명을 모실 수 있는 사람을 말한다. 남자 무당을 격(覡)이라 하고, 여자 무당을 무(巫)라 한다. 무(巫)가 의미부이고 견(見)도 의미부이다. 서개(徐鍇)는 '신을 볼 수 있는 사람을 말한다.'라고 했다.

『집운·우(虞)부』에서는 해서체로 옮겨 적고서는(隷定) 이렇게 말했다.

무(巫, 覊, 㜷)는 미(微)와 부(夫)의 반절로 읽힌다. 『설문』에서 박수(祝)라고 했다. 형체가 없는 것을 섬기는 능력이 뛰어나, 춤으로써 신을 내리게 하는 여자를 말한다. 사람의 두 소매를 펼치고 춤을 추는 모습을 그렸다. 옛날, 무함(巫咸)이 처음으로 여자 무당이 되었다. 성으로도 쓰인다. 옛날에는 무(覊)이나 무(㜷)로 적었다.(女能事無形, 以舞降神者. 象人兩褎舞形. 古者巫咸初作巫. 亦姓. 古作覊㜷.)

무(⊞)는 『은계수편(殷契粹編)』 제56편의 복사에 출현하는 부호인데, 혹자는 다음과 같이 풀이했다. 즉 "무(巫)는 무(⊞)로 적는다. 「저초문(詛楚文)」에서 '무함(巫咸)'이라 할 때 무(巫)를 이렇게 적었다."[1] 독음이나 기능으로 볼 때, '무(巫)'와 '무(舞)'의 근원은 같다. 갑골문에서 무(巫)는 두 개의 옥(玉)이 아래로 드리워져 교차된 모습이다. 갑골문에 보이는 옥(玉)과 관련된 자형 구조를 비교 검토해 볼 때 이 방면의 증거를

---

1) 『殷契粹編考釋』, 164쪽.

얻을 수 있다. 왕국유(王國維)는 이를 다음과 같이 고증했다.

또 ⿰ 자(『서계전편(書契前編)』 제6권 39쪽)와 ⿰ 자(『후편(後編)』 하권 4쪽)가 있다. ⿰ 와 ⿰ 는 같은 글자인데, 이는 복사에서 ⿰ 자(『후편(後編)』 하권 4쪽)를 간혹 ⿰ 자(『철운장귀(鐵雲藏龜)』 143쪽)로 적기도 한다는 것에서 그 증거를 찾을 수 있다.[2]

갑골문에 보이는 옥(玉)의 여러 가지 형체구조는 옥(玉)이 고대 중국의 무사(巫師)에게서 영물(靈物)로 인지되었으며, 옥을 갖고서 신을 모셨다는 것을 보여주고 있다. 『초사・구가(九歌)』의 마지막 장의 제목이 '예혼(禮魂)'인데, '예(禮)'자의 자원과 이미지 형상에 대한 인지 정황도 살펴볼 수 있다. ⿰ 자는 은허의 갑골 복사에서 볼 수 있는 '예(禮)'자의 초기 형태로, 왕국유는 「예(禮)자에 관한 해석」에서 이를 두고 '두 개의 옥(玉)이 기물 속에 담긴 모습이며, 옛날에는 예식을 행할 때 옥(玉)을 사용했다"라고 풀이했다.[3]

고대 문헌이나 출토 문헌으로 볼 때도 이러한 인지는 대단히 분명하다. '신을 모시는' 일에 종사하는 사람을 두고 여성일 경우에는 '무(巫)', 남성일 경우에는 '격(覡)'이라 불렀으나, 섞어 말할 때는 구분하지 않았다. 현응(玄應)의 『일체경음의(一切經音義)』(3)에서는 "귀신을 섬기는 자를 무(巫)라 하고, 제사를 주관하거나 제문을 읽는 자를 축(祝)이라 한다.(事鬼神曰巫, 祭主贊詞曰祝.)"라고 했다. '신을 예로 모시는(禮神)' 의식을 주업으로 하는 무(巫)를 『시경』에서는 '신보(神保)'라고 불렀고(「초자(楚茨)」에 보인다), 『초사』에서는 '영보(靈保)'라 불렀다(『

---

2) 『觀堂集林』 제6권
3) 『觀堂集林』 제6권

구가(九歌)·동군(東君)」에 보인다).

『설문·인(人)부수』에서 이렇게 말했다.

· 保: 甲骨金文簡帛

石刻)養也. 從人, 從采省. 采, 古文孚. 𠈃, 古文保. 𠉚, 古文
保不省.)

보(保), '기르다(養)'는 뜻이다. 인(人)이 의미부이고, 부(采)의 생략
된 모습도 의미부이다. 부(采)는 부(孚)의 고문체이다. 보(𠈃)는
보(保)의 고문체이다. 보(𠉚)는 고문체인데. 보(保)가 생략되지 않
은 모습으로 구성되었다.

『집운·호(晧)부』에서 예정(隸定)하여 해서체로 옮긴 구조는 다음과
같다.

보(保, 采, 采, 𠉚, 保, 呆)는 보(補)와 포(抱)의 반절로 읽는다.『설문』
에서는 기르다(養)는 뜻이라고 했다. 달리 맡다(任)는 뜻이다. 또 지키
다(守)는 뜻이다. 성(姓)으로도 쓰인다. 옛날에는 보(采), 보(采), 보(保)
등으로 적었다. 보(保), 보(呆)로 예정(隸定)하여 적는다.

영(靈)과 보(保)자는 고문에서 모두 옥(玉)으로 구성되어 있다. '영
(靈)'에 대해서는 이미 앞에서 말했다. '보(保)'의 경우 주나라 초기 때
의 「숙유(叔卣)」 명문에서는 로, 「태보정(大保鼎)」 명문에서는 로,
「태보작(大保爵)」[4] 명문에서도 같은 구조인 로 쓰고 있는데, 모두
'옥(玉)'이 글자의 구성에 참여하고 있음을 단번에 알 수 있다.

---

4)『金文編』8권, 558쪽 수록.

『산해경・오장산경(五藏山經)』에서는 각 편의 마지막 부분에서 해당 지역의 산의 숫자와 신의 형상에 대해 개괄하는 한편, 해당 산신에게 제사 지낼 때 필요한 물품을 기록하였다. 통계에 의하면, 「오장산경」에서는 중국의 산을 26개 구역으로 나누었는데, 이 26개 구역의 신령에 대한 제사 중, 옥(玉), 길옥(吉玉), 서옥(瑞玉), 조옥(藻玉: 무늬 있는 옥), 규(珪), 조규(藻珪), 벽(璧: 둥근 옥), 유(瑜: 아름다운 옥) 등과 같은 옥돌 류를 사용한 경우가 21개 구역에 이른다. 단지 4개 구역에서만 옥돌을 사용하지 않았으며, 1개 구역에서는 그에 대한 기록이 누락되어 사정을 알 수가 없다. 거의 모든 제사에서 옥돌이나 옥기를 사용했다는 말인데, 이는 이미 고대 중국에서 산신에 대한 제사의 특징이 되었다.

고고발굴에서도 석기시대 때의 여러 문화 유적지에서 대량의 옥기 부장품들이 발견되었다. 아마도 옥돌이라는 것이 곱고 윤이 나면서도 단단한 성질을 가졌기 때문에 매우 일찍부터 선사인들의 선호를 받았던 것 같다. 언어학의 의미장이라는 각도에서 보더라도, 종교 사회에서 발생했던 '옥제(玉帝)'나 '옥황(玉皇)' 등과 같은 어휘들도 원시적인 무교(巫敎) 신앙을 반영한다. 후대에 들면서 '옥(玉)'이라는 이미지에 응결되어 있던 이러한 무술적 색채가 점차 퇴색되긴 했지만, 옥(玉)은 여전히 존귀하고 특이한 존재였으며 교제 언어에서도 예절을 나타내는 어휘의 접두어로 쓰였다. 예컨대, 선진(先秦) 시대 때에는 천자나 제후들의 냄새 나는 발가락도 '옥지(玉趾)'라 했다. 이외에도 '옥인(玉人)', '옥면(玉面)', '옥음(玉音)' 등과 같은 것들은 더더욱 편지글에 자주 쓰이는 어휘들이었다.5) 오늘날 일본어 사전을 뒤적거려

---

5) 『左傳・昭公』 7년, 『國語・吳語』, 『左傳・宣公』 12년, 『戰國策・趙策』(1), 「楚策」(2) 등에 보인다.

『설문해자』 인지분석

보더라도 옥(玉)이나 영(靈)이나 혼(魂) 등이 모두 같은 근원에서 출발했음을 발견할 수 있다.[6)]

『설문』에 기록된 '옥(玉)'과 관련된 의미장과 '영(靈)'자의 이체 구조에서 보여주고 있는 '옥(玉)'과 '무(巫)' 간의 교체와 전승은 다음과 같은 흥미로운 현상을 들여다보게 해 준다. 즉 '영(靈)'은 신을 모시는 무당(巫)인 동시에 신에 덧붙어 있는 존재, 다시 말해 신 그 자체라는 사실이다. 이는 '하나의 형체 속에 담겨진 두 가지 모습, 하나의 몸이 수행하는 두 가지 임무"를 가진 것인데, 이것이 바로 중국 사회의 종교적인 무사(巫師)가 가지는 기능적 특징이기도 하다. 즉 신령과 인간 사이를 교류하고 소통시키는 신분이라는 점이다. 은상 때의 점복관들도 바로 이러한 무사(巫師)였으며, 그들은 다음과 같은 역할을 담당했다. 상제나 선조께 당시 왕에 관한 일을 보고했을 뿐 아니라 상제와 조상신을 대표하여 길흉과 화복의 뜻을 전달함으로써, '인간과 신의 사이'를 소통시켰다. '영(靈)'자의 자형이 취한 이미지는 직관적이고 구상적이어서 눈으로 보기만 해도 쉽게 구분할 수 있다. 『자휘보(字彙補)·우(雨)부』에 영(靈), 영(霛), 영(霝) 등의 이체자가 보존되었는데, '영(霝)'을 '도교(道藏)의 영(靈)'자로 보고 있다.

'영(靈)'자가 옥(玉)으로 구성되면 신을 섬기는 것이 되고, 무(巫)로 구성된 글자는 신(神)으로 구성된 글자와 같은 의미이다. 방향이 서로 상반되고 배치되지만 신을 섬기는 일은 한 사람의 몸에 함께 들어 있

---

6) [역주] 한국에서 사용되는 한자 어휘에도 玉輅(임금이 타는 輅輿), 玉軒(천자가 타는 수레의 한 가지), 玉度(임금의 體度), 玉步(임금이나 아름다운 여자의 걸음), 玉寶(임금의 尊號를 새긴 도장), 玉候(임금의 體度), 玉主(공주를 아름답게 이르는 말) 등은 왕실에 관련된 어휘에 부가된 경우이며, 玉書(남을 높이어 그가 자신에게 보낸 편지를 이르는 말)나 玉仙(石佛을 아름답게 이르는 말) 등은 교제언어에서의 예의에 관한 예이다.(『韓國漢字語辭典』, 단국대학교 동양학연구소, 1997, 383-389쪽)

다. 계복(桂馥)은 이를 상세히 논증해 이렇게 말했다. "영(靈)은 간혹 무(巫)로 구성되기도 한다. 초나라의 굴무(屈巫), 진(晉)나라의 신공(申公) 무신(巫臣) 등은 모두 자가 자령(子靈)이다. 「대황서경(大荒西經)」에 의하면, 영산(靈山)이 있는데, 무함(巫咸), 무즉(巫卽), 무반(巫盼), 무팽(巫彭), 무고(巫姑), 무진(巫眞), 무례(巫禮), 무저(巫抵), 무사(巫謝), 무라(巫羅) 등 10명의 무(巫)가 여기서 올라가고 내려온다. 『초사·구가·운중군(雲中君)』에서는 '신령께서 홀연히 강림하셨네(靈連蜷兮旣留)'라고 했는데, 왕일(王逸)의 주석에서 영(靈)은 무(巫)라는 뜻이며, 초나라에서는 무당(巫)을 '영자(靈子)'라고 부른다."[7]

의미장(語義場) 이론의 창시자인 트리어(Jost Trier)[8]의 견해에 따르면, 언어는 실재(reality)를 창조한다. 의미장은 특정 언어의 어휘 체계 중 일부를 구성하며, 각 의미장 내부는 일관성을 지닌다. 이는 특정 언어 내에서 '세계의 한 이미지와 가치 척도'를 형성한다. 『설문』에서 재구한 한어 의미장은 다음의 큰 두 가지 유형을 포함한다.[9] 하나는 동일한 부수(즉 편방)로 구성된 합체자(어휘)가 극히 가지런한 하나의

---

7) 『說文解字義證』 제2권.

8) [역주] 요스트 트리어(Jost Trier, 19894~1970)는 독일 출신으로, 의미장 이론을 발전시킨 중추적인 언어학자였다. 이 이론은 단어 의미가 의미장(semantic field)으로 알려진 관련 의미의 네트워크 내에서 가장 잘 이해된다고 제안했다. 트리어의 학업 여정은 여러 독일 대학에 걸쳐 *Der deutsche Wortschatz im Sinnbezirk des Verstandes*(독일어 어휘의 이해 영역에서의 의미)와 같은 영향력 있는 작품으로 정점을 이루었다. 그의 이론은 언어적, 문화적 변화가 의미론적 분야의 역학에 영향을 미치고, 언어가 사회적 변화와 함께 어떻게 진화하는지에 대한 통찰력을 제공한다는 점을 강조했다. 트리어의 유산은 의미론을 넘어 어원, 게르만 연구, 언어와 문화의 교차점에 영향을 미쳐 언어의 상호 연결된 특성을 이해하는 데 있어 기초적인 인물이 되었다.

9) [역주] 트리어는 이를 통해 언어가 단순히 현실을 반영하는 것이 아니라, 오히려 현실을 구성하고 인식의 틀을 제공한다고 주장한다. 이러한 관점은 언어의 상대성과 문화적 특수성을 강조하며, 언어학과 인식론의 접점에 위치한 중요한 이론적 기반을 제공한다.

『설문해자』 인지분석

의미장을 형성하는 것이고, 다른 하나는 동일한 소리부로 구성된 글자(어휘)도 매우 규칙적으로 또 다른 의미장을 형성한다는 것이다. 전자는 비교적 쉽게 드러나지만, 후자는 『설문』속에 전체적으로 녹아 있다. 이 두 가지 커다란 의미장은 서로 표리관계를 이루지만 하나로 관통되어 있어, 생동하는 함축적 의미와 변화무상한 원시 세계의 모습을 원래 그대로 드러내 주고 있다. 『설문』에서 무(巫)자는 「공(工)부수」 다음에 뒤이어 수록되어 있으며, 이 때문에 '공(工)과 같은 의미'라고 여겨지며, 「공(工)부수」에 수록된 공(工)으로 구성된 글자들은 모두 '정교하다'는 의미를 갖고 있다. 갑골문에서는 두 개의 옥(玉)이 늘어져 서로 교차된 모습으로부터 '무(巫)'자의 의미를 그려냈다고 했는데, '계(癸)'자도 마찬가지이며, 단지 차이라면 '계(癸)'는 교차된 두 개의 옥(玉)이 45도 각도로 비스듬히 그려졌다는 점이다.

『설문·계(癸)부수』에는 귀속자 없이 부수자만 수록되어 있다.

計(癸), 겨울을 대표한다. 이때가 되면 물길과 땅이 평평해져 길이를 잴 수 있다. 물이 사방으로부터 땅 속으로 흘러드는 모습을 형상했다. 계(癸)는 임(壬) 다음에 오는 글자이므로, 사람의 발을 닮았다. 계(癸)에 귀속된 글자는 모두 계(癸)가 의미부이다. 독음은 거(居)와 뢰(誄)의 반절이다. 계(癸)는 주문체인데, 발(癶)이 의미부이고 시(矢)도 의미부이다.

『이아·석언』에서는 "계(癸)는 헤아리다(揆)는 뜻이다"라고 했다. 『사기·율서(律書)』에서는 "계(癸)는 헤아리다(揆)는 뜻인데, 만물을 모두 헤아리고 잴 수 있다는 뜻에서 계(癸)라고 한다."라고 했다. 이렇 듯 '계(癸)'자의 고문 형태는 무사(巫師)가 두 개의 옥(玉)을 교차시켜 천시(天時)와 상제(上帝)의 뜻을 헤아리다는 의미를 그렸다. 『설문』에 수록된 '계(癸)'자는 금문에서 변해 온 것인데, 금문에서는 𝕏(「시방 이(矢方彝)」)나 𝕏(「약공정(鄀公鼎)」)10)으로 그려, 풀이나 나뭇단을 묶어 교차시킨 모습인데, 이 또한 시초(蓍草)로써 점을 치다는 의미를 반영했다. 다음에서는 '계(癸)'를 소리부로 삼은 글자들의 의미장으로 부터 이들이 비밀스런 '헤아림'이라는 의미를 공통으로 지향하고 있다는 알 수 있다. 예컨대 『설문』 '계(癸)'부수에서는 주문(籀文)인 𝕏

를 수록하고 있는데, 이는 「석고문」의 자형인 𝕏 과 같으며, 고대인 들이 발걸음(𝕏)으로 화살(矢)의 사정거리를 재던 모습을 그렸다. 또 '규(揆)'자의 경우, 『설문·수(手)부수』에서 "해바라기(葵)를 말하며, 수(手)가 의미부이고 탁(度)이 소리부이다."라고 했다. 하지만 주준성 (朱駿聲)은 『육서고(六書故)』에서 인용한 당나라 필사본 『설문』에 근 거해 이를 "규(揆)는 헤아리다(度)는 뜻이다"로 바로잡았다. 이는 『 역·계사전』에서의 "'처음 일을 처리할 때에는 『주역』의 괘사의 의 미에 따라 행동 방침을 헤아리고(初率其辭而揆其方)"11)나 『초사·이소 』에서의 "선부께서 내가 처음 태어날 때의 비범함을 헤아리시고(皇覽 揆餘初度兮)"라고 할 때의 '규(揆)'와 같다. 또 규(葵)자의 경우, 『설 문·초(艸)부수』에서 "지키다는 뜻이며, 잎을 기울여 해를 향하게 하 여 그 뿌리를 비추지 못하게 한다(衛也, 傾葉向日, 不令照其根)."라고 했다. 은나라 사람들은 태양신을 숭배했는데, 해바라기가 천시(天時)

---

10) 『漢語古文字字形表』 권14.
11) 『說文通訓定聲·리(履)부』 제12.

『설문해자』 인지분석

를 헤아려 태양의 움직임을 따라 움직일 수 있었기 때문에 이를 영적인 식물로 생각하였고 그 때문에 '계(癸)'로 이름을 붙였다.

중국의 많은 고대 문헌에서도 상고시대의 '영무(靈巫)'의 신분과 기능적 특징을 기록하고 있다. 예컨대『시·초자(楚茨)』에서 "조상들 돌아오시어, 신들께서 제사를 받아 드시네.(先祖是皇, 神保是享)."라고 했는데, 『모전(毛傳)』에서 "보(保)는 편안하다(安)는 뜻이다"라고 했지만, 『정전(鄭箋)』에서는 "귀신이 편안히 그 제사를 흠향한다."라고 해석했다. 이들의 해석은 피상적이어서 상당히 불분명해 보이는데, 그 원인은『설문』에 보존된 상술한 무술 사상의 규율에 대해 잘 알지 못 했기 때문이다. 만약 전체 시를 통람해 보면 전체 시 속의 '선조(先祖)'와 '신보(神保)'는 원래 통칭으로 같은 것을 말한다는 사실을 쉽게 발견할 수 있다.[12]

또『초사·구가·동군(東君)』에서도 '영보를 생각해 보니 현명하고 아름답네(思靈保兮賢姱)'라고 했는데, 홍흥조(洪興祖)의 『초사보주』에서 "해설자의 말에 의하면, '영보(靈保)는 신령스런 무당(神巫)을 말한다.'라고 했다." 또 사령운의 「산거부(山居賦)」에서는 '하신(河神)'을 직접 '하령(河靈)'이라 부르고 있다. 전종서(錢鍾書)는『초사』의 홍흥조(洪興祖) 주석본의 언급을 고찰하면서 이 부분을 대단히 깊게 있게 파헤쳤다. 그는 이러한 이중적인 성격과 두 가지 신분으로 기능하는 고

---

12)『모시(毛詩)·초자(楚茨)』제2장에서 "祝祭於祊, 祀事孔明. 先祖是皇, 神保是饗, 孝孫有慶.(축관이 문간에서 신을 청하니, 제사는 밝게 갖추어졌네. 조상들이 찾아와, 조상의 혼들은 편안히 제사 잡수시니, 효도하는 후손에겐 경사요.)", 제3장에서는 "神保是格, 報以介福, 萬壽攸酢(조상들의 혼령도 한 자리에 오셔, 큰 복 내려 주시니, 끝없는 장수 누리니라)."라 했고, 제4장에서는 "神嗜飮食(신들도 즐기시어)"이라 했고, 제5장에서는 "神具醉止, 皇屍載起, 鼓鐘送屍, 神保聿歸.(신도 얼큰히 취하셨거니, 신주 자리에서 일어나자, 북 올려 전송하니, 조상신도 마침내 돌아가시네.)"라고 했다.

대 무사(巫師)의 특징에 대해 정교하고 깊이 있는 해석을 함으로써, "「구가」의 영(靈)이 무(巫)와 신(神)의 두 가지 의미를 가지며, ……무당이면서도 또 귀신이 된다."라고 했다. 하지만 장기(蔣驥)의 주해에서는 "영(靈)은 모두 신(神)을 지칭하며, 무(巫)를 지칭하는 경우는 없다"라고 했다. 사실 '영(靈)', '신(神)', '무(巫)'는 상당히 복잡하게 얽혀 있다. 그래서 단지 '영(靈)'과 '영보(靈保)'를 억지로 구분할 수밖에 없었고, 영보(靈保)는 다시 '제사를 주관하는 사람(主祭之屍)'이 되었다.13)

신(神)에 있어서 무(巫)는 물과 불의 관계만큼이나 분명하다. 마찬가지로 앞서 말했던 한나라 때의 사람들은 무당의 신분적 특징을 잘 알지 못하는 바람에 실수를 범했다. 그리하여 『초사·구가』 등을 읽으면서 "같은 입에서 다른 이야기가 나오는" 이러한 재미있는 인지적 연관에 주목하지 않을 수 없었다.

> 「구사」의 '오(吾)', '여(予)', '아(我)'는 때로는 무당이 자신을 지칭하는 말이기도 하며 어떤 때에는 영(靈)이 스스로를 부르는 말이기도 한데, 중요한 것은 같은 사람의 입에서 나온다는 것이다.

이렇게 해석하면 거의 다음처럼 될 수도 있다.

> 하늘(天)과 사람(人)이 하나로 통함을 헤아려 신(神)과 내(我)가 서로 통하는 상태에 이른다.14)

이외에도 『모시정의(毛詩正義)』의 관련 부분에 관한 논술에서 『시·초자(楚茨)』의 '신(神)'과 '신보(神保)'는 둘이면서 또 하나인데, 이

---

13) 『山帶閣注楚辭·楚辭餘論』, 201쪽(상해고적출판사, 1984년판).
14) 『管錐編』, 제2책, 599-600쪽.

『설문해자』 인지분석

는 「구가」에서 '무(巫)'와 '영보(靈保)'의 관계처럼 이것이 저것이고 저것이 이것인 것과 같다고 했다. 또 중국과 서양의 비교에서는 더욱더 곡진하게 기술했다.

후대에 '도신(跳神: 신들린 무당이 노래하고 춤추는 것)'이라는 호칭이 있고, 서양의 민속학자들의 저술에서도 모두 각지의 무축(巫祝)들이 춤으로써 신(神)이 내려오도록 하는[15] 것에 대해 언급하고 있는데, 그 방법을 보면 엄연히 신이면서 춤을 추면 또 신으로 변하기도 한다. 정사(正史)나 속어, 패관잡기 등에서 한 가지씩 예를 들어 이를 증명하고자 한다. 『한서·무오자전(武五子傳)』에서 광릉(廣陵)의 왕서(王胥)가 여자 무당인 이여수(李女須)를 맞아 들여 신을 내리도록 축도하도록 했다. 이여수가 울면서 "효무제가 나를 내려 보냈소"라고 했다. 그러자 옆에 있던 사람들이 모두 엎드렸다. 다시 말했다. "나는 반드시 왕서(王胥)를 천자로 삼을 것이로다!" 여기서 말한 앞의 '나(我)'는 무당이고, 뒤의 '나(吾)'는 무제인데, 둘 모두 이여수 한 사람의 몸에 들어 있다. 원곡(元曲)인 「대옥소(對玉梳)」의 제1단락(齣)에 "우리 어머니가 스스로 무당이 되어 신들린 듯 노래하고 춤추네."라는 말이 있다. 명나라 고공(高拱)의 「병탑유언(病榻遺言)」에서는 장거정(張居正)이 뒤로는 괴롭히면서 앞으로는 보호해 주는 척 하는 것에 대해 기록하면서, "속어에 '무당 짓을 하면서 귀신 짓도 한다네'라는 말이 있다"라고 했다. 무당과 귀신을 "스스로 하고" "또 그렇게 한다"는 것은 몸은 하나인데 두 가지 임무를 갖고 있다는 말이다. 『요재지이』 권6의 「도신(跳神)」은 포송령(蒲松齡)이 「제경경물략(帝京景物略)」의 필치를 마음속으로 그리고 손으로 따라가 만든 편인데, 규

---

15) [역주] 격사(格思)는 오다(來), 도착하다(到)는 뜻인데, 여기서의 사(思)는 어기조사이다. 『시·대아 억(抑)』에서 '신이 강림하는 것은, 미리 알 수 없는 것이거늘, 하물며 소홀히 할 수 있겠는가?(神之格思, 不可度思, 矧可射思)"라 했는데, 『모전(毛傳)』에서 '격(格)은 이르다는 뜻이다(至也)"라고 했다. 남조(南朝) 송(宋)의 하승천(何承天)의 「답종거사서(答宗居士書)」에서도 '세 혼령께서 이르시니, 온갖 신이 모두 질서정연하네.(三靈格思, 百神咸秩.)"라는 말이 보인다.

중에서의 신령스런 점복에 대해 기술하면서, 첫 부분에 이렇게 썼다. "부인들이 소곤소곤 끊임없이 재잘거리는 것이, 노래하는 듯 축도를 하는 듯하네(婦刺刺瑣絮, 似歌, 又似祝)." 이어지는 말에서 이렇게 말했다. "신께서 이미 알고 계시니 누구를 가리키네. '산이 나를 비웃다니, 대단히 불경한 짓이 아닌가!'" 여기서 말한 '신(神)'은 바로 '부인(婦)'이고, '부인(婦)'은 바로 소위 말하는 '신(神)'이며, '나(我)'라는 것은 원진(元稹)의 「화지무(華之巫)」 시에서 말한 "신은 스스로 말하지 않았지만 나의 입에 기탁되었네."라는 것이다. 다시 되돌아가 「초자」와 「구가」에서 찾아본다면, '신(神)'에게 있어서 '영(靈)'과 '신(神)'이나 '신보(神保)'는 둘이면서 하나이고 하나이면서 둘인 까닭에, 맞지는 않는다 해도 크게 차이 나지는 않는다.16)

은허복사의 제사 자료에서는 '제(帝)'자가 줄곧 상당히 쓸모없는 글자이다. 그러나 제사대상으로서의 인지 구조와 제사를 행하는 행위자로 볼 때, 양쪽 모두가 한 글자인 구조로 되어 있으며 심지어 연결된 부류라고 볼 수도 있다(羅振玉의 『殷虛書契考釋』原稿의 기록 참조).17)

(2) 귀신(鬼神): 사람과 귀신은 동일체이며, 신성함과 괴상함은 하나에서 나왔다

『설문』의 「귀(鬼)부수」에는 17글자와 4개의 이체자(重文)가 수록되었는데, 이를 순서대로 나열해 고문자의 구조들과 대조해 보면 다음과 같다.

---

16) 『관추편(管錐編)』 1책, 156-158쪽. 외에도 이 책에서는 유옥(兪玉)의 『서재야화(書齋夜話)』 권1의 '오늘날의 무당은 신을 자신의 몸체에 붙였다고 하니, 옛날의 '시(屍)'와 같다. 그래서 남방의 방언에서는 무당을 '태보'라 하고, 또 '사인'이라 부르는데, '사(師)'자도 바로 '시(屍)'와 같다. 이 또한 참조 자료가 될 것이다.
17) 羅振玉의 『殷虛書契考釋』 手稿에서는 '帝'와 '禘'를 하나의 글자로 보았다.

001 鬼 (甲骨 金文 簡帛 石刻).

人所歸爲鬼. 從人, 象鬼頭. 鬼陰氣賊害, 從厶. 古文從示. 居偉切.

귀(鬼), '사람이 죽으면 돌아가 귀신이 된다(人所歸爲鬼).' 인(人)이
의미부이고, 귀신의 머리(鬼頭)를 그렸다. 귀신의 음기(鬼陰气)는
사람을 해치므로, 사(厶)가 의미부가 되었다. 귀(鬼)부수에 귀속
된 글자들은 모두 귀(鬼)가 의미부이다. 귀(禮)는 고문체인데, 시
(示)로 구성되었다. 독음은 거(居)와 위(偉)의 반절이다.

002 魈, 神也. 從鬼申聲. 食鄰切.

신(魈), '귀신(神)'을 말한다. 귀(鬼)가 의미부이고 신(申)이 소리부이
다. 독음은 식(食)과 린(鄰)의 반절이다.

003 魂 (石刻). 陽氣也. 從鬼云聲. 戶昆切.

혼(魂), '양의 기운(陽气)'을 말한다. 귀(鬼)가 의미부이고 운(云)이
소리부이다. 독음은 호(戶)와 곤(昆)의 반절이다.

004 魄 (石刻). 陰神也. 從鬼白聲. 普百切.

백(魄), '음의 귀신(陰神)'을 말한다. 귀(鬼)가 의미부이고 백(白)이
소리부이다. 독음은 보(普)와 백(百)의 반절이다.

005 魅, 厲鬼也. 從鬼失聲. 丑利切.

치(魅), '대단히 센 귀신(厲鬼)'을 말한다. 귀(鬼)가 의미부이고 실(失)
이 소리부이다. 독음은 축(丑)과 리(利)의 반절이다.

006 魖, 耗神也. 從鬼虛聲. 朽居切.

허(魖), '[재물을] 소모시키는 귀신(耗神)'을 말한다. 귀(鬼)가 의미부
이고 허(虛)가 소리부이다. 독음은 후(朽)와 거(居)의 반절이다.

007 魃, 旱鬼也. 從鬼犮聲. 『周禮』有赤魃氏, 除牆屋之物也. 『詩』曰: "旱
魃爲虐." 蒲撥切.[18]

발(魃), '가뭄을 들게 하는 귀신(旱鬼)'을 말한다. 귀(鬼)가 의미부이
고 발(犮)이 소리부이다. 『주례』에 적발시(赤魃氏)가 있는데, 담이
나 집 안의 귀신을 없애는 일을 한다(除牆屋之物). 『시·대아운한

---

18) [역주] 『詩』에서도 "旱魃爲虐"한다고 했다.

(雲漢)』에서 "가뭄 귀신 날뛰네(旱魃爲虐)"라고 노래했다. 독음은
포(蒲)와 발(撥)의 반절이다.

008 彰('甲骨文'): 老精物也. 從鬼彡. 彡, 鬼毛. 䰡, 或從未聲. 鬽,
古文. 鬽, 籒文從象首, 從尾省聲. 密祕切.

　매(彰), '오래된 요물(老精物)'을 말한다. 귀(鬼)와 삼(彡)이 모두 의
미부인데, 삼(彡)은 귀신의 털(鬼毛)을 뜻한다. 매(䰡)는 혹체자인
데, 미(未)가 소리부이다. 매(鬽)는 고문체이다. 매(鬽)는 주문체
인데, 단(象)의 머리 부분이 의미부이고 미(尾)의 생략된 부분이
소리부이다. 독음은 밀(密)와 비(祕)의 반절이다.

009 鬾, 鬼服也. 一曰小兒鬼. 從鬼支聲.『韓詩傳』曰: '鄭交甫逢二女, 鬾
服. 奇寄切.

　기(鬾), '귀신의 옷(鬼服)'을 말한다. 일설에는 '애기귀신(小兒鬼)'을
말한다고도 한다. 귀(鬼)가 의미부이고 지(支)가 소리부이다.『한
시전(韓詩傳)』(「내전」)에서 "정교보(鄭交甫)가 두 여인을 만났는데
(逢二女), 귀신의 옷을 입고 있었다(鬾服)."라고 했다.19) 독음은
기(奇)와 기(寄)의 반절이다.

010 魖: 鬼皃. 從鬼虎聲. 虎烏切.

　호(魖), '귀신같은 모습(鬼皃)'을 말한다. 귀(鬼)가 의미부이고 호(虎)
가 소리부이다. 독음은 호(虎)와 오(烏)의 반절이다.

011 䰢: 鬼俗也. 從鬼幾聲.『淮南傳』曰: "吳人鬼, 越人䰢." 居衣切.

　기(䰢), '귀신을 숭상하는 풍속(鬼俗)'을 말한다. 귀(鬼)가 의미부이
고 기(幾)가 소리부이다.『회남전(淮南傳)』(즉『회남홍렬(淮南鴻烈)·
인간훈(人間訓)』)에서 "오나라 사람들은 '귀'를 숭상하고, 월나라
사람들은 기(䰢)를 숭상한다(吳人鬼, 越人䰢)."라고 했다. 독음은
거(居)와 의(衣)의 반절이다.

012 䰬: 鬼彰聲, 䰬䰬不止也. 從鬼需聲. 奴豆切.

　유(䰬), '귀신이나 도깨비가 우는 소리(鬼彰聲)'를 말하는데, 그 울음

---

19) [역주] 정교보(鄭交甫)는 주(周)나라 때의 사람으로, 초나라로 가는 길에 한수(漢
江)에서 노니는 두 여인을 만나 그들이 찬 패옥을 달라고 했는데 그들이 신인
인줄 몰랐다는 이야기가 한(漢)나라 유향(劉向)의『열선전(列仙傳)』에 전한다.

소리가 그치지 않음(䰨䰨不止)'을 말한다. 귀(鬼)가 의미부이고 수
(需)가 소리부이다. 독음은 노(奴)와 두(豆)의 반절이다.

013 䰩: 鬼變也. 從鬼化聲. 呼駕切.

　화(䰩), '귀신이 변신을 하다(鬼變)'라는 뜻이다. 귀(鬼)가 의미부이
　고 화(化)가 소리부이다. 독음은 호(呼)와 가(駕)의 반절이다.

014 䰠: 見鬼驚詞. 從鬼, 難省聲. 讀若『詩』"受福不儺". 諾何切.

　나(䰠), '귀신을 보고 놀라는 소리(見鬼驚詞)'를 말한다. 귀(鬼)가 의
　미부이고, 난(難)의 생략된 모습이 소리부이다. 『시·소아상호(桑扈)
　』에서 노래한 "수복불나(受福不儺: 받으시는 복도 매우 많으시네)"의
　나(儺)와 같이 읽는다.20) 독음은 낙(諾)과 하(何)의 반절이다.

015 䰯: 鬼皃. 從鬼賓聲. 符眞切.

　빈(䰯), '귀신같은 모습(鬼皃)'을 말한다. 귀(鬼)가 의미부이고 빈(賓)
　이 소리부이다. 독음은 부(符)와 진(眞)의 반절이다.

016 醜(甲骨玉盟書石刻): 可惡也. 從鬼酉聲. 昌
　九切.

　추(醜), '정말 추하다(可惡)'라는 뜻이다. 귀(鬼)가 의미부이고 유(酉)
　가 소리부이다. 독음은 창(昌)과 구(九)의 반절이다.

017 䰞: 神獸也. 從鬼隹聲. 杜回切.

　퇴(䰞), '신령스런 짐승(神獸)'을 말한다. 귀(鬼)가 의미부이고 추(隹)
　가 소리부이다. 독음은 두(杜)와 회(回)의 반절이다.

018 魑: 鬼屬. 從鬼從离, 离亦聲. 丑知切.

　리(魑), '귀신이 일종(鬼屬)[도깨비]'이다. 귀(鬼)가 의미부이고 리(离)
　도 의미부인데, 리(离)는 소리부도 겸한다. 독음은 축(丑)과 지(知)
　의 반절이다.

019 魔: 鬼也. 從鬼麻聲. 莫波切.

　마(魔), '귀신(鬼)'을 말한다. 귀(鬼)가 의미부이고 마(麻)가 소리부이
　다. 독음은 막(莫)과 파(波)의 반절이다.

020 魘: 㝱驚也. 從鬼厭聲. 於琰切.

　염(魘), '꿈에서 놀라다(㝱驚)'라는 뜻이다. 귀(鬼)가 의미부이고 염

---

20) [역주] 금본에서는 '나(儺)'가 '나(那)'로 되었다.

(厭)이 소리부이다. 독음은 어(於)와 염(琰=琰)의 반절이다.

이밖에도 이어지는 「신(囟)부수」의 글자들도 주로 귀신(鬼)의 주제
인 부류에 속하는데, 이는 아래에서 다시 인용하게 될 것이다.

당초본(唐抄本) 『전례만상명의(篆隷萬象名義)·귀(鬼)부』에는 27자가
수록되었으며, 당나라 사람들이 증자(增字)한 『송본옥편(宋本玉篇)·귀
(鬼)부』에는 64자가 수록되었으며, 송나라 때의 『유편(類篇)·귀(鬼)부』
에는 50자가 수록되었다.

이처럼 귀(鬼)를 의미부로 삼는 수십 개의 한자들은 신비한 세계,
신비한 사물, 신비한 힘 등을 반영하는 인지 '의미장(semantic field)'
을 구성하고 있다.

이 책의 앞에서도 이미 지적했듯 『설문』의 심오함은 그것이 이러
한 것 외에도 또 다른 '의미장'을 내포하며, 이러한 '의미장'은 『설문』
의 전체 체계 속에 녹아 있다는 점이다. '귀(鬼)'를 의미부로 삼는 글
자들에 의해 구성된 '의미장'과 대응하여 '귀(鬼)'를 소리부로 하는 파
생 글자들의 또 다른 '의미장', 다시 말해 귀(鬼)를 소리부로 하는 글
자 군에 의해 형성된 '의미장'이 존재하고 있는데, 이들은 내부적으로
'같은 어원(同源·cognate)'의 관계가 존재하고 있다. 시험 삼아 다음
의 글자 군을 살펴보자.

· 외(嵬: **𩲃** 古陶文 **𩲜 𩲞** 簡牘文), '높고 평평하지 않다(高不平)'라
는 뜻이다.21) 산(山)이 의미부이고 귀(鬼)가 소리부이다. 외(嵬)부
수에 귀속된 글자들은 모두 외(嵬)가 의미부이다. 독음은 오(五)
와 회(灰)의 반절이다.(**𩲃**: 高不平也. 從山鬼聲. 凡嵬之屬皆從嵬. 五

---

21) [역주] 『단주』에서는 「남도부(南都賦)」의 이선(李善) 주석에 근거해 '산석최외
(山石崔嵬)'라 하여 '산석(山石)'을 추가하였다.

灰切.)(「외(嵬)부수」)

· 괴(傀), '위(偉)와 같아 기괴하다'라는 뜻이다. 인(人)이 의미부이고 귀(鬼)가 소리부이다. 『주례·춘관대사악(大司樂)』에서 "크고 기괴한 이상한 일이 일어났다(大傀異)"라고 했다. 괴(瓌)는 괴(傀)의 혹체자인데, 옥(玉)이 의미부이고 회(褱)가 소리부이다. 독음은 공(公)과 회(回)의 반절이다.(傀: 偉也. 從人鬼聲. 『周禮』曰: "大傀異." 瓌, 傀或從玉褱聲. 公回切.)(「인(人)부수」)

· 괴(瑰), '매괴(玫瑰)라는 옥돌'을 말한다. 옥(玉)이 의미부이고 귀(鬼)가 소리부이다. 일설에는 둥글고 좋은 옥을 말한다고도 한다. 독음은 공(公)과 회(回)의 반절이다.(瑰: 玫瑰. 從玉鬼聲. 一曰圜好. 公回切.)(「옥(玉)부수」)

· 게(餽), '오(吳) 지역 사람들은 제사지내는 것(祭)을 게(餽)라고 한다.' 식(食)이 의미부이고 귀(鬼)도 의미부인데, 귀(鬼)는 소리부도 겸한다. 독음은 구(俱)와 위(位)의 반절이다.(餽: 吳人謂祭曰餽. 從食從鬼, 鬼亦聲. 俱位切.)(「식(食)부수」)

· 수(蒐), '모수(茅蒐) 즉 꼭두서니'를 말하는데, 여려(茹藘)라고도 부른다.22) 사람의 피가 땅에 떨어져 자라난다고 하며23), 붉은 색 비단을 물들이는데 사용된다.(人血所生, 可以染絳.) 초(艸)가 의미부이고 귀(鬼)도 의미부이다. 독음은 소(所)와 구(鳩)의 반절이다.(蒐: 茅蒐, 茹藘. 人血所生, 可以染絳. 從艸從鬼. 所鳩切.)(「초(艸)부수」)

· 괴(槐), '나무이름(木)[괴목: 홰나무]'이다. 목(木)이 의미부이고 귀(鬼)가 소리부이다. 독음은 호(戶)와 회(恢)의 반절이다.(槐: 木也. 從木

---

22) [역주] 『단주』에서 이렇게 말했다. "『시·정풍(鄭風)·여려재판(茹藘在阪)』, 『이아·석초(釋艸)』, 『모전(毛傳)』 등에서 모두 여려(茹藘)는 모수(茅蒐)를 말한다고 했다. 육기(陸璣)도 여려(茹藘)나 모수(茅蒐)는 꼭두서니풀(蒨艸)을 말하는데, 일명 지혈(地血)이라고도 한다고 했다. 제(齊) 지역 사람들은 이를 천(茜)이라 하며, 서주(徐州) 지역 사람들은 우만(牛蔓)이라 부른다. 오늘날 원예 종사자들은 이를 휴종시(畦種蒔)라 부르기도 한다. 그래서 『화식열전(貨殖傳)』에서 치천천석(巵茜千石)이라 했는데, 이를 천승지가(千乘之家)에 비유했던 것이다."

23) [역주] 사람의 피가 땅에 떨어져 자라난다고 한 것(人血所生者)은 '수(蒐)'자에 귀(鬼)가 들어가게 된 연유를 설명한 것이다.

鬼聲. 戶恢切.)(「목(木)부수」) 『이아』에서는 "회괴(欚槐)는 잎이 크고 검은 나무를 말한다."라고 했다.

· 외(瘣), '질병을 앓다(病)'라는 뜻이다. 녁(疒)이 의미부이고 귀(鬼)가 소리부이다. 『시·소아소변(小弁)』에서 "병들어 죽은 나무처럼(譬彼瘣木)"이라고 노래했다. 일설에는 '부스럼덩이가 옆으로 나오다(腫旁出)'라는 뜻이라고도 한다. 독음은 호(胡)와 죄(罪)의 반절이다.(瘣: 病也. 從疒鬼聲. 『詩』曰: "譬彼瘣木." 一曰腫旁出也. 胡罪切.)(「녁(疒)부수」)24) 『이아』에서 외목(瘣木)은 부루(苻婁·병든 나무)를 말한다고 했는데, 『이아주』에서는 "나무가 병들어 구부정하고 옹이가 있어 가지가 없는 것이다"라고 했다.25)

· 외(頯): '머리가 기울어져 비뚤다(頭不正)'라는 뜻이다. 혈(頁)이 의미부이고 귀(鬼)가 소리부이다. 독음은 구(口)와 외(猥)의 반절이다. 『광아석고』에서 "외(頯)는 크다(大)는 뜻이다"라고 했다.26) (頯: 頭不正也. 從頁鬼聲. 口猥切.)(「혈(頁)부수」)

· 외(隗): '퇴외(陮隗) 즉 높다'라는 뜻이다. 부(自)가 의미부이고 귀(鬼)가 소리부이다. 독음은 오(五)와 죄(辠)의 반절이다.(隗: 陮隗也. 從自鬼聲. 五辠切.)(「부(自)부수」) 이는 외(嵬)의 혹체자로 생각된다.27)

· 괴(媿), '부끄럽다(慙)'라는 뜻이다. 여(女)가 의미부이고 귀(鬼)가 소리부이다. 괴(𢿛)는 괴(媿)의 혹체자인데, 치(恥)의 생략된 모습으로 구성되었다. 독음은 구(俱)와 위(位)의 반절이다.(媿: 慙也. 從女鬼聲. 𢿛, 媿或從恥省. 俱位切.)(「여(女)부수」) 달리 심(心)으로 구성되어 괴(愧)로 쓰기도 한다. 『광아석고』에서 '괴(媿)는 부끄럽다(恥)는 뜻이다"라고 했다.28)

---

24) [역주] 『시경』에서 '비유컨대 저 병든 나무……'라고 했으며, 달리 옆으로 종기가 나다는 뜻이라고 한다(『詩』曰: '譬彼瘣木.' 一曰腫旁出也. 胡罪切.)'라고 했다.

25) 『說文通訓定聲·履部』 제12.

26) 『說文通訓定聲·履部』 제12.

27) 『說文通訓定聲·履部』 제12.

28) 『說文通訓定聲·履部』 제12. [역주] 吳大澂에 의하면, 『좌전』 희공 18년(기원전 637년) 조의 '북쪽 이민족이 장구여라는 마을을 공략해 거기서 '숙외'와 '괴외'를 포로로 잡아다가 晉의 공자 重耳에게 바쳤다'와 희공 24년(기원전 636

· 괴(魁), '국을 푸는 국자(羹斗)'를 말한다. 두(斗)가 의미부이고 귀(鬼)
가 소리부이다. 독음은 고(苦)와 회(回)의 반절이다.(魁: 羹斗也. 從
斗鬼聲. 苦回切.)(「두(斗)부수」). 『광아석고』(1)에서 "괴(魁)는 크다
(大)는 뜻이다"라고 했다.29)30)

　　이에서처럼 '귀(鬼)'를 소리부로 삼아 구성된 한자(단어)들도 매우
규칙적인 '의미장'을 형성하고 있는데, 이 역시 괴이한 세계에 대한
고대 중국인들의 계통적 인지 사유를 드러내주고 있다.
　　『집운·미(尾)부』에 보이는 '귀(鬼)' 관련 인지발전 정황은 다음과 같다.

· 귀(鬼, 禐), 독음은 구(矩)와 위(偉)의 반절이다. 『설문』에서 "사람
이 되돌아가는 곳이 귀(鬼)이다(人所歸爲鬼). 인(人)이 의미부이고,
신(甶)은 귀신의 머리를 그렸다."라고 했다. 귀신의 음기는 사람
을 해치기 때문에 사(厶)가 더해졌다. 간혹 시(示)와 귀(鬼)로 구
성되기도 한다. 일설에는 멀다(遠)는 뜻이라고도 한다. 또 지혜

　　년) 조의 '(甘)소공이 제나라로 달아났다가 주 襄王이 다시 불러들이자 왕후인
陳씨와 정을 통했다"는 기록에 근거해 媿의 원래 뜻은 성씨로 隗와 같은데,
이후 '부끄러워하다'는 뜻이 생겼다고 했다. 부끄러움은 마음(心)에서부터 오
며, 마음에서 느끼는 특이한(鬼) 감정이라는 뜻에서 愧를 사용하게 되었다.
29) 『說文通訓定聲·履部』 제12. [역주] 王振鐸에 의하면, 鬥는 죽을 떠 담는 국자
모양의 용기를 말하는데, 일반인들은 나무로 된 것을, 상층계급에서는 청동이
나 칠로 된 용기를 썼고, 서주 때의 실물이 발견되기도 했는데 큰 것은 직경이
35.6센티미터에 이른다.(王振鐸, 「論漢代飮食器中的匜和魁」, 『文物』 1964-10), 『
古文字詁林』 10책 672-674쪽에서 재인용) 손잡이가 달린 바가지 모양으로 생
겼기에 鬥가, 커다란 것이라는 의미에서 鬼가 들어갔으며, 용량이 큰 그릇이라
는 뜻에서 이후 중요하고 큰일을 지칭하게 되었으며, 다시 '우두머리' 등의 뜻
이 나온 것으로 보인다.
30) [역주] 이외에도 『설문』에 보이는 鬼를 소리부로 삼는 글자들로는 騩(「馬부수
」): '옅은 검은색의 말을 말한다(馬淺黑色. 從馬鬼聲.)'; 褢(「衣부수」): '옷의 소
매를 말한다. 달리 '감추다'는 뜻도 있다(袖也. 一曰藏也. 從衣鬼聲.)'; 蜖(「蟲부
수」): '번데기를 말한다(蛹也. 從蟲鬼聲. 讀若潰.)'; 塊(「土부수」): '흙덩이를 말한
다.(凷或從鬼. 凷 凷, 墣也. 從土, 一屈象形.)' 등이 있다.

롭다(慧)는 뜻이라고도 한다.

- 기(夔), 독음은 거(擧)와 기(豈)의 반절이다. 남방 지역에서는 귀신(鬼)을 기(夔)라 한다. 일설에는 오나라 사람들은 귀(鬼)라 하고 월(越)나라 사라들은 기(夔)라고 한다고도 한다.
- 위(鞼), 독음은 우(羽)와 귀(鬼)의 반절이다. 귀신(鬼)이라는 뜻이다.
- 외(磈), 외(魂), 독음은 우(羽)와 귀(鬼)의 반절이다. 돌(石)의 모양을 말한다. 간혹 귀(鬼)로 구성되기도 한다.
- 뢰(傀), 독음은 어(魚)와 귀(鬼)의 반절이다. 뇌연(傀然)은 마음이 안정되지 못한 모습을 말한다.

다른 각 부수에 수록된 정황을 보면 다음과 같다.

- 매(彨, 魅, 槑, 彔, 袾), 독음은 명(明)과 비(祕)의 반절이다. 『설문』에서는 오래된 정령(老精物)이라고 했다. 귀(鬼)와 삼(彡)으로 구성되었는데, 삼(彡)은 귀신의 털을 말한다. 혹체로는 매(魅)로도 적고. 주문에서는 매(槑)로 적었다. 또 매(彔)나 매(袾)로 적기도 한다.(「지(至)부수」)
- 외(畏, 𤰞, 威), 독음은 우(紆)와 위(胃)의 반절이다. 『설문』에서는 미워하다(惡)는 뜻이라고 했다. 귀신의 머리에 호랑이의 발톱을 가졌으니, 무서워할만하다. 고문체에서는 외(𤰞)로 적었다. 혹체에서는 위(威)로 적었다.(「미(未)부수」)
- 쇄(魖, 魏), 독음은 소(所)와 개(介)의 반절이다. 귀신 이름이다(鬼名). 혹체에서는 생략된 모습이다.(「괴(怪)부수」)

이밖에도 『설문』은 같은 의미부나 소리부를 가지지 않았지만 이미지 형성 과정에서 종종 동일하거나 비슷한 관계를 가지는 글자군들 간의 관계를 드러내기도 한다. 이러한 관계는 종종 캄캄한 어둠 속에서 찾아낸 어떤 실마리이거나 한 가닥 빛이 되기도 하여 이로부터도 '귀(鬼)'에 관한 '의미장'을 확인할 수 있다.

・由(甲骨 金文 簡帛 古幣), 鬼頭也. 象形. 凡由之屬皆從由. 敷
勿切.)

불(由), '귀신의 머리(鬼頭)'를 말한다. 상형이다. 불(由)부수에 귀속
된 글자들은 모두 불(由)이 의미부이다. 독음은 부(敷)와 물(勿)의
반절이다.

・畏(金文 簡帛 古璽). 惡也. 從
由, 虎省. 鬼頭而虎爪, 可畏也. 於胃切. 㽒, 古文省.)

외(畏), '싫어하다(惡)'라는 뜻이다. 불(由)과 호(虎)의 생략된 모습이
모두 의미부이다. 귀신의 머리(鬼頭)와 호랑이의 발톱(虎爪)은 두
려워할만한 것이다(可畏)라는 뜻이다. 외(㽒)는 고문체인데, 생
략된 모습이다. 독음은 어(於)와 위(胃)의 반절이다.

・禺(金文 玉盟書 簡帛 古幣 漢印), 母猴屬. 頭似
鬼. 從由從内. 牛具切.)

우(禺), '어미 원숭이의 일종(母猴屬)'이다. 머리가 귀신을 닮았다.
불(由)이 의미부이고 유(内)도 의미부이다. 독음은 우(牛)와 구(具)
의 반절이다.

'영(靈)→영(霊)→영(霛)'으로의 변화, 즉 도구(혹은 의식)와 중개, 중
개와 대상 사이에서 삼위일체를 이루고 있다. '귀(鬼)→귀(禆)' 및 '귀
(鬼)'의 구조가 '인(人)'으로 구성되었고 귀신의 머리를 그렸으며', '외
(畏), 외(畏), 위(威)' 등의 이체자로 볼 때, 귀신에 대한 제사와 귀신을
몰아냄, 몰아내는 자와 내몰림을 당하는 대상, 권위와 두려움을 체현
하고 있을 뿐만 아니라, '쇄(魑), 쇄(魏)'라 하여 바로 귀신의 이름과
연결하고 있다. 이들 또한 일체가 되어 있어『설문』의 귀신세계의 인
지 모델을 구성하고 있다.

귀신의 세계를 고찰하기 위해『설문』에 기록된 이상의 세 가지 '의

미장을 종합적으로 살폈는데, 이는 다음의 몇 가지가 포함됨을 발견할 수 있다. 첫째 귀신의 기이함을 지향하는 글자들이며, 둘째 신비한 세계(즉 육체세계와 상응되는 그러한 세계)를 반영한 글자들이며, 셋째 더럽고 무서운 개념을 가지는 글자들이다. 이 세 가지 어휘들은 이상하리만큼 분명하게 귀신 세계의 경관을 구성하고 있으며, 고대 사회의 귀신에 대한 관념 형태를 드러내 주고 있다.

'귀(鬼)'라는 의미장에서 기표(記表: signifiant, 시니피앙)가 이렇듯 복잡하게 서로 얽혀있듯, '귀(鬼)'자가 취해 온 이미지 즉 '귀(鬼)'의 기원에 대한 인지 또한 마찬가지로 각자의 의견마다 다르다. 제대로 된 말을 그리기가 정말 어렵듯, '귀(鬼)'에 대한 설명도 정말 쉬운 일이 아니다.

'귀(鬼)'자의 형체에 대해 "사람이 죽어 돌아가는 것이 귀신이며, 인(人)으로 구성되었고, 귀신의 머리를 형상했다."라고 한 『설문』의 해석은 상당히 오래된 관념을 체현해 주고 있다. 『이아·석훈(釋訓)』에서는 "귀(鬼)는 돌아간다(歸)는 것을 두고 한 말이다"라고 했는데, 곽박(郭璞)의 주석에서 "시자(屍子)에 의하면, 옛날에는 사람이 죽는 것(死人)을 돌아간다(歸人)고 했다"라고 했는데, 오늘날 말로 하자면, 사람이 죽으면 귀신으로 변한다는 말이다. 이것은 고대 중국인들의 경우 일정 시기 동안 귀신을 사람이 죽어 가게 되는 궁극점이라고 여겼음을 말해 준다. 즉 사람과 귀신의 관계에서 사람이 귀신으로 변한다고 보았다는 말이다. 『예기·제법』에서 "무릇 천지간에 태어난 것은 모두 명(命)이라 하고, 만물에서 죽는 것이라면 모두 절(折)이라 하며, 사람이 죽는 것을 귀(鬼)라고 한다."라고 했다. 이러한 관념은 문화인류학에서도 보편적인 원시 사유의 규율을 대표한다. 영국의 문화 인류학자인 프레이저(J. G. Frazer)는 이렇게 말했다.

원시인들은 무생명의 자연과정에 대해 해석할 때 산 사람이 자연 현상 속이나 배후에서 조작하는 것과 마찬가지로, 그 생명 현상 자체를 이렇게 해석한다. 그들이 보기에, 한 동물이 살아 있고 또 움직인다면, 그것은 바로 그것의 몸속에 작은 동물이 하나 있어 그것을 움직이게 만들기 때문이라 여긴다. 만약 사람이 살아 있고 또 행동하고 있다면, 그것은 사람의 몸속에 작은 사람이나 작은 동물이 하나 있어 사람을 움직이게 만들기 때문이라 생각한다. 이러한 동물의 몸속에 든 작은 동물이나 사람의 몸속에 든 작은 사람이 바로 영혼(靈魂)이다. 동물이나 사람의 활동이 체내에 영혼이 존재하기 때문이라 여기는 것과 마찬가지로, 수면이나 죽음도 영혼이 몸을 떠나기 때문이라 여겨졌다. 수면이나 수면 상태는 영혼이 잠시 몸체를 떠난 상태이며, 죽음은 영원히 떠난 상태이다.

사람들이 이러한 상태를 구별하기 위해 인체 속에서 활동하는 '작은 사람'을 '영혼(靈魂)'으로, 사람이 죽은 후 육체를 떠난 그 '작은 사람'을 '귀신(鬼)'이라 여긴 것은 매우 자연스런 일이었다.[31] 황하 서쪽 지역의 신석기 농업 문화의 채도(彩陶) 문화 유형은 바로 이러한 특징을 잘 보여 준다. 즉 이 문화에 속한 각종 유형에서는 상당히 비슷한 의식(儀式)과 종교 관념을 갖고 있다. 먼저, 영혼과 저승에 대한 관념이다. 일례로 이러한 유형의 문화에서는 집 아래에다 아이를 묻는 습관이 유행했는데, 일반적으로 옹관묘가 사용되었다. 이러한 풍속은 다른 문화에서도 가끔 발견되기는 하지만 채도 문화의 여러 유형들에서는 언제나 흔히 보이거나 심지어는 예외 없이 발견되는 현상이기도 하다. 이러한 장례 풍속이 존재한다는 것은 이러한 혈연관계를 가지는 문화 군(群)에서 사후의 생활에 대한 매우 분명한 공통관념이

---

31) 『황금가지(金枝)』(*The Golden Bough*), 269쪽.

존재하며, 동시에 작디작은 영혼이 그들의 생활 속에서 어떤 특수한 작용을 하고 있다는 것을 설명해 줌에는 의심의 여지가 없다.[32] 이것은 중국 신석기 시대 때의 사람과 귀신 관계에 대한 이해의 고고학적 증거라 할 것이다.

'인간과 귀신 간의 이미지를 형상하여 글자로 만들어 낸다는 것은 사실 상당히 어려운 일이었다. 『설문』에서 '귀(鬼)'자의 구조를 풀어서 "인(人)으로 구성되었는데 머리는 귀신을 본떴다"라고 하여, '인간과 귀신'의 두 측면을 의식적으로 고려했던 것처럼 보이는데, 이는 주목할 만한 부분이다. 갑골문에서는 '귀(鬼)'자를 다음처럼 쓰고 있다.

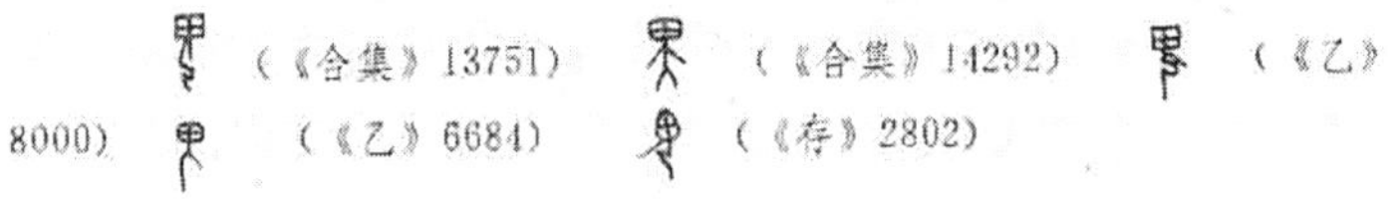

갑골문에 보이는 귀(鬼)자

형상한 주체가 『설문』에 수록된 소전체와 크게 다르지 않다. 『갑골문자전』에서는 이들 형체를 이렇게 해석했다.

사람의 몸뚱이를 가졌으면서도 거대한 머리를 가진 이상한 존재를 본떴으며, 이로써 살아 있는 사람과 차이가 있는 귀신을 나타내려 했다. 아랫부분을 구성하는 �, ㄕ, 大, 書 등은 차이가 없다. 『설문』의 소전체에서 다시 ㄥ가 더해진 것은 이후에 추가된 것이다. 곽박의 『이아주』에서 『시자』를 인용하면서 "옛날에는 사람이 죽는 것을 돌아간다고 했다"라고 했다.⋯⋯은나라 때의 신과 귀신 관념은 이미 상당히 발전했다. 귀(鬼)자가 사람의 몸체로 구성되었다는 것은

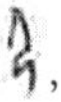

32) [구 소련] 列・謝・瓦西里耶夫, 『中國文明的起源問題』(중국어 번역본) 114쪽(문물출판사, 1989년판).

『설문해자』 인지분석

산 사람으로부터 변화한 것임을 분명하게 보여주고 있다. 그래서 허
신의 해석과 은나라 사람들의 관념은 서로 비슷하다.[33]

그러나 '사람과 귀신 간의 전화(轉化)는 여전히 그림으로 그려낼
수 있는 부분이 아니었다. 하지만 일부 인류학적 자료들의 고찰을 기
초로 하여 『설문』에서 제공하는 '귀신'에 관한 '의미장'을 검토한 결
과 다음과 같은 사실을 알 수 있었다. 즉 '귀신(鬼)'은 사실 사람(人)에
게서 그 형상을 가져왔는데, 이 사람(人)의 신분은 무사(舞師)이며, 이
무사는 머리칼을 풀어헤
친 모습을 그렸거나, 얼굴
에 탈을 쓴 채 귀신을 모
시는 상태에 진입한 모습
을 그렸거나, 아니면 '귀
(鬼)'자의 형상이 귀신을
모시는 특이한 모습을 했
다는 사실이다. 귀신을 모
시는 이 무사는 사자의
영혼을 불러 모으기 전,
자신 스스로가 불러 모으
는 대상으로서의 귀신이

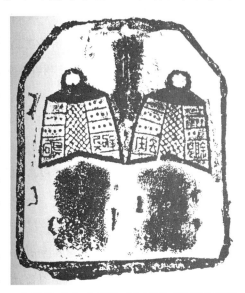

5-4. 한(漢)나라 때 만들어진 '제흉거앙(除兇去殃)'
영기(鈴器) 명문과 무늬

기도 했다. 귀신을 몰아내
고 무술(巫術)을 행하는 의식 과정에서 자신 스스로 기이하고 공포스
런 모습으로 분장을 하였을 뿐 아니라 동시에 몰아내야 하는 대상이
되기도 했다. 다시 말해 두 가지의 모습이 하나로 합쳐진, 이 역할과

---

33) 『甲骨文字典』 권9.

저 역할을 함께 하는 존재로서, 사람과 귀신이 한 몸을 이룬, 신령스러움과 괴이함이 한 곳에서 근원한 존재이다. 이는 영무(靈巫)를 그려낸 모습과 이치상 일치하고 있다. 즉 사람인지 귀신인지, 무당인지 괴수인지, 이 두 가지가 모두 귀신을 섬기는 한 사람의 몸속에 같이 들어 있다. 고대 중국의 전설에 등장하는 귀신을 몰아내는 신도(神荼)와 욱루(鬱壘)라는 두 신이 있는데, 귀신을 몰아내는 형상을 하였을 뿐 아니라 그 자체로도 마귀로 분장되어 있다.

대만의 고산족(高山族)들은 '사람'을 𣥂로, '귀신'을 𣦅로 썼으며, '무당(巫)'을 𣦚로 쓰고서는 '후치우(胡求)'라 불렀다. 무사가 원래 사람과 귀신 사이를 중개했다는 인지관계를 대단히 직관적이고 구상적으로 증명해 주고 있다.[34]

일본의 문자학자들은 일본어에서의 '귀(鬼)'자를 연구하면서 이의 형상 원리에 대해 다음처럼 분석했다. 상형이다. 얼굴에 얼굴을 모방한 가면을 썼는데, 이는 사자의 영혼이라는 의미를 나타낸다. 옛날 조상께 제사를 지낼 때 가면을 쓴 사람이 제주가 되었기 때문에, '귀(鬼)'는 조상과 일반적인 의미의 사자라는 뜻으로 사용되었다. 이러한 해설은 무술(巫術) 사유의 이치와 완전히 맞아 떨어져 신비로운 생각이 들게 만들어준다. 하지만 옛날에는 귀신에 대한 제사 의식 뿐 아니라 귀신을 몰아내는 의식도 있었으니, 이러한 해설은 한 부분만을 언급한 것으로, 그다지 균형 잡힌 해석이 아니라는 느낌을 준다.[35]

내몰림을 당하는 귀신 또한 사람에 의해 분장된다는 관습은 어디서나 마찬가지이다. 예컨대, 캘리포니아의 포모(Pomo)인들은 7년마다

---

34) 金梁, 『臺灣史料』 하책. 프린트 물. 중국역사박물관 소장. 杜耀西 등, 『中國原始社會史』 497쪽에서 재인용.(문물출판사, 1983년판.)
35) 『標準漢和辭典』, 「귀(鬼)부수」.

유형(有形)의 마귀를 몰아내는 의식을 거행하는데, 이 유형(有形)의 귀신 몰아내는 의식에서 귀신은 사람 분장을 하게 된다. "20-30명이 울긋불긋 화려한 색깔의 복장을 하고, 몸에는 거칠고 사나운 색깔을 칠하였고, 머리에는 송진을 담은 작은 통을 이고서, 몰래 부근의 산속으로 걸어들어 간다. 그들은 모두가 요괴로 분장한 사람이었다." 오스트레일리아 동북부 퀸즐랜드(Queensland) 중부지역의 몇몇 토착 부락에서도 마귀에 대한 제사를 지내는데, 남자로 분장한 마귀의 몸에 붉은 색깔의 돌과 깃털로 장식을 한다. 캄보디아에서도 매년 마지막 날 밤 왕궁에서 마귀를 없애는 의식을 행하는데, 귀신처럼 분장을 한 사람이 몇몇 코끼리에 의해 왕국의 여러 정원 속을 이리저리 쫓겨 다닌다.36)

5-5. 장사(長沙) 마왕퇴(馬王堆) 서한시대 무덤의 칠관(漆棺)의 구사신수(驅邪神獸) 무늬

5-6. 강소성 회음(淮陰) 전국시대 초나라 무덤의 동기에 그려진 축귀도(逐鬼圖)

---

36) 프레이저, 『황금가지(金枝)』(*The Golden Bough*) 57장, '공적 희생양."

지하에서 발굴된 유물로 볼 때, 고대 중국에서는 매우 이른 시기부터 소위 '귀신을 몰아내는' 의식이 존재했던 것 같으며, '귀신을 몰아내는' 자는 언제나 「그림 5-5」와 「그림 5-6」과 같이 흉악한 얼굴 생김새를 가진 '괴상한 꼴'로 출현한다.

납서(納西) 동파(東巴)문자는 운남성 서부의 여강(麗江) 일대에 생활하는 납서족들이 오늘날까지도 사용하고 있는 그림 상형 문자로, 이미 지구상에 현존하는 몇 안 되는 살아 있는 그림문자의 하나로 인정받고 있다. 납서족의 상형문자는 본래부터가 그곳의 동파교 무사들이 경전을 필사하고 무술(巫術)을 전수하기 위한 서면 기록이었다. 방국유(方國瑜)가 편찬하고 화지무(和志武)가 교정한 『납서상형문자보(納西象形文字譜)』는 이미 국내외의 인류학자들이 앞 다투어 구매하는 책이 되었으며, 그 속에는 '귀신'에 대한 여러 가지 상형자들이 수록되어 있는데, 갑골문에서 '귀(鬼)'로 해석되는 글자들과 상당히 유사하다. 이렇게 볼 때 귀신은 실제 머리칼을 흩트린 사람이었다.

$\mathbf{\mathring{A}}_a \cdot \mathbf{\mathring{A}}_b \cdot \mathbf{\mathring{A}}_c \cdot \mathbf{\mathring{A}}_d \cdot \mathbf{\mathring{A}}_e \cdot \mathbf{\mathring{A}}_f \cdot \mathbf{\mathring{A}}_g \cdot \mathbf{\mathring{A}}_h.$

이 중에서도 (a)는 산발한 채 귀신을 모시는 이상한 모습을 그렸으며, 이소사파(爾蘇沙巴) 그림 문자에서 귀신을 $\mathbf{\mathring{A}}$로 적었던 것과 같은 형상이다.[37] (b)-(h)는 각종 구체적인 귀신들이다.

$\mathbf{\mathring{f}}_i \cdot \mathbf{\mathring{A}}_j$

---

37) 王元鹿, 『漢古文字與納西東巴文字比較硏究』, 30쪽에서의 인용, 『민족어문』 1982년 6기(화동사범대학출판사, 1988년).

그리고 귀신 (i)는 납서 동파문자에서 목을 매달아 죽은 귀신을 특별히 지칭할 때 사용되는데, 산발한 머리가 매달린 모습으로 그려졌다. 귀신 (j)는 굶어 죽은 귀신으로 알려져 있는데, 산발한 모습은 여전하지만 뱃속이 비어 있음이 특징적으로 그려졌다.[38]

납서 동파 상형문자가 보여주고 있는 귀신의 계보로 볼 때, 귀신이라는 이러한 '사람도 아니고 사물도 아닌, 이승의 것이면서도 저승의 것이기도 한 이상한 존재"는 사람의 변형에 지나지 않음을 알 수 있다. 이 세상에서는 사람과 귀신이 공존하지만, 문자적으로 볼 때 귀신은 사람의 변형이다. 곽말약(郭沫若)은 대단히 분명하고 직접적으로 다음처럼 말한 적이 있다. "영혼불멸이라는 관념이 확립된 이후 세계는 영적 세계와 육체적 세계의 두 세계로 변했다. 상제가 영원히 존재한다는 관념은 영혼 불멸의 관념을 따라서 나타난 것이다. 이승과 저승의 세계는 마치 한 장의 종이로 가로막혀 있을 뿐 우주는 귀신과 인간이 공존하는 곳이다. 이러한 귀신의 세계가 있기 때문에 중국인들은 천당을 찾을 필요가 없고 지옥을 찾을 필요도 없었다. 귀신은 사람의 연장이며, 권력을 장기 소유하듯 생명도 장기간 소유할 수 있는 것이었다."[39]

'인간과 귀신의 사이'에 대한 고대 이집트인들의 생각은 더욱 복잡했다. 그들의 『사자의 서(亡靈書)』(Book of the Dead)에 의하면, 정신세계에 대한 고대 이집트인들의 상상력은 극히 풍부했다. 그들은 인간의 육체는 죽으며, 인간은 무덤 속에서 또 다른 여정을 계속하며, 인간은 거기서 요괴의 공격을 막아내고 더욱 좋은 세계로 건너가게 된

---

38) 方國瑜 편찬, 和志武 교정, 『納西象形文字譜』(운남인민출판사, 1981년판), 358-361쪽.
39) 『中國古代社會研究』 제1장, 48쪽(인민출판사, 1954년 판).

다고 믿었다. 고대 이집트인들에게서 육체는 단지 '인간'이라는 이 총체적 개념을 구성하는 성분—눈으로 볼 수 있는 성분에 지나지 않는 것이라 여겨졌는데, 당시 이를 '카트(喀特・xa 혹은 khat)'라 부르고, 𓆛 라 썼다. 이집트인들은 사람이 물고기로부터 변해왔다고 믿었기 때문에, 이 그림은 아마도 물고기를 나타낸 것이라 생각된다. 또 다른 하나는 눈에 보이지 않는 신체로 '사후(沙胡·sāhu)'라 불렸는데, 정령체(精靈體: 육체와 상대적 개념)로 번역될 수 있으며, 다음처럼 썼다.

𓏲𓏲𓀀𓅿𓈒𓆛

상당히 복잡한 이 그림에서 주의할 만 한 것은 여기에 새처럼 생긴 것이 하나 있다는 것인데, 이집트인들은 원래 사람이 죽으면 새가 된다고 믿었다. '인간'은 '육체'와 '영혼체' 외에도 '바(巴・ba)'라고 불리는 것이 있는데 '혼(魂)'으로 번역되며 𓅿 와 같이 그려 완전한 새의 모습 그대로이다. 눈에 보이지 않는 육체는 육체 속에도 정령체 속에도 머무는 것이 아니며, '카(卡·ka)'라 불리는 '영체(靈體)' 속에 머물며, '카'는 신체의 이중적 몸체로 'ㄴ'처럼 쓴다. 이외에도 '그림자(影)'(카이비트·khaibit)은 신체를 떠나서 아무 곳으로나 내 달릴 수 있다. 하지만 '그림자(影)'도 '인간'이라는 이 총체적 개념의 한 구성 성분이며 𓊬 로 표기하는데, '인간'의 또 다른 독립된 존재이다. 그림자는 원시 민족의 눈에 '사람과 같은 것으로 보인다. 하지만 그것이 사람 그 자체인 것은 아니다. 하지만 그 자신과 같은 기능을 갖고 있다. '사람'에게는 또 '정령(精靈)'(khu 혹은 xu)이라는 썩어 없어지지 않는 부분이 있다. 정령(精靈)도 한 마리의 새로 표현되며, 복수형은 𓅤 𓅤 𓅤 로

　　　　　　　　　　『설문해자』 인지분석

표현된다. 그리고 모든 사람에게는 이에 상응하여 인간 세상에 살지 않고 천국에 사는 '천령(天靈)(sekhem)'이라는 부분이 있다. '사람'의 가장 마지막 부분은 '이름(名)(ren)' 즉 으로 그려지는 부분이다. 이것이 사람의 그림자를 그렸다는 것을 분명하게 살펴볼 수 있다. 거기서 단정하게 앉아 자신의 코를 가리키며 "여기에 있어, 여기에 있잖아!"라고 말한다. 한 사람의 이름은 고대 사회에서도 대단히 신비한 것이었으며, 절대 적으로 하여금 알게 해서는 아니 되는 것이었다. 만약 적이 알게 되면 마찬가지로 매우 위험해 진다고 생각했다. 결론적으로 말해서, 고대 이집트에서 '사람'은 육체와 정령체와 영체(靈體)와 혼(魂)과 그림자(影)와 정령(精靈)과 천령(天靈)과 이름(名) 등으로 구성되었다. 사람의 육체가 사라져도 정령체와 혼(魂)은 존재한다. 육체는 사람을 구성하는 부분일 뿐이다. 단지 하나의 부분에 불과하며 이보다 더 많은 성분들이 육신의 바깥에 독립적으로 존재한다.40)

여기에서는 앞에서 열거했던 『설문』의 '귀(鬼)'에 관한 의미장을 통

---

40) 『사자의 서』(*Book of the Dead*)는 파피루스(papyrus)에 씌어졌으며, 기원전 3000-15000사이의 고대 이집트 사회를 반영했다. 이 책은 사자의 후인들이 사자에게 부장품으로 선사했던 기록이다. 陳原, 『辭書和信息』, 46-48쪽 참조. (상해사서출판사, 1985년 판). [역주] 이 책은 고대 이집트의 중요한 종교 문헌으로, 원래 이집트어로는 '나오는 것들의 책(prt m hrw)'이라고 불렸다. 이 문헌은 주로 신왕국 시대(기원전 1550년~1070년경)부터 프톨레마이오스 왕조 시대(기원전 330년~30년)까지 널리 사용되었다. 이 책은 사후 세계에서 망자를 안내하고 보호하기 위한 주문, 기도문, 찬가 등을 담고 있으며, 파피루스에 기록되어 미라와 함께 무덤에 안치되었다. 이 문헌은 망자가 저승에서 겪게 될 여러 시험과 위험을 극복하고, 최종적으로 오시리스 신의 심판을 통과하여 영원한 생명을 얻을 수 있도록 돕는 것을 목적으로 한다. 내용은 크게 세 부분으로 나눌 수 있다. 첫째, 망자를 저승으로 인도하는 주문들, 둘째, 망자의 심장을 저울에 달아 심판하는 장면을 묘사한 '심장의 무게 달기' 의식, 셋째, 망자가 저승에서 누리게 될 축복된 삶에 대한 묘사이다. 『사자의 서』는 고대 이집트인들의 사후 세계관과 종교적 믿음을 이해하는 데 중요한 자료로, 현대에 이르기까지 이집트학 연구의 핵심 텍스트로 여겨지고 있다.

해 '귀(鬼)'의 이미지 형상에서 괴이하고 무서운 특징 및 귀(鬼)와 신
(神)과의 관계에 대해 살펴보고자 한다.

'귀(鬼)'를 소리부로 삼는 글자들은 다음처럼 모두 '괴이함'이라는
의미를 가진다.

예컨대 '괴(傀)'의 경우 『주례』에 '대괴이(大傀異)'라는 말이 있고,
'괴(瑰)'는 『설문』에서 '괴(傀)'의 혹체자로 수록되었으며. 고대 문헌에
서도 '괴괴(瑰怪)'라는 복합어를 자주 볼 수 있다. 또 '괴(魁)'자에도 '기
이하다'는 뜻이 들어 있으며 '괴(魁)'는 또 귀신 그 자체이기도 하다.
그래서 『대대예기·관인(官人)』에 '기귀자불인(畸鬼者不仁: 귀신만 섬기
는 자는 어질지 못하다)'이라는 말이 있고, 『순자·수신편』에서는 '의괴
(倚魁)'라 했는데 양경의 주에서 "의(倚)는 기이하다(奇)는 뜻이고 괴
(魁)는 크다(大)는 뜻이다."라고 했는데, 편벽되고 대단히 기이함을 말
한다. 또 '외(嵬)'자의 경우, 『설문』에서 원래 "산이 우뚝 선 모습을
그렸다(高不平也)"라고 했다. 『순자·정론편』에서는 "무릇 이를 외설
(嵬說)이라고 한다"라고 했는데, 주(注)에서 '대단히 괴이한 말(狂怪之
說)'을 말한다고 했다. 『방언』의 제1권에서 이렇게 말했다.

> 건(虔)과 현(儇)은 약삭빠르다(慧)는 뜻이다.[41] 진(秦) 지역에서는 만
> (謾)이라 하고[42], 진(晉) 지역에서는 리(㦫)라 하고[43], 송(宋)과 초(楚)
> 사이에서는 첩(倢)이라 하고[44], 초(楚) 지역에서는 달리 타(譤)라고 하

---

41) [역주] 곽박(郭璞)의 『주』에서는 '약은 것을 말하며, 독음은 현(翾)이다(謂慧了.
音翾)'라고 했다.

42) [역주] 곽박(郭璞)의 『주』에서는 '만(謾)은 타(訑: 자랑하다)'는 뜻이다. 타(訑)는
대(大)와 화(和)의 반절로 읽힌다. 만(謾)은 막(莫)과 전(錢)의 반절로 읽히며,
또 망(亡)과 산(山)의 반절로도 읽힌다.(言謾訑音. 訑, 大和反. 謾莫錢, 又亡山
反)'라고 했다.

43) [역주] 곽박(郭璞)의 『주』에서는 "독음은 리(悝)인데, 달리 막(莫)과 가(佳)의 반
절로도 읽힌다(音悝, 或莫佳反)."라고 했다.

며45), 함곡관 동쪽으로부터 조(趙) 위(魏) 사이 지역에서는 힐(黠)이라 하며, 달리 귀(鬼)라고도 한다.46)(虔·儇·慧也. 秦謂之謾, 晉謂之懇, 宋楚之間謂之倢, 楚或謂之蹻, 自關而東趙魏之間謂之黠, 或謂之鬼.)

그렇다면 이들은 모두 한 가지 말에 대한 변이음(allophone)이며, 다시 '궤(詭)'가 되고, 또 '휼(譎)'이 되고, 또 '괴(怪)'가 되었다. 그리고 '괴외(魁瘣)'라는 말도 기이한 형상을 말한다. 『이아·석목』에서도 "포(枹)는 떡갈나무(遒木)를 말하며, 괴외(魁瘣)를 말한다."라고 했는데, 『주』에서 "나무가 무더기로 자라며, 뿌리와 가지와 마디가 엉겨 붙어 얽힌 것을 말한다(謂樹木叢生, 根株節目盤結魂磊.)"라고 했다.

한자의 이미지 형상 특징에 근거해 볼 때, '귀(鬼)'의 특이점은 '큰 머리'에 있다. 『설문』에서 이에 관한 의미장은 세 부분에서 제공되고 있는데, 이에 대해 살펴보자.

먼저 귀(鬼)와 우(禺)의 관계에 관한 것이다. 우(偶)자는 바로 우(禺)에서 근원했다. 즉 우(偶)는 우(禺)로부터 독음을 가져왔는데, 의미도 겸하고 있다.

『설문』「인(人)부수」에서 "우(偶)는 오동나무로 만든 사람을 말한다. 인(人)이 의미부이고 우(禺)가 소리부이다"라고 했다. 전종서(錢鍾書)는 중국과 서양의 종교 사회를 비교하면서 그 특색을 다음과 같이 개괄했다. "중국에서는 주술을 부리기 위해 오동나무로 사람을 만들었는데, 이는 고대 그리스나 로마에서 밀랍으로 인형을 만들어 주술을 부리던 것과 같다."47) 일본의 민속에 '우인절(偶人節)'이라는 것이

---

44) [역주] 곽박(郭璞)의 『주』에서는 "간편하고 빠름(便佌)을 말한다(言便佌也)"라고 했다.
45) [역주] 곽박(郭璞)의 『주』에서는 "타(他)와 화(和)의 반절이며, 오늘날 통용되는 말이기도 하다(他和反, 亦今通語)."라고 했다.
46) [역주] 곽박(郭璞)의 『주』에서는 "鬼眜를 말한다(言鬼眜也)"라고 했다.

있는데, 일본어에서 '우인(偶人)'은 장남감이라는 뜻이다. 속어에서 쓰는 '괴뢰(傀儡)'라는 말은 달리 '괴목루(魁木壘)'라고도 쓴다. 『맹자·양혜왕(상)』에서 "허수아비(俑)를 처음 만든 사람은 후손이 없었기 때문일까? 사람 모양으로 만들어서 그것을 썼다"라고 했는데, 조기(趙岐)의 주석에서도 "용(俑)은 인형으로 그것으로 죽은 사람을 보낼 때 쓴다."라고 했다. 『사기·은본기』에서도 "제을(帝乙) 임금은 무도하였는데, 인형을 만들어 놓고 그것을 하늘의 신이라고 하였다." 『색은(索隱)』에서 "우(偶)의 독음은 우(寓)이며, 같은 뜻이다"라고 했으며, 『정의(正義)』에서는 "우(偶)는 짝(對)이라는 뜻이다. 흙이나 나무로 사람을 만들었는데, 사람과 대응하여 모양을 만들었다."라고 했다. 『사기·맹상군열전』에서는 '나무로 만든 인형과 흙으로 만든 인형을 보고서 서로 말을 나누었다'라고 했다. 왕념(王念)의 『독서잡지·사기(제4)』의 '우인(偶人)'에 대한 설명에서는 우인(偶人)이라고 할 때의 우(偶)가 옛날에는 우(禺)와 통용되었다는 사실을 밝혀내었다. "『색은』에서는 원래 우(禺)라고 적었고, 우(偶)라고 읽히며, 또 달리 우(寓)로 읽힌다고 했다. 흙이나 나무로 만드는데, 사람과 짝(偶)이 되게 만든 것이다." 그렇다면 옛날에는 원래 우(禺)라고 적었으며, 우(偶)와 우(寓) 두 가지의 독음이 있었는데, 후세 사람들이 우(禺)를 우(偶)로 바꾸었고, 주석의 내용을 바꾸어 우(偶)는 우(遇)로 읽힌다고 했던 것이다. 이 어찌 조잡한 설명이 아닌가? 『봉선서』에 '나무로 용과 가름대와 네 필 말을 조각해 넣었다(木禺龍欒車—駟)'라는 말이 있는데, 『색은』에서 "우(禺)는 달리 우(寓)로 읽히는데 기탁하다(寄)는 뜻으로, 용(龍)의 모습을 나무에 기탁하다는 뜻이다. 달리 우(偶)로도 읽히는데, 이 또한 그 모습을 나무에다 짝을 이루게 한다는 뜻이다."라고 했다. 이렇게

---

47) 『管錐編』 제1권, 298쪽.

『설문해자』 인지분석

볼 때, 우(偶)가 우(禺)로 구성된 것은 괴(傀)가 귀(鬼)로 구성된 것과 같은 이치이며, 실은 같은 의미에 대한 다른 말일 뿐이다. 또『산해경・대황동경』에 신비하고 특이한 '우경(禺京)'이 실려 있고, 「해외내경」에는 '우강(禺疆)'이 실려 있다. 필자의 생각에, '경(京)'과 '강(疆)'은 독음이 같았을 것이라 생각되며, 그래서 '우경(禺京)'은 바로 '우강(禺疆)'이다. '사람 얼굴에 새의 몸을 한' 모습이 대체로 '우강(禺疆)'이 바람 신임을 알려주는 모습상의 특징이다. 또 '우강(禺疆)'의 자(字)가 '현명(玄冥)'이라 했으며, 전욱(顓頊) 임금을 보좌했던 자라고 전해진다. 『예기・월령』에서 '음력 시월(孟冬)⋯⋯이 달의 임금은 전욱이고, 이 달의 신은 현명(玄冥)이다'라고 했고, 『회남자・시칙훈(時則訓)』에서도 "북방의 극점⋯⋯전욱과 현명(玄冥)이 관리하는 영역이 1만2천리에 이른다."라고 했다. 또『사기・율서(律書)』에서 "불주풍(不周風)은 서북쪽에 머물며, 죽이고 살리는 것을 주관 한다"라고 했다. 『여씨춘추・유시(有始)』에서 "서북쪽의 바람을 여풍(癘風)이라 한다"라고 했다. 이렇게 볼 때, 바람신으로서의 '우강(禺疆)'은 사실 전염병을 전파시키는 염병 신(瘟神)이다. 이러한 특징은 마침『초사・천문』에서 말한 '백강(伯强)'과 일치한다. "백강(伯强)은 어디에 있는가?"에 대해 왕일은 "백강(伯强)은 큰 염병 귀신으로, 그것이 이르면 사람을 해친다."라고 했다. 백(伯)은 크다(大)는 뜻이며, '우강(禺疆)'의 '강(疆)'은 원래 강(强)으로 적기도 했었다. 이렇게 볼 때, '귀(鬼)'는 사람을 닮았으되 사람은 아닌 괴이한 형상이며, 우(禺)도 바로 염병 신(癘神)임을 알 수 있다.

　다음으로, '외(畏)'와 '귀(鬼)'의 관계에 관한 부분이다. 귀(鬼)가 파생되어 '외(瘣)'가 만들어졌듯이 외(畏)도 파생되어 '회(瘣)'가 만들어졌다. 『시・권이(卷耳)』에서 '아마회퇴(我馬瘣隤: 내 말 병이 났네)'라고 했는데,

삼가시(三家詩)에서는 '훼(虺)'를 '외(瘣)'로 적고 있으며, 『석문』에서는 인용한 『설문』에서는 '회(瘣)'로 적고 있다. 외(瘣)와 회(瘣)가 이체자의 관계를 형성하고 있을진대, '외(畏)'와 '귀(鬼)' 역시 동음으로, 서로 통용됨은 자연스런 일이다. 그래서 『장자·천지편』에서 "문(門)에 귀신이 없다"라고 했는데, 『석문』에서 '사마(司馬)씨의 판본에서는 원래 귀(鬼)를 외(畏)로 적었다'라고 했다. 또 『광아·석구(釋丘)』에서도 "우(隅)는 낭떠러지(隈)라는 뜻이다"라고 했고, 「위도부(魏都賦)」에서 "사방의 끝까지 파헤치네(考之四隈)"라고 했는데, 에에 대해 "외(隈)는 우(隅)와 같은 뜻이다"라고 풀이했다. 외(隈)는 외(畏)가 소리부이고, 우(隅)는 우(禺)가 소리부이니, 이 또한 한 가지 말에 대한 변이음(allophone)이다.

이렇게 비교 고찰해 본 결과, '귀(鬼)'자는 애초에 사람들에게 두려움을 자아내게 만드는 특이한 모습에서 그 이미지를 가져왔음을 알수 있다. 그 의미 형상의 의의로 말하자면, '귀(鬼)'는 인간사에서부터 왔고, '신(神)'은 자연에서부터 근원했다.[48] 하지만 『설문』이 제공하는 '의미장'의 관계로 볼 때 적어도 한나라 이전 사람들의 관념에서는 귀(鬼)와 신(神)은 섞인 채 구별되지 않았으며, 각자의 분명한 영역을 가

---

48) '신(神)'자는 신(申)으로 구성되었는데, 「극정(克鼎)」에서는 '신(申)'을 '신(神)'의 의미로 사용했다. 갑골문에서는 𝄡(『갑』 2415), ℅(『일』 256)으로 쓰고 있는데, 섭옥삼(葉玉森)은 번개가 칠 때 굴절되는 모습을 그렸다고 했다. 『설문』「충(蟲)부수」에서 "홍(虹)은 굽은 모양의 벌레를 말한다(螮蝀也). 𧍒은 주문으로 홍(虹)자인데 신(申)으로 구성되었으며, 신(申)은 번개(電)를 말한다."라고 했다. 또 「우(雨)부수」에서 "전(電)은 음과 양이 격렬하게 부딪히는 것을 말한다. 우(雨)와 신(申)으로 구성되었다. 전(𩃬)은 전(電)자의 고문체이다."라고 했다. 또 「신(申)부수」에서 "신(申)은 신(神)이라는 뜻이다. ……신(𦥔)은 신(申)의 주문체이다."라고 했다. 『설문』에서 제공하는 '신(神)'자의 초기 형체로 볼 때 '신(神)'은 번쩍이는 빛과 직접 관련되어 있다.

5-7. 한(漢)나라 때 만들어진
'장명부귀(長命富貴)' 염승패(猒勝牌)의 명문과
무늬

지지 못했었다. 귀(鬼)는 신(神)과 같은 뜻이었고 신(神)도 영(靈)이었고, 영(靈)은 또 혼(魂)이었으며, 혼(魂)은 또 귀(鬼)였다. 이 때문에 신(魗)은 "(귀신 중에서도) 신령스런 귀신을 말한다. 귀(鬼)가 의미부이고 申이 소리부이다"라고 하여 귀(鬼)와 신(神)이 한 몸에 공존했다.49) 『산해경·중산경』에서 "청요산(青要山),…… 신무라(魗武羅)가 그곳을 다스린다."라고 했는데, 곽박의 주석에서 '신(魗)은 신(神)자이다"라고 했다. 전종서는 이 둘의 관계에 대해 다음처럼 해석했다.

후대로 가면서 더욱 '하늘(天)'을 존숭하게 되었고, 그렇게 되면서 '귀(鬼)'를 천시하고 '신(神)'을 높이 여겼지만, 선사인들은 이 둘을 동등하게 보았다. 고대 문헌에서 '귀(鬼)', '신(神)', '귀신(鬼神)', '천(天)' 등은 서로 구별 없이 혼용되었는데, 그 유풍은 아직 없어지지 않았고 그 곡절의 과정이 아직 남겨진 것이 아니겠는가? 이는 후대인들이 질박했다는 것을 보여주는 것임에 분명하다.

---

49) [역주] 중국-티베트어 어족의 소수민족 언어에서도 이러한 모습은 반영되고 있다. 예컨대 苗 어계에 속하는 臘乙坪 지구의 방언에서 '鬼'와 '神'은 같은 단어로 [ta qwei]로 읽히고, 大南山 지구의 방언에서는 이 둘을 나타내는 단어가 모두 [tlag]로 읽힌다. 또 瑤 어에서도 '鬼'와 '神'은 같은 단어이다. 李玲璞·臧克和·劉志基, 『古漢字與中國文化源』(1997), 237쪽.

'귀(鬼)', '신(神)', '귀신(鬼神)'이 혼용되어 구별 없이 사용되었다는 것은 옛날의 뜻풀이에서 자주 찾아볼 수 있다. 『논어·선진편』에서 "계로가 귀신(鬼神)을 섬기는 것에 대해 묻자, 공자가 말했다. '산 사람도 아직 섬길 수 없는데, 어떻게 귀(鬼)를 섬길 수 있겠는가?'" 『관자·심술(心術)』에서는 "생각하고 생각하라, 생각해도 얻지 못하면 귀신(鬼神)이 가르쳐주리라"라고 했고, 『여씨춘추·박지(博志)』에서는 "정교하고 숙련되면, 귀(鬼)가 알려줄 것이다"라고 했다. 『사기·진본기』에서는 유여(由餘)가 료공(繆公)에게 "귀(鬼)로 하여금 그것을 하게 한다면 신(神)을 힘들게 만드는(勞) 일이요, 사람(人)으로 하여금 그것을 하게 한다면 백성(民)을 힘들게 하는(苦) 일이다."라고 했는데, 귀(鬼)와 신(神), 인(人)과 민(民), 노(勞)와 고(苦)가 서로 같은 뜻으로 사용되었다. 『묵자』를 보면 이는 더욱 분명해 진다. 예컨대……「천지(天志)」에서 "위로는 하늘(天)을 존숭하고, 가운데로는 귀신(鬼神)을 섬기고, 아래로는 사람(人)을 사랑한다.……위를 섬기면 하늘에 욕을 보이는 것이요, 가운데는 귀(鬼)를 욕보이는 것이며, 아래는 사람에게 죄를 짓는 것이다."라고 했고, 「명귀(明鬼)」에서는 "지금 무귀자(無鬼者)를 잡으면 '귀신(鬼神)'이라는 것은 진실로 존재하지 않다'라고 할 것이다.……그래서 옛날 성왕들은 반드시 귀신(鬼神)으로,……이것이 바로 하서(夏書)에서 말한 귀(鬼)를 알게 해 주는 부분이다.……오늘날의 귀(鬼)는 다름이 아니라 천귀(天鬼)가 된 것도 있는가 하면, 또 산수(山水)의 귀신(鬼神)들도 있으며, 사람이 죽어서 귀(鬼)가 된 것도 있다."라고 했다.……이렇듯 '천(天)'과 '귀(鬼)'가 분리되어 두 가지로 나란히 나열되기도 하고 합쳐져 하나를 지칭하기도 했다.……그래서 한나라 이전에는 이 둘이 제약 없이 서로 통용되었으며, 명칭은 갖추어졌으되(賅) 구분하지 않았다. 천(天)이든 신(神)이든 귀(鬼)든 괴(怪)든 모두 사람도 아니요 물체도 아니지만 동시에 유령(幽)의 이속(異屬, the wholly other)들이 분명하기 때문에 원시인들은 이들을 동질의 일체(the daemonic)로 보았으며, 이들을 두려워하고 피하기에 바빴다. 하지만 세월이 흐르고 시간이 지나면서 혼동되었던 것들이 점차 자리를 잡아 존(尊)과 비(卑)로 변하고 선(善)과 악(惡)

의 성질로 구분하게 되었으며, 신(神)은 귀(鬼)와 차이를 보이게 되었고, 천신(天神)은 지지(地祇)와 구별되었고, 사람(人)의 귀(鬼)는 사물(物)의 요(妖)와 구별되었고, 악귀(惡鬼)와 사귀(邪鬼)는 선귀(善神)와 정신(正神)의 바깥에 놓이고 말았던 것이다. 인정으로 볼 때 처음에는 단지 바라다보고서 벌벌 떨며 무서워했지만 이후에는 올려다보면서 근엄하게 여기며 공경했던 것이다.[50]

이는 '귀신(鬼神)'의 분합과 변화 과정에 대한 매우 적절한 분석이다. '귀신(鬼神)'의 원류와 변천 과정을 명확히 한다는 것은 고전 철학사상사 연구에도 대단히 큰 의미를 가진다. 예컨대 중국 철학사상사에서 고대 유물론에서 '무신론'을 주창한 유파에 대해 이야기 할 때거의 대부분이 한나라 때의 왕충(王充)을 든다. 하지만 사실은 무술종교의 변화과정이라는 입장에서 그의 『논형』을 전면적으로 고찰해보면 "신선을 믿지 않긴 했지만 요괴는 대단히 믿었다. 「논사」와 「기요」와 「정귀」편에서는 무귀론을 견지했지만 요정론은 존재한다."[51]라는 흥미로운 현상을 발견할 수 있게 된다. 왕충과 상반되어, 그와 거의 동시대를 살았던 중장통(仲長統)은 귀신이나 요괴는 믿지 않았지만 신선은 믿었었다.

'귀(鬼)'와 '신(神)'은 모두 '정령이 있다고

5-8. 『중국이체자대계·전문편(篆文編)』에 보이는 '귀(鬼)'부(符)와 관련된 몇 가지 중요한 구조

---

50) 錢鍾書, 『管錐編』 1책 183-184쪽.
51) 錢鍾書, 『管錐編』 4책 1254쪽.

믿던 시대'에서 근원하였다. 하지만 '신(神)'이 자연현상에서 이미지를 가져온데 반해, '귀(鬼)'는 '귀(鬼)'자의 자원을 비롯해 '우(偶)'의 의미 장과의 관계 등을 통해 볼 때 대체로 인간사에서 나왔다. 출발부터 이렇게 달랐기 때문에 종국에 가서는 서로 다른 변화의 길을 걸었던 것이다. 즉 귀(鬼)는 인위적인 장식이 가능했고 결국에는 두려움을 느 끼게 하는 형식을 갖게 되었다. 『설문』에서 제공하는 '의미장'에서 이 미 이러한 단서를 엿볼 수 있다. 또 인류 인지능력의 발생과 발전과 정의 역사로부터 볼 때도 한 시대에는 그 시대만의 세계를 갖고 있 다. 원시 사회인들의 눈에서의 소위 '정령의 세계'(혹은 신화시대)는 후 대에서 말하는 '무술의 세계'(혹은 종교시대)이며, 오늘날 보고 있는 것 은 또 과학적 우주관에 의해 발견된 세계(혹은 과학기술시대)이다. 그렇 다면 다음 세대들이 들어가게 될 시야는 또 어떤 세상일 것인가? 우 리들의 오늘날의 세계와 다른 세계라는 것은 분명하다. 후대에서 오 늘날을 보는 것은 오늘날 과거를 살피는 것과 같은 것이 아니겠는 가![52)

---

52) 소위 '하이테크놀로지(high-technology)' 혹은 '인공지능' 즉 AI를 통해, 우주에 관한 인류의 인지 수준은 미시 양자학(quantum)이든 거대 천체학이든 모두 공전의 발전을 이루었다. 인류의 귀착점, 즉 현세인류가 어디로 갈 것인지, 죽 음 이후의 의식이 독립적으로 존재하는 것인지, 영혼의 유무 그리고 그것이 어느 세계에 존재하는지 등에 대해서도 새로운 사고와 열렬한 토론이 이루어 졌다.
소립자 구조의 정보 수준에서 보자면 현재의 몸 곁과 피안 세계는 일치한다. 불교에서 말하는 '공색일률(色空一律)' 즉 색즉시공 공즉시색(色卽是空, 空卽是 色)은 바로 '색계 밖으로는 공이 없다(色外無空)'는 것이다. 『설문』에서 드러낸 '사람이 죽어 돌아가는 곳이 귀신이다(人所歸爲鬼)'는 것은 결코 간단히 '유 (有)'나 '무(無)'라는 개념으로 다 설명되는 것이 아니다. 게다가 '돌아갈(歸)' '곳(所)'이 있다거나, 혹은 어떤 '곳(所)'으로 '돌아가다(歸)'고 할 때의 이 '곳 (所)'이 바로 '귀신세계'인 것이다. 아니면 인류의 종극적 인지 지혜를 체현한 것이 아닐까? 이러한 인식에 기초하여, 양자의 구조라는 정보 수준에서 볼 때, 세계는 원래부터 소위 말하는 '양자 얽힘(量子糾纏)'이 일어나지 않았던 것이

다. 즉 더없이 머나먼 양자의 가장자리가 바로 이 몸 곁이며, 아니면 소립자의 정보 수준에서 볼 때 더 없이 먼 양자도 바로 이 몸 곁인 것이다. 우주학자들이 물리를 연구하고 천체의 비밀을 파헤치면서 반복하여 깨닫게 하는 것도 바로 창조 개념이 뜻밖에도 '얽힘(糾纏)'과 같은 것이라는 것이다.

人生到處何所似 恰似飛鴻踏雪
泥 泥上偶然留指爪 鴻飛那復計
東西 老僧已死成新塔 壞壁無由
見舊題 往日崎嶇君知否 路長人
困蹇驢嘶
　　　　　蘇東坡詩 玉堂

須知諸相皆非相 若住無餘卻有
餘 言下忘言一時了 夢中說夢兩重
虛 空花豈得兼求果 陽焰如何更
覓魚 攝動是禪禪是動 不禪不
動即如如
　　　白居易讀禪詩 玉堂

一別都門三改火 天涯踏盡紅塵
依然一笑作春溫 無波真古井 有
節是秋筠 惆悵孤帆連夜發 送行
淡月微雲 樽前不用翠眉顰 人
生如逆旅 我亦是行人
蘇軾臨江仙送錢穆父 玉堂

제3절 현조(玄鳥) 이미지

『설문·을(乙)부』에는 부수까지 포함해서 총 3글자가 수록되었다. 그래서 여기서는 이 부수를 함께 나열해 본다.

· ⺃, 玄鳥也. 齊魯謂之乙. 取其鳴自呼. 象形. 凡乙之屬皆從乙. 徐鍇曰: 此與甲乙之乙相類, 其形舉首下曲, 與甲乙字少異. 烏轄切. 鳦, 乙或從鳥.1)

을(⺃), '현조(玄鳥)', 즉 '제비'를 말한다. 제(齊)와 노(魯) 지역에서는 이를 을(乙)이라 한다. 제비의 울음소리가 스스로를 부른다는 뜻에서 붙인 이름이다. 상형이다. 을(乙)부수에 귀속된 글자는 모두 을(乙)이 의미부이다. [서개(徐鍇)는 이렇게 생각합니다. '이는 갑을(甲乙)이라고 할 때의 을(乙)과 비슷하나 그 형체를 보면 머리 부분이 들려 있고 아랫부분이 굽어 있어, 갑을(甲乙)이라고 할 때의 글자와 조금 다르다고 생각합니다.] 독음은 오(烏)와 할(轄)의 반절이다.' 을(鳦)은 을(乙)의 혹체자인데, 조(鳥)로 구성되었다.

· 孔(金文簡帛古璽漢印石刻), 通也. 從乙從子. 乙, 請子之候鳥也. 乙至而得子, 嘉美之也. 古人名嘉字子孔. 康董切.

공(孔), '통하다(通)'라는 뜻이다. 을(乙)이 의미부이고 자(子)도 의미부이다. 을(乙)은 아이를 낳게 해달라고 비는 철새이다. 제비(乙)가 날아오면 아이를 얻게 되는데, 이를 아름답게 여긴다는

---

1) 『集韻·黠部』: 乙鳦, 乙黠切. 『說文』玄鳥也. 齊魯謂之乙, 取其鳴自呼, 象形. 徐鍇曰: 此與甲乙之乙相類, 其形聲舉首下曲, 與甲乙字少異. 或從鳥. 又『霰部』: 燕鷰, 『說文』玄鳥也. 籋口·布翄·枝尾, 象形. 或從鳥. 亦書作鷰.

뜻을 담았다. 옛날, 이름이 가(嘉)라는 사람이 있었는데, 자가 자공(子孔)이었다. 독음은 강(康)과 동(董)의 반절이다.

· 乳, 人及鳥生子曰乳, 獸曰産. 從孚從乙. 乙者, 玄鳥也. 『明堂月令』: 玄鳥至之日, 祠於高禖, 以請子. 故乳從乙. 請子必以乙至之日者, 乙, 春分來, 秋分去, 開生之候鳥, 帝少昊司分之官也. 而主切.

유(乳), '사람과 새가 새끼를 먹여 키우는 것을 유(乳)라고 하고, 짐승이 새끼를 먹여 살리는 것을 산(産)이라고 한다.' 부(孚)가 의미부이고 을(乙)도 의미부이다. 을(乙)은 제비(玄鳥)를 말한다. 『명당(明堂)·월령(月令)』에서 "제비가 돌아오는 날, 고매신에게 제사를 드려, 아들을 낳게 해달라고 빈다(玄鳥至之日, 祠于高禖, 以請子)."라고 했다. 그래서 유(乳)는 을(乙)이 의미부이다. 아이를 낳게 해달라고 빌 때 반드시 제비(乙)가 날아 올 때 해야 하기 때문이다. 제비(乙)는 춘분 때 날아오고, 추분 때 날아가며, 생명을 열어주는 철새이자, 소호(少昊) 임금 아래서 춘분과 추분을 관리하는 관리였다. 독음은 이(而)와 주(主)의 반절이다.

해당 글자 군을 연결하여 관찰하기만 한다면, 『설문』에서 이 부수의 글자군 중 '을(乙)'은 실제로 핵심 문자임을 쉽게 발견할 수 있다. 을(乙)이 대표하는 '현조(玄鳥)'의 이미지를 통해, 생식에 대한 인지를 비롯해 중국 고대의 어떤 심미적 가치 판단의 인지 기초를 엿볼 수 있다.

이제 『설문』의 '을(乙)'자류 사이에 내재된 연관성을 명확하게 정리하고, 그 사이에 숨겨진 '현조'의 이미지 인지를 검토해 보고자 한다.

⑴ '을(乙)'과 '현조(玄鳥)

『설문』에 기록된 전서체 '을(乙)'은 새(鳥)를 그린 상형문자로, 머리를 들고 꼬리를 치켜 올린 현조를 측면에서 본 모습을 나타낸다. 단옥재는 을(乙)이 날개를 펴고 머리를 들어 올린 모습이며 이는 측면에서 보면 알 수 있다고 했다. '을(乙)'을 '갑을(甲乙)'의 '을(乙)'과 혼동하지 않도록 주의하게 하고자 을(乙) 옆에 '조(鳥)'의 형태를 추가하여 그 형태를 표시하였다(鳦). 『설문』의 이 문자에 대한 해설은 몇 가지 판본에 따라 약간씩 다르다. 예를 들어, 단옥재의 『설문해자주』에는 "을(乙), 연연(燕燕)을 말하는데, 을조를 말한다(乙鳥也)."라고 되어 있고, 서개(徐鍇)의 판본(소서본이라고 불림)에서는 '연연(燕燕)' 두 글자가 더 들어 있다. 사실, 『설문』을 검토해 보면, '연(燕)'은 바로 '현조'인데, 「연(燕)부수」에서 이렇게 말했다. "'현조(玄鳥) 즉 제비'를 말한다. 족집게처럼 생긴 입(籥口), 베 조각처럼 생긴 날개(布翄), 나뭇가지처럼 생긴 꼬리(枝尾)를 가졌다. 상형이다.(燕, 玄鳥也. 籥口·布翄·枝尾, 象形.)" 따라서, 을(乙)자는 연자(燕子) 즉 현조(玄鳥)의 형상을 나타내는 것으로 보인다. 계복(桂馥)의 상세한 논증에 따르면, 「석조(釋鳥)」에서 이렇게 말했다. "연연(燕燕)은 을(鳦)을 말한다. 『시』에서 '제비가 나네(燕燕于飛)'라고 했는데, 『전(傳)』에서 '연연(燕燕)은 제비를 말한다(鳦也)고 했다. 또 「현조(玄鳥)」의 『전』에서도 '현조(玄鳥)는 제비를 말한다(鳦也)."[2]

(2) '을(乙)'과 '유(乳)'

『설문』에서 '유(乳)'자는 '을(乙)'에서 그 의미를 얻었는데, 생육(生育)을 의미한다. 이러한 연결을 통해, 우리는 '을(乙)'이 이미 생육의 상징 기호임을 알 수 있다.

'유(乳)'자를 구성하고 있는 '부(孚)'에 대해서는 『설문·조(爪)부수)』에서 이렇게 말했다.

---

2) 『說文解字義證』卷三七.

· 孚(甲骨﹛﹜甲骨﹛﹜﹛﹜﹛﹜﹛﹜金文﹛﹜﹛簡帛﹛﹜﹛﹜古璽﹛﹜
﹛﹜石刻), 卵孚也. 從爪從子. 一曰信也. 徐鍇曰: 鳥之孚卵皆如其期, 不
失信也. 鳥裏恆以爪反覆其卵也. 㝌, 古文孚從禾. 禾, 古文保. 芳無切.
부(孚), '알을 까다(卵孚)'라는 뜻이다. 조(爪)가 의미부이고 자(子)도
의미부이다. 일설에는 '믿다(信)'라는 뜻이라고도 한다. [신 서개는
이렇게 생각합니다. 새가 알을 품을 때는 언제나 그 시기를 알기 때문
에 그 믿음을 잃지 않습니다. 새가 알을 품을 때는 항상 발톱으로 계속
하여 알을 뒤집습니다.] 부(㝌)는 부(孚)의 고문체인데, 보(禾)로 구
성되었다. 보(禾)는 보(保)의 고문체이다. 독음은 방(芳)과 무(無)
의 반절이다.

『집운·후부(厚)부』에서도 이렇게 말했다. "곡(瑴, 穀, 縠, 糓, 㲉, 㝅,
唃), 내(乃)와 후(後)의 반절로 읽힌다. 아이에게 젖을 먹이다는 뜻이다
(乳子). 혹체에서는 곡(瑴), 곡(穀), 곡(糓), 곡(㲉), 곡(㝅), 곡(唃) 등으로
쓴다."라고 했다.

『유편(類篇)·조부(爪)부수』에서는 이렇게 말했다. "부(孚, 采), 방(芳)과
무(無)의 반절로 읽힌다. 『설문』에서 '알을 까다는 뜻이다(卵孚也)'라고
했다. 서개(徐鍇)는 '새가 알을 품을 때는 언제나 그 시기를 알기 때문
에 그 믿음을 잃지 않습니다.'라고 했다. 새가 알을 품을 때는 항상 발
톱으로 계속하여 알을 뒤집는다. 고문체에서는 부(采)로 적었다. 부(孚)
는 또 방(芳)과 우(遇)의 반절로도 읽히는데, 기르다는 뜻이다(育也)."『
방언』에서는 "닭이 알을 품었으나 부화하지 않은 것을 말한다(雞伏卵而
未孚)'라로 했다. 또 부(符)와 우(遇)의 반절로도 읽힌다."라고 했다.

『설문』에서 제시된 단서를 통해 알 수 있듯이, 부(孵: 부화하다)와
포(抱: 낳다)는 동일한 인지관계에서 출발했다. 서호(徐灝)의 주석에 따

르면 '부(孚)·복(伏)·포(抱)는 동일한 독음의 변화형이며, 오늘날 사람들은 닭이 알을 품는 것을 '보(步)'라고 하는데, 이것은 부(孚)의 중순음(重脣音)이 약간 변한 것일 뿐이다."[3]

또 『설문』에서 말한 "달리 믿음을 말한다(一曰信也)"라고 한 풀이도 그들 사이의 연결을 추론할 수 있게 해준다. 단옥재의 주석에는 "이것은 '알이라면 부화한다(卵卽孚)'는 의미에서 파생된 뜻이다. 닭의 알은 반드시 닭이 될 것이다.……사람들의 말은 이렇게 믿을 만한 것이다."라고 했다. 소서(小徐: 즉 서개)는 이렇게 설명했다. '부(孚)는 믿다는 뜻이다(信也). 새가 알을 품어 부화하는 데는 일정한 기간이 있으므로, 믿음을 잃지 않는다는 뜻이다.(鳥之孚卵皆如期, 不失信也.)'[4] 이들은 모두 이러한 인지의 연결에 주목하고 있다.

(3) '공(孔)'과 '호(好)'

'공(孔)'자의 구성에 '을(乙)'자가 참여하고 있어, 이 글자가 여전히 신비한 생육 인지의 의미를 나타낸다는 것을 알 수 있다. 그러나 『설문』에서는 그 기본 의미를 '통하다(通)'라고 설명하였다. 그 결과 사람들은 '공(孔)'과 '공(空)'을 혼동하여 구분하지 않게 되어 인지 상의 오해를 초래하였다. 『설문·착(辵)부수』에 따르면 "통(通)은 도달하다(達也)"라고 했다. 만약 『설문』에서 '공(孔)'이 '을(乙)'의 의미, 즉 "을(乙)은 자식 낳기를 비는 철새를 말한다. 이 새가 오게 되면 자식을 얻게 되는 경사가 생긴다.(乙, 請子之候鳥也. 乙至而得子嘉美之也.)"라는 설명과 연결한다면, 이 '통(通)'은 '을(乙)'이라는 새가 도착하다'는 것과

---

3) 『漢語大字典·子部』.
4) 南唐徐鍇, 『說文解字系傳·爪部』(中華書局, 1956年影印本).

연관이 있을 것이다. 『설문』에서는 이 '을(乙)'자가 특정한 상징적 의미를 지닌 문자임에 주의하라고 지속적으로 알려주고 있다. 예컨대, 「오(烏)부수」에 따르면, "'언조(焉鳥)'를 말하는데, 노란 색이며, 장강(江)과 회수(淮) 지역에서 산다. 상형이다.5) 대체로, 붕새(朋)는 날개가 달린 부류를 말하고6), 까마귀(烏)는 태양 속에 산다는 날짐승을 말하며, 까치(舄)는 태세성(太歲星)의 위치를 아는 새이며, 제비(燕)는 아이를 낳을 징조를 알려주는 새인데, 제비가 둥지를 지을 때에는 [흙 채취하는 일을] 무일(戊日)과 기일(己日)에는 피한다.7) 이상은 모두 사람들이 귀하게 여기는 것들이기에 모두 상형자로 만들었다. 언(焉)도 마찬가지이다."8)

일본의 국어사전에서는 여전히 이 '공(孔)'자를 사용하고 있다. 비록 일본 학자들의 해당 문자의 형태 구조에 대한 설명이 반드시 정확하지는 않을 수 있지만, 그들은 지금까지도 이 문자의 본 의미를 아이가 어머니의 몸에서 벗어나는 모습, 즉 아이가 태어나다는 의미로 이해하고 있는데, 이 점은 참고할 만하다.9)

단옥재(段玉裁)는 이미 '공(孔)', '통(通)', '공(空)'자 사이의 인지적 연

---

5) 고문자에서 ![金文] 金文 ![篆] ![篆] 簡牘文 등으로 썼다. 새의 모습을 그렸으며, 새의 이름으로 쓰였다. 장강(長江)과 회수(淮水) 등지에 사는 황색의 새(焉鳥)를 말했는데, 이후 '어찌'라는 의문 부사로 가차되었다.

6) 『단주』에서는 "朋者羽蟲之長"으로 고쳐 "붕새(朋)는 날개가 달린 새의 우두머리이다"라고 했다.

7) [역주] 『단주』에서 이렇게 말했다. "이 말도 『박물지(博物志)』에 보인다. 육전(陸佃)이나 나원(羅願) 모두 제비가 오고 갈 때에는 토지 신에게 지내는 제사를 피하며, 또 무일(戊日)과 기일(己日)에는 흙을 채취하지 않는다고 했다."

8) "焉鳥, 黃色, 出於江淮, 象形. 凡字朋者, 羽蟲之屬; 烏者, 日中之禽; 舄者, 知太歲之所在; 燕者, 請子之候, 作巢避戊己. 所貴者皆象形, 焉亦是也."

9) 日本赤忠塚監修『標准漢和辭典·子部』(旺文社新版). 여기서는 이 글자의 구조를 지사로 해설하였으나, 정확하지는 않은 것 같다.

관성을 지적한 바 있다. 즉 "통(通)은 도달하다는 의미이다. 이것은 『역』에서 태괘(泰卦)를 의미한다. 공(孔)은 통(通)으로 뜻풀이 할 수 있다. 그래서 세속에서는 공혈(空穴: 구멍)이라고 할 때의 공(空)을 대부분 공(孔)으로 쓰고 있다. 사실상 공(空)은 구멍을 뚫다(竅)는 뜻이며, 공(孔)은 가차 용법에 해당한다."10)

필자의 생각은 이렇다. 만약 이들을 연결하여 생각한다면, 특히 『설문』의 전체 글자에서 '을(乙)'자가 가진 특정한 상징적 의미를 고려할 때, '공(孔)'이 '통(通)'으로 뜻풀이 되는 것은 『설문』 뒷부분의 해설 즉 "통(通)이란, '도달하다(達)'는 의미이다."라는 것과 전혀 모순되지 않으며, 오히려 서로 일치하고 상호 보완적이라 할 수 있다. 『시·생민(生民)』의 "선생여달(先生如達: 첫 아기를 양처럼 쉽게 낳으셨네.)"라고 했을 때의 '달(達)과 같다.

『역(易)』에서는 태괘(泰卦)를 의미하는데, 태(泰)를 『설문·수(水)부수』에서는 이렇게 설명했다.

· 🔳🔳🔳🔳🔳🔳🔳(石刻), 滑也. 從廾從水, 大聲. 臣鉉
  等曰: 本音他達切. 今『左氏傳』作汏輔, 非是. 🔳, 古文泰. 他蓋切.
  태(泰), '미끄럽다(滑)'라는 뜻이다. 공(廾)이 의미부이고 수(水)도 의미부이며, 대(大)가 소리부이다. 태(🔳)는 태(泰)의 고문체이다.
  [신 서현 등은 이렇게 생각합니다. 본래 독음은 타(他)와 달(達)의 반절입니다. 금본 『좌씨전』에서 대보(汏輔)라 적었는데, 이는 옳지 않습니다.] 독음은 타(他)와 개(蓋)의 반절이다.

이들 모두가 아이를 낳는 것이 좋고 아름다운 것이라는 의미를 전

---

10) "通者達也. 於易卦爲泰. 孔訓通, 故俗作空穴字多作孔. 其實空者, 竅也, 作孔爲假借."『說文解字注』十二篇上,「乙部」.

달하고 있다. 따라서 『설문』에서는 아래에서와 같이 고대인들에게서 이름과 자(字)가 서로 일치하는 것을 인용하여 '공(孔)'이 '가(嘉)'라는 것을 입증했다. 예를 들어, 『좌전(左傳)』에서 보이는 예를 들어 보면, 초나라 성가(成嘉)는 자가 자공(子孔)이고, 정(鄭)나라의 공자 자가(子嘉)도 자가 자공(子孔)이다. 『춘추경(春秋經)』에서 송(宋)나라의 공보(孔父)를 『좌전(左傳)』에서는 공보가(孔父嘉)라고 했는데, 하휴(何休)의 주석에 따르면 『춘추경』에서는 자(字)를 거론한 것이라고 했다. 나머지 예시는 왕인지(王引之)의 『경의술문(經義述聞)·춘추명자해고(春秋名字解詁)』를 참조하면 된다.

'아이를 낳다'가 '아름답고 좋다'와 관련이 있다는 것은, 고대인들의 생식 관념이 이미 미의 가치 판단에 참여하고 있음을 의미한다. 여기서 '공(孔)'과 '가(嘉)'가 어떤 단계의 의미에서 상응하는지 검증할 필요가 있다.

『설문·주(壴)부수』에는 이와 관련된 글자가 5자 실려 있다.

· 壴(壴 壴 壴甲骨 屮 壴 壴 壴金文 壴 壴 壴簡帛), 陳樂立而上見也. 從屮從豆. 凡壴之屬皆從壴.

주(壴), '악기를 세워 진설하여 윗부분의 장식이 보이다(陳樂立而上見)'라는 뜻이다. 철(屮)이 의미부이고 두(豆)도 의미부이다. 주(壴) 부수에 귀속된 글자들은 모두 주(壴)가 의미부이다. 독음은 중(中)과 구(句)의 반절이다.

· 尌(壴 壴金文 尌簡帛), 立也. 從壴從寸, 持之也. 讀若駐.

주(尌), '세우다(立)'라는 뜻이다. 주(壴)가 의미부이고 촌(寸)도 의미부인데, 그것을 손으로 쥐다는 뜻이다. 주(駐)와 같이 읽는다. 독음은 상(常)과 구(句)의 반절이다.

· 鼛, 夜戒守鼓也. 從壴蚤聲. 『禮』: 昏鼓四通爲大鼓, 夜半三通爲戒晨, 且明五通爲發明. 讀若戚.

척(嫴), '밤에 경계를 서면서 북을 치다(夜戒守鼓)'라는 뜻이다. 주
(壴)가 의미부이고 소(蚤)가 소리부이다.『주례·고인(鼓人)』에서 [『
사마법』을 인용하여] "저녁이 되면 북을 네 번 울리는데 이를 대고
(大鼓)라 하고, 한밤중이 되면 세 번 울리는데 이를 계신(戒晨)이
라 하고, 날이 밝으면 다섯 번 울리는 데 이를 발명(發明)이라 한
다."라고 했다. 척(戚)과 같이 읽는다. 독음은 창(倉)과 력(歷)의
반절이다.

· 팽(彭)(甲骨 金文 簡帛 古陶 漢印 石刻), 鼓聲也. 從壴彡聲. 臣鉉等曰: 當從形省乃得聲.

팽(彭), '북이 울리는 소리(鼓聲)'를 말한다. 주(壴)가 의미부이고 삼
(彡)이 소리부이다. 독음은 박(薄)과 경(庚)의 반절이다. 신 사현
등은 이렇게 생각합니다. 당연히 형(形)의 생략된 모습으로 구성
되었다고 해야만 소리부를 얻을 수 있습니다.

· 가(嘉)(金文 玉書 簡帛 石刻), 美也. 從壴加聲.

가(嘉), '아름답다(美)'라는 뜻이다. 주(壴)가 의미부이고 가(加)가 소
리부이다. 독음은 고(古)와 아(牙)의 반절이다.

고대 문자는 복잡하게 변화하였는데, 그 과정에서 종종 의미가 없
는 구(口)를 추가하기도 했다(唐蘭의 학설). 이는 '아(娿)'의 초기 문자에
해당한다.[11] 은허(殷墟)의 갑골 복사에서, 이 글자는 항상 면(娩: 아이
를 낳다)과 함께 사용되고 있다. 다음의 예를 보자.

무진일에 점을 칩니다. '각'이 물어봅니다. '부호'가 아이를 낳는데,
좋지 않을까요? 5월이었다.(戊辰卜殻貞婦好娩不其娿五月).[12]

---

11)『甲骨文字典』卷十二,「女部」.

『설문해자』인지분석

임인일에 점을 칩니다. '각'이 물어봅니다. '부(㝅)'가 ……아이를 낳는데, 좋을까요? 왕께서 점괘를 해석해 말씀하셨다. '신'에 해당하는 날에 낳으면 길하고 좋을 것이다. 갑인일에 아이를 낳았는데, 좋지 않았다. 딸을 낳았다.(壬寅卜㝅貞婦…㝆娶王占曰其隹…申㝆吉娶其隹甲寅㝆不吉出隹女)[13]

　'면(㝆)'과 '가(嘉)'는 서로 대응되어 사용되며, 때로는 함께 사용되어 하나의 단어를 형성하기도 한다. 이로 보아 '가(嘉)'자의 용법은 '면(㝆)'자와 관련된 범주에 속함을 알 수 있다. 『설문·자(子)부수』에 따르면, "면(㝆)은 아이를 낳아 몸에서 떨어지게 하다는 뜻이다. 자(子)도 의미부이고 면(免)도 의미부이다."라고 했다. 주준성(朱駿聲)의 『설문통훈정성』에 따르면, "면(㝆)은 달리 만(娩)으로 적기도 한다. 『찬요(纂要)』에 따르면 제(齊) 사람들은 아이를 낳는 것을 만(娩)이라고 한다."라고 했다. 『광운·완운(阮韻)』에 따르면 "면(㝆)은 어미와 아이의 몸이 서로 해체되다는 뜻이다."라고 했다.

　이를 통해 '가(嘉)'자는 '아이를 낳다'는 의미와 연결되어 있다는 것을 추론할 수 있다. '가(嘉)'와 '공(孔)'이 서로 일치하는데, 이는 원래 이미 바로 이 단계에서 설정된 것이라고 할 수 있다. 부가적인 증거로, 여기서는 『초사·천문(天問)』에 기록된 '현조(玄鳥)'와 '간적(簡狄)'의 관계에 관한 이야기를 언급할 수 있을 것이다. "간적이 누대에 있었는데, 곡(嚳)이 어떻게 합방하였을까?(簡狄在臺, 嚳何宜?) 현조가 선물을 가져오는데, 여자는 왜 기뻐했을까?(玄鳥致貽, 女何喜?)" 왕일(王逸)의 『초사장구(楚辭章句)』에 따르면, "이(貽)를 달리 이(詒)로 적고, 희(喜)는 달리 가(嘉)로 적는다."라고 했다. 필자는 '가(嘉)'로 쓰는 것이

---

12) 『甲骨文字典』 卷十二에 저록됨.
13) 『甲骨文字典』 卷十二에 저록됨.

옳다고 생각한다. 왜냐하면 이 장에서 사용한 운(韻)을 보면, '희(喜)'를 현대독음 체계로 읽으면 '의(宜)'와 협운(協韻)하는 것처럼 보이지만, 고대독음 체계로 읽으면, '의(宜)'는 가부(歌部)에 속하고, '희(喜)'는 지부(之部)에 속해, 서로 매우 멀리 떨어져 있기 때문이다. 그러나 '가(嘉)'로 쓰면, 역시 가부(歌部)에 속하므로 자연스럽게 일치하게 된다. 계복(桂馥)의 『설문의증』의 '공(孔)'자 해설에서 '현조가 선물을 가져오는(玄鳥致貽)' 이야기를 인용했는데, 『초사(楚辭)』에서는 다른 표현으로 등장한다.

> '간적'이 누대에 있었는데, '제곡'은 어찌하여 복을 빌었는가?(簡狄在臺, 嚳何宜?)
> '현조'가 선물을 가져다주었는데, 그녀는 어떻게 해서 회임을 하게 되었는가?(玄鳥致胎, 女何嘉?)

오늘날의 판본과 다른 부분이 두 가지 있다. 하나는 '이(貽)'를 '태(胎)'로 썼고, 다른 하나는 '희(喜)'을 '가(嘉)'로 쓴 것이다. 주목할 만한 점은, 첫 번째 구의 운각(韻脚)인 '의(宜)'는 원래 제례의 일종을 말한 글자였다.[14] 이로 인해, 인식적으로 『시경(詩經)』의 "시집가는 아가씨여! 한 집안을 화락하게 하리.(之子于歸, 宜其家室.)"의 '의(宜)'와 연결된다. 그리고 '가(嘉)'는 바로 '태(胎)'자와 긴밀하게 연결되어, '아이를 낳다'와 인지적으로 연결되어, 자연스럽게 일관성을 갖추었다. 고대인들의 시각에서, 아이를 낳는 것은 '좋은 일(嘉)'이었다.

'을(乙)'자 부류를 검토할 때, '호(好)'자와의 연관성을 고려해야 는 것은 필수적이다. 이는 한편으로는 고대에 '아이를 낳다'가 심미적 가치 판단에 참여하였기 때문이며, 더욱 직접적인 인지적 연관성은 '호

---

14) 『漢語文字與審美心理』 三‧'宜'字類.

『설문해자』 인지분석

'호(好)'와 '공(孔)'이 동일한 근원에서 비롯되었기 때문이다.

이미지 채택 구조의 인지라는 측면에서 바라보면, '호(好)'와 '공(孔)'은 모두 '자(子)'에서 가져왔다. 독음의 연계라는 측면에서 보면, '공(孔)'이 독음으로 쓰인 '후(吼)'자의 독음과 '호(好)'자가 얼마나 가까운지만 관찰하면 명확해진다. 이 두 글자의 사용 상황을 보면, '호(好)'와 '공(孔)'은 고대 문헌에서 교차하여 사용될 수 있었다. 예를 들어, 『이아석기(釋器)』에 따르면, "육(肉)이 호(好)의 두 배가 되는 것을 벽(璧)이라 하고, 호(好)가 육(肉)의 두 배가 되는 것을 연(瑗)이라고 하며, 육(肉)과 호(好)가 같으면 환(環)이라고 한다."15) 곽박(郭璞)의 주석에 따르면, "육(肉)은 변(邊)이고, 호(好)는 구멍(孔)이다." 『주례·고공기(考工記)·옥인(玉人)』에 따르면, "벽옥(璧玉)의 지름은 1척이고, 벽옥 구멍의 지름은 3촌을 기준으로 한다.(璧羨度尺, 好三寸以爲度.)"이라고 했는데, 정현(鄭玄)의 주석에 따르면, "호(好)는 벽(璧)의 구멍(孔)을 말한다."

(4) 의미합성의 인지: 결국 무엇이 '호(好)'인가?

'호(好)'자의 기원은 매우 오래되어, 고대부터 계속 사용되어 왔으며, 상나라의 청동기 명문과 갑골문에서부터 주나라의 금문(金文), 전국(戰國) 시대의 초(楚)나라 죽백 문자 등까지 모두 고빈도 사용 문자에 속한다.

『설문(說文)』에서는 '호(好)'를 「여(女)부수」에 속하게 하여, 이 구조에 대한 인지의 중점을 반영하였다. 『설문』의 설명에 따르면, '호(好)는 아름답다는 뜻이다. 여(女)와 자(子)가 의미부이다.(好, 美也. 從女子.)'라고 했는데, 이 글자를 '의미 합성(회의)'의 유형으로 분석한 것으

---

15) "肉倍好謂之璧, 好倍肉謂之瑗, 肉好若一謂之環."

로 보인다. 문제는 '의미 합성'에 참여하는 '여(女)'와 '자(子)' 두 기호 사이의 관계, 그리고 '여(女)'와 '자(子)'가 어떤 신분으로 의미를 합성하는지에 대해 허신(許愼)은 『설문(說文)』에서 명확하게 설명하지 않았다. 따라서 후대의 사람들은 '호(好)'자의 본래 의미를 둘러싸고 계속 논쟁을 벌였으며, 아직도 확정된 해석은 없다.

송나라 때의 서개(徐鍇)는 '자(子)' 쪽에 중점을 두어, "자(子)란 남자의 아름다운 칭호이며, 회의 구조에 속한다."라고 했다.[16] 필자의 생각에, '자(子)'를 '훌륭한 대장부'로 지칭한 것은 이후에 생겨난 뜻이다. '자(子)'는 고대 문자에서 어린아이의 모습에서 그 형상을 가져왔다. 이는 한번 보면 알 수 있는 것이므로 다른 증명이 필요 없을 것이다.

청나라 때의 단옥재는 '여(女)' 쪽에 중점을 두어, "호(好)는 원래 여자를 의미하며, 아름다움을 나타내는 칭호로 확장되었다."라고 했다.[17] 그렇다면 '자(子)'와 '여(女)' 두 기호 사이에는 어떤 관계가 발생하는지가 문제의 핵심이다. 이 부분에 대해 논의한 사람은 없는데, 그간 '자(子)'자를 경시하는 것처럼 보이는데, 이는 한쪽으로 치우친 것처럼 보인다.

왕균(王筠)도 같은 문제를 가지고 있었다. "색으로 사람을 대하는 것은 여인의 일이다. 소서(小徐)는 '자(子)'를 남자의 아름다운 칭호로 연관시키는데, 그것은 아니다."[18]

현대 학자 중의 일부도 '여(女)' 쪽을 중점적으로 강조하며, '자(子)'자는 상징적 의미로 '여(女)'를 수식하여 '젊은 여자'가 '호(好)'라고 해석하기도 한다. 그러나 이러한 해석은 '묘(妙)'에 대한 해석이지 '호

---

16) 大徐本 『說文·女部』 '好'자 아래에 첨부된 자료 참조.
17) 『說文解字注』卷十二下, 「女部」의 '好'자 아래 주석 참조.
18) 『說文句讀』第四册, 「女部」의 '好'자 아래 주석 참조.(中國書店, 1882年尊經書局 刊本, 1983年影印.)

『설문해자』인지분석

(好)'에 대한 해석은 아니다. 또 혹자는 단순히 '자(子)'와 '여(女)' 두 글자 사이의 까다로운 '의미합성' 관계를 피하고 새로운 해석을 제시하여 '호(好)'는 '여(女)'가 의미부이고 '부(孚)'의 생략된 모습이 독음을 나타내는 형성구조라고 주장하기도 한다.19)

진정으로 그 속의 연관성을 명확히 이해하기 위해서는 '의미합성' 인지 모델에 대해 먼저 살펴볼 필요가 있다. 『설문』의 '육서(六書)' 체계에서 구체적으로 분석하면, '의미의 합성'은 가장 복잡하고 다양한 부류에 속한다. 여기서 언급하는 '호(好)'자를 예시로 살펴볼 수 있다. 왜냐하면 결국 '의미 합성'의 본질은 '의미를 파악하는 것'에 있다. 그래서 여러 글자를 참여시켜 하나의 구성 의미를 정리해 내는 것은, 단순히 말하자면, 독자의 '의미 파악'에 의존하는 것이다.

그리고 인류의 인지 발전 역사에서, 인간의 의미 파악 지식은 모든 지식의 기초와 원천이다. 폴란드의 학자 폴라니(波蘭尼)20)는 이렇게 주장했다. "의미를 파악하는 지식은 말로 전달하는 지식보다 더 기본적이다. 우리가 알 수 있는 것이 우리가 말할 수 있는 것보다 많으며, 말로 전달할 수 없는 이해 없이는 우리는 아무것도 말할 수 없다." 이는 의미를 파악하는 지식이 시간상으로, 논리적이며 말로 전달하는

---

19) 『說文解字六書疏證』 卷廿四, '好'자 아래 주석 참조.
20) [역주] 마이클 폴라니(Michael Polanyi, 1891~1976)는 저명한 물리 화학자이자 과학철학자로, 암묵지(tacit knowledge: 알지만 설명하기 어려운 것)의 개념에 중요한 기여를 했다. 마이클 폴라니의 영문 이름 약자는 M. Polanyi이며, 그는 헝가리에서 태어나 후에 영국 시민이 되었다. 그의 작업은 자연과학에만 국한되지 않고 사회과학과 철학 분야로 확장되었으며, 특히 지식의 본질과 전달 방면에서 깊은 통찰을 보여주었다. 그의 연구는 지식이 명시적으로 표현할 수 있는 형식지(explicit knowledge: 명확히 표현할 수 있는 것) 뿐만 아니라 대량의 암묵지도 포함한다는 점을 강조했다. 이러한 암묵지는 개인이 실천과 경험을 통해 얻는 것으로, 언어나 기호 체계로 완전히 표현하기 어렵다. 그의 이론은 이후 인지과학과 경영학에 깊은 영향을 미쳤다.

지식보다 먼저라는 것을 의미하며, 의미를 파악하지 못하면 말로 전달하는 지식을 생성하거나 이해할 수 없다는 것이다.

말로 전달하는 지식의 생성을 살펴보면, 폴라니(波蘭尼)는 이것이 실제로는 의미 파악 지식을 인코딩하고 전송하는 과정이라고 생각한다. 마찬가지로, 폴라니는 말로 전달하는 지식의 획득을 의미 파악 능력의 수용과 디코딩 과정으로 본다. "나는 이미 마음의 순수한 의미 파악 행동이 인식(悟)의 과정이라고 지적했고, 이제 나는 단어와 다른 기호의 인지도 의미 파악 과정이라는 것을 더욱 강조하고 싶다. 단어나 문장은 상황을 전달할 수 있고, 일련의 수학 기호는 수학적 연역적 추론을 구성할 수 있으며, 지도는 특정 지역의 지형을 나타낼 수 있지만, 그들 자신에 대한 인지를 전달할 수 있는 어떤 단어, 기호, 그림도 없다. …… 오직 이해의 행동, 자아의 의미 파악 기여에 의존하여 표현을 받는 수신자만이 지식을 획득할 수 있다." 이에 따라, 우리는 언어 정보의 구현 과정(언어 연결)을 '인코딩─전송─전달─수신─디코딩"의 다섯 단계로 나눌 수 있으며, 이를 통해 인코딩과 디코딩이 가장 중요한 절차임을 알 수 있다. 또 이 두 절차(시작과 끝)의 구현이 사람의 의미 파악 능력에 의존한다는 것을 알 수 있다. 마찬가지로, 문자를 만드는 것은 의미 파악을 떠나서는 안 되며, 사람들이 문자의 의미를 해석할 때도 의미 파악 능력의 참여가 필요하다.[21]

문제는 '호(好)'와 같은 '회의(會意)' 방식으로 구성된 문자의 경우, 우리가 그것의 '생성 의도'(인코딩)를 '의미 파악'(디코딩)할 때, 그것의 문자 분류 연결과 언어 기원 관계를 충분히 고려해야 한다는 것이다. 그렇지 않으면, 문자를 만든 사람의 '의미 합성'(인코딩) 인지, 즉 '의미 파악'이 어렵다. 그렇게 되면 각자의 견해가 달라지기 때문에, 소식

---

21) 李景源, 『史前認識硏究』, 78~79쪽(長沙: 湖南教育出版社, 1989年).

(蘇軾)의 「일유(日喩)」에서처럼 각자의 견해를 고수하는 상황이 불가 피하게 된다.22)

　앞에서 언급된 '호(好)'자의 고대 문자 단계에서의 몇 가지 대표적인 형태를 기반으로, 이러한 시리즈에서 '자(子)'의 등장은 크게 두 가지 특징을 보인다. 첫째, '자(子)'자는 전체 '호(好)'자 구조의 주요 위치에 있지 않고 항상 한쪽에 치우쳐 있다. 둘째, 기본적으로 '자(子)'자는 항상 '여(女)'자보다 작다. 어떤 사람들은 이것이 특별한 인지 의도가 없다고 생각할 수 있지만, 중국 고대의 서사와 문자 창조는 항상 전체적인 균형과 대칭을 추구하는 경향을 유지해왔다는 것을 동시에 이해하는 것이 중요하다. 게다가 '호(好)'자는 대략 『설문』이후 '여(女)'자의 핵심 위치를 '자(子)'자에게 양보하기 시작했다. 아래에 『설문·여(女)부수』의 '호(好)'자의 일련의 문자 구조 시리즈를 참조하면 다음과 같다.

---

22) [역주] 「일유(日喩)」는 소식(蘇軾)이 쓴 논설문으로, 그는 당시의 과거제도를 비판하기 위해 맹인이 태양을 인지하는 생생한 예를 들어 비유로 사용했다. 이 글에서 소식은 스스로 볼 수 없기 때문에 다른 사람의 설명에만 의존하여 태양을 이해해야 하는 맹인을 묘사했다. 모두의 설명이 다르기 때문에 맹인의 태양에 대한 이해는 편향되어 있었다. 이 문장의 뒷부분인 '비웃을 때 모두가 편을 들게 될 수밖에 없다'를 보면, 여기서의 '다른 편의 상황'은 사람들이 같은 것에 대해 서로 다른 이해와 견해를 가지고 있다는 것을 의미한다. 「일유(日喩)」에서의 맹인처럼, 모두가 자신의 경험과 인식을 바탕으로 태양을 이해한다. 이 현상은 모두가 자신의 의견과 입장을 가지고 있기 때문에 불가피하다. 이것이 바로 소식이 「일유」에서 비웃은 현상이다. 일반적으로 이 글은 사람들이 같은 문제에 직면했을 때, 다른 관점과 경험으로 인해 종종 서로 다른 이해와 의견을 가지고 있다는 것을 논의하고 있다. 이것은 만연한 사회 현상이며, 소식이 「일유」에서 드러낸 주제이기도 하다.

簡帛石刻), 美也. 從女·子. 徐鍇曰: "子者, 男子之美
偁. 會意." 呼皓切.

호(好), '아름답다(美)'라는 뜻이다. 여(女)와 자(子)가 모두 의미부이
다. [신 서개는 이렇게 생각합니다. "자(子)는 남성에 대한 미칭입니다.
그래서 회의입니다."] 독음은 호(呼)와 호(皓)의 반절이다.

앞서 조사한 '호(好)'와 '공(孔)'의 언어적 연관성을 고려하면, '호(好)'
의 구조는 여성과 아이를 나타내며, 이것은 단순한 주-부 관계나 병
렬 관계가 아니라 주어와 동사의 서술 관계를 나타내는 것으로 볼 수
있다. 즉, '여성'(어머니)이 '아이'를 낳는다는 구조적 의미를 반영한다.

『자휘보(字彙補)·자(子)부수』에는 '호(好)'자의 변형체로 '호(孖)'가 기
록되어 있으며, 이렇게 설명하고 있다. "호(孖)는 『육서정온(六書精蘊)
』에 의하면, '좋아하다(喜好)'라고 할 때의 '호(好)'와 동일한 의미로 사
용된다고 했다."

'모(母)'는 호(好)자에서의 '여(女)'를 나타내며, 이것은 '어머니와 아
이의 관계'라는 인지적 의미를 명확하게 보여준다. 어떤 사람들은 제
시된 변형체가 상대적으로 최근에 나타났다고 비판할 수 있지만, 그
렇지 않다.

'모(母)'로 구성된 '호(孖)'가 사실 가장 오래된 출처를 가지고 있다.
앞에서 나열한 '호(好)'자 시리즈에서 '모(母)'로 구성된 이 구조는 실제
로 은나라 때 유물인 「부호부(婦好頫)」에 나타나는 '호(好)'자의 구조이
다. 고대 문자에서 '매(每)'와 '모(母)'는 동일한 문자이다.

(상나라 때의 「부호부(婦好頫)」), (상나라 때의 「부호고(婦好瓠)
」), (상나라 때의 「호궤(好簋)」), 이들 중에서 '부호(婦好)'로 분류되
는 기물에 새겨진 '호(好)'자는 이름을 전문적으로 기록한 것인데, 이

『설문해자』 인지분석

5-9.『신금문편(新金文編)』과『중국이체자대계·전문편(篆文編)』에 보이는
'호(好)'자의 구조 및 사용출처의 시대에 관한 표시.

러한 유물은 총 80점에 이른다(이 숫자는 여기서 논의하는 범위에는 포함되
지 않는다). 특히「호궤(好簋)」의 문자 구조는 더욱 독특한데, 여(女)자
를 두 번 사용되었다. 중복된 문자는 한자의 구조에서 특정 문자의 중
요성을 강조하는 방법으로 자주 사용되는데, 여기서는 '여(女)'자의 중
요성을 강조하기 위해 사용된 것으로 보인다.

대체로 당(唐)·송(宋) 시기에 이르러서, '자(子)'자를 돋보이게 하는
관념이 어휘 속에서 확정되었다. 대서본『설문』의 '호(好)'자 아래에
는 송나라 사람들의 이 글자의 두 부호 간의 관계에 대한 인지와 이
해를 보존하였는데, '자(子)'자를 강조하였으며, 심지어 '남자(男子)의
아름다움'이라고 여긴 것이 그것이다.

전승된 자서(字書)는 종종 역대 한자의 인지 관념을 축적하고 있다.
예를 들어, 아래의 세 가지 특별한 문자는 '호(好)'의 이체자(異體字)로
간주되었다. 이러한 구조에서도 '호(好)'자 속의 '여(女)'자는 일반적으

로 주체적 위치를 차지하고 있음을 알 수 있다.

· 호(玗)(『玉篇·子部』)
· 호(㺯)(『廣韻·号韻』)
· 호(肵)(『字彙補·子部』)

『집운·호부(晧)부수』에서 "호(好, 玗, 㺯)는 허(許)와 호(晧)의 반절로 읽힌다. 『설문』에서는 아름답다는 뜻이라고 했다(美也). 고문체에서는 호(玗)나 호(㺯)로 적는다."라고 했다. 이를 보면 여(女)는 모(母)로 대체되었고, 모(母)와 축(丑)은 형체가 비슷해 혼용되었다. 그리하여 이들은 이체 관계를 형성했다.

각 형태가 처음 나타난 자서(字書)를 보면, 이러한 형태들의 가장 늦은 사용 시기는 각각 남북조(南北朝), 당(唐) 및 명(明)나라로, 중고(中古)와 근대(近代)에 걸쳐 있다(漢語史의 구분에 따랐음). 그 중 첫 번째 자형(玗)에서, 축(丑)은 모(母)와 비슷해 줄여진 형태이며, 이를 미(美)와 축(丑)의 관계로 간주할 수는 없다. 이러한 근원은 매우 오래되었는데, 전국 시대 초(楚)나라 죽간에서 이미 축(丑)과 자(子)로 구성된 를 사용하였다. 바로 '호(好)'자의 구조에서 '여(女)'자가 항상 주체적 위치를 차지하였기 때문에, 주체 부분을 명확하게 하고 강조하기 위해 '호(㺯)'에서처럼 심지어 '자(子)'도 '여(女)'자로 대체하였다.

가치 판단 체계의 인지와 관련하여, 출토 문헌에서 '호(好)'자를 보면, 언제나 고빈도 글자로 나타난다. 상주(商周) 금문(金文) 데이터베이스(2002년 판)에서는 121건의 사용 기록을 검색할 수 있으며, 초(楚) 간백(簡帛) 문자 데이터베이스(2003년 판)에는 35건의 데이터가 저장되어 있다. 위진(魏晉) 남북조(南北朝) 수(隋) 당(唐) 오대(五代) 석각(石刻)

5-10. 『한위육조수당오대자형표(漢魏六朝隋唐五代字形表)』의
'호(好)'자. 진한위진남북조수당오대의 역대서사 기억이다.

데이터베이스에서는 거의 800건의 기록이 보이며, 일본에 소장된 당
대(唐代) 한자(漢字) 초본(抄本) 문헌 1차 세트(3책) 데이터베이스에서

는 50여 건에 이른다.

전국 시대 초(楚) 죽간에서 사용된 '호(好)'자가 발표된 후, 연구자들은 해당 문자에서 '자(子)'가 '여(女)'자에 종속된 구조 관계에 대한 인지가 특히 뚜렷해졌다. 그 중, 상해 박물관 소장의 『전국 초죽서(戰國楚竹書)』는 규모가 대단한 전국 시대 초 죽간의 하나이다. 이 초 죽간은 지금까지 발표된 전국 시대 초 죽간 중 가장 큰 수량을 차지하여, 1,200여 매에 글자 수는 약 35,000자에 이른다. 2003년 판 '전국 초 문자 디지털 처리 시스템(戰國楚文字數字化處理系統)'에서는 '호(好)'자의 사용 기록을 이미 수십 건 필터링할 수 있었다. 전국 시대 초 문자에서 사용된 이 수십 건의 기록 중, 상해박물관 소장의 『전국초죽서』의 제1권 『공자시론(孔子詩論)』 등(郭店 초 죽간 『노자』(甲) 제8간의 '호사(事好)' 등 제한된 몇 건에서 좌우 구조로 사용한 것을 제외하면) 대부분은 여(女)자가 위에 자(子)자가 아래에 놓인 상하 구조로 사용되었다. 예를 들면, 상해박물관 소장 『전국초죽서』 제1권 『공자시론』 제12간에서는 '🗛'로 적었다. 그뿐만 아니라 다음과 같이 적고 있다.

- 제1책 「공자시론(孔子詩論)」 제14간(簡): 🗛
- 제1책 「공자시론(孔子詩論)」 제24간(簡): 🗛;
- 제1책 「치의(緇衣)」 제1간(簡) "好美如好緇衣": 🗛
- 제1책 「치의(緇衣)」 제2간(簡): 🗛 ('추(丑)'로 구성된 해서(楷書)의 근원과 관련됨, '뉴(扭)'자의 초기 글자)
- 곽점초묘죽간(郭店楚墓竹簡) 『노자(老子)』 갑(甲) 제32간(簡): 🗛
- 곽점초묘죽간(郭店楚墓竹簡) 「치의(緇衣)」 제1간(簡): 🗛
- 곽점초묘죽간(郭店楚墓竹簡) 「치의(緇衣)」 제2간(簡)簡: 🗛
- 곽점초묘죽간(郭店楚墓竹簡) 「치의(緇衣)」 제3간(簡): 🗛

초 죽간의 이러한 구조적 특징, 즉 '자(子)'가 '축(丑)'이나 '모(母)',

혹은 '여(女)'가 아래에 놓여 있는 구조는 주체로서의 '여(女)'의 부속품임을 보여주고 있다. 이는 당시의 '호(好)'에 대한 특정한 인지 관념과 어느 정도 연관이 있다고 생각한다. 오늘 사용하고 이해하는 '호(好)'자는 물론 점점 더 광범위하게 사용되고 있으며, 여러 시대의 인지 구조 조정을 거쳤다. 자형은 관념을 나타내는데, 전래 문헌에서 이처럼 명확하게 나타나는 것은 드물다.

실제 문자의 반영을 통해 보면, 진한(秦漢) 시기의 예변(隸變) 과정에서부터 여(女)와 자(子) 두 부분이 기본적으로 균형을 이루기 시작하여 자(子) 부호가 돋보이는 지위를 확립하게 되었다.

『한위육조수당오대자표(漢魏六朝隋唐五代字表)』의 '호(好)'자 항목에서는 진(秦)·한(漢)·위(魏)·진(晉)·남북조(南北朝)·수(隋)·당(唐)·오대(五代)의 역대 서사(書記)에 대한 기억을 담고 있다.

이외에도, 일본어에서도 '호(好)'자는 여성이 아이를 사랑하는 의미 구조로 이해되지만[23], 이러한 설명은 너무 포괄적인 것 같다. 다시 『설문』의 '본문(本文)'으로 돌아와 보자. '호(好)는 아름답다는 뜻이다.'라고 했는데, 주준성(朱駿聲)의 주석에 따르면 이 '미(美)'자는 실제로는 '미(媄)'자라고 했다. 『방언(方言)』(제2권)에서 "무릇 아름다운 색을 호(好)라 하기도 한다(凡美色或謂之好)."[24]고 했다. 또 "함곡관 서쪽(關西)에서 진(秦)·진(晉) 사이의 지

5-11.「대방군태수(帶方郡太守) 장무이(張撫夷) 전(塼)」의 명문에 사용된 '호(好)'자의 구조

---

23) 『標准漢和辭典·女部』.

역에서는 아름다운 색을 '호(好)'라고 부른다."고 했다. 『집운·형(逈)부』에서는 이렇게 말했다. "병(頩)과 병(艵)은 독음이 보(普)와 경(逈)의 반절인데, 아름다운 모양을 말한다. 『초사(楚辭)』에서는 '옥의 색깔이 아름다워 얼굴색을 손상시키네(玉色頩以貶顏).'라고 했다. 달리 감용(歙容)이라고도 한다. 혹체에서는 색(色)으로 구성되었다." 여기서 말한 병(頩)과 병(艵)은 이체자로, '혈(頁)'과 '색(色)'은 동등하게 대체될 수 있으며, '색(色)'은 얼굴에 나타난다는 의미이다. 또한 「직(職)부」에서는 이렇게 말했다. "색(色)과 색(䭓)은 독음이 살(殺)과 측(測)의 반절인데, 『설문』에서는 '얼굴색을 말한다(顏色也)'고 했고, 고문체에서는 색(糶)으로 썼다."

이렇게 설명한다면 이는 위에서 말한 '호(好)'자의 구조에 대한 인지와 모순되지 않을까? 우리는 다시 『설문·여(女)부수』를 살펴봐야 한다. "미(媄)는 색이 좋다는 뜻이다."라고 했다. '색(色)'자의 창제 의미는 원래 이성 간의 교감 인지 경험을 전달하는데, 『설문』에도 이러한 의미가 보존되어 있다. 「색(色)부수」에서 이렇게 말했다.

· 룍(色)(簡帛 珚 漢印), 顏氣也. 從人從卩. 凡色之屬皆從色. 所力切. 糶, 古文.
  색(色), '얼굴빛(顏氣)'을 말한다. 인(人)이 의미부이고 절(卩)도 의미부이다. 색(色)부수에 귀속된 글자들은 모두 색(色)이 의미부이다. 색(糶)은 고문체이다. 독음은 소(所)와 력(力)의 반절이다.

또 「기(己)부수」에서 이렇게 말했다.

---

24) 『說文通訓定聲·孚部第六』.

『설문해자』 인지분석

· 己(ꍠ ꍡ)甲骨 ꍢ ꍣ ꍤ(ꍥ)金文 ꍦ ꍧ ꍨ ꍩ簡帛 ꍪ古璽 ꍫ古幣 ꍬ ꍭ ꍮ(ꍯ)石刻中宮也. 象萬物辟藏詘形也. 己承戊, 象人腹. 凡己之屬皆從己. ꓪ, 古文己.

기(己), '중앙의 자리(中宮)'를 뜻한다. 만물이 회피하여 몸을 구부려 감추고 있는 모습을 형상했다(物辟藏詘形). 기(己)가 무(戊)에 이어서 나오는 것은 사람에게서 배(腹)가 [무(戊)의 상징인] 옆구리에 이어져 있는 것과 같은 이치이다. 기(己)부수에 귀속된 글자들은 모두 기(己)가 의미부이다. 기(ꓪ)는 기(己)의 고문체이다. 독음은 거(居)와 의(擬)의 반절이다.

위의 「색(色)부수」에서 "인(人)이 의미부이다"라고 했는데, 이는 사람의 몸이 굽혀져 서로를 향하는 형태를 의미한다. 그 아랫부분인 기(ꓪ)는 '사람의 배를 형상했다(象人腹)'고 설명되어 있다. 이 두 부분이 합쳐져 구조적 인지 특징으로 작용했는데, 아랫부분은 사람의 배를 상징하고, 윗부분은 그 위에 굽힌 몸으로 서로를 향하는 것을 상징한다. 그리고 이들에 서로 교차하는 부분이 있다. 이것은 바로 남성과 여성 사이의 성적 접촉을 묘사하는 상황이다. 일본어 사전에서 '색(色)'자의 구조적 의미는 굽힌 몸의 사람과 앉아 있는 사람이 합쳐져 있어 남녀 사이의 성적 욕망을 나타낸다고 했는데[25], 참고할 만하다.

『설문』에서 '공(孔)'과 '호(好)'자의 관련성을 통해 고대 중국인들의 관념에서 '공(孔)'이 '훌륭하다(嘉)'에 대응하듯, '아이를 낳는 것(生子)'은 '호(好)'에 부합한다는 것을 알 수 있다.

---

25) 『標準漢和辞典·色部』.

(5) 현조(玄鳥) 이미지의 세 가지 계층

『설문(說文)』에서 '을(乙)'자 계열의 공통 문자는 '을(乙)'이다. '을(乙)'이 대표하는 '현조(玄鳥)' 이미지는 풍부한 상징적 의미를 가지며, 이는 여러 단계의 인지 수준으로 나뉜다.

첫째, 『설문』에서 '현조' 이미지는 생식의 신을 상징한다. '공(孔)'자에서 설명하길, "을(乙)은 자식을 청하다는 뜻이며, 그 새가 오면 자식을 얻게 되어, 그것을 아름답게 여긴다."라고 했다. 『설문』의 관점에서 보면, "자식을 청하다가 자식을 얻게 되는 것"과 "을(乙)이 오는 것" 사이에는 인과 관계가 존재한다. 이러한 관계에서 중개하는 을(乙)은 생식 신으로서의 지위로 나타난다. 바꾸어 말하자면, '현조'의 이러한 수준의 상징적 의미는 매우 오래된 근원을 가지고 있다. 인류학자의 연구에 따르면, 토템 제도의 주요 특징은 다음과 같다. (a) 원시 민족의 사회 집단은 특정 동식물을 이름으로 삼아 그것을 집단의 조상이나 그와 혈연관계가 있다고 믿는다. (b) 다양한 신화와 전설이 있어 토템 집단의 기원을 설명한다. 예를 들면, 토템 조상이 어떻게 인류를 만들어 냈는가 하는 등이다.[26]

중국의 신화 전설에는 '현조'(즉, 제비)가 생식의 신을 상징하는 기록이 많이 전한다.

예를 들어, 『여씨춘추(呂氏春秋)·음초(音初)』에 이런 기록이 있다. "유융씨(有娀氏)에게 두 아름다운 딸이 있었는데, 그들을 위해 아홉 층의 누대를 지었고, 식사할 때마다 북을 쳤다. 황제는 제비를 보내 그들을 살펴보게 했고, 제비는 '짹짹'하고 울었다. 두 딸은 제비를 사

---

26) 岑家梧, 『圖騰藝術史』, 16쪽(商務印書館, 1937年).

랑하여 서로 싸워 그것을 뒤집어 옥 광주리로 덮었다. 잠시 후, 그들은 그것을 열어보았고, 제비는 알 두 개를 남기고 북쪽으로 날아가 더 이상 돌아오지 않았다. 두 딸은 노래를 만들어 불렀는데, 그 노래의 끝부분은 '제비, 제비가 날아가네.'였다. 이것은 처음으로 북쪽의 노래가 되었다."27) 이 기록은 위에서 인용한 『초사·천문(天問)』의 내용과 일치한다.

또 『사기·은본기(殷本紀)』에는 이렇게 기록하고 있다. "은나라 설(契)의 어머니는 간적(簡狄)이라 하였는데, 유융씨(有娀氏)의 딸로 제곡(帝嚳)의 둘째 부인이었다. 한번은 세 사람이 목욕하러 갔는데, 검은 새가 알을 떨어뜨렸고, 간적(簡狄)이 그것을 집어 먹었고, 그 결과 임신하여 설(契)을 낳았다." 이는 『시경·상송(商頌)·장발(長發)』에서 설(契)을 '현왕(玄王)'이라 부르고 있는 것을 연상시키며, 또한 「현조(玄鳥)」의 "하늘이 현조에게 명하여, 내려와 상을 낳았네.(天命玄鳥, 降而生商.)"라는 내용과도 일치한다. 상나라 후기의 청동기에 「현조부호(玄鳥婦壺)」라는 기물이 있는데28), 명문은 합문(合文)의 형식으로 되어 있다.

우성오(于省吾)는 최초로 이를 이렇게 고증했다. "'현조부(玄鳥婦)' 세 글자의 합문(合文)은 상나라 사람들의 토템을 연구할 수 있는 유일한 소중한 사료로, 상나라 때의 금문에 보존된 선조 현조(玄鳥) 토템의 흔적이다."29)

호후선(胡厚宣)30)은 상(商) 민족의 토템을 연구하면서 이렇게 지적

---

27) "有娀氏有二佚女, 爲之九成之臺, 飮食必以鼓. 帝令燕往視之, 鳴若嗌嗌. 二女愛而爭搏之, 覆以玉筐. 少選, 發而視之, 燕遺二卵, 北飛, 遂不反. 二女作歌一終, 曰: '燕燕往飛.' 實始作爲北音."

28) 『金文編』卷十二. 按容庚所錄書作『玄婦壺』, 其釋爲: "玄婦二字合文."

29) 于省吾, 「略論圖騰與宗教起源和夏商圖騰」, 『歷史硏究』 1959年 第11期.

30) [역주] 호후선(胡厚宣, 1911-1995)은 중국의 저명한 갑골학자, 역사학자, 고고학자이다. 북경대학 사학과를 졸업한 후, 안양 은허 발굴에 참여하며 갑골 연구를 시작했다. 중앙연구원, 제로대학, 복단대학, 중국과학원 등에서 교수와

5-12~14. 왼쪽은 해외 소장 청동기「호뉴호(鳥紐壺)」, 중간은
「환입조호(環立鳥壺)」, 오른쪽은「응취호(鷹嘴壺)」.

한바 있다. "상 민족이 '고조(高祖)'로 숭배했던 왕해(王亥)의 '해(亥)'자
에는 새 모양이 위에 추가되어 있다. 현재까지 발견된 갑골(甲骨) 8편
과 복사(卜辭) 10조의 글자 형태에 기준해 보면, '왕해(王亥)'의 '해(亥)'
자의 경우, 상단을 보면 먼저 조(鳥)로 구성되었다가 나중에 최(崔)나
추(隹)로 구성되었으며, 마지막으로 추(隹)로 구성되었다. 조경(祖庚)에
서 무을(武乙)까지 약 50~60년 동안, 상형문자에서 문자화로, 복잡한
구조에서 단순한 구조로, 조(鳥)에서 추(隹)로 변화하는 과정의 흔적
이 명확하게 보인다.……왕해(王亥)의 '해(亥)'자가 조(鳥)로 구성된 것
은 상 민족이 새를 토템으로 삼았다는 확실한 증거이다."31)

연구원으로 활동하며 중국 고대사, 특히 은상사 연구에 큰 족적을 남겼다. 주
요 업적으로는 갑골문 자료의 수집과 정리가 있다.『전후 남경 상해 신획득
갑골집』,『전후 남북 소견 갑골록』,『전후 북경 천진 신획득 갑골집』등의 저
서를 통해 갑골문 연구의 기반을 다졌다. 특히 1978-1982년에 출판된 13권의
『갑골문합집』은 갑골학 연구의 이정표적 저작으로 평가받는다. 그의 연구는
중국 갑골학과 은상사 연구 발전에 지대한 영향을 미쳤으며, 그는 중국 고대
사 연구의 선구자로 인정받고 있다.

31) 胡厚宣,「甲骨文商族鳥圖騰的遺跡」,「甲骨文所見商族鳥圖騰的新證據」,『歷史研
究』1956年 6期.

5-15~17. 왼쪽은 해외 소장 청동기「지조준(鷙鳥尊)」, 중간은 서주 때의 「삼조기(三鳥器)」, 오른쪽은「주작배(朱雀杯)」.

위의 문헌 기록을 원시 역사의 배경으로 본다면, 『설문(說文)』을 통해 얻은 '현조(玄鳥)' 이미지를 생식의 신으로 인지한 상징적 의미는 매우 깊고 강렬하다고 할 수 있다.

둘째, 『설문』에서 '현조(玄鳥)' 이미지는 특정한 자연 현상이나 계절 인지의 상징으로서 나타난다. 이 단계에서는 '현조(玄鳥)' 이미지는 신비한 색채가 점차 사라지고, 자연의 색채가 더 짙어지는 변화가 나타난다.

『설문·을(乙)부수』의 '유(乳)'자 설명에서 이 자형에서 '을(乙)'자의 기능과 의미를 설명하고 있다. "을(乙)은 현조(玄鳥)를 의미한다. 『명당(明堂)·월령(月令)』에 따르면, 현조가 도착하는 날에는 고매(高禖) 제사를 지내며 아이 낳기를 기원한다. 그래서 유(乳)자에 을(乙)이 들게 되었다. 아이 낳기를 부탁하는 일은 반드시 제비(乙)가 오는 날에 해야 한다. 왜냐하면 을(乙)은 춘분에 오고 추분에 떠나기 때문이다. 이것은 생명을 시작하는 상징하는 철새로, 황제 소호(少昊)가 관리하는 절기의 관리자이다."

이 단락의 내용은 매우 복잡한데, 계복(桂馥)이 이에 관해 깊이 연구했다. 이해를 돕기 위해 아래에서 부분별로 나누어 자세히 설명하겠다.

a. "『명당(明堂)·월령(月令)』에서 현조(玄鳥)가 도착하는 날에 고매(高禖) 제사를 지내며 아이 낳기를 부탁한다." — 이 부분의 핵심은 고매(高禖)이다. 「월령(月令)」에 따르면, 중춘(仲春)의 달에, 현조(玄鳥)가 도착하는 날에는 태뢰(太牢)로 고매(高禖) 제사를 지내는데 천자가 직접 참석한다. 『주(注)』에 따르면, 현조(玄鳥)는 제비(燕)를 의미한다. 제비는 생명을 주는 시기에 사람들의 집에 둥지를 틀며 부화하며, 결혼의 상징이다. 매씨(媒氏)라는 관리가 이를 예측한다. 고신(高辛)의 시대에, 현조(玄鳥)가 알을 낳았고, 융간(娀簡)이 그것을 삼켜 설(契)을 낳았다. 이후의 왕들은 이를 매관(媒官)으로 삼아, 좋은 징조로 여기고 그의 사당을 세웠다. 매(媒)를 매(禖)로 바꾸어, 그것을 신성하게 여겼다.

내 생각은 이렇다. 현조(玄鳥)의 이미지 인식이 신비함으로부터 자연으로 변화하는 중요한 전환점은 현조(玄鳥)가 결혼의 상징인 매(媒)에서 제사의 상징인 매(禖)로 신성화되는 것이다. 『여씨춘추·중춘기(仲春紀)』에 따르면, 이 달에 현조(玄鳥)가 도착하며, 도착하는 날에는 태뢰(太牢)로 고매(高禖) 제사를 지낸다고 했다. 『주(注)』에 따르면, 현조(玄鳥)는 제비(燕)를 의미한다. 춘분에 오고, 추분에 떠난다. 『전(傳)』에 따르면, 현조(玄鳥)씨는 시작을 관리하는 자이다. 『주례·매씨(媒氏)』에 따르면, 중춘(仲春)의 달에 남녀가 교합하며, 그 시기에는 급히 결혼을 금지하지 않는다. 그들의 신을 제사하는 것을 교매(郊禖)라고 한다. '교(郊)'의 독음은 '고(高)'와 유사하므로, 때로는 '고매(高禖)'라고도 한다.

(a. "明堂月令: 玄鳥至之日祠於高禖以請子"—此節的核心在於'高禖'. 『月令』: 仲春之月, 玄鳥至之日以太牢祠於高禖, 天子親往. 『注』云: 玄鳥, 燕也. 燕以施生時來巢人堂宇而孚乳, 娶嫁之象也. 媒氏之官以爲候. 高辛氏之世, 玄鳥遺卵, 娀簡吞之而生契. 後王以爲媒官, 嘉祥而立其祠焉. 變媒爲禖, 神之也. 按'玄鳥'意象認知由神秘趨向自然, 轉捩之階, 在於玄鳥由嫁娶之象的'媒', 神聖化爲祭祠之象的'禖'. 『呂氏春秋·仲春紀』: 是月也, 玄鳥至, 至之日, 以太牢祀於高禖. 注云: 玄鳥, 燕也. 春分而來, 秋分而去. 傳曰: 玄鳥氏, 司啓者也.『周禮·媒氏』: 以仲春之月合男女, 於時也, 奔則不禁. 因祭其 神於郊謂之郊禖. '郊'音與'高'相近, 故或言'高禖'.)

b. "아이 낳기를 부탁하는 것은 반드시 현조(玄鳥)가 도착하는 날에 해야 하는데, '현조(玄鳥)'는 춘분에 오고 추분에 떠나는, 생명을 시작 하는 철새로, 소호(少昊)씨의 계절의 관리자이다." — 이 부분의 핵심 은 '생명을 시작한다(開生)'는 상징이다.『설문·묘(卯)부수』에 따르면, "묘(卯)는 모(冒)를 의미한다. 2월에는 모든 생물이 땅에서 나오는데, 이 글자는 문을 여는 형태를 그렸다. 그래서 2월을 천문(天門)이라고 한다." 정현(鄭玄)의 주석에 따르면, 연(燕)은 생명을 주는 시기에 오 기 때문에, 이를 생명을 시작하는 철새라고 한다.『좌전·소공(昭公)』 (17년)에 따르면, 현조(玄鳥)씨는 계절의 관리자라고 했다.『주』에 따 르면, 현조(玄鳥)는 제비(燕)를 의미하며, 춘분에 오고 추분에 떠난다. 『여씨춘추·중추기(仲秋紀)』의 "현조(玄鳥)가 돌아온다"에 대한 주석에 따르면, 현조(玄鳥)는 제비(燕)를 의미하며, 춘분에 오고 추분에 떠난 다.

(b. "請子必以乙至之日者, 乙, 春分來秋分去, 開生之候鳥, 帝少昊司分之 官也"—按此節核心在於"開生"之象.『說文·卯部』: 卯, 冒也. 二月萬物冒地 而出, 象開門之形, 故二月爲天門." 鄭注『月令』謂: 燕以施生時來, 故云開生 之候鳥.『左傳·昭十七年』: 玄鳥氏, 司分者也. 注云: 玄鳥, 燕也. 以春分來 秋分去.『呂氏春秋·仲秋紀』: 玄鳥歸. 注: 玄鳥, 燕也. 春分而來秋分而去[32]. 有關玄鳥意象象征物候時節的書證, 可謂爬梳殆盡.)[33]

현조(玄鳥) 이미지가 계절의 시기를 상징한다는 문헌적 증거는 거 의 모두 조사되었다.

셋째,『설문』에 보이는 '을(乙)'자는 방언과 속어에서 남녀 양쪽의 생식기의 이름으로 사용되었다. '현조(玄鳥)'의 이미지가 점차 자연 현 상으로 변화하면서, 사람들에게 '을(乙)—현조(玄鳥)—제비(燕子)'라는

---

32)『說文解字義證』卷三十七.
33)『說文解字義證』卷三十七.

이미지와 생식 번식과의 연결이 더 이상 명확하지 않게 되었다. 그러나 중국의 일부 지역의 방언과 속어에서는 '을(乙)'과 남녀의 생식기 명칭 사이의 언어적 연결을 찾아볼 수 있다. 이 현상은 『설문』에 보이는 '현조(玄鳥)' 상징의 유산으로 볼 수 있다. 여전히 『설문·을(乙)부수』에서는 이러한 연결을 보존하고 있다.

> · 乀, 玄鳥也. 齊魯謂之乙. 取其鳴自呼. 象形. 凡乙之屬皆從乙. 徐鍇曰: 此與甲乙之乙相類, 其形擧首下曲, 與甲乙字少異. 烏轄切. 鳦, 乙或從鳥.[34]
> 을(乀), '현조(玄鳥)', 즉 '제비'를 말한다. 제(齊)와 노(魯) 지역에서는 이를 을(乙)이라 한다. 제비의 울음소리가 스스로를 부른다는 뜻에서 붙인 이름이다. 상형이다. 을(乙)부수에 귀속된 글자는 모두 을(乙)이 의미부이다. [신 서개(徐鍇)는 이렇게 생각합니다. '이는 갑을(甲乙)이라고 할 때의 을(乙)과 비슷하나 그 형체를 보면 머리 부분이 들려 있고 아랫부분이 굽어 있어, 갑을(甲乙)이라고 할 때의 글자와 조금 다릅니다.] 독음은 오(烏)와 할(轄)의 반절이다.' 을(鳦)은 을(乙)의 혹체자인데, 조(鳥)로 구성되었다.

대서본 『설문』에서 '을(乙)'자의 주석에서 독음이 오(烏)와 할(轄)의 반절이라 했는데, 현대의 한어 병음으로 모사하면 'yà'이다. 『설문』에 따르면, 이러한 독음은 제비의 울음소리를 본뜬 것이다. 봄에 제비가 돌아올 때, '야야(yàyà)'하는 소리가 들리는 것은 바로 이런 소리이다.

과거에 방언 조사를 할 때, 제로(齊魯) 지역의 시골에서는 나이 든 분들이 'yà'라는 독음으로 남녀의 생식기를 지칭하는 것을 발견하였다. 예를 들면, 어린 남자아이의 것을 '小yà' 또는 'yàyà儿'라고 하고, 어린 여자아이의 것을 '小yà巴' 또는 'yà巴儿'이라고 한다. 성인들도

---

34) 『集韻·黠部』: 乙鳦, 乙黠切. 『설문』玄鳥也. 齊魯謂之乙, 取其鳴自呼, 象形. 徐鍇曰: 此與甲乙之乙相類, 其形聲擧首下曲, 與甲乙字少異. 或從鳥. 又『霰部』: 燕鷰, 『설문』玄鳥也. 籋口·布翅·枝尾, 象形. 或從鳥. 亦書作鷰.

남녀에 따라 대칭해서 부르는데, 남성의 것은 'yà子'로, 여성의 것은 'yà巴子'라고 부른다. 사람들은 이 'yà'의 본래 글자, 즉 그 원래의 문자가 무엇인지를 항상 알 수가 없었다. 그러나 『설문』에서는 현조(玄鳥)라는 상징을 밝혀내었고 "제로(齊魯) 지역에서 을(乙)이라 부른다"라고 언급함으로써, 이러한 연결 고리를 찾을 수 있게 되었다.

마지막으로, 여기에서 아마도 다음과 같은 자료를 부수적으로 제시할 수 있을 것이다.

황간(黃侃)[35]은 『독집운증속어(讀集韻證俗語)』의 수기 원고에서 다음과 같은 항목을 남겼다. "가(豭)는 아(牙)와 같이 발음된다." 『설문·시(豕)부수』에 따르면, "가(豭)는 수돼지(牡豕)를 의미한다." 또한 '파(豝)'에 대해서는 '암돼지(牝豕)'를 의미한다고 설명했다.[36]

위의 해석을 참고할 때, '을(乙)', '가(豭)', '파(豝)'는 아마도 동일한 언어 근원에서 비롯되었을 것이다. 섭서헌(葉舒憲)은 필자에게 보내온 편지에서 이렇게 말하였다. "북경(北京) 방언에서 사람을 욕할 때 '你yà的'라고 한다." 이것은 비슷한 범주에 속한다고 할 수 있다. 인류학자의 연구에 따르면, '알'의 상징은 생식을 의미한다. 즉 "아이의 남성 생식기와 이 세상(땅 위에 원을 그려 표시함)은 한 차례 상징적인 성교를 진행하는데, 아이는 황리(黃鸝: 노랑 꾀꼬리)의 둥지를 알처럼 그 원 안

---

35) [역주] 황간(黃侃, 1886-1935)은 중국 근대의 저명한 언어 문자학자이자 국학 대가이다. 장태염의 제자로 북경대학 등 여러 대학에서 교수로 활동했다. 그는 '학문은 정밀해야 한다(爲學務精)'는 원칙을 강조하며, 전통 언어문자학 연구에 새로운 방법론을 도입했다. 그의 주요 업적은 형(形), 음(音), 의(義)를 통합한 언어문자학 연구 방법론 확립, 황씨 고대성운학 체계 수립, 그리고 고성 19뉴설, 고운 28부설 등의 상고 성운 체계 연구이다. 『설문해자』와 『광운』에 정통했으며, 『이아』 연구에서도 새로운 접근법을 제시했다. 주요 저서로는 『음략』, 『성운통례』, 『설문약설』 등이 있다. 그는 장태염, 유사배와 함께 '국학 대가'로 불리며, '건가 이래 소학의 집대성자'로 평가받는다.

36) 『黃侃聲韻學未刊稿』 卷下, 545쪽(武漢大學出版社, 1985年).

에다 던진다." 이 의식에서, "그는 완전한 남자(성교를 진행하는 자)이며 완전한 여자(둥지의 상징인 알을 둥지의 상징인 원 안에다 넣는 자)이다."37)

수메르 문자에서도 중국의 '회의(會意)'와 유사한 구조가 존재한다. 즉, 어떤 단어들은 종종 두 개의 더 간단한 의미를 나타내는 단어의 표의 문자 조합을 사용하여 표현된다.38) 예를 들면, 수메르 문자에서는 다음과 같은 문자 조합이 존재한다.

새 + 알 = 분만

이를 이미지 인식으로 변환하면, 그것은 특히 직관적이고 명확해질 것이다.

---

37) [프] 레비-스트로스(列維－斯特勞斯), 『結構人類學』(중국어번역본), 76쪽, 77쪽. (文化藝術出版社, 1989年).

38) [구 소련] B·A·伊斯特林, 『文字的産生和發展』中譯本(左少興譯), 143쪽(北京大學出版社, 1987年).

부록:

『설문』의 조류에 관한 특별한 인지 의미

　현대의 아이들은 물론 심지어 성인들은 지금 얼마나 많은 종류의 새를 알고 있을까? 자연과 인류의 생태학적 연결성이 가장 높은 조류에 대한 인지에서, 남조 양(梁)나라 때의 주흥사(周興嗣)가 저술한『천자문(千字文)』에서는 인류 문명의 기원을 특별히 언급하면서, "용으로 관직의 이름을 붙인 복희씨와 불로 이름을 붙인 신농씨, 새로 이름을 붙인 소호씨와 인문을 진작한 황제, 처음으로 문자를 창제하고, 의복을 갖추어 입게 하셨네.(龍師火帝, 鳥官人皇. 始制文字, 乃服衣裳.)"[1]라고 하였다.『설문』에서는 조(鳥)부수(119자), 언(焉)부수(3자), 추(隹)부수(39자)를 통해 풍부한 고대 조류의 생활 습성 정보를 저장하였으며, 동시에 조류의 구체적인 품목과 번식에 관한 자연 관계의 인지 세계를 구축하였다. 이 중 일부는 특별한 인지유형에 속한다. 중고 시대의 『전례만상명의(篆隸萬象名義)』의 경우 추(隹)부수에서는 63자, 조

---

1) [역주] 복희(伏羲)는 용(龍)으로 관직을 이름 붙였으니, 예컨대 창룡씨(蒼龍氏)로 하여금 양육을 주관하게 하고, 백룡씨(白龍氏)로 하여금 죽임을 주관하게 했다. 신농(神農)은 불이 상서롭다 하여 불로 관직을 이름 붙였기 때문에 화제(火帝)라 하였다. 소호(少昊)가 즉위할 때에 봉황새가 이르렀으므로 새[鳥]로 관직을 이름 붙였으니, 축구(祝鳩)는 사도에 해당하고, 저구(雎鳩)는 사마(司馬)에 해당하는 것이 그렇다. 인황(人皇)은 황제(黃帝)이니, 인문이 크게 갖추어졌기 때문에 그렇게 이름 붙였다.
　복희씨(伏犧氏)의 신하 창힐(蒼頡)은 새의 발자취를 보고 글자를 처음 만들었다. 이에 의복(衣服)을 입게 하니 황제(黃帝)가 의관(衣冠)을 지어 등급을 구분하고 위의(威儀)를 엄숙하게 했다.

(鳥)부에서는 279자를 저장하였다. 송본 『옥편』의 조(鳥)부수에서는 382자로 발전하였으며, 추(隹)부수는 69자를 수록했다. 『유편』의 조(鳥)부수에서는 466자로 발전하였고, 추(隹)부수에서는 185자로 발전하였다. "봉새가 어쩌다 말세에 태어났지만, 모두들 이 사람의 재주를 흠모했네.(凡鳥偏從末世來, 都知愛慕此生才.)"[2]

『금문상서(今文尙書)·순전(舜典)』에서는 음악의 특이한 기능을 기록하였는데, '격물(格物)'이 영물을 끌어들일 수 있다고 했으며, 이는 '통소와 소라는 악기를 9번 불면 봉황이 와서 의식을 갖춘다.(簫韶九成, 鳳凰來儀)'라는 음악 인지와 연관되어 있다. 또한, 『상서(商書)』의 일부인 「고종융일(高宗肜日)」의 '서문'에서도 이러한 점에 주목하였다.

1. 「고종융일(高宗肜日)」

돈황(敦煌)본 백(伯)-2516 문서의 서문에 따르면, "고종(高宗)이 성탕(成湯)께 제사를 드렸을 때, 꿩이 정의 귀에 날아와 앉아 울었다. 조기(祖己)와 여러 왕들이 '고종융일' 제사를 진행하였는데, 고종에 대한 제사였다.(高宗祭成湯ナ飛雉升鼎耳而雊, 祖己曁諸王, 作高宗肜日, 高宗之曁.)" 여기서 고종은 은(殷)나라 고종 무정(武丁)을 말한다. 융(肜)은 제사의 이름인데, 『이아·석천』에 따르면, "역(繹)도 제사를 뜻하며, 주(周)나라에서는 역(繹)이라 불렀고, 상(商)나라에서는 융이라 불렀으며, 하(夏)에서는 복조(復胙)라 불렀다."

---

2) 『紅樓夢』第五回의 金陵十二釵 王熙鳳 判詞의 처음 2구절이다. [역주] "凡鳥偏從末世來, 都知愛慕此生才."라는 구절은 『홍루몽』에 나오는 왕희봉의 판사(判辭)에서 나온 말이다. 여기서 '범봉(凡鳥: 모든 새)'를 합치면 '봉(鳳)'자가 되는데, 이는 왕희봉을 지칭한다. 이 구절은 왕희봉이 비범한 재능을 가지고 있음에도 불구하고, 그녀가 쇠퇴하는 시대, 즉 '말세'에 태어났음을 의미한다. 결국 그녀의 재능과 포부는 실현될 수 없어, 그녀의 비극적 운명을 반영하고 있다.

『설문해자』 인지분석

갑골문에는 융제(肜祭)에 관한 기록이 매우 많이 보이는데, 융(肜) 자를 복사에서는 '융(彡)'과 같은 형태로 기록했다. 나진옥(羅振玉)은 갑골 복사의 '융일(彡日)'은 바로 '융일(肜日)'이라고 결론지었다. 곽말약(郭沫若)의 『복사통찬』(제59편)에서는 『서』의 '고종융일'은 '강조정융일'과 같은 예라고 했다(과학출판사, 1983년 6월).

굴만리(屈萬里)[3]의 『상서집석(尙書集釋)』에서는 이렇게 말했다. "오기창(吳其昌)의 『은허서계해고(殷虛書契解詁)』, 동작빈(董作賓)의 『은력보(殷曆譜)』에서는 모두 융(肜)을 두고 북을 울리며 지내는 제사라고 했다. 『사기·은본기(殷本紀)』에서도 '무정(武丁) 임금이 성탕(成湯)께 제사를 드렸다.'라고 기록하였다."

또 이렇게 말했다. 하지만 "무정 임금이 죽자 아들인 조경(祖庚)을 임금으로 세웠다. 조기(祖己)는 무정 때 꿩이 날아온 것을 길조로 여겼던 것을 덕으로 본받고자 고종의 사당을 건립했으며, 그리하여 '고종융일'을 짓고 그 뜻을 해설하게 되었다.(帝武丁崩, 子帝祖庚立, 祖己嘉武丁之以祥雉爲德, 立其廟爲高宗, 遂作高宗肜日及訓.)"라고 했다. 이는 모두 「고종융일(高宗肜日)」이 무정(武丁)이 성탕(成湯)에게 제사지낸 기록이라 말하고, 또 이 글이 조기(祖己)가 지었다는 것을 보여준다.

갑골문에서의 '융일' 제사를 보면, '융일' 위로 나오는 인명은 모두 제사를 받는 조상의 이름이다. 예를 들어, "임인일에 점을 칩니다. 물어봅니다. 왕께서 '빈'제사를 '시임'께 드리고 '융일'제사를 드리면, 재

---

3) [역주] 굴만리(屈萬里, 1907-1979)는 중화민국의 저명한 학자이자 중앙연구원 원사였다. 『시경』, 『상서』 등 상고 문헌 연구에 전문성을 가졌다. 1949년 대만으로 이주 후, 국립대만대학 교수, 국립중앙도서관 관장 등을 역임했다. 1972년 중앙연구원 원사로 선출되었다. 주요 저서로 『상서석의』, 『시경석의』 등이 있다. 대학을 졸업하지 않고도 개인의 노력으로 학문적 성취를 이루어 원사가 된 점이 특징적이며, 그의 연구는 중국 고전학, 특히 경학 연구 발전에 큰 기여를 했다.

앙이 없을까요?(壬寅卜, 貞: 王賓示壬彡日, 亡尤?)"(『殷虛書契前編』卷1, 1쪽) 또 "정미일에 점을 칩니다. 물어봅니다. 왕께서 '빈'제사를 무정께 드리고 '융일'제사를 드리면, 재앙이 없을까요?(丁未卜, 貞: 王賓武丁肜日, 亡尤?)"(같은 책, 18쪽) 게다가 조기(祖己)라는 호칭은 분명 그 후손들에 의해 붙여진 것이다. 그래서 왕국유(王國維)는 「고종융일설(高宗肜日 說)」(『觀堂集林』에 보임)에서 이렇게 주장했다. (1) '고종융일(高宗肜日)' 은 조경(祖庚)이 고종(高宗)께 드린 제사이다. (2) 이 갑골 편은 응당 무을(武乙) 이후의 것이다. (3) 조기(祖己)는 바로 효기(孝己)이다.

2. 월유구치(越有雊雉)

돈황본(敦煌本) 백(伯)-2516의 경문에서는 이를 "월우구치(越ナ雊 雉)"라 적었고, 『전』에서는 "융일 제사 때 꿩이 날아드는 기이한 일이 있었다(于肜日有雉異.)"라고 했다. '월(越)'과 '율(聿)'은 독음이 비슷하 다. "월유구치(越有雊雉)"라는 것은 「하소정(夏小正)」에서 말한 "월유 소한(越有小旱)"의 '월(越)'과 같은데, "율유구치(聿有雊雉)"를 말한 것 이다. 왕인지(王引之)는 『경전석사(經傳釋詞)』(권2)에서는 이렇게 말했 다. 『이아』에서 "월(粵)은 말하다는 뜻이다(曰也). 달리 율(聿)로 적기 도 한다." 그리고 "유구치(有雊雉)"는 야생 꿩이 날아와 정(鼎)의 귀에 앉아서 울었다는 말이다. 『설문·추(隹)부수』에서 "구(雊)는 암수 꿩이 울다는 뜻이다(雄雌鳴也). 우레가 울기 시작하면 꿩이 울고 장끼는 목 을 뺀다.(雷始動, 雉鳴而雊其頸.)"라고 했다. 「서(書)·서(序)」의 『전(傳) 』에서는 이러한 현상을 '이불총지이(耳不聰之異: 귀가 밝지 못한 것의 차 이)'라고 했는데, 이로부터 이 내용이 조기(祖己)가 당시의 왕들에게 제 사의 개혁을 권고한 말이라고 여겼다. 여기서의 연관을 통해, 『전』에 는 상고의 은상 시대에 성행했던 '꿩이 울면 재앙이 생긴다'는 '조점(鳥

占) 신앙이 내재해 있음을 알 수 있다.

이학근(李學勤)의 「'하소정'신증(夏小正新證)」에서는 한나라 때의 경학 해설에 구애되지 않고서 꿩의 울음을 어떤 사물의 징후(物候)로 보고서, 꿩이 때가 아닌데 운 것을 이변이라 보지 않았다. 상나라 때 이미 『하소정(夏小正)』의 경문(經文) '정월(正月)'에 "치진구(雉震呴)"라는 말이 나오는데, '구(呴)'자를 『설문』에서는 '구(雊)'로 적었다. 설명이 필요한 부분은, 『설문』이 '구(雊)'를 '암수 꿩이 운다(雄雉鳴)'로 바꾸었고, 또 '유(鷸)'자의 뜻을 '암수 꿩이 울다(雌雉鳴)'라는 뜻이라고 풀이했다는 점이다. 단옥재의 주석에서도 이미 지적했듯이, 이 말은 『시』의 「소변(小弁)」과 「포유고엽(匏有苦葉)」의 두 편에서 나온 풀이인데, 실제 이 두 글자는 '뒤섞여 구분하지 않고(渾言不別)', 서로 통용할 수 있다(필자의 생각에, '呴'자는 「高宗肜日」편의 '雊'자이기도 하며, 『史記·殷本紀』에서 인용한 '呴'이기도 하다.)

이학근(李學勤)은 전래 문헌부터 출토자료까지 두루 주의를 기울였다. 꿩(雉)의 울음소리를 물후(物候)[4]로 보는 관념은 오랫동안 전해져 왔다. 단옥재(段玉裁)는 이미 『예기·월령(月令)』과 「홍범오행전(洪範五行傳)」 및 『역위(易緯)·통괘험(通卦驗)』 등에서 「하소정(夏小正)」과 유사한 기록을 인용하였다. 뒤의 둘은 점술에 관한 것으로, 고대인들의 눈에는 매년 일정한 시기에 꿩(雉)이 울어야 했으며, 울어야 할 때 울지 않거나 울면 안 될 때 우는 것은 재앙의 징조로 간주되었다.

---

4) [역주] 물후(物候)란 생물체가 계절 변화에 대해 보이는 반응을 말하며, 특히 식물과 동물이 온도, 습도, 일조 등의 환경 요인 변화에 대해 나타내는 민감성과 주기적 반응을 의미한다. 이러한 반응에는 식물의 개화(開花), 잎의 변색과 낙엽, 그리고 동물의 이주(遷徙), 동면(冬眠), 번식 등이 포함된다. 물후 현상은 생태학(生態學)과 농업학(農業學) 연구의 중요한 내용이며, 기후 변화가 생태계에 미치는 영향을 이해하는 데 중요한 의의를 지닌다.

은허(殷墟)에서 발굴된 갑골 복사에서도 꿩(雉)의 울음소리를 재앙의 징조로 본 기록이 발견되었다. 예를 들어, 『염재갑골전람(棪齋甲骨展覽)』제21편 어깻죽지 뼈에는 "……날 저녁에 꿩(雉)이 울까요?"라는 기록이 있다. 또 『은허문자철합(殷墟文字綴合)』제36편의 어깻죽지 뼈에는 "…… [계축일에 점을 칩니다.] '영'이 [물어봅니다.] 올 10일 동안 [재앙이] 없을까요? 을묘일에 설(設)5)이 일어났다. …… 돼지 8마리를 올렸다. 경신일에도 또 설(設)이 일어났으며, 꿩(雉)이 울었다. 강(羌)족을 정벌해야 할까요?"라는 기록이 있다. 두 기록 모두 무정(武丁)시대의 '빈(賓)' 그룹의 복사이며, '치(雉)'자는 새 모양을 그렸는데, 가로로 한 획이 그어졌다. 이는 갑골문에서 '체(彘)'자가 시(豕: 멧돼지)에다 가로획을 하나 그어놓은 것과 같다. 이 두 복사는 "꿩(雉)이 울었다"라는 기록만 있을 뿐, 꿩(雉)의 울음소리가 나는 환경과 장소는 표시하지 않았다. 따라서 꿩(雉)의 울음소리가 재앙의 징조가 된 것은 울어야 할 시간이 아닌 때에 울었기 때문이라 볼 수밖에 없다. 첫 번째 기록에서는 '저녁' 즉 늦은 시간에 꿩이 울었다고 했는데, 이는 울면 안 되는 시간에 울었다는 명백한 예이다.

『상서』의 이 편과 위에서 인용한 갑골 복사에서 다 같이 꿩의 울음소리를 재앙의 징조로 보았다는 점을 연결하면, 이학근의 주장은 다른 학자들보다 더 타당하다. 「고종융일(高宗肜日)」편은 「서서(書序)」, 『상서대전(尙書大傳)』, 『사기(史記)』 등에서 무정(武丁) 시대에 일어난 일로 간주되었다. 그러나 왕국유(王國維)는 이를 무정(武丁)의 아들 조경(祖庚) 시대의 사건으로 간주하였으며, 그 이유는 갑골 복사나 금

---

5) [역주] 갑골(甲骨) 복사(卜辭)에서 '설(設)'은 일반적으로 설립 또는 건립의 의미를 나타내며, 때로는 제사(祭祀) 활동에서의 설치나 준비를 지칭하는 데 사용되기도 한다.

문에서 '모모 융일'이라는 말은 '제사를 지내는 사람을 가리키기 때문이라 했다.

현재 발견된 갑골 복사와 금문에 따르면, '왕빈××융일(王賓某某肜日)' 또는 '구우××융일(遘于某某肜日)'로 기록되어, 문헌에서의 '고종융일(高宗肜日)'과 완전히 일치하지는 않는다. 동시에 '고종(高宗)'라는 호칭도 나타나지 않아, '고종'이 주어가 아니라고 하는 추론은 충분한 근거가 부족하다. 한편, 『상서대전(尙書大傳)』과 『사기·은본기(殷本紀)』에서는 무정(武丁)이 성탕(成湯)께 제사를 올릴 때, 꿩(雉)이 정의 귀(鼎耳)에 날아와 울었다고 기록하였는데, 이는 한나라 때의 경설(經說)로, 이것이 「고종융일」의 본의와 일치하는지는 별도의 문제이다.6)

꿩(雉)이 정(鼎)의 귀(耳)에 날아와 앉아 울었다는 사실과 '고종융일(高宗肜日)'의 관계에 대해, 유기우(劉起釪)는 상나라 때의 새 토템 관련 자료를 연결하여 새로운 추론을 제시하였다. 상나라의 지배자들은 종교적인 미신을 강하게 믿었으며, 이는 역사적으로 '은인(殷人) 상귀(尙鬼)'라는 특징으로 나타났다. 원시 시대 상 민족은 새를 토템으로 삼았으며, 이 깊고 오랜 토템 숭배의 전통적인 의식과 심리적 특성 하에서, 은나라 사람들은 꿩(雉)을 신이 보낸 새로 간주하였으며, 따라서 꿩(雉)의 울음소리는 중요한 사건으로 간주되었다. 특히 갑골 복사에는 신의 새를 제사하는 기록이 많이 있었다. 예를 들어, 무정(武丁) 시대에는 '상제의 사제(帝史) 봉(鳳)'에 대해 여러 번 제사하였으며, 꿩(雉)에 대해 직접 제사하는 기록도 세 번 보인다. 게다가 무정(武丁)은 제사를 매우 성대하게 거행하였으며(소 3마리, 돼지 3마리, 개 3마리 등), 이는 봉(鳳)과 꿩(雉)에 대한 존중을 나타낸다. 초기 갑골 복사에

---

6) 臧克和, 『尙書文字校詁·高宗肜日』의 注①②에서 인용함. 劉起釪, 『古史續辨·「高宗肜日」所反映的歷史事實』 참조.(中華書局, 1993年).

는 '상스러운 새(祥鳥)'에 대해 제사를 드리는 기록이 있는데, 이는 「은본기(殷本紀)」에서 조기(祖己)가 꿩(雉)을 '상스러운 꿩(祥雉)'이라고 부른 것과 동일하다. 동시에 무정(武丁)은 새뿐만 아니라 하늘의 조성(鳥星)에게도 제사를 드렸는데(『은허문자을편』의 여러 편에 보인다), 무정(武丁) 시대의 갑골 복사에는 꿩(雉)의 울음소리에 관한 기록이 여럿 있다. 이로부터 무정(武丁) 시대 상 왕조의 지배자들이 꿩(雉)의 울음소리를 조심스럽고 두려워하는 심리 상태로 어떻게 대하였는지, 그리고 「고종융일(高宗肜日)」편에 보이는 꿩(雉) 울음소리에 대한 원래 의미를 직접 이해할 수 있다.

사람들이 새의 언어를 이해하며, 새가 영적인 특성을 갖추고 있다는 것이 후대의 대중 소설에서도 자주 보이는데, '새와 사람' 사이의 정보 교환과 소통이 생동감 있게 묘사되고 있다.[7]

『설문』의 관련 부분에서 구축된 새에 대한 인지 세계를 구체적으로 살펴보면 다음과 같다. 관련 항목은 각주로 표시했다.

001 (甲骨 金文 簡帛

簡牘文): 長尾禽總名也. 象形. 鳥之足似匕, 从匕. 凡鳥之屬皆从鳥. 都了切.

조(鳥), '꼬리가 긴 새의 총칭이다(長尾禽總名).' 상형이다. 새의 발이 비(匕: 비수)와 비슷하기 때문에, 비(匕)로 구성되었다. 조(鳥) 부수에 귀속된 글자는 모두 조(鳥)가 의미부이다. 독음은 도(都)와 료(了)의 반절이다.

002 甲骨文 漢印 石

---

7) 예를 들어, 『삼국연의』 제53회에서는 공명이 북쪽에서 남쪽으로 날아오는 까마귀에 관한 소매 점술을 언급한다.

刻): 神鳥也. 天老曰: "鳳之象也, 鴻前麐後, 蛇頸魚尾, 鸛顙鴛思, 龍文虎背, 燕頷雞喙, 五色備舉. 出於東方君子之國, 翱翔四海之外, 過崐崘, 飲砥柱, 濯羽弱水, 莫宿風穴. 見則天下大安寧." 从鳥凡聲. 𠘻, 古文鳳, 象形. 鳳飛, 羣鳥從以萬數, 故以爲朋黨字. 鵬, 亦古文鳳. 馮貢切.

봉(鳳), '신령스런 새(神鳥)'를 말한다. [황제(黃帝)의 신하였던] 천로(天老)가 다음처럼 말했다. "봉새의 모습을 보면, 앞은 기러기(鴻)를, 뒤는 기린(麐)을, 목은 뱀(蛇)을, 꼬리는 물고기(魚)를, 이마는 황새(鸛)를, 빰은 원앙(鴛)을, 무늬는 용(龍)을, 등은 호랑이(虎)를, 턱은 제비(燕)를, 부리는 닭(雞)을 닮았으며, 오색이 모두 갖추어졌다. 동방의 군자국(君子國)에서 나와서 사해의 밖을 선회하여, 곤륜(崐崘)산을 넘어, 황하의 지주(砥柱)에서 물을 마시고, 약수(弱水)에서 깃털을 씻고, 저녁이 되면 바람의 동굴(風穴)에서 잠을 잔다. 이 새가 나타나면 천하가 크게 안녕하게 된다." 조(鳥)가 의미부이고 범(凡)이 소리부이다. 봉()은 봉(鳳)의 고문체이다. 상형이다. 봉(鳳)이 날면 다른 새들이 따라 날아올라 수만 마리 무리를 만든다. 그래서 붕당(朋黨)이라는 말이 만들어졌다. 봉()도 봉(鳳)의 고문체이다. 독음은 풍(馮)과 공(貢)의 반절이다.

003 (金文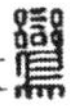漢印): 亦神靈之精也. 赤色, 五采, 雞形. 鳴中五音, 頌聲作則至. 从鳥䜌聲. 周成王時氐羌獻鸞鳥. 洛官切.

란(鸞), '붉고 신령스런 정령(亦神靈之精)'을 말한다.[8] 붉은 색에, 다섯 가지 무늬를 발하며, 닭의 형상을 했다. 우는 소리는 오음(五音)과 맞고, 찬송하는 소리를 들으면 날아온다. 조(鳥)가 의미부이고 난(䜌)이 소리부이다. 주(周)나라 성왕(成王) 때 저강(氐羌)이 난새를 헌상했었다. 독음은 락(洛)과 관(官)의 반절이다.

---

8) [역주] 『단주』에서 각 판본에서 역(亦)으로 되었으나 적(赤)이 옳다고 하면서, 이렇게 말했다. "『예문유취(藝文類聚)』, 『비아(埤雅)』, 『집운(集韻)』, 『유편(類篇)』, 『운회(韻會)』에 근거해 바로 잡는다. 『후한서주(後漢書注)』와 『광운(廣韻)』에서 인용한 『손씨서응도(孫氏瑞應圖)』에서도 란(鸞)은 붉고 신령스런 정령을 말한다(赤神之精也)라고 했다." 『단주』의 해설을 따랐다.

004 鷟: 鸑鷟, 鳳屬, 神鳥也. 从鳥獄聲.『春秋國語』曰: "周之興也, 鸑
鷟鳴於岐山." 江中有鸑鷟, 似鳧而大, 赤目. 五角切.

악(鸑), '악작(鸑鷟)'을 말하는데, '봉새의 일종(鳳屬)으로, 신령스런
새이다(神鳥).' 조(鳥)가 의미부이고 악(獄)이 소리부이다.『춘추국
어·주어(周語)』(「내사과설(內史過說)」)에서 "주(周)나라가 흥성한 것
은 악작(鸑鷟)이 기산(岐山)에서 울었기 때문이다."라고 했다. 강
에 사는 악작(鸑鷟)도 있는데, 오리(鳧)처럼 생겼으나 더 크고 붉
은 눈을 가졌다. 독음은 오(五)와 각(角)의 반절이다.

005 鷟: 鸑鷟也. 从鳥族聲. 士角切.

작(鷟), '악작(鸑鷟)이라는 새'를 말한다. 조(鳥)가 의미부이고 족(族)
이 소리부이다. 독음은 사(士)와 각(角)의 반절이다.

006 鷫: 鷫鷞也. 五方神鳥也. 東方發明, 南方焦明, 西方鷫鷞, 北方幽
昌, 中央鳳皇. 从鳥肅聲. 鷫, 司馬相如說：从叜聲. 息逐切.

숙(鷫), '숙상(鷫鷞)'을 말하는데, '오방을 대표하는 신령스런 새(五
方神鳥)'이다. 동방의 신령스런 새를 발명(發明)이라 하고, 남방의
신령스런 새를 초명(焦明)이라 하고, 서방의 신령스런 새를 숙상
(鷫鷞)이라 하고, 북방의 신령스런 새를 유창(幽昌)이라 하고, 중
앙의 신령스런 새를 봉황(鳳皇)이라 부른다. 조(鳥)가 의미부이고
숙(肅)이 소리부이다. 숙(鷫)은 사마상여(司馬相如)의 설을 따르
면 수(叜)가 소리부이다. 독음은 식(息)과 축(逐)의 반절이다.

007 鷞: 鷫鷞也. 从鳥爽聲. 所莊切.

상(鷞), '숙상(鷫鷞)이라는 새'말한다. 조(鳥)가 의미부이고 상(爽)이
소리부이다. 독음은 소(所)와 장(莊)의 반절이다.

008 鳩 (鵃簡帛): 鶻鵃也. 从鳥九聲. 居求切.

구(鳩), '골주(鶻鵃) 즉 멧비둘기'를 말한다. 조(鳥)가 의미부이고 구
(九)가 소리부이다. 독음은 거(居)와 구(求)의 반절이다.

009 鶻: 鶻鳩也. 从鳥屈聲. 九勿切.

굴(鶻), '굴구(鶻鳩) 즉 멧비둘기'를 말한다. 조(鳥)가 의미부이고 굴

(屈)이 소리부이다. 독음은 구(九)와 물(勿)의 반절이다.

010 鵻 : 祝鳩也. 从鳥隹聲. 隼, 雝或从隹·一. 一曰鶉字. 思允切.

추(鵻), '축구(祝鳩) 즉 산비둘기'를 말한다. 조(鳥)가 의미부이고 추(隹)가 소리부이다. 추(隼)는 추(鵻)의 혹체자인데, 추(隹)와 일(一)로 구성되었다. 일설에는 순(鶉)자라고도 한다. 독음은 사(思)와 윤(允)의 반절이다.

011 鶻 : 鶻鵃也. 从鳥骨聲. 古忽切.

골(鶻), '골주(鶻鵃) 즉 멧비둘기'를 말한다. 조(鳥)가 의미부이고 골(骨)이 소리부이다. 독음은 고(古)와 홀(忽)의 반절이다.

012 鵃 : 鶻鵃也. 从鳥舟聲. 張流切.

주(鵃), '골주(鶻鵃) 즉 멧비둘기'를 말한다. 조(鳥)가 의미부이고 주(舟)가 소리부이다. 독음은 장(張)과 류(流)의 반절이다.

013 鵴 : 秸鵴, 尸鳩. 从鳥𪊽聲. 居六切.

국(鵴), '길국(秸鵴)을 말하는데, 뻐꾸기(尸鳩)를 말한다.' 조(鳥)가 의미부이고 국(𪊽)이 소리부이다. 독음은 거(居)와 륙(六)의 반절이다.

014 鴿 : 鳩屬. 从鳥合聲. 古沓切.

합(鴿), '비둘기의 일종이다(鳩屬).' 조(鳥)가 의미부이고 합(合)이 소리부이다. 독음은 고(古)와 답(沓)의 반절이다.

015 鴠 : 渴鴠也. 从鳥旦聲. 得案切.

단(鴠), '갈단(渴鴠) 즉 산박쥐'를 말한다. 조(鳥)가 의미부이고 단(旦)이 소리부이다. 독음은 득(得)과 안(案)의 반절이다.

016 鵙 : 伯勞也. 从鳥臩聲. 雅, 鵙或从隹. 古闃切.

격(鵙), '백로(伯勞) 즉 때까치'를 말한다. 조(鳥)가 의미부이고 격(臩)이 소리부이다. 격(雅)은 격(鵙)의 혹체자인데, 추(隹)로 구성되었다. 독음은 고(古)와 격(闃)의 반절이다.

017 鷚 : 天龠也. 从鳥翏聲. 力救切.

류(鷚), '천약(天龠)이라는 새'를 말한다. 조(鳥)가 의미부이고 료(翏)가 소리부이다. 독음은 력(力)과 구(救)의 반절이다.

018 鸒：卑居也. 从鳥與聲. 羊茹切.

여(鸒), '비거(卑居)라는 새'를 말한다. 조(鳥)가 의미부이고 여(與)가
소리부이다. 독음은 양(羊)과 여(茹)의 반절이다.

019 鷽：鷽鸒, 山鵲, 知來事鳥也. 从鳥, 學省聲. 雤, 鷽或从隹. 胡角切.

학(鷽), '한학(鷽鸒)을 말하는데, 산까치(山鵲)를 말하며, 다가올 일을
예견해 주는 새이다(知來事鳥).' 조(鳥)가 의미부이고, 학(學)의 생
략된 모습이 소리부이다. 학(雤)은 학(鷽)의 혹체자인데, 추(隹)로
구성되었다. 독음은 호(胡)와 각(角)의 반절이다.

020 鷚：鳥黑色多子. 師曠曰："南方有鳥, 名曰羌鷚, 黃頭赤目, 五色皆
備." 从鳥就聲. 疾僦切.

취(鷚), '검은색 새로, 새끼를 많이 낳는다(鳥黑色多子)'9). 사광(師
曠)10)에 의하면, "남방에 새가 있는데, 강취(羌鷚)라고 한다. 누
런색의 머리에 붉은 눈을 가졌으며, 오색의 무늬를 모두 갖추었
다." 조(鳥)가 의미부이고 취(就)가 소리부이다. 독음은 질(疾)과
추(僦)의 반절이다.

021 鴞：鴟鴞, 寧鴂也. 从鳥号聲. 于嬌切.

효(鴞), '치효(鴟鴞)는 달리 녕결(寧鴂)이라 불리는데, 부엉이를 말
한다.' 조(鳥)가 의미부이고 호(号)가 소리부이다. 독음은 우(于)와
교(嬌)의 반절이다.

022 鴂：寧鴂也. 从鳥夬聲. 古穴切.

---

9) [역주] 『단주』에서는 "鷚鳥, 黑色, 多子.(취조를 말하는데, 검은색이며, 새끼를
많이 낳는다.)"가 되어야 한다고 했다.

10) [역주] 사광(師曠, B.C. 572~B.C. 532)은 자가 자야(子野), 진야(晉野)로, 춘추
시대 진(晉)나라의 양설식읍(羊舌食邑: 지금의 산서성 洪洞縣 曲亭鎭 師村) 사
람이다. 진(晉) 평공(平公) 때 악사(樂師)를 지냈다. 전하는 말로 태어날 때부터
장님이었는데, 음률(音律)을 잘 판별했고 소리로 길흉(吉凶)까지 점쳤다고 한
다. 제(齊)나라가 진나라를 침공했는데, 새소리를 듣고 제나라 군대가 이미 후
퇴한 것을 알아냈다. 평공이 큰 종을 주조했는데 모든 악공(樂工)들이 음률이
정확하다고 했지만 그만 그렇지 않다고 판단했다. 나중에 사연(師涓)이 이것이
사실임을 확인했다. 『금경(禽經)』을 지었다고 전해진다.

『설문해자』 인지분석

결(鴂), '녕결(寧鴂)이라는 새'를 말한다. 조(鳥)가 의미부이고 쾌(夬)가 소리부이다. 독음은 고(古)와 혈(穴)의 반절이다.

023 鵻: 鳥也. 从鳥崇聲. 辛聿切.

술(鵻), '새의 이름이다(鳥).' 조(鳥)가 의미부이고 수(崇)가 소리부이다. 독음은 신(辛)과 율(聿)의 반절이다.

024 鴋: 澤虞也. 从鳥方聲. 分兩切.

방(鴋), '택우(澤虞) 즉 사다새'[11]를 말한다.[12] 조(鳥)가 의미부이고 방(方)이 소리부이다. 독음은 분(分)과 량(兩)의 반절이다.

025 鶛: 鳥也. 从鳥截聲. 子結切.

절(鶛), '새의 이름이다(鳥).'[13] 조(鳥)가 의미부이고 절(截)이 소리부이다. 독음은 자(子)와 결(結)의 반절이다.

026 鶫: 鳥也. 从鳥桼聲. 親吉切.

칠(鶫), '새의 이름이다(鳥).'[14] 조(鳥)가 의미부이고 칠(桼)이 소리

---

11) [역주] 우리나라에서는 가람조(伽藍鳥)라고도 한다. 몸길이 140~178cm이다. 어미 새의 몸 빛깔은 흰색이며 첫째 날개깃은 검정색이다. 해안이나 내륙의 호수에 살면서 부리주머니 속에 작은 물고기나 새우 따위를 빨아 삼킨다. 둥지는 호숫가나 습지의 갈대밭이나 갯벌에 나뭇가지 또는 풀을 이용하여 접시 모양으로 튼다. 3~7월에 한배에 2~3개(때로는 4개)의 알을 낳는데, 부화한 지 10일이면 온몸에 흰 솜털이 덮인다. 유럽 남동부에서 몽골, 시베리아에 이르는 지역에 불연속적으로 분포하며 남쪽으로 내려가 겨울을 난다.(두산백과)

12) [역주] 『단주』에서 이렇게 말했다. "『이아·석조(釋鳥)』에서 방(鴋)은 택우(澤虞)를 말한다고 했고, 『경전석문』에서 방(鴋·사다새)은 원래 방(鳻)으로 적기도 하는데, 『설문』에서는 방(鴋)으로 적었다고 했다. 곽박의 주석에서 오늘날 말하는 고택조(姑澤鳥)인데, 마치 군주를 곁에는 지키는 관리(主守之官)인양 항상 소택에서 살면서 그곳을 지킨다고 했다. 내 생각에, 이는 택우(澤虞: 주나라 때 소택을 관리하던 벼슬)의 의미를 갖고 해석한 것으로, 마치 『주례』에서 말한 택우(澤虞)와 같은 역할을 한다는 뜻이다. 양웅(楊雄)은 시구(鳲鳩·뻐꾸기)를 간혹 방택(鴋鸅)이라 부르기도 한다고 했는데, 아마도 시구(尸鳩)의 다른 이름일 것이다. 손염은 이를 끌어와 『이아』에 대해 주석을 달면서 방택우(鳻澤虞)라고 했는데, 다른 판본을 끊어 읽기 한 것인지는 알 수 없는 일이다."

13) [역주] 『단주』에서는 "鶛鳥也"가 되어야 한다고 했으며, "『유편』과 『운회』에서는 모두 소계(小雞)을 말한다고 했다."

14) [역주] 『단주』에서는 "鶫鳥也"가 되어야 한다고 했다.

부이다. 독음은 친(親)과 길(吉)의 반절이다.

027 鴩 :　鋪豉也. 从鳥失聲. 徒結切.

　일(鴩), '포시(鋪豉)15) 즉 뻐꾸기'를 말한다. 조(鳥)가 의미부이고 실
　(失)이 소리부이다. 독음은 도(徒)와 결(結)의 반절이다.

028 鶤 :　鶤雞也. 从鳥軍聲. 讀若運. 古渾切.

　곤(鶤), '곤계(鶤雞) 즉 댓닭16)'을 말한다. 조(鳥)가 의미부이고 군
　(軍)이 소리부이다. 운(運)과 같이 읽는다. 독음은 고(古)와 혼(渾)
　의 반절이다.

029 鴢 :　鳥也. 从鳥芺聲. 烏浩切.

　오(鴢), '새의 이름이다(鳥).' 조(鳥)가 의미부이고 요(芺)가 소리부
　이다. 독음은 오(烏)와 호(浩)의 반절이다.

030 鵠 :　鳥也. 从鳥臼聲. 居玉切.

　곡(鵠), '새의 이름이다(鳥).' 조(鳥)가 의미부이고 구(臼)가 소리부이
　다. 독음은 거(居)와 옥(玉)의 반절이다.

031 鷦 :　鷦鷯, 桃蟲也. 从鳥焦聲. 卽消切.

　초(鷦), '초묘(鷦鷯), 즉 도충새(桃蟲鳥)'를 말한다. 조(鳥)가 의미부이
　고 초(焦)가 소리부이다. 독음은 즉(卽)과 소(消)의 반절이다.

032 鷯 :　鷦鷯也. 从鳥眇聲. 亡沼切.

　묘(鷯), '초묘(鷦鷯)'를 말한다. 조(鳥)가 의미부이고 묘(眇)가 소리
　부이다. 독음은 망(亡)과 소(沼)의 반절이다.

033 鷚 :　鳥少美長醜爲鶹離. 从鳥雷聲. 力求切.

　류(鷚), '작을 때에는 예쁘지만 크면 못생겨지는 유리(鶹離)라는

---

15) [역주] 포시(鋪豉)는 원래 상처 부위에 된장을 얇게 펴서 바르다는 뜻이다. 뻐
　꾸기를 왜 이렇게 불렀는지는 『단주』에서도 그 연유를 알지 못한다고 했다.
16) 닭의 한 품종으로, 몸이 크고 뼈대가 튼튼하며, 깃털이 성기고 근육이 매우 발
　달하였다. 힘이 세어 싸움닭으로 기르며 고기 맛은 좋으나 알을 많이 낳지 못
　한다. 『단주』에 의하면, "『이아·석조(釋鳥)』에서 3자 크기의 닭(雞三尺)을 곤
　(鶤)이라 한다고 했고, 곽박의 주석에서 양구거곤(陽溝巨鶤)은 옛날의 유명한
　닭 품종 이름이라고 했다."

새를 말한다(鳥少美長醜爲鷗離).' 조(鳥)가 의미부이고 유(畱)가 소리부이다. 독음은 력(力)과 구(求)의 반절이다.

034 鸛(金文　　　　　簡帛　漢印　石刻)： 鳥也. 从鳥堇聲. 鸛, 鸛或从隹. 鸛, 古文鸛. 鸛, 古文鸛. 鸛, 古文鸛. 那干切.

난(鸛), '새의 이름이다(鳥).' 조(鳥)가 의미부이고 근(堇)이 소리부이다. 난(鸛)은 난(鸛)의 혹체자인데, 추(隹)로 구성되었다. 난(鸛)은 난(鸛)의 고문체이다. 난(鸛)도 난(鸛)의 고문체이다. 난(鸛)도 난(鸛)의 고문체이다. 독음은 나(那)와 간(干)의 반절이다.

035 鷦： 欺老也. 从鳥象聲. 丑絹切.

천(鷦), '기로(欺老)라는 새'를 말한다.[17] 조(鳥)가 의미부이고 단(象)이 소리부이다. 독음은 축(丑)과 견(絹)의 반절이다.

036 鷝： 鳥也. 从鳥, 說省聲. 弋雪切.

열(鷝), '새의 이름이다(鳥).'[18] 조(鳥)가 의미부이고, 설(說)의 생략된 모습이 소리부이다. 독음은 익(弋)과 설(雪)의 반절이다.

037 瑪： 鳥也. 从鳥主聲. 天口切.

투(瑪), '새의 이름이다(鳥).'[19] 조(鳥)가 의미부이고 주(主)가 소리부이다. 독음은 천(天)과 구(口)의 반절이다.

038 鶤： 鳥也. 从鳥昏聲. 武巾切.

민(鶤), '새의 이름이다(鳥).'[20] 조(鳥)가 의미부이고 혼(昏)이 소리부이다. 독음은 무(武)와 건(巾)의 반절이다.

039 鷯： 刀鷯. 剖葦, 食其中蟲. 从鳥尞聲. 洛簫切.

료(鷯), '도요새(刀鷯)'를 말한다. 갈대 속을 파서 그 속에 든 벌레를 먹는다(剖葦, 食其中蟲). 조(鳥)가 의미부이고 요(尞)가 소리부이다. 독음은 락(洛)과 소(簫)의 반절이다.

---

17) [역주] 『이아·석조(釋鳥)』에서는 기로(欺老)를 기로(鵙老)로 썼다.
18) [역주] 『단주』에서는 "鷝鳥也"가 되어야 한다고 했다.
19) [역주] 『단주』에서는 "瑪鳥也"가 되어야 한다고 했다.
20) [역주] 『단주』에서는 "鶤鳥也"가 되어야 한다고 했다.

040 鶠 : 鳥也. 其雌皇. 从鳥匽聲. 一曰鳳皇也. 於幰切.

언(鶠), '새의 이름이다(鳥).'21) 이 새의 수컷을 황(皇)이라 한다. 조(鳥)가 의미부이고 언(匽)이 소리부이다. 일설에는 '봉황(鳳皇)'을 말한다고도 한다. 독음은 어(於)와 헌(幰)의 반절이다.

041 鴲 : 瞑鴲也. 从鳥旨聲. 旨夷切.

지(鴲), '명지(瞑鴲)라는 새'를 말한다. 조(鳥)가 의미부이고 지(旨)가 소리부이다. 독음은 지(旨)와 이(夷)의 반절이다.

042 鵅 : 烏𩿧也. 从鳥各聲. 盧各切.

락(鵅), '오복(烏𩿧)이라는 새'를 말한다.22) 조(鳥)가 의미부이고 각(各)이 소리부이다. 독음은 로(盧)와 각(各)의 반절이다.

043 𩿧 : 烏𩿧也. 从鳥暴聲. 蒲木切.

복(𩿧), '오복(烏𩿧)이라는 새'를 말한다. 조(鳥)가 의미부이고 폭(暴)이 소리부이다. 독음은 포(蒲)와 목(木)의 반절이다.

044 鶴 (鸖漢印) : "鳴九皐, 聲聞于天." 从鳥隺聲. 下各切.

학(鶴), [『시경소아학명(鶴鳴)』에서] "높은 언덕에서 우니, 그 울음소리 하늘에 퍼지네.(鳴九皐, 聲聞于天.)"라고 노래했다.23) 조(鳥)가 의미부이고 학(隺)이 소리부이다. 독음은 하(下)와 각(各)의 반절이다.

045 鷺 : 白鷺也. 从鳥路聲. 洛故切.

로(鷺), '백로(白鷺)'를 말한다.24) 조(鳥)가 의미부이고 로(路)가 소리부이다. 독음은 락(洛)과 고(故)의 반절이다.

---

21) [역주] 『단주』에서는 "鷗鳥也"가 되어야 한다고 했다.
22) [역주] 『단주』에서 이렇게 말했다. "『이아·석조(釋鳥)』에 보인다. 곽박의 주석에서 물새를 말한다(水鳥也)고 했다. 내 생각에, 이는 추(隹)부수에서 말한 락(雒)과 독음은 같지만 의미는 다르다."
23) [역주] 구(九)는 고(高)와 같아 '높다'라는 뜻이고, 고(皐)는 물가의 언덕을 말한다. 『집전』에서 학의 울음소리는 8리나 9리의 먼 곳까지 들린다고 하였다.
24) [역주] 『단주』에 의하면, 『이아·석조(釋鳥)』에서 로(鷺)는 용서(舂鋤)를 말한다고 했고, 『시경·주송(周頌)』과 「노송(魯頌)」의 『전』에서 로(鷺)는 백조(白鳥)를 말한다고 했다.

046 (簡帛 漢印 石刻)：鴻鵠也. 从鳥告聲. 胡沃切.

곡(鵠), '홍곡(鴻鵠) 즉 고니'를 말한다. 조(鳥)가 의미부이고 고(告)가 소리부이다. 독음은 호(胡)와 옥(沃)의 반절이다.

047 ：鴻鵠也. 从鳥江聲. 戶工切.

홍(鴻), '홍곡(鴻鵠) 즉 고니'를 말한다. 조(鳥)가 의미부이고 강(江)이 소리부이다. 독음은 호(戶)와 공(工)의 반절이다.

048 ：禿鶖也. 从鳥尗聲. 鷲, 鶖或从秋. 七由切.

추(鶖), '독추(禿鶖)라는 새'를 말한다. 조(鳥)가 의미부이고 숙(尗)이 소리부이다. 추(鷲)는 추(鶖)의 혹체자인데, 추(秋)로 구성되었다. 독음은 칠(七)과 유(由)의 반절이다.

049 ：鴛鴦也. 从鳥夗聲. 於袁切.

원(鴛), '원앙새(鴛鴦)'를 말한다. 조(鳥)가 의미부이고 원(夗)이 소리부이다. 독음은 어(於)와 원(袁)의 반절이다.

050 ：鴛鴦也. 从鳥央聲. 於良切.

앙(鴦), '원앙새(鴛鴦)'를 말한다. 조(鳥)가 의미부이고 앙(央)이 소리부이다. 독음은 어(於)와 량(良)의 반절이다.

051 ：鵽鳩也. 从鳥叕聲. 丁刮切.

탈(鵽), '탈구(鵽鳩)라는 새'를 말한다.25) 조(鳥)가 의미부이고 철(叕)이 소리부이다. 독음은 정(丁)과 괄(刮)의 반절이다.

052 ：䓪鷜也. 从鳥坴聲. 力竹切.

륙(鷜), '누아(䓪鷜)라는 새'를 말한다.26) 조(鳥)가 의미부이고 육(坴)

---

25) [역주]『이아·석조(釋鳥)』에서 "탈구(鵽鳩)는 구치(寇雉)를 말한다"라고 했고, 곽박(郭璞)의 주석에서는 "탈구새(鵽)는 크기가 집비둘기(鴿)만 하고, 암컷 꿩 비슷하게 생겼는데, 다리는 쥐처럼 생겼으나 뒷발가락이 없고, 꼬리는 갈라졌다. 새만 보아도 놀라 무리지어 날며, 북방의 사막에까지 날아간다."고 했다. 또 이시진(李時珍)의『본초강목(本草綱目)』(禽二·突厥雀)에서는 "탈구새(鵽)는 함곡관 서쪽 지역에서 나는데, 날아갈 때 수컷은 앞에 암컷은 뒤에 줄을 지어 가면서 행동을 통일한다."라고 했다. 달리 돌궐작(突厥雀)이라고도 한다.

이 소리부이다. 독음은 력(力)과 죽(竹)의 반절이다.

053 䳅: 䳅鵝也. 从鳥可聲. 古俄切.

가(䳅), '가아(䳅鵝)라는 새'를 말한다. 조(鳥)가 의미부이고 가(可)가 소리부이다. 독음은 고(古)와 아(俄)의 반절이다.

054 鵝: 䳅鵝也. 从鳥我聲. 五何切.

아(鵝), '가아(䳅鵝)라는 새'를 말한다. 조(鳥)가 의미부이고 아(我)가 소리부이다. 독음은 오(五)와 하(何)의 반절이다.

055 鴈(鴈 鴈石刻): 鵝也. 从鳥·人, 厂聲. 五晏切.

안(鴈), '기러기(鵝)'를 말한다. 조(鳥)와 인(人)이 의미부이고, 엄(厂)이 소리부이다. 독음은 오(五)와 안(晏)의 반절이다.

056 鶩: 舒鳧也. 从鳥秋聲. 莫卜切.

목(鶩), '서부(舒鳧) 즉 집오리'를 말한다. 조(鳥)가 의미부이고 무(秋)가 소리부이다. 독음은 막(莫)과 복(卜)의 반절이다.

057 鷖: 鳧屬. 从鳥殹聲. 『詩』曰: "鷖鷖在梁." 烏雞切.

예(鷖), '오리 부류에 속하는 새이다(鳧屬).' 조(鳥)가 의미부이고 예(殹)가 소리부이다. 『시·대아·부예(鳧鷖)』에서 "물오리와 갈매기가 경수에서 노는데(鳧鷖在梁[27])"라고 노래했다. 독음은 오(烏)와 계(雞)의 반절이다.

058 鵝: 鵝鸊, 鳧屬. 从鳥契聲. 古節切.

결(鵝), '결얼(鵝鸊)'을 말하는데, '오리의 일종이다(鳧屬).' 조(鳥)가 의미부이고 계(契)가 소리부이다. 독음은 고(古)와 절(節)의 반절이다.

059 鸊: 鵝鸊也. 从鳥辥聲. 魚列切.

얼(鸊), '결얼(鵝鸊)이라는 새'를 말한다. 조(鳥)가 의미부이고 설(辥)이 소리부이다. 독음은 어(魚)와 렬(列)의 반절이다.

---

26) [역주] 『이아·석조(釋鳥)』에서 육(鵺)은 누아(鵝鵝)를 말한다고 했는데, 곽박의 주석에서 오늘날의 야아(野鵝·들 거위)를 말한다고 했다.

27) [역주] 예(鷖)의 경우, 『모시』에서는 경(涇)으로 썼다. 『단주』에서도 "양(梁)은 당연히 경(涇)으로 적어야 옳다"라고 했다. 이를 따랐다.

　　　　　　　　　　　『설문해자』인지분석

060 鸏 : 水鳥也. 从鳥蒙聲. 莫紅切.

몽(鸏), '물새의 일종이다(水鳥).' 조(鳥)가 의미부이고 몽(蒙)이 소리
부이다. 독음은 막(莫)과 홍(紅)의 반절이다.

061 鷸 : 知天將雨鳥也. 从鳥矞聲.『禮記』曰: "知天文者冠鷸." 鸛, 鷸或
从遹. 余律切.

휼(鷸), '곧 비가 내릴 것을 예견해 주는 새이다(知天將雨鳥).' 조(鳥)
가 의미부이고 율(矞)이 소리부이다.『예기(禮記)』28)에서 "하늘의
일을 아는 자 도요새라네(知天文者冠鷸)"라고 했다. 휼(鸛)은 휼
(鷸)의 혹체자인데, 휼(遹)로 구성되었다. 독음은 여(余)와 률(律)
의 반절이다.

062 鸊 : 鸊鷉也. 从鳥辟聲. 普擊切.

벽(鸊), '벽체(鸊鷉)라는 새'를 말한다. 조(鳥)가 의미부이고 벽(辟)
이 소리부이다. 독음은 보(普)와 격(擊)의 반절이다.

063 鷉 : 鸊鷉也. 从鳥虒聲. 土雞切.

체(鷉), '벽체(鸊鷉)라는 새'를 말한다. 조(鳥)가 의미부이고 사(虒)가
소리부이다. 독음은 토(土)와 계(雞)의 반절이다.

064 鸕 : 鸕鷀也. 从鳥盧聲. 洛乎切.

로(鸕), '노자(鸕鷀) 즉 가마우지'를 말한다. 조(鳥)가 의미부이고
로(盧)가 소리부이다. 독음은 락(洛)과 호(乎)의 반절이다.

065 鷀 : 鸕鷀也. 从鳥茲聲. 疾之切.

자(鷀), '노자(鸕鷀) 즉 가마우지'를 말한다. 조(鳥)가 의미부이고 자
(茲)가 소리부이다. 독음은 질(疾)과 지(之)의 반절이다.

066 鷾 : 鷾也. 从鳥壹聲. 乙冀切.

---

28) [역주]『단주』에서 이렇게 말했다. "『예기』에서 인용했다고 했지만 이는『한
서·예문지』131편에 나오는 말이다.『좌전』에서 정(鄭)나라의 자장(子臧)이 송
(宋)나라로 도망갔는데, 평소 도요새 깃털로 만든 관(鷸冠)을 수집하길 좋아했
다. 정나라 임금(鄭伯)이 이를 듣고서 싫어했다. 몰래 자객을 보내 꾀어내서
죽이도록 했다. 군자가 말했다. '몸에 맞지 않는 의복, 그것이 바로 몸의 재앙
이구나.(服之不衷, 身之災也.)'"

의(鷾), '가마우지(鵜)'를 말한다. 조(鳥)가 의미부이고 일(壹)이 소
리부이다. 독음은 을(乙)과 기(冀)의 반절이다.

067 鴔 : 鴔鵖也. 从鳥乏聲. 平立切.

핍(鴔), '핍핍(鴔鵖)이라는 새'를 말한다. 조(鳥)가 의미부이고 핍
(乏)이 소리부이다. 독음은 평(平)과 립(立)의 반절이다.

068 鵖 : 鴔鵖也. 从鳥皀聲. 彼及切.

핍(鵖), '핍핍(鴔鵖)이라는 새'를 말한다. 조(鳥)가 의미부이고 급(皀)
이 소리부이다. 독음은 피(彼)와 급(及)의 반절이다.

069 鴇 : 鳥也.29) 肉出尺戴. 从鳥𠬛聲. 𩿃, 鴇或从包. 博好切.

보(鴇), '새의 이름'이다(鳥).30) 이 새는 한 자 정도를 잘라낼 수 있을
정도로 고기가 많아 구워먹기에 적당하다(肉出尺戴). 조(鳥)가 의미
부이고 보(𠬛)가 소리부이다. 보(𩿃)는 보(鴇)의 혹체자인데, 포(包)
로 구성되었다. 독음은 박(博)과 호(好)의 반절이다.

070 鶮 : 鵝鶮也. 从鳥渠聲. 强魚切.

거(鶮), '옹거(鵝鶮)라는 새'를 말한다.31) 조(鳥)가 의미부이고 거
(渠)가 소리부이다. 독음은 강(强)과 어(魚)의 반절이다.

071 鷗 : 水鴞也. 从鳥區聲. 烏侯切.

구(鷗), '수호(水鴞) 즉 갈매기'를 말한다. 조(鳥)가 의미부이고 구
(區)가 소리부이다. 독음은 오(烏)와 후(侯)의 반절이다.

072 䮚 : 鳥也. 从鳥犮聲. 讀若撥. 蒲達切.

발(䮚), '새의 이름이다(鳥).'32) 조(鳥)가 의미부이고 발(犮)이 소리부

---

29) [역주] 『단주』에서는 "鴇鳥也"가 되어야 한다고 했다.
30) [역주] 능에를 말하는데, 느싯과의 겨울새이다. 몸의 길이는 수컷은 1미터, 암
컷은 76cm 정도이며, 등은 붉은 갈색에 검은색의 가로줄 무늬가 있고 몸 아
랫면은 흰색이다. 목이 길며 날개가 넓고 커서 나는 모습이 기러기와 비슷하
다. 한국, 중국, 시베리아, 유럽 등지에 분포한다. 천연기념물 제206호이다.(『
표준국어대사전』)
31) [역주] 할미새를 말하는데, 할미새 과의 검은등할미새, 긴발톱할미새, 노랑할미
새, 알락할미새 따위를 통틀어 이르는 말이다. 척령(鶺鴒)이라고도 한다.
32) [역주] 『단주』에서는 "䮚鳥也"가 되어야 한다고 했다.

이다. 발(撥)과 같이 읽는다. 독음은 포(蒲)와 달(達)의 반절이다.

073 鱅 : 鳥也. 从鳥庸聲. 余封切.

용(鱅), '새의 이름이다(鳥).'33) 조(鳥)가 의미부이고 용(庸)이 소리
부이다. 독음은 여(余)와 봉(封)의 반절이다.

074 鷁 : 鳥也. 从鳥兒聲. 『春秋傳』曰: "六鷁退飛." 鬲, 鷁或从鬲. 鷁,
司馬相如說, 鷁从赤. 五歷切.

예(鷁), '새의 이름이다(鳥).'34) 조(鳥)가 의미부이고 아(兒)가 소리부
이다. 『춘추전』(『좌전』희공 16년, B.C. 644)에서 "[16년 봄, 운석이 송
나라의 하늘 위에서 다섯 개나 떨어졌다.…… 또] 아조 새 여섯 마리가
[송나라 도성 위를] 뒤로 하여 날아갔다(六鷁退飛)"라고 했다. 역
(鬲)은 역(鷁)의 혹체자인데, 력(鬲)으로 구성되었다. 역(鷁)은 사
마상여(司馬相如)의 설에 의하면 역(鷁)자인데, 적(赤)으로 구성되
었다. 독음은 오(五)와 력(歷)의 반절이다.

075 鵜 : 鵜胡, 汚澤也. 从鳥夷聲. 鵜, 鵜或从弟. 杜兮切.

제(鵜), '제호(鵜胡)'를 말하는데, '오택(汚澤) 즉 사다 새'를 말한다.
조(鳥)가 의미부이고 이(夷)가 소리부이다. 제(鵜)는 제(鵜)의 혹체
자인데, 제(弟)로 구성되었다. 독음은 두(杜)와 혜(兮)의 반절이다.

076 鴗 : 天狗也. 从鳥立聲. 力入切.

립(鴗), '천구(天狗)라는 새'를 말한다. 조(鳥)가 의미부이고 립(立)이
소리부이다. 독음은 력(力)과 입(入)의 반절이다.

077 鶬 : 麋鴰也. 从鳥倉聲. 鶴, 鶬或从隹. 七岡切.

창(鶬), '미괄(麋鴰) 즉 재두루미'를 말한다. 조(鳥)가 의미부이고
창(倉)이 소리부이다. 창(鶴)은 창(鶬)의 혹체자인데, 추(隹)로
구성되었다. 독음은 칠(七)과 강(岡)의 반절이다.

078 鴰 : 麋鴰也. 从鳥昏聲. 古活切.

괄(鴰), '미괄(麋鴰) 즉 재두루미'를 말한다. 조(鳥)가 의미부이고 괄

---

33) [역주] 『단주』에서는 "鷛鳥也"가 되어야 한다고 했다.
34) [역주] 『단주』에서는 "鷁鳥也"가 되어야 한다고 했다.

(昏)이 소리부이다. 독음은 고(古)와 활(活)의 반절이다.

079 鵁: 鵁鶄也. 从鳥交聲. 一曰鵁鸕也. 古肴切.

고(鵁), '교정(鵁鶄)이라는 새'를 말한다. 조(鳥)가 의미부이고 교(交)가 소리부이다. 일설에는 '교로(鵁鸕)라는 새'를 말한다고도 한다. 독음은 고(古)와 효(肴)의 반절이다.

080 鶄: 鵁鶄也. 从鳥青聲. 子盈切.

청(鶄), '교정(鵁鶄)이라는 새'를 말한다. 조(鳥)가 의미부이고 청(青)이 소리부이다. 독음은 자(子)와 영(盈)의 반절이다.

081 鵳: 鵁鶄也. 从鳥开聲. 古賢切.

견(鵳), '교정(鵁鶄)이라는 새'를 말한다. 조(鳥)가 의미부이고 견(开)이 소리부이다. 독음은 고(古)와 현(賢)의 반절이다.

082 鶸: 鶹鶿也. 从鳥箴聲. 職深切.

침(鶸), '침자(鶹鶿)라는 새'를 말한다. 조(鳥)가 의미부이고 잠(箴)이 소리부이다. 독음은 직(職)과 심(深)의 반절이다.

083 鶿: 鶹鶿也. 从鳥此聲. 卽夷切.

자(鶿), '침자(鶹鶿)라는 새'를 말한다. 조(鳥)가 의미부이고 차(此)가 소리부이다. 독음은 즉(卽)과 이(夷)의 반절이다.

084 鷻: 雕也. 从鳥敦聲. 『詩』曰: "匪鷻匪鳶." 度官切.

단(鷻), '수리(雕)'를 말한다. 조(鳥)가 의미부이고 돈(敦)이 소리부이다. 『시·소아·사월(四月)』에서 "수리도 아니고 솔개도 아니네(匪鷻匪鳶)"라고 노래했다. 독음은 도(度)와 관(官)의 반절이다.

085 鳶: 鷙鳥也. 从鳥屮聲. 與專切.

연(鳶), '지조(鷙鳥)'를 말한다.[35] 조(鳥)가 의미부이고 역(屮)이 소리부이다. 독음은 여(與)와 전(專)의 반절이다.

086 鷳: 鴟也. 从鳥閒聲. 戶間切.

한(鷳), '올빼미(鴟)'를 말한다. 조(鳥)가 의미부이고 한(閒)이 소리부

───────────────

35) [역주] 매나 솔개와 같은 맹금류를 말한다.

이다. 독음은 호(戶)와 간(間)의 반절이다.

087 鷕: 鷙鳥也. 从鳥岙聲. 弋笑切.

요(鷕), '지조(鷙鳥)'를 말한다. 조(鳥)가 의미부이고 요(岙)가 소리부
이다. 독음은 익(弋)과 소(笑)의 반절이다.

088 鷢: 白鷢, 王鵙也. 从鳥厥聲. 居月切.

궐(鷢), '백궐(白鷢: 흰 물수리)'을 말하는데, '왕저(王鵙)'라고도 한다.
조(鳥)가 의미부이고 궐(厥)이 소리부이다. 독음은 거(居)와 월(月)
의 반절이다.

089 鵙(𪁪古璽): 王鵙也. 从鳥且聲. 七余切.

저(鵙), '왕저(王鵙: 물수리)'를 말한다. 조(鳥)가 의미부이고 차(且)가
소리부이다. 독음은 칠(七)과 여(余)의 반절이다.

090 鸛: 鸛專, 畐踤. 如鵲, 短尾. 射之, 銜矢射人. 从鳥雚聲. 呼官切.

관(鸛), '관전(鸛專: 황새)'을 말하는데, '픕유(偪踤)'라고도 한다. 까치
와 닮았으나 꼬리가 짧다. 사람이 활을 쏘면 활을 입에 물었다
가 사람에게로 되쏜다. 조(鳥)가 의미부이고 관(雚)이 소리부이
다. 독음은 호(呼)와 관(官)의 반절이다.

091 鸇: 鷐風也. 从鳥亶聲. 䴙, 籀文鸇从廛. 諸延切.

전(鸇), '신풍(鷐風: 새매)'을 말한다. 조(鳥)가 의미부이고 전(亶)이
소리부이다. 전(䴙)은 전(鸇)의 주문체인데, 전(廛)으로 구성되었
다. 독음은 제(諸)와 연(延)의 반절이다.

092 鷐: 鷐風也. 从鳥晨聲. 植鄰切.

신(鷐), '신풍(鷐風: 새매)'을 말한다. 조(鳥)가 의미부이고 신(晨)이
소리부이다. 독음은 식(植)과 린(鄰)의 반절이다.

093 鷙: 擊殺鳥也. 从鳥執聲. 脂利切.

지(鷙), '격살을 잘하는 새(擊殺鳥)'를 말한다.[36] 조(鳥)가 의미부이

---

36) [역주] 『단주』에서 이렇게 말했다. "『대대예기·하소정(夏小正)』에서 '六月鷹始
擊(유월이면 매가 사냥을 시작하고)'이라 했고, 『예기·월령(月令)』에서 '鷹隼蚤
鷙(매와 새매가 일찍 사냥을 하고)'라 하여, 옛날에는 지(摯)를 빌려와 지(鷙)로

고 집(執)이 소리부이다. 독음은 지(脂)와 리(利)의 반절이다.

094 𩾇: 鶴飛皃. 从鳥穴聲. 『詩』曰: "𩾇彼晨風." 余律切.

율(𩾇), '[새매개] 빨리 나는 모양(鶴飛皃)'을 말한다. 조(鳥)가 의미부이고 혈(穴)이 소리부이다. 『시·진풍신풍(晨風)』에서 "새매는 씽씽 날아가고(𩾇彼晨風)"라고 노래했다. 독음은 여(余)와 률(律)의 반절이다.

095 鶯: 鳥也. 从鳥, 榮省聲. 『詩』曰: "有鶯其羽." 烏莖切.

앵(鶯), '새의 이름이다(鳥).'[37] 조(鳥)가 의미부이고, 영(榮)의 생략된 모습이 소리부이다. 『시·소아상호(桑扈)』에서 "그 깃이 곱기도 하여라(有鶯其羽)"라고 노래했다. 독음은 오(烏)와 경(莖)의 반절이다.

096 鴝(鸜) 簡帛: 鴝鵒也. 从鳥句聲. 其俱切.

구(鴝), '구관조(鴝鵒)'를 말한다. 조(鳥)가 의미부이고 구(句)가 소리부이다. 독음은 기(其)와 구(俱)의 반절이다.

097 鵒: 鴝鵒也. 从鳥谷聲. 古者鴝鵒不踰泲. 雓, 鵒或从隹从臾. 余蜀切.

욕(鵒), '구관조(鴝鵒)'를 말한다. 조(鳥)가 의미부이고 곡(谷)이 소리부이다. 옛날에는 구관조가 제수(泲水)[38]를 넘지 않는다고 했다.

사용하였다.……격살조(擊殺鳥者)라는 것은 격살을 잘 하는 새(擊殺之鳥)라는 뜻이며, 위에서 열거한 단(鷻)에서부터 신풍(鷐風)까지가 모두 격살조(擊殺鳥)에 관한 것이다. 그래서 지(鷙)로 해석했다."

37) [역주] 『단주』에서는 "鳥有文章皃(새의 무늬가 빛나는 모양을 말한다)"가 되어야 한다고 했다. 그리고 이렇게 말했다. "『모시(毛詩)』에서 '이리저리 나는 콩새, 그 깃은 아름답고, 목털은 화려하기도 해라.(交交桑扈, 有鶯其羽, 有鶯其領.)'라고 노래했는데, 『전』에서 '무늬가 아름답고 화려한 모양(鶯鶯然有文章皃)'을 말한다고 했다. 앵앵(鶯鶯)은 형형(熒熒)과 같고, 모(皃)는 그 광채가 흔들려 고정되지 않음을 말한다(其光彩不定). 그래서 형(熒)의 생략된 모습이 들어갔다. 회의 겸 형성자이다. 천박한 자들이 앵(鶯)이 곧 앵(鸚)자로 잘못 알고서 『설문』을 고쳐 '鳥也'라고 했는데, 아래에서 인용한 『시』의 예문과도 맞아떨어지지 않는다. 게다가 형성 겸 회의와도 맞지 않다. 그래서 구별하지 않을 수 없었다."

38) [역주] 제수(泲水)는 제수(濟水)라고도 쓰는데, 중국 고대 4대 강의 하나이다.

욕(鵒)은 욕(鵒)의 혹체자인데, 추(隹)도 의미부이고 유(臾)도 의
미부이다. 독음은 여(余)와 촉(蜀)의 반절이다.

098 鷩 : 赤雉也. 从鳥敝聲.『周禮』曰: "孤服鷩冕." 并列切.

별(鷩), '붉은 꿩(赤雉)'을 말한다. 조(鳥)가 의미부이고 폐(敝)가 소
리부이다. 『주례』(춘관司服)에서 "천자는 붉은 꿩 도안으로 수를
놓은 예복과 모자를 쓴다(孤服鷩冕)"라고 했다. 독음은 병(幷)과
렬(列)의 반절이다.

099 鷻 : 駿鸃, 鷩也. 从鳥夋聲. 私閏切.

준(鵔), '준의(駿鸃)'를 말하는데, '붉은 꿩(鷩)'을 말한다. 조(鳥)가 의
미부이고 준(夋)이 소리부이다. 독음은 사(私)와 윤(閏)의 반절이다.

100 鸃 : 駿鸃也. 从鳥義聲. 秦漢之初, 侍中冠駿鸃冠. 魚羈切.

의(鸃), '준의(駿鸃) 즉 붉은 꿩'을 말한다. 조(鳥)가 의미부이고 의
(義)가 소리부이다. 진한(秦漢) 초에 시중(侍中)들은 모두 준의관
(駿鸃冠)을 썼다. 독음은 어(魚)와 기(羈)의 반절이다.

101 鸐 : 雉屬, 戇鳥也. 从鳥, 適省聲. 都歷切.

적(鸐), '꿩의 일종(雉屬)'인데, '당조(戇鳥)'라는 새이다. 조(鳥)가 의
미부이고, 적(適)의 생략된 모습이 소리부이다. 독음은 도(都)와

제수는 하남성 제원(濟源)시 왕옥산(王屋山)의 태을지(太乙池)에서 발원하여 땅
속으로 동쪽으로 향해 70여리를 흐르다가 제독(濟瀆)과 용담(龍潭)에 이르러 지
상으로 용출하여 주하(珠河 즉 濟瀆)와 용하(龍河 즉 龍潭)를 이룬다. 다시 동
쪽으로 흘러 제원(濟源)시 경계에서 하나로 합쳐져 연수(沇水)를 이룬다. 온현
(溫縣)의 서북에서부터 제수(濟水)라 부른다. 이후 다시 땅속으로 흘러 황하와
섞이지 않은 채 황하를 건너서 신기하게도 형양(滎陽)에서 다시 지상으로 용
출한다. 제수가 원양(原陽)을 지날 때, 남제수(南濟水)는 세 번째로 땅속으로
흘러 산동성의 정도(定陶)에 이르고, 북제수(北濟水)와 합쳐져 거야택(巨野澤)
을 만든다. 제수는 세 번 땅속으로 흘렀다가 세 번 땅위로 나타나 수도 없이
굽어 흘러 바다로 흘러드니 신비하기 그지없다고 한다. 그래서『상서·우공(禹
貢)』에서도 "연수(沇水)를 이끌어, 동쪽으로 흘러 제수(濟)가 되고, 황하(河)로
들어갔다가, 올라와 넘쳐 형(滎)에 이른다. 동쪽으로 도구(陶丘)의 북쪽에서 나
와서, 다시 동쪽으로 흘러 하(菏)에 이른다. 다시 동북쪽으로 흘러 문(汶)에서
합쳐지고, 다시 북쪽으로 흘러 바다로 흘러든다."라고 했다.

력(歷)의 반절이다.

102 䴡 : 似雉, 出上黨. 从鳥曷聲. 胡割切.

관(鶡), '꿩과 비슷한 새(似雉)'인데, 상당(上黨) 지역에서 난다.39) 조
(鳥)가 의미부이고 갈(曷)이 소리부이다. 독음은 호(胡)와 할(割)의
반절이다.

103 鳺 : 鳥, 似鶡而青, 出羌中. 从鳥介聲. 古拜切.

개(鳺), '새의 이름인데(鳥)'40), 갈(鶡)과 비슷하나 푸른색을 띠며,
강중(羌中) 지역에서 난다.41) 조(鳥)가 의미부이고 개(介)가 소리
부이다. 독음은 고(古)와 배(拜)의 반절이다.

104 鸚 : 鸚䳇, 能言鳥也. 从鳥嬰聲. 烏莖切.

앵(鸚), '앵무새(鸚䳇)'를 말하는데, 말을 할 수 있는 새(能言鳥)이다.
조(鳥)가 의미부이고 영(嬰)이 소리부이다. 독음은 오(烏)와 경(莖)
의 반절이다.

105 䳇 : 鸚䳇也. 从鳥母聲. 文甫切.

무(䳇), '앵무새(鸚䳇)'를 말한다. 조(鳥)가 의미부이고 모(母)가 소리
부이다. 독음은 문(文)과 보(甫)의 반절이다.

106 鷮 : 走鳴長尾雉也. 乘輿以爲防釳, 著馬頭上. 从鳥喬聲. 巨嬌切.

교(鷮), '달려가면서 우는 꼬리가 긴 꿩(走鳴長尾雉)'을 말한다. 수
레를 탈 때 이의 깃털을 장식용으로 사용하며, 말의 머리에 꽂
아 두기도 한다. 조(鳥)가 의미부이고 교(喬)가 소리부이다. 독음
은 거(巨)와 교(嬌)의 반절이다.

107 鷂 : 雌雉鳴也. 从鳥唯聲.『詩』曰: "有鷕雉鳴." 以沼切.

요(鷂), '암컷 꿩이 울다(雌雉鳴)'라는 뜻이다. 조(鳥)가 의미부이고

---

39) [역주] 상당(上黨)은 산서성 동남부에 자리한 군의 이름이다. 지금의 장치시(長治
市)에 있으며, 태행산(太行山) 서쪽 산록에, 상당(上黨) 분지의 남쪽 가에 자리했다.
40) [역주]『단주』에서는 "鳺鳥也"가 되어야 한다고 했다.
41) [역주] 강중(羌中)은 고대 지명으로, 진한(秦漢) 때에는 강족(羌族)이 거주하던
지역을 일컬었는데, 지금의 청해성과 티베트 및 사천성 서북부와 감숙성 서남
부 지역을 말한다.

유(唯)가 소리부이다. 『시·빈풍·포유고엽(匏有苦葉)』에서 "꿩꿩 암
꿩이 우네(有鷕雉鳴)"라고 노래했다. 독음은 이(以)와 소(沼)의 반
절이다.

108 鸓: 鼠形. 飛走且乳之鳥也. 从鳥畾聲. 䴎, 籒文鸓. 力軌切.

　　루(鸓), '쥐처럼 생긴 새이다(鼠形).' 날기도 하고 달리기도 하며 새
끼를 낳는 새이다(飛走且乳之鳥). 조(鳥)가 의미부이고 뢰(畾)가 소
리부이다. 루(䴎)는 루(鸓)의 주문체이다. 독음은 력(力)과 궤(軌)
의 반절이다.

109 鶾: 雉肥鶾音者也. 从鳥倝聲. 魯郊以丹雞祝曰: "以斯鶾音赤羽, 去魯侯
之咎." 矦幹切.

　　한(鶾), '살이 찌고 장음을 내는 꿩(雉肥鶾音者)'을 말한다. 조(鳥)가
의미부이고 간(倝)이 소리부이다. 노(魯)나라 근교 지역에서는 붉
은 닭을 신에게 바치면서 다음과 같이 기도한다고 한다. "이 살
찌고 장음을 내는 붉은 깃을 가진 꿩을 바치노니, 노나라의 재앙
을 없애 주소서." 독음은 후(矦)와 간(幹)의 반절이다.

110 鵪: 雇也. 从鳥安聲. 烏諫切.

　　안(鵪), '메추라기(雇)'를 말한다. 조(鳥)가 의미부이고 안(安)이 소리
부이다. 독음은 오(烏)와 간(諫)의 반절이다.

111 鴆: 毒鳥也. 从鳥尤聲. 一名運日. 直禁切.

　　짐(鴆), '독을 가진 새(毒鳥)'를 말한다. 조(鳥)가 의미부이고 유(尤)
가 소리부이다. 일명 운일(運日)이라고도 한다.[42] 독음은 직(直)
과 금(禁)의 반절이다.

112 鷇: 鳥子生哺者. 从鳥㱿聲. 口豆切.

　　구(鷇), '태어나 먹여주기를 기다리는 새끼 새(鳥子生哺者)'를 말한
다. 조(鳥)가 의미부이고 각(㱿)이 소리부이다. 독음은 구(口)와
두(豆)의 반절이다.

---

42) [역주] 『광아(廣雅)』에서 이렇게 말했다. "수컷은 운일(運日)이라 하고, 암컷은
음해(陰諧)라 부른다. 『회남자』에서 운일(暉日)은 시간을 알려주고, 음해(陰諧)
는 날씨를 알려준다고 했다."

113 (甲骨 金文 簡帛 古璽

漢印 石刻): 鳥聲也. 从鳥从口. 武兵切.

명(鳴), '새가 우는 소리(鳥聲)'를 말한다. 조(鳥)가 의미부이고 구
(口)도 의미부이다. 독음은 무(武)와 병(兵)의 반절이다.

114 (漢印): 飛皃. 从鳥, 寒省聲. 虛言切.

건(鶱), '새가 나는 모습(飛皃)'을 말한다. 조(鳥)가 의미부이고, 한(寒)
의 생략된 모습이 소리부이다. 독음은 허(虛)와 언(言)의 반절이다.

115 : 鳥聚皃. 一曰飛皃. 从鳥分聲. 府文切.

분(鷟), '새가 모여 있는 모습(鳥聚皃)'을 말한다. 일설에는 '새가
나는 모습(飛皃)'을 말한다고도 한다. 조(鳥)가 의미부이고 분(分)
이 소리부이다. 독음은 부(府)와 문(文)의 반절이다.

116 : 鷓鴣, 鳥名. 从鳥庶聲. 之夜切.

자(鷓), '자고새(鷓鴣)'를 말하는데, 새의 이름이다(鳥名). 조(鳥)가 의
미부이고 서(庶)가 소리부이다. 독음은 지(之)와 야(夜)의 반절이
다. [신부]

117 : 鷓鴣也. 从鳥古聲. 古乎切.

고(鴣), '자고새(鷓鴣)'를 말한다. 조(鳥)가 의미부이고 고(古)가 소리
부이다. 독음은 고(古)와 호(乎)의 반절이다. [신부]

118 : 鶩也. 俗謂之鴨. 从鳥甲聲. 烏狎切.

압(鴨), '집오리(鶩)'를 말한다. 세간에서는 이를 압(鴨)이라 한다.
조(鳥)가 의미부이고 갑(甲)이 소리부이다. 독음은 오(烏)와 압(狎)
의 반절이다. [신부]

119 : 鷘鵡, 水鳥. 从鳥式聲. 恥力切.

칙(鶒), '계식(鷘鵡)이라는 새'를 말하는데, 물새(水鳥)의 일종이다.
조(鳥)가 의미부이고 식(式)이 소리부이다. 독음은 치(恥)와 력(力)
의 반절이다. [신부]

또 「오(烏)부수」에는 다음의 글자들이 수록되었다.

石刻), 孝鳥也. 象形. 孔子曰: 烏, 肟呼也. 取其助氣, 故以爲烏呼. 凡烏
之屬皆從烏. 哀都切. 臣鉉等曰: 今俗作鳴, 非是. 奠, 古文烏象形. 虁,
象古文烏省.43)

오(烏), '효성스런 새(孝鳥) 즉 까마귀'를 말한다. 상형이다. 공자는
"오(烏)가 스스로 탄식하는 말(肟呼)"이라고 했다. 까마귀를 나타
내는 오(烏)를 가지고 어기를 도왔기에, 오호(烏呼)라는 단어로
쓰이게 되었다. 오(烏)부수에 귀속된 글자는 모두 오(烏)가 의미
부이다. 오(奠)는 오(烏)의 고문체인데, 상형이다. 오(虁)는 고문
체인데, 오(烏)의 생략된 모습으로 구성되었다. 독음은 애(哀)와
도(都)의 반절이다.

石(舃), '까치(鵲)'를 말한다. 상형이다. 석(舃)은 석(舃)의 전서체인
데, 추(隹)와 석(㫺)이 모두 의미부이다. 독음은 칠(七)과 작(雀)의
반절이다.

色, 出於江淮. 象形. 凡字: 朋者, 羽蟲之屬; 烏者, 日中之禽; 舃者, 知
太歲之所在; 燕者, 請子之候, 作巢避戊己. 所貴者故皆象形. 焉亦是也.
有乾切.44)

---

43) 『집운·모(模)부』에서 이렇게 말했다. 오(烏, 於, 糞, 絵)는 왕(汪)과 호(胡)의 반
절로 읽힌다. 『설문』에서 효조를 말한다(孝鳥也)라고 했다. 공자(孔子)께서도
공자는 "오(烏)가 스스로 탄식하는 말(肟呼)이다." 까마귀를 나타내는 오(烏)를
가지고 어기를 도왔기에, 오호(烏呼)라는 단어로 쓰이게 되었다. 고문체에서는
오(於), 오(糞), 오(絵)로 썼다. 또 성(姓)으로도 쓰인다.

언(焉), '언조(焉鳥)'를 말하는데, 노란 색이며, 장강(江)과 회수(淮) 지역에서 난다. 상형이다. 대체로, 붕새(朋)는 날개가 달린 부류를 말하고[45], 까마귀(烏)는 태양 속에 산다는 날짐승을 말하며, 까치(鵲)는 태세성(太歲星)의 위치를 아는 새이며, 제비(燕)는 아이를 낳을 징조를 알려주는 새인데, 제비가 둥지를 지을 때에는 [흙 채취하는 일을] 무일(戊日)과 기일(己日)에는 피한다.[46] 이상은 모두 사람들이 귀하게 여기는 것들이기에 모두 상형자로 만들었다. 언(焉)도 마찬가지이다. 독음은 유(有)와 건(乾)의 반절이다.

---

44) 귀중한 것은 모두 형상을 본뜬 것(상형)―이는 형상선택의 인지 원칙이다. 각 유형의 인지적 특성을 개괄하였는데, 예컨대 "붕(朋)은 깃털 있는 충(蟲)의 부류이다", 즉 붕새를 "깃털 있는 충"으로 분류한 것이 그렇다. 선진(先秦) 시대의 '충명(蟲名)'은 하나의 커다란 인지 범주였다. 예를 들어, 『장자(莊子)·소요유(逍遙遊)』에서 말한 "이 이충(二蟲)이 또한 무엇을 알겠는가?"에서 '이충'은 매미와 비둘기를 가리킨다.

45) [역주] 『단주』에서는 "朋者羽蟲之長"으로 고쳐 "붕새(朋)는 날개가 달린 새의 우두머리이다"라고 했다.

46) [역주] 『단주』에서 이렇게 말했다. "이 말도 『박물지(博物志)』에 보인다. 육전(陸佃)이나 나원(羅願) 모두 제비가 오고 갈 때에는 토지 신에게 지내는 제사를 피하며, 또 무일(戊日)과 기일(己日)에는 흙을 채취하지 않는다고 했다."

제4절 과보(誇父) 이미지

'과보축일(誇父逐日)' 신화의 경우, 원본을 보면 체계가 부족하고 파편화되어 있지만, 중국 신화 중에서도 다소 규모가 있는 편이다. 따라서 지금까지 거의 모든 문학 및 역사 선집 본에서 이를 수록하였는데, 이는 신화의 영향력이 얼마나 큰지를 보여준다. 그러나 전래 문헌의 원본에서는 상세히 기술되지 않았고, 이 신화 전설을 해석하는 과정에서 여러 학자들은 마치 약속이나 한 듯 미리 정해진 방향의 제약을 받는 듯한 공통된 모습을 보이고 있다. 다음은 이에 대한 대표적인 몇 가지 해석이다.

유국은(遊國恩) 등이 편찬한『중국문학사(中國文學史)』의 관련 부분에서 이렇게 기술했다.

> 『산해경(山海經)』에 실린 '정위전해(精衛塡海)의 바다 메우기'와 '과보축일(誇父逐日)'에 관한 신화는 원시인이 실제 생활에서 자연과의 투쟁에서 단호한 의지를 명백하게 보여준다. 그들은 노동 경험을 통해 사람들의 힘이 자연을 정복할 수 있다고 확신하며, 따라서 어떤 상황에서든 어려움을 극복할 수 있다는 믿음을 갖게 한다.[1]

또 주동윤(朱東潤)이 주편한『중국 역대 문학작품선(中國歷代文學作品選)』에서는 다음과 같이 주장하였다.

---

1)『中國文學史』, 22쪽(人民文學出版社, 1987).

이 이야기는 사람들이 용기, 힘, 그리고 위대한 투지를 찬양하고, 죽은 후에도 사람들을 위해 복음을 가져다주는 고결한 정신을 찬미하고 있다. 구체적으로 말해서, 해당 주석에서 두 가지 주목할 만한 점이 있다. 하나는 "과보(誇父)인데, 이는 사람 이름이며, 동시에 한 민족의 이름이기도 하다."이고, 다른 하나는 "입일(入日)인데, 태양이 지평선 아래로 들어가다."는 것이다.2)

또 곽석량(郭錫良) 등이 편찬한 『고대한어(古代漢語)』의 관련 부분에서는 다음과 같이 설명하였다.

이것은 중국의 고대 노동 인민이 대자연에 도전할 줄 알았던 웅장한 기세를 집중적으로 반영하고 있다. 그중에서 두 가지 주석이 앞서 언급된 것과 약간 다르다. 첫째, "과보(誇父)는 신화 속의 영웅인데, 보(父)는 고대에 남자 이름 뒤에 붙이는 미칭으로 쓰였다." 둘째, "축주(逐走)는 경주, 달리기라는 뜻이며, 입일(入日)은 태양을 추격하다는 뜻이다."3)

나아가 원가(袁珂)의 『산해경교역(山海經校譯)』에서는 다음과 같이 직접적으로 해석하였다.

"과보(誇父)는 자신의 힘을 재지 않고, 태양의 빛을 추격하려 했고, 태양을 우곡(禺谷)이라는 곳에서 붙잡으려 했다. 그는 도중에 가슴이 답답하고 목이 마르게 되어, …… 그곳에서 갈증으로 죽고 말았다."4)

---

2) 『中國歷代文學作品選』上編 第一冊, 282쪽(上海古籍出版社, 1983).
3) 『古代漢語』修訂本, 上冊, 7쪽.
4) 『山海經校譯』, 294쪽(上海古籍出版社, 1985).

위에서 인용한 여러 설명은 대표적인 것들만 발췌한 것이며, 어떤 측면에서는 '과보'의 원래 의미에 가깝다 할 것이다. 그러나 과보가 태양과의 경주에서 결국 '목이 말라 죽게 되었고' 유사한 유희를 벌였다는 것만 언급하게 되면, 어쩌면 과보가 용기를 부리며 용감히 도전했던 것처럼 보일 수 있는데, 이는『산해경』에서 언급한 '자신의 힘을 재지 않았다'는 것과 관련이 있다.[5]

고대 문헌은 연대가 오래되면서 점차 소실되었기 때문에 매우 부족하며, 문자는 복잡하고 쓰기 도구도 불편했다. 따라서 선사 시대의 신화가 완전하게 전해진 것은 거의 없다.『설문』은 여러 가지 연계를 통해 특별한 문헌으로 구성되게 되었으며, 중국 선사 신화의 사고방식의 흔적을 일부 보존하였는데, 그 의미는 거의 남아 있는 것에 의존할 수밖에 없다. 여기서는『설문』에서의 '과(誇)'자와 관련한 글자들을 연계하여『설문』에 보존된 '과보(誇父)'의 이미지 인식의 본 모습을 들추어내고자 한다.

1. '규구(規矩)'에서 온 '과보(誇父)'

다시 말하면, '과보(誇父)'는 '규구(規矩)'의 변형어라 할 수 있다. 인명이 도구의 명칭에서 유래했다는 사실은『설문』에서 이러한 신화적 명명 원칙을 보여주고 있다.

---

5)『산해경・대황북경(山海經・大荒北經)』.『이십이자(二十二子)』필원(畢沅) 교정 본. 최근에는 북미의 한학자들이 이러한 신화나 전설에 대해 '긍정적'으로 평가하며, 자연에 대한 도전을 '용감하게 회피하지 않는다'고 주장하였다. 서양 '중국학계'에서의 이런 표면적인 해석은 중국으로 돌아갔다. 중국내의 문화학계는 이를 보며 기뻐하였는데, 중국 문화를 이해하는 자가 흔치 않다고 생각하며, 이런 이해가 서양에서 나왔다고 생각하였다. 그러나 국내의 문화나 풍경은 대서양 건너편에서 가져올 필요가 없다.

‘과보(誇父)’의 특징 중 하나는 ‘규구(規矩)’라는 단어와 동일한 인지적 어원을 가지고 있다는 것이다.

‘과보(誇父)’라는 단어는 『산해경(山海經)』에 처음으로 나타난다. 일반적으로 『산해경』은 대략 전국시대에 작성되었으며, 진(秦)·한(漢)시대에 추가와 삭제가 있었다고 보고 있다. ‘규구(規矩)’가 복합어로 사용된 것은 주(周)·진(秦) 시대의 문헌에서 이미 나타났다. 예컨대, 『예기·경해(經解)』에는 “규구가 정확하게 설정되면, 그것으로 직사각형과 원을 사기로 만들 수는 없다.(規矩誠設, 不可欺以方圓).”라는 문장이 있고, 『맹자·이루(離婁)』(상)에는 “이루(離婁)의 지혜와 공수자(公輸子)의 기교 없이, 규구를 사용하지 않으면, 직사각형과 원을 만들 수 없다.”라고 했다.

‘과보(誇父)’와 ‘규구(規矩)’ 모두 연면어 형식의 복합어에 속한다. ‘과보’는 고대 독음 체계에서 계모(溪母) 어부(魚部)와 병모(並母) 어부(魚部)에 속하며, ‘규구’는 각각 견모(見母) 지부(支部)와 견모(見母) 어부(魚部)에 속한다. 그래서 두 단어는 독음이 매우 유사하다.

‘과보(誇父)’의 두 번째 특징은 ‘과(誇)’자의 구조적 인식이 ‘규(規)’와 대응된다는 것이다.

『설문·대(大)부수』에는 총 18자가 수록되어 있으며, 이들의 구조적 인식은 모두 ‘크다(大)’는 의미를 지향하고 있다. 『설문』의 「대(大)부수」, 다시 말해 ‘과(誇)’자와 동일한 부류는 ‘대(大)’에서 그 의미를 가져왔는데, 모두 ‘크다(大)’는 의미를 갖고 있다.

001 大(甲骨 ... 金文 ...
... 簡帛 ... 古璽 ... 古陶 ...

古幣 石刻): 天大, 地大, 人亦大. 故大象
人形. 古文亣(他達切)也. 凡大之屬皆从大. 徒蓋切.

대(大), '하늘도 크고, 땅도 크고, 사람도 크다(天大, 地大, 人亦大).
그래서 대(大)는 사람(人)의 모양을 형상했다. 이 태(亣)자는 고문
체로 된 대(大)이다(독음은 他와 達의 반절이다). 대(大)부수에 귀속
된 글자들은 모두 대(大)가 의미부이다. 독음은 도(徒)와 개(蓋)의
반절이다.

002 奎(金文 簡牘文): 兩髀之閒. 从大圭聲. 苦圭切.

규(奎), '두 넙적다리 사이 부분(兩髀之閒)[꽁무니]'을 말한다. 대(大)
가 의미부이고 규(圭)가 소리부이다. 독음은 고(苦)와 규(圭)의 반
절이다.

003 夾(甲骨金文簡帛石刻): 持也. 从大俠二人. 古狎切.

협(夾), '좌우 양쪽에서 부축하여 끼다(持)'라는 뜻이다. 한 사람(大)
이 두 사람(人)을 끼고 있는 모습이다. 독음은 고(古)와 압(狎)의
반절이다.

004 奄(金文石刻): 覆也. 大有餘也. 又, 欠也. 从大从申. 申,
展也. 依檢切.

엄(奄), '덮다(覆)'라는 뜻이다. 또 '크게 여유가 있다(大有餘)'라는
뜻이다.[6] 또 '모자라다(欠)'라는 뜻도 있다. 대(大)가 의미부이고
신(申)도 의미부이다. 신(申)은 '펼치다(展)'라는 뜻이다. 독음은
의(依)와 검(檢)의 반절이다.

005 夸(甲骨金文古幣): 奢也. 从大于聲. 苦瓜切.

과(夸), '두 다리를 크게 벌리다(奢)'라는 뜻이다. 대(大)가 의미부이
고 우(于)가 소리부이다. 독음은 고(苦)와 과(瓜)의 반절이다.

---

6) [역주] 『단주』에서는 "위에서 덮는 것이 보통 아래에서 덮이는 것보다 크기 때문
에 이 글자가 대(大)로 구성되었다.(覆乎上者, 往往大乎下. 故字從大.)"라고 했다.

006 亘 : 奢亘也. 从大亘聲. 胡官切.

한(亘), '크게 떠벌리다(奢亘)'라는 뜻이다. 대(大)가 의미부이고 선(亘)이 소리부이다. 독음은 호(胡)와 관(官)의 반절이다.

007 夻 : 夻, 大也. 从大瓜聲. 烏瓜切.

와(夻), '와(夻)는 크다(大)'라는 뜻이다. 대(大)가 의미부이고 과(瓜)가 소리부이다. 독음은 오(烏)와 과(瓜)의 반절이다.

008 𡘙 : 空大也. 从大歲聲. 讀若『詩』"施罛濊濊". 呼括切.

활(𡘙), '공간이 크다(空大)'라는 뜻이다. 대(大)가 의미부이고 세(歲)가 소리부이다. 『시·위풍·석인(碩人)』에서 노래한 "시고월월(施罛濊濊: 철썩 철썩 걷어 올리는 그물에서는)"의 월(濊)과 같이 읽는다.[7] 독음은 호(呼)와 괄(括)의 반절이다.

009 𡙇 : 大也. 从大戩聲. 讀若『詩』"戴戴大猷". 直質切.

철(𡙇), '크다(大)'라는 뜻이다. 대(大)가 의미부이고 절(戩)이 소리부이다. 『시·소아·교언(巧言)』에서 노래한 "철철대유(戴戴大猷: 분명하고도 위대한 법도)"에서의 철(戴)과 같이 읽는다.[8] 독음은 직(直)과 질(質)의 반절이다.

010 夘 : 大也. 从大卯聲. 匹貌切.

포(夘), '크다(大)'라는 뜻이다. 대(大)가 의미부이고 묘(卯)가 소리부이다. 독음은 필(匹)과 모(貌)의 반절이다.

011 㤝 : 大也. 从大云聲. 魚吻切.

운(㤝), '크다(大)'라는 뜻이다. 대(大)가 의미부이고 운(云)이 소리부이다. 독음은 어(魚)와 문(吻)의 반절이다.

012 奃 : 大也. 从大氐聲. 讀若氏. 都兮切.

저(奃), '크다(大)'라는 뜻이다. 대(大)가 의미부이고 저(氐)가 소리부

---

7) [역주] 금본에서는 '시고월월(施罛濊濊)'이 '시고활활(施罛濊濊)'로 되었다.
8) [역주] 『단주』에서 이렇게 말했다. "절절(戴戴)은 당연히 질질(秩秩)이 되어야 한다. 금본 『모시(毛詩)』에서도 질질(秩秩)로 바로 잡았으며, 『전(傳)』에서 질질(秩秩)은 지혜가 있는 모양(進知)을 말한다고 했다."

『설문해자』인지분석

이다. 저(氐)와 같이 읽는다. 독음은 도(都)와 혜(兮)의 반절이다.

013 夻: 大也. 从大介聲. 讀若蓋. 古拜切.

개(夻), '크다(大)'라는 뜻이다. 대(大)가 의미부이고 개(介)가 소리부
이다. 개(蓋)와 같이 읽는다. 독음은 고(古)와 배(拜)의 반절이다.

014 夯: 瞋大也. 从大此聲. 火戒切.

홰(夯), '[성이 나서] 눈을 크게 부릅뜨다(瞋大)'라는 뜻이다. 대(大)가 의
미부이고 차(此)가 소리부이다. 독음은 화(火)와 계(戒)의 반절이다.

015 㚕: 大也. 从大弗聲. 讀若"予違, 汝弼". 房密切.

불(㚕), '크다(大)'라는 뜻이다. 대(大)가 의미부이고 불(弗)이 소리부
이다. "나에게 잘못이 있으면 그대는 반드시 이를 바로 잡을지
어다(予違, 汝弼)."에서의 필(弼)과 같이 읽는다.9) 독음은 방(房)과
밀(密)의 반절이다.

016 奄: 大也. 从大屯聲. 讀若鶉. 常倫切.

순(奄), '크다(大)'라는 뜻이다. 대(大)가 의미부이고 둔(屯)이 소리부
이다. 순(鶉)과 같이 읽는다. 독음은 상(常)과 륜(倫)의 반절이다.

017 契(古陶 石刻): 大約也. 从大从㓞. 『易』曰:
"後代聖人易之以書契." 苦計切.

계(契), '[나라 간의] 큰 약속(大約)'을 말한다. 대(大)가 의미부이고
계(㓞)도 의미부이다. 『역·계사(繫辭)』에서 "후대의 성인께서 이를
서계로 바꾸었다(後代聖人易之以書契)"라고 했다. 독음은 고(苦)와
계(計)의 반절이다.

---

9) [역주] 『상서·우서(虞書)·익직(益稷)』에서 말했다. "임금께서 말씀하셨다.……
내가 6률과 5성과 8음을 들어서 나의 정치의 잘잘못을 살피고, 여러 사람들의
의견을 들을 테니, 그대들은 잘 들으시오. 내가 만약 그것을 거스른다면 그대들
은 나를 도우시오. 그대들은 내가 보는 앞에서는 아무 말 없이 고분고분 잘 따
르다가 밖으로 나가서는 내가 듣지 못한다고 이런 저런 뒷말을 하지 마시오.(予
欲聞六律五聲八音, 在治忽, 以出納五言, 汝聽. 予違, 汝弼. 汝無面從, 退有後言.)" 『
공씨전(孔氏傳)』에서 "내가 도를 어긴다면 그대들은 정의로움으로써 나를 도와
야 할 것이요.(我違道, 汝當以義輔正我.)"라고 했다.

018 夷 (甲骨 金文 古璽 石刻): 平也. 从大从弓. 東方
之人也. 以脂切.

이(夷), '평평하다(平)'라는 뜻이다.[10] 대(大)가 의미부이고 궁(弓)도
의미부이다. 동방(東方) 지역의 사람을 말한다. 독음은 이(以)와
지(脂)의 반절이다.

실제로 이들은 '동훈(同訓) 계열'에 속한다. '대(大)'의 구체적인 의미
를 구별해 주는 것은 해당 글자의 소리부이다. 따라서 『설문·대(大)
부수』에서 '과(誇)'자의 구조적 분석은 주목할 가치가 있다. 먼저 '과
(誇)'자 구조의 역사적 변화를 살펴보자.

甲骨 金文 古幣

---

10) [역주] 『단주』에서는 각 판본에서 "平也, 從大從弓, 東方之人也."로 되었는데,
이는 천박한 사람들이 잘못 고친 것이라 하면서 『운회』 등에 근거해 "東方之
人也. 從大從弓."으로 바로 잡는다고 했다. 또 "東方之人"에 대해 다음처럼 상
세한 해석을 달았다. "양(羊)부수에서 남방의 이민족을 지칭하는 만(蠻)이나 민
(閩)은 충(虫)의 의미부로 삼고, 북방 이민족을 뜻하는 적(狄)은 견(犬)을 의미
부로 삼고, 동방 이민족을 뜻하는 맥(貉)은 치(豸)를 의미부로 삼고, 서방 이민
족을 뜻하는 강(羌)은 양(羊)을 의미부로 삼고, 서남 이민족을 뜻하는 북인(僰
人)과 초요(焦僥)는 인(人)을 의미부로 삼는다. 아마도 모두가 사는 땅에서 순
리에 따르고자 한 성품이 있었기 때문일 것이다(蓋在坤地頗有順理之性). 그러
나 오직 동이(東夷)라고 할 때의 이(夷)자만 대(大)를 의미부로 삼았는데, 대
(大)는 인(人)과 같다. 동이의 풍속은 인(仁)하다 할 것인데, 인(仁)한 자는 장수
한다(壽). 그래서 거기에는 죽지 않는 군자의 나라가 있었다(有君子不死之國).
내 생각에, 하늘도 위대하고(天大), 땅도 위대하고(地大), 사람도 위대한 법이
다(人亦大). 대(大)는 사람의 모습을 본뜬 글자이다. 그리고 이(夷)의 소전체를
보면 대(大)로 구성되었다. 그렇게 본다면 하(夏: 중국)와 다르지 않다. 하(夏)
는 중국인(中國之人)을 말한다. 궁(弓)으로 구성된 것은 숙신씨(肅愼氏)가 고시
(楛矢)와 석노(石砮) 같은 것을 공납한 것과 비슷한 의미일 것이다." 동이에 대
한 단옥재의 인식은 자세히 고구할 필요가 있다.

『설문해자』 인지분석

금문을 보면 로부터 그 이미지를 가져왔다. 즉 인체가 크게 활짝 펼쳐진 모양으로써 일반적인 추상적 의미의 '크다(大)'를 나타냈다. 그리고 소리부 '우(亏)'는 처음에는 다소 복잡한 구조를 썼는데, '과(誇)'는 이 부호로부터 발음을 얻고 의미도 함께 나타내어 '크다(大)'는 구체적인 인식 정보를 전달한다. 따라서 핵심은 '우(亏)'의 본래 의미를 명확히 하는 데 있다. '우(亏)'는 갑골문에서 이미 흔하게 사용되었고, 『설문』에서는 「우(亏)부수」를 따로 설정하였을 정도이다. 대서(大徐)본에서는 예서로 변할 때 '우(亏)'가 되었다고 했으나, 이는 그것의 구조적 역사적 발전을 잘 이해하지 못한 결과이다.

우(亏), '어(於)'와 같아 어조사'를 말한다. 기운이 서서히 퍼져나감을 그렸다. 교(丂)가 의미부이고 일(一)도 의미부이다. 일(一)은 기운이 평평하게 퍼져 나감을 뜻한다. 우(亏)부수에 귀속된 글자들은 모두 우(亏)가 의미부이다. [예변(變隷) 과정을 거친 후 지금은 우(亏)로 적는다.]

　서중서(徐中舒)는 이렇게 해석했다. '우(亏)'는 간(干)이 의미부이고 우(⼓)도 의미부이다. 간(干)은 커다란 콤파스(大圓規)를 그렸는데, 위의 가로획은 고정점을 뜻하고 아래의 가로획은 움직일 수 있는 것을 뜻하여, 우(⼓)는 이동하다는 뜻을 그렸다. 혹체에서는 우(亏)로 적기도 하는데, 우(亏)의 생략된 모습이다."[11]

이렇게 분석하면, '과(誇)'자의 구조적 인식 의미는 '커다란 콤파스'로 볼 수 있다. 이를 통해 파생된 인식에서 '과도(誇度)'나 '과장(誇張)' 같은 의미가 생겼다. '과사(誇奢: 사치하다)'라는 의미는 이미 추상화된 이후의 인식으로 볼 수 있다. 다음으로 발음적 연관성을 살펴보자.

· 竽（![甲骨문자]甲骨 ![簡帛문자]簡帛 ![古璽문자]古璽)管三十六簧也. 從竹虧聲.

　우(竽), '혀(reed)가 36개 달린 관악기(管三十六簧)'를 말한다.[12] 죽(竹)이 의미부이고 우(亐)가 소리부이다. 독음은 우(羽)와 구(俱)의 반절이다.

· 衧, 諸衧也. 從衣, 于聲. 按大袖衣如婦人袿衣也.

　우(衧), '제우(諸衧), 즉 소매가 큰 헐렁한 옷'을 말한다. 의(衣)가 의미부이고 우(于)가 소리부이다. 독음은 우(羽)와 구(俱)의 반절이다.

· 扜, 指麾也. 從手, 于聲. 『方言』十二 : 扜, 揚也.

　우(扜) '[깃발을 흔들며] 지휘하다(指麾)'라는 뜻이다. 수(手)가 의미부이고 우(亐)가 소리부이다. 독음은 억(億)과 구(俱)의 반절이다.

· 弙, 滿弓有所向也. 從弓, 于聲. 『廣雅·釋詁一』: 弙, 張也.

　우(弙), '활을 가득 당겨 목표물을 향해 조준하다(滿弓有所鄉)'라는 뜻이다. 궁(弓)이 의미부이고 우(于)가 소리부이다. 독음은 애(哀)와 도(都)의 반절이다.

· 紆, 詘也. 從糸, 于聲.

　우(紆), '[실이] 구불구불하다(詘)'라는 뜻이다. 멱(糸)이 의미부이고

---

11) 『甲骨文字典』 卷五, 510쪽.

12) [역주] 『단주』에서는 "管三十六簧也"의 경우 '관(管)'자 다음에 '악(樂)'자가 더 들어가야 한다고 했다. 그리고 이렇게 말했다. "대로 만든 것은 모두 관악(管樂)이라 한다. 『주례(周禮)』에서 생사(笙師)는 우(竽) 부는 법을 가르치는 법을 담당한다고 했는데, 정중의 해설에서는 우(竽)는 36개의 혀(reed)가 달렸다고 했다. 『광아(廣雅)』에서도 우(竽)는 36개의 혀가 달린 관악기라고 했다. 그렇다면 관(管)에는 모두 혀(簧)가 있다는 말이다. 『역위(易緯)·통괘험(通卦驗)』과 『풍속통(風俗通)』 모두에서 길이가 4자 2치라고 했다. 우(竽)와 생(笙)의 관은 모두 박(匏)에다 열을 지어 만든다. 『송서(宋書)·악지(樂志)』에서 우(竽)는 오늘날 이미 사라지고 없다고 했다."

우(于)가 소리부이다. 일설에는 '얽히다(縈)'라는 뜻이라고도 한다. 독음은 억(億)과 구(俱)의 반절이다.

· 跨, 渡也. 從足, 夸聲. 張兩股越渡.

과(跨), '건너가다(渡)'라는 뜻이다. 족(足)이 의미부이고 과(夸)가 소리부이다.13) 독음은 고(苦)와 화(化)의 반절이다.

· 胯, 股也. 從肉, 夸聲. 按兩股之間也.

고(胯), '넓적다리(股)'를 말한다. 육(肉)이 의미부이고 과(夸)가 소리부이다. 독음은 고(苦)와 고(故)의 반절이다.

· 刳, 判也. 從刀, 夸聲. ……『易·繫辭傳』: 刳木爲舟.

'중간을 둘로 가르다(判)'라는 뜻이다. 도(刀)가 의미부이고 과(夸)가 소리부이다. 독음은 고(苦)와 고(孤)의 반절이다.

· 瓠, 匏也. 從瓜, 夸聲. 有甘苦二種, ……今蘇俗謂之壺盧. 瓠卽壺盧之合音.

호(瓠), '조롱박(匏)'을 말한다. 과(瓜)가 의미부이고 과(夸)가 소리부이다. 호(瓠)부수에 귀속된 글자들은 모두 호(瓠)가 의미부이다. 독음은 호(胡)와 오(誤)의 반절이다.

· 絝, 脛衣也. 從糸, 夸聲. 字亦作袴. 今蘇俗謂之套褲. 古又名襗, 若滿襠褲, 古曰褌曰幒. 14)

고(絝), '정강이까지 오는 바지(脛衣)'를 말한다. 멱(糸)이 의미부이고 과(夸)가 소리부이다. 독음은 고(苦)와 고(故)의 반절이다.

'과(夸)'자와 동일한 소리부로 파생된 위의 글자들은, 각각 '구체적으로 크다'는 의미를 지닐 뿐만 아니라 대부분 '곡률(曲律)'이라는 의미를 포함하고 있는데, 이것은 바로 '컴퍼스(規)'의 기능적 특성 때문이다.

'과보(夸父)'의 세 번째 특징은 '부(父)'자의 일부가 '구(矩: 곱자)'에 대응된다는 것이다.

---

13) [역주] 『설문』에서 처음 보이는데, 족(足: 발)이 의미부이고 과(夸: 자랑하다)가 소리부로, 발(足)을 들어 높이(夸) '타고 넘어감'을 말하며, 이로부터 넘다, 능가하다, 건너다, 차지하다 등의 뜻이 나왔으며, 시간이나 지역이나 영역을 넘는 것도 지칭하게 되었다.

14) 朱駿聲, 『說文通訓定聲·豫部第九』.

'부(父)'자가 남자의 이름 뒤에 붙이는 미칭으로 사용되기 시작한 것은 상대적으로 최근의 일이다. 원래의 의미는 좀 더 실재적인 의미를 내포하고 있었는데, 『설문』에서 관련 문자들을 연계해 보면 이러한 방면의 인지적 정보가 보존되어 있다. 『설문·우(又)부수』에서 이렇게 말했다.

부(父), '구(矩)'와 같아 '법규'를 말한다. 집안의 가장으로서 가족을 이끌고 교육하는 자를 말한다. 손(又)으로 지팡이를 든 모습(擧杖)을 그렸다. 독음은 부(扶)와 우(雨)의 반절이다.

이러한 설명은 세 단계의 의미를 담고 있는데, 이를 나누어 보면 다음과 같다.

(1) '부(父)'의 발음이 '구(矩: 곱자)'와 같다는 것을 첫 번째 단계로 볼 때, 이는 소위 '성훈(聲訓)'에 속한다. 단옥재(段玉裁)의 『설문주』에서는 이를 "첩운으로 해석했다."[15]

이를 통해 『설문』에서 '부(父)'를 '곱자(矩)'로 설명하는 것은 어원적 연관성에서 나온 것이라고 볼 수 있다. 중국 언어학에서 이러한 성훈법은 종종 문자의 형태적 제약을 깨뜨리고, 사물의 이름의 기원을 직접 탐구하는 데 있어 특별한 가치를 가진다. '규(矩)'자는 '규구(規矩)'라는 단어를 단들 수 있는데, 동그라미는 규(規)를, 사각형은 거(矩)를 의미한다. 고대 사람들은 측정 도구를 총칭할 때 이렇게 불렀다. '거(巨)'는 '거(矩)'자의 초기 표기이다. 『설문·공(工)부수』에는 이와 관

---

15) 『說文解字注』 三篇下 「又部」에 보임.

『설문해자』 인지분석

련된 총 4개의 문자를 나열하고 있다.

· 工(□□□□□甲骨□□□□□金文□□□簡帛□古幣 □□□□□石刻): 巧飾也. 象人有規榘也. 與巫同意. 凡工之屬 皆從工. 巫, 古文工從彡. 古紅切.

공(工), '정교하게 꾸미다(巧飾)'라는 뜻이다. 사람이 그림쇠와 곱자를 들고 있는 모습을 그렸다. 무(巫)자가 공(工)을 의미부로 삼는 것과 같은 의미이다. 공(工)부수에 귀속된 글자들은 모두 공(工)이 의미부이다. 공(巫)은 공(工)의 고문체인데, 삼(彡)으로 구성되었다. 독음은 고(古)와 홍(紅)의 반절이다.

· 式(□簡帛□漢印□石刻): 法也. 從工弋聲. 賞職切.

식(式), '법식(法)'을 말한다. 공(工)이 의미부이고 익(弋)이 소리부이다. 독음은 상(賞)과 직(職)의 반절이다.

· 巧(□石刻): 技也. 從工丂聲. 苦絞切.

교(巧), '뛰어난 기술(技)'을 말한다. 공(工)이 의미부이고 교(丂)가 소리부이다. 독음은 고(苦)와 교(絞)의 반절이다.

· 巨(□□□□金文□□簡帛□古璽□漢印□□石刻): 規巨也. 從工, 象手持之. 矩, 巨或從木矢. 矢者, 其中正也. 安, 古文巨. 其呂切.

거(巨), '구거(規巨) 즉 구구(規榘: 그림쇠와 곱자)'를 말한다. 공(工)이 의미부이고, 손으로 공구를 든 모습을 그렸다. 거(矩)는 거(巨)의 혹체자인데, 목(木)과 시(矢)가 모두 의미부인데, 화살(矢)이라는 것은 정중앙을 맞추는 것이기 때문이다. 거(안)는 거(巨)의 고문체이다. 독음은 기(其)와 려(呂)의 반절이다.

『설문』에 따르면, '공(工)'은 실제로 '거(巨)'의 초기 문자이다. 고홍진(高鴻縉)의 『중국자례(中國字例)』에서는 다음과 같이 설명했다. "공(工)은 곱자(榘)를 형상했으며, 거(榘)의 원래의 글자이다. 이로부터 직공(職工)는 이나 백공(百工)직업이라 할 때의 공(工)으로 빌려 쓰이게 되었으며, 사람의 형태를 추가하여 그것을 들고 있는 모습으로 변했다.……이후에 추가된 사람의 모양이 '부(夫)'로 변하고, '시(矢)'로 변했으며, 다시 흐르고 흘러 '거(矩)'가 되었으며, 다시 줄어서 '거(巨)'가 만들어졌다. 그 후에 '거(巨)'는 거세(巨細)라고 할 때의 거(巨)로 대용되었고, 거(矩)는 다시 목(木)이 더해져 거(榘)가 만들어졌다. 그리고 공(工)과 거(巨)는 모양이 분기되어 그 독음도 바뀌었고, 그 결과로 사람들은 그것의 근원을 알 수 없게 되었다."[16]

사실, '부류채택설(取類說)'의 해설에 따르면, 더해진 목(木)은 그 재질을 나타내며, 시(矢)는 그 형태와 기능을 나타내는데, "시(矢)는 한 가운데를 꿰뚫는 것을 말한다(其中正也)."

(2) '부(父)'는 '가르침을 이끄는 가장'으로 해석되는데, 이는 두 번째 단계에 속한다. 이는 확장된 의미이다. 『설문』에서는 '부(父)'자의 구조와 '장인(丈人)'이라는 말 사이의 연결성을 찾고 설정하려고 시도했다.

(3) 마지막으로, 세 번째 단계는 '부(父)'자의 구조적 특성, 즉 손(又)으로 지팡이를 든 모습으로 설명한다.

'부(父)'자를 갑골문에서는 █로 적었는데, 오른 손으로 막대기(丨)를 든 모습이다. 하지만 이는 정확히 무엇을 하고 있는 것일까? 아니면 『설문』은 이 정보를 밝힌 것처럼 "손으로 지팡이를 든 모습"일까? 그리고 이 '지팡이'는 또 무엇일까? 여전히 『설문』에서 말한 "장(仗)은 잡는다는 의미이다. 목(木)이 의미부이고, 장(丈)이 소리부이다."라는 것과 연계해 보아야 한다. 실제로 장(仗)의 원래 글자는 장(丈)이다.

『설문』에서 '장(丈)'은 「십(十)부수」에 귀속되어 있다.

---

16) 『漢語大字典』 卷一, 「匚部」.

지(支)(文簡帛石刻): 十尺也. 從又持十. 直兩切.

지(支), '10자(尺)'를 말한다. 손(又)으로 십(十)을 쥔 모습을 그렸다. 독음은 직(直)과 량(兩)의 반절이다.

『설문』에서 이 '십(十)'은 '열 자(尺)'를 의미한다고 설명했으나, 이는 분명히 후대의 파생 의미이다. 갑골문과 금문 등 출토 고문자에서, '십(十)'은 단지 '세로획(|)'으로 표시된다. 원시인들이 '십(十)'자를 원래 어떻게 이해했는지도 『설문·십(十)부수』를 살펴보아야 한다.

·十(甲骨金文簡帛石刻): 數之具也. 一爲東西, |爲南北, 則四方中央備矣. 凡十之屬皆從十. 是執切.

십(十), '수가 다 갖추어졌음(數之具)'을 말한다. 가로획[一]은 동서를, 세로획[|]은 남북을 말하여 사방과 중앙이 다 갖추어졌음을 말한다. 십(十)부수에 귀속된 글자는 모두 십(十)이 의미부이다. 독음은 시(是)와 집(執)의 반절이다.

이렇게 볼 때, '십(十)'자 모양의 도구를 손에 들고 있다면, 세상의 사방을 '측량(測量)'할 수 있다. 이러한 기능을 가진 것이 바로 '구(矩)'이다. '과(夸)'자가 가리키는 것은 '규(規)'에 대응하며, '부(父)'자의 한 면은 '구(矩)'에 해당하고, '과보(誇父)'는 바로 '규구(規矩)'이다. 이는 '과보(誇父)'가 인격화된 명칭으로, 당연히 '규구(規矩)'라는 도구에서 비롯되었을 것이다. 이는 '곤오(昆吾)'와 '호(壺: 호리병)', '예(羿)'와 '사궁(射弓: 활쏘기)', '추(椎)'와 '종규(鍾馗)' 등과 같은 관계이다.17)

---

17) 『集韻·東部』: '筇撞. 枯公切. 筇筷, 樂器, 師延作, 蓋空國之侯所好. 或從手."

『설문』에서는 신화 명명에 관한 매우 흔한 원리를 보여주고 있다. 신화적 사고의 규칙 중 하나는 이렇다.

> 사람이 도구를 사용하는 순간부터 사람은 결코 도구를 인간이 만든 것으로 여기지 않게 되며, 반대로 도구를 스스로 존재하는 존재로 여기고, 자체적인 힘을 지닌 존재로 간주한다는 것이다. 도구는 인간 의지의 통제를 받지 않고 도리어 인간 의지에 의해 통제되는 신이나 귀신이 된다. 즉 사람들은 자신이 그것에 의존하고 있음을 느끼기 때문에 다양한 종교적 숭배 의식으로 그것을 숭배한다. 원시 시대에는 특히 도끼와 망치가 이러한 종교적 함의를 획득한 것으로 보인다. 괭이, 낚싯바늘, 창 또는 검과 같은 다른 도구의 숭배는 여전히 미개한 부족들 사이에서 발견할 수 있다. 이웨(Iwe)족에서는 대장장이가 사용하는 망치가 강력한 신으로 여겨져, 이들은 이웨족이 숭배하고 제사를 지낸 강력한 신으로 간주된다. 도구는 결코 인간이 만든 것이거나, 어떤 생각을 미리 하여 만든 것으로 보지 않았으며, 오히려 일종의 '신의 선물'로 보았다. 도구는 인간 자체에서 기원한 것이 아니라 어떤 종류의 '문화 영웅'에서 비롯되었다는 것이다. 그리고 이러한 영웅은 신이거나 짐승이다.……신화적 개념은 모든 자발적 활동을 수용적 활동으로 간주하고 인간의 모든 성취를 선물로 여기는 경향이 있다.[18]

『설문』의 '과보(誇父)' 이미지도 이와 매우 깊이 관련되어 있다. 이러한 이해는 『세본(世本)』 및 기타 문헌에 기록된 도구의 발명도 대체로 이와 같이 이해하고 있다.[19]

---

18) [독] 카시러(卡西爾), 『語言與神話』(中譯本), 80~82쪽(三聯書店, 1988).
19) 황생(黃生)의 『자고의부(字詁義府)』에서 『설문』을 인용하여 '종규(終葵)'로 고석했다. 『고공기(考工記)·옥인(玉人)』에서 "대규(大圭)는 위쪽을 비스듬히 뾰족하게 하여 머리를 송곳 모양으로 만든다(抒上終葵首)."라고 했는데, 『소(疏)』에서 "제나라 사람들은 추(槌)를 종규(終葵)라고 한다.(齊人謂槌爲終葵.)"라고 했다.……필자의 생각은 이렇다. 만약 이렇다면 그 모양은 🁢 와 같이 되어야

『설문해자』 인지분석

5-18. '부월(斧鉞)' 혹은 '부근(斧斤)'이라 해석되는 상고시대 도기(陶器) 기호

5-19. 일본 야요이(彌生)시대의 야마타이국(邪馬台國)의 석부(石斧)와 철부(鐵斧)

할 것이다. 필자가 『설문』을 고찰해 본 결과, '사(斜)'자는 '서(抒)'로 뜻풀이 되며, 따라서 '서(抒)'는 곧 '사(斜)'의 의미이다. 또한 '종규(終葵)' 두 글자는 바로 '추(椎)'자의 반절음(反切音)으로, 빨리 말하면 '추(椎)'가 되고, 천천히 말하면 '종규(終葵)'가 된다. 이른바 '서상종규수(抒上終葵首)'라는 것은 위쪽을 비스듬히 뾰족하게 하여 머리를 송곳 모양으로 만든다는 뜻인데, 🔟와 같은 모양이다. 『박아(博雅)』에서는 '종규(終葵)'의 의미를 몰라, 별도로 '종규(柊楑)'라는 글자를 만들고서는 "종규(柊楑)는 추(鎚)이다"라고 했는데, 이는 잘못된 오류이다.

2. '과보축일(誇父逐日)'의 목적

'과보축일(誇父逐日)'의 목적은 고대 사람들이 천체 현상을 관찰하고 태양이 우주에서 이동하는 거리의 단위로 나누어 시간 단위를 파악하고, 계절의 시기와 일상의 시간 단위를 결정했다는 것에 있다.

공간을 사용하여 시간을 구현하는 것은 원시적 사고의 또 다른 법칙이다. 이러한 전설들은 기본적으로 문헌에 숨겨져 있다. 이 머나먼 오랜 기억을 보존하는 유일한 것이 『설문』이다.

『설문』의 글자들을 연결해 본 결과, 과보는 전설적 기록과 비교할 수 있는 다음과 같은 특징을 가지고 있다.

첫째, '거장(擧杖)'과 '거보(擧父)'

신화와 전설에 따르면, '과보'는 그 특성에 따라 '거보(巨父)'라고 불리기도 한다. 『산해경·북산경』에서는 "양거의 산에는⋯⋯새가 있는데, 그 모양이 과보와 같았다.(梁渠之山⋯⋯有鳥焉, 其狀如誇父.)"라고 했다. 곽박(郭璞)은 주석에서 "혹은 거보(擧父)라고 적기도 한다."라고 했다.[20] 『설문』에서는 "손(又)으로 막대기(杖)를 든 모습을 그렸다(從又擧杖)"라고 했다. 그리고 '거(擧)'는 "마주하여 들어 올리다(對擧)"는 뜻인데, 『설문·수(手)부수』에서 "거(擧)는 마주하여 들어 올리다는 뜻이다.(擧, 對擧也.)"라고 했다. 그렇다면 '거장(擧杖)'도 두 손으로 막대기를 마주 들어 올리는 것이 되어 부절이 맞아떨어지듯 둘이 서로 상응한다.

둘째, '거장(擧杖)'과 '기장(棄杖)'

『산해경』에는 이 과보가 도구인 '지팡이'와 서로 관련되어 있으며,

---

20) 또 『山海經·西山經』에도 보인다.

죽어서야 비로소 지팡이를 버렸다고 기록하고 있다. "길에서 목이 말라 죽었고, 지팡이를 버리고 등림(鄧林)이 되었다.(道渴而死, 棄其杖, 化爲鄧林.)"라고 했다. 학자들의 연구에 따르면, 이 '등림(鄧林)'은 '도림(桃林)'이다.21) 그러나 이것이 결코 도원장림(桃園長林)을 가리키는 것이 아니며, 『설문』에서 말한 '지팡이'와 서로 모순되는 것도 아니다.『산해경・해외북경(海外北經)』을 보면 "등림은 과보국의 동쪽에 있는데, 나무 그 그루가 심어져 있다.(鄧林在其(誇父國)東, 二樹木.)"라고 했다. 학의행(郝懿行)의 해설에 의하면, "아마도 등림(鄧林)은 나무 두 그루가 모여 숲을 이루었다는 말인데, 과장된 표현으로 보인다."라고 했다.

이제 『산해경』에 보이는 '과보축일'의 시작과 끝에 대한 가장 완전한 기록을 살펴보도록 하자.

> '과보'는 해를 쫓아 해 속으로 들어가려 하였다. 갈증을 느끼고 황하와 위수에서 물을 마시려 하였다. 그러나 황하와 위수의 물이 부족하여, 북쪽의 큰 호수에서 마시려 하였다. 그러나 도착하기도 전에, 과보는 목이 말라 죽고 말았으며, 그의 지팡이를 버리고 '등림'으로 변하였다.
> (誇父與日逐走, 入日. 渴欲得飮, 飮于河・渭. 河・渭不足, 北飮大澤. 未至, 道渴而死, 棄其杖, 化爲鄧林.)

「해외북경(海外北經)」의 이 기록에 따르면, 사람들은 자연스럽게 과보는 용감하게 행동하였으나 만용을 부려 자신의 능력을 과대평가하

---

21) 필원(畢沅)은 『산해경신교정(山海經新校正)』에서 이렇게 말했다. "등림(鄧林)은 곧 도림(桃林)이다. '등(鄧)'과 '도(桃)'의 발음이 비슷하기 때문이다……아마도 이는 『중산경(中山經)』에서 말하는 '과보(誇父)'의 산 북쪽에 도림(桃林)이 있다는 것을 말한 것으로 보인다.(鄧林卽桃林也, 鄧・桃音近……蓋卽『中山經』所云, 誇父之山, 北有桃林矣.)"

였다는 결론을 내릴 수 있다. 그러면 「대황북경(大荒北經)」의 관련 기록을 추가해 보자.

> 대황에는 '성두재천'이라는 산이 있다. 거기에 귀에는 누런 뱀 두 마리를 걸고, 손에는 누런 뱀을 두 마리를 손으로 잡고 있는 사람이 있는데, '과보'라고 불렀다. '후토'가 '신'을 낳았고, '신'은 '과보'를 낳았다. '과보'는 자신이 무엇을 할 수 있는지도 헤아리지 않은 채, 해의 그림자를 쫓고 싶어 했는데, '우곡'이라는 곳에서 그것을 잡았다. 그러나 그가 황하에서 물을 마시려 했으나 물이 부족했고, 그리하여 '대택'으로 갔다. 그러나 도착하기도 전에 여기서 죽고 말았다.
>
> (大荒之中, 有山, 名曰成都載天. 有人珥兩黃蛇, 把兩黃蛇, 名曰誇父. 後土生信, 信生誇父. 誇父不量力, 欲追日景, 逮之于禹谷. 將飮河而不足也. 將走大澤, 未至, 死于此.)

이들을 서로 비교하고서 다시 『설문』과 연계시켜 보면 다음의 사실을 알 수 있다.

첫째, '과보'는 해를 쫓는데, 그가 쫓고자 한 것은 '일경(日景)'이었다. '일경'은 '일영(日影)' 즉 '해의 그림자', 즉 태양이 비추는 빛이다. 고대인들이 시간을 계산하는 것을 '구각(晷刻)'이라 했는데, '일경(日景)'은 바로 '구(晷)'이기도 하다. 『설문・일(日)부수』에서 "구(晷)는 태양의 그림자를 말한다(日景也)."라고 했다. 이를 통해 고대인들이 쫓고자 했던 것은 사실 태양 빛이 투영되는 운동의 궤적이었던 것인데, 해의 그림자는 '규구(規矩)'처럼 된 '규표(圭表)'(즉, 과보)로 측정하고 획분한 것임을 알 수 있다. 고대인들은 공간 분할을 빌려서 시간을 분할했다. 이는 『설문・일(日)부수』는 물론 간백 자료에 나타난 시간 인식 등에 관한 부분을 참고하면 된다.

둘째, '과보축일'이 바로 "우곡(禹谷)에서 태양의 그림자를 잡았음"

을 의미한다. 관련 문헌을 참조하면 '우곡'은 '우연(虞淵)'이나 '매곡(昧谷)'이나 '몽곡(蒙谷)' 등인데, 이는 또한 '해가 지는 곳'이다. 『산해경·대황북경(大荒北經)』에 대한 곽박(郭璞)의 주석에서 "우연(禹淵)은 해가 들어가는 곳이다. 오늘날에는 우(禹)를 우(虞)로 쓴다."라고 했다. 『회남자·천문훈(天文訓)』에서는 "해가 ……우연(虞淵)에 이르게 되는데, 이때를 '황혼(黃昏)'이라 한다."라고 했다. '혼(昏)'이 가리키는 시간대는 '해가 이미 땅 밑으로 떨어졌을 때'를 말한다. 『설문·일(日)부수』에서 "혼(昏)은 해가 지다는 뜻이다(日冥也). 일(日)이 의미부이고 저(氐)의 생략된 모습도 의미부이다. 저(氐)는 아래를 말한다(下也)."라고 했다. 「천문훈」에는 또 이런 기록이 있다. "몽곡(蒙谷)에 이르렀다고 했는데, 이는 분명 해질 녘임이 분명하다. 해는 우연(虞淵)에 있는 사(氾) 강으로 들어가고, 몽곡(蒙谷)의 포(浦)에서 새벽이 뜬다." 이를 『상서·요전(堯典)』의 기록과 비교해 보면, '몽곡(蒙谷)'은 달리 '매곡(昧谷)'이라고도 한다. 공간적 방위로는 서쪽이다. "화중(和仲)에게 명하여, 서쪽에 살게 하였는데, 그것을 매곡(昧谷)이라 한다." 이에 대한 『전』에서 "매(昧)는 어둡다는 뜻이다(冥也). 해가 계곡(谷)으로 들어가고 온 천하가 어두워지기(冥) 때문에 매곡(昧谷)이라 했다."라고 했다. 『설문·일(日)부수』에서도 "매(昧)는……달리 어둡다는 뜻이다(闇也)라고도 한다."고 했다. '해가 들어가는(入日)' 곳이 바로 과보(誇父)가 측정하는 종점이었음을 알 수 있다.

이러한 관측의 종점에 대비하여 시작점은 '양곡(暘谷)'이라 할 수 있다. 『설문·일(日)부수』에서 "양(暘)은 해가 뜨다는 뜻이다(日出也). 일(日)이 의미부이고 양(昜)이 소리부이다. 「우서(虞書)」에서는 양곡(暘谷)이라 했다." '양곡(暘谷)'은 해가 뜨는 곳인데, 이는 '우곡(禹谷)'과 대응되는데, '우곡'은 달리 '우이(嵎夷)'라고도 한다. 『설문·산(山)부수

』에서 이러한 단서를 제공해 주고 있다. "양(暘)은 달리 우철양곡(嵎鐵暘谷)이라고도 한다."라고 했는데, 여기서 말한 '철(鐵)'자는 '이(夷)'로 이해할 수 있다. 『설문·금(金)부수』에서 '철(鐵)'의 설명에서 고문체에서는 '철(銕)'로 적는다고 한 것이 그 증거이다.

·鐵: 皮黑金也. 從金𢧜聲. 䥫, 鐵或省. 銕, 古文鐵從夷.[22]
　　　철(鐵), '검은 색의 금속 즉 철(黑金)'을 말한다. 금(金)이 의미부이고
　　　철(𢧜)이 소리부이다. 철(䥫)은 철(鐵)의 혹체자인데, 생략된 모
　　　습이다. 철(銕)은 철(鐵)의 고문체인데, 이(夷)로 구성되었다.

『상서·요전(堯典)』에서 "희중(羲仲)에게 명하여 우이(嵎夷)에서 살도록 했는데, 그곳을 양곡(暘谷)이라 한다."라고 했다. 이에 대한 『전』에서 "양(暘)은 밝다는 뜻이다(明也). 해가 계곡(谷)에서 뜨면 온 천하가 밝아진다. 그래서 양곡(暘谷)이라 했다."라고 풀이했다. 『회남자·천문훈(天文訓)』에서도 "해는 양곡에서 뜬다."라고 했다.

　　이러한 연결고리로부터 '과보(誇父)'가 관측했던 것은 일출에서 일몰까지, 해가 동쪽에서 서쪽으로 이동하는 온종일의 궤적이다. 이 과정은 고대 사람들이 시간을 파악하고 결정하는 특성, 즉 천체의 운동과 태양 현상을 관찰하여 계절적 순간들을 구분하던 특징을 전달해 주고 있다. 자연의 신비를 탐구하고 시간의 단위로 생활을 배열하던 고대인들의 탐구, 다시 말해 사회 집단의 일상생활과 중요한 관계는,

---

22) 현대 중국의 간화체 '철(铁)'은 사실 '질(鉄)'의 이체자이다. 철(鐵)·질(鉄)·철(鐵)에 대해, 『송본 옥편·금(金)부수』에서 "철(鐵), 지(持)와 질(桎)의 반절로 읽힌다. 질(鉄)의 고문체이다."라고 했고, 『명의(名義)』에서 철(鐵)은 지(池)와 리(理)의 반절로 읽힌다. 냄비를 만든다는 뜻이다(治鏗也). 니(鈮)도 위와 같다."라고 했으며, 『송본 옥편·멱(糸)부수』에서는 "질(紩)은 지(持)와 율(栗)의 반절로 읽힌다. 옷을 깁다는 뜻이다(縫衣也). 또 넣어두다는 뜻이다(納也), 동아줄을 말한다(索也). 고문체에서는 철(鐵)로 적는다."라고 했다.

　　　　　　　　　　　　　　　　　『설문해자』인지분석

다음과 같은 『상서·요전(堯典)』의 관련 기록과 조금이라도 연계시킨 다면 바로 이해할 수 있다.

이에 희(羲)씨와 화(和)씨에게 명하여, 흠모하여 하늘을 삼가 따르게 하고, 해와 달과 별(日月星辰)들의 운행을 관찰하여, 역서(曆書)와 상기(象器)를 만들어, 삼가 사람들에게 시절(時節)을 알려주게 하였다. 희중(羲仲)에게 따로 명하여, 우이(嵎夷)에 거주하게 하였는데, 양곡(暘谷)이라 하는 것이다. 떠오르는 해를 공경히 맞아 봄 농사를 고루 다스리도록 하니 낮과 밤의 길이가 같은 것을 조성(鳥星)으로 중춘(仲春)을 정하니, 그 백성들은 들과 밭으로 흩어지고, 조수(鳥獸)가 젖을 먹이고 교미하였다.

희숙(羲叔)에게 다시 명하여, 남교(南交)에서 거주하게 하니, 명도(明都)라고 하는 곳이다. 여름 농사를 고루 다스리도록 하여 공경하며 이루니, 해가 긴 것과 화성(火星)으로 중하(仲夏)를 바로 잡으니, 백성들은 들과 밭으로 흩어지고, 조수는 털을 갈라 모습을 바꾸었다.

화중(和仲)에게 따로 명하여, 서쪽에 거주하게 하니, 매곡(昧谷)이라는 곳이다. 지는 해를 공경히 보내며, 추수를 고루 다스리게 하니, 밤과 낮의 길이가 같은 것과 허성(虛星)으로 중추(仲秋)를 바로 잡으니, 백성들은 편안하고, 조수들의 털은 윤택해졌다.

화숙(和叔)에게 다시 명하여, 북방에 거주하게 하니, 유도(幽都)라는 곳이다. 겨울 밭일을 고루 다스리게 하고, 해가 짧은 것과 묘성(昴星)으로 중동(仲冬)을 바로잡으니, 백성들은 방안으로 들어가고 조수는 솜털이 났다.

임금(帝)께서 말씀하셨다. "아! 그대 희씨와 화씨여, 일 년은 삼백 육십 육일이니, 윤달을 만들어 사 계절을 정하고 한 해를 이루면, 백공(百工)들이 잘 다스려지고, 모든 공적이 다 빛나게 될 것이다."

(乃命羲和, 欽若昊天, 曆象日月星辰, 敬授人時. 分命羲仲, 宅嵎夷, 曰暘谷. 寅賓出日, 平秩東作. 日中星鳥, 以殷仲春. 厥民析, 鳥獸孳尾. 申命羲叔, 宅南交, 平秩南訛, 敬致. 日永星火, 以正仲夏. 厥民因, 鳥獸希革. 分命和仲, 宅西, 曰昧谷. 寅餞納日, 平秩西成. 宵中星虛, 以殷仲秋. 厥民夷, 鳥獸毛

毨. 申命和叔, 宅朔方, 曰幽都. 平在朔易, 日短星昴, 以正仲冬. 厥民隩, 鳥
獸氄毛. 帝曰：咨! 汝羲暨和, 朞, 三百有六旬有六日, 以閏月定四時成歲,
允釐百工, 庶績咸熙.)[23]

공영달(孔穎達)의 『정의(正義)』와 연결하여 고찰해보면 다음과 같은
사실을 어렵지 않게 알 수 있다.

첫째, 계절과 시간의 인식과 획분은 항상 특정한 천문 현상과 대응
하며, 계절과 시간에 대한 인식의 규정은 항상 특정한 공간 방향을
참조하고 있다.

둘째, 천체 현상의 변화에 대한 인식, 즉 계절 변화와 인간을 포함
한 자연 생물체와 상호 긴밀하게 연계되어 소통하고 있음을 말해 주
고 있다.

셋째, 고대 사회는 천지 사계의 관찰에 큰 중요성을 부여하고, 종
종 '배정된' 전문 관리자로 하여금 고정된 해당 관측 위치에 장기간
주둔하도록 했다.

넷째, 천체 현상의 움직임을 관찰하고 시간 변화를 결정하기 위해
각지에 배치된 전문 관리자는 이 일에 대한 상당한 인식 태도를 보여
주며, "하늘을 존경하고, 태양, 달, 별 등 천상을 관찰하는 것"으로부
터 "하늘을 받들어 사람들을 가르침"에 이르기까지 매우 경외로운 태
도를 보여주고 있다. '과보(誇父)'는 이미 인격화하여 태양의 움직임을
관찰하는 자로 형상화되어 있는데, 어떻게 자신의 능력을 초과하는
태양과의 경쟁에 도전할 수 있었던 것일까?

『설문』의 관련 글자들에 내재된 '과보'의 이 일에 대한 인식은 어
느 정도 중국 고전에 반영된 문화 배경과 일치한다. 뿐만 아니라, 서

---

23) 『十三經注疏·尚書正義』(中華書局, 1980).

양 국가의 시간과 공간에 대한 개념 및 그 표현과 비교해 볼 수 있다.

우리는 왼쪽과 오른쪽, 앞과 뒤 같은 이러한 가장 간단한 공간적 관계가 태양의 경로를 따라 동서로 이어진 선에 의해 나뉘고, 북쪽에서 남쪽으로 이어진 수직선에 의해 이등분된 것들, 이러한 모든 시간 간격이 이 교차하는 선분 위에서 기원했다는 것을 볼 수 있다. 이 방법을 가장 명확하고 완벽하게 발전시킨 민족들 사이에서, 이 관계는 종종 시간의 가장 일반적으로 사용되는 용어로 모델화 되곤 한다. 예컨대, 라틴어에서 '계절(seasons)'은 천계의 개념과 상징에서 유래했다. "기초 어휘에서 계절(season)과 하늘(heaven)은 이등분(bisection)과 교차(cross)를 의미할 뿐이다. 훗날 목수들의 용어로 말하면, 두 개의 교차된 서까래(椽木)와 대들보는 여전히 하나의 하늘을 구성한다. 이후, 이렇게 나뉜 공간의 의미는 자연스러운 발전이다. 하늘의 사분의 일(예컨대 동쪽)은 낮이라는 시간(예컨대 아침)으로 바뀌고, 그런 다음 일반적인 시간으로 바뀐다."[24] 공간을 각각의 방향과 구역으로 획분하고, 시간을 몇 개의 시간대로 구분하는 이 두 가지는 평행적으로 진행되었다.

위에서 인용된 중국과 서양 문헌은 우리에게 은허(殷墟)의 복사에서 발견된 상(商)나라 사람들의 '출일(出日)'과 '입일(入日)' 제사에 대한 대량의 기록과 연결할 이유를 제공하는 것 같다.

"을사일에 점을 칩니다. 왕께서 '빈'제사를 태양에게 올릴까요?(乙巳卜, 王賓日.)"(『佚』 872), "뜨고 지는 태양에게 '세'제사를 드리는데 소 3마리를 쓸까요?(出入日, 歲三牛.)"(『粹』 17) 등이 그렇다. 곽말약(郭沫若)과 진몽가(陳夢家) 등은 은(殷)나라 사람들이 낮과 밤에 태양을 맞이하고 보내는 의식을 거행했다고 추론했다. 『설문』에서 '부(父)'자가

---

24) [독] 恩斯特·卡西爾, 『神話思維』(中譯本), 121~122쪽(中國社會科學出版社, 1992).

"손으로 지팡이를 든 모습을 그렸다(從又擧杖)"고 했고, 또 '장(丈)'에 대해서는 "손으로 십(十)을 든 모습을 그렸다.(從又持十)"고 했다. 갑골문에서 '갑(甲)'이 바로 '십(十)'이다. 그러나 어떤 학자는 '십(十)'이 태양의 그림자를 측정하는 규표(圭表)로 보기도 하는데, 상(商)나라의 조상인 갑미(甲微)가 '십(十)'을 사용하여 태양의 그림자를 측정하고 시간을 획정한 최초의 인물이었음을 보여준다.[25]

5-20. 동한 때의 규표(圭表)

고대 중국은 아주 이른 시기부터 농업을 기반으로 하였고, 농사에 맞추어 24절기를 확정하는 것이 농업 발전의 전제 조건이 되었다. 따라서 중국에서는 오래전부터 24절기를 측정하기 위한 고대 천문 기구인 표(表)가 만들어졌다. 표(表)는 달리 간(竿)・얼(槷)・비(椑)・비(碑)・비(髀)・얼(臬)이라고도 불린다. 간단히 말해, 돌이나 나무로 기둥을 만들고 태양에서 비치는 그림자를 관찰했다. 규(圭)로 그림자의 길이를 측정하고, 그림자의 길이를 바탕으로 그날의 정오와 일 년 사계절의 변화를 판단했다. 따라서 표(表)는 달리 규표(圭表)기준라고도 불렸다. 방향을 판단하고 24절기를 측정하는 것은 규표(圭表)의 중요한 기능이었다. 1965년 남경박물관은 강소성 의정(儀征)의 한나라 때 무덤에서 청동으로 된 표(表)를 발굴하였다. 그 형태, 크기 및 기능으로 보아, 이는 천문 관측용 기준표의 십분의 일 크기인 휴대용 소형 규표(圭表)였다. 그 제작도 규표가 가져야 할 기술 요구 사항을 기본적으로 충족했다.

25) 溫少峰・袁庭棟, 『殷墟卜辭研究－科學技術篇』, 73쪽(四川省社科院出版社, 1983).

『설문해자』 인지분석

『고공기・장인건국(匠人建國)』에는 전국시대에 사람들이 규표를 사용하여 방위를 결정한 방법이 기록되어 있다. "장인들이 국가를 건설할 때, 먼저 땅을 평탄하게 한 다음 기준점을 매달아 수평을 측정하고 기준점의 그림자를 관찰하여 수평선을 결정한다. 이를 표준으로 사용한다. 그들은 해가 뜨고 지는 동안 태양의 그림자 위치를 알고 있다. 낮에는 정오의 태양 그림자를 참조하며, 밤에는 북극성의 위치를 참조하여 시간이 정확함을 보장한다.(匠人建國, 水地, 以懸置槷以懸, 眡以景. 爲規. 識日出之景與日入之景. 晝參諸日中之景, 夜考之極星, 以正朝夕.)"

여기서 이미 表(표)를 사용하는 데 필요한 두 가지 기술 요구 사항을 제시하였다. 그것은 첫째, '땅을 평탄하게 하는' 것 즉 땅의 수평을 유지해야 한다는 것이었다. 둘째는, '기준점을 매달아야 했는데' 이는 表(표)가 땅에 수직이 되도록 해야 했다. 한나라 때의 무덤에서 발굴된 이 청동 규표(圭表)의 구조는 「고공기」에서 설명된 요구 사항을 대체로 반영했다. 즉 表(표)를 사용할 때, 표를 뽑아내면 표의 표면에 직사각형 물탱크가 나타나며, 거기에다 물을 채워 넣으면 표면이 수평인지 검증할 수 있다. 동시에 표의 상단에는 직경 0.5cm의 원형 구멍이 있었다. 이는 실제 측정에 따르면 투영과는 무관하다. 아마도 당시에는 줄을 사용하여 표를 세우고 무거운 물체를 매달아 표가 규표의 표면에 수직이 되는지를 확인했을 것으로 추정된다.26) 이러한 것들을 모두 모아 함께 살펴야 한다.

---

26) 『南京博物院藏寶錄』, 173쪽(上海文藝出版社, 香港三聯書店有限公司聯合出版, 1992).

3. '과보축일(誇父逐日)'의 검증

현장 조사 중에 발견된 '과보'신화의 다양한 판본과 관련된 관습은 『설문』에서의 관련 문자 유형 검토를 통해 밝혀진 '과보축일(誇父逐日)'과 서로 검증할 수 있다.

첫째, 과보의 기원은 「과부욕비기(誇父峪碑記)」 기록을 통해 검증되었다. 하남성, 섬서성, 산서성의 접경에 위치한 영보현(靈寶縣)은 고대에는 도림(桃林)이라 불렸으며, 주(周)나라 때에는 도림새(桃林塞), 수(隋)나라 때는 도림현(桃林縣)으로 불렸는데, 당(唐)나라 천보(天寶) 원년에서부터 영보현(靈寶縣)으로 개명되었다. 『지리통석(地理通釋)』의 기록에 따르면, "도림은 동관(潼關)의 동쪽에서부터 함곡관(函谷關)까지, 서쪽으로는 화음(華陰) 등지에 이른다." 영보(靈寶)이 서염향(西閻鄕) 묘저촌(廟底村)에는 청나라 도광(道光) 연간에 세워진 「과보욕비(誇父峪碑)」가 보존되어 있다. 「과보욕비기」의 주된 내용을 보면, 이 비석은 주변 산민들 사이의 '과보산'의 권리문제를 해결하기 위해 세워졌다. 비문에는 '과보축일'의 전설이 다음처럼 기록되어 있다. "동해 바닷가에 '과보'라는 사람이 있었다. 그는 걸음이 빠르고 잘 걸었다. 해가 뜨는 곳은 알았지만 지는 곳은 몰랐다. 그는 자신의 막대기로 해를 쫓아 산 아래까지 갔다가 목이 말라 죽고 말았다. 산은 그의 이름을 따서 명명되었다.(東海之濱, 有誇父其人者, 疾走善行, 知太陽之出, 不知其入, 爰策杖追日至此山下, 渴而死. 山因以名焉.)" 또한 "이 산의 신은 한 곳을 보호하지만, 사람들은 모두 그의 축복을 받아, 이치를 따르며 신을 모시며 살았다. 여기, 옛 고향의 여덟 공동체의 선비들과 평민들은 매년 제사를 모시며, 주기에 맞추어 계속이어 갔으며,

그에 대한 존경심을 세상에 드러냈다.(此山之神, 鎮佑一方, 民咸受其福, 理合血食. 茲故土八社士庶人等, 每歲享祀, 周而復始, 昭其崇也.)"

이를 통해 볼 때, '과보축일'은 태양의 출입(일출 및 일몰)을 이해하려는 명확한 지식 탐구 목적이 있었으며, 현지인들에 의해 무한히 숭배받았음을 알 수 있다.

둘째, 과보의 죽음과 도림(桃林)의 기원에 대한 민간 신화이다.

민간에서 전해 내려오는 신화 속의 과보산과 태림의 기원에 대한 설명은 다음과 같다. 전설에 따르면, 5천 년 전, 황제족(黃帝族)과 염제족(炎帝族)이 반천(盤泉)에서 충돌하여 중원에서 전투를 벌였다. 결과적으로 염제족이 패배하였다. 당시 과보족은 염제족의 한 부족이었다. 그들은 황제족의 장수 응룡(應龍)에 의해 추격당해 서쪽으로 피신했다. 과보족이 영보(靈寶) 서쪽으로 피신했을 때, 8년간의 큰 가뭄으로 인한 무더운 날씨를 만나 사람들은 견디기 어려운 배고픔과 목마름을 겪었다. 불행히도, 족장 과보는 여기서 목이 말라 죽고 말았다. 과보족의 모든 구성원은 이 산 아래에 정착하기로 결정하였고, 그들의 족장 과보를 이 산 아래에 묻었다. 그래서 이 산을 '과보산(誇父山)'이라고 불렀다. 과보가 죽을 때, 그는 후손들에게 복숭아나무를 심으라고 부탁했으므로 이곳은 '복숭아 숲'이라는 의미의 도림(桃林)으로 불렸다.

이로 볼 때, '과보'의 죽음과 '태양의 추격'은 동일한 과정이 아닐 수 있으며, 이후에 점차 축적된 것일 수 있다.

셋째, 민간 전설 속의 '과보축일'의 기원과 과정이다.

옛날 옛적에 일출은 알지만 일몰은 모르는 거인 '과보'가 있었다고 한다. 해가 지는 곳을 알고자 해와 경주를 벌였다. 그는 해를 따라 이곳까지 왔고, 막 정오 때가 다가오고 있었다. 과보는 생각했다. 물을 마시고 휴식을 취한 후에 다시 경주하겠다고. 그러나 예상치 못하게 과보가 깨어났을 때, 해는 이미 서산으로 들어가고 말았다. 과보는 해를 더 이상 따라잡을 수 없다고 보고, 화가 나서 분을 이기지 못하고 죽었다.27)

'과보축일'은 분명히 원시인들이 자연의 신비를 탐구하고 지식을 추구하는 의미를 담고 있음을 알 수 있다.

---

27) 여기서 인용한 비문(碑文)과 민간전설(民間傳說)은 모두 張振犁, 『中原古典神話流變論考』, 306~309쪽(上海文藝出版社, 1991)에 보인다.

제5절 호리병박(葫蘆) 이미지

요약하자면, '호(壺)'는 '원기(圜器: 둥근 기물)'로서『설문』에서는 이를 '곤오(昆吾)'에 귀속시켰다. 이는 특정 기물을 그 창시자로 여겨지는 한 인물에게 귀속시켜 분류한 것인데, 이 인물의 명명은 결국 해당 기물에서 비롯된 것이다. 이는 고대인의 사고방식에서 일종의 '귀류 인지(歸類認知)' 규칙의 하나였다. '곤오(昆吾)'가 '호(壺)'에서 명명된 것은 마치 '예(羿)'가 본래 '궁(弓)'에서 명명되어 "상고(上古)의 활쏘기에 능한 자를 모두 예라 했던" 것과 그 이치가 다르지 않다.[1]『설문』에서 제공하는 '의미장(語義場)'과 관련된 연관성은 이러한 원시적 사고 법칙을 보존하고 있으며, 더욱이 그 속에서 취한 '호로(葫蘆)' 이미지는 심지어 전체 우주를 포괄한다고 말할 수 있다.

(1) '호(壺)'와 '곤오(昆吾)'

『설문』의「호(壺)부수」는 부수자를 포함해서 겨우 2글자만 수록하였지만 고대인들이 제작을 할 때 호리병(壺)의 특수한 이미지 때문에 특별히「호(壺)부수」를 따로 설정해 두었다.

---

1)『管錐編』卷二, 647쪽.

壺(壺) 甲骨 ... 金文

壺 漢印 壺 石刻): 昆吾圜器也. 象形. 從大, 象其蓋也. 凡壺之屬皆從壺. 戶吳切.

호(壺), '달리 곤오(昆吾)라고도 하는데, 둥근 기물(圜器)'을 말한다. 상형이다. 대(大)가 의미부인데, 뚜껑의 모양을 그렸다. 호(壺)부 수에 귀속된 글자들은 모두 호(壺)가 의미부이다. 독음은 호(戶) 와 오(吳)의 반절이다.

壹: 壹壹也. 從凶從壺. 不得泄, 凶也. 『易』曰 : "天地壹壹." 于云切.

운(壹), '일운(壹壹) 즉 기운이 나오지 못하고 갇혀 솟아오르려는 모양을 말한다. 흉(凶)이 의미부이고 호(壺)도 의미부이다. 갇혀 나갈 수 없으므로 흉(凶)이 된다. 『역·계사(繫辭)』에서 "천지의 원 기가 가득히 응결되어 있네(天地壹壹)"라고 했다. 독음은 어(于) 와 운(云)의 반절이다.

이 설명에 따르면, 먼저 '호리병(壺)'과 '곤오(昆吾)' 사이에 인식적 연관성이 발생한다.

호(壺: 호리병)라는 이름의 근원은 바로 호로(胡蘆: 호리병박)에 있으 며, 호(壺: 호리병)를 만드는 사람은 이 때문에 '호리병'을 '호(壺)'라 부 를 수 있었다. 이를 길게 늘여서 읽으면 '곤[혼]오(昆[混]吾)'가 된다. 다시 말하면, '곤오(昆吾)'나 '호로(胡蘆)'는 모두 '호(壺)'를 늘여서 읽은 독음이라고 해석할 수 있다. 이것은 한어에서 음운적으로 '질려(蒺藜)' 가 '자(茨)'가 되거나, '굴륭(窟隆)'이 '공(孔)'이 되거나, '지어(之于)'가 '저(諸)'가 되거나, '자언(者焉)'이 '전(旃)'이 되거나, '자사리(刺斜裏)'[2]가

---

2) [역주] '刺斜裏'는 적을 놀라게 하기 위해 예상치 못한 방향으로 공격을 실행하 는 역사적 군사 전략에서 파생되었다. 이 전술은 『삼국지연의』에 묘사된 고대 중국의 전쟁에서 효과적으로 활용되었다. 이는 오늘날 군사적 맥락을 넘어 놀

'첩(捷)'이 되는 것과 같은 관계이다.

　　'곤(昆)'은 원래 '혼(混)'과 같이 읽었다. 『설문·일(日)부수』에서 "혼(昆)은 같다(同)는 뜻이다. 아우르다(並)는 뜻이다. 모두(咸)라는 뜻이다.(昆, 同也, 並也, 咸也.)"라고 했는데, 단옥재(段玉裁)의 주석에서는 "혼(昆)이 일(日)로 구성된 것은 밝히다는 뜻 때문이다. 또한 같게 하다는 뜻도 있다. 비(比)로 구성된 것은 같게 하다는 뜻 때문이다. 오늘날 세속에서는 합동(合同)을 혼(混)이라 하는데, 사실은 곤(昆)이나 혼(楲)을 써야 한다."라고 했다.3) 필자의 생각에 '혼(楲)'도 '혼(混)'이며, 완전하다(完)는 뜻이다. 『설문·목(木)부수』에서 "혼(楲)은 완(梡)과 같아 쪼개지 않은 나무를 말한다(木未析也.)"라고 했다. 왕균(王筠)도 "완(梡)과 혼(楲)의 독음은 혼돈(渾沌)과 비슷하다. 그래서 쪼개지 않은 것(未析)으로 뜻을 해석했던 것이다."라고 했다. 그렇다면 '혼(楲)'은 또 '홀윤(囫圇: 통째)'과 같다. 단옥재의 주석에 의하면, "혼(楲), 무릇 커다랗게 전체로 된 것이면 모두 혼(楲)이라 한다(凡全物渾大皆曰楲.)" 주준성(朱駿聲)은 독음의 연계성에서부터 착상했는데, "혼(楲),……간혹 륜(侖)(즉 囫圇)이라 하는 것은 혼(楲)의 합음(合音)이다."4)라고 했다. 그래서 중국의 고대 문헌에서 '곤(昆)'과 '혼(混)'은 원래부터 통용할 수 있었다. 예컨대, 금본 『노자』 제25장의 '有物混成, 先天地生"을 『마왕퇴한묘백서(馬王堆漢墓帛書)·노자 을본(乙本)·도경(道經)』에서는 "유물혼성(有物昆成: 사물이 혼돈 속에서 이루어졌다)"으로 쓰고 있는 것이 증거가 될 것인데, '혼(混)'은 이후에 생겨난 글자일 것이다. 이외에도 옛날에는 '곤이(昆夷)'를 달리 '혼이(混夷)'로 적었는데, 이 또한 그 증거가 될 것이다.

랍고 색다른 행동이나 진술을 설명하기 위해 활용된다. 예상치 못한 접근 방식을 취하면 유리한 결과를 가져올 수 있는 전략과 일상 상황 모두에서 영리한 기동성과 예측 불가능성의 본질을 포착하며, 이로 인해 이 관용구는 역사적 전투에 대한 논의뿐만 아니라 혁신적인 사고와 전술이 필요한 현대 시나리오에서도 관련성이 높다.

3) "昆: 從日者明之義也, 亦同之義也. 從比者, 同之義. 今俗謂合同曰混, 其實當用昆, 楲."
4) 『說文通訓定聲·屯部第十五』.

위에서 언급한 것처럼 '호리병(壺)'과 '곤오(昆吾)' 사이에는 음성적 관계가 있기 때문에, '곤오(昆吾)'라는 명칭이 '호(壺)'에서 유래했다고 추측할 수 있다. 물건을 인격화하면서, 이후의 사람들은 '호리병(壺)'과 관련된 모든 것, 속성을 '곤오(昆吾)' 한 사람에게 귀속시켰다. 『설문』의 해석 체계는 이 과정에 대한 정보를 우리에게 전해주고 있다. 『설문·부(缶)부수』에서는 "도(匋)는 질그릇(瓦器)을 말한다. 포(包)의 생략된 모습이 소리이다. 옛날, 곤오(昆吾)가 질그릇(匋)을 만들었다. 「사편(史篇)」에서는 부(缶)와 같은 독음으로 읽었다."[5]라고 설명했다. 『여씨춘추·군수(君守)』에서는 "곤오(昆吾)가 도기(질그릇)를 발명했다."라고 했는데, 고유(高誘)의 주석에서 "곤오(昆吾)는 하백(夏伯)을 위해 도기를 만들었고 진흙을 이겨서 기물을 만들었다."라고 했다. 계복(桂馥)이 인용한 서증(書證)에서는 "서개(徐鍇)에 의하면, 곤오(昆吾)는 주(紂)임금의 신하였는데, 질그릇(瓦器)을 만들었다고 했다. 『시자(屍子)』에 의하면, 하(夏)나라 걸(桀)임금의 신하였던 곤오(昆吾)가 질그릇(陶)을 만들었다."라고 했다.[6]

　　왕균(王筠)은 더욱 직접적으로 주장한다. "곤오(昆吾)가 만든 것이 어찌 호리병(壺) 하나뿐이겠는가? 곤오(昆吾)는 호리병(壺)의 다른 이름이지만, 그 유래는 정확히 알려져 있지 않다. 최근 사람인 진빈(陳斌)과 소해(小海)가 노래하면서 '곤오(昆吾)는 호리병(壺)보다 못하다'라고 했지만, 어떤 근거를 사용했는지 정확히 모른다."[7]

　　전래 문헌에서 '곤오(昆吾)'가 부족의 이름으로 사용된 것은 '곤오

---

5) "匋, 瓦器也. 從包省聲. 古者昆吾作匋. 案史篇讀與缶同."
6) 『說文解字義證』卷三十一.
7) 『說文句讀』卷三十.

(昆吾)'가 원래 '집합 개념'에 속했다는 것을 보여준다. 그러나 곤오(昆吾) 부족과 질그릇 간의 관계, 흉노(匈奴)와 같은 다른 부족들과의 관계는 여기서 논의할 범위가 아니어서 생략한다.

(2) '호(壺)'와 '호로(葫蘆)'

먼저 '호(壺)'자의 자형 이미지가 어디서 왔는지를 살펴보자.

5-21.『중국이체자대계·전서편』에 수록된 '호(壺)'자 자형

위에 나열된 것은 『중국이체자대계(中國異體字大系)·전문편(篆文編)』에서 제공하는 '호(壺)'의 자형이다. 갑골문과 금문에서 '호(壺)'자의 대표적인 형태는『설문』의 해석 구조와 인식이 일치한다. 이를 통해 알 수 있는 것은 '호(壺)'자는 고대 '원형기물(圓器)'에서 그 모습을 얻었다는 것이다. 그리고 그 중에서 금문에서 '금(金)'자가 들어간 것은 고대의 이러한 '원형기물(圓器)'이 도기만을 위한 것이 아니라 적

어도 금속으로도 만들어졌던 것임을 말해 준다.

5-22. 상나라 중기의 청동기—호(壺)   5-23. 국립고궁박물원 소장 호(壺)

  '호(壺)'자의 구조와 형상으로 볼 때, '호리병(壺)'이라는 이름은 '호로(葫蘆: 호리병박)'에서 유래했다고 할 수 있다. 이 두 기물은 기능과 형태 측면에서 유사하다. 고홍진(高鴻縉)의 『중국자례(中國字例)』에서는 "고대의 호리병은 호리병박과 매우 유사하다."라고 언급했다. 즉, 상고(上古)에 '호로'의 형태를 가진 것은 호리병의 기능을 가졌다고 볼 수 있다. 『시·빈풍(豳風)·칠월(七月)』에서는 "7월에는 호리병박을 먹고, 8월에는 호리병박을 탄다."라고 노래하였다. 이에 대해 『모전(毛傳)』에서는 "호(壺)는 호(瓠)와 같다."라고 했다. 『설문통훈정성·예(豫)부』(제9)에서는 『이아(爾雅)』에 나오는 '호조(壺棗)'를 인용하였는데, 손염(孫炎)의 『주』에서는 "대추의 형태는 위는 작고 아래는 커서 호리병와 유사하다."라고 풀이했다. 『갈관자(鶡冠子)·학문(學問)』에서는 "황하에서 배를 잃어, 하나의 호리병에 천금(千金)을 주었다."라고 했는데, 육전(陸佃)의 주석에서는 "호(壺)는 호(瓠)와 같다. 이것을 차고 있으면 강을 건널 수 있다. 그래서 남쪽 사람들은 이것을 요주(腰舟)라고 부른다."라고 했다. 호(瓠)는 호로(葫蘆: 호리병박)를 의미한다. 음성적 연관성으로 볼 때, '곤(昆)'과 '호(壺)'는 쌍성이며, '오(吾)'와 '호(壺)'는 첩운이다. 그리고 '호(壺)'는 '호(瓠)'와 독음이 같으며, '호로(葫蘆)'는 '호(瓠)' 즉 '호(壺)'를 느리게 읽은 독음일 뿐이다. '호(壺)' '호(瓠)' '호로葫蘆' '곤오(昆吾)' 등은 모두 같은 어원에서 왔고, 빠르거나 느린 음성 변환 현상이라고 볼 수 있다.

이것은 『설문』에서 '호로(葫蘆)' 이미지의 언어학적 측면에서의 초보적인 정리이며, 『설문』에서 '호로(葫蘆)' 의미지의 인식에 대한 준비 단계의 조사이다.

(3) '호(壺)'와 '일운(壹壼)'

『설문·호(壺)부수』에서는 부수자를 제외하고 단지 '운(壼)' 한 글자만을 수록했다. 실제로, 부수자로 사용된 '일(壹)'도 여기에 포함되어야 한다. 이제 각각을 설명하겠다.

「호(壺)부수」에서 "운(壼)은 일운(壹壼)을 말한다. 흉(凶)이 의미부이고 호(壺)도 의미부이다. 호리병에서 밖으로 나갈 수가 없으니, 흉(凶)한 것이다. 『역(易)』에서 '천지일운(天地壹壼)'이라 했다."라고 했다. 한나라 때의 허신(許愼)의 구조적 분석과 인식에 의하면, '운(壼)'은 '흉(凶)'을 의미부로 삼는데, '흉(凶)하다'는 것은 호리병에서 밖으로 새어나가지 않기 때문이며, 그런 상태를 '운(壼)'이라 한다. 그가 인용한 『역·계사전(繫辭傳)』의 문장의 의미와 그의 해석이 완전히 일치한다. 현재의 『주역(周易)』에서는 '인온(絪縕)'이라고 썼으며, 또는 '인온(煙熅)'이나 '인온(氤氳)'이라고도 쓴다. 단옥재(段玉裁) 의 『설문주』에서는 역대 문헌을 인용하여 이렇게 증명했다. "채옹(蔡邕)의 주석에서는 연연온온(煙煙熅熅)은 음양이 조화롭게 서로 지탱하는 모습이라고 했다. 장재(張載)의 주석에서는 연온(煙熅)은 천지의 증기이다. 「사현부(思玄賦)」의 옛 주석에서는 인온(煙熅)은 조화롭다는 의미이라고 했다. 허신은 『역(易)』(孟氏)에서는 일(壹)로 적었는데, 이것이 원래의 글자이며, 나머지는 모두 속자이라고 했다."[8]

그렇다면 '일운(壹壺)' 두 글자는 모두 '호(壺)'에서 왔다. 마서륜(馬敍倫)도 이미 이들이 '호(壺)'를 의미부로 삼는다고 지적한 바 있다.[9] 『설문』의 해설에서도 '일운(壹壺)' 두 글자를 연속적으로 처리했다. 「일(壹)』부수」에서 이렇게 말했다.

- 壹(金文 漢印 石刻): 專壹也. 從壺吉聲. 凡壹之屬皆從壹. 于悉切.
  일(壹), '전일하다(專壹), 즉 오로지 한 곳에 집중하다'라는 뜻이다. 호(壺)가 의미부이고 길(吉)이 소리부이다. 일(壹)부수에 귀속된 글자들은 모두 일(壹)이 의미부이다. 독음은 우(于)와 실(悉)의 반절이다.

- 懿(金文 石刻): 專久而美也. 從壹, 從恣省聲. 乙冀切.
  의(懿), '오로지 한 곳에 전념하고 오래 되어 아름답다(專久而美)'라는 뜻이다. 일(壹)이 의미부이고, 자(恣)의 생략된 부분이 소리부이다. 독음은 을(乙)과 기(冀)의 반절이다.

---

8) 『說文解字注』 十篇下.
9) 『說文解字六書疏證』 卷廿.

『설문해자』 인지분석

선진(先秦) 시대 청동기 명문에서는 '일(壹)'을 ▧로 적어, 진(秦)나라 때의 도량형 기물에 등장하는 구조와 일치한다. 한(漢)나라 때의 인장에서는 ▧로 적었는데, 『설문』에서 수록된 전서체와 가의 차이가 없다. 석각문자에서는 ▧ 등으로 적었는데, 모두 '호리병(壺)'에서 그 형상을 얻었다.

어떤 연구자들은 음성적 연결을 기반으로 분석을 시도했다. 마서륜(馬敍倫)은 '운(壺)'자가 실제로 '흉(凶)'에서 독음을 얻었다고 주장한다. '흉(凶)'의 독음은 효뉴(曉紐)이고, '호(壺)'의 독음은 하뉴(匣紐)로, 둘 다 설근(혀뿌리)마찰음이다. 이것은 '호(壺)'와 전주 관계의 글자이다. 그러나 '일(壹)'과 '운(壺)' 두 글자에서, 하나는 길(吉)에서 독음을 얻고, 다른 하나는 흉(凶)에서 독음을 얻는 것은 너무 우연한 것 같다고 했다. 만약 '일운(壹壺)' 두 글자의 발음이 모두 영뉴(影紐)에 속한다면, 이들은 전주자에 해당한다.[10]

단옥재(段玉裁)는 일찍이 『설문』의 해석 체계에서 '일운(壹壺)'을 하나의 연결된 단어로 해석하고, '호리병에서 새어나가지 않는다'고 하여, '운(壺)'자에 대해 '흉(凶)'과 '호(壺)' 모두 의미부로 설명하였다. "원기가 혼재하며, 길(吉)과 흉(凶)이 아직 구분되지 않았기 때문에, 그 글자들은 길(吉)과 흉(凶)이 호리병(壺) 속에 존재하는 회의자이다. 이 두 글자는 쌍성첩운자인데, 사실은 두 글자를 하나의 글자로 합친 것이다. 「문언전(文言傳)」에서 '귀신과 함께 길(吉)과 흉(凶)을 합친다.'라고 했다. 그렇다면 길(吉)과 흉(凶)은 귀(鬼)와 신(神)이다. 「계사(繫辭)」에서는 '세 사람이 가면 한 사람이 줄어들고, 한 사람이 가면 친구를 얻는다.'라고 했다.[11] 이것은 '언행이 일치해야 한다'는 것을 의

---

10) 『說文解字六書疏證』 卷二十.
11) [역주] 이 문장은 『주역·계사』(상)에서 나온 말로, 사람들 사이의 관계와 행

미한다. '일운(壹壼)'과 '구정(構精)'은 모두 '언행이 일치하다'는 의미이다. 그 전어(轉語)[12]가 아니겠는가?"[13]

단옥재 주석의 학문적 특징은 성운학에 기반하여 자형의 장벽을 무너뜨린 데 있다. '일운(壹壼)'을 전어(轉語)인 '억울(抑鬱: 가슴 속에 꽉 응결되어 있음)'으로 보았고, 이를 『설문』에서 말한 '빠져나가지 않다(不泄)'는 의미로 해석했다. 오늘날에도 우리는 여전히 '억울(抑鬱)'이라는 단어로 응결된 마음의 불편함을 표현하는 데 사용하고 있다. '길흉(吉凶)'과 '구정(構精)'과 같은 말은 천지의 '혼허(混虛)' 상태가 '호(壹)'라고 한다고 해석하였으며, 이를 『설문』의 해석과 『역(易)』의 인용과 잘 결합하였는데, 이런 주장은 매우 정밀하다.

따라서 '일운(壹壼)'은 분리되지 않는 연결된 어휘로, 모두 '호리병(壺)'에서 그 형상을 얻었으며, 우주의 원기가 분리되지 않고 혼합된 상태인 '일(壹)'이 '호리병(壺)' 안에 있는 상태를 나타낸다. 인온(絪縕),

---

동 규범을 설명하는 의미를 지니고 있다. 여기서 '세 사람이 함께 걸으면 한 사람을 해칠 것이다'라는 말은 세 사람이 함께 행동할 때, 의견 차이 또는 이익 충돌로 인해 한 사람이 해를 입거나 배제될 수 있음을 의미한다. '혼자 걸어가는 사람은 친구를 사귄다'라는 말은 사람이 홀로 행동할 때, 복잡한 집단 관계가 개입하지 않기 때문에 마음이 맞는 친구를 찾기가 더 쉬움을 뜻한다. '말은 반드시 일치해야 한다'는 것은 말과 행동의 일관성의 중요성을 강조하며, 즉 사람의 말이 그의 행동과 일치해야 조화롭고 통일된 상태를 이룰 수 있음을 의미한다. 이 문장은 유가에서 대인관계와 사회적 행동을 매우 중시하며, 사람들이 조화를 추구하고 불필요한 분쟁과 갈등을 피해야 한다는 주장을 보여주고 있다.

12) [역주] 훈고학에서 '전어(轉語)'는 시간, 장소 등의 변화로 인해 발음이 바뀌었지만 의미는 그대로 유지되는 단어들을 지칭한다. 예를 들어, 『방언』 제3편에서 "庸謂之俗, 轉語也."라고 했는데, 용(庸)과 송(俗)은 첩운관계에 있는 글자로 서로 통용된다. 이는 중국어의 역사적 진화 과정에서 매우 흔하게 나타나는 현상이다.

13) "元氣渾然, 吉凶未分, 故其字從吉凶在壺中會意. 合二字爲雙聲疊韻, 實合二字爲一字. 文言傳曰：與鬼神合其吉凶. 然則吉凶卽鬼神也. 繫辭曰：三人行則損一人, 一人行則得其友. 言致一也. 壹壼, 構精皆釋致一之義. 其轉語爲抑鬱." 『說文解字注』十篇下.

연온(煙縕), 인온(氤氳), 억울(抑鬱) 등과 같은 그 전어(轉語)도 모두 연결된 단어로, 형태는 다르지만 그 의미는 같으며, '곤오(昆吾)'와 '호(壺)'와 동일한 근원에서 비롯했다. 『광운(廣韻)』에서 "운(壺)은 막혀서 통하지 않다(鬱)는 뜻이다. 『사기·굴원가생열전(屈原賈生列傳)』에서는 '인억(堙鬱)'으로 적었고, 『한서』에서는 '일억(壹鬱)'으로 적었다."라고 했다. 『집운(集韻)·순(諄)부』에서는 '인(絪, 煙, 氤)은 이(伊)와 진(眞)의 반절로 읽힌다. 인온(絪縕)은 천지의 에너지를 합치는 것이며, 달리 연인(煙氤)이라고도 적는다."라고 했다. 또 같은 「순(諄)부」에서 "인(堙, 陻, 堙, 㘩, 圁, 塱)은 이(伊)와 진(眞)의 반절로 읽힌다. 『설문』에서는 '틀어막다(塞)'라는 뜻이라고 했다. 『상서(尙書)』에서 '현인홍수(鮌堙洪水)'를 인용했는데, 달리 인(陻), 인(堙), 인(圁)이라고도 적었다. 주문체에서는 인(圁)으로, 고문체에서는 인(塱)으로 썼다."

(4) '호(壺)'와 '노모(盧牟)'

『설문』의 해석 체계에서 '일운(壹壺)'은 모두 '호리병(壺)'에서 그 형상을 얻었는데, '호(壺)' 즉 '호로(葫蘆)'는 또 우주를 상징하는 의미를 갖고 있다. 하늘과 땅이 아직 분리되지 않은 혼돈의 상태, 그것을 실체로 표현하려면 '호로(葫蘆)'여야만 했다.

> 『역(易)』에서는 천지를 '일운(壹壺)'이라 불렀는데, 그것은 '호리병(壺)'의 형상으로 우주의 혼돈하고, 길(吉)과 흉(凶)이 아직 구분되지 않은 상태를 표현한다. '하나의 음(陰)과 하나의 양(陽)'이 모두 이 '호리병(壺)' 속에 들어 있다.(『易』稱天地曰'壹壺", 卽以壺象體示宇宙混沌, 吉凶未分之狀態. '一陰一陽", 皆在此'壺'.)

도가(道家)들은 '도(道)의 본체'를 다음과 같이 묘사한다. "보아도 보이지 않아 '이(夷)'라 부르며, 들어도 들리지 않아 '희(希)'라 부르며, 잡아도 잡히지 않아 '미(微)'라 부른다. 이 세 가지는 더 이상 탐구할 수 없으므로 섞여서 하나가 된다. 그 위쪽은 밝지 않고, 그 아래쪽은 어두워 보이지 않는다. 끊임없이 이어져 이름 붙일 수가 없고, 다시 아무 것도 없는 상태로 되돌아간다. 이것은 형태가 없는 형태, 물상의 이미지가 없는 형상, 그래서 '황홀(恍惚)'이라 불린다. 앞에서 맞아들여도 그 머리를 보지 못하고, 뒤에서 따라가도 그 꼬리를 보지 못한다."14)

이러한 '도(道)'는 "사물이 섞여 있어, 천지 보다 앞서 생겨났다."15) 그리고 "도(道)의 물질됨은, 오직 '황(恍)'과 '홀(惚)'뿐이다. 홀(惚)하고 황(恍)하여, 그 속에 형상이 있고, 황(恍)하고 홀(惚)하여 그 속에 사물이 있다."16)

'황홀(恍惚)'의 독음이 전변된 것이 '방불(仿佛)'인데, 사실은 '혼허(混虛)', '호로(葫蘆)'도 모두 '호(壺)'의 전어(轉語)이다. 『회남자(淮南子)』에서는 이를 '노모(盧牟)'라고 불렀다. 「요약편(要略篇)」에서 "도(道)의 근원은 노모(盧牟)로 여섯 방향을 만들고, 만물을 혼돈하게 만든다."라고 했다. 고유(高誘)는 주석에서 '섞인 것'을 특별히 함축하여 "노모(盧牟)는 규범(規模)과 같은 뜻이다"하고 했다. 황생(黃生)의 「의부(義府)」에서는 다음과 같이 설명했다.

---

14) "視之不見, 名曰'夷'; 聽之不聞, 名曰'希'; 搏之不得, 名曰'微'. 此三者不可致詰, 故混而爲一. 其上不皦, 其下不昧, 繩繩兮不可名, 複歸于無物. 是謂無狀之狀, 無物之象, 是謂恍惚. 迎之不見其首, 隨之不見其後." 『老子』十四章. 『二十二子』(上海古籍出版社, 1986년).
15) "有物混成, 先天地生." 『老子』二十五章. 『二十二子』.
16) "道之爲物, 惟恍惟惚. 惚兮恍兮, 其中有象; 恍兮惚兮, 其中有物." 『老子』二十一章. 『二十二子』.

'노(盧)'와 '모(牟)'는 모두 육박(六博)에서 온 명칭이다. 박(博)의 치(齒)
는 검정과 흰색 두 가지 색으로 나뉘어 있는데, 검은 색을 '노(盧)'라
하고, 검은 색 위에 송아지를 새긴 것을 '모(牟)'라 한다. 이 물건을 빌
려와 단어로 쓴 것은 바로 혼돈(混沌)의 의미 때문이다. 천지가 아직
형성되지 않은 최초의 상태로 도(道)를 추적할 때, 초기에는 어떤 징
조도 보이지 않았기 때문에 이렇게 말하였다. 이후의 문장은 태을(太
乙)의 모습을 나타내고, 깊은 미지의 심연을 측정하며, 공허와 무에서
비상하는 것을 나타낸다. 이렇듯 그 의도는 분명하게 나타나고 있다.
(盧牟皆六博采名, 博齒分黑, 白二色, 黑曰盧, 黑而刻犢于上曰牟. 此假物爲
詞, 卽混沌之意. 蓋溯道于未有天地之始, 初無朕兆可見, 故云云. 下文象太
乙之容, 測窈冥之深, 以翔虛無之軫, 意蓋明矣.)

황승길(黃承吉)은 진일보한 해석을 내놓았다.

'노모(盧牟)'는 총체적으로 말해서 '포노(蒲盧)'와 같은 표현이며, 이는
'포부(苞符)'와 같다고 볼 수 있다. 관공(觀公)이 제시했던 천지가 형
성되지 않은 초기의 도(道)에 대한 접근은 그 정교함을 보여주었다.
반면 육박(六博)의 명칭은 그 대략적인 측면을 보여준다. 이는 바로
문자라는 것이 하늘과 인간의 성격을 동시에 밝히며, 대략적인 것과
상세한 측면을 동시에 드러낸 것이라고 할 수 있다. '어떤 징조도 보
이지 않는다라는 등의 표현은 성인(聖人)이 도(道)를 밝히는, 극도로
미세하고 숨겨진 깊은 의미를 나타낸다. 태을(太乙)은 『역(易)』의 '태
극(太極)'을 의미하며, 요명(窈冥)은 『역(易)』의 '인온(絪縕)'을 의미한
다. 따라서 '노모(盧牟)'도 '포부(包孚)'의 소리와 형상을 통칭하는 것이
라고 볼 수 있다.
하지만 후세 사람들은 글자의 발음과 의미를 이해하지 못한 채 무
턱대고 그 흔적에 따라 추측했다. 따라서 『노자』, 『장자』, 『회남자』
등의 책에서 성도(聖道)와 일치하는 깊은 의미를 거부하거나 무시했
다. 모든 사람들과 성인(聖人)이 서로 전혀 다른 관점을 가지고 있지

만, 천지와 만물의 근원에 대한 이해는 같으므로, 그들의 글자도 같다. 이런 방식으로 문자를 일괄적으로 거부한다면, 그것은 사람의 가슴 속에서 먼저 그 글자를 외부적으로 보는 것이며, 그렇게 하면 어떻게 그것을 모든 발음과 의미의 증거로 볼 수 있겠는가?

고유(高誘)가 '노모(盧牟)'를 '규범(規模)'으로 해석했는데, 규범(規模)이 포부(包孚)와 연결되기는 하지만, 그 의미와 형상은 다르다. 게다가 고유(高誘)는 원래 그 해석을 알 수 없었기 때문에 추측한 것이 분명하다. 공(公)은 『회남자』의 원문을 기반으로 고유(高誘)의 오류를 바로잡았는데, 발음은 아직 통하지 않지만, 깊은 의미는 이미 명확하다. 의미가 나타나면 그 발음도 자연스럽게 통할 수 있는 법이다.[17] (盧牟正猶統言蒲盧, 卽猶言苞符也. 觀公所擧溯道于未有天地之始, 旣見其精; 而六博采名, 則是其粗. 正所謂文字天人並明, 粗精共見者. 其無朕兆可見云云, 乃卽聖人所以明道, 至微至隱之精義. 太乙卽『易』之太極, 窈冥卽『易』之絪縕, 故盧牟亦卽是包孚之聲之統象. 乃後世不明文字之聲義, 而徒揣之以跡, 則如『老』,『莊』,『淮南』等書中精義之合于聖道者, 輒一槪屛之非之. 不知諸子與聖人, 其流雖判然各別, 而其所以明天地萬物之原始者則同, 故其文字亦同. 若槪屛之, 則是胸中先外視其文字, 其何以爲一切聲義之證明. ……高誘以規模訓盧牟, 其規模二字雖亦通于包孚, 而義象隔膜. 且此聲誘亦本無從知其訓, 顯然臆測. 公據『淮南』本文, 正誘之誤, 雖未通聲, 而精義已具. 可見義見則其聲亦就可通矣.)

앞서 나열한 '일(壹)'자의 형태와 그것이 포함된 언어적 맥락, 그리고 출토 문헌에서는 각기 다음과 같이 나타난다.「양조타량(兩詔橢量)」에서 "모두 하나(壹)로 밝혀진다(皆明壹之)",「손자병법」에서는 "나는 모아서 하나(壹)가 되었다(我摶而爲壹)", 『노자 을편』(前49下)』에서는 "하늘이 밝아 세 가지로 둘을 결정하면, 하나는 어둡고 하나는 밝다(天明三以定二, 則壹晦壹明.)" 등이다. 여기서의 '일(壹)'자는 모두 완전함과 전체성이라는 의미를 포함하고 있다.

---

17) 『字詁義府合按』, 215쪽, '盧牟'條.

『설문』에서 관련된 해석 체계가 보존하는 '호로(葫蘆)'의 이미지는 중국 고대인들이 우주의 특성에 대한 인식 파악을 반영하고 있으며, 이것은 매우 깊고 넓은 역사적 배경을 가지고 있다 하겠다.

(5) '호리병(壺)' 형상과 우주

『설문』에서는 '호(壺)'를 '원형기물(圜器)'로 해석하였는데, 이는 바로 호로(葫蘆)이다. 천지가 분리되지 않았을 때, "위와 아래가 형성되지 않았다."(『楚辭·天問』), 우주의 생성 상태를 표현하려면, 호리병(壺)의 이미지에 의존해야만 한다. '원형기물(圜器)'의 이미지는 본래부터 형이상학적인 색채를 가지고 있었다. 『설문·위(囗)부수』에 따르면, "원(圜)은 천체를 의미하며", 『역·설괘(說卦)』에서는 "건(乾)은 천이며 원(圜)이다."라고 했다. 『초사·천문(天問)』에서는 "원(圜)은 아홉 층인데, 누가 그것을 계획하고 조정하는가?"라고 하였다. 유종원(柳宗元)의 「천대(天對)」에서는 "수레를 몰아 혼돈 속으로 달려가며 원형(圜)으로 둘러싸여 있다(運轂渾淪, 蒙以圜號.)"라고 하였다. 이러한 '원(圜)'의 이미지만이 우주의 거대함을 표현할 수 있다. 장지화(張志和)의 「공동가(空洞歌)」에서는 "광활하고 순수하며, 그 형태는 원통하여 초월적이다(廓然慤然, 其形團圞.)"[18]라고 노래하였다. 따라서 노장(老

---

18) [역주] 이 문장은 『장자·외물편』에서 나온 것으로, 여기서 묘사된 것은 장자의 철학에서 이상적인 상태를 의미한다. '곽연(廓然)'은 마음이 텅 비어 구속됨이 없음을, '각연(慤然)'은 성실하고 소박함을, '기형단란(其形團圞)'은 완벽하고 완전한 형태를 묘사합니다. 전체 문장은 세속적인 구속에서 벗어나 마음이 성실하고 소박하며, 형태가 완벽한 영적인 상태를 전달한다. 장자의 철학은 자연스럽게 무위자연을 강조하며, 사람들은 자연의 법칙을 따르고 마음의 자유와 평온을 유지해야 한다고 주장한다. 이 문장은 이러한 철학적 사상을 담고 있으며, 사람들에게 내면의 평화와 외적 조화를 추구할 것을 권하고 있다.

莊)이 말한 '혼돈(混沌)'이나 '황홀(恍惚)' 등의 용어는 모두 '호(壺)'와 동일한 근원을 가지고 있다.

언어학적으로, '호도(胡塗)'라는 표현은 닫혀 있고 통하지 않는 혼동된 상태를, 마치 호리병(혹은 '葫蘆') 안에 있듯이 하다라고 묘사한다. 고대 사람들의 눈에, 인간 세상이 마치 호리병 안에 있듯이 보였으며, 사람이 죽으면 허정(虛靜)으로 돌아가고, 진실로 돌아가고, 본래의 혼돈된 호리병 상태로 되돌아간다. 따라서 '에(殪)'자는 '일(壹)'에서 독음을 얻었는데, 『설문·알(歹)부수』에서는 이렇게 말했다.

· 殪, 死也. 從歹壹聲. 壺, 古文殪從死.
　에(殪), '죽다'는 뜻이다. 알(歹)이 의미부이고 일(壹)이 소리부이다.
　에(壺)는 고문체의 에(殪)인데, 사(死)를 의미부로 삼았다.

『설문』에서는 고문(古文)체 하나를 수록하였는데, 이것도 '호리병(壺)'에서 모습을 가져왔다. 『집운·제부(霽部)부수』에 따르면, "에(殪)와 에(壺)는 독음이 일(壹)과 계(計)의 반절이다. 『설문』에 따르면, 이것은 죽다(死)는 뜻이며, 고문체에서는 에(壺)로 썼다."고 했다.

『예문류취(藝文類聚)』 권1에서 『삼오력기(三五曆紀)』를 인용하여, "천지(天地)는 혼돈(渾沌)하여 달걀과 같았으며, 반고(盤古)가 그 안에서 생겨났다. 1만8천 년이 지나서, 천지(天地)가 분리되었고, 양은 청정하여 하늘(天)이 되고, 음은 탁하여 땅(地)가 되었다."라고 하였다. 『고금도서집성(古今圖書集成)』의 '건상부(乾象部)' '지총부회고(天地總部彙考)'에서는 『진서(晉書)·천문지(天文志)』를 인용하여, "하늘은 달걀의 모양이며, 그 경계는 네 바다와 만나며, 원기(元氣) 위에 떠 있다."라고 설명하였다. 천체에 대한 이러한 묘사를 통해 '호리병(壺)'의 이미지와 중국 고대의 우주 발생에 대한 철학적 사고 사이의 연결을 찾을 수 있다.

『설문해자』 인지분석

진(晉)나라 때의 사상가 갈홍(葛洪)은 『혼천의주(渾天儀注)』에서, "하늘은 달걀과 같으며, 지구는 그 안의 노른자와 같아서 하늘 안에 홀로 있으며, 하늘은 크고 지구는 작다."라고 설명하였다. 명나라 때에도 사람들은 여전히 반고(盤古)의 전설을 기억하고 있었다. '(반고가) 자신의 몸을 뻗으면, 하늘은 높아지고, 땅은 떨어진다. 그러나 하늘과 땅 사이에는 아직 연결된 부분이 있었다. 왼손에는 끌을, 오른손에는 도끼를 들고, 때로는 도끼로 가르거나 끌로 팠다. 이것은 신의 힘이었다. 오랜 시간이 지나 하늘과 땅(天地)은 분리되었고, 두 기운이 상승하고 하강하였다. 청정한 기운은 하늘(天)이 되었고, 탁한 기운은 땅(地)이 되었다. 이후로 혼돈(混沌)의 세계가 열렸다."[19]

현대 학자들 중에는, 현장 조사를 통해 민간 전설에 관한 천지 우주의 생성에 대한 신화 변이를 조사하는 이들이 있다. "원래 땅은 세상에 존재하지 않았고, 대공간의 거대한 신 반고(盤古)는 큰 기포가 공중에서 굴러다니는 것을 보았다. 그는 거대한 도끼로 기포를 가르고, 그것을 떨어뜨려 땅으로 만들었다."[20] 문일다(聞一多)[21]는 '반고

---

19) 周遊, 『開辟衍繹通俗志傳』第一回. 袁珂, 『中國神話傳說辭典』, 358쪽(海辭書出版社, 1985년)에서 재인용.

20) 張振犁, 『中原古典神話流變論考』, 33쪽.

21) [역주] 문일다(聞一多, 1899-1946)는 중국 현대 학술계의 주요 인물로, 그의 연구는 중국 고대 문화와 문학 연구에 혁신적인 영향을 미쳤다. 그는 '신신화학(新神話學)'이라는 방법론을 개척하여 중국 고대 신화를 역사적, 문화적 맥락에서 재해석했으며, 이는 『신화와 시(神話與詩)』에 집약되어 있다. 고대 시가 연구에서는 『시경통의(詩經通義)』를 통해 『시경』의 운율 체계와 고대 중국어 음운 체계 재구성에 기여했다. 또 전통적 훈고학과 현대적 실증주의를 결합한 새로운 연구 방법론을 제시했으며, 이는 『고전신의(古典新義)』에서 잘 드러난다. 그의 문화사 연구는 「고당신녀 전설의 분석(高唐神女傳說的分析)」, 「단오고(端午考)」 등에서 확인할 수 있으며, 고고학, 민속학, 언어학 등을 종합하는 학제간 접근을 특징으로 한다. 그의 학술 사상과 저작들은 중국 고대 문화 연구의 방법론을 혁신한 것으로 평가받고 있다.

(盤古)'와 '호로(葫蘆)' 간의 두 이미지를 직접 통합하였다.22)

『술이기(述異記)』에는 "오(吳)와 초(楚)나라 사이의 전설에 따르면, 반고씨(盤古氏) 부부는 음(陰)와 양(陽)의 시작이다."라는 기록이 있다. 상임협(常任俠)은 더욱 명확하게 지적하였다. "복희(伏犧)라는 이름은 고대에 정해진 표기법이 없었다. 그래서 복희(伏戲), 포희(庖犧), 복희(宓義), 복희(虙犧)로 쓰기도 하는데, 동일한 발음으로 서로 대체될 수 있다. 복희(伏犧)와 반호(般瓠)는 쌍성(雙聲)이다. 복희(伏義), 포희(庖犧), 반고(盤古), 반호(般瓠)는 발음과 뜻이 동일하므로, 아마 같은 단어로 볼 수 있다. 묘(苗)족이든 한(漢)족이든 모두 자신을 반고(盤古)의 후손이라 여긴다. 이 두 신화는 동일한 원천에서 나온 것으로 보인다."23)

위에서 언급된 『술이기(述異記)』의 기록과 연결하면, 반고(盤古) 또는 호로(葫蘆)의 신화는 여전히 '도체(道體)' 즉 '호로(葫蘆)'의 음(陰)과 양(陽)의 은유로 인식된다는 것을 알 수 있다. 이를 통해 '호리병(壺)'의 이미지와의 인식적 연결을 확인할 수 있다.

『설문』의 '호로(葫蘆)' 상징은 민속학적 자료와도 연계하여 볼 수 있다. 예를 들어, 애뢰산(哀牢山) 일부 이족(彝族)은 호로(葫蘆)를 숭배한다. 그들의 결혼식에서는 반드시 '호로(葫蘆)'의 상징물이 등장해야 한다. 예컨대, 신랑과 신부가 결혼식에서 교환하는 술잔을 들 때, 그들은 도자기 그릇을 사용하지 않는다. 대신 전통적인 의식인 호로(葫蘆)를 갈라 만든 두 개의 반쪽을 사용한다. 이족(彝族)의 제사장에 따르면, 이 고대 의식은 결혼한 남편과 아내가 하나의 호로(葫蘆)로 합쳐지는 것을 상징한다.24)

---

22) 聞一多, 『神話與詩』, 76쪽(古籍出版社, 1956년).
23) 『沙坪壩出土之石棺畫像研究』.『說文月刊』第二卷, 第十, 十一期合刊, 1941년에 보임.
24) 劉堯漢, 『彝族社會歷史調查研究文集』, 235쪽(民族出版社, 1980년).

포의족(布依族)의 결혼식에서는 신랑이 선물을 가지고 신부의 집을 방문해야 하는데, 그 중에 술 한 '주전자(壺)'가 포함되어 있다. 이 술 '주전자'는 큰 대나무 통으로 만들어져 있으며, 그 위에는 물고기 한 마리가 그려져 있다. 반면에 신부가 타는 가마의 뒷면에는 물고기와 원형 달 모양의 그림이 그려져 있어 행운과 소원 성취를 상징한다. 크게 보면 여전히 호로 형태의 원형 상징이 나타난다.[25]

흘료족(仡佬族)은 '호로(葫蘆)'를 조상의 상징으로 삼아 신당에서 숭배한다. 노인이 사망하면 손톱과 발톱을 잘라 호로 안에 넣어 집 뒤의 신당에서 비밀리 보관한다. 장례식을 치를 때, 귀신 제사 지내는 사제는 오른손에 부채를 들고 의식을 진행하며, 보조 사제는 약 1미터 길이의 나무 막대에 끼워진 호로로 소의 뿔을 한 번 치고, 그 다음으로 벽에 있는 도자기 호로를 한 번 친다.[26] 또한, 포의족(布依族)은 사람이 사망하면 묘비의 꼭대기에 물고기와 호로(葫蘆)가 새겨진 돌 조각을 장식한다.[27]

중국 신화에는 '호(壺)' 안에는 거대한 천지가 있다는, 소위 '호중경계(壺中境界)'라는 개념이 존재한다. 갈홍(葛洪)의 『신선전(神仙傳)』 제 5권에는 '호공(壺公)'에 대한 이야기가 나와 있는데, 그 내용은 깊은 사유를 불러일으킨다.

> '호공(壺公)'의 진짜 이름은 알 수가 없다. 비장방(費長房)은 시장의 감독관으로, 어느 날 멀리서 온 그를 갑자기 보게 되었다. 그는 시장에 들어와 약을 팔았으나 그를 알아보지 못했다. 그의 약값은 변함없었고, 모든 병을 치료하였다. 그는 항상 한 빈 '호리병'을 집 위에 걸어

---

25) 黃義仁, 「布依族的圖騰崇拜」, 『貴州民族研究』(1987年 第4期).
26) 翁家烈, 「仡佬族的傳統宗教」, 『中國少數民族宗教』, 362~365쪽(民族出版社, 1986년).
27) 黃義仁, 「布依族的圖騰崇拜」, 『貴州民族研究』(1987年 第4期).

두었다. 해 질 무렵, 그는 '호리병' 안으로 들어갔고, 아무도 그 모습을 보지 못했다. 오직 장방(長房)만이 이를 건물 위에서 목격했고, 그가 평범한 사람이 아님을 깨달았다. 장방(長房)은 자주 그의 앞뜰을 청소하였으며, 그에게 음식을 제공하며 섬겼다. 그는 이를 좋아하며 사양하지 않았다. 이렇게 오랜 시간이 지나, 호공(壺公)은 장방(長房)의 진실한 믿음을 알게 되었다. 그는 장방(長房)에게 다가가 말했다. "아무도 없는 저녁에 다시 오라."

5-24. 일본 야요이(彌生) 시대 야마타이국(邪馬台國)의 구운 호(壺) 모양의 기물

장방(長房)은 그의 말대로 행동했고, 그는 장방(長房)에게 말했다. "내가 호리병 속에 들어가는 것을 보면, 재빨리 나를 따라 들어가라." 장방(長房)은 그의 말대로 행동했고, 곧 신들의 궁전과 그 주변의 건물, 그리고 그의 주위의 수십 명의 하인들을 볼 수 있었다. 호공(壺公)은 장방(長房)에게 말했다. '나는 신이다, 다른 사람에게 이를 말하지 말라.' 후에, 그는 장방(長房)에게 와서 말했다. "나에게는 조금의 술이 있다. 같이 마시자." 장방(長房)은 사람들에게 그 술을 가져다 달라고 했지만, 그들은 그것을 들 수가 없었다. 여러 사람들이 도왔지만, 그들도 그것을 들어 올릴 수 없었다. 그래서 그는 호공(壺公)에게 말했다. 그러자 호공은 내려와서 손가락 하나로 그것을 들어 올렸고, 장방(長房)과 함께 그 술을 마셨다. 술잔은 주먹만 한 크기였으나, 저녁까지 마셔도 줄어들지 않았다."[28]

'호리병(壺)' 하나 속에는, 세상 모든 것과 천지(天地)의 광대함을 담을 수 있으며, 그 안에서 인생(人生)을 안정적으로 정착시킬 수 있다. 섭서헌(葉舒憲)은 장사(長沙) 마왕퇴(馬王堆) 제1호 한나라 무덤에서

---

28) 『太平廣記』卷一二, 「壺公」(人民文學出版社, 1959년).

출토된 백서(帛書) 그림의 특성을 주목한 바 있다.29) "이 그림은 천(天), 지(地), 수(水)의 세 부분으로 구성되어 있으며, 지의 부분은 호리병의 형태로 나타나 있다. 그 아래쪽은 벌거벗은 거인이 지탱하고 있어, 대지(大地)가 물 위에 떠 있는 형상을 하고 있다." 이를 앞서 언급한 『설문』에서의 '호리병'의 상징과 연관 지어 볼 때, 이는 여전히 동일한 이미지의 변형이라고 볼 수 있다.

　은주(殷周)의 시기에는 '일(壹)'자가 아직 보이지 않는다. '일(壹)'자가 유행한 시기는 이미 진(秦)과 한(漢)의 교체시기에 속한다. '일'이 수학적 기호로 사용될 때, 갑골문과 금문에서 가장 흔히 볼 수 있는 자형은 하나의 가로획으로 된 '일(一)' 뿐이다. 주준성(朱駿聲)의 『설문통훈정성·리부(履)부수』에 따르면 "일(壹): 고문(古文)체에서는 모두 '일(一)'로 썼다. 『설문·일(一)부수』에서는 '일(一)'은 시작의 초기, 도(道)는 일(一)에서 세워졌다. 그로 인해 천지(天地)가 분리되었고, 만물(萬物)이 형성되었다."라고 설명한다. 허신의 해설은 바로 일(一)자의 원시적 의미를 해석한 것이다. 『장자·천지편(天地篇)』에 따르면 "일(一)의 시작에서, 일(一)이 있으나 아직 형태가 없었다."라고 했다. 성현영(成玄英)의 주석에 따르면 "일(一)은 도(道)에 대응한다." '형태가 없음'과 '일이 있음'은 우리가 고찰한 천지가 '호리병'에서 비롯된 것과 모순되지 않는다. '형(形)'과 '상(象)'을 비교하면, '상'이 먼저고 '형'이 나중이다. 『초사·천문(天問)』에 따르면 "위와 아래가 형성되지 않았을 때, 어떻게 그것을 고찰할 수 있겠는가? ……풍익(馮翼)은 오직 상(像)에 불과하다. 어떻게 그것을 알 수 있겠는가?"

　『관추편(管錐編)』은 이를 바탕으로 '형'과 '상'의 인식에 있어서 그들의 선후 관계를 획기적으로 해석하였다.

---

29) 『中國神話哲學』, 355쪽(中國社科出版社, 1992년).

『보주(補注)』에서는 『회남자・천문훈(天文訓)』을 인용하여 이렇게 말하였다. "옛날, 천지가 없을 때, 오직 상(像)만이 형태가 없었다." 곽박(郭璞)의 「강부(江賦)」에 따르면, '류배(類胚)가 응결되지 않아 뒤섞여 있을 때, 태극(太極)의 구천(構天)을 본떴다." 『문선(文選)』의 이선(李善) 주석에서는, "구름과 기운이 아득히 어두운 곳에 있는 것이 마치 싹이 트는 것과 같이 혼용되어 아직 응결되지 않았음을 말한다. 그리고 태극의 기운을 본떴다는 것은 하늘을 형성하려는 것을 말한다. 『춘추명력서(春秋命曆序)』에 따르면, '어두운 줄기는 아직 형체가 없으며(冥莖無形), 커다란 싹이 틀 징조는(濛鴻萌兆), 뒤섞이고 뒤섞여 혼동 상태라네(渾渾混混).'라고 했다." 이를 가져와 "형체가 없을 때 오직 상만이 존재했다(未形惟像)"라고 해석한 것은 매우 지당하여 바뀔 수 없는 견해이다. '미형(未形)'이지만 '유상(唯像)'이라는 것은, 언뜻 보기에는 자가 모순처럼 보인다. 즉, '상(像)'은 '형(形)'에서 나오고, '형'은 '상'을 보여준다. 그런데 '상'이 있는데 어떻게 '형'이 없다는 말인가? 현대어에서는 이들이 합쳐져 '형상(形像)'이라고 한다. 옛날 사람들도 이를 서로 통용했다. 예를 들어, 『악기(樂記)』에서는 "하늘에서는 상(像)이 형성되고, 땅에서는 형(形)이 형성된다."라고 했다. 또 『노자』(41장)에서는 "너무나 큰 형상은 모양이 없다(大象無形)"라고 했고, 『장자・경상초(庚桑楚)』에서는 "형체가 있는 것으로 형체가 없는 것을 본떠 정했다(像)."라고 했다. ……『예기・월령』의 『정의(正義)』에서는 "도(道)와 대역(大易)은 자연의 허무한 기운이며, 형상이 없는 것(無象)에서는 형체(形)를 찾을 수 없다."라고 했다.

……『천문(天問)』의 이러한 말을 통해 살펴보면, 필자는 '형(形)'과 '상(象)'을 동일하게 여길 수는 없다고 생각한다. 『등석자(鄧析子)・무후(無厚)』편에 따르면 "그래서 그 상(象)이 나타나, 그 형체(形)를 추구하며, 그 이치(理)를 따르고, 그 이름을 바로잡는다. 그리고 그 단서(端)를 얻어서, 그 상황(情)을 안다."라고 했다. 여기서 말한 '명(名)'은 '이치(理)'의 표시이고, '단서(端)'는 '일(事)'의 시작이다. '상(象)'은

'형(形)'보다 명확하지 않다는 의미가 분명하다. 물질이 가벼운지 무거운지와 상관없이, 본질적으로 '상'은 '형'이 되는데, 초기의 모양과 최종의 정해진 형태는 확연히 다르다. '형'은 완성된 정확한 모양을 의미하고, '상'은 아직 미완성 상태의 초기의 임시 모습을 의미한다. ……천지의 시작이 바로 이런 것인가? 그러므로 성인 아우구스티누스(Augustinus)가 『창세기(創世紀)』에서 말한 천지가 아직 형성되지 않았던 혼돈한 시기를 해석할 때, 그는 형태가 없지만 물질이 형성될 수 있음을 의미한다. 후대의 시인들은 이를 바탕으로 이렇게 논하였다. "형태가 아직 형성되지 않은 물체지만 천지보다 먼저 생겨났다." 이것이 바로 '오직 상만 있고 형체가 없다(惟像無形)'라는 말이다. 원기(元氣)의 배태는 옥(玉)의 원석과 같고, 천지의 구분은 옥을 다듬어 만든 기물(玉器)과 같다. 그러므로 맑은 것과 탁한 것이 분명하게 구분된 천지를 관찰함으로써 혼동 상태의 막막한 원기를 살피는 것은 아직 완전한 '형'이 아니라, 오직 '상'만 존재할 뿐이다.

(『補注』引『淮南子·天文訓』而說之曰：'古未有天地之時，　惟像無形."按郭璞『江賦』：'類胚渾之未凝，　象太極之構天"；『文選』李善注：'言云氣杳冥，似胚胎渾混，尙未凝結，又象太極之氣，欲構天也'；『春秋命曆序』曰：'冥莖無形，濛鴻萌兆，渾渾混混.'"移釋'未形惟像"，至當不易. '未形'而'唯像"，驟讀若自語違反. 蓋'像"出于'形'，'形'斯見'像"，有'像"安得無'形'? 今語固合而曰'形像"，古人亦互文通用，如『樂記』：'在天成像，在地成形"；『老子』四一章：'大象無形"；『莊子·庚桑楚』：'以有形者象無形者而定矣"；……『禮記·月令·正義』：'道與大易自然虛無之氣，無象不可以形求."

……就『天問』此數語窺之，竊謂形與象未可槪同. 『鄧析子·無厚』篇：'故見其象，致其形；循其理，正其名；得其端，知其情"；'名'爲'理'之表識，'端'爲'情'(事)之幾微，'象'亦不如'形'之著明，語意了然. 物不論輕淸，重濁，固卽象卽形，然始事之雛形與終事之定形，劃然有別. '形'者，完成之定狀；'象'者，未定形前沿革之暫貌. ……天地肇造，若是班乎. 故聖·奧古斯丁闡釋『創世紀』所言未有天地時之混沌，亦謂有質無形，乃物質之可成形而未具形者；後世詩人賦此曰：'有物未形，先天地生'. 正所謂'惟像無形'爾. 元氣胚胎，如玉之璞，乾坤判奠，如玉爲器；故自淸濁分明之天地而觀渾淪芒漠之元氣，則猶未成'形', 惟能有'象.")30)

　앞서 검토한 『설문』에서의 '호(壺)'자의 상징과 '호로(葫蘆)' 속에 담긴 우주 인식과 연계하여 볼 때, 『설문』의 시작 부분에서 카테고리를 정하는 방식은 '일(一)'자에 대한 해석에서 오히려 문자의 원천을 직접 탐구하는 것이 고대에서 멀지 않았다고 할 수 있다. 최소한, 이것은 고대의 어떤 시기 사람들이 우주의 기원과 우주의 본질에 대한 인식을 반영하고 있다. 이전의 학자들은 "허신의 설명은 깊지만, 사실에 부합하지 않는다."라고 생각했다. 왕균(王筠)의 말에 따르면 "이것은 도(道)에 대한 논의이며, '일(一)'자의 본래 의미에 관한 것이 아니다."31)라고 했는데, 이것은 너무 피상적인 해석이 아닌가 생각한다.

　또한, 아마도 함께 연계할 수 있는 것으로, 장형(張衡)의 『혼천의(渾天儀)』도 우주를 상징으로 삼아서 매우 흥미롭다고 볼 수 있다. "혼천은 달걀처럼, 천체는 구슬처럼 둥글다. 땅은 달걀의 노른자처럼, 그 안에 고독하게 위치한다. 하늘은 크고 땅은 작다. 하늘의 표면 아래에는 물이 있다. 하늘이 땅을 감싸고 있는 것은 계란 껍데기가 노른자를 감싸는 것과 같다. 하늘과 땅은 각각의 기운에 의지하여 서있으며, 물위에 떠 있다."32)

　당(唐)나라 때의 승려 혜림(慧琳)이 쓴 『일체경음의(一切經音義)』에서는 다음과 같이 서술하였다. '혼돈(倱伅)은 혼돈(混沌)이라고도 한다." 또 그 아래 인용된 『통속문(通俗文)』에 따르면, "너무나 커서 형태가 없는 것을 혼돈(混沌)이라 한다."라고 했다.33)

---

30) 『管錐編』 卷二, 610~612쪽.
31) 『說文解字六書疏證』 卷一, 1쪽(上海書店, 1985년; 科學出版社, 1957年版 影印).
32) 『全上古三代秦漢三國六朝文』, 『全後漢文』 卷五十五.
33) 『一切經音義』 卷一六, '倱伅'條.

이러한 모든 것들은 앞서 언급한 ‘형(形)’과 ‘상(象)’의 구별과 연계하여 참조할 수 있다.

제6절 홍수(洪水) 이미지

『설문』에서 보존된 중국의 상고 삼대 시대 홍수 이야기는 주로 '요(堯)의 홍수'에 관한 것을 가리킨다. 초기의 사람들의 '홍수'에 대한 기억은 '요(堯)'라는 글자의 상징과 그와 관련된 것들에 집중되어 있다.

그렇기에, 여기서 '요(堯)'자에 대한 해석을 해보면, '요(堯)'라는 글자의 상징(그리고 포함된 '홍수'의 의미)은 중국의 원시 역사를 표현하는 '집합 개념(集合概念)'으로 간주될 수 있다. 이 '집합 개념'은 한 민족의 '집단적 사고 표상'을 반영하며, 이러한 '집단적 사고 표상' 뒤에는 오랜 역사의 이야기가 있어, 이것이 '요(堯)'자의 상징적 구성과 인식 정보의 깊은 구조를 형성한다.

더불어, '요(堯)'라는 글자의 상징적 특성을 통해, 이 매체가 전달하고자 하는 감정과 인식의 구조를 관찰할 수 있으며, 이는 고대와 현대, 중국 및 세계 각지의 유사한 감정 및 인식 구조를 나타낸다.

『설문・요(垚)부수』에서는 '요(堯)'자를 독립적인 분류로 설정하여 다루고 있다.

- 垚: 土高也. 從三土. 凡垚之屬皆從垚. 吾聊切.
  요(垚), '흙을 높게 쌓다(土高)'라는 뜻이다. 세 개의 토(土)로 구성되었다. 요(垚)부수에 귀속된 글자들은 모두 요(垚)가 의미부이다. 독음은 오(吾)와 료(聊)의 반절이다.
- 堯(甲骨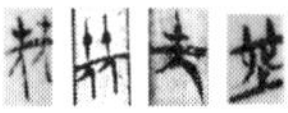簡帛石刻): 高也. 從垚在兀上, 高遠也. 㚁, 古文堯. 吾聊切. 『集韻·蕭部』: "堯㚁, 倪麽切. 『說文』高也. 從垚在兀

上, 高遠也. 古作兟."

요(堯), '높다(高)'라는 뜻이다. 요(垚)가 올(兀) 위에 놓인 모습을 그렸으며, 높고 멀다(高遠)는 뜻이다. 요(兟)는 요(堯)의 고문체이다. 독음은 오(吾)와 료(聊)의 반절이다. 『집운·소(蕭)부』에서 이렇게 말했다.

'요(堯)'자의 이미지 형상을 보면, 그 윗부분은 '구릉(山丘)'의 모습인데, 『설문』에서는 구(丘) 또한 독립된 부수로 설정하고 있다.

· 丠(甲骨金文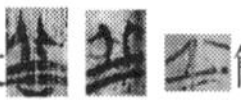簡帛古璽古幣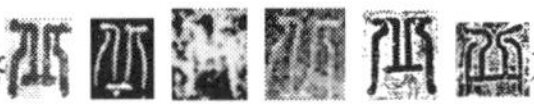石刻): 土之高也, 非人所爲也. 從北從一. 一, 地也, 人居在丘南, 故從北. 中邦之居, 在崐崘東南. 一曰四方高, 中央下爲丘. 象形. 凡丘之屬皆從丘.(今隸變作丘.) 坔, 古文從土. 去鳩切.

구(丘), '높다란 흙더미(土之高)'를 말하는데, 사람이 쌓은 것이 아닌 자연스레 생긴 것이다(非人所爲也). 북(北)이 의미부이고 일(一)도 의미부인데, 일(一)은 땅을 뜻한다. 사람들이 언덕의 남쪽에 살기 때문에 [언덕이 뒤에 있어서] 북(北)이 의미부이다. 중국(中邦) 사람들이 사는 곳은 곤륜산(崐崘)의 동남쪽이다. 일설에는 사방이 높고(四方高), 중앙이 움푹 들어간 곳(中央下)을 구(丘)라고도 한다. 상형이다. 구(丘)부수에 귀속된 글자들은 모두 구(丘)가 의미부이다. [오늘날 예변(隸變)을 거친 후 구(丘)로 쓰게 되었습니다.] 구(坔)는 고문체인데, 토(土)로 구성되었다. 독음은 거(去)와 구(鳩)의 반절이다.

· 虛(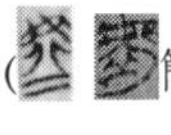簡帛古璽石刻): 大丘也. 崐崘丘謂之崐崘虛. 古者九夫爲井, 四井爲邑, 四邑爲丘. 丘謂之虛. 從丘虍聲. 丘如切.

허(虛), '커다란 언덕(大丘)'을 말한다. 곤륜구(崐崘丘)를 곤륜허(崐崘虛)라고도 부른다. 옛날, 9부(夫)가 1정(井)이고, 4정(井)이 1읍(邑)이고, 4읍(邑)이 1구(丘)였는데, 구(丘)가 바로 허(虛)이다. 구(丘)가 의미부이고 회(虍)가 소리부이다. 독음은 구(丘)와 여(如)의 반절이다.

『집운·우부(尤)부수』에서 "구(北, 圭, 丘, 坴)는 거(祛)와 우(尤)의 반절로 읽는다. 『설문』에 따르면 '높은 땅'을 의미한다. 이는 인간이 만든 구릉이 아니다. 북(北)과 일(一)이 의미부인데, 일(一)은 땅을 의미한다. 사람들이 언덕의 남쪽에 살기 때문에 북(北)이 의미부로 들어갔다. 달리 '사방이 높고 중앙이 낮은 곳'을 말한다고도 한다. 또 일설에는 '빈 곳(空)'을 말한다고도 한다. 또한 성씨로도 사용된다. 고문체에서는 '구(圭)'로 썼다. 혹체에서는 '구(丘)'나 '구(坴)'로 쓰기도 했다. 또 달리 '구(坵)'로 쓰기도 한다."

'구(丘)'자의 아래쪽에 있는 '일(一)'을 '요(堯)'자의 아래 부분과 공통된 요소로 보면, 그 아래 부분은 『설문·요(垚)부수』에서 설명하는 '올려다보다', '높다'는 의미의 '올(兀)'로 볼 수 있다. 만약 '일(一)'을 갑골문 [image] 자의 윗부분인 '구(丘)'로 본다면, 그 아래 부분은 '인간을 의미하는 '인(人)'(고문자에서 人과 儿은 같았다)으로 볼 수 있다. 갑골문의 규칙에 따르면, 두 부분의 문자가 중첩되어 있고, 위아래로 된 상하 구조일 경우 공통된 부분을 생략한다. 그렇다면 '요(堯)'자의 아래쪽 부분은 '올(兀)'에서 유래한 것으로 보는 것이 타당하다. 『설문·요(垚)부수』에 수록된 '요(堯)'의 고문체는 '𡙁'로 적어, 두 개의 '토(土)'와 두 개의 '올(兀)'로 구성되었다. 『설문』에 수록된 전서체는 세 개의 '토(土)'와 아래쪽의 '올(兀)'이 생략되지 않고 합쳐져 '요(堯)'로 표현되었다. 따라서 '요(堯)'자의 구조는 '회의(會意)' 구조에 속한다.

『설문·요(垚)부수』에 따르면, "요(堯)는 높다는 뜻이다. 요(垚)가 올(兀) 위에 놓인 모습으로, 높고 멀다는 의미이다." 문자를 연이어 읽으면, 왕균(王筠)의 『설문구두(說文句讀)』에서 "요(垚)와 올(兀)은 모두 '높다'는 뜻으로 해석되며, 요(垚)가 하나로 합치면, 그것은 더욱 높아진다."라고 했다. 만약 누군가 '요(堯)'자가 원래 '구(丘)'에서 변화된 '토(土)'로 보고서, 허신(許愼) 등의 해석에 의심을 표현한다면, 여기서 간략히 이렇게 언급할 수 있다. 위에서 언급된 '요(垚)'자는『설문』에서 '요(堯)'의 초기 이체자로, 독음과 의미가 모두 동일하다. 이것이 첫 번째 사실이다. 또한, '구(丘)'의 본래 의미도 '높다'로 해석된다.『설문·구(丘)부수』에 따르면 "구(丘)는 '높은 흙'을 의미한다."라고 기술되어 있다. 이것이 두 번째 사실이다.

이상의 내용은 '요(堯)'자의 기원에 대한 대략적인 분석이며, 이제부터는 언어학적 관점에서 '요(堯)'자의 구조적 인식의 연계를 조사하고, '요(堯)'와 관련된 '의미망'을 정리해 보자.

『설문』에서는 '요(堯)'를「요(垚)부수」에 연계시키고 이렇게 말했다. "요(垚)는 '높은 흙'을 뜻한다. 세 개의 토(土)로 구성된 회의 구조이다." '요(垚)'와 '요(堯)'는 같은 독음을 가진 다른 문자 구조를 가지고 있다.『설문통훈정성·소부(小部)』제7에 따르면, "요(堯)……요(垚)는 소리부도 겸한다."라고 했다.『설문』에서 소리부로 구성된 '의미망'을 통해 분석하면, 그것은 귀중한 가치를 발견할 수 있다. '요(堯)'가 소리부로 기능한 문자 그룹을 비교하면, 우리는 아래와 같은 더 작은 의미 항목 시리즈를 정리할 수 있다. 이를 통해 더 간략하게 비교하고 종합하여 정리하면 다음과 같다.

Ⅰ.
· 요(堯):『백호통(白虎通)·호(號)』에서 이렇게 말했다. "요(堯)는 요요(嶢嶢)와 같은데, 매우 높다는 뜻이다."(堯:『白虎通·號』: '堯, 猶嶢嶢也, 至高之貌.')[1]
· 요(嶢):『설문·산(山)부수』에서 이렇게 말했다. "요(嶢)는 초요(焦嶢)

를 말하는데, 산이 높이 솟아 있는 모양을 말한다. 산(山)이 의미부 요(堯)가 소리부이다."『설문통훈정성·소(小)부』제7에서 이렇게 말했다. "올(兀)과 같은 뜻이다."(嶢: 『說文·山部』: '嶢, 焦嶢, 山高貌. 從山, 堯聲.'『說文通訓定聲·小部第七』: '與兀同誼.')

Ⅱ.

· 요(堯): 『광아소증정경(廣雅疏證正經)』제5권, 『석명(釋名)』『주소(註疏)』에서 이렇게 말했다. "『백호통의』에서 이르길, '누구를 요(堯)라 부르는가? 요(堯)는 요요(嶢嶢)와 같아서, 지극히 높다는 뜻이다. 청순하고 미묘하며 높고 원대하다.'라고 했다."(堯: 『廣雅疏證』卷五上『釋詁』: '『白虎通義』云: 謂之堯者何? 堯, 猶嶢嶢也, 至高之貌, 清妙高遠.')

· 요(僥): 『설문통훈정성·소(小)부』제7에서 이렇게 말했다. "남방에 초요(焦僥)라는 사람이 있다. 그는 키가 세 자 정도로, 매우 작다. 인(人)이 의미부이고 요(堯)가 소리부이다.……『대황남경(大荒南經)』에서 '초요국(焦僥國)이라는 소인국이 있다.'라고 했다."(僥: 『說文通訓定聲·小部第七』: '南方有焦僥人, 長三尺, 短之極. 從人, 堯聲.……『大荒南經』: 有小人名曰焦僥之國.')

· 효(頿): 『설문통훈정성·소(小)부』제7에서 이렇게 말했다. "효(頿)는 키가 크고 머리가 길다는 뜻이다. 혈(頁)이 의미부이고 요(堯)가 소리부이다. 『광아·석고(釋詁)』(4)에서 이렇게 말했다. "효(頿)는 높다는 뜻이다. 이 글자는 고(顤)로도 쓴다.' 『광아·석고』(1)에서는 '고(顤)는 크다는 뜻이다.'라고 했다."(頿: 『說文通訓定聲·小部第七』: '頿, 高長頭, 從頁, 堯聲.『廣雅·釋詁四』: 頿, 高也, 字亦作顤.『廣雅·釋詁一』: 顤, 大也.')

Ⅲ.

· 요(堯): 『광아소증정주전(廣雅疏證註箋)』제5권, 제5장, 『석명(釋名)』에서 이렇게 말했다. "『풍속통의(風俗通義)』에서 이르기를, '요(堯)는 높다는 뜻이다. 밝다는 뜻이다. 번성하고 빛나며, 가장 높

---

1) 『說文通訓定聲·小部第七』에서 인용.

『설문해자』인지분석

고 찬란함을 말한다.'라고 했다."(堯:『廣雅疏證』卷五上『釋詁』: '『風俗通義』云: 堯者, 高也, 曉也. 言其隆興煥炳, 最高明也.')

· 쇼(曉): 『설문·일(日)부수』에서 이렇게 말했다. "효(曉)는 밝다는 뜻이다. 일(日)이 의미부이고 요(堯)가 소리부이다."(曉: 『說文·日部』: '曉, 明也. 從日, 堯聲.')

IV.

· 요(堯): 『설문통훈정성·소(小)부』 제7에서 이렇게 말했다. "요(堯)는……『풍속통의·황패(黃霸)』에서 '요(堯)는 높고 위대하며, 풍요롭다는 뜻이다.'라고 했다."(堯: 『說文通訓定聲·小部第七』: '堯……『風俗通·皇霸』: 堯者, 高也, 饒也.')

· 요(饒): 『설문·식(食)부수』에서 이렇게 말했다. "요(饒)는 배가 부르다는 뜻이다. 식(食)이 의미부이고 요(堯)가 소리부이다. 또 『설문통훈정성·소(小)부』 제7에서 『소이아(小爾雅)·광고(廣詁)』를 인용하여 이렇게 말했다. '요(饒)는 많다는 뜻이다.' 또 『광아석고(釋詁)』(1)을 인용하여 '요(饒)는 더하다는 뜻이다. 한나라 때의 가요에서 올해는 아직 무사히 넘어갈 수 있고 내년에는 풍요로울 것이라고 했다. 오늘날 소주지역의 속담에서 물건을 살 때 더얹어달라고 하는 것을 토요두(討饒頭)라고 한다.'라고 했다."(饒: 『說文·食部』: '饒, 飽也. 從食, 堯聲.' 『說文通訓定聲·小部第七』引『小爾雅·廣詁』: '饒, 多也.'引『廣雅·釋詁一』: '饒, 益也. 漢時謠曰: 今年尙可後年饒. 今蘇俗買物請益謂之討饒頭.')

또, '요(堯)'는 '도당씨(陶唐氏)'의 호로 알려졌는데, 그들 간의 의미적 관계는 단독으로 다음의 의미항(V)과 연계시켜도 무방할 것이다. 이를 함께 나열해 보면 다음과 같다.

V.

· 요(堯): 『설문해자주』 13하의 「요(垚)부수」에서 이렇게 말했다. "요(堯)는 원래 고(高)라고 불렸지만, 도당씨(陶唐氏)라고도 불렸다."

(堯: 『說文解字注』十三下『垚部』: '堯本謂高, 陶唐氏以爲號.')

· 도(陶): 『설문·부(阜)부수』에서 이렇게 말했다. "도(陶)는 거듭 쌓인 언덕을 말한다. 부(從)가 의미부이고 도(旬)가 소리부이다. 도구(陶丘)는 요(堯)가 살던 성을 말한다. 요(堯)는 높은 지대에서 살았으므로 그래서 요(堯)를 도당씨(陶唐氏)라고 불렀다." 또 『석명·석구(釋丘)』 제5에서 이렇게 말했다. "언덕이 한번 완성되면 둔구(敦丘)라 부른다. 한 번 만에 완성되면 상하와 대소의 차이가 없다. 다시 완성되면 도구(陶丘)라 부른다. 이는 높은 산에 다시 한 번 거듭되어 완성되기에 도자기 가마와 같다."(陶: 『說文·阜部』: '陶, 再成丘也. ⋯⋯從阜·匋聲. 陶丘者, 堯城, 堯尙所居, 故堯號陶唐氏.' 又『釋名·釋丘第五』: '丘一成曰頓丘. 一頓而成, 無上下大小之殺也. 再成曰陶丘. 于高山上一重作之如陶竈然也.')

위에서 나열된 것들은 대부분 '요(堯)'를 어원으로 하여 서로 연관된 여러 의미 항목의 시리즈로 구성되어 있다. 이제 각각을 구체적으로 설명하고, 그들 사이의 인식 관계를 밝혀보자.

먼저 (V)계열에 대해 언급해 보겠다. 이 의미 항목 시리즈는 '요(堯)'자와 '도당(陶唐)'이라는 이름 사이의 연결을 보여준다. 다시 말해, '요(堯)'라는 이름을 얻게 된 어원은 무엇인가? '요(堯)'자는 '구(丘)'에서 의미를 가져왔다는 것은 이미 위에서 언급했다. 그리고 '도(陶)'는 '다시 만들어진 구(丘)'이다. 이들 사이의 연결 고리는 명백하지만, 이를 가차의 관계라 주장하는 사람들도 많다. 그러나 '도(陶)' 뒤에 '당(唐)'자까지 붙어 있는 것은 무슨 이유일까? 지금까지 이에 대한 해석은 여전히 불완전하다. 이는 아직 충분히 설명되지 않았다는 것을 의미한다.

필자의 견해로는, '도당(陶唐)'은 정모(定母)에 속하는 쌍성 관계로 연면어(즉 이음절어)에 해당한다. 그러나 문제는 이것이 매우 오래전의

『설문해자』 인지분석

고대에 관련되어 있으므로, 그렇게 간단하게 설명할 수 없다는 점이다. 『설문·구(口)부수』에 따르면 '당(唐)'은 '과장된 말'을 의미한다. '당(唐)'이 '넓고 크다'는 의미를 갖게 된 것은 나중에 의미가 확장된 결과이다. 『설문해자주·구(口)부수』에 따르면 '당(唐)'은 '크다'는 의미로 확장되었다. '당(唐)'과 '도(陶)'의 의미가 동등하게 비교될 수 있으려면 '당(唐)'은 '제방'의 의미를 가져야 한다. 『회남자·인간훈(人間訓)』에 따르면 "게다가 제방(唐)에는 수천 개의 구멍이 있는데, 하나를 막는다고 물고기가 나올 곳이 없겠는가?"라고 했는데, 고유(高誘) 주석에 따르면 '당(唐)은 제방(堤)을 의미한다." '당(唐)'은 이러한 경우 이후의 '못의 제방(池塘)'이라고 하는 의미를 가진다. '못의 제방(池塘)'이라는 단어는 원래 '지당(池唐)'이라고 썼으며, '당(塘)'은 나중에 생겨난 글자이다. 『설문』 본문에서는 '당(塘)'자를 찾을 수 없으며, 대서(大徐)본의 '신부(新附)'자에서 처음으로 이 글자를 볼 수 있다.

단옥재의 『설문해자주』에 따르면, '당(唐)'의 경우, 고대에 모든 연못과 웅덩이를 나타내는 글자를 '당(唐)'으로 썼는데, 그것은 빈 공간으로서 많은 것을 수용할 수 있다는 의미를 가져온 결과이다. 따라서 '지당(池唐)'은 '지당(池塘)'을 말하며, 그것은 '수면'이라는 의미가 아니라 '제방'이라는 원래의 의미에서 온 것이다. 진(晉)나라 때의 사령운(謝靈運)의 산수 시에서 "지당(池塘)에 봄풀이 자라났네."라는 시구가 있다. 여기서 사람들은 절대 '봄풀'이 '수면' 위에서 자라는 것이라고 오해하지는 않을 것이다.

여기서 한 걸음 더 나아가 이 '당(唐)'자가 '높은 곳(高地)'(즉, 陶丘)과 관련된 산수의 지리적 환경 간의 위치 관계를 지시하고 있음을 알 수 있다. '도(陶)'를 『설문·부(阜)부수』에서는 이렇게 설명하고 있다.

· 隓()金文漢印石刻: 再成丘也, 在濟陰. 從自
匋聲. 『夏書』曰 : "東至于陶丘." 陶丘有堯城, 堯嘗所居, 故堯號陶唐
氏. 徒刀切.

도(陶), '두 층으로 포개진 언덕(再成丘)을 말하는데, 제음(濟陰)군에
있다.' 부(自)가 의미부이고 도(匋)가 소리부이다. 『서·하서(夏書)·
우공(禹貢)』에서 "동쪽으로 도구에까지 이르렀다(東至于陶丘)"라
고 했다. 도구(陶丘)²⁾에는 요(堯) 임금의 성이 있는데, 요(堯) 임금
이 옛날 살았던 곳이다. 그래서 요(堯)를 도당씨(陶唐氏)라고 부
른다. 독음은 도(徒)와 도(刀)의 반절이다.

「구(口)부수」에서 '당(唐)'자를 수록하여 이렇게 풀이했다.

· 喬()甲骨金文古璽
石刻: 大言也. 從口庚聲. 湮, 古文唐從口·昜. 徒郎切.

당(唐), '허풍(大言)'을 말한다. 구(口)가 의미부이고 경(庚)이 소리부
이다. 당(昜)은 당(唐)의 고문체인데, 구(口)와 양(昜)으로 구성되
었다. 독음은 도(徒)와 랑(郎)의 반절이다.

'제음(濟陰)에서'라는 것은 제수(濟水)의 남쪽을 말하며, 이는 산언

---

2) [역주] 도구(陶丘)는 달리 도(陶)라고도 하는데, 지금의 산동성 하택시(荷澤市)
정도구(定陶區)에 있었다. 일찍이 4천여 년 전의 신석기시대 때부터 사람이 살
기 시작했다. 춘추시기부터 서한에 이르는 8백여 년 동안 줄곧 중원지역의 교
통과 경제 중심지였으며, '천하의 중심(天下之中)'이라는 별칭을 받았다. 요임금
때에는 고대 도국(陶國)이 여기 있었고, 하상(夏商) 때에는 삼핵국(三䣝國)이 있
었다. 기원전 12세기에는 주 무왕(武王)이 그의 여섯 번째 동생인 진탁(振鐸)을
조백(曹伯)으로 봉해 조(曹)나라를 세우고 도구(陶丘)를 도읍으로 삼았다. 『사기』
의 기록에 의하면, 춘추 말기 범려(范蠡)가 월(越)을 도와 오(吳)를 멸망시키고
전전하다가 도(陶)에 이르렀는데, 그곳을 '천하의 중심'이라 여기고 그곳에서 상
업을 했으며, "십구 년 만에 엄청난 부를 축적하여(十九年間, 三致千金)" 장사의
비조라 불리게 되었고, 도(陶)에 묻혔다고 한다.

덕이 높은 지역에 비추어 보면, '남쪽'은 다시 '양(陽)'에 해당된다. 따라서 '당(唐)'자는 '높고 웅장하다'와 '양지쪽을 향하다'는 어원학적 의미를 특별히 표시하고 있다. 『설문·구(口)부수』에 수록된 '당(唐)'의 고문(古文)체를 보면 구(口)가 의미부이고 양(昜)이 소리부인 구조로 되어 있다. 위에 언급된 명문(銘文)을 살펴보면, '당(唐)'자는 '양(昜)'으로 구성된 구조가 고대의 인장 및 석각 문자에서 보인다. 홍수라는 재앙을 피하기 위해 높고 넓은 지형을 선택하고, 양지쪽을 향하고 음지쪽을 피해 습기를 없애는 것은 원래 생존 환경에 적응하기 위한 자연스런 조치였을 것이다.3)

따라서 '고당(高唐)'은 '고구(高丘)'이기도 하다. 의미 항목(Ⅴ) 계열에서 보면, '요(堯)'의 칭호인 '도당(陶唐)'이라는 이름의 근원은 바로 '높고 밝은 언덕'에 있음을 알 수 있다.

의미 항목(Ⅳ) 계열은 '요(堯)'가 '높고 넓은 양지쪽을 향한' 언덕을 선택하여 부족의 생활에 가져온 '안정과 풍요'를 드러내는 것이므로, 이에 대해 추가적으로 설명이 필요가 없을 것이다.

만약 논리적 연관성으로 본다면, 의미 항목(Ⅲ) 계열은 의미 항목(Ⅴ) 계열과 같은 범주에 속해야 한다. 왜냐하면 의미 항목(Ⅲ) 계열은 '요(堯)'의 '밝다(明)'의 의미를 가리키는 것으로, '높고 뛰어난' 특징을 가지고 있기 때문이다.

의미 항목(Ⅱ) 계열은 실제로 '요(堯)의 인간적 특성'을 전달하는 계

---

3) 『수경주(水經注)』 권34 「강수(江水)」에서 송옥(宋玉)의 「고당부(高唐賦)」를 인용하여 "무산(巫山)의 여인은, 높은 산(高唐) 아래에 살면서, 아침에는 구름으로, 저녁에는 비가 되어 움직입니다.(巫山之女, 高唐之阻, 旦爲行云, 暮爲行雨.)"라고 하였다. 엄가균(嚴可均)이 편집한 『전상고삼대문(全上古三代文)』의 원문에서는 "저는 무산(巫山)의 남쪽, 높은 산의 아래에 살면서, 아침에는 아침 구름으로, 저녁에는 비가 되어 움직입니다.(妾在巫山之陽, 高丘之阻, 旦爲朝云, 暮爲行雨.)"라고 하였다. 『전상고삼대문(全上古三代文)』 권10 참조..

열이다. '요(堯)'는 역사적 인물로서도 '큰' 존재로 여겨진다. 아래에 인용된 다양한 전설과 결합해 볼 때, 중국 문명사에 '키가 크고 몸이 마른' 신체를 가진 인물의 모습을 볼 수 있는 것 같다. 『설문·육(肉)부수』에서 '거(腒)'에 관해 기술할 때, "『전』에 의하면, 요(堯)는 말린 고기(臘) 같았고, 순(舜)은 말린 포(腒)처럼 보였다."라고 하였다. 장림(臧琳)의 『경의잡기론(經義雜記論)·설문』에서는 "요(堯)는 말린 고기(臘) 같았고, 순(舜)은 말린 포(腒)처럼 보였다는 것은 요(堯)와 순(舜)이 언제나 걱정하고 분발했기 때문에 몸이 마르고 야위어 보였던 것이다."라고 해석하였다.4)

따라서 여기서의 '요(僥)'는 여전히 의미 항목(Ⅱ) 계열에 포함시키는 것이 적절하다.

명백한 것은, 의미 항목(Ⅰ) 계열은 '요(堯)'라는 이름의 유래를 직접적으로 드러내고 있다는 점이다. '요(堯)'는 '고원'을 뜻하는 '요(嶢)'와 같다. 여기서 잠깐 언급하자면, '요(嶢)'는 '요(嶢)'의 이체자로, 상하 구조에서 좌우 구조로 변환되었을 뿐, '높은 산'이라는 의미를 표현하는 데 크게 영향을 받지 않았다. 이렇게 되면, 의미 항목(Ⅰ) 계열은 의미 항목(Ⅴ) 계열과 상호 대응하게 되며, 마치 서로의 끝과 시작이 연결되는 것처럼 보인다. 이를 통해 '요(堯)'를 중심으로 한 완전한 의미 체계가 구축되어 '요(堯)'의 어원에 관한 '의미장'을 설명할 수 있게 된다.

요약하자면, '요(堯)'는 '높은 언덕'과 '양지쪽을 향해 있는 높은 땅'을 뜻하며, 동시에 '고매한 사람'이자 '현명한 군주'로서의 이미지를

---

4) 요(堯)의 '키가 크다(體長)'는 것은 『순자·비상(非相)』등에서도 확인할 수 있다. 그리고 '교(僥)'가 '작고 짧다(短小)'는 뜻으로 해석되는 것은 그것이 서로 상반된 의미를 갖게 된 중국어의 의미 변화와 발전의 규칙(통상 '反訓'이라고 불린다)을 반영하는 것으로 볼 수 있다.

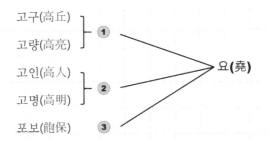

가지고 있다. 그리고 이로부터 그는 사람들에게 풍요를 가져다주는
특성을 가지고 있다. 이는 개인적인 특성이자 지형적인 특성이며, 또
한 그것의 본질이자 기능을 동시에 의미한다. 이렇게 보면, '요(堯)'자
가 전달하는 메시지는 여러 역사적 층위의 누적을 통해 형성된 '집합
개념'이라는 것을 쉽게 알 수 있다.

그러나 '높은 언덕'과 '양지를 향해 있는 높은 땅'에서 이름을 딴 것
은, 그의 성격이 '고매한 사람'이라는 것을 의미하는 것일까? 그리고
'고매한 사람'이 사람들에게 '풍요'를 가져다줄 수 있다는 것일까? 이
러한 복잡한 관계에 대한 해석은 '요(堯) 시대의 홍수'라는 역사적 이
야기를 통해 찾아내야 한다. 이것이 바로 위에서 언급한 '요(堯)'자의
의미가 형성된 인식적 배경이다.

우리는 '요(堯)'자의 배후에는 중국 문화 초기 인들의 '요가 홍수를
겪었던' 감동적인 기억이 숨겨져 있다고 말할 수 있다. 중국 문명의
역사에서 '요(堯)'와 '홍수'는 떼려야 뗄 수 없는 관계를 형성하고 있
다. 이제 여기서 시대 순으로 몇 가지 예를 들어 이를 조망해보자.

(1) 帝曰: '咨! 四嶽. 湯湯洪水方割, 蕩蕩懷山襄陵, 浩浩滔天, 下民其咨,
有能俾乂?'(『尚書·堯典』)
제(帝)가 말하였다. "아! 사악(四嶽)아, 탕탕한(湯湯) 홍수(洪水)가
막 시작되고, 넓고 큰 물줄기가 산을 감싸고 언덕을 뒤덮어, 천

하에 넘쳐흐르는구나. 백성들(下民)이 어찌 이를 걱정하지 않겠
는가? 이 난리를 수습할 수 있는 자가 있는가?"(『상서·요전』)

(2) 當堯之時, 天下猶未平, 洪水橫流, 泛濫于天下. 草木暢茂, 禽獸繁殖,
五穀不登, 禽獸逼人, 獸蹄鳥跡之道, 交于中國. 堯獨憂之, 擧舜而敷治
焉.(『孟子·滕文公上』)

요(堯) 임금 때에, 천하(天下)는 아직 평온하지 않았고, 홍수(洪水)
는 횡류(橫流)하며 천하가 범람(泛濫)했다. 초목(草木)은 무성하게
자라고, 금수(禽獸)는 번식하여, 오곡(五穀)은 익지 않고, 금수(禽
獸)는 사람을 위협하며, 짐승의 발자국(獸蹄)과 새의 자취(鳥跡)가
온 나라 안에 뒤섞여 있었다. 요(堯) 임금은 이를 홀로 근심하며,
순(舜)을 들어 이를 다스리게 하였다.(『맹자·등문공(상)』)

(3) 當堯之時, 水逆行, 泛濫于中國, 蛇龍居之, 民無所定, 下者爲巢, 上者
爲營窟.(同上. 和此條已涉及'爲巢''營窟'等定居問題. 這自然也屬'堯'名
內涵應有之義, 說見下文'補說二')

요(堯) 임금 때에, 물이 역류하고 온 나라 안을 뒤덮었다. 뱀과
용(蛇龍)이 그곳에 자리 잡았고, 백성들(民)은 정착할 곳이 없었
다. 낮은 곳에 사는 자들은 둥지(巢)를 만들고, 높은 곳에 사는
자들은 굴(窟)을 만들어 생활하였다. (상동. 이 조항은 이미 '둥지
만들기(爲巢)'와 '굴 생활(營窟)' 등 정착 문제를 다루고 있다. 이는 자연
스럽게 '요(堯)'라는 이름의 내포된 의미에 포함된다. 자세한 내용은 아
래 "보충 설명 2"를 참조하라.)

(4) 州, 水中可居者曰州. 水㐬繞其旁, 從重川. 昔堯遭洪水, 民居水中高
土, 故曰九州.(『說文·川部』)『集韻·尤部』: "州㐬劦, 之由切.『說文』水
中可居曰州, 周遶其旁. 從重川. 昔堯遭洪水, 民居水中高土, 故曰九州,
引『詩』在河之州. 一曰州, 疇也, 各疇其土而生之. 古作㐬劦. 又姓."

주(州)는 물속에서 거주할 수 있는 곳을 말한다. 물줄기가 그 주
위를 둘러싸기 때문에 여러 천(川)이 교차한다. 옛날 요(堯) 임금
이 홍수(洪水)를 겪었을 때, 백성들은 물속의 높은 땅에 거주하
였기 때문에, 이를 구주(九州)라고 하였다.(『설문·천(川)부수』)
『집운·우(尤)부』에서 이렇게 말했다. "주(州, 㐬, 劦)는 지(之)와 유
(由)의 반절로 읽힌다.『설문』에서 '물속에서 거주할 수 있는 곳
을 주(州)라 한다. 물줄기가 그 주위를 둘러싸기 때문에 여러 천

『설문해자』인지분석

(川)이 교차해 흐른다. 옛날 요(堯) 임금이 홍수를 겪었을 때, 백성들은 물속의 높은 땅에 거주하였기 때문에, 이를 구주(九州)라 하였다.'라고 했으며, 『시경』의 '재하지주(在河之州: 강의 모래톱에 있구나)'를 인용했다. 또한 주(州)는 밭의 경계(疇)를 뜻하기도 하며, 각기 그 땅을 경계로 삼아 생계를 이어간다. 고문체에서는 주(垗)와 주(㓝)로 썼다. 또한 성(姓)으로도 쓰인다."

(5) 傳云: 堯洪水時行者泊舟于崖側……(『漢唐地理書鈔』輯自『盛弘之荊州記』)

『전』에서 말하길, "요(堯) 임금 시대의 홍수(洪水) 때, 행인들은 절벽(崖) 옆에다 배를 정박시켰다……"(『한당지리서초(漢唐地理書鈔)』에서 인용한 『성홍지형주기(盛弘之荊州記)』)

(6) 宜都夷陵縣西八十裏有高筐山, 古老相傳堯時大水, 此山不沒, 如筐篚, 因以爲名.(『藝文類聚』卷七引『荊南圖制』)

의도(宜都) 이릉현(夷陵縣) 서쪽 80리 지점에 고광산(高筐山)이 있다. 오랜 옛날부터 전해지길, 요(堯) 임금 때의 대홍수(大水) 때에도 이 산은 잠기지 않고, 바구니(筐篚)처럼 높이 솟아 있었고, 그래서 이 이름이 붙었다.(『예문유취(藝文類聚)』 권7에서 인용한 『형남도제(荊南圖制)』)

(7) ……故老傳云, 堯時大雨……; 覆船山, 堯遭洪水, 維舟樹下, 船因覆焉.(『太平禦覽』卷七六九引『郡國志』; 又卷四四引『七道錄』)

그래서 오랜 옛날부터 이렇게 전해온다. "요(堯) 임금 시대에 큰 비가 내렸다.……복선산(覆船山)은 요(堯) 임금이 홍수(洪水)를 겪을 때, 나무 아래에 배를 정박하였으나 배가 뒤집힌 곳이다."(『태평어람(太平御覽)』 권769에서 인용한 『군국지(郡國志)』, 또 권44에서 인용한 『칠도록(七道錄)』)

(8) (堯山): 堯九年大水, 人居避水, 因以爲名. 或遇大水, 此山不沒, 時人云此山浮.(『太平寰宇記』卷一〇七引『鄱陽記』)

요산(堯山): 요(堯) 임금 제9년에 대홍수(大水)가 일어나, 사람들이 물을 피해 거주하게 되면서 이 이름이 붙었다. 혹시 큰 홍수가 일어나도 이 산은 잠기지 않았기에, 그 당시 사람들은 이 산이 떠다닌다고 말했다.(『태평환우기(太平寰宇記)』 권107에서 인용한 『파양기(鄱陽記)』)

......

　원가(袁珂)[5]는 고대부터 이어져 온 방대한 '요 시대의 홍수' 이야기가 실제로는 그 홍수의 참혹함을 사람들이 깊이 기억하고 있으며, 그것이 요의 시대에 연결되어 전해진 것일 뿐이라고 말했다.[6] 그는 간결한 몇 마디로 그 사이의 관계를 설명했지만, 이는 아마도 표면적인 연관성일 뿐일 것이다.

　전승된 세대마다의 '요와 홍수' 이야기는 초기 민족의 '숭고(崇高) —비하(卑下)'라는 심리적 감정 인식 구조의 틀을 구축했다. 여기서 '숭(崇)'과 '비(卑)'라는 두 글자는 동사로 사용되었다. 언어 내에서 '숭고-비하'의 예시는 무수히 많고, 고대와 현대 모두에서 볼 수 있다. '고명(高明)'과 '저천(低賤)', '새로운 단계로 나아가다'와 '하향하는 길을 걷다'가 그렇고, 일본어에서는 '고수'를 '조즈(上手)'로, '초보자'를 '헤타(下手)'라고 하는 등등이 그렇다.

　이 오랜 심리적 태도와 감정 구조는 오늘날까지도 풍부하고 다양한 형태의 문자 해석 자료에 보존되어 있다. 송영배(宋永培)의 『설문』 의미 체계의 내용과 법칙에 대한 탐구와 정리는 독창적이고 뛰어난 것으로 볼 수 있다. 여기서는 독자가 참고하기 쉽게 몇 가지 예시를 인용하겠다.

---

5) [역주] 원가(袁珂, 1916-2001)는 중국의 저명한 작가이자 신화학자로, 중국 신화 연구 분야에서 큰 업적을 남겼다. 그는 성도시 신도구에서 태어나 85세의 나이로 생을 마감했다. 원가는 노신(魯迅),모순(茅盾), 문일다(聞一多) 이후 중국 신화 연구에서 탁월한 성과를 이룬 학자로 평가받고 있다. 주요 저서로는 『중국고대신화(中國古代神話)』, 『중국신화전설(中國神話傳說)』, 『고신화선석(古神話選釋)』, 『신화논문집(神話論文集)』 등이 있다. 이러한 저작들을 통해 원가는 중국 신화 이야기의 체계화와 중국 신화학 이론 체계 구축에 지대한 공헌을 했다.

6) 『中國神話傳說詞典』, 149쪽(上海辭書出版社, 1985年).

· 홍(洪), '홍수(洚水)'를 말한다.(洚水也).(『說文』十一上,「水部」)
· 공(恐), '전율하다는 뜻이다(戰栗也.)(『說文』十下,「心部」)

· 동(洞), '[물살이] 급하게 흐르다(疾流)'라는 뜻이다.(疾流也.)(『說文』
　　十一上,「水部」)
· 통(恫), '[마음이] 아프다'는 뜻이다.(痛也.)(『說文』十下,「心部」)

　위의 두 그룹에서, '홍(洪)'과 '공(恐)', 그리고 '동(洞)'과 '통(恫)'은 각
각 같은 소리부인 '공(共)'과 '동(同)'을 공유한다. 소리부가 같은 단어
들이 둘씩 결합되어 하나의 그룹을 형성했다. 동시에 '홍(洪)'과 '공
(恐)', '동(洞)'과 '통(恫)'은 각 그룹의 두 단어가 의미부에서 대응 관계를
형성하여, 하나는 '물(水)'로 구성되고 다른 하나는 '마음(心)'으로 구성
되었다. 이로 인해 두 쌍의 단어들이 대구를 이루게 된다. 의미적 측
면에서 보면, '수(水)'에서 파생된 단어는 홍수를 나타내며, '심(心)'에서
파생된 단어는 공포나 슬픔을 나타낸다. 이 두 그룹의 단어들은 형태,
소리, 의미가 일치하여 형성한 대비는 함께 홍수에 직면했을 때 사람
들의 공포와 슬픔의 감정을 반영한다. 또 다른 예를 보자.

· 읍(浥), '축축하다(渥)'라는 뜻이다.(濕也.)(『說文』十一上,「水部」)
· 읍(悒), '불안하다'는 뜻이다.(不安也.)(『說文』十下,「心部」)

· 추(湫), '좁다(隘)'라는 뜻이다. '낮다(下)'라는 뜻이다. (隘下也.)[7] (『說

──────────────
7) [역주] 이어지는 설명은 이렇다. "일설에는 '추수(湫水)'를 말하는데, 주(周) 나라
　땅에 있다'라고도 한다. 『춘추전』(『좌전』 소공 3년, B.C. 539)에서 '안자(晏子)의
　집이 추애(秋隘), 즉 좁고 낮았다'라고 했다. 안정(安定)군 조나(朝那)현에 추천
　(湫泉)이 있다. 수(水)가 의미부이고 추(秋)가 소리부이다. 독음은 자(子)와 료(了)
　의 반절이다."(下也. 一曰有湫水, 在周地. 『春秋傳』曰 : "晏子之宅秋隘." 安定朝那

文』十一上,「水部」)
· 추(愁), '근심하다'는 뜻이다.(憂也.)(『說文』十下,「心部」)

위의 두 쌍의 단어에서, 각 그룹의 소리부는 동일하며, 각각 '읍(邑)'과 '추(秋)'이다. 의미부는 대응 관계를 형성하며, '읍(浥)'과 '읍(悒)', '추(湫)'와 '추(愁)'에서, 하나는 '수(水)'로 구성되었고, 다른 하나는 '심(心)'으로 구성되었다. 의미적 측면에서는 '수(水)'에서 파생된 단어는 습기나 젖어 있음을 의미하며, '심(心)'에서 파생된 단어는 근심과 불안을 나타낸다. 이러한 형태, 소리, 의미의 통합을 통해 형성된 대비는 함께 습지나 저지대에서의 사람들의 우울하고 걱정스러운 감정을 반영했다.

이런 방식으로, 연구자들은 『설문』에서 소리부가 동일한 단어들을 둘씩 결합하여 하나의 그룹을 형성하고, 의미부의 대응을 통해 그룹 간의 대비를 표현하고, 이로써 하나의 의미 체계를 구성하며, 이를 통해 역사적 사건의 특정 단계를 설명한다.

만약 위에서 언급한 의미 체계가 '요가 홍수를 겪었던' 사건의 초기 단계를 나타낸다면, 이 사건의 발전 단계 역시 유추될 수 있다. 예를 들면 다음과 같다.

· 숭(崇), '산이 크고 높다'는 뜻이다.(山大而高也.)(『說文』九下,「山部」)
· 종(愡), '즐거워하다(樂)'라는 뜻이다.(樂也.)(『說文』十下,「心部」)

· 개(塏), '높고 건조하다'는 뜻이다.(高燥也.)(『說文』十三下,「土部」)
· 개(愷), '즐거워하다(樂)'라는 뜻이다.(樂也.)(『說文』十下,「心部」)

有湫泉. 從水秋聲. 子了切.)

· 륙(陸), '높고 평평한 땅'을 말한다.(高平地.)(『說文』十四下,「阜部」)
· 목(睦), '눈길이 순함(目順)'을 말한다. 일설에는 '공경하고 조화롭다(敬
和)'라는 뜻이라고도 한다.(目順. 一日敬和也.)(『說文』四上,「目部」)

첫째, 위에서 제시한 세 그룹은 소리부가 동일하며, 의미부가 대응
되며, 그 의미는 서로 간에 대비를 이룬다. 그들의 형태, 소리, 의미
상의 연결은 초기 인민들이 홍수를 피해 높은 산으로 올라갔을 때 느
낀 기쁨과 평온함을 나타낸다. 이것은 '요가 겪은 홍수'라는 사건의
발전 과정을 반영한다.8)

둘째, '설문학(說文學)' 연구자들은 『설문』의 의미 체계를 세밀하게
분석하며, 역사적 사건을 상세한 과정으로 구체화한다. 그러나 우리
의 관점에서 이러한 분석은 아직 깊이가 부족하다고 느껴진다. 따라
서 한걸음 더 나아가 '홍수에 대한 인식'이 인류 전체의 공통 심리로
서 '홍수 시대'에서 축적된 인류의 '높다―낮다'의 감정 태도와 심리
적 경험으로부터 나온 인류 공통의 감정 구조라고 주장한다. 간단하
게 유형화하면, 이것을 '요행 심리'라고 할 수 있다. '요행 심리'의 심
리 구조도 '높다―낮다'의 감정 구조에 기반한다.9)10)

마지막으로, 집단 사고의 표상은 크게 다음의 두 가지 유형으로 요
약할 수 있다.

첫째, '홍수―방주' 유형:

---

8) 宋永培,「論『說文』意義體繫的內容與規律」,『華東師大學報』1991年 第6期.
9) 여기서 설명된 '행운'은 일반적인 사전에서 설명하는 '행운'과는 다르다. '행운'
   은 '요'를 의미하며, '높다'를 의미한다. 따라서 '행운'은 '높은 것'을 '행운'으로
   간주한다.
10) '요행심리(僥幸心理)'의 심리 구조는 또한 '숭고(崇高)―비하(卑下)'의 감정 구조
   가 선도하는 것이다. 여기서의 해석은 일반적인 사전에서 '요행(僥幸)'을 설명하
   는 것과는 다르다. '요(僥)'는 '요(堯)'이고, '높음'을 의미한다. '요행(僥幸)'이란,
   '높음'을 '행운'으로 여기는 것이다.

하늘과 땅 사이에는 수면보다 높은 것이 전혀 존재하지 않는 것 같다. 산봉우리는 수면보다 7미터 낮아졌고, 오직 노아의 방주만이 만경창파 속에서 무사히 떠돌고 있다.[11]

둘째, '홍수─제방' 유형

인간과 가축들이 이 새로운 땅에서 안정된 곳을 찾아 거주하게 되었네.
용감하고 근면한 사람들은 그 높은 언덕을 쌓아올렸고,
그 주변에는 옮겨 심으면 옷과 식사 걱정이 없어졌다네.
밖에서는 파도가 계속해서 제방을 공격하고 있지만,
내부에서는 안락하게 생활하며 마치 천국과도 같네.[12]
人畜都在這新地上得到安居,
勇敢勤勉的人們壘成了那座高丘,
向那周圍移植都可以衣食無憂.
外面雖有波濤不斷沖擊堤岸,
而內面卻安居樂業如同天國一般.

'배' 밖의 '제방' 아래에는 홍수가 거세게 일어나며 동요와 소란이 벌어진다. 반면 '배' 안과 '제방' 위에서는 평온하고 안전하다. 이 모든 것은 '홍수'에 의해 형성된 날카로운 대립의 결과이다. 이를 비교해 보면, 중국 고대에서 요가 홍수에 휩쓸렸을 때, 이는 '홍수─제방' 인식 구조 유형에 속하며, 그로 인해 '요'의 이름 뒤에 숨어 있는 '존경─비하의 감정 구조가 정해진 것이다.

또한, '요가 겪은 홍수(堯遭洪水)'는 사건에 대한 문화적 해석 자료도

---

11) 張久宣, 『聖經故事』, 21쪽(中國社會科學出版社, 1987年 第2版).
12) 괴테(歌德), 『파우스트(浮士德)』, 郭沫若(譯本), 768쪽(人民文學出版社, 1957年版).

여러 가지로 나열할 수 있다. 이를 바탕으로 추가적인 해설이 가능하며, 이를 참조로, 분류하여 아래에서 상세히 보충 설명하겠다.

보충 설명 1:

주(周)족의 서사시인 『시·대아·면(綿)』에서는 "토굴을 파고 기거하셨다. 집이 없어서라네.(陶復陶穴, 未有家室.)"라고 했다. 『모전』에서는 "진흙을 구워 그것을 다시 쌓고, 진흙을 구워 그 안에 구멍을 판다."라고 설명했다. 여기서 '도(陶)'자와 연결되어 '복(復)'과 '혈(穴)' 두 글자가 문맥적으로 연결되며 의미적으로도 일치한다. '혈'자는 해석하기 쉽지만, '복'자는 해석하기 어렵다. 서중서의 해석에 따르면 "복(復)(🐾, 『粹』1058)은 앞뒤로 복도가 있는 반지하식 집을 나타내며, 아래에는 사람의 발(🐾)이 그려져 있다. 이것은 사람이 나오는 형태다. 량(🏠, 良)은 랑(廊, 회랑)의 원래 글자다. 구(🏠, 丘)는 지면 위에 두 개의 복도가 있는 반지하식 집의 형태를 나타낸다. 이 세 가지 형태를 합치면 고대의 반지하식 주택의 형태와 의미가 완전히 표현될 수 있다."[13]

요(堯)가 홍수를 피하여, 특정 시기에 부족 사람들에게 집을 마련하고 주거지를 정했으므로, 그를 '도(陶)'라고 부를 수 있었다. 『우초신지(虞初新志)』(권12)에 있는 진정(陳鼎)의 『설의도인전(薛衣道人傳)』에서는 "설의도인(薛衣道人) 축소보(祝巢父)의 이름이 요민(堯民)이다."라고 했다. 고대 사람들은 이름과 글자의 의미가 서로 일치하기를 바랐다. '소보(巢父)'와 '요민(堯民)'의 의미는 정확하게 일치한다.

---

13) 『漢語古文字字形表』卷二, '復'字의 按語 참조.

보충 설명 2:

　'도(陶)'자는 중국 고대 언어에서 원래 '기쁨'이란 의미를 갖고 있었으며, 별도의 설명 없이도 그 의미가 전달되는 경우가 많다. 예를 들면, 오늘날에도 '도취(陶醉)'나 '기쁨이 넘쳐서(其樂陶陶)'라는 표현이 있다. 『광아·석언(釋言)』에서는 "도(陶)는 기쁨이다."라고 했다. 『예기·단궁(檀弓)』(하)에서는 "사람이 좋아하면 기쁨이 넘치고, 기쁨이 넘칠 때 노래한다."라고 설명했다. 이에 대한 정현(鄭玄)의 주석에서는 "도(陶)는 울도(鬱陶)이다."라고 했고, 공영달(孔穎達)의 주석에서는 "울도(鬱陶)란, 마음이 처음으로 기쁨을 느끼면서 아직 만족하지 않았음을 뜻한다."라고 했다. 그런데 도(陶)자는 감정의 반대편, 즉 '우울'을 나타내기도 한다. 『광아·석언』에서는 "도(陶)는 우울하다는 뜻이다."라고도 했다. 감정의 논리에 따르면, '기쁨'은 우선 '우울'이 내재되어 있어야 하며, 그렇지 않으면 '기쁨'이라는 감정도 존재하지 않을 것이다. 감정이 복합적으로 섞여 있고, 기쁨과 슬픔이 상호 전환되는 것은 심리학자들에 의해 이미 증명되었다. 그러므로 '도(陶)'자는 '우울'이란 의미도 함께 가지고 있다. '도(陶)'자 하나에 두 가지 의미가 모두 포함되어, 이 두 가지 감정의 양극 구조를 가지고 있다. 이 두 가지 의미는 앞서 언급한 '요(堯)'자와 연관된 역사적 배경, 홍수 이야기, 요행 심리, 그리고 '존경—비하'의 감정 구조 유형과 일치한다.

보충 설명 3:

'당(唐)'이 '당(塘)'의 원형이라는 설과 관련하여, 고대 지명의 변천 과정에서 추가적인 증거를 찾을 수 있다. 항세준(杭世駿)은 그의 저서 『정와유편(訂訛類編)』에서 이를 다음과 같이 검토하였다. "『칠수유고(七修類稿)』에는 전당(錢唐)이라는 이름이 있다. 『사기』에 따르면, 시황제는 강을 따라 단양(丹陽)에 이르러 전당(錢唐)에 도착하였다. 역사적인 기록에서도 전당현(錢唐縣)의 관리가 있다. 당나라 때에는 국호를 피하기 위해 '토(土)'자를 첨가하여 '당(塘)'으로 바꾸었다. 『철경록(輟耕錄)』에서는 당(唐)자에 토(土)를 추가한 것은 잘못이라고 했다. '전(錢)'으로 '토(土)'를 바꾸고, 전호(錢湖)의 물을 막기 위해 둑(塘)을 쌓았다는 설 등은 『항지(杭志)』에서 이미 그 오류를 지적한 바 있다. 『석문(釋文)』에 따르면, '당(唐)'은 '길(途)'을 의미한다. 오대 이전의 항주(杭州) 지역은 길이 오로지 서북 지역에만 한정되어 있었으며, 전호(錢湖)에 근접해 있어 그것을 전당(錢唐)이라고 불렀을 뿐이다."[14]

이 학자의 연구처럼, '전당(錢塘)'은 원래 '전당(錢唐)'으로 쓰였으며, 당나라 때 국호를 피하기 위해 '당(塘)'으로 바뀌었다면, 이것은 앞에서 언급했던 『설문』의 정본에 '당(塘)'자가 없으며, 오대와 송나라 때의 교역에서만 이 글자가 처음으로 나타나기 시작했다는 주장과 일치한다. 사실, 한나라 이전에는 '당(塘)'자는 대체로 '당(唐)'으로 표기되었다. 예를 들면, 『여씨춘추·존사(尊師)』에서는 '치당지(治唐地)'로 적혀 있으며, 『회남자·주술훈(主術訓)』에서는 '발감결당(發城決唐)'으로 적혀 있다. 대체로 한나라 이후에 '당(塘)'이라는 글자가 널리 사용

---

14) 杭世駿, 『訂訛類編·地理訛』 續補 卷下十二.(上海書店據嘉業堂叢書, 1986年影印).

되기 시작하였다. 그리고 '당(塘)'은 초기에는 둑이나 제방만을 의미하였다. 예를 들어,『장자・달생(達生)』에는 '둑 아래(塘下)'라고 되어 있으며, 이러한 문헌들의 판본은 모두 후대에 인쇄된 것들이다. '둑 아래(塘下)'는 물론 '둑의 아래'를 가리키는 것이며, 못의 아래를 가리키는 것은 아니다. '당(唐)'(塘의 원형)의 이러한 고대 의미는 현대 한자에서도 여전히 몇몇 단어나 지명에서 찾아볼 수 있다. 예를 들면, '해당(海塘)'이라는 단어에서 둑이나 제방을 가리키며, '하당(河塘)'이나 '구당(瞿塘)'과 같은 지명도 이를 반영한다. 항씨(杭氏)의 연구에서 언급된 '전당(錢唐)'은 그 중의 하나에 불과하다.15)

---

15) 필자는 고대 유적을 방문한 수필집인『여고위도(與古爲徒)』를 썼는데, 그것들은 산동 남서부의 고대 국가들에 대해 다루고 있으며, 많은 지명 이야기를 포함하고 있다. 그중에서도 조주(曹州)의 고대 수도인 하택(荷澤)은 산동 남서부의 국가들과 매우 다른데, 음력 10월 기망에 사방 수백 리를 비추는 달을 볼 수 있었다. 평평한 논밭만 광활하게 보일 뿐 특별한 것은 없었다. 그 군에 '정도(定陶)'라는 곳이 있다. 그 이름의 유래는 현지 원주민들조차 모르며, 심지어 군 문화국장조차도 몰랐다.—그의 대답은 이러했다. 태사공의『사기・화식열전』에 따르면, 월(越) 출신의 범려(範蠡)가 여기서 상업으로 큰 이익을 얻어 '도주공(陶朱公)'이라는 이름으로 세상에 알려졌다. 그가 도(陶) 땅에 정착했고, 그래서 거기를 '정도(定陶)'라 불렀다. 이에 필자는 이렇게 대답했다. 범려가 춘추시대 출신임에 관계없이, 그가 정착할 수 있기 전에 도(陶)라는 땅이 있어야만 했다. 그러나 '정도(定陶)'라는 이름은 '도주공'보다 더 전에 부여되어야 했다.『사기』에 따르면, 요(堯)는 성(城)과 포(蒲) 사이에 위치했다. 하택 서쪽, 불과 몇 십 리 떨어진 곳에는 복양(濮陽)이라는 곳이 있다. 주변 지리는 하택과 마찬가지로 물로 이름 붙여졌다. 하택의 지리를 살펴보면, 일반적으로 평원이다. 바다로 들어가는 옛 황하의 입구는 습지로 변했다. 범려가 태호 호수에서 배를 타고 북쪽으로 수로를 따라 이동한 것은 춘추시대까지 아니었다. 이곳의 정착지도 춘추시대에는 수역이었다. 춘추시대 이후, 현지 문화 박물관 부서는 송(宋)과 원(元) 대의 대형 상선을 발굴했다. 송대에는 수리 및 운송이 여전히 발달했다고 한다. 하택 영토 내에는 관성(館城)이 있는데, 여기는『수호지(水滸志)』에 등장하는 양산(梁山)이 위치한 곳이다. 멀리서 보면, 언덕들은 그리 두드러지지 않으며, 실제로 의존하는 것은 현지의 물이다. 그러나 정도(定陶)는 오래전에 그 이름을 얻었다. 요성(堯城)은 도(陶)와 당(唐) 씨족이 거주한 지역이었고, 옛 황하의 범람으로 홍수와 기근으로부터의 구호가 최우선

이었다. 씨족은 요(堯, 즉 고구)라고 불렸고, 그 별명은 도당(陶唐)이었으며, 다음과 같이 대응된다.

『설문·부(阜)부수』에서는 구조를 '재성구(在城丘)'(두 층의 언덕, 즉 높은 언덕)로 분석했고, '당(唐)'은 이후의 '당(塘)', 즉 연못에 물이 차면 넘치는 높은 언덕으로 보았다. 지리적 관점에서 볼 때, 이 지역은 사실 도자기 제작에 적합하지 않다. 현지에서 제사를 드려 모시는 서주(西周) 시대의 '방산(仿山)'은 인공적으로 만든 산으로, '요(堯)'자의 구조적 인식에서 그 형상을 취한 것이다. 하택(荷澤)은 옛 조주부(曹州府)의 치소(治所)였으며, 역대로 민풍이 강렬하고 다스리기 어려운 곳으로 알려졌다. 수호전의 호걸들이 모여들었던 것도 바로 이러한 배경에서 비롯되었다. 심지어 청 말의 야사소설인『노잔유기(老殘游記)』에서 묘사된 가혹한 관리가 다스렸던 곳도 바로 이 지역이다. 지방 정부가 지역의 안정을 유지하기 위해서는 여전히 산림의 강자들을 예우하고, 녹림의 각 계파와 소통해야만 무사할 수 있었다. 지방의 향촌에서는 무술 학교가 매우 번성했다.

어느 늦가을, 필자는 이 지역의 유적지를 방문했었다. 새벽의 서풍이 맹렬히 불어 살을 에는 듯했다. 조주부의 옛 길을 찾아가는 도중, 길가의 수풀 사이로 남녀노소를 가리지 않고 무술을 연마하는 사람들의 그림자가 어렴풋이 보였다. 대부분 격투기를 연습하는 모습이었으며, 단순한 건강 증진을 위한 것이 아님을 알 수 있었다. 이를 통해 오늘날까지도 상무(尙武) 정신이 이어지고 있음을 확인할 수 있었다. 명말청초의 학자 고염무(顧炎武)가 실학을 제창하며 지리를 중시한 것은 천하의 대세를 관찰하고 군국의 이해를 살피기 위함이었다.

하택에서 동쪽으로 가면 제녕(濟寧)이 있는데, 이곳은 완전히 산악 지대이다. 다시 동남쪽으로 가면 노(魯) 지역의 명산수역(名山水域)인 노산(魯山)과 임기(臨沂)가 있다. 노산, 동산(東山), 태산(泰山)은 같은 산맥의 연속된 산들이다. 노국(魯國)의 산수 좌표로 이름을 얻었던 '노산'과 '기수(沂水)'에서, 노산은 실제로 노국의 모천(母川)인 기수의 발원지이다. 노산 아래에는 기원(沂源)이라는 현(縣)이 있어, 그 이름의 유래를 알려주고 있다. 이는 후세에『설문』의 '노(魯)'자 구조를 준거로 삼아 형체를 유회적으로 해석한 것과는 다르다. 토착민의 방언에서 '입어(入魚)'라는 음절 구조로 읽는 것이 바로 '노(魯)'자이다.

기수가 남쪽으로 흘러 도도히 흐르는 기남(沂南)은 유명한 한대(漢代) 화상석(畫像石)이 다수 출토된 지역으로, 또 다른 풍경 구역을 이룬다. 친한 친구인 장효절(張效節)은 임기 우군(右軍)이 고향으로, 깊이 있고 안정적이며 순후한 성품을 지녀, 고대 인인군자(仁人君子)의 풍모가 있었다. 그는 국내에서 보기 드문 경제학 전문가였으며, 민간 악기에도 매우 능통했다. 즉 도(道)와 기(器)를 겸비한 사람이다.

이에 나는 방문 소감을 기록한 수필을 남기게 되었는데, 이는 2014년 10월 금추(金秋)에 친구의 주선으로 몽산(蒙山) 기남(沂南)에서 요양하던 중에 쓴 기남

『설문해자』인지분석

기행문이다. 우연히 오언시 몇 수를 지어 그곳의 풍물과 인정을 표현하고자
했다.

厚德載風物, 淳樸聖人邦. 造化世稱奇, 禹貢列其詳. 沂蒙及汶河, 三水彙汪洋.
湯頭地名古, 溫泉源流長. 石材其細膩, 漢人題畵像. 丞相遺蹤留, 右軍硯墨香.
絲柳是處垂, 桂子九月芳. 遊客時相問, 底處是蘇杭? 茉蔬皆綠色, 收成及時嘗.
煎餅出手工, 酒濃溢深巷. 最是忠厚者, 語緩面慈祥. 我來匝旬間, 體重增一磅.
坐是山水遲, 留此原始狀. 晩風流草樹, 炊煙嫋水上. 薄暮關鄕愁, 水鳥亦歸翔.
何當共知己, 偕老于是鄕!

후덕함이 온갖 만물을 실은,
정직하고 진실한 현자들의 나라.
이곳의 창조는 세상을 놀라게 하고,
「우공(禹貢)」에서 이미 자세한 내용을 펼쳤지요.
기수(沂水)와 몽수(蒙水)는 문하(汶河)에 이르러,
세 강이 합쳐져 바다로 흘러가네.
양두(湯頭)라는 지명은 오래되었고,
기나긴 역사를 흘러온 온천.
석재는 섬세하고 부드러워,
한나라 사람들은 돌에다 그림을 파 넣었네.
승상의 흔적이 아직도 남아있고,
우군(왕희지)의 벼루와 먹 향기.
비단 버드나무는 곳곳에 가지를 드리웠고,
계수나무는 9월의 향기를 내뿜네.
여행자들은 돌아다니면서 서로 묻지요,
이곳이 바로 소주와 항저우가 아닌가요?
갖가지 채소들은 모두 싱그러워,
적시에 수확되어 맛을 보여주네요.
전병은 손으로 만들어지고,
술 익는 향기는 골목에 가득하네.
가장 충성스럽고 친절하고 사람들은,
말은 느리지만 얼굴은 자상하기 그지없네.
이곳에 온 십여 일 만에,
체중은 한 근 이상 늘었네.
앉으면 맑고 수려한 산과 강,
이곳에 머물며 원시상태로 돌아가네.
저녁에는 바람이 풀과 나무를 흔들고,
요리하는 연기 수면 위로 피어오르네.
옅어오는 황혼녘, 향수에 잠기고,

이러한 연구와 함께 볼 때, '당(唐)'에서 '당(塘)'으로의 변화는 문화적, 역사적 배경과 더불어 언어의 발전과정에 기반하여 이루어진 것으로 보인다. 이는 고대 중국어의 복잡한 발전과정과 문화적 변동을 반영하는 한 예로, 언어가 지역적, 시대적 배경 속에서 어떻게 변화하는지를 이해하는 데 중요한 역할을 한다.

보충 설명 4:

한자 '도(陶)'에 대해, 청나라 때의 황생(黃生)은 『자고(字詁)』에 서 이렇게 설명했다. "나의 고향에서는 '길다'를 '도(陶)'로 표현한다. 예를 들면, 하루가 길다는 것을 '호도천(好陶天)'이라고 표현한다. 이러한 표현은 역사적인 근거가 있는데, 『초사』의 '도도맹하(陶陶孟夏: 길고 긴 한 여름)'라는 구절에서 확인할 수 있다."16)

이렇게 보면, '도(陶)'자의 의미가 공간적인 '높이'에서 시간적인 '길이'로의 의미 확장을 보여준다. 이는 언어학적으로 볼 때, 언어의 의미가 어떻게 시간과 공간에 따라 변화하고 발전하는지를 나타내는 좋은 예시이다.

물새들도 돌아오며 하늘을 맴도네.
마음 알아주는 친구와 함께 하며,
이 고향에서 함께 늙어가야 하지 않을까!
16) 黃生撰, 黃承吉(合按), 『字詁義府合按』, 48쪽(中華書局, 1984年, '訓詁學叢書'之一種).

보충 설명 5:

『설문·부(阜)부수』에 따르면, '도(陶)'는 두 번 쌓아 만든 언덕을 의미한다. 『이아·석구(釋丘)』에서는 "한 번 쌓아 만든 언덕을 '둔구(頓丘)'라고 부른다."라고 했다. 또『시경·맹(氓)』에서 "둔구까지 갔었지(至于頓丘)."라고 노래했다. 이 모두는 '돈구(墩丘)'에서 빌려온 말이다. 그리고 '돈(墩)'은 실제로 '퇴(自)'의 독음 변화로 볼 수 있다. 높은 땅 더미를, 산동성 남서쪽 방언으로는 '토돈자(土墩子)'라고 부른다. 『설문·퇴(自)부수』에 따르면, '퇴(自)는 작은 언덕을 의미한다.'라고 했는데, 서현(徐鉉)의 주석에서는 '속자로는 '퇴(堆)'라고 쓰며, 독음은 도(都)와 회(回)의 반절이다. 『한서』의 「지리지」(권8 상)에서 '정도(定陶)'라는 지명을 언급하는데, 이곳은 고대의 조(曹)나라로 알려져 있으며, 주(周) 무왕(武王)의 동생인 숙진탁(叔振鐸)이 봉해진 곳이다. 「우공(禹貢)」에서의 도구(陶丘)는 서남쪽에 위치한다고 했다. 도구정(陶丘亭)과 원구(冤句)의 경우, 왕망(莽)은 정도(定陶)를 고쳐 제평(濟平)이라 했고, 원구현(冤句縣)을 고쳐서 제평정(濟平亭)이라 했다.……성양(成陽)에는 요(堯)의 무덤과 영대(靈台)가 있다.(1571쪽)

이렇게 보면, '도(陶)'자와 관련된 다양한 의미와 역사적 배경을 알 수 있다. 여기에서는 그 의미와 관련된 여러 참조 자료들이 나열되어 있어, '도(陶)'자의 다양한 의미를 더 깊게 이해하는 데 도움이 된다.

보충 설명 6:

'도(陶)'자는 '부(阜)'를 의미부로 삼고 있다. 『설문・부(阜)부수』에서
는 '부(阜)'에 대해 "뭍(大陸)으로, 돌이 없는 산을 말한다.(阜, 大陸, 山
無石者.)"라고 정의했다. '부(阜)' 자의 인지 발전 경로는 다음과 같다.

먼저 '고토(高土)'라는 의미이다. 예를 들어, 『소문(素問)・오상정대
론(五常政大論)』에서는 "흙(土)을 돈부라고 한다(敦阜)."라고 하였는데,
왕빙(王冰)의 주석에서 "부(阜)는 높다는 뜻이다."라고 했다.

여기서 더 나아가 '백성 중생(百姓衆生)'의 의미로 확장될 수 있다.
예를 들어, 『국어・진어(晉語)』(6)에서는 "고신기부이출(考訊其阜以出),
즉원정(則怨靖)."이라고 하였는데, 위소(韋昭)는 "부(阜)는 무리를 말한
다."라고 주석하였다.

이러한 의미 확장은 '번성하고 부유함(繁盛富足)'의 의미로도 발전
할 수 있다. 예를 들어, 『주례・하관(夏官)・장축(掌畜)』에서는 "장축
(掌畜)은 새를 기르고 번식시키며 가르친다.(掌畜, 掌養鳥而阜蕃教擾
之.)"라고 했는데, 정현(鄭玄)은 "부(阜)는 성하다는 뜻이다."라고 주석
하였다. 또 『주례・천관(天官)・대재(大宰)』에서는 "아홉 가지 직책으
로 만백성을 관리한다.…… 여섯 번째는 상인인데, 화폐가 무성하게
통용되도록 한다.(以九職任萬民,……六日商賈, 阜通貨賄.)"17)고 하였는

---

17) [역주] 주나라 때 아홉 가지 직업으로 전국 인구를 분배하고 관리했음을 의미
하는데, 이 아홉 가지 직업은 다음과 같다. 삼농(三農: 농업에 종사하는 직업),
원포(園圃: 원예와 정원을 가꾸는 직업), 우형(虞衡: 임업과 관련된 직업), 수목
(藪牧: 목축업), 백공(百工: 다양한 공예와 기술을 가진 장인들), 상고(商賈: 상
품의 유통과 무역을 담당하는 상인들), 빈부(嬪婦: 궁중의 여인들), 신첩(臣妾:
하인과 노예들), 한민(閑民: 기타 여가를 즐기는 사람들)이 그렇다.

데, 정현(鄭玄)은 "부(阜)는 성(盛)하다는 뜻이다."라고 주석하였다.

보충 설명 7:

'요가 겪은 홍수'에 관한 문헌을 앞서 인용할 때, 우리는 '주(州)'의 이름과 '요 시대의 홍수' 사이의 연결에 주목했다. 여기에서 우리는 전통적인 훈고학 관련 문헌을 통해 살펴본 다음, '요(堯)'와 '구주(九州)' 및 '구주'라는 이름이 붙게 된 관계를 구체적으로 더 탐구할 것이다.

청나라 때의 훈고학자인 학의행(郝懿行)18)은 '구주'와 '요' 사이의 관계를 다음과 같이 설명했다. '혹자는 구주의 체계는 황제 전욱으로부터 유래했다고 하는데, 요는 『상서(尚書)』 이후에만 기록되었다. 『설문』에 따르면, '물속에서 살 수 있는 땅을 주(州)라고 부른다. 그 주위를 물이 둘러싸고 있기 때문에 천(川)이 중복되어 들어갔다. 과거에 요가 홍수에 시달렸고, 사람들은 물속의 높은 땅에서 살았으므로 구주(九州)라고 불렸다.19) 『시』에서 '재하지주(在河之州)'라고 했는데, 주(州)는 주(疇: 영역을 나누다)와 같다. 각기 그 영역을 나누어 살았기 때

---

18) [역주] 학의행(郝懿行, 1757-1825)은 청대의 시인이자 학자이다. 1799년 진사에 합격하여 관직에 올랐지만, 관직보다는 학문 연구와 저술에 전념했다. 그는 특히 훈고학에 뛰어났으며, 고음과 고의를 통해 새로운 해석을 제시하는데 주력했다. 대표작으로는 『이아의소(爾雅義疏)』가 있으며, 그의 시는 주로 학문 연구의 경험과 일상의 감정을 다뤘다. 『쇄서당시초(曬書堂詩鈔)』, 『쇄서당문집(曬書堂文集)』 등의 저서를 남겼고, 아내 왕조원(王照圓)과 함께 『화명집(和鳴集)』을 편찬하여 부부의 문학적 교류를 보여주었다. 학의행은 검소한 생활을 하며 학문에 몰두한 학자로, 청대 학술계에 중요한 족적을 남겼다.

19) 대서본(大徐本) 『설문』에서는 "혹왈 구주(或曰九州)"라고 하고, 학의행이 인용한 『설문』에서는 "고왈 구주(故曰九州)"라고 했다. 이는 '구주(九州)'라는 이름의 유래와 '요(堯) 임금 때 홍수를 겪은 것' 사이에 인과 관계가 존재할 수 있음을 시사한다.

문에 '구주'라 불렀던 것이다. 이것이 구주라는 이름의 유래이며, 요
(堯)에서부터 시작되었다."

학의행이 지은 『이아』의 곽박(郭璞) 『주』에 대한 『의소(義疏)』에서
도 '구주(九州)'라는 이름이 생기게 된 구체적인 논술을 쉽게 찾을 수
있는데, 모두 '높은 곳(高地)'과 '큰 물(大水)'이라는 두 가지 요소와 연
관되어 있다.

(1) 兩河間曰冀州.
郭注: 自東河至西河.
郝氏義疏: 『釋文』引李巡云: 兩河間其氣淸, 厥性相近, 故曰冀. 冀, 近也.
　按職古云: 河內曰冀州. 此云兩河間者, 卽兩河之內也.
기주(冀州)에 대한 해설: 두 강 사이를 기주(冀州)라고 부른다.
곽박의 주석에서 이렇게 말했다. "동쪽의 황하(東河)에서 서쪽의 황
　　하(西河)까지를 말한다."
학의행의 『의소』에서 이렇게 말했다. 『석문(釋文)』에서 인용한 이
　　순(李巡)의 말에 따르면, 두 강 사이의 기운이 맑고 그 성질이 서
　　로 가까워서 이를 기(冀)라 하였다고 한다. 기(冀)는 '가깝다'는
　　뜻이다.
내 생각은 이렇다. 고문에 따르면, 하내(河內)를 기주(冀州)라 하였
　　는데, 여기서 말하는 '양하간(兩河間)'은 두 강 사이, 즉 두 강의
　　안쪽을 의미한다.

(2) 河南曰豫州.
郭注: 自南河至漢.
郝氏義疏: 『釋文』引『春秋元命苞』云: 豫之言序也. 言陽氣分布各得處, 故
　　其氣平靜多序也. 又引李巡云: 河南其氣著密, 厥性安舒, 故曰豫. 豫,
　　舒也.
예주(豫州)에 대한 해설: 하남(河南) 지역을 예주(豫州)라고 부른다.
곽박의 주석에서 이렇게 말했다. "남쪽의 황하(南河)에서 한수(漢水)
　　까지를 말한다."

학의행의 『의소(義疏)』에서 이렇게 말했다. 『석문(釋文)』에서 인용한 『춘추원명포(春秋元命苞)』에서는 "예(豫)는 서열(序)의 뜻이다. 양기(陽氣)가 분포되어 각각의 위치를 얻어, 그 기운이 평온하고 조화롭다."라고 설명한다. 또한, 이순(李巡)을 인용하여 "하남(河南)은 그 기운이 밀접하게 드러나고, 그 성질이 편안하고 느긋하므로 예(豫)라고 부른다. 예(豫)는 느긋함(舒)을 의미한다."라고 했다.

(3) 河西曰雝州.

郭注: 自西河至黑水.

郝氏義疏: 『釋文』云: 雝者, 擁也. 東嶠西漢南商于, 北居庸. 四山之內擁 翳也. 李巡云: 河西其氣蔽壅, 厥性急凶, 故曰雝, 雝, 壅也.

옹주(雝州)에 대한 해설: "하서(河西) 지역을 옹주(雝州)라고 부른다."

곽박의 『주』에서 이렇게 말했다. "서쪽의 황하(西河)에서 흑수(黑水)까지를 말한다."

학의행의 『의소(義疏)』에서 이렇게 말했다. 『석문(釋文)』에서 "옹(雝)은 옹(擁: 끌어안다)이다. 동쪽의 효(嶠), 서쪽의 한수(漢), 남쪽의 상우(商于), 북쪽의 거용(居庸)으로, 네 산이 안을 둘러싸여 덮고 있다."고 했다. 이순(李巡)을 인용하여 "하서(河西)는 그 기운이 폐쇄적이고, 그 성질이 급하고 흉악하기 때문에 옹(雝)이라 부른다. 옹(雝)은 '막힘(壅)'을 의미한다."라고 했다.

(4) 漢南曰荊州.

郭注: 自漢南至衡山之陽.

郝氏義疏: 『說文』云: 荊, 楚木也. 『釋名』云: 荊州取名于荊山也. 必取荊 爲名者, 荊, 警也. 南蠻數爲寇逆, 其民有道後服, 無道先强, 常警備之 也. 邢疏引李巡云: 漢南其氣燥剛, 稟性强梁, 故曰荊, 荊, 强也.

형주(荊州)에 대한 해설: "한수(漢水) 남쪽 지역을 형주(荊州)라고 부른다."

곽박의 『주』에서 이렇게 말했다. "한수 남쪽에서 형산(衡山)의 남쪽까지를 말한다."

학의행의 『의소(義疏)』에서 이렇게 말했다. 『설문(說文)』에서 "형(荊)

은 초나라의 나무(楚木)를 말한다."고 했으며, 『석명(釋名)』에서는 "형주(荊州)는 형산(荊山)에서 이름을 따왔다."라고 설명했다. 형(荊)을 이름으로 취한 이유는 형(荊)이 경계(警)를 의미하기 때문이다. 남만(南蠻)은 자주 침략하고 반역을 일으켰는데, 그 백성들은 도(道)가 있으면 나중에 복종하고, 도가 없으면 먼저 강하게 저항하므로, 항상 경계를 늦추지 않아야 했다. 형병(邢昺)의 『소(疏)』에서 인용한 이순(李巡)의 말에 따르면, "한수 남쪽은 기운이 건조하고 강하며, 성격이 강하고 강직하므로 형(荊)이라고 부른다. 형(荊)은 강함(强)을 의미한다."라고 했다.

(5) 江南曰揚州.

郭注: 自江南至海.

郝氏義疏: 揚者, 『釋名』云: 揚州之界多水波揚也. 『禹貢』正義引李巡云; 江南其氣燥勁, 厥性輕揚, 故曰揚, 揚, 輕也.

양주(揚州)에 대한 해설: "강남(江南) 지역을 양주(揚州)라고 부른다." 곽박의 『주』에서 이렇게 말했다. "강남(江南)에서 바다까지를 말한다." 학이행의 『의소(義疏)』에서 이렇게 말했다. 『석명(釋名)』에서 "양주(揚州) 경계에 물결이 많아 물이 일렁이기(揚) 때문에 그렇게 이름 붙여졌다."라고 설명했다. 『우공정의(禹貢正義)』에서 인용한 이순(李巡)의 말에 따르면, "강남(江南)은 기운이 건조하고 강렬하며, 그 성질이 가볍고 떠서, 이를 양(揚)이라 부른다. 양(揚)은 가벼움을 의미한다."라고 했다.

(6) 濟河間曰兗州.

郭注: 自河東至濟.

郝氏義疏: 『釋名』云: 兗州取沇水以爲名也. 『類聚』六引『春秋元命苞』曰: 兗之言端也. 按兗州界東南據濟, 西北據河, 是在濟河間也. 『釋文』及『公羊』疏引李巡云: 濟河間其氣專質, 厥性信謹, 故曰兗, 兗, 信也.

연주(兗州)에 대한 해설: "제수(濟水)와 황하(黃河) 사이의 지역을 연주(兗州)라고 부른다." 곽박의 『주』에서 이렇게 말했다. "황하(黃河) 동쪽에서 제수(濟水)까지를 말한다."

학이행의 『의소(義疏)』에서 이렇게 말했다. 『석명(釋名)』에서 "연주
(兗州)는 연수(沇水)에서 이름을 따왔다."라고 했다. 『유취(類聚)』
권6에서 인용한 『춘추원명포(春秋元命苞)』에서는 "연(兗)은 단정
함(端)을 의미한다."라고 했다. 내 생각은 이렇다. 연주(兗州)의 경
계는 동남쪽으로 제수(濟水), 서북쪽으로 황하(黃河)에 위치해 있
어 제수와 황하 사이에 있다. 『석문(釋文)』 및 『공양(公羊)』의 『소
(疏)』에서 인용한 이순(李巡)의 말에 따르면, "제수와 황하 사이의
기운은 순수하고 단정하며, 그 성질이 신뢰할 만하고 신중하므
로 연(兗)이라 부른다. 연(兗)은 신뢰(信)를 의미한다."라고 했다.

(7) 濟東曰徐州.

郭注: 自濟東至海.

郝氏義疏: 徐州者, 『釋文』引太康地記以爲取徐丘爲名. 『釋名』雲: 徐, 舒
也, 土氣舒緩也. 『公羊』疏引李巡曰: 濟東至海, 其氣寬舒, 稟性安徐,
徐, 舒也.

서주(徐州)에 대한 해설: "제수(濟水) 동쪽 지역을 서주(徐州)라고 부
른다."

곽박의 『주』에서 이렇게 말했다. "제수(濟水) 동쪽에서 바다까지를
말한다."

학이행의 『의소(義疏)』에서 이렇게 말했다. 『석문(釋文)』에서 인용한
『태강지기(太康地記)』에서는 서주(徐州)가 서구(徐丘)에서 이름을
따왔다고 한다. 『석명(釋名)』에서는 "서(徐)는 서(舒)와 같아서, 땅
의 기운이 느긋하고 완만함을 말한다."라고 했다. 『공양(公羊)』의
『소(疏)』에서 인용한 이순(李巡)의 말에 따르면, "제수 동쪽에서
바다까지는 그 기운이 넓고 느긋하며, 성질이 편안하고 느긋하
므로 서(徐)라 부른다. 서(徐)는 느긋함(舒)을 의미한다."라고 했다.

(8) 燕曰幽州.

郭注: 自岱東至海. 此蓋殷制.

郝氏義疏: 『釋名』云: 燕, 宛也. 北方沙漠平廣, 此地在涿鹿山南宛宛以

爲國都也. 幽州在北, 幽昧之地也. 『釋文』引李巡云: 燕, 其氣溲要, 厥
性剽疾, 故曰幽, 幽, 要也.

연주(燕州)와 유주(幽州)에 대한 해설: "연(燕) 지역을 유주(幽州)라고
부른다."

곽박의 『주』에서 이렇게 말했다. "대산(岱) 동쪽에서 바다까지를
말한다. 이는 아마도 은(殷) 왕조 때의 제도일 것이다."

학이행의 『의소(義疏)』에서 이렇게 말했다. 『석명(釋名)』에서는 "연
(燕)은 완(宛)과 같다. 북쪽의 사막은 평탄하고 넓으며, 이 지역은
탁록산(涿鹿山) 남쪽에 위치해 완만하게 나라의 수도로 삼았다."
라고 했다. 유주(幽州)는 북쪽에 위치하여 어둡고 은밀한 곳이라
는 뜻이다. 『석문(釋文)』에서 인용한 이순(李巡)의 말에 따르면,
"연(燕)의 기운은 조밀하고, 그 성질이 날쌔고 빠르므로 유(幽)라
부른다. 유(幽)는 긴요함(要)을 의미한다."라고 했다.

(9) 齊曰營州.

郭注: 曰岱東至海. 此蓋殷制.

郝氏義疏: 齊者以天齊淵水而得名. 『史記·封禪書』云: 齊所以爲齊, 以天齊
也. 『集解』: 蘇林曰: 當天中中齊. 『釋名』云: 齊, 齊也. 地在勃海之南,
勃齊之中也. 營州者, 『釋名』云: 古有營州, ……『公羊』疏引李巡曰: 齊
其氣清舒, 受性平均, 故曰營, 營, 平也. 今爲青州. 又引孫郭並云: 自岱
東至海, 本『禹貢』青州界而言也. 『釋文』: 營者, 蓋取營丘以爲號.

영주(營州)에 대한 해설: "제(齊) 지역을 영주(營州)라고 부른다."

곽박의 『주』에서 이렇게 말했다. "대산(岱) 동쪽에서 바다까지를
말한다. 이는 아마도 은(殷) 왕조 때의 제도일 것이다."

학이행의 『의소(義疏)』에서 이렇게 말했다. 제(齊)는 천제연수(天齊
淵水)에서 그 이름을 따왔다. 『사기·봉선서(封禪書)』에서 "제(齊)
는 천제(天齊)에서 그 이름을 따왔다."라고 했다. 『집해(集解)』에
서, 소림(蘇林)의 말에 의하면, "하늘의 한 중간 배꼽 부위에 있
다."라고 했다. 『석명(釋名)』에서는 "제(齊)는 제(齊)와 같아서, 발
해(勃海) 남쪽에 위치해 발제(勃齊)의 중간에 있다."라고 했다. 영
주(營州)에 대해서는, 『석명(釋名)』에서 "옛날에 영주(營州)가 있

『설문해자』인지분석

었다.……『공양(公羊)』의 『소』에서 인용한 이순(李巡)의 말에 의하면, '제(齊)의 기운은 맑고 느긋하며, 성질이 평온하고 고르므로 영(營)이라 불렀다. 영(營)은 평온함(平)을 의미한다. 지금은 청주(青州)라고 한다."라고 했다. 또한, 손씨(孫氏)와 곽씨(郭氏)를 함께 인용하여 "대산 동쪽에서 바다까지로, 본래『우공(禹貢)』의 청주(青州) 경계에 해당한다."라고 했다. 『석문(釋文)』에서는 "영(營)은 영구(營丘)에서 이름을 따왔다."라고 했다.[20]

요약해 말하자면, '구주(九州)'는 '요(堯)'와 발생학적으로 연관되어 있으며, '구주'는 전국 각지에 위치한 이름난 강 사이에 위치한 대표적인 큰 산들, 즉 넓고 탁 트인 곳을 말한다. 『설문・읍(邑)부수』에는 '지(郊)'자가 수록되어 있으며, 이는 읍(邑)이 의미부이고 지(支)가 소리부인 구조이다. 또한 혹체자에서는 '기(岐)'로 표기되기도 하는데, 그 설명은 "기(郊)자는 혹체자에서 산(山)이 의미부이고 지(支)가 소리부인 구조로도 쓰는데, 이는 기산(岐山)에서 이름을 따온 것이다. 고문체에서는 또한 '기(𣲖)'로 표기되며, 그것은 '기(郊)'의 고문체는 지(枝)가 의미부이고 산(山)도 의미부인 구조이다. 읍(邑)을 산(山)으로 바꾼 것은 고대에 산(山)은 몸체이고 읍(邑)은 그 쓰임이었기 때문이다. 그래서 『설문・읍(邑)부수』에서 읍(邑)은 나라(國)를 말한다고 했던 것이다."

보충 설명 8:

중국의 신화와 전설에서, '요(堯)의 두 딸은 모두 물의 신이며, 그들에 관한 이야기가 많은데, '홍수'의 이미지와 관련이 있다. 이것은

---

20) 『爾雅義疏』 卷一, '釋詁'上(上海古籍出版社, 1989年版 '清疏四種合刊').

상당히 흥미로우며, 이들을 분류화해서 연계한 수 있다.[21]

보충 설명 9:

일본어에서 '요(堯)'자의 인식에는 두 가지 상호 관련된 의미항목이 포함된다. 하나는 '높다(たかい)'는 것이며, 다른 하나는 고대 전설의 중국의 성스러운 왕에 대한 고유명사를 가리킨다.[22]

보충 설명 10:

전 세계의 '홍수' 전설을 비교해보면, 언어 표현 형식이 언뜻 보면 매우 다르게 보일 수 있지만, 이해하는 사람들은 단번에 알아볼 수 있다. 실제로, 그것들은 여전히 위의 두 형태의 '변형'에 불과하다. 미국 오리건 주의 와나팜 인디언의 창조 신화는 이렇게 말하고 있다. "옛날에, 세상은 광대한 바다였다. 신은 혼자 살며 외로웠다. 그는 혼자였고, 서 있을 곳조차 없었다. 그래서 그는 물 밑에서 모래를 가져다가 땅을 창조했다."[23]

허드슨 강안 지역에서 전해지는 몬타나(Montauk) 인디언 부족의 홍수 신화는 다음과 같다. "황제는 분노하여 홍수를 보냈고, 세상에 단 한 명의 사람만이 배를 타고 탈출했다. 그는 수달을 보내 물속을 잠수시켜 작은 조각의 흙을 찾아냈고, 그 사람은 그것을 손에 쥐었다. 흙에 불어넣자마자 흙은 즉시 자라기 시작했다. 그는 흙을 물 위에 놓아

---

21) 『山海經・中次十二經』; 北魏 酈道元, 『水經注・湘水』; 唐人 李賢(注), 『後漢書・張衡傳』에서 인용한 『列女傳』 등을 참조.
22) 『標準漢和辭典・土部』.
23) 『美國俄勒岡州印第安神話傳說』(中譯本), 8쪽(中國民間文藝出版社, 1986年).

『설문해자』 인지분석

가라앉지 않도록 했다. 그것이 섬으로 자라자, 그는 섬을 탐험하기 위해 사슴을 섬에 보냈다. 사슴은 빠르게 섬을 일주일 동안 돌아다녔고 돌아와서 섬이 충분히 크지 않다고 그에게 말했다. 그래서 그는 섬에 계속해서 공기를 불어넣었고, 섬에는 산과 호수, 강이 생겼으며, 그때서야 그는 배에서 내려 새로운 섬, 창조된 땅으로 걸어갔다."

또 알곤퀸(Algonquian) 인디언[24]의 홍수 신화에서는 이렇게 말하고 있다. "세계가 창조된 후, 대홍수가 전체 땅을 덮쳤다. 몇몇 생존자만이 있었고, 그들은 큰 거북의 등에 숨었다. 거북이는 너무 오래되어 그것의 등껍질이 이끼로 덮여 있었으며, 마치 작은 강의 기슭처럼 보였다. 큰 거북이 떠다니다가 물새(loon: 아비과(Gaviidae)에 속하는 대형 물새)를 만났고, 사람들은 물새에게 물속으로 잠수하여 작은 흙덩이를 가져오도록 간청했다. 물새는 요청에 응했지만, 바닥을 볼 수 없었다. 결국 물새는 멀리서 작은 흙덩이를 가져왔다. 큰 거북이는 흙이 있는 곳으로 헤엄쳤다. 사람들은 거북이의 등에서 내려 땅에 섰다. 그때부터 그들은 정착하여 다시 인류를 번식시켰다."[25]

인도의 홍수 이야기는 인도 고전인 『사타파타 브라마나(*Satapatha Brahmana*)』[26]에서 처음 발견되었는데, 다음처럼 기록되었다. '물고기

24) [역주] 'Algonquian'은 북미 원주민의 여러 집단을 지칭하는 포괄적인 명칭인데, 이들은 원래 캐나다 동부의 아북극 지역에 거주했으며, 후에 많은 부족이 미국의 숲 지대로 이주하여 미시시피 강에서 대서양 해안까지 널리 퍼졌다. Algonquian은 또한 언어 가족의 이름으로, 이 언어 가족에 속하는 언어들은 북미의 라브라도(Labrador)에서부터 사우스캐롤라이나와 서쪽으로 대평원에 이르기까지 사용자가 분포해 있다.

25) 葉舒憲, 『中國神話哲學』, 348~350쪽(中國社會科學出版社, 1992年).

26) [역주] 사타파타 브라마나(Satapatha Brahmana)는 고대 인도의 중요한 종교 문헌으로, 야주르베다의 주석서이다. 기원전 8-6세기경에 작성된 것으로 추정되며, '백 개의 장'이라는 의미를 가진 이름처럼 방대한 내용을 담고 있다. 이 문헌은 힌두교의 제사 의식과 철학적 개념에 대한 상세한 설명을 제공하며, 우주 창조, 인류의 기원, 대홍수와 같은 신화적 이야기들도 포함하고 있다. 특히

가 점점 커지면서 마누(Manu)에게 말했다. 몇 년 안에 홍수가 올 것이니, 당신은 배를 만들어야 하며, 나는 그녀를 구해줄 것이다. 물이 차오를 때, 당신은 빨리 배에 올라타고, 나는 당신을 구할 것이다. 마누는 그의 약속을 지켰고, 결과는 이렇다. 물이 차오를 때, 마누는 배를 물고기의 뿔에 묶고, 물고기는 그것을 북쪽 산으로 데려갔다. 물고기는 마누에게 배를 나무에 묶으라고 하고, 자신은 물을 따라 헤엄쳤다. 그가 말했듯이, 그는 자신의 몸을 제외한 모든 생명체가 홍수에 쓸려갔음을 발견했다."27)

속담에 '동해와 서해에 살지만 심리는 같다'라고 하는데 정말 그렇다.28)

마누의 대홍수 이야기는 다른 문화권의 홍수 신화와 비교 연구되기도 한다.

27) 葉舒憲等, 「從印度洪水神話的源流看文化的傳播與異變」, 『活頁文史叢刊』(中州古籍出版社, 1990年).

28) 錢鍾書, 『談藝錄・序』(中華書局, 1984年).

초나라 죽간(楚簡)의 자연(自然)에 대한 인지

—전국시대 제(齊), 노(魯), 초(楚) 등지의 죽간 비교

자공(子貢)이 강조했던 내성(內省)과 정치적 덕성에 대한 보완 과정에서, 「노나라의 대가뭄(魯邦大旱)」은 외부의 의례와 내부의 수양을 모두 고려한 공자(孔子)의 '중립적' 태도를 구현하고 있다. 외형을 돌보는 이 관계와 내면적 성찰을 강조하는 것은, 유가의 '천인상응(天人相應)'과 '인화재앙(人禍災殃)' 등과 같은 학설이 발전하는 중요한 단계를 나타내 준다. 고대로부터 전해진 관련 문서와 비교할 때, 자연으로 돌아가려는 경향은 춘추시대와 전국시대에 이미 광범위한 기반을 가지고 있었다. 전국시대 초간(楚簡)의 기록은 이 유형의 문서 중 가장 오래된 현존하는 텍스트를 제공했다고 할 수 있다.

아마도 현대인의 눈에, 자연에다 생명을 부여하는 것은 소위 '영성화'의 과정으로 볼 수 있을 것이다. 그러나 선진(先秦) 사회에서, 이미 영성을 가진 모든 자연 사물을 인격화하는 것은 사실상 세속화로의 이동을 의미한다. 「간대왕박한(柬大王泊旱)」1)은 초(楚)나라에서의 점

---

1) [역주] 「간대왕박한(柬大王泊旱)」은 상해박물관에서 구입한 전국(戰國) 시대 초(楚)나라의 죽간(竹簡)으로, 총 23개의 죽간(簡)으로 구성되어 있다. 이 책은 초왕(楚王)이 가뭄으로 인해 귀신에게 기도한 내용을 기록하고 있다. 이 죽간의 내용은 주로 초왕이 가뭄 문제를 해결하기 위해 귀신에게 기도하는 방식으로 해결책을 모색하는 것에 관한 것이다. 구체적으로, 초왕은 귀윤라정(龜尹羅貞)에게 대하(大夏)에서 점을 치도록 명령하였으며, 초왕 자신도 점치는 과정에 직접 참여하였다. 그는 태양을 향해 서서 기도하였고, 땀은 허리띠에까지 떨어질 정

복과 가뭄 해소의 과정, 그리고 신들에게 '자주 제사를 지내는' 신중한 태도에 관한 것이다. 이는 노(魯)나라에서 발생한 심각한 가뭄과 같은 일인데도 지역적으로 서로 대조적인 특징을 가진다. 즉 노나라에서는 인간의 일(人事)을 중시했지만, 초나라에서는 유령과 신에 대한 강조가 두드러진다. 이들 모두 산과 강과 관련이 있지만, 노나라 땅에서는 예절과 처벌에 주목한 반면, 초나라 땅에서는 점복과 제사의 과정을 매우 중요하게 여겼다.

가뭄을 멈추게 하기 위한 점복과 제사 과정에서, 심각한 가뭄과 피부병 간의 관계는 두 가지 현실이 하나로, 그리고 이는 모두 천재지변의 표현으로 여겨졌다. 이러한 관계는 초 지역의 강한 주술적 특성을 나타낸다. 비가 내려 가뭄이 계속되고, 간왕(簡王)의 피부병도 그에 따라 완전히 치유되었다. 초 지역에서는 유령, 신, 자연 재해, 인간 사무는 동일하게 느끼고, 공동의 흥망성쇠를 공유하며, 서로의 생명을 느꼈다. 이는 전국시대 다른 지역에서 볼 수 없었던 관계이다. 「노방대한(魯邦大旱)」에서 「경건납지(競建內之)」에 이르면서, 외부 의례와 내부 성찰을 모두 고려하던 것은 정치 원칙의 내부 수양을 완전히 강조하는 쪽으로 발전했다. 이 둘의 대조는 '천인상응'이라는 명제에서 인간사에 대한 강조가 증가하고, 재앙과 변고가 인간 행위에서 비롯됨을 강조하는 것으로 변화하였음을 반영한다.

지금까지 상해박물관 소장 『전국초죽서(戰國楚竹書)』에서는 전국시대의 자연 재해에 관한 여러 죽간이 발표되었다. 그중 하나는 제5권의 「경건납지(競建內之)」이고, 다른 하나는 제2권의 「노방대한(魯邦大

도였다. 이러한 행위는 초왕이 가뭄 문제를 얼마나 중요하게 생각했는지, 그리고 문제를 해결하기 위해 가능한 모든 방법을 동원하려 했음을 보여준다. 이 죽간은 고대 초나라의 문화와 사회생활을 이해하는 데 중요한 정보를 제공하고 있다.

旱)」이며, 또 다른 기사는 제4권의 「간대왕박한(『東大王泊旱)」이다. 이 들 죽간의 내용들이 관련된 시기를 보면, 「경건납지(競建內之)」는 제 (齊)나라 환공(桓公) 때의 것이고, 「노방대한(魯邦大旱)」편은 춘추와 전 국이 교차하는 시기인 노(魯) 애공(哀公) 15년(기원전 480) 때의 것이며, 「간대왕박한(東大王泊旱)」은 전국 초기의 초나라 간왕(簡王)(기원전 431~기원전 408) 때의 것이다.2)

관련된 지리적 공간이라는 측면에서, 초와 노나라는 북과 남으로 분포했으며, 제나라와 노나라는 동과 서에 위치한다. 이를 바탕으로 각 죽간의 주요 내용을 명확하게 비교하면, 전국시대 인간과 자연의 관계 및 재앙과 변고의 개념 진화를 이해하는 데 있어 전승 문헌에서 볼 수 없었던 가치를 발견할 수 있다. 『설문』의 관련 부수를 비교하 고, 세 편의 죽간에서 관련 문제의 구체적인 논의를 통해 전국시대 다양한 지역에서 자연재해의 개념을 비교한다면, 이는 선진(先秦) 사 상 개념의 역사에 대한 이해에 도움이 될 것으로 기대된다.

1. 「노방대한(魯邦大旱)」에 보이는 인간과 자연의 관계에 전국시 대 노나라의 생각

---

2) 馬承源(主編), 上海博物館所藏 『戰國楚竹書』 第二冊 『魯邦大旱』,(上海古籍出版社, 2002年); 第四冊 『東大王泊旱』,(上海古籍出版社, 2004年); 第五冊 『競建內之』,(上 海古籍出版社, 2005年). 이들 자료의 정리자(整理者)가 한 설명을 참고하라. 간독 문(簡文)과 정리자의 해석문(釋文)은 모두 위의 각 편에 보이므로, 따로 주를 달 지 않았다. 인쇄상의 실제적인 문제를 고려하여, 일부 글자 모양의 해석문(釋文) 은 엄격한 예서체나 고전 해서체가 아닌 느슨한 방식을 따랐으며, 일부 설명이 필요한 원형 글자에 대해서는 구조적 설명을 더했다. 이하에 제시되는 초(楚) 간백(簡帛) 문자 데이터의 출처를 별도로 명시하지 않았다. 이는 모두 華東師範 大學中國文字研究與應用中心에서 개발한 『戰國楚文字數字化處理繫統』(上海教育 出版社, 2004年)에서 확인할 수 있다.

상해박물관 소장『전국초죽서(戰國楚竹書)』의 제2책「노방대한(魯邦大旱)」은 주로 노나라 애공(魯哀公) 15년, 즉 기원전 480년에 노나라에서 발생한 심각한 가뭄을 기록하고 있다. 노나라 애공은 이를 계기로 공자에게 가뭄을 해결할 방법에 대해 물었으며, 이에 대한 공자의 제안을 비롯해 공자가 제자 자공과 논의를 한 내용 등을 담고 있다. 초 죽간에서는 유가들이 자연 재해에 어떻게 대응했는지, 그리고 인간과 자연의 관계를 어떻게 이해해야 하는지에 대한 새로운 자료를 제공하고 있다. 그러나 이 기사의 몇몇 가장 중요한 핵심 포인트는 죽간이 파손되어 통독이 불가하며, 검증하거나 이해할 방법이 없다. 그래서 다양한 의견이 존재하게 되었으며, 이는 공자의 인간과 자연에 대한 개념을 이해하는 데 직접적인 영향을 미친다. 따라서 여기서 몇 가지 핵심 문제를 재검토할 필요가 있다.

(1) '중명(重命: 운명을 존중함)'과 '시명(恃名: 명분에 의지함)'

이의 3번, 4번, 5번 죽간은 모두 '명(名)'에 대해 언급하여, 관계가 상당히 중요하지만, 그간 다양한 논자들의 충분한 관심을 끌지 못한 것 같다. 3번 죽간에서 이렇게 말한다. "자공이 말했다. 아닙니다. 우리 선생님께서는 명(命)을 존중하는 것을 따른 것입니까? 아니면 정치의 형벌과 도덕을 따른 것입니까?(子貢曰: 否也, 㡀[간독문의 원래 구조에서는 윗부분이 소리부인 虍이고, 아랫부분이 의미부인 壬으로 되었다]子女(如)勤命(重命)丌與? 女(如)夫政刑與德)?"

또 4번 죽간에서는 이렇게 말했다. "만약 산과 강에 규벽(圭璧)과 비단을 바친다 하더라도, 이는 불가합니다. 산은 돌로 피부를 이루고 나무로 백성을 이룹니다. 만약 하늘이 비를 내리지 않는다면, 돌은 타버리고 나무는 죽을 것입니다. 그들이 비를 원하는 욕구는 우리보다 훨씬 클 수 있습니다. 그런데 어찌 꼭 이름에 기대야만 하겠습니까?(若夫毋悉圭璧幣帛于山川, 毋乃不可. 夫山, 石以爲膚, 木以爲民, 女(如)天不雨, 石將焦, 木將死, 其欲雨或甚于我, 或(何)必寺(恃)乎名乎?)"

또 5번 죽간에서의 어휘 사용 맥락은 4번 죽간과 같다. "강은 물로 피부를 이루고 물고기로 백성을 이룹니다. 만약 하늘이 비를 내리지 않는다면, 물은 마르고 물고기는 죽을 것입니다. 그들이 비를 원하는 욕구는 우리보다도 클 수 있습니다. 그런데 어찌 꼭 이름에 기대야만 하겠습니까?(夫川, 水以爲膚, 魚以爲民, 女(如)天不雨, 水將涸, 魚將死, 其欲雨, 或甚于我, 或(何)必寺(恃)乎名乎?)"

여기서 볼 수 있듯, '이름(名)'이라는 단어가 세 곳에서 사용되었으며, 주로 '중명(重命)'과 '시명(恃名)'이라는 두 가지 구조로 되었다. 장사(長沙) 자탄고(子彈庫)에서 출토된 전국시대 초백서(楚帛書) 을편(乙篇)에서 "그리하여 산천과 사해에 명을 내렸다(乃命山川四海)"라고 했고, 『상서・여형(呂刑)』에서는 "우임금은 땅과 물길을 다스렸고, 산과 하천의 이름을 정하는 것을 주재하셨다.(禹平水土, 主名山川.)"라고 했는데, 공영달의 『전(傳)』에서 "우임금은 호수를 다스리고 이름이 없는 산과 하천에 이름을 붙였다.(禹治洪水, 山川無名者主名之.)"라고 했다. 주명(主名)은 산천(山川)에 이름을 붙이는 제사를 주재했던 사람(祭主)을 말한다. 즉 산천에 제사를 지냈다는 말이다.[3]

"산과 강의 신에게 희생을 바치고, 통용되는 이름을 붙였다.(貍沉山川, 通辭命名)."[4] 고대의 명명은 원래가 어떤 영향을 통제하기 위한

---

3) 臧克和, 『尙書文字校詁・呂刑』(上海教育出版社, 1999年).
4) [역주] "貍沉山川, 通辭命名."은 중국 고대 문헌에서 나온 것으로, 자연계 사물에 대한 인식과 명명 과정에 관한 의미를 담고 있다. 여기서 '리침산천'은 동물(예를 들어 리침)을 상징으로 사용하여 산천과 같은 자연 요소를 대표하거나 명명

방술이었는데, 심각한 가뭄을 제거하기 위한 대책에 대한 이러한 논의는 이와 일치된 기능을 가졌다.

『주례·춘관·대축(大祝)』에서는 이렇게 말했다. "대축은……여섯 가지 기도를 드려, 귀신과 신의 위패를 동일하게 만드는 일을 관장한다. 첫째는 범주화(類)이고, 둘째는 창조(造)이며, 셋째는 푸닥거리(襘)이고, 넷째는 재앙막이 제사(禜)이고, 다섯째는 공격(攻)이고, 여섯째는 설득(說)이다. 또 여섯 가지 말씀을 만들어 위와 아래, 친함과 소원한 것, 멀고 가까운 것을 연결한다. 그 첫째는 제사(祠)이고, 둘째는 명령(命)이며, 셋째는 권고(誥)이고, 넷째는 회합(會)이며, 다섯째는 기도(禱)이며, 여섯째는 조문을 지음(誄)이다. 명제(命[名]祭: 제사에 이름을 붙이는 것)에 대해, 일설에는 '설득하기'와 거의 같은 의미를 가지고 있다고도 하는데, 이는 모두 제사의 이름을 말한다.

「노방대한」 3번 간독의 '중명(重命)'과 4번, 5번 간독의 '시명(寺名)'은 그 기능이 서로 비슷한데, 모두 가뭄을 떨쳐내는 제사에서 쓰는 말이다. 상해박물관 소장『전국초죽서』의 편집자의 말에 따르면, 혹자는 이를 명성과 영예(聲譽)라고 하기도 하고, 혹자는 이름을 과시하여 세상에 자랑삼는 것을 뜻한다고 하는데, 아마도 글자만 보고 한 견강부회한 해석으로 보인다.

하는 것을 가리킬 수 있다. 중국 전통 문화에서는 동물이나 다른 자연 사물을 상징으로 써서 추상적인 자연 현상이나 지리적 특성에 구체적인 이름을 부여하는 것이 일반적이다. '통사명명(通辭命名)'은 사람들이 공통된 언어나 어휘를 통해 이러한 사물에 이름을 붙이는 것을 나타낸다. 이러한 명명 방식은 사람들이 자연 세계를 소통하고 이해하는 데 도움을 준다. 고대 중국에서 명명은 종종 깊은 상징적 의미와 문화적 내포를 지니며, 이는 고인(古人)들의 세계에 대한 인식과 존중을 반영한다.

『설문해자』 인지분석

(2) '애(愛)'와 '애(悉)'에 대하여

『전국초죽서』의 편집자는 '애(悉)'를 '애(薆)'로 읽어야 하며, 그 의미는 '숨기다'라고 했다. 전체 문장은 다음과 같이 해석될 수 있다. "산과 강에 돈과 비단을 몰래 숨기는 가뭄 제사를 시행하지 않고, 처벌과 덕에 근거한 다스림을 유지한다면 어떨까요?" 그러나 이에 대해, 유낙현(劉樂賢)과 같은 간백(簡帛)문자 전문가들은 다른 견해를 제시했다. 즉 고대 중국어에서, '애(悉)'는 '애(愛)'와 서로 통용된다고 했다. 그는 '무애규벽폐백(毋悉珪璧幣帛)'에서의 '애(悉)'는 인색하다는 뜻이라고 했다. 즉, '무애규벽폐백(毋悉珪璧幣帛)'은 돈이나 비단을 사용하여 산과 강에 제사를 지내야 한다는 뜻이라고 보았다. 이러한 관점에서 볼 때, 자공의 산과 강에 대한 제사 태도는 공자와 그다지 일치하지 않는다. 일부 연구자들은 또한 경전으로 역사를 증명하려고 시도하여, 『논어』를 간접 증거로 인용하기도 했다. 예를 들어, 『논어·술이(述而)』에서 "선생님께서 병이 드셨을 때, 자로가 기도를 청했다. 선생님께서 물으셨다. '그런 일이 있었느냐?' 자로가 대답했다. '예 그랬습니다. 뢰(誄)에서 이르길, 위아래 신들에게 기도하라고 했습니다.' 공자께서 말씀하셨다. '내가 기도한지 오래 되었구나.'" 이 기록들은 공자가 내면의 덕을 중시하면서도 기도의 외형을 부정하지 않았음을 보여준다. "공자께서 병이 들자, 자로가 기도를 청했다."는 것은, 정통적인 해석에 따르면 다음과 같다. 자로는 '기도'라는 방법을 통해 귀신에게 복을 내려달라고 빌었고, 공자는 "내 자신도 오랫동안 기도를 해 왔다."라고 답했던 것이다. 유보남(劉寶楠)[5])의 『논어정의(論語正

5) [역주] 유보남(劉寶楠, 1791-1855)은 청대의 관원이자 양주학파의 인물로, 자는

義)』에서 "공자께서는 평소에 항상 열심히 일하셨다. 귀신과 신을 존중하셨는데, 스스로 큰 잘못이 없음을 알고, 병이 낫기를 기다리지 않고 기도하셨던 것이다."라고 했다. 또 다른 예로는 『논어·팔일(八佾)』에서 "자공이 양을 바쳐 지내는 고삭(告朔) 의식을 없애고 싶어 했다. 공자께서 말씀하셨다. '사(賜)야, 너는 그 양이 아까우냐? 나는 예를 사랑하느니라.'"라고 했다. 고대 의례에 따르면, 제후들은 음력 삭일(음력 1일)에 조상의 신전에 제사를 지냈는데, 이것이 '고삭(告朔)의 예'이다. 노나라는 노나라 문공(文公) 때부터 '고삭의 예'를 폐지하기 시작했다. 연구자들에 의하면, 자공은 그 의례가 이미 폐지되었음에도 여전히 양을 제수로 바치는 것은 실제로 낭비라고 생각했었다. 그러나 공자는 양을 바치는 것을 폐지하지 말 것을 고집했는데, 이는 어떤 하나의 극단에 치우칠 것이 아니라 예를 지키고자 한 것의 구현이었다.

대부분의 연구자들은 제1간과 제2간의 텍스트를 바탕으로 볼 때, 공자는 국가에서 발생한 심각한 가뭄의 주된 이유가 바로 정부의 모든 처벌과 덕정이 실패했기 때문이라고 믿었으며, 따라서 처벌과 덕정을 수정하는 것이 가장 중요한 열쇠라고 생각했다. 둘째로, 공자는

초정(楚楨), 호는 염루(念樓)였으며 강소성 보응(寶應) 출신이다. 그는 유문기(劉文淇)와 함께 '양주이유(揚州二劉)'로 불렸고, 아들 유공면(劉恭冕)이 있다. 또한 유태공(劉台拱), 유공면과 함께 '보응 유씨 삼대(寶應劉氏三世)'로 알려졌다. 유보남은 5세에 아버지를 여의고 어머니 교씨(喬氏)의 손에서 자랐으며, 집안의 숙부인 유태공에게 교육을 받았다. 1819년에 우공(優貢)이 되었고, 1835년에 거인(擧人)에 합격했다. 1840년에는 진사(進士)에 급제하여 문안(文安), 원씨(元氏), 삼하(三河), 보지(寶坻) 등의 현에서 지현(知縣)을 역임했으며, 칙명으로 문림랑(文林郞)에 임명되었습니다. 주요 저서에 아들 유공면이 완성한 『논어정의(論語正義)』 24권, 『석곡(釋谷)』 4권, 『한석례(漢石例)』 6권, 『보응도경(寶應圖經)』 6권, 『승조순양록(勝朝殉揚錄)』 3권, 『문안제공록(文安堤工錄)』 6권이 있으며, 시문집으로 『염루집(念樓集)』 등이 있다. 이러한 저작들을 통해 그는 청대 학술계에 중요한 기여를 했다.

『설문해자』 인지분석

신에게 비를 기도하기 위한 사람들의 태도를 이해했었다. 공자는 사람들의 입장에서 출발하여 신에게 비를 기도하는 것을 단순하게 반대하지는 않았다. 제3간과 제4간의 텍스트를 바탕으로 볼 때, 공자는 실제로 자공의 반응을 관찰하고 있었으며, 사람들의 습관적인 사고에서 흔히 공통적으로 나타나는 양자택일 논리적 명제를 제시하지 않았다. 공자는 자신이 노나라 애공(哀公)에게 신에게 기도하고 비를 기도하기 위한 사람들의 태도를 이해한다고 했으며, 그래서 신에게 기도하고 비를 기도하기 위한 의식을 거행하는 것에 반대하지 않았다고 답했다. 그의 이러한 관점은 예에 맞는가 아니면 예에 맞지 않는가? 자공은 공자가 재앙을 막기 위한 '탈(欼)' 제사를 거행하고 싶어했고, 그것이 사람들의 의지에 부합하는 조치였다고 믿었지만, 정치(修政)는 도덕에 따르는 것이 근본이라고 생각했다. 이를 바탕으로 한다면 제사에 기대어 신을 모실 필요가 없었을 것이다.

'애(愛)'는 『설문・쇠(夂)부수』에 속해 있고, '애(㤅)'는 『설문・심(心)부수』에 속해 있는데, 후자는 전자의 소리부이다. 『설문・쇠(夂)부수』에서 '애(愛)는 가는 모습(行皃)을 말한다. 쇠(夂)가 의미부이고 애(㤅)가 소리부이다. 독음은 오(烏)와 대(代)의 반절이다."라고 하여 두 글자가 기능을 분담하고 있다. 『설문・심(心)부수에서 '애(㤅)는 베풀다는 뜻이다(惠也). 심(心)이 의미부이고 기(旡)가 소리부이다." '애(愛)'와 '애(㤅)'는 독음이 같아 문헌에서 서로 교환 가능하여, 이는 문제가 되지 않는다. 문제는 글자의 의미 관계가 서로 다르다는 것인데, 그것들이 서로 반대되는 측면을 대표하며, 심각한 가뭄과 산과 강에 제사를 지내야 한다는 공자의 태도에 다른 해석이 나올 수 있다는 것이다. 이 경우, 유일하게 신뢰할 수 있는 방법은 전체 텍스트를 읽고 전체적인 통일성을 추구하는 것이다. 죽간에서의 "여무애규벽폐백우산천(女毋

恖圭璧幣帛于山川)"는 각각 제2번과 제3번 죽간에 나타나고 있다. 제2번 죽간은 공자의 답변이지만, 안타깝게도 이어지는 '정형(政刑)'에 관한 부분이 불완전하다는 것이다. 이것이 여러 학자들이 양극단을 달리며 서로 충돌하는 결정적 원인이다. 제3번, 제4번, 제5번 죽간들은 질문에 답하는 과정에서 자공이 언급한 견해들이지만, 가뭄 대책에 대한 공자의 제안에 대한 대중의 반응에 대한 공자의 문의를 포함하고 있어, 공자의 '대책'을 이해하는 유일한 자료가 되었다. 제3번 죽간에서 이렇게 말했다.

'子貢曰: 否也, 吾子女(如)動命(重名)兀輿? 女(如)夫政刑與德, 以事上天, 此是哉. 女(如)天(夫)毋恖圭璧."
자공이 말했다. "그렇지 않습니다. 우리들이 중요한 이름을 가지고 있지 않습니까? 여러분이 정치와 형벌을 행하고 덕을 가지고 하늘에 봉사하는 것, 이것이 옳은 일입니다. 여러분은 하늘에게 더 이상 규(圭)나 벽(璧)을 바치지 마십시오."

또 제4번 죽간에서는 이렇게 말했다.

'若天(夫)毋恖圭璧幣帛于山川, 毋乃不可. 夫山, 石以爲膚, 木以爲民, 女(如)天不雨, 石將焦, 木將死, 其欲雨或甚于我, 或(何)必寺(恃)乎名乎"
"만약 산과 강에 규벽(圭璧)과 비단을 바친다 하더라도, 이는 불가합니다. 산은 돌로 피부를 이루고 나무로 백성을 이룹니다. 만약 하늘이 비를 내리지 않는다면, 돌은 타버리고 나무는 죽을 것입니다. 그들이 비를 원하는 욕구는 우리보다 훨씬 클 수 있습니다. 그런데 어찌 꼭 이름에 기대야만 하겠습니까?"

또 제5번 죽간의 언어 환경은 제4번 죽간과 비슷하여 이렇게 말했다.

『설문해자』 인지분석

'夫川, 水以爲膚, 魚以爲民, 女(如)天不雨, 水將涸, 魚將死, 其欲雨, 或甚于
我, 或(何)必寺(恃)乎名乎.'

"강은 물로 피부를 이루고 물고기로 백성을 이룹니다. 만약 하늘이
비를 내리지 않는다면, 물은 마르고 물고기는 죽을 것입니다. 그들
이 비를 원하는 욕구는 우리보다도 클 수 있습니다. 그런데 어찌 꼭
이름에 기대야만 하겠습니까?"

이 세 가지 죽간의 앞뒤 단어들은 연결되어, 일관되고 완전하다.
전체는 자공이 곧 할 일에 대한 대상의 자연 속성을 이해하는 것을
표현하려는 것이며, 산과 강의 신 이름에 의존할 필요가 없음과 '중
복된 이름들'을 강조하기 위한 것이다. 이를 바탕으로, 각 죽간에서
사용된 '애(恶)'자는 글자를 파자(破子)하여 해석할 필요는 없으며, 그
의미는 '소중히 여기다'이다. '무애(無恶)'는 인색하지 않음을 의미한
다. 산이나 강의 한 쪽에 제사를 지내는 것이 원래 공자가 제공한 전
략의 일부가 아니었다면, 많은 은유와 무근거한 예를 포함한 자공의
답변은 아무런 근거 없이 나온 것이며, 그의 답변은 그가 묻지 않은
것에 대한 답변이 된다.

세 번째와 네 번째 질문은 이 간략한 기사의 주요 목적을 이해하
는 데 있어 핵심적인 문제이다. 우리는 세 번째, 네 번째, 다섯 번째
간략한 내용을 자공의 '질문과 답변'의 과정으로 연결시키는데, 이것
은 공자의 '대책'을 이해할 수 있는 유일한 관점이다. 전반적인 어조
를 살펴보면, 고려할 가치가 있는 두 가지 관계가 존재할 수 있어 보
인다. 첫째, 선진(先秦) 시대에 오랜 기간 동안 '문학적 도덕' 범주가
유행했다. 그들 사이의 관계 추론은 수정되거나 병렬로 배치되어 개
념의 역사 진화를 반영한다. 즉, 신의 도리에 속하며 가르침을 설립
할 수도 있다. 『주역・관(觀)・단(彖)』에서 이렇게 말했다. "성인은 신

의 도리를 가르치고, 천하는 그에게 순종한다." 전종서는 이에 대해 이렇게 주석했다『예기·제의(祭義)』에서 "사물의 정수를 통해 제도를 극치에 이르게 하고, 귀신의 명령을 밝혀 백성의 법도로 삼으니, 수많은 사람들이 두려워하고 만백성이 복종하게 되었다.(因物之精, 制爲之極, 明命鬼神, 以爲黔首則, 百衆以畏, 萬民以服.)" 이 두 문장은 고대 정치 원칙의 핵심점이라고 할 수 있다. …… 이것들은 모두 '신의 도리의 가르침'에 대한 예시가 될 수 있다. 그것들은 세속적 금기를 다룬다. 금기(taboos)는 종교의 명맥이 연결되어 있으며, 예법의 싹이라 하겠으며, 이에 사소한 것으로 여겨서는 안 된다.6) 이를 바탕으로, 노나라가 심각한 가뭄에 직면했을 때, 한편으로는 처벌, 보상, 덕, 처벌을 제안하고, 다른 한편으로는 산과 강에 대한 제사와 기도를 고려했던 것이다. 한쪽으로 치우치지 말고, 경전을 알고 올바름에 도달하라고 했던 것이다. 둘째로, 자공은 자신이 하고 있는 산과 강을 인격화했으며, 공자 역시 그것들을 신화화하지 않았다. 따라서 간략한 텍스트에서의 공자는 실제로 '신을 섬기는' 것을 의례화 하고 그것을 '덕'의 문학적 장식으로 만들었다. 공자는 '신을 섬기는' 것을 '의례'로 여겼으며, 이는 '사람을 알고 세계를 분석하는' '지식인'의 태도였다. 겉으로는 자공이 공자보다 더 나아가 산과 강에 대한 제사를 완전히 포기하고, 오직 인사 보상과 처벌, 정치 원칙의 내부 수양에만 집중하라고 주장하는 것처럼 보이다. 이것은 '일식' 재앙과 같은 비범한 현상에 직면했을 때 동시기 제(齊)나라의 정치인들의 이해와 유사하다. 공자의 생각과 견해에 대한 대조와 보완으로만 사용된다. 일반적인 사고 논리에 따르면, 이것이나 저것 중 하나이며, 이는 이단에 대한

---

6) 錢鍾書, 『管錐編』 第四冊 『全上古秦漢三國六朝文』, 第252則 '文德'條. 『管錐編』 第一冊 『周易正義』, 五'觀' 18쪽, '神道設教' 항목.(北京, 中華書局, 1979年 第1版.)

공격이다. 이것을 고집하여 공자를 설명하려고 하면, 이는 '중도'를
고수하는 유교의 방식에 반한다.

(3) 자연과 인체에 대하여

여기에 추가해야 할 것은, 초나라 죽서에 자공의 답변이 기록되어
있으며, 이는 자연의 속성에 대한 이해를 포함한다는 점이다. 이는
고대로부터 전해진 문서에서 해당 기록을 찾을 수 있다. 예컨대, 『설
원(說苑)』 제18권에 이런 기록이 있다.

> "제(齊)나라에서 심각한 가뭄이 발생했을 때, 경공(景公)은 모든 신하
> 들을 소집하고 물었다. '오랫동안 비가 오지 않아 백성들이 굶주리
> 고 있소. 점복관을 시켜 점을 쳐보니 악령이 높은 산과 넓은 강에
> 있다고 하오. 과인은 세금을 줄여 적게 부과함으로서 영산(靈山)에
> 제사를 드릴까 하는데, 가능하겠소?' 신하들은 대답하지 않았다. 그
> 런데 안자(晏子)가 들어와 말했다, '아닙니다. 이 영 산에 제사를 드
> 리는 것은 소용이 없습니다. 영산(靈山)은 본디 돌을 몸으로 삼고 풀
> 과 나무를 머리카락으로 삼았습니다. 하늘이 오랫동안 비를 내리지
> 않으면 머리카락이 타버리고 몸이 뜨거워지는 법입니다. 어찌 그가
> 홀로 비를 원하지 않겠습니까? 그에게 제사를 드리는 것은 소용이
> 없습니다.' 경공이 말했다, '그렇다면, 내가 하백(河伯)에게 제사를 드
> 리고자 하오. 이는 괜찮겠소?' 안자가 말했다, '아닙니다. 하백에게
> 제사를 드리는 것도 소용이 없습니다. 무릇 하백(河伯)은 물을 그의
> 나라로 여기고 물고기와 거북을 그의 백성으로 여깁니다. 오랫동안
> 비가 오지 않으면 수위가 내려가고 모든 강이 마르며, 나라가 망하
> 고 백성이 죽게 될 것입니다. 그런데 어찌 그 혼자 비를 필요하지
> 않다 하겠습니까? 제사를 드린다고 무슨 이로움이 있겠습니까?' 경
> 공이 말했다, '그럼 지금 우리는 무엇을 할 수 있소?' 안자가 말했다.

'지금 임금께서는 진심으로 궁전에 계시는 것을 피하고 햇빛에 나가 노출시키며, 영산과 하백과 같은 걱정을 나누십시오. 운이 좋다면 비가 오지 않겠습니까?' 그래서 경공은 들로 나가 3일 동안 햇빛에 노출시켰다. 과연 큰 비가 내려 모든 사람들이 나무를 심을 수 있었다. 경공이 말했다, '정말 훌륭하오! 안자의 말이 어찌 쓸모없다 하겠소? 오직 덕이 있는 자만 가능한 일이도다!'"

(齊大旱之時, 景公召群臣問曰: '天不雨久矣, 民且有饑色. 吾使人卜之, 祟在高山广水. 寡人欲少賦斂, 以祠靈山, 可乎?' 群臣莫對. 晏子進曰: '不可. 祠此無益也. 夫靈山固以石爲身, 以草木爲髮. 天久不雨, 髮將焦, 身將熱, 彼獨不欲雨乎? 祠之無益. '景公曰: '不然. 吾欲祠河伯, 可乎?' 晏子曰: '不可. 祠此無益也. 夫河伯以水爲國, 以魚鱉爲民. 天久不雨, 水泉將下, 百川竭, 國將亡, 民將滅矣. 彼獨不用雨乎? 祠之何益?' 景公曰: '今爲之奈何?' 晏子曰: '君誠避宮殿, 暴露, 與靈山河伯共憂, 其幸而雨乎?' 於是景公出野, 暴露三日, 天果大雨, 民盡得種樹. 景公曰: '善哉! 晏子之言可無用乎? 其惟有德也.)

『어정연감류함(禦定淵鑒類函)』 권172 「청우(請雨)」(2)에는 『설원(說苑)』에 기록된 것과 유사한 내용이 담겨 있다.

"제나라에 큰 가뭄이 들자, 경공(景公)이 신하들을 불러 물었다. '오랫동안 비가 내리지 않아 백성들이 굶주리고 있소. 내가 점복관을 시켜 점을 쳐보니, 재앙이 높은 산과 큰 강에 있다고 하오. 내가 세금을 줄여서 거두고 영산(靈山)에 제사를 지내려 하는데, 괜찮겠소?' 신하들은 아무도 대답하지 않았다. 그때 안자(晏子)가 나서서 말했다. '불가합니다. 제사 지내는 것은 아무런 소용이 없습니다. 영산은 본디 돌로 몸을 이루고 초목으로 머리카락을 삼습니다. 오랫동안 비가 내리지 않으면, 머리카락이 타고 몸이 뜨거워질 것입니다. 어찌 그들 혼자 비 내리기를 원하지 않겠습니까? 제사 지내는 것은 소용이 없습니다.' 경공이 말했다. '그렇다면, 내가 하백(河伯)에게 제사 지내고자 하는데, 그건 괜찮겠소?' 안자가 말했다. '불가합니다. 제사 지내는 것은 아무 소용이 없습니다. 하백은 물로 나라를 삼고, 물고

『설문해자』 인지분석

기와 자라를 백성으로 삼습니다. 오랫동안 비가 내리지 않으면, 수위가 내려가고 모든 강(百川)이 말라, 나라가 망하고 백성이 멸망할 것입니다. 어찌 그들 홀로 비 내리기를 원하지 않겠습니까? 제사 지내는 것은 소용이 없습니다.' 경공이 말했다. '그렇다면 이제 어떻게 해야 하오?' 안자가 말했다. '이제 진심으로 궁궐을 피하고, 들판에 나가 노천에서 영산과 하백과 함께 걱정을 나눈다면, 운이 좋다면 비가 내릴 것입니다.' 이에 경공이 들판에 나가 3일 동안 햇빛에 노출되자, 하늘은 과연 큰 비가 내려주었고, 백성들이 모두 씨를 뿌리고 나무를 심을 수 있게 되었다. 경공이 말했다. '훌륭하도다! 안자의 말이 어찌 쓸모없다 하겠는가? 오직 덕이 있는 자만 가능한 일이로다!'"

"齊大旱, 景公召群臣問曰: '天不雨久矣, 民且有饑色. 吾使人卜之, 祟在高山廣水. 寡人欲少賦斂, 以祀靈山, 可乎?' 群臣莫對. 晏子進曰: '不可. 祀此無益也. 夫靈山固以石爲身, 以草木爲髮, 天久不雨, 髮將焦, 身將熱, 彼獨不欲雨乎?祠之無益. '景公曰: '不然. 吾欲祀河伯, 可乎?'晏子曰; '不可. 祀此無益也. 夫河伯以水爲國, 以魚鱉爲民, 天久不雨, 水泉將下, 百川竭, 國將亡, 民將滅矣. 彼獨不用雨乎?祠之何益?'景公曰: '今爲之奈何?'晏子曰: '今誠避宮殿, 暴露, 與靈山河伯共憂, 其幸而雨乎?'於是景公出野, 暴露三日, 天果大雨, 民盡得種樹. 景公曰: '善哉, 晏子之言可無用乎?其惟有德也."

『흠정사고전서(欽定四庫全書)·자부(子部)』(1) 『설원(說苑)』에서 『설원』을 '유교 범주'로 분류해 놓았다. 학자들은 대부분 그것이 한(漢) 사람들에 의해 제작되었다고 하면서 그다지 소중히 여기지 않았다. 『사고전서제요』에서 이렇게 요약했다.

『설원』 20권은 한나라의 유향(劉向)에 의해 작성된 저술로, 총 20편으로 되었다. 그의 책들은 모두 일화와 에피소드를 기록하고 있으며, 이는 법과 계율을 지지하기에 충분한다. 그 스타일은 『신서(新書)』와 같다. 섭대경(葉大慶)의 『고고질의(考古質疑)』에서는 발췌했는데……모두 시대의 순서에 따라 배열했지만 원래 모습과는 달라 보인다……황조영(黃朝英)의 『상소잡기(緗素雜記)』에서도 발췌했는데……
『신서(新序)』와 함께 이 두 책 모두 유향의 손에서 나왔다고 했지만,
서로 모순을 이루고 있다. (지금의 『설원』은) 여러 사람들의 설을 끌어
다 모으고 각각의 판본에 근거하였으나 간혹 교정이 잘못된 것도 있
다. 그러나 고대 문헌이 사라진 지금 많은 것을 이 텍스트에 기반을
두고 있다. 예를 들어, 『한지(漢志)』에 수록된 「하간헌왕(河間獻王)」 8
편은 『수지(隋志)』에서는 더 이상 기록되지 않았다. 그러나 이 책에
는 4항목이 남아 있는데, 그것만으로도 그 논의가 온화하고 바르며,
유교에 합당함을 보여준다. 다른 것들도 많은 선택지가 있다. 물론
여기저기에서 여러 소문과 다른 말들이 있지만, 사소한 결함 때문에
옥의 완전함을 부정할 수는 없다.[7]

전국시대 초나라 죽간에서 보존된 기록을 비교해 보면, 완전히 옳은
말은 아니라 하더라도 사실과 멀지는 않은 것으로 볼 수 있다.

2. 「경건납지(競建內之)」와 전국시대 제(齊)나라에서 성행했던 재이(災異)관념

상해박물관 소장 『전국초죽서(戰國楚竹書)』의 제5책 제1편 「경건납
지(競建內之)」의 편집자는 이 장의 주요 목적이 다음과 같다고 했다.
"두 대부(大夫)가 제(齊) 환공(桓公)에게 '일식'과 같은 국가의 중요한
사안에 대해 조언을 했으며, 비록 그것이 천상에 관한 사건이지만,
이는 군사적 재앙이 제나라에 있을 것이라는 은유적인 표현이라고
믿었다. 그래서 두 대부는 이전 왕들의 방법을 시행해야 한다고 생각
했으며, 제 환공에게 선을 행함으로써만 재앙을 피할 수 있다고 조언
했다." 편집자는 설명에서 『여씨춘추 · 분직(分職)』, 『초사 · 이소(離騷)

---

7) 『文淵閣四庫全書總目提要 · 子部一 · 說苑』.

』,『설문』등과 같은 전승 문헌에 근거해, '진(進: 진언)'을 통해 '경(競: 경쟁)'을, 또 '국가의 대사를 임금에게 진언함으로써' '경건(競建)'을 해석했다. 그러나 구체적인 내용을 비교해 볼 때, 죽간의 실제 상황과 다소 동떨어졌다는 느낌을 받는다.

'경건(競建)'은 고대에 천문 역법을 논의하는 데 사용하던 용어이다. 직접적인 설명은 '건일(檢日)'에 대한 논의에 있다. '경건'은 천문 역법의 범위에 관련되므로, 전해진 문헌에서는 '경력(競曆)'이라는 단어를 사용하기도 한다. 만약 이름이 사실을 반영한 것이라면, 위의 기사는 천체의 이상 현상과 국가의 재앙 및 재난 사이의 대응관계를 다룬 것이어야 한다. 그렇게 되면 전체 기사는 세시 월령의 금기에 관한 범위에 속하게 되는데, 그러면 이것은 소위 '경건'의 문제가 된다. '납지(內之)는 바로 '입지(入之)'라는 뜻이다. 포산(包山) 초간『문서(文書)』제18호 죽간의 '입지(入之)'는 '납지(內之)로 표기되었고, 초 죽간 문자에서 '입(入)'자는 '내(內)'자로 표기되었다. 이러한 용법은 전국 초문자 데이터베이스에 의하면 총 54건이 검색된다. 이로부터 '납지(內之)는 '입지(入之)'인데, 이는 전국시대 초나라 죽간에서 사용된 성어이다. 그래서 '경건납지(競建內之)'는 바로 '경건이납지(競建以內之)'의 생략된 모습이다. 양쪽을 모두 고려한다면, 애초부터 편향된 것은 없을 것이며, 직접적인 설명은 '일식에 대한 조언'이다. '경건'의 논의, 즉 천체 현상과 별 변화의 변화, 그리고 이로부터 인사 문제가 관련 내용이며, 이것이 소위 '납지', 즉 '입지'의 문제이다. 이러한 구조적 배열은 선진(先秦)시대 정론 문장에서 흔하게 보이는 문체이다.

이 간략한 기사는 넓은 범위를 다루었는데, 전국시대 천재지변 이론에 관한 여러 관련 분야에서 중요한 내용을 포함하고 있다. 이는 다음과 같은 문제를 포함한다. 첫째, 지상의 군사 재난에 해당하는 일식과 별의 변화, 둘째, 별의 변화와 전쟁 재난을 유발하는 인간 요소, 셋째, 별의 변화와 전쟁 재난을 '제사를 통해 제거하는(禳祓)' 것의 전제 조건은 '부도덕한 행동을 하거나 '선을 행하지 않음'에 이르지 않는 것, 넷째, 제 환공 자신이 부정함을 비판하고 도를 실천하는 것이 선이며, 이를 통해 '재앙을 제거할 수 있음을 지적하는 것이다. 『상서·상서(商書)』의 관련 장과 내용의 연대 문제에 대해서, 이 간독의 기사는 상당히 긴 분량을 할애해 꿩이 운 현상에 대한 고종의 제사, 조기(祖己)의 해석, 진행한 인사 조치 등을 설명했다. "이미 제사를 지냈다 하더라도 그것은 뒤의 일이며, 우선 선왕의 방법부터 따라야 합니다.(旣祭之, 後焉, 攸先王之法)"라고 했다. 이는 '내부'의 설득력을 증가시킨다. 동시에, 『상서·상서(商書)』의 「고종융일(高宗肜日)」의 내용과 연대에 관련된 문제 및 『서서(書序)』의 일부 내용의 출처에 관여하고 있다. 요약하자면, 위의 두 가지 측면으로 인해, 「경건납지(競建內之)」는 고대 유교의 천인 상응과 천재지변 이론을 연구할 수 있는 중요한 문서이다. 이를 상해박물관 소장『전국초죽서』의 제2책에 수록된 죽서에 수록된 「노방대한」과 비교하면, 전국시대 천인 감응과 천재지변에 대한 유교 개념의 중요한 발전 과정을 이해할 수 있다. 동시에, 이는 '상서학의 역사를 연구할 수 있는 귀중한 문서이다. 또한, 기존의 전해진 문헌보다 훨씬 이른 시기의 선진 정치 이론의 문체적 특성을 이해하는 예제도 제공한다. 편폭의 문제를 고려하여 여기서는 다른 비슷한 간략한 텍스트와 밀접한 관련이 있는 몇 가지 측면에 대한 논의 범위를 제한한다. 원래 간략한 텍스트의 구성에 몇 가지 문제가 있으며, 이는 논의된 주요 내용의 이해에 직접적인 영향을 미칠 것이므로, 아래에서 몇 가지 핵심 텍스트도 함께 논의된다.

제1간(簡), 일식에 대하여

'일기(日旣)'. 편집자는 단지 『좌전·은공(隱公)』 원년의 두예(杜預) 주석을 인용하여 '사건이 끝났다'는 일반적인 해석을 했는데 이는 간독문의 이해에 적합하지 않다. '기(旣)'자는 포산(包山) 초간 『문서(文書)』 제137호의 "기맹(旣盟)", 『춘추·환공(桓公)』 3년의 "秋七月壬辰朔, 日有食之, 旣.(가을 칠월 임진 삭, 일식이 있었으며, 끝났다)."에 대해 공영달(孔穎達)의 『소』에서는 "일식이 끝났다는 것은 즉 일광이 다한 것을 말한다.('食旣者, 謂日光盡也.)"라고 했다. 한나라 왕충(王充)의 『논형(論衡)·설일(說日)』에서는 "태양과 달이 특정 위치에 있을 때, 그들의 회합은 마치 서로 공격하는 것처럼 보이지만, 실제로는 태양의 빛이 약해져서 일식 현상이 일어나는 것이다.(其合相當如襲辟者, 日旣是也.)"[8]라고 했다.

『한서·오행지(五行志)』 하지하(下之下)에서 이렇게 말했다. "군중의 목을 벨 때 이치를 잃으면, 이 때문에 반역이 일어난다. 그 잠식이 끝나면 빛은 흩어진다.(誅衆失理, 茲謂生叛, 厥食旣, 光散.)" 여기서 말한 '일기(日旣)' 역시 고대 천문학 용어로, 이로써 해를 완전히 잠식함을 가리켰다. 간독문의 '일기(日旣)'는 본 편의 논의에 기초를 제공한다.

---

8) [역주] 왕충은 일식이 달이 태양을 가리는 것이 아니라, 태양 자체의 빛이 약해지면서 발생하는 현상이라고 주장했다. 여기서 말한 "其合相當如襲辟者, 日旣是也."라는 표현처럼, 태양과 달의 위치가 마치 서로 공격하는 것처럼 보이지만, 실제로는 태양의 빛이 약해져서 일식이 발생한다고 설명했던 것이다. 이 구절은 고대 중국 천문학에서 일식과 월식에 대한 이해를 보여주며, 당시의 과학적 사고방식을 엿볼 수 있는 중요한 자료이다. 왕충의 설명은 현대 과학적 이해와는 다르지만, 당시의 자연 현상에 대한 독창적인 해석을 반영하고 있다.

제2간(簡), '일기(日旣)—별 변화(星變)'의 발생 원인에 대한 습붕 (隰朋)의 답변

여기서는 고종(高宗)의 제사에서 발생한 새를 이용한 점치기와 연결하여 인사(人事)상의 대응 조치를 설명한다. 현존하는『상서』고본(주로 당나라 필사본에서 유래한 여러 일본 소장본)과 대조할 때, 이 간독문의 의미는 세 가지이다. 첫째,『서서(書序)』의 진실성을 인식할 수 있는 근거를 제공한다. 둘째, 현존하는『상서』필사본에 관련된 장과 연계되어 있다. 셋째, 고종(高宗) 융일(肜日)의 제사 대상 문제에 관한 것이다. 또한「초간에 보이는『상서·상서(商書)』의 제주 및 연대(楚簡所見『尙書·商書』祭主及年代)」등에 대한 전문적인 논의가 있지만, 여기서는 글의 길이를 고려하여 생략한다. 간독문의 "주량지이침급(周量之以寖汲)"에 대해, 편집자는 "급급불휴적침수방(汲汲不休的寖水旁, 끊임없이 계속해서 물이 들어와 잠겼다)"라는 해석문을 제공했지만, 이는 적절한 해석이 아니라 생각한다. '양지(量之)'는 사실 인명으로, 다음에 나오는 '부열(傅說)'과 같은 유형에 속한다. 즉 위의 '덕복(得福)'이라는 문장과 이어지므로 그 역시 현자로 간주된다. '이침급(以寖汲)' 역시 '부열'이 '부열'이라는 이름을 얻는 것과 같아, 그가 현자가 된 이유를 설명한 것인데, 여기에는 지역과 신분 등이 포함된다.『강희자전·면(宀)부수』에서 이렇게 말했다. "침(寖)은 또 강 이름인데(水名), 침수(寖水)는 무안현(武安縣)의 동쪽에서 발원한다." 따라서 간문에 기록된 '주량지(周量之)'는 상나라 때 침수(寖水) 강가에서 물을 긷던 사람으로, 그의 신분 계급을 말해주고 있다. 현자는 대개 험한 동굴에서 살며, 신분은 낮고 천했다. 예컨대, 재학을 과시한 작품이라 할『경화연(鏡花緣)』과 같은 작품에서,

"세상 사람들은 오직 사모(紗帽)를 써야지만 시를 잘 지을 줄 알지, 초야 속에 많은 홍유(鴻儒)가 어디 묻혀 있는지 알 리가 없다!"라고 주인공을 통해 재능 있는 사람들에 대한 탄식을 빌려 쓴 것이 그렇다. 주량지(周量之)가 물을 긷고, 부열(傅說)이 성벽을 쌓고, 여망(呂望)이 백정 칼을 휘둘렀고, 영척(甯戚)이 소를 먹인 것 등등과 비교할 수 있다. 이에 대해서는 아래에 언급한 '부열(傅說)'을 참조하라.

전승된 역사 문헌에는 '양지(量之)'라는 인물에 대한 기록이 보이지 않는다. 그러나 곽점초묘죽간「궁달이시(窮達以時)」편에 이러한 사례들이 열거되어 있다, 예를 들어, 제4간의 간독문에서 "釋板築而佐天子, 遇武丁也. 呂望爲牂來澧.(판축(板築)하던 일을 그만두고 천자를 도와 무정(武丁)을 만났다. 여망(呂望: 강태공)은 장래(牂來)를 위해 법을 집행했다.)"라고 했고, 제5간의 간독문에서 "來地, 行年七十而屠牛於朝訶, 擧而爲天子師, 遇周文也.(내지(來地)에 있던 그는 일흔 살까지 조가(朝訶)에서 소를 도축하고 있었는데, 천자의 스승으로 발탁되어 주나라 문왕을 만났다.)"라고 했으며, 제6간의 간독문에서는 "管夷吾拘繇棄縛, 釋桎梏, 而爲諸侯相, 遇齊桓也.(관이오(管夷吾: 관중)는 포로에서 풀려나 질곡(桎梏)을 풀고 제후의 재상이 되어 제나라 환공을 만났다.)"라고 했고, 제7간의 간독문에서는 "白(百)里迡饋五羊, 爲故釋牛, 釋板檉而爲朝卿, 遇秦穆.(백리해(百里奚)는 다섯 마리의 양을 바쳤고 우마(牛馬)를 팔고 판정(板檉)을 풀어 조정의 경이 되어 진나라 목공을 만났다.)"라고 했다.

제5간, 일식과 군란 및 그 해제 조치

"將有兵, 有憂於公身, 公曰: 然, 則可敓與?"

편집자는 이 문장을 이렇게 끊어 읽기 했다. 그러나 편집자의 끊어 읽기는 잘못되었다.

'연즉(然, 則)'은 앞 문장을 이어받아 다음 문장으로 넘어가는 연결사로, 분리해서는 안 된다. 이것은 한어 역사상 고대 언어의 고정된 형식에 속하며, 그래서 "公曰: 然則可欵與?"로 읽어야 한다. 해당 간문은 일식 현상에 대한 구조 및 해제 조치를 취하는 것과 관련이 있다. 전국시대 초간에는 제사와 기도의 경우, 양제(禳祭: 무당거리 제사)'까지를 포함하는데, 그것을 '탈(欵)'이라 부르던 것이 일반적이었다.

예컨대, 포산(包山) 초간 『복서제도(卜筮祭禱)』의 '공탈(攻欵)'(원 죽간 번호는 제231편), '이기고탈지(以其古欵之)'(원 죽간 번호는 제217편) 등이 그렇고, 또 망산(望山) 초 죽간에서도 "우탈(又祝), 이기고탈지(以其古欵之)"라는 표현이 자주 보인다. 『전국초죽서(戰國楚竹書)』 본편의 해석문에서는 이에 대해 '쟁탈(爭奪)'이라는 의미로 '탈(欵)'자를 해석했는데, 이는 초 죽간 사용 예를 전체적으로 검토하지 않은 것으로, 다소 피상적인 해석이라 할 수 있다.

제6간(簡), 일식과 군란 해제의 전제 조건

"尙才吾, 不滿二厽子, 不諦恕, 寡人至于辨日食, 鮑叔牙……."

편집자는 문장을 이렇게 해석했다. 편집자는 '상재오(尙才吾)'를 '당재오(當在吾)'로 해석하고 문장을 나누었으나, 문장 끊어 읽기가 잘못되었고 간문의 의미와도 일관적이지 않다. 앞 문장에서 비판과 지적을 받은 상황에서, 본 죽간이 제(齊) 환공(桓公)이 해명한 것이라는 맥락을 고려할 때, 이는 다음과 같이 읽어야 할 것이다. "尙哉, 吾沒有依賴二三子! 未加細察, 請恕寡人. 至於辨察日食, 鮑叔牙…….(오래 동안 고

민했소. 과인은 그대들의 의견을 따르겠소. 세심한 검토를 하지 않았으니, 과인을 용서하시오. 일식을 판별함에 있어서는, 포숙아……)"

여기서 '상(尙)'은 『사기·삼대세표서(三代世表序)』에 나오는 "오제삼대의 기록은 오래되었다(五帝三代之記, 尙矣)."에서의 '상(尙)'자와 같아, '오랜'이라는 의미이며, 뒤에는 보통 어기사가 따른다. '재(才)'는 아래 나오는 제9간의 '야재(也才)'를 '야재(也哉)'로 읽는 것과 같이 '재(哉)'로 읽는다.

죽간의 '불만이루자(不瀎二厽子)'. 이 중 '이루자(二厽子)'의 해석의 경우, 편집자가 해석한 부분에 전혀 문제가 없다. 다만 여기서는 전국 초간에서 『전국초죽서』를 해석한 것보다 범위를 넓혀볼까 한다. ('루(厽)'는) '3개의 사(厶)로 구성되었는데 이는 '3개의 구(口)'인데, 이 간문에서는 '품(品)'의 가꾸로 된 글자이다. 『전국초죽서·주역(周易)』에서는 간혹 3개의 일(日)로 구성된 정(晶)으로 쓰기도 하는데, 이는 제4책에 보인다. 또 『전국초죽간휘편(戰國楚竹簡彙編)·신양장태관1호초묘죽간(信陽長台關一號楚墓竹簡)』 제1조의 문장에서 '삼세(三歲)'를 '정세(晶歲)'로 적었고, 『증후을묘(曾侯乙墓)』 제122호 죽간에서 '삼진오갑(參眞吳甲)'의 '삼진(參眞)'을 '정진(晶眞)'으로 적었는데, 모두가 동일한 유형에 속한다. 문제는 편집자가 '만(瀎)'을 '방종(放縱)'이라는 의미로 해석하여 "그대들을 그대로 두지 않겠노라(不放縱二三子)"로 해석했는데, 이는 앞부분의 맥락과 모순을 이루어 일관되지 않는다. '만(瀎)'자의 해석은 자형 구조 및 전후 맥락과 연계해 볼 때, '뢰(賴: 기대다)'로 해석할 수밖에 없다. '만(瀎)'은 만(萬)에서 소리부를 가져온 글자이고, '만(賹)'도 만(萬)에서 소리부를 가져온 글자이다. 이 둘은 모두 '뢰(賴)'와 독음이 비슷하여 통용되었다.

『장사자탄고전국초백서연구(長沙子彈庫戰國楚帛書研究)·갑편(甲

篇)』의 "산천만욕(山川漫浴)"의 '만(漫)'을 백서에서는 '𣲗'으로 적었는데, 자형구조를 보면 수(水)가 의미부이고 만(萬)이 소리부이다. 이령(李零)은 '만욕(漫浴)'을 '뢰곡(瀨谷)'으로 해석한 바 있다.9)

『설문·미(米)부수』에서 "려(䊳)는 미(米)가 의미부이고 만(萬)이 소리부이다"라고 했는데, 대서본(大徐本)에서는 "낙(洛)과 대(帶)의 반절로 읽힌다"라고 했다. 「충(虫)부수」에서 "려(蠇)는 충(虫)이 의미부이고 만(萬)이 소리부이다. 뢰(賴)와 같이 읽는다."라고 했다. 또 「력(力)부수」에서 "매(勱)는 만(萬)과 같이 읽는다. 력(力)이 의미부이고 만(萬)이 소리부이다."라고 했는데, 대서본에서는 독음을 "막(莫)과 화(話)의 반절이다"라고 했다. '매(邁)', '려(厲)', '려(礪)' 등의 구조도 모두 만(萬)에서 소리부를 가져왔다. 예컨대, 『상서·여형(呂刑)』에서 "一人有慶, 兆民賴之.(한사람에게 경사가 있으면 억조 만백성이 그에 기댄다.)"라고 했는데, 곽점초묘죽간(郭店楚墓竹簡)「치의(緇衣)」에서는 이를 인용하여 "一人又(有)慶, 萬民𧫆."이라 적었다. 상해박물관의 『전국초죽서·치의(緇衣)』에서 인용된 해당 자형에 대해 정리자는 '언(言)'과 '대(大)'로 구성된 글자로 옮겼지만, 별다른 해석은 하지 않았다. 필자는 이 글자를 언(言)과 이(而)로 구성된 '나(譳)'자로 옮기고자 하는데, 이 역시 '뢰(賴)'자와 독음상의 연계를 가진다. 『광아·석고(釋詁)』에서 "나(譳)는 붙잡다는 뜻이다(拏也)."라고 했고, 『집운』에서는 이 글자의 독음을 '여(女)와 가(加)의 반절'이라고 했다. 이는 고대음에서 낭모(娘母)에 속하는 글자이다. 이 글자가 '이(而)'로부터 독음을 가져왔다면 '뢰(賴)'자 등의 독음과도 대응을 이룬다. 고문 『상서』의 『서고문훈(書古文訓)』에서 '능(能)'자는 모두 '내(耐)'로 썼는데, '능(能)'은 바로 '내(耐)'의 고문체이다. 그리고 '내(耐)'도 '이(而)'에서 독음을 가져왔다. 해외에 있

---

9) 『中國方術正考』 152쪽.

는 돈황본(敦煌本)『곽상주장자남화진경집영(郭象注莊子南華眞經輯影)』
(1)「소요유품(逍遙遊品)」제1의 "智效一官, 行比一□, 德合一君, 而徵一
國者"[10]을 전래 주석본에서는 '능징일국(能徵一國)'으로 표기했는데,
이 또한 능(能)과 이(而)의 독음이 같고 통용될 수 있음에 착안한 것이
며, '내(耐)', '뢰(賴)', '만(漫)', '만(購)' 등의 고대음은 서로 비슷했다.

　혹자는 '이삼자(二三子)'가 지칭하는 것이 이어지는 다음 문장에서
나오는 '수조(竪刁)', '이아(易牙)' 등과 같은 사람을 가리킨다고 보는
견해도 있으나, 이는 전체 글의 맥락을 종합적으로 파악하지 못한 것
이다. 먼저, '이삼자'는 현명하고 통달한 사람들을 부르는 용어로, 고
서에서 일반적으로 흔히 사용되는 용어이며,『춘추좌전주소』에서도
'이삼자'를 관용구로 사용하고 있다. 예를 들어, 권16권에서는 "진백
(秦伯)이 소복을 입고 교외에서 울며 말했다. '제가 건숙(蹇叔)을 어기
고 이삼자를 모욕한 것은 저의 죄입니다. 명명(孟明)을 대체하지 않은
것은 저의 실수입니다. 대부에게 무슨 죄가 있겠습니까? 저는 작은
흠 하나로써도 큰 덕을 가리지 않을 것입니다.'" 또 권24권에서는 "너
희들은 이삼자를 따르면서, 오직 존경해야 할 것이다."라고 했고, 권
25에서는 "극백(郤伯)이 공에게 말했다. '그것은 그대의 힘인가요?' 공
이 대답했다. '군주의 가르침이며, 이삼자의 힘이지요. 제게 어떤 힘
이 있겠습니까?'" 또 권29에서는 "저를 면하게 해 줄 분은 오직 이삼
자일 뿐입니다." 그리고 권31에서 "명령서에서 이렇게 말했다. 융적
과 화해하는 것은 국가의 복이다. 8년 동안 9번 제후들을 화합시켰
다. 제후들이 군주의 영혼을 탓하지 않는 것은 이삼자의 노력 덕분입
니다. 제게 어떤 힘이 있겠습니까?" 본 편의 아래에 나오는 제9간의

---

10) [日] 寺岡龍含이 편집한 敦煌本『郭象注莊子南華眞經輯影』(福井漢文學會, 1960
　　年11月影印).

'이자지우(二子之憂)'는 습붕(隰朋)과 포숙아(鮑叔牙) 두 사람을 지칭하는 것이 분명하다. 또한, 본 편의 아래에서 나온 '수조(竪刁)'와 '이아(易牙)' 등을 간독문에서는 '이인(二人)'으로 명확히 직설적으로 기술하고 있다.

또 간문 '지어변일식(至于辨日食)'에 대해, 명나라 남경 흠천감 감부(南京欽天監監副) 패림(貝琳)이 편집한 『칠정추보(七政推步)』 7권에 '변일식한(辨日食限)'법과 '변월식한(辨月食限)'법이 있다. 이 간독문에 근거하면 '일식의 판별'은 이미 전국시대 때에 고정된 구조로 자리 잡았음을 알 수 있다.

결론적으로, 이 간문의 텍스트는 어렵고 깊이가 있다. 그래서 편집자의 해석은 문장을 잘못 분해하고 읽음으로써, 원문의 의미를 제대로 전달하지 못했다.

간문 "종신불견(從臣不訐[諫]), 원자불방(遠者不方)".

이 부분은 양쪽을 대비시켜 보면, "가까운 신하들은 간언을 하지 않고, 먼 사람들은 비난하지 않는다."라는 의미이다. 『논어·헌문(憲問)』에서 "자공이 사람을 비방했다(子貢方人)"에 대해서, 육덕명(陸德明)의 『경전석문(經典釋文)』에서 "정본(鄭本)에서는 방(方)을 방(謗)으로 썼는데, 다른 사람의 나쁜 점을 말하는 것을 의미한다."라고 했다.

앞의 두 문장이, 천지가 경고를 주지 않는 것은 바로 천지의 '맹약방기(盟棄)' 때문이라고 했는데, 이 두 문장은 인사 문제에 대한 비판을 배제하는 것으로, 민심이 등을 돌렸다는 것이다. 양쪽 모두를 아우르며, 처음부터 편향되지 않으며, 서로 다른 길을 가지만 같은 결론에 이르며, 말을 따르는 길이 다를 뿐이다. 이는 전국시대에 정치가들의 논의 능력과, 유식한 사람들의 간언에 보이는 습관적인 기술이다. 또한, 혹자는 '비(比)'는 '방(方)'으로, 가까워짐을 의미할 수 있다

『설문해자』 인지분석

고 해석하여, 가까운 신하들이 간언하지 않고, 먼 사람들이 가까이 오지 않는 것을 의미한다고도 한다. 편집자가 '불방(不方)'을 '부정(不正)'으로 해석한 것은 다소 부적절하다.

이 간문은 미완성이며, 이어지는 제8간에서 "邦. 此能從善而迖禍者: 방. 이는 능히 선을 따라 화를 멀리할 수 있는 자이다.)"라고 했는데, 그중의 "攸(修)者(諸)鄕邦"이라고 할 때의 향(鄕)자의 원형은 🔣이다. 곽점초묘죽간『노자』을(乙) 제17호 죽간에서 '향(向)'을 🔣으로 적었고,『전국초죽서』 제4책 「간대왕박한(柬大王泊旱)」의 '왕향일이립(王向日而立)'의 향(向)자가 이 자형과 완전히 같다. 이 모두 습붕(隰朋) 등 '이삼자'가 천체 현상에서 인사 문제로 넘어가며 주제를 확장한 것이다.

제8간

> "邦. 此能從善而迖禍者. 公曰: '吾不知其爲不善也, 今內之不得百姓, 外之爲諸侯笑, 寡人之不剝也.(방. 이는 능히 선을 따라 화를 멀리할 수 있는 자이다. 공께서 말하셨다. '나는 그것이 선하지 않음을 알지 못하였다. 이제 안으로는 백성을 얻지 못하고, 밖으로는 제후들에게 웃음거리가 되었으니, 과인의 불효도 이로 인해 크도다.')"(이어지는 부분부터는 제9간임).

편집자는 문장을 위에처럼 해석했다. 필자의 생각은 이렇다. '지(智)'를 '지(知)'로 사용하는 것은 전국시대 초간 문자에서 통례에 속한다. 예를 들어 국점초묘죽간『노자』갑(甲)에서 "化(禍)莫大乎不智(知)足. 智(知)足之爲足, 此亘(恆)足矣.(족함을 알지 못하는 것보다 더 큰 화는 없고, 족함을 알면 풍족한데, 이렇게 되면 항상 풍족하게 된다.)" 상해박물관 소장『전국초죽서』 제1권『공자시론』에서 "則智不可得也(그러면 지(智)를 얻을 수 없다)", "不亦智亘乎(이 또한 항상됨을 알지 않는 것인가?)",『성정론(性情

論)』에서 "智(知)情者能出之, 智(知)義者能內(入)(정(情)을 아는 자는 그것을 드러낼 수 있고, 의로움(義)을 아는 자는 그것을 들일 수 있다.)" 이처럼, 데이터 베이스에서 총 70여 건의 이러한 사용 기록을 추출할 수 있었다.

편집자가 "부지(不智)는 곧 불혜(不慧)이다"라고 설명함으로써, 동사의 타동사와 자동사의 기능적 속성을 혼동했다. 또한 인용한 문헌은 전승 문헌에 국한되어, 지역적 배경을 간과하고 멀리서 찾는 격이 아닌가? 이 간문에서 '지(智)'를 '지(知: 알다)'로 사용하는 것은 타동사로, 전체 문장 구조에 의해 규정된다. 즉 "吾不知其爲不善也(나는 그것이 선하지 않음을 알지 못하였다)"에서의 '지(知)'가 지배하는 대상은 '그것(其)'이며, 이는 제6간에서 언급된 "공적 몸으로서의 무도함(公身爲無道)"을 가리킬 수 있으며, 이때 '그것(其)'은 '선하지 않음'의 주어로, 문법에서 말하는 '겸어(兼語)'에 해당한다. "이제 내부로는 백성을 얻지 못하고"는 앞의 죽간의 민심의 등 돌림에 해당하고, "외부로는 제후들에게 웃음거리가 되었다."는 것은 선진 문헌의 고정된 표현 구조이다. 이러한 표현은 수도 없이 많다. 예를 들어『춘추좌전주소』제31권(양공(襄公) 10년부터 12년까지)에서 "지금 그 군대를 공격하면, 초나라는 반드시 구원할 것이다. 싸우고서도 이기지 못한다면, 제후들에게 웃음거리가 될 것이다.(今伐其師, 楚必救之. 戰而不克, 爲諸侯笑.)"가 그렇다. 또 『논어류고(論語類考)·인물고(人物考)』 제8권의 "계강자(季康子)" 항목에서도 "공의 어부가 말하길, '옛날 저의 선조가 사용하다가 끝을 내지 못해 제후들에게 웃음거리가 되었습니다. 지금 다시 사용하여 끝을 내지 못하면, 이는 두 번 제후들에게 웃음거리가 되는 것입니다.'……(公之魚曰: 昔吾先君用之不能終, 爲諸侯笑; 今又用之不能終, 是再爲諸侯笑.'……)" 등과 같은 여러 예가 있다.

3. 「간대왕박한(柬大王泊旱)」과 전국시대 초나라의 양재술(禳災術)

상해박물관 소장 「전국초죽서(戰國楚竹書)」 제4책에 수록된 「간대왕박한(柬大王泊旱)」에 대해, 정리자는 이 글 전체에 대해 다음과 같은 견해를 밝혔다.

> 이 편은 원래 제목이 없었으나, 현재의 제목은 전제 문장의 첫 문장에서 가져온 것이며, 이는 전체 문장의 중심 내용이다. 이 편에서는 전국시대 초기에 관련된 초나라 간대왕(簡大王)의 두 가지 일화를 기록하고 있다. 즉 간대왕(簡大王)의 질병과 초나라의 큰 가뭄이 그것이다. 간독문에서 언급된 '간대왕(柬大王)'은 장릉(江陵) 망산(望山) 초묘 죽간에서도 보이는데, 이는 역사서에서 언급된 '초간왕(楚簡王)'이다. 초간왕은 기원전 431년부터 기원전 408년까지 재위하였으며, 24년간 집권하였다. 역사서에는 관련 사건을 대략적으로만 기록하였다. 이 편의 발견은 역사 자료에 대한 보충이며, 동시에 왕의 질병과 국가의 큰 가뭄이라는 중대한 문제에 직면한 초나라가 전통과 관습의 영향으로 인해 간왕과 그의 동료들이 보여준 무력함을 이해하게 해 준다.

이 글은 총 23개의 죽간으로 구성되어 있으며, 간문은 비교적 길다. 초 죽간에 대한 뜨거운 논의 과정에서 현재까지도 가장 문제가 많은 글 중 하나로 남아 있다. 전체적으로 이해하기 어려운 부분이 많기 때문에, 여기에서는 몇 가지 관련된 문제에 초점을 맞추어 '자연 재해'에 관한 몇 편의 간문과 비교하는 데 주력한다.

(1) '박한(泊旱)': '지한(止旱: 가뭄을 그치게 함)'인가 아니면 '파

한(怕旱: 가뭄을 두려워함)'인가?

"簡大王泊旱, 命龜尹羅貞于大夏. 王自臨卜."

편집자는 제1간에 대한 해석에서, '박(泊)'은 혹은 '파(怕)'와 통하며, 왕이 질병으로 인해 입이 마르고 가려움을 겪었으며, 그래서 가뭄을 두려워했다고 했다. 이러한 해석은 전체 문맥과 관련된 이해와 연결해 볼 때, 편집자가 초나라 간왕의 질병과 당시 발생한 큰 가뭄을 별개의 사건으로 본 해석은 실제로는 오해일 수 있다. 하늘에서 내린 가뭄과 간왕이 겪은 질병을 초나라 사람들은 실제로 같은 '큰 가뭄(大旱)'의 표현으로 보았을 수 있다. 즉, 하늘의 가뭄이 간왕에게는 피부병으로 나타난 것이며, 이 둘 사이에는 상호 작용이 있다. 이에 따라, 이 편의 제목은 "간대왕이 가뭄을 멈추게 하다", 즉 초나라 간왕의 가뭄 해결 조치"로 해석하는 것이 더 적절하며, 이는 이어지는 아래 간문의 '향일(向日)'과, 다음 간문의 '차일(遮日)'과 서로 연결되며, 간문 전체의 점복을 통한 제사와 '한모(旱母)'를 떨쳐버리는 제사라는 주요 주제와 일치한다. 따라서 "왕자임복(王自臨卜)"은 초나라 왕이 직접 점복에 참여한 것을 의미한다.

곽점 초묘 죽간(郭店楚墓竹簡) 「성자명출(性自命出)」 제63호 죽간의 "谷(欲)柔齊而泊(欲柔齊而泊)"의 '박(泊)'을 🔲으로 적어, 구조가 동일하다. 그래서 '간대왕박한(柬大王泊旱)'은 곧 '초간왕지한(楚簡王止旱)'이다. 즉 의식을 거행하여 가뭄을 소멸시키는 것을 의미하며, 이는 전체 주제와도 일치한다.

당나라 필사본 『만상명의(萬象名義)·수(水)부수』에서 이렇게 말했다. "박(泊)은 보(菩)와 각(各)의 반절로 읽힌다. 배를 멈추다." 이밖에 문자사용의 시대적 변화를 보면, '파(怕)'자가 '걱정하다', '두려워하다'라는 의미로 사용된 것은 현존 자료에 근거해 볼 때 대체로 육조(六朝) 이후의 일이다.

대서본『설문·심(心)부수』에서 이렇게 말했다. "파(怕)는 아무 것도 하지 않다(無爲)는 뜻이다. 심(心)이 의미부이고 백(白)이 소리부이다. 독음은 필(匹)과 백(白)의 반절이다. 또 파(葩)와 아(亞)의 반절로도 읽힌다."

『만상명의·심(心)부수』에서는 이렇게 말했다. "파(怕)는 보(普)와 백(白)의 반절로 읽힌다. 고요하다는 뜻이다(靜也)." 여기서는 아직 '두려워하다'라는 의미가 포함되지 않았다. 가장 마지막으로,『송본옥편』에서 "파(怕)는 보(普)와 매(罵)의 반절로 읽힌다. 두려워하다는 뜻이다(恐怕也)."라고 함으로써 비로소 '파(怕)'가 '두려워하다(恐怕)'라는 의미로 사용되었다.

『설문』에서 "파(怕)는 필(匹)과 백(白)의 반절로 읽히며, 아무 것도 하지 않다(無爲)는 뜻이다."라고 했다.

『문선·사마상여(司馬相如)「자허부(子虛賦)」』에서 "무위에 머물고, 스스로의 만족에 편안해 한다(怕乎無爲, 憺乎自持.)"라고 했는데, 이선(李善) 주석에서 "여기서 파(怕)는 박(泊)과 동일하게 사용되었다."라고 했다.

『사기』와『한서』에서는 모두 이를 "박호무위(泊乎無爲)"로 기록했다.

또『예석(隸釋)·한산양태수축목후비(漢山陽太守祝睦後碑)』에서는 "넓은 연못처럼 깊이 알고, 신중하게 지켜야 할 바를 지킨다.(淵然深識, 怕然執守.)"라고 했고,『법원주림(法苑珠林)』권7에서 인용한「법구유경(法句喩經)」에서는 "적멸에 이르려면 마음을 당겨서 정도를 지켜야 하고, 조용히 집착을 떨쳐 무심에 이르러야 열반에 이를 수 있다.(當求寂滅, 攝心守正, 怕然無想, 可得泥洹.)"라고 했다. 이에 대한 자세한 것들은『중고한자류변(中古漢字流變)·심(心)부수』를 참조하면 된다.

　일본어에서 '박(泊)'은 '멈추다(止)'와 '멈추게 하다(使…止)'의 두 가지 의미를 가지며, 이 둘은 각각 'とまる'(자동사)와 'とめる'(타동사)로 구분된다.

(2) '향일(向日)': 피일(避日)인가 아니면 기우(祈雨)인가?

　　"王向日而立, 王滄至帶."

　여기서의 '향(向)'의 글자구조는 ⺻로 되었는데, 이는 제5책의 「경건납지(競建內之)」의 '향방(鄉邦)'에서도 보인다. '창(滄)'은 추위를 의미한다. 현재 「십삼경주석·예기·치의(緇衣)』편에서 인용한 「상서·군아(君牙)』에서는 "「君雅」曰: 夏日暑雨, 小民惟曰怨. 資冬祁寒, 小民亦惟曰怨.(「군아」에서 이르길, 오직 여름의 더위와 비가 백성이 원망하는 바이고, 겨울의 추위 또한 백성이 원망하는 바이다.)"라고 했다.

　필자의 생각은 이렇다.

　금본(今本) 『상서』의 「치의(緇衣)」편에서는 이를 "夏暑雨, 小民惟曰怨咨; 冬祁寒, 小民亦惟曰怨咨.(여름철 무더위와 비에 어린 백성들은 오직 원망하며 탄식할 뿐이고, 겨울철 혹한에도 어린 백성들은 또한 오직 원망하며 탄식할 뿐이다.)"이라 적었다. 또 곽점초묘죽간 「치의(緇衣)」에서는 "日俗(溽)雨, 少(小)民隹(惟)曰悁; 晉冬旨(祈)滄, 少(小)民亦隹(惟)曰悁.(날이 후덥지근하고 비가 오면, 어린 백성들은 오직 원망할 뿐이고, 겨울철 추위가 심해지면, 어린 백성들은 또한 오직 원망할 뿐이다.)"이라 적었다. 이렇게 볼 때 '한(寒)'과 '창(滄)'은 각기 초나라 죽간에서 동일한 개념을 기록한 다른 글자임을 알 수 있다. 또 '대(帶)'는 '체(墆)'와 통하고, 체(墆)와 체(滯)는 동일한 개념을 기록한 다른 글자이다. 『송본옥편・토(土)부수』에서 "체(墆)는 도(徒)와 계(計)의 반절과 도(徒)와 결(結)의 반절 두 가지로 읽힌다. 체예(墆翳)는 은폐한 모양을 말한다(隱蔽兒)."라고 했다. 당나라 필사본『만상명의・사(土)부수』에서는 "체(墆)는 달(達)과 계(計)의 반절로 읽힌다. 오래 되다는 뜻이다(久也). 머무르다는 뜻이다(停也). 저장하다는 뜻이다(貯也). 그치다는 뜻이다(止也)."라고 했다. 『관자・법법(法法)』에서는 "商無廢利, 民無遊日, 財無砥墆.(상인들에게 이윤 없는 장사는 없으며, 백성들에게 쉬는 날이란 없고, 재물은 쌓이지 않는 법이다.)"라고 했다. 『한서・식화지(食貨志)』(하)에서는 "而富商賈或墆財役貧, 轉轂百數.(부유한 상인이 재산을 쌓아두고 가난한 이들을 부려 돈을 버는데, 돌고 돌려 백배는 번다.)"라고 했는데, 안사고(顏師古)의 주석에서 "체(墆)는 머무르다는 뜻이다(停也)."라고 했다. 또『전례만상명의』에서 "제(懘)는 달(達)과 계의 반절로 읽힌다. 편안하다는 뜻이다(安也). 끝나다는 뜻이다(極也)."라고 했다. 『설문』에서 "체(懘)는 높다는 뜻이다(高也). 일설에는 끝나다는 뜻이라고도 한다(一曰極也). 또 일설에는 힘들고 어렵다는 뜻이라고도 한다(一曰困劣也). 심(心)이 의미부이고 대(帶)가 소리부이다."라고 했다.

따라서 "왕향일이립(王向日而立), 왕창지대(王滄至帶)."는 초나라 간왕이 태양에게 기우(祈雨)하여 가뭄을 멈추게 하는 구체적인 의식을 기록하고 있다. 즉 햇볕에 서서 기도하였으나, 강렬한 햇살로 인해 한기를 느껴 중단하게 되었고, 이는 아래에서 언급한 '서우일이병개(庶于日而病疥)'이기도 하다. "태양을 향해서 섰다"라는 것, 즉 '포쇄(暴曬: 햇빛에 몸을 드러냄)'는 기우 의식의 특징이다. 이후에 이는 '향일사전(向日射箭: 태양을 향해 화살을 쏨)'으로 발전하여 변형되는데, 후예(后羿)와 같은 인물이 그렇다. 이들은 모두 아래에서 인용할 「오례통고(五禮通考)」에서도 볼 수 있다.

『설원(說苑)』에서는 이렇게 말했다.

제(齊)나라에 큰 가뭄이 들자, 경공(景公)은 여러 신하들을 불러 모아 놓고 물었다. "하늘에서 비가 오지 않은 지 오래되었소. 백성들이 이미 굶주리고 있소. 내가 사람을 시켜 점(占)을 치게 하였더니, 재앙이 높은 산(山)과 넓은 물(水)에 있다 하였소. 과인(寡人)은 세금을 조금 거두어 영산(靈山)에 제사(祭祀)를 지내려 하오니, 가능하겠소?" 여러 신하들이 아무도 대답하지 않자, 안자(晏子)가 나서서 말했다. "불가합니다. 이곳에 제사를 지내는 것은 아무런 이익이 없습니다. 영산은 본래 돌(石)로 몸을 이루고, 초목(草木)으로 머리털을 삼으니, 하늘이 오래도록 비를 내리지 않으면 초목이 마를 것이고, 돌은 뜨거워질 것입니다. 저들도 어찌 비를 원하지 않겠습니까? 이곳에 제사를 지내는 것은 아무런 이익이 없습니다." 경공이 말했다. "그렇다면, 내가 하백(河伯)에게 제사를 지내고자 하오니, 가능하겠소?" 안자가 말했다. "불가합니다. 이곳에 제사를 지내는 것은 아무런 이익이 없습니다. 하백은 물(水)로 나라를 이루고, 어패(魚鱉)로 백성을 삼으니, 하늘이 오래도록 비를 내리지 않으면 샘물이 마르고, 모든 강이 말라버릴 것입니다. 나라가 멸망하고 백성이 사라질 것입니다. 저들이 어찌 비를 원하지 않겠습니까? 이곳에 제사를 지내는 것은 아무런 이익이 없습니다." 경공이 말했다. "그렇다면 지금 어떻게 해야 하오?" 안자가 말했다. "지금 진심으로 궁전(宮殿)을 떠나 들판에 나가, 영산과 하백과 함께 걱정하고 괴로워해야 비가 내릴 것입니다." 이에 경공은 들판으로 나가서 삼일 동안 머물렀고, 결국 하늘에서 큰 비가 내렸으며, 백성들은 모두 씨앗을 뿌리고 나무를 심을 수 있었다. 경공이 말했다. "훌륭하도다! 안자의 말이 어찌 쓸모없겠는가? 그것은 참으로 덕(德)이 있는 말이로다."

'비를 기원함(請雨)'에 관한 두 번째 이야기로서 『원장사기구전(原長 沙耆舊傳)』에 다음과 같이 기록되어 있다.

축량(祝良), 자(字)는 명경(名卿)으로, 낙양령(洛陽令)이었으며, 그때 큰 가뭄이 들어 비를 기원하였으나 비가 오지 않았다. 축량은 자신의 몸을 뜰에 드러내어 진심으로 죄를 고백하였고, 진시(辰)에서 신시 (申)까지 하늘에 간청하자, 자색 구름이 모여들고 단비(甘雨)가 크게 내렸다. 백성들은 노래하기를, '하늘이 오래도록 비를 내리지 않아, 백성들이 살 곳을 잃었네. 천왕(天王)이 직접 나와, 축량이 특별히 고통을 감수하니, 정성스런 부적(符)에 감응하여, 큰비(滂沱)가 내려왔도다.'라고 하였다.

(祝良, 字名卿, 爲洛陽令, 時亢旱, 祈雨不得, 良乃暴身階庭, 告誠引罪, 自辰至申, 紫云遲起, 甘雨大降. 民歌之日: 天久不雨, 蒸民失所, 天王自出, 祝令特苦, 精符感應, 滂沱而下.)

'비를 기원함에 관한 두 번째 이야기로서『수신기(搜神記)』에 다음과 같이 기록되어 있다.

양보(諒輔), 자(字)는 한유(漢儒)로 광한(廣漢) 신도(新都) 사람이다. 젊어서 조정에서 일하였으며, 청렴하게 생활하였다. 그는 종사(從事)로 임명되었고, 크고 작은 일을 모두 해내며, 군현에서 존경을 받았다. 여름에 가뭄이 들자, 그는 오관연(五官掾)으로서 산천에 나아가 기도하며 말했다. "저는 군의 중책을 맡아, 충언을 하지 못하고, 어진 이를 천거하고 악한 이를 물리치지 못하며, 음양을 조화롭게 하지 못하여, 온 천하가 가뭄에 시달리고 만물이 마르고 백성들이 근심하게 되었습니다. 모든 죄는 저에게 있습니다. 태수(太守)가 내심 자신을 반성하며 중정(中庭)에서 자신을 드러내고, 저로 하여금 죄를 사죄하며 백성을 위해 복을 빌게 하였습니다. 효과가 없으면 저 자신을 다짐하노니, 정오(正午)까지 비가 내리지 않으면 제 몸으로 그 죄를 갚겠습니다." 이에 장작을 쌓고 쑥과 띠 풀을 모아 자신을 둘러싸고, 불을 지르려 하였다. 오후가 되자 산에서 기운이 일어나고, 천둥과 비가 크게 내려 온 군이 흠뻑 젖었다. 사람들은 그의 지극한 정성을 칭송하였다."

(諒輔, 字漢儒, 廣漢新都人. 少給佐史, 漿水不交, 爲從事, 大小畢擧, 郡縣
斂手. 夏枯旱, 時以五官掾出禱山川曰: 輔爲郡股肱, 不進諫納忠, 薦賢退惡,
和調陰陽, 至令天下否滿, 萬物燋枯, 百姓喁喁, 無所告訴, 咎盡在輔. 太守
內省責己, 自曝中庭, 使輔謝罪, 爲民祈福曰: 無效今敢自誓, 至日中雨不降,
請以身塞無狀. 乃積薪柴, 聚艾茅, 以自環, 構火將自焚焉. 至晡中時, 山氣
轉起, 雷雨大作, 一郡沾潤. 世以稱其至誠.)[11]

『오례통고(五禮通考)』 제23권에 기록된 『통감강목(通鑑綱目)』 삼편
(三編)에서는 이렇게 말했다.

홍무(洪武) 3년 5월에 가뭄이 들자, 6월에 황제(皇帝)가 몸소 산천(山
川)과 제단(壇)에서 기도하였다. 5일 후, 비가 내렸다. 황제는 서무(西
廡)에서 재계하였고, 황후(皇后)는 몸소 농가의 음식을 준비하였으며,
태자(太子)와 제왕(諸王)들은 재계하는 곳으로 음식을 손수 운반하였
다. 황제는 소복(素服)을 입고 짚신(草屨)을 신고 맨발로 제단에 나아
갔으며, 마른 풀 위에 앉고 한낮에 햇볕을 쬐며, 밤에는 땅에 누워
삼일을 보냈다. 황제는 명령을 내려 옥에 갇힌 죄수를 살피고, 관리
들에게 명하여 경서(經書)에 통달하고 치도(治道)에 밝은 사람을 찾
게 하였다. 5일 후, 큰비가 내렸다.
(洪武三年五月旱, 六月帝親禱于山川, 壇. 越五日, 雨. 帝齋于西廡, 皇後躬
執爨, 爲農家食, 太子諸王躬饋于齋所. 帝素服, 草屨, 徒步詣壇, 席槁, 曝日
中, 夜臥于地, 凡三日. 詔省獄囚, 命有司訪求通經術深明治道者. 越五日,
大雨.)

『서영(書影)』에 기록된 『고려연지(高閭燕志)』에서는 이렇게 기록했다.

태평(太平) 15년, 봄부터 비가 내리지 않아 5월까지 가뭄이 들었다.

---

11) 『御定淵鑒類函』 卷172, '請雨二'에 보존된 『說苑』; '請雨二'에 보존된 『原長沙耆
舊傳』.

관리가 우부왕(右部王) 순(荀)의 아내가 요괴를 낳았다고 보고하였으나, 곁에 있던 사람들은 알아차리지 못하였고, 얼마 지나지 않아 요괴가 사라졌다. 이에 순의 아내를 사당에 드러내자 큰비가 널리 내렸다. 지금 중국(中土)에서 큰 가뭄이 들면, 종종 어떤 부인이 가뭄을 일으키는 요괴를 낳았다는 소문이 돌아 사람들을 모아 그 부인을 붙잡고 물을 뿌리는데, 이를 '가뭄 요괴를 씻는다(澆旱魃)'고 한다.

(太平十五年, 自春不雨, 至于五月. 有司奏右部王荀妻産妖, 旁人莫覺, 俄而失之. 乃暴荀妻于社, 大雨普洽. 今中土大旱, 輒謠某婦産旱魃, 聚衆捽婦, 用水澆之, 名日澆旱魃.)[12]

나관중(羅貫中)의 『삼국지통속연의(三國志通俗演義)』 상책(上冊) '손책(孫策)이 신선(神仙)을 노하여 참함'에서는 이렇게 말했다.

우길(于吉)은 스스로 밧줄에 묶여 햇볕 아래에 드러내어 놓았다.……손책이 좌우를 호통 쳐 우길을 나무 덩굴 위에 올려놓고 사방에서 불을 지르자, 불길이 바람을 타고 일어났다.……우길은 나무 덩굴 위에 등을 대고 누워 크게 외치니, 구름이 모이고 비가 내리며 다시 태양이 나타났다."

(于吉乃取繩自縛, 曝于日中.……叱左右將于吉扛于柴棚, 四下擧火, 焰隨風起.……于吉仰臥在柴棚上, 大喝一聲, 云收雨注, 復見太陽.)[13]

'햇볕 쬐기(向日)'와 '햇볕에 드러내기(暴露)'는 비를 기원하여 가뭄을 막는 의식의 기본적인 절차로, 고금중외(古今中外)를 막론하고 계속되어 왔으며, 최근에는 인터넷에서도 관련 정보를 찾아볼 수 있다. 예컨대, 네팔 매체가 20일 보도한 바에 따르면, 네팔 서부의 두 마을에서 약 50명의 여성이 최근 전라 상태로 논밭에서 농사를 지었다고

---

12) [청] 周亮工, 『因樹屋書影』 第四卷, 91쪽(上海, 古典文學出版社, 1957年8月第1版).
13) [명] 羅貫中, 『三國志通俗演義』 上冊, '孫策怒斬于神仙', 283−284쪽(上海古籍出版社, 1980年).

한다. 그녀들은 이를 통해 '비의 신'을 감동시켜 그 지역에 비를 내리게 하려 했으며, 이 독특한 기우제(祈雨祭)는 18일 카트만두에서 서쪽으로 약 190킬로미터 떨어진 카피와스투 지역에서 열렸다. 사람들이 며칠 동안 기도하고 성대한 의식을 치렀으나 비가 내리지 않자, 여성들은 이 고대 전통 방식에 희망을 걸게 되었다. "이것이 우리의 마지막 무기입니다. 의식을 치른 후 실제로 약간의 비가 내렸습니다." 한 여성이 네팔『시티 뉴스(都會報)』와의 인터뷰에서 한 말이다.14)

편집자가 말한 옛 사람들이 밝은 햇볕을 향해 서 있는 것이 고명(高明)하고 광대(廣大)함의 상징이라는 것은 실로 허황된 말에 불과하다. 주목할 점은, 이 글의 간독문 하단에 나오는 초간왕(楚簡王)과 관련된 '북을 치며 그것을 건넜다(鼓而涉之)'라는 내용이 비록 명확하지 않지만, 대체로 전체적인 비를 기원하여 가뭄을 막는 의식과 통일된 것이라는 점이다. 현존하는 전승 문헌과 비교해 보면, 가뭄을 막는 것의 반대인 홍수 예방과 관련이 있는 것처럼 보인다. 위에서 인용한『어정연감류함(御定淵鑒類函)』 권172에 있는 『춘추번로(春秋繁露)』에서는 다음과 같이 기록되어 있다.

큰 가뭄이 들면 제사를 지내어 비를 기원하고, 큰 홍수가 나면 북을 치며 사당으로 쳐들어간다. 천지(天地)의 이치로 음양(陰陽)의 기운이 발생하는 곳에서, 혹은 비를 기원하고, 혹은 공격하는 것은 왜 그런가? 이렇게 답할 수 있다. 큰 가뭄은 양기(陽氣)가 음기(陰氣)를 없애는 것이다. 양이 음을 없애는 것은 존귀함이 비천함을 억누르는 것이므로 그 이치에 맞다. 비록 너무 지나쳐도, 비는 기원할 뿐이다. 큰 홍수는 음기가 양기를 없애는 것이다. 음이 양을 없애는 것은 비

---

14) "尼泊爾50名婦女全身赤裸田中耕地以求雨水", 北方網,
   http://news.enorth.com.cn/system/2006/08/21/001389080.shtml

『설문해자』인지분석

천함이 존귀함을 이기는 것이므로, 천한 자가 귀한 자를 능멸하는 것은 역절(逆節)이다. 그러므로 북을 치며 공격하는 것이다.

이것은 아마도 상기 인용한 『서영(書影)』에 기록된 '한발(旱魃) 신에게 물을 뿌리다'라는 풍습과 관련이 있을 것이다. 더 연구해 볼 필요가 있다.

'서일(庶日)'

> "龜尹知王之庶于日而病, 愈. 突釐尹知王之病乘. 龜尹速卜."
> (귀윤(龜尹)이 왕(王)의 햇볕에 나아감으로 인해 병이 나았다고 알았으나, 심해졌다. 요리윤(突釐尹)이 왕의 병세가 악화됨을 알았다. 귀윤을 불러 점을 쳤다.)

이에 대한 편집자의 해석은 다음과 같다.

'서우일(庶于日)'의 경우, 『관자·치미(侈靡)』에서 이렇게 말했다. "육축이 고르게 자라고, 오곡이 잘 익는다.(六畜遮育, 五穀遮熟.)" 윤지장(尹知章)의 주석에서 "차(遮)는 겸(兼)과 같다."고 했다. 대망(戴望)의 『교정』에서 홍이훤(洪頤煊)의 말을 인용하여, "차(遮)를 서(庶)로 읽는데, 고자(古字)에서는 통용되었다……『이아·석고(釋詁)』에서 '서(庶)는 많다는 뜻이다(衆)'라고 했다."

『설문·착(辵)부수』에서 이렇게 말했다. "차(遮)는 막다는 뜻이다(遏也). 착(辵)이 의미부이고 서(庶)가 소리부이다." 주준성(朱駿聲)의 『설문통훈정성(說文通訓定聲)』에서 이렇게 말했다. "차(遮)를 서(庶)로 빌려 쓴다." 그렇다면 서(庶)와 차(遮)는 통용된다. '차(遮)'는 막는다는 뜻이며, 즉 햇볕 아래서 볕을 쬐는 것을 말한다. 이는 죽간의 윗부분에서 말한 "왕이 몸소 점을 쳤다(王自臨卜)"와 "왕이 햇볕을 향해 섰다(王向日而立)"를 통해 비를 기원하는 의식을 규정한 것이다. "龜尹知王之庶于日而病, 芥悆愈迏. 釐尹知王之病乘.(귀윤은 왕이 햇볕 아래 서서 병이 났으며 갈수록 더욱 심해진다는 것을 알았고, 요리윤도 왕의 병세가 악화됨을 알았다.)" 여기서 문장은 이렇게 구두점이 찍힌다.

'요(宊)'의 경우, 『장자·제물론(齊物論)』에서 이렇게 말했다. "높게 우뚝 솟은 산림, 백 웅큼의 구멍이 난 큰 나무……부르짖는 소리, 울부짖는 소리, 굴속을 지나며 나는 소리, 음란한 소리, 앞서는 자는 앞에서 외치고 따르는 자는 뒤따라서 웅얼거린다.(山林之畏佳, 大木百圍之竅穴……叫者, 譹者, 宊者, 咬者, 前者唱于而隨者唱喁.)" 성현영(成玄英)의 『소』에서 이렇게 말했다. "요(宊)는 깊다는 뜻이며, 깊은 골짜기와 같다.(宊者, 深也, 若深谷然.)" '승(乘)'의 경우, 실제 자형은 두 발(⺊⺊)이 두(豆) 위에 놓인 모습을 그렸으며, 이로부터 '오르다'는 의미가 나왔고, 여기서는 병세가 더해짐을 의미한다.

『좌전·소공(·昭公)』 3년에서 "진씨 가문에서는 세 가지 세금의 양(量)에 모두 하나씩 더했다(陳氏三量, 皆登一焉)."라고 했는데, 두예(杜預)의 주석에서 이렇게 말했다. "등(登)은 더한다는 뜻이다. 하나를 더한다는 것은 옛 양(量)에다 하나를 더한 것을 말한다.(登, 加也. 加一, 謂加舊量之一也.)" 『좌전·환공(桓公)』 2년에서 "덕은 검소하면서도 절도가 있어야 하고, 증가와 감소에는 일정한 수가 있어야 한다.(夫德儉而有度, 登降有數.)"라고 했는데, 왕인지(王引之)의 『경의술문(經義述聞)·춘추좌전(春秋左傳)』(상)에서 이렇게 말했다. "등(登)은 그 수를 늘린다는 뜻이고, 강(降)은 그 수를 줄인다는 뜻이다."

"귀윤을 불러 점을 쳤다"는 것은 첫 번째 간독문자인 "왕이 몸소 점을 쳤다"에서 이어지는 말이다. 그래서 '속(速)'은 곧 '초치(招致)하다라는 뜻이다. 『시경·소아·벌목(伐木)』에서 "살찐 어린 양 잡아, 여러 존경하는 친구들 부르네.(旣有肥羜, 以速諸父)."라고 노래했는데, 정현(鄭玄)의 주석에서 이렇게 말했다. "속(速)은 부르다는 뜻이다." 『시경·소남·행로(行露)』에서 이렇게 말했다. "누가 그대에게 가정이 없다고 하는가? 어찌하여 나를 소송에 불러내는가?(誰謂女無家, 何以速我獄?)" 주희(朱熹)의 『집전(集傳)』에서 이렇게 말했다. "속(速)은 초래한다는 뜻이다."

(3) '밀복(謐卜)': 신복(愼卜)인가 아니면 밀복(密卜)인가?

"城于膚中者, 無有名山名溪, 欲祭于楚邦者虡, 尙謐而卜之于大夏."
("부(膚) 지역 안에 있는 성에는 유명한 산이나 계곡이 없다. 초나라에 제사를 지내고자 하는 자는 여전히 대하(大夏)에서 점을 쳐야 한다.")

편집자의 해석은 다음과 같다. 이 간문은 가뭄에 대한 제사와 명산 명천이 관련이 있음을 설명해 주고 있다. '성(城)'은 곧 나라를 뜻하며, 고대 왕조의 영토이다. '대하(大夏)'는 앞서 나온 첫 번째 간문 '대하에서 점을 쳤다(貞于大夏)'에 보인다. '밀(謐)'과 '밀(誣)'은 이체자이다.

『원본옥편·언(言)부수』에서 이렇게 말했다. "밀(謐)은 막(莫)과 귤(橘)의 반절로 읽힌다. 『이아』에서 '밀(謐)은 고요함을 말하며(靜也), 신중함을 말한다(脊也).'라고 했다. 고야왕(野王)의 주석에서 '『한시(韓詩)』에서 '賀以謐我(축하하여 나를 신중하게 하구나)'라고 했는데 이것이 이에 해당한다.'라고 했다." 『만상명의·언(言)부수』에서 이렇게 말했다. "밀(謐)은 막(莫)과 귤(橘)의 반절로 읽힌다. 고요함이다(靜也). 신중함이다(脊也)." 밀(謐)은 신중함이요(愼也), 구차하지 않음을 의미한다. 이는 앞서 나온 간문 "불러 점을 치다(速卜)"와 대조를 이루며, 뒤에 나오는 제6간(簡)의 "귀신의 통상적인 예를 감히 어지럽히지 않다(不敢變亂鬼神之常)"와 대응된다. 어떤 이는 '밀복(謐卜)'이 곧 '은밀한 점'을 뜻하여 지하에서 행하는 활동과 유사하다고 해석하기도 한다. 이는 구차스레 한 해석일진대, 전에 볼 수 없었던 해석이 아니겠는가!

(4) '유상(有常)': 상전(常典)과 살제(殺祭)

초간(楚簡)에서는 시(示)가 의미부이고 성(尚)이 소리부인구조로 되었으며, '상(常)'자로 사용되는데, 이는 초간 문자에서 제사에 관한 전용 글자로 볼 수 있다. 전국 초간 문자 데이터베이스에서는 총 8건의 기록이 확인되었다.

곽점초묘(郭店楚墓) 죽간(竹簡) 「치의(緇衣)」 제16간(簡)의 "長民者衣服不改, 頌(容)又(有)常, 則民惪.(백성을 다스리는 자는 의복을 바꾸지 않고, 용모에 일정함이 있으면, 백성들이 따를 것이다.)"에서 '상(常)'은 '🜚'으로 적었다. 또 「성지문지(成之聞之)」의 제32간(簡) "이는 옛날의 소인이 천상(天常)을 어지럽혀 대도(大道)를 거스르는 것이다(是古小人亂天常以逆大道)"에서는 '상(常)'을 '🜚'으로 사용했다. 또 제38간(簡)의 "말을 삼가고 자신에게서 구하면, 천상(天常)에 순응할 수 있을 것이다(言慎求于己, 而可以至順天常矣)."의 '상(常)'자도 동일하게 사용되었다. 제40간(簡)의 "옛 군자는 육립(六立)을 삼가여 천상(天常)을 제사지냈다(古君子慎六立以祀天常)."에서 '천상(天常)'도 동일하게 사용되었다.

상해박물관 소장 『전국초죽서(戰國楚竹書)』 제1책 「치의(緇衣)」 제9간(簡)에서 "子曰: 長民者衣服不改, □容有常.(공자께서 말씀하셨다. 백성을 다스리는 자는 의복을 바꾸지 않고, □용모에 일정함이 있다.)"이라 할 때의 '상

(常)'자는 '𥄵'으로 썼다. 본편 제5간(簡)의 "초나라에 상례가 있다(楚邦有常)", 제6간(簡)의 "그러므로 초나라의 귀신의 주인이 되어, 감히 군왕의 몸으로 귀신의 상례를 변화시키거나 어지럽히지 않는다(故爲楚邦之鬼神主, 不敢以君王之身變亂鬼神之常)."에서는 모두 제사가 '상례'임을 보여주었는데, 이는 초간왕(楚簡王)이 제창한 '속복(速卜)'으로부터 '살제(殺祭)'에까지 서로 대조를 이룬다. 『서전(書傳)』의 "상나라 왕 '수'는 오상을 능멸했다(金商王受狎侮五常)"라는 조항에서, "오상(五常)은 바로 오전(五典)이며, 오전(五典)을 능멸하여 인륜을 희롱한다.(五常, 五典也. 狎侮五典, 以人倫爲戲也.)"라고 했다.

'살제(殺祭)'의 경우, 제7간의 "夫上帝鬼神高明, 安敢殺祭?"('상제(上帝)와 귀신(鬼神)은 고명(高明)하니, 어찌 감히 살제하겠는가?')에 대해, 정리자는 다음과 같이 해석했다.

'살(殺)'은 '불풍불살(不豐不殺: 너무 풍성하지도 않고, 너무 박하지도 않다)'의 '살(殺)'과 같다. 고대에는 줄이고 차등을 두는 것을 모두 '살(殺)'이라 했다. 예를 들어 『주례·지관·름인(廩人)』에서는 "음식이 사람에게 두 솥을 채울 수 없다면, 나라의 백성을 이동시켜 곡식을 따라가게 하고, 왕에게 명하여 나라의 사용을 줄이게 하였다.(若食不能人二鬴, 則令邦移民就穀, 詔王殺邦用.)"라고 했는데, 정현(鄭玄)의 주석에서는 "살(殺)은 곧 '줄이다'는 뜻이다."라고 했다. 『공양전·희공(僖公)』22년에서는 "『춘추(春秋)』의 말이 번거롭지만 줄이지 않은 것은 정당하다.(『春秋』辭繁而不殺者, 正也.)"라고 했는데, 하휴(何休)의 주석에서는 "살(殺)은 생략하다는 뜻이다."라고 하였다. 『예기·문왕세자(文王世子)』에서는 "그 족속의 음식은 세대를 내려가면서 한 등급씩 낮추어 친척의 친한 정도를 줄여 나간다.(其族食, 世降一等, 親親之殺也.)"라고 했는데, 정현의 주석에서는 "살(殺)은 차등을 두는 것이다."라고 하였다.

(5) '유(攸(修)': 수신(修身)인가 아니면 수사(修祀)인가?

'유(攸)'를 '수(修)'로 사용하는 현상에 대해, 전국 초간 문자 데이터 베이스에서 7건의 기록이 확인되었다. 예를 들어, 곽점 초묘 죽간『노자』을종본(乙種本) 제16간, 제17간(簡)의 '유지신(攸(修)之身)', '유지가(攸(修)之家)', '유지향(攸(修)之向(鄉)', '유지방(攸(修)之邦)' 등에서 모두 '유(攸)'를 '수(修)'로 사용하고 있다. 또한 「성자명출(性自命出)」의 제56간에서는 '유신자야(攸身者也)'에서도 이와 같은 용례가 보인다. 상해박물관 소장 『전국초죽서(戰國楚竹書)』 제1책 『성정론(性情論)』 제25간의 "혼도반기, 유신자야(昏(聞)道反己, 攸(修)身者也)."에서도 동일한 용례가 보인다.

본 편에서 '유(攸)'는 곧 '수(修)'로 사용되며, 제15간의 '수사교(修四郊)'와 결합하여 볼 때, 본 죽간은 위에 나열된 여러 죽간과는 달리 추상적인 의미가 아닌, 구체적인 제사 의식을 지칭하는 것으로 보인다. 『한서・교사지(郊祀志)』(하)에서 이렇게 말했다. "대저 천자가 천지(天地)를 존숭하고 산천에 제사를 지내는 것은 고금(古今)을 통하는 예이다.(蓋聞天子尊事天地, 修祀山川, 古今通禮也.)" 본 편에서 태재(太宰)의 답변은 '한모(旱母)'와 '수사(修祀)'의 관계를 포함하고 있으며, 이를 통해 전국시기의 다른 지역에서 발생한 재이(災異) 학설과 연관 지을 수 있다.

첫째, 첫째, 한모(旱母: 가뭄의 어머니)가 출현하는 것은 상제(上帝: 하늘의 신)가 초나라에 제사를 바로잡으라는 명령을 내리려는 징벌의 조짐이다. 둘째, 이러한 징벌은 다음과 같이 나타난다. 즉 제사를 제대로 지내지 못하는 제후국 군주에게는 가뭄을 형벌로 내려 그 해의 수확을 잃게 하고, 국군(國君)에 대한 형벌로는 한모가 가뭄을 일으켜 백성들이 나라를 떠나게 하여 그 백성을 잃게 한다. 이를 통해 제사를 바로잡고 백성을 보호해야만 재앙을 없앨 수 있다는 관념이 전국 시대 각 지역에 이미 보편적으로 존재했음을 알 수 있다.

한모(旱母)의 출현은 상제(上帝)가 초나라에 제사를 진행하도록 명령하려는 징계이다. 둘째, 이러한 징계는 다음과 같은 형태로 나타난다. 제사를 지낼 수 없는 제후 군주에게는 한재(旱災)를 형벌로 내려 그 해의 수확을 잃게 하고, 국군(國君)에게는 한모(旱母)가 가뭄을 일으켜 백성들이 국토를 떠나게 함으로써 백성을 잃게 한다.

즉, 제사를 지내고 백성을 보호함으로써 재이(災異)를 없앨 수 있다는 관념은 전국 시대 각지에서 이미 보편적으로 존재하고 있었다는 것을 알 수 있다.

(6) '한모(旱母)': 한발(旱魃)인가 아니면 모한(母旱)인가?

'한발(旱魃)'이나 '여발(女魃)'로도 불리는 '한모(旱母)'는 대머리를 특징으로 하여 '병개(病疥)'와 상응한다. 『송본옥편·여(女)부수』에서 이렇게 말했다. "발(魃)은 보(蒲)와 활(活)의 반절로 읽힌다. 천자(天子)의 사격(射擊)을 말한다. 『설문(說文)』에서는 '아름다운 여인'이라 했다. 『문자지귀(文字指歸)』에서는 '여발(女魃)은 머리카락이 없는 대머리라 그가 머무는 곳에는 하늘에서 비가 내리지 않는다.'라고 했다." 『명의』에서 이렇게 말했다. "발(魃)은 박(薄)과 갈(葛)의 반절로 읽힌다. 발(魃)자이다." 『육가시명물소(六家詩名物疏)』의 '한발(旱魃)' 조항에서 이렇게 말했다. "『설문』에서는 '발(魃)은 한귀(旱鬼)이다.'라고 했다. 『신이경(神異經)』에서는 '남방에는 키가 2-3척 되는 사람이 있는데, 몸을 벗고 있으며, 눈이 이마 위에 있고, 바람처럼 달리는데, 이름을 발(魃)이라 한다. 그가 나타난 나라에는 큰 가뭄이 들어 땅이 천 리에 걸쳐 붉게 된다. 다른 이름은 한모(旱母)이며, 그를 만난 자가 오물을 던지면 즉시 죽고, 한재가 사라진다.'라고 했다." 『산해경(山海經)』에서 이렇게 말했다. "계곤지산(繫昆之山)에는 사람이 있는데, 푸른 옷을 입고, 이름은 황제의 딸 발(魃)이라 한다. 황제가 치우를 기주(冀州) 들판에서 공격할 때, 치우가 풍백(風伯)과 우사(雨師)에게 부탁해 큰 비바람을 일으켰다. 황제가 천녀(天女) 발을 내려 비를 멈추게 하여 치우를 죽였다. 발은 다시 하늘로 올라가지 못하고, 머무는 곳마다 비가 내리지 않는다. 숙균(叔均)이 말하기를, 황제가 그를 적수(赤水) 북쪽에 두었고, 그를 쫓아내고 싶을 때는 신북행(神北行)이라고 명령했다." 『문자지귀(文字指歸)』에서는 에서 이렇게 말했다. "여발(女妭)은 대머리로 머리카락이 없다." 『원본광운(原本廣韻)』에서 이렇게 말했다. "발(妭)은 여자 귀신(鬼婦)이다." 『문자지귀(文字指歸)』에서는 에서 이렇게 말했다. "여발(女妭)은 머리카락이 없는 대머리라 그가 있는 곳에는 하늘에서 비가 내리지 않는다."

본 편에서는 '한모(旱母)'(제11간)와 '모한(母旱)'(제12간) 두 가지 형태가 등장하는데, 이는 간문 작성자의 실수로 인한 오탈자로 의심된다.

(7) '앙호(卬號)': '호효(號詨)'인가 아니면 '후효(後詨)'인가?

"王卬(仰)天, 句(後)而洨(詨)胃(謂)太宰."
(왕이 하늘을 우러러보며 통곡하고서 태재에게 말하였다.)

이에 대한 편집자의 끊어 읽기와 해석은 다음과 같다.

‘구(句)’의 원형은 ‘규(丩)’로 구성되지 않고, ‘구(口)’가 의미부이고 ‘교(丂)’가 소리인 구조이다. 그래서 이는 ‘호(號)’로 해석해야 한다. 『설문』에서 이렇게 말했다. “호(号)’는 아파서 내는 소리이다. 구(口)가 교(丂) 위에 놓인 모습이다.” 『명의(名義)』에서는 에서 이렇게 말했다. “호(号)’는 호(胡)와 도(到)의 반절로 읽힌다. 시호(諡)를 말하며, 부르다는 뜻이며, 이름을 말하며, 소리쳐 부르다는 뜻이며, 알리다는 뜻이다.(號, 胡到反. 諡也. 呼也. 名也. 召也. 告也.)” 『원본옥편·호(号)부수』에서 “호(号)는 ‘□□□之’이다.”라고 했는데, 두예(杜預)의 주석에서 “울며 부르짖는 것을 말한다.”라고 했다. 『이아』에서는 “호(号)는 부르다는 뜻이다”라고 했는데, 곽박(郭璞)의 주석에서 “지금 강동(江東) 지역에서는 모두 호(号)라고 한다.”라고 했다. 고야왕(野王)의 주석에서 이렇게 말했다. “호(号)는 부르는 소리를 말하며, 독음은 ‘효(嚻)’이고, ‘호(護: 말로 감싸다)’의 의미를 담고 있다.”

 『주역·구이(九二)』의 ‘상(惕)’에서 이렇게 말했다. “밤늦게 울부짖고 전쟁이 났다 하더라도 근심하지 말라.(号暮夜有戎勿恤).” 『모시(毛詩)』에서 이렇게 말했다. “혹자는 호(号)라 하고 혹자는 호(呼)라고 쓴다(或号或呼是也).” 『설문(說文)』에서 이렇게 말했다. “호(号)는 아파서 내는 소리를 말한다.” 『광아(廣雅)』에서 이렇게 말했다. “호(号)는 울부짖다는 뜻이다.” 『주역주석(周易注疏)』의 ‘구이(九二)’에서 “두려워하며 울부짖더라도, 깊은 밤에 전쟁이 났다 하더라도 근심하지 말라(惕号莫夜有戎勿恤).”라고 했는데, 『주』에서 이렇게 말했다. “건강한 곳에 거하고 중도(中道)를 밟으며, 이를 통해 일을 결단하니, 자신의 한계를 잘 판단하여 의심하지 않는 자이다. 그러므로 비록 두려움과 울부짖음이 있어도, 밤중에 전쟁이 있더라도 걱정하지 않고 의심하지 않으므로 염려하지 않는다.” 상(象)에서 이르길, ‘전쟁이 있어도 염려하지 않는 것은 중도를 얻었기 때문이다.'(惕號莫夜有戎勿恤.『注』: 居健履中, 以斯決事, 能審已度而不疑者也. 故雖有惕懼號呼, 莫夜有戎, 不憂不惑, 故勿恤也. 象曰: 有戎勿恤, 得中道也.)"

편집자의 문자 해석으로는 '구(句)'가 아직 이해되지 않았으며, '후(后)'로 통용된다고 하였으나, 이는 근거가 없다. 곽점 초묘 죽간 「치의(緇衣)」 제40간에서는 "子曰: 句(苟)又(有)車, 必見其…… 句(苟)又(有)衣, 必見其幣(敝). 人句(苟)又(有)言, 必聞其聖(聲); 句(苟)又(有)行, 必見其成."에서의 '구(句)'는 모두 '旬'로 사용되었다.

따라서 본 죽간은 "왕이 하늘을 우러러보며 울부짖고, 태재에게 말하였다"로 해석되어야 한다.

(8) '유야(有埜)': 교사(郊祀)의식인가 아니면 재민(災民)의 발견인가?

제16간 "晶(三)日, 王又(有)埜(野), 色逗者(睹)又(有)焱人. 晶(三)日, 大雨, 邦惪(瀝)之."
("삼일 동안 왕이 들에서 제사를 지내니, 놀라운 광경을 보았다. 삼일 후, 큰 비가 내리니, 나라가 물에 잠겼다.")

정리자의 해석은 다음과 같다.

제16간의 상반부에 대한 정리자의 해석은 "삼일 동안 왕이 사방의 근교(四郊) 밖으로 나가서 기근에 시달리는 자들을 놀라 바라보았다." 라고 설명했다. 그러나 이러한 해석은 다소 현대적인 감각이 강하게 느껴진다.

먼저, 국군(國君)이 '모처에 있다(有于某處)'는 것은 단순히 어떤 곳에 왔다는 의미가 아니다. 이는 "들판에서 제사를 지내다(有事于野)"는

『설문해자』인지분석

뜻, 즉 고대 문헌과 출토 문서에서 보편적으로 나타나는 "들에서 몸소 제사를 지냈다"는 의미이다.15)

---

15) 唐碑板 문자에서 '어떤 명산 등지'에서 '일이 있다(有事)'는 것에 관한 기록에는 다음의 것들이 있다.

"有事于南郊": 唐開元二十七年『趙庭墓志銘幷序』(『彙編』 24冊 88쪽): '服閱, 甲子廿八, 屬今天子有事于南郊, 君以先後之親, 得陪位. ……三考又我皇上展柴祭之儀于泰山. 特敕授東封齋郎, 改任衛州司士.'

"有事南郊": 太壹山人申屠泚撰, 集賢院禦書手趙守□□, 唐天寶八載『□□□(忠義)墓志銘幷序』(『彙編』 40冊 124쪽): '天寶六載二月, 歲始東作, 有事南郊, 功臣預奉方壇, 咸陪大禮.'

"有事南郊": 唐天寶十三載『開國伯上柱國何德墓志銘幷序』(『彙編』 40冊 133쪽): '天寶六載, 有事南郊. 以公元勳, 特拜將軍.'

"有事名山": 唐開元二十四年『白鹿泉神君祠碑』(『彙編』 24冊 4쪽. 拓片 碑高 183센티미터, 寬 102센티미터. 韋濟撰, 裴抗隸書幷篆書. 碑左側刻三川野叟詩, 右側刻唐·宋人題名等, 此本未收): '開元□□□, 日在東井. 自春不雨, 至于是月. 濟蕭承嘉命, 有事名山. 齋宿泉源, 靜恭旁禱. 神必響答, 靈液□□. 嘉苗來蘇, 歲以穰熟. 夫後造化而出, 奇功也. 活弍軍之衆, 立勳也. 廣利百姓, 善化也. 施不違素, 善信也. 非夫聖祚旁通, 坎靈濳發. 是能薦種于德, 左右犁入若兹者乎. 宜蒙法食, 昭著祠典. 而荒涼苔石, 埋穢榛蕪. 歷代彌年, 莫之旌賞. 碑板無紀, 堂象缺然. 非所謂無德不酬, 有功必祀. 迺命縣屬, 率徹俸錢, 掃除林麓, 修創庭廟. 吏人欣願, 不日而成. 兼旁構數亭, 以休神憩侶. 因石爲室, 卽山取材. □□以茨, 不皮不斲. 爾迺面大道, 臨長亭, 襟西晉, 欵東溟. 半二縣之封疆, 束百會之車馬. 重巖屛遶, 連池珠沸. □渝洞澈, 蒽青露蔚. 澄漪冰寒, 華清露味. 于是遊閭鄉族, 仁智名儒, 轂擊肩摩, 鬱撓洷裔. 感靈泉之舊哉, 忻厥命之惟新. 或篤言乎令節, 或祈谷乎農辰. 吟詠嗟歎, 彈弦鼓舞. 去者思還, 來者忘歸. 此裏仁之爲美, 寔神君之所相也.'

李陽冰撰幷書, 唐乾元二年『城隍廟碑』(『彙編』 27冊 17쪽): '城隍神祀典無之, 吳越有之. 風俗水旱疾疫, 必禱焉. 有事乾元二年秋七月不雨. 八月旣望, 縉云縣令李陽冰躬祈于神. 與神約曰: 五日不雨, 將焚其廟. 及期, 大雨, 合境告足. 具官與耆耋群吏, 乃自西谷遷廟于山顚, 以答神休.'

필자의 생각은 이렇다. '어떤 곳(某處)'에서 '일이 있다(有事)'는 것은 고대 제사 의식의 잔재이며, 선진(先秦) 시대 문헌에 기록되어 있다. 후세의 문헌에서도 이러한 관습은 자주 등장한다. 예를 들어, 진(晉)나라의 도잠(陶潛: 도원명)의 「귀거래사(歸去來辭)」의 「서문」에서, "많은 친척들이 나에게 오래도록 관직에 있으라고 권유하였다. 그러나 뜻이 있는 자는 헛되이 구하지 않으며, 일이 사방에서 일어난다. 제후들은 덕을 미덕으로 여기고, 가문의 어른은 나머지 가족이 가난하다고 여겨 소읍에서 이를 사용한다. 결론적으로 말하자면, '친척의 정을 기쁘게 하는 말을 사랑하고, 음악과 문학으로 근심을 풀어준다. 농부들이와 동시에, 제16간의 내용은 앞서 나온 제15간의 "왕이 사교(四郊)에서 제사를 지내기로 약속하였다.(王許諾修四郊)"와 연결되며, 별개의 이야기가 아니다. 또한 '색(色)'과 '두(逗)'에 대한 해석도 연구자들에 의해 다소 난해하게 설명되었으나, 이는 모두 사교에서 제사를 지내는 의식에 관한 내용이다. '색(色)'은 사교(四郊)에서의 제사와 관련된 배치와 관련된 것인데, 사교에 따라 흙의 색이 달라진다.

문헌의 경우에도 멀리 갈 것 없이, 정리자가 인용한 『오례통고(五禮通考)』 권23에 있는 『태조실록(太祖實錄)』의 기우제를 지내기 위해 제단을 설치피한 것에 관한 내용에서 살펴보면 다음과 같다.

"각 제단에서는 송아지, 양, 돼지를 각각 한 마리씩 제물로 바치고, 제물을 바칠 때는 태세(太歲), 풍(風), 운(雲), 뇌(雷), 우(雨)의 신에게는 흰색을 사용하며, 나머지는 각각 그 방위의 색을 따른다. 변두(籩豆)와 보궤(簠簋)는 사직의 예를 따르되, 한 가지 음식을 올리고, 큰 국과 작은 국 두 가지를 올리며, 의식은 일반적인 제사와 같이 한다.(每壇牲用犢羊豕各一, 幣則太歲風雲雷雨, 用白, 餘各隨其方色. 籩豆簠簋, 視社稷, 登一實, 以大羹鉶二實, 以和羹, 儀同常祀.)"

『우공추지(禹貢錐指)』 권10의 「궐토유황양(厥土惟黃壤)」 조항에서 이렇게 말했다. "임씨(林氏)가 말하길, '천하의 물건 중 본래의 성질을 지닌 것이 가장 귀하다. 흙의 색은 본래 황색이니, 이 주(州)의 황양(黃壤)은 그 전지가 최상급이며 다른 주에서는 미치지 못한다.'(林氏曰: 天下之物, 得其常性者最貴. 土色本黃, 此州黃壤, 故其田爲上上, 而非餘州

은 나에게 봄이 오면 서쪽 고을에서 일이 생길 것이라고 말하였다. 그들은 마차를 몰거나 배를 탈 것이다.'(親故多勸餘爲長吏, 脫然有懷, 求之靡途. 會有四方之事, 諸侯以惠愛爲德, 家叔以餘貧苦, 遂見用于小邑.' 辭: '悅親戚之情話, 樂琴書以消憂. 農人告餘以春及, 將有事于西疇. 或命巾車, 或棹孤舟.')"

　　　　　　　　　　　　　『설문해자』 인지분석

之所及.)"

‘두(逗)’는 초간(楚簡)에서 종종 제사와 기원 활동에 사용된다. 예를 들어, 포산초간(包山楚簡)「복서제도기록(卜筮祭禱記錄)」제219간에서 이렇게 말했다. "저(藷)가 붕패(繃佩)를 만들어 지주(地主)에서 일하(一 毆)를 향한 제사를 지내고, 백견(白犬)을 제물로 바쳐 하늘의 두 천자 (天子)에게 돌려보냈다. 갑인일(甲寅日)에 소양(疋昜)에서 두(逗)를 거행 하였다.(藷爲繃佩, 之厭一毆于地主; 賽禱一白犬, 歸冠于二天子. 甲寅之日, 逗于疋昜.)"

초간 본문에서는 ‘두(逗)’를 ‘투(投)’로 읽는데,『문선・마융(馬融)「장 적부(長笛賦)」』에서 이렇게 말했다 "고로 귀 기울여 곡을 듣는 자는 리 듬에서 법을 관찰하고, 구투(句投)에서 변화를 살펴, 예제(禮制)가 넘지 못할 바까지도 알게 된다.(故聆曲引者, 觀法于節奏, 察變于句投, 以知禮制 之不可踰越焉)" 당나라 이선(李善)의 주석에서 이렇게 말했다. "『설문』 에 말하기를, 두(逗)는 멈춘다는 뜻(止也)이라고 했다. 투(投)와 두(逗)는 고자에서 서로 통하며, 독음은 두(豆)이다. 투(投)는 구(句)가 멈추는 곳 이다." 구두(句逗)는 달리 말하면 ‘절주(節奏: 리듬)’를 의미한다."

본 죽간에서 ‘두(逗)’는 교제(郊祭)에서 수신(水神)에게 바치는 제사 를 의미하며, 이를 통해 비를 기원한다.『이아주소』권5에서 이렇게 말했다. "강에 제사지내는 것(祭川)을 부침(浮沉)이라 한다.『주』에서 ‘물에 제물을 던져 넣으면 떠오르거나 가라앉는다.’라고 했다."『이아 익(爾雅翼)』권15에서 이렇게 말했다. "[제비가] 물로 들어가면 신합(蜃 蛤: 조개)이 된다.『회남자』에서는 ‘제비가 조개로 변한다’라고 하였다. 오늘날 사람들이 말하는 신(蜃)은 교룡(蛟龍)의 일종이다. 기운을 내뿜 어 누대(樓台)를 만들고, 제비(燕)가 소식하는 것을 노려 잡아먹는다. 또 말하기를 용이 제비를 씹어 태우면 물이 말라버린다고 하고, 이를

던져 넣으면 물이 즉시 불어난다고 하였다. 지금 사람들도 이를 던져
넣어 비를 기원한다."

간독문의 하단에 대한 정리자의 해석은 『오례통고(五禮通考)』를 인
용한 것일 뿐이다. 필자의 생각은 이렇다. 『오례통고』 권23에서 모아
놓은 문헌들은 바로 『명태조실록(明太祖實錄)』에 따르면 다음과 같은
내용에 지나지 않는다.

> 갑오년 7월, 저(滁) 땅의 풍산(豐山)의 백자담(栢子潭)에서 기우제를
> 지냈다. 그때 저(滁) 지역에 큰 가뭄이 들어 황제가 이를 걱정하였다.
> 저(滁) 지역 서남쪽 풍산 양곡의 백자담에 용의 사당(龍祠)이 있었는
> 데, 이곳에서 물과 가뭄에 대해 기도하면 즉시 응답이 있었다. 기도
> 를 마치면 물고기가 뛰어오르거나 거북이와 악어가 떠오르는 것이
> 모두 비가 내릴 징조였다. 황제는 이미 재계하고 목욕을 마친 후, 기
> 도하러 갔고, 기도를 마치고 연못 서쪽 절벽에 서서 오랫동안 아무
> 것도 보지 못하였다. 이에 활을 당기고 화살을 쏘며 기원하였다. "가
> 뭄이 이와 같으니, 내가 백성을 위해 기도하노라. 신이 이 땅에서 제
> 물을 받으니, 어찌 백성을 걱정하지 않을 수 있겠는가? 내가 이제
> 신과 약속하노니, 삼일 안에 반드시 비가 내릴 것이다. 그렇지 않으
> 면 신은 이곳에서 제사를 받지 못할 것이다." 기도를 마치고 연달아
> 세 번 화살을 쏘고 돌아갔다. 삼일 후, 큰 비가 쏟아졌다. 황제는 곧
> 비가 오는 동안 다시 찾아가 감사 인사를 하였으며, 그 해 저지에서
> 는 큰 수확을 이루었다.
> (甲午歲七月, 禱雨于滁之豐山栢子潭. 時滁大旱, 帝憂之. 滁之西南豐山陽谷
> 栢子潭有龍祠, 水旱禱之輒應. 旣禱, 或魚躍或黿鼉浮, 皆雨兆. 帝旣齋沐,
> 徒禱, 禱畢, 立淵西崖, 久之無所見. 乃彎弓注矢, 祝曰: '天旱如此, 吾爲民
> 致禱. 神食茲土, 其可不恤民?吾今與神約, 三日必雨. 不然, 神恐不得祠于此
> 也. '祝畢, 連發三矢而還. 後三日, 大雨如注. 帝卽乘雨徒謝, 是歲滁大熟.)

『명사·예지·(禮志)·대우(大雩)』에서 이렇게 말했다.

　　　　　　　　　　　『설문해자』 인지분석

명(明)나라 초기에는 물과 가뭄 등의 재해 및 비상 변이 발생 시, 황제가 직접 기도하거나 궁중에서 공개적으로 알리거나 봉천전(奉天殿)에서 기도하거나, 관리를 파견하여 교묘(郊廟)와 능침(陵寢), 사직(社稷) 및 산천(山川)에 제사를 지내는 등 일정한 의례 없이 행하였다. 홍무(洪武) 2년, 태조(太祖)는 봄에 오랫동안 비가 오지 않자 여러 신들에게 기도하였다. 중앙에는 바람, 구름, 천둥, 비, 악진(嶽鎭), 해독(海瀆) 등 다섯 제단을 설치하였고, 동쪽에는 종산(鍾山), 양회(兩淮), 강서(江西), 양광(兩廣), 해남(海南), 북산(北山), 동산(東山), 연남(燕南), 연북(燕北), 제산(薊山), 천신(川神) 등의 신들에게 일곱 제단을 설치하였으며, 서쪽에는 강동(江東), 양절(兩浙), 복건(福建), 호광(湖廣), 형양(荊襄), 하남(河南), 하북(河北), 하동(河東), 화주(華州), 산천(山川), 경도(京都), 성황(城隍) 등의 신들에게 여섯 제단을 설치하였다. 중앙의 다섯 제단에서는 제물을 놓고 황제가 직접 예를 행하였으며, 양무(兩廡)에서는 관리들이 분할하여 헌제하였다.

(明初, 凡水旱災傷及非常變異, 或躬禱, 或露告于宮中, 或于奉天殿陛, 或遣官祭告郊廟陵寢及社稷山川, 無常儀. 洪武二年, 太祖以春久不雨, 祈告諸神祇. 中設風云雷雨嶽鎭海瀆, 凡五壇; 東設鍾山兩淮江西兩廣海南北山東燕南燕薊山川旗纛諸神, 凡七壇; 西設江東兩浙福建湖廣荊襄河南北河東華州山川京都城隍, 凡六壇; 中五壇, 奠帛初獻, 帝親行禮兩廡, 命官分獻.)

"자유희인(者(睹)有哭人)"의 경우, 이에 대한 편집자의 문자 해석은 다음과 같다. 사실 이 간문의 상하 연결을 보면 모두 '유사우야(有事于野: 교외에서 일을 거행함)'의 의식을 설명하고 있다. 여기서 '자(者)'는 『설문·백(白)부수』에 따르면 "자(者)는 일을 구분하는 문법소이다(別事詞也). 백(白)이 의미부이고 려(㫐)가 소리부이다. 려(㫐)는 려(旅)의 고문체이다." 이곳의 간문에서 '자(者)'는 '려(旅)'와 통용되며, 제물을 진열하여 제사를 지내는 것을 의미한다. 이는 '색(色)'과 '두(逗)'와 연결되어 사용된다.

『시경·소아·빈지초연(賓之初筵)』에서 "음식 그릇 많기도 하고, 고기 갈비 진열되어 있네.(籩豆有楚, 殽核維旅)."라고 했는데, 『모전』에서 "려(旅)는 진열한다는 뜻이다."라고 했다.

『주례·춘관·대종백(大宗伯)』에서 이렇게 말했다. "나라에 큰 변고가 있으면, 바로 상제와 사급에 대해 제사를 드린다.(國有大故, 則旅上帝及四望)." 정현(鄭玄)의 주석에서 "려(旅)는 진열한다는 뜻이다. 제사 일을 진열하여 기원한다."라고 했다.

『논어·팔일(八佾)』에서는 "계씨가 태산에게 제사를 올렸다(季氏旅于泰山)."라고 했다. 상해박물관 소장 『전국초죽서(戰國楚竹書)』 제5책에서는 '자(者)'와 '려(袤)'가 통용되었다. 예를 들어, 본문에서 '자(者)'는 제12간의 '능사자(能詞者)', '위군자(爲君者)' 및 제16간의 '자유희인(者有煲人)'에서 사용된다. 또 제5책 「내례(內豊)」에서는 '려(袤)'자가 사용되었는데, 예를 들어 제2간의 '고위인신자(古爲人臣者)', '불능사기군자(不能事其君者)', '고위인부자(古爲人父者)' 및 제4간의 '고위인체자(古爲人俤者)' 등에서 보인다.

'희인(煲人)'의 경우, 이 죽간에서는 '소(昭)'와 '화(火)'로 이루어졌는데, 이는 '소(炤)', '조(照)', '요(燋)'와 같은 글자이다. 초간에서는 이를 '교(炊)'로 사용하고 있다. 『전예만상명의·화(火)부수』에서 이렇게 말했다. "교(炊)는 공(公)과 도(倒)의 반절로 읽힌다. 나무가 타다는 뜻이다. 효(殽)는 효(炊)와 같다." 또 "조(照)는 지(之)와 요(曜)의 반절로 읽힌다. 촛불(燭)을 말한다. 밝다(明)는 뜻이다. 환히 알다(曉)는 뜻이다. 소(炤)는 위와 같다." 『광운』에서 이렇게 말했다. "조(照)는 지(之)와 소(少)의 반절로 읽힌다. 거(去)와 소(笑)의 반절로도 읽힌다. 빛나다(章)는 뜻이다." '교(炊)'에 대해서, 『집운(集韻)』에서 이렇게 말했다.

"이는 어(魚)와 교(教)의 반절로 읽힌다. 거(去)와 효(效)의 반절로도 읽힌다. 의심하다(疑)는 뜻이다." 나무를 쌓아 태워 사람을 제사 지내는 것은 고대에 비를 기원하는 의식에서 흔히 행해지던 일이다.

『증예기(增禮記)·단궁(檀弓)』(하)에서 이렇게 말했다. "가뭄이 들자, 목공(穆公)이 현자(縣子)를 불러 물었다. '하늘이 오랫동안 비를 내리지 않으니, 내가 곱사등이를 햇볕에 내보낼까 하는데 어떻겠소?'(歲旱, 穆公召縣子而問然, 曰: '天久不雨, 吾欲暴尪而奚若?')" 정현(鄭玄)의 주석에서 이렇게 말했다. "곱사등이(尪者)로 하여금 하늘을 향해 얼굴을 마주하고, 하늘이 그를 불쌍히 여겨 비를 내려 준다."

『어정연감류함(御定淵鑒類函)』권172의 '청우(請雨)(2)'에서 보이는 『증례기·단궁(檀弓)』에서 이렇게 말했다.

> 가뭄이 들자, 목공이 현자에게 물었다. "하늘이 오랫동안 비를 내리지 않으니, 내가 곱사등이를 햇볕에 내보려 하는데 어떻겠소?" 현자가 말했다. "하늘이 비를 내리지 않는데 사람을 햇볕에 내보내는 것은 자비롭지 않으니 할 수 없습니다." 그러자 목공이 다시 물었다. "그렇다면 무당을 햇볕에 내보내는 것은 어떻겠소?" 현자가 대답했다. "하늘이 비를 내리지 않는데 어리석은 여인에게 기대는 것은 멀리해야 할 일입니다." 다시 목공이 물었다. "시장을 옮기면 어떻겠소?" 현자가 대답했다. "천자가 죽으면 시장이 일주일 동안 닫히고, 제후가 죽으면 시장이 사흘 동안 닫힙니다. 이를 위해 시장을 옮기는 것은 옳습니다."
>
> (歲旱, 穆公召縣子而問曰: '天久不雨, 吾欲暴尪.' 而奚若曰: '天則不雨, 而暴人之疾子虐, 毋乃不可與?' '然則吾欲暴巫.' 而奚若曰: '天則不雨, 而望之愚婦人, 于以求之, 毋乃已疎乎?' '徙市?' 則奚若曰: '天子崩, 巷市七日. 諸侯薨, 巷市三日. 爲之徙市不亦可乎?')

이러한 문헌은 비를 기원하는 의식으로 '폭왕(暴尪)'과 '폭무(暴巫)'가 존재했음을 설명하지만, 이는 비교적 이른 시기에 폐지된 것으로 보인다. 만약 전국 중기 이후의 『전국초죽서(戰國楚竹書)』에 여전히 '희인(熹人)' 즉 '교인(焂人)' 현상이 존재한다면, 이는 초나라 지역의 신앙 의식이 복잡하고 상대적으로 원시적인 상태였음을 나타낸다고 할 것이다.

"邦蕙(瀝)之"의 경우, 독법상 통할 수 있지만, 정리자는 간독문의 문맥에 대해 설명하지 않았다. 상해박물관 소장 『전국초죽서』 제5책 「경건납지(競建內之)」에서는 '불만이루자(不瀆二众子)'에서도 같은 글자가 사용되었다.

앞서 언급했던 해석에서 이렇게 말한 바 있다. '만(瀆)'자의 해석은 문자 구조와 전후 맥락을 고려할 때 '뢰(賴: 의지하다)'로 이해할 수밖에 없다. '만(瀆)'은 '만(萬)'에서 독음을 가져왔으며, '만(瞞)' 역시 '만(萬)'에서 독음을 가져왔다. 그래서 두 글자는 모두 '뢰(賴)'와 독음이 가까워서 통용된다.

『장사자탄고전국초백서·갑편(甲篇)』에서 '산천만욕(山川瀆浴)'의 '만(瀆)'은 백서에서 '🦋'로 썼는데, 자형 구조는 '수(水)'가 의미부이고 '만(萬)'이 소리이다. 정리 연구자는 '만욕(瀆浴)'을 '뢰곡(瀨谷)'으로 해석하였다.

『설문·미(米)부수』에서 이렇게 말했다. "려(糲)는 미(米)가 의미부이고 만(萬)이 소리부인데", 대서본(大徐本)에서는 낙(洛)과 대(帶)의 반절로 읽었다. 『설문·충(虫)부수』에서 이렇게 말했다. "려(蠣)는 충(虫)이 의미부이고 만(萬)이 소리부인데, 뢰(賴)와 같이 읽는다." 『설문·력(力)부수』에서 이렇게 말했다. "매(勱)는 역(力)이 의미부이고 만(萬)이 소리부이다." 대서본에서는 막(莫)과 화(話)의 반절로 읽었다. 『송본옥

『설문해자』 인지분석

편・족(足)부수』에서 이렇게 말했다. "뢰(𨆪)는 낙(落)과 대(帶)의 반절로 읽으며, 절뚝거리며 걷다는 뜻이다(跛行也)." 예를 들어, 『상서・여형(呂刑)』에서 말한 "일인유경, 조민뢰지(一人有慶, 兆民賴之)"를 곽점 초묘 죽간 「치의(緇衣)」에서는 "일인유경, 만민뢰(一人又(有)慶, 萬民𢿱)"로 썼다. '내(耐)', '뢰(賴)', '만(滿)', '만(購)', '만(蕙)'의 고대음이 비슷하여 간문에서 통용된다.

결론적으로, 제시된 간문을 다음과 같이 해석할 수 있을 것이다. "삼일 동안, 왕이 들판에서 제사를 지냈다. 사교(四郊)의 흙의 색깔을 따라 제물을 던져 비를 기원하고, 사람을 불태워 제사를 지냈다. 삼일 후 큰 비가 내려 초나라(楚邦)가 그 은혜를 입었다."

여기서 해석한 '뢰(賴)'는 양(梁)나라 주흥사(周興嗣)의 『천자문(千字文)』에 나오는 "화피초목, 뢰급만방(花被草木, 賴及萬方)"(꽃이 초목을 덮고, (그 아름다움이) 만방에 미친다)에서의 '뢰(賴)'와 같다. 또 당나라 개원(開元) 18년 「이겸묘지(李謙墓志)」에 나오는 "조국뢰기원훈(趙國賴其元勳), 한왕탄기영략(韓王憚其英略)"(조나라는 그의 큰 공훈에 의지하고, 한나라 왕은 그의 뛰어난 전략을 두려워했다.) 및 개원 19년 「황보신묘지(皇甫愼墓志)」의 "군읍이리(郡邑以理), 방가실뢰(邦家實賴)"(군과 읍이 다스려지고, 나라가 실제로 (그에게) 의지하였다.)에서의 '뢰(賴)'와 같은 의미로 해석된다. 즉, '뢰(賴)'는 의지하고, 혜택을 받는다는 의미를 가진다.[16]

이 간문은 바로 앞의 제15간에 이어, 전체적으로 초간왕(楚簡王)이 사교(四郊)에서 행한 비를 구하는 의식에 관한 내용을 다루고 있다. 이는 제물을 바치는 과정, 제물의 진열, 기도 의식, 수사(修祀)의 결과 등을 포함한다. 과정은 완전하며, 과도함도 부족함도 없다. 이 간문의 문장은

---

16) 張湧泉(主編), 『敦煌經部文獻合集』 第8冊, 『小學類字書之屬』 3919쪽.(中華書局, 2008年.)

전체 글을 이해하는 데 있어서의 근본적이고도 핵심적인 부분이다.

4, 초간(楚簡) 간문이 드러내는 관념과 차이점

(1) 제(齊)와 노(魯) 등지에서 발생한 일식과 대가뭄

상해박물관 소장 「전국초간(戰國楚竹書)」 제2권에 수록된 「노방대한(魯邦大旱)」편은 노(魯)나라 애공(哀公) 15년(기원전 480년)에 발생한 대가뭄을 기록하고 있다. 고대에 가뭄을 제거하는 기록은 많으며, 종종 다양한 제사 및 기도 의식에 호소한다. 본 편의 주된 내용은 노나라의 가뭄에 대해 공자에게 가뭄 해결책을 묻는 노나라 애공의 내용과, 공자가 자공(子貢) 등과의 토론 과정에서 신에게 비를 기원하는 외적 의식을 지지하는 동시에 노방 대한의 주된 원인이 형덕(刑德)의 상실에 있음을 지적하고, 형덕을 바로잡는 것이 근본 대책임을 밝혔다. 토론을 통해 자공 등이 강조하는 정덕(政德)을 성찰하는 것에 대한 대비를 통해 공자의 외적 영향과 내적 수양을 겸비한 '중화(中和)'적 태도가 드러났다. 이러한 외형을 고려하는 관계와 내심을 성찰하는 관계를 주목하는 것은 유가(儒家)의 '천인상응(天人相應)' 및 '재이유인(災異由人)' 등 학설의 중요한 발전 단계를 대표한다.

「노방대한(魯邦大旱)」을 관련 전래 문헌과 대조해 보면, 전국초간(戰國楚竹書) 간문에 기록된 자공(子貢)이 "산은 돌로 피부를 이루고 나무로 백성을 이룬다. 만약 하늘이 비를 내리지 않는다면, 돌은 타고 나무는 죽을 것입니다. 그들이 비를 원하는 마음이 나보다 더할지도 모릅니다. 왜 반드시 이름에 의존해야만 하는가요?"라는 관념은 심지어 표현까지도 판박이처럼 같아, 이러한 귀신을 멀리하고 자연으로 향하는 사상이 춘추전국 시기에 이미 깊게 뿌리내리고 널리 퍼져 있었음을 보여준다. 전국시대 초간의 기록은 이러한 문헌에서 현재까지 발견된 가장 이른 시기의 문헌을 제공한다고 할 수 있다. 아마도 현대인의 시각에서 보면, 자연에 생명을 부여하는 것은 소위 '영성화'의 과정에 속한다. 그러나 선진(先秦) 사회에서 본래 영적인 자연 만물을 인격화하는 것은 실제로 세속화를 향한 것을 의미한다. 이것은 이질적인 것을 동일한 구조로 만들고, 겉은 맞추되 속은 다른 현상으로, 이에 대해 약간의 구별을 두어야 할 것이다.

「전국초간(戰國楚竹書)」 제5권에 수록된 「경건납지(競建內之)」편은 전국시대 제(齊)나라 환공(桓公), 습붕(隰朋), 포숙아(鮑叔牙) 등이 일식(日食) 때문에 벌인 토론을 주로 기록하고 있다. 간문은 하늘의 일식과 땅 아래의 병재(兵災)가 서로 연관되어 있음을 드러내며, 일식 병화(兵禍)를 제거하는 전제 조건은 국내에서 정치를 잘 닦아야 하는 것인데, 즉 선(善)을 따라 화를 멀리하는 것이다. 반대로 자신의 행위가 무도하고 선을 행하지 않는 경우, 재난을 제거할 수(禳欽) 있는 방법은 없다.

「노방대한(魯邦大旱)」에서부터 「경건납지(競建內之)」에 이르기까지, 외재적 의례와 내재적 성찰을 함께 고려하는 단계에서 완전히 내부 정치의 개선을 강조하는 단계로 발전했다. 두 텍스트를 대비해 보면, 천인상응(天人相應)의 주제가 점점 더 인간의 행위에 치우치고, 재앙 이론에서 재앙이 인위적인 요소에 기인한다는 명제가 점점 더 명확해지는 것을 반영한다. 「경건납지」는 논문에서 선진(先秦)부터 전국 시대에 이르는 천인 감응과 재앙 이론을 연구하는 데 있어서뿐만 아니라, '상서학(尚書學)'의 역사를 대조하는 측면에서도 매우 중요한 참고 자료이다.

(2) 전국시대 초(楚)와 노(魯) 등지에서 발생한 두 차례의 가뭄

「간대왕박한(柬大王泊旱)」은 상해박물관 소장의 「전국초죽서(戰國楚竹書)」제4권에 수록된 비교적 긴 문헌 중 하나로, 총 23장, 601자로 구성되어 있으며, 전체 텍스트의 첫 문장을 제목으로 삼았다. 이 글은 전체적으로 일부 해석하기 어려운 부분이 남아 있음에도 불구하고, 내용의 중점에 대해 정리자 및 연구자들의 의견과 상당한 차이가 있다. 이 텍스트가 기록하는 것은 역사 문헌에 나타나지 않는 전국시대 초나라의 간왕 시대에 발생한 일화이다. 이 긴 일화의 핵심은 하늘에서 가뭄이 내리는 현상 중 하나로, 초왕 자신이 피부병을 겪는 것으로 나타나며, 간왕과 대신들이 점복 및 제사를 통해 비를 기원하는 과정을 담고 있다. 따라서 「간대왕박한」은 전체적으로 초나라에서의 점복을 통한 가뭄 해소 과정과 '상사(常祀)'의 신중한 태도를 따르는 것에 관한 내용이다. 이는 노국에서 발생한 대가뭄과 비슷한 상황에서 발생했지만, 지역적 차이를 보이며 대비된다. 노나라는 인사(人事)를 중시하고, 초나라는 귀신(鬼神)을 중시했다. 둘 다 산천(山川)에 일을 하지만, 노나라 땅에서는 '명(名)'의 의리와 예절을 중시하고, 초나라 땅에서는 점복과 제사 과정을 중시한다. 다양한 관점에서 같은 결론에 이르지만, 각기 다른 경로를 통해 도달한다. 「논어 · 팔일」에서는 자공이 소의 제사를 준비하는 것을 고려하며, 공자는 자공이 양을 사랑하지만 자신은 그 제사의 의례를 더 중시한다고 말한다. 이는 사회 관념의 변화를 반영하며, 이러한 의례의 내용과 과정도 점차 변해가는 추세이다. 이를 바탕으로 자공은 제사에 사용되는 양을 줄이려고 하지만, 공자는 이를 줄이지 않아야 한다고 생각한다. 왜냐하면

『설문해자』 인지분석

그것은 어떤 의례를 대표하기 때문이다. 따라서 공자는 자공이 양을 아끼지만 자신은 그 의례를 더 중시한다고 말한다.

논자들은 간왕의 피부병을 독립적인 주체적 요소로 고려하여 "간 대왕이 가뭄을 두려워했다"라는 결론을 내리거나, 초왕의 피부병과 초나라의 가뭄을 서로 병렬적인 두 가지 요소로 보아 관련 없이 각각 따로 행동한다고 볼 수 있다. 점복과 제사를 통한 비를 기원하고 가 뭄을 해소하는 과정에서, 국가의 큰 가뭄과 피부병 사이에는 둘 다 하늘이 내린 가뭄의 결과로서의 연관성이 있다. 이러한 연관성은 초 지의 짙은 무속적 사고의 특징을 나타낸다. 이에 기초하여, 문헌에서 볼 수 있는 인과관계는 비가 내리고-재앙이 제거되고-병이 치유된 다. 초나라에 가뭄이 발생하였고, 간왕이 뜨거운 태양 아래에서 비를 기원하는 과정에서 추위와 더위를 느끼고 피부가 가렵게 되자, 초국 고유의 점복과 제사 절차를 간소화하자고 제안했으나, 이윤(釐尹) 등 의 반대에 부딪혔다. 거부의 이유는 초나라에는 귀신에게 제사 지내 는 것에 '상고(常故)'가 있어, 간왕이 직접 제사를 지내더라도 '권변(權 變)'할 수 없다는 것이다. 간왕이 상례에 따라 교외 제사를 지내자, 결 과적으로 큰 비가 삼 일간 내려 초나라에 큰 이익이 되었다. 태자, 영 윤 등이 이에 대해 토론을 펼쳤다. 비가 내려 가뭄이 해소되고, 간왕 의 피부병도 마치 족쇄가 풀리듯 해결되었다. 초 지역의 귀신과 천재 지변, 인사가 서로 공감하고 고난을 함께하며, 생명을 공유하는 관계 는 전국 시대의 다른 지역에서는 이미 볼 수 없는 것이다.[17]

---

17) 인용된 '초나라 죽간(楚簡)의 자연 인지 수준'은 졸저『간백과 학술(簡帛與學術) 』의 '초나라 죽간과 자연' 부분에서도 볼 수 있으며, 독일 본 대학 한학과 쿠 빈(顧彬) 교수가 주편한『수진한학(袖珍漢學)』(독일어판),『고한어연구(古漢語 研究)』등의 전문 학술지에서도 볼 수 있다. 여기에 첨부된 내용은 주로『설 문』에 저장된 자연 인지 수준과 비교 효과가 있다는 점에 중점을 두고 있다.

제사와 관련된 전국시대 초(楚)나라 죽간 자료는 다음과 같다(1950년대 이후 발굴자료).

1) 湖北江陵望山一號戰國墓出土竹簡(戰國中期, 1965年, 207枚, 1093字);
2) 湖北江陵天星觀戰國墓出土竹簡(戰國中期, 1978年, 70餘枚);
3) 湖北江陵秦家嘴戰國墓出土竹簡(1986, 47枚, 卜筮祭禱簡을 위주로 함);
4) 湖北荊門包山二號楚墓出土竹簡(1987, 기원전 316年, 54枚);
5) 河南新蔡葛陵村'平夜君'墓出土竹簡(1994年, 1300餘枚, 卜筮祭禱簡을 위주로 함; 祭禱時間: 日書. 祭禱方式: 饋·樂·百·貢等);
6) 上海博物館藏『戰國楚竹書』, 2004年出版, 第四冊, 共133枚簡, 그중 『柬大王泊旱』은 祭典의 각 세절을 언급함.

제사 대상은 다음과 같다.

1) 天神: 太(蝕太)─太一
2) 地祗: 社(後土)
3) 五祀: 司命·行·大門·司禍─灶·戶
4) 淮水之神: 大水
5) 湘山之神: 二天子(女)
6) 山神: 危山·五山
7) 人鬼: 遠祖(老童·祝融·鬻熊)·先公·邵氏 直繫祖先·邵氏 父輩 및 同輩 중 후손이 없는 자
8) 低級地祗: 高丘·下丘

제수품은 다음과 같다.

1) 玉飾: 環·少環·玦·璧·琥
2) 衣冠
3) 酒食
4) 犧牲(馬, 牛, 豕, 羊, 犬)

제사 방식의 경우, 합제(合祭)의 겹(袷)을 사용했다.

부록

참고문헌 및 데이터베이스

참고문헌 및 데이터베이스

　　문헌 데이터 출처에 관해서는, 데이터베이스의 구조와 공간의 제약 때문에 여기서 일일이 나열하면 지면을 너무 많이 차지하게 되기에 관련 전문가 데이터베이스에서 처리했던 주요 버전만 간단히 설명한다.

錢鍾書, 『管錐編』1－4冊, 中華書局, 1979年; 第5冊, 『管錐編增訂』, 中華書局, 1982年.

錢鍾書, 『談藝錄』, 中華書局, 1984年.

[淸] 阮元(校刻), 『十三經注疏』嘉慶刊本上下冊, 中華書局, 2013年.

[日] 本瀧川資言, 『史記會注考證』, 上海古籍出版社, 1985年.

[東漢] 班固, [唐] 顔師古(注), 『漢書』 12冊, 中華書局, 1962年.

[南朝 宋], 范曄, 『後漢書』, 中華書局, 1965年.

[晉] 陳壽, 『三國志』, 中華書局, 1964年.

[淸] 嚴可均(輯), 『全上古三代秦漢三國六朝文』, 中華書局, 1958年.

[淸] 周亮工, 『因樹屋書影』 第2卷. 上海古典文學出版社, 1957年.

　　일본 소장 당대 필사본 『고문상서(古文尙書)·설명(說命)』 상(上) 제 12는 일본 소장 당대 필사본 『당초본 고문상서(唐鈔本古文尙書)』 13 권에서 볼 수 있다. 이 책은 히로하시 가문(廣橋家)에서 소장한 판본 이다. 그중 하나인 현재의 이와사키(岩崎) 소장본은 잔본으로, 당 태종

의 '민(民)'자의 피휘하지 않
았으며, 글자체는 예서(隸
書)로 고정되어 있다. 최신
연구에 따르면, 이 책은 종
이 재질, 글자를 수정할 때
사용된 자황(雌黃)의 방법1)
등을 종합적으로 판단할 때
초당(初唐) 때의 필사본으로
결론지어졌다. 국보 『고문
상서』 제3권, 제5권, 제12
권은 벤세이 출판사(勉誠出
版社)에서 2015년 6월에 출

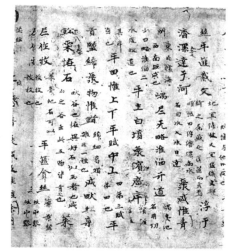

일본 소장 당대 필사본『당초본
고문상서(唐鈔本古文尙書)』

판되었으며, 총 157페이지에 달한다.

한국 소장 경오각본(庚午刻本)『서전(書傳)』10권은 원래 한국 한자
연구소 소장 하영삼(河永三) 교수의 소장품이다. 그는 오랜 시간을 들
여 구입하였고, 고서점에서 고가에 경매를 통해『서전(書傳)』10권을
모두 완질로 획득하였다. 제10권의 마지막 부분에는 책의 간행 연대와
소장판에 대해 기록되어 있다―"세경오중춘개간(歲庚午仲春開刊), 보주
부하경룡장판(寶州府河慶龍臟板)".

첫 권의 첫 페이지에는 무이인(武夷人) 채심(蔡沈)의『서집전서(書集

---

1) [역주] '자황(雌黃)'은 옛날 고문서를 수정할 때 사용하던 방법이다. '자황(雌黃)'
   은 실제로는 일종의 황색 안료를 가리키는데, 이 안료는 쉽게 덧칠이 가능하
   여 이 안료로 그 잘못된 부분을 덧칠하거나 지우고 그 위에 새로운 글자를 썼
   다. 이 때문에 '자황(雌黃)'은 나중에 문서 수정이나 교정의 의미로 확장되었
   고, 문학적으로는 종종 잘못을 고치거나 번복하는 행위를 가리키는 비유적 표
   현으로도 쓰였다.

傳序)』가 있으며, 서문 말미에 연대와 시간이 '가정기사(嘉定己巳) 3월 기망(旣望)'으로 기록되어 있다. 큰 글자는 페이지 당 10행, 작은 글자는 그 사이에 두 줄로 끼워져 있다. 서영(書影)은 이 책의 제3권 「우공(禹貢)」편이다.

「우공(禹貢)」편 서영(書影), 필자 소장 한국 경오(庚午)년 판각『서전(書傳)』 10책본

본서에서 대조한 당대 필사본『원본옥편(原本玉篇)』잔권, 택존당 각본(澤存堂刻本)『송본옥편(宋本玉篇)』, 당대 사본『전례만상명의(篆隸 萬象名義)』, 송대 대서본(大徐本)『설문해자(說文解字)』, 송본『광운(廣 韻)』, 『집운(集韻)』, 『유편(類篇)』등 역대 자휘운서(字彙韻書)는 모두 화동사범대학 중국문자연구 및 응용센터와 표의문자 빅데이터 개발 센터의 지식데이터베이스에서 연구 및 제작한 전승 자휘 데이터베이스에서 나온 것이다. 이 시스템의 연구 및 가공 과정에서 사용된 판본 중 일부는 다음과 같다:

『說文解字』, 中華書局, 1963年影印淸人復刻本. 小篆 및 重文 字庫의 연구 개발에서 근거한 자형은 北宋校本. '『說文』眞本' 및 汲古閣 藏版이다.

[南朝] 顧野王, 『原本玉篇』殘卷(羅振玉復印件・楊守敬抄本・日本東方 文化學院影印的卷八殘卷), 中華書局, 1984年影印; 澤存堂重刊, 『宋 本玉篇』, 中國書店, 1983年影印.

[日] 釋空海, 『篆隸萬象名義』, 高山寺典籍文書綜合調査團編, 日本東京 大學出版會出版 '高山寺古辭書資料第一', 華東師範大學中國文字研究 與應用中心暨表意文字大數據研發中心智庫所存復印本.

[日] 釋空海, 『篆隸萬象名義』, 中華書局, 1995拼版影印本.

日藏唐抄本 『說文・木部』殘卷. 華東師範大學中國文字研究與應用中心 暨表意文字大數據研發中心智庫所存復印本.

華東師範大學中國文字研究與應用中心暨表意文字大數據研發中心智庫編 制, 『日藏唐代漢字抄本字形表』1－9冊, 華東師範大學出版社, 2016－ 2017年.

華東師範大學中國文字研究與應用中心暨表意文字大數據研發中心智庫 編制, 『日藏唐代漢字抄本文獻文字綜錄』 1－8冊, 南昌: 百花洲文藝 出版社, 2018年.

臧克和主編, 『中國文字發展史』5冊, 上海: 華東師範大學出版社, 2015年.

臧克和・劉本才編, 『實用說文解字』, 上海古籍出版社, 2012年. 『說文認 知論』의 각 부분에서 인용한 土文獻古文字形體는 대부분 이 책 에서 가져왔다.

臧克和主編, 『漢魏六朝隋唐五代字形表』, 廣州: 南方日報出版社, 2011年.

臧克和, 『中古漢字流變』上下冊, 華東師範大學出版社, 2008年.

본서에서 대조한 갑골문자, 청동기 명문, 고새문, 고폐문, 고도문, 간독문, 백서 문자 등의 자료 데이터는 모두 화동사범대학 중국문자 연구 및 응용센터 표의문자 빅데이터 개발센터의 지식데이터베이스에서 유지기(劉志基) 주임이 주관하여 제작한『출토 고문자 데이터베이스』에서 나온 것이다. 이 중 갑골문 데이터베이스, 금문 데이터베이스, 초간백문 데이터베이스는 온라인 버전이 이미 대외 서비스를 지원하고 있다(저작권은 '교육부 중점 연구기지 중대 프로젝트 전문가 평가 시스템'에 한함).『상주 금문 검색 시스템』은 광서교육출판사(廣西敎育出版社)에서 2002년에 중국내외에 공개 출판되었으며,『전국 초나라 계통 문자 검색 시스템』은 상해교육출판사(上海敎育出版社)에서 2004년에 국내외에 공개 출판되었다.

　본서에서 대조한 진(秦), 한(漢), 위(魏), 진(晋), 남북조(南北朝), 수(隋), 당(唐), 오대(五代) 시대의 석각(石刻) 자료는 모두 화동사범대학 중국문자 연구 및 응용센터 표의문자 빅데이터 개발센터의 지식데이터베이스에서 관련 중대 프로젝트 과제 팀이 연구하여 제작한『역대 석각 데이터베이스』에서 나온 것이다. 이 데이터베이스는 역대의 각 종 석각 문헌 1,525여 종을 수록하고 있으며, 총 글자 수는 300만 자에 달한다. 그 문헌의 출처는 다음과 같다.

『北京圖書館藏中國古代石刻拓本彙編』(1－8冊), 中州古籍出版社1989年.

『新中國出土墓志・陝西卷』, 文物出版社1994－2004年.

『新中國出土墓志・河南卷』, 文物出版社1994－2004年.

『新中國出土墓志・重慶卷』, 文物出版社1994－2004年.

『北京圖書館藏中國歷代石刻拓本彙編』(1-36冊), 中州古籍出版社, 1989年.

『新中國出土墓志』, 文物出版社1994－2004年.

『中國曆代石刻史料彙編』, 北京圖書館出版社2000年.

高峽(主編), 『西安碑林全集』及附錄『陝西碑石菁華』, 廣東經濟出版社,
    1999年線裝本.

徐正考(編著), 『漢代銅器銘文選釋』, 北京: 作家出版社, 2007年.

葉舒憲, 『中華文明探源的神話學硏究』, 北京: 社會科學文獻出版社,
    2015年.

葉舒憲(主編), 『神話文庫·神話─原型批評』增訂本, 西安: 陝西師範大
    學出版社, 2011年.

葉舒憲, 『詩經的文化闡釋』, 武漢: 湖北人民出版社, 1993年.

오가타 토오루(大形徹) 교수는 오사카부 대학(大阪府大學)에서 교수로 재직 중이며, 일본 도교학회 회장 및 세계 한자학회 부회장을 맡고 있다. 그는 마왕퇴(馬王堆)에서 출토된 도가(道家), 음양가(陰陽家), 의학 등 각종 문헌을 정밀하게 연구하며, 서도(書道)에도 정통하다.

[일본] 미나모토 히로미치(源弘道, 편집), 『야마타이로 가는 길(邪馬台への道)』, 아사히신문사(朝日新聞社), 1980년. 이 책은 고고학 도서 및 그림 모음집으로, 나라(奈良)의 데노 선생이 소중히 소장하고 기꺼이 증정한 것이다. 데노 선생은 신학(神學)을 정밀하게 연구하고, 풍수를 잘 알며 문방사보(文房四寶)의 수집가이자, 인장학(治印學)과 전각(篆刻)에 능통한 당대의 박학다식한 명인이다.

中國靑銅器全集編輯委員會編, 『中國美術分類全集─中國靑銅器全集』第1
    冊·第5冊, 北京: 文物出版社, 1996年.

중국어판 서문

『관추편(管錐篇)』에서 이렇게 말씀하셨습니다. "한 시대의 심성에 대한 고정 관념과 선입견 그리고 풍조가 만연해지면, 의리(義理)에 관한 당시의 책들에 익숙하지만 잊어버리거나 소홀히 여겨 주목하지 않던 것들이 종종 문사와 언어를 통해 은연중에 드러나게 된다." 이는 묵존(默存) 전종서(錢鍾書) 선생님께서 스스로 밝히신 말씀으로, 대가들의 학문 연구 방법과 안목, 그리고 깨달음의 지점을 보여주고 있습니다.

한나라 시대 허신(許慎)의 『설문해자(說文解字)』는 1만여 자에 가까운 한자의 고대 구조 단위를 저장하고 있으며, 백과사전식이지만 상당히 직접적으로 고대 중국인의 자연과 인간 본성에 대한 '심성의 고정 관념과 선입견', 즉 실체적 고찰과 인식을 보여주고 있으며, 또 체계적이며 유형적이고 계층적으로 가장 풍부한 한자 인지모델을 추론해 내었습니다. '인수분해'식 추출법을 통한 부수집합 설정의 인지모델, 부류별 분류 인지모델, 각 부수 사이의 연관 인지모델, 동일한 부수 내의 배열 순서에 대한 논리적 인지모델, 부수가 통섭하는 이미지 부류(象類)와 의미부 부류(義符類)의 인지모델, 각 부수 사이의 소리부 부류(聲符類)의 인지모델, 구조 분석을 통한 본의(本義) 훈석의 논리적 인지모델, 개별자 이미지 채택(取象)의 인지모델 등이 그것입니다.

인공지능(AI)이 1차원 인지에서 2차원 인지로 전환되는 것은 본질적으로 숫자의 인지에서 이미지의 인지로 실현되는 것입니다. 모든 한자 구조는 본질적으로 2차원적입니다. 사고과학에 따르면, 언어의 서면 기록부호로서 일반적인 한자는 숫자 기호보다 추상성이 낮고, 이미지보다는 개괄성이 훨씬 높아, 1차원과 2차원 사이에 있다고 할 수 있습니다. 그 속에 내포된 인지모델은 AI에게 새로운 과제 영역이 될 것입니다. 아마도 AI 인지모델의 풍부한 발전은 이러한 1차원에서 2차원 사이의 문자 형태 인지모델, 즉 인간 뇌의 해독모델 연구에 진정한 돌파구를 기대하고 있다고 할 수 있을 것입니다. 『설문해자』의 유형적 분류는 한자체계의 극히 풍부한 인지모델을 비교적 순수하게 반영하고 있습니다. 만약 재판된 이 책에 명실상부한 이름을 붙인다면, 『설문해자 인지분석』이라고 제목을 붙이는 것이 좋을 것입니다.

이 책은 이전의 『설문해자의 문화적 해설』을 기초로 수정 발전시킨 것입니다. 원서는 지난 세기 80년대 말 90년대 초에 저술되었습니다. 백하(白下) 서복(徐復) 교수님의 서문과 지난 세기의 후기는 모두 그대로 유지하여 책 말미에 함께 남겨 두었으니, 이는 후일의 증표로 삼고자 합니다.

2019년
장극화

중국어판 초판 서문

세간에서는 중국 학술의 전성기가 청대(淸代) 건륭(乾隆)과 가경(嘉慶) 두 시기에 있었다고 말하곤 한다. 당시 사람들은 박학(樸學)을 숭상하였고, 각 가문마다 대단한 저술이 있었는데, 특히 오학(吳學)과 환학(皖學)이 각자의 영역에서 뛰어났다. 가정(嘉定)의 전대흔(錢大昕)은 경사(經史)에 박통하였고 연구가 깊어 다방면에 통달하였다. 고우(高郵)의 왕념손(王念孫)과 왕인지(王引之) 부자는 훈고학(訓詁學)으로 명가를 이루어 그 어의(語義)가 정밀하고 심오하여, 당대의 어떤 학자들도 그들의 면밀함에는 미치지 못하였다. 이에 고증학(考證學)이 날로 발전하여 진리를 추구하고 실질을 중시하는 것이 풍조가 되었다.

만청(晩淸) 시기에 이르러서는 해녕(海寧)의 왕국유(王國維)가 그 뒤를 이어 박학 고증하면서도 새로운 길을 개척하였는데, 그의 『관당집림(觀堂集林)』 등과 같은 저작은 학계의 찬사를 받았다. 당대의 무석(無錫)의 전종서(錢鍾書) 선생은 탁월한 재능으로 독자적인 학풍을 일으켰는데, 그의 대작 『관추편(管錐編)』은 동서양의 학문을 아울러 포괄하지 않은 바가 없었다. 구학(舊學)과 신지식(新知)을 한 데 녹여 거침없이 펼쳐내었으니, 박학하면서도 정밀함을 갖추어 실로 근세의 절대적 업적이라 할 만하다.

근래에 제성(諸城)의 장극화(臧克和) 군이 전종서의 길을 따라 학문에 염증을 내지 않고 많은 논술을 이루었으니 역시 박학한 선비라 할 수 있다. 나는 이를 매우 가상히 여긴다.

후한(後漢) 시대 허신(許愼)의 『설문해자(說文解字)』는 문자학의 심오한 바다이자 학문의 계단이며, 중국의 사회, 역사, 문화가 그 안에 다수 담겨 있다. 『설문해자』에 수록된 9,353자의 전서(篆書)를 통관해 보면, 그 글자 형태의 상형 구조가 선민(先民)들의 관념과 밀접하게 연관되어 있음을 쉽게 발견할 수 있으며, 그 글자와 단어의 본래 의미 해석이 상고 사회와 꼭 들어맞음을 알 수 있다.

장극화(臧克和) 군은 이를 바탕으로 『설문해자의 문화적 해석(說文解字的文化說解)』이라는 책을 저술하여, 중국 고대 사회의 역사와 문화를 상세히 재현하였다. 그는 문자학, 음운학, 훈고학 등 전통적인 소학(小學)의 방법을 활용하고, 언어학, 인류학 등의 이론을 적절히 참고하였으며, 그의 '한자 이미지선택설(漢字取象說)'은 일관되게 관철되고 있다. 형체를 고증하고 소리부(聲符)를 대응시키며, 유사한 것들을 연결하여 그 근원을 추적하고 흐름을 밝혔다. 전체 책은 과학적 논리의 체계를 중시하여 공허하고 피상적인 비난을 피하고자 하였다.

한 예를 들어 설명하자면, 「현조 이미지(玄鳥意象)」편에서 '을(乙)'자를 고찰하고 해석한 것을 들 수 있다. 먼저 『설문해자』의 '을(乙)'부수의 모든 글자를 연계하고, 다시 음운적 연관성에서 동원자(同源字)인 '호(好)', '공(孔)' 등의 글자를 회통하였다. 이어서 일본어에 보존된 '호(好)', '공(孔)' 등 글자의 본의와 계승된 의미를 참조하고, 다시 중국 초기의 갑골문, 금문 등 출토 문헌의 용례와 상고 전승 자료의 기록을 증거로 삼았다. 또한 '호(好)'자의 상형 구조 단위의 변천 역사를 비교 검토하고, 최종적으로는 민속학, 방언지와 대조 검증하였다. 이렇게 연계하여 체계를 이루고, 분석하여 층위를 만들었다. 이를 읽으면 순리에 따라 이해가 쉽게 되어 얼음이 녹듯 명쾌해진다.

내가 다시 보충 설명하자면, '을(乙)'과 '을(乙)' 두 형태는 『설문해자』에서 별도의 부수로 나누어져 있고, 형체와 독음과 의미가 각기 다르나, 후세에는 이들이 혼용되어 가끔 오역이 발생한다. 형체를 분별하고자 한다면, 아마도 '을(乙)'자가 먼저 있었고, '을(乙)'은 분화된 글자로 이후에 생겼을 것이다. 고대음으로 추정해보면, '을(乙)'과 '을(乙)'은 실제로 영모(影母) 쌍성자(雙聲字)이기도 하다.

장극화(臧克和) 군은 1990년 화동사범대학(華東師範大學)에서 석사학위를 취득하였다. 그의 지도교수는 나의 친한 친구인 이령박(李玲璞) 교수이다. 그해 초여름, 이 선생은 극화를 동반하여 백하(白下)에 있는 내게 왔고, 여기서 졸업논문 심사를 진행하였는데 그 성적이 우수하였다. 장극화 군은 학문에 매진하고 타인을 겸손하게 대하였으며, 전종서(錢鍾書) 선생의 각별한 지도를 받아 학식이 날로 진보하여 저술 또한 빼어났다.

상해에서 수학하는 동안, 지도교수의 주관 하에 『한자이체자대자전(漢字異體字大字典)』을 공동으로 편찬하였다. 교학의 틈을 이용하여 『한어문자와 심미심리(漢語文字與審美心理)』, 『어상론(語象論)』, 『한자단위관념사학(漢字單位觀念史學)』, 『한자취상론(漢字取象論)』 등의 저서를 차례로 집필하여, 그 영향이 해외에까지 미쳤다. 이제 이 『설문해자의 문화적 해석(說文解字的文化說解)』이 또다시 출판을 앞두고 있어, 짬을 내어 이 서문을 작성하니 함께 깊이 생각해 보기 바란다.

1994년 1월 수원(隨園) 남경사범대학에서

83세의

서복(徐復)이 쓰다

후기

『설문해자』은 원래 경전을 해독하기 위해 만들어진 저작으로, 학계에서 그 가치를 인정받아, '경전 본문(經本文)'에 못지않은 중요한 지위를 확보했습니다. 학문적 배경과 준비 과정을 감안할 때, 필자의 방대한 '설문학(說文學)' 내에서 이론을 논의하기에는 자격이 부족합니다. 남송(南宋)의 주희(朱熹)는 일찍이 이렇게 말했습니다. "이야기를 하면서 할 말이 끊길까 걱정을 하지만, 세상에는 과거와 현재라는 구분이 없다고 믿는다." 이 책은 사실상 섭서헌(葉舒憲) 교수가 필자에게 쓰도록 한 것입니다. 전체적인 구성에서부터 구체적인 내용까지, 섭(葉) 교수가 많은 부분을 기획하였으며, 많은 참고할 만한 방법과 자료도 제공하였습니다. 하지만 시간에 쫓기면서 작업이 끊임없이 중단되고 또 이어졌지만, 이 책의 실제 작업 시간은 매우 짧았습니다. 따라서 내용이 완전하지 못합니다. 앞서 서문에서 언급한 바와 같이, 만약 이 작품이 기본적인 개념을 전개하고 확장하는 역할을 할 수 있다면, 그것만으로도 목적을 달성한 것이라 할 수 있겠습니다. 사실,『설문해자』의 각 부분은 모두 별도의 분량 있는 책으로 발전시킬 수 있습니다.

은사 이포(李圃) 교수님은 필자가『설문해자』을 연구하는 동안 세심하게 관심을 갖고 지도해 주셨습니다. 남경사범대학(南京師範大學)의 왕진중(王臻中) 당서기와 중문과의 욱병륭(郁炳隆) 전 학과장은 당신들의 후덕함으로 많은 도움을 주셨습니다. 장황(章黃) 학과의 직속 후계자이신 서복(徐復) 교수는 수십 년 동안 '설문학(說文學)' 연구에 열심히 매진하셨으며, 이 책의 원고를 자세히 검토했고, 많은 구체적이며 적절한 지시와 조언도 제시해 주셨습니다. 선생님께서는 기꺼이 서문을 제공해 주셨는데, 내용은 '격려와 가르침을 함께 주셨습니다.' 석두성(石頭城) 아래에서, 파도의 소리는 여전하고, 큰 강(大江)은 영원히 변하지 않으면서도 순식간에 변화합니다. 필자의 이 작업을 통해 '설문학(說文學)' 연구가 새로운 경지를 열고, 더 넓은 연구 영역을 개척하기를 기원합니다.

장극화(臧克和) 씁니다
1993년 세모(歲暮)
남경사범대학에서

증보판 후기

건가(乾嘉) 학파의 학자들은 "독음에서 의미를 찾으며, 자형에 얽매이지 않는다(因聲求意, 不限形體.)"는 주장을 강력히 추구하였으며, 이는 박학(樸學)의 극치로 이어졌습니다. 따라서 문자학에 종사하는 학자들이 보기에, 한자는 청대(淸代)에 이르기까지 두 번의 해체과정을 겪었으며, 이미 2천여 년 이상의 변화와 발전을 거쳤기 때문에, 각종 중간 단계와 변이가 복잡하게 얽혀 있으며, 형태, 독음, 의미 사이의 인식 관계는 매우 복잡하게 얽혀 있습니다. 그렇다고는 하지만, 반드시 글자의 형태와 구조를 구분하고 이해해야만 합니다. 그렇게 하지 않으면 글자의 바다에서 방황하게 될 것이며, 형태에만 사로잡혀 있게 됩니다. 그러한 상황은 마치 '글자의 붓도랑(字溝)에서 무질서하게 뛰노는 것'이나, '가시덤불 속에서 비틀거리는 것'과 같으니, 어찌 형태에 얽매였다 하지 않을 수 있겠습니까?

새 판본을 출판하게 되면서, 이전 판본에서 사용했던 '××사고유형(思維類型)'의 분류를 '××인지방식(認知方式)'으로 통일 변경하였습니다. 제1장의 '부류선택(取類)'에서는 부수 분류와 그 의미를 추가로 논의하였습니다. 끝부분의 부록에는 최근 연구에서 나타난 초나라 죽간(楚簡) 문자가 반영하는 각 지역의 자연 인식 수준을 추가하였으며, 이를 『설문해자』 시대와 비교하였습니다. 서복(徐復) 교수님의 서문과 지난 세기 초판 때 썼던 후기는 모두 그대로입니다. 모든 본문 내용은 여러 곳에서 수정 및 보완되었습니다. 나머지, 이전 판본에서 총서의 특성에 따라 작성되었던 서문, 저자에 관한 사진 및 소개자료,

필사한 부록 등은 모두 삭제되었습니다.

이 책의 초판은 지난 세기, 1990년대 초에 작성되었으며, 시리즈 총서의 주편집장이었던 섭서헌(葉舒憲) 교수의 설계에 따라 작성된 것입니다. 그 당시 여행길에서 떠오른 생각을 바탕으로 급하게 작성되었습니다. 예를 들면, 서론인 제1장은 광동성 서부의 뇌주 반도(粵西雷州半島)에서 급히 쓴 것입니다. 필자는 원고지 한 뭉치와 잉크 만년필 한 자루를 가지고 있었고, 초안을 작성하지 않고 바로 쓰기 시작했습니다. 그 사이의 어려움과 제약은 지금 상상하기 어려울 정도로 컸습니다. 출판된 후 이 책은 해외에서도 많이 알려져, '국학(國學)' 교육의 참고 자료로 사용되었습니다. 몇 번 재판 되었음에도 불법 복제는 끊임없이 이어졌습니다. 심지어 인터넷에서는 몇몇 사람들이 내용을 재구성하여 자신의 '논문'나 '출판물'로 소개하기도 했습니다. 급기야 이로 인해 오류가 확산되어 독자들에게 혼란을 주었습니다. 매번 출판사에서는 재출판을 요청했으나, 다시 쓰려면 시간이 부족하여 여러 번 미뤄졌고, 한 세대라는 시간을 넘어선 오늘에 이르렀습니다.

섭서헌(葉舒憲) 교수는 필드 연구를 계속하면서 다양한 증거와 여러 자료를 축적하여 '중국 신화학 인류학의 학문적 체계를 개척했습니다. 그의 작품은 오직 명성뿐만 아니라 후세에도 전해질 것이다. 그에 비하면 필자의 작품은 그저 작은 불씨나 꼬리 끝에 불과하지만, 그의 곁에 첨가될 수 있어 감사할 뿐입니다.

화동사범대학(華東師範大學)의 당서기 동세준(童世駿) 교수는 철학과 경험이 풍부하며, 많은 지침을 주셨습니다. 또 부총장 매병(梅兵) 교수는 실제 뇌 과학자로, '문자인지학과'의 구축에 큰 노력을 기울였습니다. 장강(長江) 출판미디어 유한회사의 서덕환(徐德歡) 주임과 호북(湖北) 인민출판사의 요덕해(姚德海) 사장, 총 편집실의 유천(劉倩)

주임은 개인적으로 관심을 갖고 이 책의 출판을 추진하였고, 편집실 주임 주계분(鄒桂芬) 교수는 성심껏 작업하여 이 책을 완성하는 데 큰 도움을 주셨습니다.

그리운 전공(錢公) 묵존(默存) 선생님, 서복(徐復) 선생님, 욱병륭(郁炳隆) 선생님을 기리면서, 아울러 은사 이포(李圃) 선생님도 기억하며 추모합니다.

장극화(臧克和) 씁니다
무술(戊戌)년 중하(仲夏)
인수연호거(因樹緣湖居)
화동사범대학 중국문자연구와응용용중심에서

역자 후기

1.

1994년 여름으로 기억합니다. 천진의 수상공원에서 열린 제1회 중국문자학회 '국제학술대회'는 제 학문적 여정에 중대한 전환점이 되었습니다. 이 자리에서 저는 이 책의 저자인 장극화(臧克和) 교수님을 처음 뵙게 되었습니다. 오랜 전통을 자랑하는 중국문자학회가 처음으로 개최한 이 국제학술대회는 구석규(裘錫圭) 교수님의 회장 재임 시절, 중국의 개방과 국제화 흐름에 발맞추어 '세계를 향한 중국문자학'이라는 원대한 비전속에 기획되었습니다. 지금은 고인이 되신 남개대학의 향광충(向光忠) 교수님의 초청으로 참가하게 된 이 회의는, 돌이켜보면 제 삶의 방향을 결정짓는 순간이었습니다.

당시 저의 학문적 관심사는 한자 역사상 가장 극적인 변화기로 일컬어지는 '예변(隷變)' 시기였습니다. 진시황 시대의 소전체에서 한나라 시대의 예서로의 변화 과정은 제 석사 및 박사 논문의 주제였습니다. 이 연구에서 저는 변화 과정에서 나타난 이체자들의 유형을 분석하고, 그 변화의 규칙과 원인, 그리고 그 배후의 메커니즘을 밝히고자 노력했습니다.

자형의 분석과 귀납은 시간과 노력만 있으면 어느 정도 성과를 낼 수 있는 작업이었습니다. 그러나 변화의 근본적인 원인과 전체적인 메커니즘을 규명하는 일은 결코 쉽지 않았습니다. 특히 문자의 변화가 그 사용자들의 문화적 환경을 반영한다는 점에서, 이에 대한 해석은 깊은 문화적, 철학적 사유를 필요로 했습니다. 더불어 학제 간 연구와 동서양의 비교 등 광범위하고 심도 있는 지식이 요구되었습니다. 이러한 도전적인 과제 앞에서, 장극화 교수님과의 만남은 제게 새로운 통찰과 방향성을 제시해 주었습니다.

2.

박사 학위를 취득한 후에도, 저는 이체자들의 생성 원인에 대한 문화적, 철학적 해석이라는 난제 앞에서 깊은 회의감에 빠져 있었습니다. 연구를 계속해야 할지에 대한 의문으로 슬럼프에 빠진 그때, 운명적인 만남이 찾아왔습니다.

학회 개최 며칠 전, 우연히 들른 서점에서 저는 제 학문적 열정을 되살려준 책을 발견했습니다. 바로 『설문해자의 문화적 해설』이었습니다. 이 책은 한자학의 바이블로 불리는 『설문해자』를 전혀 새로운 관점에서 해체하여, 그 속에 내재된 문화의식과 사유 특징을 혁신적으로 해석해 냈습니다. 기존의 문자 분석과 고석 중심의 전통적 문자학 접근법과는 완전히 다른, 혁명적인 저작이었습니다.

이 책은 제게 학문적 슬럼프에서 벗어날 수 있다는 희망을 안겨주었습니다. 더욱 놀라운 것은, 이 책의 저자인 장극화(臧克和) 교수님 또한 이 학회에 참석한다는 사실이었습니다.

당시 저는 장 교수님을 직접 알지 못했기에, 그를 잘 알 것 같았던 고 이포(李圃) 교수님께 도움을 청했습니다. 이포 교수님과는 1991년 허신의 고향에서 열린 '제1회 『설문해자』 국제학술대회'에서 인연을 맺은 바 있었습니다. 놀랍게도 장극화 교수님은 이포 교수님의 제자였습니다. 인연은 정말 이렇게 시작되었습니다.

이포 교수님의 소개로, 장 교수님은 직접 자신의 저서를 들고 제 방을 방문해 주셨습니다. 초면임에도 불구하고, 우리는 밤늦도록 책에 관한 깊이 있는 대화를 나누었습니다. 장 교수님은 저의 부족한 질문에도 따뜻하고 열정적으로 응답해 주셨습니다.

그날 받은 친필 서명 책에는 저자의 저술 이념과 특징, 그리고 '약(若)'자에 대한 예시 등이 담긴 메모가 아직도 책갈피로 남아 있습니다. 이 만남은 제 학문적 여정에 새로운 전기를 마련해 주었습니다.

3.

1997-1998년, 상해 화동사범대학에서의 1년은 장극화 교수님과의 교류가 더욱 깊어진 시기였습니다. 저는 중국국무원의 초빙 해외전문가 교수로 1년간 강의를 하고 있었고, 마침 장 교수님도 박사학위논문 작성을 위해 이곳에 머물고 계셨습니다. 이포 교수님께서는 대규모 자료집인 『고문자고림』의 편찬 작업을 진행 중이셨습니다.

같은 공간에서 1년이라는 시간을 보내며, 우리는 각자의 연구와 비전, 꿈에 대해 깊이 있는 대화를 나눌 수 있었습니다. 특히 중국자학의 미래에 대한 의견을 교환하며 학문적 공감대를 형성할 수 있었던 것은 매우 귀중한 경험이었습니다.

장 교수님은 태호(太湖)를 무척 사랑하셨습니다. 선생님과 함께 태호 가를 거닐며 나눈 학문의 꿈과 미래에 대한 이야기들은 지금도 생생합니다. 우리는 진강(鎭江)과 양주(楊州)로 여행을 확장하여, 중국 강남의 모습과 남방 문화의 특성을 직접 체험할 수 있었습니다. 이 여행은 제게 중국 문화에 대한 새로운 시각을 열어주었습니다.

귀국 후, 저는 제 학문적 여정에 큰 전환점이 되어준 『설문해자의 문화적 해설』의 번역을 시도했습니다. 이 책은 제 학문적 나침반이었고, 그 혁신적인 방법론과 사상을 한국 독자들에게 소개하고 싶었습니다. 그러나 이 작업은 예상보다 훨씬 어려웠습니다.

책의 난해함과 깊이 있는 해석, 그리고 제 자신의 역량 부족으로 번역은 쉽게 진행되지 않았습니다. 한국연구재단의 번역과제 신청도 시도해 보았지만 성과를 얻지 못했습니다. 지금 돌이켜보면, 당시 제 수준으로는 이 저작의 번역이 불가능했다는 것을 인정하지 않을 수 없습니다.

이 책의 특별함은 『설문해자』에 대한 깊이 있는 해석뿐만 아니라, 다양한 전통 문헌의 인용과 증명, 출토 유물의 방증, 소수민족의 민속학적 자료, 그리고 서구 인류학의 해석까지 포함하고 있다는 점입니다. 더욱이 중국 최고의 문예비평가로 평가받는 전종서(錢鍾書)의 『관추편(管錐篇)』의 문화 해석이 곳곳에 녹아있어, 그 이해와 번역의 난이도를 한층 높였습니다.

이러한 도전적인 과제는 제게 학문적 성장의 필요성을 절실히 느끼게 해주었고, 동시에 한자 문화에 대한 더 깊은 이해와 연구의 중요성을 일깨워주었습니다.

4.

장극화 교수님의 학문적 여정은 화동사범대학 특채 이후 더욱 빛을 발하게 되었습니다. 그가 설립한 '중국문자연구와 응용센터'는 뉴밀레니엄을 맞아 중국 정부가 야심차게 기획한 '국가중점기지'로 선정되는 쾌거를 이루었습니다. 이는 100개 학문 영역에서 각각 한 곳씩만을 선정하는 극도로 경쟁적인 과정에서 이뤄낸 성과였습니다.

장 교수님의 연구소가 오랜 역사를 지닌 여러 중점연구소들을 제치고 '국가중점기지'로 선정될 수 있었던 것은, 그의 탁월한 선견지명 덕분이었습니다. 그는 중국문자연구의 미래 가치와 그 필요성을 정확히 예측하고 강조했습니다. 특히 당시 많은 한자들이 컴퓨터로 입력조차 되지 않던 시기에, 유니코드 개발을 통한 고대 한자의 전산화와 그에 따른 정보화의 중요성을 역설한 것도 큰 역할을 했습니다.

장 교수님의 연구소는 『설문해자』의 전산화를 최초로 완성하여 한자 연구의 과학화를 이룩했습니다. 더 나아가 갑골문, 금문, 전국 시대 죽간 문자 등 고대 한자의 전산화와 폰트 개발, 각 단계별 자료의 검색 시스템 개발 등을 통해 한자 연구의 환경과 방법을 혁신적으로 변화시켰습니다.

현재 장 교수님의 연구는 한자의 자동 인식 시스템 개발은 물론, 생성 인공지능을 위한 빅데이터 확보와 의식 형성에까지 그 영역을 확장하고 있습니다. 이는 이십여 년 전부터 기획하고 지속적으로 실천해 온 학문적 선진성과 응용성의 결실이라 할 수 있습니다.

이러한 학문적 발전에 발맞추어, 『설문해자의 문화적 해설』 역시 초판 출판 이후의 고민과 개인적 성장, 그리고 인공지능의 급속한 발전 등 시대적 흐름을 반영하여 다양한 자료를 보완하였고, 이는 새로운 이름의 『설문해자 인지연구』로 개정 출판되었습니다. 더불어 중국문자학의 지침서 역할을 할 것이라 확신하는 『중국문자학 핸드북』의 완성 또한 이러한 노력의 결실입니다.

장 교수님의 이러한 학문적 성과와 혁신은 한자 연구의 새로운 지평을 열었을 뿐만 아니라, 전통적인 학문과 현대 기술의 융합이 가져올 수 있는 무한한 가능성을 보여주는 훌륭한 본보기가 되고 있습니다.

5.

『설문해자』는 중국 문자학의 근간으로, 그 중요성은 시대를 초월하여 인정받고 있습니다. 그러나 이 지혜의 보고를 어떻게 활용할 것인가는 여전히 중요한 과제로 남아 있습니다. 2천여 년에 걸친 『설문해자』 연구사를 돌아보면, 대부분의 연구가 자형 해석과 고석에 치중되어 왔음을 알 수 있습니다. 이는 청나라의 고증학 시대는 물론, 갑골문 발견 이후 고문자학이 발전한 20세기에도 크게 다르지 않았습니다.

이 책은 이러한 한계를 뛰어넘어, 『설문해자』를 통해 고대 중국인의 사유 특징을 발굴하고 해석하는 방법을 제시하는 '지침서'와 같은 역할을 합니다. 한자 하나하나가 특정 개념을 이미지화하고 개념화한 결과물이라는 점에 주목하여, 이를 통해 중국 민족의 세계 인식과 사유 구조를 직접적으로 탐구할 수 있는 길을 제시합니다.

책의 구성은 이러한 목적을 충실히 반영하고 있습니다. 제1장에서는 『설문해자』에 나타난 사물의 명명 방식과 중국인의 인지 방식을 분석합니다. "가까이로는 사람에게서 가져오고, 멀리서는 사물에게서 가져왔다"는 명명 원칙은 중국 문명이 '인간 중심의 세계관을 가졌음을 보여줍니다.

제2장은 중국문자학의 다양한 연구 방법을 소개하며, 『설문해자』을 어떤 관점에서 어떻게 분석해야 하는지 상세히 설명합니다. 특히 『설문해자』를 관통하고 있는 '체훈', '호운', 동훈', '일왈', '동성' 체계를 상세히 소개했고 소리부가 갖는 미세하고 깊은 의미 등에 대해서도 의미 있게 분석했습니다.

제3장과 제4장에서는 앞서 논의한 기초를 바탕으로『설문해자』에 나타난 인지 방식을 심도 있게 분석했습니다. 이 인지 방식은 단순히 『설문해자』에 국한된 것이 아니라, 고대 중국인들의 사고방식을 대변하며, 더 나아가 세계사에서 인류 역사의 절반 이상을 차지하는 동양의 사유 특징임을 보여줍니다.

그래서 제3장에서는『설문해자』의 글자 해설 이면에 숨겨진 미세한 흔적들을 면밀히 분석했습니다. 이를 통해 중국인들의 문자에 대한 인식, 장식에 대한 관념, 여성에 대한 시각, 법에 대한 이해, 그리고 시간과 과학기술에 대한 인식 등을 파헤쳤습니다. 이러한 분석은 고대 중국인들의 사유 특징을 종합적으로 밝히는 데 큰 도움을 줍니다.

또 제4장에서는『설문해자』를 거대한 상징체계로 바라보며, 그 안에 반영된 다양한 상징들을 탐구했습니다. 특히 양(羊), 춤, 무늬, 술 등에 담긴 상징 세계를 자세히 살펴보고, 이를 관통하는 변증법적 사유를 상세하게 분석했습니다. 이를 통해 고대 중국인들의 세계관과 사고방식에 대한 더욱 깊이 있는 이해를 제공합니다.

제5장에서는 활과 화살, 귀신, 현조(玄鳥), 과보(誇父), 호리병박, 홍수 등의 주제를 통해 상고 시대의 신화와 전설이 어떻게 문자로 남게 되었는지, 그리고 이러한 한자들을 통해 어떻게 고대 중국의 역사와 문화, 사유의 흔적을 해석할 수 있는지를 밝혔습니다.

저자의 연구 방법론은 매우 정교합니다.『설문해자』을 출발점으로 하여 후대 사전에서의 의미 변화를 추적하고, 전종서의『관추편』을 활용하여 중국 문화의 특징과 인류 보편의 공통점을 증명했습니다. 더 나아가 전통 문헌, 고고학적 유물, 소수민족의 민속학 자료 등을 총체적으로 활용하여 입체적인 논증도 펼쳤습니다. 이는 역자가 주창한 바 있는 '한자고고학'의 모범적인 실천이라고 볼 수 있습니다.

이 책은 한자를 어떻게 바라보고, 연구하며, 활용할 수 있는지에 대한 귀중한 통찰을 제공합니다. 평생을 이 연구에 헌신한 저자의 깊은 지혜와 경험이 고스란히 담겨 있어, 한국 독자들에게는 실로 귀중한 선물이 아닐 수 없습니다.

6.

현대 한국인에게도 친숙한 '계(鷄)'자는 그 복잡한 구조로 인해 흥미로운 연구 대상이 됩니다. 인류 문명의 초기부터 가축화되어 온 '닭'을 나타내는 이 글자가 왜 이토록 복잡한 구조를 갖게 되었는지는 커다란 의문입니다.

3300년 전 갑골문에서부터 이미 복잡한 구조로 쓰인 '계(鷄)'자는 두 부분으로 구성되어 있습니다. '조(鳥)'는 새를 그려 닭이 조류에 속함을 나타내며, 이는 한자의 부수 체계에서도 중요한 위치를 차지합니다.

흥미로운 점은 독음을 나타내는 '해(奚)'자입니다. '해(奚)'는 손(爪), 실(幺), 사람(大)을 결합한 형태로, 원래 '사람을 끈으로 묶어 통제하는 모습'을 표현했습니다. 갑골문에서는 '여성 노예'를 의미했던 이 글자가 '계(鷄)'의 독음 요소로 사용된 것입니다.

저자는 이 점에 주목하여, '계(鷄)'자에 '해(奚)'가 포함된 이유를 야생 닭의 '통제'를 통한 가축화 과정으로 해석했습니다. 이를 뒷받침하기 위해 원시 수렵 시대의 암각화, 문헌 기록, 인류학적 자료, 심지어 '공감주술' 개념까지 동원하여 포괄적인 증거를 제시합니다.

이러한 분석은 단순히 한 글자의 어원을 밝히는 것을 넘어섭니다. 그것은 고대 인류가 '닭'이라는 존재를 어떻게 인식하고, 문자화했으며, 그 개념이 어떻게 현재까지 전달되었는지를 보여줍니다. 더 나아가 이는 한자의 특성, 중국의 문자 중심 문명 속의 인지 발달 과정, 그리고 인류 보편의 인지 형성 과정을 이해하는 열쇠가 됩니다.

"인간의 인지와 의식은 어떻게 이루어지는가?"라는 질문은 생성 인공지능 시대가 막 시작된 지금, 매우 중요한 의미를 갖습니다. 이러한 연구는 대형언어모델(LLM)에 기반한 현재의 생성 AI가 질적 도약을 이루는 데 중요한 통찰을 제공할 수 있습니다.

결론적으로, 이 책은 한자의 가치를 단순한 의사소통 도구를 넘어 문화적, 철학적 차원으로 끌어올립니다. 그리고 인류가 발명한 최고의 '도구' 중 하나인 문자, 특히 한자에 근본적인 존재 가치를 부여하는 역작이라 할 수 있습니다. 이는 우리가 언어와 문자를 통해 인간의 사고와 문화를 더 깊이 이해할 수 있음을 보여주는 탁월한 예시입니다.

7.

이 책을 한국 독자들에게 소개하기까지의 과정은 결코 순탄치 않았습니다. 앞서 언급했듯이, 오랜 시간과 많은 우여곡절이 있었습니다.

장극화 교수님과의 인연은 단순한 학문적 교류를 넘어 다양한 협력 프로젝트로 이어졌습니다. 한국 최초의 한자 전문 연구기관인 한국한자연구소의 설립과 운영에 장 교수님의 도움은 실로 컸습니다. 또한, 우리는 '세계한자학회'를 설립하여 한자학 연구자들의 국제적 연대와 협력을 도모하고, 한자에 새로운 가치를 부여하고자 노력해왔습니다. 저는 회장으로, 그리고 역자는 사무처장으로 십 수 년간 함께 일해오고 있습니다.

2018년, 우리 한국한자연구소가 '인문한국플러스(HK+)' 사업의 지원을 받는 데에도 장 교수님의 기여가 컸습니다. '한자문명연구사업단이라는 이름의 우리 HK+사업단은 한자와 한자 어휘를 통해 '로고스중심문명'에 대응하는 '문자중심문명'의 근본적 사유를 탐구하고자 했습니다. 이 책은 그러한 우리의 목표에 부합하는 훌륭한 지침서라고 생각합니다.

사업 초기부터 이 책의 공동 번역과 학습을 계획했으나, 내용의 방대함과 난해함으로 인해 쉽지 않았습니다. 7년간의 사업이 마무리되어가는 지금, 마침내 이 책을 완역하여 한국 독자들에게 소개하게 되었습니다. 이는 우리 연구소와 사업단을 한결 같이 지원해 주신 저자에 대한 작은 감사의 표시이자, 사업 시작 당시 제 자신과의 약속을 지키는 일이라 생각하고 있습니다.

번역 작업이 본격화될 무렵, 장극화 교수님 팀이 집필하고 SAGE 출판사에서 기획한 『중국문자학 핸드북』이 출간되었습니다. 이 책은 기존의 전통적인 개론서와는 전혀 다른 새로운 개념의 지침서입니다. 저는 이 책 또한 한국 독자들에게 소개해야겠다고 결심하고 출판 승낙을 받아, 이번에 동료로 있는 김화영 교수님과 함께 공역으로 출판하게 되었습니다.

2024년 10월 17일부터 상해 화동사범대학에서 열리는 제10회 세계한자학회 연례회의에서 이 두 책을 헌정할 계획입니다. 더구나 『중국문자학 핸드북』은 현재 여러 언어로 번역이 진행 중인데, 한국어 번역이 가장 빠르게 이루어져 더욱 기쁩니다.

이 두 방대한 저작은 한국에서 처음으로 소개되는 장극화 교수님의 학문적 업적입니다. 이 책들의 출간을 위해 큰 도움을 주신 김화영 교수님을 비롯한 사업단의 여러 교수님들께 깊은 감사의 마음을 전합니다.

이 번역서들이 한국의 한자 연구와 동아시아 문명 이해에 새로운 지평을 열어줄 것이라 믿습니다. 독자 여러분께서 이 책들을 통해 한자의 깊이와 아름다움, 그리고 한자 속에 담긴 인류의 지혜를 만끽하시기는 기회가 되기를 바랍니다.

2024년 10월 2일
도고재(度古齋)에서
하영삼 씁니다

저자
장극화(臧克和)
중국 화동사범대학교 중문과 종신교수, 박사지도 교수, 화동사범대학교 중
국문자연구와응용센터(중국교육부 인문사회과학 중점연구기지) 주임, 중국
국가어문위원회 한자위원회 부주임과 중국교육부 학풍건설위원회 위원, 미
국 아이오와 대학교 명예교수, 독일 본 대학교 객원교수를 맡고 있다. 중국
국가중점과제, 교육부 중점과제 다수를 수행했으며, 『실용설문해자』, 『중국
문자학발전사』, 『중고한자유변(中古漢字流變)』, 『간백(簡帛)과 학술』, 『독
자록(讀字錄)』 등 다양한 저술이 있다.

역자
하영삼(河永三)
경성대학교 중국학과 교수, 한국한자연구소 소장, 인문한국플러스(HK+)사
업단 단장, 세계한자학회(WACCS) 상임이사. 부산대 중문과 학사, 대만 정
치대 중국과 석사, 박사. 한자어원과 한자에 반영된 문화성을 연구하고 있으
며, 〈한자와 에크리튀르〉, 〈한자어원사전〉, 〈키워드 한자〉, 〈100개 한자로
읽는 중국문화〉, 〈한자의 세계〉 등의 저서와 〈완역설문해자〉(5책), 〈허신과
설문해자〉, 〈갑골학 일백 년〉(5책), 〈한어문자학사〉 등의 역서가 있다.

『설문해자』 인지 분석 (하)

초판 1쇄 인쇄 2024년 11월 30일
초판 1쇄 발행 2024년 11월 30일

지은이 장극화(臧克和)
옮긴이 하영삼(河永三)
펴낸이 정혜정
펴낸곳 도서출판 3
표지디자인 배소연
편집 및 교열 김형준

출판등록 2013년 7월 4일 (제2020-000015호)
주소 부산광역시 금정구 중앙대로 1929번길 48
전화 070-7737-6738
팩스 051-751-6738
전자우편 3publication@gmail.com

ISBN: 979-11-87746-75-1 (94720)
        979-11-87746-73-7 (총서)